サトウタツヤ・郡司淳＝編

編集復刻版

傷痍軍人・リハビリテーション関係資料集成

第3巻

手記・文芸作品編（1）

六花出版

編集復刻版『傷痍軍人・リハビリテーション関係資料集成』第3巻

刊行にあたって

一、本資料集成は、アジア・太平洋戦争期（一九三一～四五年）を中心に、「廢兵」「傷痍軍人」に対する国家の政策・医療・職業再教育などに関する文書・記録、さらには傷痍軍人自身の手になる手記・文芸作品など72点を収録した。

一、資料収集にあたっては先の方々及び機関のご協力を得た。記して感謝いたします。
上田早記子、法政大学大原社会問題研究所、大阪市立中央図書館（敬称略）

一、資料中の個人の氏名・本籍地・住所・出生年月日などの個人情報については、個人が特定されることによって人権が侵害されるおそれがあると判断される場合は、その一部を■で伏せた。本資料集成の刊行は、あくまで学術研究への活用を目的としていることを理解されたい。

一、資料の中には、人権の視点から見て不適切な語句・表現・論もあるが、歴史的資料の復刻という性質上、そのまま収録した。

一、資料中の書き込みは原則としてそのままとした。

一、本資料集成は、原資料を適宜縮小・拡大し、あるいは原寸のまま、復刻版一ページにつき四面または二面・一面を収録した。

一、第一巻巻頭に編者及び上田早記子による「解説」を収録した。

（編者・編集部）

［第3巻　目次］

資料番号——資料名●編著者名（発行所）●刊行（作成）年月——復刻版ページ

手記・文芸作品編（1）

四三——傷痍軍人成功美談集●大日本軍人援護会編●一九三八・二——3
四四——傷痍軍人座談会録●大日本傷痍軍人会愛知県支部●一九三八・五——90
四五——みさび歌集傷痍軍人慰問●みさび社編●一九三八・一二——107
四六——傷痍軍人聖戦歌集第一輯●佐佐木信綱・伊藤嘉夫編●人文書院●一九三九・一——115
四七——傷痍軍人聖戦歌集第二輯●佐々木信綱・伊藤嘉夫編●人文書院●一九三九・一一——173
四八——傷痍軍人更生感話●佐藤定勝編著●モナス●一九四〇・七——241
四九——傷痍軍人再起録再起奉公記念●治安部警務司●満洲国警察協会・満洲軍人後援会●一九四〇・一〇——339

◉全巻収録内容

第1巻	制度・施策／医療・教育編（1）	解説＝サトウタツヤ 郡司淳 上田早記子
第2巻	制度・施策／医療・教育編（2）	
第3巻	手記・文芸作品編（1）	
第4巻	手記・文芸作品編（2）	
第5巻	手記・文芸作品編（3）	
第6巻	手記・文芸作品編（4）	
第7巻	手記・文芸作品編（5）	

手記・文芸作品編（1）

本冊子は印刷を以て謄寫に代へ今次事變に於ける傷痍軍人各位に配布するものである

昭和十三年二月

財團法人　大日本軍人援護會

はしがき

今次事變に不幸傷痍を受けられし將兵各位に對しては滿腔の感謝と敬意とを表するものである。切に今後の加療に努めらるゝと共にその恢復を祈つて已まない次第である諸士の中には或は郷に歸つて從前の家業に精進せられる者もあらう或は適職を求めて新しい方向に邁進せんと企圖して居る者もあらう。何れにしても不自由を感ぜらるゝだらうが各〻志す業に御精勵ありたい。茲に婆心ながら現存の先輩諸兄の成功美談集を座右に贈る、何等かの指針ともならば望外の幸である。

因に本冊子の蒐錄する所は師團よりの調査に基き長谷川伸、加藤武雄、吉川英治、村松梢風、野村愛正、櫻井忠溫、三上於菟吉、白井喬二、子母澤寛の諸氏並に故直木三十五氏に依囑し適宜潤色執筆せられたものである。尚最近啓成社に於て職業再教育を受けし者の中の成功談並に大日本傷痍軍人會大阪府支部に於ける座談會の經驗談をも併せ記錄した、又期日其の他諸種の關係上本冊子に揭載せざりし該當者も尙相當多數なるべきを豫期するも不取敢上梓じたる事を諒せらたし。

昭和十三年一月

財團法人　大日本軍人援護會

内　容

上肢負傷者の部

後進《こうしん》の指導者《しだうしや》

＝西南役《せいなんえき》の勇士《ゆうし》岩尾《いはを》磯太郎《いそたらう》氏《し》の半生《はんせい》＝

本籍地	大分縣速見郡八坂村 [redacted]
負傷程度	左腕上膊骨貫通銃創

『先生《せんせい》、西南戰爭《せいなんせんさう》の話《はなし》を聞《き》かして下《くだ》さいよ。』

兒童達《じどうたち》が、ぐるりと岩尾磯太郎先生《いはをいそたらうせんせい》のまはりを取《と》りまいた。岩尾先生《いはをせんせい》はにこ〳〵人《ひと》の好《い》い微笑《びせう》をうかべながら、校庭《かうてい》の草原《くさはら》の上《うへ》にどつかと坐《すわ》つて。

『戰爭《せんさう》の話《はのし》ツて、昨日《きのふ》もしてやつたぢやないか、もう話《はなし》の種《たね》もつきたよ。』

『つまらないなあ……もつとして下《くだ》さい。』

『先生《せんせい》、同《おな》じ話《はなし》でもいゝからして下《くだ》さい。』

兒童達《じどうたち》は無邪氣《むじやき》な眼《め》を輝《かゞや》かして、先生《せんせい》の膝《ひざ》をゆすぶつてせがむのだつた。

『仕方《しかた》がないな。ぢや、今日《けふ》は先生《せんせい》が負傷《ふしやう》した時《とき》の話《はなし》でもしようか……。』

『いゝなあ、うれしいなあ。』

兒童達《じどうたち》は嬉《うれ》しさうに、先生《せんせい》の圍《まは》りにじりよつて晴《は》れやかに顔《かほ》を輝《かゞや》かした。

『熊本方面《くまもとはうめん》で散々官軍《さんざくわんぐん》のために敗《やぶ》られた賊軍《ぞくぐん》は、豐後方面《ぶんごはうめん》の官軍《くわんぐん》の守備《しゆび》が手薄《てうす》なのにつけこんでこの方面《はうめん》に進出《しんしゆつ》し、小倉《こくら》の聯隊《れんたい》を撃破《げきは》して中央《ちうあう》へ進出《しんしゆつ》する道《みち》を拓《ひら》かうとした。そこで、延岡《のべをか》を根據地《こんきよち》に定《さだ》め、無人《むじん》の境《きやう》を行《ゆ》くがごとく、重岡《しげをか》、竹田《たけだ》と進出《しんしゆつ》して來《き》たのだ。この賊軍《ぞくぐん》を討伐《たうばつ》するために、先生達《せんせいたち》の軍《ぐん》は福原大尉《ふくはらたいゐ》に率《ひき》ゐられて派遣《はけん》された。賊軍《ぞくぐん》は、總勢約《そうぜいやく》三千、先生達《せんせいたち》の隊《たい》は五月《ぐわつ》二十二日《にち》の夜明前《よあけまへ》、惠良原《ゑらはら》を出發《しゆつぱつ》して玉來及《たまらいおよ》び竹田《たけだ》の敵《てき》の討伐《たうばつ》に向《むか》つたのだ。』

先生《せんせい》の話《はなし》が進《すゝ》むにつれて、兒童達《じどうたち》は森《しん》と靜《しづ》まりかへつてぢつと先生《せんせい》の口許《くちもと》を凝視《みつ》めてゐる。

× × ×

岩尾磯太郎氏《いはをいそたらうし》の屬《ぞく》する第《だい》十三聯隊第《れんたいだい》一大隊《だいたい》は、三國峠《みくにたうげ》、

旗返峠《はたがへしとうげ》の賊軍《ぞくぐん》を撃破《げきは》し一勝《しよう》一敗《はい》をくりかへしつゝ、重岡《しげをか》に迫《せま》つて行《い》つた。敵《てき》は甚《はなは》だ頑強《ぐわんきやう》で、とかく官軍《くわんぐん》はおされ勝《が》ちだ。折角《せつかく》、占領《せんりやう》した黒土峠《くろつちたうげ》も、敵《てき》の奇襲《きしふ》にあひ、空《むな》しく手《て》を束《つか》ねて退却《たいきやく》するより外《ほか》はない。一時《じ》、城之越《しろのこし》に退却《たいきやく》して戰機《せんき》を窺《うかゞ》ふ。しかし敵《てき》の守備《しゆび》は固《かた》く、盛《さか》んに攻撃《こうげき》の矢彈《やだま》をあびせかけるので、手《て》も足《あし》も出《で》ない。幾度《いくど》かこの峠《たうげ》を占領《せんりやう》しようと奇襲《きしふ》を試《こゝろ》みたが、結果《けつくわ》は味方《みかた》の死傷《ししやう》の數《すう》を増《ま》すばかりだ。二旬《じゆん》の間《あひだ》は空《むな》しく對陣《たいぢん》をつゞけてゐるばかり官軍《くわんぐん》の戰線《せんせん》は更《さら》に進出《しんしゆつ》しなかつた。

七月《ぐわつ》二十二日未明《にちみめい》、官軍《くわんぐん》は奇襲隊《きしふたい》を組織《そしき》して、黒土峠《くろつちたうげ》に據《よ》る賊軍《ぞくぐん》を撃破《げきは》しようと試《こゝろ》みた。磯太郎氏《いそたらうし》はこれに加《くは》はつて、まだ明《あ》けやらぬ闇《やみ》をつき、一隊枚《たいばい》を銜《ふく》んで聲《こゑ》なく、肅《しゆく》肅《しゆく》として進撃《しんげき》して行《い》つた。

この時《とき》、闇《やみ》を貫《つらぬ》いて一閃《せん》の銃火《じうくわ》が散《ち》つた、と思《おも》ふ間《ま》もなく、タツタツタツと曉闇《げうあん》を破《やぶ》つて銃聲《じうせい》が轟《とゞろ》く。

素破《すは》こそ感《かん》づかれたか！

『今日《けふ》こそは、敵《てき》を撃退《げきたい》せでおくべきか。』

官軍《くわんぐん》も火蓋《ひぶた》を切《き》つた。兩軍《りやうぐん》の放《はな》つ銃聲《じうせい》は山々《やまやま》に谺《こだま》して物《もの》凄《すご》く、銃火《じうくわ》は流星《りうせい》の如《ごと》くに闇《やみ》を貫《つらぬ》いて凄慘《せいさん》！　暫《しば》しが程《ほど》は兩軍《りやうぐん》とゝを先途《せんど》と戰《たゝか》つたが、なか〳〵勝敗《しようはい》のほども決《けつ》しない。

突如《とつじよ》！

『あッ！』と叫《さけ》んで、磯太郎氏《いそたらうし》は倒《たふ》れた。

何《なん》だか、ヂーンと體中《からだぢう》にひゞく激動《げきどう》を感《かん》じた。起上《おきあが》らうとすると左手《ひだりて》が錐《きり》でもむやうに痛《いた》んだ。やられたのだ。左手《ひだりて》が利《き》かなくては小銃《せうじう》を射《う》つことも出來《でき》ない。

止《や》むなく後送《こうそう》されて、鶴崎野戰病院《つるさきやせんびやうゐん》に收容《しうよう》された。左腕《さわん》上膊骨《じやうはくこつ》の貫通銃創《くわんつうじうさう》だ。銃丸《たま》は上膊骨《じやうはくこつ》を打折《うちを》つてゐた。

× × ×

『さア、今日《けふ》はお話《はなし》はこれだけよ……いや、西郷《さいがう》さんの兵隊《へいたい》はなか〳〵强《つよ》かつたよ、みんな命《いのち》をすてゝかゝつとるから怖《こわ》い。あはゝゝ。』

岩尾先生《いはをせんせい》は語《かた》り終《をは》つて朗《ほが》らかに笑《わら》つた。兒童達《じどうたち》はホッと溜息《たういき》をついた。

『先生《せんせい》、それからどうしましたか。』

『どうしたかつて、左手《ひだりて》が利《き》かなくなつちや兵隊《へいたい》さんはつとまらんさ。大阪《おほさか》、長崎《ながさき》、熊本《くまもと》と衞戍病院《ゑいじゆびやうゐん》めぐりで、八九ケ月《げつ》も暮《くら》したよ。先生《せんせい》の左腕《さわん》の上膊骨《じやうはくこつ》は銃丸《たま》で打折《うちを》られてゐてグシヤ〳〵さ。使《つか》ひもんにならんから四寸《すん》ばかり切《き》つて捨《す》てゝもらつたよ。だから、ごらんの通《とほ》り、不恰好《ぶかつかう》にぶら下《さが》つてゐるだけで、てんで役《やく》にも立《た》たんよ。』

『先生《せんせい》、痛《いた》かつたですか。』

兒童達《じどうたち》は無邪氣《むじやき》に好奇《かうき》の眼《め》を輝《かゞや》かす。

『それは痛《いた》かつたさ、今《いま》でも時々《ときどき》はしく〳〵と痛《いた》むよ……考《かんが》へてみると、あの戰爭《せんさう》は仲間同志《なかまどうし》の喧嘩《けんくわ》だから、怪我《けが》をしても馬鹿《ばか》らしい氣《き》がするよ。君達《きみたち》が大《おほ》きくなつたら、きつと外國《ぐわいこく》との戰爭《せんさう》がある、第《だい》一に清國《しんこく》だ。清國《しんこく》の此頃《このごろ》の威張《ゐば》り方《かた》つてないぞ。あいつとはどうしても戰爭《せんさう》して、うんと取《と》つちめてやらにやならん。うんと勉强《べんきやう》するもいゝが、體《からだ》だけは鍛《きた》へておくんだぞ。今度《こんど》はお前達《まへたち》が第《だい》一線《せん》に立《た》つて働《はたら》かなくちやならんのだからな。』

兒童達《じどうたち》は互《たが》ひに顔《かほ》を見合《みあは》せて力强《ちからづよ》くうなづいた。丁度《ちやうど》、その時《とき》、鐘《かね》が鳴《な》つて、みんなはぞろ〳〵と教室《けうしつ》に入《はい》つて行《い》つた。

× × ×

大阪《おほさか》、長崎《ながさき》、熊本《くまもと》の各衞戍病院《かくゑいじゆびやうゐん》に轉養《てんやう》する中《うち》に漸次健康《ぜんじけんかう》を回復《くわいふく》し、磯太郎氏《いそたらうし》は明治《めいぢ》十一年《ねん》四月《ぐわつ》、除隊退役《ぢよたいたいえき》、歸縣療養《きけんれうやう》を命《めい》ぜられて久《ひさ》しぶりに郷里《きやうり》なる大分縣速見郡八坂村《おほいたけんはやみぐんやさかむら》に歸《かへ》つた。

『よう無事《ぶじ》で歸《かへ》つて來《き》てくれたのう。』

母親《はゝおや》は嬉《うれ》し涙《なみだ》をためて迎《むか》へてくれた。不具《ふぐ》となつた彼《かれ》にとつて、郷里《きやうり》は矢張《やは》り最上《さいじやう》の安息所《あんそくじよ》だつた。

しかし、たとへ御國《みくに》のためとはいひながら、未《ま》だ若《わか》くして不具《ふぐ》となつた彼《かれ》は、まだ後《あと》に殘《のこ》された長《なが》い人生《じんせい》を思《おも》ふとぢッとしては居《ゐ》られなかつた。

今《いま》までは父祖傳來《ふそでんらい》の農業《のうげふ》に從《したが》つて、土《つち》と共《とも》に生《い》きて行《ゆ》かうと思《おも》つてゐた。しかし、片手《かたて》の自由《じいう》を失《うしな》つては、到底鋤《たうていすき》鍬《くは》を取《と》つての勞役《らうえき》に耐《た》えることは出來《でき》ない。

『左手《ひだりて》がなくても出來《でき》る事《こと》で、自分《じぶん》に最《もつと》も適《てき》した仕事《しごと》は何《なん》だらう？』

いろ〳〵と考《かんが》へて行《ゆ》くうちに、ふと思《おも》ひついたのは、後進《こうしん》の薫育《くんいく》にあたる教員《けうゐん》だ。これなら頭《あたま》さへ良《よ》ければ左手《ひだりて》が利《き》かなくても出來《でき》る。それに、男子《だんし》一生《しやう》の仕事《しごと》として恥《はづ》かしくない事業《じげふ》だ。當時《たうじ》は學制發布後未《がくせいはつぷごいま》だ日淺《ひあさ》く、優良《いうりやう》な指導者《しだうしや》の少《すくな》いのに困《こま》つてゐた時《とき》だ。

『さうだ、第《だい》二の國民《こくみん》を教育《けういく》し、將來世界《しやうらいせかい》の大國《たいこく》と伍《ご》して行《ゆ》くに必要《ひつえう》な人材《じんざい》を養成《やうせい》することそ自分《じぶん》に最《もつと》も適《ふさ》はしい仕事《しごと》だ。自分《じぶん》はこれを天職《てんしよく》として勤《つと》めよう』

さうは決心《けつしん》したものゝ、元來《ぐわんらい》が農家《のうか》に育《そだ》つた彼《かれ》のこと、學問《がくもん》の素養《そやう》があつた譯《わけ》ではない。どうしても第《だい》一歩《ぽ》から學問《がくもん》を始《はじ》めねばならない。その頃《ころ》、杵築町《きつきまち》に三浦塾《うらじゆく》といふのがあつた。この界隈《かいわい》では一番評判《ばんひやうばん》のよい學塾《がくじゆく》だ。彼《かれ》はこれに入門《にふもん》して、嚴格《げんかく》な塾則《じゆくそく》のもとに學業修養《がくげふしうやう》に努《つと》めた。

その間《かん》、明治《めいぢ》十三年《ねん》三月《ぐわつ》三十一日附《にちつけ》を以《もつ》て、勳《くん》八等桐葉章《とうどうえふしやう》を下賜《かし》せられ同時《どうじ》に免役《めんえき》の恩典《おんてん》に浴《よく》し、毎月《まいげつ》の食料《しよくれう》を附與《ふよ》せられることゝなつた。これは後恩給《のちおんきふ》に變更《へんかう》せられて、當初《たうしよ》四十七圓《ゑん》を給《きふ》せられた。相當《さうたう》に苦《くる》しくはあつたが、とにかく、妻子《さいし》を飢《う》ゑしめなくてすんだのは、かうした鴻恩《こうおん》のお蔭《かげ》である。

やがて、螢雪《けいせつ》の功《こう》なつて、三浦塾《うらじゆく》を卒《を》へた彼《かれ》は、杵築町《きつきまち》

の小學校《せうがくかう》に聘《へい》せられた。教育者《けういくしや》としての第《だい》一歩《ぽ》をふみ出《だ》すことになつた。丁度《ちやうど》二十六歳《さい》の時《とき》である。それより三十歳《さい》まで、杵築町《きつきまち》や大内村《おほうちむら》等《とう》の小學校《せうがくかう》に教鞭《けうべん》をとり、第《だい》二の國《こく》民《みん》に對《たい》して學問《がくもん》を教《をし》へこむと共《とも》に、世界《せかい》の大勢《たいせい》を說《と》き、日《に》本《ほん》の立場《たちば》をといて、忠君愛國《ちうくんあいこく》の精神《せいしん》を鼓吹《こすゐ》した。

明治《めいぢ》十六年母《ねんはゝ》を喪《うしな》つたので、一時《じ》家《いへ》に歸《かへ》り、父《ちゝ》に孝養《かうやう》をつくして、家事《かじ》の整理《せいり》に專念《せんねん》した。彼《かれ》は、數多《かずおほ》い兄弟中《きやうだいちう》の一番末《ばんすゑ》ッ子《こ》であつたが、父《ちゝ》の眼鏡《めがね》にもかなひ、兄弟《きやうだい》のすゝめもあつて、明治《めいぢ》十八年家督《ねんかとく》を相續《さうぞく》した。明治《めいぢ》二十四年《ねん》、死去《しきよ》するまで老父《らうふ》に對《たい》しての孝養《かうやう》を怠《おこた》らなかつた。敬神《けいしん》の念深《ねんふか》く、折《をり》があれば村社天田《そんしやあめだ》八幡社《まんしや》に參詣《さんけい》し、國家安泰《こくかあんたい》家內平和《かないへいわ》を念《ねん》じた。また公共心《こうきようしん》に富《と》み、何《なに》か村《むら》のための催《もよほ》しでもある場合《ばあひ》は、率先《そつせん》して馳《は》せ參《さん》じた。三十七歳《さい》の時《とき》の村《むら》の八水小學校《みつせうがくかう》の强《た》つての願《ねが》ひによつて、再《ふたゝ》び教壇《けうだん》に立《た》つた。その溫厚篤實《をんこうとくじつ》なる人格《じんかく》は、兒童《じどう》の敬仰《けいぎやう》をあつめ、まるで慈父《じふ》の如《ごと》くに慕《した》はれた。爾來《じらい》八年間《ねんかん》、己《おの》が老《お》い行《ゆ》くのも忘《わす》れてひたすらに、後進《こうしん》の薫育《くんいく》に盡瘁《じんすゐ》し、幾多《いくた》の人材《じんざい》を世《よ》に送《おく》り出《だ》し、同地方《どうちはう》の教育界《けういくかい》に歷然《れきぜん》たる足跡《そくせき》をのこしたのであつた。

この間《かん》、恩給《おんきふ》は累進《るゐしん》して、目下《もくか》五百四十圓《ゑん》を給《きふ》せられるに至《いた》つたが、彼《かれ》はこの恩典《おんてん》に感泣《かんきふ》し、恩給《おんきふ》は國家《こくか》よりの特別《とくべつ》な恩典故《おんてんゆゑ》これを徒《いたづ》らに空費《くうひ》しては畏《おそ》れ多《おほ》き極《きは》みであると、冗費《じようひ》を省《はぶ》いて生活《せいくわつ》の緊縮《きんしゆく》を計《はか》り餘財《よざい》を蓄積《ちくせき》に努《つと》めた。

かくて幾《いく》十年《ねん》、七人《にん》の子女《しぢよ》はそれ〲一人前《にんまへ》に成長《せいちやう》し、今《いま》はもう何等心《なんらこゝろ》にかゝる雲《くも》とてもなく、圓滿富裕《ゑんまんふゆう》なる家庭《かてい》にあつて、子女《しぢよ》にかしづかれ、孫《まご》に慕《した》はれつゝ、八十一歳《さい》の今日《こんにち》なほ矍鑠《かくしやく》として、淸風明月《せいふうめいげつ》の餘生《よせい》を送《おく》りつゝある。

彼《かれ》は敬神《けいしん》の念深《ねんふか》く、四十五歳頃《さいころ》より今日《こんにち》八十一歳《さい》の老齡《らうれい》に至《いた》るまで、村社天田《そんしやあめだ》八幡社總代《まんしやそうだい》として、鄕土人《きやうどじん》に敬神《けいしん》の一念《ねん》を吹《ふ》きこみ、五十歳位《さいくらゐ》より二十年間《ねんかん》、杵築町妙德寺《きつきまちめうとくじ》の總代《そうだい》として佛《ほとけ》の道《みち》の有難《ありがた》く親鸞上人《しんらんしやうにん》の御人德《ごじんとく》の崇高《すうかう》を敬仰《けいぎやう》して來《き》た。また、四十六歳《さい》より一期《き》、六十五歳《さい》より一期《き》の二回《くわい》にわたり居住地野田區長《きよぢうちのだくちやう》に推《お》され、大《おほ》いに區內《くない》の親睦《しんぼく》發展《はつてん》をはかり、自治運行上《ぢちうんかうじやう》に至大《しだい》の貢獻《こうけん》をなした。今《いま》や鄕土《きやうど》の師父《しふ》として仰《あふ》がれ、事《こと》あるごとに有力《いうりよく》なる相談相手《さうだんあひて》にされてゐるのも當然《たうぜん》の事《こと》であらう。

失《うしな》はぬ軍人精神《ぐんじんせいしん》

＝生活戰《せいくわつせん》に勝《か》つた西岡吉太郎氏《にしをかきちたらうし》＝

本籍地　北海道利尻郡沓形村

負傷程度　右中指及環指骨傷爆創

一

北海道《ほくかいだう》の北《きた》の果《はて》も四月《ぐわつ》の聲《こゑ》を聞《き》くと、雪《ゆき》や霙《みぞれ》を含《ふく》んで低《てい》徊去來《くわいきよらい》してゐた暗澹《あんたん》とした灰色《はひいろ》の雲《くも》を洗《あら》ひ流《なが》して、山々《やま〲》は頂上《ちやうじやう》だけ斑《まだら》に雪《ゆき》を殘《のこ》して、一日增《にちま》しに綠《みどり》に冴《さ》えて行《い》つた。

毎年冬《まいねんふゆ》の間《あひだ》、山《やま》へ入《はひ》つて『越年《おつねん》』をするのを例《れい》としてゐた西岡吉太郎《にしをかきちたらう》一家《か》も、今日《けふ》、久《ひさ》し振《ぶ》りで山《やま》を下《くだ》つて自分《じぶん》の村《むら》へ歸《かへ》つて來《き》た。この邊《へん》の人々《ひと〲》は、多《ふゆ》は漁獲《れふ》や農作《のう》が出來《でき》ないので、山《やま》へ冬籠《ふゆごも》りして樵夫《そま》を業《げふ》としてゐた。

『もう春《はる》だ。何《なん》といふ有難《ありがた》い日《ひ》の惠《めぐみ》だらう。今年《ことし》も一生懸《しやうけん》命《めい》に働《はたら》かう』

彼《かれ》はかう呟《つぶや》いて麗《うら》かに照《てら》す日《ひ》の光《ひかり》を振《ふ》り仰《あふ》いだ。

西岡《にしをか》一家《か》は四國《こく》の土佐《とさ》の安藝郡《あきぐん》で、代々農業《だい〲のうげふ》を營《いとな》んでゐたが、彼《かれ》の十六歳《さい》の時《とき》、一家《か》一族《ぞく》三世帶《せたい》でこの北海道《ほくかいだう》へ移《い》住《ぢう》して、利《り》尻郡聲問村《しりぐんこゑとひむら》に住《す》み、春《はる》から秋《あき》へかけて漁獲《れふ》と農《の》作《う》を業《げふ》として暮《くら》した。明治《めいぢ》三十六年《ねん》、彼《かれ》は丁年《ていねん》に達《たつ》したので、旭川《あさひがは》の第《だい》七師團《しだん》步兵《へい》二十八聯隊《れんたい》へ入營《にふえい》した。

折《をり》しも日露《にちろ》の風雲《ふううん》はいよ〱急《きふ》、翌《よく》三十七年《ねん》二月《ぐわつ》、遂《つひ》に國交斷絕《こくかうだんぜつ》となり、動員令《どういんれい》が下《くだ》つた。彼《かれ》は勇躍《ゆうやく》して出征《しゆつせい》したが、同年《どうねん》十一月《ぐわつ》三十日《にち》、壯烈《さうれつ》なる旅順《りよじゆん》二〇三高地《かうち》の攻擊《こうげき》の際《さい》、右《みぎ》の中指《なかゆび》と環指《くわんし》に骨傷爆創《こつしやうばくさう》を受《う》けて、內地《ないち》へ送還《そうくわん》され、各地病院《かくちびやうゐん》を經《へ》て、東京戶山病院《とうきやうとやまびやうゐん》に三十八年《ねん》三月《ぐわつ》まで入院《にふゐん》、終《つひ》に兵役免除《へいえきめんじよ》となつて北海道《ほくかいだう》なる親《おや》の許《もと》に歸《かへ》つた。

彼《かれ》は日露戰役《にちろせんえき》に於《お》ける功《こう》に依《よ》つて功《こう》七級金鵄勳章《きうきんしくんしやう》を授與《じゆよ》された。

右手《みぎて》の不自由《ふじいう》な彼《かれ》は、父母《ふぼ》に孝養《かうやう》を盡《つく》しながら、七人《にん》の弟妹《ていまい》を背負《せお》つて奮鬪《ふんとう》した。漁獲《れふ》と農作《のう》──いくら喘《あへ》いで稼《かせ》ぎ通《とほ》しても、その零細《れいさい》な收入《しうにふ》では、到底《たうてい》一家《か》を支《さゝ》へて行《ゆ》く

ことは困難《こんなん》だつた。彼《かれ》は何《なん》とかして金《かね》を稼《かせ》いで、父母《ふぼ》の老《らう》後《ご》を安樂《あんらく》に送《おく》らせたかつた。彼《かれ》は山《やま》を下《お》りると、すぐ伯父《をぢ》の家《いへ》をたづねた。

伯父《をぢ》は彼《かれ》の顏《かほ》を見《み》ると、信賴《しんらい》の眼差《まなざし》を向《む》けて、

『吉太郎《きちたらう》、お前《まへ》、樺太《からふと》へ出稼《でかせ》ぎに行《ゆ》く氣《き》はないかい』

『樺太《からふと》へ──兩親《りやうしん》に樂《らく》をさせることさへ出來《でき》ますなら行《い》つてもいゝと思《おも》ひます』

『實《じつ》は私《わたし》の友達《ともだち》が、豐原《とよはら》で製材所《せいざいしよ》を開《ひら》いてゐるんだが、何《なに》しろ命知《いのちし》らずの荒《あら》くれ人夫《にんぷ》を相手《あひて》にするので、皆恐《みなこは》がつてその帳場《ちやうば》を預《あづか》る者《もの》がないんだ。そこで考《かんが》へついたのはお前《まへ》なんだ。お前《まへ》なら讀書算盤《よみかきそろばん》は達者《たつしや》だし、度胸骨《どきようぼね》はいゝし勤《つと》めることが出來《でき》ると思《おも》ふんだが、どうだ行《ゆ》くかな。そのかはり金《かね》にはなるよ』

『こんな不具者《かたはもの》でよかつたら是非《ぜひ》やつて下《くだ》さい。一稼《ひとかせ》ぎしたうございます』

彼《かれ》は喜《よろこ》んで伯父《をぢ》に賴《たの》んだ。

それから間《ま》もなく彼《かれ》は、兩親《りやうしん》や弟妹《ていまい》を伯父《をぢ》に預《あづ》けると、不具《ふぐ》の身《み》で單身樺太《たんしんからふと》へ乘《の》り込《こ》むことになつた。

二

豐原《とよはら》の町端《まちはづ》れの製材場《せいざいぢやう》には、殺伐兇暴《さつばつきやうばう》の風《かぜ》が吹《ふ》いて、人《ひと》殺《ごろ》し位《ぐらゐ》は朝飯前《あさめしまへ》の氣《き》の荒《あら》い連中《れんちう》が二百人《にん》ほど働《はたら》いてゐた。

主《しゆ》として蝦夷松《えぞまつ》や唐松《からまつ》などを伐《き》り出《だ》し、用材《ようざい》、電柱《でんちう》、鐵《てつ》道《だう》の枕木《まくらぎ》にして、雪《ゆき》の上《うへ》を河岸《かし》へ運《はこ》び、雪解《ゆきどけ》を待《ま》つて川《かは》へ流《なが》して內地《ないち》へ賣出《うりだ》すのだつた。從《したが》つて、收入《しうにふ》も多《おほ》かつたが仕事《しごと》も危險《きけん》だつた。

年若《としわか》な彼《かれ》はこのなかで帳場《ちやうば》を預《あづか》り、帳簿兼會計係《ちやうぼけんくわいけいがかり》を勤《つと》めることになつた。幸《さいは》ひ器用《きよう》な質《たち》だつたので、指《ゆび》は二本不足《ほんふそく》してゐたが、字《じ》を書《か》くことに不自由《ふじいう》しなかつた。

仕事《しごと》についた當座《たうざ》、彼《かれ》は周圍《しうゐ》の壓迫《あつぱく》を受《う》けたが、ある晩《ばん》のこと、喧嘩自慢《けんくわじまん》の人夫《にんぷ》が、醉《よ》つた勢《いきほひ》で帳場《ちやうば》へ金《かね》を借《か》りに來《き》た。生憎誰《あいにくだれ》もゐなかつたので、彼《かれ》が斷《ことわ》ると、

『若僧《わかぞう》、生意氣《なまいき》だッ』といつて、拳固《げんこ》を振《ふ》り上《あ》げて向《むか》つて來《き》た。彼《かれ》は身《み》を躱《かは》すといきなりその人夫《にんぷ》の橫《よこ》ッ面《つら》を二《ふた》つ三《み》つ、顏《かほ》が引《ひ》ン曲《まが》るど毆《なぐ》りほつけた。

それ以來《いらい》、他《ほか》の人夫達《にんぷたち》は意外《いぐわい》に强《つよ》い彼《かれ》に畏服《ゐふく》し、兄貴《あにき》兄《あに》貴《き》と立《た》てるやうになつた。しかし單純無智《たんじゆんむち》な彼等《かれら》であつた

人夫達《にんぷたち》の慰安《ゐあん》は、酒《さけ》と女《をんな》と博奕《ばくち》だつた。晝間汗《ひるまあせ》みどろになつて働《はたら》き、その得《え》た金《かね》は毎夜《まいよ》これ等《ら》のために譯《わけ》もなく消《き》えて行《ゆ》くのだつた。堅忍不拔《けんにんふばつ》の精神《せいしん》を持《も》つた彼《かれ》は、このなかで種々《しゆ〲》の誘惑《いうわく》を退《しりぞ》けながら眞摯《まじめ》に働《はたら》いた。

三年《ねん》の月日《つきひ》は經過《けいくわ》した。

この間《かん》に彼《かれ》は、月々兩親《つき〲りやうしん》の許《もと》へ缺《か》かさず送金《そうきん》したほかに大分貯蓄《だいぶちよちく》が出來《でき》た。

『早《はや》く金《かね》を貯《た》めて、東京《とうきやう》へ行《い》きたいなア』

彼《かれ》は冬季《とうき》になると、寒氣《さむさ》のために勞務《らうむ》に堪《た》へられないほど、指《ゆび》の創《きず》あとが傷《いた》むのだつた。そこで暖《あたゝか》い東京《とうきやう》へ移住《いぢう》する希望《きばう》を抱《いだ》いて、その資本《しほん》をつくるため、ます〱業務《げふむ》に精勵《せいれい》した。

雪《ゆき》を含《ふく》んだ鈴谷颪《すゞやおろし》が、剃刀《かみそり》で頰《ほゝ》を殺《そ》ぐやうに、冷《つめた》く吹《ふ》きつける冬《ふゆ》の始《はじ》めのある日《ひ》のことだつた。

彼《かれ》は人夫《にんぷ》に支拂《しはら》ふ金《かね》を出《だ》しに、豐原《とよはら》の銀行《ぎんかう》へ行《い》つて、今《いま》し鈴谷川《すゞやがは》に沿《そ》ふた街道《かいだう》を製材場《せいざいぢやう》の方《はう》へ歩《ある》いて來《き》た。

バーン、バーン

突然靜寂《とつぜんせいじやく》を破《やぶ》つて、一方《はう》の蝦夷松《えぞまつ》、白樺《しらかば》、イタヤ、唐松《からまつ》

などの寒帯性《かんたいせい》の密林《みつりん》から、けたゝましい銃聲《じうせい》が響《ひゞ》いた。

その瞬間《しゆんかん》――常常《ふだん》から油斷《ゆだん》をしない彼《かれ》は、パタリと大地《だいち》へ身《み》を伏《ふ》せた。

『懐《ふところ》の金《かね》を狙《ねら》つてやがるな』

咄嗟《とつさ》にさう感付《かんづ》くと、彼《かれ》は身《み》をかゞめて、韋駄天走《ゐだてんばし》りに遁《のが》れ去《さ》つた。

かうした野獸生活《やじうせいくわつ》みたいな、荒《すさ》んだ生活《せいくわつ》が、つくづくいやになつた。

『自分《じぶん》には兩親《りやうしん》を見《み》なければならない大事《だいじ》な責任《せきにん》がある。こんなところに愚圖々々《ぐづぐづ》してゐたら、どんな目《め》に合《あ》ふかも分《わか》らぬ。自分《じぶん》の體《からだ》に若《も》しものことがあつたら、後《あと》に殘《のこ》つた者《もの》がどうなるか』

それを思《おも》ふと、辭間村《こゑどひむら》の空《そら》がたまらなく戀《こひ》しくなるのだつた。

三

その矢先《やさき》、郷里《きやうり》の母《はゝ》病《や》むとの報《はう》に接《せつ》し、居《ゐ》ても立《た》つても居《を》れず、直《たゞち》に暇《ひま》を貰《もら》つて歸國《きこく》した。病《やまひ》は乳癌《にうがん》とて、到底快《たうていくわい》癒《ゆ》の見込《みこ》みなしと聞《き》かされ、彼《かれ》はどうにかして母《はゝ》の病氣《びやうき》を治《なほ》したいと、札幌《さつぽろ》の一流病院《りうびやうゐん》まで診察《しんさつ》につれて行《い》つた。しかし其處《そこ》でも同《おな》じだつた。既《すで》に今日《こんにち》の醫術《いじゆつ》では如何《いかん》ともすることは出來《でき》ないとの診斷《しんだん》だつた。

『お母《かあ》さん、大丈夫《だいぢやうぶ》なはりますよ。早《はや》く治《なほ》つて元氣《げんき》な笑顔《ゑがほ》を見《み》せて下《くだ》さい』

歸國《きこく》してからは、一心《しん》に看病《かんびやう》しながら、彼《かれ》は勵《はげ》ますやうにいつた。しかし、母《はゝ》は日《ひ》に日《ひ》に衰弱《すゐじやく》して行《い》つた。そして蠟燭《らうそく》の火《ひ》が消《き》えるやうに、哀《あは》れ果《はか》なくなつてしまつた。

『もう暫《しばら》く生《い》きてゐて頂《いたゞ》きたかつた。今迄《いままで》は苦勞《くらう》のかけ通《どほ》し、これからは少《すこ》し安樂《あんらく》にさして上《あ》げたかつたのに……』

彼《かれ》は天《てん》に訴《うつた》へ地《ち》に哭《こく》して嘆《なげ》いたが、既《すで》に及《およ》ばぬ望《のぞ》みだつた。それにつけても、入營《にふえい》の時《とき》「しつかりやつて來《こ》いよ」といはれた言葉《ことば》が今《いま》なほ胸《むね》に甦《よみがへ》る』

悲《かな》しき野邊《のべ》の送《おく》りもすますと、彼《かれ》は早速仕事《さつそくしごと》にかゝらねばならなかつた。彼《かれ》は當時《たうじ》二十五歳《さい》、彼《かれ》の下《した》には七人《にん》の弟《てい》妹《まい》がある。彼《かれ》はこれを扶養《ふやう》すべき義務《ぎむ》があつた。

丁度《ちやうど》その時《とき》、彼《かれ》と同《おな》じく高知縣出身《かうちけんしゆつしん》の人《ひと》で、地方《ちはう》での名《めい》士《し》の人《ひと》の推輓《すゐばん》によつて、森林看守《しんりんかんしゆ》に奉職《ほうしよく》することになつ

た。右手《みぎて》の指《ゆび》こそ不自由《ふじいう》ではあれ、彼《かれ》は強健《きやうけん》な肉體《にくたい》を惠《めぐ》まれてゐた。又《また》、彼《かれ》の精神《せいしん》は軍人精神《ぐんじんせいしん》でかたまつてゐた。彼《かれ》は一意專心職務《いせんしんしよくむ》に精勵《せいれい》したお蔭《かげ》で、年《とし》と共《とも》に増俸《ぞうほう》の厚遇《こうぐう》を受《う》けた。しかし、寒地《かんち》に於《お》ける戸外《こぐわい》の作業《さげふ》は、彼《かれ》の體《からだ》には不適當《ふてきたう》だつた。患部《くわんぶ》がしくしくと痛《いた》んで、腕《うで》をもぎ取《と》られるやうな氣《き》がした。その苦痛《くつう》を忍《しの》びながら、十ケ年間勤務《ねんかんきんむ》したが遂《つひ》に耐《た》えかね、上司《じやうし》に惜《をし》まれながら職《しよく》を辭《じ》した。

その後《ご》は家《いへ》にあつて、專《もつぱ》ら農業《のうげふ》にはげんでゐたが、大正《たいしやう》六年《ねん》に及《およ》び、彼《かれ》の居村《きよそん》、利尻郡沓形村役場《りしりぐんくつがたむらやくば》の懇望《こんまう》により、吏員《りゐん》として迎《むか》へられた。こゝでも精勵恪勤《せいれいかくきん》な彼《かれ》は重《おも》んぜられて漸次昇進《ぜんじしやうしん》し、やがて首席《しゆせき》の地位《ちゐ》を獲《え》たのであつたが、彼《かれ》の體《からだ》には、北海道如《ほくかいだうごと》き寒地《かんち》が不適當《ふてきたう》であることを痛感《つうかん》し東京《とうきやう》へ出《で》て一旗擧《ひとはたあ》げようとの決心《けつしん》の臍《ほぞ》を固《かた》めたのである。

大正《たいしやう》十三年《ねん》、時《とき》の第《だい》七師團長國司中將《しだんちやうくにしちうじやう》が、軍事思想普及《ぐんじしさうふきふ》を兼《か》ね管内視察《くわんないしさつ》のために來村《らいそん》せられた。中將《ちうじやう》は日露戰爭當《にちろせんさうたう》時の參謀附《さんぼうづき》で、旅順攻擊《りよじゆんこうげき》には膽《きも》をなめるやうな苦心《くしん》をされたのであつた。來村《らいそん》と共《とも》に直《たゞち》に彼《かれ》は呼《よ》び出《だ》された。

『おゝ君《きみ》が西岡《にしをか》か? 旅順《りよじゆん》では君《きみ》は隨分《ずゐぶん》と苦勞《くらう》したとか係《かゝ》りの者《もの》に聞《き》いたが、君《きみ》が西岡《にしをか》か?』

中將《ちうじやう》は往年《わうねん》の肉彈勇士《にくだんゆうし》をなつかしさうに眺《なが》め、彼《かれ》の右手《みぎて》をとつて負傷個所《ふしやうかしよ》をいたましさうにみてゐた。

『さぞ不自由《ふじいう》だらうが、國家《こくか》のためだ、不自由《ふじいう》をしのんで大《おほ》いにやつてくれ給《たま》へ』

『はい、私《わたし》の命《いのち》は拾《ひろ》ひ物《もの》でありますから、死《し》んだつもりで働《はたら》いて、鴻恩《こうおん》の萬分《まんぶん》の一にも報《むく》いたいと存《ぞん》じます。』

さういふ彼《かれ》の兩《りやう》の眼《め》からは、感激《かんげき》の涙《なみだ》が滂沱《ばうだ》としてはふり落《お》ちるのだつた。この時《とき》、中將《ちうじやう》は彼《かれ》のために「決死突撃《けつしとつげき》」の書《しよ》を贈《おく》られた。彼《かれ》はこの書《しよ》と、別《べつ》に時《とき》の第《だい》十四旅團長富塚少將《りよだんちやうとみづかせうしやう》より頂《いたゞ》いた書《しよ》とを、家寶《かほう》として保存《ほぞん》してゐる。

この年《とし》の十一月《ぐわつ》、彼《かれ》は大《おほい》なる決心《けつしん》の下《もと》に、一家《か》を引具《ひきぐ》して、住《す》みなれた北海道《ほくかいだう》の地《ち》を後《あと》にして上京《じやうきやう》した。そして、意外《いぐわい》の困難《こんなん》にぶツつかりつゝも、よく耐《た》え、現在《げんざい》では小石川區《こいしかはく》の共同印刷株式會社《きようどういんさつかぶしきくわいしや》に勤務《きんむ》しつゝ幸福《かうふく》なる日々《ひゞ》を送《おく》つてゐる。なほ、彼《かれ》の家《いへ》は、彼《かれ》の父《ちゝ》を初《はじ》めとして、彼《かれ》の兄《きやう》弟《だい》五人《にん》も軍務《ぐんむ》に服《ふく》してゐるので、さき程《ほど》、名譽《めいよ》の家庭《かてい》として表彰《へうしやう》せられた。

村《むら》の師表《しへう》

=精神《せいしん》一到今日《とうこんにち》を爲《な》した富永熊太郎氏《とみながくまたらうし》=

本籍地　[redacted]鹿兒島縣日置郡[redacted]
負傷程度　左前膊貫通銃創（中關節以下切斷）

一

『皆《みな》さんは愈々本日《いよいよほんじつ》をもつて、當校《たうかう》を卒業《そつげふ》されるのであります。皆《みな》さんの中《なか》には進《すゝ》んで上《うへ》の學校《がくかう》へ行《ゆ》かれる方《かた》もある。又《また》、お父《とう》さんの業《げふ》を繼《つ》いで、商業《しやうげふ》なり、農業《のうげふ》なり、各々家業《おのおのかげふ》に從事《じうじ》される方《かた》が多數《たすう》である事《こと》を知《し》つてゐます。で、お別《わか》れに際《さい》して私《わたし》は、勤勉力行《きんべんりきかう》の人《ひと》、富永熊太郎《とみながくまたらう》さんのお話《はなし》をして、これを皆《みな》さんが門出《かどで》の餞《はなむけ》としたいのであります。

卒業生《そつげふせい》を前《まへ》に、演壇《えんだん》に立《た》つて、話《はなし》をしてゐるのは、鹿兒《かご》島縣日置郡《しまけんひおきぐん》市來町《いちくまち》、市來尋常高等小學校長《いちきじんじやうかうとうせうがくかうちやう》であつた。

卒業生徒《そつげふせいと》も參列者《さんれつしや》も、校長《かうちやう》の言葉《ことば》と共《とも》に、參列者中《さんれつしやちう》の素朴《そぼく》な、木綿《もめん》の着物《きもの》に、木綿羽織《もめんはおり》を着《き》た、片腕《かたうで》のない老人《らうじん》に眼《め》を向《む》けた。校長《かうちやう》は話《はなし》をつづけた。

『皆《みな》さんも御承知《ごしやうち》の通《とほ》り、富永熊太郎《とみながくまたらう》さんは、明治《めいぢ》三十七八年《ねん》の日露戰役《にちろせんえき》に出征《しゆつせい》されて、寒《さむ》さ骨身《ほねみ》も凍《こほ》るやうな滿洲《まんしう》の地《ち》、北部拉木屯《ほくぶらほくとん》と云《い》ふ處《ところ》で歩哨勤務中《ほせうきんむちう》、敵彈《てきだん》の爲《ため》に手首《てくび》を貫通《くわんつう》され、その日野戰病院《ひやせんびやうゐん》で中關節以下《ちうくわんせついか》を切斷《せつだん》されたのであります。傷《きず》が全快《ぜんくわい》して除隊《ぢよたい》となり、家《いへ》へ歸《かへ》つて來《こ》られましたが、當時《たうと》の熊太郎《くまたらう》さんのお家《うち》は、片輪《かたわ》だから遊《あそ》んでゐられると云《い》ふ豐《ゆたか》な家ではなかつたのであります。御家族《ごかぞく》は熊太郎《くまたらう》さんのお母《かあ》さんと、奥《おく》さんの三人《にん》きりでありました。お家《うち》の財産《ざいさん》としては、田地《でんち》が一反《たん》八畝《せ》、畑《はたけ》が二反《たん》七畝《せ》しかなかつたのです。世間《せけん》の人々《ひとびと》は熊太郎《くまたらう》さんは片腕失《かたうでうしな》つて、これから百姓《しやう》も出來《でき》ないだらう、一體《たい》どうされるだらうと噂《うはさ》してゐた程《ほど》であります。然《しか》るに、當《たう》の熊太郎《くまたらう》さんは、片腕《かたうで》位《くらゐ》なくても農業《のうげふ》がやれぬ事《こと》があるものかと、歸《かへ》る早々《さうさう》仕事《しごと》

に從事《じうじ》されたのを見《み》て、村《むら》の人々《ひとびと》は驚《おどろ》き、且《か》つ感心致《かんしんいた》しました。熊太郎《くまたらう》さんのお話《はなし》に依《よ》りますと、最初《さいしよ》のうちは、鍬《くは》も鎌《かま》も、片腕《かたうで》ではどうもうまく使《つか》ふ事《こと》が出來《でき》なかつたが、一生懸命《しやうけんめい》と云《い》ふものは實《じつ》に恐《おそ》る可《べ》きもので、半年餘《はんとしあま》り經《た》つと、別段不自由《べつだんふじいう》も感《かん》ぜず、巧《たく》みに使《つか》ひこなす事《こと》が出來《でき》るやうになつたと云《い》ふ事《こと》です。私《わたし》が修身《しうしん》の時間《じかん》に度々《たびたび》お話《はなし》した「精神一到不成何事《せいしんいつとうなにごとかならざらん》」の格言《かくげん》を熊太郎《くまたらう》さんは見事實行《みごとじつかう》されたのであります。然《しか》も、朝《あさ》は未明《みめい》に起《お》き、夕方《ゆふがた》は暗《くら》くなる迄《まで》、一日《にち》として怠《おこた》る事《こと》なく奮闘《ふんとう》に奮闘《ふんとう》を續《つゞ》けられた結果《けつくわ》、田地《でんち》も以前《いぜん》の三倍餘《ばいよ》、畑《はたけ》も倍《ばい》に殖《ふ》え、今日《こんにち》では何不自由《なにふじいう》なく、御家族《ごかぞく》も殖《ふ》え、豐《ゆたか》に暮《くら》してゐられます。これはみな、勤勉努力《きんべんどりよく》、奮闘《ふんとう》された賜《たまもの》であります。稼《かせ》ぐに追《おひ》つく貧乏無《びんばふな》しと云《い》ふ言葉通《ことばどほ》り、なまけては決《けつ》して偉《えら》くはなれません。人間《にんげん》は誰《たれ》でも勉強《べんきやう》をし、又《また》一生懸命働《しやうけんめいはたら》かねばなりません。皆《みな》さんは富永熊太郎《とみながくまたらう》さんを、生《い》きた御手本《おてほん》として立派《りつぱ》な人《ひと》になつて下《くだ》さい。これをもつて私《わたし》は、皆《みな》さんへお別《わか》れの言葉《ことば》と致《いた》します』

話終《はなしをは》つて校長《かうちやう》は、來賓席《らいひんせき》の富永熊太郎氏《とみながくまたらうし》に一禮《れい》して、演壇《えんだん》を下《くだ》つた。

二

生《い》きたる町《まち》の教訓《けうくん》、片腕《かたうで》の成功者《せいこうしや》、富永熊太郎氏《とみながくまたらうし》は本年《ほんねん》五十九歳《さい》、家業《かげふ》の傍《かたは》ら、大正《たいしやう》五年《ねん》以來現在《いらいげんざい》も町役場《まちやくば》の屬員《ぞくゐん》として勤務中《きんむちう》である。

熊太郎氏《くまたらうし》は明治《めいぢ》二十九年《ねん》十二月《ぐわつ》一日歩兵《とつぽへい》四十五聯隊《れんたい》第四中隊《だいちうたい》へ入隊《にふたい》、同《どう》三十年《ねん》十月《ぐわつ》一日一等卒《とうそつ》となり、同《どう》三十一年《ねん》十一月《ぐわつ》十三日歸休退營《にちききうたいえい》した。

明治《めいぢ》三十七年《ねん》、日露《にちろ》の國交斷絶《こくかうだんぜつ》と共《とも》に、充員召集《じうゐんせうしふ》に應《おう》じ歩兵第《ほへいだい》十三聯隊補充大隊第《れんたいほじうだいたいだい》三中隊《ちうたい》へ入隊《にふたい》、同年《どうねん》九月《ぐわつ》十二日《にち》野戰隊《やせんたい》へ補充員《ほじうゐん》として門司《もじ》を出帆《しゆつぱん》、同月《どうげつ》十五日清國靑泥窪《にちしんこくダルニイ》へ上陸《じやうりく》、戰爭《せんさう》に參加《さんか》した。

同年《どうねん》十二月《ぐわつ》二十九日《にち》、北部拉木屯松林小哨服務中《ほくぶらほくとんしようりんせうせうふくむちう》、左前《さぜん》膊《よく》に貫通銃創《くわんつうじうさう》を受《う》け、卽日入院《そくじつにふゐん》して、中關節以下《ちうくわんせついか》を切斷《せつだん》したのであつた。翌《よく》三十八年《ねん》六月《ぐわつ》十一日傷痍《にちしやうい》に因《よ》り兵役免除《へいえきめんぢよ》となり、免除恩給《めんぢよおんきふ》五十圓增加恩給《ゑんぞうかおんきふ》五十四圓《ゑん》を受《う》ける事《こと》になつたのであつた。

校長《かうちやう》の話《はなし》にもあつたやうに、不具者《ふぐしや》となつて凱旋《がいせん》した時《とき》、村人《むらびと》は云《い》ふ迄《まで》もなく、母《はゝ》や彼《かれ》の妻女《さいぢよ》は特《とく》に、一家《か》の前途《ぜんと》を考《かんが》へずにはゐられなかつた。

『お母《かあ》さんも、お前《まへ》も決《けつ》して行末《ゆくすゑ》を案《あん》じる事《こと》はない、戰爭《せんさう》に出《で》たら生《い》きて歸《かへ》ると思《おも》ふのが間違《まちが》つてゐる。ところが俺《おれ》は幸《さいは》ひにして、片腕《かたうで》は失《うしな》つたが、生《い》きて歸《かへ》つて來《き》たのだ。戰死《せんし》した戰友達《せんいうたち》に較《くら》べたら幾《いく》十倍《ばい》の幸福《かうふく》か判《わか》らない。それだけでも有難《ありがた》いと思《おも》はねばならぬ。まして俺《おれ》は莫大《ばくだい》な恩給《おんきふ》まで頂戴《ちやうだい》したのだ。これから先《さき》は、戰死《せんし》した心算《つもり》で、一生《しやう》懸命《けんめい》働《はたら》くぞ。お母《かあ》さんもお前《まへ》も俺《おれ》と一緒《しよ》に働《はたら》いてくれ。稼《かせ》ぐに追《お》ひつく貧乏《びんばふ》なしだよ。』

出征前《しゆつせいまへ》に勝《まさ》る彼《かれ》の勤勉振《きんべんぶ》りには、村人《むらびと》も舌《した》を卷《ま》いて感心《かんしん》した。

『なまけてはいけない、片腕《かたうで》の熊太郎《くまたらう》さんを見《み》るがいゝ』

さう云《い》つて、村《むら》の親達《おやたち》は子弟《してい》を勵《はげ》ます生《い》きた手本《てほん》にするのである。

現在《げんざい》では家族《かぞく》も六人《にん》となり、生活《せいくわつ》は豐《ゆた》か、その上《うへ》に恩給《おんきふ》もずつと增加《ぞうか》してゐるが、その金《かね》を無駄《むだ》に消費《せうひ》するやうな事《こと》は絶對《ぜつたい》にない。どの點《てん》から見《み》ても、彼《かれ》は生《い》きた教訓《けうくん》である。卒業生《そつげふせい》を前《まへ》に、校長先生《かうちやうせんせい》が、彼《かれ》の勤勉振《きんべんぶ》りを訓話《くんわ》にするのも當然《たうぜん》と云《い》ふ可《べ》きだ。

君恩《くんおん》への感謝《かんしや》

＝一斗《と》買《かひ》から身《み》を興《おこ》した尾林兼《をばやしかね》三郎氏《らうし》＝

本籍地	東京市小石川區
負傷程度	右上膊貫通銃創

『私《わたし》の成功美談《せいこうびだん》——など、言《い》ふ程《ほど》のものでもありませんが私《わたし》の負傷後《ふしやうご》、今日《こんにち》に至《いた》つた經過《けいくわ》をお話致《はなしいた》しませうか。』

尾林兼《をばやしかね》三郎氏《らうし》は、かう言《い》つて右腕《みぎうで》を輕《かる》く擦《さす》つた。

『私《わたし》が徵兵檢査《ちようへいけんさ》に合格《がふかく》したのは明治《めいぢ》二十六年《ねん》で、翌年《よくねん》は日《につ》清戰爭《しんせんさう》に從軍致《じゆうぐんいた》しましたが、その折《をり》は、大《たい》した戰爭《せんさう》に參加《さんか》も出來《でき》ずに無事凱旋《ぶじがいせん》しました。除隊後《ぢよたいご》妻《つま》を迎《むか》へて十年近《ねんちか》く白米商店《はくまいしやうてん》に雇《やと》はれてゐましたが、明治《めいぢ》三十七年《ねん》を迎《むか》へて、日露戰爭勃發《にちろせんさうぼつぱつ》するや、後備兵《こうびへい》とて動員下令《どうゐんかれい》を受《う》け、再度出征《さいどしゆつせい》する事《こと》となりました。日清戰爭《につしんせんさう》で戰火《せんくわ》を浴《あ》びた經驗《けいけん》のある私《わたし》は、日露戰爭《にちろせんさう》では思《おも》ふ存分《ぞんぶん》の御奉公《ごほうこう》がしたいと思《おも》つてゐましたが、後備步兵第《こうびほへいだい》十五聯隊《れんたい》に屬《ぞく》し、二〇三高地《かうち》に於《お》ける戰鬪中《せんとうちう》、右上膊部貫通骨折銃創《みぎじやうはくぶくわんつうこつせつじうさう》を蒙《かうむ》り、後送《こうさう》せられて、治療《ちれう》に手《て》をつくしましたが、遂《つひ》に右腕《みぎうで》は運用不能《うんようふのう》となり、兵役免除《へいえきめんぢよ》となりました。内地《ないち》に送還《そうくわん》されるまでの間《あひだ》は、各《かく》地《ち》の野戰病院《やせんびやうゐん》で治療《ちれう》をうけてゐましたが、遙《はる》かに砲彈《はうだん》の音《おと》や銃聲《じうせい》や喇叭《らつぱ》の音《おと》などを聞《き》くと、不自由《ふじいう》な自分《じぶん》の體《からだ》が情無《なさけな》くなつて、傷《きず》ついた戰友達《せんいうたち》は無念《むねん》の叫《さけ》びをあげる者《もの》さへありましたよ。私《わたし》には私《わたし》を賴《たよ》る妻《つま》と子《こ》が居《を》ります。出征中《しゆつせいちう》は親類《しんるゐ》の者《もの》の家《うち》で寄食《ゐさうらふ》のやうな生活《せいくわつ》をしてゐたのですが、私《わたし》が兵役免除《へいえきめんぢよ》となつて歸《かへ》つて來《き》た以上《いじやう》、私《わたし》が働《はたら》いて食《く》はせねばなりません。しかし、大切《たいせつ》な右腕《みぎうで》の不自由《ふじいう》である私《わたし》に出來《でき》る職業《しよくげふ》といふのは、極《ご》く限《かぎ》られた狹《せま》い範圍《はんゐ》であります。滿《まん》一年間《ねんかん》といふもの、徒《いたづ》らに職《しよく》をさがして歩《ある》くばかりで、一定《てい》の收入《しうにふ》とてなく、親子《おやこ》の生活《せいくわつ》は實《じつ》に窮乏《きうばふ》のどん底《そこ》でした。妻《つま》はよく賃《ちん》仕事《しごと》をして働《はたら》いて吳《く》れ、どうにか生《い》きて行《ゆ》くといふことだけは出來《でき》ましたが、今《いま》になつて考《かんが》へて見《み》れば、よくあれで

生《い》きて行《ゆ》けたものだと思《おも》はれます。私《わたし》や妻《つま》は食事《しよくじ》を一日《にち》に一食《しよく》、現在《げんざい》では健康療法《けんかうれうはふ》などと、食《た》べ物《もの》をわざと二食《しよく》にしたりする人《ひと》もあります。がそんな食物《しよくもつ》が有《あ》つての上《うへ》の減食《げんしよく》ぢやアありません。それだけしか喰《た》べられなかつたんです。でも子供《こども》はさういふ譯《わけ》には行《ゆ》きません。どんな食物《しよくもつ》でも一日《にち》三度《ど》食《た》べさせました。こんな生活《せいくわつ》の中《なか》へ賑恤金《じんじゆつきん》百九十八圓《ゑん》を給與《きふよ》されたんですから、私《わたし》と妻《つま》は手《て》を握《にぎ》り合《あ》つて鴻恩《こうおん》に感泣《かんきふ》しました。あんなにお金《かね》を有難《ありがた》いと思《おも》つたことはありませんな。その頃《ころ》（明治《めいぢ》四十年頃《ねんごろ》）の百九十八圓《ゑん》と言《い》へば大金《たいきん》です。旱天《かんてん》に雨《あめ》を得《え》た喜《よろこ》びとはあんな事《こと》を言《い》ふんでせうね。この金《かね》を持《も》つた私《わたし》は、實際《じつさい》これを何《ど》う言《い》ふことに使用《しよう》したら一番《ばん》いゝかと考《かんが》へました。勿論《もちろん》この金《かね》を資本《しほん》に親子《おやこ》の生活《せいくわつ》を立《た》てゝ行《ゆ》くといふ問題《もんだい》ですが、右腕《みぎうで》の自由《じいう》の利《き》かぬ私《わたし》は、一年間《ねんかん》の求職生活《きうしよくせいくわつ》に自分《じぶん》は如何《どう》しても月給取《げつきふと》りの職《しよく》に就《つ》くことが出來《でき》ぬと斷念《だんねん》させられたため、商人《しやうにん》で食《く》つて行《ゆ》かうと考《かんが》へました。商人《しやうにん》になるなら少《すこ》しは經驗《けいけん》のある白米商《はくまいしやう》が一番近道《ばんちかみち》だと思《おも》ひ、その賑恤金《しんじゆつきん》を資本《しほん》に『白米《はくまい》の一斗買《とか》ひ』から始《はじ》めました。この白米《はくまい》の一斗買《とか》ひといふ奴《やつ》は、大店《おほだな》から一斗《と》の白米《はくまい》を仕入《しい》れて來《き》ては、それを一升《しよう》だの、五合《がふ》だのと分《わ》け賣《う》りすることで、白米小賣《はくまいこうり》店《みせ》といふ奴《やつ》です。この商賣《しやうばい》は、繁華《はんくわ》な市街《しがい》では失敗《しつぱい》を見《み》ることは當然《たうぜん》です。何故《なぜ》つて、大商店《だいしやうてん》や、立派《りつぱ》な屋敷《やしき》で白米《はくまい》を一升《しよう》だの、五合《がふ》だのつて買《か》ひには來《き》ませんや。それで彼方此方《あつちこつち》と適當《てきたう》な場所《ばしよ》を探《さが》しましたところ、下谷《したや》の山伏町《やまぶしちやう》の横町《よこちやう》に、丁度《ちやうど》いゝ家《うち》が見《み》つかりましたので、その家《うち》を貸《か》りて尾林白米小賣店《をばやしはくまいこうりてん》といふ極《ご》く貧弱《ひんじやく》な看板《かんばん》をかけることが出來《でき》ました。開店《かいてん》してからは全《まつた》く親子《おやこ》が不眠不休《ふみんふきう》で働《はたら》きました。何《な》に商賣《しやうばい》も信用《しんよう》が第一《だい》です。特《とく》にこの白米小賣商店《はくまいこうりしやうてん》といふ奴《やつ》は、あの店《みせ》のは量《はか》りがよいとか惡《わる》いとか批評《ひひやう》の多《おほ》い中《うち》、私《わたし》のは手《て》がわるいために桝《ます》の量《はか》り方《かた》が不器用《ぶきよう》なので抑《かへ》つてお客様《きやくさま》の好評《かうひやう》を博《はく》しました。妻《つま》も良《よ》く私《わたし》の商賣《しやうばい》を手傳《てつだ》つてくれました。私《わたし》が配達《はいたつ》するときは、店《みせ》の番《ばん》をし、私《わたし》が創《きず》の疼痛《とうつう》に苦《くる》しむときは、私《わたし》に代《かは》つて配達《はいたつ》して吳《く》れたし、その他《た》、食事《しよくじ》の用意《ようい》や、家事《かじ》のすべてを妻一人《つまひとり》でしたからね。また、さうやつて働《はたら》かなければ家族《かぞく》が食《く》つて行《ゆ》けませんでした。仕入《しい》れて來《き》た米《こめ》が、一週《しう》も賣《う》れ切《き》れずにゐると

きは、どん／＼と資本金《しほんきん》が減《へ》つて行《ゆ》くんですからね。』

これまで話《はな》した彼《かれ》は、慘《みじ》めだつたその頃《ころ》を追想《つひさう》して、淋《さび》しい頰笑《ほゝゑ》みを浮《うか》べ、茶《ちや》をぐつと飲《の》み干《ほ》してまた話《はな》し出《だ》した。

『だが、世間《せけん》といふものは有難《ありがた》いもんですね、私達《わたしたち》のかうした努力《どりよく》は次第《しだい》に報《むく》いられて、明治《めいぢ》から大正《たいしやう》に移《うつ》る頃《ころ》は、餘程《よほど》の顧客《おとくゐ》も出來《でき》て來《き》ましたので、その日《ひ》その日《ひ》に追《お》はれるやうな、苦痛《くつう》からは脫《のが》れることが出來《でき》ました。

あゝ、さう／＼。その前《まへ》でしたが、私達《わたしたち》に賑恤金《しんじゆつきん》と共《とも》に忘《わす》れられないのは、從軍中《じゆうぐんちう》の行賞《かうしやう》として、勳《くん》八等白色桐葉《とうはくしよくどうえう》章《しやう》と金《きん》百圓《ゑん》を授與《じゆよ》されたことです。

賑恤金《しんじゆつきん》百九十八圓《ゑん》とこの百圓《ゑん》と勳《くん》八等白色桐葉章《とうはくしよくどうえうしやう》は、私《わたし》の家《うち》の祖先《そせん》と共《とも》に守本尊《まもりほんぞん》として、生活《せいくわつ》に少《すこ》し餘裕《よゆう》の出來《でき》た明治《めいぢ》の末期《まつき》から、これを取《と》り除《のぞ》いて保存《ほぞん》してゐます。』

かうした苦勞《くらう》を經《へ》た人《ひと》のみが持《も》つてゐる、柔《やはら》かい頰笑《ほゝゑ》みを仰《あふ》ぎながら筆者《ひつしや》が、

『では、何時頃《いつごろ》からこの櫻木町《さくらぎちやう》の方《はう》へ移轉《いてん》されたんですか。』

と尋《たづ》ねると、

『さうですね。大正二年《たいしやうねん》でした。その頃《ころ》になりますと、もう白米《はくまい》一斗《と》賣《か》ひの小賣店《こうりてん》も、次第《しだい》に減少《げんせう》してゐましたので私達《わたしたち》が七年間《ねんかん》の貯金《ちよきん》で、この交通《かうつう》の便利《べんり》な處《ところ》に店《みせ》を開《ひら》きました。開店當時《かいてんたうじ》の氣持《きもち》は、矢張山伏町《やはりやまぶしちやう》の横町《よこちやう》に小賣店《こうりてん》を開《ひら》いた時《とき》と同《おな》じです。少《すこ》しでも早《はや》く近所《きんじよ》の人々《ひとびと》の信用《しんよう》を得《え》なければなりません。一生懸命《しやうけんめい》にやりましたよ。顧客《おとくゐ》が出來《でき》れば、それを頼《たよ》つて、どん／＼商賣區域《しやうばいくいき》を擴《ひろ》げて行《ゆ》く。全《まつた》く商人《しやうにん》は信用《しんよう》一つで乘《の》るかそるかですからね。そのうちに使用人《しようにん》も一人《ひとり》、二人《ふたり》と増《ま》して行《ゆ》きましたが、私《わたし》の成功美談《せいこうびだん》などと言《い》ふものは、まつたく何《なん》の變哲《へんてつ》もない、世間《せけん》の何處《どこ》にも轉《ころ》がつてゐるもんですよ。』

あくまでも謙遜《けんそん》して誇張《こちやう》なく語《かた》る彼《かれ》の談話中《だんわちう》に、彼《かれ》の血《ち》の滲《にじ》んだ生活苦鬪《せいくわつくとう》が滿《み》ち溢《あふ》れてゐる。

『私《わたし》の唯《ただ》一つの一生念願《しやうねんぐわん》として來《き》たことは、他人《たにん》に迷惑《めいわく》をかけぬといふことでした。不自由《ふじゆう》な腕《うで》が、私《わたし》の、大《たい》した財産《ざいさん》でもありませんが、今日《こんにち》のやうになるまでの資本金《しほんきん》となつて報《むく》ひられたのです。私《わたし》は負傷《ふしやう》することに依《よ》つて今日《こんにち》を得《え》たやうな氣《き》がしてならんのですが、實際《じつさい》さうでせう。賑恤金《しんじゆつきん》と行賞賜金《かうしやうしきん》を資本《しほん》として白米小賣店《はくまいこうりてん》を開店《かいてん》したのが明治《めいぢ》三十九年《ねん》の九月《ぐわつ》、あれからもう、二十八年《ねん》の年月《としつき》が流《なが》れてゐますが、その長《なが》い間《あひだ》、特別《とくべつ》に才能《さいのう》ある私《わたし》でもなく、商賣上手《しやうばいじやうず》な私《わたし》でもないのに、今日《こんにち》、この繁華《はんくわ》な大通《おほどほ》りに店《みせ》を構《かま》へ得《え》たのは、たゞ二度《ど》の戰火《せんくわ》を浴《あ》びた尊《たふと》い經驗《けいけん》と兵役《へいえき》免除《めんぢよ》となつて後《のち》の滿《まん》一年間《ねんかん》の苦《にが》い失業《しつげふ》の體驗《たいけん》を得《え》てゐたためですよ。なにしろ、若《も》し一度《ど》商賣《しやうばい》に失敗《しつぱい》したら最後《さいご》、もう起《た》つことが出來《でき》なくなると考《かんが》へて、商賣《しやうばい》上《じやう》の取引《とりひき》にも細心《さいしん》の注意《ちうい》を拂《はら》ひ、儲《まう》けるといふことよりも、損《そん》をしないといふ程度《ていど》で、こつ／＼と働《はたら》いて來《き》たからだらうと思《おも》ひます。』

彼《かれ》は六十二歳《さい》の老年《らうねん》でありながら、その言語《げんご》、動作《どうさ》は若《わか》者《もの》を凌《しの》ぐ程《ほど》の活潑《くわつぱつ》さである。

『山伏町《やまぶしちやう》にゐた頃《ころ》は、在郷軍人會《ざいがうぐんじんくわい》の委員《ゐゐん》をやつてたさうですね。』

『あゝ、さうです。あれは明治《めいぢ》四十年《ねん》で在郷軍人會《ざいがうぐんじんくわい》が創立《さうりつ》した頃《ころ》でした。あの時《とき》は、まだ若者《わかもの》でしたが、もうこんな

に老人《らうじん》になつては時折《ときをり》、町會《ちやうくわい》の御方《おかた》が、役員《やくゐん》にと種々《いろ／＼》と勸《すゝ》めてくれますが、もう隱退《いんたい》してもいゝ頃《ころ》ですから、辭退《じたい》してゐます。』

彼《かれ》の回顧談《くわいこだん》はこれで終《をは》つたが、彼《かれ》は隱退《いんたい》でなく勇退《ゆうたい》である。世《よ》の幾多《いくた》の荒波《あらなみ》と鬪《たゝか》ひ續《つゞ》けて來《き》た彼《かれ》の後繼者《こうけいしや》は、もう全《まつた》く成長《せいちやう》し切《き》つてゐるし、繁華《はんくわ》な櫻木町《さくらぎちやう》の市街《まち》に尾林白米《をばやしはくまい》商《しやう》の大看板《おほかんばん》を掲《かゝ》げた彼《かれ》であつて見《み》れば、六十歳《さい》の坂《さか》を越《こ》えた彼《かれ》は勇退《ゆうたい》してもいゝだらう。

大商店《だいしやうてん》に坐《すわ》つてゐる彼《かれ》が、一日《にち》の食《しよく》を一回《くわい》に減《げん》じて明日《あす》の日《ひ》を待《ま》つた一失業者《しつげふしや》であり、不自由《ふじゆう》な右腕《みぎうで》を働《はたら》かせて、米《こめ》の白粉《こな》に塗《まみ》れて驅《か》け廻《まは》つた、明治末期《めいぢまつき》の、山伏町横町《やまぶしちやうよこちやう》の一斗《と》買《か》ひの白米小賣店主人《はくまいこうりてんしゆじん》と思《おも》ふものがあり得《う》るだらうか。

百九十八圓《ゑん》の賑恤金《しんじゆつきん》を資本《しほん》に、苦鬪《くとう》三十年《ねん》の近《ちか》きに渡《わた》つた彼《かれ》、尾林兼三郎氏《をばやしかねさぶらうし》の回顧談《くわいこだん》は尊《たふと》き體驗《たいけん》の成功美談《せいこうびだん》で、時世《せい》は幾變遷《いくへんせん》しても永劫變《えいごうかは》りない眞理《しんり》である。吾人《ごじん》の由《よう》て以《もつ》て範《はん》とするに足《た》る美談《びだん》と信《しん》ずる。

起伏《きふく》ある人生《じんせい》

＝倒《たふ》れても猛然《まうぜん》起上つた岡田三五郎氏《をかださんごらうし》＝

本籍地　佐賀縣東松浦郡嚴木村[redacted] [redacted]
負傷程度　左上膊骨折貫通銃創

一

『質屋《しちや》の旦那《だんな》もいよいよ行《い》きなさる！』

それは、明治《めいぢ》三十七年《ねん》の秋《あき》も末《すゑ》のことだ。國運《こくうん》を賭《と》して日露戰爭《にちろせんさう》が、日《ひ》に日《ひ》に擴大高潮《くわうだいかうてう》して行《い》つて、皇軍《くわうぐん》が連戰連勝《れんせんれんしやう》の報《はう》に、國民《こくみん》は擧《こぞ》つて湧《わ》きかへつてはゐたものゝ、惜《を》しや敵彈《てきだん》にあたつて護國《ごこく》の鬼《おに》となつてしまふ將士《しやうし》の數《すう》も、それだけにまた少《すく》なくはなかつた。しかも、近《ちか》い中《うち》には、最後《さいご》の一大決戰《だいけつせん》が見越《みこ》されてゐる時《とき》でもある。補充《ほとう》に補充《ほとう》を重《かさ》ねて、今《いま》や豫後備《よこうび》にも動員令《どうゐんれい》は相次《あひつ》いで下《くだ》された。

佐賀縣東松浦郡嚴木村《さがけんひがしまつうらぐんいはきむら》の岡田三五郎氏《をかださんごらうし》も、同《おな》じ頃《ころ》に動員《どうゐん》された一人《ひとり》で、豫備《よび》の歩兵伍長《ほへいごちやう》だつた。農業《のうげふ》のかたはら、親切《しんせつ》な質屋《しちや》さんとして、近隣《きんりん》に平素《へいそ》から德望《とくばう》のあつた人《ひと》だけに、かうした場合《ばあひ》に處《しよ》する覺悟《かくご》も、充分出來《じうぶんでき》てゐたと見《み》え、從容《しようよう》として國難《こくなん》の庭《には》に赴《おもむ》いた。そして、砲煙彈雨《はうえんだんう》の中《なか》に、轉戰《てんせん》また轉戰《てんせん》、數々《かず／＼》の勳功《くんこう》を樹《た》てた後《のち》に、翌明治《よくめいぢ》三十八年《ねん》三月《ぐわつ》三日《か》、奉天《ほうてん》の大會戰《だいくわいせん》にも參加《さんか》したが、つひに左上《さじやう》膊部《はくぶ》に貫通銃創《くわんつうじうさう》を受《う》け、肉破《にくやぶ》れ骨碎《ほねくだ》ける重傷《ちうしやう》に、涙《なみだ》を飲《の》んで後方《こうはう》の野戰病院《やせんびやうゐん》に送《おく》られ、そこで軍醫《ぐんい》の周到《しうたう》なる手術《しゆじゆつ》を受《う》けて、幾個《いくこ》かの小銃彈片《せうじうだんぺん》を拔《ぬ》き取《と》り、約半歳《やくはんさい》の後《のち》に、名《めい》譽《よ》の負傷兵《ふしやうへい》として内地《ないち》に送還《そうくわん》されたのである。

二

ところで、生還《せいくわん》を期《き》さなかつた内地《ないち》へ歸《かへ》り、再《ふたゝ》び懷《なつか》しい我《わ》が家《や》に落着《おちつ》きはしたやうなものゝ、彼《かれ》は、そこではたと行《ゆ》き詰《づま》つてしまつた。

『自分《じぶん》は、これから、どうしたらいゝのか？』

最早《もはや》、鋤《すき》や鎌《かま》を持《も》つて、田畑《たはた》へ出《で》られる身體《からだ》ではなかつた。また、永《なが》い間《あひだ》家事《かじ》を顧《かへり》みる遑《いとま》が無《な》かつたために、今《いま》まで經營《けいえい》して來《き》た質商《しちしやう》を、再《ふたゝ》び繼續《けいぞく》してやれるだけの資本《しほん》も無《な》い。

いや、そればかりではなく、自分《じぶん》よりは遙《はるか》に潤澤《じゆんたく》な資本《しほん》を持《も》つた商賣敵《しやうばいがたき》さへ出現《しゆつげん》して、出征《しゆつせい》した留守《るす》の間《ま》に多年《たねん》の華客《とくゐ》を殘《のこ》らず奪《うば》はれてゐる。今《いま》さら、どうあがいて見《み》ても、この強敵《きやうてき》を向《むか》ふに廻《まは》して、再《ふたゝ》び質商《しちしやう》の暖簾《のれん》をかける手段《てだて》はない。

『困《こま》つた！　實《じつ》に困《こま》つた！』

さすがの彼《かれ》も、腕《うで》を拱《こまね》いて嘆息《たんそく》するほかはなかつた。

『ねえあなた、ほんとに、これからどうしてやつて行《い》つたらいゝんでせう？』

永《なが》い間《あひだ》、主人《しゆじん》の留守《るす》を守《まも》つて來《き》た貞淑《ていしゆく》な岡田夫人《をかだふじん》も、そばから憂《うれ》はし氣《げ》に彼《かれ》を見上《みあ》げた。

『どうもかうもないさ——まあいゝ。俺《おれ》にまかして置《お》きなさい！　自力更生《じりきかうせい》、決《けつ》してお前達《まへたち》に飢《ひも》じい思《おも》ひはさせないから』

彼《かれ》は、家人《かじん》に心配《しんぱい》させることを、男子《だんし》の恥《はぢ》と思《おも》つて、口《くち》では強《つよ》くそんなふうには云《い》つたが、さてその方法《はうはふ》はと問《と》はれると、やはり名案《めいあん》はないのだつた。

轉輾反側《てんてんはんそく》、眠《ねむ》られぬ日《ひ》が幾日《いくにち》も過《す》ぎた。が、不撓不屈《ふたうふくつ》の精神《せいしん》を叩《たゝ》きこまれてゐる彼《かれ》は、つひに希望《きばう》の曙光《しよくわう》を摑《つか》むことが出來《でき》た。不自由《ふじゆう》な自分《じぶん》にも適《てき》し、女《をんな》や子供《こども》にも樂《らく》に手《て》傳《つだ》へる仕事《しごと》！

彼《かれ》は、初《はじ》めて朗《ほがらか》な笑顔《ゑがほ》を、妻《つま》に見《み》せることが出來《でき》た。

三

翌日《よくじつ》からの彼《かれ》は、まるで別人《べつじん》のやうに元氣《げんき》だつた。近所《きんじよ》から數人《すうにん》の百姓《ひやくしやう》を傭《やと》つて來《き》て、今《いま》まで荒《あ》れるに委《まか》せてあつた自分《じぶん》の畑《はたけ》を、地均《ちなら》しした。そして、幾本《いくほん》もの果樹《くわじゆ》を購入《こうにふ》して、さゝやかながらも、岡田果樹園《をかだくわじゆゑん》といふものを作《つく》り上《あ》げた。

『どうだ！　これなら畑《はたけ》を耕《たがや》す心配《しんぱい》はいるまい。』

『えゝ、ですけど肥料《ひれう》をやつたり……』

『はゝゝゝ、肥料《ひれう》ぐらゐは俺《おれ》にだつてやれるよ。それに蟲《むし》

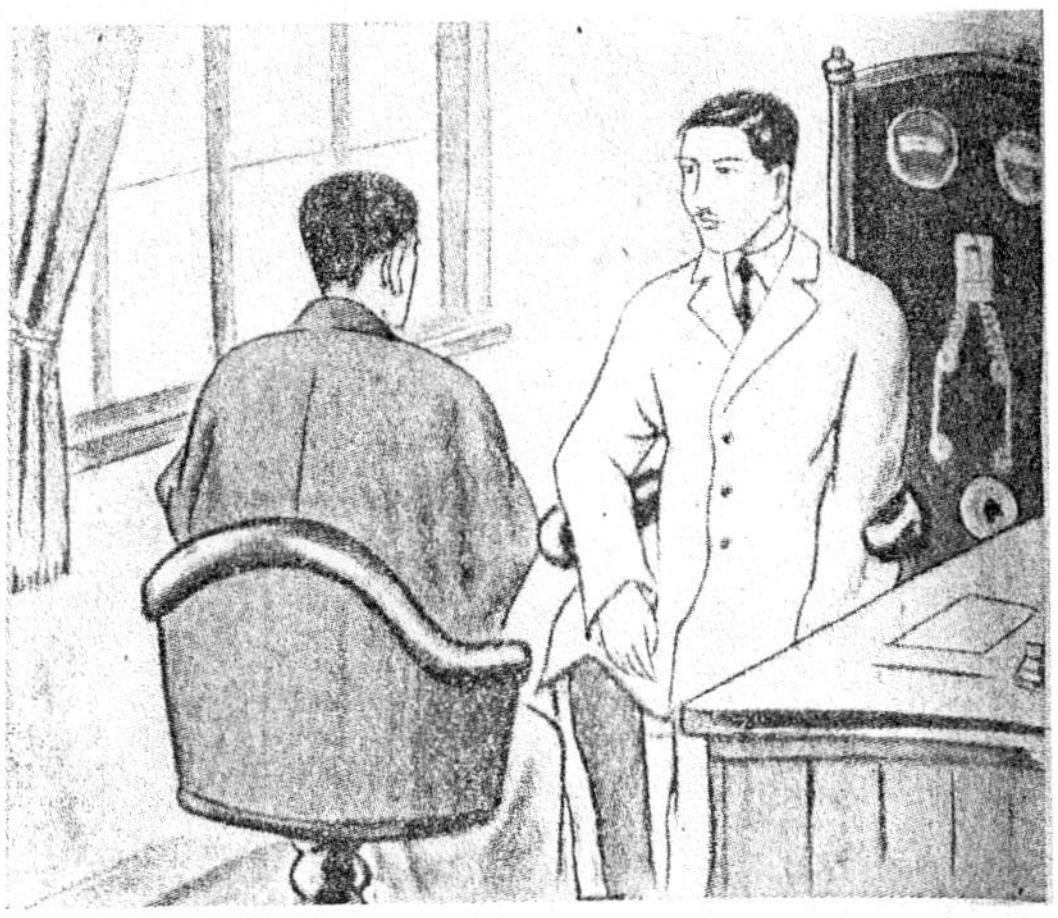

取《と》り——これはお前《まへ》にだつて出來《でき》るだらう?』

『それや出來《でき》ますとも!』

『果物《くだもの》といふものは健康《けんかう》には缺《か》くことの出來《でき》ないものだからね。今《いま》に日本人《につぽんじん》だつて、食後《しよくご》には果物《くだもの》、といふやうにきつとなるから。』

『まあ! さうなつたら、どんなに嬉《うれ》しいでせう!』

岡田夫妻《をかだふさい》は、やがて瑞々《みづみづ》しい果物《くだもの》が堆高《うづたか》く收穫《しうくわく》される日《ひ》を胸《むね》に描《ゑが》いて、心《こゝろ》から微笑《ほゝゑ》みあつた。

『それにさ、俺《おれ》の恩給《おんきふ》もあるだらう。心配《しんぱい》することなんか一つだつてないぢやないか!』

『ほんとに——あたくしも安心《あんしん》して、一生懸命《しやうけんめい》に働《はたら》きますわ。』

四

彼《かれ》の見込《みこ》みは成功《せいこう》だつた。年々歳々《ねんねんさいさい》果物《くだもの》を食《た》べる習慣《しふくわん》が日本人《につぽんじん》にも盛《さかん》になつて、その結果《けつくわ》が岡田果樹園《をかだくわじゆゑん》にも幸《さいは》ひした。規模《きぼ》こそ小《ちひ》さかつたが、内容《ないよう》は逐年改善《ちくねんかいぜん》されて、世間《せけん》の信用《しんよう》も次第《しだい》に厚《あつ》くなり、充分採算《じうぶんさいさん》も取《と》れるやうになつた。


ところで、昔《むかし》からの數《かぞ》へ歌《うた》にもあるやうに、思《おも》ふこと一つかなへばまた二つ、三つ、四つ五つ六つかしの世《よ》やで、永年地道《ながねんぢみち》に踏《ふ》ん張《ば》つて來《き》た彼《かれ》の心《こゝろ》に、ふと一攫千金《いつくわくせんきん》の夢魔《むま》が忍《しの》び込《こ》んだ。

『そんな無鐵砲《むてつぱう》なことをしないだつて——』

夫人《ふじん》が、誠實《せいじつ》を籠《こ》めた諫止《かんし》も、彼《かれ》の野心《やしん》に燃《も》え狂《くる》つた心《こゝろ》には、何《なん》の效果《かうくわ》をも持《も》ち來《き》たさなかつた。

『お前《まへ》なんか、默《だま》つてゐなさい! 俺《おれ》は、この果樹園《くわじゆゑん》を日本《にほん》一にして見《み》せるんだ。そのためには金《かね》が要《い》る。だからこそ思《おも》ひ立《た》つたこの投機《やま》ぢやないか! まあ默《だま》つて、天下《てんか》の岡田《をかだ》になる日《ひ》を見《み》てゐなさい!』

そして、彼《かれ》は投機事業《とうきじげふ》に突《つ》き進《すゝ》んだ。が、その結果《けつくわ》は、おきまりの失敗零落《しつぱいれいらく》だつた。永《なが》い間《あひだ》築《きづ》き上《あ》げた汗《あせ》の結晶《けつしやう》である果樹園《くわじゆゑん》も、空《むな》しく人手《ひとで》に渡《わた》つてしまひ、先代《せんだい》から受《う》け嗣《つ》いだ家藏《いへくら》も、二重三重《ちやうちやう》の抵當《ていたう》に打《ぶ》ち込《こ》まれてしまつた。

『あなた!』

『うん!』

またしても岡田夫妻《をかだふさい》が、顏《かほ》を見合《みあ》はして嘆息《たんそく》する日《ひ》がやつて來《き》た。

五

妻子《さいし》を故郷《こきやう》の親戚《しんせき》に托《たく》し、彼《かれ》が單身朝鮮《たんしんてうせん》の京城《けいじやう》へ渡《わた》つたのは、昭和《せうわ》二年《ねん》の五月《ぐわつ》だつた。文字通《もじどほ》りの、それは放浪《はうらう》だつた。公園《こうゑん》のベンチに寢《ね》たり、木賃宿《きちんやど》に泊《とま》たり——青雲《せいうん》の志《こゝろざし》こそ捨《す》てはしなかつたが、まさに一介《かい》のルンペンに墮《お》ちてしまつたのである。そして、その不規則《ふきそく》な生活《せいくわつ》は、一月《つき》と經《た》たぬ中《うち》に、彼《かれ》の古傷《ふるきず》に禍《わざはひ》して、激《はげ》しい疼痛《とうつう》に惱《なや》むやうになつた。

『俺《おれ》はもう駄目《だめ》なのか!』

さすがの彼《かれ》も暗然《あんぜん》となつてゐる時《とき》、圖《はか》らずも神《かみ》の福音《ふくいん》のやうな言葉《ことば》を、囁《さゝや》きかけてくれる人《ひと》があつた。

『杉田氏《すぎたし》發明《はつめい》のエチエスライト光線治療《くわうせんちれう》をやつてごらんなさい。そんな痛《いた》みなんか、すぐに癒《なほ》るから。』

『エチエスライト光線《くわうせん》。』

『さうですよ。丁度今《ちやうどいま》、講習會《かうしふくわい》があるから、そこへ行《い》つて御覽《ごらん》なさい。』


彼《かれ》は欣喜雀躍《きんきじやくやく》して、敎《をし》へられた講習會《かうしふくわい》へ行《い》つた。そして事情《じじやう》を話《はな》して施術《しじゆつ》して貰《もら》ふと、確《たしか》にいゝ! 痛《いた》みも薄《うす》らぎ氣分《きぶん》も爽快《さうくわい》になつた。

『これだ! 有難《ありがた》い!』

彼《かれ》は早速《さつそく》その講習會《かうしふくわい》に入會《にふくわい》した。二ケ月餘《げつあま》り經《た》つと、もう一人前《にんまへ》のエチエスライト光線治療師《くわうせんちれうし》になつた。

『有難《ありがた》い!』

世《よ》の中《なか》には、自分《じぶん》と同《おな》じやうに、古傷《ふるきず》に惱《なや》むもの、慢性《まんせい》のリユウマチや胃腸病《ゐちやうびやう》に苦《くる》しむもの——醫者《いしや》に愛想《あいさう》を盡《つ》して、ひと知《し》れず苦《くる》しみ惱《なや》んでゐるものは實《じつ》に多《おほ》い。自分《じぶん》はそれらの人《ひと》を救《すく》つてやらう! そして、それを自分《じぶん》一生《しやう》の天職《てんしよく》としよう!

彼《かれ》は、早速郷里《さつそくきやうり》の妻子《さいし》へ打電《だでん》して、とにかく、電氣光線《でんきくわうせん》治療《ちれう》に入用《にふよう》な機械《きかい》の購入費《こうにふひ》を調達《てうたつ》した。千二百圓餘《あんよ》——それこそ、血《ち》の出《で》るやうな最後《さいご》の金《かね》だつた。

六

昭和《せうわ》二年《ねん》の八月《ぐわつ》のある日《ひ》、咸鏡南道《かんきやうなんだう》の咸興《かんこう》に、京城《けいじやう》から來《き》た一人《ひとり》の電氣《でんき》マッサーヂ師《し》があつた。親切《しんせつ》でよく、病人《びやうにん》を直《なほ》すといふので、忽《たちま》ち町中《まちぢう》の評判《ひやうはん》になつた。

『豪《えら》い先生《せんせい》だ!』

『永年《ながねん》の神經痛《しんけいつう》が直《なほ》つた!』

町《まち》の人《ひと》は、二人《ふたり》寄《よ》ればその噂《うはさ》だつた。

間《ま》もなく、晴《は》れやかな笑顏《ゑがほ》をした奧《おく》さんまでが、そのエチエスライト治療師《ちれうし》の家《うち》に見《み》られるやうなつた。

『先生《せんせい》も親切《しんせつ》だが、奧《おく》さんも好《い》い方《かた》だ!』

それは、七轉八起《ころびおき》の末《すゑ》に、エチエスライトの光線治療師《くわうせんちれうし》となつた岡田三五郎氏夫妻《をかださんごらうしふさい》だつた。稅務署《ぜいむしよ》の所得調査《しよとくてうさ》にも月收《げつしう》二百圓餘《ゑんよ》とある。

『人間《にんげん》、決《けつ》して希望《きばう》を捨《す》てないことです。希望《きばう》さへ捨《す》てなければ——私《わたし》なんぞは、一時《じ》は全《まつた》くのルンペンでしたからねえ……』

彼《かれ》の成功《せいこう》と聲望《せいばう》を聞《き》いて、人生《じんせい》の行路《かうろ》に行《ゆ》き惱《なや》んだ人《ひと》が訪《たづ》ねて行《い》つて相談《さうだん》すると、今年《ことし》六十歳《さい》の岡田氏《をかだし》はいつでもさう云《い》つて、親切《しんせつ》に諭《さと》されるといふことである。

運命《うんめい》の開拓者《かいたくしや》

＝下駄屋《げたや》となつて働《はたら》く渡邊長太郎氏《わたなべちやうたらうし》＝

本籍地	新潟縣北蒲原郡[redacted]
負傷	[redacted]
程度	凍傷ニヨリ兩手五指（右二、左三）第一關節附近ヨリ切斷

一

越後《えちご》の新發田《しばた》へ行《い》つて、指《ゆび》の無《な》い下駄屋《げたや》さんと問《と》へば、あゝあの人《ひと》のことかと、誰《だれ》でもがすぐに頷《うなづ》いて見《み》せるほど有名《いうめい》な一人《ひとり》の人物《じんぶつ》がゐる。その名前《なまへ》は渡邊長太郎《わたなべちやうたらう》と云《い》つて、本年《ほんねん》五十二歳《さい》の働《はたら》き盛《さか》り、同業者間《どうげふしやかん》に隱然《いんぜん》と重《おも》きを爲《な》してゐるばかりか、新發田《しばた》の町《まち》でも有數《いうすう》な有力者《いうりよくしや》である。しかも事《こと》あるごとに輝《かゞや》く胸間《きようかん》の勳章《くんしやう》——一篇《ぺん》の物語《ものがたり》が、必《かなら》ずやそこにはなくてはかなふまい。

二

日露戰爭《にちろせんさう》が始《はじ》まつた時《とき》、叩《たゝ》き大工《だいく》の長太郎《ちやうたらう》は、毎日脾肉《まいにちひにく》の嘆《たん》を漏《もら》してゐた。徴兵檢査《ちようへいけんさ》では甲種合格《かふしゆがふかく》になりながら抽籤《ちうせん》ではねられて、補充歩兵《ほじうほへい》に編入《へんにふ》されたのは、明治《めいぢ》三十六年《ねん》のことだ。到底《たうてい》、一人前《にんまへ》の兵士《へいし》となつて、滿洲《まんしう》の荒野《くわうや》に殊勳《しゆくん》を樹《た》てる機會《きくわい》もあるまい。あゝ、詰《つま》らない……

彼《かれ》は、毎日鉋《まいにちかんな》をかけながら、人知《ひとし》れず口惜《くや》しくも殘念《ざんねん》に思《おも》つてゐた。と、三十七年《ねん》の十月《ぐわつ》、赤紙《あかがみ》の付《つ》いた動員令狀《どうゐんれいじやう》を手《て》にした時《とき》、

『占《し》めたッ!』

有頂天《うちやうてん》に飛《と》び上《あが》つた彼《かれ》は、既《すで》に天《てん》を呑《の》むの氣慨《きがい》を以《もつ》て、意氣《いき》とみに揚《あが》り、そのまゝ滿洲《まんしう》の實戰場《じつせんぢやう》まで連《つ》れて行《い》かれた。抑《そもそ》もが憧《あこが》れの滿洲《まんしう》だ! 彼《かれ》が喜《よろこ》んだのも無理《むり》のないとである。

やがて、戰場《せんぢやう》で年《とし》も變《かは》つて、明治《めいぢ》三十八年《ねん》の太郎月《たらうづき》。極寒《ごくかん》の中《なか》にも戰爭《せんさう》は益々酣《ますますたけなは》である。

『渡邊《わたなべ》! しつかり行《い》つて來《こ》いッ!』

『ヘッ、しつかり行《い》つて來《き》ます！』

朗《ほが》らかな補《ほ》充二等卒《とうそつ》の彼《われ》は、二十六日《にち》の夜《よ》、揚城塞《やうじやうさい》の屯營《とんえい》を出發《しゆつぱつ》、二十八日曉天《にちげうてん》なほ闇《やみ》に閉《と》ざゝれてゐる。前方《ぜんぱう》にあたつて、唯《たゞ》ならぬ物音《もつおと》が聞《きこ》える。ぢツと瞳《ひとみ》に凝《こ》らしてみれば、第《だい》八師團《しだん》の師團糧秣倉庫《しだんりやうまつさうこ》附近《きん》に怪《あや》しい人影《ひとかげ》がうごめいてゐる。石油《せきゆ》の臭《にほ》ひがピーンと鼻《はな》を衝《つ》いた。

『敵《てき》が火《ひ》をつけようとしてゐるな！』

更《さら》に近《ちか》づいてみれば、敵《てき》のまはし者數名《ものすうめい》が今《いま》や石油《せきゆ》をかけた高粱殼《かうりやうがら》に火《ひ》を點《てん》じようとしてゐるところだ。素破《すは》こそ一大事《だいじ》！　糧秣《りやうまつ》を燒却《せうきやく》されては、師團《しだん》の浮沈《ふちん》にかゝはることだ。彼《かれ》をはじめ一同《どう》は脱兎《だつと》のごとくに躍《をど》りだした。かくて、石《いし》のやうに凍《こほ》りついた渾河《こんが》々畔《かはん》に一大活劇《だいくわつげき》が現出《げんしゆつ》したのであつた。忽《たちま》ちにして敵《てき》は追《お》ひ退《の》けた。夜《よ》は沈々《ちんちん》と更《ふ》けて行《い》く。寒氣《かんき》はいよ〳〵酷《きび》しく、皮膚《ひふ》を刺《さ》すやうだ。しかし、みだりに動《うご》いてはならない荒原停止斥候《くわうげんていしせきこう》の任務《にんむ》を負《お》つてゐる。銃《じう》を持《も》つ指先《ゆびさき》がチク〳〵と痛《いた》む、夜《よ》が明《あ》けかゝるにつれて、痛《いた》いといふ感覺《かんかく》も消《き》えて、全《まつた》く無感覺《むかんかく》になつた。みんな頑張《ぐわんば》つた。たうとう翌朝《よくあさ》まで頑張《がんば》り通《とほ》した。そして漸《やうや》く交代《かうたい》の哨兵《せうへい》が來《き》た時《とき》には、重輕《ぢうけい》はあれ、一人《ひとり》殘《のこ》らず凍《とう》傷《しやう》にかゝつてゐたのである。彼《かれ》の指《ゆび》もすつかり凍傷《とうしやう》のために腐《くさ》つてしまつてゐた。

三

『渡邊《わたなべ》、氣《き》の毒《どく》だが、指《ゆび》を切《き》るぞ！』

『ハッ、止《や》むを得《え》ません！』

彼《かれ》は、野戰病院《やせんびやうゐん》で、男《をとこ》らしく軍醫《ぐんい》に答《こた》へた。が、心《こゝろ》の中《なか》は、さすがに暗然《あんぜん》となつた。

『お前《まへ》は、今《いま》まで何《なに》をやつてゐた？』

『大工《だいく》であります』

『さうか――しかし、生命《せいめい》には代《か》へられんからな』

『ハイ、自分《じぶん》は覺悟《かくご》して居《を》ります。指《ゆび》が無《な》くなつて、大工《だいく》が出來《でき》なくなりましたら、何《なに》かほかのことをやります！　指《ゆび》が無《な》くても、出來《でき》ることを！』

軍醫《ぐんい》の眼《め》には、同情《どうじやう》の色《いろ》が動《うご》いた。どうかして彼《かれ》の指《ゆび》を助《たす》けてやりたいと工風《くふう》したが、どうしても駄目《だめ》だつた。腐《ふ》蝕《しよく》の程度《ていど》が餘《あま》りに激《はげ》しい。打《う》つちやつて置《お》けば、手首《てくび》まで

が腐《くさ》つてしまふ。

結局《けつきよく》、彼《かれ》がその年《とし》の七月《ぐわつ》、傷痍兵《しやういへい》として、内地《ないち》へ送還《そうくわん》された時《とき》には、右指《みぎゆび》が二本《ほん》、左指《ひだりゆび》が三本《ほん》、永久《えいきう》に彼《かれ》の身體《からだ》から離《はな》れ去《さ》つてゐた。

『おい長太郎《ちやうたらう》、お前《まへ》これからどうする？　その手《て》ぢや、可《か》哀相《あいさう》だけど、鉋《かんな》は持《も》てまい？』

挨拶《あいさつ》に行《い》くと、親切《しんせつ》な親族《しんぞく》の人達《ひとたち》は、一番《ばん》にそれを云《い》つて心配《しんぱい》してくれた。しかし、どこまでも朗《ほがらか》で、元氣《げんき》のいい彼《かれ》だつた。

『なアに皆《みな》さん、大工《だいく》は出來《でき》なくつたつて、木《き》に緣《えん》のある下駄屋《げたや》つてえもんがありますさア！』

『なるほど！』

『あたしや、病院《びやうゐん》で指《ゆび》を切斷《せつだん》された時《とき》から、ずつと考《かんが》へに考《かんが》へて來《き》たんです。何《なに》か、自分《じぶん》にも出來《でき》る仕事《しごと》はあるまいかつて――、あたしが下駄屋《げたや》を開店《かいてん》したら、皆《みな》さんはじめ町内《ちやうない》の人達《ひとたち》が來《き》てくれるでせう』

『あたりまへぢやないか！　俺達《おれたち》が下駄《げた》の要《い》る人《ひと》はみんなお前《まへ》のところへ引張《ひつぱ》つて行《い》くよ。どこにどんないゝ下駄屋《げたや》が出來《でき》たつて、いの一番《ばん》にお前《まへ》の店《みせ》へ行《い》つて買《か》つてやらア！』

『有難《ありがた》い！　それを聞《き》いて、あたしもしつかりやりまさア。なアに指《ゆび》の二本《ほん》や三本《ぼん》、大工《だいく》をしてたつて無《な》くす時《とき》には無《な》くすんだ』

かくして、彼《かれ》は、下駄屋《げたや》になつた。といふと聞《きこ》えがいいが、もともと叩《たゝ》き大工《だいく》の彼《かれ》のことだ。資本《しほん》なんて氣《き》の利《き》いたものがあるはずがない。おまけに、年期《ねんき》も入《い》れてない俄《にはか》下駄屋《げたや》だ。親族《しんぞく》や町《まち》の人《ひと》が人知《ひとし》れず心配《しんぱい》したのも無理《むり》はなからう。

四

彼《かれ》はどこまでも朗《ほがらか》だつた。いつまでも愚圖《ぐづ》〳〵してゐるのは性《しやう》に合《あ》はない。

『下駄屋《げたや》を始《はじ》めるんですが……』

さう云《い》つて、彼《かれ》は友達《ともだち》の間《あひだ》を廻《まは》つた。そして、何《なに》がしの金《かね》を借《か》り集《あつ》めたので、下駄打《げたう》ち職人《しよくにん》を雇《やと》つて、一生懸命《しやうけんめい》仕事《しごと》に精出《せいだ》しだした。これでうまく行《い》かねば飢《う》ゑ死《じ》にするば

かりだ、それこそ一生懸命《しやうけんめい》の努力《どりよく》だつた。

『有難《ありがた》い、有難《ありがた》い！』

トン〳〵と木槌《きづち》を叩《たゝ》いて、彼《かれ》は下駄《げた》の緒《お》をすげた。指《ゆび》が五本揃《ほんそろ》つてる時《とき》には、相當器用《さうたうきよう》だつたが、どうもやりにくかつた。力《ちから》の入《い》れどころが狂《くる》つて、右手《みぎて》の槌《つち》で左手《ひだりて》を叩《たゝ》きつけ、思《おも》はず痛《いた》いッと飛《と》び上《あが》ることも再三《さい》だ。だけども、彼《かれ》は朗《ほがらか》だつた。

『なアに、今《いま》になれらア！』

それが、彼《かれ》の哲學《てつがく》だつた。人生觀《じんせいくわん》だつた。決《けつ》して、屁古《へこ》垂《た》れない――忽《たちま》ちの間《あひだ》に、彼《かれ》は一人前《にんまへ》の下駄屋《げたや》になることが出來《でき》た。

安《やす》くて、上手《じやうず》で、親切《しんせつ》に――

彼《かれ》は、それを座右《ざいう》の銘《めい》として商賣《しやうばい》に勵《はげ》んだ。世間《せけん》の信用《しんよう》も段々《だん〳〵》厚《あつ》くなつた。

『どうだい、女房《にようぼ》を貰《もら》つちやア？』

近所《きんじよ》の人《ひと》、さては親戚《しんせき》のものまでが、この商賣熱心《しやうばいねつしん》な若《わか》い下駄屋《げたや》さんに女房《にようぼ》の心配《しんぱい》を始《はじ》めた。

『へゝゝゝ！』

『いやな笑《わら》ひ方《かた》をするないッ！　お前《まへ》の女房《にようぼ》だぞ！』

そんなふうで、彼《かれ》は女房《にようぼ》を貰《もら》つた。下駄《げた》を作《つく》るのもうまかつたが、子供《こども》を作《つく》るのもうまかつた。忽《たちま》ち五人《にん》の子供《こども》が、女房《にようぼ》おシゲさんとの間《あひだ》に出來《でき》た。

五

いつの間《ま》にか、彼《かれ》の下駄屋《げたや》は、新發田名物《じばためいぶつ》になつてゐた。同業者《どうげふしや》の寄合《よりあひ》などでも、彼《かれ》は仲々《なか〳〵》の顔利《かほき》き――

『成功《せいこう》の秘訣《ひけつ》？　そんな難《むつか》しいこたアありませんよ。たゞ一生懸命《しやうけんめい》やるだけでさア。たゞね、あたしもこれで隅《すみ》に置《お》けないとこがあるにはあるんですが、はゝゝゝ！』

と、彼《かれ》は、在郷軍人會《ざいがうぐんじんくわい》の席上《せきじやう》で、ある時分會《ときぶんくわい》長《ちやう》に云《い》つた。

『それやね、これでさ！　この指《ゆび》をね、賣物《うりもの》――看板《かんばん》にするんです。指《ゆび》が無《な》いからつて悲觀《ひくわん》したりしたら、それこそ女《をんな》のお客《きやく》なんか、氣味惡《きみわる》がつて來《こ》なくなりまさア。だけど反對《はんたい》にです。これや戰地《せんち》でやられましてねなんて、元氣《げんき》よく話《はな》してごらんなさい。忽《たちま》ち、指無《ゆびな》し下駄屋《げたや》で有名《いうめい》になりますよ。人間《にんげん》、何《なに》か一つ特徴《とくちやう》があるのは、むしろ幸福《しやはせ》ですからね、あたしや、これを特徴《とくちよう》にして、一枚看板《まいかんばん》にしたんです』

長《ちやう》さんの意氣《いき》は、萬事《はんじ》がそれだつた。禍《わざはひ》を轉《てん》じて福《ふく》となすといふやりかたで、着々《ちやく〳〵》と今日《こんにち》の成功《せいこう》を獲得《くわくとく》したのである。運命《うんめい》の開拓者《かいたくしや》――長《ちやう》さんなども、やはりその開拓者《かいたくしや》の一人《ひとり》であらう。

倒《たふ》れて後《のち》止《や》む

＝病苦《びやうく》を克服成功《こくふくせいこう》した渡邊鶴《わたなべつる》三郎氏《らうし》＝

本籍地　山梨縣南都留郡瑞穗村[redacted]
負傷程度　右上膊骨折貫通銃創（機能不用）

『まア暫《しばら》くは呑氣《のんき》に養生《やうじやう》するさ。體《からだ》でもすつかりよくなつたら、何《なに》かお前《まへ》に向《む》く仕事《しごと》でも考《かんが》へてやらうよ』

兵役免除《へいえきめんぢよ》の恩典《おんてん》に浴《よく》して、久《ひさ》しぶりに歸鄕《ききやう》した鶴《つる》三郎《らう》の變《か》り果《は》てた姿《すがた》を痛《いた》ましさうに見守《みまも》りながら、兄《あに》は慰《なぐさ》めてくれるのだつた。

『兄《にい》さん御厄介《ごやつかい》をかけてすみません。あの時見事《ときみごと》に戰死《せんし》さへすればよかつたのですが……僕《ぼく》は出征《しゆつせい》の當初《たうしよ》から護國《ごこく》の鬼《おに》と化《くわ》するつもりでしたのに、不幸《ふかう》にも戰死出來《せんしでき》なかつたのが殘念《ざんねん》です』

『馬鹿《ばか》だなお前《まへ》はそりや――少《すこ》し考《かんが》へが違《ちが》つとるぞ。戰死《せんし》せずに生《い》きて歸《かへ》らねばならなかつたところに、神樣《かみさま》の思召《おぼしめし》があるのぢやないか。そこを考《かんが》へにやいかん。護國《ごこく》の鬼《おに》となるだけが御奉公《ごほうこう》の道《みち》ではないぞ。いくらでも御奉公《ごほうこう》の道《みち》はある。お前《まへ》はまだ若《わか》いのぢやないか、假令《たとへ》右手《みぎて》が利《き》かなくなつたつて、左手《ひだりて》もあり、兩足《りやうあし》も丈夫《ぢやうぶ》ぢやないか。その使《つか》へるところを使《つか》つて、御國《みくに》のためにつくせ――それが神樣《かみさま》の思召《おぼしめし》だ。さう考《かんが》へれば悲《かな》しむこともないぢやないか』

なる程《ほど》さうだ。考《かんが》へてみるとあの激戰《げきせん》で戰死《せんし》しなかつたのが不思議《ふしぎ》だ。戰友《せんいう》の多《おほ》くは戰死《せんし》した。それなのに自分《じぶん》だけが右手《みぎて》を擊《う》たれただけで、生命《いのち》をとりとめたことは一つの奇蹟《きせき》だ。兄《あに》がいふ通《とほ》り、死《し》すべくして死《し》なかつたところに、自分《じぶん》の將來《しやうらい》の使命《しめい》があるのに違《ちが》ひない。

『兄《にい》さん、よく分《わか》りました。十分《じうぶん》に體力《たいりよく》が恢復《くわいふく》しましたらきつと軍人《ぐんじん》として恥《はづか》しからぬ仕事《しごと》をします』

さういつた鶴《つる》三郎《らう》の眼《め》は、感激《かんげき》と決意《けつい》に輝《かゞや》いてゐた。

※　※　※

渡邊鶴《わたなべつる》三郎《らう》は山梨縣南都留郡瑞穗村《やまなしけんみなみつるぐんみづほむら》の農家《のうか》に生《うま》れた。長《ちや》

ずると共《とも》に、父母《ふぼ》を助《たす》けて農業《のうげふ》に從《したが》つた。兄《あに》は鋤鍬《すきくは》を棄《す》てて絹織物業《きぬおりものげふ》並《なら》びにその販賣《はんばい》に從事《じうじ》してゐたので、自然傳來《しぜんでんらい》の家業《かげふ》は彼《かれ》の努力《どりよく》を待《ま》たねばならなかつた。やがて丁年《ていねん》に達《たつ》し、彼《かれ》は國家《こくか》の干城《かんじやう》として步兵第一聯隊《ほへいだいいちれんたい》に入營《にふえい》した。その頃旣《ころすで》に日露國交《にちろこくかう》は急《きふ》を告《つ》げ、一度風臻《たびかぜいた》らば旋風《せんぷう》を捲《ま》きおこすは火《ひ》を睹《み》るより明《あきら》かだつた。

『日淸戰役《にっしんせんえき》の屈辱《くつじよく》を忘《わす》るるな！』

『嬌露《けうろ》を征《せい》せよ！』

さういつた氣持《きもち》が全國民《ぜんこくみん》の血管《けつくわん》に脈打《みやくう》つてゐる。從《したが》つて隊《たい》に於《お》ける訓練《くんれん》にも活氣《くわつき》があり眞劍味《しんけんみ》があつた。この眞劍《しんけん》味《み》で叩《たゝ》きこまれた軍人精神《ぐんじんせいしん》は、彼《かれ》の骨《ほね》の髓《ずゐ》までしみ込《こ》んでゐたのである。

いよ〳〵時《とき》が來《き》た！　遺恨《ゐこん》十年磨《ねんみが》きに磨《みが》いた一劍《けん》を揮《ふる》ふ秋《とき》が來《き》た！　乃《すなは》ち明治《めいぢ》三十七年《ねん》二月《ぐわつ》十日《か》、戰《たゝかひ》の幕《まく》は切《き》つて落《おと》されたのだ。彼《かれ》の所屬《しよぞく》する第《だい》一聯隊《れんたい》は、奧保鞏大將《おくやすかたたいしやう》の率《ひき》ゐる第《だい》二軍《ぐん》に屬《ぞく》して、各地《かくち》に轉戰《てんせん》した。幾度《いくたび》か砲火《はうくわ》の下《した》をくゞり、幾度《いくたび》か彈雨《だんう》に襲《おそ》はれた。しかし、彼《かれ》は不思議《ふしぎ》にも死線《しせん》を突破《とつぱ》して、よく軍務《ぐんむ》に精勵《せいれい》した。

明治《めいぢ》三十七年《ねん》九月《ぐわつ》十九日《にち》――それは彼《かれ》にとつては忘《わす》れることの出來《でき》ない日《ひ》だ。彼《かれ》の一生《しやう》をくつきりと二分《ぶん》した日《ひ》だ。この日鶴《ひつる》三郎《らう》の所屬部隊《しよぞくぶたい》は、旅順海鼠山寺兒溝《りよじゆんなまこさんじじこう》附近《ふきん》の戰鬪《せんとう》に參加《さんか》して、篠突《しのつ》く彈雨《だんう》の中《なか》を縱橫《じうわう》に馳《か》けめぐつた。

咄《とつ》！　突如《とつじよ》、一彈《だん》は彼《かれ》の右上膊《うじやうはく》を擊《う》ち拔《ぬ》いたのである。右上膊骨折貫通銃創《うじやうはくこつせつくわんつうじうさう》だ。直《たゞち》に後送《こうそう》されて野戰病院《やせんびやうゐん》に擔《かつ》ぎこまれた。最初軍醫《さいしよぐんい》は右腕《みぎうで》を切斷《せつだん》せねばなるまいといつた。それが運《うん》よくも切斷《せつだん》を免《まぬが》れたが右手《みぎて》は垂《た》れ下《さが》つたまゝ動《うご》かすことが出來《でき》なくなつた。內地《ないち》に送《おく》られ、衞戍病院《ゑいじゆびやうゐん》で治療《ちれう》を受《う》けた甲斐《かひ》あつた、創口《きずぐち》はどうにか癒《なほ》つたが、瘢痕《きずあと》は絕《た》えずづきん〳〵と痛《いた》んだ。少《すこ》しも動《うご》かすことは出來《でき》ない。自分《じぶん》の右腕《みぎうで》でありながら、まるで腕《うで》としての機能《きのう》を失《うしな》つてしまつたのだ。

さうした狀態《じやうたい》のまゝ、兵役免除《へいえきめんぢよ》となり、懷《なつか》しい鄕里《きやうり》に歸《かへ》り、やさしい父母《ふぼ》の懷《ふところ》ろに抱《いだ》かれたのである。家《いへ》は農家《のうか》として相當《さうたう》にやつて居《を》り、兄《あに》は絹織物業《きぬおりものげふ》として手廣《てびろ》く商賣《しやうばい》をしてゐたので、生活《せいくわつ》のことを心配《しんぱい》する心要《ひつえう》はなかつた。父《ふ》兄《けい》の慈愛《じあい》のもとに安《やす》らかに、三年間餘《ねんかんあま》りといふものは、瘢《きず》

の治療《ちれう》にいそしんだ。その間《かん》、緣《えん》あつて妻《つま》を娶《めと》つた。

※　※　※

彼《かれ》が歸鄕後《ききやうご》三年《ねん》ばかりたつてからである。突如《とつじよ》、一家《か》は一大困難《だいこんなん》に遭遇《さうぐう》したのである。

戰爭中相當活氣《せんさうちうさうたうくわつき》を呈《てい》してゐた經濟界《けいざいかい》は、戰爭《せんさう》の終熄《しうそく》と共《とも》に反動期《はんどうき》に入《はい》つた。物貨《ぶつか》は急轉直下《きふてんちよくか》の勢《いきほ》ひで暴落《ばうらく》に暴落《ばうらく》を重《かさ》ね、財界《ざいかい》は大混亂《だいこんらん》の渦《うづ》に捲《ま》き込《こ》まれた。そのあふりは兄《あに》の從事《じうじ》してゐる絹織物業界《きぬおりものげふかい》にも波及《はきふ》し、瞬《またゝ》く間《ま》に一萬《まん》七千圓《えん》の損失《そんしつ》を招《まね》いたのである。兄《あに》が營々《えい〳〵》として築《きづ》き上《あ》げた財產《ざいさん》は、一朝《てう》にして崩潰《ほうくわい》してしまつたばかりか、父《ちゝ》が長《なが》い年月《としつき》かゝつて育《そだ》て上《あ》げた家《いへ》も屋敷《やしき》も、借金《しやくきん》の穴《あな》うめとして人手《ひとで》に渡《わた》さねばならない日《ひ》が來《き》た。

『これは安閑《あんかん》としては居《を》れないぞ！』

一家離散《かりさん》の止《や》むなきに至《いた》つた時《とき》、彼鶴《かれつる》三郎《らう》は決然《けつぜん》として覺悟《かくご》の臍《ほぞ》を固《かた》めた。負傷《ふしやう》の疼痛《とうつう》もまだ治《をさ》まらなかつた。小止《こや》みなくづきん〳〵と痛《いた》んだ。しかし、今《いま》は安閑《あんかん》として治療《ちれう》などしてゐる場合《ばあひ》ではない。

『お父《とう》さん、兄《にい》さん、長《なが》いこと御厄介《ごやくかい》になりましたが、いよ〳〵私《わたし》も獨立《どくりつ》して仕事《しごと》をしたいと思《おも》ひます』

彼《かれ》は決心《けつしん》の色《いろ》をみせて云《い》つた。

『獨立《どくりつ》するといつて……』

心配《しんぱい》さうに、父《ちゝ》が彼《かれ》の右腕《みぎうで》をみつめた。

『この體《からだ》ではと仰言《おつしや》るのでせうが、なあに大丈夫《だいぢやうぶ》です。男《をとこ》一匹片腕《ぴきかたうで》がない位《くらゐ》で庇古垂《へこた》れてたまるもんですか。戰爭《せんさう》のことを思《おも》へば何《なん》だつてやれます。死《し》ぬ覺悟《かくご》でやれば出來《でき》ない事《こと》はありますまい』

『鶴《つる》三郎《らう》、氣《き》の毒《どく》だな……俺《おれ》が惡《わる》かつた。俺《おれ》に目《め》がなかつたばかりに、かういふ破目《はめ》になつたんだ。不自由《ふじいう》なお前《まへ》にまで苦勞《くらう》をかけてすまんな』

兄《あに》も暗然《あんぜん》といふのだつた。

しかし、なつた事《こと》は仕方《しかた》がない。不幸《ふかう》にしてかゝる苦境《くきやう》に陷《おちい》つた以上《いじやう》、これを打開《だかい》する方法《はうはふ》を講《かう》ずるより外《ほか》ない。もう少《すこ》しよくなるまで、心置《こゝろお》きなく治療《ちれう》をさせたい――それは親心《おやごゝろ》であり、兄心《あにごゝろ》だ。けれども、現狀《げんじやう》はそれを許《ゆる》さないのだ。

そこで僅《わづ》かばかりの資本金《しほんきん》を融通《ゆうづう》してもらつて、さゝや

かな米穀雜貨商《べいこくざつくわしやう》を開《ひら》いた。なれぬ商賣《しやうばい》だ。それに自分《じぶん》の體《からだ》が不自由《ふじいう》なので、率先《そつせん》して仕事《しごと》をする譯《わけ》に行《ゆ》かない。足《た》りないところは細君《さいくん》の力《ちから》で埋《う》め合《あは》せて貰《もら》ふ。

俄《にはか》に活動《くわつどう》をはじめたことが、傷《きず》のために惡《わる》かつたものか。傷《きず》は前《まへ》にも增《ま》して痛《いた》みだした。農家《のうか》で普通使《ふつうつか》つてゐる低《ひく》い膳《ぜん》では、上半身《じやうはんしん》の屈折每《くつせつごと》に傷《きず》にひゞいてくるので、特《とく》に一尺位《しやくぐらゐ》の高膳《たかぜん》を拵《こしら》へて、これに凭《よ》つて食事《しよくじ》をするといふ仕末《しまつ》だつた。

かういふ狀態《じやうたい》であつたので、細君《さいくん》の苦勞《くらう》も一通《とほ》りや二通《とほ》りではなかつたらう。若《わか》い身空《みぞら》であつてみれば、美《うつく》しい着物《きもの》も欲《ほ》しからう。髮飾《かみかざ》りも欲《ほ》しからう。しかし、彼女《かのぢよ》はさういつた欲望《よくばう》をすてゝ、たゞ夫《をつと》を援《たす》けて一家《か》を盛《も》りたてゝ行《ゆ》きたい一心《しん》に、朝《あさ》から晩《ばん》まで汗《あせ》みどろになつて働《はたら》いた。夜《よる》になると、夫《をつと》をいたはつて、患部《くわんぶ》をさすつてやつたり濕布《しつぷ》してやつたり、休《やす》む暇《ひま》なく介抱《かいはう》につとめた。

『苦勞《くらう》かけてすまんな。しかし、今《いま》に體《からだ》がすつかり癒《なほ》つたら、今《いま》までのやうな苦勞《くらう》はかけんぞ！』

彼《かれ》は妻《つま》に對《たい》する感謝《かんしや》をこめていふのだつた。

『まあ勿體《もつたい》ない、こんなこと當《あた》り前《まへ》のことですわ』

細君《さいくん》は朗《ほが》らかに答《こた》へて、頰笑《ほゝゑ》むのだつた。

天《てん》は彼《かれ》に同情《どうじやう》したのであらう、次第《しだい》に疼痛《とうつう》はうすらいで行《い》つた。それと同時《どうじ》は、非常《ひじやう》に元氣《げんき》になつて來《き》た。痛《いた》みは消《き》えても右腕《みぎうで》は利《き》かない。しかし、もう三年餘《ねんあま》りも左手《ひだりて》だけで仕事《しごと》をすることに馴《な》れてゐた。右腕《みぎうで》の分《ぶん》の力《ちから》を吸《す》ひ取《と》つたかのやうに、左腕《ひだりうで》はめき〳〵と發達《はつたつ》した。

『ようし、今《いま》に見《み》ろ、立派《りつぱ》な店《みせ》に仕立《した》てゝ見《み》せるぞ』

稼《かせ》ぐに追付《おひつ》く貧乏《びんばふ》なし……働《はたら》けば働《はたら》く程《ほど》、顧客《こきやく》は次第《しだい》に增《ふ》えて來《き》た。それに、軍人精神《ぐんじんせいしん》が骨《ほね》の髓《ずゐ》までしみこんでゐるので、同《おな》じ商人《しやうにん》は商人《しやうにん》でも、見《み》え透《す》いた懸引《かけひき》がない。正直《しやうぢき》すぎる程正直《ほどしやうぢき》だし、ごまかしがない。同《おな》じ品物《しなもの》でも、安心《あんしん》して買《か》へる。何時《いつ》の間《ま》にか、すつかり信用《しんよう》を得《え》てしまつた。

『片手利《かたてき》きの米屋《こめや》さん』といふので、彼《かれ》の店《みせ》は漸次繁昌《ざんじはんじやう》して來《き》た。數年後《すうねんご》には店《みせ》も手狹《てぜま》になつて、擴張《くわくちやう》の必要《ひつえう》にせまられた。

その中《うち》に子供《こども》が生《うま》れる。子供《こども》が生《うま》れると、そこに新《あたら》しい希望《きばう》が出《で》る。父《ちゝ》としての責任《せきにん》もある。益〻精《ますますせい》を出《だ》さねばならない。

氣候《きこう》の變《かは》り目《め》になると、瘢痕《きずあと》は痛《いた》んだ。しかし、その位《くらゐ》のことで參《まゐ》つては一家《か》を支《さゝ》へては行《ゆ》けない。まるで疼痛《とうつう》と戰爭《せんさう》をしてゐるやうな氣持《きもち》で家業《かげふ》にいそしんだ。

かくて二十餘年《よねん》――彼《かれ》は生活《せいくわつ》と血《ち》みどろな鬪《たゝか》ひをつゞけて來《き》た。その間《かん》、財界《ざいかい》の影響《えいきやう》を蒙《かうむ》つて、營業狀態《えいげふじやうたい》に振不振《しんふしん》はあつたらう。しかし、彼《かれ》は勇敢《ゆうかん》に鬪《たゝか》つた。よく耐《た》へた。そして、今《いま》や確乎《かくこ》動《うご》かすべからざる地盤《ちばん》をかため、現在《げんざい》は絹織物業《きぬおりものげふ》を兼《か》ね、家運《かうん》は益〻隆盛《ますますりうせい》ならんとしてゐる。七人《にん》の家族《かぞく》をかゝへて、中流《ちうりう》の生計《せいけい》を營《いとな》みつゝあるが、その圓滿《ゑんまん》なる家庭《かてい》は、村人《むらびと》の羨望《せんばう》の的《まと》となつてゐる。

それといふも、堅忍不拔《けんにんふばつ》の軍人精神《ぐんじんせいしん》、及《およ》び戰場《せんぢやう》で命《いのち》を的《まと》に戰《たゝか》つた經驗《けいけん》から得《え》た、倒《たふ》れて後止《のちや》むの尊《たふと》い教訓《けうくん》の賜物《たまもの》である。

なほ、彼《かれ》は日露役《にちろえき》に於《お》ける勳功《くんこう》によつて、勳《くん》八等《とう》を授與《じゆよ》されてゐることを付記《ふき》してこの稿《かう》を終《をは》る。

生《い》きる義《ぎ》務《む》

＝無數《むすう》の負傷《ふしやう》に屈《くつ》せぬ橫山慶太郎氏《よこやまけいたらうし》＝

本籍地　青森縣南津輕郡[redacted]
負傷程度　左肩胛部盲貫砲彈子創、左上膊部盲貫砲彈子創。脾臼關節部盲貫砲彈子創其他、（右手左肢及右下肢機能不用）

青森縣南津輕郡黑石町《あをもりけんみなみつがるぐんくろいしまち》に、三十年前《ねんぜん》さゝやかな飲食店《いんしよくてん》があつた。父《ちゝ》の元吉《もときち》は飲食店《いんしよくてん》の傍《かたはら》、仲立業《なかだちげふ》を營《いとな》んでゐたが、生計《せいけい》は豐《ゆた》かでなく、辛《から》うじてその日《ひ》を過《す》ごせる程《ほど》だつた。伜《せがれ》の慶太郎《けいたらう》は、小學校《せうがくかう》に通《かよ》ふ頃《ころ》から、飲食店《いんしよくてん》と云《い》ふ父《ちゝ》の家業《かげふ》を嫌《きら》つて俺《おれ》は大《おほ》きくなつたら、家大工《やだいく》になると決《き》めてゐた。棟梁《とうりやう》になつて、棟上《むねあ》げの棟《むね》の上《うへ》で、紺《こん》の法被《はつぴ》で千歲萬歲《せんざいまんざい》と、槌《つち》を振《ふ》る。迚《とて》も男《をとこ》らしく、勇《いさ》ましい姿《すがた》を子供《こども》ながらに空想《くうさう》してゐたのだつた。

彼《かれ》は小學校《せうがくかう》を卒《を》へると、理想通《りさうどほ》り家大工《やだいく》の弟子入《でしい》りをした。朝早《あさはや》くから道具箱《だうぐばこ》を擔《かつ》いで職場《しよくば》に入《い》る。せつせと鉋《かんな》を磨《と》ぎ、鑿《のみ》を磨《と》がされたが、この生活《せいくわつ》が五六年經《ねんた》つと、彼《かれ》は段々《だん〳〵》と腕《うで》が出來《でき》て、もう八分大工《ぶだいく》だつた。叩《たゝ》き仕事《しごと》には、わざ〳〵慶《けい》さんと名指《なざ》しで呼《よ》ばれたりする程《ほど》だつた。

やがて、彼《かれ》は徵兵適齡《ちようへいてきれい》で、みごと甲種合格《かふしゆがふかく》した。この年《とし》支那《しな》は北淸事變《ほくしんじへん》で、日本《にっぽん》からは福島少將《ふくしませうしやう》を司令官《しれいくわん》に、列國《れつこく》の聯合軍《れんがふぐん》が天津攻擊《てんしんこうげき》にあたり、日本軍《にっぽんぐん》が列强《れつきやう》の陸軍《りくぐん》の面前《めんぜん》で日本男子《にっぽんだんし》の意氣《いき》を、揮《ふる》つて見《み》せてゐた。明治《めいぢ》三十三年《ねん》十二月《ぐわつ》、彼《かれ》は步兵第《ほへいだい》三十一聯隊《れんたい》第七中隊《ちうたい》に入隊《にふたい》した。日淸戰役《にっしんせんえき》の錦繪《にしきゑ》で、原田重吉《はらだぢうきち》を尊敬《そんけい》してゐた彼《かれ》は、一日《にち》も長《なが》く北《ほく》淸事變《しんじへん》が長引《ながび》いて、出征《しゆつせい》する機會《きくわい》を與《あた》へられることを希《こひねが》つてゐた。入營後《にふえいご》の彼《かれ》の精勤《せいきん》ぶりは、實《じつ》に神業《かみわざ》とも思《おも》はれる程《ほど》で、その結果《けつくわ》は成績拔群《せいせきばつぐん》となつて表《あらは》れた。即《すなは》ち、三十四年《ねん》の十二月《ぐわつ》には上等兵《じやうとうへい》に昇進《しようしん》し、翌《よく》三十五年《ねん》の十一月《ぐわつ》には成績優良《せいせきいうりやう》のため歸休《ききう》を命《めい》ぜられた程《ほど》である。

鄕里《きやうり》に歸《かへ》ると共《とも》に彼《かれ》は再《ふたゝ》び大工《だいく》にいそしみだした。

『慶《けい》さんは上等兵《じやうとうへい》だぞ』と云《い》はれ、肩身《かたみ》の廣《ひろ》い思《おも》ひだつたが、彼《かれ》は、戰爭《せんさう》がなくては上等兵《じやうとうへい》も何《なに》ものぞと思《おも》つてゐた。


折《をり》から、日《ひ》に日《ひ》に日露《にちろ》の風雲《ふううん》は急《きふ》だつた。三十七年《ねん》二月《ぐわつ》に入《はい》ると、五日《か》、日露《にちろ》の國交《こくかう》は斷絕《だんぜつ》し、宣戰《せんせん》の詔勅《せうちよく》の下《くだ》つた十日《か》より前《まへ》、既《すで》に海軍《かいぐん》は九日《か》、仁川《じんせん》の海戰《かいせん》と、旅順《りよじゆん》第一回《だいくわい》の總攻擊《そうこうげき》をはじめてゐた。二月《ぐわつ》八日《か》、第《だい》二師團《しだん》の一部《ぶ》は仁川《じんせん》に上陸《じやうりく》し、三月《ぐわつ》一日《にち》には、黑木大將《くろきたいしやう》の第《だい》一軍《ぐん》は平壤《へいじやう》に着《つ》いたと云《い》ふ。越《こ》えて六月《ぐわつ》十一日《にち》、橫山上等兵《よこやまじやうとうへい》は充員召集《じうゐんせうしふ》に應《おう》じて、原隊《げんたい》に編入《へんにふ》され、十月六日《ぐわつか》は大阪《おほさか》を出帆《しゆつぱん》して、十月十日《ぐわつか》には大連《だいれん》の對岸《たいがん》、柳樹屯《りうじゆとん》に上陸《じやうりく》した。遼陽《れうやう》を陷《おとしい》れた許《ばか》りの我《わ》が第《だい》一第《だい》二第《だい》三の三軍《ぐん》の、この時《とき》、煙臺《えんだい》から遼陽《れうやう》に至《いた》る間《あひだ》に駐《とゞま》つて、沙河《さか》の大會戰《だいくわいせん》にそなへて居《ゐ》り、第《だい》三軍《ぐん》は旅順背面《りよじゆんはいめん》の二〇三高地《かうち》の爭奪《さうだつ》に、肉彈戰《にくだんせん》を繰《く》り返《かへ》してゐる時《とき》であつた。

『よし、やるぞ！　今《いま》にみろ露助《ろすけ》』

滿洲《まんしう》の土《つち》を踏《ふ》むと、もう彼《かれ》は武者振《むしやぶる》ひがわいてゐた。この日《ひ》十五日《にち》には、沙河堡《さかほ》が陷落《かんらく》した。奉天《ほうてん》の大會戰《だいくわいせん》をひかへて敵味方《てきみかた》八十五萬《まん》の大軍《たいぐん》は、氷點下《ひようてんか》二十度《ど》の冬營《とうえい》を利用《りよう》して、日々《にち〳〵》防禦工事《ばうぎよこうじ》を進《すゝ》めてゐた。我《わ》が三軍《ぐん》は二月中旬《ぐわつちうじゆん》に至《いた》つて、旅順《りよじゆん》を陷《おとしい》れた第《だい》三軍《ぐん》の到着《たうちやく》と、川村大將《かはむらたいしやう》の新《あら》たな鴨綠江軍《あふりよくこうぐん》を加《くは》へ、全軍翼《ぜんぐんよく》を張《は》り、東《ひがし》は撫順《ぶじゆん》から南《みなみ》は本溪湖《ほんけいこ》、西《にし》は奉天《ほうてん》、渾河《こんが》の左岸《さがん》に亘《わた》つて、延長實《えんちやうじつ》に四十里《り》の戰線《せんせん》を形作《かたちづく》つてゐた。我《わ》が第《だい》一、第《だい》二、第《だい》三、第《だい》四軍《ぐん》、鴨綠江軍《あふりよくこうぐん》の五大兵團《だいへいだん》の攻擊準備全《こうげきじゆんびまつた》く成《な》り、三月《ぐわつ》一日全軍活潑《にちぜんぐんくわつぱつ》な活動《くわつどう》を開始《かいし》した。

三月《ぐわつ》六日《か》、魚鱗堡戰鬪《ぎよりんほせんとう》の際《さい》、橫山《よこやま》は遂《つひ》に敵彈《てきだん》にあたつて全身《ぜんしん》八ケ所《しよ》に餘《あま》る大負傷《だいふしやう》を蒙《かうむ》つた。推《お》してその大激戰《だいげきせん》の程度《ていど》も計《はか》り知《し》られる。野戰病院《やせんびやうゐん》に收容中《しうようちう》、二度《ど》も醫官《いくわん》から絕望《ぜつばう》を宣告《せんこく》された程《ほど》の重傷《ぢうしやう》で、一命《めい》を取《と》り止《と》めたのは、天佑《てんいう》と云《い》ふべきか奇蹟《きせき》とも云《い》ふべきか、醫官《いくわん》も驚《おどろ》いた程《ほど》である。

『胸骨上窩《きようこつじやうくわ》ヨリ射入《しやにふ》シ左肩胛部《さけんかふぶ》ニ盲貫《まうくわん》セル砲彈子創《はうだんしさう》。左前腋弓《さぜんえききう》ノ上內方《じやうないはう》二糎《センチメートル》ノ部《ぶ》ヨリ左上膊上部後側《さじやうはくじやうぶこうそく》ニ盲貫《まうくわん》セル砲彈子創《はうだんしさう》。左膝關節部內側《さしつくわんせつぶうちがは》ヨリ左下腿中央外側《ひだりかたいちうあうそとがは》ニ貫通《くわんつう》セル砲彈子創《はうだんしさう》。右季肋部《みぎりろくぶ》ヨリ右背部《うはいぶ》ニ貫通《くわんつう》セル砲彈子創《はうだんしさう》。右手背《うしゆはいだい》第四掌骨中央部《しやうこつちうあうぶ》ヨリ第《だい》一掌骨橈骨側《しやうこつげうこつがは》ニ貫通《くわんつう》シ骨《ほね》ヲ折傷《せつしやう》セル砲彈子創《はうだんしさう》。右鼠蹊中央《うそけいちうあう》ヨリ射入《しやにふ》シ髀臼關節部內《ひきうくわんせつぶない》ニ盲貫《まうくわん》セ

ル砲彈子創《はうだんしさう》。左上膊《さじやうはく》ヨリ後部《こうぶ》ニ貫通《くわんつう》セル砲彈子創《はうだんしさう》。右下腿《みぎかたい》中央部貫通砲彈子創《ちうあうぶくわんつうはうだんしさう》』
これだけにわたる砲彈子創《はうだんしさう》で、目《め》の前《まへ》に炸裂《さくれつ》した敵《てき》の砲《はう》

彈《だん》のために字義通《じぎどほ》り、蜂《はち》の巢《す》のやうな全身《ぜんしん》にわたる手負《ておひ》を蒙《かうむ》つたのであつた。
雪《ゆき》と氷《こほり》の滿洲《まんしう》を南《みなみ》へ南《みなみ》へと運《はこ》ばれて、三月《ぐわつ》十九日營口出帆《にちえいこうしゆつぱん》、四月《ぐわつ》五日《か》に宇品《うじな》に還送《くわんそう》されてのち、爾來《じらい》一ケ年間《ねんかん》の病院生活《びやうゐんせいくわつ》を續《つゞ》け、三月《ぐわつ》九日《か》、退院《たいゐん》と同時《どうじ》に傷痍兵《しやういへい》として兵役《へいえき》を免除《めんぢよ》された。彼《かれ》は負傷直前《ふしやうちよくぜん》三十八年《ねん》二月《ぐわつ》十八日伍長《にちごちやう》に昇進《しようしん》してゐたが、戰功《せんこう》に依《よ》り勳《くん》七等《とう》に敍《じよ》せられ、恩給法第《おんきふはふだい》九條第《でうだい》三項《こう》に該當《がいたう》する者《もの》として、のち恩給金《おんきふきん》八百八十五圓《ゑん》を下賜《かし》されるやうになつた。全快《ぜんくわい》ののち、右膝關節屈曲《みぎしつくわんせつくつきよく》し受傷部《じゆしやうぶ》の皮膚《ひふ》は知覺鈍痛《ちかくどんつう》あり、右手《みぎて》の用《よう》を妨《さまた》げ、左肢及《さしおよ》び右下肢《みぎかし》は殆《ほと》んど用《よう》をなさず、わづかに步行《ほかう》に耐《た》えられたのは不幸中《ふかうちう》の幸《さいはひ》であつた。
名譽《めいよ》の傷痍軍人《しやういぐんじん》として故鄕《こきやう》に錦《にしき》をかざつた彼《かれ》は、今《いま》や少年時代《せうねんじだい》理想《りさう》とした大工《だいく》の棟梁《とうりやう》は斷念《だんねん》する他《ほか》なかつた許《ばか》りか凡《すべ》て肉體的勞働《にくたいてきらうどう》には從事出來《じうじでき》ない體《からだ》であつた。しかし、奇蹟的《きせきてき》に生命《せいめい》をつなぎ得《え》た僥倖《げうかう》を思《おも》ふ時《とき》、國民《こくみん》の義務《ぎむ》として、陛下《へいか》の赤子《せきし》として、倒《たふ》れる迄《まで》は働《はたら》き度《た》いと決心《けつしん》した。
『一度《ど》は　陛下《へいか》に下捧《さゝ》げた身命《しんめい》だ、それを奇蹟的《きせきてき》にも助《たす》かつ

たのには、何《なに》か天《てん》の啓示《けいじ》があるのに相違《さうゐ》ない。』

更《さら》に眼《め》を足下《そくか》に轉《てん》ずれば、一家《か》は今《いま》や困窮《こんきう》のどん底《ぞこ》にある。これを救《すく》ひ上《あ》げるべき責任《せきにん》は、一に、自分《じぶん》の双肩《さうけん》にある。あれを考《かんが》へこれを思《おも》ふ時《とき》、彼《かれ》は一日《にち》も安閑《あんかん》としては居《を》れなかつた。皇國《みくに》の爲《ため》、家《いへ》のため、運命開拓生活進展《うんめいかいたくせいくわつしんてん》の理想《りさう》のもとに、奮然《ふんぜん》と立《た》たざるを得《え》なかつた。

その時《とき》である。彼《かれ》は收入印紙賣捌《しうにふいんしうりさば》きの特典《とくてん》に浴《よく》した。これは廢痼軍人救護《はいこぐんじんきうご》の爲《た》め、政府《せいふ》が與《あた》へた恩典《おんてん》である。彼《かれ》はこの洪恩《こうおん》に對《たい》して感激《かんげき》せざるを得《え》なかつた。これによつて彼《かれ》は幾分前途《いくぶんぜんと》に光明《くわうみやう》をみることが出來《でき》た。更《さら》に彼《かれ》は林檎箱《りんごはこ》打《うち》を思《おも》ひ立《た》つた。その頃《ころ》、青森林檎《あをもりりんご》はやうやく日本的《にっぽんてき》に認《みと》められ、需要《じゆえう》は年《とし》と共《とも》に增《ま》してゆく有樣《ありさま》だつたので、自然《しぜん》この仕事《しごと》は忙《いそが》しくなつだ。昔《むかし》のやうに體《からだ》は動《うご》かない。しかし昔《むかし》とつた杵柄《きねづか》。彼《かれ》はどうやらこの仕事《しごと》には耐《た》えられさうだつた。粉骨碎身《ふんこつさいしん》、業《げふ》に身心《しんじん》を打込《うちこ》んで努力《どりよく》するうちにどうやら生活《せいくわつ》も樂《らく》になつた。殊《こと》に下賜《かし》される恩給《おんきふ》のお蔭《かげ》もあつて、遂《つひ》に林檎箱《りんごばこ》の製造《せいざう》より、箱問屋《はこどひや》に進出《しんしゆつ》し、更《さら》に林檎《りんご》の輸出業《ゆしゆつげふ》に發展《はつてん》して、爾來《じらい》三十年《ねん》、現在《げんざい》は縣下《けんか》屈指《くつし》の榮果《さいくわ》移出輸出問屋《いしゆつゆしゆつとひや》として名《な》をなすに至《いた》つた。これといふも、彼《かれ》が常《つね》に更生《かうせい》の意氣《いき》を以《も》つて萬難《ばんなん》を排《はい》し、一家《か》を督勵《とくれい》して、奮鬪努力艱難辛苦《ふんとうどりよくかんなんしんく》した結果《けつくわ》である。

艱難《かんなん》は一家《か》に富《とみ》を惠《めぐ》んだのみならず、その人《ひと》をまた玉成《ぎよくせい》して、德望篤《とくばうあつ》く、ひとり黑石《くろいし》の町《まち》に重《おも》きをなすのみならず、地方的《ちはうてき》にも尠《すくな》からざる信望《しんばう》を得《う》るに至《いた》らしめた、乃《すなは》ち、彼《かれ》は火防衛生組合委員《くわばうゑいせいくみあひゐゐん》、氏子總代《うぢこそうだい》、町會議員《ちやうくわいぎゐん》は四期《き》にわたつてその任《にん》に選《えら》ばれてゐる。在鄕軍人分會事業《ざいがうぐんじんぶんくわいじげふ》や國防獻金等《こくばうけんきんとう》には卒先《そつせん》して援助指導《ゑんじよしだう》の地位《ちゐ》に立《た》ち、社會公共《しやくわいこうきよう》の爲《ため》に盡瘁《じんすゐ》するところ多《おほ》く、また實業方面《じつげふはうめん》に於《おい》ては、縣同業組合員《けんどうげふくみあひゐん》を勤《つと》める他各會社重役《ほかかくくわいしやぢうやく》の地位《ちゐ》を占《し》めてゐる。

貧《まづ》しい飲食店《いんしよくてん》の伜《せがれ》と生《うま》れ、家大工《やだいく》を志《こゝろざ》して、朝夕道具箱《あさゆふだうぐばこ》を擔《かつ》いで職場《しよくば》に通《かよ》つた昔《むかし》の慶《けい》さん時代《じだい》、前途《ぜんと》に光明《くわうみやう》を失《うしな》ひ、痛《いた》ましい傷痍兵《しやうゐへい》として杖《つゑ》にすがつて、歸鄕《ききやう》した横山伍長《よこやまごちやう》の三十年前《ねんぜん》を回顧《くわいこ》すれば、轉《うた》た今昔《こんじやく》の感《かん》なきを得《え》ない。終始《しゆうし》一貫《くわん》、旺盛《わうせい》な軍人精神《ぐんじんせいしん》を以《もつ》て、運命《うんめい》を征伏《せいふく》し乍《なが》ら至誠奉公《しせいほうこう》の一念《ねん》に凝《こ》り、自力更生生活進展《じりきかうせいせいくわつしんてん》に努《つと》めた自然《しぜん》の成果《せいくわ》とは云《い》ひ乍《なが》ら、又《また》もつて稀《まれ》に見《み》る立志傳中《りつしでんちう》の人《ひと》と云《い》ふべきだ。

田園《でんゑん》の英雄《えいゆう》

＝孜々《しゝ》三十年働《ねんはたら》き續《つゞ》けた吉澤米造氏《よしざはよねざうし》＝

本籍地　埼玉縣入間郡高萩村[redacted]
[redacted]
負傷程度　右腕砲彈破片創右手貫通銃創

一

吉澤米造《よしざはよねざう》は、病院《びやうゐん》の庭《には》に腰《こし》をかけて、ぼんやりと空《そら》を眺《なが》めてゐた。早春《さうしゆん》の空《そら》は深《ふか》く晴《は》れ渡《わた》つて、悠々《いういう》と白雲《はくうん》が流《なが》れてゐる。時々《ときぐ》ふんわりと吹《ふ》いて來《く》る風《かぜ》に、梅《うめ》の花《はな》の香《かほ》りが漂《たゞよ》ふてゐた。

――瘦《や》せたなあ。

米造《よねざう》はふつと自分《じぶん》の左手首《ひだりてくび》を眺《なが》めてさう思《おも》つた。そして無意識《むいしき》に、右手《みぎて》でそれを撫《な》でて見《み》ようとして、その腕《うで》が動《うご》かないことに氣《き》がつくと、淋《さび》しい苦笑《くせう》が泛《うか》んだ。

――憎《にく》い露助《ろすけ》の畜生《ちくしやう》め、到頭俺《たうとうおれ》の大事《だいじ》な右手《みぎて》を奪《と》りやがつて。

彼《かれ》は、あの日《ひ》の激戰《げきせん》を想出《おもひだ》す。

水師營南方高地《すゐしえいなんぱうかうち》の攻擊《こうげき》だつた。

敵軍《てきぐん》の死守《ししゆ》してゐる堡壘《ほるゐ》だけに、恐《おそ》ろしく頑強《ぐわんきやう》な防戰《ばうせん》で敵《てき》も味方《みかた》も命《いのち》を惜《を》しまず、死力《しりよく》を盡《つく》して戰《たゝか》ひ合《あ》つた。

機關銃《きくわんとう》は雨霰《あめあられ》の如《ごと》く降《ふ》り注《そゝ》ぐ。どうせ捨《す》てゝかゝつた命《いのち》だ。我《わ》が勇士《ゆうし》は遮二無二《しやにむに》に突進《とつしん》する。一步進《ぽすゝ》んでは斃《たふ》れ、二步進《ほすゝ》んでは斃《たふ》れ、戰友《せんいう》は前後左右《ぜんごさいう》にバタ〳〵と倒《たふ》れる。

『死《し》すとも退《しりぞ》くな！』

中隊長篠田大尉《ちうたいちやうしのだたいゐ》の蠻聲《ばんせい》がひゞく。

彼《かれ》、吉澤《よしざは》一等兵《とうへい》は篠田中隊長《しのだちうたいちやう》の從卒だつたので、影《かげ》の形《かたち》に添《そ》ふがごとく、中隊長《ちうたいちやう》の傍《かたは》らに寄《よ》り添《そ》つて、一步《ぽ》もおくれてならじと突擊《とつげき》する。

突如《とつちよ》！　中隊長《ちうたいちやう》の體《からだ》が投《な》げ出《だ》されたやうに倒《たふ》れた。吉澤《よしざは》一等兵《とうへい》はハッと思《おも》つてその傍《かたは》らに駈《か》け寄《よ》つた。

『中隊長殿《ちうたいちやうどの》、どうなされましたか？』

兩腕《りやううで》に抱《だ》き上《あ》げたが、早《はや》くももう聲《こゑ》がない。敵彈《てきだん》は中隊《ちうたい》長《ちやう》の急所《きふしよ》を射拔《いぬ》いたのだ。

『中隊長殿《ちうたいちやうどの》、中隊長殿《ちうたいちやうどの》！』

彼《かれ》は聲《こゑ》を限《かぎ》りに叫《さけ》んだ。彼《かれ》の兩眼《りやうがん》からは滂沱《ばうだ》として淚《なみだ》がはふり落《お》ちた。

『中隊長殿《ちうたいちやうどの》、殘念《ざんねん》でありませう。今吉澤《いまよしざは》は中隊長殿《ちうたいちやうどの》と御一緒《ごいつしよ》に突擊致《とつげきいた》します。』

彼《かれ》は咄嗟《とつさ》に考《かんが》へた。敵壘《てきるゐ》を前《まへ》にして倒《たふ》れた中隊長《ちうたいちやう》の心中《しんちう》の無念《むねん》を思《おも》へば、たとへ命《いのち》は天外《てんぐわい》にとび去《さ》つてゐようとも魂《たましひ》はこゝに止《とゞ》まつてゐよう。よし、自分《じぶん》は中隊長《ちうたいちやう》の魂《たましひ》と共《とも》に敵陣《てきぢん》の一番乘《ばんの》りをやるぞ――彼《かれ》は中隊長《ちうたいちやう》の死體《したい》を片腕《かたうで》に抱《だ》きこみ、身《み》を躍《をど》らして突進《とつしん》した。

その時《とき》だ、どかあん――と凄《すさ》まじい響《ひゞき》がして、火柱《ひばしら》が立《た》つたと思《おも》ふと、ギリ〳〵ッと全身《ぜんしん》がしびれた。思《おも》はず中隊《ちうたい》長《ちやう》の死體《したい》も銃《じう》を放《はな》してしまつた。それから後《のち》は暫《しばら》く夢中《むちう》で戰友《せんいう》の聲《こゑ》に氣《き》がついて見《み》ると、右腕《みぎうで》が眞赤《まつか》な血汐《ちしほ》に染《そ》んでゐたのである。

而《しか》もそれが一箇所《かしよ》ではなかつた。野戰病院《やせんびやうゐん》で『右腕砲彈《みぎうではうだん》破片創《はへんさう》、右手貫通銃創《みぎてくわんつうじうさう》』と診斷書《しんだんしよ》に書《か》かれたのを見《み》て、始《はじ》めてあの時《とき》、砲彈《はうだん》の破片《はへん》と共《とも》に、銃彈《じうだん》を喰《く》つたことを知《し》つたのだ。

『あれが去年の九月《ぐわつ》十九日《にち》だ。すると、戰線《せんせん》を退《しりぞ》いてからもう五ケ月《げつ》になるのか。早《はや》いもんだなあ』

彼《かれ》は感慨深《かんがいぶか》く呟《つぶや》いた。

創《きず》は殆《ほとん》ど全快《ぜんくわい》したが、繃帶《ほうたい》で首《くび》に吊《つ》るしたきりで動《うご》かなかつた。ないのも同然《どうぜん》だ。

『二度《ど》と戰場《せんぢやう》に出《で》られないことも口惜《くや》しいが、併《しか》し愈々《いよく》兵役免除《へいえきめんぢよ》になつたら、この先《さ》きどうしたものだらう』

埼玉縣入間郡《さいたまけんいるまぐん》、高萩村《たかはぎむら》の農家《のうか》に生《うま》れた彼《かれ》は、職業《しよくげふ》といへば百姓《しやう》の外《ほか》には出來《でき》ないのだ。併《しか》し右手《みぎて》の使《つか》へない百姓《しやう》なんてあるものではない。草《くさ》を刈《か》るにしても、田《た》を耕《たがや》すにしても、左手《ひだりて》一本《ぽん》では全《まつた》く用《よう》をなさない事《こと》は知《し》れきつてゐる。それを考《かんが》へる時《とき》、彼《かれ》は烈《はげ》しい不安《ふあん》と煩悶《はんもん》を覺《おぼ》えずにはゐられなかつた。

『何《なに》か外《ほか》に職《しよく》を考《かんが》へようか？』

だが、生粹《きつすゐ》の百姓育《しやうそだ》ちの自分《じぶん》に、農業以外《のうげふいぐわい》のことが出來《でき》

ようとも思《おも》へないし、第一《だい》、學問《がくもん》もしてゐなければ、何《なん》の技能《ぎのう》も持《も》つてゐない。

『あゝ困《こま》つたな――』

心細《こゝろぼそ》くなつて、出《で》るのは太《ふと》い吐息《といき》ばかりである。父《ちゝ》も母《はゝ》も年老《としお》いてゐるし、一家中《かちう》で一番《ばん》の働《はたら》き手《て》である自分《じぶん》が、百姓《しやう》が出來《でき》ないとなつたら、どんなにがつかりするであらうか――。

『おい、吉澤《よしざは》、何《なに》をくよ〳〵してゐるんだ』

元氣《げんき》の好《い》い聲《こゑ》が頭《あたま》の上《うへ》でした。それは親《した》しくしてゐる看護卒《かんごそつ》の一人《ひとり》であつた。

『君《きみ》がこの間《あひだ》から本《ほん》を貸《か》してくれとせがむから、持《も》つて來《き》てやつたんだ。讀《よ》んで見《み》ろ、面白《おもしろ》いぞ』

『有難《ありがた》う』

彼《かれ》は講談本《かうだんほん》を受取《うけと》つて、病舍《びやうしや》に引返《ひきかへ》した。そして寢臺《しんだい》に寢《ね》そべつて讀《よ》んでゐると、段々物語《だん〳〵ものがたり》の中《なか》に引込《ひきこ》まれて行《い》つた。

魔風來太郎《まかぜらいたらう》といふ素晴《すば》らしく强《つよ》い豪傑《がうけつ》を主人公《しゆじんこう》にして、美女《びぢよ》あり、惡漢《あくかん》あり、勇士《ゆうし》ありで、變轉極《へんてんきはま》りない筋《すぢ》であるが、その中《なか》に、來太郎《らいたらう》と技《ぎ》を競《きそ》ふ心《こゝろ》の邪《よこしま》な男《をとこ》がゐて、來太郎《らいたらう》の爲《ため》に、右腕《みぎうで》を斬落《きりおと》され、諄々《じゆん〳〵》と訓戒《くんかい》を受《う》けて飜然己《ほんぜんおのれ》の非《ひ》を悟《さと》り、その後《ご》一生懸命《しやうけんめい》劍術《けんじゆつ》を修業《しゆげふ》した結果《けつくわ》、一流《りう》の達人《たつじん》になるといふ條《くだり》を讀《よ》み終《を》へて、彼《かれ》は何《なに》か强《つよ》い閃《ひらめ》きに打《う》たれた樣《やう》な氣《き》がして來《き》た。

――こんな講談《かうだん》は出鱈目《でたらめ》かも知《し》れない。だが、劍術使《けんじゆつつか》ひなどには、あり得《え》ない話《はなし》ではなささうだ。すると、百姓《しやう》にしたつて、熱心《ねつしん》に工夫《くふう》さへすれば、片腕《かたうで》で出來《でき》んといふこともない筈《はず》だ――。

それは天來《てんらい》の啓示《けいじ》の如《ごと》きものであつた。

『さうだ〳〵。一心《しん》だ。たゞ一心《しん》あるのみ。己《おのれ》の全力《ぜんりよく》をぶつゝけて突貫《とつくわん》すれば、どんな難儀《なんぎ》も征服出來《せいふくでき》るんだ。よし俺《おれ》はいろ〳〵と迷《まよ》はないで、ひたすらに百姓《しやう》をやらう。腕《うで》一本《ぽん》でやりぬいて見《み》せよう。日本男兒《にっぽんだんじ》だぞッ』

彼《かれ》は起《お》き直《なほ》つて、左手《ひだりて》の拳《こぶし》で、どんと胸《むね》を叩《たゝ》いた。

二

明治《めいぢ》三十八年《ねん》三月《ぐわつ》十日《か》、兵役免除《へいえきめんぢよ》となつて退院《たいゐん》した時《とき》、

彼《かれ》はまづ第《だい》一に中隊長篠田大尉《ちうたいちやうしのだたいゐ》の遺族《ゐぞく》を訪《おとづ》れた。そして、大尉《たいゐ》の戰死《せんし》の時《とき》の樣《さま》をつぶさに物語《ものがた》つた。それが大尉《たいゐ》の恩《おん》義《ぎ》に對《たい》する幾分《いくぶん》の報《むく》いになるやうに思《おも》つたからだ。これが縁《えん》となつて爾來《じらい》二十年《ねん》、未《いま》だにその遺族《ゐぞく》と文通《ぶんつう》をしてゐるといふ。聞《き》くも奥床《おくゆか》しき物語《ものがたり》である。

彼《かれ》が村《むら》に歸《かへ》つて、左手《ひだりて》だけで仕事《しごと》をやり始《はじ》めたのを見《み》た人々《ひとびと》は、いた〳〵しさうに眼《め》を外《そ》らして、

『米造《よねざう》さん、餘《あま》り無理《むり》をしないがいゝよ』

と、口々《くちぐち》に慰《なぐさ》めるのだつた。

『アハヽヽ。ちつとも無理《むり》ぢやないさ。戰爭《せんさう》のことを想《おも》へば、何《なん》のこれ位《くらゐ》のこと——』

と彼《かれ》は自分《じぶん》を憐《あはれ》む人々《ひとびと》に向《むか》つて、強《つよ》い自信《じしん》の言葉《ことば》を投《な》げ返《かへ》した。

片手《かたて》で車《くるま》も引《ひ》いた、鋤《すき》も取《と》つた。草《くさ》も苅《か》つた。他《た》の者《もの》と一緒《しよ》に仕事《しごと》をする時《とき》、

『お前《まへ》さんは手《て》が不自由《ふじゆう》だから』

と云《い》つて、手傳《てつだ》つてくれると、

『いや、大丈夫《だいぢやうぶ》だ。戰《いくさ》さだ、命《いのち》をとるか、とられるかの瀨《せ》

戸際《とぎは》だと思《おも》へば何《なん》でもない』

と剛情《がうじやう》に首《くび》を振《ふ》つて、一人前《にんまへ》の働《はたら》きをしようとする。

人々《ひとびと》は初《はじ》めの間《あひだ》は不憫《ふびん》がつてゐたが、次第《しだい》に眉《まゆ》を顰《ひそ》めて蔭《かげ》で惡聲《あくせい》を放《はな》つ樣《やう》になつた。

『米造《よねざう》どんの、戰爭《せんさう》と思《おも》へ、もよいが、あゝ不具者《かたわ》の癖《くせ》に意地張《いぢは》りでは、はたが迷惑《めいわく》だ喃《なう》。それに何《なん》だか、小憎《こにく》らしくて、氣毒《きのどく》だといふ氣《き》になれんぢやないか』

さうした評判《ひやうばん》は、自然《しぜん》と米造《よねざう》の耳《みゝ》にも這入《はい》つて來《く》る。

併《しか》し米造《よねざう》は意《い》に介《かい》しなかつた。

『今《いま》に見《み》ろ、あ奴《いつ》の片手《かたて》には適《かな》はんわい、と言《い》はせて見《み》せるから』

と心《こゝろ》の底《そこ》に固《かた》い決意《けつい》をして、不自由《ふじゆう》を忍《しの》び、艱苦《かんく》に耐《た》へ、人《ひと》が一時間《じかん》でやり遂《と》げることは、三時間《じかん》でも、五時間《じかん》でも掛《かゝ》つて、出來《でき》るまでやるのであつた。

もと〳〵彼《かれ》は非常《ひじやう》な健康體《けんかうたい》で、力《ちから》も人並勝《ひとなみすぐ》れてゐたから左腕《さわん》はぐん〳〵發達《はつたつ》し、右手《みぎて》の代《かは》りには、口《くち》を使《つか》つたりして物事《ものごと》には器用《きよう》になり、一二年經《ねんた》つうちに、何《なに》をしても普通《ふつう》の人《ひと》と變《かは》らない、否《いな》、其《そ》の辛抱強《しんぼうづよ》さと熱心《ねつしん》さで、むしろ普通《ふつう》の人《ひと》よりも勞働《らうどう》の能率《のうりつ》をあげ得《う》るやうにさへなつてしまつた。

『驚《おどろ》いたな、米造《よねざう》どんには！』

惡聲《あくせい》は、驚嘆《きやうたん》の聲《こゑ》と變《かは》つて來《き》た。

『偉《えら》い、流石《さすが》は鐵砲玉《てつぱうだま》の下《した》を潜《くゞ》つて來《き》た勇士《ゆうし》だけのことはある』

驚嘆《きやうたん》から、崇敬《すうけい》へ——。

而《しか》も米造《よねざう》には、不具者特有《ふぐしやとくいう》の意地惡《いぢわる》さや、陰氣臭《いんきくさ》い所《ところ》が微塵《みぢん》もなく、正直《しやうぢき》で、明《あか》るくて、朗《ほが》かで、きび〳〵してゐる。

鎭守《ちんじゆ》の祭《まつ》りの夜《よる》などには、土俵《どへう》に飛《とび》こんで、巧《たく》みに若衆《わかいしう》達《たち》を負《ま》かしては、

『さあ、片腕角力《かたうですまふ》ぢや。遠慮《ゑんりよ》せずに掛《かゝ》つてござれ』

などと叫《さけ》んで、どつと見物人《けんぶつにん》を笑《わら》はせた。

こんな具合《ぐあひ》だから、彼《かれ》が自分《じぶん》の家《うち》の農事《のうじ》の暇《ひま》に、他家《よそ》の仕事《しごと》の日傭《ひやとひ》をすると、あつちからも、こつちからも奪《うば》ひ合《あ》ひで重寶《ちようはう》がられ、村《むら》一番《ばん》の名物男《めいぶつをとこ》になつた。

三

貧《まづ》しかつた彼《かれ》の家《いへ》は、段々《だん〳〵》と暮《くら》しを盛《も》り返《かへ》して、やがて彼《かれ》の出征以前《しゆつせいいぜん》よりも、反《かへ》つてよくなつて來《き》た。

親達《おやたち》は涙《なみだ》を流《なが》して米造《よねざう》に感謝《かんしや》した。

『米造《よねざう》や、お前《まへ》のお蔭《かげ》で、どうやらさして苦《くる》しい目《め》に會《あ》はずに、今日樣《こんにちさま》が過《す》ごせるやうになつたのだから、もうそこらで嫁《よめ》をとつて、少《すこ》し體《からだ》をいとふてくれよ』

そんな相談《さうだん》を持《も》ちかけると、米造《よねざう》は笑《わら》つて、

『いゝえ。未《ま》だこれからです。も少《すこ》し基礎《きそ》を作《つく》らんと、嫁《よめ》なんか貰《もら》へません』

嫁《よめ》に來《き》たいといふ志望者《しばうしや》は、降《ふ》るやうにあつたが、米造《よねざう》は目《め》もくれずに、朝《あさ》から晩《ばん》まで、眞黑《まつくろ》になつて働《はたら》いた。

そして、怠《なま》けてゐる若者《わかもの》があると、自分《じぶん》の經驗《けいけん》した日露《にちろ》戰爭《せんさう》の、如何《いか》に苦《くる》しかつたかを語《かた》り聞《き》かせて、

『戰爭《せんさう》と思《おも》へ、命《いのち》がけの戰爭《せんさう》と思《おも》へ』

と、例《れい》の口癖《くちぐせ》を出《だ》して激勵《げきれい》するので、若《わか》い衆達《しうたち》の人氣《にんき》も何時《いつ》の間《ま》にか一變《ぺん》して來《き》た。

軈《やが》て、彼《かれ》は僅《わづ》か乍《なが》ら自分《じぶん》の田地《でんち》を持《も》ち得《う》るやうになつたので、始《はじ》めて妻《つま》を迎《むか》へて、更《さら》に仕事《しごと》に精出《せいだ》した。

爾來《じらい》、孜々《しし》とうまざること三十年《ねん》。

現在《げんざい》では、宅地《たくち》二百五十五坪《つぼ》。畑《はたけ》と林《はやし》とを合《あは》せて八段餘《たんよ》の土地《とち》を所有《しよいう》し、傍《かたは》ら日用雜貨品《にちようざつくわひん》と官製煙草《くわんせいたばこ》の商賣《しやうばい》を營《いとな》みつゝ、萬《まん》一の場合《ばあひ》に備《そな》へる爲《ため》に數百圓《すうひやくゑん》の貯金《ちよきん》さへ用意《ようい》してゐる。

子供《こども》は、一男《なん》一女《ぢよ》であるが、その息子《むすこ》を、未《ま》だ徵兵適齡《ちやうへいてきれい》未滿《みまん》の時《とき》に、志願兵《しぐわんへい》として、國家《こくか》の御奉公《ごほうこう》に出《だ》した。農家《のうか》で働《はたら》き盛《ざか》りの、而《しか》もたつた一人《ひとり》の男《をとこ》の子《こ》を、進《すゝ》んで兵役《へいえき》に就《つ》かせるといふ事《こと》は、尋常《じんじやう》一樣《やう》の人間《にんげん》に出來《でき》ることではない。

『軍隊《ぐんたい》の飯《めし》を食《く》つて來《こ》ないやうな人間《にんげん》は役《やく》に立《た》たん』

五十六歳《さい》の彼《かれ》は、信念《しんねん》を以《もつ》て斯《か》く言《い》ふのである。

三十年間《ねんかん》、左手《ひだりて》一本《ぽん》で笑《わら》ひ乍《なが》ら働《はたら》き通《とほ》して來《き》た田園《でんゑん》の英《えい》雄《ゆう》——。理窟《りくつ》なく、たゞ頭《あたま》が下《さが》るではないか。

四箇條《かでう》の誓《ちか》ひ

＝農村開發《のうそんかいはつ》に努力《どりよく》せる田中定次郎氏《たなかさだじらうし》＝

本籍地	福岡縣京都郡延永村[redacted]
負傷程度	左手及腹部貫通銃創

『お父《とう》さん、僕《ぼく》やつぱり農業《のうげふ》に專念《せんねん》する事《こと》に決《き》めましたよ』

『でも、大丈夫《だいぢやうぶ》かね』

『大丈夫《だいぢやうぶ》ですとも。なあに、これしきの不自由《ふじゆう》なんかなんでもありません』

本年《ほんねん》二十四歳《さい》の田中定次郎《たなかさだじらう》は、決然《けつぜん》、叫《さけ》ぶやうに言《い》つた。

所《ところ》は、福岡縣京都郡延永村《ふくをかけんみやこぐんのぶながむら》なる、見《み》る影《かげ》もなく檐端《のきば》の朽《く》ち傾《かたむ》いた彼《かれ》の生家《せいか》、時《とき》は明治《めいぢ》三十八年《ねん》五月《ぐわつ》二十一日《にち》の夜更《よふけ》のことである。祝杯《しゆくはい》に醉《よ》つた村人《むらびと》たちは、さつきもう歸《かへ》つてしまつたが、弟妹《ていまい》たちは、まだ寢《ね》もやらで、年老《としお》いた父母《ふぼ》と彼《かれ》とを取《と》り圍《かこ》んでゐたのであつた。

そして、彼《かれ》が除隊《ぢよたい》になつて歸鄕《ききやう》したのは、まだ今日《けふ》のことだのに、一家《か》のものは、彼《かれ》が生《い》きて歸《かへ》つたといふ喜《よろこ》びを頒《わか》ち合《あ》ふ暇《ひま》もなく、明日《あす》からの一家《か》の生活《せいくわつ》や、彼《かれ》の身《み》の振方《ふりかた》について心配《しんぱい》をしてゐるのであつた。

彼《かれ》は、明治《めいぢ》三十七年《ねん》十一月《ぐわつ》十一日《にち》、本溪湖《ほんけいこ》附近《ふきん》の激戰《げきせん》の際《さい》、左手及《ひだりておよ》び腹部《ふくぶ》に貫通銃創《くわんつうじうさう》を受《う》け、直《たゞ》ちに野戰病院《やせんびやうゐん》に收《しう》容《よう》されて手當《てあて》を受《う》けたのであつたが、可《か》なりの重傷《ぢうしやう》だつたので、創《きず》は癒《なほ》つたけれども、體《からだ》の不自由《ふじゆう》だけはどうすることも出來《でき》なかつた。翌《よく》る年《とし》の五月《ぐわつ》二十一日《にち》、兵役《へいえき》を免除《めんぢよ》されて歸鄕《ききやう》の途《と》に就《つ》く道《みち》すがらも、これからの生活《せいくわつ》のことを考《かんが》へて、暗《くら》い氣持《きもち》にならずにはゐられないのだつた。

彼《かれ》の父《ちゝ》は、猫《ねこ》の額《ひたひ》ほども自分《じぶん》の土地《とち》といふものを持《も》たない貧《まづ》しい小作農《こさくのう》だつた。人並以上《ひとなみいじやう》に持《も》つてゐるものは子供《こども》の頭數《あたまかず》だつた。彼《かれ》を頭《かしら》に、男《をとこ》の子《こ》五人《にん》、女《をんな》の子《こ》七人《にん》といふ豪盛《がうせい》な子福者《こぶくしや》だつた。が、豪勢《がうせい》は豪勢《がうせい》でも、食《く》ひ盛《ざか》りの子供《ども》を十二人《にん》も抱《かゝ》へてゐては、一介《かい》の小作人《こさくにん》として、その生活《せいくわつ》がどんなに慘憺《さんたん》たるものであつたか、思《おも》ひやられる。

さういふ家庭《かてい》に長兄《ちやうけい》として育《そだ》つた彼《かれ》には、人並《ひとなみ》に義務教育《ぎむけういく》を受《う》ける餘裕《よゆう》さへもなく、たつた尋常小學《じんじやうせうがく》二年《ねん》を終了《しうれう》しただけで學校《がくかう》を退《ひ》かなければならなかつた。彼《かれ》はそれを不滿《ふまん》とも思《おも》はず、孜々《しゝ》として父《ちゝ》の業《げふ》を手傳《てつだ》ひながら、次第《しだい》に、長兄《ちやうけい》としての責任感《せきにんかん》に養《やしな》はれて行《い》つた。

（人並《ひとなみ》の勞働《らうどう》が出來《でき》ないくらゐなら、他《ほか》になにか新《あたら》しい職業《しよくげふ》に就《つ》きたい）

除隊《ぢよたい》になつて郷里《きやうり》に歸《かへ》る途《みち》すがら、そんなことも考《かんが》へたのであつたが、家《うち》に歸《かへ》つて、老《お》いたる父母《ふぼ》や、十一人《にん》の弟妹《ていまい》の姿《すがた》をじつと見《み》てゐるうちに、彼《かれ》は、（やつぱり小作《こさく》をするより他《ほか》に途《みち》はない）と、考《かんが》へ直《なほ》さなければならなかつた。

『それぢや、まあ、やつて見《み》るか』

自信《じしん》に滿《み》ちた、彼《かれ》の朗《ほが》らかな言葉《ことば》に、父《ちゝ》も吻《ほ》つとしたやうにさう言《い》つた。

（何《なに》か他《ほか》の商賣《しやうばい》にかはるつたつて、讀《よ》み書《か》きは出來《でき》ないし、明日《あした》からでも、まがりなりにも働《はた》らけるものは農業《のうげふ》の他《ほか》にはないではありませんか）

定次郎《さだじらう》はさう言《い》はうとしたのだつたが、ふと、そんなことを言《い》つて、父《ちゝ》や母《はゝ》を心配《しんぱい》させるにも當《あた》るまいと思《おも》ひついたので、出《で》かかつた言葉《ことば》を口《くち》の中《なか》でかみ殺《ころ》して、

『なあに大丈夫《だいぢやうぶ》ですとも。これからは僕《ぼく》が中心《ちうしん》になつて働《はた》らきますから、お父《とう》さんもお母《かあ》さんも、すこしは體《からだ》を樂《らく》にして下《くだ》さい。これまでだつて、ずゐ分苦勞《ぶんくらう》をなさつたんですから』

と、元氣《げんき》よく言《い》つた。

その翌日《よくじつ》から、彼《かれ》は傍目《わきめ》もふらず家業《かげふ》に勵《はげ》んだ。左手《ひだりて》は不自由《ふじゆう》だし、腹部《ふくぶ》の傷《きず》あとは時々痛《ときどきいた》んだが、彼《かれ》はそれを氣《き》づかれて、父母《ふぼ》や弟妹《ていまい》たちに心配《しんぱい》をかけてはならないと、そんな樣子《やうす》は顏色《かほいろ》にも言葉《ことば》にも出《だ》さなかつた。（何《なん》のこれしきのこと、國家《こくか》のための名譽《めいよ》の負傷《ふしやう》ではないか）と自《みづか》らを勵《はげ》ましながら、忍耐《にんたい》に忍耐《にんたい》を重《かさ》ねた。

弟妹《ていまい》たちも、長兄《ちやうけい》の健氣《けなげ》な決心《けつしん》には感激《かんげき》せずにはゐられなかつた。彼等《かれら》は心《こゝろ》を協《あは》せて長兄《ちやうけい》をうやまひ、父母《ふぼ》を大切《たいせつ》にした。そして、貧《まづ》しくはあつたが、家内《かない》は絶《た》えず、和氣《わき》靄々《あいあい》たる團欒《だんらん》の雰圍氣《ふんゐき》に包《つゝ》まれてゐた。

さうした境遇《きやうぐう》の中《なか》で、彼《かれ》は四ケ條《でう》の座右《ざいう》の銘《めい》をつくり、それを實行《じつかう》することに努《つと》めた。それは、左《さ》の四箇條《かでう》であつた。

一、天恩地恩ニ感謝スルコト
一、父母弟妹隣人を敬愛スルコト
一、己レヲ常ニ反省スルコト
一、働クコト即チ人生ト信ズルコト

月日《つきひ》が經《た》つうちに、傷《きず》あとの痛《いた》みも段々《だん〳〵》うすらいで行《い》つた。そして、あまり過激《くわげき》な勞働《らうどう》でさへなければ、普通《ふつう》の仕事《しごと》には不自由《ふじゆう》を感《かん》じない迄《まで》になつた。

不斷《ふだん》の勤勉努力《きんべんどりよく》もむくはれて、少《すこ》しづつ田地《でんち》も買《か》へ、小作農《こさくのう》から自作農《じさくのう》への地歩《ちほ》を一歩一歩固《かた》めて行《い》つた。そして、生活《せいくわつ》も段々《だん〳〵》樂《らく》になつて行《い》つた。

さういふ風《ふう》に、生活《せいくわつ》が樂《らく》になり出《だ》して來《く》ると、彼《かれ》は、やうやく、彼《かれ》の座右《ざいう》の銘《めい》の一つである、隣人愛《りんじんあい》の精神《せいしん》を發揮《はつき》し出《だ》した。

彼《かれ》は先《ま》づ、彼《かれ》の住《す》んでゐる延永村大字長音寺《のぶながむらおほあざちやうおんじ》だけでも、三町八反歩《ちやうたんぶ》からの濕田《しつでん》があるのに眼《め》をつけて、區民《くみん》の間《あひだ》を說《と》き廻《まは》つて耕地整理《かうちせいり》を斷行《だんかう》した。

又《また》、耕地《かうち》を深耕《しんかう》して地力《ちりよく》の增進《ぞうしん》を計《はか》り、屋外堆肥《をくぐわいたいひ》の施行《しかう》、綠肥《りよくひ》の栽培《さいばい》に全力《ぜんりよく》を注《そゝ》ぐなど、經營組織《けいえいそしき》の改善《かいぜん》を計《はか》つて區《く》民《みん》に模範《もはん》を示《しめ》した。

はじめはさうした農事《のうじ》の改善《かいぜん》に無關心《むくわんしん》だつた區民《くみん》たちも彼《かれ》が、當初段當《たうしよたんあた》り一石《こく》七斗《と》の收穫《しうくわく》を平均《へいきん》三石餘《ごくよ》に增加《ぞうか》させたのを見《み》るに及《およ》んで、競《きそ》つて彼《かれ》のすすめに從《した》ふやうになつた。

農作栽培《のうさくさいばい》の計畫《けいくわく》も樹《た》て、小麥《こむぎ》、裸麥《はだかむぎ》、菜種《なたね》などが穫《と》れるやうになつた。

又《また》、副業《ふくげふ》としては、農閑《のうかん》を利用《りよう》して、率先製繩《そつせんせいじよう》に從事《じうじ》し、區民《くみん》にも亦《また》それをすすめて、大《おほ》いにその成績《せいせき》を擧《あ》げた。

このやうな、農村改發《のうそんかいはつ》に關《くわん》する數々《かず〳〵》の功績《こうせき》によつて、彼《かれ》は、その筋《すぢ》より數回《すうくわい》の表彰《へうしやう》を受《う》けた。

又《また》、衆望《しうばう》の一致《ち》するところとなつて、納稅組合《なふぜいくみあひ》、耕地整理組合《かうちせいりくみあひ》、產業組合《さんげふくみあひ》の役員《やくゐん》に推《お》された。

彼《かれ》は今《いま》や五十二歳《さい》の分別盛《ふんべつざか》り。彼《かれ》の功績《こうせき》は縣及《けんおよ》び郡農會《ぐんのうくわい》にも知《し》れて、最近《さいきん》では、その、縣及《けんおよ》び郡農會《ぐんのうくわい》から米麥試作《べいばくしさく》田《でん》を依託《いたく》されて、孜々《しゝ》としてその使命《しめい》の遂行《すゐかう》に盡力《じんりよく》してゐる。

又彼自《またかれみづか》らはどうかといふに、三十年前《ねんまへ》、名譽《めいよ》の負傷《ふしやう》によつて兵役《へいえき》を免除《めんぢよ》された當時《たうじ》は、全《まつた》くの小作農《こさくのう》として貧困《ひんこん》のどん底《ぞこ》にあつた身《み》が、今《いま》では、田地《でんち》二町餘《ちやうよ》を購入《こうにふ》し、住宅《ぢうたく》納屋《なや》の改築《かいちく》を行《おこな》ひ、堅實《けんじつ》な自作農《じさくのう》の一人《ひとり》として村民《そんみん》の尊敬《そんけい》を集《あつ》めてゐる。

彼《かれ》が、自己《じこ》に對《たい》してきはめて謙虚《けんきよ》な氣持《きもち》を抱《いだ》いてゐることも亦《また》、書《か》き落《おと》してはならないことであらう。

『まだ、なにをやつてゐるものですか。やればこれからですよ』

彼《かれ》の努力《どりよく》や功績《こうせき》を讚《たゝ》へるものがあると、彼《かれ》はいつも、心《こゝろ》の底《そこ》からかう答《こた》へるのである。自分《じぶん》でもやつぱり、ほんたうの仕事《しごと》はこれからだと思《おも》つてゐるにちがひない。

尙《なほ》、彼《かれ》は除隊歸鄕後《ぢよたいききやうご》、戰功《せんこう》に依《よ》つて、白色桐葉章《はくしよくどうえふしやう》及《およ》び賜《し》金《きん》二百圓《ゑん》を賜《たま》はつてゐる。

實社會《じつしやくわい》の尖兵《せんぺい》

＝公共事業《こうきようじげふ》に精勵《せいれい》する丹野千代吉《たんのちよきち》氏《し》＝

本籍地　[redacted]宮城縣牡鹿郡[redacted]
負傷程度　右腕關節及左上膊骨部貫通銃創、右手背面擦過銃創

宮城縣《みやぎけん》牡鹿郡《をしかぐん》渡波村《わたのはむら》字新田《あざしんでん》の丹野千代吉《たんのちよきち》は、明治《めいぢ》三十八年度《ねんど》徵兵檢查《ちようへいけんさ》に合格《がふかく》し同年《どうねん》十二月《ぐわつ》一日《とつ》に、仙臺《せんだい》第二師團《しだん》騎兵《きへい》第二聯隊《れんたい》第二中隊《ちうたい》に入隊《にふたい》したが、翌明治《よくめいぢ》三十九年《ねん》四月《ぐわつ》三日《か》には、騎兵《きへい》第十七聯隊《れんたい》第二中隊《ちうたい》の配屬《はいぞく》となつて、韓國《かんこく》（現在《げんざい》の朝鮮《てうせん》）の咸興《かんこう》に渡《わた》つた。

それから滿《まん》一ケ年《ねん》、なんの事變《じへん》もなかつたが、明治《めいぢ》四十年《ねん》八月《ぐわつ》十六日京城南大門《にちけいじやうなんだいもん》に暴徒《ばうと》の襲擊《しふげき》があつて、その討伐《たうばつ》に向《むか》つた桃原《もゝはら》步兵大尉《ほへいたいゐ》以下《いか》十四名《めい》の戰死者《せんししや》を出《だ》すといふ事變《じへん》が勃發《ぼつぱつ》した。

當時《たうじ》までは暴徒《ばうと》の姿《すがた》さへ見《み》ることのなかつた北韓方面《ほくかんはうめん》にも、この事變《じへん》以來《いらい》不穩《ふおん》な形勢《けいせい》が漲《みなぎ》つて、中秋《ちうしう》十月《ぐわつ》の中頃《なかごろ》になると、遂《つひ》に北靑《ほくせい》から惠山鎭《けいざんちん》に通《つう》ずる分遣所《ぶんけんしよ》に、屢々《しば〳〵》暴徒《ばうと》が出沒《しゆつぼつ》するといふ報告《はうこく》が、咸興《かんこう》に達《たつ》した。

この報告《はうこく》に接《せつ》した咸興《かんこう》では、騎兵《きへい》第十七聯隊《れんたい》第二中隊《ちうたい》から上月少尉《かうづきせうゐ》以下《いか》十四名《めい》の騎兵《きへい》が步兵《ほへい》第五十聯隊長《れんたいちやう》山本延身大佐《やまもとのぶみたいさ》の配下《はいか》に配屬《はいぞく》されて、北靑《ほくせい》に分遣《ぶんけん》されたのは、明治《めいぢ》四十年《ねん》十一月《ぐわつ》十八日《にち》であつた。

丹野千代吉《たんのちよきち》は志願《しぐわん》して、上月少尉《かうづきせうゐ》の配下《はいか》として參加《さんか》した。

翌《よく》十二月《ぐわつ》十九日《にち》、隊長《たいちやう》山本大佐《やまもとたいさ》から、三水郡方面《すゐぐんはうめん》の敵狀《てきじやう》偵察《ていさつ》を命《めい》ぜられて、上月少尉《かうづきせうゐ》一行《かう》の騎馬隊《きばたい》は早速《さつそく》、各地《かくち》偵察《ていさつ》に出發《しゆつぱつ》したが、廿六日《にち》まで、暴徒《ばうと》の姿《すがた》を發見《はつけん》することが出來《でき》なかつた。

廿六日《にち》、三水郡《すゐぐん》仲坪場《ちうへいぢやう》といふ村落《そんらく》に到着《たうちやく》した一行《かう》が、村長《そんちやう》の家《いへ》の庭《には》に駒《こま》を休《やす》め、土間《どま》で晝食《ちうじき》を始《はじ》めた。折《をり》から戶外《こぐわい》には花粉《くわふん》の樣《やう》な雪《ゆき》が、灰色《はひいろ》の空《そら》から落《お》ちて來《き》た。

ぽつり〳〵、禿山《はげやま》と荒野《くわうや》の中《なか》に點在《てんざい》する農家《のうか》の大陸的《たいりくてき》風景《ふうけい》を眺《なが》め入《い》る丹野千代吉《たんのちよきち》は、懷《なつか》しい鄕里《きやうり》の雪《ゆき》の日《ひ》を思《おも》ひ出《だ》

してゐた。

『近頃《ちかごろ》、此邊《このへん》に暴徒《ばうと》が出沒《しゆつぼつ》するといふので、來《き》たのだが、それらしい姿《すがた》を見《み》なかつたか』

上月少尉《からづきせうゐ》が、村長《そんちやう》に尋《たづ》ねた。

『えゝ、その暴徒《ばうと》ですが、見《み》るとほり私《わたし》の村《むら》は、貧家《ひんか》ばかりで奪《と》られる物《もの》もないので、暴徒《ばうと》に襲《おそ》はれたことはないのですが、私《わたし》が見《み》た譯《わけ》ではないですが、家《うち》の者《もの》の話《はなし》では、二時間程前《じかんほどまへ》に、暴徒《ばうと》らしい五百人程《にんほど》の團體《だんたい》が、あの山《やま》の麓《ふもと》を通過《つうくわ》したんださうです』

これを聞《き》いた少尉《せうゐ》は、

『うん、それだ』と叫《さけ》んで、直《たゞ》ちに配下《はいか》に戰鬪準備《せんとうじゆんび》を命《めい》じた。

『少尉殿《せうゐどの》、私《わたし》を第一尖兵《だいせんぺい》にして下《くだ》さい』

と、丹野千代吉《たんのちよきち》は出願《しゆつぐわん》した。

彼《かれ》は入營前《にふえいぜん》に、鄕里《きやうり》で隣村《りんそん》の末永清右衞門《すゑながせいゑもん》が、日露戰役《にちろせんえき》に出征中《しゆつせいちう》、鴨綠江渡河《あふりよくかうとか》の際《さい》の決死隊《けつしたい》に參加《さんか》して壯烈《さうれつ》な名譽《めいよ》の戰死《せんし》を遂《と》げた話《はなし》を聞《き》き、その勇士的《ゆうしてき》、男性的行動《だんせいてきかうどう》に深《ふか》く感動《かんどう》してゐたので、この暴徒出沒地《ばうとしゆつぼつち》へ分遣《ぶんけん》される時《とき》、既《すで》に死《し》を覺悟《かくご》してゐたのであつた。

少尉《せうゐ》は固《かた》い決心《けつしん》の色《いろ》が現《あらは》れてゐる彼《かれ》の顏《かほ》を賴《たの》もしさうに凝視《みつ》めて叫《さけ》んだ。

『よし、行《ゆ》け。足跡《あしあと》を追《お》ふんだ』

第一尖兵《だいせんぺい》として、勇躍暴徒《ゆうやくばうと》の追跡《つゐせき》に向《むか》つた。

午後三時近《ごごじちか》く、暴徒《ばうと》に追《お》ひ付《つ》いたのは、雲峰《うんぽう》といふ村落《そんらく》で、はからずもこゝに大激戰《だいげきせん》が始《はじ》まつた。この激戰中《げきせんちう》、丹野千代吉《たんのちよきち》は、右腕關節部及左上膊部《うわんくわんせつぶおよびさじやうはくぶ》に貫通銃創《くわんつうじうさう》を、右手背面《みぎてゆはいめん》に三ケ所《しよ》の擦過銃創《さうくわじうさう》をうけて倒《たふ》れた。

彼《かれ》が、この樣《やう》な負傷《ふしやう》したのは、二度《ど》、三度《ど》、と重傷《ぢうしやう》の體《からだ》で起《お》きあがり〳〵敵《てき》に向《むか》つたためだつた。この際《さい》、彼《かれ》が內《うち》ポケットに入《い》れてゐた軍隊手帳《ぐんたいてちやう》も銃彈《じうだん》に貫通《くわんつう》されてゐた。

明治《めいぢ》四十一年《ねん》一月《ぐわつ》一日《じつ》に北靑分院《ほくせいぶんゐん》へ收容《しうよう》されて、治療《ちれう》をうけてゐたが、四月《ぐわつ》三日《か》退院《たいゐん》となつて、咸興《かんこう》の軍隊《ぐんたい》に歸《かへ》り勤務《きんむ》したが、負傷《ふしやう》が全治《ぜんぢ》してゐなかつた爲《た》めに、乘馬敎練《じやうばけうれん》が出來《でき》ず、八月《ぐわつ》八日《か》、再度咸興分院《さいどかんこうぶんゐん》に入院診察《にふゐんしんさつ》した結果《けつくわ》、廣島衞戍病院《ひろしまゑいじゆびやうゐん》に轉送《てんそう》され、明治《めいぢ》四十二年《ねん》一月《ぐわつ》三十日《にち》、遂《つひ》に兵役免除《へいえきめんぢよ》となつて鄕里宮城縣《きやうりみやぎけん》に歸《かへ》つた。


歸鄕《ききやう》した彼《かれ》は、兵役免除《へいえきめんぢよ》となつたことを、ひどく殘念《ざんねん》に思《おも》つてゐたが、韓國暴徒討伐事變《かんこくばうとたうばつじへん》の功《こう》に依《よ》り、勳《くん》八等白色桐葉章《とうはくしよくどうえふしやう》と、金《きん》八拾圓《ゑん》を賜《たまは》り、勳記《くんき》を授與《じゆよ》せられ、また韓國皇帝《かんこくくわうてい》より勳《くん》七等大極章《とうたいきよくしやう》並《ならび》に勳記《くんき》を賜《たまは》つた彼《かれ》は、皇恩《くわうおん》に感泣《かんきふ》して、

『自分如《じぶんごと》き者《もの》をこんなにまでして吳《く》れる國家《こくか》は有難《ありがた》いものだ。よし、自分《じぶん》は生《い》きてゐる限《かぎ》りは、身《み》を粉《こな》にしても、國家社會《こくかしやくわい》の爲《ため》に働《はたら》かねばならぬぞ』

と固《かた》く決心《けつしん》した。

彼《かれ》は、家內《かない》の人々《ひとびと》が、

『不自由《ふじゆう》な體《からだ》だから、無理《むり》せんでも』

と、引《ひ》き止《と》めるのもきかず、銃創《じつさう》の爲《た》めに、知覺《ちかく》の鈍《にぶ》つた脚《あし》を引《ひ》きずり、關節《くわんせつ》の曲折《きよくせつ》に困難《こんなん》を感《かん》じ、把握力《はあくりよく》の減弱《げんじやく》した右腕《みぎうで》を働《はたら》かして、鍬《くは》を持《も》つて野良仕事《のらしごと》に從事《じうじ》した。

『いくら、名譽《めいよ》の負傷《ふしやう》だつて、この若《わか》さで、默《だま》つて家《うち》に居《を》られるか、充分《じうぶん》とまでは行《ゆ》かなくとも、半人前《はんにんまへ》の仕事《しごと》は出來《き》る』

と、不自由《ふじゆう》な體《からだ》に鞭打《むちう》つて、働《はたら》いた。死《し》んだつもりでやれば、どんな辛《つら》い事《こと》、苦《くる》しい目《め》に會《あ》つても何等《なんら》怖《おそ》れるところはない。

彼《かれ》、丹野千代吉《たんのちよきち》は、不自由《ふじゆう》な體《からだ》に鞭打《むちう》つて汗《あせ》みどろになつて農事《のうじ》に從事《じうじ》する傍《かたは》ら、國家奉仕《こくかほうし》の一階段《かいだん》として、在鄕軍人會《ざいがうぐんじんくわい》の隆盛《りうせい》に盡力《じんりよく》した。その間《かん》の功績《こうせき》は實《じつ》に偉大《ゐだい》なもので、その功績《こうせき》を無視《むし》しては彼《かれ》の半生《はんせい》を語《かた》ることは出來《でき》ない。

歸鄕《ききやう》して間《ま》もなく、明治《めいぢ》四十二年《ねん》三月《ぐわつ》、渡波町軍人分會《わたのはちやうぐんじんぶんくわい》に出願《しゆつぐわん》した彼《かれ》が、翌《よく》四月《ぐわつ》には、町分會理事評議員《ちやうぶんくわいりじひやうぎゐん》に囑託《しよくたく》され、大正《たいしやう》三年《ねん》二月《ぐわつ》には町分會理事《ちやうぶんくわいりじ》に、大正《たいしやう》十三年《ねん》一月《ぐわつ》には町分會《ちやうぶんくわい》の副會長《ふくくわいちやう》に、同年《どうねん》十二月《ぐわつ》には渡波町分會長《わたのはちやうぶんくわいちやう》と牡鹿郡聯合分會理事《をじかぐんれんがふぶんくわいりじ》に囑託《しよくたく》されて、以來今日《いらいこんにち》もその席《せき》にあつて、在鄕軍人會《ざいがうぐんじんくわい》の爲《ため》に盡力《じんりよく》しつゝある。彼《かれ》が副會長《ふくくわいちやう》だつた際《さい》に軍人《ぐんじん》の入營《にふえい》、除隊《ぢよたい》に關《くわん》して勤儉事項《きんけんじこう》を町《まち》と協力《けふりよく》し現在引續《げんざいひきつゞ》いて實施《じつし》に力《ちから》を注《そゝ》いでゐる。その八ケ條《でう》を記《しる》せば、
一、軍人《ぐんじん》ノ入營除隊送迎會《にふえいぢよたいそうげいくわい》ハ毎年《まいねん》一月《ぐわつ》一日《じつ》、一般町民《はんちやうみん》ニテ行《おこな》フ新年祝賀會《しんねんしゆくがくわい》ト同時《どうじ》ニ行《おこな》フ事《こと》。
二、入營者及除隊者《にふえいしやおよびぢよたいしや》ハ前項《ぜんこう》ノ町民《ちやうみん》一般《はん》ニヨリ開催《かいさい》セラル送迎會以外類似《そうげいくわいいぐわいるゐじ》ノ會合《くわいがふ》ニハ出席《しゆつせき》セザル事《こと》。

（附、渡波町青年團員及契約青年會幹部《わたのはまちせいねんだんゐんおよびけいやくせいねんくわいかんぶ》ハ、本項類似《ほんかうるゐじ》ノ會合《くわいがふ》ヲ開催《かいさい》セシメザル樣盡力《やうじんりよく》スル事《こと》。）
三、入營者及其家族《にふえいしやおよびそのかぞく》ハ無用《むよう》ノ出費《しゆつぴ》ヲ節約《せつやく》シテ貯蓄《ちよちく》シ、除隊《ぢよたい》ニ際《さい》シ軍服《ぐんぷく》、帽子《ばうし》、靴等《くつとう》ヲ購入着用《こうにふちやくよう》シテ歸町《きちやう》スル事《こと》。
四、入營及除隊《にふえいおよびぢよたい》ノ際家庭《さいかてい》ニ於《おい》テ餞別者《せんべつしや》又《また》ハ歡迎者《くわんげいしや》ニ對《たい》シ酒食《しゆしよく》ヲ饗應《きやうおう》セザル事《こと》。
五、歸鄕兵員《ききやうへいゐん》ハ餞別者其他《せんべつしやそのた》ニ物品《ぶつぴん》ヲ以《も》ッテ返禮《へんれい》スルコトヲ廢《はい》シ名刺《めいし》ノミヲ差出《さしだ》シ廻禮《くわいれい》ノ事《こと》。
六、入營者及其家族《にふえいしやおよびそのかぞく》ノ出發《しゆつぱつ》ニ際《さい》シ神社《じんじや》ニ酒肴類《しゆかうるゐ》ヲ持來《ぢらい》セザル事《こと》。但《たゞし》在鄕軍人分會《ざいがうぐんじんぶんくわい》ニ於《おい》テ御神酒《おみき》ヲ準備《じゆんび》スル事《こと》。
七、在鄕軍人分會《ざいがうぐんじんぶんくわい》ニ於《おい》テ、從來入營者《じうらいにふえいしや》ニ對《たい》シ贈呈《ぞうてい》シタル記念品《きねんひん》ヲ廢《はい》シ金《きん》參圓以下《ゑんいか》ヲ郵便貯金《いうびんちよきん》ト爲《な》シ、其通帳《そのつうちやう》ヲ以《も》ッテ贈呈《ぞうてい》スル事《こと》。
（附、入營者並《にふえいしやならび》ニ家族《かぞく》ハ成《な》ル可《べ》ク餞別全部《せんべつぜんぶ》ヲ之《これ》ニ加《くは》ヘテ貯金《ちよきん》シ軍服等購入《ぐんぷくとうこうにふ》ノ準備金《じゆんびきん》ト爲《な》シ、尚足《なほた》ラザル時《とき》ハ除隊迄《ぢよたいまで》ニ其額《そのがく》ニ達《たつ》スル樣節約貯金《やうせつやくちよきん》スルコト。但軍服《たゞしぐんぷく》、靴等《くつとう》一切《さい》ニテ金《きん》貳拾圓以下《ゑんいか》ナルコト。）
八、入營並《にふえいならび》ニ除隊《ぢよたい》ニ際《さい》シテ軍人分會《ぐんじんぶんくわい》、青年團《せいねんだん》、町役場《まちやくば》ニ

テ調製《てうせい》ノ旒旗《りうき》一旒《りう》ニ止《とゞ》メ決《けつ》シテ個人《こじん》又《また》ハ團體等《だんたいとう》ヨリ寄贈《きぞう》又《また》ハ新調《しんてう》セザル事《こと》。

以上
彼《かれ》が、渡波町分會《わたのはまちぶんくわい》に入會《にふくわい》して二十五ケ年間《ねんかん》の努力《どりよく》と指導《しだう》はかくれてはゐなかつた。其間《そのかん》、幾度《いくど》となく縣知事《けんちじ》、郡長《ぐんちやう》、町長等《ちやうちやうとう》から賞狀《しやうじやう》や、感謝狀《かんしやじやう》を受《う》けてゐるが、他《ほか》に彼《かれ》は——牡鹿郡農會議員評議員《をしかぐんのうくわいぎゐんひやうぎゐん》、渡波町農會農事奬勵員《わたのはまちのうくわいのうじしやうれいゐん》、技手《ぎしゆ》、總代等《そうだいとう》を經《へ》て、渡波町區長《わたのはまちくちやう》、契約青年聯合會《けいやくせいねんれんがふくわい》會長《ちやう》、造林委員《ざうりんゐゐん》、町會議員《ちやうくわいぎゐん》を務《つと》め、他《た》に、敎育會《けういくくわい》、漁業組合《ぎよげふくみあひ》、產業組合《さんげふくみあひ》、養蠶組合《やうさんくみあひ》、納稅組合《なふぜいくみあひ》、製鹽組合《せいえんくみあひ》、消防世話會等《せうばうせわくわいとう》の各種團體《かくしゆだんたい》の役員《やくゐん》をなし來《きた》つた。

知覺《ちかく》を失《うしな》つた左脚《さきやく》、把握力《はあくりよく》の減退《げんたい》した上《うへ》に關節《くわんせつ》の曲折自由《きよくせつじいう》ならぬ右腕《うわん》を持《も》ちながら彼《かれ》が、かく、町制《ちやうせい》に、林業《りんげふ》に、養蠶《やうさん》に、漁業《ぎよげふ》に、製鹽業《せいえんげふ》に、また、農會《のうくわい》に、青年團《せいねんだん》に、町《まち》の總《すべ》ての職席《しよくせき》に座《ざ》して、その職責《しよくせき》、役務《やくむ》を完《まつた》うし來《きた》つたは、彼《かれ》に、何《なに》がかくも偉大《ゐだい》な力《ちから》を與《あた》へたのであらう。

彼《かれ》が韓國咸興南道三水郡雲峰《かんこくかんこうなんだうすゐぐんうんぽう》の暴徒討伐《ばうとたうばつ》の激戰《げきせん》で負傷《ふしやう》して廢兵《はいへい》となり、軍人《ぐんじん》としての壯烈《さうれつ》な決死隊《けつしたい》に參加出來《さんかでき》ぬ體《からだ》となつた時《とき》、戰場《せんぢやう》で壯烈《さうれつ》な死《し》を與《あた》へられぬ彼《かれ》は、實社會《じつしやくわい》に於《おい》ての、壯烈《さうれつ》な死《し》を選《えら》び、生活戰《せいくわつせん》に常《つね》に決死隊《けつしたい》の覺悟《かくご》を以《も》つて鬪《たゝか》ひ、町制《ちやうせい》に、青年敎育《せいねんけういく》に、在鄕軍人會《ざいがうぐんじんくわい》に、その他總《たすべ》ての業務《げふむ》にあたつて常《つね》に第一尖兵《だいせんぺい》の覺悟《かくご》を抱《いだ》いて邁進《まいしん》し、活躍《くわつやく》したればこそ、幾多《いくた》の難苦《なんく》を突破《とつぱ》し、常《つね》にその職責《しよくせき》、役務《やくむ》を完《まつた》うし得《え》たのも、宜《むべ》なる哉《かな》である。

今《いま》や彼《かれ》は町民《ちやうみん》の信望《しんばう》の的《まと》となり、五十歲《さい》の身《み》をもつて壯者《さうしや》を凌《しの》ぐ元氣《げんき》で各公共事業《かくこうきようじげふ》に盡瘁《じんすゐ》してゐるのは、實《じつ》に感心《かんしん》すべきである。

因《ちなみ》に彼《かれ》は在鄕軍人會《ざいがうぐんじんくわい》のために盡《つく》したる功績《こうせき》により、昭和《せうわ》五年《ねん》十一月《ぐわつ》三日附《かづけ》を以《もつ》て、左《さ》の如《ごと》き表彰狀《へうしやうじやう》を授與《じゆよ》された。


帝國在鄕軍人會創立以來役員トシテ會務ニ盡瘁スルコト茲ニ二十年括据精勵克ク本會ノ發展ニ努メ其功勞顯著ナリ仍テ特ニ表彰ス

帝國在鄕軍人會總裁　御　名
同　　　　會　長御　名

更《さら》に昭和《せうわ》八年《ねん》九月《ぐわつ》十日附《かづけ》を以《もつ》て、多年會務《たねんくわいむ》に盡瘁《じんすゐ》しその成績優良《せいせきいうりやう》なりとて功勞章《こうらうしやう》をも授與《じゆよ》された。

人生《じんせい》航路《かうろ》の覇者《はしや》

＝不撓不屈《ふとうふくつ》で押通《おしとほ》した塚田辰太郎《つかたたつたらうし》氏＝

本籍地　新潟縣中頸城郡[redacted]
[redacted]
負傷程度　右腕貫通銃創

一

『兄《にい》さん、一寸待《ちよつとま》つて下《くだ》さい』

乳色《ちゝいろ》の深《ふか》い霧《きり》が、家《いへ》も、樹木《じゆもく》も、畠《はたけ》も一様《やう》にとざして、朝陽《あさひ》の登《のぼ》るには、未《ま》だ一寸間《ちよつとま》のある晩秋《ばんしう》の曉方《あけがた》である。新潟縣中頸城郡新井町字高柳《にひがたけんなかくびきぐんあらゐまちあざたかやなぎ》の、一軒《けん》の農家《のうか》の裏口《うらぐち》から、そゝくさと出《で》て來《き》た、三十年配《ねんぱい》の男《をとこ》は、背後《はいご》からかう聲《こゑ》をかけられて、ぎよつとした樣《やう》に立止《たちどま》つた。

『今頃《いまごろ》から、何處《どこ》へゆくのです』

聲《こゑ》の主《ぬし》が、早口《はやぐち》でさう言《い》つて、追駈《おつか》ける樣《やう》な態度《たいど》で、男《をとこ》のそばに寄《よ》つて來《き》た。筒袖《つゝそで》の粗末《そまつ》な野良着《のらぎ》をひつかけてゐるが、口許《くちもと》のしまつた、色《いろ》の淺黑《あさぐろ》い顏《かほ》は、彼《かれ》のしつかりした性格《せいかく》を物語《ものがた》つて、言葉《ことば》の調子《てうし》もきび〳〵してゐた。ただ一寸奇異《ちよつときい》なのは、右腕《みぎうで》がないのか、肘《ひぢ》の所《ところ》から、ぶらりと着物《きもの》が下《さが》つてゐることだ。

『何處《どこ》へつて——、用《よう》たしにゆくのだ』

『又相場《またさうば》をやりにゆくのですね』

『何《なに》をやらうが、お前《まへ》の知《し》つた事《こと》ぢやないだらう。不足《ふそく》がましく愚圖《ぐづ》〳〵言《い》ふな』

叱《しか》りとばして、すた〳〵と歩《ある》き去《さ》らうとすると、片腕《かたうで》の弟《おとうと》は尚《なほ》も追縋《おひすが》つて、

『いけません。二三日前《にさんにちまへ》に歸《かへ》つて來《き》たばかりで、もう出《で》かけるなんて——。お父《とう》さん達《たち》が心配《しんぱい》してゐることが、兄《にい》さんには分《わか》らないのですか』

『分《わか》つてゐる。分《わか》つてゐるから、お前《まへ》まで一緒《しよ》になつて、さうがみ〳〵言《い》ふな。今度《こんど》こそ一儲《まう》けして見《み》せるからな』

にやりと笑《わら》ふ兄《あに》の顏《かほ》を、弟《おとうと》は情《なさ》けなささうに凝視《みつ》め乍《なが》ら、

『いくら焦《あせ》つた所《ところ》で、うまくゆくものですか。又《また》たとへ儲《まう》

かつても、直《す》ぐに倍《ばい》三倍《ばい》にして損《そん》するのですから、何《なん》にもなりません。百姓《しやう》は百姓《しやう》らしく農事《のうじ》にいそしめばよいのです。まして、兄《にい》さんは家《うち》の後《あと》とりではないですか。も少《すこ》し心《こゝろ》を入《い》れ替《か》へて、眞面目《まじめ》に働《はたら》いて下《くだ》さらないと、親兄弟《おやきやうだい》を苦《くる》しめ、おしまひには先祖代々《せんぞだい〳〵》の家《いへ》を潰《つぶ》して了《しま》ふばかりです。ね、兄《にい》さん、私《わたし》の忠言《ちうげん》を聞《き》いて、もうか〳〵と家《いへ》を飛出《とびだ》さない樣《やう》にして下《くだ》さい。お願《ねがひ》ですから』

『困《こま》つた奴《やつ》だな。今度《こんど》きりだ。たつた一ぺんだから默《だま》つて見《み》てゐてくれ』

『いつもそんなことを言《い》つては、家《うち》の金《かね》を持出《もちだ》すではありませんか。兎《と》に角歸《かくかへ》つて下《くだ》さい。さあ』

と袖《そで》を取《と》つて引戻《ひきもど》さうとすると、

『貴樣《きさま》、弟《おとうと》のくせに、俺《おれ》に手出《てだ》しするのか。不具者《かたはもの》め、すつこんで居《ゐ》ろ！』

と、手《て》を拂《はら》つてどんと突《つ》く。そして突《つ》かれて、よろ〳〵とよろめく隙《すき》に、一散《さん》に駈出《かけだ》してしまつた。

若者《わかもの》は暫《しばら》く、呆然《ばうぜん》と突立《つつた》つた儘《まゝ》、その後姿《うしろすがた》を眺《なが》めてゐたが、兩眼《りやうがん》にはもう涙《なみだ》が泛《うか》んでゐた。

『あゝ——、どうして兄《にい》さんは何時《いつ》までもあんなだらう』

嘆息《たんそく》と共《とも》に呟《つぶや》く聲《こゑ》の力《ちから》なさ。

二

『辰太郎《たつたらう》さんもほんに氣毒《きのどく》ぢやなあ。戰爭《せんさう》に行《い》つて怪我《けが》して歸《かへ》つて來《く》れば、兄《にい》さんがあの通《とほ》りののらくらで、家《いへ》の中《なか》は散々《さん〴〵》だし、親弟妹《おやきやうだい》は多《おほ》いし』

『だけど感心《かんしん》なものぢやないか。右手《ひだりて》一つで、馬《うま》をひいて田《た》を耕《たがや》したり、柴《しば》を刈《か》つたり、朝《あさ》から晩《ばん》まで、休《やす》まずに働《はたら》かつしやる。矢張《やは》り戰爭《せんさう》に出《で》て手柄《てがら》を立《た》てる程《ほど》の人《ひと》は、違《ちが》ふた所《ところ》があるぞい』

近隣《きんりん》の人々《ひと〴〵》はそんな噂《うはさ》をし合《あ》つた、辰太郎《たつたらう》に同情《どうじやう》してゐた。

併《しか》し塚田辰太郎《つかだたつたらう》が一家《か》を背負《せお》つて奮闘《ふんとう》することは、昨日《きのふ》今日《けふ》に始《はじ》まつたことではなかつた。長兄《ちやうけい》はずつと以前《いぜん》からの百姓嫌《しやうぎら》ひで家事《かじ》を見《み》なかつたので、次男《じなん》の彼《かれ》が獨力《どくりよく》、兄《あに》の代《かは》りまで働《はたら》かなければならなかつたのだ。

その親孝行《おやかう〳〵》で評判《ひやうばん》の彼《かれ》が、明治《めいぢ》三十七年《ねん》の二月《ぐわつ》、豫備兵《よびへい》として歩兵《ほへい》第十六聯隊《だいれんたい》に召集《せうしふ》され、第三軍《だいぐん》に從《したが》つて露軍征《ろぐんせい》

討《たう》の途《と》に上《のぼ》つた時《とき》、一番心《ばんこゝろ》に掛《かゝ》つたのは、自分《じぶん》の留安中《るすちう》の家族《かぞく》の生活《せいくわつ》であつた。

彼《かれ》が居《ゐ》なくなつたからとて、甲斐々々《かひ〴〵》しく鋤鍬《すきくわ》を握《にぎ》つてくれる樣《やう》な兄《あに》ではなし、大黑柱《だいこくばしら》をひきぬかれたあとの家《いへ》の生活《せいくわつ》が、どんなに困《こま》るであらうか——と考《かんが》へると、君國《くんこく》の爲《ため》には一命《めい》を鴻毛《こうもう》の輕《かる》きに比《ひ》して些《いさゝ》か未練《みれん》もない彼《かれ》ではあつたが、後髮《うしろがみ》を引《ひ》かれる樣《やう》な氣《き》がせずには居《を》れなかつたのだ。

出征《しゆつせい》してからの彼《かれ》は、郷里《きやうり》に於《お》ける眞面目《まじめ》な生活態度《せいくわつたいど》以上《じやう》に、軍事《ぐんじ》に勤勉《きんべん》で、精勵衆《せいれいしう》を凌《しの》ぎ、上官《じやうくわん》からとよなく愛《あい》された。中《なか》でも小隊長《せうたいちやう》の西中尉《にしちうゐ》は、弟《おとうと》の如《ごと》く慈《いつく》しんで、彼《かれ》を自分《じぶん》の從卒《じうそつ》として、陣中《ぢんちう》の苦樂《くらく》を共《とも》にした。

そのうちに第三軍《だいぐん》は赫々《くわく〳〵》たる武勳《ぶくん》を示《しめ》しつつ、旅順《りよじゆん》の攻《こう》擊《げき》に當《あた》つた。

旅順《りよじゆん》の攻略《こうりやく》は測《はか》らずも大難戰《だいなんせん》となり、司令官乃木將軍《しれいくわんのぎしやうぐん》の心魂《しんこん》を削《けづ》らしめた。

猛烈《まうれつ》な戰鬪《せんとう》は日夜繰《にちやく》り返《かへ》された。そして辰太郎《たつたらう》の戰友《せんいう》は誰《だれ》も彼《かれ》も、或《あるひ》は倒《たふ》れ、或《あるひ》は傷《きず》ついた。その順番《じゆんばん》が軈《やが》て彼《かれ》の上《うへ》にも巡《めぐ》つて來《き》て、十一月《ぐわつ》の赤坂山《あかさかやま》の激戰《げきせん》に、彼《かれ》は右腕貫《うわんくわん》通銃創《つうじゆうさう》を蒙《かうむ》り、戰線後退《せんせんこうたい》の止《や》むなきに至《いた》つたのであつた。——

戰後《せんご》の行賞《かうしやう》によつて、彼《かれ》は勳《くん》八等《とう》、白色《はくしよく》桐葉章《どうえふしやう》を授與《じゆよ》された。

軈《やが》て彼《かれ》は凱旋《がいせん》の勇士《ゆうし》として、郷里《きやうり》に歸《かへ》つた。歸《かへ》つて見《み》ると、長兄《ちやうけい》は果《はた》せるかな、年老《としお》いた兩親《りやうしん》を捨《す》てて、不眞面目《ふまじめ》な仕事《しごと》に熱中《ねつちう》し、家《いへ》は窮境《きうきやう》に陷《おちい》つてゐるのだ。

彼《かれ》は片腕《かたうで》の身《み》を以《もつ》て、敢然《かんぜん》として銃《とう》を鋤《すき》に握《にぎ》り代《か》へ、劍《けん》を鎌《かま》に把《と》りかへて、山林《さんりん》に、田園《でんゑん》に、身《み》を粉《こ》にして動《はたら》き出《だ》した。田畠《たはた》を耕《たがや》すのには馬《うま》を使《つか》へばよかつたが、矢張《やは》りいろいろと不自由《ふじいう》なことは言語《げんご》に絕《ぜつ》するばかり。

而《しか》も、長兄《ちやうけい》の放埓《はうらつ》は止《や》まない。

暗《くら》い灯《ひ》の下《もと》で、彼《かれ》は幾度《いくた》び涙《なみだ》を流《なが》したことであらう——

三

かうした涙《なみだ》ぐましい彼《かれ》の奮鬪生活《ふんとうせいくわつ》が繰返《くりかへ》されて、家族《かぞく》はどうやら飢餓《きが》をまぬかれることが出來《でき》たのであつた。

そのうちに、老《お》いたる兩親《りやうしん》は、相《あひ》ついで世《よ》を去《さ》つていつた。彼《かれ》にあつい感謝《かんしや》の言葉《ことば》を捧《さゝ》げ乍《なが》ら——。

彼《かれ》は悲嘆《ひたん》に暮《く》れたが、斯《か》くてあるべきに非《あら》ずと涙《なみだ》を拂《はら》つて、家族《かぞく》の者達《ものたち》をそれぞれに身《み》の振《ふ》り方《かた》をつけ、自分《じぶん》は單身《たんしん》關東地方《くわんとうちはう》に行商《ぎやうしやう》に出《で》た。

もとより資力《しりよく》はなし、而《しか》も哀《あは》れな不具者《ふぐしや》である——。唯《たゞ》正直《しやうぢき》に、骨身《ほねみ》を惜《を》しまず、刻苦精勵《こつくせいれい》することが、彼《かれ》の唯一《ゆ》の信條《しんでう》でもあり、資本《しほん》でもあつた。そして彼《かれ》が傷痍兵《しやういへい》であるといふことが、一般《はん》の同情《どうじやう》を惹《ひ》いた點《てん》もあつて、商賣《しやうばい》は漸次《ぜんじ》に發展《はつてん》し、數年《すうねん》經《た》つた後《のち》には、先《ま》づ大成功《だいせいこう》ともいふ可《べ》き結果《けつくわ》を收《をさ》め得《え》た。

それに力《ちから》を得《え》て彼《かれ》が始《はじ》めたのは、輸出品《ゆしゆつひん》の販賣《はんばい》であつた。

彼《かれ》は小學校《せうがくかう》を卒業《そつげふ》したのみで、たいした學歷《がくれき》もなく、又《また》都會《とくわい》の商業《しやうげふ》に通《つう》じてゐる譯《わけ》でもなかつたが、運命《うんめい》は常《つね》に、自《みづか》ら全力《ぜんりよく》を盡《つく》して自己《じこ》の進路《しんろ》を開拓《かいたく》する者《もの》に、勝利《しようり》の軍配《ぐんばい》をあげてくれる。

ましてや、左手《ひだりて》で帳面《ちやうめん》を書《か》き手紙《てがみ》を認《したゝ》め、左手《ひだりて》で自轉車《じてんしや》に乘《の》り、左手《ひだりて》で算盤《そろばん》を彈《はじ》く——。倦《う》まず、撓《たゆ》まず、一分《ぶん》も休《やす》みなく、自《みづか》らの體力《たいりよく》上《じやう》の困難《こんなん》を征服《せいふく》しつつ働《はたら》く彼《かれ》に、

運命《うんめい》が味方《みかた》しない筈《はず》はない。

めき／＼と商運《しやううん》は榮《さか》えて、事業《じげふ》の前途《ぜんと》は光《ひか》り輝《かゞや》いた。

——と、何《なん》たることぞ！　突如《とつじよ》其處《こ》に勃發《ぼつぱつ》した大災難《だいさいなん》！

それは大正《たいしやう》十二年《ねん》の關東大震災《くわんとうだいしんさい》だ。

一朝《いつてう》にして彼《かれ》は長年《ながねん》積《つ》み上《あ》げて來《き》た事業《じげふ》を失《うしな》ひ、富《とみ》を奪《うば》はれ、千仭《じん》の功《こう》を一簣《き》に缺《か》くの大頓挫《だいとんざ》を來《き》たしてしまつた。

若《も》し、意志《いし》の弱《よわ》い人間《にんげん》であつたなれば、此《こ》の泣《な》くにも泣《な》かれぬ暗礁《あんせう》に乘《の》り上《あ》げては、再《ふたゝ》び起《た》つ力《ちから》を喪失《さうしつ》したに違《ちが》ひない。

だが彼《かれ》は斷《だん》じて屈《くつ》しなかつた。

憂《う》きことのなほ此《こ》の上《うへ》につもれかし
限《かぎ》りある身《み》の力《ちから》ためさむ

彼《かれ》は胸中《きやうちう》に呟《つぶや》いて、奮然《ふんぜん》起《た》ち上《あが》り、北海道《ほくかいどう》、東北《とうほく》、北陸《ほくりく》各地《かくち》に東奔西走《とうほんせいそう》し、從來《じうらい》の努力《どりよく》に數倍《すうばい》する大努力《だいどりよく》を重《かさ》ねて漸次《ぜんじ》に事業《じげふ》を恢復《くわいふく》し、やがて遂《つひ》に店舗《てんぽ》を再建《さいけん》することが出《で》來《き》た。

今《いま》では、氏《し》は埼玉縣大里郡熊谷町《さいたまけんおほさとぐんくまがやまち》の富士見町《ふじみちやう》に、豐《ゆた》かなる資産《しさん》を擁《よう》して、悠々《いう／＼》と生活《せいくわつ》してゐる。子女達《しぢよたち》も皆《みな》、相當《さうたう》の社會的地位《しやくわいてきちゐ》を占《し》め得《え》たさうであるから、何《なん》の思《おも》ひ患《わづら》ふこともない、幸福《かうふく》な境涯《きやうがい》だ。

不具《ふぐ》の身《み》を以《もつ》て、獨立獨行《どくりつどくかう》、幾度《いくど》か躓《つまづ》いては匍《は》ひ上《あが》り、匍《は》ひ上《あが》つては叩《たゝ》きのめされつつも、勇敢《ゆうかん》に嵐《あらし》と激浪《げきらう》を乘《の》り切《き》つて來《き》た此《こ》の人生航海者《じんせいかうかいしや》の榮《はえ》ある勝利《しようり》よ！

併《しか》し氏《し》は現在《げんざい》の成功《せいこう》を、己《おの》れ一人《ひとり》の力《ちから》に歸《き》さないで、天地《てんち》の冥助《めいじよ》に恭謙《きようけん》なる感謝《かんしや》を捧《さゝ》げ、鄕里《きやうり》の神社佛閣《じんじやぶつかく》へは莫大《ばくだい》の獻金《けんきん》をしてゐる。

そして、滿洲事變《まんしうじへん》が起《おこ》るや、卒先《そつせん》して皇軍援助《くわうぐんゑんじよ》の愛國運動《あいこくうんどう》に携《たづさは》り、又《また》出征軍人《しゆつせいぐんじん》の遺族《ゐぞく》や傷病兵救濟《しやうびやうへいきうさい》の爲《ため》に、獻身的《けんしんてき》な盡力《じんりよく》を續《つゞ》け、町民《ちやうみん》の模範《もはん》と崇《あが》められて居《ゐ》る。

獨立獨步《どくりつどくほ》の喜《よろこび》

＝寸刻《すんこく》を惜《をし》んで働《はたら》いた松田多平《まつだたへい》氏《し》＝

本籍地　徳島縣徳島市[redacted]
負傷程度　左上膊盲貫砲創兼骨折（左手機能不能）

軍人勅諭《ぐんじんちよくゆ》五ケ條中《でうちう》、信義《しんぎ》の御言葉《おことば》の中《なか》に、『始ニ能々事ノ順逆ヲ辨ヘ理非ヲ考ヘ其言ハ所詮踐ムヘカラスト知リ其義ハトテモ守ルヘカラスト悟リナハ速ニ止ルコソヨケレ』とある。軍人勅諭《ぐんじんちよくゆ》五ケ條中《でうちう》、特《とく》に信義《しんぎ》の項《かう》の、このお言葉《ことば》を、そのまゝ社會實際《しやくわいじつさい》の業務《げふむ》の敎訓《けうくん》と奉《ほう》じ、驚《おどろ》く許《ばか》りの成功《せい》をかち得《え》たのは、日露戰役傷痍兵《にちろせんえきしやういへい》として、材木商《ざいもくしやう》に身《み》を立《た》てた松田多平《まつだたへい》の涙《なみだ》ぐましい半生《はんせい》の奮闘史《ふんとうし》である。

明治《めいぢ》十四年《ねん》七月《ぐわつ》十一日《にち》、徳島縣勝浦郡小松島町《とくしまけんかつうらぐんこまつしままち》に出生《しゆつせい》した彼《かれ》は、鄕里《きやうり》の高等小學校《かうとうせうがくかう》三年生《ねんせい》を終了《しうれう》したのち、未來《みらい》の豪商《がうしやう》を夢《ゆめ》み乍《なが》ら大阪市《おほさかし》に上《のぼ》り、海產物問屋《かいさんぶつどんや》に小僧《こぞう》となつて奉公《ほうこう》した。誠實溫厚《せいじつをんこう》な彼《かれ》は、主人同僚間《しゆじんどうれうかん》の受《う》けもよく實直《じつちよく》勤勉《きんべん》に勤《つと》めたが、やがて徵兵適齡《ちやうへいてきれい》にあたり、目出度《めでた》く合格《がふかく》して、明治《めいぢ》三十四年《ねん》十二月《ぐわつ》一日《じつ》、步兵《ほへい》第《だい》四十三聯隊《れんたい》に入隊《にふたい》、成績《せいせき》見《み》るべきものあり、三十六年《ねん》十二月《ぐわつ》一日《じつ》には伍長勤務《ごちやうきんむ》上等兵《じやうとうへい》を命《めい》ぜられ、同《どう》三十七年《ねん》四月《ぐわつ》二十一日《にち》基幹兵《きかんへい》として補充大隊《ほとうたいたい》に編入《へんにふ》され、七月《ぐわつ》一日《じつ》には伍長《ごちやう》に昇進《しようしん》した。

時恰《ときあたか》も、滿洲《まんしう》では、七月《ぐわつ》一日《じつ》は第《だい》二師團《しだん》が摩天嶺《まてんれい》を占領《せんりやう》した記念《きねん》の日《ひ》で、乃木將軍《のぎしやうぐん》の第三軍《だいぐん》に屬《ぞく》する第《だい》十一師團《しだん》は土屋光春中將統率《つちやみつはるちうじやうとうそつ》のもとに、旅順《りよじゆん》の攻擊《こうげき》を目《め》ざして、既《すで》に三六八高地《かうち》、歪頭山《はいとうざん》、小平頭《せうへいとう》を占領《せんりやう》してゐたのである。

『隣《とな》りに居《ゐ》つた馬《うま》ざへも徵發《ちやうはつ》されて行《い》つたのに、私《わたし》は人《ひと》と生《うま》れ來《き》て』と云《い》ふ當時《たうじ》の軍歌《ぐんか》があるが、同《おな》じ隊《たい》の兵《へい》が滿洲《まんしう》で戰《たゝか》つてゐるのに、補充大隊《ほじうだいたい》に編入《へんにふ》されて內地《ないち》に殘《のこ》つてゐることが、彼《かれ》は生命《いのち》を縮《ちゞ》めるやうに辛《つら》かつた。やつと望《のぞ》み叶《かな》つて、欣喜雀躍《きんきじやくやく》として、明治《めいぢ》三十七年《ねん》十月《ぐわつ》二十二日《にち》、いよ／＼滿洲《まんしう》へ向《む》けて出征《しゆつせい》することゝなつた。この頃《ころ》、第三《だい》軍《ぐん》は、旅順《りよじゆん》の背面《はいめん》、二〇三高地《かうち》の險《けん》で戰《たゝか》つてゐた。二十六

日《にち》は第三回《だいくわい》の總攻擊《そうこうげき》、八年《ねん》一月《ぐわつ》一日の陷落《かんらく》までの肉彈戰《にくだんせん》をつゞけ、この間《かん》、彼《かれ》は一月《ぐわつ》十六日《にち》には戰地《せんち》に於《おい》て軍曹《ぐんさう》に任《にん》ぜられ、二月《ぐわつ》に入《はい》つて、全軍奉天《ぜんぐんほうてん》の總攻擊《そうこうげき》にあたり、松田《まつだ》軍曹《ぐんさう》は、三月《ぐわつ》三日《か》、馬群丹烏帽子山戰鬪《ばぐんたんゑぼしさんせんとう》に於《おい》て、名譽《めいよ》の負傷《ふしやう》を蒙《かうむ》つた。

負傷《ふしやう》は、左上膊盲貫砲創兼骨折《さじやうはくまうくわんはうさうけんこつせつ》。奉天落城《ほうてんらくじやう》の前《まへ》に、涙《なみだ》をのんで鳳凰城《ほうわうじやう》兵站病院《へいたんびやうゐん》に後送《こうそう》され、破片摘出《はへんてきしゆつ》をうけ、つゞいて、內地《ないち》に還送《くわんそう》され、善通寺豫備病院《ぜんつうじよびびやうゐん》に於《おい》て、三條《でう》の銀線《ぎんせん》を以《もつ》て患部《くわんぶ》をつぎ合《あ》はせたが、癒着《ゆちやく》せず、離脫《りだつ》の儘《まゝ》肉《にく》が卷《ま》きつき、爲《ため》に左手《ひだりて》は右手《みぎて》より一寸《すん》三分《ぶ》の短縮《たんしゆく》を見《み》るに至《いた》つた。現在左手《げんざいひだりて》は肩《かた》の水平線《すゐへいせん》より上《うへ》に上《あが》らず、患部《くわんぶ》は著《いちじる》しく瘦削《さうさく》し、勿論重《もちろんおも》いものなど引《ひ》き上《あ》げる機能《きのう》を失《うしな》ひ、時々《とき／＼》神經痛《しんけいつう》のやうな輕《かる》い疼痛《とうつう》を覺《おぼ》えてゐる。三十八年《ねん》十月《ぐわつ》二十四日《か》、兵役免除《へいえきめんぢよ》となり、鄕里《きやうり》に歸省《きせい》し、大阪《おほさか》の元《もと》の主家《しゆか》へ再勤《さいきん》のつもりであつたが、左手《ひだりて》の機能《きのう》を失《うしな》つては、主家《しゆか》へ再勤《さいきん》も不可能《ふかのう》と知《し》り、これを機會《きくわい》に獨立《どくりつ》して實業《じつげふ》に從《たづさ》はり度《た》いと志《こゝろざし》を立《た》てた。兄《あに》が木材業《もくざいげふ》を營《いとな》んでゐたのを幸《さいは》ひ、徳島市《とくしまし》に於《おい》て秋田杉材專門《あきたすぎざいせんもん》の卸商《おろししやう》をもつて身《み》を立《た》て

んと思《おも》ひ立《た》ち、事業《じげふ》の資本《しほん》として、理解《りかい》ある兄《あに》の手《て》から千圓《ゑん》の融通《ゆうづう》を受《う》け、早速材木店《さうそくざいもくてん》を開業《かいげふ》することになつた。

創業早々《さうげふさう／＼》のことで、彼《かれ》は不自由《ふじいう》な手《て》を忍《しの》びつゝ、着荷《ちやくか》の場合《ばあひ》は片手《かたて》をもつて品位《ひんゐ》及《およ》び巾《はゞ》の仕譯《しわけ》を行《おこな》ひ、得意先《とくいさき》への引渡《ひきわた》し萬端《ばんたん》、他人《たにん》の手《て》を煩《わづら》はすことはなかつた。薄利《はくり》と誠實《せいじつ》を旨《むね》とし、商務《しやうむ》に勉勵《べんれい》した結果《けつくわ》、漸次《ぜんじ》得意《とくい》を擴張《くわくちやう》することを得《え》て、やゝ生計《せいけい》の自信《じしん》をもち、一層《そう》の努力《どりよく》をつゞける折柄《をりから》、開業《かいげふ》三年目《ねんめ》にあたつた。大阪《おほさか》に本店《ほんてん》を有《いう》する秋田《あきた》杉材《すぎざい》の產地《さんち》特約店《とくやくてん》が、同《おな》じ徳島市《とくしまし》に支店《してん》を設《まう》けた。意識的《いしきてき》に競爭《きやうさう》の立場《たちば》に立《た》たれた。これは勿論《もちろん》、折角《せつかく》目鼻《めはな》のついた彼《かれ》の事業《じげふ》に大打擊《だいだげき》であつたが、相手《あひて》は多數《たすう》の店員《てんゐん》を使用《しよう》し人件費《じんけんひ》だけでも相當嵩《さうたうかさ》む筈《はず》であると思《おも》ひ到《いた》り、費用《ひよう》の節減《せつげん》による薄利主義《はくりしゆぎ》で對抗《たいかう》するより策《さく》なしと考《かんが》へた。千辛萬苦《しんばんく》營々孜々《えい／＼しし》として深更《しんかう》に至《いた》る迄《まで》、商品《しやうひん》の配達《はいたつ》をなし、一意專心《いせんしん》、誠意《せいい》をもつて奮鬪《ふんとう》した結果《けつくわ》、數年後《すうねんご》には大阪《おほさか》の大商店《だいしやうてん》の支店《してん》を閉鎖《へいさ》せしむる迄《まで》に漕《こ》ぎつけたのであつた。

爾來《じらい》いよ／＼業務《げふむ》に精勵《せいれい》し、創業當初兄《さうげふたうしよあに》から借用《しやくよう》した資《し》金《きん》一千圓《ゑん》に利子《りし》を附《つ》けて返濟《へんさい》し、やつと獨立獨步《どくりつどくほ》の喜《よろこ》びをもつことが出來《でき》たが、この間《かん》、業務《げふむ》は依然《いぜん》として、一切《さい》彼《かれ》自身《じしん》、身《み》一《ひと》つの勤務《きんむ》により、商品《しやうひん》の仕入《しい》れは勿論《もちろん》、賣込《うりこ》み、集金《しふきん》等《とう》、凡《すべ》て他人《たにん》の手《て》を用《もち》ひることをしなかつた。特《とく》に集金《しふきん》は雨天《うてん》と限《かぎ》つた爲《ため》、得意先《とくいさき》では、

『君《きみ》が集金《しふきん》は雨傘《あまがさ》が附《つ》き物《もの》ですな。』

と云《い》はれた位《くらゐ》で、この雨天《うてん》を利用《りよう》した集金《しふきん》は彼自身《かれじしん》の創意《さうい》で、大《おほ》いに業務《げふむ》の能率《のうりつ》を上《あ》げることゝなつた。

郡部《ぐんぶ》得意先宛《とくいさきあて》の商品着荷《しやうひんちやくか》の場合《ばあひ》の如《ごと》きは、大阪《おほさか》で荷積《につ》みした舟《ふね》を徳島市《とくしまし》より四五里《り》許《ばか》りの港《みなと》へ入船《にふせん》せしめ、朝未明《あさみめい》に自宅《じたく》を出《で》て二三の得意先《とくいさき》へ引渡《ひきわた》しを濟《す》まし、徳島市《とくしまし》の自宅《じたく》へ歸《かへ》るのは、夜《よる》の十一時《じ》十二時《じ》になるやうなことが屢々《しば／＼》であつた。冬期《とうき》など、途中《とちう》夜更《よふ》けての行路《かうろ》は、手足《てあし》が冷《ひ》え切《き》つて、戰傷《せんしやう》をうけた患部《くわんぶ》に疼痛《とうつう》を覺《おぼ》えることも實《じつ》に度々《たび／＼》であつた。しかし、一日《にち》の業《げふ》を了《を》へて、幼兒《をさなご》の顏《かほ》を見《み》るのが當時唯一《たうじゆいつ》の生活《せいくわつ》の慰安《ゐあん》で、すべての勞苦《らうく》も却《かへ》つて勵《はげ》みとなつた。

のち、偶々《たま／＼》歐洲大戰後《おうしうたいせんご》の好況《かうきやう》に棹《さを》さし、意外《いぐわい》の成績《せいせき》を收《をさ》め、それからいよいよ好潮《かうてう》に乘《の》つて、漸次巨額《ぜんじきよがく》の商取引《しやうとりひき》を行《おこな》ふ

やうになつた。

　この間、父に借財のあつたのを聞いては、進んで支拂の責めに當り、孝養常に怠りなく、父が八十六歳の高齡を保つ迄、孝道を盡して遺憾なからしめて來た。目下、嗣子と共に德島市撫養町字巽濱に於て、本業に專念し、いよ〳〵家運の隆盛をはかつてゐる。

　外に向つては、あらゆる公共《こうきよう》の事業《じげふ》に力《ちから》を惜《を》しまず、立《りつ》志傳中《しでんちう》の一人物《じんぶつ》として仰《あふ》がるゝばかりか、溫厚誠實《をんこうせいじつ》、稀《まれ》に見《み》るの商人《しやうにん》として信用篤《しんようあつ》く、五男《なん》二女《ぢよ》の父《ちゝ》となり、幸福圓滿《かうふくゑんまん》に、至誠奉公《しせいほうこう》を第《だい》一義《ぎ》として矍鑠《くわくしやく》として家業《かげふ》にいそしんでゐる。

　彼《かれ》が今日《こんにち》の大《だい》をなしたのは、勤勉力行《きんべんりきかう》、殆《ほと》んど衆人《しうじん》の企《くわだ》て及《およ》ばざる艱難刻苦《かんなんこくく》の賜物《たまもの》たるはもとよりである。就中《なかんづく》一般商人以上《ぱんしやうにんいじやう》の信用《しんよう》を博《はく》したのは、身《み》は軍籍《ぐんせき》を退《しりぞ》いてのちも、常《つね》に軍人勅諭《ぐんじんちよくゆ》五ケ條《でう》を生活《せいくわつ》の指針《ししん》として服膺《ふくよう》した軍人《ぐんじん》精神《せいしん》の致《いた》すところ與《あづか》つて力多《ちからおほ》く、軍人勅諭《ぐんじんちよくゆ》五ケ條《でう》が、獨《ひと》り軍人《ぐんじん》のみならず、人生萬事處世《じんせいばんじしよせい》の龜鑑《きかん》として、畏《かしこ》くも有難《ありがた》き明治大帝陛下《めいぢたいていへいか》の大御心《おほみこゝろ》と拜《はい》される次第《しだい》である。

荊《い》棘《ばら》の道《みち》

＝夫婦協力苦難《ふうふけふりよくくなん》を脱《だつ》した松本市藏氏《まつもといちざうし》＝

本籍地　新潟縣佐渡郡畑野村
負傷程度　左上膊貫通銃創兼骨折（切斷）

一

『何時《いつ》までも母《はゝ》や兄《あに》の厄介《やくかい》になつては居《を》れんが、何《なん》とか獨《どく》立《りつ》の道《みち》を講《かう》じなくては……』

　さう呟《つぶや》いて、彼《かれ》は追《お》ひかけられるやうな焦立《いらだ》しさに、つと立《た》ち上《あが》つた。ふと左肩《ひだりかた》をみると、袂《たもと》が輕《かる》さうに垂《た》れてゐて、あるべき手《て》はないのだ。

『あゝ、この體《からだ》ではなア……』

　思《おも》はず溜息《ためいき》が洩《も》れた。しかし、次《つぎ》の瞬間《しゆんかん》、（なにくそ！）といつた反撥心《はんぱつしん》が湧《わ》き起《おこ》るのだつた。

『命《いのち》を投《な》げだして戰《たゝか》ふ戰爭《せんさう》の事《こと》を考《かんが》へ、あの覺悟《かくご》さへあれば、この世《よ》の中《なか》に出來《でき》ないことがあるものか』

　さう勇氣《ゆうき》をふるひ起《おこ》しては、彼《かれ》は家《いへ》を出《で》て、知合《しりあひ》をたづねまはり、何《なに》か自分《じぶん》に適《てき》する仕事《しごと》はないかと頼《たの》み廻《まは》るのだつた。しかし、田舍《ゐなか》の事《こと》ではあるし、右手《みぎて》一本《ぽん》しかないので勞働《らうどう》には堪《た》へられないので、これと思《おも》ふ仕事《しごと》もない。

『あゝ、やつぱり駄目《だめ》かなア』

　暗然《あんぜん》として涙《なみだ》ぐまずには居《を》られなかつた。悲觀《ひくわん》しては、自《みづか》ら心《こゝろ》に鞭打《むちう》つて勇氣《ゆうき》を奮《ふる》ひおこし、空《むな》しく仕事《しごと》を探《さが》しまはつては、又《また》しても落膽《らくたん》する。さうした日《ひ》を幾月《いくつき》か重《かさ》ねてゐる中《うち》に、早《はや》くも夏《なつ》は過《す》ぎ秋《あき》も暮《く》れた。彼《かれ》の家《いへ》は貧乏《びんばふ》で、母《はゝ》や兄《あに》が食《く》ふものも食《た》べずに勵《はたら》いてゐるのをみると、彼《かれ》は一日《にち》もヂッとして居《を》れなかつた。

　すると、その冬《ふゆ》になつて、彼《かれ》の立場《たちば》にひどく同情《どうじやう》してくれる人《ひと》があつて、或《あ》る牛乳屋《ぎうにうや》に記帳掛兼配達夫《きちやうがゝりけんはいたつふ》として世話《せわ》してくれた。現在《げんざい》の彼《かれ》はどんな仕事《しごと》でもよい、勵《はたら》いて食《く》へさへすればよかつた。

『よし、うんと動くぞ！』

　彼は希望に燃えて、牛乳屋の近所に小さな家を一軒借り、兄の家より貰つた僅かの食器に併せて、土鍋などを買ひそろへ、自炊の準備をとゝのへた。新居にふさはしく夜具も買《か》ひもとめたが、十分《ぶん》の金《かね》もないので古着屋《ふるぎや》から掛蒲團《かけぶとん》を求《もと》め、これを二つに折《を》つて所謂柏餅《いはゆるかしはもち》で寢《ね》ることにした。

二

　彼《かれ》、松本市藏《まつもといちざう》は新潟縣佐渡郡畑野村大字石山《にひがたけんさどぐんはたのむらおほあざいしやま》の貧《まづ》しい小《こ》作農《さくのう》の家《いへ》に四男《なん》として生《うま》れた。そして、彼《かれ》が六歳《さい》の時《とき》、父《ちゝ》が死去《しきよ》し、母《はゝ》の手《て》に十六歳《さい》を頭《かしら》に五人《にん》の子供《こども》が殘《のこ》されたのである。一家《か》は忽《たちま》ち路頭《ろとう》に迷《まよ》はねばならなかつた。幸《さいは》ひ、土地《とち》の大地主《おほぢぬし》が同情《どうじやう》に篤《あつ》い人《ひと》で、上《うへ》の方《はう》の子供《こども》はそこへ奉《ほう》公《こう》に上《あが》り、どうにかかうにか細《ほそ》い煙《けむり》をあげてゐた。彼《かれ》は兄《あに》の世話《せわ》で辛《から》うじて義務教育《ぎむけういく》を受《う》け、その後《ご》は夜學《やがく》や獨習《どくしふ》で勉《べん》強《きやう》しつゝ十六歳《さい》になるや、大地主《おほぢぬし》へ奉公《ほうこう》に上《あが》り、木切《きぎ》りや草刈《くさかり》などの仕事《しごと》に從《したが》つてゐたのである。

　明治《めいぢ》三十六年《ねん》、彼《かれ》は適齡《てきれい》に達《たつ》し、見事徴兵檢査《みごとちようへいけんさ》に合格《がふかく》して、當時新潟縣村松にあつた歩兵第三十聯隊に入營した。その翌年二月、日露戰役の幕は切つて落され、彼の聯隊の先輩達は勇躍して征途に上つた。しかし、彼等新兵は未だ教育中なので、後《あと》に殘《のこ》され、野戰第三回補充として、憧憬《あこがれ》の戰場《せんぢやう》へ向《むか》つたのは、同年《どうねん》九月《ぐわつ》二十三日《にち》だつた。大連《たいれん》に上陸《じやうりく》後《ご》、各地《かくち》を經《へ》て、十月《ぐわつ》七日《か》齋臺子《さいたいし》なる本隊《ほんたい》に合《がつ》し、彼《かれ》は第《だい》五中隊《ちうたい》に編入《へんにふ》され、沙河《さか》の會戰寺山攻擊《くわいせんじざんこうげき》を初陣《うひぢん》に、各地《かくち》の戰鬪《せんとう》に參加《さんか》した。

　敵《てき》が全軍《ぜんぐん》の運命《うんめい》を賭《か》けた奉天會戰《ほうてんくわいせん》には、彼《かれ》は右翼軍《うよくぐん》に屬《ぞく》し、三月《ぐわつ》十日《か》には撫順《ぶじゆん》を拔《ぬ》き、息《いき》つく暇《ひま》なく鐵嶺《てつれい》の追擊戰《つひげきせん》に移《うつ》つた。十四日曉方《かあけがた》、張家樓子《ちやうかろうし》東北方高地《とうほくはうかうち》に據《よ》る強力《きやうりよく》な敵軍《てきぐん》めがけて決死《けつし》ま突入《とつにふ》を敢行《かんかう》したが、射距離《しやきより》十米《メートル》まで近《ちか》づいた時《とき》、彼《かれ》は左上膊貫通銃創兼骨折《ひだりじやうはくくわんつうじうさうけんこつせつ》を蒙《かうむ》つた。亂戰《らんせん》の最中《さいちう》とて救援《きうゑん》の手《て》もとゞかず、その日《ひ》の夕刻《ゆふこく》まで山《さん》腹《ぷく》に伏《ふ》し、やうやく擔架《たんか》に救《すく》はれ、野戰病院《やせんびやうゐん》に收容《しうよう》された。野戰病院《やせんびやうゐん》は傷《きず》ついた戰友《せんいう》で溢《あふ》れる程《ほど》で、こゝ彼處《かしこ》に痛烈《つうれつ》な呻吟《しんぎん》の聲《こゑ》が聞《きこ》えた。そのために軍醫《ぐんい》の手《て》はまはりきれず、應急處置《おうきふしよち》をうけたまゝ、彼《かれ》は五日間《かかん》といふものアンペラの

上《うへ》で苦吟《くぎん》しなければならなかつた。その間《かん》の苦痛《くつう》やるところなく、たまりかねて『殺《ころ》してくれ』と叫《さけ》んだ程《ほど》だつた。

　十八日《にち》にやつと軍醫《ぐんい》の診察《しんさつ》を受《う》けたが、左上膊《さじやうはく》の骨折《こつせつ》は複雜《ふくざつ》であるため、取《と》るべき處置《しよち》は切斷《せつだん》の外《ほか》はなかつた。即《すなは》ち、十九日午前《にちごぜん》十時《じ》、彼《かれ》の左腕《ひだりうで》は肩下《かたした》から切斷《せつだん》されてしまつたのであつた。その後各地《ごかくち》の病院《びやうゐん》を經《へ》て、四月《ぐわつ》十九日廣《にちひろ》島豫備病院《しまよびびやうゐん》に入院《にふゐん》、更《さら》に後送《こうさう》されて五月《ぐわつ》十二日仙臺豫備病《にちせんだいよびびやう》院河内第《ゐんかうちだい》一分院《ぶんゐん》に移《うつ》り、こゝに手篤《てあつ》い看護治療《かんごちれう》をうけた。その結果漸次快癒《けつくわぜんじくわいゆ》に向《むか》ひ、八月《ぐわつ》三日《か》兵役免除《へいえきめんぢよ》となり、八月《ぐわつ》八日《か》母兄《ぼけい》の許《もと》に歸郷《ききやう》したのである。

三

　牛乳屋《ぎうにうや》の記帳掛兼配達夫《きちやうかゝりけんはいたつふ》となつた彼《かれ》は、俄《にはか》片手《かたて》の不便《ふべん》を忍《しの》びつゝ、自分《じぶん》の身《み》の廻《まは》り一切《さい》から食事《しよくじ》のことまで、また出《い》でては、帳簿《ちやうぼ》のことから配達《はいたつ》まで、一心《しん》になつて働《はたら》いた。寒《さむ》い冬《ふゆ》の日《ひ》の片手《かたて》の仕事《しごと》は辛《つら》かつた。ことにまだ片手《かたて》の生活《せいくわつ》には馴《な》れないことゝて、不便《ふべん》なこと不自由《ふじいう》なことこの上《うへ》なく、どうかすると不覺《ふかく》の涙《なみだ》にくれることがあつた。

　その翌年《よくとし》、彼《かれ》の不自由《ふじいう》な暮《くら》しを見《み》るに見兼《みか》ねて、世話《せわ》する人《ひと》があつて妻《つま》を娶《めと》つた。つゝましいながらも樂《たの》しい生活《せいくわつ》をつゞけて行《ゆ》くうち、その年《とし》の冬《ふゆ》には、政府《せいふ》より廢兵《はいへい》に與《あた》へられた優先權《いうせんけん》として、煙草《たばこ》小賣業《こうりげふ》を許可《きよか》せられたので、小《ちひ》さいながらも店《みせ》を開《ひら》いた。翌《よく》四十年《ねん》の春《はる》には、賣藥請賣《ばいやくうけうり》兼行商《けんぎやうしやう》をはじめ、牛乳屋《ぎうにうや》の方《はう》は五升以上《しやういじやう》になると片手《かたて》では配達《はいたつ》も出來《でき》かねたので止《や》めなければならなかつた。

　なほ同年《どうねん》四月《ぐわつ》には、懇望《こんまう》せられて、三畝《ほ》三十二歩《ぼ》の宅地《たくち》と極《ご》く古《ふる》びた住宅《ぢうたく》一戸《こ》の外《ほか》は、幾何《いくばく》かの負債《ふさい》しかない八十一歳《さい》の老母《らうぼ》一人《ひとり》暮《ぐら》しの家《うち》へ、養子《やうし》として迎《むか》へられた。その後間《ごま》もなく、この養母《やうぼ》は病《やまひ》におかされ、孝養《かうやう》の甲斐《かひ》なく、三年目《ねんめ》の四十二年《ねん》七月《ぐわつ》に死去《しきよ》した。ついで、四十四年《ねん》六月《ぐわつ》には夫婦《ふうふ》の間《あひだ》に長女《ちやうぢよ》が生《うま》れたが、妻《つま》は姙娠中《にんしんちう》より脚氣《かつけ》にかかつてゐたのが、産褥《さんじよく》にあつて惡化《あくくわ》し、七月《ぐわつ》には敢《あへ》なくなつてしまつた。彼《かれ》の手許《てもと》には生《うま》れたばかりで母《はゝ》を失《うしな》つた長女《ちやうぢよ》が殘《のこ》されたが、彼女《かのぢよ》も生後《せいご》の肥立《ひだ》ち惡《あ》しく、八月《ぐわつ》には、さきに逝《い》つた母《はゝ》の手許《てもと》にひき取《と》られてしまつたのだ。

　一時《とき》に妻《つま》と子供《こども》を失《うしな》つた彼《かれ》は、暫《しばら》くは呆然《ばうぜん》として、腑拔《ふぬ》

けたやうになつたが、遊《あそ》んでゐては明日《あす》の食《しよく》にも困《こま》ること、身《み》の不自由《ふじいう》を顧《かへり》みず、ひたすら家業《かげふ》に精出《せいだ》した。殊《こと》に重《かさ》なる不幸《ふかう》のために、思《おも》はぬ失費《しつぴ》をまねき、生活《せいくわつ》はかなり窮迫《きうはく》してゐた。

その年《とし》の十一月《ぐわつ》、再《ふたゝ》び妻《つま》を取《めと》り、協力《けふりよく》して家運《かうん》の挽回《ばんくわい》につとめた。翌年《よくねん》には次女《じぢよ》の出生《しゆつせい》をみたが、一月《つき》ばかりで死《し》亡《ばう》し、翌大正《よくたいしやう》二年《ねん》の八月《ぐわつ》には、長男《ちやうなん》が生《うま》れた。はじめての男の子《をとこのこ》とて、夫婦《ふうふ》細心《さいしん》の注意《ちうい》を拂《はら》つて育《そだ》てた甲斐《かひ》もなく、翌年《よくねん》七月《ぐわつ》にはあたら固《かた》い蕾《つぼみ》のまゝ消《き》え去《さ》つてしまつた。其《その》後《ご》大正《たいしやう》四年《ねん》に二男《なん》出生《しゆつせい》、同《どう》六年《ねん》に三男《なん》が生《う》まれ、この二人《ふたり》は無事《ぶじ》に育《そだ》つたが、同《どう》九年《ねん》に生《うま》れた三女《ぢよ》は一年數《ねんすう》ケ月《げつ》の短《みぢか》い壽命《じゆみやう》で死去《しきよ》し、同《どう》十五年《ねん》には四女《ぢよ》の誕生《たんじやう》を見《み》た。

かうした打續《うちつゞ》く不幸《ふかう》、打續《うちつゞ》く出費《しゆつぴ》のために、たゞでさへ困窮《こんきう》してゐる彼《かれ》一家《か》は、更《さら》にどん底《ぞこ》につき落《おと》された。特《とく》に大正《たいしやう》六、七、八年頃《ねんごろ》の物價騰貴《ぶつかとうき》は、彼等《かれら》の生活《せいくわつ》を一層《そう》みぢめなものにした。彼《かれ》が頂《いたゞ》く恩給《おんきふ》は、一人分の米代《こめだい》にも足《た》りず、彼《かれ》は賣藥行商《ばいやくぎやうしやう》に奔走《ほんそう》し、妻《つま》は子守《こも》りや炊事《すゐじ》の傍《かたは》ら内《ない》職《しよく》に精出《せいだ》したが、それによる收入《しうにふ》とて、世間《せけん》でよくいふ燒《やけ》

石《いし》に水《みづ》の有樣《ありさま》だつた。三度《ど》の食事《しよくじ》を二度《ど》に減《へ》らしても、米《こめ》を常食《じやうしよく》することが出來《でき》ず、芋《いも》も麥粉《むぎこ》だけで僅《わづ》かに飢《う》ゑをしのいだこともあつた。

『こんなことなら、いつそ死《し》んだ方《はう》がましだ』

彼《かれ》は飢《う》ゑに泣《な》く子《こ》の姿《すがた》をみ、乞食同然《こじきどうぜん》なわが姿《すがた》、妻《つま》の身《み》なりを見《み》る時《とき》、思《おも》はずも考《かんが》へることがあつた。

稼《かせ》ぐに追《お》ひつく貧乏《びんばふ》なし——そんな事《こと》は嘘《うそ》だ。現《げん》に自分《じぶん》は稼《かせ》げども〳〵食《く》へないぢやないか……そんな愚痴《ぐち》の出《で》ることもあつた。

四

『貴方《あなた》、そんなに悲觀《ひくわん》してもどうにもなりはしないし、お互《たがひ》に死《し》ぬつもりで働《はたら》かうではありませんか』

妻《つま》が彼《かれ》を勵《はげ》ました。その言葉《ことば》を聞《き》いた時《とき》、彼《かれ》はぎくりとした。

(さうだ。これ位《くらゐ》のことで平太《へた》ばつては、軍隊《ぐんたい》の飯《めし》を食《く》つて、戰場《せんぢやう》まで行《い》つた甲斐《かひ》がどこにあるか? 軍人精神《ぐんじんせいしん》はどこに忘《わす》れて來《き》たのだ?)

そして、彼《かれ》は今《いま》やどんな苦勞《くらう》も決《けつ》して自分一人《じぶんひとり》で嘗《な》めるのではないことを強《つよ》く感《かん》じた。

(俺《おれ》は一人《ひとり》ぢやないんだ。俺《おれ》は妻《つま》と一緒《しよ》に苦勞《くらう》するんぢやないか!)

彼《かれ》の身《み》の内《うち》に　欝勃《うつぼつ》たる勇氣《ゆうき》が生《うま》れた。こゝに更新《かうしん》した彼《かれ》の努力《どりよく》がはじまる。そして汗《あせ》みどろな妻《つま》の活動《くわつどう》がはじまる。

彼《かれ》は山《やま》へ薪取《まきと》りにも行《ゆ》く、不自由《ふじいう》な片手《かたて》と足《あし》で繩《なは》も綯《な》ふ。妻《つま》は子供《こども》の養育《やういく》の傍《かたは》ら、莚織《むしろお》りをして生活費《せいくわつひ》の足《た》しにしてくれる。毎日毎日《まいにちまいにち》血《ち》みどろな活動《くわつどう》がつゞけられた。

大正《たいしやう》七年《ねん》には、彼《かれ》は單身北海道《たんしんほつかいだう》にわたり、賣藥《ばいやく》や日用品《にちようひん》の行商《ぎやうしやう》を營《いとな》み、勤儉貯蓄《きんけんちよちく》して多少《たせう》の金《かね》を仕送《しおく》つた。しかも留守宅《るすたく》にあつては、妻《つま》は不具《ふぐ》の夫《をつと》の苦勞《くらう》を無《む》にしてはならぬと、極力《きよくりよく》生活《せいくわつ》をきりつめて、自《みづか》らは毎日毎夜《まいにちまいよ》倦《う》むこともなく莚織《むしろお》りに精出《せいだ》し、よく家《うち》を守《まも》つてくれるのだつた。

大正《たいしやう》八年《ねん》、傳染病院《でんせんびやうゐん》の防疫事務員《ばうえきじむゐん》に雇《やと》はれてからは、生活《せいくわつ》は大體《だいたい》に於《おい》て安定《あんてい》して來《き》たのであつたが、健氣《けなげ》な彼《かれ》の妻《つま》

は孜々《じゝ》として日雇稼《ひやうかせ》ぎなどで働《はたら》き、夫婦共稼《ふうふともかせ》ぎで家運《かうん》の挽回《ばんくわい》につとめたのであつた。

一時《じ》は「稼《かせ》げども〳〵食《く》へず」と嘆《たん》じた彼《かれ》であつた。しかし「稼《かせ》ぐに追《お》ひ付《つ》く貧乏《びんばふ》なし」との諺言《ことわざ》は、やつぱり眞理《しんり》だつた。

彼《かれ》の一家《か》もどうにか三度《ど》の食事《しよくじ》にも事缺《ことか》かず、その上《うへ》に今《いま》や幾分《いくぶん》かの貯金《ちよきん》も出來《でき》て來《き》た。更《さら》に、大正《たいしやう》十二年《ねん》に至《いた》り、恩給法《おんきふはふ》の改正《かいせい》を見《み》、增額《ぞうがく》となつてからは、生活《せいくわつ》はいよ〳〵樂《らく》になつた。

『これといふも、みな　天皇陛下《てんのうへいか》のお蔭《かげ》だ。この廣大《くわうだい》な御《ご》恩《おん》は忘《わす》れてはならない』

彼《かれ》は妻《つま》にいひきかせるのだつた。夫婦《ふうふ》は更《さら》に氣《き》をひきしめ、昔《むかし》の苦勞《くらう》を忘《わす》れないやうに、なほも一心《しん》に働《はたら》きつゞけた。

そして、十年《ねん》ばかり勤《つと》めた防疫事務員《ばうえきじむゐん》をやめる頃《ころ》には、彼《かれ》は既《すで》に田地《でんち》三段《だん》二畝《せ》を所有《しよいう》し、土藏《どざう》一棟も新築《しんちく》した程《ほど》になつた。そして、苦痛《くつう》をしのびつゝも、農事《のうじ》に從《したが》ひ、一日《にち》とても休《やす》む暇《ひま》なく働《はたら》きつゞけてゐる。

彼《かれ》は昔《むかし》を述懷《じゆつくわい》して語《かた》る。

『……とに角《かく》私《わたし》よりも妻《つま》の苦心《くしん》は、筆舌《ひつぜつ》の盡《つく》すところではありません。私達《わたしたち》がどうにか今日《こんにち》の地位《ちゐ》を築《きづ》き上《あ》げたのは、決《けつ》して私《わたし》の一人《ひとり》の力《ちから》ではなく、夫婦共々《ふうふとも〴〵》に努力《どりよく》したお蔭《かげ》だと信《しん》じます』

來《こ》し方《かた》をふりかへる時《とき》、彼《かれ》はうたゝ感慨《かんがい》に堪《た》えないのである。

(よくこれまでやつて來《き》たものだ)

何《なん》だか人間業《にんげんわざ》ではないやうな氣《き》がする。目《め》に見《み》えぬ神《かみ》が導《みちび》いてくれたやうに思《おも》ふ。しかし、事實《じじつ》は彼《かれ》の血《ち》みどろな努力《どりよく》を天《てん》が嘉《よみ》したのではあるまいか?

彼《かれ》の三人《にん》の子供《こども》も、一番上《ばんうへ》は既《すで》に二十歳《さい》、縣立佐渡農學校《けんりつさどのうがくかう》を卒《を》へ、次《つぎ》の十八歳《さい》の息《むすこ》は、同校第《どうかうだい》二本科《ほんくわ》を明年卒へる豫定《よてい》で、一番下《ばんした》の女子《ぢよし》は尋常《じんじやう》三年生《ねんせい》である。

父《ちゝ》としての力《ちから》

=長男《ちやうなん》を博士《はかせ》にさした天引鬼太郎氏《あまひきおにたらうし》=

本籍地	群馬縣高崎市[redacted]
負傷程度	右手掌砲彈挫滅創

『美禰《みね》、今日《けふ》も駄目《だめ》だつた。』

高崎市中紺屋町《たかさきしなかこんやちやう》の自宅《じたく》に、歸《かへ》つて來《き》た天引鬼太郎氏《あまひきおにたらうし》を妻《つま》の美禰《みね》は、元氣《げんき》に迎《むか》へて

『さう——でも、力《ちから》を落《お》とすことなんかありません、そのうち、屹度《きつと》、いゝ處《ところ》が見《み》つかりますよ、一日中《にちぢう》、お歩《ある》きなつておつかれでせう、ゆつくり、御飯《ごはん》を召《め》しあがつて、お寢《やす》みになると、またいゝ考《かんが》へも浮《う》かんで來《く》るかも知《し》れません』

元氣《げんき》なく項垂《うなだ》れてゐる良人《をつと》の心《こゝろ》を、少《すこ》しでも引《ひ》きたてようとする美禰《みね》の心盡《こゝろづく》し。

『お父《とう》さん、待《ま》つてましたよ、早《はや》く御飯《ごはん》にしませうよ』

奥《おく》から駈《か》けだして來《く》る次男《じなん》の魁《たかし》に、夫妻《ふさい》は思《おも》はず救《すく》はれたやうな笑《わら》ひを顔《かほ》に浮《うか》べた。

『お父《とう》さん、僕《ぼく》が喰《た》べさしてあげませうか』

不自由《ふじいう》さうに運《はこ》ぶ父《ちゝ》の箸《はし》を見《み》て、長男《ちやうなん》の忠定《たゞさだ》が言葉《ことば》をかけると、

『お父《とう》さんは、大丈夫《だいぢやうぶ》だ』

温順《おとな》しく父《ちゝ》をいたわり乍《なが》ら食卓《しよくたく》についてゐる子供《こども》たちを眺《なが》めてゐると、眼頭《めがしら》が熱《あつ》くなるのを覺《おぼ》えた。

酷暑《こくしよ》には、箸《はし》も持《も》てないほど痛《いた》みだして、妻《つま》に手傳《てつだ》つて貰《もら》はなければ何《なん》にも出來《でき》ない彼《かれ》の右手《みぎて》だつた。高崎第《たかさきだい》十五聯隊《れんたい》に隷屬《れいぞく》して、日露戰役《にちろせんえき》に從軍《じゆうぐん》し、明治《めいぢ》三十七年《ねん》八月《ぐわつ》十四日《か》、碾盤溝《てんばんこう》附近の激戰中《げきせんちう》に、右手掌砲彈挫滅創《うしゆしやうはうだんざめつさう》を蒙《かうむ》つたのである。直《たゞ》ちに野戰病院《やせんびやうゐん》で手術《しゆじゆつ》し、それから凱旋後《がいせんご》東京衞戍病院《とうきやうゑいじゆびやうゐん》で大手術《だいしゆじゆつ》をしたが、全治《ぜんち》するまでには、行《ゆ》かなかつた。退役後《たいえきご》、引續《ひきつゞ》いてその疼痛《とうつう》に苦《くる》しんでゐたのだつた。

『美禰《みね》、私《わたし》はつく〴〵考《かんが》へたんだが、これからの子供《こども》は、どうしても中等教育《ちうとうけういく》を受《う》けさせなけやいかんなあ。私《わたし》は、

若《わか》いし、まだ〳〵働《はたら》ける、恩給《おんきふ》は子供《こども》の教育費《けういくひ》に當《あ》てゝ、私《わたし》たちは働《はたら》いて生活《せいくわつ》をして行《ゆ》かう。お前《まへ》もその覺悟《かくご》でゐて呉《く》れ』

彼《かれ》が、さう言《い》つたのは、退役直後《たいえきちよくご》の明治《めいぢ》三十九年《ねん》の暮《く》れであつた。

『えゝ、私《わたし》だつて死者狂《しにものぐる》ひで働《はたら》きます。貴方《あなた》の不自由《ふじいう》な右《みぎ》手《て》になり代《かは》つて……』

第一《だい》にやつた商賣《しやうばい》は、煙草《たばこ》の小賣《こうり》と雜貨商《ざつくわしやう》だつたが、殘《ざん》念《ねん》なことに、彼《かれ》の眞正直《まつしやうぢき》な性格《せいかく》が、かうした商人《しやうにん》には適《てき》しなかつた。その後《ご》、煙草《たばこ》と雜貨商《ざつくわしやう》をやめてから二三商賣《しやうばい》がへをしたのだが、皆思《みなおも》ふやうには行《ゆ》かなかつた。二年《ねん》の間《あひだ》にすつかり商人《しやうにん》をあきらめて、給料取《きふれうと》りの就職口《しうしよくぐち》を探《さが》してゐたのだが、思《おも》ふやうなところはなく、隨分《ずゐぶん》と苦《くる》しんだ。

時々《ときどき》、生爪《なまづめ》を釘抜《くぎぬき》で引抜《ひきぬ》かれるやうな、疼痛《とうつう》をこらへ乍《なが》ら紹介狀《せうかいじやう》や新聞廣告《しんぶんくわうこく》に頼《たよ》つて、就職口《しうしよくぐち》を探《さが》し廻《まは》つた。

明治《めいぢ》四十四年《ねん》の春《はる》だつた。

『美禰《みね》、喜《よろこ》んで呉《く》れ、就職《しうしよく》が出來《でき》たぞ』

駈《か》けこむやうに、這入《はい》つて來《き》た彼《かれ》は、妻《つま》の前《まへ》にどつかと坐《すわ》つて、家中《いへぢう》に響《ひゞ》くやうな聲《こゑ》で叫《さけ》んだ。

『貴方《あなた》』

その欣《よろこ》びは、良人《をつと》よりも妻《つま》の方《はう》が大《おほ》きかつた。長《なが》い間《あひだ》、どんなに待《ま》つてゐたか知《し》れなかつた就職《しうしよく》だつたのだ。

二年間奔走《ねんかんほんそう》して得《え》た職業《しよくげふ》といふのは、同市《どうし》八島町《しまちやう》の請負《うけおひ》業者井上保《げふしやゐのうへやす》三郎氏《らうし》の店員《てんゐん》だつた。彼《かれ》の實直《じつちよく》と誠實《せいじつ》とを認《みと》めた井上氏《ゐのうへし》は喜《よろこ》んで迎《むか》へて呉《く》れた。

『井上《ゐのうへ》氏の好意に對しても一生懸命《しやうけんめい》やらなければならぬ』

さう誓《ちか》つた彼《かれ》は、まつたく寢《ね》る眼《め》も寢《ね》ずによく働《はたら》いた。

夫婦《ふうふ》の外《ほか》に子息《しそく》四人《にん》みな元氣《げんき》で父《ちゝ》を慰《なぐさ》めた。妻《つま》の美禰《みね》は頭髮《かみ》に油《あぶら》をつけたこともなく、他《た》の女《をんな》は遊《あそ》ぶことを考《かんが》へてゐるのに、美禰《みね》だけはまつたく良人《をつと》の心《こゝろ》になつてよく働《はたら》き通《とほ》した。

長男《ちやうなん》の忠定《たゞさだ》が、中學《ちうがく》から高等學校《かうとうがくかう》に進《すゝ》み、次男《じなん》の魁《たかし》が商《しやう》業《げふ》に、三男《なん》四男《なん》の子息《しそく》を小學校《せうがくかう》に通《かよ》はせる天引夫妻《あまひきふさい》には、子供以外《こどもいぐわい》のことは眼中《がんちう》になかつた。

大正《たいしやう》十年《ねん》には、彼《かれ》は考《かんが》へなければならない羽目《はめ》になつた。

『私《わたし》は、煙草《たばこ》をよさう』

と、彼《かれ》は、言《い》ひだした。

『あんなに好《す》きな煙草《たばこ》をどうしておよしなさるの』

美禰《みね》は不思議《ふしぎ》に思《おも》つて訊《き》いた。

『忠定《たゞさだ》が、高等學校《かうとうがくかう》に入《はい》るやうになつたし、子供《こども》たちが、それぞれ學校《がくかう》に入《はい》るやうになつたので、私《わたし》の好《す》きな煙草《たばこ》でもよさなきア、子供《こども》たちの教育《けういく》も出來《でき》ない。お前《まへ》が着物《きもの》一枚《まい》買《か》ふではなし、お化粧《けしやう》一つせず、一生懸命働《しやうけんめいはたら》くお前《まへ》に比《くら》べたら、煙草《たばこ》をやめる位《くらゐ》なんでもないよ』

夫婦《ふうふ》は心《こゝろ》を合《あ》はせて、辛抱《しんばう》した。煙草《たばこ》の金《かね》、その他《ほか》の節《せつ》約《やく》したお金《かね》は、子供《こども》たちの教育費《けういくひ》にあてた。

昭和《せうわ》七年《ねん》の九月《ぐわつ》だつた。

上海事變《シャンハイじへん》から凱旋《がいせん》した豫備陸軍歩兵少尉《よびりくぐんほへいせうゐ》の三男《なん》がまつ黑《くろ》に日焼《ひや》けした顔《かほ》で、

『お父《とう》さん、たゞ今歸《いまかへ》りました』

と、元氣《げんき》な顔《かほ》を見《み》せた時《とき》には、妻《つま》の美禰《みね》などは嬉《うれ》し泪《なみだ》を流《なが》してゐた。

『どうだつた。戰爭《せんさう》に行《い》つてみると、戰場《せんぢやう》の眞劍味《しんけんみ》が分《わか》つたらう』

『えゝ、愉快《ゆくわい》でしたよ。なにしろ上海《シャンハイ》の戰爭《せんさう》は市街戰《しがいせん》ですから、いつどこから機關銃《きくわんじう》の彈《たま》が飛《と》んで來《く》るか、判《わか》らんですから、油斷《ゆだん》も隙《すき》もあつたものぢやありません』

この父子《ふし》の眼《め》には、戰場《せんぢやう》の光景《くわうけい》が浮《う》かんでゐるのだつた。長男《ちやうなん》の忠定《たゞさだ》、次男《じなん》の魁《たかし》、それに弟《おとうと》の五郎《らう》らもひきつけられるやうに聞《き》いてゐた。

『お父《とう》さん、戰地《せんち》の生活《せいくわつ》は愉快《ゆくわい》ですねえ、お父《とう》さんからよく戰爭《せんさう》の話《はなし》を聞《き》かされたことがありますが、自分《じぶん》が實際《じつさい》にぶつかつて見《み》なければ判《わか》らないですねえ。一歩出《ぽで》ると敵《てき》です。隊《たい》の者同志《ものどうし》は、まつたく兄弟以上《きやうだいいじやう》に親密《しんみつ》になるし、道《みち》で友軍《いうぐん》などゝ逢《あ》ふた時《とき》の嬉《うれ》しさと言《い》つたら、お父《とう》さん、言《こと》葉《は》なんかぢや表《あら》はすことが出來《でき》ませんねえ』

『だが、匪賊相手《ひぞくあひて》ぢや物足《ものた》らんだらう』

『だつて、お父《とう》さん、支那人《しなじん》だつて、日清戰爭時代《につしんせんさうじだい》と違《ちが》ひますよ』

家中《いへぢう》は、笑《わら》ひ崩《くづ》れた。

『手《て》が矢張《やは》り痛《いた》みますか』

『たいしたこともないが夏《なつ》と冬《ふゆ》には痛《いた》んで來《く》る』

『兄《にい》さんに診察《しんさつ》して貰《もら》ひなさい、これからは私《わたし》が働《はたら》きますから』

彼《かれ》が、二十年間勤續《ねんかんきんぞく》した井上保三郎氏《ゐのうへやすらうし》の店《みせ》をひいたのは、昭和《せうわ》六年《ねん》の春《はる》だつた。

末男《まつなん》の五郎君《らうくん》は、父《ちゝ》の希望《きばう》だつた商業學校《しやうげふがくかう》を卒《を》へたし、長男《ちやうなん》の忠定《たゞさだ》は大正《たいしやう》十五年東京醫科大學《ねんとうきやういくわだいがく》を卒業《そつげふ》し、引《ひき》つゞいて同分院《どうぶんゐん》や本院《ほんゐん》で實地學理《じつちがくり》の研究《けんきう》をしてゐた。また次男魁《じなんたかし》は學校《がくかう》を卒《を》へると直《す》ぐ商賣《しやうばい》についた。

こんな具合《ぐあひ》で、親《おや》として立派《りつぱ》に子供《こども》たちの教育《けういく》につくしたのだつた。

昭和《せうわ》八年《ねん》一月《ぐわつ》長男忠定《ちやうなんたゞさだ》は、醫學博士號《いがくはかせがう》を得《え》た。今《いま》までの忍苦《にんく》は、ついに天引夫妻《あまひきふさい》に報《むく》いられて來《き》たのだつた。

古《ふる》い諺《ことわざ》ではあるが、

『悅《よろこ》びは忍《にん》の後《あと》より、樂《らく》は常《つね》に苦《く》の中《なか》より來《きた》る』

天引鬼太郎夫妻《あまひききたらうふさい》の半生《はんせい》は、實《じつ》にこれを實證《じつしよう》してあまりある。

彼《かれ》は、いつでも人《ひと》に語《かた》つてゐる。

『私《わたし》が、今日成功《こんにちせいこう》と人《ひと》に言《い》はれますのは、主人井上保三郎《しゆじんゐのうへやすらう》氏《し》の厚意《こうい》と、軍隊生活《ぐんたいせいくわつ》を長《なが》くやつたからです。私《わたし》は、常《つね》に主人《しゆじん》の厚意《こうい》を裏切《うらぎ》つてはいけないといつでも思《おも》つたものです。主人《しゆじん》の厚意《こうい》に報《むく》いるために、軍隊生活《ぐんたいせいくわつ》で鍛《きた》へた堅忍不《けんにんふ》拔《ばつ》の精神《せいしん》と誠意《せいい》を以《もつ》て働《はたら》きました。また、妻《つま》は、着物《きもの》一枚《まい》新調《しんてう》するでなし、活動《くわつどう》一度見《どみ》せないことにもなんの不平《ふへい》もなく、子供《こども》たちの教育《けういく》に一身《しん》を捧《さゝ》げてくれました。私《わたし》たちが刻苦奮鬪《こくくふんとう》してゐるのを子供《こども》たちがよく見《み》てゐた筈《はず》です。子供《こども》たちも、私《わたし》と妻《つま》の日常《にちじやう》を頭《あたま》の中《なか》にしみ込《こ》ませたことと思《おも》ひます。それが、今日《こんにち》をなし得《え》た原因《げんいん》だと思《おも》ひます。最《さい》後《ご》に、私《わたし》は、子供《こども》の教育《けういく》は勿論《もちろん》のことですが、それ以上《いじやう》に大切《たいせつ》なことは、夫婦和合《ふうふわがふ》といふことです。夫婦《ふうふ》が協力《けふりよく》してことにあたらなければ何事《なにごと》も出來《でき》るものではありません。夫婦力《ふうふちから》を一にして家庭《かてい》を處理《しより》し、子供《こども》を指導《しだう》することが、一番大切《ばんたいせつ》なのです』

この言葉《ことば》は、實際《じつさい》、彼《かれ》の尊《たふと》き體驗《たいけん》を語《かた》る言葉《ことば》である。

彼《かれ》の蔭《かげ》には、また何時《いつ》でも美禰《みね》さんの偉大《ゐだい》な助力《じよりよく》のあることを忘《わす》れてはならない。

甦《かう》生《せい》の道《みち》

＝適材適所《てきざいてきしよ》を得《え》たる宮本宇《みやもとう》一郎氏《らうし》＝

本籍地　[redacted]熊本縣下益城郡豐田村[redacted]
負傷程度　左手貫通銃創（指ノ屈伸不自由）

一

明治《めいぢ》三十七年《ねん》日露《にちろ》の戰《たゝか》ひ勃發《ぼつぱつ》するや、郷里《きやうり》にあつて農業《のうげふ》に從《したが》つてゐた宮本《みやもと》宇一郎《ういちらう》氏《し》にも召集令《せうしふれい》が下《くだ》つた。彼《かれ》は三年《ねん》現役間《げんえきかん》に短期《たんき》下士《かし》伍長《ごちやう》に任《にん》ぜられてゐたが、今度出征《こんどしゆつせい》に際《さい》しては豫備《よび》伍長《ごちやう》として、歩兵《ほへい》第十三聯隊《れんたい》第二中隊《ちうたい》に屬《ぞく》して、明治《めいぢ》三十七年《ねん》の六月《ぐわつ》十二日《にち》に勇《いさ》ましく征途《せいと》に上《のぼ》つた。折《をり》からの梅雨期《ばいうき》で、空《そら》は欝陶《うつたう》しく曇《くも》つてゐたが、一行《かう》の血《ち》は湧《わ》き、肉《にく》は躍《をど》り、驕露《けうろ》を討《う》ち盡《つく》さんとの意氣《いき》に燃《も》えてゐた。

各地《かくち》に轉戰《てんせん》しつゝ、幾多《いくた》の武勳《ぶくん》を樹《た》てた。軍《ぐん》は進《すゝ》みに進《すゝ》んで敵《てき》を遼陽《れうやう》におひつめた。敵《てき》は主力《しゆりよく》をこゝに集《あつ》め、重《かさ》なる敗戰《はいせん》の恥《はぢ》を一氣《き》に雪《そゝ》がうと待《ま》ち構《かま》へる。八月《ぐわつ》二十六日《にち》から我《わ》が軍《ぐん》の總攻擊《そうこうげき》は開始《かいし》され、その間首山堡占領《かんしゆざんぽせんりやう》に壯烈《さうれつ》な橘《たちばな》中佐《ちうさ》の戰死《せんし》の美談《びだん》を殘《のこ》して、漸次《ぜんじ》敵《てき》をおひつめて行《い》つた。いよ〳〵あと一息《いき》、明日《あす》こそ占領《せんりやう》だといふ九月《ぐわつ》三日《か》の夕方《ゆふがた》、阿修羅《あしゆら》の如《ごと》く奮戰《ふんせん》してゐた宮本伍長《みやもとごちやう》めがけて、一彈《だん》唸《うな》りを生《しやう》じて飛《と》び來《きた》り、發止《はつし》とばかりに左手《ひだりて》にあたり、輕《かる》からざる貫通銃創《くわんつうじうさう》を受《う》けた。

『殘念《ざんねん》！』

事實《じじつ》、この時《とき》ぐらゐ殘念《ざんねん》なことは、なかつたであらう。何《なん》のこれしきとばかりに、宮本伍長《みやもとごちやう》は、傷《きず》つかぬ右手《みぎて》一本《ぽん》で、なほも銃《じう》を取《と》り上《あ》げて敵《てき》を擊《う》つたが、やがて、その日《ひ》の戰鬪《せんとう》も終《をは》ると、初《はじ》めて野戰病院《やせんびやうゐん》に自《みづか》ら治療《ちれう》を受《う》けに出《で》かけたのである。沈勇《ちんゆう》、豪氣《がうき》——中隊長《ちうたいちやう》が聲《こゑ》を放《はな》つて絕讃《ぜつさん》したのも無理《むり》ではない。そして、同月《どうげつ》二十四日《か》、軍曹《ぐんさう》に昇進《しようしん》した宮本伍長《みやもとごちやう》は、戰場《せんぢやう》に未練《みれん》を殘《のこ》しながらも內地《ないち》に還送《くわんそう》され、熊本《くまもと》の豫備病院《よびびやうゐん》に收容《しうよう》される身《み》となつたのである。

二

翌《よく》三十八年《ねん》の正月《しやうぐわつ》の末《すゑ》、宮本軍曹《みやもとぐんさう》は傷痍《しやうゐ》に依《よ》り召集解除《せうしふかいぢよ》となつて、退院《たいゐん》した。しかし、そのまゝすぐに、何等《なんら》かの仕事《しごと》に就《つ》ける身體《からだ》ではなかつた。

『少《すこ》し溫泉《をんせん》へでも行《い》つて、骨休《ほねやす》めかたがた養生《やうせう》して來給《きたま》へ——』

親切《しんせつ》な軍醫《ぐんい》の忠告《ちうこく》に從《したが》つて、彼《かれ》は、此處《ここ》や彼處《かしこ》の溫泉巡《をんせんめぐ》りをして傷《きず》つける左手《ひだりて》の養生《やうじやう》に日《ひ》を送《おく》つた。が、悲《かな》しいかな、銃丸《じうぐわん》は左手《ひだりて》の筋《すぢ》を斷《た》つてゐた。永久《えいきう》に硬直《かうちよく》して、屈伸《くつしん》の自由《じいう》を失《うしな》つた指《ゆび》が、戰場《せんぢやう》の勇士《ゆうし》の彼《かれ》の心《こゝろ》を暗《くら》くした。

『一體《たい》、どうしてこれからやつて行《ゆ》かう？』

指先《ゆびさき》が不自由《ふじいう》では、何事《なにごと》をするにも不便《ふべん》である。

『一生《しやう》こんな指《ゆび》を抱《かゝ》へて、自分《じぶん》は老《お》い朽《く》ちてしまふのか……？』

幾度《いくたび》、彼《かれ》は、己《おの》れが不自由《ふじいう》な左手《ひだりて》で右手《みぎて》を抱《だ》いて、心中《しんちゆう》に悔《くや》み嘆《なげ》いたか知《し》れなかつた。しかし、生《い》きて行《ゆ》くためには、何《なん》とでもして、働《はたら》かなければならなかつた。遊《あそ》んでゐて食《く》へる道理《だうり》はなかつた。そして、早《はや》くもそこへ氣《き》がついた彼《かれ》は、さすがに賢明《けんめい》だつた。

『よしッ、石《いし》に噛《かじ》りついても、人並《ひとなみ》なことはやつて見《み》せるぞ！』

火《ひ》のやうな勇猛心《ゆうまうしん》が、彼《かれ》の胸《むね》に燃《も》え上《あが》つた。と、全《まつた》く不思議《ふしぎ》である、今《いま》まで眺《なが》めてゐた世間《せけん》と、全然異《ぜんぜんこと》なつた、生々《いき〳〵》した世間《せけん》がそこに見《み》られた。悲觀《ひくわん》して、女々《めゝ》しくなつてゐた心《こゝろ》に映《うつ》つた世間《せけん》は、まことにいやな、陰欝《いんうつ》な、冷《つめ》たい世間《せけん》だつた。それが、どうだらう！　一旦《たん》、雄々《をゝ》しい氣持《きもち》でシヤンと立《た》つて見《み》ると、明《あか》るい、愉快《ゆくわい》な世間《せけん》が、自分《じぶん》を溫《あたゝか》く抱《だ》き取《と》つてくれるではないか！

『不思議《ふしぎ》だ！　しかし、これでなくつちや嘘《うそ》だ！』

彼《かれ》は、その足《あし》でスタスタと家《うち》を出《で》た。

三

『村長《そんちやう》さん、實《じつ》はかういふわけです。左手《ひだりて》一本《ぽん》が不自由《ふじいう》でも、私《わたし》にはまだ丈夫《ぢやうぶ》な右手《みぎて》があります。これで、殘《のこ》つた生涯《しやうがい》を、さらに社會《しやくわい》のために、また御國《みくに》のために、役立《やくだ》てたいのです。どうです、是非《ぜひ》とも私《わたし》のこの確《かた》い決心《けつしん》を買《か》つて下《くだ》さい！』

そこは、熊本縣下益城郡豐田村《くまもとけんしもましきぐんとよたむら》の村長《そんちやう》の家《うち》だつた。相對《あひたい》してゐる主客《しゆかく》は、村長《そんちやう》と、先《さ》きほど家《うち》を出《で》た宮本軍曹《みやもとぐんさう》とである。

『なるほど！』

村長《そんちやう》の面上《めんじやう》には、熱誠溢《ねつせいあふ》るゝ相手《あひて》の態度《たいど》に、心《こゝろ》から感激《かんげき》した色《いろ》が現《あら》はれてゐた。

『どうです？　御承知願《ごしようちねが》へますか？』

重《かさ》ねて、彼《かれ》が突擊《とつげき》した。村長《そんちやう》は、忽《たちま》ち落城《らくじやう》してしまつた。

『いゝです。萬事承知《ばんじしようち》しました。が、あなたは、一體《たい》どういふ仕事《しごと》を役場《やくば》でなさりたいのです？』

『仕事《しごと》——それは、分《わか》つてるぢやありませんか。私《わたし》は、下士官《かしくわん》として戰地《せんち》まで行《い》つた男《をとこ》です。皇軍《くわうぐん》のことなら、一から十まで知《し》つてると云《い》つてもいゝでせう。』

『えゝ、それは仰有《おつしや》る通《とほ》りです。』

『ですから、適材適所《てきざいてきしよ》といふ奴《やつ》で、私《わたし》を、役場《やくば》の兵事係《へいじがゝ》りにして下《くだ》さい？』

『なるほど！』

村長《そんちやう》さんは、仔細《しさい》らしく、白《しろ》い頤髯《あごひげ》をしごいた。

『どんな人《ひと》が來《き》たつて、私《わたし》は、兵事《へいじ》に關《くわん》するかぎり、決《けつ》して負《ま》けやしません。それに、右手《みぎて》は幸《さいはひ》に無事《ぶじ》です。字《じ》を書《か》くぐらゐ不自由《ふじゆう》ではありません。』

『はゝゝ、結構《けつこう》です。適材適所《てきざいてきしよ》か——うまいことを仰有《おつしや》る。ようござんす。早速《さつそく》、そのお元氣《げんき》で、明日《あす》から出勤《しゆつきん》して下《くだ》さい。』

かくして兵事係《へいじがゝ》りになつた彼《かれ》はすべてが軍隊式《ぐんたいしき》だつた。從《したが》つて、能率《のうりつ》がドシ〳〵と上《あが》つた。忌《いま》はしい徵兵忌避者《ちようへいきひしや》なんて、一人《ひとり》だつて無《な》くなつた。親切《しんせつ》で、要領《えうりやう》よく軍隊知識《ぐんたいちしき》を普及《ふきふ》して步《ある》くので、豐田村《とよたむら》は、いつでも徵兵司令官《ちようへいしれいくわん》から褒《ほ》められた。

『宮本《みやもと》さん、また褒《ほ》められた。みんな君《きみ》のお蔭《かげ》だ。私《わたし》までが鼻《はな》が高《たか》い。』

村長《そんちやう》さんは、その度《たび》に自慢《じまん》の頤髯《あごひげ》を扱《しご》いて、彼《かれ》の勞《らう》を犒《ねぎ》らふのだつた。

四

豐田村役場《とよたむらやくば》の兵事係《へいじがゝり》で謹直《きんちよく》に事務《じむ》をとつてゐる彼《かれ》は、その頃日本人《ころにつぽんじん》にとつての新開拓地《しんかいたくち》として認《みと》められはじめた朝鮮《てうせん》にわたらうと決心《けつしん》した。

『將來《しやうらい》の日本人《につぽんじん》は、どうしても大陸《たいりく》に足《あし》をのばさねばならぬ。その第《だい》一步《ぽ》として朝鮮《てうせん》の事業《じげふ》を開拓《かいたく》することは、緊急《きんきふ》の大事《だいじ》だ』

彼《かれ》はさう思《おも》つたのである。彼《かれ》は近親者《きんしんしや》をはじめ村長《そんちやう》などのとめるのもきかず、一つの信念《しんねん》に燃《も》えて渡鮮《とせん》した。それは明治《めいぢ》四十一年《ねん》十一月《ぐわつ》のことであつた。始《はじ》めての土地《とち》とて勝手《かつて》もわからず、一年《ねん》ばかりを空《むな》しく過《す》すうち、すゝめる人《ひと》があつて全羅北道事業部《ぜんらほくだうじげふぶ》に入《はい》り、部員《ぶゐん》として活動《くわつどう》することになつた。

精勵恪勤《せいれいかくきん》な彼《かれ》は、そこでも重用《ちようよう》される人《ひと》だつた。道事業部《だうじげふぶ》の仕事《しごと》が、日《ひ》に日《ひ》に進捗《しんちよく》して、上司《じやうし》の人《ひと》も、彼《かれ》を招聘《せうへい》したことの無駄《むだ》でなかつたのを喜《よろこ》んだ。

しかし、雄心勃々《ゆうしんぼつ〳〵》たる彼《かれ》は、廣漠《くわうばく》たる朝鮮《てうせん》の山野《さんや》を眺《なが》めて、ひそかに胸《むね》に期《き》するところがあつた。そして、それを遂《つひ》に實現《じつげん》したのが、農事《のうじ》の經營《けいえい》であつた。多《おほ》くの農夫《のうふ》を使役《しえき》して、毎日孜々《まいにちしゝ》として働《はたら》いた。自分《じぶん》の流《なが》した汗《あせ》が、その

ま〻良好《りやうかう》な實《み》を結《むす》んで、自分《じぶん》の懷《ふところ》ろに戻《もど》つて來《き》た。彼《かれ》は、それが愉快《ゆくわい》でならなかつた。

ところで、世間《せけん》といふものは、有爲《いうゐ》な人物《じんぶつ》を、そのま〻にして置《お》くほど、不親切《ふしんせつ》で不正直《ふしやうぢき》ではない。これは使《つか》へると折紙《をりがみ》が附《つ》けられると、意外《いぐわい》なところから引《ひ》つ張《は》り出《だ》しに來《く》るものだ。彼《かれ》の場合《ばあひ》も、丁度《ちやうど》それだつた。大正《たいしやう》九年《ねん》三月《ぐわつ》、金堤學校組合《きんていがくかうくみあひ》から、またも彼《かれ》を迎《むか》へに來《き》た。學校組合書記《がくかうくみあひしよき》といふ名目《めいもく》である。が名目《めいもく》は書記《しよき》ではあるが、實際《じつさい》はとかく紛糾事《もめごと》の多《おほ》い學校組合《がくかうくみあひ》を、縱横無盡《じゆうわうむじん》に切《き》り廻《まは》す、重要《ぢうえう》な地位《ちゐ》である。彼《かれ》は二つ返事《へんじ》で引《ひ》き受《う》けた。そして、數年《すうねん》の後《のち》には、同組合《どうくみあひ》の實權《じつけん》を名實《めいじつ》ともに左右《さいう》する出納役《すゐたふやく》に任命《にんめい》されて、現在《げんざい》に及《およ》んでゐるのである。

五

こ〻で、筆者《ひつしや》は考《かんが》へて見《み》たい。彼《かれ》が今日《こんにち》あるのは、一體《たい》どうしたわけか？　なるほど、彼《かれ》は熱《ねつ》の人《ひと》だ。努力《どりよく》の人《ひと》だ。事務的才腕《じむてきさいわん》に惠《めぐ》まれた人《ひと》だ。が、それを見出《みいだ》したのは誰《たれ》だ。世間《せけん》か？　それとも自分自身《じぶんじしん》か？

筆者《ひつしや》の云《い》ひたいのも此處《ここ》だ。彼《かれ》は、決《けつ》して、他人《たにん》によつて己《おの》れの地位《ちゐ》を築《きづ》いて貰《もら》つた人《ひと》ではない。自分自《じぶんみづか》ら、今日《こんにち》の運命《うんめい》を開拓《かいたく》した人《ひと》だ。

——一體《たい》、自分《じぶん》に最《もつと》も適《てき》したものは何《なに》か？

彼《かれ》は、それを考《かんが》へたのだ。そして、自分《じぶん》が、永《なが》い間《あひだ》の軍隊生活《ぐんたいせいくわつ》で得《え》た知識《ちしき》——軍事上《ぐんじじやう》の知識《ちしき》を、實際《じつさい》に役立《やくだ》てるのが捷徑《ちかみち》だと氣附《きづ》いたのだ。それで、敢然《かんぜん》村長《そんちやう》と膝詰談判《ひざづめだんぱん》までして、役場《やくば》の兵事係《へいじがか》りになつたのだ。適材適所《てきざいてきしよ》——いくら才腕《さいわん》のある人《ひと》でも、不適任《ふてきにん》な場所《ばしよ》にあつたのでは役《やく》に立《た》たない。繪《ゑ》の上手《うま》い人《ひと》に、算盤《そろばん》を彈《はぢ》けと云《い》つても無理《むり》だ。しかし、機織場《はたおりば》の圖案係《づあんがか》りになれと云《い》つたらどうだらう？　本人《ほんにん》も喜《よろこ》ぶだらうし、雇《やと》つた方《はう》でも柄《がら》の良《よ》い反物《たんもの》が出來《でき》て一擧兩得《きよりやうとく》ではないか！　適材適所《てきざいてきしよ》——どんな人《ひと》にだつて、各々《おの〳〵》得手《えて》と不得手《ふえて》とある。己《おの》れの得手《えて》に氣附《きづ》くのは己《おの》れだ。そして、その得手《えて》を伸《の》ばして行《ゆ》くのが成功《せいこう》の秘訣《ひけつ》だらう！徒《いたづ》らにクヨ〳〵するのは、愚者《ぐしや》の爲《な》すわざだ。いろはかるたでさへ敎《をし》へてゐるではないか！　得手《えて》に帆《ほ》を上《あ》げ！　彼《かれ》などは、その最《もつと》も適切《てきせつ》な實例《じつれい》であらう。

隻《せき》腕《わん》の戰《せん》士《し》

＝隻手運命《せきしゆうんめい》を開拓《かいたく》した森田專次郎氏《もりたせんじらうし》＝

本籍地　横濱市中區[redacted]
負傷程度　左上膊砲彈創複雜骨折（切斷）

一

大事《だいじ》な右手《みぎて》を失《な》くしたのだから困《こま》つた。腕《うで》一本《ぽん》だけでも不便《ふべん》なのに、その殘《のこ》つたのが左手《ひだりて》ときてゐる。食事《しよくじ》の時《とき》には箸《はし》を左手《ひだりて》で持《も》たなければならない。俄《には》か左手《ひだりて》一本《ぽん》では、一寸《ちよつと》そんな器用《きよう》な眞似《まね》も出來《でき》ない。手紙《てがみ》一本《ぽん》書《か》きたいと思《おも》つても筆《ふで》を持《も》ちなれた右手《みぎて》がない。

『左手《ひだりて》一本《ぽん》の片輪《かたわ》で、これから何《なに》をして食《く》つて行《ゆ》くんだ』

それを考《かんが》へるとドキッとした。こんな體《からだ》では勞働《らうどう》みたいなことは及《およ》びもつかない。といつて働《はたら》かねば食《く》へない。それではどんな仕事《しごと》をするか……考《かんが》へは同《おな》じ軌道《きだう》の上《うへ》をぐるぐる廻《まは》るのみであつた。

森田專次郎氏《もりたせんじらうし》は毎日思案《まいにちしあん》にくれてゐた。

彼《かれ》は明治《めいぢ》三十年徴兵《ねんちようへい》として歩兵第《ほへいだい》一聯隊《れんたい》へ入隊《にふたい》し三年《ねん》の現役《げんえき》を無事《ぶじ》に終《を》へて、三十三年《ねん》に除隊《ぢよたい》となつたが、除隊後《ぢよたいご》は呉服小賣行商《ごふくこうりぎやうしやう》として、着々自己《ちやく〳〵じこ》の運命《うんめい》を開拓《かいたく》しつ〻あつた。その中《うち》に日露戰役《にちろせんえき》が勃發《ぼつぱつ》した。彼《かれ》は充員召集《じうゐんせうしふ》に接《せつ》して、明治《めいぢ》三十七年《ねん》三月《ぐわつ》九日《か》、歩兵第《ほへいだい》二聯隊《れんたい》に編入《へんにふ》され、乃木將軍《のぎしやうぐん》の率《ひき》ゆる第《だい》三軍《ぐん》に屬《ぞく》して、旅順攻撃《りよじゆんこうげき》に參加《さんか》した。

血《ち》の出《で》るやうな戰《たゝか》ひが繰返《くりかへ》された。一戰毎《せんごと》に戰死者《せんししや》が増《ふ》へ、負傷者《ふしやうしや》が續出《ぞくしゆつ》した。そして彼《かれ》も、第《だい》二回總攻撃《くわいそうこうげき》の際《さい》、明治《めいぢ》三十七年十月《ねんぐわつ》十二日《にち》、松樹山北麓攻撃《しようじゆざんほくろくこうげき》に於《おい》て、右上膊砲彈創複雜骨折《みぎじやうはくはうだんさうふくざつこつせつ》を受《う》けたのである。野戰病院《やせんびやうゐん》に送《おく》られ加療《かれう》につとめたが、如何《いかん》せん、複雜骨折《ふくざつこつせつ》のために切斷《せつだん》の止《や》むなきに至《いた》つた。その後《ご》、内地《ないち》に送還《そうくわん》され、衞戍病院《ゑいじゆびやうゐん》にあつて、事後《じご》の療養《れうやう》につとめた。漸《やうや》く創口《きずぐち》は癒《い》え、畏《おそ》れ多《おほ》くも、恩賜《おんし》の義手《ぎしゆ》を拜受《はいじゆ》するの光榮《くわうえい》に接《せつ》し、兵役免除《へいえきめんぢよ》となつて歸《き》

鄕《きやう》したのは、明治《めいぢ》三十八年《ねん》三月《ぐわつ》の末《すゑ》であつた。

いかに氣丈《きぢやう》な彼《かれ》とはいへ、俄《には》か片手《かたで》には全《まつた》く困《こま》つた。以前《いぜん》の呉服小賣行商《ごふくこうりぎやうしやう》を續《つゞ》けて行《ゆ》き度《た》いにも、まだ體力《たいりよく》の恢復《くわいふく》は十分《ぶん》でなく、患部《くわんぶ》は始終《しじゆう》づきん〳〵と痛《いた》んだ。とても、半勞働的《はんらうどうてき》な行商《ぎやうしやう》には耐《た》えられさうにもない。

『專次郎《せんじらう》、どうだ、愚圖々々《ぐづ〳〵》家《うち》の中《なか》に引籠《ひきこも》つてゐても體《からだ》の毒《どく》だ。何《なに》かい〻思案《しあん》がつくまで俺《おれ》の方《はう》の廣告取《くわうこくとり》でもやつてみないか……長《なが》くやつてる仕事《しごと》ぢやないがネ……』

ある日《ひ》、兄《あに》がす〻めてくれた。その頃《ころ》、兄《あに》は物價新報社《ぶつかしんぱうしや》を經營《けいえい》してゐたのだ。

『さうして貰《もら》へると有難《ありがた》いですなア』

彼《かれ》にとつては願《ねが》つたりの仕事《しごと》だつた。廣告取《くわうこくとり》だつたら、足《あし》と口《くち》とが商賣《しやうばい》だ。幸《さいは》ひに足《あし》は丈夫《ぢやうぶ》だし、口《くち》だつて、以前《いぜん》商賣《しやうばい》してゐた位《くらゐ》だから下手《へた》ではない。それに、不馴《ふなれ》な左手《ひだりて》を訓練《くんれん》して行《ゆ》くには丁度《ちやうど》い〻機會《きくわい》だと思《おも》つた。

早速《さつそく》、彼《かれ》は兄《あに》の經營《けいえい》してゐる物價新報社《ぶつかしんぱうしや》の廣告係《くわうこくがかり》として、毎日商店街《まいにちしやうてんがい》を奔走《ほんそう》して廣告取《くわうこくとり》に從事《じうじ》した。そして、生活《せいくわつ》をきりつめて、一意貯蓄《いちいちよちく》につとめた。また、不馴《ふなれ》な左手《ひだりて》の訓練《くんれん》につとめた。「習《なら》ふよりは馴《な》れよ」で、必要《ひつえう》にせまられ、苦心《くしん》を重《かさ》ねて行《ゆ》くに從《したが》つて、左手《ひだりて》の使用《しよう》にも次第《しだい》に馴《な》れて來《き》た。箸《はし》を握《にぎ》るのも樂《らく》になつて來《く》るし、帶《おび》を結《むす》んだりするのも器用《きよう》になつた。文字《もじ》も曲《まが》りなりにも形《かたち》をなすやうになつて來《き》た。

その中《うち》に、行賞賜金及《かうしやうしきんおよ》び恩給金《おんきふきん》の下附《かふ》を見《み》たので、これに貯蓄《ちよちく》した金《かね》を加《くは》へて、煙草雜貨商《たばこざつくわしやう》を開業《かいげふ》した。その當時《たうじ》、煙草小賣商開業《たばここうりしやうかいげふ》については、廢兵《はいへい》に對《たい》しては政府《せいふ》より特殊《とくしゆ》の恩典《おんてん》が與《あた》へられてゐた。

『ようし、うんと働《はたら》くぞ』

始《はじ》めて一軒《けん》の店《みせ》を持《も》つた喜《よろこ》びに、彼《かれ》の心《こゝろ》は燃《も》えるやうな勇氣《ゆうき》にふるへてゐた。

二

店《みせ》の方《はう》の番《ばん》は妻《つま》にまかせ、彼《かれ》は不自由《ふじゆう》な身《み》にも拘《かゝは》らず、雜貨《ざつか》の行商《ぎやうしやう》をしてまはつた。

『丁度《ちやうど》い〻ところに雜貨屋《ざつくわや》さんが來《き》たわ』

主婦《しゆふ》の間《あひだ》でひどく便利《べんり》がられた。つまらない一寸《ちよつと》した臺《だい》

所用具《どころようぐ》などわざ〳〵、買《か》ひに行《ゆ》くのも億劫《おつくう》だと思《おも》つてゐるところへ、彼《かれ》の姿《すがた》が現《あら》はれるので、主婦達《しゆふたち》は非常《ひじやう》に調法《てうはふ》がつた。しかも、彼《かれ》は誠實《せいじつ》で正直《しやうぢき》だし、品物《しなもの》は確實《かくじつ》だといふので、すつかり人氣《にんき》をとつてしまつた。

店《みせ》は月《つき》と共《とも》に繁昌《はんじやう》して行《い》つた。蓄財《ちくざい》もいくらかづつ増《ま》して、店《みせ》の方《はう》も手狹《てぜま》になつて擴張《くわくちやう》した。

『有難《ありがた》いことだ。これといふのもお上《かみ》から頂《いたゞ》いたお金《かね》のお蔭《かげ》であり、世間樣《せけんさま》のお助《たす》けのお蔭《かげ》だ』彼《かれ》は天恩《てんおん》に感謝《かんしや》すると共《とも》に、世間《せけん》の人々《ひと〴〵》への感謝《かんしや》を忘《わす》れなかつた。

さうしてゐる中《うち》に、明治《めいぢ》四十一年《ねん》、横濱癈兵會《よこはまはいへいくわい》が組織《そしき》されるや、彼《かれ》は常務幹事長《じやうむかんじちやう》として會務《くわいむ》を掌理《しやうり》し、會員相互《くわいゐんさうご》の親睦《しんぼく》をはかると共《とも》に、相互扶助《さうごふじよ》につとめた。當時《たうじ》、會員中《くわいゐんちう》には失業者《しつげふしや》が十數名《すうめい》あつた。彼《かれ》は多忙《たばう》な家業《かげふ》の時間《じかん》をさいては、これら失業者《しつげふしや》の就職《しうしよく》のために奔走《ほんそう》し、數名《すうめい》は自宅《じたく》にひき取《と》つて、雜貨行商《ざつくわぎやうしやう》をなさしめた。世間《せけん》には、國家存亡《こくかそんばう》の運命《うんめい》を背負《せお》つて戰場《せんぢやう》に出《い》で、不幸傷痍《ふかうしやうゐ》を蒙《かうむ》つた勇士《ゆうし》を遇《ぐう》するの法《はふ》を知《し》らない人《ひと》が多《おほ》かつた。名譽《めいよ》の負傷《ふしやう》のために不具《ふぐ》となつた青年《せいねん》は、徒《いたづ》らに自己《じこ》の不具《ふぐ》を嘆《なげ》いて、とかく厭世的《えんせいてき》な氣持《きもち》に陷《おちい》りがちだつた。さういつた傾向《けいかう》は戰爭氣分《せんさうきぶん》がうすれて行《ゆ》くと共《とも》にはげしくなつた。彼《かれ》はかういつた傷痍軍人《しやうゐぐんじん》にとつては慈父《じふ》であつた。彼《かれ》は彼等《かれら》を勵《はげ》まし、自《みづか》ら家業《かげふ》をなげうつて就職《しうしよく》のために東奔西走《とうほんせいそう》した。

『森田《もりた》さん、この度《たび》は本當《ほんたう》に有難《ありがた》うございました。この御恩《ごおん》は一生忘《しやうわす》れません』涙《なみだ》を流《なが》していふのだつた。しかし、

彼《かれ》はそれを輕《かる》く否定《ひてい》するのだつた。

『いや〳〵、御禮《おれい》など云《い》はれては、恥《はづか》しい位《くらゐ》ですよ。僕《ぼく》は自分《じぶん》で出來《でき》ることをしたゞけで……お互《たが》ひ戰場《せんぢやう》で傷《きづ》ついて片輪《かたわ》となつたものは、互《たが》ひに扶《たす》け合《あ》つて行《ゆ》くのが本當《ほんたう》ですからなア。これからも互《たが》ひに扶《たす》け合《あ》つて、仕事《しごと》は誠實《せいじつ》に、行《おこな》ひは正《たゞ》しく、ひと樣《さま》から流石《さすが》は軍人上《ぐんじんあが》りだけあるといはれるやうに心掛《こゝろが》けませうよ。さうすれば、世間《せけん》の者《もの》は僕達《ぼくたち》傷痍軍人《しやうゐぐんじん》に對《たい》して尊敬《そんけい》の眼《め》を向《む》けるやうになりますよ』

さういつて勵《はげ》ますのだつた。

三

彼《かれ》の店《みせ》は次第《しだい》に榮《さか》えて行《い》つた。

ところが、はからずも、大正《たいしやう》十二年《ねん》九月《ぐわつ》一日《にち》、關東《くわんとう》一帶《たい》に大地震《だいぢしん》が襲《おそ》つた。橫濱《よこはま》は震源地《しんげんち》に近《ちか》かつたゝめに、殊《こと》の外《ほか》、被害《ひがい》もひどく、瞬時《しゆんじ》にして全市《ぜんし》は全滅《ぜんめつ》してしまつたのである。彼《かれ》は身《み》をもつて僅《わづ》かに危險《きけん》を免《まぬが》れた。しかし、十八年《ねん》の長《なが》い年月《としつき》、營々《えい〳〵》として築《きづ》き上《あ》げた商品家財《しやうひんかざい》は、一朝《てう》にして一握《あく》の灰燼《くわいじん》と化《くわ》してしまつた。當時《たうじ》、壹萬圓餘《まんゑんよ》といはれた資產《しさん》も、空《むな》しい一片《ぺん》の煙《けむり》となつてしまつた。

『あゝ、これが十八年間粒々辛苦《ねんかんりふ〳〵しんく》の賜物《たまもの》か』

數日後《すうじつご》燒跡《やけあと》に立《た》つた時《とき》、彼《かれ》は呟《つぶや》いた。思《おも》はず淚《なみだ》が頰《ほゝ》を傳《つた》つて、ぽとり〳〵と灰《はい》に吸《す》はれて行《い》つた。

あゝ世《よ》の中《なか》は働《はたら》くだけ損《そん》だ！　働《はたら》いて働《はたら》きぬいた血《ち》と汗《あせ》との結晶《けつしやう》が、この一握《あく》の灰《はい》であるなら、何處《どこ》に働《はたら》き甲斐《がひ》があらう！　嫌《いや》だ〳〵、世《よ》の中《なか》は何《なに》も彼《か》も間違《まちが》つてる。

彼《かれ》は徒《いたづ》らに身《み》の不運《ふうん》を嘆《なげ》いて、氣《き》も張《は》りも消《き》え失《う》せ、たゞ呆然《ぼうぜん》として幾日《いくにち》かを過《すご》すのみであつた。

彼《かれ》が悲嘆《ひたん》に暮《く》れてゐる間《ま》に、燒跡《やけあと》には粗末《そまつ》なバラックが此處彼處《ここかしこ》に建《た》つた。そして彼《かれ》と同《おな》じ運命《うんめい》につき落《おと》された人《ひと》人《ひと》が、奮然《ふんぜん》たる更生《かうせい》の意氣《いき》に燃《も》えて仕事《しごと》をはじめた。これ

を見《み》た時《とき》、彼《かれ》は腦天《なうてん》を叩《たゝ》きのめされたやうな氣《き》がした。

『馬鹿《ばか》！　今度《こんど》のことは貴樣一人《きさまひとり》の不幸《ふかう》ではないのだぞ。みろ、貴樣《きさま》と同《おな》じ天災《てんさい》に遭《あ》つた人《ひと》は、みんなあゝやつて更生《かう》せい》への道《みち》を急《いそ》いでゐるではないか？……それに貴樣《きさま》は、かねがね、軍人精神《ぐんじんせいしん》を以《もつ》て威張《ゐば》つてゐたではないか？……その氣挫《きくぢ》けた態《ざま》はなんだ？』何處《どこ》からとなく、彼《かれ》を叱正《しつせい》する聲《こゑ》が響《ひゞ》いて來《き》た、彼《かれ》は慄然《りつぜん》とした。

『さうだ、これ位《くらゐ》の事《こと》で意氣沮喪《いきそさう》してはならぬ！』

彼《かれ》の胸底《きようてい》には更生《かうせい》の力《ちから》がもく〳〵として甦《よみがへ》つて來《き》た。この時《とき》ぐらゐ判然《はんぜん》と、十八年前戰場《ねんぜんせんぢやう》に於《おい》て死《し》なゝかつた意義《いぎ》と、自己《じこ》の使命《しめい》を自覺《じかく》したことはなかつた。天《てん》は自分《じぶん》の力《ちから》を試《ため》すために、かゝる天災《てんさい》に遭《あ》はしてみたのだ。よし、天《てん》の試練《しれん》と四《よ》つに組《く》んで、力《ちから》だめしをしてみよう！

しかし、先方《さきだ》つものは金《かね》であつた。壹萬圓《まんゑん》の資產《しさん》を成《な》してゐたといつても、彼《かれ》の資產《しさん》は商品《しやうひん》と家財《かざい》だつた。現金《げんきん》としてはいくらもなかつたのだ。その僅《わづ》かな資本《しほん》をもつて、形《かた》ばかりのバラックを建《た》てた。そして、昔《むかし》と同《おな》じく煙草雜貨商《たばこざつくわしやう》を開店《かいてん》した。品物《しなもの》の仕入《しい》れも極《ご》く少《すく》いので、賣上《うりあ》げは直《たゞ》ちにその仕入《しい》れの方《はう》に廻《まは》さねばならなかつた。食《く》ふや食《く》はずで、努力《どりよく》をつゞけた甲斐《かひ》あつて、商賣《しやうばい》は次第《しだい》に繁昌《はんじやう》して行《い》つた。彼《かれ》は雜貨品《ざつくわひん》をもつて、行商《ぎやうしやう》をつゞけた。すべてが更新《かうしん》の橫濱《よこはま》であつた。裸一貫《はだかくわん》ぞろひの住民達《ぢうみんたち》は、たゞ一《ひと》つの日用品《にちようひん》すら新《あたら》しく整《とゝの》へねばならなかつた。そのために彼《かれ》の商賣《しやうばい》も急速《きふそく》に發展《はつてん》した。

かくて、大正《たいしやう》十四年《ねん》には、早《はや》くも店舗《てんぽ》を新築《しんちく》する資金《しきん》も出來《でき》、爾來《じらい》、不斷《ふだん》の勤勉努力《きんべんどりよく》の結果《けつくわ》は、今《いま》や震災前《しんさいぜん》に優《まさ》るとも劣《おと》らぬ資產《しさん》をなすに至《いた》つたのである。

なほ、大正《たいしやう》十四年《ねん》になつて、彼《かれ》は廢兵會《はいへいくわい》副長《ふくちやう》に推擧《すゐきよ》せられ、會員《くわいゐん》の指導《しだう》、會旗會服《くわいきくわいふく》の制定《せいてい》に盡力《じんりよく》し、昭和《せうわ》五年《ねん》には同會會長《どうくわい〳〵ちやう》に推《お》され、同《どう》六年《ねん》廢兵會《はいへいくわい》の名稱《めいしよう》を傷痍軍人會《しやうゐぐんじんくわい》と改《あらた》め更《さら》に組織《そしき》をひろげて、神奈川縣《かながはけん》傷痍軍人會《しやうゐぐんじんくわい》を組織《そしき》するため百方奔走《ぱうほんそう》し、先《ま》づ川崎市《かはさきし》に同會《どうくわい》の誕生《たんじやう》を見《み》たのである。次《つい》で神奈川縣傷痍軍人聯合會《かながはけんしやうゐぐんじんれんがふくわい》を組織《そしき》して理事長《りじちやう》に任《にん》じ、且《か》つ町內青年會《ちやうないせいねんくわい》長《ちやう》、中區防護團委員《なかくばうごだんゐゐん》、日本赤十字社愛國婦人會神奈川縣支部《にっぽんせきじふじしやあいこくふじんくわいかながはけんしぶ》等《とう》の社會事業《しやくわいじげふ》に參與《さんよ》し、熱心《ねつしん》に餘生《よせい》奉公《ほうこう》の實《じつ》をあげつゝある。

晴《は》れ行《ゆ》く空《そら》

＝左手《ひだりて》一本《ぽん》で成功《せいこう》せし鈴木順次《すゞきじゆんじ》氏《し》＝

本籍地　廣島縣御調郡[redacted]

負傷程度　右腕貫通銃創（自由を失ふ）前額部盲貫銃創

奈良縣宇陀郡神戸村《ならけんうだぐんかんべむら》に、田畑《でんぱた》二十一筆《ぴつ》山地《さんち》六筆《ぴつ》を擁《よう》して園藝《ゑんげい》並《なら》びに林業《りんげふ》に從事《じうじ》してゐる鈴木順次《すゞきじゆんじ》といふ人《ひと》がある。みれば右手《みぎて》はだらりと棒《ぼう》のやうにぶら下《さが》つて用《よう》をなさないらしい。しかもその左腕《ひだりうで》は隆々《りう〳〵》たる筋肉《きんにく》の盛《も》り上《あが》りをみせ意志《いし》の強《つよ》さを示《しめ》すやうに引締《ひきしま》つた口許《くちもと》、そして鋭《するど》いうちにも溫和《をんわ》な眼《め》の光《ひかり》――何《なん》となく人《ひと》をひきつける面影《おもかげ》がある。

『たゞの者《もの》ではないな』

誰《だれ》しもさう感《かん》じないでは居《を》れない。そして彼《かれ》は決《けつ》してたゞの者《もの》ではないのである。

こゝに彼《かれ》が今日《こんにち》を築《きづ》き上《あ》げるまでの血淚史《けつるゐし》を繙《ひもと》いてみよう。

彼《かれ》は廣島縣御調郡三原町《ひろしまけんみつぎぐんみはらまち》の貧農《ひんのう》の家《いへ》に生《うま》れた。生《うま》れると直《す》ぐから、彼《かれ》は人生《じんせい》の痛苦《つうく》をなめさせられたのである。小學校《せうがくかう》を卒《を》へるか卒《を》へないの十三歲《さい》になつた時《とき》、彼《かれ》は早《はや》くも獨立獨步《どくりつどつぽ》の道《みち》を考《かんが》へねばならなかつた。べん〳〵として家《うち》にあつたのでは、家《うち》の貧窮《ひんきう》はいよ〳〵どん底《ぞこ》へ引摺《ひきず》り込《こ》まれるばかりだ。

『俺《おれ》は都《みやこ》に出《で》て身《み》を立《た》てよう』

幼心《をさなごころ》にもさう決心《けつしん》した順次少年《じゆんじせうねん》は、父母《ふぼ》の前《まへ》に出《で》て決《けつ》心《しん》の程《ほど》をみせた。父母《ふぼ》としてはこの年《とし》もゆかぬ子供《こども》を手放《てばな》すことは辛《つら》いことには相違《さうゐ》なかつたが、家《うち》の狀態《じやうたい》は正《まさ》しく洗《あら》ふやうな赤貧《せきひん》のどん底《ぞこ》にある。この際《さい》一人《ひとり》でも口《くち》がへることは有難《ありがた》いことだつた。

晴《は》れの旅路《たびぢ》に上《のぼ》るといつても、十分《ぶん》のことも出來《でき》なかつた。旅費《りよひ》の外《ほか》には小遣錢《こづかひせん》として五十錢《せん》、若干《じやくかん》の衣類《いるゐ》をまとめて、單身大阪《たんしんおほさか》めざして鄉關《きやうくわん》を出《で》たのであつた。

上阪《じやうはん》して丁稚奉公《でつちぼうこう》に住《す》み込《こ》んだのが漆器製造兼袋物業《しつきせいざうけんふくろものげふ》、こゝで熱心《ねつしん》に仕事《しごと》に精出《せいだ》し、影日向《かげひなた》なくよく働《はたら》いた。そして二十一歲《さい》の丁年《ていねん》を迎《むか》へて徵兵檢査《ちようへいけんさ》にも見事《みごと》に合格《がふかく》して、第四師團《だいしだん》步兵第八聯隊《ほへいだいれんたい》に入營《にふえい》したのは、明治《めいぢ》二十九年《ねん》十二月《ぐわつ》一日《にち》だつた。困苦《こんく》に堪《た》へる精神《せいしん》は軍隊《ぐんたい》では最《もつと》も重要《ぢうえう》なものだ。彼《かれ》は幼《をさな》きより既《すで》にその精神《せいしん》だけは鍛《きた》へに鍛《きた》へられてゐた。しかも着實勤勉《ちやくじつきんべん》よく軍務《ぐんむ》に精勵《せいれい》したゝめに、その成績《せいせき》は見《み》るべきものあり、次第《しだい》に上官《じやうくわん》に認《みと》められることゝなつた。すゝめられるまゝに下士志願《かししぐわん》して、後進《こうしん》の指導《しだう》につとめ、累進《るゐしん》して明治《めいぢ》三十六年《ねん》十二月《ぐわつ》一日《にち》を以《もつ》て步兵曹長《ほへいさうちやう》に任《にん》ぜられた。

明《あ》くれば明治《めいぢ》三十七年《ねん》二月《ぐわつ》十日《か》、驕露《けうろ》を征《せい》すべき宣戰《せんせん》の大詔《たいせう》下《くだ》さるゝや、第二軍《だいぐん》に屬《ぞく》して出征《しゆつせい》に上《のぼ》つたのが四月《ぐわつ》二十三日《にち》、直《たゞ》ちに金州南山《きんしうなんざん》の攻擊《こうげき》にまづ火蓋《ひぶた》をきつて、瞬《またゝ》く中《うち》にこれを占領《せんりやう》し、更《さら》に北進《ほくしん》また北進《ほくしん》し次第《しだい》に敵軍《てきぐん》を追《お》ひつめて、遼陽《れうやう》の敵軍《てきぐん》を擊破《げきは》した。

かくて同年《どうねん》九月《ぐわつ》二十四日《か》、彼《かれ》は特務曹長《とくむさうちやう》に任《にん》ぜられ、步兵第八聯隊第八中隊第二小隊《へいだいれんたいだいちうたいだいせうたい》の小隊長《せうたいちやう》に補《ほ》せられ、十月《ぐわつ》には、小隊長《せうたいちやう》としての初陣《うひぢん》、沙河《さか》の會戰《くわいせん》に參加《さんか》して、天晴《あつぱ》れ武勳《ぶくん》を輝《かゞや》かした。こゝに敵軍《てきぐん》は盡《こと〴〵》く沙河以北《さかいほく》に退《しりぞ》き、彼我《ひが》兩軍《りやうぐん》は沙河《さか》を挾《はさ》んで對峙《たいぢ》すること數《すう》ケ月《げつ》、明《あ》けて三十八年《ねん》二月下旬《ぐわつげじゆん》、旅順《りよじゆん》より北上《ほくじやう》して來《き》た第三軍《だいぐん》を加《くは》へて全軍《ぜんぐん》四十萬《まん》、大山大將《おほやまたいしやう》を總司令官《そうしれいくわん》として、敵《てき》の息《いき》の根《ね》をとめんものと活動《くわつどう》を開始《かいし》した。これに對《たい》する敵軍《てきぐん》は總勢實《そうぜいじつ》に六十萬《まん》、延長《えんちやう》四十里《り》の長蛇《ちやうだ》の陣《ぢん》を敷《し》いて、この一戰《せん》に今《いま》までの汚名《をめい》を雪《そゝ》がんとの意氣《いき》もの凄《すご》い。

三月《ぐわつ》に入《はい》ると共《とも》に、我《わ》が軍《ぐん》の攻擊《こうげき》は漸《やうや》く猛烈《まうれつ》を極《きは》め、七日《か》、總進擊《そうしんげき》の令下《れいくだ》るや全軍《ぜんぐん》一齊《せい》に猛進《まうしん》、全線《ぜんせん》にわたつて壯烈《さうれつ》な戰鬪《せんとう》が展開《てんかい》された。九日《か》に至《いた》れば我軍《わがぐん》いよ〳〵肉迫《にくはく》、十日《か》には我《わ》が全軍《ぜんぐん》の攻擊《こうげき》ことの外猛烈《ほかまうれつ》を加《くは》へ、今《いま》や敵《てき》は支《さゝ》へかねて列《れつ》を亂《みだ》して敗走《はいそう》し去《さ》つた。この壯烈《さうれつ》なる戰《たゝか》ひの最中《さいちう》、わが鈴木小隊長《すゞきせうたいちやう》は敵《てき》の流彈《りうだん》のために、前額部《ぜんがくぶ》に盲貫銃創《まうくわんじうさう》、右腕《みぎうで》には貫通銃創《くわんつうじうさう》を蒙《かうむ》つた。

『殘念《ざんねん》！』

たゞ一語《ご》を殘《のこ》してその場《ば》に昏倒《こんたう》、人事不省《じんじふせい》に陷《おちい》つてしまつたのであつた。

奉天入城《ほうてんにふじやう》の報《ほう》は野戰病院《やせんびやうゐん》で聞《き》いた。嬉《うれ》しさと晴《は》れの入城《にふじやう》式《しき》に參加《さんか》出來《でき》なかつた口惜《くや》さで思《おも》はず枕《まくら》を濡《ぬら》した。それから各地《かくち》の野戰病院《やせんびやうゐん》や衞戍病院《ゑいじゆびやうゐん》を轉々《てん〳〵》して、遂《つひ》に大阪衞戍病院《おほさかゑいじゆびやうゐん》に送還《そうくわん》され、こゝで手篤《てあつ》い治療《ちれう》を受《う》けた。しかし彼《かれ》の右《みぎ》手《て》は元《もと》のやうにはならなかつた。全《まつた》く自由《じゆう》を失《うしな》つてしまつたのだ。

翌《よく》三十九年《ねん》三月《ぐわつ》七日《か》、兵役《へいえき》を免《めん》ぜられて退院《たいゐん》、久《ひさ》しぶりに郷里《きやうり》の土《つち》を踏《ふ》んだ。然《しか》し、傾《かたむ》きかけた軒《のき》をみ、年老《としお》いた父《ちゝ》と母《はゝ》の姿《すがた》をみた時《とき》、彼《かれ》の心《こゝろ》からは凱旋《がいせん》の喜《よろこ》びが消《き》えてしまつた。

『今後《こんご》どうしたらこの身《み》を支《さゝ》へ、老父母《らうふぼ》を扶養《ふやう》して行《い》けるか』

考《かんが》へると暗澹《あんたん》とした。右手《みぎて》の自由《じゆう》を失《うしな》つては、以前《いぜん》の漆器製造《しつきせいざう》のごとき手職《てしよく》をつゞけて行《い》くことは出來《でき》ない。といつて、幼《をさな》きよりその仕事《しごと》の苦勞《くらう》をつゞけて來《き》ただけで、他《ほか》にこれといふ學問《がくもん》もなし……彼《かれ》の前途《ぜんと》は墨《すみ》のやうな暗黑《あんこく》に塗《ぬ》りつぶされてゐた。

その四月《ぐわつ》一日、彼《かれ》は戰功《せんこう》によつて、功七級金鵄勳章並《こうしちきふきんしくんしやうならび》に年金《ねんきん》百圓《ゑん》、及《およ》び、勳七等青色桐葉章《くんしちとうせいしよくとうえふしやう》を授與《じゆよ》されたのである。彼《かれ》はこの恩命《おんめい》に感泣《かんきふ》した。それと同時《どうじ》に、彼《かれ》の心《こゝろ》には勃然《ぼつぜん》として勇氣《ゆうき》がふるひ起《おこ》つたのである。

『お前《まへ》は帝國軍人《ていこくぐんじん》ではないか？ それなのに何《なに》をくよ〳〵と思《おも》ひ惱《なや》むのだ』

さういつた叱聲《しつせい》が天外《てんぐわい》より聞《きこ》えてきた。彼《かれ》は悚然として冷汗《れいかん》を感《かん》じた。

『さうだ。俺《おれ》は軍人《ぐんじん》だ。あの軍人《ぐんじん》に賜《たまは》りたる勅諭《ちよくゆ》の中《なか》の精《せい》神《しん》、あの精神《せいしん》をどこに置《お》き忘《わす》れて來《き》たのだ。あの軍人精神《ぐんじんせいしん》を體《たい》して進《すゝ》む時《とき》、何《なん》の恐《おそ》れるものがあらう！』

思《おも》はず身内《みうち》の血《ち》が勇氣《ゆうき》に燃《も》えるのを覺《おぼ》えた。甦生《かうせい》への氣《き》慨《がい》が鬱勃《うつぼつ》として滿《み》ち溢《あふ》れて來《く》るのを覺《おぼ》えた。

『やるぞ！ やるぞ！』

一度《たび》決心《けつしん》した以上躊躇逡巡《いじやうちうちよしゆんじゆん》すべきではない。彼《かれ》は種々《しゆ〴〵》考《かんが》へた揚句《あげく》、生活必需品《せいくわつひつじゆひん》たる酒醬油商《さけしやうゆしやう》をはじめることに決《けつ》心《しん》した。大阪《おほさか》へ出《で》て手頃《てごろ》の家《うち》を借《か》り、小規模《せうきぼ》に店《みせ》を開《ひら》いたのがその年《とし》の五月《ぐわつ》一日だつた。軍人上《ぐんじんあが》りだけにぶつきら棒《ぼう》で世辭《せじ》も愛想《あいそ》もない。しかし正直《しやうぢき》で掛引《かけひき》がないといふので

顧客《とくい》も次第《しだい》にふえた。彼《かれ》はこの時《とき》決心《けつしん》して、お上《かみ》から頂《いたゞ》く年金《ねんきん》や恩給《おんきふ》はないものとして、一切《さい》手《て》をつけず、これを貯蓄《ちよちく》することにした。そのために、貯金《ちよきん》は年《とし》と共《とも》に加《くは》はつて行《い》つた。

昭和《せうわ》二年《ねん》五月《ぐわつ》、彼《かれ》は感《かん》ずるところあつて酒醬油商《さけしやうゆしやう》を廢業《はいげふ》して、改《あらた》めて福島區北《ふくしまくきた》一丁目《ちやうめ》の繁華《はんくわ》な土地《とち》を卜《ぼく》して、茶舖《ちやみせ》を開《ひら》いた。開業《かいげふ》と共《とも》に又《また》しても評判《ひやうばん》をとり、日《ひ》に〳〵客《きやく》もふえて來《き》た。やがて資産《しさん》も數萬金《すうまんきん》となり一流《りう》の商店《しやうてん》として斯界《しかい》に重《おも》きをなすに至《いた》つたのである。

誰《だれ》かこの鈴木商店《すゞきしやうてん》の主人《しゆじん》が、たつた五十錢《せん》の小使錢《こづかひせん》を握《にぎ》つて上阪《じやうはん》した廣島《ひろしま》の片田舍《かたゐなか》の小僧《こぞう》と考《かんが》へよう。右手《みぎて》の自由《じいう》を失《うしな》つて快惱《おうのう》した人《ひと》と考《かんが》へよう。そして彼《かれ》の人《ひと》と爲《な》りを聞《き》き今《いま》までの苦心《くしん》を知《し》つた時《とき》、誰《だれ》しもが滿腔《まんこう》の尊敬《そんけい》を拂《はら》はずには居《を》れないのである。

右腕《みぎうで》の自由《じゆう》を失《うしな》つてより三十年《ねん》、長《なが》い習練《しふれん》によつて、彼《かれ》の左腕《さわん》は右腕《うわん》と兩方分《りやうはうぶん》の働《はたら》きをするやうになつた。筆《ふで》を持《も》つも箸《はし》を持《も》つもみな左手《ひだりて》で、いさゝかも不便《ふべん》を感《かん》じないやうになつた。

『腕《うで》を二本《ほん》も持《も》つて、さぞ邪魔《じやま》のことだらうなア』

彼《かれ》はよく冗談口《じやうだんぐち》をたゝくのである。

このまゝ店《みせ》をつゞけて行《い》けば、いよ〳〵繁昌《はんじやう》への晴《は》れやかな道《みち》をたどつて行《い》つたらう。

併《しか》し、彼《かれ》は昭和《せうわ》八年《ねん》の十月《ぐわつ》になつて、急《きふ》に茶舖《ちやみせ》を閉《と》ぢて大阪《おほさか》から姿《すがた》をかくしてしまつた。

それには涙《なみだ》ぐましい譯《わけ》があるのだ。最近《さいきん》の不況《ふきやう》のために彼《かれ》の近親者《きんしんしや》の間《あひだ》には財政窮乏《ざいせいきうばふ》のために身動《みうご》きならぬ者《もの》が出《で》て來《き》た。

これを一時的《じてき》に助《たす》けることは、今《いま》の彼《かれ》としては困難《こんなん》なことではない。

しかし、それでは相手《あひて》に恩《おん》を賣《う》ることになるばかりか、根本的《こんぽんてき》な財政回復《ざいせいくわいふく》は覺束《おぼつか》ないのだ。

そこで彼《かれ》は考《かんが》へた。

『いつそ田舍《ゐなか》に引込《ひつこ》んで、園藝《ゑんげい》と林業《りんげふ》に着手《ちやくしゆ》しよう。さうしたら恩《おん》を着《き》せることもなく、互《たが》ひに力《ちから》になり助《たす》け合《あ》つて新天地《しんてんち》を開發《かいはつ》することも出來《でき》よう』

さういつた美《うつく》しい心《こゝろ》づかひを以《もつ》て、大阪《おほさか》の店《みせ》を惜《を》し氣《げ》もなく人手《ひとで》に渡《わた》し、奈良縣宇陀郡神戸村《ならけんうだぐんかんべむら》に田畑《でんばた》二十筆山地《ぴつさんち》六筆《ぴつ》を購入《こうにふ》して住宅《ぢうたく》を新築《しんちく》し、自分《じぶん》の家族全部《かぞくぜんぶ》とその近親者《きんしんしや》をひきつれて移住《いぢう》した。

そして、こゝに彼《かれ》は園藝家《ゑんげいか》にして又林業家《またりんげふか》としての第《だい》一歩《ぽ》を踏《ふ》み出《だ》したのである。

『これが自分《じぶん》の最後《さいご》の御奉公《ごほうこう》だ』

さういつた意氣《いき》を以《もつ》て、晴《は》れ渡《わた》つた大空《おほぞら》の下《もと》に、老《お》いの身《み》もいとはず、刻苦精勵《こくくせいれい》してゐる。

世《よ》の中《なか》は持《も》ちつ持《も》たれつ——といふ言葉《ことば》がある。しかし今《いま》の世《よ》の中《なか》で、これを實行《じつかう》してゐる人《ひと》はどの位《くらゐ》あるか疑問《ぎもん》である。自分《じぶん》さへよければ他《た》はどうでもよい……それが大抵《たいてい》の人《ひと》の處世術《しよせいじゆつ》だ。さういつた風潮《ふうてう》の中《なか》にあつて、鈴木順次《すゞきじゆんじ》氏の態度《たいど》は實《じつ》に見上《みあ》ぐべき美擧《びきよ》といはねばならない。

苦《くる》しみは苦《くる》しみの經驗《けいけん》ある人《ひと》のみが知《し》る。彼《かれ》は自分《じぶん》が困《こま》つた時《とき》の苦痛《くつう》を忘《わす》れず、人《ひと》の困窮《こんきう》せるをみてはぢッと傍觀《ばうくわん》してはをられなかつたのだ。

下肢負傷者の部

村治《そんち》のために

＝村民《そんみん》に師父《しふ》と仰《あふ》がれる岩佐喜三郎氏《いはさきさぶらうし》＝

本籍地　千葉縣東葛飾郡新川村[redacted]
負傷程度　右大腿部砲彈ノタメ負傷、切斷

一

千葉縣東葛飾郡新川村《ちはけんひがしかつしかぐんしんかはむら》の久木《くき》と云《い》へば、東京方面《とうきやうはうめん》の釣師《つりし》には、見逃《みのが》すことの出來《でき》ない鮒《ふな》の名所《めいしよ》である。しかし、この水郷《すゐごう》の新川村《しんかはむら》に松葉杖姿《まつばづゑすがた》の岩佐書記《いはさしよき》が、十年《ねん》一日《じつ》のやうに村治《そんち》に盡《つく》してゐることを知《し》るものは、土地《とち》のもの以外《いぐわい》には、恐《おそ》らく稀《まれ》であらう。

『松葉杖《まつばづゑ》の岩佐《いはさ》さん！』

さう云《い》つて土地《とち》の人《ひと》から限《かぎ》りなく親《した》しまれる岩佐喜三郎《いはさきさぶらう》さんといふ人《ひと》は、では、一體《たい》どんな人《ひと》だらうか？

明治《めいぢ》十五年《ねん》十一月《ぐわつ》――毎日《まいにち》の菊日和《きくびより》に、水郷《すゐごう》の秋《あき》はまことに平和《へいわ》だつた。各戸《かくこ》に日《ひ》の丸《まる》の旗《はた》を樹《た》てゝ、天長節《てんちやうせつ》も祝《いは》ひ奉《たてまつ》つた。英邁古今《えいまいここん》に絶《ぜつ》する　明治大帝《めいぢたいてい》の御恩澤《ごおんたく》は、この東都《とうと》を離《はな》れた僻村《へきそん》にも漲《みなぎ》つてゐた。ことに、岩佐家《いはさけ》では、畏《おそ》れ多《おほ》いが、天長節《てんちやうせつ》と同《おな》じ日《ひ》に、御國《おくに》に役立《やくだ》つ男《をとこ》の子《こ》が生《うま》れるやうにと、家中《いへぢう》でひそかに祈《いの》つてゐた甲斐《かひ》があつて、天長節《てんちやうせつ》より遲《おく》れること僅《わづか》に二日《ふつか》、十一月《ぐわつ》五日《か》といふ秋晴《あきば》れの日《ひ》に一人《ひとり》の玉《たま》のやうな男兒《だんじ》を得《え》た。家中《うちぢう》の喜《よろこ》びは今《いま》さら云《い》ふまでもない。早速《さつそく》、天長節《てんちやうせつ》の三日《か》に因《ちな》んで、喜三郎《きさぶらう》といふ名《な》を附《つ》けた。喜三郎《きさぶらう》は幸《さいは》ひにスク／＼と成長《せいちやう》した。頭《あたま》が良《よ》くて、責任感《せきにんかん》の強《つよ》い子《こ》だつた。

『よい子《こ》だ、よい子《こ》だ！』

どこへ行《い》つても、褒《ほ》められた。そして、やがて、立派《りつぱ》な若者《わかもの》になり、御國《おくに》のために盡《つく》す日《ひ》がやつて來《き》た。

二

日露戰爭《にちろせんさう》の餘波《よは》は、この水郷《すゐごう》の新川村《しんかはむら》にも押《お》し寄《よ》せて來《き》て村《むら》の喜三郎青年《きさぶらうせいねん》の手《て》からも鍬《くは》や鋤《すき》を捨《す》てさせた。未曾有《みぞう》の國難《こくなん》に遭遇《さうぐう》して國家《こくか》は彼《かれ》の身命《しんめい》を必要《ひつえう》としたのだ。彼《かれ》が召集《せうしふ》せられて、佐倉《さくら》の歩兵第二聯隊補充大隊第四中隊《ほへいだいにれんたいほじうだいたいだいちうたい》に入營《にふえい》したのは、明治《めいぢ》三十七年《ねん》十二月《ぐわつ》のことで、日本國民《につぽんこくみん》の誰《だれ》もが、日《ひ》に日《ひ》に擴大《くわくだい》して行《ゆ》く戰況《せんきやう》に歡喜《くわんき》と不安《ふあん》の念《ねん》とを抱《いだ》きながら、戰爭《せんさう》の第一年《だいねん》をまさに終《をは》らうとしてゐる時《とき》だつた。

翌《よく》三十八年《ねん》二月《ぐわつ》十日《か》、彼《かれ》は、他《た》の戰友《せんいう》とともに、郷黨《きやうたう》の熱烈《ねつれつ》な見送《みおく》りの中《うち》に、出征《しゆつせい》した。そして、各地《かくち》に轉戰《てんせん》また轉戰《てんせん》を續《つゞ》ける中《うち》に、天下分《てんかわ》け目《め》の奉天戰《ほうてんせん》の幕《まく》が切《き》つて落《おと》された。すゝみ／＼て、やがて三月《ぐわつ》九日《か》の田義屯《でんぎとん》の戰鬪《せんとう》だ。

『撃《う》て！』

『突《つ》つ込《こ》め！』

敵《てき》からも、盛《さかん》に撃《う》つて來《き》た。豆《まめ》を煎《い》るやうな機關銃《きくわんじう》や小銃《せうじう》の響《ひゞき》、その間《あひだ》に、風《かぜ》を切《き》つて飛《と》び來《き》たる砲彈《はうだん》――。

『糞《くそ》ッ！　負《ま》けるものか！　負《ま》けるものか！』

喜三郎青年《きさぶらうせいねん》は、眼眥《まなじり》を決《けつ》して、腕《うで》も折《を》れよとばかりに引《ひ》き金《がね》をひきつゞけた。と、折《をり》しも飛《と》び來《き》たつた一個《こ》の砲彈《はうだん》が、彼《かれ》のぢきそばに落下《らくか》して、炸裂《さくれつ》した。舞《ま》ひ上《あが》る土砂《どしや》、飛《と》び散《ち》る肉片《にくへん》！

『やられた！』

一片《ぺん》の肉《にく》をだに止《とゞ》めず、あつといふ間《ま》に姿《すがた》を消《け》した幾人《いくにん》かの戰友《せんいう》に混《まじ》つて、彼《かれ》もその場《ば》に倒《たふ》れた。

『岩佐《いはさ》しつかりしろ！』

小隊長《せうたいちやう》の激勵《げきれい》の言葉《ことば》が、昏々《こん／＼》と夢見《ゆめみ》ようとする彼《かれ》の耳《みゝ》に、子守歌《こもりうた》かなんぞのやうに甘《あま》く聞《き》かれた。

『ばんざアい！』

さう叫《さけ》んだまゝ、彼《かれ》は氣《き》を失《うしな》つてしまつた。

三

彼《かれ》が再《ふたゝ》び意識《いしき》を恢復《くわいふく》したのは、さしもに激烈《げきれつ》を極《きは》めた田《でん》義屯《ぎとん》の戰鬪《せんとう》も味方《みかた》の勝利《しようり》となつて、敵《てき》が遙《はるか》に退却《たいきやく》した翌日《よくじつ》のことだつた。

『おや、こゝはどこだらう？』

と、同時《どうじ》に激《はげ》しい疼痛《とうつう》が、右《みぎ》の股《もゝ》の邊《へん》に感《かん》じられた。

『や、氣《き》がついたか?!』

見《み》ると、それは、腕《うで》に赤十字《せきじふじ》のマークを附《つ》けた看護卒《かんごそつ》だつた。

『こゝは、どこです？』

『野戰病院《やせんびやうゐん》だ。今《いま》、軍醫殿《ぐんいどの》を呼《よ》んで來《き》てやるから、暫《しばら》くぢつと待《ま》つとれ！』

看護卒《かんごそつ》が馳《か》け去《さ》ると、彼《かれ》の眼《め》が、ひとりでに熱《あつ》くなつた。死《し》ななかつたといふ喜《よろこ》び――それも勿論《もちろん》あつた。が、それだけの單純《たんじゆん》なものではなかつた。もつと複雜《ふくざつ》な、筆紙《ひつし》にも述《の》べ得《え》ないけどの感激《かんげき》が、彼《かれ》の胸中《きやうちう》に湧《わ》いたのだ。

軍醫《ぐんい》が、間《ま》もなくやつて來《き》た。

『お前《まへ》は豪《えら》いぞ！　よくこれだけの負傷《ふしやう》に耐《た》えたなア』

さう云《い》ひながら軍醫《ぐんい》は當時《たうじ》の話《はなし》を切《き》り出《だ》した。砲彈《はつだん》の破片《はへん》が、右大腿部《みぎだいたいぶ》の肥肉《ひにく》をゲソッと奪《うば》ひ去《さ》つた上《うへ》に、大腿骨《だいたいこつ》をもザク／＼に碎《くだ》いてゐたのだ。

堅《かた》いギブスがすぐにあてられた。そして、間《ま》もなく、より以上《いじやう》の手當《てあて》をするために、彼《かれ》は内地《ないち》に送還《そうくわん》され、東京《とうきやう》の澁谷《しぶや》に臨時《りんじ》に建《た》てられた、豫備病院《よびびやうゐん》に移《うつ》され、そこで、ついに右脚《みぎあし》を股《もゝ》の附根《つけね》から切斷《せつだん》する大手術《だいしゆじゆつ》を受《う》けた。

四

新川村《しんかはむら》の故郷《こきやう》に歸《かへ》つた彼《かれ》は、村長《そんちやう》などの好意《かうい》で役場《やくば》の書記《しよき》になつた。松葉杖《まつばづゑ》をつくやうな不自由《ふじいう》な身體《からだ》ではあつたが、左右《さいう》の腕《うで》は丈夫《ぢやうぶ》だつた。しかも、性來實直勤勉《せいらいじつちよくきんべん》な彼《かれ》のことだ。村政《そんせい》の五月蠅《うるさ》い紛糾《ふんきう》から超然《てうぜん》として、たゞ一心《しん》に村治《そんち》の實績《じつせき》が上《あが》るやうに努力《どりよく》した。そして、それは忽《たちま》ち良《りやう》結果《けつくわ》となつて現《あらは》れ、數年後《すうねんご》、彼《かれ》が財務主任《ざいむしゆにん》となり收入役《しうにふやく》代理《だいり》を兼《か》ねるやうになつてからは、ことに著《いちじる》しかつた。

不言實行《ふげんじつかう》――それが彼《かれ》のやりかただつた。日曜日《にちえうび》でも、祭日《さいじつ》でも、一日《にち》として彼《かれ》の松葉杖《まつばづゑ》が、村役場《むらやくば》の玄關《げんくわん》に證《あかし》されてゐない日《ひ》はなかつた。

『あの眞似《まね》は出來《でき》ない！』

村役場《むらやくば》の人達《ひとたち》は、絶《た》えずさう云《い》つて感歎《かんたん》した。

『岩佐君《いはさくん》、どうも滯納《たいなふ》が多《おほ》くて困《こま》るね。うまい方法《はうはふ》はないかしら？』ある時《とき》、村長《そんちやう》が彼《かれ》を捉《とら》へて滾《こぼ》した。戰爭《せんさう》の後《のち》に來《く》る不景氣《ふけいき》が、この新川村《しんかはむら》にも押《お》しよせて來《き》て、滯納《たいなふ》は滯《たい》納《なふ》を生《う》んで、村《むら》の財政《ざいせい》も日《ひ》に月《つき》に逼迫《ひつぱく》して來《き》た。

『さうですな――村長《そんちやう》、ではひとつ私《わたし》にお委《まか》せ下《くだ》さい。稅《ぜい》金《きん》を取《と》り立《た》てるばかりぢや駄目《だめ》です。稅金《ぜいきん》を喜《よろこ》んで納《をさ》められるだけのことを村《むら》でしてやらなければ』

『それはさうだ。君《きみ》に何《なに》か成案《せいあん》があるか？』

『あります！　まあ、お委《まか》せ下《くだ》さい！』彼《かれ》は、きつぱりと答《こた》へた。村長《そんちやう》の顏《かほ》に、滿足《まんぞく》さうな微笑《びせう》が浮《うか》んだ。

『ぢや、ひとつ骨《ほね》を折《を》つてくれたまへ。君《きみ》なら、屹度《きつと》出來《でき》るだらう』

五

村長《そんちやう》と堅《かた》く約束《やくそく》した彼《かれ》は、その夜《よ》まんじりともしないで考《かんが》へた。昔《むかし》の武士《ぶし》は、己《おの》れを知《し》るものゝためには生命《いのち》までも捨《す》てたのだ。村長《そんちやう》は、この不自由《ふじいう》な身體《からだ》の自分《じぶん》にこのやうな大任《たいにん》を授《さづ》けた。嬉《うれ》しい！　こんな嬉《うれ》しいことはない。やらう！　村長《そんちやう》の知己《ちき》に報《むく》ひよう！　村《むら》を救《すく》はう！

翌日《よくじつ》から、彼《かれ》の努力《どりよく》は、はたの見《み》る目《め》もいぢらしいほどだつた。まづ、役場《やくば》にある、稅金《ぜいきん》の帳簿《ちやうぼ》を調《しら》べ、土地臺帳《とちだいちやう》や名寄帳《なよせちやう》の一大整理《だいせいり》を完成《くわんせい》し、課稅《くわぜい》の根本《こんぽん》に、露《つゆ》一點《てん》の間《ま》

違《ちが》ひもないやうにした。それから、不自由《ふじゆう》な身體《からだ》で、戸別《こべつ》に説《と》いて廻《まは》つた。實際《じつさい》に種々《いろいろ》な事情《じじやう》があつて納税《なふぜい》出來《でき》なかつたものは勿論《もちろん》、中《なか》には横着《わうちやく》を極《き》め込《こ》んでゐたものまでが、彼《かれ》の熱誠《ねつせい》にうたれた。そして、納期内完納《なふきないくわんなふ》の美績《びせき》が、忽《たちま》ち縣下《けんか》の模範村《もはんそん》に新川村《しんかはむら》を仕上《しあ》げてしまつた。

しかし、それだけでは彼《かれ》の氣持《きもち》は滿足出來《まんぞくでき》なかつた。最《さい》初《しよ》に村長《そんちやう》に約《やく》したやうに、税金《ぜいきん》を取《と》り立《た》てるばかりが、上《うへ》に立《た》つものゝ仕事《しごと》ではない。要《えう》は、喜《よろこ》んで、納税《なふぜい》の義務《ぎむ》を果《は》たせるだけの仕事《しごと》を、收入《しうにふ》を、村民《そんみん》のために圖《はか》つてやらなければ嘘《うそ》だ。で、彼《かれ》が、眞先《まつさき》に着手《ちやくしゆ》したのが、每年《まいねん》の水《すゐ》害《がい》による損失《そんしつ》を防《ふせ》いで、五穀豐饒《こくほうぜう》の喜《よろこ》びを百姓《しやう》に味《あぢは》はせることだつた。新川村水害組合《しんかはむらすゐがいくみあひ》――彼《かれ》は多忙《たばう》の身體《からだ》を割《さ》いて、その事務囑託員《じむしよくたくゐん》となつた。年々《ねんねん》利根川《とねがは》の水《みづ》が氾濫《はんらん》して、水田《すゐでん》が河底《かてい》となつてしまふのを、いかにもして防《ふせ》ぎ喰《く》ひ止《と》めようといふ自然《しぜん》と人間《にんげん》との爭鬪《さうとう》だつた。そして、それも美事《みごと》に人力《じんりよく》の偉大《ゐだい》さを證明《しようめい》する結果《けつくわ》となつた。米《こめ》が取《と》れゝば、税金《ぜいきん》だつて納《をさ》められる――その見易《みやす》い原則《げんそく》を、彼《かれ》は實《じつ》地《ち》に縣下《けんか》に示《しめ》したのだ。村民《そんみん》一般《はん》が、心《こころ》からの感謝《かんしや》を彼《かれ》に送《おく》つたことは今《いま》さら云《い》ふまでもあるまい。

六

彼《かれ》は、今《いま》や初老《しよらう》の人《ひと》だ。しかも、永年《ながねん》の過勞《くわらう》の結果《けつくわ》、氣《き》の毒《どく》にも病《やまひ》の床《とこ》にある。新川村《しんかはむら》は勿論《もちろん》、水害《すゐがい》、豫防《よばう》に共同《きやうどう》戰線《せんせん》を張《は》つた附近《ふきん》の野田町《のだまち》外《ほか》三ケ町村《ちやうそん》の村民達《そんみんたち》が、心《こころ》からその恢復《くわいふく》を祈《いの》つてゐる。在郷軍人團《ざいがうぐんじんだん》、青年團《せいねんだん》、處女會《しよぢよくわい》――あらゆる公共團體《こうきやうだんたい》からの見舞《みまひ》が、引《ひ》きも切《き》らない。

『松葉杖《まつばづゑ》の岩佐《いはさ》さん！』

新川村《しんかはむら》では、村《むら》の功勞者《こうらうしや》が、僅《わづ》か五十幾歳《いくさい》ぐらゐで亡《な》くなられては大變《たいへん》だといふので、村全體《むらぜんたい》で一人《ひとり》の岩佐《いはさ》さんを看病《かんびやう》してゐるのだ。人間《にんげん》と生《うま》れたら、鷄頭《けいとう》となるとも牛尾《ぎうび》となる勿《なか》れといふことがある。岩佐喜三郎氏《いはさきさぶらうし》の如《ごと》きはたしかにその鷄頭《けいとう》となつた人《ひと》である。たゞ、誠意恪勤《せいいかくきん》事《こと》にあたるといへば簡單《かんたん》に聞《きこ》えるが、しかも、これが凡人《ぼんじん》にはなかなか出來《でき》ないことだ。まして、松葉杖《まつばづゑ》をつくやうな不自由《ふじゆう》な身體《からだ》を持《も》ちながら、終始《しうし》一貫《くわん》、よく責務《せきむ》を果《はた》し得《え》たのは、彼《かれ》の不撓不屈《ふたうふくつ》の精神《せいしん》の現《あらは》れではあるまいか。

隻脚《せききやく》の名村長《めいそんちやう》

=忠節《ちうせつ》の二字《じ》に輝《かゞや》く伊藤貞七氏《いとうさだしちし》=

本籍地　福島縣伊達郡[redacted]
負傷程度　左下腿貫通骨折銃創（左大腿部切斷）

先《ま》づ一枚《まい》の賞狀《しやうじやう》を紹介《せうかい》しよう。

賞　狀

歩兵第四聯隊第一中隊
陸軍歩兵軍曹　伊藤　貞七

明治《めいぢ》三十八年《ねん》二月奉天《ぐわつほうてん》ノ戰鬪開始《せんとうかいし》セラルヽヤ、同月《どうげつ》二十七日《にち》我《わ》ガ第《だい》一中隊《ちうたい》ハ王富嶺攻撃中突撃隊《わうふれいこうげきちうとつげきたい》タリ。同嶺《どうれい》ハ敵《てき》ノ最《もつと》モ重要視《ちようえうし》スル峻峰《しゆんぽう》ニシテ圍《めぐ》ラスニ數層《すうそう》ノ副防禦《ふくばうぎよ》ヲ以《もつ》テ頗《すこぶ》ル堅牢《けんらう》ヲ極《きは》ム。加《くは》フルニ寒威凜烈積雪深《かんゐりんれつせきせつふか》ク屢《しば〳〵》滑《くわつ》倒《たう》シテ攀登《はんとう》ニ困《くるし》ム。既《すで》ニシテ中隊《ちうたい》ハ夜間《やかん》ヲ利用《りよう》シ、敵壘《てきるゐ》前《ぜん》百米《メートル》突《とつ》ニ接近《せつきん》スト雖《いへど》モ副防禦破壞隊《ふくばうぎよはくわいたい》ヨリ何等《なんら》ノ報告《はうこく》ニ接《せつ》セス。依《よつ》テ中隊長《ちうたいちやう》ハ其情況《そのじやうきやう》ヲ詳《つまびら》カニセントスルヤ、軍曹《ぐんさう》ハ直《たゞち》ニ之《これ》ヲ志願《しぐわん》シ自《みづか》ラ其任《そのにん》ニ當《あた》リ、彈丸雨注《だんぐわんうちう》ノ間《あひだ》ヲ猛進《まうしん》シ連絡《れんらく》ヲ通《つう》セシモ、不幸敵彈《ふかうてきだん》ニ中《あた》リ又如何《またいかん》トモスルヲ得《え》ス、然《しか》レトモ軍曹《ぐんさう》ハ沈着勇敢部下《ちんちやくゆうかんぶか》ヲシテ之《これ》ヲ報告《はうこく》セシメ、自《みづか》ラ破壞隊《はくわいたい》ヲ奬勵《しやうれい》シ其《そ》ノ實《じつ》ヲ擧《あ》ケシメ、寒氣凜烈《かんきりんれつ》彈雨《だんう》ノ間《あひだ》從容自若《しようようじじやく》能《よ》ク其任《そのにん》ヲ完《まつた》ウセリ。其功績《そのこうせき》實《じつ》ニ偉大《ゐだい》ナリ。是《こ》レ軍人《ぐんじん》ノ好模範《かうもはん》タリ、仍《よつ》テ此《こ》ノ賞狀《しやうじやう》ヲ與《あた》フ。

明治三十八年十二月二十七日
歩兵第四聯隊第一中隊長正七位　熊　倉　榮　印

この賞狀《しやうじやう》の主《ぬし》は、現在福島縣伊達郡東湯野村村長伊藤《げんざいふくしまけんだてぐんひがしゆのむらそんちやういとう》貞七氏《さだしちし》である。この賞狀《しやうじやう》こそ奉天會戰《ほうてんくわいせん》に於《お》ける氏《し》の赫々《かくかく》たる勳功《くんこう》を物語《ものがた》る、子々孫々《しゝそんそん》に傳《つた》ふべき家寶《かほう》である。

『日本男兒《につぽんだんじ》と生《うま》れたからには、一度《ど》は軍隊《ぐんたい》の飯《めし》を食《く》ひ、出《で》來《き》れば鐵砲《てつぱう》の彈《たま》の下《した》をくゞつてみなくつちや駄目《だめ》だ。本當《ほんたう》の膽《きも》ッ玉《たま》は据《すわ》りはせん』氏《し》は、口癖《くちぐせ》のやうに云《い》ふ。

事實《じじつ》、氏《し》は滿《まん》三ケ年《ねん》の軍隊生活《ぐんたいせいくわつ》に於《お》いて叩《たゝ》き込《こ》まれた軍人《ぐんじん》精神《せいしん》と、五箇條《かでう》の勅諭《ちよくゆ》を旨《むね》として、終始《しうし》一貫誠心誠意《くわんせいしんせいい》、軍《ぐん》人精神《じんせいしん》を以《もつ》て貫《つらぬ》き今日《こんにち》をなした人《ひと》である。

＊　＊　＊

彼《かれ》は幼《えう》にして父母《ふぼ》を喪《うしな》つたので、十分《ぶん》に勉學《べんがく》をつゞける餘裕《よゆう》もなく、僅《わづ》かに尋常《じんじやう》四年《ねん》を卒業《そつげふ》したのみであつた。年頃《としごろ》からいへば、手《て》に負《お》へない腕白小僧《わんぱくこぞう》で、父母《ふぼ》の膝《ひざ》にすがつて甘《あま》えてゐる頃《ころ》だつたのに、彼《かれ》は早《はや》くも生活戰線上《せいくわつせんせんじやう》の戰士《せんし》として、第一線《だいせん》に出動《しゆつどう》しなければならなかつた。異常《いじやう》な意志《いし》の力《ちから》と不撓不屈《ふたうふくつ》の精神《せいしん》なくしては、到底企《たうていくはだ》て及《およ》ぶことではあるまい。

鷄鳴《けいめい》と共《とも》に起《お》き出《い》でて、野良仕事《のらしごと》に從《したが》ひ、星《ほし》をいたゞいて歸《かへ》る勞働《らうどう》をつゞけつゝ、いつしか青年期《せいねんき》に入《はい》つた。少年《せうねん》時代《じだい》から身心共《しんしんとも》に無理《むり》を重《かさ》ねて來《き》たせゐか、兎角病氣勝《とかくびやうきが》ちで、このまゝでは晴《は》れの徴兵檢査《ちようへいけんさ》に合格《がうかく》も覺束《おぼつか》ないと案《あん》じてゐたが、幸《さいは》ひにも甲種合格《かうしゆがふかく》で入隊《にふたい》を許可《きよか》された。彼《かれ》は欣《きん》喜雀躍《きじやくやく》として歩兵《ほへい》第四聯隊《だいれんたい》の營門《えいもん》をくゞつたのである。規則的《きそくてき》な軍隊生活《ぐんたいせいくわつ》がめき〳〵と彼《かれ》の肉體《にくたい》を頑健《ぐわんけん》に鍛《きた》へ上《あ》げた。生《うま》れ變《か》つたやうに丈夫《ぢやうぶ》になつて、精勵恪勤《せいれいかくきん》、よく隊《たい》中《ちう》の模範兵《もはんへい》として軍務《ぐんむ》に服《ふく》した。入營《にふえい》一年《ねん》にして上等兵《じやうとうへい》を拜命《はいめい》、二年目《ねんめ》に伍長《ごちやう》に昇進《しやうしん》し、三箇年《かねん》の義務年限《ぎむねんげん》を終《を》へて、三十四年《ねん》十一月《ぐわつ》三十日《にち》滿期除隊《まんきぢよたい》となつて歸鄕《ききやう》した。入營《にふえい》三箇年間《かねんかん》に於《お》ける彼《かれ》の昇進《しやうしん》ぶりによつても、その勤勉《きんべん》のほどが窺《うかゞ》ひ知《し》る事《こと》が出來《でき》るではないか。

『軍隊生活《ぐんたいせいくわつ》をそのまゝ實社會《じつしやくわい》にうつして働《はたら》き、軍人精神《ぐんじんせいしん》を以《もつ》て處世訓《しよせいくん》として勤《つと》めたならば必《かなら》ず成功《せいこう》する』

かうした確信《かくしん》を握《にぎ》り得《え》て歸鄕《ききやう》した彼《かれ》は、汗《あせ》みどろになつて働《はたら》いた。銃《じう》を握《にぎ》ると同《おな》じ心持《こころもち》で鍬《くわ》を握《にぎ》つた。そしてやうやく地盤《ぢばん》も固《かた》まらうとしてゐた折《をり》から、日露《にちろ》の國交急《こくかうきふ》を告《つ》げ、妖雲暗澹《えううんあんたん》として垂《た》れこめた。即《すなは》ち、明治《めいぢ》三十七年《ねん》二月《ぐわつ》八日《か》、果然充員召集《くわぜんじうゐんせうしふ》の令《れい》を受《う》け、彼《かれ》は再《ふたゝ》び歩兵《ほへい》第四聯隊《だいれんたい》に入隊《にふたい》した。

二月《ぐわつ》十日《か》、宣戰《せんせん》の大詔下《たいせうくだ》り、出動命令《しゆつどうめいれい》をうけるや、同隊《どうたい》は第《だい》一軍《ぐん》に屬《ぞく》して、三月《ぐわつ》一日《じつ》歡呼《くわんこ》の聲《こゑ》に送《おく》られて仙臺《せんだい》を出發《しゆつぱつ》、征途《せいと》に上《のぼ》つた。同《どう》二十四日《か》には早《はや》くも朝鮮鎭南浦《てうせんちんなんぽ》に上陸《じやうりく》、平壤附近《へいじやうふきん》の敵《てき》を掃蕩《さうたう》しつゝ北上《ほくじやう》、五月《ぐわつ》一日《じつ》の九連城《れんじやう》の

戰鬪《せんとう》をはじめ各地《かくち》に轉戰《てんせん》、翌《よく》三十八年《ねん》二月《ぐわつ》二十七日《にち》奉天會《ほうてんくわい》戰中王富嶺《せんちうわうふれい》の戰鬪《せんとう》に於《お》いて、左下腿貫通骨折銃創《ひだりかたいくわんつうこつせつじうさう》を蒙《かうむ》りつゝも、部下《ぶか》を督勵《とくれい》しつゝ任務《にんむ》を果《はた》した次第《しだい》は、前述《ぜんじゆつ》の賞狀《しやうじやう》に記述《きじゆつ》された通《とほ》りである。凜烈《りんれつ》たる寒氣《かんき》の中《なか》に、身《み》の負傷《ふしやう》をも顧《かへり》みず奮鬪《ふんとう》したゝめに、患部《くわんぶ》は凍傷《とうしやう》に冒《をか》され、後送《こうそう》されて野戰病院《やせんびやうゐん》に收容《しうよう》された時《とき》には、既《すで》に手遲《ておく》れとなり、どうしても左大腿部《ひだりだいたいぶ》より切斷《せつだん》しなければならなくなつてゐた。これを聞《き》かされた時《とき》、彼《かれ》は一言《ごん》『殘念《ざんねん》だ』と叫《さけ》んだのみで、默々《もくもく》として大手術《だいしゆじゆつ》に耐《た》えたのである。

殘念《ざんねん》だ――この一言《ごん》の中《なか》には、無限《むげん》の意味《いみ》を含《ふく》まれてゐる。その意味《いみ》は、我等《われら》日本男兒《につぽんだんじ》にのみ理解《りかい》されることだ。

彼《かれ》はこの勳功《くんこう》により勳《くん》七等功《とうこう》七級金鵄勳章《きふきんしくんしやう》を下賜《かし》されてゐる。

＊　＊　＊

片脚《かたあし》を失《うしな》つた白衣《びやくい》の勇士《ゆうし》として、内地《ないち》に凱旋《がいせん》するや、各《かく》地《ち》の病院《びやうゐん》を轉々《てんてん》とし、明治《めいぢ》三十八年《ねん》四月《ぐわつ》下《げ》旬《じゆん》、仙臺第二《せんだいだいに》分院《ぶんゐん》に到着《たうちやく》、約《やく》五個月《かげつ》に亘《わた》る親切《しんせつ》な看護《かんご》の結果全治《けつくわぜんち》し、同《どう》年《ねん》九月《ぐわつ》六日《か》、兵役免除《へいえきめんぢよ》となり、松葉杖《まつばづゑ》に身《み》をゆだねつゝ歸《き》村《そん》した。思《おも》ひがけなくも沸《わ》き返《かへ》るやうな歡迎《くわんげい》だ。彼《かれ》はたゞ感涙《かんるゐ》にむせぶのみだつた。

或《あ》る日《ひ》、ひよつこり村《むら》の助役《じよやく》が彼《かれ》の家《うち》を訪《おとづ》れた。

『あんたもその體《からだ》では、百姓《しやう》をつゞけて行《ゆ》く譯《わけ》にも行《ゆ》くまい。どうだ、ちやうど空《あき》があるが村役場《むらやくば》の書記《しよき》になつてみないか』

さういふ話《はなし》だ。何《なん》といふ有難《ありがた》い言葉《ことば》であらう。彼《かれ》は再《ふたゝ》び郷村《きやうそん》の温《あたゝか》い情《なさけ》に感涙《かんるゐ》あるのみであつた。異存《いぞん》のある筈《はず》はない。この身《み》では到底野良仕事《たうていのらしごと》をつゞけて行《ゆ》くことは出來《でき》ない、願《ねが》つてもないことだ。

『俺《おれ》は身《み》を粉《こ》にしても、この溫情《をんじやう》に報《むく》ひねばならない！』

彼《かれ》は自《みづか》ら決《けつ》するところがあつた。彼《かれ》は出征《しゆつせい》に際《さい》し、村《そん》民一同《みんどう》に對《たい》して生還《せいくわん》を期《き》せぬといつた。それが不幸《ふかう》にも死《し》處《ところ》を得《え》ず、廢兵《はいへい》となつて歸村《きそん》した。しかも、村民《そんみん》は兩手《りやうて》を擴《ひろ》げて迎《むか》へてくれた。そればかりか、今《いま》やこの自分《じぶん》に職《しよく》を與《あた》へてくれようといふのだ。

『よし、俺《おれ》は村治《そんち》のために一身《しん》を捧《さゝ》げよう、村治《そんち》が圓《まる》く行《ゆ》くやうになれば、結局《けつきよく》は村民《そんみん》の厚情《こうじやう》にも報《むく》ひることになる』

かうした氣持《きもち》で役場《やくば》に出勤《しゆつきん》するやうになつたのは、歸村《きそん》後《ご》一月《つき》もたゝない十月《ぐわつ》一日《じつ》であつた。生活《せいくわつ》のためにのみ働《はたら》いてゐる者《もの》とは氣組《きぐみ》が違《ちが》ふ。恩報《おんはう》じのつもりで勤《つと》めるのであるから、刻苦精勵《こくくせいれい》、職責《しよくせき》を果《はた》して餘《あま》すところがない。能率《のうりつ》は非常《ひじやう》に上《あが》つて、事務《じむ》は圓滑且つ迅速《じんそく》に運《はこ》んだ。

『これはいゝ人材《じんざい》を見《み》つけたぞ！』

村《むら》の有力者《いうりよくしや》はひそかに喜《よろこ》んだ。かくて、書記《しよき》として勤務《きんむ》すること滿《まん》四箇年餘《ねんあま》り、明治《めいぢ》四十二年《ねん》十二月《ぐわつ》一日《じつ》、彼《かれ》は收入役《しうにふやく》に推薦《すゐせん》され、村《むら》の臺所《だいどころ》向きを司《つかさど》る要職《えうしよく》に就《つ》くことになつた。收入役《しうにふやく》に當選《たうせん》すると共《とも》に、彼《かれ》が着目《ちやくもく》したのは納税《なうぜい》の完納《くわんなう》を期《き》することだつた。同村《どうそん》は元來質實《ぐわんらいしつじつ》の風《ふう》あつて共《きよう》同精神《どうせいしん》に富《と》み、納税《なうぜい》も比《ひ》較的成績《かくてきせいせき》のよい方《はう》であつたが、當時《たうじ》なほ幾分《いくぶん》の滯納者《たいなうしや》があつた。彼《かれ》は極力滯納整理《きよくりよくたいなうせいり》につとめ、二ケ年間《ねんかん》にして國縣村税共《こくけんそんぜいとも》に完納《くわんなう》の成績《せいせき》を擧《あ》げ、爾來《じらい》今日《こんにち》に至《いた》るまでその成績《せいせき》をつゞけてゐる。

このために、彼《かれ》の政治的手腕《せいぢてきしゆわん》は更《さら》に認《みと》められた。しかもこの間《かん》、明治《めいぢ》四十三年《ねん》十一月帝國在郷軍人會設立《ぐわつていこくざいがうぐんじんくわいせつりつ》せらるゝや、彼《かれ》は東湯野村分會設立促進《ひがしゆのむらぶんくわいせつりつそくしん》のために、不自由《ふじいう》の身《み》

を顧《かへり》みず東奔西走《とうほんせいそう》、遂《つひ》に目的《もくてき》を遂《と》げて、翌年《よくねん》十一月《ぐわつ》二十三日《にち》、これを設立《せつりつ》した。爾來《じらい》、或《ある》ひは名譽會員《めいよくわいゐん》として、或《ある》ひは顧問《こもん》として或《ある》ひは私財《しざい》を投《とう》ずる等《など》、陰《いん》に陽《やう》によく分會《ぶんくわい》の向上發達《かうじやうはつたつ》につとめた。大正《たいしやう》十二年《ねん》六月《ぐわつ》、同村分會《どうそんぶんくわい》が模範分會《もはんぶんくわい》として會長《くわいちやう》より表彰《へうしやう》されたのも、主《しゆ》として彼《かれ》の努力《どりよく》によるものである。

今《いま》や、彼《かれ》は村《むら》になくてはならぬ寶《たから》となつた。村民《そんみん》の人望《じんばう》を一身《しん》にあつめ、村治《そんち》の功勞者《こうらうしや》として缺《か》くべからざる人《ひと》となつた。

かくして、大正《たいしやう》二年《ねん》十一月《ぐわつ》三十日村收入役《にちそんしうにふやく》を滿期退職《まんきたいしよく》するや、衆望《しうばう》の一致《ち》するところ、無下《むげ》に斷《ことわ》り切《き》れず、同年《どうねん》十二月《ぐわつ》十日村長《かそんちやう》に推薦《すゐせん》せられて、村治《そんち》を司《つかさど》ることゝなつた。村長《そんちやう》の椅子《いす》についた時《とき》、彼《かれ》の施政方針《しせいはうしん》は昔《むかし》と變《かは》らなかつた。

『終始軍人精神《しゆうしぐんじんせいしん》を以《もつ》て村治《そんち》の發展《はつてん》に向《むか》つて猛進《もうしん》しよう』

この一事《じ》だ。彼《かれ》は爾來今日《じらいこんにち》に至《いた》るまで再選《さいせん》四回《くわい》、在職實《ざいしよくじつ》に二十年《ねん》、寸分《すんぶん》も初志《しよし》を變《か》へることなく、村治《そんち》の向上發展《かうじやうはつてん》に努力《どりよく》した。志《こゝろざし》を立《た》てたら最後《さいご》、これをやり通《とほ》すのが彼《かれ》の主義《しゆぎ》である。燦然《さんぜん》たる軍人《ぐんじん》の精神《せいしん》である。果《はた》して彼《かれ》は遂《つひ》に初志《しよし》を貫《つらぬ》いたのである。

即《すなは》ち、大正《たいしやう》十年《ねん》二月《ぐわつ》には、地方自治功勞者《ちはうじちこうらうしや》として知事《ちじ》より表彰《へうしやう》せられ、その翌年《よくねん》には同《おな》じく郡長《ぐんちやう》より表彰《へうしやう》せられた。更《さら》に大正《たいしやう》十四年《ねん》二月《ぐわつ》には、縣下《けんか》の模範村《もはんそん》として知事《ちじ》より表彰《へうしやう》せられたのである。

これを以《もつ》ても、彼《かれ》の功績《こうせき》の如何《いか》に偉大《ゐだい》であるか、窺《うかゞ》ひ知《し》ることが出來《でき》るであらう。

その他《た》、彼《かれ》は入退營兵《にふたいえいへい》の歡送迎《くわんそうげい》を簡素《かんそ》にし、退營兵《たいえいへい》の土産物《みやげもの》を廢止《はいし》して、虚飾《きよしよく》の村風《そんぷう》を打破《だは》せんことを主唱《しゆしやう》し、夙《つと》にこれを實行《じつかう》せしめつゝある。

又《また》、青年訓練所《せいねんくんれんじよ》の設立《せつりつ》せらるゝや、在郷軍人分會《ざいがうぐんじんぶんくわい》と青年《せいねん》團《だん》との連絡提携《れんらくていけい》を密接《みつせつ》ならしめるために、隻脚《せききやく》を顧《かへり》みず奔《ほん》走《そう》し、或《ある》ひは服裝統一《ふくさうとういつ》のために、服裝調製費《ふくさうてうせいひ》の半額《はんがく》を村費《そんぴ》を以《もつ》て補助《ほじよ》するなど、青年訓練所《せいねんくんれんじよ》の發達奬勵《はつたつしやうれい》に努力《どりよく》した。されはこそ同村訓練所《どうそんくんれんじよ》が、優良訓練所《いうりやうくんれんじよ》として推賞《すゐしやう》せられつつある所以《ゆえん》である。

軍人精神《ぐんじんせいしん》——この四字《じ》を以《もつ》て處世《しよせい》の標語《へうご》とし、村治《そんち》の大《たい》

綱《かう》とした決心《けつしん》について、彼《かれ》は語《かた》る……

『日露戰役當時《にちろせんえきたうじ》の第《だい》四聯隊長《れんたいちやう》であられた河内禮藏閣下《かはちれいざうかくか》が、第《だい》二師團長《しだんちやう》として御着任御在職中《ごちやくにんございしよくちう》、時折《ときをり》お伺《うかゞ》ひして御懇篤《ごこんとく》なる御指導《ごしだう》を賜《たまは》りしことゝ、滿洲事變《まんしうじへん》で雷名《らいめい》を轟《とゞろ》かされた前《ぜん》第《だい》二師團長故《しだんちやうこ》多門《たもん》二郎將軍《らうしやうぐん》の御叱咤《ごしつた》のお蔭《かげ》であります。將軍《しやうぐん》は私《わたし》の現役中同中隊《げんえきちうどうちうたい》の少尉殿《せうゐどの》でありまして、親《した》しく御《ご》教導《けうだう》を受《う》けました。その後《ご》陸軍大學御在職中《りくぐんだいがくございしよくちう》にも、わざわざ私《わたし》の宅《たく》を御《ご》訪問《はうもん》下《くだ》されまして、村長《そんちやう》として奮起《ふんき》せよ——と御《ご》激勵《げきれい》下《くだ》さいました。兩將軍《りやうしやうぐん》とも、村長《そんちやう》の重職《ぢうしよく》にある以上《いじやう》、軍人精神《ぐんじんせいしん》を忘《わす》れず、總《すべ》ての事《こと》に誠意《せいい》と熱《ねつ》を以《もつ》て當《あた》れと御《ご》訓示《くんじ》下《くだ》さいました。偶々《たまたま》私《わたし》の素志《そし》と同《おな》じだつたので、私《わたし》としては大變《たいへん》力強《ちからづよ》く思《おも》ひ確信《かくしん》を得《え》た譯《わけ》であります』

僅《わづ》かに尋常《じんじやう》四年卒業《ねんそつげふ》といふ低《ひく》い學力《がくりよく》を以《もつ》てして、而《しか》も、松葉杖《まつばづゑ》に身《み》をゆだねる隻脚《せききやく》の身《み》を以《もつ》て、孜々營々《しゝえいえい》、今日《こんにち》の地位《ちゐ》を築《きづ》き上《あ》げた伊藤貞七氏《いとうさだしちし》の努力《どりよく》は、實《じつ》に軍人精神《ぐんじんせいしん》の權《ごん》化《げ》ともいふべく、また、帝國軍人《ていこくぐんじん》の龜鑑《きかん》ともいふべきではないか。

彼《かれ》の家《いへ》に元《もと》第《だい》二師團長故河内禮藏閣下《しだんちやうこかはちれいざうかくか》より贈《おく》られた一幅《ぷく》の書《しよ》がある。家寶《かはう》としていたく大事《だいじ》に保存《ほぞん》せるものであるが、勇渾《ゆうこん》の筆勢《ひつせい》を以《もつ》て『忠節《ちうせつ》』の二字《じ》を書《か》き、『戰友伊藤君

日露戰役勇戰負傷歸鄕後村治亦有功績　大正八年夏臨別書

以贈之　河内陸軍中將』と書《か》き添《そ》へてある。

實際彼《じつさいかれ》の半生《はんせい》を一貫《くわん》した精神《せいしん》は、實《じつ》にこの『忠節《ちうせつ》』の二字《じ》であつたのである。」

土《つち》と共《とも》に三十年《ねん》

＝平凡《へいぼん》の中《なか》に輝《かゞや》く林慶次氏《はやしけいじし》＝

本籍地　香川縣仲多度郡七箇村

負傷程度　右大腿部盲貫銃創兼骨折（跛行）

『林君《はやしくん》、おめでたう』

『お歸《かへ》りなさい、おぢさん』

村人《むらびと》や小學生達《せうがくせいたち》に迎《むか》へられた時《とき》、林《はやし》一等兵《とうへい》は胸《むね》をしめつけられるやうな、口惜《くや》しい思《おも》ひで一杯《ぱい》になるのだつた。

『皆《みな》さんにかうした歡迎《くわんげい》を受《う》けましては、私《わたし》は聊《いさゝ》か面目《めんぼく》なく思《おも》ひます。私《わたし》は出征《しゆつせい》する時《とき》、拔群《ばつぐん》の手柄《てがら》を樹《た》てるか、花《はな》花《ばな》しい戰死《せんし》を遂《と》げるか、それでなくては再《ふたゝ》び皆《みな》さんにお目《め》にかゝらないと誓《ちか》つておきながら、まだ戰爭《せんさう》も終《をわ》らないのに、かうした姿《すがた》となつて歸鄕《ききやう》致《いた》しまして、何《なん》ともお恥《はづか》しい次第《しだい》です』

彼《かれ》の聲《こゑ》は曇《くも》つてゐた。松葉杖《まつばづゑ》に身《み》を支《さゝ》へたまゝ、悄然《せうぜん》としてうなだれた。

『恥《はづか》しいなんて……そんなことあるもんか。君《きみ》は名譽《めいよ》の負《ふ》傷者《しやうしや》ぢやないか。君《きみ》の今《いま》の姿《すがた》が十分《ぶん》に手柄《てがら》を物語《ものがた》つてゐるぢやないか』友人《いうじん》の一人《ひとり》がやさしく彼《かれ》の肩《かた》を撫《な》でゝくれた。さういはれる、彼《かれ》は何《なん》となく胸《むね》がせまつて來《き》て、耐《こら》えやうとぢつと脣《くちびる》を噛《か》みしめても、兩《りやう》の眼《め》からは不覺《ふかく》の涙《なみだ》がはふり落《お》るのだつた。彼《かれ》はぢッと地面《ぢめん》を視凝《みつ》めながら、心《こゝろ》の中《なか》で呟《つぶや》いた。

『戰場《せんぢやう》では志《こゝろざし》半途《なかば》にして倒《たふ》れたが、この不名譽《ふめいよ》はこれから取戻《とりもど》すぞ。皆《みな》さん、見《み》てゐて下《くだ》さい』

×　×　×

彼《かれ》、林慶次《はやしけいじ》は香川縣仲多度郡七箇村《かがはけんなかたどぐんしちかむら》の一貧農《ひんのう》の子《こ》として生《うま》れ、稍々長《やゝちやう》ずると共《とも》に父《ちゝ》を助《たす》けて農業《のうげふ》に從《したが》つてゐた。やがて丁年《ていねん》に達《たつ》するや、日露《にちろ》の風雲《ふううん》やうやく急《きふ》を告《つ》げんとする明治《めいぢ》三十四年《ねん》十二月《ぐわつ》一日《じつ》、歩兵第《ほへいだい》十二聯隊《れんたい》に入隊《にふたい》した。時《とき》すでに、日本人《につぽんじん》の誰《だれ》もの腦裡《なうり》には、數年《すうねん》を出《い》でずして、必《かなら》

ず露西亜《ロシア》と一戰《せん》を交《まじ》へざるべからずとの覺悟《かくご》があつた。露西亜《ロシア》の横暴極《わうばうきは》まる東方政策《とうはうせいさく》を、血涙《けつるゐ》を呑《の》みつゝ眺《なが》めながら、『今《いま》に見《み》ろ〳〵』と叫《さけ》びながら、戰備《せんび》をとゝのへてゐたのだつた。

愈々時《いよ〳〵とき》が來《き》た。即《すなは》ち明治《めいぢ》三十七年《ねん》二月《ぐわつ》、露國《ろこく》に對《たい》する宣戰《せん》の大詔《たいせう》は渙發《くわんぱつ》せられたのである。その日《ひ》の來《く》るを今《いま》や遲《おそ》しと待《ま》ち構《かま》へてゐた征露《せいろ》の軍《ぐん》は、船《ふね》をつらねて出征《しゆつせい》する。

それなのに、第《だい》十二聯隊《れんたい》には未《いま》だに出動《しゆつどう》の命令《めいれい》が下《くだ》らぬのだ。徒《いたづ》らに友軍《いうぐん》の戰捷《せんせう》の報《はう》に胸《むね》を躍《をど》らすのみ、全員切齒扼腕《ぜんゐんせつしやくわん》して、出動《しゆつどう》の命《めい》至《いた》るの遲《おそ》きを嘆《たん》じた。

待《ま》つこと久《ひさ》し――遂《つひ》に來《き》た。第《だい》十二聯隊《れんたい》は第《だい》三軍《ぐん》に屬《ぞく》し縁《ゆか》りも深《ふか》い乃木將軍《のぎしやうぐん》の指揮下《しきか》に馳《は》せ參《さん》じた。向《むか》ふはこれ敵《てき》が金城湯池《きんじやうたうち》とたのむ旅順《りよじゆん》の要塞《えうさい》だ。

『旅順《りよじゆん》なにものぞ！　見《み》よやわが肉彈《にくだん》もて破《やぶ》つてくれん』

戰《たゝか》はざるに既《すで》に敵《てき》を呑《の》み、勇氣凜々《ゆうきりん〳〵》として征途《せいと》に上《のぼ》つたのはその年《とし》の五月《ぐわつ》だ。その中《なか》に林《はやし》一等兵《とうへい》もゐたのである。

しかし、旅順《りよじゆん》の要塞《えうさい》は文字《もじ》通《どほ》りの金城湯池《きんじやうたうち》であつた。勇《いさ》みにはやる我《わ》が軍《ぐん》の命《いのち》知《し》らずな攻撃《こうげき》にも拘《かゝは》らず、徒《いたづ》らに死傷《ししやう》のみ多《おほ》くして、戰線《せんせん》ははかばかしく進展《しんてん》しない。總攻撃《そうこうげき》は幾度《いくたび》か繰返《くりかへ》され、その度毎《たびごと》に屍山血河《しざんけつか》を築《きづ》き、十里《り》の風《かぜ》腥《なまぐさ》き有様《ありさま》であつた。

林《はやし》一等兵《とうへい》は十月《ぐわつ》二十六日《にち》から開始《かいし》された第《だい》三回《くわい》の總攻撃《そうこうげき》に際《さい》して、東鷄冠山方面《ひがしけいくわんざんはうめん》の攻撃《こうげき》に參加《さんか》し、三十日《にち》の血戰《けつせん》に於《おい》て、敵彈《てきだん》のために右大腿部盲貫銃創並《みぎだいたいぶもうくわんじうさうなら》びに骨折《こつせつ》を蒙《かうむ》つた。

『なに糞《くそ》！　これしきの傷《きず》！』

心《こゝろ》は矢竹《やたけ》にはやれども、如何《いかん》せん、重傷《ぢうしやう》のために、動《うご》くことも出來《でき》ない。涙《なみだ》を呑《の》んで空《むな》しく後退《こうたい》して、應急《おうきふ》の手當《てあて》をうけたが、傷《きず》は重傷《ぢうしやう》のために再起《さいき》の希望《きばう》も絶《た》え、内地《ないち》に送還《そうくわん》されて衛戍病院《ゑいじゆびやうゐん》で療養《れうやう》につとめた。やがて傷《きず》は快癒《くわいゆ》したが、跛《はつこ》となつてしまつたのだ。かくて、兵役《へいえき》を免除《めんぢよ》されて、淋《さび》しく故郷《こきやう》にかへつたのは、その年《とし》の暮《くれ》であつた。

× × ×

『戰場《せんぢやう》で殘《のこ》した御奉公《ごほうこう》はこれからの活動《くわつどう》で補《おぎな》ふのだ！』

彼《かれ》は深《ふか》く心《こゝろ》に決《けつ》するところがあつた。戰場《せんぢやう》で戰死《せんし》を遂《と》げるも、田園《でんゑん》にあつて有《あ》らん限《かぎ》りの力《ちから》を盡《つく》して後《のち》止《や》むも、つくす誠心《まごころ》は同《おな》じなのだ。

彼《かれ》は不自由《ふじいう》な右足《みぎあし》を引摺《ひきず》り〳〵、朝《あさ》は早《はや》くから野良《のら》に出《い》で、夕《ゆふ》べには星《ほし》をいたゞいて歸《かへ》つた。もと〳〵彼《かれ》の家《いへ》は、わづかに小作田《こさくだ》二段《たん》しか持《も》たぬ貧農《ひんのう》、いくら稼《かせ》いでもやうやく口《くち》に糊《のり》するばかり、否《いな》、それすらも兎角《とかく》跡絶《とだ》え勝《が》ちだつた。彼《かれ》は粉骨碎身《ふんこつさいしん》、家勢《かせい》の挽回《ばんくわい》につとめ、漸次《ぜんじ》小作田《こさくだ》も増加《ぞうか》した。性來誠實《せいらいせいじつ》な彼《かれ》の性格《せいかく》は、村《むら》での評判《ひやうばん》となり、地主《ぢぬし》はよろこんで彼《かれ》のために田畑《でんばた》を借《か》した。

田畑《でんばた》がふえると共《とも》に、彼《かれ》の勞苦《らうく》はいよ〳〵激《はげ》しくなつた。一日《にち》の仕事《しごと》を終《を》へて歸《かへ》ると、もう物《もの》もいひたくない程《ほど》に疲《つか》れた。右足《みぎあし》は石《いし》のやうに冷《ひ》えきつて硬直《かうちよく》してゐた。

『あゝ、これで體《からだ》が持《も》つか知《し》らん！』

どうかすると、右足《みぎあし》をさすりながら、思《おも》はず吐息《といき》を洩《も》らすことがあつた。その毎《たび》に彼《かれ》の眼前《がんぜん》には、壯烈《さうれつ》な戰場《せんぢやう》が彷彿《はうふつ》とした。ばたばたと倒《たふ》れる戰友《せんいう》の姿《すがた》が浮《う》かんで來《き》た。

『さうだ、あの時《とき》死《し》ななかつたのは、あの壯烈《さうれつ》な最期《さいご》を遂《と》げた戰友《せんいう》の分《ぶん》まで働《はたら》くためだつたのだ。なんだ、これしきのこと。貴樣《きさま》は凱旋《がいせん》の時《とき》心《こゝろ》秘《ひそ》かに誓《ちか》つた決心《けつしん》を忘《わす》れたか』

彼《かれ》は自《みづか》ら心《こゝろ》に鞭打《むちう》つては、勇氣《ゆうき》を鼓《こ》しては勞働《らうどう》に從事《じうじ》するのだつた。

二年三年《ねん》――彼《かれ》はどうやら泥濘《でいねい》のやうな貧農《ひんのう》の生活《せいくわつ》から抜《ぬ》け出《で》ることが出來《でき》た。

五年《ねん》六年《ねん》――努力《どりよく》の結果《けつくわ》はそろ〳〵實《み》を結《むす》びはじめた。

十年經《ねんた》つ――僅《わづ》かながらも餘裕《よゆう》が出來《でき》て來《き》た。

十五年《ねん》が夢《ゆめ》のやうに過《す》ぎる。

二十年《ねん》が慌《あはたゞ》しく飛《と》び去《さ》る。

その間《かん》、世《よ》は色々《いろ〳〵》と移《うつ》り變《かは》つた。

しかし變《かは》らないのは、十年《ねん》一日《じつ》否《いな》二十年《ねん》一日《じつ》のごとき勤勞《きんらう》の生活《せいくわつ》だつた。

相《あひ》も變《かは》らず、朝《あさ》は明《あ》けぬ中《うち》から、跛《はつこ》をひき〳〵野良《のら》へ出《で》て行《ゆ》く彼《かれ》だつた。

三十年《ねん》――不具《ふぐ》となつて歸郷《ききやう》してより早《はや》くも三十年《ねん》たつた。三十年《ねん》の長《なが》い年月《ねんげつ》、彼《かれ》は農夫《のうふ》として働《はたら》きつゞけた。しかし、彼《かれ》は最早《もはや》小作田《こさくだ》二段《たん》の貧農《ひんのう》ではなかつた。

『やれ〳〵疲《つか》れたわい』

一日《にち》の仕事《しごと》を終《を》へて、のんびりと足《あし》を伸《の》ばす家《いへ》は、借家《しやくや》ではなかつた。暮《く》れかゝつた空《そら》に聳《そび》える樹《き》は、彼《かれ》の庭《には》に生《は》えてゐる樹《き》だつた。

稼《かせ》ぐに追《お》ひ付《つ》く貧乏《びんばふ》なし……

あまりに平凡《へいぼん》な言《い》ひ古《ふる》された言葉《ことば》ではあるが、永遠《えいゑん》の眞理《しんり》である。勤勞《きんらう》三十年《ねん》――彼《かれ》は今《いま》や、宅地《たくち》百三十六坪《つぼ》、田《た》八段《たん》九畝《せ》、畑《はたけ》一段《たん》四畝《せ》、別《べつ》に家屋《かおく》三棟《むね》を有《いう》して、村内《そんない》でも中流《ちうりう》以上《いじやう》の生計《せいけい》を營《いとな》んでゐるのだ。

しかも彼《かれ》はなほ孜々《しゝ》として働《はたら》きつゞける。右《みぎ》の如《ごと》く豐《ゆた》かな生活《せいくわつ》を送《おく》れるにもかゝはらず、村《むら》の匡救工事《きやうきうこうじ》には、跛《はつこ》の足《あし》をひき摺《ず》りながらも、人夫《にんぷ》として出役《しゆつえき》し、汗《あせ》みどろになつて働《はたら》くのである。

『やつぱり、軍隊《ぐんたい》の飯《めし》を食《く》つて、鐵砲《てつぱう》の玉《たま》の下《した》をくゞつて來《き》たゞけあるな』

村《むら》の者《もの》は、汗《あせ》みどろになつて働《はたら》いてゐる彼《かれ》の姿《すがた》をみては尊敬《そんけい》の眼《め》を輝《かゞや》かしながら囁《さゝや》き合《あ》ふのである。

極《きは》めて平凡《へいぼん》な彼《かれ》の三十年《ねん》である。

しかし孜々《しゝ》營々《えい〳〵》として働《はたら》きつゞけ、一日《にち》として倦《う》むところなかつた彼《かれ》の生活《せいくわつ》は、平凡《へいぼん》の中《なか》にも限《かぎ》りない教訓《けうくん》を含《ふく》んでゐるではないか。

獨學《どくがく》の名校長《めいかうちやう》

=無學《むがく》で校長《かうちやう》となつた堀内豐市《ほりうちとよいち》氏《し》=

本籍地	愛媛縣東宇和郡田之筋村
負傷程度	右大腿軟部貫通銃創及左前膊骨障擦過銃創

愛媛縣東宇和郡俵津尋常高等小學校長《えひめけんひがしうわぐんたはらつじんじやうかうとうせうがくかうちやう》、俵津實業補習學校長《たはらつじつげふほしふがくかうちやう》、俵津青年訓練所主事《たはらつせいねんくんれんじよしゆじ》、堀内豐市《ほりうちとよいち》といへば、愛媛縣《えひめけん》では誰一人《たれひとり》知《し》らぬ者《もの》はあるまい。大正《たいしやう》十三年頃《ねんごろ》、この縣《けん》の知事《ちじ》だつた宮崎通之助《みやざきみちのすけ》氏《し》の如《ごと》きは、談《だん》たま〳〵堀内《ほりうち》氏《し》のことに及《およ》ぶと、

『うん、あいつは偉《えら》いよ』と、きつと言《い》ふ。又《また》、今《いま》は今治《いまはる》市助役《しじよやく》である元東宇和郡長川又金太郎《もとひがしうわぐんちやうかはまたきんたらう》氏《し》の如《ごと》きも、『彼《かれ》は郷土《がうど》の誇《ほこ》りだ』とまで激賞《げきしやう》してゐる。

その堀内《ほりうち》氏《し》は、元《もと》一等卒《とうそつ》の廢兵《はいへい》だつたのである。

廢殘《はいざん》の身《み》から猛然《まうぜん》起《た》つて、遂《つひ》に今日《こんにち》の成功《せいこう》を納《をさ》めるまでの努力《どりよく》と苦心《くしん》はどんなであつたらう。

彼《かれ》が、今《いま》も、感慨《かんがい》ぶかく――いや、胸《むね》の奥《おく》にかすかな戰慄《せんりつ》さへ感《かん》じて、想《おも》ひ起《おこ》すのは、明治《めいぢ》三十八年《ねん》五月《ぐわつ》、負傷兵《ふしやうへい》として凱旋《がいせん》し、村人《むらびと》の歡迎《くわんげい》の熱《ねつ》も納《をさ》まつて、さてこれからどうして身《み》を立《た》てたものかと苦悶懊惱《くもんあうなう》に閉《とざ》されてゐた時《とき》の事《こと》である。

愛媛縣東宇和郡田之筋村大字新城《えひめけんひがしうわぐんたのすぢむらおほあざしんじやう》なる彼《かれ》の家《いへ》は貧《まづ》しい小作農《こさくのう》であつた。彼《かれ》は、幼少《えうせう》の時分《じぶん》から、父母《ふぼ》と共《とも》に畑《はたけ》に出《で》て、土《つち》に親《した》しんでゐたので、百姓《しやう》を厭《いと》ふなどといふことは露《つゆ》ほどもなかつた。だが、好《す》きな百姓《しやう》をしようにも、身《み》は不具《ふぐ》である。右太腿《みぎふともゝ》を貫通《くわんつう》した銃傷《じうしやう》は全癒《ぜんゆ》したが、左前膊《ひだりぜんぱく》の擦過銃傷《さつくわじうしやう》は骨《ほね》に障《さは》つて肘關節《ひぢくわんせつ》が三十五度《ど》に屈曲《くつきよく》したまゝ、伸《の》びてくれない。

『こいつが！　こいつが！』

と、悔《くや》しさうに、力《ちから》一杯《ぱい》、ぐんと肘《ひぢ》を張《は》らうとすれば、きり〳〵と局部《きよくぶ》に痛《いた》みを感《かん》ずる。痺《しび》れてゐるのだ。嚴寒《げんかん》の候《こう》に遭《あ》ふて、懷手《ふところで》をしてゐても、それがづき〳〵と疼《うづ》く。

これで百姓《しやう》が出來《でき》ようか？

何《なん》と思《おも》つたか、彼《かれ》は、急《きふ》に、むさくるしい家《いへ》の北向《きたむ》きの一室《しつ》にこもり出《だ》した。朝《あさ》は、家人《かじん》の起《お》きない先《さき》から蒲團《ふとん》を蹴《け》つて起《お》き、夜《よる》は、隣《となり》の部屋《へや》から、息子《むすこ》思《おも》ひの母《はゝ》の、半《なか》ば寢呆《ねぼ》けたやうな聲《こゑ》が、

『豐《とよ》、早《はや》く寢《ね》ろよ』

と、二度《ど》、三度《ど》と聞《きこ》えて來ても、十二時《じ》になるまでは、決《けつ》して豆《まめ》ランプの灯《あかり》を消《け》さない。

毎日毎夜《まいにちまいよ》、机《つくゑ》の上《うへ》に開《ひら》かれてゐるのは、講義錄《かうぎろく》であつた。毎月《まいつき》、日《ひ》を決《き》めて、東京《とうきやう》から厚《あつ》ぼつたい封《ふう》で講義錄《かうぎろく》が來《く》るのが、彼《かれ》には唯一《ゆゐつ》の樂《たの》しみであつた。他《ほか》の若《わか》い衆《しう》のやうに、夜遊《よあそ》びにも行《ゆ》かず、彼《かれ》はこつ〳〵と獨學《どくがく》した。

獨學《どくがく》の辛《つら》さ苦《くる》しさで骨《ほね》を削《けづ》られ、つい絶望《ぜつばう》に陷《おちい》ることもないではなかつた。だが、そんな時《とき》、きつと彼《かれ》の眼《め》の前《まへ》に浮《うか》び出《で》るのは、清河城《せいかじやう》から、板成峪《はんせいこく》、五百牛彔《ごひやくぎうろく》にかけての激戰《げきせん》、五百牛彔北方高地《ごひやくぎうろくほくはうかうち》への突擊《とつげき》の光景《くわうけい》だ。三十八年《ねん》三月《ぐわつ》のことで、旅順《りよじゆん》は既《すで》に陷落《かんらく》してゐた。が、敵《てき》の勢力《せいりよく》はまだ侮《あなど》り難《がた》い。國家《こくか》のため、陛下《へいか》のためと、全身《ぜんしん》これ忠誠《ちうせい》の思《おも》ひに燃《も》えて、屍《かばね》の山《やま》を越《こ》え、血《ち》の河《かは》を渡《わた》り、突擊《とつげき》に突擊《とつげき》を續《つゞ》けたあの時《とき》の意氣《いき》、あの時《とき》の勇氣《ゆうき》！

『なに、糞《くそ》！』

と、彼《かれ》はまた机《つくゑ》にかぢりつくのであつた。戰爭《せんさう》のことを思《おも》へば、獨學《どくがく》の苦痛《くつう》ぐらゐ何《なん》でもなかつた。

首《くび》を賭《か》けて

この意氣《いき》である。

努力《どりよく》の甲斐《かひ》あつて、彼《かれ》が、越智郡龜岡村《をちぐんかめをかむら》の、それからまた、愛媛教育協會附設《えひめけういくけふくわいふせつ》の、教員養成所《けうゐんやうせいじよ》に學《まな》んで、遂《つひ》に准教員免許狀《じゆんけうゐんめんきよじやう》と尋常科正教員免許狀《じんじやうかせいけうゐんめんきよじやう》を得《え》たのは、凱旋後《がいせんご》三年《ねん》の、四十一年《ねん》三月《ぐわつ》のことであつた。

大正四年《たいしやうねん》には、本科正教員《ほんくわせいけうゐん》の資格《しかく》も得《え》た。師範學校卒業《しはんがくかうそつげふ》者以外《しやいぐわい》の者《もの》で、この資格《しかく》を得《え》るのは容易《ようい》な事《こと》ではないが、彼《かれ》は見事《みごと》にそれをやつてのけたのだ。かうした成功《せいこう》は極《きは》めて稀《まれ》な事《こと》で、東宇和郡《ひがしうわぐん》では彼《かれ》をもつて嚆矢《かうし》とする。

その一年前《ねんぜん》の事《こと》であつた。彼《かれ》は既《すで》に下相尋常小學校長《しもあひじんじやうせうがくかうちやう》に拔擢任命《ばつてきにんめい》されてゐた。そして、これを振《ふ》り出《だ》しに、總川《そうかは》、

豫子林《よこはやし》、魚成《うをなし》、俵津《たはらづ》と、相次《あひつ》いで、各尋常高等小學校長《かくじんじやうかうとうせうがくかうちやう》に任命《にんめい》されて、今日《こんにち》に及《およ》んだのだ。その中《うち》でも、豫子林《よこはやし》には七年《ねん》もゐた。同《おな》じ學校《がくかう》に、七年《ねん》もゐれば一仕事《しごと》出來《でき》る。彼《かれ》の學校長《がくかうちやう》としての熱誠《ねつせい》ぶりと、功績《こうせき》と、その人格《じんかく》の崇高《すうかう》さは、この時《とき》遺憾《ゐかん》なく發揮《はつき》された。

管内《くわんない》に、特殊部落《とくしゆぶらく》があつた。一般《ぱん》に長谷《はせ》と呼《よ》ばれてゐた。大正九年《たいしやうねん》四月《ぐわつ》、新校長《しんかうちやう》として教員室《けうゐんしつ》に納《をさ》まつた最初《さいしよ》の日《ひ》、彼《かれ》は次席訓導《じせきくんだう》に向《むか》つて、

『長谷部落《はせぶらく》の兒童出席率《じどうしゆつせきりつ》を話《はな》して下《くだ》さい』と言《い》つた。

訓導《くんだう》は、急《きふ》に何《なに》か自責《じせき》の感《かん》に襲《おそ》はれたと見《み》え、さつと顏《かほ》を赧《あか》らめて、もじ〳〵しながら、

『それが、その、非常《ひじやう》に惡《わる》うございまして……』

『かまひません。言《い》つて下《くだ》さい』

『まア、百人《にん》に二十人《にん》――二十パーセントぐらゐのものでせうな。前《まへ》の校長《かうちやう》も、この問題《もんだい》では隨分頭《ずゐぶんあたま》を惱《なや》まされたやうですし、私《わたし》も、實《じつ》は……』

しかし、堀内校長《ほりうちかうちやう》は誰《だれ》をも責《せ》めなかつた。ぢつと眼《め》を閉《と》ぢて、心《こゝろ》では、無理《むり》もない、無理《むり》もないと、部落民《ぶらくみん》のために泣《な》いてゐるやうである。

次《つぎ》の日曜日《にちえうび》、道端《みちばた》に咲《さ》き誇《ほこ》る櫻花《さくら》の下《した》を潜《くゞ》つて、堀内校長《ほりうちかうちやう》の姿《すがた》は突然《とつぜん》長谷部落《はせぶらく》にあらはれた。

『どうぞ、お宅《たく》の子供《こども》さんを、學校《がくかう》に上《あ》げて下《くだ》さい』

彼《かれ》は、貧《まづ》しい、見《み》る影《かげ》もない家《いへ》を一軒《けん》々々訪《たづ》ねて歩《ある》いた。新校長《しんかうちやう》が、直々《ぢき〴〵》に見《み》えたと言《い》つて、人々《ひと〴〵》は涙《なみだ》を流《なが》して喜《よろこ》んだ。だが、その涙《なみだ》の中《なか》から、彼等《かれら》は一樣《やう》に言《い》ふのであつた。

『折角《せつかく》ではございますが、子供《こども》が可哀《かあい》さうです。學校《がくかう》などは、まつぴら、お斷《ことは》りします』

『なに、子供《こども》が可哀《かあい》さうですと？』

堀内校長《ほりうちかうちやう》にはちよつと解《げ》せなかつた。

『折角學校《せつかくがくかう》へやりましても、××の子《こ》だ、××の子《こ》だと嬲《なぶ》られまして……親《おや》の身《み》にしましては、それが堪《たま》らぬのでございます』

これを聞《き》くと、堀内氏《ほりうちし》は、急《きふ》に赤茶《あかちや》けた疊《たゝみ》の上《うへ》に兩手《りやうて》を突《つ》いて、

『私《わたし》が、惡《わる》うございました。これからすぐ歸《かへ》つて、他《ほか》の部《ぶ》

落民《らくみん》に、そんな、皆樣《みなさま》の御人格《ごじんかく》を辱《はづか》しめるやうな言葉《ことば》は、決《けつ》して吐《は》かさせないやうに運動《うんどう》します。この堀内《ほりうち》、これだけは首《くび》にかけてお誓《ちか》ひします。事《こと》が判《わか》りました上《うへ》は、どうぞ、この部落《ぶらく》の子供《こども》も、一人《ひとり》殘《のこ》らず出席《しゆつせき》させて下《くだ》さいますやう――』
旬日《じゆんじつ》ならずして、彼《かれ》の運動《うんどう》は奏效《そうかう》しはじめた。同部落《どうぶらく》の兒童出席率《じどうしゆつせきりつ》は、次第《しだい》に登《のぼ》り出《だ》した。氣風《きふう》の惡《わる》いこと、儉勤《きんけん》の習慣《しふくわん》のないこと、衞生設備《ゑいせいせつび》の惡《わる》い事《こと》も改善《かいぜん》する必要《ひつえう》があるので、堀内校長《ほりうちかうちやう》は、村役場吏員《むらやくばりゐん》や、有志《いうし》の者《もの》と協力《けふりよく》して、同部落《どうぶらく》に毎月講話會《まいつきかうわくわい》を開《ひら》くことにした。それが遂《つひ》に二十二回《くわい》にも及《およ》んだ。その間《あひだ》、私財《しざい》を投《とう》じて人々《ひと〴〵》の益《えき》を計《はか》つたことも少《すく》なくない。
長谷部落《はせぶらく》と他《た》の諸部落《しよぶらく》との融和《ゆうわ》は、完全《くわんぜん》に實現《じつげん》された。これは、同時《どうじ》に、學校《がくかう》を中心《ちうしん》とする社會教育《しやくわいけういく》のすばらしい發展《はつてん》ともなつた。

琵琶歌《びはうた》に泣《な》く

不良兒《ふりやうじ》を持《も》つて困《こま》つてゐる家《いへ》があれば、夜中《よなか》そつと訪問《はうもん》して、慈愛《じあい》の言葉《ことば》で慰《なぐさ》め、感化《かんくわ》の方法《はうはふ》を教《をし》へる。村《むら》でお籠《こも》りや法會《はふゑ》があつて老若男女《らうにやくだんぢよ》が會合《くわいがふ》する際《さい》には、自分《じぶん》が出《で》かけて行《い》つて彼等《かれら》と懇談《こんだん》する。神社《じんしや》と氏子《うぢこ》との關係《くわんけい》が疎遠《そゑん》になつてゐれ

ば、講演會《かうえんくわい》を催《もよほ》すとか、祭禮《さいれい》を盛《さか》んにするとか適當《てきたう》の方法《はうはふ》を講《かう》じて、敬神思想《けいしんしさう》の養成《やうせい》に努《つと》める。農閑期《のうかんき》が來《き》て、青年《せいねん》たちが娘《むすめ》のある家《いへ》へ夜遊《よあそ》びに行《ゆ》くやうになると、

『まア、そんな遊《あそ》びは、後廻《あとまは》しにして――』

と云《い》つた調子《てうし》で、惜《お》し氣《げ》もなく自腹《じばら》を切《き》つて、適當《てきたう》な書物《しよもつ》、雜誌《ざつし》の類《るゐ》を買《か》つて來《き》て廻覽《くわいらん》させる。しかし、これでは青年男女《せいねんだんぢよ》が娛樂《ごらく》が無《な》くなつて、たゞでさへ單調《たんてう》な村《むら》の生活《せいくわつ》が、窮屈《きうくつ》な、四角《かく》四面《めん》な、潤《うる》ひも匂《にほ》ひも無《な》くなつてしまふ。で、思《おも》ひついて、青年團《せいねんだん》や處女會《しよぢよくわい》の會合《くわいがふ》には、琵琶歌《びはうた》や浪花節《なにはぶし》の語《かた》り手《て》、講談師《かうだんし》などを連《つ》れて來《く》る。さしもに廣《ひろ》い講堂《かうどう》も、笑《わら》ひ聲《ごゑ》と歡喜《くわんき》の聲《こゑ》で湧《わ》き返《かへ》り、日頃《ひごろ》は眞面目《まじめ》で律義《りつぎ》な校長先生《かうちやうせんせい》も、こんな時《とき》には相好《さうかう》を崩《くづ》して笑《わら》ひ興《きよう》じる。

『あれ、校長先生《かうちやうせんせい》が――』

『校長先生《かうちやうせんせい》！』

『校長樣《かうちやうさま》ア！』

四方《はう》から、親《おや》を慕《した》ふ子供《こども》のやうな、豐《ゆた》かな信賴《しんらい》と親《した》しみを込《こ》めた叫《さけ》び聲《ごゑ》が飛《と》んで來《く》る。

琵琶《びは》が始《はじ》まる。今日《けふ》は例《れい》の『常陸丸《ひたちまる》』だ。何度《なんど》聞《き》いても飽《あ》きない、あの忠烈無雙《ちうれつむさう》の武士《もののふ》たちが、海底《かいてい》の藻屑《もくづ》と消《き》える場面《ばめん》だ。

『こは何事《なにごと》と思《おも》ふ間《ま》に、亂射亂擊《らんしやらんげき》、雨霰《あめあられ》ェ！』

勇壯《ゆうさう》な節廻《ふしまは》しと共《とも》に、ジヤン〳〵と、琵琶《びは》の音《ね》が響《ひゞ》き渡《わた》り、堂《だう》に滿《み》つる聽衆《ちやうしう》は息《いき》も繼《つ》がない。

突然《とつぜん》、正面右側《しやうめんみぎがは》の座席《ざせき》に起《おこ》る、抑《おさ》へ抑《おさ》へするやうな歔欷《すゝりなき》の聲《こゑ》！

『あゝ、校長先生《かうちやうせんせい》が、泣《な》いてゐらつしやる！』

急《きふ》に一座《ざ》はしめり渡《わた》り、あちらでもこちらでも貰《もら》ひ泣《な》きの聲《こゑ》がする。

もう、彼《かれ》は、恥《はぢ》も外聞《ぐわいぶん》も忘《わす》れてゐた。その、涙《なみだ》にぼうとなつた眼《め》の前《まへ》に、まざまざと浮《うか》んで來《く》るのは、あの二十幾《いく》年前《ねんまへ》の、五百牛彔北方高地《ごひやくぎうろくほくはうかうち》への突擊《とつげき》の光景《くわうけい》だ。

あの時《とき》既《すで》に亡《な》いものと思《おも》つてゐたこの生命《いのち》が、今《いま》もかうやつて地上《ちじやう》にある。それだけでも嬉《うれ》しいのだが、遂《つひ》に負傷《ふしやう》して生《うま》れもつかぬ不具《ふぐ》になつたお蔭《かげ》で、猛然《まうぜん》と奮《ふる》ひ起《た》つ氣《き》も起《おこ》つて、今日《けふ》の榮譽《えいよ》を擔《にな》ひ得《え》たのだ。

豫子林校長時代《よこはやしかうちやうじだい》に心膽《しんたん》を打込《うちこ》んで、長谷部落改善《はせぶらくかいぜん》のため

に、力《ちから》をつくし、粉骨碎身《ふんこつさいしん》教育《けういく》や生活《せいくわつ》の改善《かいぜん》と融和《ゆうわ》に努力《どりよく》したことは、爲政者《ゐせいしや》の認《みと》むるところとなり、大正《たいしやう》十二年《ねん》には東宇和郡長《ひがしうわぐんちやう》竝《ならび》に縣教育協會東宇和部會《けんけういくけふくわいひがしうわぶくわい》から表彰狀《へうしやうじやう》を下《くだ》され。翌《よく》十三年《ねん》二月《ぐわつ》一日には時の知事《ちじ》からも表彰狀《へうしやうじやう》と金《きん》一封《ぷう》を頂《いただ》いた。更《さら》に昭和《せうわ》二年《ねん》二月《ぐわつ》十一日《にち》には中央融和事業協會長《ちうあうゆうわじげふくわいちやう》平沼騏一郎《ひらぬまきいちらう》男《だん》からも感謝狀《かんしやじやう》と共《とも》に記念品《きねんひん》を贈《おく》られてゐる。豫子林小學校《せうがくかう》時代《じだい》の七ケ年間《ねんかん》は實《じつ》に彼《かれ》の最《もつと》も華《はな》華《はな》しい活躍《くわつやく》をした時代《じだい》であつた。

爾後《じご》、昭和《せうわ》二年《ねん》四月《ぐわつ》魚成尋常《うをなしじんじやう》高等小學校《かうとうせうがくかう》に轉《てん》じ、昭和《せうわ》六年《ねん》四月《ぐわつ》現依津尋常高等小學校に轉《てん》じたが、彼《かれ》の人格《じんかく》は益々《ますます》深《ふか》みを加《くは》へ、愛《あい》と熱《ねつ》とをもつて後進《こうしん》の薫育《くんいく》にあたつてゐる。虚飾《きよしよく》を去《さ》り實《じつ》に就《つ》いた實例《じつれい》を身《み》を以《もつ》て示《しめ》し、下相校《しもあひかう》總川校《そうかはかう》時代《じだい》には、放課後《はうくわご》毎日《まいにち》の如《ごと》く草鞋《わらぢ》をはいて出席督勵《しゆつせきとくれい》に歩《ある》きまはつたので、いつしか『草鞋校長《わらぢかうちやう》』の綽名《あだな》を呈《てい》せられ、また教員生活《けうゐんせいくわつ》二十七年間《ねんかん》未《いま》だ曾《かつ》て和服《わふく》を着《き》たことのない洋服《やうふく》一點張《てんば》りなところから『洋服校長《やうふくかうちやう》』と呼《よ》ばれてゐる。

『人間《にんげん》は一生《しやう》懸命働《けんめいはたら》いてさへゐれば病氣《びやうき》なぞしてゐる暇《ひま》はない』

彼《かれ》はよくさういふ。事實《じじつ》彼《かれ》はこの二十七年《ねん》の教育生活中《けういくせいくわつちう》一度《ど》も病氣《びやうき》で寢《ね》たことはないのである。

彼《かれ》には『訓練校長《くんれんかうちやう》』の綽名《あだな》もある。その謂《いは》れは、青年訓練所《せいねんくんれんじよ》が始《はじ》まつて以來《いらい》、彼《かれ》の任地《にんち》到《いた》るところ、訓練所《くんれんじよ》の振興《しんこう》に力《ちから》をそゝいだためである。

彼《かれ》は二十七年《ねん》の長年月《ちやうねんげつ》、たゞ軍人精神《ぐんじんせいしん》を以《もつ》て終始《しうし》一貫《くわん》した。すべての事業《じげふ》、軍人精神《ぐんじんせいしん》をもつて當《あた》るとき、決《けつ》して成功《せいこう》しないことはない。老《お》いて益々盛《ますますさか》ん、酒《さけ》を飲《の》んでも人後《じんご》にはおちぬ。そして、溢《あふ》れる元氣《げんき》をもつて、部落改善融和《ぶらくかいぜんゆうわ》に陰《いん》に陽《やう》に盡力《じんりよく》しつゝ、學校教育《がくかうけういく》、社會教育《しやくわいけういく》、そして農村《のうそん》教化《けうくわ》のために全身全靈《ぜんしんぜんれい》を捧《さゝ》げてゐる。

尚《なほ》、彼《かれ》は日露役《にちろえき》の勳功《くんこう》により勳《くん》八等白色桐葉章《とうはくしよくどうえうしやう》を授《さづ》けられ、昭和《せうわ》七年《ねん》十月《ぐわつ》には高等官《かうとうくわん》八等《とう》の待遇《たいぐう》を受《う》けるやうになり、同《どう》十一月《ぐわつ》には正八位《しやうゐ》に叙《じよ》せられ、また昭和《せうわ》八年《ねん》五月《ぐわつ》には勳《くん》七等瑞寶章《とうずゐほうしやう》を賜《たまは》つた。

彼《かれ》は聖恩《せいおん》の深《ふか》きに感泣《かんきふ》しつゝ、更《さら》に餘生《よせい》を駈《か》つて奉公《ほうこう》につとめつゝある。

幸福《かうふく》の建設者《けんせつしや》

＝夫婦協力家運《ふうふけふりよくかうん》を挽回《ばんくわい》した岡村三龜三氏《をかむらみきさうし》＝

本籍地 [redacted]東京市板橋區[redacted]
負傷程度 左大腿部骨折貫通銃創、左脇下銃劍刺傷

松葉杖《まつばづゑ》の悲哀《ひあい》

日《ひ》が經《た》つにつれて、村人《むらびと》たちの彼《かれ》を見《み》る眼《め》は、冷《つめ》たくなつて行《い》つた。

『なあに、あなたの松葉杖《まつばづゑ》なんか、金鵄勳章《きんしくんしやう》みたいなものですよ。大《おほ》いに威張《ゐば》つていいわけですよ』

なんかと口《くち》では言《い》つてくれる人《ひと》でも、心《こゝろ》から同情《どうじやう》してゐるのかどうか分《わか》らなかつた。

彼《かれ》は、自分《じぶん》が恩賜《おんし》の義足《ぎそく》を拜領《はいりやう》した當時《たうじ》のあの眞心《まごゝろ》をこめた村人《むらびと》たちの歡迎《くわんげい》のことを思《おも》ひ出《だ》すと淋《さび》しかつた。

老人《らうじん》たちは肩《かた》を叩《たた》いて、

『ようやつてくれた。日本國《にっぽんこく》のために、よう片《かた》つ方《はう》の足《あし》を捨《す》ててくれた』

と涙含《なみだぐ》んだし、若《わか》い者《もの》たちは、

『君《きみ》の體《からだ》の不自由《ふじいう》は、我々《われわれ》みんなが力《ちから》を協《あは》せて補《おぎな》つて上《あ》げなければならない義務《ぎむ》があるよ』

と、慰《なぐ》さめてくれたし、娘《むすめ》たちは、

（まあ、素的《すてき》な！）といつたやうな、尊敬《そんけい》と憧憬《あこがれ》の眼差《まなざし》で彼《かれ》を見《み》たのであつた。

それが一年《ねん》も經《た》たないうちに、熱狂的《ねつきやうてき》な氣持《きもち》からさめてしまつて、人々《ひとびと》は、普通《ふつう》の不具者《ふぐしや》に對《たい》する、憐憫《れんびん》と輕蔑《けいべつ》の眼《め》で彼《かれ》を見《み》るやうになつたのである。

彼《かれ》は、その當時《たうじ》、人々《ひとびと》にちやほやされて、少《すこ》しいい氣《き》になつてゐた自分《じぶん》がはづかしかつた。そして、家業《かげふ》の百姓仕事《しやうしごと》の手傳《てつだ》ひが出來《でき》ないままに、一年《ねん》の間《あひだ》といふもの、なすこともなくぶらぶら暮《くら》して來《き》たことを後悔《こうくわい》した。

（どうにかしなければ……）

と、彼《かれ》は焦《あせ》り出《だ》した。

『世間《せけん》の同情《どうじやう》なぞといふものは、いざとなるとあてにならないものだよ。まだ若《わか》いし、そのうちには、俺《おれ》の方《はう》でも何《なん》とか小商賣《こしやうばい》の資本《しほん》ぐらゐは工面出來《くめんでき》るだらうから、くよくよしないで遊《あそ》んでゐろよ』

さすがに、家《いへ》を繼《つ》いでゐる兄《あに》の言葉《ことば》だけは、身《み》にしみてうれしく、今《いま》では彼《かれ》にとつて唯《ゆゐ》一の慰《なぐさ》めであつた。けれども澤山《たくさん》の家族《かぞく》を抱《かゝ》へた貧困《ひんこん》な兄《あに》に、そんな資本《しほん》の工面《くめん》などがおいそれと出來《でき》ようとは思《おも》はれず、一人《ひとり》になると、暗澹《あんたん》たる未來《みらい》のことを考《かんが》へて煩悶《はんもん》せずにはゐられなかつた。

彼《かれ》――岡本三龜三《をかもとみきざう》は、明治《めいぢ》三十八年《ねん》三月《ぐわつ》九日《か》、奉天西北《ほうてんせいほく》方《はう》田義屯《でんぎとん》附近《ふきん》の戰鬪《せんとう》の際《さい》、左大腿部《ひだりだいたいぶ》に骨折貫通銃創竝《こつせつくわんつうじうさうならび》に左脇下部《ひだりわきかぶ》に銃劍刺傷《じうけんししやう》を負《お》ひ、張家子野戰病院《ちやうかしやせんびやうゐん》に收容《しうよう》され、ついで蘇家屯定立病院《そかとんていりつびやうゐん》を經《へ》て内地《ないち》に送還《そうくわん》され、四月《ぐわつ》十六日《にち》東京陸軍豫備病院澁谷分院《とうきやうりくぐんよびびやうゐんしぶやぶんゐん》に入院《にふゐん》したが、經過不良《けいくわふりやう》のため、左大腿部《ひだりだいたいぶ》から切斷《せつだん》するの止《や》むなきに到《いた》つたのであつた。傷癒《きずい》え、恩賜《おんし》の義足《ぎそく》を拜領《はいりやう》して退院《たいゐん》したのは三十九年《ねん》の八月《ぐわつ》であつた。

村役場吏員《むらやくばりゐん》となる

しかし、天《てん》はやつぱり、國家《こくか》のために働《はたら》いた傷痍軍人《しやういぐんじん》に對《たい》して殘酷《ざんこく》ではなかつた。

或日《あるひ》、村役場《むらやくば》の小使《こづかひ》が村長《そんちやう》の手紙《てがみ》を持《も》つて（當時《たうじ》はまだ村《むら》であつた）使《つか》ひに來《き》た。封《ふう》を切《き》つて見《み》ると、至急《しきふ》お目《め》にかかりたいから村役場《むらやくば》までお越《こ》しを願《ねが》ひたいといふ簡單《かんたん》な文面《ぶんめん》だつた。

自分《じぶん》たちみたいな貧乏人風情《びんばうにんふぜい》にどんな用事《ようじ》であらうといぶかしみながら、小《こ》ざつぱりした着物《きもの》に着換《きか》へた、彼《かれ》は村役場《むらやくば》に出掛《でか》けていつた。

『さあさあ、どうぞ。待《ま》つてゐたところです』

柔和《にうわ》な微笑《びせう》を滿面《まんめん》に浮《うか》べながら、村長《そんちやう》は空《あ》いてゐる椅子《いす》に彼《かれ》を招《せう》じた。彼《かれ》は固《かた》くなつて招《せう》ぜられるまま、椅子《いす》に腰《こし》をおろした。

『わざわざお呼《よ》び立《だ》てした用件《ようけん》といふのはほかでもありませんが、今度《こんど》、一人《ひとり》或事情《あるじじやう》のために役場《やくば》を退《ひ》いたものがあつて、椅子《いす》が一つ空《あ》いたんですが、どうですな、村《むら》のために働《はたら》いて見《み》る氣《き》はありませんか？』

村長《そんちやう》の言葉《ことば》はかうであつた。

彼《かれ》は飛《と》び上《あが》るやうな喜《よろこ》びに打《う》たれた。それもその筈《はず》であらう。一年《ねん》も遊《あそ》んでゐては、どんなに理解《りかい》のある實兄《じつけい》の家《いへ》とは云《い》へ、肩身《かたみ》の狹《せま》い思《おも》ひもしなければならなかつたし、絶望的《ぜつばうてき》な未來《みらい》を思《おも》つて煩悶《はんもん》してはゐたし……で、村長《そんちやう》のこの言葉《ことば》に、彼《かれ》ははつと愁眉《しうび》を開《ひら》いたのであつた。が、次《つぎ》の瞬間《しゆんかん》に、彼《かれ》は自分《じぶん》の無學《むがく》を思《おも》ひついて、急《きふ》に悄《しよ》氣《げ》てしまつた。

『願《ねが》つてもない幸《さいは》ひですが、私《わたし》ごとき無學《むがく》の人間《にんげん》では……』

それは、謙遜《けんそん》ではなく、心《こゝろ》からの彼《かれ》の言葉《ことば》だつた。

村長《そんちやう》には、彼《かれ》の氣持《きもち》は十分分《じふぶんわか》つてゐるらしかつた。

『と思《おも》はれるなら、勉學《べんがく》はこれからでもおそくはありませんぞ。とにかく、臨時雇書記《りんじやとひしよき》といふことにして、當分仕事《たうぶんしごと》見習《みならひ》のつもりでお出《い》でになつては……』

その、理解《りかい》ある言葉《ことば》は、彼《かれ》を感激《かんげき》させた。

（さうだ。勉强《べんきやう》はこれからでも遲《おそ》くはあるまい。村長《そんちやう》の恩《おん》

にむくいるためにも、大《おほ》いにやらう）

彼《かれ》は心《こゝろ》にさう叫《さけ》んだ。

『では、お世話《せわ》になります。どうかよろしくお願《ねが》ひします』

彼《かれ》は感涙《かんるゐ》に咽《むせ》びながらさう答《こた》へた。

村長《そんちやう》の好意《かうい》を深《ふか》く膽《きも》に銘《めい》じた彼《かれ》は、それから懸命《けんめい》に業務《げふむ》に勵《はげ》んだ。

恩賜《おんし》の義足《ぎそく》はきはめて精巧《せいかう》に出來《でき》てゐて、時間《じかん》に制限《せいげん》のない散歩《さんぽ》などの場合《ばあひ》、一里《り》くらゐの道《みち》に優《いう》に使用《しよう》に堪《た》へたけれども、毎日往復《まいにちわうふく》五千餘米《メートル》の田舍道《いなかみち》を、風雨降雪《ふううかうせつ》の別《べつ》なく、時間《じかん》で通勤《つうきん》するには松葉杖《まつばづゑ》でなければいけなかつた。

しかし、彼《かれ》は千日《にち》一日《にち》の如《ごと》く、休《やす》むこともなく業務《げふむ》を怠《おこた》らなかつた。で、事務《じむ》にも慣《な》れ村當事者《むらたうじしや》の信用《しんよう》も得《え》て、書記《しよき》に昇進《しようしん》したのは間《ま》もなくであつたが、大正《たいしやう》二年《ねん》四月《ぐわつ》には收入役代理《しうにふやくだいり》を命《めい》ぜられて、一村《そん》の金庫《きんこ》の鍵《かぎ》を預《あづ》かる身《み》となつた。

彼《かれ》が村役場《むらやくば》の書記《しよき》をしながら、不自由《ふじいう》の身《み》を挺《てい》して在郷《ざいがう》軍人團《ぐんじんだん》の組織《そしき》に參與《さんよ》し、明治《めいぢ》四十年《ねん》十一月設立以來《ぐわつせつりついらい》、大正《たいしやう》六年《ねん》五月村役場書記《ぐわつむらやくばしよき》を辭《じ》するまで、引續《ひきつゞ》き、この事務《じむ》を擔當《たんたう》して本會《ほんくわい》の發展《はつてん》に盡《つく》した功績《こうせき》は特筆《とくひつ》すべきことであらう。はじめ、在鄕軍人團《ざいがうぐんじんだん》を組織《そしき》するに當《あた》つては、彼《かれ》は役場《やくば》の休日《きうじつ》を利用《りよう》しては不自由《ふじいう》な身《み》をも顧《かへり》みず戰友《せんいう》たちを訪問《はうもん》して相談《さうだん》を重《かさ》ね、やつとのことでその趣意綱領《しゆいかうりやう》を決定《けつてい》して、ここに在鄕軍人團《ざいがうぐんじんだん》の組織《そしき》を見《み》るにいたつたのであつた。

しかし、それが團體《だんたい》として活動《くわつどう》するには相當《さうたう》の經費《けいひ》を要《えう》したので、今度《こんど》は、村長《そんちやう》をはじめ村會議員《そんくわいぎゐん》、名譽職《めいよしよく》の諸氏《しよし》を歴訪《れきはう》して、團體維持《だんたいゐぢ》に必要《ひつえう》な最少限度《さいせうげんど》の補助金《ほじよきん》を、村經常費《むらけいじやうひ》の一部《ぶ》として豫算《よさん》に計上《けいじやう》させることに成功《せいかう》し、こゝにやうやく、彼《かれ》が産婆役《さんばやく》をつとめた在鄕軍人團《ざいがうぐんじんだん》は、名實共《めいじつとも》に備《そな》はつて來《き》た次第《しだい》だつたのである。

そして、その後《ご》も彼《かれ》は、分會長《ぶんくわいちやう》を援《たす》けて會《くわい》の發展《はつてん》につくし、數々《かずかず》の功績《こうせき》を殘《のこ》したが、大正六年《たいしやうねん》、左足《さそく》の切斷部《せつだんぶ》が疼《うづ》き出《だ》し（後《のち》にそこから彈片《だんぺん》を摘出《てきしゆつ》した）歩行《ほかう》に支障《ししやう》を來《きた》すやうになつたので、村役場《むらやくば》を退職《たいしよく》すると同時《どうじ》に、在鄕軍《ざいがうぐん》人團《じんだん》の事務擔當《じむたんたう》も他《ほか》の適任者《てきにんしや》に讓《ゆづ》つた。下練馬村分會《しもねりまむらぶんくわい》は、大正七年《たいしやうねん》四月《ぐわつ》七日《か》、彼《かれ》が會《くわい》のためにつくした功績《こうせき》に對《たい》して

感謝狀《かんしやじやう》と記念品《きねんひん》を贈《おく》つた。

尙《なほ》、越《こ》えて大正《たいしやう》十一年《ねん》には、帝國在鄕軍人會規約第《ていこくざいがうぐんじんくわいきやくだい》五十七條《でう》に依《よ》り、時《とき》の會長《くわいちやう》川村景明閣下《かはむらかげあきかくか》から賞狀《しやうじやう》を授與《じゆよ》された。

雜貨店《ざつくわてん》を開《ひら》く

年額《ねんがく》九十八圓《えん》の恩給《おんきふ》には全然手《ぜんぜんて》もつけず、役場《やくば》の俸給《ほうきふ》のうちからも、毎月幾《まいげついく》らかづつ貯金《ちよきん》するやうにして、勤儉《きんけん》に身《み》を持《ぢ》した效《かう》あつて、役場《やくば》を退職《たいしよく》した時《とき》には、いくらかの貯蓄《ちよちく》が出來《でき》てゐた。けれども、子供《こども》たちには人並《ひとなみ》の教育《けういく》を授《さづ》けてやりたいし、そのためには座食《ざしよく》といふわけにも行《ゆ》かないので、現在《げんざい》の場所《ばしよ》に、さゝやかな、煙草《たばこ》、荒物《あらもの》、雜貨《ざつくわ》等《とう》の小賣店《こうりみせ》を開《ひら》いた。

經驗《けいけん》がないので、一番間誤《ばんまご》ついたのは商品《しやうひん》の仕入《しいれ》であつた。

大量仕入《たいりやうしいれ》は利益《りえき》のあることが分《わか》つたが、資金《しきん》の融通《ゆうづう》がつかないので、品切《しなぎれ》の商品《しやうひん》だけをしばしば仕入《しい》れに行《ゆ》かなければならなかつた。しかし、彼自身《かれじしん》では運搬《うんぱん》が出來《でき》ないので、十二三歳《さい》の少年《せうねん》を傭《やと》ひ、この少年《せうねん》に荷車《にぐるま》を挽《ひ》かせることにした。

しかし、普通《ふつう》の日《ひ》はそれでもよかつたが、天氣《てんき》の惡《わる》い日《ひ》とか、霜解《しもど》けのはげしい季節《きせつ》になると、少年《せうねん》の様子《やうす》はあまりに痛《いた》ましかつた。

或《あ》る雨《あめ》の日《ひ》に、彼《かれ》の妻《つま》は、少年《せうねん》が小《ちい》さな足《あし》に草鞋《わらぢ》をつける様子《やうす》をじつと眺《なが》めてゐたが、突然《とつぜん》、

『お父《とう》さん！　荷車《にぐるま》の後押《あとお》しに私《わたし》をやつて下《くだ》さい』

と申《まを》し出《で》た。

『うむ。さう言《い》つてくれるのは有難《ありがた》いよ。天氣《てんき》の惡《わる》い日《ひ》には全《まつた》く痛《いた》ましいからな。しかし、赤《あか》ん坊《ぼ》がゐるからな』

『いゝえ。赤《あか》ん坊《ぼ》なんか負《おぶ》つてつたらいゝんですもの』

健氣《けなげ》な妻《つま》の決心《けつしん》は固《かた》かつた。

それからは、風雨《ふうう》の日《ひ》とか道路《だうろ》の泥濘《ぬかる》んだ日《ひ》とかには、赤《あか》ん坊《ぼ》を負《おぶ》ひ、不馴《ふな》れな足《あし》に草鞋《わらぢ》をつけ、少年《せうねん》の挽《ひ》く荷車《にぐるま》の後《あと》を押《お》す彼《かれ》の妻《つま》の姿《すがた》が必《かなら》ず見《み》られて、見《み》る人々《ひとびと》を感激《かんげき》させた。

彼《かれ》は又《また》いろ〳〵と、實用經濟《じつようけいざい》を才覺《さいかく》した。その一例《れい》とし

てボール箱《ばこ》の自家製造《じかせいぞう》を擧《あ》げることが出來《でき》る。これは家《うち》の中《なか》に坐《すわ》つてゐて、商《あきな》ひの合間合間《あひまあひま》にやれることだし、菓子《くわし》類《るゐ》や卵《たまご》などを入《い》れるボール箱《ばこ》を他《ほか》から買《か》ひ込《こ》むなんて不經濟《ふけいざい》なことだ、と思《おも》ひついたからだつた。丁度知人《ちやうどちじん》にボール箱製造《ばこせいぞう》をやつてゐる人《ひと》があつたので、實地《じつち》について技術《ぎじゆつ》を習《なら》ひ、簡單《かんたん》な機械《きかい》を購入《こうにふ》して、店《みせ》の合間《あひま》を利用《りよう》して自店用《じてんよう》のボール箱《ばこ》を製造《せいぞう》したが、いつの間《ま》にか妻《つま》も亦《また》その技術《ぎじゆつ》を覺《おぼ》えたので、やがて自店用《じてんよう》の外《ほか》に、他店《たてん》の注文《ちうもん》にも應《おう》じられるやうになつた。

又《また》、宅地《たくち》の一部《ぶ》を利用《りよう》して、花卉《くわき》、苗木等《なへぎなど》を仕立《した》てることを思《おも》ひついた。

花《はな》や實《み》を眺《なが》めることは、彼《かれ》のやうな體《からだ》の不自由《ふじいう》な人間《にんげん》にとつては非常《ひじやう》な慰《なぐさ》めになることだつた。又《また》ともすれば陷《おちい》り勝《が》ちな運動不足《うんどうふそく》が、手入《ていれ》などの仕事《しごと》に依《よ》つて補《おぎな》はれるし仕立《した》てたものは花屋《はなや》や植木屋《うゑきや》が金《かね》にしてくれるし、これは實《じつ》に一擧三得《きよとく》の思《おも》ひつきだつた。

家族的《かぞくてき》にはすこぶるめぐまれてゐる。長男《ちやうなん》は昭和《せうわ》七年《ねん》巣鴨商業學校卒業《がもしやうげふがくかうそつげふ》と同時《どうじ》に某會社《ぼうくわいしや》に奉職中《ほうしよくちう》、昭和《せうわ》九年《ねん》一月《ぐわつ》二十日《か》現役兵《げんえきへい》として入營《にふえい》してゐる。

二男《なん》は目下《もくか》早稻田《わせだ》實業學校《じつげふがくかう》の五年生《ねんせい》、長女《ちやうぢよ》は三輪田《わだ》高等《かうとう》女學校《ぢよがくかう》に在學中《ざいがくちう》であるが、兄弟揃《きやうだいそろ》つて學校《がくかう》の成績《せいせき》もよく、體《からだ》も至《いた》つて壯健《さうけん》である。

而《しか》も兩親《りやうしん》の性質《せいしつ》を受《う》けついでか、朝《あさ》も早《はや》く起《お》きて掃除《さうぢ》の手傳《てつだ》ひをするし、家《うち》に歸《かへ》つてからも、豫習復習《よしふふくしふ》の餘暇《よか》を利用《りよう》しては、注文品《ちうもんひん》の配達《はいたつ》や、商品《しやうひん》の仕入《しい》れなどに、骨身《ほねみ》を惜《をし》まず店《みせ》の仕事《しごと》を手傳《てつだ》つてゐる。

昭和《せうわ》七年《ねん》に、家屋《かをく》の改築《かいちく》もやつたし、まことに羨《うらや》ましき幸福《かうふく》な家庭《かてい》と云《い》はなければなるまい。――この幸福《かうふく》は誰《だれ》が築《きづ》いたのでもない。悉《ことごと》く、彼《かれ》、岡村三龜三《をかむらみきざう》自《みづか》らの努力《どりよく》の賜《たま》物《もの》なのだ。

片足《かたあし》の鐵工場主《てつこうぢやうしゆ》

＝鐵《てつ》の如《ごと》く苦難《くなん》に堪《た》えた高畑謙三氏《たかはたけんざうし》＝

本籍地　香川縣仲多度郡[redacted]

[redacted]

負傷程度　膝關節坐傷　右足切斷

一

空《そら》は高《たか》く、からりと晴《は》れてゐた。すい〳〵と飛《と》んでゐる蜻蛉《とんぼ》を、子供《こども》たちは追《お》ひかけまはつてゐる。

さうした或《あ》る日曜日《にちえうび》であつた。

何處《どこ》から此《こ》の町《まち》（善通寺《ぜんつうじ》）に流《なが》れ込《こ》んで來《き》たのか、ついぞ見《み》かけないゐざりが、埃《ほこり》にまみれた髯面《ひげづら》に汗《あせ》を掻《か》いて、櫓《ろ》を漕《こ》ぐやうに自分《じぶん》の乘《の》つてゐる箱車《はこぐるま》を押《お》してゐた。しかし、車《くるま》はがたびし音《おと》を立《た》てるばかりで、ゐざりの力《ちから》ではなかなか動《うご》かなかつた。ゐざりは一間《けん》行《い》つては一息《いき》ついて、又力限《またちからかぎ》り車《くるま》を押《お》すのであるが、力《ちから》が足《た》りないのか、道《みち》が惡《わる》いのか、前《まへ》と同《おな》じやうな調子《てうし》だ。

ゐざりの頸《くび》から胸《むね》には頭陀袋《づだぶくろ》が吊《つ》るしてあるのを見《み》ると四國《こく》八十八ケ所《しよ》の靈場《れいぢやう》を巡禮《じゆんれい》してゐる遍路姿《へんろすがた》であつた。白《しろ》木綿《もめん》で拵《こしら》へたじんべのやうな羽織《はおり》――ゐざりの顏《かほ》と同《おな》じやうに煤《すゝ》けてゐるが――には、その靈場《れいぢやう》の印形《いんぎやう》が一つ二つ三つ……もう十二三も重《かさ》なつてゐた。ゐざりのさうした姿《すがた》は往來《ゆきゝ》の人々《ひとびと》に感激《かんげき》の念《ねん》をそゝらせずには置《お》かなかつた。『よくもまあお參《まゐ》り出來《でき》たものだ。弘法樣《こうぼふさま》がついてゐらつしやるからであらう』と私《ひそ》かに思《おも》ひ、いひ合《あ》はしたやうにゐざりのそばに寄《よ》つて來《き》て一錢《せん》二錢《せん》と喜捨《きしや》し、口《くち》に遍照金剛《へんせうこんがう》を唱《とな》へて去《さ》つて行《い》つた。

その度《たび》に、ゐざりは車《くるま》をとゞめ、頭《あたま》を深《ふか》く垂《た》れて、唱名《しやうみやう》と共《とも》にりん〳〵と鈴《すゞ》を鳴《な》らした。その音《おと》は實《じつ》に淸《きよ》らかであつた。まるで頭《あたま》の上《うへ》にひろがつてゐる靑空《あをぞら》のやうに美《うつく》しくもあつた。

ゐざりは再《ふたゝ》び棒《ぼう》を取《と》つて、車《くるま》を押《お》し〳〵してゐた。

『あゝもし〳〵』

見《み》るに見《み》かねてか、かう聲《こゑ》をかけたのは、まだ三十には間《ま》もあらうやうな若《わか》い女《をんな》であつた。白粉氣《おしろいけ》のない彼女《かのぢよ》の顔《かほ》には、つぶらな瞳《ひとみ》がつややかに輝《かゞや》いてゐた。

『あの、御難澁《ごなんじふ》のやうですが、車《くるま》がいたんでゐるのではないでせうか?』

突然《とつぜん》の質問《しつもん》に、ゐざりは怪訝《けげん》な面持《おももち》をしてゐたが、やつと女《をんな》のいふ意味《いみ》が酌《く》みとれたのか、髭《ひげ》に埋《うづ》まつた頬《ほゝ》に微笑《びせう》さへ浮《うか》べ歯《は》のない唇《くちびる》をもぐ〳〵動《うご》かして、

『えゝ、もうすつかり擦《す》り減《へ》つてしまつたものですから』

と、答《こた》へた。

それを聽《き》くと女《をんな》は、

『さうですか、それぢや車《くるま》を取《と》りかへたらいゝでせう』

と、事《こと》もなげにいふのであつた。

ゐざりは何《なん》だか馬鹿《ばか》らしくなつて來《き》た。悪《わる》いものをいゝものと換《か》へたら、よくなるのは當《あた》り前《まへ》のことで、それが出來《で》ないから苦勞《くらう》をしてゐるのだ、と、ゐざりはひとり問答《もんだふ》をして、

『さうは思《おも》つてゐるのですが……』

と、みなまでいはずに言葉《ことば》を切《き》つた。

『わたしのうちまでお出《い》でなさい。よくして上《あ》げますから……いゝえ、こゝに凝《ぢ》つとしてゐて下《くだ》さいよ』

女《をんな》はさういつて、とある家《いへ》に馳《か》け込《こ》んだ。

間《ま》もなくその家《うち》から二人《ふたり》の男《をとこ》と、一本脚《ほんあし》の男《をとこ》が出《で》て來《き》てゐざりを車《くるま》ぐるみ女《をんな》の家《いへ》に引《ひ》つぱつて行《い》つた。

二

ゐざりを連《つ》れ込《こ》んだ女《をんな》の家《うち》は、小《ちひ》さな鐵工所《てつこうじよ》であつた。車《くるま》の修理《しうり》は、一本脚《ほんあし》の主人《しゆじん》と二人《ふたり》の職工《しよくこう》の手《て》に依《よ》つて忽《たちま》ち巖丈《がんぢやう》に出來上《できあ》がつた。ゐざりはさつき女《をんな》の言葉《ことば》に對《たい》して馬鹿《ばか》らしく思《おも》つたことをどんなに後悔《こうくわい》したことであらう……又《また》この家《いへ》の人々《ひとびと》に對《たい》してどんなに感謝《かんしや》したかは事新《ことあたら》しくいふまでもない。車《くるま》は今《いま》までのやうに木《き》で作《つく》つたものでなく鐵《てつ》の輪《わ》に代《か》へられ、その上《うへ》多《おほ》くの布施《ふせ》と菓子《くわし》だとか蜜柑《みかん》だとか握飯《にぎりめし》などを與《あた》へられたのだ。ゐざりはその人々《ひとびと》の手厚《あつ》い情《なさけ》に涙《なみだ》を頬《ほゝ》に浮《うか》べて、高《たか》らかに遍照金剛《へんぜうこんがう》を唱《とな》へ、リンリン鈴《すゞ》を鳴《な》らして、蜻蛉《とんぼ》の飛《と》び交《か》ふ町《まち》を去《さ》つて行《い》つた。

一本脚《ほんあし》の主人《しゆじん》といふのは、西比利亞《シベリア》派遣軍《はけんぐん》に從軍《じうぐん》して、オケアンスカヤ、ニコリスク、スパスコーエ等《とう》に於《おい》て、警《けい》備中名譽《びちうめいよ》の負傷《ふしやう》をした歩兵《ほへい》一等兵《とうへい》高畑謙《たかはたけん》三の後身《こうしん》であり、ゐざりを呼《よ》び入《い》れた女性《ぢよせい》は高畑《たかはた》の妻榮《つまえい》であつた。

彼等《かれら》は共々《ともども》力《ちから》を協《あは》せて、體《からだ》の不自由《ふじいう》な不幸《ふかう》な人々《ひとびと》の世話《せわ》をするのが、何《なに》よりの樂《たの》しみであつた。

『體《からだ》のどこも悪《わる》くない人《ひと》たちには、片輪者《かたわもの》の辛《つら》さや病人《びやうにん》の苦《くる》しみといふものは、ほんとにはわからないものだ。お互《たがひ》に不幸《ふかう》なものは不幸《ふかう》な目《め》に會《あ》つたもの が扶《たす》けねばならない。それが人間《にんげん》の義務《ぎむ》ぢやないかな』

と、謙《けん》三は口癖《くちぐせ》のやうにいふのであつた。

『ほんとにさうですわね、西比利亞《シベリア》で死《し》んだと思《おも》へば何《なん》でもないことですからね』

妻《つま》の榮《えい》は、夫《をつと》を勵《はげ》ますやうに力強《ちからづよ》く答《こた》へるのであつた。

高畑夫婦《たかはたふうふ》の四つの眼《め》には、不思議《ふしぎ》に不具《ふぐ》の人々《ひとびと》が眼《め》についた。家《いへ》を訪《おとづ》れて來《く》る人《ひと》の中《なか》に——多《おほ》くは商用《しやうよう》の人《ひと》であつたが——家《いへ》の前《まへ》を通《とほ》る人《ひと》の中《なか》に、そして、町《まち》を歩《ある》いてゐる

時《とき》などに、彼等《かれら》はその人々《ひとびと》に出來《でき》る限《かぎ》りの力《ちから》を盡《つく》すのであつた。實際注意《じつさいちうい》して見《み》ると、不幸《ふかう》な不具者《ふぐしや》は多《おほ》いものだ。

しかし、高畑《たかはた》が現在《げんざい》のやうに不幸《ふかう》な人々《ひとびと》を少《すこ》しでも慰《なぐさ》め、力《ちから》づけ、喜《よろこ》ばし、役立《やくだ》つことの出來《でき》るやうになつたのは、決《けつ》して一朝《てう》のことではない。彼《かれ》も亦《また》その不幸《ふかう》な人《ひと》であり、其處《そこ》には血《ち》と涙《なみだ》の忍苦《にんく》の歴史《れきし》があるのである。

三

三月《ぐわつ》になつたといふのに、西比利亞《シベリア》の雪《ゆき》は何時《いつ》解《と》けるとも知《し》れず大地《だいち》にしがみついたやうに凍《こほ》つてゐた。大正《たいしやう》九年《ねん》の春《はる》である。

雪《ゆき》に閉《と》ざされた曠野《くわうや》に、突如蜂起《とつじよほうき》したバルチザンの魔手《ましゆ》に、我《わ》が石田領事《いしだりやうじ》を始《はじ》め多數《たすう》の邦人《はうじん》は何《なん》の罪《つみ》もなくニコライフスクで慘殺《ざんさつ》されてしまつた。次《つ》いで獄屋《ごくや》に繫《つな》がれた同胞《どうはう》は『忘《わす》ル、勿《なか》レ、五月《ぐわつ》二十四日《か》午後《ご》十二時《じ》ヲ!』と悲痛《ひつう》な文字《もじ》を壁《かべ》に書《か》き殘《のこ》して無念《むねん》の死《し》を遂《と》げた。我《わ》が史上始《しじやうはじ》まつて以來《いらい》曾《かつ》てなき慘劇《さんげき》であつた。同胞《どうはう》の血《ち》は、老《お》いも若《わか》きも男《をとこ》も女《をんな》も、事件《じけん》の判明《はんめい》と共《とも》に、たけり立《た》つた。——バルチザンを膺懲《ようちよう》せよ!

高畑《たかはた》一等兵《とうへい》が出征《しゆつせい》したのは、燃《も》え殘《のこ》りの火《ひ》がくすぶつてゐるやうな大正《たいしやう》十年《ねん》の春《はる》であつた。折角武裝《せつかくぶさう》して出征《しゆつせい》したとはいふものゝ——勿論敢《もちろんあへ》て戰爭《せんさう》をするのが目的《もくてき》ではなかつたが——これといふ戰《たゝか》ひもなく、何《なん》となく物足《ものた》りない日日《にち》をオケアンスカヤ、ニコリスク、スパスコーエの警備《けいび》に送《おく》つてゐた。

その間《あひだ》に西比利亞《シベリア》の雪《ゆき》は解《と》け、夏《なつ》が訪《おとづ》れて來《き》た或《あ》る夜《よ》であつた。

高畑《たかはた》一等兵《とうへい》は歩哨《ほせう》の任《にん》についてゐた。夏《なつ》とはいへ大陸《たいりく》の夜《よ》はぞく〳〵と底冷《そこび》えのする冷《つめ》たさであつた。星《ほし》が遠《とほ》くにキラ〳〵してゐた。

彼《かれ》は眼《め》を皿《さら》のやうにして四邊《あたり》に氣《き》を配《くば》つてゐた。彼《かれ》の立《た》つてゐる前《まへ》には、嘗《かつ》てバルチザンが掘《ほ》つた深《ふか》い塹壕《ざんがう》が大《おほ》きな口《くち》を開《あ》けてゐた。靜《しづ》かである。時折《ときをり》ひゆうと唸《うな》つて風《かぜ》が吹《ふ》いて行《ゆ》く。後《あと》は何《なん》の音《おと》もしなかつた。

と、彼《かれ》の眼《め》に、黒《くろ》いものが映《うつ》つた。それはハッキリ何《なに》かわからなかつたが、遠《とほ》くの白樺《しらかば》の森《もり》を出《で》て、横《よこ》に走《はし》つたり

前《まへ》に出《で》たり、又森《またもり》に這入《はい》つたり、人影《ひとかげ》のやうでもあるし、動物《どうぶつ》のやうでもあるし、その動作《どうさ》は極《きは》めて敏捷《びんせう》であつた。

『怪《あや》しい奴《やつ》だ!』

高畑《たかはた》一等兵《とうへい》はさう呟《つぶや》いて、一足《あし》二足前《あしまへ》に進《すゝ》んで行《い》つた。彼《かれ》は前《まへ》に氣《き》を取《と》られて塹壕《ざんがう》のあることにさへ氣《き》がつかなかつた。アッ! といふ間《ま》もなく、彼《かれ》は足《あし》を滑《すべ》らして塹壕《ざんがう》の中《なか》に墜落《つゐらく》してしまつた。

四

塹壕《ざんがう》の中《なか》は思《おも》つたよりも深《ふか》く、石《いし》がごろ〳〵してゐた。彼《かれ》は其處《そこ》で右《みぎ》の膝關節《しつくわんせつ》を割《わ》つたのであつた。口惜《くや》し涙《なみだ》がポロ〳〵落《お》ちた。だが、何《ど》うすることも出來《でき》なかつた。

やがて高畑《たかはた》一等兵《とうへい》は尼市《ニし》の陸軍病院《りくぐんびやうゐん》から廣島病院《ひろしまびやうゐん》へ移《うつ》された。それから善通寺衞戍病院《ぜんつうじゑいじゆびやうゐん》へ轉々《てん〳〵》として治療《ちれう》したのであつたが、經過《けいくわ》は思《おも》はしくなかつた。彼《かれ》は除隊《ぢよたい》後も善通寺《ぜんつうじ》衞《ゑい》戍病院《じゆびやうゐん》に入院《にふゐん》し、更《さら》に大阪衞戍病院《おほさかゑいじゆびやうゐん》に入院加療《にふゐんかれう》したのであつたが、遂《つひ》に右足《みぎあし》を上部《じやうぶ》から三分《ぶん》の一以上《いじやう》を切斷《せつだん》しなければならなかつた。

しかし、彼《かれ》は一本足《ほんあし》にも、屈《くつ》せずに起《た》つた。兄《あに》の定治郎《さだぢらう》に勵《はげ》まされ慰《なぐさ》さめられ、そして彼《かれ》は、徴兵以前《ちやうへいいぜん》習《なら》ひ覺《おぼ》えた鐵工職《てつこうしよく》の力《ちから》を以《もつ》て、雄々《をゝ》しく工場《こうぢやう》に通《かよ》つた。一本脚《ほんあし》の職工《しよくこう》は思《おも》ふやうに體《からだ》を動《うご》かすのが苦《くる》しかつた。不幸《ふかう》な時《とき》には不幸《ふかう》が重《かさな》つて來《く》る。たゞ一人《ひとり》の力《ちから》と頼《たの》んでゐた兄定治郎《あにさだぢらう》は妻《つま》や子《こ》に數《すう》百圓《ゑん》もの借金《しやくきん》を殘《のこ》して死《し》んでしまつた。彼《かれ》は此《こ》の世《よ》の中《なか》が恨《うら》めしかつた。彼《かれ》は兄《あに》の借金《しやくきん》まで背負《しよ》はなければならなかつたのである。しかも老《お》いた父《ちゝ》がゐるのだ!

彼《かれ》は負《ま》けてはゐなかつた。夢中《むちう》で働《はたら》いた。一年又《ねんまた》一年《ねん》、遂《つひ》に彼《かれ》は大正《たいしやう》十五年《ねん》の秋《あき》に小《ちひ》さな工場《こうぢやう》を獨立經營《どくりつけいえい》するまでに漕《こ》ぎつけた。それからの彼《かれ》の努力《どりよく》は目《め》ざましい。開業《かいげふ》二年後《ねんご》には自分《じぶん》の借金全部《しやくきんぜんぶ》を返却《へんきやく》し、間《ま》もなく小學校教員《せうがくかうけうゐん》の妻《つま》を迎《むか》へ、夫婦共稼《ふうふともかせ》ぎをして毎年少《まいねんすこ》しづつ工場《こうぢやう》を擴大《くわくだい》して行《い》つた。妻《つま》といふのは榮《えい》その人《ひと》である。

それから四年後《ねんご》には氣《き》になつてゐた兄定治郎《あにさだぢらう》の借金數百《しやくきんすうひやく》圓《ゑん》をも支拂《しはら》ひ、兄《あに》の一家《か》の世話《せわ》をしつゝ、妻榮《つまえい》との間《あひだ》に生《うま》れた二人《ふたり》の男《をとこ》の子《こ》の未來《みらい》に大《おほ》きな希望《きばう》をかけて、職工二人《しよくこうふたり》を置《お》き片足《かたあし》をもつて灼熱《しやくねつ》の火《ひ》の子《こ》を浴《あ》びてゐるのである。

神《かみ》への土産《みやげ》

=義足《ぎそく》の身《み》を以《もつ》て働《はたら》いた竹内乙助《たけうちおとすけ》氏=

本籍地　北海道河西郡芽室村
負傷程度　左足膝關節切斷右下足貫通銃創

『あんたみたいに、さうつめて働《はたら》いては體《からだ》に毒《どく》だが……』

妻《つま》が心配《しんぱい》していつた。

『なにをいふんだ。人間《にんげん》は働《はたら》いてこそ値打《ねうち》があるんぢや。儂《わし》ア働《はたら》くのが一番《ばん》の樂《たの》しみよ』

乙助《おとすけ》は朗《ほが》らかにさういつて、鍬《くは》を擔《かつ》いで元氣《げんき》に出《で》て行《い》くのだつた。

どうしてはたの者《もの》は、儂《わし》が汗《あせ》みどろになつて働《はたら》くのを心配《しんぱい》するのだらう？……さう思《おも》ふと、彼《かれ》は不思議《ふしぎ》でたまらなかつた。

……自分《じぶん》の體《からだ》が人間《にんげん》なみではない――左足《さそく》が一本《ぽん》なくて義足《ぎそく》をはめてゐる。それでみんな體《からだ》に無理《むり》が行《い》くと思《おも》つて心配《しんぱい》してくれるのだらうが、義足《ぎそく》でもちやんと一人前《にんまへ》に働《はたら》けるぢやないか。人間《にんげん》と生《うま》れたからには働《はたら》かなくては申譯《まうしわけ》ない。働《はたら》けるまでは働《はたら》かなくてはならぬ。それでこそ日本人《にほんじん》に生《うま》れ、お上《かみ》の御奉公《ごほうこう》が出來《でき》るといふものだ。

彼《かれ》は歩《ある》きながら考《かんが》へてゐた。みんなが自分《じぶん》の體《からだ》のことを心配《しんぱい》してくれる氣持《きもち》は有難《ありがた》かつた。しかし、彼《かれ》にしてみると、むしろ『駄目《だめ》ぢやないか、もつと働《はたら》け！』といつてくれる人《ひと》が欲《ほ》しかつた。

『あの時《とき》は決死《けつし》の覺悟《かくご》だつた。生《い》きて故郷《こきやう》に歸《かへ》れるとは夢《ゆめ》にも思《おも》はなかつた。それが、幸《かう》か不幸《ふかう》か、足《あし》一本《ぽん》失《うしな》つたきりで生《い》きて還《かへ》つた。それを思《おも》ふと、のらくらしてゐてはお上《かみ》に申譯《まうしわけ》がない。戰死《せんし》した戰友達《せんいうたち》にも會《あ》はせる顏《かほ》はない』

彼《かれ》の眼前《がんぜん》には壯烈無比《さうれつむひ》な二〇三高地《かうち》奪取戰《だつしゆせん》の光景《くわうけい》が、パノラマのやうに浮《うか》ぶのだつた。

竹内乙助《たけうちおとすけ》は北海道《ほくかいだう》河西郡《かせいぐん》芽室村《めむろむら》の百姓《しやう》であつたが、丁年《ていねん》に達《たつ》して三ヶ年《ねん》の兵役《へいえき》を終《を》へてからは、郷里《ふるさと》にあつてひた

すら家業《かげふ》に服《ふく》してゐた。程《ほど》なくして日露戰役勃發《にちろせんえきぼつぱつ》し、南滿《なんまん》の戰線《せんせん》が破竹《はちく》の勢《いきほ》ひで進展《しんてん》するに反《はん》し、旅順攻圍軍《りよじゆんこうゐぐん》は日々《ひゞ》屍山血河《しざんけつが》の惡戰苦鬪《あくせんくとう》をつゞけるや、第《だい》七師團《しだん》の救援《きうえん》をみるに至《いた》つた。即《すなは》ち、彼《かれ》は召集《せうしふ》せられて、第《だい》二十六聯隊《れんたい》第《だい》三大隊《だいたい》第十中隊《ちうたい》に屬《ぞく》して旅順《りよじゆん》にわたり、第《だい》三回及《くわいおよ》び第《だい》四回《くわい》の總攻撃《そうこうげき》に參加《さんか》して武勳《ぶくん》を輝《かゞや》かした。ついで二〇三高地《かうち》奪取戰《だつしゆせん》に馳《は》せ參《さん》じ、死力《しりよく》をつくして奮戰《ふんせん》したが、十一月《ぐわつ》二十九日《にち》未明《みめい》、左右兩足《さいうりやうそく》に敵彈《てきだん》を蒙《かうむ》り、涙《なみだ》をのんで後送《こうそう》せられたのであつた。幸《さいは》ひにして右下足《みぎかそく》の貫通銃創《くわんつうじうさう》はさしたることもなかつたが、左足《さそく》の銃創《じうさう》は惡化《あくくわ》のため切斷《せつだん》の止《や》むなきに至《いた》り、終《つひ》に左膝關節《さしつくわんせつ》より切斷《せつだん》してしまつたのであつた。

衞戍病院《ゑいじゆびやうゐん》にあつて療養《れうやう》に專念《せんねん》しながら考《かんが》へた。

『楠正行《くすのきまさつら》はその最期《さいご》に際《さい》して、七度生《たびうま》れて朝敵《てうてき》を亡《ほろ》ぼさんといつた。七度生《たびうま》れるといふことは、神樣《かみさま》の眼《め》からみて、この人物《じんぶつ》なら七度《たび》もこの世《よ》に送《おく》つてもよいと、鑑《めがね》にかなはねば出來《でき》ないことだ。即《すなは》ち、この世《よ》を終《を》へて天《てん》に歸《かへ》つた時《とき》神樣《かみさま》から御苦勞《ごくらう》であつたと喜《よろこ》んで迎《むか》へられ、御苦勞《ごくらう》だがもう一度《ど》世《よ》に出《で》て働《はたら》いてくれと賴《たの》まれることだ。自分《じぶん》は死《し》すべき命《いのち》を拾《ひろ》つた。殘《のこ》つた命《いのち》は拾《ひろ》ひ物《もの》だ。この拾《ひろ》ひ物《もの》を十分《ぶん》に生《い》かして、神樣《かみさま》のもとによい土産物《みやげもの》を持《も》つて行《い》かう』

さう考《かんが》へて來《く》ると、彼《かれ》は自分《じぶん》の前途《ぜんと》に洋々《やうやう》たる光明《くわうみやう》をみることが出來《でき》た。

しかし、この體《からだ》で百姓《しやう》がつとまるかしらん……さう考《かんが》へて來《く》ると、不安《ふあん》に心《こゝろ》が曇《くも》ることもあつた。けれども、創《きず》は順調《じゆんてう》に快癒《くわいゆ》し、義足《ぎそく》をはめてみると、最初《さいしよ》は不馴《ふなれ》のために具合《ぐあひ》が惡《わる》かつたが、馴《な》れてくるに從《したが》つて立居振舞《たちゐふるまひ》も自由《じいう》になり、歩行《ほかう》にもさして不便《ふべん》を感《かん》じないやうになつた。

『ようし、この分《ぶん》なら百姓《しやう》をつゞけて行《い》けるぞ！』

彼《かれ》は欣喜《きんき》して郷里《きやうり》に歸《かへ》つたのである。そして、血《ち》のにじむやうな汗《あせ》みどろの活躍《くわつやく》がはじまる。

『お前《まへ》の働《はたら》き具合《ぐあひ》は、まるで馬車馬《ばしやうま》みたいぢやないか。もう少《すこ》し體《からだ》を大事《だいじ》にしなけりや、第《だい》一お前《まへ》の體《からだ》は普通《ふつう》の人《ひと》と違《ちが》ふんだから……』

近親《きんしん》のものが見《み》かねて注意《ちうい》する程《ほど》、彼《かれ》は朝早《あさはや》くから日《ひ》の暮《く》れるまで働《はたら》きつゞけた。馬耕《ばかう》に穀物搬出《こくもつはんしゆつ》に、何等常人《なんらじやうにん》と

變《かは》るところなく活動《くわつどう》した。一日《にち》の仕事《しごと》を終《を》へてかへると、體《からだ》が綿《わた》のやうに疲《つか》れた。しかし、彼《かれ》はそれを面《おもて》には出《だ》さなかつた。戰場《せんぢやう》では疲《つか》れたからといつて休《やす》むわけに行《い》かぬ場合《ばあひ》がある。ねむいからといつて眠《ねむ》るとも出來《でき》ない。それを思《おも》ふと蒲團《ふとん》の上《うへ》で安樂《あんらく》に疲《つか》れを癒《いや》すことの出來《でき》る自分《じぶん》は幸福《かうふく》ではないか――。

『乙助《おとすけ》さんを見習《みなら》へ！』

いつの間《ま》にか、さういふのが村《むら》での通《とほ》り言葉《ことば》になつてしまつた。若《わか》い身空《みそら》で遊《あそ》ぶことばかりを考《かんが》へてゐるのらくら息子《むすこ》は、必《かなら》ず親《おや》からさういつて說諭《せつゆ》された。

農閑期《のうかんき》になつても、彼《かれ》はごろ〳〵してはゐなかつた。木材《もくざい》の運搬《うんぱん》などの勞働《らうどう》に從事《じうじ》しては、一錢《せん》でも多《おほ》くの收入《しうにふ》があるやうに努力《どりよく》した。

『乙助《おとすけ》さん、働《はたら》くのもいゝが大抵《たいてい》にしなされや』

彼《かれ》の無茶苦茶《むちやくちや》な働《はたら》きぶりを見《み》るに見《み》かねて注意《ちうい》する人《ひと》もあつた。しかし彼《かれ》はさういつた忠告《ちうこく》には耳《みゝ》もかさずに働《はたら》きつゞけた。

かうした不斷《ふだん》の努力《どりよく》は漸次《ぜんじ》實《みの》りはじめた。生活《せいくわつ》は次第《しだい》に

樂《らく》になつた。五年《ねん》にあげず襲《おそ》つてくる凶作《きようさく》そして饑饉《ききん》に直面《ちよくめん》しても、どうにか切拔《きりぬ》けられるやうになつた。自分達《じぶんたち》一家《か》が切拔《きりぬ》けるばかりでない、近隣《きんりん》の百姓《しやう》を助《たす》けることが出來《でき》るやうになつた。

凶作《きようさく》のあとには、必《かなら》ず悲慘《ひさん》な光景《くわうけい》が、村《むら》のそこ此處《こゝ》で見《み》られた。肥料代《ひれうだい》や稅金《ぜいきん》はおろかその日《ひ》の糧食《りやうしよく》にも困《こま》つた百姓《しやう》は、どうしても、拔《ぬ》け切《き》れぬ借金《しやくきん》の手枷足枷《てかせあしかせ》からのがれるために、愛《あい》する血《ち》を分《わ》けた娘《むすめ》を金《かね》に代《か》へるのだつた。かうした慘狀《さんじやう》をみてゐると、彼《かれ》は默《だま》つては居《ゐ》れなかつた。血《ち》と汗《あせ》の結晶《けつしやう》ではあつたが、惜《を》し氣《げ》もなく自分《じぶん》の貯金《ちよきん》の中《なか》から、幾分《いくぶん》を割《さ》いてこれを救《すく》ふのであつた。

『竹内《たけうち》さん、このお禮《れい》はどうしたらよいか分《わか》りません。貴方《あなた》は命《いのち》の恩人《おんじん》です……』

救《すく》はれた者《もの》は淚《なみだ》を流《なが》して感謝《かんしや》するのだつた。しかし彼《かれ》は手《て》をふつて事《こと》もなげにいふのだつた。

『なアに、この世《よ》は持《も》ちつ持《も》たれつでさア……』

努力《どりよく》の上《うへ》に積《つ》む努力《どりよく》――終《つひ》に彼《かれ》の奮鬪《ふんとう》は酬《むく》いられた。相當《さうたう》の土地《とち》が彼《かれ》の名儀《めいぎ》となつた。新《あたら》しい家《うち》が出來《でき》た。そして彼《かれ》の子供《こども》も今《いま》や成人《せいじん》して、父《ちゝ》の勤勉《きんべん》に見習《みなら》つて一心《しん》に家業《かげふ》をもり立《た》てた。

『お父《とう》さん、もう休《やす》んで下《くだ》さい。今後《こんご》は私《わたし》が努力《どりよく》して、お父《とう》さんの名《な》を辱《はづか》しめないやうにしますから……』

長男《ちやうなん》の切《せつ》なる請《こ》ひを容《い》れさせられて、彼《かれ》は隱居《いんきよ》の身分《みぶん》にならざるを得《え》なかつた。

しかし、長《なが》い間《あひだ》働《はたら》きなれた彼《かれ》は、何《なに》もしないでは居《を》れない。孫《まご》の守《もり》をしながら、盆栽《ぼんさい》や野菜《やさい》の手入《てい》れなどをして、樂《たの》しく餘生《よせい》を送《おく》つてゐる。

『人間《にんげん》の一番大切《ばんたいせつ》なことは、協同《けふどう》一致《ち》の精神《せいしん》だ。人間《にんげん》はお互《たがひ》に持《も》ちつ持《も》たれつで暮《くら》さねばならない。しかし、大抵《たいてい》の人《ひと》は、自分《じぶん》の品《しな》は十錢《せん》でも高《たか》く賣《う》らうとし、他人《たにん》の品《しな》は十錢《せん》でも安《やす》く買《か》はうとする――私《わたし》はこの金《かね》を兩方《りやうはう》で相談《さうだん》して五錢《せん》づつ分《わ》け合《あ》ふのが本當《ほんたう》の人間《にんげん》の行《おこな》ひだと思《おも》ふ』

これは彼《かれ》が長《なが》い人生《じんせい》の旅《たび》から得《え》た經驗《けいけん》だ。もし彼《かれ》のいふやうなこの精神《せいしん》があつたら、實際勞資間《じつさいらうしかん》の爭《あらそ》ひもなくなるであらう。

使《し》命《めい》に生《い》く

＝第《だい》二國《こく》民《みん》の薫《くん》育《いく》に努《つと》めた中《なか》村《むら》信《のぶ》雄《を》氏《し》＝

原籍地　福岡縣山門郡三橋村[redacted]
負傷程度　左大腿部貫通銃創

一

『中《なか》村《むら》先《せん》生《せい》はいらつしやいますか？』

聞《き》き馴《な》れた聲《こゑ》が聞《きこ》えて來《き》た。訪《おとづ》れて來《き》たのは、彼《かれ》が出《しゆつ》征《せい》前《ぜん》に教《けう》鞭《べん》をとつてゐた小《せう》學《がく》校《かう》の管《くわん》理《り》者《しや》だつた。

『先《せん》生《せい》、その後《ご》、傷《きず》の方《はう》はいかゞですか。大《だい》分《ぶ》およろしいやうに聞《き》きましたが……』

『有《あり》難《がた》うございます。まア大《だい》分《ぶ》よくなつたやうですが、どうも痛《いた》みがとれなくて困《こま》つて居《を》ります』

『さうですか、それはいけませんなア……』

容《きやく》は何《なに》かいひたげに、ぢッと彼《かれ》の顔《かほ》をみてゐたが、思《おも》ひきつたやうに膝《ひざ》をすゝめた。

『時《とき》に先《せん》生《せい》、實《じつ》はお願《ねが》ひがあつて參《まゐ》つたのですが……』

『はア、何《なに》事《ごと》でせう？』

『御《ご》不《ふ》自《じ》由《いう》なお體《からだ》のところを、御《ご》無《む》理《り》かと存《ぞん》じますが、實《じつ》は、先《せん》生《せい》に御《ご》出《しゆつ》馬《ば》を願《ねが》つてもう一度《ど》、私《わたくし》方《はう》の學《がく》校《かう》で教《けう》鞭《べん》をとつて頂《いたゞ》きたいと存《ぞん》じまして……兒《じ》童《どう》達《たち》も大《たい》變《へん》先《せん》生《せい》を慕《した》つて居《を》りますし、學《がく》務《む》委《ゐ》員《ゐん》や有《いう》志《し》の者《もの》も、みんなその希《き》望《ばう》を持《も》つて居《を》ります。』

思《おも》ひがけぬ話《はなし》を切《き》り出《だ》されて、彼《かれ》はぢつと客《きやく》の顔《かほ》を視《み》つめてゐた。

『しかし、松《まつ》葉《ば》杖《づゑ》ではねえ……』

『そんなことはありませんよ』

客《きやく》は強《つよ》く首《かぶり》をふつた。

『先《せん》生《せい》は名《めい》譽《よ》の御《ご》負《ふ》傷《しやう》ではありませんか。松《まつ》葉《ば》杖《づゑ》をついてゐられるのは、恰《ちやう》度《ど》金《きん》鵄《し》勳《くん》章《しやう》を下《さ》げてゐられるのと同《おな》じだと思《おも》ひます。勿《もち》論《ろん》そのお體《からだ》では、體《たい》操《さう》などはお出《で》來《き》になり

ますまいし、御《ご》不《ふ》自《じ》由《いう》ではあらうと存《ぞん》じます。しかし、私《わたし》達《たち》の考《かんが》へでは、さうした姿《すがた》の先《せん》生《せい》に接《せつ》することだけでも、兒《じ》童《どう》の精《せい》神《しん》教《けう》育《いく》に對《たい》する影《えい》響《きやう》は甚《じん》大《だい》であらうと存《ぞん》じます』

客《きやく》の聲《こゑ》は次《し》第《だい》に熱《ねつ》を帶《お》びて來《き》た。

『いろ／＼御《ご》事《じ》情《じやう》もおありでせうが、このところ枉《ま》げて御《ご》承《しよう》引《いん》願《ねが》へますまいか』

『はア……』

と答《こた》へたまゝ、彼《かれ》はぢッと頂《うな》垂《だ》れた。自《じ》分《ぶん》のことを斯《か》くまで考《かんが》へて吳《く》れる先《せん》輩《ぱい》の厚《こう》情《じやう》が、沁《しみ》々《／＼》と胸《むね》にしみわたつたのだ。

『御《ご》厚《こう》情《じやう》の程《ほど》、たゞ痛《いた》み入《い》ります。この體《からだ》では十《じふ》分《ぶん》に責《せき》任《にん》を果《はた》せるかどうかと存《ぞん》じますが、皆《みな》樣《さま》のお助《たす》けで出《で》來《き》るだけのことをやつてみませう。どうせ一度《ど》はこの命《いのち》は御《お》國《くに》のために捧《さゝ》げたのです。死《し》んだつもりでやつてみませう』

その言《こと》葉《ば》は、感《かん》謝《しや》と熱《ねつ》誠《せい》のために顫《ふる》へてゐた。

×　×　×

彼《かれ》中《なか》村《むら》信《のぶ》雄《を》は、福《ふく》岡《をか》縣《けん》山《やま》門《と》郡《ぐん》三《み》橋《はし》村《むら》に生《うま》れ、入《にふ》營《えい》までの數《すう》年《ねん》は、土《と》地《ち》の小《せう》學《がく》校《かう》で教《けう》職《しよく》にあつて、第《だい》二國《こく》民《みん》の薫《くん》育《いく》につくしてゐた。適《てき》齡《れい》に達《たつ》して歩《ほ》兵《へい》第《だい》四十八聯《れん》隊《たい》に入《にふ》營《えい》したのは、明《めい》治《ぢ》三十六年《ねん》十二月《ぐわつ》――時《とき》既《すで》に日《にち》露《ろ》間《かん》の風《ふう》雲《うん》漸《やうや》く急《きふ》を告《つ》げんとする時《とき》だつた。明《あ》けて二月《ぐわつ》、日《にち》露《ろ》間《かん》の國《こく》交《かう》斷《だん》絶《ぜつ》と共《とも》に、彼《かれ》の聯《れん》隊《たい》は直《たゞち》に出《しゆつ》動《どう》征《せい》途《と》に就《つ》いたが、彼《かれ》等《ら》新《しん》兵《ぺい》はあとに殘《のこ》され、ひたすら訓《くん》練《れん》に力《つと》めて、晴《は》れの出《しゆつ》征《せい》の日《ひ》を待《ま》つた。

同《どう》年《ねん》五月《ぐわつ》、待《ま》ちに待《ま》つた動《どう》員《ゐん》下《か》令《れい》を見《み》、彼《かれ》等《ら》勇《ゆう》躍《やく》して征《せい》途《と》に上《のぼ》つたのである。本《ほん》隊《たい》に合《がつ》すると共《とも》に各《かく》地《ち》に轉《てん》戰《せん》、遼《れう》陽《やう》の戰《たゝかひ》を經《へ》て、十月《ぐわつ》の沙《さ》河《か》會《くわい》戰《せん》に於《おい》て、彼《かれ》は左《ひだり》大《だい》腿《たい》部《ぶ》貫《くわん》通《つう》銃《じう》創《さう》を蒙《かうむ》り、涙《なみだ》を呑《の》んで後《こう》退《たい》しなければならなかつた。一日《にち》も早《はや》く全《ぜん》治《ち》して再《ふたゝ》び戰《せん》線《せん》へ出《で》たいと願《ねが》つたが、經《けい》過《くわ》ははかばかしくなく、病《びやう》院《ゐん》生《せい》活《くわつ》の中《なか》に、その年《とし》も暮《く》れ、春《はる》も過《す》ぎた七月《ぐわつ》になつて退《たい》院《ゐん》することになつたが、未《いま》だに彼《かれ》の左《ひだり》脚《あし》は自《じ》由《いう》がきかないのだつた。松《まつ》葉《ば》杖《づゑ》に縋《すが》つて歸《き》鄕《きやう》したものゝ、患《くわん》部《ぶ》の疼《とう》痛《つう》は去《さ》らず、自《じ》宅《たく》にあつて醫《い》療《れう》や湯《たう》治《ぢ》に專《せん》念《ねん》しつゝあつたのである。

二

小《せう》學《がく》校《かう》管《くわん》理《り》者《しや》、學《がく》務《む》委《ゐ》員《ゐん》その他《た》有《いう》志《し》の推《すゐ》輓《はん》否《いな》み難《がた》く、再《ふたゝ》び懷《なつか》しい教《けう》壇《だん》に立《た》つた時《とき》、彼《かれ》は第《だい》二の國《こく》民《みん》を養《やう》成《せい》することの重《ぢう》大《だい》な責《せき》務《む》と意《い》義《ぎ》とを深《ふか》く感《かん》じた。出《しゆつ》征《せい》前《ぜん》とて何《なに》も蔑《ないがし》ろにしてゐた譯《わけ》ではないが、日《にち》露《ろ》戰《せん》役《えき》後《ご》の日《に》本《ほん》は一躍《やく》して世《せ》界《かい》の日《に》本《ほん》に進《しん》出《しゆつ》した、この新《しん》興《こう》日《に》本《ほん》の將《しやう》來《らい》を守《まも》るものは今《いま》の少《せう》年《ねん》である。この少《せう》年《ねん》の指《し》導《だう》如《い》何《かん》が、十年《ねん》後《ご》二十年《ねん》後《ご》の日《に》本《ほん》の興《こう》亡《ばう》を左《さ》右《いう》する事《こと》になるのだ。

この重《ぢう》大《だい》な意《い》義《ぎ》に鑑《かん》み、彼《かれ》は教《けう》育《いく》勅《ちよく》語《ご》と軍《ぐん》人《じん》に賜《たま》はりたる勅《ちよく》諭《ゆ》の御《ご》精《せい》神《しん》に基《もと》づき、ひたすら子《し》弟《てい》の教《けう》育《いく》に勵《はげ》んだ。松《まつ》葉《ば》杖《づゑ》の先《せん》生《せい》、それは、彼《かれ》の小《せう》學《がく》校《かう》の名《めい》物《ぶつ》の一つとなつた。幼《をさな》いながらも兒《じ》童《どう》達《たち》の胸《むね》には、この日《にち》露《ろ》戰《せん》役《えき》の勇《ゆう》者《しや》の面《おも》影《かげ》が、強《つよ》くやき付《つ》けられた。十數《すう》年《ねん》の間《あひだ》、彼《かれ》は兒《じ》童《どう》達《たち》の間《あひだ》に、崇《すう》敬《けい》の的《まと》となつてゐた。

大《たい》正《しやう》五年《ねん》になつて、思《おも》はぬところから、轉《てん》任《にん》を慫《しよう》慂《よう》された。新《しん》天《てん》地《ち》開《かい》拓《たく》のために渡《と》鮮《せん》せる戰《せん》友《いう》から、黃《くわう》海《かい》道《だう》載《さい》寧《ねい》郡《ぐん》北《ほく》栗《へい》尋《じん》常《じやう》高《かう》等《とう》小《せう》學《がく》校《かう》長《ちやう》として來《らい》任《にん》するやうにと勸《すゝ》めて來《き》たのである。

この地《ち》域《ゐき》は兩《りやう》側《がは》に載《さい》寧《ねい》江《かう》本《ほん》支《し》流《りう》があつて、東《とう》西《ざい》北《ほく》の三方《ぱう》はこの大《たい》河《が》に限《かぎ》られ、外《ぐわい》部《ぶ》との交《かう》通《つう》は渡《と》船《せん》による外《ほか》はなく而《しか》も結《けつ》氷《ぴやう》期《き》や風《ふう》雨《う》や雪《ゆき》の時《とき》の危《き》險《けん》はこの上《うへ》なかつた。しかも教《けう》育《いく》機《き》關《くわん》は未《ま》だそなはらない頃《ころ》とて、移《い》住《ぢう》の內《ない》地《ち》子《し》弟《てい》は小《せう》學《がく》校《かう》に通《かよ》ふためには近《ちか》くとも三、四里《り》の距《きよ》離《り》があつた。そのために、折《せつ》角《かく》學《がく》齡《れい》に達《たつ》しても、義《ぎ》務《む》教《けう》育《いく》を受《う》ける時《じ》期《き》を逸《いつ》してゐる有《あり》樣《さま》だつたので、附《ふ》近《きん》住《ぢう》民《みん》が相《あひ》圖《はか》つて、學《がく》校《かう》を新《あらた》に設《せつ》置《ち》することになつた。それが北《ほく》栗《へい》公《こう》立《りつ》尋《じん》常《じやう》高《かう》等《とう》小《せう》學《がく》校《かう》であつた。

傷《しやう》痍《ゐ》部《ぶ》は氣《き》候《こう》の變《かは》り目《め》や冬《とう》季《き》などには、づきん／＼と傷《いた》んだ。この體《からだ》で氣《き》候《こう》の不《ふ》順《じゆん》、ことに寒《かん》冷《れい》の嚴《きび》しい朝《てう》鮮《せん》に行《い》つたら、どうなるか心《しん》配《ぱい》になつた。しかし、朝《てう》鮮《せん》開《かい》拓《たく》なる國《こく》策《さく》の許《もと》に、故《こ》鄕《きやう》を離《はな》れて活《くわつ》躍《やく》してゐる同《どう》胞《はう》を思《おも》ひ、十分《ぶん》な教《けう》育《いく》を受《う》け得《え》ない子《し》弟《てい》の不《ふ》幸《かう》を思《おも》ふ時《とき》、彼《かれ》の心《こゝろ》は動《うご》かされた。

『こんな體《からだ》でも、御《お》國《くに》のお役《やく》に立《た》つのなら本《ほん》望《もう》ではないか……さうだ、自《じ》分《ぶん》の命《いのち》は御《お》國《くに》のために捧《さゝ》げたものだ。御《お》國《くに》の大《たい》陸《りく》發《はつ》展《てん》への一捨《すて》石《いし》となつたら本《ほん》望《もう》ではないか』

周《しう》圍《ゐ》には、彼《かれ》の體《からだ》を心《しん》配《ぱい》して、口《くち》を極《きは》めて止《と》める者《もの》もあ

つた。しかし、すべての反《はん》對《たい》をおし切《き》つて、敢《かん》然《ぜん》として渡《と》鮮《せん》したのである。

草《さう》創《さう》の際《さい》とて、學《がく》校《かう》の組《そ》織《しき》も整《とゝの》はず、學《がく》校《かう》經《けい》營《えい》の苦《く》心《しん》は一通《とほ》りではなかつた。從《したが》つて、事《じ》務《む》多《た》端《たん》にして寸《すん》暇《か》なく、而《しか》も氣《き》候《こう》不《ふ》順《じゆん》で不馴《な》れな土《と》地《ち》とて、傷《しやう》痍《ゐ》の身《み》には殊《こと》更《さら》ひどくこたへ、甚《はなは》だしい疲《ひ》勞《らう》のため、極《きよく》度《ど》の神《しん》經《けい》衰《すゐ》弱《じやく》に陷《おち》いつた。

（先《せん》生《せい》のお蔭《かげ》で大《だい》分《ぶ》學《がく》校《かう》の方《はう》も整《とゝの》ひましたし、この上《うへ》御《お》骨《ほね》折《をり》願《ねが》へれば幸《しあは》せですが、私《わたし》の方《はう》の慾《よく》ばかりもいつて居《を》れません。そのまゝでは先《せん》生《せい》はいよ／＼お弱《よは》りになるばかりですから、この際《さい》、もうすこし樂《らく》な方《はう》へお移《うつ》りになつてはいかゞでせう』

上《じやう》司《し》の者《もの》が見《み》るに見《み》兼《か》ねて、勸《すゝ》めるのであつたが、今《いま》一歩《ほ》といふこの際《さい》、こゝを去《さ》るには忍《しの》びなかつた。悲《ひ》壯《さう》な覺《かく》悟《ご》をもつて、學《がく》務《む》に盡《じん》瘁《すゐ》しつゞけたので、漸《ぜん》次《じ》小《せう》學《がく》校《かう》も整《せい》備《び》して來《き》た。その頃《ころ》から、彼《かれ》には一つの理《り》想《さう》が燃《も》え上《あが》つて來《き》た。

それは、自《じ》分《ぶん》が手《て》鹽《しほ》にかけた子《し》弟《てい》と共《とも》に農《のう》事《じ》に從《したが》ひ、自《みづか》ら指《し》導《だう》者《しや》となつて子《し》弟《てい》に農《のう》業《げふ》の實《じつ》際《さい》を教《をし》へると共《とも》に、且《か》つはその人《じん》格《かく》陶《たう》冶《や》に努《ど》力《りよく》しようといふのである。この附《ふ》

は僻陬《へきすう》の地《ち》とて、小學校《せうがくかう》以外《いぐわい》の教育《けういく》關係《くわんけい》はなく、父兄《ふけい》は大《たい》抵《てい》自作農《じさくのう》程度《ていど》で富裕《ふゆう》ではないから、子弟《してい》を遊學《いうがく》せしめることも出來《でき》ない。かういつた教育上《けういくじやう》の缺陷《けつかん》を補《おぎな》はうといふのであつた。この理想《りさう》を實現《じつげん》するために、大正《たいしやう》十年《ねん》、辭意《じい》を願《ねが》ひ出《で》た。しかし當局《たうきよく》では、彼《かれ》が全然《ぜんぜん》教職《けうしよく》より去《さ》るのを惜《をし》み、幾度《いくたび》か再考《さいかう》飜意《ほんい》を慫慂《しようよう》したが、彼《かれ》の決心《けつしん》は固《かた》かつた。そして大正《たいしやう》十一年《ねん》の五月《ぐわつ》に及《およ》んで、依願免本官《いぐわんほんくわんをめんず》となり、彼《かれ》の希望《きばう》は達《たつ》せられたのであつた。

植民地《しよくみんち》の繁榮《はんえい》は健全《けんぜん》なる農業《のうげふ》の發達《はつたつ》によつて決《けつ》することは勿論《もちろん》である。彼《かれ》はこの見地《けんち》から優秀《いうしう》なる農夫《のうふ》を育成《いくせい》すべく、子弟《してい》を集《あつ》めて農業《のうげふ》に從事《じうじ》した。折《をり》にふれ、彼《かれ》は教育勅語《けういくちよくご》と軍人勅諭《ぐんじんちよくゆ》の精神《せいしん》によつて、子弟《してい》の思想《しさう》嚮導《きやうだう》につとめた。それは實《じつ》に生《い》き甲斐《がひ》のある生活《せいくわつ》だつた。そのために彼《かれ》の健康《けんかう》も漸次《ぜんじ》恢復《くわいふく》して來《き》た。

彼《かれ》に對《たい》する地方民《ちはうみん》の敬服《けいふく》は甚《はなは》しく、大正《たいしやう》十二年《ねん》二月《ぐわつ》には推薦《すゐせん》せられて同地《どうち》學校組合《がくかうくみあひ》管理者《くわんりしや》となつた。そして、健康《けんかう》ならざる身《み》を挺《てい》して、教育制度《けういくせいど》の充實《じうじつ》と向上《かうじやう》に力《つと》めた。

しかし、この濕潤《しつじゆん》な土地《とち》は、彼《かれ》のためには保健《ほけん》の地《ち》ではなかつた。

『自分《じぶん》が骨《ほね》を埋《うづ》むるところは、この地《ち》以外《いぐわい》にはない！』

さう決意《けつい》して、忍《しの》べるだけは忍《しの》んだが、この上《うへ》無理《むり》をしては、自分《じぶん》の健康《けんかう》を保《たも》つことが出來《でき》ないことを感《かん》じた。そして、昭和《せうわ》二年《ねん》に至《いた》つて、涙《なみだ》を呑《の》んで地方民《ちはうみん》と惜別《せきべつ》し、現住地《げんぢうち》――平安南道《へいあんなんだう》鎭南浦府《ちんなんほふ》麻山里《まさんり》に引《ひ》き移《うつ》つたのである。

この地《ち》は氣候《きこう》も温順《をんじゆん》なので、彼《かれ》の體《からだ》にはよかつた。爾來《じらい》、彼《かれ》はこの土地《とち》にあつて果樹園《くわじゆゑん》を營《いとな》みつゝある。

大正《たいしやう》八年《ねん》に實父《じつぷ》を、同《どう》十一年《ねん》には妻《つま》を、同《どう》十五年《ねん》には實母《じつぼ》を喪《うしな》ひ、現在《げんざい》は家族《かぞく》五人《にん》であるが、物質的《ぶつしつてき》には甚《はなは》しく裕福《いうふく》とはいへないけれども、常《つね》に「誠《まこと》」の一字《じ》を生活《せいくわつ》の根幹《こんかん》とし、軍人勅諭《ぐんじんちよくゆ》の大御心《おほみごころ》に遵《そ》ひ奉《たてまつ》るを旨《むね》とし、世道《せだう》人心《じんしん》のために微力《びりよく》を盡《つく》すを忘《わす》れない。その半生《はんせい》を貫《つらぬ》くたゞ一つの精神《せいしん》は、實《じつ》に報國《はうこく》の一語《ご》につきる。

現在《げんざい》では、府會議員《ふくわいぎゐん》、同業産業兩組合《どうげふさんげふりやうくみあひ》評議員《ひやうぎゐん》、金融組合《きんゆうくみあひ》評議員《ひやうぎゐん》、該地方《がいちはう》青年會々長《せいねんくわいくわいちやう》等《とう》の要職《えうしよく》にあつて、不自由《ふじいう》な身《み》を推《お》して地方自治《ちはうじち》のため、發展《はつてん》のために盡《つく》してゐるのである。

粒《りふ》々辛苦《しんく》の跡《あと》

＝刺繡師《ししうし》として成功《せいこう》せし中丸留吉《なかまるとめきち》氏＝

本籍地　神奈川縣高座郡六會村[redacted]

負傷程度　兩大腿部貫通、左大腿骨折、左番二足關節骨折（左足跛）

『なあに、人間《にんげん》決《けつ》して短氣《たんき》なんぞ起《おこ》してなるものぢやありません！』と中丸留吉氏《なかまるとめきちし》は語《かた》り出《だ》した。

『近頃《ちかごろ》三原山《はらやま》だとか、瓦斯《がす》心中《しんぢう》だとか、毎日《まいにち》の新聞《しんぶん》に二人《ふたり》や三人《にん》の短氣者《たんきもの》を見《み》ない事《こと》はありませんが、――人間《にんげん》死《し》ぬ氣《き》になりや、何《なん》だつて願《ねが》ひの叶《かな》はない事《こと》ア、ありやしません！　然《しか》し何《なん》ですよ、――人間《にんげん》誰《だれ》だつて、死《し》んで仕舞《しま》ひ度《た》い氣《き》になる事《こと》が、一生《しやう》に一度《ど》や二度《ど》はあるものですよ。私《わたし》なぞも、……まあ〳〵、あの時《とき》よくぞ死《し》なゝかつたと思《おも》ひ出《だ》しますよ』

彼《かれ》は當年《たうねん》五十一歲《さい》の中老紳士《ちうらうしんし》。今《いま》大連市《たいれんし》信濃町《しなのまち》四十三番《ばん》地《ち》に大《おほ》きな刺繡店《ししうてん》を經營《けいえい》して、使用人《しようにん》日支人《につしじん》合《あは》せて十數名《すうめい》を使《つか》ひ、月收《げつしう》九百圓《ゑん》（實益《じつえき》は三百圓《ゑん》を下《くだ》らず）資産《しさん》も二萬《まん》圓以上《ゑんいじやう》と言《い》はるゝ成功者《せいこうしや》である。彼《かれ》は左足《さそく》の自由《じいう》を持《も》つてゐない。これは往時《わうじ》日露戰爭《にちろせんさう》の折《をり》に、奉天《ほうてん》の戰鬪《せんとう》でうけた名譽《めいよ》の負傷《ふしやう》の名殘《なごり》である。私達《わたしたち》は感動《かんどう》すべき、彼《かれ》の成功苦心談《せいこうくしんだん》を傾聽《けいちやう》しよう。

『私《わたし》ア神奈川縣《かながはけん》高座郡《かうざぐん》六會村《むつあひむら》西俣野《にしまたの》九五八の農家《のうか》に生《うま》れました。で、ずつと農業《のうげふ》をやつてゐたのです。明治《めいぢ》卅七年《ねん》十二月《ぐわつ》第七師團《だいしだん》歩兵《ほへい》第二十七聯隊《れんたい》に入營《にふえい》した時《とき》には、あの日露戰爭《にちろせんさう》の眞最中《まつさいちう》でせう。喜《よろこ》びましたね。何《なに》しろ若《わか》さの元氣《げんき》一杯《はい》でしたから、鬼《おに》ケ島《しま》征伐《せいばつ》の桃太郎《もゝたらう》のやうに胸《むね》が躍《をど》りましたよ。翌年《よくねん》の卅八年《ねん》二月《ぐわつ》十日《か》には、早《はや》くも出征《しゆつせい》して、奉天《ほうてん》の戰線《せんせん》に馳《は》せ參《さん》じたのは二月《ぐわつ》二十六日《にち》でした。露助《ろすけ》の生《なま》ツ首《くび》を、五ツ六ツ素《す》つこ拔《ぬ》いてやらうと、てぐすね引《ひ》いて待《ま》つてゐたのに、運《うん》が惡《わる》かつたのですね。まだ何《なに》一つ戰功《せんこう》も立《た》てないのに、三月《ぐわつ》五日《か》の戰鬪《せんとう》で私《わたし》はやられちやつたのです。奉天《ほうてん》の戰《たゝかひ》は敵《てき》も死物狂《しにものぐる》ひです。打出《うちだ》す矢彈《やだま》は文字《もじ》

通《とほ》りに隙間《すきま》もないくらゐでした。その矢彈《やだま》をくゞりぬけて奮戰《ふんせん》してゐる最中《さいちう》、ガーンと頭《あたま》に響《ひゞ》いたと思《おも》つたつきり、命《いのち》よりも大切《たいせつ》にしてゐる銃《じう》を固《かた》く握《にぎ》つたまゝで、其《そ》の後《のち》のことは何《なに》一つ覺《おぼ》えてませんでした。氣《き》が付《つ》いて見《み》ると野戰《やせん》病院《びやうゐん》のベッドに寢《ね》かされてゐて、足《あし》をしとたまやられてゐるんですね。敵《てき》の砲彈《はうだん》の破片《はへん》が兩足《りやうあし》の大腿部《だいたいぶ》を貫通《くわんつう》してゐて、殊《こと》に左足《ひだりあし》は、大腿骨《だいたいこつ》が折《を》れてゐて、その上《うへ》左番二足關節《くわんせつ》までが骨折《こつせつ》してゐるんですね。その痛《いた》む事《こと》〳〵、意識《いしき》が戻《もど》つて來《く》るにつれて、もうその痛《いた》さは堪《た》えられません。もう堪《たま》らぬ、これア死《し》んだ方《はう》がましだ。命《いのち》は陛下《へいか》に捧《さゝ》げる積《つも》りで出征《しゆつせい》した自分《じぶん》だ、死《し》んで早《はや》く樂《らく》にならう――さう思《おも》ひ私《わたし》は身《み》踠《もが》きして腰《こし》の銃劍《じうけん》を探《さぐ》つて見《み》るがありません。それはその筈《はず》、病院《びやうゐん》に收容《しうよう》さるゝと共《とも》に、腰《こし》のものなぞは皆《みな》取《と》り外《はづ》してあるのです。で、私《わたし》は身《み》もだえして銃劍《じうけん》を取《と》りに立《た》ち上《あが》らうとするが、體《からだ》の自由《じいう》が利《き》きません。猶《なほ》も暴《あば》れ廻《まは》る。それを戰友《せんいう》に慰《なぐさ》められて思《おも》ひ留《とゞま》りました。何《なに》しろ戰傷者《せんしやうしや》の數《すう》が夥《おびたゞ》しいので、手當《てあて》を受《う》けるまでには、隨分《ずゐぶん》長《なが》い間《あひだ》待《ま》たされる始末《しまつ》です。やつと應急《おうきふ》の手當《てあて》を受《う》けると死《し》ぬやうな苦痛《くつう》をしのんだまゝ、荷馬車《にばしや》に乘《の》せられて數時間《すうじかん》がたごとゆられ、やつと、遼陽《れうやう》の兵站病院《へいたんびやうゐん》に送《おく》られ、落着《おちつ》く暇《ひま》もなく又大連《またたいれん》の兵站病院《へいたんびやうゐん》に送《おく》られました。それでも重傷《ぢうしやう》なので遂《つひ》に同年《どうねん》の四月《ぐわつ》二十六日《にち》、更《さら》に宇品《うじな》に送還《そうくわん》されて廣島《ひろしま》の豫備病院《よびびやうゐん》第七分院《ぶんゐん》に入《い》れられました。それから今度《こんど》は又東京《またとうきやう》の豫備病院《よびびやうゐん》の方《はう》へ送《おく》らるゝ事《こと》となつたのですが、到頭《たうとう》私《わたし》は途中《とちう》で重態《ぢうたい》に陷《おちい》つて仕舞《しま》ひました。

護送《ごそう》の看護長《かんごちやう》は驚《おどろ》いて私《わたし》を大阪《おほさか》の豫備病院《よびびやうゐん》に擔《かつ》ぎ込《こ》んだのですが、そこで前後《ぜんご》二回《くわい》の大手術《だいしゆじゆつ》が行《おこな》はれました。又《また》獨きの日《ひ》の悲觀病《ひくわんびやう》が私《わたし》に取《と》り付《つ》きます。あまりの疼痛《とうつう》の甚《はなは》だしさに、私《わたし》は再三《さいさん》言葉《ことば》を盡《つく》して左足《さそく》の切斷《せつだん》を嘆願《たんぐわん》しました。此《こ》の疼痛《とうつう》の原因《げんいん》を除《のぞ》いて仕舞《しま》へば、後《あと》は屹度《きつと》樂《らく》にならう、此《こ》の際《さい》樂《らく》にさへなれば、私《わたし》はもう一生《しやう》の片輪《かたわ》なぞはどうでもいゝと思《おも》つたのです。然《しか》しその時《とき》の係《かゝ》りの軍醫殿《ぐんいどの》は、隨分《ずゐぶん》と物《もの》の解《わか》つた親切《しんせつ》な方《かた》でした。

『君《きみ》が強《た》つての希望《きばう》なら、それあ切斷《せつだん》せん事《こと》もないが、然《しか》し君《きみ》、よく〳〵考《かんが》へて見《み》る事《こと》だぞ。今《いま》痛《いた》みはひどからうが、じつと我慢《がまん》すれア、二年《ねん》も三年《ねん》も續《つゞ》くものぢやない。

それに君《きみ》の傷《きず》は、骨《ほね》が役《やく》に立《た》たなくなつてゐるのぢやない。だから此《こ》の際《さい》我慢《がまん》をちつと通《とほ》して見給《みたま》へ、癒《なほ》つた後《あと》でどんなに君《きみ》はその足《あし》を有難《ありがた》がるか判《わか》らない。所《ところ》が今《いま》切斷《せつだん》すれば、君《きみ》は一生《しやう》一本足《ほんあし》の案山子《かゞし》だ。――考《かんが》へて見給《みたま》へ〳〵、痛《いた》いや苦《くる》しい所《どころ》の事《こと》では無《な》いと思《おも》ふぜ！』

私《わたし》は軍醫殿《ぐんいどの》のこの情理《じやうり》に服《ふく》しました。そして今《いま》この通《とほ》りこの左足《さそく》があるのですが、よくぞあの時《とき》切斷《せつだん》なんぞしなかつたと思《おも》ひますよ。短氣《たんき》は損氣《そんき》、あゝ〳〵、萬事《ばんじ》短氣《たんき》で得《とく》をする事《こと》は何《なに》も無《な》いのです、桑原《くはばら》、々々』

と彼《かれ》は深《ふか》い感慨《かんがい》に思《おも》ひ入《い》つて更《さら》に語《かた》り繼《つ》いだ。

『それから同年《どうねん》の十一月《ぐわつ》東京《とうきやう》の戸山《とやま》分院《ぶんゐん》に送《おく》られて、ずつと治療《ちれう》を續《つゞ》けて貰《もら》つたのですが、お蔭《かげ》で經過《けいくわ》は段々《だん〳〵》と良《よ》く、翌《あく》る三十九年《ねん》二月《ぐわつ》一日《じつ》には、恩給法《おんきふはふ》第九條《だいでう》、第五項症《こうしやう》といふ事《こと》になつて、兵役免除《へいえきめんぢよ》の上《うへ》、歸郷《ききやう》を命《めい》ぜらるゝ事《こと》となりました。然《しか》し歸郷後《ききやうご》も專《もつぱ》ら療養《れうやう》に努《つと》めて、轉地《てんち》だ、湯治《たうぢ》だ、とあらゆる手《て》を盡《つく》したのですが、患部《くわんぶ》の激痛《げきつう》は少《すこ》しも去《さ》りませんで、同年《どうねん》の六月《ぐわつ》再《ふたゝ》び東京衞戍病院《とうきやうゑいじゆびやうゐん》に入《い》れて貰《もら》ひ、今《いま》一度《ど》の手術《しゆじゆつ》をして貰《もら》ひましたが、その結果《けつくわ》は先《ま》づ以《もつ》て經過《けいくわ》もよく、七月《ぐわつ》には相州湯《さうしうゆ》ケ原温泉《はらをんせん》へ轉地《てんち》をして、翌月《よくげつ》八月《ぐわつ》には再《ふたゝ》び歸郷《ききやう》する事《こと》が出來《でき》て、更《さら》に第九條《だいでう》第四項《だいこう》症《しやう》に變更《へんかう》される事《こと》となりまして、御覽《ごらん》の通《とほ》り左足《さそく》がきかなくなつて跛《びつこ》になつてしまひました。

偖《さ》て、私《わたし》の治療《ちれう》のお話《はなし》はこれ迄《まで》ですが、廢兵《はいへい》になつてからのお話《はなし》はこれからなのです。不具者《ふぐしや》になつた、さあその體《からだ》で食《く》つて行《ゆ》かねばならない。――その深刻《しんこく》な苦惱《くなう》を、經驗者《けいけんしや》以外《いぐわい》の誰《だれ》が想像《さうざう》出來《でき》るでせうか。

私《わたし》は郷里《きやうり》に歸《かへ》つて來《き》た。少々《せう〳〵》の恩給《おんきふ》は頂《いたゞ》ける、然《しか》し家《うち》が貧《まづ》しい私《わたし》は、迚《とて》もそれだけでは暮《くら》して行《ゆ》けないのです。忽《たちま》ち生活難《せいくわつなん》に陷《おちい》つて、全《まつた》く途方《とはう》に暮《く》れてゐますと、偶々《たま〳〵》東京《とうきやう》巢鴨《すがも》の廢兵院《はいへいゐん》といふのが開院《かいゐん》されたと聞《き》いて、私《わたし》は明治《めいぢ》四十年《ねん》の五月《ぐわつ》、賴《たの》んでそこへ入《い》れて貰《もら》ひました。

これでやつと小康《せうかう》を得《え》た形《かたち》です。私《わたし》は先《ま》づ〳〵落《お》ちつきました。然《しか》し私《わたし》は、一日《にち》でも早《はや》く生計《くらし》の法《はふ》を考《かんが》へねばなりません。長《なが》い一生《しやう》です。一生《しやう》廢兵院《はいへいゐん》の御厄介《ごやくかい》になる譯《わけ》に行《ゆ》きません。それに第《だい》一私《わたし》の自尊心《じそんしん》と向上心《かうじやうしん》がそれを許《ゆる》しません。

『何《なに》か自活《じくわつ》の道《みち》を講《かう》ぜねばならん。といつて、この體《からだ》では農業《のうげふ》はつゞけて行《ゆ》けないし……これは何《なに》か手《て》の職《しよく》を覺《おぼ》えなくてはならん。それより外《ほか》に進《すゝ》むべき道《みち》はない』

さう考《かんが》へてゐる矢先《やさき》、廢兵院主事《はいへいゐんしゆじ》又森大尉殿《またもりたいゐどの》の御斡旋《ごあつせん》で東京市牛込區改代町《とうきやうしうしごめくかいたいまち》の刺繡師《ししうし》金森伊兵衞《かなもりいへゑ》氏《し》に入門《にふもん》して、刺繡《ししう》の技《ぎ》を習得《しふとく》する事《こと》になつたのです。これが今日私《こんにちわたし》が刺繡《ししう》で身《み》を立《た》てゝ居《ゐ》る因《もと》ですが、そこで私《わたし》は約《やく》八ケ月《げつ》、一心不亂《しんふらん》に刺繡《ししう》の業《わざ》を見習《みなら》ひました。その間《あひだ》の苦心《くしん》も並大抵《なみたいてい》でありません。何《なに》しろ鍬《くは》や鐵砲《てつぱう》を持《も》つ外《ほか》は、手先《てさき》の仕事《しごと》といつたら繩《なは》を綯《な》ふことより知《し》りません。急《きふ》に上品《じやうひん》な刺繡《ししう》をはじめたのですたら、人知《ひとし》れぬ苦勞《くらう》をしました。それでも兎《と》に角《かく》一人前《にんまへ》の刺繡職工《ししうしよくこう》となれましたので、それから廢兵院《はいへいゐん》で製作品《せいさくひん》を作《つく》り、若干《じやくかん》の賃金《ちんぎん》を得《う》る事《こと》が出來《でき》るやうになりました。ところが、何《なん》の光榮《くわうえい》ぞ、明治《めいぢ》四十一年《ねん》の六月《ぐわつ》、今《いま》の參謀總長宮《さんぼうそうちやうのみや》、閑院宮殿下《かんゐんのみやでんか》が廢兵院《はいへいゐん》に御台覽遊《ごたいらんあそ》ばされて、廢兵《はいへい》の製作品《せいさくひん》として、私《わたし》の羽二重《はぶたへ》刺繡《ししう》ハンカチーフを、御台覽御嘉賞《ごたいらんごかしやう》、その上御買上《うへおかひあげ》の榮《えい》まで賜《たまは》つたのであります。猶又《なほまた》、四十一年《ねん》四月《ぐわつ》には、畏《かしこ》くも　明治大帝《めいぢたいてい》の、　天覽《てんらん》の光榮《くわうえい》にすら浴《よく》したのであります。

私《わたし》はそれ等《ら》の光榮《くわうえい》に、感奮興起《かんぷんこうき》、益〱《ますます》刺繡《ししう》の技《わざ》を練《ね》つてゐる中《うち》に、創《きず》も治《なほ》り痛《いた》みも薄《うす》らぎ、ほとんど完全《くわんぜん》な健康體《けんかうたい》

となりました。そこで、推薦《すゐせん》せられて、明治《めいぢ》四十一年《ねん》十二月《ぐわつ》、御恩《ごおん》ある廢兵院《はいへいゐん》を出《で》て三越吳服店《こしごふくてん》の刺繡部《ししうぶ》に這入《はい》りました。私《わたし》は日給《につきふ》九十錢《せん》を得《え》て、玆《こゝ》に初《はじ》めて獨立《どくりつ》の生計《せいけい》を得《え》る事《こと》が出來《でき》たのです。獨立《どくりつ》の生計《せいけい》！　これをどれ程《ほど》、私《わたし》は願《ねが》ひ、憧《あこが》れて、これ迄《まで》の艱難辛苦《かんなんしんく》を續《つゞ》けて來《き》たのでせう！

――私《わたし》はその時《とき》の歡《よろこ》びを、今《いま》もまざ〱と覺《おぼ》えてゐます。一生片輪《しやうかたわ》で乞食《こじき》になるのか、と思《おも》つてゐた私《わたし》が、堂々《だう〱》完全《くわんぜん》な男子達《だんしたち》に立《た》ち混《まじ》つて、人並《ひとな》みに生《い》きて行《ゆ》く事《こと》が出來《でき》る事《こと》になつたのです――』

と彼《かれ》は非常《ひじやう》な感慨《かんがい》に滿《み》ちて、暫《しばら》く心《こゝろ》の感動《かんどう》を收《おさ》めてゐるやうだつたが、

『何《なに》？　それから？　――それからは大失敗《だいしつぱい》』

と彼《かれ》は明《あか》るく笑《わら》ひ出《だ》した。

『三越《こし》に三年居《ねんゐ》ますと一生懸命《しやうけんめい》だものだから、腕《うで》も上《あが》り、信用《しんよう》も加《くは》はりましたね。こゝで一番獨立《はんどくりつ》して一旗《はた》あげてやらうと思《おも》つて、大《おほ》きな希望《きばう》でこの大連《たいれん》に渡《わた》つて來《き》ましたね。それが明治《めいぢ》四十四年《ねん》の三月《ぐわつ》で、當市《たうし》の伊勢町《いせまち》に居《きよ》を構《かま》へて店《みせ》を開《ひら》いたのです。所《ところ》が大失敗《だいしつぱい》、何《なに》しろ其《そ》の頃《ころ》、大連《たいれん》はまだ人口《じんこう》も稀薄《きはく》でしたからね、刺繡《ししう》などの需要《じゆえう》は、まだまだなかつたのです。忽《たちま》ち大成金《おほなりきん》になる考《かんが》への私《わたし》が、到頭《たうとう》食《く》つたり食《く》はなかつたりに墜《お》ちて仕舞《しま》つたのですよ、ははゝゝ』

所《ところ》が實際《じつさい》は、彼《かれ》はその悲境《ひきやう》の中《なか》を、堅忍不拔《けんにんふばつ》、不具《ふぐ》の身《み》を提《てい》して東奔西走《とうほんさいそう》、晝《ひる》は各町《かくまち》を廻《まは》つて注文《ちうもん》を集《あつ》め、夜《よる》は夜更《ふ》け迄《まで》その業《げふ》に從《したが》つて孜々汲々《しゝきふ〱》、遂《つひ》にはその地理《ちり》に通《つう》じ、又人々《またひと〲》の同情《どうじやう》も摑《つか》んで、到頭立派《たうとうりつぱ》な一本立《ぽんだち》となつて仕舞《しま》つたのだつた。

其《そ》の後妻《ごつま》を迎《むか》へて夫婦共稼《ふうふともかせ》ぎとなつて、家運《からん》は益〱《ますます》隆盛《りうせい》、遂《つひ》に本文《ほんもん》の冒頭《ばうとう》に述《の》べた通《とほ》りの今日《こんにち》を築《きづ》き上《あ》げてゐるのであるが、我々《われ〱》は此《こ》の不撓不屈《ふたうふくつ》の士《し》、而《しか》して功成《こうな》つて功《こう》に誇《ほこ》らない謙抑《けんよく》のこの好紳士《かうしんし》を、心《こゝろ》から我々《われ〱》の模範《もはん》であると考《かんが》へる。

猶《なほ》、彼《かれ》は社會救護《しやくわいきうご》の念《ねん》に極《きは》めて厚《あつ》く、公共事業《こうきようじげふ》に盡瘁《じんすゐ》する事《こと》一再《さい》ならず、特《とく》に赤十字社《せきじゆうじしや》の爲《ため》には功勞顯著《こうらうけんちよ》である爲《ため》、大正十一年《たいしやうねん》十二月二日《ぐわつか》、赤十字社大連支部《せきじゆうじしやたいれんしぶ》は銀側時計《ぎんがはどけい》を贈《おく》つて謝意《しやい》を表《へう》し、更《さら》に昭和《せうわ》三年《ねん》二月《ぐわつ》には、赤十字社《せきじゆうじしや》

總裁宮殿下《そうさいのみやでんか》より最高表彰《さいかうへうしやう》の有功章《いうこうしやう》、及《およ》び木杯《もくはい》一組《くみ》を賜《たまは》つてゐる。

なほ、在鄕軍人會大連第三分會長《さいがうぐんじんくわいたいれんだいぶんくわいちやう》　松崎貞良氏《まつざきていりやうし》の談話《だんわ》は彼《かれ》の人格《じんかく》を窺《うかゞ》ふに好個《かうこ》の適例《てきれい》である。

『昭和《せうわ》六年《ねん》の事變《じへん》以來《いらい》、皇軍《くわうぐん》　戰傷病兵《せんしやうびやうへい》及《およ》び遺骨《ゐこつ》の送迎《そうげい》に對《たい》して、氏《し》は不自由《ふじいう》の足《あし》を引摺《ひきず》つて殆《ほとん》ど每回《まいくわい》送迎《そうげい》の勞《らう》を惜《をし》まれません。氏《し》が傷兵會《しやうへいくわい》の旗《はた》を奉持《ほうぢ》し、左脚《ひだりあし》を引摺《ひきず》りながら、慰靈祭《ゐれいさい》に玉串《たまぐし》を奉奠《ほうてん》する樣《さま》は、實《じつ》に感激《かんげき》なくしては見《み》ることは出來《でき》ません。昭和《せうわ》八年《ねん》三月《ぐわつ》より九年《ねん》四月《ぐわつ》までの間《あひだ》に、軍隊《ぐんたい》、戰傷病兵《せんしやうびやうへい》、遺骨《ゐこつ》の送迎《そうげい》、その他患者《たくわんじや》の見舞《みまひ》など約《やく》三百五六十回《くわい》に及《およ》んでゐます。平均每日《へいきんまいにち》一回《くわい》の送迎《そうげい》がある譯《わけ》ですが、氏《し》は忙《せは》しい家業《かげふ》の傍《かたは》ら、よくこれ程《ほど》の奉仕《ほうし》がつゞけられるものと、秘《ひそ》かに驚《おどろ》き、心《こゝろ》から崇敬《すうけい》してゐる次第《しだい》です。この三月《ぐわつ》には自分《じぶん》の手《て》で立派《りつぱ》な分會旗《ぶんくわいき》（時價《じか》約《やく》八十圓《ゑん》）を拵《こしら》へて寄贈《きそう》されました。分會員《ぶんくわいゐん》の等《ひと》しく感激《かんげき》してゐる次第《しだい》です。なほ餘談《よだん》ながら、氏《し》は人《ひと》の借金《しやくきん》の保證人《ほしようにん》にたつて、多大《ただい》の損害《そんがい》を受《う》けて居《を》られます。しかし氏《し》は人《ひと》を責《せ》めることもなく默々《もく〱》としてゐられます。かうしたところにも氏《し》の崇高《すうかう》な人格《じんかく》があらはれ、吾等《われら》の等《ひと》しく尊敬《そんけい》おく能《あた》はざる次第《しだい》です。また、氏《し》の近所《きんじよ》の人《ひと》の話《はなし》ですが、氏《し》の家《うち》からはたゞの一度《ど》も氏《し》の怒聲《いかりごゑ》を聞《き》いたことがないさうです。夫婦喧嘩《ふうふげんくわ》は勿論《もちろん》のこと、店員《てんゐん》を叱《しか》りつける大聲《おほごゑ》も聞《き》いたことはないといひます。近所《きんじよ》の人達《ひとたち》はむしろ不思議《ふしぎ》に思《おも》つてゐる位《くらゐ》ださうです。何《なん》でもないことのやうですが、こんなところにも氏《し》の人格《じんかく》がうかゞへるではありませんか―

因《ちな》みに彼《かれ》には三男《なん》があつて、長男《ちやうなん》は東京三越吳服店刺繡部《とうきやうこしごふくてんししうぶ》に在《あ》つて刺繡《ししう》の實地見習中《じつちみならひちう》であり、他《ほか》二男《なん》は家庭《かてい》にあつて學業《がくげふ》に專念中《せんねんちう》、又妻女《またさいぢよ》は貞節勤勉《ていせつきんべん》、家庭《かてい》は常《つね》に和樂《わらく》に滿《み》ち、全《まつた》く近隣《きんりん》の羨望《せんばう》の的《まと》となつてゐる。又店員《またてんゐん》に對《たい》すること實《じつ》に慈父《じふ》の如《ごと》く、店主《てんしゆ》と店員《てんゐん》との間《あひだ》の情愛《じやうあい》の細《こま》やかさ美《うつく》しさは、近隣《きんりん》での噂《うはさ》であるといふ。

輝《かがや》く義《ぎ》足《そく》

＝職務《しよくむ》を完全《くわんぜん》に遂行《すゐかう》した牟田《むただ》作《さく》一氏《し》＝

本籍地	佐賀縣神崎郡
負傷程度	左腿部骨折貫通銃創

一

明治《めいぢ》三十九年《ねん》の冬《ふゆ》――。

雪《ゆき》がチラ〱降《ふ》る、寒《さむ》い或《あ》る朝《あさ》のことであつた。久留米《くるめ》の衞戍病院《ゑいじゆびやうゐん》の門內《もんない》に、質素《しつそ》な洋服姿《やうふくすがた》の、見《み》るから實直《じつちよく》さうな三十前後《ぜんご》の青年《せいねん》が、少《すこ》し跛《びつこ》をひき乍《なが》ら這入《はい》つて來《き》て、慇懃《いんぎん》な態度《たいど》で、院長《ゐんちやう》に面會《めんくわい》を求《もと》めた。

受付《うけつけ》の者《もの》が來意《らいい》を聞《き》くと、

『私《わたし》は佐賀縣神崎郡神崎町《さがけんかんざきぐんかんざきまち》の者《もの》で、牟田《むただ》作《さく》一といふ傷痍兵《しやういへい》ですが、おかみから戴《いたゞ》いた義足《ぎそく》の事《こと》で、お願《ねが》ひがあつて參《まゐ》りました』

『さうですか。では院長《ゐんちやう》に申上《まをしあ》げて見《み》ますから、暫《しばら》くお待《ま》ち下《くだ》さい』

と院長室《ゐんちやうしつ》に行《い》つて、その旨取次《むねとりつ》ぐと、院長《ゐんちやう》は書類《しよるゐ》を整理《せいり》してゐた手《て》を休《やす》めて、

『直《す》ぐ會《あ》はう、丁寧《ていねい》に應接間《おうせつま》に待《ま》たせておくがいゝ』

『ハイ』

そこで牟田《むただ》作《さく》一と名乘《なの》る若《わか》き廢兵《はいへい》は、早速院長《さうそくゐんちやう》の面會室《めんくわいしつ》に通《とほ》された。待《ま》つ程《ほど》もなく院長《ゐんちやう》は、にこやかな微笑《びせう》を湛《たゝ》へつゝ姿《すがた》を現《あら》はした。若者《わかもの》はきちんと直立不動《ちよくりつふどう》の姿勢《しせい》を取《と》つて、自分《じぶん》の姓名《せいめい》を名乘《なの》ると、

『さ、まあ掛《か》け給《たま》へ』

戰爭《せんさう》での負傷者《ふしやうしや》は、卽《すなは》ち貴《たふと》い國家《こくか》の犧牲者《ぎせいしや》である。院長《ゐんちやう》は極《きは》めて愛想《あいさう》がよかつた。

『何《なに》か、義足《ぎそく》の事《こと》に就《つい》て、相談《さうだん》があるといはれたさうだが』

『ハイ、實《じつ》は少《すこ》しゴムの具合《ぐあひ》が惡《わる》くなりましたので困《こま》つて居《を》りました所《ところ》、在鄕軍人分會《ざいがうぐんじんぶんくわい》で、こちらへお伺《うかゞ》ひして直《なほ》し

て戴くがいゝ、といはれましたものですから、お手數を煩はして寔に恐縮千萬でございますが、お願ひに參つた樣な譯でございます』

『お易い御用だ、證明書さへあれば何時でもやつて上《あ》げる。傷《きず》は痛《いた》む樣《やう》な事《こと》はないかな』

『お蔭樣《かげさま》でもう全《まつた》く何《なん》ともございません』

『併《しか》し今日《けふ》の樣《やう》な寒《さむ》さには、いくらか疼痛《とうつう》を感《かん》ずるだらう。傷痕《きずあと》といふものは隨分長《ずゐぶんなが》くチク〳〵するものだから』

優《やさ》しい勞《いた》はりの氣持《きもち》が、院長《ゐんちやう》の言外《げんぐわい》に溢《あふ》れてゐた。牟田《むただ》作《さく》一は頭《あたま》を下《さ》げて、

『私《わたし》などは左《さ》足《そく》一本《ぽん》を失《うしな》つたばかりで、未《ま》だ〳〵輕《かる》い方《はう》でございますから、痛《いた》いの痛《いた》くないと申《まを》しては罰《ばち》が當《あた》ります』

『何處《どこ》でやられたのかね』

『沙河《さか》の戰鬪《せんとう》でした。骨折貫通銃創《こつせつくわんつうじうさう》で、此處《こゝ》から切斷致《せつだんいた》しました――』

と左腿《ひだりもゝ》の中頃《なかごろ》を抑《おさ》へて見《み》せた。

『ふうむ、沙《さ》河《か》の戰鬪《せんとう》は隨分激《ずゐぶんはげ》しかつたさうだな。私《わたし》の知《ち》人《じん》も五六人《にん》あすこで戰死《せんし》してしまつた。君《きみ》は四十八聯隊《れんたい》で出征したんだらう』

『ハイ。四十八の第十二中隊です』

『十二中隊は戰功のあつた隊だと聞いてゐる。よく倂し生殘つたな――』

さういはれて、彼《かれ》の眼前《がんぜん》にはあの當時《たうじ》の慘狀《さんじやう》が彷彿《はうふつ》として浮《う》かび上《あが》つてきた。

明治《めいぢ》三十七年《ねん》十月《ぐわつ》十四日《か》から十五日《にち》にかけての沙河《さか》の激《げき》戰《せん》だ。敵《てき》は頑強《ぐわんきやう》に抵抗《ていかう》をつゞけて、一歩《ぽ》も退《しりぞ》く樣子《やうす》もない。敵《てき》は度重《たびかさ》なる敗戰《はいせん》の恥《はぢ》を雪《そゝ》がうとする。我《わ》が軍《ぐん》はこれを一氣《き》に擊破《げきは》しようとする。こゝに端《はし》なくも大激戰《だいげきせん》が開《ひら》かれた。彼《かれ》の中隊《ちうたい》二百二三十名中《めいちう》、この二日間《かかん》の戰鬪《せんとう》で百四五十名《めい》の死傷《ししやう》を出《だ》したのをみても、激戰苦戰《げきせんくせん》の樣《さま》が偲《しの》ばれよう。しかし、彼《かれ》の中隊《ちうたい》はよく最後《さいご》の五分間《ふんかん》まで持《も》ちこたえた。辛《から》うじて敵《てき》を擊退《げきたい》した後《のち》、第《だい》十二中隊《ちうたい》で健在《けんざい》だつたのは僅《わづ》かに六七十名《めい》に過《す》ぎなかつた。しかも、中隊長鶴田《ちうたいちやうつるた》大尉《たいゐ》まづ敵彈《てきだん》に重傷《ちうしやう》、つゞく小隊長高園中尉《せうたいちやうたかぞのちうゐ》また重傷《ちうしやう》、廣《ひろ》瀨《せ》少尉《せうゐ》、富永特務曹長《とみながとくむそうちやう》みな重傷《ちうしやう》、米田曹長《よねだそうちやう》は卽死《そくし》、隊《たい》の幹《かん》部《ぶ》は殆《ほと》んどなく、わづかに志波軍曹《しはぐんそう》が中隊《ちうたい》の指揮《しき》に當《あた》つて

ゐたのである。

『あの激戰《げきせん》によく生《い》き殘《のこ》つたものだと、自分《じぶん》でも不思議《ふしぎ》に思《おも》つて居《を》ります』

牟田《むただ》作《さく》一は感慨深《かんがいふか》さうにいつた。

『それは天命《てんめい》ぢやよ。しかし、君《きみ》も片足《かたあし》なくては種々不自《いろ〳〵ふじ》由《いう》だらうね？』

『始《はじ》めの三四ケ月《げつ》は全《まつた》く困《こま》りました。義足《ぎそく》に慣《な》れませんし氣持《きもち》もいら〳〵致《いた》しまして――。けれ共慣《どもな》れてしまひますと、平氣《へいき》です。步行《ほかう》も人並《ひとなみ》で、自轉車《じてんしや》にも乘《の》つて居《を》ります』

と、牟田《むただ》は朗《ほが》らかに笑《わら》つた。院長《ゐんちやう》は彼《かれ》の健康《けんかう》さうな顏色《かほいろ》を見《み》て、滿足《まんぞく》げに頷《うなづ》きつゝ、

『義足《ぎそく》は、恩賜《おんし》の物《もの》だらうね』

『さうであります』

恩賜《おんし》の一言《ごん》に、牟田《むただ》は再《ふたゝ》びぴんと椅子《いす》から立上《たちあが》つて、軍《ぐん》隊言葉《たいことば》でさう答《こた》へ、感謝《かんしや》に充《み》ちた眼《まな》ざしをした。

『今《いま》、醫官《いくわん》に命《めい》じて、よく修理《しうり》させる。決《けつ》して遠慮《ゑんりよ》は要《い》らないから、故障《こしやう》が起《おこ》つたら、どん〳〵申出《まをしで》なさい。現在《げんざい》の物《もの》が役《やく》に立《た》たなくなつた場合《ばあひ》には、新品《しんぴん》を調《とゝの》へて上《あ》げる』

『さういふ時《とき》の費用《ひよう》は、どんな具合《ぐあひ》になるのでせうか』

『陛下《へいか》の優渥《いうあく》なる思召《おぼしめ》しによつて一切《さい》、宮內省《くないしやう》から支辨《しべん》されるのだ。だから、金《かね》がなくても、心配《しんぱい》することはない。陛下《へいか》は絕《た》えず、諸君等《しよくんら》の樣《やう》な勇敢《ゆうかん》な犧牲者《ぎせいしや》の身《み》の上《うへ》を御軫念《ごしんねん》あらせられて、特《とく》に折々御內帑金《をり〳〵ごないどきん》を賜《たま》はるのだ』

『ハッ――』

牟田《むただ》の双頰《さうけふ》に熱淚《ねつるゐ》が溢《あふ》れ出《で》た。感激《かんげき》の爲《ため》に言葉《ことば》も出《で》ないらしい。

嗚呼《あゝ》、陛下《へいか》には、吾等草莽《われらさうまう》の微臣《びしん》に對《たい》して、斯《か》くまでも大御心《おほみこゝろ》をお使《つか》ひ遊《あそ》ばされてゐるのであつたか――。有難《ありがた》いことである。畏《おそ》れ多《おほ》い極《きは》みである。自分達《じぶんたち》はこの大御心《おほみこゝろ》に答《こた》へ奉《たてまつ》る爲《ため》に、至誠純忠《しせいじゆんちう》の一國民《こくみん》として、粉骨碎身《ふんこつさいしん》しなければならない責務《せきむ》があるのだ。

彼《かれ》はきつと脣《くちびる》を嚙《か》みしめたまゝ、暫《しばら》く身《み》じろぎもしなかつた。

二

牟田《むただ》作《さく》一は入營前《にふえいまへ》までは、家業《かげふ》の農業《のうげふ》に從事《じうじ》して、極《きは》め

て眞面目に働き、近隣きつての模範青年であつた。農耕の傍ら、孜々として讀書にいそしみ、習字に勵んだので、なまじつか上の學校に行つた連中よりも、能筆家で學力もついた。

步兵第四十八聯隊《ほへいだいしじふはちれんたい》に入營《にふえい》すると、その明敏《めいびん》な頭腦《づなう》と、眞《しん》摯《し》な性格《せいかく》は、上官《じやうくわん》の認《みと》むる所《ところ》となり、忽《たちま》ち成績《せいせき》は群輩《ぐんはい》を凌《しの》いで、上等兵《じやうとうへい》に昇進《しやうしん》し、やがて善行證書《ぜんかうしようしよ》、並《なら》びに下士適《かしてき》任證書《にんしようしよ》を授與《じゆよ》せられ、意氣揚々《いきやう〳〵》と歸鄕《ききやう》した。

町內《ちやうない》の人達《ひとたち》はこの樣《やう》な優秀《いうしう》な兵士《へいし》を、自分等《じぶんら》の所《ところ》から出《だ》したことを誇《ほこ》り、――山田《やまだ》の作《さく》一さんを見習《みなら》へ、といふのを、若者共《わかものども》への訓戒《くんかい》の言葉《ことば》とした程《ほど》で、何《なに》か事《こと》が起《おこ》ると、直《す》ぐ彼《かれ》の所《ところ》に持《も》つて來《き》た。

地方《ちはう》での優良青年《いうりやうせいねん》は、軍隊《ぐんたい》での模範兵《もはんへい》となり、軍隊《ぐんたい》での模範兵《もはんへい》は又必《またかなら》ず、地方《ちはう》での模範青年《もはんせいねん》と仰《あふ》がれる――といふ言葉《ことば》は、彼《かれ》の上《うへ》にぴつたり當《あ》て嵌《は》まつた眞理《しんり》で、彼《かれ》の感化《かんくわ》は町《まち》の後進青年達《こうしんせいねんたち》の間《あひだ》に浸潤《しんじゆん》し、いろ〳〵の不德《ふとく》な氣風《きふう》は次第《しだい》に影《かげ》を潛《ひそ》めて、牟田《むただ》作《さく》一は若《わか》き町《まち》の指導者《しだうしや》の位置《ゐち》におかれたかの如《ごと》く見《み》えた。

軍隊《ぐんたい》での嚴格《げんかく》な規律的訓練《きりつてきくんれん》を受《う》けて、身心共《しんしんとも》に一段《だん》と磨《みが》かれ、世《よ》に立《た》つてゆく上《うへ》に於《お》ける大《おほ》きな自信《じしん》を得《え》た彼《かれ》は除《ぢよ》隊《たい》の翌年《よくねん》の春《はる》、卽《すなは》ち明治《めいぢ》三十五年《ねん》の四月《ぐわつ》に、福岡縣《ふくをかけん》の巡査《じゆんさ》の試驗《しけん》を受《う》けてこれに合格《がふかく》し、任地《にんち》に赴《おもむ》いた。此處《こゝ》でも彼《かれ》は拔群《ばつぐん》の成績《せいせき》をあげて、將來《しやうらい》の出世《しゆつせ》を約束《やくそく》されてゐたが、二年目《ねんめ》の三十七年《ねん》には、日露《にちろ》の國交《こくかう》が斷絕《だんぜつ》して、露兵《ろへい》は續《ぞく》々と滿洲《まんしう》の野《や》に南下《なんか》し、日本《にっぽん》も亦《また》、乾坤一擲《けんこんいつてき》の大決心《だいけつしん》を以《もつ》て、皇軍《くわうぐん》を海《うみ》の彼方《かなた》に送《おく》り、亞細亞《アジア》の一角《かく》に、漠々《ばく〳〵》たる戰《せん》雲《うん》は漲《みなぎ》つたのである。

牟田《むただ》作《さく》一も直《たゞ》ちに召集令《せうしふれい》を受《う》けて、聯隊《れんたい》に馳《は》せつけた。

そして、六月《ぐわつ》の十五日《にち》に、長崎港《ながさきかう》を出發《しゆつぱつ》、蓋平《がいへい》、大石橋《だいせききやう》、海上《かいじやう》、鞍山店《あんざんてん》、金山嶺《きんさんれい》、首山堡《しざんぽ》、遼陽《れうやう》、と各地《かくち》に轉戰《てんせん》して彈《だん》雨《う》、砲煙《はうえん》の戰陣生活《せんぢんせいくわつ》にまみれ、意氣益々《いきます〳〵》揚《あが》つた時《とき》に、沙《さ》河《か》の會戰《くわいせん》だ。

嗚呼《あゝ》、恨《うら》みは長《なが》き沙河《さか》の戰鬪《せんとう》。

敵《てき》の銃彈《じうだん》は無慘《むざん》に左足《さそく》を打貫《うちつらぬ》いて、彼《かれ》は燃《も》ゆるが如《ごと》き憤《ふん》怒《ぬ》の念《ねん》を抱《いだ》きつゝも、痍《きず》つける身《み》の詮《せん》すべもなく、戰陣《せんぢん》を退《しりぞ》いて、野戰病院《やせんびやうゐん》に空《むな》しく呻吟《しんぎん》の日《ひ》を送《おく》らねばならぬ運命《うんめい》となつた。

『軍醫殿《ぐんいどの》、早《はや》く癒《なほ》して下《くだ》さい。牟田《むただ》は戰友《せんいう》の仇《かたき》を取《と》りにゆかねばなりません』

己《おの》れの傷《きず》の重《おも》きも忘《わす》れて、彼《かれ》は口惜《くちを》しげに叫《さけ》ぶのだつた。

『いや、癒《なほ》してやりたいのは山々《やま〳〵》だが、お前《まへ》の傷《きず》は少《すこ》し深《ふか》過《す》ぎる。或《あるひ》は二度《ど》と銃《じう》を持《も》つことは出來《でき》ないかも知《し》れぬぞ』

『えつ？』

彼《かれ》の面《おもて》は、悲痛《ひつう》な驚《おどろ》きの爲《ため》に歪《ゆが》んだ。

遂《つひ》に彼《かれ》は內地《ないち》に送還《さうくわん》されて、左大腿部《ひだりだいたいぶ》を切斷《せつだん》し、三十八年《ねん》の六月《ぐわつ》十日《か》を以《もつ》て、兵役《へいえき》を免除《めんぢよ》された。

彼《かれ》は寢臺《しんだい》の枕《まくら》を摑《つか》んで、男泣《をとこな》きに泣《な》いた。

不具者《ふぐしや》になつたのが、悲《かな》しいのではない。二度《ど》ともとの職業《しよくげふ》に就《つ》くことの出來《でき》ぬのが辛《つら》いのでもない。幾多《いくた》の戰友《せんいう》を殺《ころ》し、而《しか》して己《おの》れを沙河《さか》の赤土《あかつち》の上《うへ》に叩《たゝ》きつけた。憎《にく》む可《べ》き露軍《ろぐん》に對《たい》して、報復《はうふく》の銃火《じうくわ》を浴《あ》びせてやる日《ひ》が、永遠《えいゑん》に巡《めぐ》つて來《こ》ないか、と思《おも》ふと、腸《はらわた》をかきむしられる樣《やう》な氣《き》がしたのであつた。

三

名譽《めいよ》ある負傷者《ふしやうしや》として、郷里《きやうり》に歸《かへ》つて後《のち》、彼《かれ》は暫《しばら》く家《いへ》で、靜養《せいやう》の日《ひ》を送《おく》り、專《もつぱ》ら書物《しよもつ》に親《した》しんでゐた。

併《しか》し何時《いつ》までも遊《あそ》んでゐる事《こと》は、境遇《きやうぐう》が許《ゆる》さぬし、且《か》つ彼《かれ》の樣《やう》に勤勉力行《きんべんりきかう》の精神《せいしん》に富《と》んだ若者《わかもの》にとつて、無爲《むゐ》の生活《せいくわつ》は堪《た》えられるものではない。

恩賜《おんし》の義肢《ぎし》をつけて、歩行《ほかう》の練習《れんしふ》をし、健康《けんかう》の保持《ほぢ》につとめ乍《なが》ら、職《しよく》を求《もと》めてゐると、以前《いぜん》から彼《かれ》の眞面目《まじめ》な性行《せいかう》に感心《かんしん》してゐた町《まち》の有志達《いうしたち》が奔走《ほんそう》してくれて、神崎町役場《かんざきまちやくば》の書記《しよき》に任命《にんめい》され、以來明治《いらいめいぢ》四十一年《ねん》に家事《かじ》の都合《つがふ》で辭任《じにん》するまで、篤實《とくじつ》に勤務《きんむ》を續《つゞ》けた。

ぞして四十三年《ねん》の五月《ぐわつ》に、佐賀區裁判所神崎出張所《さがくさいばんしよかんざきしゆつちやうしよ》で、登記事務《とうきじむ》に關《くわん》する代書業《だいしよげふ》を始《はじ》め、併《あは》せて、收入印紙《しうにふいんし》の賣捌《うりさばき》を爲《な》しつゝ、年收《ねんしう》は千圓以上《えんいじやう》を上《あ》げるに至《いた》つた。

この間《かん》、彼《かれ》は我國《わがくに》にとつて重大《ぢうだい》なる纎維工業《せんゐこうげふ》に目《め》を付《つ》けた。日本《にほん》の將來《しやうらい》を思《おも》ふ時《とき》、彼《かれ》は日本《にほん》に纎維植物《せんゐしよくぶつ》の少《すくな》いことに氣《き》がついた。こゝに彼《かれ》は私費《しひ》を投《とう》じてマオランの研究《けんきう》を數年來《すうねんらい》つゞけ、その栽培《さいばい》がこの土地《とち》に適《てき》してゐることを確《たしか》めるや、村民《そんみん》に對《たい》してその栽培《さいばい》を說《と》き薦《すゝ》めた。その成果《せいくわ》は漸《やうや》く芽《め》を出《だ》し、今《いま》や郡内《ぐんない》に六百人《にん》の栽培者《さいばいしや》をみるに至《いた》り、マオラン栽培神崎郡組合《さいばいかんざきぐんくみあひ》までが成立《せいりつ》し、彼《かれ》はその組合長《くみあひちやう》におされて組合《くみあひ》の中心人物《ちうしんじんぶつ》となり、義足《ぎそく》の身《み》を以《もつ》て東奔西走《とうほんせいそう》、指導奬勵《しだうしやうれい》にあたつてゐる。今《いま》や、斯業《しげふ》は漸《やうや》く發展《はつてん》し、組合員《くみあひゐん》からは生《う》みの親《おや》としての信望《しんばう》と尊敬《そんけい》をうけてゐる。聞《き》くところによれば、組合員《くみあひゐん》は次回《じくわい》の縣會議員選擧《けんくわいぎゐんせんきよ》には彼《かれ》をおし立《た》てようと、より〳〵計畫中《けいくわくちう》だといふが、この方面《はうめん》からの收入《しうにふ》も相當《さうたう》にあり、安樂《あんらく》な生活《せいくわつ》を送《おく》りつゝある。

彼《かれ》が戰爭《せんさう》で片足《かたあし》を失《うしな》つても、些《いさゝ》かも生活《せいくわつ》に困《こま》る事《こと》のなかつたのは、靑少　時代《せいせうねんじだい》からの、彼《かれ》の勤直《きんちよく》で向上心《かうじやうしん》に富《と》んだ性行《せいかう》が鄕人《きやうにん》の間《あひだ》に深《ふか》い信望《しんばう》を博《はく》して居《を》つた一點《てん》に起因《きいん》する。

非常時日本《ひじやうじにつぽん》の靑年諸君《せいねんしよくん》よ！　これを見《み》ても、平常《へいじやう》に於《お》ける生活態度《せいくわつたいど》の如何《いかん》が、どんなに人《ひと》一生《しやう》の運命《うんめい》を支配《しはい》するかが判《わか》るであらう。砲火《はうくわ》の閃《ひらめ》く所《ところ》にだけ戰爭《せんさう》があるのではない。鍬《くは》を握《にぎ》り、ハンマーを振《ふる》ふ。そこが、卽《すなは》ち御身等《おみら》にとつての、日常不斷《にちじやうふだん》の貴《たつと》き戰場《せんぢやう》であるのだ。

深《しん》夜《や》の怪《くわい》燈《とう》

＝夜《よ》の目《め》も寢《ね》ず働《はたら》いた井上重吉氏《ゐのうへぢうきちし》＝

本籍地　埼玉縣南埼玉郡大山村[redacted]
[redacted]
負傷程度　左大腿骨折盲貫銃創

一

『おや、今頃店《いまごろみせ》に灯《ひ》りがついてゐるが、どうしたのだらう』

福田足袋店《ふくだたびてん》の主人《しゆじん》は、眞夜中《まよなか》に便所《べんじよ》に起《お》きて、店《みせ》から灯《あか》りが洩《も》れるのを見《み》つけ、不審《ふしん》の眉《まゆ》をひそめた。

『もしや泥棒《どろぼう》でも――』

そつと窺《のぞ》いて見樣《みやう》と、ぬき足《あし》さし足《あし》、店《みせ》の間《ま》に近《ちか》づき、障子《しやうじ》の隙間《すきま》から目《め》を光《ひか》らせた。

と――、そこには、一人《ひとり》の靑年《せいねん》が、裁《た》ち板《いた》の上《うへ》にかがみこんで、豆《まめ》ランプの光《ひか》りをたよりに、せつせと足袋《たび》を縫《ぬ》つてゐる。

――なあんだ、あれは此間見習《このあひだみならひ》に這入《はい》つたばかりの重吉《ぢうきち》ぢやないか。

泥棒《どろぼう》でないと分《わか》つたので、ほつとしたものの、併《しか》し重吉《ぢうきち》が何《なん》の爲《ため》に、こんなに遲《おそ》くまで仕事《しごと》をしてゐるのか？　あ奴《いつ》は、家《いへ》が貧《まづ》しいし、それに戰爭《せんさう》で不具者《ふぐしや》になつてから、變《へん》に無口《むくち》で、暗《くら》い顏《かほ》をしてゐるが、ひよつとすると、主人《しゆじん》の目《め》を掠《かす》めて、足袋《たび》を盜《ぬす》んだりするのではなからうか？

などと、漠《ばく》たる疑《うたが》ひが湧《わ》いて來《き》て、暫《しば》らく重吉《ぢうきち》のすることを眺《なが》めてゐたが、重吉《ぢうきち》は唯《たゞ》一生懸命《しやうけんめい》、針《はり》を運《はこ》んでゐるだけで、一向變《かうかは》つた素振《そぶ》りをするでもなかつた。

『重吉《ぢうきち》！』

主人《しゆじん》は聲《こゑ》をかけて、障子《しやうじ》を開《あ》けた。重吉《ぢうきち》はびつくりして頭《あたま》を上《あ》げ、

『あ、旦那《だんな》ですか――』といつたが、惡《わる》いことを發見《みつ》けられたかの樣《やう》に、眞赤《まつか》になつて目《め》を伏《ふ》せた。

『何《なに》をしてゐるんだ、こんな夜中《よなか》に』

『はい――、相濟《あひす》みません』

『仕事《しごと》なら晝間《ひるま》にするがよい。こそ〳〵と泥棒《どろぼう》の樣《やう》に、そんな所《ところ》で――。灯《あか》りが點《つ》いてゐたから、びつくりしたぞ』

と言《い》ひ乍《なが》ら、重吉《ぢうきち》がやりかけてゐた足袋《たび》を見《み》て、

『そんな拙《まづ》い物《もの》を作《つく》つて、誰《だれ》にやらうといふんだね』

と揶揄《からか》つた。重吉《ぢうきち》はいよ〳〵深《ふか》く俯《うなだ》れて、

『誰《だれ》にやらうといふ譯《わけ》でもございませんが、一日《にち》も早《はや》く、一人前《にんまへ》の職人《しよくにん》になりたいと思《おも》ひまして、晝間《ひるま》習《なら》つた縫方《ぬひかた》を練習《れんしふ》して居《を》つたのです』

その眞劍《しんけん》な返事《へんじ》を聞《き》くと、主人《しゆじん》は少《すこ》し面喰《めんくら》つた形《かたち》で、まじ〳〵と重吉《ぢうきち》の顏《かほ》を凝視《みつ》めた。重吉《ぢうきち》の眼《め》は、思《おも》ひなしか、淚《なみだ》ぐんでゐる樣《やう》で、

『私《わたし》の樣《やう》な不器用《ぶきよう》で、その上不具者《うへかたわもの》は、餘程心《よほどこゝろ》がけませんと、皆《みな》さんにとつて却《かへ》つてお邪魔《じやま》になるばかりです。斯《か》うして、親切《しんせつ》に私《わたし》を置《お》いて下《くだ》さる御主人《ごしゆじん》に對《たい》しても、優《やさ》しく勞《いたは》つて下《くだ》さる店《みせ》の方々《かた〴〵》に對《たい》しても、早《はや》く仕事《しごと》が出來《でき》る樣《やう》にならなければ申譯《まをしわけ》がないと考《かんが》へまして、毎晩《まいばん》二三時間《じかん》づつ稽古《けいこ》してゐるのでございますが、お目障《めざは》りになりましたら、止《や》めますから御勘辨下《ごかんべんくだ》さいませ』

『さうか。さうだつたのか』

主人《しゆじん》は、強《つよ》く胸《むね》を衝《う》たれて、熱《あつ》いものが咽喉《のど》もとにこみ上《あ》げて來《く》るのを感《かん》じた。斯《こ》んな眞面目《まじめ》な、こんなしほらしい心掛《こゝろがけ》とも知《し》らないで、疑《うたぐ》つたり、揶揄《からか》つたりしたことが濟《す》まない樣《やう》な氣《き》がし出《だ》したのである。

『いや決《けつ》して目障《めざはり》だとか、何《なん》とか言《い》ふ譯《わけ》ではないが――併《しか》し、そんなに根《こん》をつめては、身體《からだ》にさはるよ』

『有難《ありがた》うございます』

『お前《まへ》がそんな心《こゝろ》がけで勵《はげ》むのだつたら、私《わたし》も明日《あす》から、一生懸命《しやうけんめい》に敎《をし》へてやらう。なあに、不器用《ぶきよう》でも、不細工《ぶさいく》でも、熱心《ねつしん》さへあれば、人《ひと》にやれることだ、お前《まへ》にだつて直《す》ぐ上手《じやうず》になれる私《わたし》も長年《ながねん》、この商賣《しやうばい》をやつてゐるけれ共《ども》、お前《まへ》の樣《やう》に熱心《ねつしん》な人《ひと》は始《はじ》めて見《み》た。その意氣《いき》でやりぬきなさい、きつと成功《せいこう》するよ』

『は……はい』

重吉《ぢうきち》は膝《ひざ》の上《うへ》に淚《なみだ》を落《おと》してゐた。

二

井上重吉《ゐのうへぢうきち》の家《いへ》は埼玉縣南埼玉郡大山村大字荒井新田《さいたまけんみなみさいたまぐんおほやまむらおほあざあらゐしんでん》で、家《いへ》は代々《だい〳〵》の土着《どちやく》の百姓。重吉《ぢうきち》はそこの三男《なん》であつたが、貧《ひん》農《のう》の家《いへ》に生《うま》れた者《もの》の常《つね》として、早《はや》くから家業《かげふ》を手傳《てつだ》はさせられた。

どちらかといへば、鈍重《どんぢう》な性格《せいかく》で、どんなに辛《つら》いことがあつても、じつと腹《はら》の中《なか》で噛《か》み殺《ころ》して、愚痴《ぐち》もこぼさず、不平《ふへい》も鳴《な》らさず、素直《すなほ》に、勤勉《きんべん》に、農事《のうじ》に精《せい》を出《だ》す朴訥《ぼくとつ》な若者《わかもの》だつたので、兩親《りやうしん》や兄達《あにたち》から可愛《かあい》がられ、村《そん》の人達《ひとたち》にも氣受《きう》けがよかつた。

徵兵檢査《ちようへいけんさ》には合格《がうかく》したが、殘念乍《ざんねんなが》ら、第一補充兵《だいほじうへい》に廻《まは》されて、入營《にふえい》は出來《でき》なかつた。

兩親達《りやうしんたち》は、一人《ひとり》でも人手《ひとで》の多《おほ》いことを望《のぞ》んでゐたので、結局《けつきよく》その方《はう》を喜《よろこ》んだが、彼《かれ》は、朋輩《ほうばい》の誰彼《たれかれ》が、軍服《ぐんぷく》を着《き》て、劍《けん》を下《さ》げて颯爽《さつさう》たる姿《すがた》で歸省《きせい》して來《く》るのを見《み》たりすると、流石《さすが》に羨《うら》やましくてたまらず、自分《じぶん》の不運《ふうん》が嘆《なげ》かれるのだつた。

殊《こと》にその頃《ごろ》は、日露《にちろ》の風雲《ふううん》が、漸《やうや》く怪《あや》しくなつて、轟々《ぐわう〳〵》たる國論《こくろん》が沸騰《ふつとう》し、どうせ一戰爭《せんさう》なくては濟《す》まなさうな、緊張《きんちやう》した空氣《くうき》が津《つ》々浦々《うら〳〵》まで流《なが》れてゐる時代《じだい》である。

『ロシヤを征伐《せいばつ》するとなると、俺達《おれたち》が一番《ばん》に出《で》て行《い》つて働《はたら》くんだぜ』

兵隊《へいたい》になつた連中《れんちう》は、昂然《こうぜん》として肩《かた》を聳《そび》やかして見《み》せた。彼等《かれら》は實際《じつさい》、若者達《わかものたち》の間《あひだ》では、一躍英雄《やくえいゆう》になつたかの如《ごと》き觀《くわん》があつたのだ。

――俺《おれ》だつて、いざとなれば、彼等《かれら》に負《ま》けるものか。天《てん》子樣《しさま》の爲《ため》に、日本《にっぽん》の爲《ため》に、きつと大《おほ》きな手柄《てがら》を立《た》てて見《み》せるぞ。

温和《おとな》しい重吉《ぢうきち》は、心《こゝろ》の中《なか》で叫《さけ》んで、戰爭《せんさう》の始《はじ》まるのを待《ま》つてゐた。明治《めいぢ》三十七年《ねん》、遂《つひ》に、日露《にちろ》の戰火《せんくわ》は交《まじ》へられ、軍隊《ぐんたい》はどしどし滿洲《まんしう》に渡《わた》る。

勝《か》つか？　負《ま》けるか？……日本興亡《にっぽんこうばう》の秋《とき》である。國中《くにぢう》をあげて、熱狂《ねつきやう》の嵐《あらし》が吹《ふ》きまくつた。

そして、待《ま》ちに待《ま》つた召集令狀《せうしふれいじやう》が、遂《つひ》に彼《かれ》にも配《くば》られて來《き》た。彼《かれ》は躍上《をどりあが》らんばかりに勇《いさ》み立《た》つて、その年《とし》の八月《ぐわつ》、歩兵第三聯隊補充大隊第一中隊《ほへいだいれんたいほじうだいたいだいちうたい》に入隊《にふたい》し、九月《ぐわつ》の半《なか》ばまで教育《けういく》を受《う》けて、野戰隊補充《やせんたいほじう》の爲《ため》に、愈々出征《いよ〳〵しゆつせい》の途《と》につくことになつた。

そして、十一月《ぐわつ》二十六日《にち》、彼《かれ》の所屬《しよぞく》する隊《たい》は、三里《り》橋北《けうほく》方高地《はうかうち》で、優勢《いうせい》なる敵軍《てきぐん》と出會《しゆつくわい》し、猛烈果敢《まうれつくわかん》な戰鬪《せんとう》を開《かい》始《し》した。シユーツ〳〵と敵彈《てきだん》の飛來《ひらい》する下《した》で、彼《かれ》は、沈着《ちんちやく》に射撃《しやげき》を續《つゞ》けた。僅《わづ》か一月餘《つきあま》りの戰陣生活《せんぢんせいくわつ》だつたが、もう彈《たま》の音《おと》にも慣《な》れて、意氣地《いくぢ》なくお辭儀《じぎ》する樣《やう》なことはなくなつてゐたのだ。

烈《はげ》しい射《う》ち合《あ》ひの後《のち》、敵《てき》は少《すこ》し崩《くず》れ立《た》つて見《み》えた。勇敢《ゆうかん》な我軍《わがぐん》の兵《へい》は、こゝぞとばかり、前《まへ》へ〳〵と出《で》て猛射《まうしや》を浴《あ》びせる。重吉《ぢうきち》も負《ま》けじとばかり起《た》ち上《あが》つて、二三間先《げんさき》の凹地《あふち》を見《み》つけ、そこに據《よ》らうと駈《か》け出《だ》した。

と、突然《とつぜん》、左足《ひだりあし》が利《き》かなくなつて、ばつたりとつんのめつた。次《つぎ》か瞬間《しゆんかん》、燒《や》けつく樣《やう》な腿《もゝ》の痛《いた》み。

『糞《くそ》ッ。やりやがつたな』

彼《かれ》は齒嚙《はが》みしつつ、その儘伏《まゝふ》せの姿勢《しせい》になつて、どんどん射《う》ちまくつた。それは無我夢中《むがむちう》の動作《どうさ》で、何時《いつ》の間《ま》にか

傷《きず》の痛《いた》みも打忘《うちわす》れ、敵《てき》が退却《たいきやく》し始《はじ》めた時《とき》には、『萬歳《ばんざい》ッ！』と叫《さけ》んで、進撃《しんげき》し樣《やう》としたのだつたが、殘念《ざんねん》乍《なが》ら、もう鮮血《せんけつ》はべつとりと服《ふく》を濡《ぬ》らして、一歩《ぽ》も歩《ある》くことは出來《でき》ない。左大腿骨折盲貫銃創《ひだりだいたいこつせつもうくわんじうさう》であつた。

涙《なみだ》をのんで野戰病院《やせんびやうゐん》に送《おく》られ、そこから又東京豫備病院《またとうきやうよびびやうゐん》に送還《そうくわん》されて、遂《つひ》に左足《さそく》を失《うしな》つた。

三

足《あし》の自由《じいう》を失《うしな》つては、再《ふたゝ》び農業《のうげふ》に就《つ》くことは出來《でき》ない。かと云《い》つて、彼《かれ》の家《いへ》は、勿論彼《もちろんかれ》を遊《あそ》ばせておく程《ほど》の餘裕《よゆう》はない。

『何《なに》をやつたらいいか』

彼《かれ》は熱心《ねつしん》に考《かんが》へた。そして思《おも》ひついたのが、同《おな》じ村《むら》の柴《しば》山《やま》にある、福田足袋店《ふくだたびてん》の、足袋縫工《たびぬひこう》である。これなれば、坐《すは》つてゐて出來《でき》るのだから、不具者《ふぐしや》にでもやれる譯《わけ》だ。

彼《かれ》は、福田足袋店《ふくだたびてん》の主人《しゆじん》に頼《たの》んで、見習工《みならひこう》に住《す》みこんだ。持《も》ち慣《な》れぬ針《はり》を持《も》ち、使《つか》ひ慣《な》れぬ鋏《はさみ》を使《つか》ふことは、戰爭《せんさう》の苦痛《くつう》にも、傷《きず》の痛《いた》みにもまして辛《つら》かつたが、貧《まづ》しい自分《じぶん》の家《いへ》を思《おも》ひ、不自由《ふじいう》な自分《じぶん》の身體《からだ》を顧《かへり》みる時《とき》、此處《こゝ》が一生《しやう》の大難關《だいなんくわん》、この關所《せきしよ》を越《こ》えねば、自分《じぶん》は遂《つひ》に廢人《はいじん》となつて了《しま》ふのだ――と血《ち》の涙《なみだ》を呑《の》んで、彼《かれ》は頑張《ぐわんば》つたのだつた。

その頑張《ぐわんば》りが、深夜《しんや》の怪燈《くわいとう》となつて、主人《しゆじん》の眼《め》に止《とま》つてしまつたのである。主人《しゆじん》は、それからといふもの、我子《わがこ》の如《ごと》く重吉《ぢうきち》を勞《いた》はり勵《はげ》まし、手《て》を取《と》つて仕事《しごと》を教《をし》へてくれた。彼《かれ》が何《なに》か不調法《ぶてうはふ》をしでかした時《とき》、他《た》の店員《てんゐん》が、

『跛《ちんば》さんには困《こま》つたもんだね』

などと笑《わら》ひでもし樣《やう》ものなら、自分《じぶん》の惡口《あくこう》を言《い》はれた樣《やう》に、眞赤《まつか》になつて怒《おこ》るのであつた。

彼《かれ》の腕《うで》はめき〳〵と上《あが》つた。

そして、二年目《ねんめ》には自分《じぶん》の家《いへ》で、獨立《どくりつ》して足袋縫仕事《たびぬひしごと》をやれるまでになり、その親切叮嚀《しんせつていねい》な商《あきな》ひ振《ぶ》りは、忽《たちま》ちに人《ひと》人《ひと》の信用《しんよう》を博《はく》して、充分《じうぶん》に自活《じくわつ》の道《みち》を開《ひら》くことが出來《でき》た。

現在《げんざい》では、本職《ほんしよく》の傍《かたは》ら、小學校兒童《せうがくかうじどう》の學用品《がくようひん》などを賣《う》つて、村童達《そんどうたち》から優《やさ》しいおぢさんとして慕《した》はれてゐるが、その長年《ながねん》の勤儉努力《きんけんどりよく》の實《み》は結《むす》んで、家《いへ》の建替《たてかへ》も完成《くわんせい》し、商賣《しやうばい》は益々《ます〳〵》繁盛《はんじやう》して、惠《めぐ》まれた平和《へいわ》の日《ひ》が續《つゞ》いてゐる――。

一流《りう》の實業家《じつげふか》

――負傷《ふしやう》を忘《わす》れて働《はたら》いた井上丑太郎氏《ゐのうへうしたらうし》――

本籍地	徳島縣徳島市[redacted]
負傷程度	右足趾間盲貫銃創

一

徳島縣《とくしまけん》の徳島市《とくしまし》にある、多田商行《ただしやうかう》といへば、諸機械附屬《しよきかいふぞく》品販賣業株式會社《ひんはんばいげふかぶしきくわいしや》として、地方的《ちはうてき》に有名《いうめい》な會社《くわいしや》で、當今《たうこん》の不況時代《ふきやうじだい》にも不拘《かゝはらず》、堅實《けんじつ》なる營業方針《えいげふはうしん》の上《うへ》に立《た》ち、隆々《りう〳〵》たる發展《はつてん》を見《み》せてゐるが、此《こ》の社《しや》を背負《せを》つて一切《さい》の切廻《きりまは》しをやつてゐるのは、井上丑太郎《ゐのうへうしたらう》といふ、當年《たうねん》六十一歳《さい》の常務《じやうむ》取締役《とりしまりやく》である。

井上常務《ゐのうへじやうむ》は、常識圓滿《じやうしきゑんまん》にして、識見高《しきけんたか》く、頗《すこぶ》るの精勵家《せいれいか》で、徳島實業界《とくしまじつげふかい》に信望《しんばう》の厚《あつ》い人《ひと》であるが、唯《たゞ》ひとつ、人《ひと》と變《かは》つた面白《おもしろ》い癖《くせ》を持《も》つてゐる。

それは『井上《ゐのうへ》さんの片胡座《かたあぐら》』と云《い》つて、椅子《いす》に腰《こし》かけてゐる時《とき》、必《かなら》ず右足《みぎあし》を、左《ひだり》の内腿《うちもゝ》にばたりとくつゝけることだ。井上氏《ゐのうへし》は長年《ながねん》の間《あひだ》、この片胡座《かたあぐら》をもつて營々《えい〳〵》と仕事《しごと》をやつて來《き》た。机《つくえ》に向《むか》つて事務《じむ》を執《と》り出《だ》したが最後《さいご》、一分《ぶん》一秒《べう》も休《やす》まず、端然《たんぜん》と片胡座《かたあぐら》を組《く》んで奮鬪《ふんとう》する。見樣《みやう》によつては、それが、坐禪《ざぜん》三昧《まい》に這入《はい》つてゐるかの如《ごと》く感《かん》ぜられる貌《かたち》だ。

併《しか》し、この有名《いうめい》な『井上《ゐのうへ》さんの片胡座《かたあぐら》』は、決《けつ》して彼《かれ》が豪傑流《がうけつりう》の行儀《ぎやうぎ》はずでやつてゐるのでもなければ、わざと奇癖《きへき》を發揮《はつき》してゐるのでもない。彼《かれ》、井上丑太郎氏《ゐのうへうしたらうし》は不具者《ふぐしや》なのだ。彼《かれ》の右足《みぎあし》は、明治《めいぢ》三十七年《ねん》、八月《ぐわつ》三十一日《にち》の首山堡奪取戰《しゆざんぽだつしゆせん》で、敵彈《てきだん》の爲《ため》に打碎《うちくだ》かれたのである。

だから彼《かれ》は、絶《た》えずこの傷《きず》つける足《あし》を、左腿《ひだりもゝ》に押《お》しつけて暖氣《だんき》を通《かよ》はせ、冷却《れいきやく》から來《く》る疼痛《とうつう》を防《ふせ》いで居《ゐ》るのだ。

二

彼《かれ》の出生地《しゆつせいち》は徳島市寺島町字本町《とくしましてらしままちあざほんまち》で、明治《めいぢ》二十七年《ねん》に、現役兵《げんえきへい》として、丸龜《まるがめ》の歩兵第十二聯隊《ほへいだいれんたい》に入隊《にふたい》した。溫厚《をんこう》で、眞面目《まじめ》な性格《せいかく》の上《うへ》に、頭《あたま》も俊敏《しゆんびん》だつたので、忽《たちま》ち隊中《たいちう》の模範兵《もはんへい》になり、上等兵《じやうとうへい》に昇進《しやうしん》して屢々善行證書《しば〳〵ぜんかうしようしよ》を授與《じゆよ》された。

そして三十七年《ねん》、日露大戰《にちろたいせん》が起《おこ》ると、充員召集《じうゐんせうしふ》の命《めい》を受《う》け、六月《ぐわつ》に入隊《にふたい》し、間《ま》もなく滿洲《まんしう》に出征《しゆつせい》した。

當時《たうじ》、滿洲出征軍《まんしうしゆつせいぐん》を二大別《だいべつ》して、旅順攻圍軍《りよじゆんこうゐぐん》、野戰北進《やせんほくしん》軍《ぐん》と言《い》つて居《を》つたが、彼《かれ》は北進軍《ほくしんぐん》の中央軍《ちうわうぐん》たる野津道貫將《のづみちつらしやう》軍《ぐん》の統率《とうそつ》する第四軍《だいぐん》の、後備混成第十一旅團《こうびこんせいだいりよだん》、後備歩兵第《こうびほへいだい》十二聯隊第二中隊《れんたいだいちうたい》に屬《ぞく》し、日露戰史《にちろせんし》に名高《なだか》い首山堡奪取戰《しゆざんぽだつしゆせん》に參加《さんか》することになつた。

首山堡《しゆざんぽ》の奪取《だつしゆ》は、遼陽攻擊《れうやうこうげき》の序幕《じよまく》として、重大《ぢうだい》な意義《いぎ》を有《いう》するもので、我軍《わがぐん》は悉《こと〴〵》く決死《けつし》の覺悟《かくご》を以《もつ》て敵《てき》の銃火《じうくわ》の中《なか》に躍《をど》りこんだのだつた。

遼陽城頭夜《れうやうじやうとうよ》は更《ふ》けて
明有月《ありあけづき》の影凄《かげすご》く
霧《きり》立《た》ち罩《こむ》る高粱《かうりやう》の
中《なか》なる塹壕聲絶《ざんがうこゑた》えて――

悲慘凄絶《ひさんせいぜつ》なる軍歌《ぐんか》に唄《うた》はれてゐる。軍神橘中佐《ぐんしんたちばなちうさ》の戰死《せんし》も、この戰《たゝかひ》だ。

山上《さんじやう》を乘取《のりと》つては又乘取《またのりと》られ、屍山血河《しざんけつか》の未曾有《みぞう》の大激《だいげき》戰《せん》――。すき間《ま》もなく飛來《ひらい》する彈雨《だんう》の中《なか》を、我軍《わがぐん》の將士《しやうし》は傍目《わきめ》もふらず突擊《とつげき》した。その中《なか》に伍《ご》して、彼《かれ》も眥《まなじり》を裂《さ》き、齒《は》を喰《く》ひ縛《しば》つて、濠《みぞ》を飛《と》び、石礫《せきれき》を蹴飛《けと》ばし、猛進《まうしん》を續《つゞ》けたのであるが、何時《いつ》しか全身《ぜんしん》に輕傷《けいしやう》を負《を》ふて、服《ふく》は破《やぶ》れ、血汐《ちしほ》は滲《にじ》み、足《あし》の運《はこ》びも重《おも》くなつた。

なあに、これしきのことにッ。――彼《かれ》は全身《ぜんしん》の勇氣《ゆうき》を奮《ふん》起《き》して、尙《なほ》も戰線《せんせん》を前《まへ》へ、前《まへ》へと進《すゝ》んだ。

と、右足《みぎあし》にギリッ〳〵と激《はげ》しい痛《いた》みを感《かん》じて、撞《だう》と轉《ころ》んだ。やられたのだ。――未《ま》だ〳〵命《いのち》は奪《と》られない。呼吸《いき》のある限《かぎ》りは戰《たゝか》ふぞ！

心《こゝろ》で絶叫《ぜつけう》して、銃《じう》を杖《つゑ》に起上《おきあが》らうとしたが、どうしても起《た》てない。銃彈《じうだん》は右足趾間《うそくしかん》を貫通《くわんつう》して、完全《くわんぜん》に彼《かれ》の歩行機《ほかうき》能《のう》を奪《うば》ひ去《さ》つたのだつた。

この重傷《ぢうしやう》を蒙《かうむ》つては、いくら彼《かれ》が心逸《こゝろはや》つても再《ふたゝ》び戰線《せんせん》に

立《た》つことは出來《でき》ない。無念《むねん》の涙《なみだ》を呑《の》み乍《なが》ら野戰病院《やせんびやうゐん》に送《おく》られ、そこから又內地《またないち》に送還《そうくわん》されて、各地《かくち》の豫備病院《よびびやうゐん》を轉々《てん／＼》したが、どうしても元通《もとどほ》りの脚力《きやくりよく》を恢復《くわいふく》することは難《むつか》しかつた。そして三十九年《ねん》の二月《ぐわつ》に兵役《へいえき》を免除《めんぢよ》され、郷里《きやうり》に起臥《きぐわ》する身《み》とはなつた。

三

彼《かれ》が郷里《きやうり》に歸《かへ》ると間《ま》もなく、德島縣《とくしまけん》に步兵第《ほへいだい》二十二旅團《りよだん》司令部《しれいぶ》、並《ならび》に步兵第《ほへいだい》六十二聯隊《れんたい》が設置《せつち》せられたので、これに順應《じゆんおう》して、四十一年《ねん》の秋《あき》、旭株式會社《あさひかぶしきくわいしや》なる陸軍用達社《りくぐんようたつしや》が創設《さうせつ》され、彼《かれ》はその社《しや》から乞《こ》はれて書記《しよき》に就任《しうにん》した。

足《あし》こそ人《ひと》よりも不自由《ふじいう》であるが、勤勉實直《きんべんじつちよく》な性格《せいかく》は重役《ぢうやく》の信賴《しんらい》をかち得《え》て、彼《かれ》は社《しや》になくてはならぬ重要《ぢうえう》な人物《じんぶつ》となつた。所《ところ》がやがて或《あ》る事情《じじやう》によつてその會社《くわいしや》は解散《かいさん》したので、清算事務《せいさんじむ》を引《ひ》き受《う》け、これを終《おは》ると共《とも》に翌日《よくじつ》四十二年《ねん》一月成立《ぐわつせいりつ》した、阿波煙草元賣捌《あはたばこもとうりさばき》合名會社《がうめいくわいしや》の社長《しやちやう》から懇望《こんもう》され、又書記《またしよき》として調査課《てうさくわ》に勤《つと》めることになつた。

其後《そのご》、煙草專賣法《たばこせんばいはふ》が實施《じつし》されて、同社《どうしや》は、煙草元賣捌人《たばこもとうりさばきにん》の西野謙四郎氏《にしのけんしらうし》が讓《ゆう》り受《う》け、事業經營《じげふけいえい》を續《つゞ》ける樣《やう》になつたのであるが、西野謙四郎氏《にしのけんしらうし》は元衆議院議員《もとしゆぎゐんぎゐん》で、人《ひと》も知《し》る、德島實業界《とくしまじつげふかい》の大御所《おほごしよ》だ。流石《さすが》にその人物《じんぶつ》を見《み》ぬく炯眼《けいがん》は銳《するど》く一介《かい》の書記《しよき》井上丑太郎《ゐのうへうしたらう》を登庸《とうよう》して、販賣主任《はんばいしゆにん》の地位《ちゐ》に据《す》えたのだつた。西野氏《にしのし》の知遇《ちぐう》に感激《かんげき》した彼《かれ》は、粉骨碎身《ふんこつさいしん》、職務《しよくむ》に當《あた》つてめき／＼と成績《せいせき》をあげ、事業的手腕《じげふてきしゆわん》の凡《ぼん》ならざるを示《しめ》しつゝ、大正《たいしやう》六年《ねん》に至《いた》つた。

もと／＼との營業《えいげふ》は一定《てい》の方針《はうしん》が立《た》ちさへすれば、後《あと》は何人《なんぴと》にでも出來《でき》得《え》る仕事《しごと》であるから、彼《かれ》はこれを後進者《こうしんしや》に讓《ゆう》りたいと思《おも》つてゐた。ところへ、丁度求《ちやうどもと》むる人《ひと》があつたので、その方《はう》へ轉向《てんかう》した。

それは四國《こく》四縣《けん》に於《お》ける社會事業家《しやくわいじげふか》として、第一人者《だいにんしや》たる、德島毎日新聞社長《とくしまいにちしんぶんしやちやう》、多田爲太郎氏《ただためたらうし》であつた。そこで德島毎日《とくしままいにち》の廣告部主任《くわうこくぶしゆにん》となり、勤續《きんぞく》一年餘《ねんよ》にして、多田社長《ただしやちやう》の經營《けいえい》する株式會社日本化學工業所技術部主任《かぶしきくわいしやにつぽんくわがくこうげふしよぎじゆつぶしゆにん》に轉《てん》じた。そこに在《あ》ること二年《ねん》、更《さら》に現在《げんざい》の多田商行《ただしやうかう》の支配人《しはいにん》として移《うつ》つたのが大正《たいしやう》九年《ねん》の八月《ぐわつ》で、その後社長及《しやちやうおよ》び株主《かぶぬし》一同《どう》の絕對信望《ぜつたいしんぼう》を負《お》ふて、常務取締役《じやうむとりしまりやく》の要職《えうしよく》に就《つ》いた譯《わけ》である。

旣《すで》に彼《かれ》は年《とし》六十を越《こ》えたが、元氣《げんき》は頗《すこぶ》る旺盛《わうせい》で、粗衣粗食《そいそしよく》に甘《あま》んじ、老夫婦《らうふうふ》の仲睦《なかむつま》じさは、周圍《しうゐ》の人々《ひと／″＼》の語《かた》り草《ぐさ》になつてゐる。そして今《いま》や愛娘《まなむすめ》も良聟《りやうせい》を迎《むか》へて、三人《にん》の愛孫《あいそん》をあげ、生活《せいくわつ》は坦々《たん／＼》として、家《いへ》に春風漲《しゆんぷうみなぎ》るの幸福《かうふく》さである。

昭和《せうわ》七年《ねん》の勅令第《ちよくれいだい》二百五號《がう》により、氏《し》は豫期《よき》しなかつた特別扶助年金《とくべつふじよねんきん》を授與《じゆよ》されたので、聖恩《せいおん》の優渥《いうあく》なるに感激《かんげき》して、直《たゞ》ちに二十餘名《よめい》の老戰友《らうせんいう》と計《はか》り、記念事業《きねんじげふ》として、後進子弟《こうしんしてい》の思想善導《しさうぜんだう》及《およ》び、會員《くわいゐん》の相互扶助《さうごふじよ》の目的《もくてき》を主《しゆ》とする德島縣傷病老兵會《とくしまけんしやうびやうらうへいくわい》を組織《そしき》しつゝある。以下《いか》に氏《し》の感想文《かんさうぶん》の一節《せつ》を引用《いんよう》して後進諸士《こうしんしよし》への戒《いまし》めとしよう。

『自分《じぶん》は明治《めいぢ》三十八年兵役免除後《ねんへいえきめんぢよご》、今日《こんにち》に至《いた》る迄《まで》の生活過程《せいくわつくわてい》に於《おい》て、未《ま》だ嘗《かつ》て非常《ひじやう》に困惑《こんわく》したといふ事《こと》を感《かん》じない。尤《もつと》も人間生活《にんげんせいくわつ》である限《かぎ》り種々《いろ／＼》の出來事《できごと》に遭遇《さうぐう》する事《こと》は他《た》の人同樣自分《ひとどうやうじぶん》にもあつたのであるが、病氣《びやうき》や、負傷《ふしやう》や、損失《そんしつ》や、缺乏《けつぼう》はあるが、これは當前《あたりまへ》の事《こと》で、一朝《てう》その樣《やう》な事《こと》に遭遇《さうぐう》した場合《ばあひ》、平常《へいじやう》から豫《あらかじ》めこれに備《そな》へておきさへすれば、決《けつ》して狼狽《らうばい》も困惑《こんわく》も感《かん》ぜずに濟《す》むのだ。其《そ》の平常《へいじやう》からの備《そな》へといつても敢《あへ》て至難《しなん》な事《こと》ではない。始終心《しじうこゝろ》を平靜《へいせい》に持《も》つて自《みづか》ら戒《いまし》め、法外《はふぐわい》な慾望《よくぼう》を起《おこ》さず、家業《かげふ》に親《した》しみ、萬事質素《ばんじしつそ》にしてさへ居《を》ればよいのだ。さすれば日々《にち／＼》執《と》つてゆく業務《げふむ》には自然《しぜん》と趣味《しゆみ》が生《うま》れ倦怠《けんたい》が起《おこ》らぬ。餘計《よけい》な物費《ものい》りもないから無理《むり》もゆかず多少《たせう》の貯《たくは》へも出來《でき》る。これ卽《すなは》ち平常《へいぜい》の備《そな》へであつて、自分《じぶん》は唯《たゞ》夫《そ》れだけを守《まも》つて居《ゐ》る。

人《ひと》によつては、坦々《たん／＼》たる步《あゆ》み易《やす》い路《みち》のあるにも不拘《かゝはらず》、態《わざ》態深淵高岳《わざしんえんかうがく》のある危險道《きけんだう》を好《この》んで進《すゝ》まうとする。そして行《ゆき》詰《づま》りを生《しやう》ずると、忽《たちま》ち嘆聲《たんせい》を放《はな》つて他人《たにん》に救援《きうゑん》を需《もと》むることを恥《はぢ》と思《おも》はぬ。虎穴《こけつ》に入《い》らずんば虎兒《こじ》を獲《え》ず、とは或《あ》る特種《とくしゆ》の場合《ばあひ》であつて、日常生活《にちじやうせいくわつ》に、さうした冒險的射倖心《ぼうけんてきしやかうしん》を起《おこ》すのは絕對禁物《ぜつたいきんもつ》である。

それからも一つの禁物《きんもつ》は依賴心《いらいしん》だ。最《もつと》も判《わか》り易《やす》い例《れい》は現《げん》に吾々元軍籍《われ／＼もとぐんせき》にあつた者《もの》の仲間《なかま》で、色々《いろ／＼》の恩給《おんきふ》や年金《ねんきん》の受給者《じゆきふしや》の生活狀態《せいくわつじやうたい》がそれである。假《かり》に百人《にん》の受給者中《じゆきふしやちう》、恩給《おんきふ》や年金證書《ねんきんしやうしよ》を擔保《たんぽ》に入《い》れて高利《かうり》の負債《ふさい》をせず生活苦《せいくわつく》を愬《うつた》へない者《もの》が果《はた》して幾人存在《いくにんそんざい》するであらうか。

之《これ》に反《はん》して退職當時《たいしよくたうじ》、僅《わづ》かの一時賜金《じしきん》のみを得《え》た人《ひと》や負傷入院中《ふしやうにふゐんちう》、戰地《せんち》への補充員缺乏《ほじうゐんけつぼう》の爲《ため》、治癒完《ちゆまつた》からずして事《じ》

故退院《こたいゐん》を命《めい》ぜられ、再征《さいせい》三征《せい》の後《のち》、隊《たい》から其儘歸《そのまゝかへ》されて、一錢《せん》の賜金《しきん》も受《う》くる事《こと》の出來《でき》なかつた人《ひと》で、恩給受給者《おんきふじゆきふしや》よりも、寧《むし》ろ今日《こんにち》に至《いた》つて重《おも》い傷部障害《しやうぶしやうがい》のある人《ひと》が澤山《たくさん》ゐるが、其人達《そのひとたち》の生活《せいくわつ》はさまで慘《みじ》めではないのが多《おほ》い。如斯《かくのごとく》、一體國家《たいこくか》から生活《せいくわつ》を保障《ほしやう》されて居《を》る者《もの》が苦《くる》しんで、保障《ほしやう》されて居《を》らぬ者《もの》が却《かへ》つて安定《あんてい》を得《え》て居《ゐ》るのは、何《なに》に起因《きいん》するか、強《し》ひて一概《がい》には言《い》へぬが、前者《ぜんしや》は年金《ねんきん》、恩給《おんきふ》への依賴心《いらいしん》により怠惰《たいだ》に流《なが》れ不用意《ふようい》となり易《やす》く、後者《こうしや》は自《みづか》ら働《はたら》かなければ喰《く》へぬとの緊張《きんちやう》した觀念《くわんねん》から、一意專心生活《いいせんしんせいくわつ》に精進《せいしん》するといふ所《ところ》に、その點《てん》の分岐《ぶんき》が大《おほ》いにあることは明瞭《めいれう》な事實《じじつ》といはなければならぬ。

明治大帝陛下《めいぢたいていへいか》の降《くだ》し賜《たま》つた勅諭《ちよくゆ》の五ケ條《でう》、讀法《どくはふ》の七ケ條《でう》を精神《せいしん》として居《を》つたならば、決《けつ》して生活《せいくわつ》に困窮《こんきう》する筈《はず》はないのである。苟《いやし》くも人間《にんげん》と生《うま》れて來《き》た以上《いじやう》、向上心《かうじやうしん》なく、希望《きばう》なく、計圖《けいと》なき者《もの》はない。たゞ各自《かくじ》の分《ぶん》を辨《わきま》へ、度《ど》を知《し》つて、平凡生活《へいぼんせいくわつ》の中《なか》に、眞《しん》の奮闘努力《ふんとうどりよく》の價値《かち》を發見《はつけん》する事《こと》こそ最大《さいだい》の要務《えうむ》だ』

言々眞理《げん／＼しんり》を語《かた》つて、深《ふか》く味《あぢ》はふべき說《せつ》ではないか。

働《はたら》くことの樂《たの》み

＝不具《ふぐ》の身《み》を顧《かへりみ》ず働《はたら》いた大西安次郎氏《おほにしやすじらうし》＝

本籍地　[redacted]三重縣度會郡豐濱村[redacted]
負傷程度　左下腿部盲貫砲創（機能不良）

『大西《おほにし》さんも、あの體《からだ》であゝまでして働《はたら》かんでもよさゝうなもんだ』

『ほんとによ、何《なに》か小商賣《こあきなひ》でもやつたらよからうに……』

兎角世間《とかくせけん》といふものは煩《うるさ》い。右《みぎ》へ轉《ころ》んだといつては蔭口《かげぐち》をきゝ左《ひだり》へ倒《たふ》れたといつては惡口《あくこう》をたゝく。大西安次郎《おほにしやすじらう》が跛《びつこ》をひきながら、野良仕事《のらしごと》にいそしんでゐる姿《すがた》をみて、いたましいと同情《どうじやう》する人《ひと》も多《おほ》かつたが、冷《つめ》たい侮蔑《ぶべつ》の眼《め》で見《み》る人《ひと》も少《すく》なかつた。

そんな事《こと》を一々氣《き》にかけてゐては、この世《よ》は渡《わた》つて行《ゆ》けない。安次郎《やすじらう》は默々《もく／＼》として農耕《のうかう》に從事《じうじ》しつゞけた。不自由《ふじいう》の身《み》をも顧《かへり》みず、三十年《ねん》の長年月《ちやうねんげつ》、土《つち》を汗《あせ》でこねるやうな努力《どりよく》をつゞけ、遂《つひ》に今日《こんにち》を成《な》したのである。

※　※　※

大西安次郎《おほにしやすじらう》は三重縣度會郡豐濱村《みへけんわたらひぐんとよはまむら》の農家《のうか》に生《うま》れた。生《うま》れ落《お》ちると共《とも》に土臭《つちくさ》い乳《ちゝ》に育《そだ》てられた生粹《きつすゐ》の百姓《しやう》である。幼《をさな》い頃《ころ》から五風十雨《ふうう》を氣《き》にするやうな環境《くわんきやう》に育《そだ》つた。十八歲《さい》にして父《ちゝ》を喪《うしな》つて後《のち》は、若年《じやくねん》ながらも一家《か》の責任《せきにん》を双肩《さうけん》に擔《にな》ひ、父祖傳來《ふそでんらい》の田畑《たはた》をよく守《まも》り、農《のう》を以《もつ》て自分《じぶん》の天職《てんしよく》と信《しん》じて、銳意家業《えいいかげふ》に勵《はげ》んだ。

かくて大地《だいち》の懷中《ふところ》にすく／＼と成長《せいちやう》して、明治《めいぢ》三十二年《ねん》には丁年《ていねん》に達《たつ》した。男子《だんし》一世晴《せいは》れの徵兵檢査《ちやうへいけんさ》である。鋤《すき》と鍬《くは》とで鍛《きた》へ上《あ》げた身體《からだ》だ。ものゝ見事《みごと》に合格《がふかく》して步兵第《ほへいだい》三十三聯隊《れんたい》に入營《にふえい》した。在營《ざいえい》三年《ねん》、その間臺灣守備《あひだたいわんしゆび》として渡《わた》つたりなどして、無事《ぶじ》に軍務《ぐんむ》を卒《を》へて歸鄉《ききやう》すると共《とも》に、安次郎《やすじらう》は再《ふたゝ》び大地《だいち》の懷中《ふところ》にとび込《こ》んで、朝《あした》には鷄鳴《けいめい》と共《とも》に起《お》き出《い》で夕《ゆふ》べには星《ほし》を戴《いたゞ》いて歸《かへ》る百姓生活《しやうせいくわつ》を始《はじ》めた。

『安《やす》さんはよう働《はたら》くのう。若《わか》いに似合《にあ》はぬ甲斐性者《かひしやうもの》だよ』

村人達《むらびとたち》はたのもしさうに安次郎《やすじらう》の後《うし》ろ姿《すがた》を見送《みおく》るのだつた。そのまゝ平穩《へいおん》につゞいて行《い》つたら、或《ある》ひは平凡《へいぼん》ではあるが幸福《かうふく》であつたかもしれない。しかし、さうは行《ゆ》かないところに人生《じんせい》の神祕《しんぴ》があり、また國家人《こくかじん》としての義務《ぎむ》と責任《せきにん》がある。

即《すなは》ち、日露兩國間《にちろりやうこくかん》にたちこめてゐた暗雲《あんうん》はいよ〳〵濃《こ》くなり、今《いま》にも大雨沛然《たいうはいぜん》として臻《いた》らん情勢《じやうせい》にあつた。果然《くわぜん》、明治《めいぢ》三十七年《ねん》二月《ぐわつ》十日《か》、露國《ろこく》に對《たい》する宣戰《せんせん》の大詔《たいせう》は下《くだ》された。召集令《せうしうれい》は忽《たちま》ち彼《かれ》の許《もと》にも飛《と》んで來《き》た。

『困《こま》つた〳〵、家《いへ》で唯《たゞ》一つの男子《をとこ》である自分《じぶん》がゐなくなつては……』

家《いへ》には年老《としお》いた祖母《そぼ》、意力衰《いりよくおとろ》へた母《はゝ》、そして嬰兒《みどりご》を抱《かゝ》へた妻《つま》の女手《をんなで》ばかりしか殘《のこ》らない。彼《かれ》は赤紙《あかがみ》を凝《みつ》めながら暗然《あんぜん》たらざるを得《え》なかつた。その瞬間《しゆんかん》！

『馬鹿《ばか》、軍籍《ぐんせき》に身《み》ある間《あひだ》は必《かなら》ずこの日《ひ》あるを豫期《よき》してゐるべきではないか。今《いま》や國家存亡《こくかそんばう》の秋《とき》だぞ、行《ゆ》け！行《ゆ》け！』

どこからか天來《てんらい》の聲《こゑ》が叱《しか》りつけるやうな氣《き》がした。彼《かれ》は燃《も》える勇氣《ゆうき》に胸《むね》を躍《をど》らしつゝ、歡呼《くわんこ》の嵐《あらし》に送《おく》られて征途《せいと》に上《のぼ》つた。

彼《かれ》の屬《ぞく》した第《だい》二軍《ぐん》は、遼東半島《れうとうはんとう》の南岸《なんがん》から鹽大澳《えんだいおう》に上陸《じやうりく》し、先《ま》づ普蘭店《ふらんてん》を占領《せんりやう》し、つゞいて金州《きんしう》、南山《なんざん》の險《けん》を拔《ぬ》き、破竹《はちく》の勢《いきほ》ひ物凄《ものすご》く勝軍《しようぐん》は北進又北進《ほくしんまたほくしん》、八月《ぐわつ》の末《すゑ》には遼陽《れうやう》に迫《せま》つた。敵《てき》の總司令官《そうしれいくわん》クロパトキン將軍《しやうぐん》は、主力《しゆりよく》を遼陽《れうやう》に集《あつ》め、今《いま》までの慘敗《さんぱい》の恥《はぢ》を雪《そゝ》がうと待《ま》ちかまへた。我《わ》が軍《ぐん》では八月《ぐわつ》二十二日遼陽攻擊《にちれうやうこうげき》の命下《めいくだ》り、第《だい》一軍《ぐん》は右翼《うよく》、第《だい》二軍《ぐん》は左翼《さよく》、第《だい》四軍《ぐん》は中央《ちうあう》から進《すゝ》んで戰線實《せんせんじつ》に十餘里《より》、二十六日《にち》から活動《くわつどう》をおこして次第《しだい》に敵《てき》を壓《あつ》して行《い》つた。しかし、敵《てき》も名《な》にし負《お》ふ堅軍《けんぐん》、守《まも》りを固《かた》うして退《しりぞ》かない。

遼陽《れうやう》を拔《ぬ》くのに最《もつと》も邪魔《じやま》になるのは首山堡《しゆざんぽ》だ。首山堡《しゆざんぽ》は遼陽《れうやう》の南西約《なんせいやく》一里半《りはん》、高《たか》さわづかに百米《メートル》ばかりの丘陵《きうりよう》に過《す》ぎないが、遼陽《れうやう》の咽喉《のど》ともいふべき重要地點《ちうえうちてん》、敵《てき》はこゝに堅壘《けんるゐ》を築《きづ》いて死物狂《しにものぐる》ひに守《まも》つてゐる。

八月《ぐわつ》三十一日《にち》、橘《たちばな》中佐《ちうさ》の率《ひき》ゐる大隊《だいたい》に突擊命令下《とつげきめいれいくだ》り、こゝに屍山血河《しざんけつが》の壯烈《さうれつ》なる戰《たゝか》ひが交《か》はされ、靑史《せいし》に燦然《さんぜん》と輝《かゞや》く橘《たちばな》中佐《ちうさ》の悲壯《ひさう》な最後《さいご》が展開《てんかい》する。古今《ここん》に比類《ひるゐ》なき血戰《せん》、有名《いうめい》な首山堡《しゆざんぽ》の激戰《げきせん》である。

彼《かれ》はこの日《ひ》、この首山堡《しゆさんぽ》の激戰《げきせん》に參加《さんか》し、雨《あめ》と降《ふ》り灑《そゝ》ぐ銃彈《じうだん》、岩《いは》に碎《くだ》ける浪《なみ》のごとく飛《と》び散《ち》る砲片《はうへん》の間《あひだ》を縱橫《じうわう》して奮戰《ふんせん》した。不幸《ふかう》、戰《たゝか》ひ半《なか》ばにして左下腿部《ひだりかたいぶ》に盲貫砲創《まうくわんはうさう》を受《う》けたのである。

※　※　※

數個月《すうかげつ》にわたる治療《ちれう》の甲斐《かひ》なく、彼《かれ》の左下腿部《ひだりかたいぶ》の砲創《はうさう》は癒《い》えたけれども、左下肢《ひだりかし》はその機能《きのう》を失《うしな》つてしまつた。かくて、明治《めいぢ》三十八年《ねん》五月下旬《ぐわつげじゆん》、召集免除《せうしうめんぢよ》となり、久《ひさ》しぶりに郷里《きやうり》に歸《かへ》つた。

『名譽《めいよ》の戰傷者《せんしやうしや》！』

一村《そん》をあげて彼《かれ》を歡迎《くわんげい》してくれた。嬉《うれ》しかつた。しかし又心苦《またこゝろぐる》しくもあつた。名譽《めいよ》の戰死《せんし》をとげて、郷土《きやうど》の名《な》をあげようと思《おも》つてゐたのに、かうして命《いのち》を全《まつた》うして歸《かへ》つて來《こ》ようとは――。

歸郷《ききやう》した當初《たうしよ》は、戰爭《せんさう》の話《はなし》を聞《き》きに來《く》る客《きやく》が絶《た》えないので、何《なん》とはなしにぼんやり一日《にち》一日《にち》を過《す》ごしてゐたが、一月《つき》とたち、二月《つき》と過《す》ぎて、さうした訪客《はうきやく》の足《あし》もまばらになつて來《く》ると、彼《かれ》は自分《じぶん》の將來《しやうらい》を眞劍《しんけん》に考《かんが》へなければならなくなつた。

『その體《からだ》では百姓《しやう》の仕事《しごと》は出來《でき》まい、まア急《いそ》ぐ事《こと》はないゆつくり何《なに》か考《かんが》へるのだね』

慰《なぐさ》め顏《がほ》にいふ人《ひと》もあつた。しかし、父祖傳來《そふでんらい》のこの田《た》この畑《はたけ》、自分《じぶん》が耕《たがや》さねば誰《たれ》が耕《たがや》すのだと考《かんが》へるとき、どうしてゞもこの土《つち》から離《はな》れることは出來《でき》なかつた。

『とはいふものゝ、この體《からだ》ではとても野良仕事《のらしごと》はやつて行《ゆ》けまい。今《いま》の中《うち》ならどうにかならう、何《なに》か商賣《しやうばい》でもはじめてみようか』

實際《じつさい》、歩行《ほかう》さへ十分《ぶん》でないのに、どうして百姓《しやう》の勞役《らうえき》に耐《た》へられよう。しかし、馴《な》れない商賣《しやうばい》に手《て》を出《だ》して、萬《まん》が一失敗《しつぱい》でもしようものなら、名譽《めいよ》ある軍人《ぐんじん》の名《な》を汚《けが》すことにもなる。といつて、べん〳〵として遊《あそ》んで居《ゐ》られる身《み》ではない。何《なに》か生《い》きる道《みち》は考《かんが》へねばならない。あれを思《おも》ひ、これに迷《まよ》ひ、彼《かれ》は心《こゝろ》を惱《なや》ました。

『さうだ、俺《おれ》は矢《や》つ張《ぱ》り百姓《しやう》をつゞけよう』

たうとう、安次郎《やすじらう》は決心《けつしん》した。母《はゝ》もゐる、そして妻《つま》もゐる――みんなと一緒《しよ》に働《はたら》いたら、たとへ人《ひと》の三分《ぶん》の一しか働《はたら》けなくとも、何《なん》とかやつて行《ゆ》けるだらう。

國《くに》の基《もとゐ》は土《つち》だ。土《つち》を離《はな》れては國《くに》もない、人類《じんるゐ》もない。この土《つち》を哺《はぐく》み育《そだ》てゝ、限《かぎ》りなき幸《さち》を掘《ほ》り出《だ》すことこそ、自分《じぶん》の尊《たふと》い天職《てんしよく》だ。自分《じぶん》は不自由《ふじいう》ながらもこの天職《てんしよく》に從《したが》つて、餘生《よせい》を御國《みくに》のために捧《さゝ》げよう。戰場《せんぢやう》で殘《のこ》した使命《しめい》を、農耕《のうかう》によつて果《はた》さう――彼《かれ》はさう決心《けつしん》した。

※　※　※

歩行《ほかう》さへ十分《ぶん》でない彼《かれ》にとつて、百姓《しやう》の仕事《しごと》は樂《らく》ではなかつた。ことに、春秋《しゆんじう》の氣候《きこう》の變《かは》り目《め》になると、傷部《しやうぶ》は痲痺《ひ》して全然《まるで》知覺《ちかく》さへ失《うしな》つた。

『矢《や》つ張《ぱ》り俺《おれ》は駄目《だめ》かな。百姓仕事《しやうしごと》は出來《でき》んかな』

どうかすると氣持《きもち》が挫《くぢ》けることもあつた。しかし、彼《かれ》は負《ま》けなかつた。或時《あるとき》は松葉杖《まつばづゑ》にすがつて、片手《かたて》で鍬《くは》をふるつた。しやがんで仕事《しごと》が出來《でき》ない時《とき》には、大地《だいち》に坐《すわ》つて働《はたら》いた。

『感心《かんしん》なもんだナ』

村人《むらびと》たちは、最初片輪《さいしよかたわ》で氣《き》の毒《どく》なといふ憐憫《れんびん》を感《かん》じてゐたのが、いつしか感嘆《かんたん》の聲《こゑ》に變《かは》つてきた。

不具《ふぐ》の彼《かれ》が率先《そつせん》して働《はたら》くのだから、一家《か》の者《もの》の氣組《きぐ》みもちがふ。彼《かれ》にあんまり苦勞《くらう》をかけるな――さういふ氣持《きもち》で働《はたら》くから、能率《のうりつ》は上《あが》る。自然收入《しぜんしうにふ》もふえて行《ゆ》く。

十年《ねん》――長《なが》いやうで短《みぢか》い。十五年《ねん》――暮《くら》してみれば夢《ゆめ》のやうだ。十五年《ねん》もたつと、子供《こども》だ子供《こども》だと思《おも》つてゐたのがもう物《もの》の役《やく》に立《た》つやうになる。

『お父《とう》さん、お父《とう》さんは暫《しばら》く休《やす》んでなよ。仕事《しごと》は俺《おれ》がやるよ』彼《かれ》の手《て》から無理《むり》に鍬《くは》を奪《うば》ひ取《と》つて、子供《こども》は一人前《にんまへ》らしく働《はたら》くやうになる。

二十年經《ねんた》つ。もう子供《こども》は一ぱしの若《わか》い衆《しう》だ。長《なが》い年月《としつき》、父《ちゝ》の苦鬪《くとう》の樣《さま》をみせつけられてゐるから、普通《ふつう》の家《うち》の子《こ》とは違《ちが》つてゐる。いつまでも親《おや》に苦勞《くらう》をかけて脛《すね》に嚙《かぢ》りついてゐようといふ不了簡《ふれうけん》は露《つゆ》ほどもない。

『お父《とう》さんは少《すこ》し働《はたら》きすぎるよ。お父《とう》さんにその體《からだ》でさう働《はたら》かれちや、俺達《おれたち》あ夜《よ》の目《め》も寢《ね》ずに働《はたら》かなけりやならん事《こと》になるよ』さういつた微笑《ほゝゑ》ましい抗議《かうぎ》が出《で》る。安次郎《やすじらう》は段《だん》段身《だんからだ》も樂《らく》になつた。

その間《あひだ》に、子供《こども》はふえて、家族《かぞく》の數《すう》も十一人《にん》となつた。十一人《にん》が一束《たば》となつて働《はたら》く。十一人《にん》が力《ちから》を協《あは》せればどんな事《こと》でも出來《でき》ないことはない。

辛《つら》いこともあつた。苦《くる》しいこともあつた。しかし、それは決《けつ》して空《むな》しい苦勞《くらう》ではなかつた。漸次家運《ぜんじかうん》を挽回《はんくわい》して、村《むら》でも相當《さうたう》の地位《ちゐ》に立《た》つやうになつた。しかるに、五年前《ねんぜん》長男安右衞門君《ちやうなんやすゑもんくん》の事業《じげふ》が經濟界《けいざいかい》の恐慌《パニツク》のあふりを喰《く》つて失敗《しつぱい》してから、父祖傳來《ふそでんらい》の田畑《たはた》は他人《ひと》の手《て》に渡《わた》るやうな結果《けつくわ》となつた。折角築《せつかくきづ》き上《あ》げた家產《かさん》は一朝《てう》にして倒潰《たうくわい》してしまつたのだ。しかし、そんなことに屁古垂《へこた》れる彼《かれ》ではない。一難襲《なんおそ》ひ來《く》る毎《ごと》に新《あら》たな勇氣《ゆうき》にふるひ立《た》つ、堅忍不拔《けんにんふばつ》の精神《せいしん》の持主《もちぬし》だ。一度《ど》は敵手《てきしゆ》に奪《うば》はれた陣地《ぢんち》ながら、又《また》しても捲土重來《けんどちようらい》の意氣《いき》を以《もつ》て奪取《だつしゆ》せんとしてゐる。正《まさ》しくかの首山堡《しゆさんぽ》の戰《たゝか》ひに於《お》ける我《わ》が軍《ぐん》と同《おな》じ意氣《いき》を以《もつ》て、生活戰線《せいくわつせんせん》に血《ち》みどろの奮鬪《ふんとう》をつゞけてゐる。しかも彼《かれ》の後《うし》ろには幾多《いくた》の新手《あらて》もふえた。必《かなら》ずや近《ちか》き將來《しやうらい》には再《ふたゝ》び凱歌《がいか》をあげることが出來《でき》るであらう。なほ、安次郎《やすじらう》は自分《じぶん》が御國《みくに》のために命《いのち》を捧《さゝ》げようと思《おも》つて、遂《つひ》に果《はた》せなかつたところから、子供《こども》の中《なか》から自分《じぶん》の素志《そし》をつぐ者《もの》を出《だ》したい念願《ねんぐわん》で、五男《なん》の健藏《けんざう》を海軍《かいぐん》に志願《しぐわん》せしめ目下服務中《もくかふくむちう》である。又次男《またじなん》の安之丞《やすのじよう》は上海事變《シヤンハイじへん》に際《さい》しては補充兵《ほじうへい》として召集《せうしふ》を受《う》け、皇軍《くわうぐん》の威武發揚《ゐぶはつやう》のために努力《どりよく》して目出度《めでた》く凱旋《がいせん》した。

高座《かうざ》の勇士《ゆうし》

＝好《す》きな道《みち》で成功《せいこう》した矢代米作氏《やしろよねさくし》＝

本籍地　新潟縣
負傷程度　左大腿部骨傷貫通銃創

名譽《めいよ》の負傷《ふしやう》

日露《にちろ》の戰《たゝかひ》は今《いま》や正《まさ》に酣《たけなは》――滿洲《まんしう》の空《そら》は暗澹《あんたん》たる戰雲《せんうん》に閉《とざ》されてゐた。殊《こと》に、こゝ旅順《りよじゆん》には凄慘《せいさん》な腥風《せいふう》が吹《ふ》き荒《あ》れてゐた。二〇三高地《かうち》の奪取戰《だつしゆせん》――それは東西《とうざい》の戰史上《せんしじやう》でも最《もつと》も壯烈凄愴《さうれつせいさう》なものであつた。これを拔《ぬ》かずんば旅順《りよじゆん》の陷落《かんらく》は何時《いつ》の日《ひ》になるか分《わか》らない。旅順《りよじゆん》を落《おと》さずんば日露《にちろ》の戰《たゝかひ》はいつ果《は》つべしとも見通《みとほ》しがつかない。

第一回《だいくわい》、第二回《だいくわい》、第三回《だいくわい》、既《すで》に三回《くわい》にわたつて總攻撃《そうこうげき》は敢行《かんかう》された。しかし、その度《たび》に屍山血河《しざんけつが》の壯絶《さうぜつ》なる光景《くわうけい》が展開《てんかい》されるのみで、流石《さすが》は名《な》に負《お》ふ金城鐵壁《きんじやうてつぺき》、我軍決死《わがぐんけつし》の攻撃《こうげき》も十分《ぶん》に功《こう》を奏《そう》しないのだつた。されど、たとひ屍《かばね》山《やま》を築《きづ》き血《ち》流《なが》れて河《かは》となるとも、斷乎《だんこ》としてこれを陷《おと》さねばならない。時《とき》に明治《めいぢ》三十七年《ねん》十一月《ぐわつ》三十日《にち》、第四回《だいくわい》の總《そう》攻撃《こうげき》は決行《けつかう》された。

『カタ〱といふ音《おと》が敵陣《てきぢん》から聞《きこ》えたら、あれは機關砲《きくわんはう》といつて怖《おそろ》しいものであるから、命令《めいれい》がなくとも各自《かくじ》伏《ふ》せの姿勢《しせい》で進《すゝ》め』

中隊長《ちうたいちやう》の命令《めいれい》だ。やがて響《ひゞ》く突撃喇叭《とつげきラツパ》の喨々《りやうりやう》たる調《しらべ》、戰友《せんいう》互《たが》ひに見合《みあ》はす顏《かほ》と顏《かほ》、その顏《かほ》には一様《やう》に決死《けつし》の色《いろ》がみなぎつてゐる。

ワーッと叫《さけ》ぶ喊聲《かんせい》!

ドドーーンと天地《てんち》に轟《とゞろ》く砲聲《はうせい》!

天《てん》に冲《ちう》せんばかりの濛々《もうもう》たる砂煙《すなけむり》!

頭上《づじやう》をかすめて飛《と》び交《か》ふ彈丸《だんぐわん》の唸《うなり》!

その間《あひだ》を縫《ぬ》つて我《わ》が決死《けつし》の勇士《ゆうし》は驀地《まつしぐら》に敵砲壘《てきはうるゐ》めがけて眞《ま》一文字《もんじ》に突進《とつしん》した。

『畜生《ちくしやう》、人《ひと》に後《おく》れはとらんぞ!』

歩兵《ほへい》第二十五聯隊《れんたい》第九中隊《ちうたい》の上等兵《じやうとうへい》矢代米作君《やしろよねさくくん》は、なだらかな斜面《しやめん》を一散《さん》に馳《か》け登《のぼ》りはじめた。矢代《やしろ》上等兵《じやうとうへい》にとつてはこれが始《はじ》めての戰爭《せんさう》だ。初陣《うひぢん》の功名《こうみやう》をあげるべき機會《きくわい》だ。彈丸《たま》の唸《うな》りも炸裂《さくれつ》する音《おと》も耳《みゝ》には入《はい》らぬ。目《め》ざすは敵《てき》壘《るゐ》、眞《ま》一文字《もんじ》に進《すゝ》みに進《すゝ》んだ。

『殘念《ざんねん》!』

裂帛《れつぱく》の叫《さけ》び、思《おも》はず右《みぎ》をふりむけば戰友《せんいう》がのけぞり返《かへ》つてゐる。

『やられたッ!』

悲壯《ひさう》の聲《こゑ》に左《ひだり》を向《む》けば、こゝにも朽木《くちき》のやうに崩《くづ》れる戰《せん》友《いう》の姿《すがた》。

『畜生《ちくしやう》、露助奴《ろすけめ》、この仇《かたき》は今《いま》にとつてやるぞッ!』

燃《も》え上《あが》る敵愾心《てきがいしん》にかられて、矢代上等兵《やしろじやうとうへい》は齒《は》がみしつゝ突進《とつしん》した。

彈《たま》はいよ〱激《はげ》しくなる。體《からだ》の上下左右《じやうげさいう》を掠《かす》めて唸《うな》つて行《ゆ》く。

突如《とつじよ》! 矢代上等兵《やしろじやうとうへい》はパッタリ倒《たふ》れた。體中《からだぢう》が電氣《でんき》にかかつたやうにヂーンとしびれた。

『うぬ、こゝで倒《たふ》れてなるものか!』

滿身《まんしん》の勇氣《ゆうき》をふるひ起《おこ》して、矢代上等兵《やしろじやうとうへい》は立上《たちあが》らうとした。そして初《はじ》めて左脚《さきやく》が動《うご》かなくなつたのに氣《き》がついた。見《み》れば軍袴《ぐんこ》の腿《もゝ》のあたりは、布《ぬの》を引《ひ》き千切《ちぎ》つたやうにズタズタになつて、鮮血《せんけつ》にまみれてゐる。

『畜生《ちくしやう》、これしきの傷《きず》!』

氣丈《きぢやう》な矢代上等兵《やしろじやうとうへい》は又《また》しても起《お》き上《あが》らうとした。しかし氣《き》ばかり如何《いか》に焦《あせ》つても、いふことを聞《き》かぬ體《からだ》をどうしよう? 齒《は》がみしながら兩手《りやうて》で匍《は》ひ上《あが》るやうにして進《すゝ》んだ。しかし、夥《おびたゞ》しい出血《しゆつけつ》のために、いつしかその氣力《きりよく》を失《う》せて、心氣《しんき》も朦朧《もうろう》として霞《かす》むのを、どうすることも出來《でき》なかつた。

飜然《ほんぜん》として悟《さと》る

創《きず》は左大腿部骨傷貫通銃創《ひだりだいたいぶこつしやうくわんつうじうさう》であつた。

一旦《たん》後送《こうさう》されて野戰病院《やせんびやうゐん》で一通《とほ》りの手當《てあて》をうけた矢代上等兵《やしろじやうとうへい》は、更《さら》に内地《ないち》に送《おく》られ、十二月《ぐわつ》二十四日《か》廣島《ひろしま》の本院《ほんゐん》で大手術《だいしゆじゆつ》を受《う》けた。

幸《さいは》ひに戰死《せんし》は免《まぬ》かれたものの、左脚《さきやく》は元通《もとどほ》りには快癒《くわいゆ》せず、立居振舞《たちゐふるまひ》も不自由《ふじいう》な生《うま》れもつかぬ跛《びつこ》となつてしまつた翌《よく》三十八年《ねん》四月《ぐわつ》には東京《とうきやう》の分院《ぶんゐん》に送《おく》られ、ひたすら療養《れうやう》につとめた。今《いま》とちがつてベットなどの設備《せつび》もない不完全《ふくわんぜん》な頃《ころ》とて、アンペラの上《うへ》にズラリと重傷《ぢうしやう》患者《くわんじや》が横《よこ》たはつてゐた。みな戰《たゝか》ひのために名譽《めいよ》の負傷《ふしやう》をした勇士達《ゆうしたち》だ。

三十九年《ねん》五月《ぐわつ》九日《か》、兵役免除《へいえきめんぢよ》の恩典《おんてん》に浴《よく》した彼《かれ》は、不自由《ふじいう》な體《からだ》を郷里《きやうり》なる越後《ゑちご》の父母《ふぼ》の許《もと》にはこんだ。久《ひさ》しい病院《びやうゐん》生活《せいくわつ》の間《あひだ》は、不具《ふぐ》になつたことが淋《さび》しくも苦《くる》しくもなかつた。同《おな》じ運命《うんめい》を背負《しよ》つた戰友達《せんいうたち》と、嬉々《きゝ》として何《なん》の苦勞《くらう》もなく樂《たの》しい生活《せいくわつ》をつゞけて來《き》た。

しかし、今《いま》、一社會人《しやくわいじん》として廣《ひろ》い世間《せけん》に放《はう》り出《だ》された時《とき》彼《かれ》は憂欝《いううつ》にならざるを得《え》なかつた。父母《ふぼ》は朝早《あさはや》くから元氣《げんき》の野良《のら》仕事《しごと》に出掛《でか》ける。それを默《だま》つて見送《みおく》らねばならない現在《げんざい》の自分《じぶん》だ。

『これから後《のち》、俺《おれ》はどうして生《い》きるのだ!』

考《かんが》へると彼《かれ》は悲《かな》しかつた。

兵役《へいえき》に服《ふく》するまで務《つと》めてゐた、西洋料理《せいやうれうり》店《てん》のボーイとしての仕事《しごと》はもう今《いま》の自分《じぶん》には働《はたら》けない。父母《ふぼ》の仕事《しごと》をひきついで、百姓《しやう》になることもこの體《からだ》では駄目《だめ》だ。どうしようとも、どうならうとの的《あて》もなく、一年《ねん》ばかりの間《あひだ》朝《あさ》から酒《さけ》を求《もと》めた。酒《さけ》を飲《の》んで陶然《たうぜん》としてゐる間《あひだ》が極樂《ごくらく》であつた。醉《よ》ひがさめた時《とき》の淋《さび》しさには耐《た》へきれず、又《また》しても盃《さかづき》を上《あ》げた。しかし、さういつた生活《せいくわつ》が長《なが》くつゞけられる筈《はず》はない。

『駄目《だめ》だ、こんなことをしてゐたのでは――』

一年《ねん》ほどして愕然《がくぜん》としてさう思《おも》つた。何《なん》のための三年《ねん》の長《なが》い間《あひだ》軍隊生活《ぐんたいせいくわつ》をしたのだ! 敎《をし》へ込《こ》まれ叩《たゝ》き込《こ》まれた軍人精神《ぐんじんせいしん》、堅忍不拔《けんにんふばつ》の精神《せいしん》はどこに置《お》き忘《わす》れて來《き》たのだ! 一死《し》報國《はうこく》の軍人精神《ぐんじんせいしん》は戰爭《せんさう》の時《とき》だけ必要《ひつえう》なのか!

さう考《かんが》へて來《く》ると、今《いま》までの自分《じぶん》の生活《せいくわつ》が後悔《こうくわい》されて來《き》た。さぞかし父母《ふぼ》は心配《しんぱい》なされたらう。

『俺《おれ》はなんといふ不孝者《ふかうもの》だ! たとひ體《からだ》は不具《ふぐ》となつても命《いのち》のあらんかぎり自分《じぶん》に出來《でき》る仕事《しごと》をして君國《くんこく》に報《はう》ずるのが軍人精神《ぐんじんせいしん》ではないか』

心機《しんき》一轉《てん》した彼《かれ》は、更生《かうせい》の道《みち》をひらくべく、勇躍《ゆうやく》して上《じやう》

京《きやう》した。かういつた體《からだ》になつた以上《いじやう》、肉體勞働《にくたいらうどう》に從事《じうじ》することは出來《でき》ない。もと〱演藝《えんげい》が好《す》きだつたので、この方《はう》で身《み》をたてようと思《おも》つた。

『矢代《やしろ》さんは聲《こゑ》がいゝから、義太夫《ぎだいう》をやつたらどうです?』

さうすゝめる人《ひと》もあつたが、義太夫《ぎだいう》は中年《ちうねん》からの稽古《けいこ》では駄目《だめ》である。それよりも手取《てつと》り早《はや》い落語家《らくごか》にならうと思《おも》つた。これなら自分《じぶん》も樂《たの》しみながらやれるし、人《ひと》にも聞《き》いて貰《もら》つて樂《たの》しんでもらへる。

功成《こうな》り名遂《なと》げて

その頃《ころ》、高座《かうざ》で大分《だいぶ》人氣《にんき》をよんでゐた柳亭左樂《りうていさらく》――この人《ひと》は日清日露《につしんにちろ》の兩役《りやうえき》にも出征《しゆつせい》した人《ひと》であつたので、傳手《つて》を求《もと》めて弟子入《でしいり》をたのんだ。左樂《さらく》も彼《かれ》の身《み》の上《うへ》を聞《き》くと、いたく同情《どうじやう》し一も二もなく承諾《しようたく》してくれた。

『何《なん》でもさうだが、ことさら藝事《げいごと》といふものは修業《しゆげふ》と忍耐《にんたい》が大事《だいじ》だから、そのつもりでみつちり勉強《べんきやう》なさい』

と、左樂《さらく》は勵《はげ》ますやうにいつた。

かくて明治《めいぢ》四十一年《ねん》六月《ぐわつ》十五日《にち》、芝雀《しじやく》といふ藝名《げいめい》を貰《もら》ひ、翌《よく》十六日《にち》から築地《つきぢ》の青柳亭《あをやぎてい》ではじめて前座《ぜんざ》として高座《かうざ》に上《のぼ》つた。

好《す》きこそ物《もの》の上手《じやうず》なれ――彼《かれ》は一心《しん》に修行《しゆぎやう》を重《かさ》ねた甲斐《かひ》あつて、師匠《ししやう》も驚《おどろ》く程《ほど》の上達《じやうたつ》をした。彼《かれ》は音曲《おんぎよく》の方《はう》がとりわけ好《す》きだつたので、その方《はう》を專門《せんもん》に修行《しゆぎやう》した。修行《しゆぎやう》すればする程面白《ほどおもしろ》くなつた。

一年後《ねんご》には藝名《げいめい》を芝雄《しばを》と改《あらた》め、刻苦勉勵《こくくべんれい》をつゞけること十年《ねん》、彼《かれ》は終《つひ》に眞打《しんうち》となり、名《な》を桃月亭雛太郎《たうげつていひなたらう》と改《あらた》めた。眞打《しんうち》といへば座頭格《ざがしらかく》である。

十年《ねん》といへば長《なが》いやうで短《みじか》い。その十年《ねん》の短日月《たんじつげつ》に素人《しろうと》から斯界《しかい》に入《はい》つて眞打《しんうち》までなるのは、正《まさ》に異數《いすう》の成功《せいこう》といふべきであらう。

十二年目《ねんめ》には落語協會《らくごけふくわい》の準幹部《じゆんかんぶ》に推《お》され、斯界《しかい》の指導者《しだうしや》の立場《たちば》になつて、斯道《しだう》の向上發達《かうじやうはつたつ》に盡粹《じんすゐ》すること數年《すうねん》、昭和《せうわ》六年《ねん》二月《ぐわつ》二十四日《か》、隱退大演藝會《いんたいだいえんげいくわい》を催《もよほ》して、こゝに矢代《やしろ》君《くん》は功成《こうな》り名遂《なと》げて、華々《はなばな》しく斯界《しかい》を隱退《いんたい》したのであつた。

今《いま》や既《すで》に樂隱居《らくいんきよ》の身《み》、風月《ふうげつ》を友《とも》として安樂《あんらく》な餘生《よせい》を樂《たの》しんでゐる。

『成功者《せいこうしや》といはれるのは恥《はづか》しい次第《しだい》ですが、これといふのも師匠《ししやう》のおかげです。私《わたし》の經驗《けいけん》から申《まう》しますと、負傷後《ふしやうご》凱旋《がいせん》した當時《たうじ》は、うか〳〵と過《すご》し勝《が》ちです。何《なに》しろ周圍《しうゐ》からは名譽《めいよ》の負傷者《ふしやうしや》などとちやほやされますからねうか〳〵してゐれば一年《ねん》や二年《ねん》はすぐ終《をは》つてしまひます。私《わたし》は一年《ねん》ぐらゐで氣《き》がついて、將來《しやうらい》の道《みち》を考《かんが》へましたからいゝものゝ中《なか》には隨分長《ずゐぶんなが》いこと夢《ゆめ》のやうに過《すご》してしまひ、それと氣《き》がついた時《とき》には時機《じき》を失《な》くして困《こま》つた人《ひと》もあるやうです……』

彼《かれ》はつゝましやかにさう語《かた》るのだつた。

村《むら》での有力者《いうりよくしや》

＝赤貧《せきひん》から身《み》を起《おこ》した寺岡彌藤氏《てらをかやふぢし》＝

本籍地　北海道虻田郡狩太村[redacted]
[redacted]
負傷程度　左大腿部砲彈子貫通挫折

北海道《ほくかいだう》の虻田郡狩太村《あぶたぐんかりたむら》に行《い》くと、不自由《ふじいう》な左足《ひだりあし》を引摺《ひきず》り引摺《ひきず》り、然《しか》し極《きは》めて元氣《げんき》よく――まるで廿歳臺《はたちだい》の若者《わかもの》のやうに潑溂《はつらつ》として、村內《そんない》を忙《いそ》がしげに歩《ある》き廻《まは》る跛《びつこ》の老紳士《らうしんし》がある。會《あ》ふ人《ひと》が皆低《みなひく》く敬禮《けいれい》して通《とほ》り過《す》ぎる。それもその筈《はず》、この老紳士《らうしんし》は寺岡彌藤氏《てらをかやふぢし》と言《い》つて、村內切《そんないき》つての有力者《いうりよくしや》、荒物雜貨《あらものざつくわ》の店《みせ》を開《ひら》いてはゐるが、現在資產《げんざいしさん》三萬圓《まんゑん》と稱《しよう》せらるゝ、五十三歳《さい》の老紳士《らうしんし》である。そして忙《いそが》しげに不自由《ふじいう》な足《あし》を引摺《ひきず》り廻《まは》すのも道理《だうり》、現在村會議員《げんざいそんくわいぎゐん》を勤《つと》むるを初《はじ》めとして、學務委員《がくむゐゐん》、常設委員《じやうせつゐゐん》、所得稅調査委員《しよとくぜいてうさゐゐん》、神社總代《じんじやそうだい》、寺院總代《じゐんそうだい》、狩太商工會々頭《かりたしやうこうくわいくわいとう》、狩太商業組合長《かりたしやうげふくみあひちやう》、その他《た》色々《いろいろ》の公職《こうしよく》を一身《しん》に帶《お》びて、日夜村內《にちやそんない》の發展《はつてん》の爲《ため》に心《こころ》を碎《くだ》いてゐるからである。

『寺岡樣《てらをかさま》は我《わ》が狩太村《かりたむら》の大黑柱《だいこくばしら》だ！』

と村民達《そんみんたち》が皆言《みない》ふ。然《しか》し此《こ》の寺岡氏《てらをかし》が一介《かい》の癈兵《はいへい》から身《み》を起《おこ》し、嘗《かつ》ては失望落膽《しつばうらくたん》の極《きよく》、自己《じこ》の一身《しん》を持《も》て餘《あま》した人《ひと》だと聞《き》いては、何人《なんびと》か驚嘆《きやうたん》せずに居《を》られるだらうか。

寺岡氏《てらをかし》は田舍《ゐなか》の極貧《ごくひん》な家庭《かてい》に生《うま》れた。非常《ひじやう》に階級制度《かいきふせいど》の甚《はなは》しい地方《ちはう》で、貧乏人《びんぼうにん》は萬事《ばんじ》に頭《あたま》が上《あが》らなかつた。生來《せいらい》きかん氣《き》の彼《かれ》は、それが癪《しやく》で癪《しやく》で堪《たま》らなかつた。

『今《いま》に見《み》ろ！　今《いま》に見《み》ろ！』

と彼《かれ》は思《おも》ひ續《つゞ》けた。然《しか》し田舍《ゐなか》に居《ゐ》ては、一生《しやう》うだつの上《あが》らない事《こと》を考《かんが》へて、遂《つひ》に彼《かれ》は意《い》を決《けつ》して東京《とうきやう》で店《みせ》を開《ひら》いて居《ゐ》る親戚《しんせき》をたよつて上京《じやうきやう》し、切《せつ》に賴《たの》んで其處《そこ》の店員《てんゐん》にして貰《もら》つた。それから彼獨特《かれどくとく》の、猛烈《まうれつ》な努力精進《どりよくしやうじん》が始《はじま》つたのだが、其《そ》の頃《ころ》の彼《かれ》を知《し》る人《ひと》がよく言《い》ふ――

『寺岡《てらをか》さんはあの頃《ころ》から奮發《ふんぱつ》が人《ひと》と違《ちが》つてゐた』

その中《うち》に彼《かれ》は適齡《てきれい》に達《たつ》して、寄留地《きりうち》の關係《くわんけい》から東京《とうきやう》の步《ほ》

兵第三聯隊《へいだいれんたい》に入營《にふえい》した。それが明治《めいぢ》卅四年《ねん》十二月《ぐわつ》の事《こと》、するとその頃《ころ》から次第《しだい》に險惡《けんあく》だつた東亞《とうあ》の風雲《ふううん》は、愈々《いよいよ》その急《きふ》を示《つ》げ、遂《つひ》に帝國《ていこく》は東洋平和維持《とうやうへいわゐぢ》の爲《ため》、野心國露西亞《やしんこくロシア》に對《たい》して戰《たゝかひ》を宣《せん》するに到《いた》つた。さあ、步兵第三聯隊《ほへいだいれんたい》も出征《しゆつせい》せねばならぬ。兵士達《へいしたち》は萬歳々々《ばんざいばんざい》と大騷《おほさわ》ぎだ。世《よ》の中《なか》も戰爭《せんそう》！　膺懲《ようちよう》！　と鼎《かなへ》の沸《た》ぎるが如《ごと》くだ。この時《とき》、人知《ひとし》れぬ惱《なや》みに思《おも》ひ惱《なや》むは我《わ》が寺岡《てらをか》一等兵《とうへい》の胸《むね》の中《うち》であつた。

『出征《しゆつせい》、元《もと》より嬉《うれ》しい。然《しか》し出征《しゆつせい》する以上《いじやう》、自分《じぶん》は戰死《せんし》を覺悟《かくご》せねばならぬ。御國《みくに》の爲《ため》の戰死《せんし》、元《もと》よりこれは嬉《うれ》しい。然《しか》し自分《じぶん》が鄕里《くに》を出《で》る時《とき》、堅《かた》く〳〵心《こゝろ》に誓《ちか》つた言葉《ことば》、東京《とうきやう》に出《で》るからには石《いし》にかじり付《つ》いてでも成功《せいこう》し、この階級制度《かいきふせいど》の甚《はなは》だしい、自分《じぶん》の故鄕《こきやう》の金持共《かねもちども》を見返《みかへ》してやりたい――斯《か》う思《おも》つた自分《じぶん》の初一念《しよいちねん》、又男子《またたんし》と生《うま》れたからには相當《さうたう》の仕事《しごと》を爲《な》し遂《と》げて、意義《いぎ》ある一生《しやう》を送《おく》つて見《み》たいと願《ねが》つてゐたあの決心《けつしん》、……あれをどうしよう。自分《じぶん》の戰死《せんし》に依《よ》つて何《なに》も彼《か》もおさらばか』

斯《か》う思《おも》ふ時《とき》、志《こゝろざし》大《おほ》きい寺岡《てらをか》一等兵《とうへい》は、急《きふ》に世《よ》の中《なか》が眞暗《まつくら》な樣《やう》に思《おも》ふのだつた。然《しか》し一瞬《しゆん》、彼《かれ》は急《きふ》に思《おも》ひ返《かへ》した。

『馬鹿《ばか》を言《い》へ！　初一念《しよいちねん》が何《なん》だ。一生《しやう》が何《なん》だ。此《こ》の皇國《くわうこく》の危急《ききふ》に殉《じゆん》ずる事《こと》が、これが取《と》りも直《なほ》さず自分《じぶん》の初一念《しよいちねん》の貫徹《くわんてつ》で、又意義《またいぎ》ある一生《しやう》と言《い》へるのぢやないか。――あゝ、さうだ〳〵』

さう考《かんが》へると彼《かれ》は急《きふ》に明《あか》るくなつた。濶然《くわつぜん》と悟《さと》つた時《とき》、彼《かれ》は眼前無敵《がんぜんむてき》の強剛《きやうがう》な兵士《へいし》だつた。命《いのち》もいらない、名《な》もいらない、全身《ぜんしん》これ報國《はうこく》の一念《ねん》をもつてみたされてゐた。明治《めいぢ》卅七年《ねん》四月《ぐわつ》、現役《げんえき》の儘《まゝ》第二軍《だいぐん》に屬《ぞく》して出征《しゆつせい》、十月《ぐわつ》には早《はや》くも金州南山《きんしうなんざん》の戰鬪《せんとう》に參加《さんか》した。然《しか》し第一線《だいせん》に活躍中《くわつやくちう》、不幸《ふかう》、敵彈《てきだん》のため擦過傷《さつくわしやう》を負《お》ひ、まだ戰功《せんこう》も立《た》てぬのに野戰病院《やせんびやうゐん》に送《おく》られてしまつた。そして重《かさ》なる不幸《ふかう》は、この野戰病院《やせんびやうゐん》で療養中《れうやうちう》に又《また》もや異國《ゐこく》の脚氣病《かつけびやう》に見舞《みま》はれ、遂《つひ》に內地《ないち》の原隊《げんたい》へ送還《そうくわん》と言《い》ふ事《こと》になつて仕舞《しま》つた。

內地《ないち》に歸《かへ》ると、脚氣《かつけ》の全治《ぜんち》は譯《わけ》なかつた。で同年《どうねん》の十月《ぐわつ》再《ふたゝ》び更生《かうせい》の意氣《いき》に燃《も》えて滿洲《まんしう》の土《つち》を踏《ふ》む事《こと》が出來《でき》たが、今度《こんど》は第三軍《だいぐん》に編入《へんにふ》せられて、旅順《りよじゆん》の攻擊《こうげき》に加《くは》ゝる事《こと》となつた第三軍《だいぐん》は皆《みな》の知《し》る通《とほ》り軍神乃木將軍《ぐんしんのぎしやうぐん》の麾下《きか》で、旅順攻擊《りよじゆんこうげき》は九死《し》に一生《しやう》も望《のぞ》めない難戰苦鬪《なんせんくとう》である。

總攻擊《そうこうげき》は一回《くわい》二回《くわい》と續《つゞ》き、遂《つひ》に第四回《だいくわい》の總攻擊《そうこうげき》となつた今度《こんど》こそは死《し》すとも敵壘《てきるゐ》を陷《おとしい》れずにおくものか――決死《けつし》の覺悟物凄《かくごものすご》く、遂《つひ》にあの有名《いうめい》な白襷隊《しろだすきたい》の組織《そしき》となつた。我《わ》が寺岡《てらをか》一等兵《とうへい》は勇躍《ゆうやく》この白襷隊《しろだすきたい》を志願《しぐわん》し、步兵第三聯隊第二大隊《ほへいだいれんたいだいだいたい》の一員《ゐん》として『難攻不落《なんこうふらく》』の敵《てき》の堅壘《けんるゐ》に忍《しの》び寄《よ》る事《こと》となつた。愈々男子本懷《いよいよだんしほんくわい》の決死《けつし》の覺悟《かくご》である。十一月《ぐわつ》の廿六日《にち》、夜陰《やいん》に乘《じよう》じて白襷隊《しろだすきたい》の進擊《しんげき》は開始《かいし》された。一進《しん》一停《てい》、戰友《せんいう》は次々《つぎつぎ》に斃《たふ》れた。然《しか》し躍進《やくしん》、又躍進《またやくしん》、生存者《せいぞんしや》はたとへ死《し》すとも日章旗《につしやうき》を敵陣高《てきぢんたか》く飜《ひるがへ》さずんば止《や》まずと猛進《まうしん》をつゞける。翌《よく》廿七日《にち》の未明《みめい》、敵砲彈《てきはうだん》の一破片《はへん》は猛然《まうぜん》と飛來《とびきた》つて我《わ》が寺岡《てらをか》一等兵《とうへい》の左大腿《ひだりだいたい》に命中《めいちう》した。左大腿部貫通挫折《ひだりだいたいぶくわんつうざせつ》の重傷《ぢうしやう》だ。彼《かれ》は意識《いしき》を失《うしな》つて倒《たふ》れた。

野戰病院《やせんびやうゐん》から大連《だいれん》の兵站病院《へいたんびやうゐん》に送《おく》られ、それから廣島《ひろしま》、遂《つひ》には東京《とうきやう》の澁谷分院《しぶやぶんゐん》に送還《そくわん》された。

其處《そこ》で殆《ほと》んど全快《ぜんくわい》に向《むか》ひ、猶《なほ》八十日《にち》を相州湯ケ原溫泉《さうしうゆがはらをんせん》に療養《れうやう》してゐる中《うち》に、どうやら或程度《あるていど》の全快《ぜんくわい》をみたので、明治《めいぢ》卅九年《ねん》の六月《ぐわつ》、寺岡《てらをか》一等兵《とうへい》は兵役《へいえき》を免《めん》ぜられて東京《とうきやう》に歸《かへ》つて來《き》た。

戰死《せんし》を期《き》してゐたのに幸《かう》か不幸《ふかう》か、彼《かれ》は一命《めい》を拾《ひろ》つて、再《ふたゝ》び東京《とうきやう》の社會戰場《しやくわいせんぢやう》に立《た》つ事《こと》となつた。しかし、今《いま》や昔日《せきじつ》の丈夫《ぢやうぶ》な體《からだ》ではなく、身《み》は一個《こ》の癈人《はいじん》、――左足《さそく》は硬直《かうちよく》して曲《まが》らず、步行《ほかう》には醜《みにく》き松葉杖《まつばづゑ》か、頑丈《ぐわんぢやう》な支《さゝ》へ杖《づゑ》かを必要《ひつえう》とするのだつた。

それに心身《しんしん》はとみに衰弱《すゐじやく》し、向後幾年《かうごいくねん》の靜養《せいやう》の後《のち》、人間並《にんげんなみ》の仕事《しごと》に堪《た》へ得《え》らるゝかと、心細《こゝろぼそ》い前途《ぜんと》の闇《やみ》を視《み》つめねばならなかつた。

『やあ！　片輪《かたわ》が通《とほ》らい！』

心《こゝろ》ない子供達《こどもたち》が彼《かれ》を見《み》て囃立《はやした》てた。又控目《またひかへめ》の大人達《おとなたち》も行《い》きずりにちらと盜《ぬす》み見《み》て、醜《みにく》い彼《かれ》の姿《すがた》を侮蔑《ぶべつ》の眼《め》で見送《みおく》つた。

今《いま》や心身消耗《しんしんせうまう》し盡《つく》した彼《かれ》は、往年青雲《わうねんせいうん》の志《こゝろざし》に燃《も》えてゐた頃《ころ》の氣力《きりよく》もなく、徒《いたづ》らに無用《むよう》の癈軀《はいく》となり終《をは》らせた我《わ》が身《み》を思《おも》ふて、幾度《いくたび》か失望落膽《しつばうらくたん》し、又生存《またせいぞん》の意義《いぎ》も、そして喜《よろこ》びも、失《うしな》ひ果《は》すかのやうに思《おも》へた。

然《しか》しそこは今日《こんにち》の大《だい》を爲《な》す程《ほど》の彼《かれ》だ。身心共《しんしんとも》に元氣《げんき》を恢復《くわいふく》し、氣持《きもち》も落付《おちつ》いてきた時《とき》、濶然《くわつぜん》として心眼《しんがん》は開《ひら》いた。

『不具《ふぐ》何者《なにもの》ぞ！　これ身《み》の悪行《あくぎやう》の結果《けつくわ》に非《あら》ずして、國家《こくか》奉《ほう》公《こう》の爲《ため》ではないか。然《しか》らば不具《ふぐ》何《なん》の恥《は》づる所《ところ》ぞ。出征《しゆつせい》の時《とき》自分《じぶん》は死《し》を決《けつ》してゐた筈《はず》だ。その命《いのち》を完《まつた》うしたのは、何《なに》か天《てん》の使命《しめい》がある筈《はず》だ。この身《み》はすでに世《よ》にない筈《はず》だつた。命《いのち》をすてゝかゝれば、例《たと》ひ不具《ふぐ》なりと雖《いへど》も、人並《ひとなみ》の仕事《しごと》の出來《でき》ぬ筈《はず》はあるまい。否《いな》、何《なに》か仕事《しごと》を成《な》し遂《と》げることこそ自分《じぶん》が國家《こくか》にしのこした御奉公《ごほうこう》だ。さうだ〳〵』

　彼《かれ》は奮然《ふんぜん》志《こゝろざし》を新《あらた》にし、母《はゝ》をたよつて、北海道《ほくかいだう》は蛇田郡《つぶたぐん》狩太村《かりたむら》へ歸《かへ》つたのだつた。然《しか》し母《はゝ》も亦貧《またまづ》しく、到底病後《たうていびやうご》の彼《かれ》の靜養《せいやう》などは思《おも》ひも寄《よ》らないので、斷然《だんぜん》一か八《ばち》かの決死《けつし》の覺悟《かくご》を定《さだ》め、その地《ち》に獨力《どくりよく》、不自由《ふじいう》の身《み》で飲食店《いんしよくてん》を開業《かいげふ》したのだつたが、一か八《はち》かの決死《けつし》の態度《たいど》程恐《ほどおそ》ろしいものはない。次第《しだい》〳〵に、近隣《きんりん》の人《ひと》の同情《どうじやう》と好意《かうい》を得《え》、遂《つひ》には信《しん》用《よう》と尊敬《そんけい》とを得《う》る事《こと》が出來《でき》て、約《やく》六ケ月《げつ》の後《のち》には人《ひと》の勸《すゝ》めに依《よ》つて妻帶《さいたい》して、それから夫妻共稼《ふさいともかせ》ぎの奮闘《ふんとう》を始《はじ》めた。彼一流《かれいちりう》の猛闘《もうとう》ぶりで、朔北《さくほく》の寒地《かんち》に在《あ》つて冬時外套《ふゆときぐわいとう》も用《もち》ひぬ程《ほど》の、その恐《おそ》るべき堅忍力闘《けんにんりきとう》だ。人生《じんせい》は戰場《せんぢやう》と思《おも》へ――さういつた覺悟《かくご》で、彼《かれ》は戰爭《せんさう》の時《とき》の緊張《きんちやう》を忘《わす》れず、馴《な》れぬ

賄仕事《まかなひしごと》から客《きやく》の應待《おうたい》まで心《こゝろ》をくばつた。不具《ふぐ》の身《み》を以《もつ》てしては決《けつ》して樂《らく》な仕事《しごと》とはいへない。しかし、彼《かれ》はあらゆる苦難《くなん》を見事《みごと》に征服《せいふく》した。これ程《ほど》の努力《どりよく》が酬《むく》いられねば人《じん》生《せい》はお先眞暗《さきまつくら》だ。店《みせ》は眼《め》に見《み》えて繁昌《はんじやう》し、僅《わづ》かながらも貯《ちよ》金《きん》さへ出來《でき》るやうになつた。

　六年《ねん》の後《のち》には、貯金《ちよきん》も相當《さうたう》の額《がく》に達《たつ》したので、不具《かたわ》の身《み》にとつては過勞《くわらう》な飲食店《いんしよくてん》をやめて唯今《たゞいま》の荒物雜貨商《あらものざつくわしやう》に變《かは》つた。仕事《しごと》はいくらか樂《らく》でも氣《き》はゆるめない。仕入《しい》れに販賣《はんばい》に彼《かれ》は人並《ひとなみ》ならぬ苦心《くしん》を拂《はら》つた。勤儉貯蓄《きんけんちよちく》――この四字《じ》を徹頭徹尾《てつとうてつび》よく守《まも》つた。かくて、十數年《すうねん》、今《いま》や、その資産《しさん》は概略《がいりやく》三萬圓《まんゑん》と稱《しよう》せられる。

　思《おも》ふて今日迄《こんにちまで》の彼《かれ》の苦戰惡闘《くせんあくとう》を思《おも》ふ時《とき》、我等《われら》は胸《むね》に一掬《きく》の涙《なみだ》を禁《きん》ずるを得《え》ない。彼《かれ》も亦過去《またくわこ》を思《おも》ふ時《とき》、その感慨《かんがい》如《い》何《か》ばかりであらう。

　彼《かれ》は成功《せいこう》の今日《こんにち》、一般《ぱん》の成功者《せいこうしや》の如《ごと》く利己《りこ》の心《こゝろ》は斷《だん》じてない。常《つね》に人《ひと》に厚《あつ》く自分薄《じぶんうす》く、一家《か》には常《つね》に春風《はるかぜ》そよぎ、村内《そんない》には名聲到《めいせいいた》る所《ところ》に稱《たゝ》えられてゐる。氏《し》の引受《ひきう》けた公職《こうしよく》は本文《ほんもん》の冒頭《ばうとう》に掲《かゝ》げたるが如《ごと》く、忙《せは》しい家業《かげふ》の餘暇《よか》は殆《ほと》んどこれに費《つひや》され、嘗《かつ》て村社《そんしや》の新築昇格《しんちくしようかく》の際《さい》は、莫大《ばくだい》なる私《し》財《ざい》を投《とう》じて奔命《ほんめい》し、實《じつ》に三ケ年《ねん》の長日月《ちやうじつげつ》を努力《どりよく》して遂《つひ》にその目的《もくてき》を達《たつ》したのであつた。又寺院《またじゐん》の佛堂増修築《ぶつだうぞうしうちく》、鐘撞堂《かねつきだう》の新設《しんせつ》、庫裡《くり》の改修《かいしう》、それ等《ら》に於《お》ける彼《かれ》の犧牲《ぎせい》と努力《どりよく》はこれ又村民《またそんみん》の感謝措《かんしやお》かざる所《ところ》である。さればこそ人々《ひと〴〵》は、

『寺岡樣《てらをかさま》は我《わ》が村《むら》の大黒柱《だいこくばしら》だ！』

　と言《い》つてゐる。行《ゆ》き交《か》ひに、彼《かれ》に低《ひく》く頭《あたま》を下《さ》げぬ者《もの》のないのも宜《むべ》なる哉《かな》である。氏《し》は狩太村《かりふとむら》の、大黒柱《だいこくばしら》、そして恩《おん》人《じん》である。

　嘗《かつ》て子供等《こどもら》に囃立《はやした》てられ、行《ゆき》ずりの人々《ひと〴〵》に流眄《ながしめ》された氏《し》の不具《ふぐ》の足《あし》は、今《いま》や狩太村《かりふとむら》の村寶《そんぽう》のやうに光《ひか》り輝《かゞや》いてゐるのである。

　而《しか》も寺岡氏《てらをかし》は今以《いまもつ》て努力《どりよく》を止《や》めてゐない。村《むら》の爲《ため》に、徳《とく》を積《つ》むのに日《ひ》も猶足《なほた》りないかの樣子《やうす》である。

　彼《かれ》の一生《しやう》は警鐘《けいしよう》の如《ごと》く教訓《けうくん》を鳴《な》りひゞかせる。

　不具何物《ふぐなにもの》ぞ！　殊《こと》に皇國《くわうこく》の爲《ため》、又《また》　陛下《へいか》の御爲《おんため》にこそ傷《きず》いた我等《われら》の不具《ふぐ》ではないか。

　奮《ふる》ひ立《た》て！　奮《ふる》ひ立《た》て！　途《みち》はある、途《みち》はある！

この人《ひと》を見《み》よ

＝默々《もく〳〵》と働《はたら》きつゞける阿部卯吉氏《あべうきちし》＝

本籍地　岩手縣紫波郡彦部村[redacted]

負傷程度　凍傷　兩脚下腿、膝下ヨリ、右手示指、中指、左手中指、環指小指、根元ヨリ切斷

一

　雪《ゆき》の進軍氷《しんぐんこほり》を踏《ふ》んで――

あの悲絶哀絶《ひぜつあいぜつ》な軍歌《ぐんか》の調《しら》べは、何時《いつ》までも口《くち》ずさむ人《ひと》の又聞《またき》く人《ひと》の胸《むね》を切々《せつ〳〵》と打《う》つて、涙《なみだ》が溢《あふ》れるではないか。

　明治《めいぢ》三十五年《ねん》一月《ぐわつ》二十三日《にち》――歩兵第五聯隊《ほへいだいれんたい》は、八甲田《やかふだ》山《さん》の雪中强行軍《せつちうきやうかうぐん》を敢行《かんかう》し、白銀《はくぎん》の山嶺《さんれい》を東北健兒《とうほくけんと》の脚下《きやくか》に征服《せいふく》せんと、雄《を》々しくも奮起《ふるひた》つたのであつた。

　だが、霏々《ひゝ》として絶《た》え間《ま》もなく降《ふ》り募《つの》る雪《ゆき》は、軈《やが》て嵐《あらし》に吹《ふ》きまくられて、路《みち》を埋《うづ》め、眼界《がんかい》を遮《さへぎ》り、天地《てんち》は只白濛々《たゞはくもう〳〵》の一色《いろ》に塗《ぬ》りとざされて了《しま》ひ、冷凍《れいとう》の氣《き》は防寒具《ばうかんぐ》を透《とほ》して將卒《しやうそつ》の肌《はだ》を無慘《むざん》に破《やぶ》り爛《たゞ》らせるのだ。

　馬《うま》も倒《たふ》れた。人《ひと》も倒《たふ》れた。

　自然《しぜん》の暴威《ばうゐ》と、神州男兒《しんしうだんじ》の闘《たゝか》ひ。

　それはまさしく、砲煙彈雨《はうえんだんう》の戰場《せんぢやう》よりも物凄《ものすご》い闘爭場《とうさうぢやう》であつた――。

　そして僅《わづ》かの生存者《せいぞんしや》が、辛《から》うじて山麓《さんろく》に辿《たど》りついたが、何《いづ》れも重《おも》い凍傷《とうしやう》に罹《かゝ》つてゐて、直《たゞ》ちに青森衛戍病院《あをもりゑいじゆびやうゐん》に運《はこ》ばれた。

　この篇《へん》の主人公《しゆじんこう》一等卒阿部卯吉《とうそつあべうきち》も、その中《なか》の一人《ひとり》であつたのである。

　彼《かれ》は右《みぎ》の示指《じし》、中指《なかゆび》、左《ひだり》の中指《なかゆび》、環指《くわんし》、小指《こゆび》を失《うしな》ひ、更《さら》に兩脚《りやうあし》の膝下《しつか》を切斷《せつだん》しなければならなかつた。

　然《しか》し、あの難行軍《なんかうぐん》に一命《めい》を取止《とりと》めたのが、むしろ奇蹟《きせき》とも言《い》ふ可《べ》きであつたかも知《し》れない。生《うま》れもつかぬ不具者《ふぐしや》になり乍《なが》ら彼《かれ》はひそかに深夜《しんや》のベッドで、

『毘沙門樣《びしやもんさま》、有難《ありがた》うございました。よくぞ私《わたし》を御加護《ごかご》下《くだ》さ

れました』

　とかねてから信仰《しんかう》する毘沙門天《びしやもんてん》に向《むか》つて感謝《かんしや》の祈《いの》りを捧《さゝ》げるのだつた。

　彼《かれ》は不幸《ふかう》な生立《おひた》ちの男《をとこ》である。そして彼《かれ》の現在《げんざい》の境遇《きやうぐう》も亦決《またけつ》して幸福《かうふく》ではなかつた。

　而《しか》も、今又《いままた》この樣《やう》な慘《みじ》めな運命《うんめい》に遭遇《さうぐう》するとは、何《なん》といふ無慈悲《むじひ》な天《てん》の業《わざ》であることか！

　順序《じゆんじよ》として、彼《かれ》の今日《こんにち》まで踏《ふ》んで來《き》た暗《くら》い生活《せいくわつ》から物語《ものがた》らう。

二

　彼《かれ》は、明治《めいぢ》四十一年《ねん》の四月《ぐわつ》、岩手縣紫波郡彦部村字星山《いはてけんしはぐんひこべむらあざほしやま》に、阿部駒藏《あべこまざう》の次男《じなん》として生《うま》れた。兄《あに》を佐藏《さざう》といひ、二人《ふたり》とも富裕《ふいう》な農家《のうか》に、健康《けんかう》な生命《せいめい》に惠《めぐ》まれて、すく〳〵と育《そだ》つたが、彼《かれ》が三歳《さい》の時《とき》、生母《せいぼ》が病沒《びやうぼつ》した爲《ため》、やがて第《だい》二の母《はゝ》が迎《むか》へられた。

　これが彼《かれ》の五歳《さい》の春《はる》で、それから二男《なん》二女《ぢよ》が繼母《けいぼ》の腹《はら》に次々《つぎ〳〵》と生《うま》れ、此處《ここ》に世間《せけん》によく例《れい》のある『繼子《まゝこ》いじめ』の暗《くら》い家庭生活《かていせいくわつ》が繰返《くりかへ》され、佐藏《さざう》と卯吉《うきち》は庭《には》の隅《すみ》で相擁《あひよう》して泣《な》く日《ひ》が多《おほ》くなつた。

　父《ちゝ》の駒藏《こまざう》は非常《ひじやう》なお人好《ひとよ》しであつたので、斯《か》うした子供《こども》達《たち》の苦《くる》しみをまるで知《し》らなかつたが、二人《ふたり》はよく亡《な》き母《はゝ》を慕《した》ふては、

『早《はや》く大《おほ》きくなつて、お互《たがひ》にこの家《うち》を出《で》ようぜ』

　などと言合《いひあ》つたものだつた。

　さうしたことから、彼《かれ》の幼《をさな》い心《こゝろ》の中《うち》には、何時《いつ》しかに、――自分《じぶん》はこの家《うち》を出《で》なければならないのだ――といふ强《つよ》い觀念《くわんねん》が植《う》ゑつけられて行《い》つた。

　又《また》その頃《ころ》から、彼《かれ》は熱心《ねつしん》に毘沙門天《びしやもんてん》を信仰《しんかう》する樣《やう》になつた。後年彼《こうねんかれ》は、どんな動機《どうき》で毘沙門天《びしやもんてん》を崇《あが》めたのかと、考《かんが》へて見《み》ても、どうしても漠然《ばくぜん》として思《おも》ひ出《だ》せないのださうであるが、恐《おそ》らくは親《おや》のない淋《さび》しい少年《せうねん》の心《こゝろ》に、毘沙門天《びしやもんてん》の男々《をゝ》しい繪像《すがた》が深《ふか》く印象《いんしやう》されて、その慈悲忍辱《じひにんにく》の相《さう》を凝《じ》視《つ》めてゐると、何《なん》となく薄倖《はくかう》な自分《じぶん》を抱《だ》きしめ、愛撫《あいぶ》してくれる樣《やう》な氣《き》がしたものに違《ちが》ひない。

　彼《かれ》が十三のころ、家《うち》の建増《たてまし》か何《なに》かで、自分《じぶん》の所《ところ》に大工《だいく》が

出入《でいり》したことがあつた。卯吉《うきち》は毎日《まいにち》の樣《やう》にその仕事《しごと》を眺《なが》めてゐたが、すつかり氣《き》に入《い》つてしまつて、自分《じぶん》も大工《だいく》にならう——と決心《けつしん》した。そして、翌年《よくねん》、星山小學校《ほしやましやうがくかう》を卒業《そつげふ》すると直《す》ぐに、父親《ちゝおや》に嘆願《たんぐわん》して、村《むら》の大工《だいく》田畑仁太郎《たばたじんたらう》方《かた》に弟子入《でしい》りし、三年間《ねんかん》、みつちりと修業《しゆげふ》を積《つ》んだ。

腕《うで》が出來《でき》ると、家《うち》を離《はな》れた他郷《たきやう》に出《で》て、稼《かせ》ぎたくなり、北海道《ほくかいだう》に渡《わた》つて函館《はこだて》やその附近《ふきん》で、大工《だいく》の渡世《とせい》をして暮《くら》した。實直《じつちよく》で温和《おとな》しい所《ところ》から、何處《どこ》でも信用《しんよう》を受《う》けて、わりにのんびりとした樂《たの》しい日《ひ》が過《す》ごせた。

二十歳《さい》の時《とき》に、父親《ちゝおや》に呼《よ》び戻《もど》されて歸村《きそん》し、紫波郡赤澤村《しはぐんあかざはむら》の西野《にしの》タミと結婚《けつこん》した。タミは十八歳《さい》の氣立《きだ》ての優《やさ》しい娘《むすめ》だつた。夫婦仲《ふうふなか》は極《きは》めて睦《むつま》じく、間《ま》もなく一子正三《ししやうざう》を擧《あ》げた。

正三《しやうざう》の生《うま》れた年《とし》の夏《なつ》、彼《かれ》は徴兵檢査《ちようへいけんさ》を受《う》けて、甲種合格《かふしゆがふかく》となり、歩兵第五聯隊《ほへいだいれんたい》に入營《にふえい》を命《めい》ぜられた。聯隊《れんたい》では第《だい》五中隊《ちうたい》に屬《ぞく》して、勤直《きんちよく》に軍務《ぐんむ》を勵《はげ》んでゐたが、或日《あるひ》家《うち》から電報《でんぱう》が屆《とゞ》いたので、何事《なにごと》かと開《ひら》いて見《み》ると、兄《あに》の佐藏《さざう》の死去《しきよ》の報知《はうち》である。

内務班《ないむはん》の一隅《ぐう》で、彼《かれ》は電報《でんぱう》で面《おもて》を覆《おほ》ふて涙《なみだ》を落《おと》した。天《てん》にも地《ち》にも自分《じぶん》を理解《りかい》し、慰《なぐさ》め、勵《はげ》ましてくれるものは、兄《あに》の外《ほか》にはないのだつた。その頼《たよ》り少《すくな》い兄弟《きやうだい》が、死目《しにめ》にも會《あ》へないといふのは、何《なん》たる淋《さび》しさ、何《なん》たる悲《かな》しさ——。

暫《しばら》くの間《あひだ》は、彼《かれ》は軍務《ぐんむ》も手《て》につかないで、呆然《ばうぜん》としてゐたほどだつた。

だが軍隊生活《ぐんたいせいくわつ》は、彼《かれ》の沈《しづ》んだ氣持《きもち》を、やがて朗《ほが》らかな若人《わかうど》の世界《せかい》に引戻《ひきもど》し、第一期《だいき》を終《を》へ、第二期《だいき》に這入《はい》ると、木工卒《もくこうそつ》に選《えら》ばれて、腕《うで》に覺《おぼ》えの仕事《しごと》が出來《でき》る樣《やう》になつた。

三十四年《ねん》の秋《あき》には、岩手縣下《いはてけんか》に大演習《だいえんしふ》が行《おこな》はれた。彼《かれ》はこれに參加《さんか》して、郷里《きやうり》の家《うち》にたち寄《よ》ることを許《ゆる》された。躍《をど》る樣《やう》な胸《むね》を抑《おさ》へて、暫《しばら》くぶりで、我家《わがや》を訪《おとづ》れて見《み》ると、そこには意外《いぐわい》な騷《さわ》ぎが湧起《わきおこ》つて居《ゐ》る。といふのは、人《ひと》の好《い》い父親《ちゝおや》が、奸惡《かんあく》な一味《み》の者共《ものども》に瞞《だま》されて、祖先傳來《そせんでんらい》の田畑《たはた》から土藏《どざう》に至《いた》るまで差押《さしおさ》へを喰《く》ひ、一家沒落《かぼつらく》の危難《きなん》が迫《せま》つてゐるのだつた。彼《かれ》は驚《おどろ》いて仔細《しさい》を聞《き》いたが、弟達《おとうとたち》や母親《はゝおや》は、彼《かれ》に對《たい》して冷《つめ》たく口《くち》をとざしてゐるし、さりと

て懊惱《あうのう》に窶《やつ》れてゐる父親《ちゝおや》に向《むか》つて、面責《めんせき》に等《ひと》しいやうな問《と》ひを發《はつ》する氣《き》にもなれず、痛《いた》む心《こころ》を包《つゝ》んで、悄然《せうぜん》と隊《たい》に歸《かへ》つた。

幼《をさな》くして生母《せいぼ》を失《うしな》ひ、たつた一人《ひとり》の相談相手《さうだんあひて》たる兄《あに》には別《わか》れ、今又《いままた》自分《じぶん》が受繼《うけつ》ぐ可《べ》き財産《ざいさん》もなくして了《しま》つたのだ——。

彼《かれ》のその憂愁《いうしう》を慰《なぐさ》めてくれるのは、今《いま》では妻《つま》のお夕ミだけだつた。お夕ミは甲斐々々《かひがひ》しく正三《しやうざう》を守《まも》つて野良仕事《のらしごと》に精出《せいだ》し、彼《かれ》の歸《かへ》りを待《ま》つてゐる。

妻《つま》の努力《どりよく》に感謝《かんしや》し乍《なが》ら、勤務《きんむ》を續《つゞ》けてゐるうちに、八甲田山《やかふださん》の雪中行軍《せつちうかうぐん》。そして、無慘《むざん》なる凍傷《とうしやう》。不具者《ふぐしや》としての除隊《ぢよたい》——となつた譯《わけ》である。

三

公務《こうむ》による疾病《しつぺい》として兵役《へいえき》を免除《めんぢよ》され、郷里《きやうり》に歸《かへ》つたのは三十五年《ねん》の八月《ぐわつ》であつた。

併《しか》し彼《かれ》には、落着《おちつ》いて靜養《せいやう》する暇《ひま》も與《あた》へられなかつた。彼《かれ》は二千圓《えん》の御下賜金《ごかしきん》を戴《いたゞ》く事《こと》になつてゐたが、父親《ちゝおや》に對《たい》する債權者共《さいけんしやども》は、未《いま》だ負債《ふさい》が整理《せいり》されて居《を》らぬから、その二千圓《えん》を當方《たうはう》に渡《わた》せと、頑强《ぐわんきやう》に攻《せ》めつけて來《き》たのである。

今《いま》や父《ちゝ》の家《うち》には、住居《すまゐ》の一棟《むね》を殘《のこ》して、後《あと》は悉《ことごと》く人手《ひとで》に渡《わた》つてゐるのだから彼《かれ》としても全《まつた》くの無資産《むしさん》だ。而《しか》も不

具者《ぐしや》の身《み》で、御下賜金《ごかしきん》まで取《と》られては、親子《おやこ》三人《にん》、路傍《ろばう》に飢《う》ゑねばならぬのは知《し》れ切《き》つたことである。

彼《かれ》は債權者《さいけんしや》の追求《つゐきう》を避《さ》ける爲《ため》に、一時《じ》、昔《むかし》の師匠《ししやう》の田畑《たはた》仁太郎《じんたらう》の家《うち》に身《み》を匿《かく》し徐《おもむ》ろに對策《たいさく》を考《かんが》へた。それには自分《じぶん》が分家《ぶんけ》して了《しま》ふに越《こ》したことはない——。

彼《かれ》が二千圓《えん》の支拂《しはらひ》を拒《こば》む事《こと》を知《し》つた債權者共《さいけんしやども》は、無法《むはふ》にも父親《ちゝおや》に迫《せま》つて、僅《わづ》かに殘《のこ》された唯一《ゆゐつ》の財産《ざいさん》たる一棟《むね》の家屋《かおく》と、そして家財道具《かざいだうぐ》の類《るゐ》に至《いた》るまで、競賣《きやうばい》に附《ふ》するに至《いた》つた。而《しか》も尚《なほ》、それを以《もつ》て慊《あきた》りとせず、執拗《しつえう》に彼《かれ》の二千圓《えん》に魔手《ましゆ》を延《の》ばして來《く》るのである。

今《いま》は躊躇《ちうちよ》すべきには非《あら》ずと、彼《かれ》は父《ちゝ》に向《むか》つて分家願《ぶんけねがひ》の捺印《なついん》を賴《たの》むと、父《ちゝ》は繼母《けいぼ》の口《くち》に乘《の》つて、

『お前《まへ》は俺《おれ》の借金《しやくきん》の整理《せいり》をするのがいやなのであらう』

と云《い》つて、どうしても聞入《きゝい》れてくれない。彼《かれ》は困惑《こんわく》したが、此處《ここ》が一生《しやう》の大事《だいじ》とばかり、智慧《ちゑ》を絞《しぼ》つて、

『私《わたし》が分家《ぶんけ》しなければ、お上《かみ》で金《かね》を下《さ》げ渡《わた》しては下《くだ》さらぬのです』

と、一世《せ》一代《だい》の嘘《うそ》をついて、遂《つひ》に捺印《なついん》させ、手續《てつゞ》きを濟《す》ませた。

分家《ぶんけ》すれば最早《もはや》惡辣《あくらつ》千萬《ばん》な高利貸共《かうりかしども》も、この上追求《うへつゐきう》する譯《わけ》にはゆかない。彼《かれ》は御下賜金《ごかしきん》を手《て》にして、現在地《げんざいち》の紫波郡彦部村大字大巻《しはぐんひこべむらおほあざおほまき》に家《うち》を購《あがな》ひ、父《ちゝ》にも一棟《むね》を買與《かひあた》へて、老後《らうご》を安穩《あんおん》ならしめた。間《ま》もなく繼母《けいぼ》はその家《うち》で沒《ぼつ》した。

四

彼《かれ》には住《すま》ふ可《べ》き家《うち》も出來《でき》、恩給《おんきふ》も下《さが》る樣《やう》になつたが、無資産《むしさん》なのと、不具者《ふぐしや》で働《はたら》く事《こと》が出來《でき》ぬ爲《ため》とで、生活《せいくわつ》は樂《らく》ではなかつた。

併《しか》しお夕ミは不具《ふぐ》の夫《をつと》を勞《いた》はり、幼兒《えうじ》を抱《かゝ》へて、朝《あさ》は早天《さうてん》から、夜《よる》は遲《おそ》く迄《まで》、田畑《たはた》に出《で》て働《はたら》き、ともすれば暗《くら》く滅入《めい》りがちな夫《をつと》の氣《き》を引立《ひきた》ててくれた。それを見《み》ると、彼《かれ》は全《まつた》く濟《す》まない樣《やう》な氣《き》がして頭《あたま》が下《さが》り、自《みづか》らも、何《なに》か働《はたら》きたいと考《かんが》へ、或時《あるとき》、試《こゝろ》みに下駄《げた》の齒入《はい》れをやつて見《み》た。最初《さいしよ》は鉋《かんな》や鋸《のこぎり》の持方《もちかた》、板《いた》の固定法《こていはふ》などに苦心《くしん》したが、段々《だんだん》馴《な》れて來《き》たので、之《これ》に力《ちから》を得《え》て、此仕事《このしごと》を三年間《ねんかん》續《つゞ》けた。

さうしてゐるうちに負傷《ふしやう》の切斷端《せつだんたん》も固《かた》まり、仕事《しごと》もうま

く自分《じぶん》の身體《からだ》と調子《てうし》が取《と》れて、次第《しだい》に不自由《ふじいう》と苦痛《くつう》が薄《うす》らいだので、今度《こんど》は指物《さしもの》を始《はじ》め、現在《げんざい》では長男《ちやうなん》と一緒《しよ》に、指物《さしもの》の傍《かたは》ら、塗師《ぬりし》をも兼業《けんげふ》して、相當《さうたう》の註文《ちうもん》を受《う》ける樣《やう》になつたのである。彼《かれ》は今年《ことし》五十五歳《さい》であるが、尚矍鑠《なほかくしやく》として、藥《くすり》一つ飲《の》まない健康體《けんかうたい》だ。息子《むすこ》の二人《ふたり》は夫々《それぞれ》妻帶《さいたい》し、孫《まご》が三人《にん》出來《でき》てゐる。糟糠《さうかう》の妻《つま》お夕ミは、不憫《ふびん》にも大正《たいしやう》八年《ねん》、三十八歳《さい》で、これからといふ時《とき》に世《よ》を去《さ》つた。

長男《ちやうなん》の正三《しやうざう》は父《ちゝ》の業《わざ》を助《たす》け、次男《じなん》は函館驛《はこだてえき》の無線電信係《むせんでんしんがかり》を勤《つと》めて、彼《かれ》の日常《にちじやう》の世話《せわ》は、正三《しやうざう》の嫁《よめ》がしてゐる。

生計《せいけい》は豐《ゆたか》な方《はう》で、資産《しさん》として宅地《たくち》五百三十三坪《つぼ》、田地《でんち》一反《たん》六畝《せ》二十七歩《ぶ》、畑地《はたち》三反步《たんぶ》に家屋《かおく》一棟《むね》、年收《ねんしう》二百五十圓《えん》位《くらゐ》で、恩給《おんきふ》は一項症該當者《こうしやうがいたうしや》として、千百五十五圓《えん》の支給《しきふ》を受《う》け、戸數割《こすうわり》三十七圓《えん》七十二錢《せん》を納《をさ》めて、村内世帶《そんないせたい》の三百九十七の内《うち》五十一位《ゐ》である。

彼《かれ》が奮勵刻苦《ふんれいこくく》。これまでに至《いた》つたのは、第《だい》一に聖恩《せいおん》の鴻大《かうだい》なると、次《つぎ》に毘沙門天《びしやもんてん》の冥助《みやうじよ》と、そしてお夕ミの獻身的《けんしんてき》な働《はたら》きと、世間《せけん》の同情《どうじやう》である——と彼《かれ》は固《かた》く信《しん》じて居《ゐ》る。

彼《かれ》はこれ等《ら》の御恩《ごおん》に少《すこ》しでも報《むく》いなければならぬ、と考《かんが》へ、先《ま》づ、少年時代《せうねんじだい》から信仰《しんかう》して來《き》た毘沙門天堂《びしやもんてんだう》の建立《こんりふ》を思立《おもひた》つた。昭和《せうわ》七年《ねん》は彼《かれ》の八甲田山《やかふださん》遭難《さうなん》の三十周年《しうねん》に當《あた》る。そこでこの年《とし》の十月《ぐわつ》、獨力《どくりよく》で約《やく》一千圓《えん》を投《とう》じて、自宅裏庭《じたくうらには》に一宇《う》を建《た》てた。この御堂《おだう》の彫刻《てうこく》の全部《ぜんぶ》は彼《かれ》が精進潔齋《しやうじんけつさい》して、不自由《ふじいう》な手《て》で仕上《しあ》げたものである。そして毘沙門天堂《びしやもんてんだう》の祭禮《さいれい》は、爾後《じご》毎年《まいねん》三月《ぐわつ》に行《おこな》はれるが、彼《かれ》は毎朝《まいあさ》、夏《なつ》は五時《じ》、冬《ふゆ》は六時《じ》に起床《きしやう》して、直《たゞ》ちに椽側《えんがは》に出《で》で、皇居《くわうきよ》を拜《はい》した後《のち》、毘沙門天《びしやもんてん》に向《むか》つて禮拜《らいはい》する。

尚彼《なほかれ》は、村《むら》の忠魂碑《ちうこんひ》建設《けんせつ》には率先《そつせん》して五十圓《えん》を寄附《きふ》し、日本赤十字社《にっぽんせきじうじしや》には二百圓《えん》を寄附《きふ》して特別社員《とくべつしやゐん》に推《お》された。

もう樂隱居《らくいんきよ》をしてもよい身分《みぶん》であるが、彼《かれ》は未《いま》ださうした安逸《あんいつ》を欲《ほつ》せず働《はたら》いてゐる。板《いた》を削《けづ》る時《とき》には兩膝《りやうひざ》を以《もつ》て立《た》ち、僅《わづ》か數本《すうほん》の指《ゆび》を以《もつ》て器用《きよう》に、鋸《のこぎり》や鉋《かんな》を使《つか》ひ、義足《ぎそく》は運動《うんどう》の際《さい》だけに用《もち》ひるが、一里位《りくらゐ》は平氣《へいき》で歩《ある》けるさうだ。

酒《さけ》も煙草《たばこ》も嗜《の》まない。好《す》きなのは菓子類《くわしるゐ》だけで、粗衣粗食《そいそしよく》に甘《あま》んじ、勞働《らうどう》を以《もつ》て唯一《ゆゐつ》の趣味《しゆみ》としてゐる。そしていつも朗《ほが》らかな微笑《びせう》を湛《たゝ》えて、家庭《かてい》は和氣靄々《わきあいあい》として、その睦《むつま》じい團欒《だんらん》は村民《そんみん》の羨望《せんばう》の的《まと》となつて居《ゐ》る。

第《だい》二の曉《あかつき》

=果樹園《くわじゆゑん》に成功《せいこう》せし後井《あとゐ》太《た》市《いち》氏《し》=

本籍地　香川縣大川郡鶴羽村[redacted]
負傷程度　左膝膕部盲貫銃創（跛行）

一

『おい、太《た》市《いち》、お前《まへ》を是非《ぜひ》養子《やうし》に貰《もら》ひたいといふ家《うち》があるんだが、行《ゆ》く氣《き》はないかね』

伯父《をぢ》がいつにない眞面目《まじめ》な顔《かほ》でいつた。

『どうせ私《わたし》は次男坊《じなんばう》ですし、家《うち》を出《で》てもいゝ身體《からだ》ですが、こんな片輪者《かたわもの》ぢや貰《もら》つても仕様《しやう》がないでせう』

『それがお前《まへ》、先方《さき》ぢや是非《ぜひ》お前《まへ》でなければいかんといふんだよ』

『えらく御執心《ごしふしん》ですね。私《わたし》のやうな者《もの》でも關《かま》はんといふのなら、行《ゆ》かんでもありませんがね。しかし、伯父《をぢ》さん、相手《あひて》は金持《かねもち》ぢやないでせうね』

『うむ、金持《かねもち》ならね、儂《わし》もよろこんでお前《まへ》に薦《すゝ》めるけど、實《じつ》は、相手《あひて》は儂《わし》の友達《ともだち》で、鶴羽村《つるはむら》の後井《あとゐ》といつて、貧乏《びんばふ》な家《うち》でのう』

『伯父《をぢ》さん、私《わたし》は相手《あひて》が金持《かねもち》だつたら行《ゆ》くのはいやですよ。金持《かねもち》の家《うち》ぢや働《はたら》き甲斐《がひ》がないですからね。いくら働《はたら》いて金儲《かねまう》けしたつて、世間《せけん》の人《ひと》の目《め》には、當《あた》り前《まへ》としか映《うつ》らんし、第一《だいいち》彼奴《あいつ》金《かね》に目《め》がくれて養子《やうし》に行《ゆ》きやがつたと云《い》はれるのは辛《つら》いですからね』

『えらい、……實《じつ》はなア、後井《あとゐ》の家《うち》も昔《むかし》は盛《さか》んだつたが、不運《ふうん》つゞきですつかり衰《おとろ》へてしまふたのだ。それで、お前《まへ》に來《き》て貰《もら》うて昔《むかし》にとりかへしたいといふ譯《わけ》でのう』

『それならようございます。行《ゆ》きます』

さういつた譯《わけ》で、彼《かれ》が香川縣大川郡鶴羽村《かがはけんおほかはぐんつるはむら》の後井家《あとゐけ》の一人娘《ひとりむすめ》の婿《むこ》となつて入夫《にふふ》したのは、大正《たいしやう》八年《ねん》の暮《く》れであつた。

× × ×

彼《かれ》は同《おな》じ香川縣《かがはけん》の綾歌郡《あやうたぐん》府中村《ふちうむら》、荒井利八郎《あらゐりはちらう》の二男《なん》に生《うま》れたが、家《うち》が貧《まづ》しかつたので、小學校《せうがくかう》を卒《を》へると共《とも》に、すぐ指物大工《さしものだいく》の家《うち》に奉公《ほうこう》にやられた。その後《ご》一心《しん》にその職《しよく》に精出《せいだ》して、漸《やうや》く一人前《いちにんまへ》の腕《うで》になつた頃《ころ》に適齢《てきれい》に達《たつ》した。

明治《めいぢ》三十四年《ねん》の徴兵《ちようへい》で、彼《かれ》は歩兵《ほへい》第《だい》十二聯隊《れんたい》へ入營《にふえい》、無事《ぶじ》三ケ年《ねん》の現役《げんえき》を終《を》へて後《のち》は、ひたすら家業《かげふ》に勵《はげ》んでゐた。ところが、除隊《ぢよたい》の翌年《よくねん》になつて日露戰役《にちろせんえき》が勃發《ぼつぱつ》し、充員召集《じゆうゐんせうしふ》に應《おう》じて出征《しゆつせい》することゝなつた。

各地《かくち》に轉戰《てんせん》しつゝ、同年《どうねん》八月末《ぐわつすゑ》には滿洲大白山《まんしうたいはくさん》の戰鬪《せんとう》に遭遇《さうぐう》したが、その戰《たゝか》ひに、彼《かれ》は敵彈《てきだん》のために左膝膕部盲貫《さしつこくぶもうくわん》銃創《じうさう》を蒙《かうむ》り、涙《なみだ》を呑《の》んで後退《こうたい》しなければならなかつた。療養《れうやう》の結果《けつくわ》どうやら傷《きず》は治《なほ》つたけれども、ついに跛《びつこ》となるを免《まぬか》れなかつた。そのために兵役《へいえき》を免除《めんぢよ》されて歸郷《ききやう》し、その後《ご》は、專《もつぱ》ら家業《かげふ》に從事《じうじ》してゐたのである。

二

後井家《あとゐけ》へ入夫《にふふ》の後《のち》は、不自由《ふじいう》な身《み》を以《もつ》て働《はたら》く指物大工《さしものだいく》では、一家《か》の再興《さいこう》はもとより、一家《か》を支《さゝ》へて行《ゆ》くさへ覺束《おぼつか》ない。これを機會《きくわい》に、鋸《のこぎり》や鉋《かんな》を棄《す》てゝ、鋤《すき》や鍬《くは》を握《にぎ》らうと決心《けつしん》したのである。

僅《わづ》かながらも土地《とち》を買《か》ひ求《もと》め、農業《のうげふ》に從事《じうじ》しはじめた。彼等《かれら》夫婦《ふうふ》は、毎朝《まいあさ》、翠松《すゐしよう》長帶《ちやうたい》を曳《ひ》く有名《いうめい》な津田《つだ》の琴林《きんりん》の間《あひだ》から、遠《とほ》く淡路《あはぢ》の島影《しまかげ》を眺《なが》めながら、熱心《ねつしん》に耕作《かうさく》に精出《せいだ》した。野良仕事《のらしごと》は決《けつ》して彼《かれ》の體《からだ》には樂《らく》ではなかつた。一日《にち》の仕事《しごと》を終《お》へて家路《いへぢ》に就《つ》く頃《ころ》には、足《あし》が動《うご》かない程《ほど》だつた。殊《こと》に寒《さむ》い冬《ふゆ》の日《ひ》なぞ、左足《ひだりあし》の鐵《てつ》のやうに冷《ひ》えきつて、づきん／＼と痛《いた》んだ。

『貴方《あなた》、すみません、こんな家《うち》に來《き》て頂《いたゞ》いたばつかりに、御苦勞《ごくらう》ばかりおかけして』妻《つま》が氣《き》の毒《どく》さうにいつた。

『何《なに》をいふのだ。儂《わし》は初《はじ》めからその積《つも》りで來《き》たのだ。ことに儂《わし》は日露戰爭《にちろせんさう》の時《とき》には、死《し》んで歸《かへ》るつもりだつたのが、かうやつて、跛《びつこ》にはなつたが丈夫《ぢやうぶ》で働《はたら》けるではないか。ちつとやそつと仕事《しごと》がえらいといつて、不平《ふへい》をいふては天子樣《てんしやう》に申譯《まをしわけ》がないわい』彼《かれ》は朗《ほが》らかにいふのだつた。

『お前《まへ》も暫《しばら》く我慢《がまん》しなよ。儂《わし》の體《からだ》がこんなんで、お前《まへ》にも苦勞《くらう》をかけるが、今《いま》に樂《らく》にしてやるからなア。儂《わし》ア何時《いつ》ま

でも今《いま》のやうな野良仕事《のらしごと》ばかりしてゐる積《つも》りぢやないのだよ。今《いま》に金《かね》がたまつたら、果樹園《くわじゆゑん》をはじめようと思《おも》つとる。お前《まへ》もその積《つも》りで當分《たうぶん》の間《あひだ》は、うんと儉約《けんやく》して貯金《ちよきん》をするやう心掛《こゝろが》けておくれよ』彼《かれ》は果樹園《くわじゆゑん》の經營《けいえい》が非常《ひじやう》に有望《いうばう》なことを知《し》つて、將來《しやうらい》はこの方面《はうめん》に進《すゝ》まうと計畫《けいくわく》してゐた。

そして、その目的《もくてき》に一日《にち》も早《はや》く到達《たうたつ》するために、朝《あさ》は暗《くら》いうちから野良《のら》に出《い》で、夕闇《ゆうやみ》の迫《せま》るころまで働《はたら》きつゞけ、夜《よる》は夜《よる》で夜《よ》なべに精出《せいだ》した。寢《ね》る間《ま》も惜《お》しむやうに、夫婦《ふうふ》心《こゝろ》を合《あ》はせて家運《かうん》の挽回《ばんくわい》につとめた。

その努力《どりよく》は次第《しだい》に酬《むく》ひられて來《き》た。農業《のうげふ》による收入《しうにふ》も次第《しだい》に増加《ぞうか》した。かてゝ加《くは》へて、増加恩給《ぞうかおんきふ》に依《よ》る御下賜金《ごかしきん》も年額《ねんがく》七百二十圓《ゑん》になつたので、生活《せいくわつ》は樂《らく》になつた。しかも、彼《かれ》は寸刻《すんこく》を惜《をし》んで働《はたら》き、勤儉貯蓄《きんけんちよちく》を旨《むね》としたので、數年《すうねん》の後《のち》には、相當《さうたう》の貯金《ちよきん》も出來《でき》た。

『いよ／＼永年《ながねん》の希望《きばう》が實現《じつげん》できるぞ』『これもみんな貴方《あなた》のお蔭《かげ》です』夫婦《ふうふ》は手《て》を取《と》り合《あ》つて喜《よろこ》んだ。

久《ひさ》しい間《あひだ》、研究《けんきう》してゐたので、果樹園《くわじゆゑん》は順調《じゆんてう》に進行《しんかう》した。今《いま》までの畑《はたけ》は漸次《ぜんじ》果樹園《くわじゆゑん》に改《あらた》められて、柑橘《かんきつ》、柿《かき》、無花果《いちぢく》

等《など》の果樹《くわじゆ》が植《う》ゑ付《つ》けられて行《い》つた。更《さら》に新《あたら》しい荒廢地《くわうはいち》數町歩《すうちやうぶ》を買《か》ひ入《い》れ、これを開墾《かいこん》して果樹園《くわじゆゑん》に仕立《した》てゝ行《い》つた。

三

昭和《せうわ》六年《ねん》のある日《ひ》であつた。彼《かれ》の家《うち》に村《むら》の在郷軍人分會《ざいがうぐんじんぶんくわい》の幹事《かんじ》達《たち》が數名《すうめい》おしかけて來《き》た。

『後井《あとゐ》さん、お目出度《めでた》う』

『後井《あとゐ》さんのやうな方《かた》を持《も》つてゐるのは、我《わ》が村《むら》の誇《ほこ》りですよ』みんなが口々《くちぐち》に云《い》つた。

『いえ、もう、さう仰言《おつしや》られると、穴《あな》にでも這入《はい》りたい程《ほど》恥《はづか》しうございますよ。私《わたし》は當《あた》り前《まへ》のことをしたゞけで、日本人《にほんじん》としてすべきことをしたゞけですよ』

彼《かれ》は恥《はづか》しさうに揉《も》み手《て》しながらいふのであつた。

彼《かれ》は鶴羽村《つるはむら》在郷軍人分會《ざいがうぐんじんぶんくわい》の名譽會員《めいよくわいゐん》として、分會《ぶんくわい》の事業《じげふ》を積極的《せつきよくてき》に援助《ゑんじよ》した。彼《かれ》は自分《じぶん》の過去《くわこ》をふりかへつた時《とき》、自分《じぶん》がかうして今日《こんにち》安樂《あんらく》に暮《くら》せるのは　皇恩《くわうおん》の賜物《たまもの》であることを深《ふか》く感《かん》じた。又《また》、幾度《いくど》かの苦難《くなん》に遭遇《さうぐう》して、よく難關《なんくわん》を突破《とつぱ》し得《え》たのは、軍人精神《ぐんじんせいしん》のお蔭《かげ》であることを痛感《つうかん》した。この廣大《くわうだい》なる　皇恩《くわうおん》に酬《むく》いるためには、後進《こうしん》の教育《けういく》に力《ちから》を添《そ》へることが、最《もつと》もよい方法《はうはふ》であると考《かんが》へ、彼《かれ》は在郷《ざいがう》軍人會《ぐんじんくわい》のために微力《びりよく》を盡《つく》さうと決心《けつしん》した。かくて、彼《かれ》は役員會《やくゐんくわい》や未教育補充兵教育等《みけういくほじうへいけういくとう》には不自由《ふじいう》な體《からだ》にも拘《かゝは》らず必《かなら》ず出席《しゆつせき》しては周到《しうたう》な世話《せわ》をなし、また事業發展《じげふはつてん》の爲《ため》には、毎年《まいねん》相當《さうたう》の私費《しひ》を投《とう》じて惜《をし》まなかつた。その功績《こうせき》によつて彼《かれ》は大川郡聯合分會長《おほかはぐんれんがふぶんくわいちやう》より表彰《へうしやう》せられたのである。

『後井《あとゐ》さんが、御不自由《ごふじいう》な體《からだ》で會《くわい》のために盡《つく》して下《くだ》さることを思《おも》ふと、我々《われ／＼》完全《くわんぜん》な體《からだ》をしてゐる者《もの》は、全《まつた》くお恥《はづか》しい次第《しだい》ですよ』分會長《ぶんくわいちやう》は感激《かんげき》の眼《め》を輝《かゞや》かしながらいつた。

みんなから賞《ほ》められゝば賞《ほ》められる程《ほど》、彼《かれ》は面映《おもはゆ》いやうな氣《き》がして、俯伏《うつむ》いてゐた。それでも、嬉《うれ》しく有難《ありがた》く、そゞろに過《す》ぎし日《ひ》の事《こと》など思《おも》ひ浮《うか》べられて、思《おも》はず涙《なみだ》ぐまないでは居《を》れないのだつた。斯《か》くて、彼《かれ》は村民《そんみん》の信望《しんばう》を一身《しん》にあつめつゝ、家業《かげふ》に勵《はげ》むと共《とも》に、公共事業《こうきやうじげふ》のために盡瘁《じんすゐ》をつゞけた。果樹園《くわじゆゑん》は年《とし》と共《とも》に榮《さか》え、且《か》つ昨昭和《さくせうわ》八年《ねん》、村長《そんちやう》等《ら》の努力《どりよく》によつて煙草小賣商《たばここうりしやう》に指定《してい》せられ、家運《かうん》はいよ／＼隆盛《りうせい》に向《むか》ひつゝあるのである。

農村《のうそん》のために

＝自治功勞者《じちこうらうしや》と仰《あほ》がれる靑野淸吉氏《あをのせいきちし》＝

本籍地　徳島縣板野郡
負傷程度　腰部打撲傷（兩足機能不充分）

一

『何《なん》だ、その態《ざま》は！』

金棒《かなぼう》にぶらりとぶら下《さが》つて、泣《な》き出《だ》しさうな顔《かほ》をしてゐる初年兵《しよねんへい》を、下《した》から見上《みあ》げて、若《わか》い班長《はんちやう》は額《ひたひ》に癇癪筋《かんしやくすぢ》を立《た》てゝゐた。

『足掛《あしか》け位《くらゐ》が出來《でき》ないでどうする。落《お》つこちた所《ところ》で砂《すな》の上《うへ》だ。思《おも》ひ切《き》つてやつて見《み》ろ』

『やれないであります』

『仕方《しかた》のない奴《やつ》だなあ、弱蟲《よはむし》め。よし、下《お》りろ』

叱《しか》られ乍《なが》ら、その初年兵《しよねんへい》は悄然《せうぜん》と列《れつ》についた。

『篠塚初年兵《しのづかしよねんへい》、お前《まへ》ひとつ、模範《もはん》を示《しめ》してやれ』

『ハイ』

指名《しめい》された篠塚初年兵《しのづかしよねんへい》は、つか〳〵と進《すゝ》み出《で》て金棒《かなぼう》の前《まへ》に、直立不動《ちよくりつふどう》の姿勢《しせい》をとつた。明治《めいぢ》三十六年《ねん》四月《ぐわつ》の半《なか》ば、歩兵第《ほへいだい》四十三聯隊《れんたい》の營庭《えいてい》である。

初年兵《しよねんへい》きつての、器械體操《きかいたいさう》の名人《めいじん》篠塚淸吉《しのづかせいきち》は、掛聲《かけごゑ》と共《とも》に金棒《かなぼう》に飛《と》びついた。大振《おほぶ》り、中振《ちうぶ》り、尻上《しりあ》がり、足掛《あしか》け、大車輪《だいしやりん》、自由自在《じいうじざい》である。鮮《あざ》やかな妙技《めうぎ》に、一同感嘆《どうかんたん》の聲《こゑ》をあげた。班長《はんちやう》は嬉《うれ》しげに見守《みまも》つてゐたが、今《いま》しがたの弱蟲初年兵《むしよねんへい》に向《むか》つて、

『見《み》ろ、篠塚《しのづか》は熱心《ねつしん》だから、こんなに早《はや》く上達《じやうたつ》する。少《すこ》しは見習《みなら》はんといかんぞ。篠塚《しのづか》、よし、止《や》めッ』

篠塚初年兵《しのづかしよねんへい》は綺麗《きれい》な跳躍《てうやく》を見《み》せるつもりで、最後《さいご》の大振《おほぶ》りを試《こゝろ》みた。ところが、四月《ぐわつ》とは云《い》へ日光《につくわう》の直射《ちよくしや》を受《う》けて掌《て》が汗《あせ》でべと〳〵になつてゐたので、つい、つるりと滑《すべ》つてしまつた。

『呀《あ》ッ！』

反動《はんどう》が充分《じうぶん》につかないうちに、思《おも》はず手《て》が離《はな》れた爲《ため》に、篠塚初年兵《しのづかしよねんへい》の體《からだ》は不自然《ふしぜん》な彈《はづ》み方《かた》をして、どんと落《お》ちた途端《とたん》に、強《した》たかに腰《こし》を打《う》つて、

『ううむ！』と、呻《うめ》いたきり起上《おきあが》れない。

『どうした』と、班長《はんちやう》が直《す》ぐ走《はし》りよつて抱《だ》き起《おこ》した時《とき》には顔面蒼白《がんめんさうはく》で、眼《め》が上《うは》づつてゐる。

『しつかりしろ、篠塚《しのづか》』

班長《はんちやう》は自分《じぶん》で篠塚初年兵《しのづかしよねんへい》を引擔《ひつかつ》いで、醫務室《いむしつ》の方《はう》に走《はし》り去《さ》つた。

二

篠塚淸吉《しのづかせいきち》はそれきり起上《おきあが》れなかつた。

嚴格《げんかく》な半面《はんめん》に、をかしい程部下思《ほどぶかおも》ひの班長《はんちやう》は、暇《ひま》ある毎《ごと》に衞戍病院《ゑいじゆびやうゐん》に行《い》つて、篠塚《しのづか》を慰《なぐさ》めるのであつた。

『どうだい、少《すこ》しはいゝか。』

『はあ、痛《いた》みは薄《うす》らぎましたが、兩足《りやうあし》がすつかり冷《ひ》えて、おまけに、少《すこ》し動《うご》かすと痲痺《まひ》しますので、到底歩行《たうていほかう》は出來《でき》ません』

『軍醫殿《ぐんいどの》は何《なん》と言《い》つて居《を》られる』

『一二年《ねん》かゝるだらうが、或《あるひ》は元通《もとどほ》りにならぬかも知《し》れないと――』

『ううむ――』班長《はんちやう》はもう眼《め》をうるませて、詫《わ》びる樣《やう》に、

『困《こま》つたな、それは。あの時《とき》、俺《おれ》がもつと早《はや》く止《や》めさせるとよかつたんだが』

『いえ、そんな事《こと》はありません。篠塚《しのづか》が少《すこ》し慢心《まんしん》して、不《ふ》注意《ちうい》なやり方《かた》をしたのであります。班長殿《はんちやうどの》に御心配《ごしんぱい》をかけて、篠塚《しのづか》は非常《ひじやう》に相濟《あひす》まなく思《おも》つてゐるのであります』

さう言《い》ふ篠塚初年兵《しのづかしよねんへい》の、窶《やつ》れた顔《かほ》を見《み》ると、班長《はんちやう》は抱《だ》きしめてやり度《た》いやうないじらしさを覺《おぼ》えるのであつた。

班長《はんちやう》の心配《しんぱい》も、軍醫《ぐんい》の心《こゝろ》を盡《つく》した手當《てあて》も、遂《つひ》に效を奏《そう》さず、淸吉《せいきち》の兩足《りやうあし》は遂《つひ》に、完全《くわんぜん》に役《やく》に立《た》たなくなつて了《しま》つた。杖《つゑ》に縋《すが》つて數歩《すうほ》を歩《ある》くのが關《せき》の山《やま》で、再《ふたゝ》び懷《なつ》かしい營舍《えいしや》に歸《かへ》ることは出來《でき》ず、その年《とし》の暮《くれ》に兵役《へいえき》を免除《めんぢよ》されて、德島《とくしま》縣板野郡板東町《けんいたのぐんばんとうまち》の生家《せいか》へ歸鄕《ききやう》しなければならなかつた。

彼《かれ》の生家《せいか》は農業《のうげふ》をやつてゐたが、足《あし》の自由《じいう》を失《うしな》つた淸吉《せいきち》は一室《しつ》にとぢ籠《こも》つたきり、外《そと》にも出《で》ずに、讀書《どくしよ》に日《ひ》を送《おく》つた

それより外《ほか》にすることがないのだ。

――俺《おれ》は一生《しやう》の不具者《ふぐしや》になつたのか。もうあの明《あか》るい陽《ひ》の光《ひかり》を浴《あ》びて、外《そと》を飛歩《とびある》くことも出來《でき》ず、ぢつと蝸牛《かたつむり》のやうに背《せ》をまるめて、室《へや》に坐《すわ》つたまゝで朽《く》ち果《は》てねばならぬのか。

若《わか》い彼《かれ》の胸《むね》は暗愁《あんしう》にとざされた。

勞働《らうどう》も、戀《こひ》も、希望《きばう》も、すべては已《おれ》の世界《せかい》とは遠《とほ》くかけ離《はな》れてしまつた。暗《くら》く、味氣《あぢき》なく、呆然《ばうぜん》と年月《としつき》を送《おく》るよりいつそ死《し》んでしまつたがましではないか。灰色《はひいろ》の光《ひかり》なき生活《せいくわつ》を脱《のが》れて、永劫《えいがふ》の靜寂《せいじやく》の世界《せかい》へ――覺《さ》むることなき甘美《かんび》な眠《ねむ》りの中《なか》へ――。

ともすれば、淸吉《せいきち》はその誘惑《いうわく》に負《ま》けさうであつた。

併《しか》し、何時《いつ》も死《し》の一歩手前《ぽてまへ》で、彼《かれ》は踏止《ふみとゞま》つた。自分《じぶん》の死《し》後《ご》の兩親《りやうしん》の嘆《なげ》きを思《おも》へば、その不孝《ふかう》を敢《あへ》てする氣《き》になれなかつたのである。

斯《か》うした慘《みじ》めな憂鬱《いううつ》の中《なか》から、彼《かれ》を救《すく》つてくれるものは偉人《ゐじん》や宗教家《しうけうか》の傳記《でんき》であつた。殊《こと》に彼《かれ》は、二宮尊德《にのみやそんとく》などの田園《でんゑん》の聖者《せいじや》の生涯《しやうがい》に心《こゝろ》を惹《ひ》かれた。

貧家《ひんか》に身《み》を起《おこ》し、萬難《ばんなん》に屈《くつ》せず勉學《べんがく》にいそしんで、天地《てんち》の間《あひだ》に横《よこ》たはる冥々《めい〳〵》の大哲理《だいてつり》を發見《はつけん》し、それをしかと體得《たいとく》して、鄕土《きやうど》の爲《ため》に、又同胞農民《またどうはうのうみん》の爲《ため》に、營々《えい〳〵》として盡《つく》しつゝ死《し》んで行《い》つたそれ等《ら》の人《ひと》の、何《なん》と偉大《ゐだい》なる足跡《そくせき》であることよ。

自分《じぶん》は今不幸《いまふかう》にして、身體《しんたい》の自由《じいう》を失《うしな》つたけれ共《ども》、幸《さいはひ》にして頭腦《づなう》は人並《ひとなみ》であるし、又斯《またか》うして聖賢《せいけん》の書《しよ》に親《した》しむ機會《きくわい》を得《え》たのだ。

徒《いたづ》らに嘆《なげ》いてはならぬ。僻《ひが》んではならぬ。心《こゝろ》を大《おほ》きく、淨《きよ》らかに持《も》つて、靜《しづ》かに自己《じこ》の修養《しうやう》を積《つ》まう。そして、他《た》日《じつ》、國家社會《こくかしやくわい》の爲《ため》に貢獻《こうけん》すべき素地《そち》を作《つく》らう。それが自分《じぶん》に與《あた》へられた天《てん》よりの義務《ぎむ》である――。

淸吉《せいきち》は次第《しだい》に、心眼《しんがん》を開《ひら》いて、謙虚《けんきよ》な、明《あか》るい氣持《きもち》で人《じん》生《せい》を見《み》、運命《うんめい》を觀《くわん》ずることが出來《でき》る樣《やう》になつた。心此處《こゝろここ》に到達《たうたつ》すれば、も早女々《はやめゝ》しい生存逃避《せいぞんたうひ》の煩悶《はんもん》もなく、淸澄《せいちよう》な希望《きばう》に充《み》ちた態度《たいど》で書架《しよか》に向《むか》ひ得《え》て、五ケ年《ねん》の星霜《せいさう》を過《す》ごしたのであつた。

三

『篠塚《しのづか》の息子《むすこ》は、足《あし》こそ立《た》たぬが、非常《ひじやう》な勉强家《べんきやうか》で、學者《がくしや》ださうだ』

狹《せま》い町《まち》に、さうした噂《うはさ》が立《た》つて、哲學《てつがく》や文學《ぶんがく》のことを、彼《かれ》に聞《き》きに來《く》る人《ひと》も少《すく》なくはなかつた。近所《きんじよ》の人《ひと》は、手紙《てがみ》の代筆《だいひつ》を賴《たの》んだり、子供《こども》の勉强《べんきやう》を見《み》て貰《もら》つたりした。それらの一々に、彼《かれ》は物柔《ものやは》らかな、親切《しんせつ》な態度《たいど》で應待《おうたい》したので、人々《ひと〴〵》は彼《かれ》を尊敬《そんけい》こそすれ、輕蔑《けいべつ》したり、笑《わら》つたりする者《もの》は一人もなかつた。

そのうちに、町役場《まちやくば》で缺員《けつゐん》が出來《でき》て、彼《かれ》に書記《しよき》をやつて貰《もら》へまいかといふ交渉《かうせふ》が來《き》た。彼《かれ》は、その頃杖《ころつゑ》をつけば、數町《すうちやう》位《ぐらゐ》は歩《ある》くことが出來《でき》るやうになつてゐたので、喜《よろこ》んで承諾《しようだく》し、任命《にんめい》を受《う》けたのが、明治《めいぢ》三十八年《ねん》の九月《ぐわつ》だつた。書記《しよき》の職《しよく》に就《つ》くと、彼《かれ》は人《ひと》の驚嘆《きやうたん》する程《ほど》、眞面目《まじめ》で、熱《ねつ》心《しん》に働《はたら》いた。そして、長年《ながねん》の好學癖《かうがくへき》から、町村自治制《ちやうそんじちせい》に關《くわん》する書物《しよもつ》を片端《かたつぱし》から讀破研究《どくはけんきう》して、それ等《ら》の一切《さい》の問題《もんだい》に明確《めいかく》な解答《かいたふ》を與《あた》へ得《う》る樣《やう》になつたので、役場《やくば》の誰《だれ》も彼《かれ》もが彼《かれ》を重寶《ちやうはう》がり、何《なに》かあると、直《す》ぐ尋《たづ》ねに來《き》た。

彼《かれ》は、自分《じぶん》が其場《そのば》で分《わか》らないと、分《わか》る迄調《までしら》べて、決《けつ》して

好《い》い加減《かげん》に問題《もんだい》を投《な》げなかつた。

『篠塚《しのづか》はこの町《まち》の生字引《いきじびき》だ』

町長《ちやうちやう》を初《はじ》め吏員《りゐん》一同《どう》は彼《かれ》のことをさう呼《よ》んだ。眼《め》に見《み》えない、斯《か》うした彼《かれ》の努力《どりよく》が、實際《じつさい》どれ位《くらゐ》町《まち》の發展《はつてん》を助《たす》けたか知《わか》らないのだ。

彼《かれ》の才能《さいのう》は斯《か》くして實社會《じつしやくわい》の上《うへ》に、顯然《けんぜん》と輝《かゞや》いて來《き》た。前途《ぜんと》は洋々《やう〳〵》と擴《ひろ》がつてゐる。

明治《めいぢ》四十年《ねん》に、生家《せいか》の篠塚氏《しのざきし》から分家《ぶんけ》して四十二年《ねん》の暮《くれ》に資産家《しさんか》青野氏《あをのし》より妻《つま》を迎《むか》へ、間《ま》もなく分家《ぶんけ》を廢《はい》して、妻《つま》の實家《じつか》に入《はい》り、數萬《すうまん》の財産《ざいさん》を襲《つ》いだ。

そして大正《たいしやう》四年《ねん》の七月《ぐわつ》には、町《まち》の有志《いうし》一同《どう》の信望《しんばう》を擔《にな》うて、收入役《しうにふやく》に選任《せんにん》せられ、一意專心《いせんしん》、會計事務《くわいけいじむ》の整理《せいり》刷新《さつしん》を計《はか》り、納税成績《なふぜいせいせき》の向上《かうじやう》に腐心《ふしん》した。

この納税問題《なふぜいもんだい》は、地方《ちはう》の自治機關《じちきくわん》に於《おい》て、最《もつと》も面倒《めんだう》で且《か》つ難《むつか》しい仕事《しごと》とされてゐるのであるが、彼《かれ》が手《て》をつけ出《だ》してからは、目《め》に見《み》えて、一年《ねん》は又《また》一年《ねん》と、どん〳〵成績《せいせき》が上《あが》り、彼《かれ》の能吏《のうり》ぶりは、遺憾《ゐかん》なく發揮《はつき》されたのである。

それを見《み》た信用購買組合《しんようこうばいくみあひ》では、辭《じ》を低《ひく》うして會計理事《くわいけいりじ》の就任《しうにん》を頼《たの》み、又農會《またのうくわい》からも、是非《ぜひ》會計幹事《くわいけいかんじ》になつて貰《もら》ひたいと申《まう》し込《こ》んで來《き》た。

『鄕土鄕民《きやうどきやうみん》の爲《ため》に役立《やくだ》つことなら——』

彼《かれ》はさう言《い》つて、この二つの職務《しよくむ》を、無報酬《むはうしう》で引受《ひきう》けたのであつた。

思《おも》ひ見《み》よ、兩足《りやうあし》は下駄《げた》を履《は》くことさへ出來《でき》ない不自由《ふじいう》さで——下駄《げた》を履《は》くと痲痺《まひ》が來《き》て歩《ある》けないのだ——而《しか》も、眞夏《まなつ》の外《ほか》は、腰《こし》から下《した》が冷《ひ》えてとても苦《くる》しく、成可《なるべ》くならば寢《ね》たきりにでもしてゐたい體《からだ》で、この繁劇《はんげき》な事務《じむ》を、嫌《いや》な顏《かほ》一つせずにやつてゆく彼《かれ》の忍耐《にんたい》を！

これが私心《ししん》あつて出來《でき》ることであらうか。斯《か》くて、ひたすらに一身《しん》を鄕土《きやうど》の發展《はつてん》の爲《ため》に捧《さゝ》げて、こゝに三十年《ねん》。其《そ》の德望《とくばう》は普《あまね》く町民《ちやうみん》の敬仰《けいかう》する所《ところ》となり、過《す》ぎし昭和《せうわ》七年《ねん》には、自治功勞者《じちこうらうしや》として德島縣知事《とくしまけんちじ》より懇《ねんご》ろの表彰《へうしやう》を受《う》けるに至《いた》つた。現在《げんざい》、氏《し》の保護《ほご》を受《う》けつゝある信用購買組合《しんようこうばいくみあひ》は事業《じげふ》着々《ちやく〳〵》進展《しんてん》して、近《ちか》く農業倉庫《のうげふさうこ》の建設《けんせつ》を見《み》やうとし、軈《やが》て獨立《どくりつ》するの準備《じゆんび》を進《すゝ》めつゝあるさうだが、長年《ながねん》の獻身的《けんしんてき》努力《どりよく》の跡《あと》を顧《かへり》みる時《とき》、氏《し》には感慨無限《かんがいむげん》なものがあるであらう。

餘《よ》生《せい》奉《ほう》公《こう》

=熱《ねつ》と誠《まこと》を以《もつ》て働《はたら》き續《つゞ》けた葦名磐氏《あしないはねし》=

本籍地	石川縣金澤市[redacted]
負傷程度	左大腿部盲貫銃創兼骨折(跛行)

一

こゝは金澤市福助座《かなざはしふくすけざ》の舞臺《ぶたい》だ。

幕《まく》が開《ひら》くと、昭和《せうわ》七年《ねん》三月《ぐわつ》二十八日《にち》の午後《ごご》、上海市街《シヤンハイしがい》の北方《ほくはう》、江灣鎭《こうわんちん》の西北《せいほく》に當《あた》る日本軍《にほんぐん》の塹壕《ざんがう》で、既《すで》に戰爭《せんさう》が止《や》んで、四邊《あたり》には春《はる》が訪《おとづ》れて小鳥《ことり》が囀《さへず》り、戰爭《せんさう》のために倒《たふ》れた樹木《じゆもく》にも青々《あを〳〵》と芽《め》が吹《ふ》いてゐる。そのかたはらに名譽《めいよ》の戰死《せんし》をした林聯隊長《はやしれんたいちやう》の墓標《ぼへう》がある。

空閑昇少佐《くがのぼるせうさ》が、出雲軍曹《いづもぐんさう》と瀧上等兵《たきじやうとうへい》とを連《つ》れて、軍服姿《ぐんぷくすがた》いかめしく現《あら》はれる。そして出雲《いづも》へ六通《つう》の遺書《ゐしよ》を託《たく》し、瀧《たき》には花《はな》を摘《つ》んで來《こ》いと命《めい》じる。——

やがて瀧《たき》が花《はな》を摘《つ》んで來《く》ると、空閑少佐《くがせうさ》は東《ひがし》の空《そら》を拜禮《はいれい》して、

『空閑《くが》は　陛下《へいか》の兵士《へいし》をかくの如《ごと》く殺《ころ》しました。お詫《わ》びの申《まう》し上《あ》げやうもございません。死《し》すべき私《わたし》が後《おく》れをとつて生存《せいぞん》し、生存《せいぞん》さるべき筈《はず》の聯隊長殿《れんたいちやうどの》は、遂《つひ》に名譽《めいよ》の戰死《せんし》をとげられたのであります。實《じつ》に、實《じつ》に相濟《あひす》まぬことでございます』といつて慟哭《どうこく》し、二人《ふたり》の部下《ぶか》の悄然《せうぜん》とうなだれてゐる隙《すき》に、ピストルを擬《ぎ》して自裁《じさい》する。

立錐《りつすゐ》の餘地《よち》なく滿溢《まんいつ》した觀衆《くわんしう》は、水《みづ》を打《う》つたやうな靜寂《せいじやく》さで、たゞ歔欷《きよき》のみが聞《きこ》える許《ばか》りだ。——その時《とき》、緞帳《どんちやう》が靜《しづ》かにこの悲壯《ひさう》な情景《じやうけい》を包《つゝ》むと、興奮感激《こうふんかんげき》に双頰《さうきやう》を輝《かゞや》かした觀衆《くわんしう》は兩眼《りやうがん》を瞬《しばたゝ》きながら始《はじ》めて我《われ》に返《かへ》つて喝采《かつさい》した。

北國新聞社主筆鴨居氏《ほくこくしんぶんしやしゆひつかもゐし》作《さく》の『空閑少佐《くがせうさ》』劇《げき》は終《をは》つたのだ。

その日《ひ》、過《す》ぎにし上海事變《シヤンハイじへん》に、武士道《ぶしだう》の精華《せいくわ》と稱《とな》へられ廣《ひろ》く國民《こくみん》の範《はん》ともなるべき、空閑少佐《くがせうさ》の慰靈祭《ゐれいさい》の餘興《よきよう》として、この『空閑少佐《くがせうさ》』劇《げき》が上演《じやうえん》されたのだつた。

かうしてこの純收益金《じゆんしうえききん》百七十四圓五十四錢《せん》を同遺族《どうゐぞく》に手

交《しゆかう》された。

この慰靈祭《ゐれいさい》を主催《しゆさい》したのは、金澤市玉川町《かなざはしたまがはまち》に住《す》む、石川縣傷痍軍人會長《いしかはけんしやうゐぐんじんくわいちやう》兼北陸三縣傷痍軍人聯合會總務《けんほくりくけんしやうゐぐんじんれんがふくわいそうむ》、元陸軍《もとりくぐん》步兵軍曹《ほへいぐんさう》勳七等葦名磐《とうあしないはね》だつた。

彼《かれ》は昭和《せうわ》二年《ねん》には、敬神報國《けいしんはうこく》の思想普及《しさうふきふ》と共《とも》に武士道鼓吹《ぶしだうこすゐ》のため、石川縣傷痍軍人會員《いしかはけんしやうゐぐんじんくわいゐん》と計《はか》り、伏見桃山《ふしみもゝやま》の乃木神社《のぎじんじや》へ大額《おほがく》を獻納《けんなふ》した。

また昭和《せうわ》六年《ねん》十一月《ぐわつ》には、北滿《ほくまん》に派遣《はけん》された第九師團《だいしだん》に屬《ぞく》する諸將兵《しよしやうへい》を慰問《ゐもん》のため、將校《しやうかう》以下《いか》六百名《めい》に對《たい》して慰問袋《ゐもんぶくろ》を募《つの》り、植田師團長《うゑだしだんちやう》を經《へ》て送附《そうふ》した。

彼《かれ》が皇恩《くわうおん》に報《むく》ゆるため、自《みづか》ら率先《そつせん》して活動《くわつどう》せる社會事業《しやくわいじげふ》は、實《じつ》に枚擧《まいきよ》にいとまがないのである。その功績《こうせき》によつて、彼《かれ》は本年《ほんねん》二月《ぐわつ》、紀元節《きげんせつ》の佳節《かせつ》には、市長《しちやう》から表彰《へうしやう》せられ銀盃《ぎんぱい》一個《こ》を贈《おく》られた。

そも、葦名磐氏《あしないはねし》とはいかなる人《ひと》であらうか。

二

葦名家《あしなけ》は平氏《へいし》の直流《ちよくりう》で、一時《じ》は奧羽《おうう》に百六十萬石《まんごく》を領《りやう》した大名《だいみやう》であつたが、伊達正宗《だてまさむね》に敗《やぶ》れて後《のち》は漸次沒落《ぜんとぼつらく》して山村《さんそん》に寂《さび》しく隱《かく》れ住《す》む落人《おちうど》となつた。その祖父《そふ》の代《だい》に至《いた》り、加賀《かが》百萬石前田家《まんごくまへだけ》に小祿《せうろく》を食《は》む武士《ぶし》となつたが、明治維新《めいぢゐしん》後《ご》祿《ろく》を失《な》くし多少《たせう》の蓄財《ちくざい》も漸次費消《ぜんじひせう》して、父《ちゝ》は一小會社《せうくわいしや》の事務員《じむゐん》にまで落魄《らくはく》してしまつた。その長男《ちやうなん》として生《うま》れたのが彼磐氏《かれいはねし》であつた。彼《かれ》は少年時代《せうねんじだい》、多數《たすう》の弟妹《ていまい》と共《とも》に貧苦《ひんく》のうちに生長《せいちやう》し、幼時《えうじ》より辛苦《しんく》をなめつくしたが、明治《めいぢ》三十二年《ねん》名譽《めいよ》ある軍人《ぐんじん》として入營《にふえい》することになつた。

入營《にふえい》して後《のち》、彼《かれ》は一意君國《いくんこく》のために御奉公《ごほうこう》せんと覺悟《かくご》し御勅諭《ごちよくゆ》の五ケ條《でう》をつねに忘《わす》れず、朝夕《あさゆふ》これを暗誦《あんしよう》して軍務《ぐんむ》に從事《じうじ》して、成績群《せいせきぐん》を拔《ぬ》き翌年上等兵《よくねんじやうとうへい》に進級《しんきふ》し、同時《どうじ》に短期《たんき》下士候補《かしこうほ》として特別教育《とくべつけういく》を受《う》け翌《よく》三十四年《ねん》には、早《はや》くも伍長《ごちやう》に任《にん》ぜられた。中隊長《ちうたいちやう》はじめ上官《じやうくわん》から、永《なが》く隊《たい》に止《とゞま》つて御奉公《ごほうこう》せよと薦《すゝ》められたが、弟《をとうと》の入營《にふえい》のため、兩親《りやうしん》に生活《せいくわつ》の安定《あんてい》を與《あた》へねばならないので、上官《じやうくわん》の厚意《こうい》を謝《しや》して除隊《ぢよたい》し、たゞちに小資本《せうしほん》で看板業《かんばんげふ》を始《はじ》めた。しかし素人《しろうと》の無經驗《むけいけん》の悲《かな》しさにまんまと失敗《しつぱい》し、翌年石川縣《よくねんいしかはけん》の巡査《じゆんさ》を拜命《はいめい》したが、不幸《ふかう》にも擊劍《げきけん》の際《さい》、右耳《みぎみゝ》を負傷《ふしやう》したので辭職《じしよく》し、小額《せうがく》の貯金《ちよきん》を資本《しほん》として加賀名產九谷燒《かがめいさんくたにやき》の小賣《こうり》行商《ぎやうしやう》を營《いとな》

みつゝ、家運《かうん》の挽回《ばんくわい》につとめてゐた。

そのうちに、日露《にちろ》の風雲《ふううん》次第《しだい》に急《きふ》を告《つ》げ、明治《めいぢ》三十七年《ねん》二月《ぐわつ》遂《つひ》に國交《こくかう》は斷絕《だんぜつ》した。

この時《とき》、彼《かれ》は早晩充員召集《さうばんじうゐんせうしふ》あるを期《き》し一度出征《たびしゆつせい》すれば生還《せいくわん》の期《き》し難《がた》きを覺悟《かくご》して、後《あと》に殘《のこ》りし父母弟妹《ふぼていまい》が困《こま》らないやうにと、九谷燒《くたにやき》の店《みせ》を開《ひら》いた。

三十七年《ねん》五月《ぐわつ》、待《ま》ちに待《ま》つた召集令《せうしふれい》が下《くだ》つた。彼《かれ》は勇躍《ゆうやく》して入隊《にふたい》したが、殘念《ざんねん》ながら補充隊《ほじうたい》に殘《のこ》され、專《もつぱ》ら補充兵《ほじうへい》の教育《けういく》に任《にん》ずることゝなつた。同年《どうねん》八月《ぐわつ》軍曹《ぐんさう》に昇進《しやうしん》、ひたすら出征《しゆつせい》の日《ひ》を待《ま》つたが、なか〳〵出動《しゆつどう》の命令《めいれい》が下《くだ》らないのだ。彼《かれ》はべん〳〵として內地《ないち》に殘《のこ》り、千載《ざい》一遇《ぐう》の報國《ほうこく》の機會《きくわい》を逸《いつ》することが殘念《ざんねん》でたまらず、遂《つひ》に血書《けつしよ》を以《もつ》て嘆願《たんぐわん》した。その甲斐《かひ》あつて、十二月《ぐわつ》に漸《やうや》く出征《しゆつせい》を許《ゆる》され、君國《くんこく》に報《ほう》ずる時《とき》ぞ至《いた》ると、鬱勃《うつぼつ》たる勇心《ゆうしん》に燃《も》えて征途《せいと》に上《のぼ》り、乃木《のぎ》第《だい》三軍《ぐん》の麾下《きか》に投《とう》じたのである。旅順開城後《りよじゆんかいじやうご》、直《たゞ》ちに北上《ほくじやう》して、奉天會戰《ほうてんくわいせん》に參加《さんか》、この時《とき》彼《かれ》の從軍《じうぐん》した左翼軍《さよくぐん》は、迅速神《じんそくかみ》の如《ごと》き攻擊《こうげき》を開始《かいし》し、群《むら》がる敵《てき》を掃蕩《そうたう》しつゝ、三月《ぐわつ》二日《か》には早《はや》くも奉天西方《ほうてんせいはう》五里《り》の地點《ちてん》まで進出《しんしゆつ》したのである。その日《ひ》、彼《かれ》は瓢臺子《へうだいし》攻擊《こうげき》に際《さい》して、武運拙《ぶうんつたな》く敵彈《てきだん》を左脚《ひだりあし》に受《う》け、淚《なみだ》を呑《の》んで後退《こうたい》、野戰病院《やせんびやうゐん》に收容《しうよう》せられた。左大腿部盲貫銃創兼骨折《ひだりだいたいぶもうくわんじうさうけんこつせつ》と診斷《しんだん》された。各地《かくち》の病院《びやうゐん》を轉々《てん〳〵》として內地《ないち》に送還《そうくわん》せられ、ひたすら療養《れうやう》につとめた結果《けつくわ》、漸《やうや》く患部《くわんぶ》は全治《ぜんち》したが、遂《つひ》に跛《びつこ》となるを免《まぬか》れなかつた。

同年《どうねん》十二月《ぐわつ》兵役免除《へいえきめんぢよ》となり、軍人恩給法第《ぐんじんおんきふはふだい》五項　症《こうしやう》による恩給《おんきふ》を受《う》けることゝなつて、歸鄕《ききやう》したが、最早《もはや》從前《じうぜん》の九谷燒《たにやき》行商《ぎやうしやう》の仕事《しごと》はつゞけて行《い》かれなかつた。步行不自由《ほかうふじいう》であるために、重《おも》い九谷燒《たにやき》を擔《かつ》いで各地《かくち》を行商《ぎやうしやう》して步《ある》くことは出來《でき》ない。

『困《こま》つたなア！』

生《い》きて行《ゆ》くべき道《みち》の選擇《せんたく》に困《こま》つて、思《おも》はず嘆聲《たんせい》をあげるのだつた。種々《いろ〳〵》考《かんが》へた末《すゑ》、印判業《いんばんげふ》を開業《かいげふ》したのである。

馴《な》れぬ手先《てさき》の仕事《しごと》とて、最初《さいしよ》の苦心《くしん》は並大抵《なみたいてい》ではなかつた。一本《ぽん》の判《はん》を刻《ほ》るのに一日《にち》をつぶしたりして、これでは商賣《しやうばい》になるかと危《あや》ぶまれたが、不撓不屈《ふたうふくつ》、よく難關《なんくわん》を突破《とつぱ》して仕事《しごと》に精勵《せいれい》した。その苦心《くしん》は漸《やう》く酬《むく》いられ、傷痍軍人《しやうゐぐんじん》として世人《せじん》の同情《どうじやう》も集《あつま》り、誠實確實《せいじつかくじつ》の信用《しんよう》も博《はく》して、年《とし》と

共《とも》に發展《はつてん》し、今《いま》や、一人《ひとり》では手《て》が廻《まは》りきれなくなつて、徒弟《とてい》を雇入《やとひい》れる程《ほど》になつた。

かくて、營々《えい〜》として業《げふ》に勵《はげ》むこと三十年《ねん》、現在《げんざい》にありては、家業《かげふ》めき〜と發展《はつてん》し、歩兵第七聯隊《ほへいだいれんたい》や地方專賣局等《ちはうせんばいきよくとう》の御用達《ごようたつ》として、從業員《じうげふゐん》三名《めい》をおいて、益々《ます〜》發展《はつてん》しつゝある。

三

大正六年《たいしやうねん》十一月《ぐわつ》、傷痍軍人並《しやうゐぐんじんならび》に遺族《ゐぞく》に對《たい》して、天皇陛下《てんのうへいか》より御菓子料《おくわしれう》を賜《たま》ひ御慰問《ごゐもん》を辱《かたじけな》ふした。

彼《かれ》は鴻恩《こうおん》の廣大《くわうだい》なるに感泣《かんきう》した。そして如何《どう》にかしてこの皇恩《くわうおん》に報《ほう》じ奉《たてまつ》るべきかを考《かんが》へた。

思《おも》へば、日露戰役《にちろせんえき》には、幾多《いくた》の先輩《せんぱい》や戰友《せんいう》が戰死《せんし》した。それなのに、自分《じぶん》も同《おな》じく敵彈《てきだん》に當《あた》りながら、不具廢癈《ふぐはいこ》の身《み》になつたとはいへ、幸《さいは》ひにも生還《せいくわん》した。この奇蹟《きせき》を考《かんが》へた時《とき》、彼《かれ》は嚴肅《げんしゆく》なる使命《しめい》を感《かん》じないでは居《を》られなかつた。

『さうだ！　天《てん》が自分《じぶん》の命《いのち》を召《め》さなかつたのは、生殘《いきのこ》つてあらん限《かぎ》り、國家社會《こくかしやくわい》のために餘生《よせい》を捧《さゝ》げよとの思召《おぼしめし》があつたのだ。君恩《くんおん》の萬分《まんぶん》の一なりとも報《はう》ぜよとの天意《てんい》だ』

と、彼《かれ》の心《こゝろ》に強《つよ》く響《ひゞ》くものがあつた。

顧《かへり》みれば、君國《くんこく》は次第《しだい》に發展《はつてん》への道《みち》を辿《たど》りつゝある。それに從《したが》つて國際關係《こくさいくわんけい》はいよ〜複雜《ふくざつ》にいよ〜微妙《びめう》になつてくる。この間《かん》にあつて、外國《ぐわいこく》より辱《はづか》しめを受《う》けないためには、完全《くわんぜん》なる國防線《こくばうせん》を築《きづ》かねばならない。一國《こく》の國防《こくばう》を背負《せお》ふものは軍人《ぐんじん》だ。この軍人《ぐんじん》をして安心《あんしん》して軍務《ぐんむ》に服《ふく》さしめるためには、戰時平時《せんじへいじ》に拘《かゝは》らず、後顧《こうこ》の憂《うれ》ひなからしめなければならない。そのためには一般社會《はんしやくわい》に軍事思想《ぐんじしさう》の普及《ふきふ》を計《はか》らなければならない。

考《かんが》へて來《く》ると、彼《かれ》はぢツとして居《を》れなかつた。卽《すなは》ち同志《どうし》と相謀《あひはか》つて金澤傷痍軍人會《かなざはしやうゐぐんじんくわい》を起《おこ》し、更《さら》に縣下《けんか》の傷痍軍人《しやうゐぐんじん》を鳩合《きうがふ》して石川縣傷痍軍人會《いしかはけんしやうゐぐんじんくわい》と改稱《かいしよう》し、常務理事《じやうむりじ》となつて、多端《たたん》なる草創《さうさう》の事務《じむ》をとり、大正八年《たいしやうねん》より同會《どうくわい》の會長《くわいちやう》として現在《げんざい》に至《いた》つてゐる。更《さら》に彼《かれ》は隣縣《りんけん》の福井富山兩縣《ふくゐとやまりやうけん》の同志《どうし》にもよびかけ、三陸《りく》三縣傷痍軍人聯合會《けんしやうゐぐんじんれんがふくわい》を組織《そしき》した。左《さ》に、彼《かれ》が奉公《ほうこう》の志《こゝろざし》を示《しめ》す和歌《わ》數首《すうしゆ》をあげてみよう。

（各會員の赤心を勵すため）
戰《たゝか》ひの庭《には》に立《た》つこと出來《でき》ぬ身《み》は
心《こゝろ》で盡《つく》せ君《きみ》の御《み》ために

（一般の義勇奉公の念を奮起さすため）
忠《ちう》と義《ぎ》はわが日《ひ》の本《もと》の華《はな》なれば
いよ〜磨《みが》け大和心《やまとごころ》を

（獻身的覺悟）
降《ふ》る雪《ゆき》も雨《あめ》も霰《あられ》もなにかせむ
君《きみ》に捧《さゝ》げしこの身《み》なりせば

（會員一同の協力一致を喜びて）
不具《ふぐ》となり身《み》の不自由《ふじいう》も顧《かへり》みず
御國《みくに》を思《おも》ふ友《とも》ぞ嬉《うれ》しき

（吾等が行動を疑ふ者に對して）
己《おの》が胸《むね》己《おの》が心《こゝろ》にくらべてぞ
他人《たにん》を疑《うたが》ふことの愚《おろか》さ

彼《かれ》が社會《しやくわい》のため軍人《ぐんじん》のため自《みづか》ら率先《そつせん》して盡《つく》せし業績《げふせき》は餘《あま》りに多《おほ》くして、一々これを列擧《れつきよ》するいとまがないが、さきに擧《あ》げた外《ほか》にその一部分《ぶぶん》を擧《あ》ぐれば――

大正《たいしやう》十二年《ねん》關東大震災《くわんとうだいしんさい》の時《とき》、各被害者《かくひがいしや》に對《たい》して慰問袋《ゐもんぶくろ》三千個《こ》を募《つの》つて、日本赤十字社石川縣支部《につぽんせきじしやいしかはけんしぶ》を經《へ》て送附《そうふ》し、大正《たいしやう》十三年時《ねんとき》の皇太子殿下《くわうたいしでんか》御成婚奉祝《ごせいこんほうしゆく》の際《さい》には御慶事奉祝《ごけいじほうしゆく》と皇室尊崇《くわうしつそんすう》の念《ねん》を普及《ふきう》するため、兼六公園《けんこうゑん》に五千圓《ゑん》を投《とう》じて花崗石《みかげいし》三十尺餘《しやくよ》の奉祝紀念塔《ほんしゆくきねんたう》を建設《けんせつ》した。

大正《たいしやう》十四年《ねん》の但馬地方《たじまちはう》の震災《しんさい》の時《とき》は、罹災者慰問《りさいしやゐもん》のため金若干《きんじやくかん》を送附《そうふ》し、時《とき》の兵庫縣知事平塚廣義閣下《ひやうごけんちじひらつかひろよしかくか》より感謝狀《かんしやじやう》を受《う》けた。或《ある》ひは戰友遺族《せんいうゐぞく》のうち、生活困難《せいくわつこんなん》な者《もの》に會《くわい》より慰問金《ゐもんきん》を贈與《ぞうよ》し、或《ある》ひは大正《たいしやう》十一年以來《ねんいらい》、先輩《せんぱい》ならびに戰友遺族《ぜんいうゐぞく》の生活安定《せいくわつあんてい》のために、不自由《ふじいう》な身《み》をも厭《いと》はず運動《うんどう》を續《つゞ》ける等《とう》、席《せき》の溫《あたゝ》まる暇《いとま》もない程《ほど》である。

彼《かれ》は今年《ことし》五十五歲《さい》だ。目下《もくか》北陸《ほくりく》三縣傷痍軍人聯合會總務《けんしやうゐぐんじんれんがふくわいそうむ》、帝國傷痍軍人會石川縣支部長《ていこくしやうゐぐんじんくわいいしかはけんしぶちやう》、また全國印判業組合副組合長《ぜんこくいんばんげふくみあひふくくみあひちやう》をつとめ、その他《た》の公共團體社會事業等《こうきやうだんたいしやくわいじげふとう》に、骨身《ほねみ》を惜《を》しまず盡力《じんりよく》をつゞけてゐる。

彼《かれ》は家庭《かてい》においても溫情濃《をんじやうこまやか》な慈父《じふ》である。家庭困窮《かていこんきう》の中《うち》に育《そだ》てし長男《ちやうなん》は早《はや》くも海軍大學《かいぐんだいがく》を卒業《そつげふ》して少佐《せうさ》として軍籍《ぐんせき》にあり、長女《ちやうぢよ》も高女《かうぢよ》を經《へ》て他家《たけ》に嫁《か》し、次女《じぢよ》も女學校《ぢよがくかう》を卒業《そつげふ》して目下家事《もくかかじ》に從事《じうじ》してゐる。そして今年《ことし》七十七歲《さい》になる老母《らうぼ》に仕《つか》へつゝ一家團力《かだんらん》のうちに家業《かげふ》にいそしんでゐる。

彼《かれ》は自分《じぶん》の來《き》し方《かた》をふりかへつて、沁々《しみ〴〵》とした調子《てうし》でいふ。

『かうして一家團欒《かだんらん》の中《うち》に暮《くら》せるのも、君恩溢《くんおんあふ》るゝ日本國《につぽんこく》に生《うま》れしお蔭《かげ》です。これを思《おも》ふと、私《わたし》は更《さら》に駄馬《だば》に鞭打《むちう》つて、身《み》を捨《す》て家《いへ》を忘《わす》れても、國家《こくか》のため誠忠《せいちう》の誠《まこと》を致《いた》し、餘生《よせい》を御奉公《ごほうこう》のために捧《さゝ》げたいと思《おも》ふのであります。』

純朴《じゆんぼく》なる信念《しんねん》

=苦《く》ありてこそ今《いま》は樂《らく》な志田淸吉氏《しだせいきちし》=

本籍地	新潟縣南蒲原郡[redacted]
負傷程度	左大腿壓搾挫傷ニヨリ膝關節以下切斷

一

ぐわらぐわらつ！　といふ大《おほ》きなひゞきが聲《きこ》えた。

すわ！　と二三名《めい》の水兵《すゐへい》たちが走《はし》つて行《い》つて見《み》ると、どうした油斷《ゆだん》か間違《まちが》ひか、砲彈《はうだん》の山《やま》が崩潰《ほうくわい》してゐて、そこには一人《ひとり》の下士《かし》――海軍《かいぐん》二等兵曹志田淸吉《とうへいさうしだせいきち》が、俯伏《うつぶせ》にぶつ倒《たふ》れてもがきうめいてゐた。

――時《とき》は明治《めいぢ》二十二年《ねん》五月《ぐわつ》二十一日《にち》、武藏艦上《むさしかんじやう》の出來事《できごと》である。

間髮《かんはつ》を容《い》れず、水兵《すゐへい》たちは、兵曹《へいさう》を抱《だ》き起《おこ》して醫務室《いむしつ》へ運《はこ》び込《こ》んだ。軍醫《ぐんい》はズボンをまくつて見《み》たが、忽《たちま》ち、さつと顏《かほ》を曇《くも》らせた。左大腿部《ひだりだいたいぶ》に受《う》けた壓搾挫傷《あつさくざしやう》は意外《いぐわい》の重傷《ぢうしやう》だつたのだ。

醫務室《いむしつ》で應急《おうきふ》の手當《てあて》を受《う》けて、兵曹《へいさう》は軍艦武藏《ぐんかんむさし》から陸上《りくじやう》の病院《びやうゐん》に移《うつ》された。そして膝關節《しつくわんせつ》から下《した》を切斷《せつだん》し義足《ぎそく》を用《もち》ひて、どうにか歩行《ほかう》に差支《さしつか》へを生《しやう》じない迄《まで》になつた。

そして、同年《どうねん》十二月《ぐわつ》十七日免官《にちめんくわん》となり、鄕里新潟縣南蒲原郡加茂町《きやうりにひがたけんみなみかんばらぐんかもまち》に歸《かへ》つた。

二

『そんな體《からだ》では野色《のら》仕事《しごと》もむつかしからうし、何《なに》か小商賣《こあきなひ》でもはじめるか、今《いま》からでも遲《おそ》くはあるまい』

父《ちゝ》は、息子《むすこ》の不自由《ふじいう》な義足《ぎそく》を痛《いた》ましげに見《み》つめながら、さう言《い》つたが、

『いや、私《わたし》は矢張《やは》り百姓《しやう》をやります。人並《ひとなみ》に働《はた》らけなかつたら、他人《ひと》が十時間働《じかんはたら》くところを十五時間働《じかんはたら》きませう。これしきの事《こと》で、先祖代々《せんぞだい〜》の家業《かげふ》を捨《す》てたかありませんよ』

と、彼《かれ》は決然《けつぜん》としてさう答《こた》へたのだつた。免官後《めんくわんご》は、恩給《おんきふ》二百五十圓《ゑん》（増加恩給《ぞうかおんきふ》五百二十八圓《ゑん》）を受《う》けたから、それを資本《もとで》に、小商賣《こあきなひ》でも始《はじ》めようと思《おも》へば始《はじ》められるのだつたが、そして、それは、彼《かれ》にとつては樂《らく》なことにちがひなかつたが、彼《かれ》はどうしても、家業《かげふ》を捨《す》てゝ安易《あんい》に赴《おもむ》く氣《き》にはならなかつた。

その質朴《しつぼく》な信念《しんねん》には、我子《わがこ》のことながら、父《ちゝ》も打《う》たれずにはゐなかつた。そして、

『さういふことなら……』

と、息子《むすこ》の決心《けつしん》に賛成《さんせい》したのだつた。

三

『清吉《せいきち》さんがな、××山《やま》の天頂《てつぺん》で山仕事《やましごと》をしてゐたぞ』

毎夜《まいよ》の、若《わか》い衆《しう》の集《あつま》り場所《ばしよ》でさう言《い》つたものがあつた。

『清吉《せいきち》さんて、志田《しだ》の清吉《せいきち》さんか？』

と、一人《ひとり》が訊《き》いた。

『うん』

『ばかなことを云《い》ふな。あんな足《あし》で××山《やま》の天頂《てつぺん》なんぞに、どうして登《のぼ》れるもんか。俺《おれ》たちだつて、彼處《あすこ》で山仕事《やましごと》をするなんて樂《らく》なことぢやないぢやないか』

『だつて、俺《おれ》は現《げん》にこの眼《め》で見《み》て來《き》てゐるんだから、仕方《しかた》がなからう。タバコまで一緒《しよ》に喫《の》んで話《はなし》をしたりなぞして來《き》たんだから……』

『狐《きつね》にでも化《ばか》されたんぢやないか？』

『うむ。俺《おれ》もはじめはぎよつとして、狐《きつね》に化《ばか》されてるのかも知《し》れない、と、股《また》のところをつねつてみたがね。やつぱり化《ばか》されてゐるのではなかつた』

『へえ。ほんたうだとすれば、剛氣《がうき》なもんだね』

と、狐説《こせつ》を主張《しゆちやう》したりした若《わか》い衆《しう》も、さう言《い》つてかぶとを脱《ぬ》ぐのだつた。

『この間《あひだ》は、田《た》の草取《くさとり》をしてゐるのを見《み》てたまげてしまふたんだが、××山《やま》の頂上《てつぺん》で山仕事《やましごと》とは又《また》、愈々《いよ〳〵》たまげたオヤヂだね』

別《べつ》の一人《ひとり》が又口《またくち》を出《だ》した。

『他人《ひと》が十時間《じかん》働《はたら》くところは十五時間《じかん》でも働《はたら》く。他人《ひと》に負《ま》けるのは嫌《いや》だ、人並《ひとなみ》の仕事《しごと》だけはしなければ、百姓《しやう》の本分《ほんぶん》

が務《つと》まらんと言《い》ふとつたよ』

『それで又《また》、吝嗇《しみつたれ》がといふとさうでもないし、勤儉《きんけん》は勤儉《きんけん》だけれども、寄附金《きふきん》なぞといふと、眞先《まつさき》に出《だ》してゐるからな』

『やつぱり、軍人精神《ぐんじんせいしん》で叩《たゝ》きこまれた人間《にんげん》はちがつたところがあるよ』

若《わか》い衆《しう》たちは、話《はな》しながら段々《だん〳〵》敬虔《けいけん》な氣持《きもち》になつて行《ゆ》くのだつた。いつもは無格好《ぶかつかう》に見《み》える彼《かれ》の義足《ぎそく》も、何《なに》かしら、神聖《しんせい》なものゝやうに思《おも》はれるのだつた。

四

『五町歩《ちやうぶ》の自作農《じさくのう》！』

それが負傷後農業《ふしやうごのうげふ》に從《したが》つて以來《いらい》の目標《もくへう》だつた。一生《しやう》の中《うち》に必《かなら》ず土地《とち》五町歩《ちやうぶ》を所有《しよいう》して自作農《じさくのう》になつてみせるぞ！

この目標《もくへう》に向《むか》つて彼《かれ》は邁進《まいしん》した。その間《かん》の勞苦《らうく》は我々《われ〳〵》の想像以上《さういじやう》であらう。

現在彼《げんざいかれ》の田地《でんち》三段餘《だんよ》、畑《はた》一段《たん》八畝歩《せぶ》を有《いう》して、普通《ふつう》の自作農《じさくのう》の生活《せいくわつ》をしてゐる。若《わか》い時《とき》の目標《もくへう》五町歩《ちやうぶ》の自作農《じさくのう》には

まだ遠《とほ》いやうには見《み》える。しかし彼《かれ》は現金《げんきん》の貯蓄《ちよちく》も相當《さうたう》の額《がく》に上《のぼ》り何時《いつ》でも土地《とち》を買收《ばいしう》できる用意《ようい》がしてある。それ以上《いじやう》に彼《かれ》には四男《なん》一女《ぢよ》があるが、これがみなそれ〴〵獨立《どくりつ》して立派《りつぱ》に自活《じくわつ》してゐる。これこそ、土地《とち》の五町歩《ちやうぶ》や十町歩《ちやうぶ》にも勝《まさ》る寶《たから》ではあるまいか？

彼《かれ》は本年《ほんねん》八十一歳《さい》であるが、矍鑠《くわくしやく》として壯者《さうしや》を凌《しの》ぐ壯健《さうけん》さで、今《いま》なほ作業《さげふ》に從事《じうじ》し、生業《せいげふ》を勵《はげ》むことを唯一《ゆゐつ》の樂《たの》しみとし、未《いま》だに樂隱居《らくいんきよ》をも望《のぞ》まず、營々《えい〳〵》として働《はたら》いてゐる。

翁《おう》の生涯《しやうがい》の如《ごと》きは、一見平凡《けんへいぼん》にも見《み》えるけれども、さにあらず、負傷《ふしやう》に屈《くつ》せずして、幾多《いくた》の不自由《ふじいう》を忍《しの》びながら、自己《じこ》の天職《てんしよく》と信《しん》ずる農《のう》を捨《す》てなかつたところに、翁《おう》の今日《こんにち》の眞面目《しんめんもく》がある。なまじ他《た》の仕事《しごと》に惑《まど》はされたとすれば、果《はた》して今日《こんにち》をなしたであらうか？

考《かんが》へねばならない點《てん》である。

人生行路《じんせいかうろ》の勇者《ゆうしや》

＝村治《そんち》に精勵《せいれい》せる鈴木熊次郎《すゞきくまじらう》氏《し》＝

本籍地	埼玉縣南埼玉郡大相模村
負傷程度	右大腿貫通銃創（切斷）

鈴木熊次郎《すゞきくまじらう》は埼玉縣南埼玉郡大相模村大字西方《さいたまけんみなみさいたまぐんおほさがみむらおほあざにしかた》の出生《しゆつしやう》である。明治《めいぢ》二十二年《ねん》十二月歩兵第三聯隊《ぐわつほへいだいれんたい》に入營《にふえい》、二十三年《ねん》十一月《ぐわつ》三十日《にち》には上等兵《じやうとうへい》を命《めい》ぜられ、二十五年《ねん》十月《ぐわつ》三十日《にち》滿期除隊《まんきぢよたい》となつて歸郷《ききやう》した。

生家《せいか》鈴木氏《すゞきし》は、該地方《がいちはう》の素封家《そほうか》として、古《ふる》くから名望《めいばう》あり、父《ちゝ》は村長《そんちやう》として多年村治《たねんそんち》のために盡《つく》し、家兄《かけい》は農《のう》にいそしみ、三男《なん》の熊次郎《くまじらう》も除隊後《ぢよたいご》は兄《あに》を助《たす》けて、家業《かげふ》に出精《しゆつせい》してゐた。時《とき》に日露間《にちろかん》の雲行《くもゆき》は怪《あや》しくなつて來《き》た。

即《すなは》ち明治《めいぢ》二十六年《ねん》二月《ぐわつ》十日《か》、明治大帝《めいぢたいてい》は第四議會《だいぎくわい》の上奏文《じやうそうぶん》に對《たい》し、和衷協同《わちうけふどう》の詔勅《せうちよく》を下《くだ》し給《たま》ひ、

『國家國防ノ事ニ至テハ苟モ一日ヲ緩クスルトキハ或ハ百年ノ悔ヲ遺サム

朕茲ニ内廷ノ費ヲ省キ六年ノ間毎歳三十萬圓ヲ下附シ又文武ノ官僚ニ命シ特別ノ情狀アルモノヲ除クノ外同年月其俸給十分ノ一ヲ納レ以テ戰艦費ノ補足ニ充テシム

朕ハ閣臣ト議會ニ倚リ立憲ノ機關トシ其各々權域ヲ愼ミ和協ノ道ニ由リ以テ

朕カ大事ヲ輔翼シ有終ノ美ヲ成サムコトヲ望ム』

東洋《とうやう》の風雲《ふううん》は、英明《えいめい》なる　明治大帝《めいぢたいてい》の、この詔勅《せうちよく》にも窺《うかゞ》へる通《とほ》り、いよ〳〵急《きふ》をつげて來《く》る。明治《めいぢ》二十七年《ねん》五月《ぐわつ》、韓國《かんこく》における東學黨《とうがくたう》の蜂起《ほうき》に端《たん》を發《はつ》し、清國《しんこく》の出兵《しゆつぺい》より、遂《つひ》に六月《ぐわつ》五日《か》には、大鳥圭介《おほとりけいすけ》が、軍艦《ぐんかん》八重山艦《やへやまかん》に乘《じやう》じて海軍陸戰隊《かいぐんりくせんたい》を率《ひき》ゐて京城《けいじやう》に向《むか》つたのを先發《せんぱつ》に、いよ〳〵皇軍《くわうぐん》の韓國出兵《かんこくしゆつぺい》となつた。かくて七月《ぐわつ》二十三日《にち》、豐島沖《ほうたうおき》の海戰《かいせん》に日清戰鬪《につしんせんとう》の幕《まく》は切《き》つて落《おと》され、越《こ》えて八月《ぐわつ》一日宣戰《じつせんせん》の詔勅《せうちよく》下《くだ》り、九月《ぐわつ》十五日《にち》、既《すで》に第一軍《だいぐん》の神速《しんそく》により平壤總攻撃《へいじやうそうこうげき》が開始《かいし》された。召集令《せうしふれい》下《くだ》り、鈴木《すゞき》は即時原隊歩兵第三聯隊《そくじげんたいほへいだいれんたい》

に編入《へんにゅう》された。時《とき》に師團長《しだんちやう》は山路元治中將《やまぢもとはるちゆうじやう》、第《だい》一旅團長《りよだんちやう》は乃木希典少將《のぎまれすけせうしやう》であつた。大山大將《おほやまたいしやう》の第《だい》二軍《ぐん》にぞくし、宇品港《かう》を發《はつ》し、聯合艦隊《れんがふかんたい》の周到《しうたう》な援護《えんご》のもとに、遼東半島南方《れうたうはんたうなんぱう》の花園河口《くわゑんかこう》に上陸《じやうりく》、既《すで》にして、十月《ぐわつ》六日《か》には各道《かくだう》の部隊《ぶたい》並《なら》び進《すゝ》んで金州城《きんしうじやう》の攻撃《こうげき》を開始《かいし》してゐた。つゞいて土城子《とじやうし》、水師營《すゐしえい》、旅順《りよじゆん》に向《むか》つて轉戰《てんせん》し、十一月《ぐわつ》二十日《か》、旅順《りよじゆん》の背面《はいめん》椅子山砲臺攻撃《いすさんはうだいこうげき》の際《さい》、旅順陷落《りよじゆんかんらく》を明日《あす》にひかへて、右大腿《みぎだいたい》部貫通銃創《ぶくわんつうじうさう》の名譽《めいよ》の負傷《ふしやう》をうけ、卽時《そくじ》、野戰病院《やせんびやうゐん》に收容《しうよう》された。銃創《じうさう》は餘儀《よぎ》なく大腿上《だいたいうへ》三分《ぶん》の一切斷《せつだん》されることゝなり、四十日野戰病院《にちやせんびやうゐん》で看護《かんご》をうけた上《うへ》、三十八年《ねん》一月《ぐわつ》一日《じつ》、廣島衞戍病院《ひろしまゑいじゆびやうゐん》に還送《くわんそう》され、次《つい》で東京衞戍病院《とうきやうゑいじゆびやうゐん》に移《うつ》され程《ほど》なく兵役免除《へいえきめんぢよ》を以《もつ》て退院《たいゐん》したのだつたが、一脚《きやく》を切斷《せつだん》されたので、全治後《ぜんちご》は義足松葉杖《ぎそくまつばづゑ》に依《よ》つて歩行《ほかう》することになつた爾來《じらい》四十年隻脚《ねんせきゝやく》をもつて立《た》ち、旅順《りよじゆん》に一足《あし》を置去《おきさ》つた由緣《ゆかり》で、俳名《はいめい》を旅脚《りよきやく》と號《がう》してゐる。

東洋平和《とうやうへいわ》の爲《ため》、祖國《そこく》のため、足《あし》一本《ぽん》を滿洲《まんしう》にのこして歸《かへ》つた彼《かれ》は、懷《なつか》しき故鄕《こきやう》にもまた砲煙彈雨《はうえんだんう》の中《なか》のやうな、生活《せいくわつ》の戰場《せんぢやう》が彼《かれ》の凱旋《がいせん》を待《ま》ちかまへてゐた。家業《かげふ》の農業《のうげふ》が、大事《だいじ》に保《たも》たれてゐたなら何不自由《なにふじいう》ない素封家《そほうか》の筈《はず》の鈴木家《すゞきけ》は、家兄《かけい》の代《だい》に至《いた》り、製絲工場《せいしこうぢやう》を建設《けんせつ》して盛《さかん》に製絲業《せいしげふ》に從事《じうじ》したことに因《いん》を發《はつ》して、不幸大損害《ふかうだいそんがい》を蒙《かうむ》り、家產《かさん》は蕩盡《たうじん》田畑宅地家屋《でんぱたたくちかおく》に至《いた》る迄《まで》、凡《すべ》て人手《ひとで》に渡《わた》り果《は》て、父祖重代《ふそちうだい》の家《いへ》を退轉《たいてん》するの止《や》むなきに至《いた》つてゐた。東奔西走《とうほんせいさう》、彼《かれ》は之《これ》を憂《うれ》ひて、百方前後策《はうぜんごさく》を講《かう》じたのだつたが、大勢《たいせい》の趣《おもむ》く處《ところ》ほどこす術《すべ》もなく、漸《やうや》く債權者《さいけんしや》に懇請歎願《こんせいたんぐわん》して、僅《わづか》に宅地《たくち》の一部《ぶ》をあたへられ、先祖《せんぞ》の位牌《ゐはい》を安置《あんち》するに足《た》る丈《だけ》の地域《ちゐき》を殘《のこ》したのみだつた。彼《かれ》は鈴木家《すゞきけ》には三男《なん》で、固《もと》より當面《たうめん》の義務《ぎむ》を負《お》ふべき立場《たちば》ではなかつたが、生家《せいか》の沒落《ぼつらく》を見《み》て、その再興《さいこう》に盡《つく》してこそ、男子《だんし》の本分《ほんぶん》だと考《かんが》へない譯《わけ》には行《ゆ》かなかつた。此《こ》の再興《さいこう》の爲《ため》には、一度君國《たびくんこく》に捧《さゝ》げて一神佛《しんぶつ》の加護《かご》で滿洲《まんしう》から拾《ひろ》つて歸《かへ》つた命《いのち》と考《かんが》へられる隻脚《せききやく》の一身《しん》は、更《さら》に犧牲《ぎせい》となるとも意《い》とするに足《た》らずとして、此處《こゝ》に奮起再生《ふんきさいせい》の意氣《いき》に奮然《ふんぜん》と揮《ふる》ひ立《た》つた。

君《きみ》のため國《くに》のため片足《かたあし》を失《うしな》つた護國《ごこく》の勇士《ゆうし》の、今《いま》のこの悲壯《ひさう》な決意《けつい》は、勿論鄕黨《もちろんきやうたう》の胸《むね》に感激《かんげき》をもつて響《ひゞ》かぬ譯《わけ》はなかつた。彼《かれ》を遇《ぐう》するに、村役場《むらやくば》は書記《しよき》の席《せき》をもつてした。

當時物價《たうじぶつか》の低廉《ていれん》だつた時代《じだい》にもしろ月俸《げつぽう》は六圓《ゑん》だつた。勤務《きんむ》を熱心《ねつしん》に精勵《せいれい》する傍《かたは》ら、養鷄《やうけい》、養豚《やうとん》を副業《ふくげふ》とし、殆《ほと》んど寢食《しんしよく》を忘《わす》れて努力經營《どりよくけいえい》に當《あた》つたが、恩給年額《おんきふねんがく》五十九圓《ゑん》に、村役場《むらやくば》の月俸《げつぽう》を加算《かさん》しても、月額《げつがく》拾圓餘《ゑんあま》りにすぎず、妻《つま》、弟《おとうと》、姪《めい》の四人暮《にんぐら》しでは、困窮缺乏《こんきうけつばう》は言語《げんご》に絶《ぜつ》してゐた。家《いへ》は奪《うば》はれ、食《く》ふに食《しよく》なく、着《き》るに衣服《いふく》なく、如何《いか》なる星《ほし》の下《もと》に生《うま》れてこの悲境《ひきやう》かと慨歎悲憤《がいたんひふん》することがあつたが、當時《たうじ》、弟《おとうと》莊四郞《さうしらう》は早稻田《わせだ》專門學校《せんもんがくかう》に勉强中《べんがくちう》で、この學資《がくし》さへも負擔《ふたん》し、貧困中《ひんこんちう》に、此《こ》の負擔《ふたん》は難事中《なんじちう》の難事《なんじ》だつたが、妻《つま》と相談《さうだん》の上《うへ》、これも決然《けつぜん》と負擔《ふたん》の上《うへ》、勉學《べんがく》を續《つゞ》けさせることにし、遂《つひ》に同校《どうかう》を卒業《そつげふ》せしめたのも、血《ち》の出《で》るやうな、溫《あたゝか》い彼《かれ》の犧牲《ぎせい》だつた。

明治《めいぢ》四十二年《ねん》四月《ぐわつ》、親友秋山氏《しんいうあきやまし》の斡旋《あつせん》により越ケ谷日進銀行《こしがやにつしんぎんかう》に月俸《げつぽう》二十圓《ゑん》をもつて勤《つと》めることになつたが、爾來大正《じらいたいしやう》十一年《ねん》六月《ぐわつ》に至《いた》る迄《まで》、十有《いう》四年間《ねんかん》、着實恪勤《ちやくじつかくきん》、よくその成績《せいせき》を擧《あ》げ支店長《してんちやう》の信賴厚《しんらいあつ》く、この間《かん》に於《おい》て、彼《かれ》は勤儉力行大《きんけんりきかうおほ》いに蓄財《ちくざい》に務《つと》めた。加《くは》るに、恩給令《おんきふれい》の改正《かいせい》に因《よ》り二回《くわい》の增額《ぞうがく》があつたりして、家計《かけい》も甚《はなは》だ裕福《いうふく》となり、はじめて多年《たねん》の勤勞《きんらう》が報《むく》ひられた。これに加《くは》へて、多年《たねん》の宿願《しゆくぐわん》により、家屋《かをく》を

新築《しんちく》し、田畑《でんぱた》を買戻《かひもど》し、家兄《かけい》の蕩盡《たうじん》した家產《かさん》はいよ〱挽回《ばんくわい》の喜《よろこ》びを見《み》ることになつた。

艱難《かんなん》汝《なんぢ》を玉《たま》にして、成功者《せいこうしや》の一人《り》として近鄕稱讃渴仰《きんがうしようさんかつがう》の的《まと》となつた。

各種公共事業《かくしゆこうきようじげふ》に參與《さんよ》しては、獻身的《けんしんてき》に地方自治《ちはうじち》の指導者《しだうしや》であり、現《げん》に村會議員《そんくわいぎゐん》、收入役《しうにふやく》、農會總代人《のうくわいそうだいにん》、字委員《あざゐゐん》、神社總代人《じんじやそうだいにん》、壇家總代《だんかそうだい》、敎育會議員《けういくくわいぎゐん》、靑年團顧問《せいねんだんこもん》等《とう》、凡《すべ》て彼《かれ》の德望《とくばう》の然《しか》らしむるところである。

不幸《ふかう》と云《い》へば、窮乏《きうばふ》の中《なか》から早稻田專門學校《わせだせんもんがくかう》を卒《を》へさせた弟《おとうと》莊四郞氏《さうしらうし》の、早世《さうせい》であつたが、浦和師範學校《うらわしはんがくかう》に入學《にふがく》せしめた姪《めい》は現《げん》に鄕里大相模村小學校《きやうりおほさがみむらせうがくかう》に訓導勤務中《くんだうきんむちう》である。

人生《じんせい》の幸薄《かうすく》かつた家兄《かけい》は破落後東京市《ぼつらくごとうきやうし》にあつて、弟《おとうと》の自力更生《じりきかうせい》による家運挽回《かうんばんくわい》を喜《よろこ》んでゐるが、弟《おとうと》熊次郞《くまじらう》はなほこの不幸《ふかう》な兄《あに》に生活《せいくわつ》の資《し》を供《きよう》しつゝある。

旅順背面攻撃《りよじゆんはいめんこうげき》の隻脚《せききやく》の勇士《ゆうし》は、日常《にちじやう》の生活《せいくわつ》に於《おい》ても隻脚《せききやく》よく苦鬪《くとう》に耐《た》えて今日《こんにち》あるのは、正《まさ》に人生行路《じんせいかうろ》の勇者《ゆうしや》とも云《い》ふべきであらう。

頭部負傷者の部

感謝《かんしや》の生活《せいくわつ》

＝薪炭業《しんたんげふ》に成功《せいこう》せし鳥畠甚三郎《とりはたじんざぶらう》氏《し》＝

本籍地　金澤市[redacted]
負傷程度　頭部砲創

『お父《とう》つさんお目出度《めでた》う』

『お目出度《めでた》うございます』

十數人《すうにん》の家族《かぞく》が、口々《くちぐち》にお目出度《めでた》うを云《い》つて、ぞろ〱と奥《おく》の座敷《ざしき》に入《はい》つて來《く》る。

『やあお目出度《めでた》う、お目出度《めでた》う』

主人《しゆじん》の甚三郎君《じんざぶらうくん》、朗《ほが》らかな顔《かほ》をして、伜《せがれ》や、娘《むすめ》や、孫《まご》の顔《かほ》を、にこ〱して眺《なが》め廻《まは》す。家族達《かぞくたち》は、彼《かれ》を眞中《まんなか》に、ずらりと車座《くるまざ》に坐《すわ》つて、床《とこ》の間《ま》へ頭《あたま》を下《さ》げた。

床《とこ》の間《ま》には　陛下《へいか》の御尊影《ごそんえい》が嚴《おごそ》かに掛《か》けられてある。その前《まへ》には御神酒《おみき》及《およ》び鮮魚《せんぎよ》（鯛《たひ》）が供《そな》へてあるのであつた。傍《そば》には香《かほ》りも床《ゆか》しい梅《うめ》の花《はな》が生《い》けてある。

外《ほか》にもう一ツ、三寶《ぼう》に載《の》せて供《そな》へてあるのは、主人甚三郎君《しゆじんじんざぶらうくん》が、日露戰役《にちろせんえき》に從軍《じうぐん》して、名譽《めいよ》の負傷《ふしやう》をした功《こう》に依《よ》り年《ねん》四回《くわい》に受《う》ける恩給金《おんきふきん》であつた。

今日《けふ》は鳥畠家《とりはたけ》にとり、年中行事《ねんぢうぎやうじ》の一つとも云《い》ふ可《べ》き、國《くに》に對《たい》する感謝日《かんしやび》の集《つど》ひである。

彼《かれ》は御尊影《ごそんえい》の前《まへ》に最敬禮《さいけいれい》をなしたる後《のち》、家族《かぞく》に向《むか》つて、

『お父《とう》さんは、日露戰爭《にちろせんさう》に出征《しゆつせい》して、大《たい》した手柄《てがら》もないのに、斯《か》うして毎年恩給金《まいとしおんきふきん》を頂戴《ちやうだい》してゐる。鳥畠《とりはた》一家《け》が、今日《こん》無事《ぶじ》に暮《くら》して行《ゆ》けるのは　陛下《へいか》のお蔭《かげ》である。この御鴻恩《ごこうおん》を忘《わす》れてはなりませぬ』

一場《ぢやう》の訓話《くんわ》をなしたる後《のち》、御神酒《おみき》を頂《いたゞ》き、さうして家業《かげふ》に就《つ》くのであつた。

恩給感謝日《おんきふかんしやび》は年《ねん》四回《くわい》。數十年《すうねん》これを絶《た》やした事《こと》がない。御尊影前《ごそんえいぜん》に供《そな》へる花《はな》も、正月《しやうぐわつ》は梅花《ばいくわ》、十月《ぐわつ》は菊《きく》、四月《ぐわつ》七月《ぐわつ》は榊《さかき》と定《さだ》めてある。

まことに床《ゆか》しき催《もよほ》しである。

◇　◇　◇

毎年《まいねん》十一月《ぐわつ》二十六日《にち》は、感謝日《かんしやび》の集《つど》ひに劣《おと》らぬ、記念《きねん》の會《くわい》が、一家揃《かそろ》つて催《もよほ》される。

十一月《ぐわつ》二十六日《にち》は、甚三郎君《じんざぶらうくん》が旅順攻撃中《りよじゆんこうげきちう》、砲彈《はうだん》の破片《はへん》にあたつて、名譽《めいよ》の負傷《ふしやう》をなしたる記念日《きねんび》である。

當日《たうじつ》も　陛下《へいか》の御尊影《ごそんえい》が掲《かゝ》げられ、その下《した》に、一通《つう》の手紙《てがみ》を表裝《へうさう》したる掛軸《かけぢく》が掛《か》けられるのであつた。

その手紙《てがみ》の掛軸《かけぢく》は、彼《かれ》の中隊長《ちうたいちやう》、故太田長俊《こおほたながとし》氏が、當日《たうじつ》の激戰《げきせん》の模樣《もやう》を書《か》き認《したゝ》めて、彼《かれ》に與《あた》へた唯一《ゆゐつ》の記念品《きねんひん》なのであつた。

當日《たうじつ》は赤飯《せきはん》、御神酒《おみき》、勳章《くんしやう》、皇后陛下《くわうごうへいか》より御下賜《ごかし》になつたシヤツが飾《かざ》られる。

家族《かぞく》一同《どう》が集《あつま》つたところで、甚三郎君《じんざぶらうくん》は戰爭《せんさう》の話《はなし》をして聞《き》かせるのであつた。

部下《ぶか》を愛《あい》する事《こと》、我《わ》が子《こ》の如《ごと》くなりし、故太田中隊長《こおほたちうたいちやう》の思出話《おもひでばなし》を語《かた》る時《とき》、彼《かれ》の眼《め》には懷舊《くわいきう》の涙《なみだ》が溢《あふ》れ流《なが》れるのだつた。

◇　◇　◇

鳥畠甚三郎君《とりはたじんざぶらうくん》は石川縣石川郡二塚村字神合《いしかはけんいしかはぐんふたつかむらあざかみあひ》（元赤土村《もとあかつちむら》）に生《うま》れた。職業《しよくげふ》は船乘《ふなの》りだつた。

明治《めいぢ》三十年《ねん》十二月《ぐわつ》一日、歩兵第七聯隊《ほへいだいれんたい》に入營《にふえい》、三十七年《ねん》五月《ぐわつ》七日充員召集《かじうゐんせうしふ》、歩兵第七聯隊第六中隊編入《ほへいだいれんたいだいちうたいへんにふ》。直《たゞ》ちに滿洲《まんしう》へ出征《しゆつせい》、旅順攻撃《りよじゆんこうげき》に參加《さんか》し、同年《どうねん》十一月《ぐわつ》二十六日《にち》、午前《ごぜん》一時《じ》、頭部《とうぶ》に砲創《はうさう》を受《う》けた。同《どう》三十九年《ねん》一月《ぐわつ》十三日兵役免《にちへいえきめん》除隊除隊《ぢよたいぢよたい》となり歸郷《ききやう》した、元陸軍歩兵伍長《もとりくぐんほへいごちやう》である。

留守《るす》を守《まも》つてゐた兩親《りやうしん》は、彼《かれ》の負傷《ふしやう》して歸《かへ》つた姿《すがた》を見《み》て
『よくぞ御國《みくに》の爲《ため》に働《はたら》いて來《き》た。これで俺達《おれたち》も世間樣《せけんさま》へ肩《かた》身《み》が廣《ひろ》い』

と、泣《な》いて喜《よろこ》んだ。そして、

『早《はや》く天子樣《てんしさま》へ御禮《おれい》を申上《まうしあげ》てくれ』

彼《かれ》の手《て》を取《と》るやうにして、奥《おく》の座敷《ざしき》へ連《つ》れて行《い》つた。

床《とこ》の前《まへ》には　天皇《てんのう》　皇后兩陛下《くわうごうりやうへいか》の御尊影《ごそんえい》が掲《かゝ》げられ御神酒《おみき》が供《そな》へてあつた。

その御尊影《ごそんえい》こそ、鳥畠《とりはた》一家《か》で今日朝夕拜《こんにちてうせきはい》してゐるもので去《き》る明治《めいぢ》三十年《ねん》、彼《かれ》が入隊當時特別大演習《にふたいたうじとくべつだいえんしふ》（大阪近傍《おほさかきんばう》）に參加《さんか》し、歸途《きと》大阪《おほさか》で買求《かひもと》めて來《き》たものであつた。


『甚三郎《じんざぶらう》、私達夫婦《わたしたちふうふ》はナ、お前《まへ》が出征《じゆつせい》すると同時《どうじ》に天子樣《てんしさま》の御前《ごぜん》に御神酒《おみき》をお供《そな》へして、毎日《まいにち》、日本《につぽん》が今度《こんど》の戰爭《せんさう》に勝《か》つやうにと祈《いの》つてゐたんだよ』と語《かた》つて聞《き》かせた。

彼《かれ》の感激《かんげき》は一入《ひとしほ》であつた。

その後《ご》、天皇陛下《てんのうへいか》より御菓子料下賜《おくわしれうかし》の恩命《おんめい》に浴《よく》した彼《かれ》はその金《かね》を無駄《むだ》に使用《しよう》せず　兩陛下及《りやうへいかおよ》び　大正天皇《たいしやうてんのう》（當時《たうじ》皇太子殿下《くわうたいしでんか》）の御尊影《ごそんえい》の表裝《へうさう》を取替《とりか》へる費用《ひよう》に使用《しよう》したのであつた。

病院《びやうゐん》に入院中《にふゐんちう》　皇后陛下《くわうごうへいか》より下賜《かし》されたシヤツは、その後《ご》も三大節《だいせつ》には着用《ちやくよう》してゐたが、この後再《ごふたゝ》び斯《か》くの如《ごと》き光榮《くわうえい》に浴《よく》する事《こと》は思《おも》ひも及《およ》ばぬと氣《き》がつき、充分《じうぶん》なる洗濯《せんたく》を施《ほどこ》し桐《きり》の箱《はこ》に納《をさ》め、家寶《かほう》として、子々孫々《しゝそん〱》に傳《つた》へる事《こと》にしたものであつた。

◇　◇　◇

話《はなし》は除隊當時《ぢよたいたうじ》に返《かへ》る。

負傷《ふしやう》に依《よ》る頭部《とうぶ》の痛《いた》みは完全《くわんぜん》に治《なほ》つてゐなかつたが、資産《しさん》がある譯《わけ》でもなく、何時迄《いつまで》も遊《あそ》んでゐられる身分《みぶん》でもないから、除隊後間《ぢよたいごま》もなく、以前《いぜん》の職業《しよくげふ》、船乘《ふなの》り稼業《かげふ》を始《はじ》めたが、負傷《ふしやう》の故《せい》であらう、直《す》ぐ醉《よ》ふやうになつて滿足《まんぞく》な仕事《しごと》は到底續《たうていつゞ》けられなかつた。止《や》むなく彼《かれ》は小《ちひ》さい時《とき》から馴《な》れた家業《かげふ》を止《や》めなければならなかつた。俗《ぞく》に「河童《かつぱ》の陸上《おかあが》り」といふ。水《みづ》の中《なか》では元氣《げんき》な河童《かつぱ》も、陸《おか》に上《あが》れば何《なに》も出來《でき》ないことをいふのだ。彼《かれ》はこの河童《かつぱ》の陸上《おかあが》りだつた。

『どうしてこれから後《のち》を暮《くら》して行《ゆ》くか？』

職場《しよくば》を失《うしな》つた彼《かれ》にとつては大問題《だいもんだい》だつた。勞働者《らうどうしや》の生活《せいくわつ》は彼《かれ》の體《からだ》にはもう適《てき》しなかつた。種々《いろ〱》考《かんが》へた揚句《あげく》、父母《ふぼ》とも相談《さうだん》して、僅《わづ》かな資本《しほん》で、薪炭業《しんたんげふ》を開業《かいげふ》した。しかし、無經驗《むけいけん》の爲《ため》と、資本金不足《しほんきんふそく》の故《せい》とでまんまと失敗《しつぱい》に終《をは》つて、元《もと》も子《こ》も無《な》くして了《しま》つた。

一時《じ》はがつかりした。けれども彼《かれ》は思《おも》ひなほした。

『一度《ど》や二度《ど》失敗《しつぱい》したからといつて氣《き》を落《おと》してなるものか、旅順攻撃《りよじゆんこうげき》のことを思《おも》へ、難攻不落《なんこうふらく》を誇《ほこ》つた旅順《りよじゆん》は決《けつ》して一日《にち》では落《お》ちなかつたのだ。失敗《しつぱい》に失敗《しつぱい》を重《かさ》ねた揚句《あげく》、たゞ不撓不屈《ふたうふくつ》の精神《せいしん》によつて陷《おとしい》れたのではないか。あれだ、あの意氣《いき》さへあれば何《なに》一つ成功《せいこう》せぬことがあるものか！』

しかし、この失敗《しつぱい》によつて、彼《かれ》の家《いへ》の生活《せいくわつ》は極端《きよくたん》に窮迫《きうはく》

してしまつた。兩親《りやうしん》の外《ほか》に子供《こども》九人《にん》の大家族《だいかぞく》を抱《かゝ》へて、糊口《ここう》にすら窮《きう》する狀態《じやうたい》にあつた。彼《かれ》は妻《つま》や兩親《りやうしん》を慰《なぐさ》め勵《はげ》まし、一意家運《いゝかうん》の挽回《ばんくわい》につとめ、再《ふたゝ》び百方資金《ひやくはうしきん》の調達《てうたつ》に奔走《ほんそう》して、やうやく資金《しきん》を得《え》たのである。

その甲斐《かひ》ありて、捲土重來《けんどちようらい》の意氣《いき》で始《はじ》めた薪炭業《しんたんげふ》、並《なら》びに魚商《うをしやう》は、次第《しだい》に繁盛《はんせい》を來《きた》し、世間《せけん》の信用《しんよう》は増《ま》し、恩給額《おんきふがく》は増加《ぞうか》し、子供達《こどもたち》も社會《しやくわい》に出《で》て働《はたら》くやうになり、彼《かれ》の生活《せいくわつ》は、漸《やうや》く裕《ゆた》かになつて來《き》た。それと共《とも》に町民《ちやうみん》の信望《しんぼう》を得《え》て町《まち》になくてはならぬ人《ひと》となつた。

しかし、往年《わうねん》の貧困時代《ひんこんじだい》を片時《かたとき》も忘《わす》れず、常《つね》に感謝《かんしや》の念《ねん》を忘《わす》れず、報恩《ほうおん》の意味《いみ》をこめて、社會事業《しやくわいじげふ》に盡瘁《じんすゐ》するところ甚大《じんだい》である。

大正《たいしやう》十四年《ねん》には、皇太子殿下《くわうたいしでんか》（今上陛下《きんじやうへいか》）御結婚奉祝《ごけつこんほうしゆく》記念塔建設《きねんたふけんせつ》に當《あた》り感謝狀《かんしやじやう》並《ならび》に銀盃《ぎんぱい》を附與《ふよ》せられ、魚商組合《ぎよしやうくみあひ》奬勵規定《しやうれいきてい》に依《よ》り賞狀《しやうじやう》を受《う》ける事《こと》三度《たび》。

三男甚喜知君《なんじんきちくん》現役除隊《げんえきぢよたい》に際《さい》し、祝品《しゆくひん》を廢《はい》し當區内《たうくない》の貧民《ひんみん》に白米《はくまい》を分配《ぶんぱい》し、昭和《せうわ》六年《ねん》九月《ぐわつ》石川縣知事《いしかはけんちじ》より感謝狀《かんしやじやう》を受《う》け、同《どう》、右《みぎ》の際《さい》小野慈善院《のじぜんゐん》へ生菓子《なまぐわし》を寄贈《きそう》し謝狀《しやじやう》を受《う》く。

同町内《どうちやうない》の世話係《せわがか》り四ケ年《ねん》、その功《こう》によつて、感謝狀《かんしやじやう》二通《つう》、銀盃《ぎんぱい》二個《こ》を贈《おく》られた。又《また》、石川縣傷痍軍人會幹事《いしかはけんしやういぐんじんくわいかんせ》八ケ年《ねん》、幹事長《かんじちやう》八ケ年《ねん》、現在副會長《げんざいふくくわいちやう》である。

蟻《あり》の如《ごと》くに

＝十年《ねん》一日《じつ》の如《ごと》く働《はたら》ける河島彌氏《かはしまわたるし》＝

本籍地　千葉縣山武郡[redacted]

負傷程度　頭部骨傷貫通銃創

明治《めいぢ》三十七年《ねん》九月《ぐわつ》初旬《しよじゆん》、征露《せいろ》の勇士《ゆうし》を滿載《まんさい》した運送船《うんそうせん》丹波丸《たんばまる》は、玄海灘《げんかいなだ》の荒浪《あらなみ》を蹴立《けた》てゝ一路《ろ》ダルニー港《かう》(大連《たいれん》)めざして急《いそ》いでゐた。

『あッ、あそこに帆柱《ほばしら》みたいなのが見《み》えるのは何《なん》だ！』

戰友《せんいう》の一人《ひとり》が叫《さけ》んだ。あたりにゐる者《もの》がみな窓《まど》に集《あつま》つた。なる程《ほど》、海《うみ》の眞中《まんなか》に二本《ほん》の帆柱《ほばしら》がぬッと突《つ》き出《だ》して、雪《ゆき》のやうに碎《くだ》ける飛沫《ひまつ》をあびてゐる。

『あれは、御存知《ごぞんち》でせうが、去《さ》る六月《ぐわつ》十五日敵艦《にちてきかん》のために擊沈《げきちん》された常陸丸《ひたちまる》の帆柱《ほばしら》ですよ』

ボーイの說明《せつめい》をきいた時《とき》、一同《どう》は思《おも》はず肅然《しゆくぜん》とし、襟《えり》を正《たゞ》さゞるを得《え》なかつた。空《むな》しく海底《かいてい》の藻屑《もくづ》を消《き》えた六百餘《よ》名《めい》の無念《むねん》の程《ほど》を察《さつ》すれば、涙《なみだ》なき能《あた》はざるではないか。

『畜生《ちくしやう》、この仇《かたき》はきつと報《はう》じてやるぞ！』

誰《たれ》かゞ涙聲《なみだごゑ》で叫《さけ》んだ。

『さうだ、この恨《うら》みは晴《はら》してみせる』

『安心《あんしん》して海底《かいてい》に眠《ねむ》つてくれ』

期《き》せずして異口同音悲憤《いくどうおんひふん》の聲《こゑ》が揚《あが》つた。この中《なか》に、わが河島彌《かはしまわたる》一等兵《とうへい》もゐたのである。

彼《かれ》は千葉縣山武郡松尾村出身《ちばけんさんぶぐんまつをむらしゆつしん》で、明治《めいぢ》三十六年《ねん》十二月《ぐわつ》一日歩兵第二聯隊《にちほへいだいれんたい》に入營《にふえい》した。明《あく》れば三十七年《ねん》二月《ぐわつ》十日《か》、果然日露戰役《くわぜんにちろせんえき》の幕《まく》は切《き》つて落《おと》された。卽《すなは》ち、三月《ぐわつ》六日《か》動員下命《どういんかめい》。同《どう》九日補充大隊《かほじうだいたい》に轉入《てんにふ》、空《むな》しく鳴《な》る腕《うで》を抑《おさ》へて時機《じき》を待《ま》つこと五ケ月《げつ》。遂《つひ》に時《とき》を得《え》て同年《どうねん》八月《ぐわつ》三十日衞戍地出發《にちゑいじゆちしゆつぱつ》、九月《ぐわつ》一日丹波丸《にちたんばまる》に乘《じよう》じて宇品港《うじなかう》を出帆《しゆつぱん》して征地《せいち》に向《むか》つた。

ダルニー港《かう》(大連《たいれん》)に着《つ》いたのが九月五日《ぐわつか》、船路《せんろ》の疲《つか》れを慰《ゐ》する暇《ひま》もなく、夜闇《やいん》に乘《じよう》じて泥汽車《どろぎしや》にて戰線近《せんせんちか》くに到《たう》着《ちやく》、照魔鏡《せうまきやう》のごとく照《て》らす敵《てき》の探海燈《たんかいとう》の隙《すき》をみて、野戰歩《やせんほ》

兵第二聯隊《へいだいれんたい》に馳《は》せ參《さん》じた。時《とき》に第一回《だいくわい》の總攻擊《そうこうげき》は既《すで》に終《をは》つて、着々《ちやく／＼》第二回《だいくわい》の總攻擊《そうこうげき》の準備《じゆんび》をすゝめてゐた時《とき》だ。

九月《ぐわつ》十九日午後《にちごご》一時《じ》を期《き》し、第《だい》二回《くわい》の總攻擊《そうこうげき》が開始《かいし》された。河島彌《かはしまわたる》一等兵《とうへい》はクロパトキン砲臺《はうだい》の攻擊《こうげき》に從《したが》ひ、二十日《か》これを占領《せんりやう》して初陣《うひぢん》の功名《こうみやう》をあげた。十月《ぐわつ》二十六日《にち》、第《だい》三回《くわい》の總攻擊《そうこうげき》の命《めい》が下《くだ》された。彼《かれ》の屬《ぞく》する隊《たい》は松樹山攻擊《しようじゆざんこうげき》に向《むか》つた。忠勇無双《ちゆうゆうむさう》の我《わ》が軍《ぐん》は萬死《ばんし》をも恐《おそ》れず、肉彈《にくだん》となつて突擊《とつげき》した。しかし、さすがは名《な》にし負《お》ふ堅壘《けんるゐ》、敵《てき》は銃《じう》砲《はう》をつるべ落《おと》しに射《う》ちかけて一歩《ぽ》も近《ちか》づけまいとする。我《わ》が軍《ぐん》は多大《ただい》の犧牲《ぎせい》を拂《はら》つて、辛《から》うじて松樹山《しようじゆざん》の外岸《ぐわいがん》に達《たつ》することが出來《でき》た。その後《ご》、幾度《いくど》か手《て》を變《か》へ品《しな》を變《か》へての決《けつ》死的攻擊《してきこうげき》がくりかへされたが、徒《いたづ》らに味方《みかた》の損傷《そんしやう》を招《まね》くのみだつた。

こゝに一策《さく》はめぐらされ、敵砲臺前《てきはうだいぜん》より、トンネル同樣《どうやう》の坑道《かうだう》を掘《ほ》りすゝめ、突擊路《とつげきろ》の開鑿《かいさく》にとりかかつた。

河島彌《かはしまわたる》一等兵《とうへい》は工兵不足《こうへいふそく》を補《おぎな》ふため選《えら》ばれてこの難事《なんじ》に從《したが》つた。夜《よ》の目《め》も眠《ねむ》らぬ工事《こうじ》がつゞけられ、略豫定《ほゞよてい》の成果《せいくわ》を得《え》たので、十一月《ぐわつ》十四日《か》、決死隊《けつしたい》を以《もつ》て突擊《とつげき》を開始《かいし》されることゝなつた。彼《かれ》は率先《そつせん》してこの決死隊《けつしたい》に馳《は》せ參《さん》じた。決死《けつし》の勇士《ゆうし》は各自白襷《かくじしろだすき》を十字《じ》に綾《あや》なし、突擊《とつげき》に移《うつ》つたが、失敗《しつぱい》に終《をは》つた。

かくて、十一月《ぐわつ》二十六日《にち》、第四回《だいくわい》の總攻擊《そうこうげき》の命令《めいれい》が下《くだ》つた。主《しゆ》として松樹山以東《しようじゆざんいとう》の砲臺《はうだい》に向《むか》つて猛擊《まうげき》が加《くは》へられた。しかし、敵壘《てきるゐ》はゆるぎだにしない。こゝに又《また》しても決死隊《けつしたい》が募《つの》られ、肉彈《にくだん》を以《もつ》て砲臺《はうだい》を奪取《だつしゆ》せんとの悲壯《ひさう》な計畫《けいくわく》がたてられた。河島彌《かはしまわたる》一等兵《とうへい》は又《また》してもこの決死隊《けつしたい》に加《くは》はつた。

十一月《ぐわつ》二十八日《にち》、突擊《とつげき》の命令《めいれい》が下《くだ》つた。一隊《たい》は縱隊《じうたい》となつて坑道《かうだう》より砲臺外濠《はうだいぐわいがう》の底《そこ》に出《い》で、砲臺《はうだい》めざして登攀《とはん》をこゝろみる。このあたりの土《つち》は、ばら／＼とした脆《もろ》い土《つち》で、何《なん》等手懸《らてがゝ》りがない。戰友《せんいう》の肩《かた》から肩《かた》へと足《あし》をかけて登《のぼ》るより外《ほか》ない。

『さあ、もう一息《いき》だぞ！』

河島彌《かはしまわたる》一等兵《とうへい》は戰友《せんいう》の肩《かた》からグット手《て》をのばして砲臺《はうだい》に這《は》ひ上《あが》らうとした。その瞬間《しゆんかん》である。彼《かれ》の體《からだ》は翻筋斗《もんどり》打《う》つて、大地《だいち》に投《な》げ出《だ》された。敵《てき》の繰《く》り出《だ》す機關砲《きくわんはう》のために、頭部《とうぶ》をやられたのだ。ふと氣《き》がついて、彼《かれ》は手《て》を頭《あたま》にやつ

た。氣味《きみ》の惡《わる》い感觸《かんしよく》と共《とも》に血糊《ちのり》が、べつとり掌《てのひら》を染《そ》めた。

『殘念《ざんねん》だ！』

彼《かれ》は勇氣《ゆうき》を奮《ふる》ひおこして、前進《ぜんしん》をしつゞけようとした。しかし出血《しゆつけつ》のために、その氣力《きりよく》もない。このまゝ放《はう》つておけば、出血《しゆつけつ》のために死《し》ぬばかりだ。彼《かれ》は勇氣《ゆうき》を鼓《こ》して銃《じう》を杖《つゑ》に後退《こうたい》しはじめた。ともすれば、目《め》の先《さき》がくら／＼とくらんだ。漸《やう／＼》くの思《おも》ひで第《だい》一野戰病院《やせんびやうゐん》にたどりついた。

『お前《まへ》も餘程《よほど》の運强《うんづよ》い奴《やつ》だ。うまく急所《きふしよ》をはづして射《う》たれたもんだな』

軍醫《ぐんい》が冗談《じようだん》まじりに言《い》つた。頭部骨傷貫通銃創《とうぶこつしやうくわんつうじうさう》と診斷《しんだん》され、應急《おうきふ》の手當《てあて》をうけて第《だい》二病院《びやうゐん》に送《おく》られた。滾々《こん／＼》として沸《わ》く出血《しゆつけつ》のために人事不省《じんじふせい》に陷《おちい》つた。そして再《ふたゝ》び意識《いしき》をとり戾《もど》すまでの八日間《かかん》は、生死《せいし》の間《あひだ》を彷徨《はうくわう》してゐたのである。その時《とき》、看護人《かんごにん》がこさへてくれた卵《たまご》のお粥《かゆ》をすゝつた時《とき》の旨《うま》さは、未《いま》だに忘《わす》れることが出來《でき》ない。同病院《どうびやうゐん》に十三日程《にちほど》ゐる中《うち》に漸《やうや》く幾分氣力《いくぶんきりよく》も恢復《くわいふく》したので、ダルニー病院《びやうゐん》に送《おく》られ、こゝで二十日《か》程《ほど》治療《ちれう》を受《う》けて廣島病院《ひろしまびやうゐん》に送還《そうくわん》された。更《さら》に二十日《か》を經《へ》て東京氷川分院《とうきやうひかはぶんゐん》に送《おく》られ、手篤《てあつ》き治《ち》

療《れう》を受《う》けることゝなつた。

その間《あひだ》、畏《かしこ》くも　天皇陛下《てんのうへいか》より御菓子料《おくわしれう》を御下賜《ごかし》され、後《のち》　皇后陛下《くわうごうへいか》には、親《した》しく御見舞《おみまひ》に行啓《ぎやうけい》遊《あそば》され御菓子《おくわし》を賜《たまは》つた。この廣大無邊《くわうだいむへん》なる　聖恩《せいおん》に對《たい》して、彼《かれ》はたゞ感涙《かんるゐ》にむせんだのであつた。

※　※　※

一月《つき》ほど經《た》つ中《うち》に、經過《けいくわ》もよくなり、一ケ月間《げつかん》の歸鄕療《ききやうれう》養《やう》を許《ゆる》され、久方《ひさかた》ぶりに父母《ふぼ》の顏《かほ》をみた時《とき》の喜《よろこ》びは、また格別《かくべつ》であつた。父母《ふぼ》の膝下《しつか》にあつて、愛《あい》に充《み》ちた看護《かんご》の甲《か》斐《ひ》あつてか、一ケ月後補充大隊第四中隊《げつごほじうだいたいだいちうたい》に歸《かへ》つた時《とき》には、大分元氣《だいぶげんき》になつてゐた。中隊長《ちうたいちやう》の從卒《とうそつ》として軍務《ぐんむ》に精勵《せいれい》してゐたが、又《また》しても具合《ぐあひ》がよくない。頭痛《とうつう》と痲痺《まひ》とに苦《くる》しめられだしたので、再《ふたゝ》び衞戍病院《ゑいじゆびやうゐん》に入院《にふゐん》し、やがて歸鄕療《ききやうれう》養《やう》を命《めい》ぜられた。

『何《なん》とか元通《もとどほ》りの體《からだ》になつて、拾《ひろ》つた命《いのち》を御國《みくに》のために捧《さゝ》げたい』

一個月《かげつ》の間專念《あひだせんねん》に療養《れうやう》したがはかばかしくなく、歸隊《きたい》と共《とも》に又《また》しても入院《にふゐん》せねばならなかつた。遂《つひ》に負傷《ふしやう》のため軍《ぐん》務《む》に堪《た》へずとて、豫後備免除《よこうびめんぢよ》を命《めい》ぜられた時《とき》の無念《むねん》は、筆《ひつ》舌《ぜつ》に表《あら》はすことは出來《でき》ない。

鄕里《きやうり》に歸《かへ》つてみれば、父母《ふぼ》が汗《あせ》みどろになつて百姓仕事《しやうしごと》に精出《せいだ》してゐるのを見《み》て、安閑《あんかん》としては居《ゐ》れなかつた。彼《かれ》は止《と》められるのもきかず、畑《はたけ》に出《で》て農事《のうじ》にいそしんだ。しかし彼《かれ》の今《いま》の體《からだ》にとつて、百姓《しやう》は樂《らく》な勞働《らうどう》ではなかつた。夏《なつ》の炎天下《えんてんか》にあつては割《わ》れるやうな頭痛《とうつう》に苦《くる》しまされ、冬《ふゆ》にありては痲痺《まひ》を伴《ともな》つた頭痛《づつう》に惱《なや》まされる。それでも三年《ねん》間《かん》は堪《た》へ忍《しの》んでみたが、どうしても百姓《しやう》には不向《ふむき》であることが痛感《つうかん》されて來《き》た。

『これではとても將來百姓《しやうらいしやう》で身《み》を立《た》てることは六ケ敷《し》い。今《いま》の中《うち》に何《なん》とか身《み》の振《ふ》り方《かた》を考《かんが》へなければ……』

といつても、田舍《ゐなか》では仲々《なか／＼》職《しよく》もない。東京《とうきやう》に出《で》よう、東《とう》京《きやう》になら職《しよく》もあるだらう……さう決心《けつしん》して、結婚《けつこん》して間《ま》もない妻《つま》と共《とも》に上京《じやうきやう》した。幸《さいは》ひに知人《ちじん》の好意《かうい》ある推輓《すゐはん》によつて、砲兵工廠《はうへいこうしやう》の職工《しよくこう》の口《くち》にありついたのは、明治《めいぢ》四十一年《ねん》だつた。

慣《な》れない仕事《しごと》とて、初《はじ》めの中《うち》はかなり苦勞《くらう》した。それに

時々《ときどき》は頭部《とうぶ》の負傷個所《ふしやうかしよ》の疼痛《とうつう》のために、呆然自失《ばうぜんじしつ》、半《なか》ば意識《いしき》を失《うしな》ひかけたりした。その度《たび》に自《みづか》らに鞭打《むちう》つては、心《こゝろ》をはげました。

その中《うち》に長女《ちやうぢよ》が生《うま》れる。彼《かれ》は父《ちゝ》としての責任《せきにん》の重《おも》さを感《かん》じた。

『俺《おれ》がもし今倒《いまたふ》れたら、妻《つま》や娘《むすめ》はどうなる』

さう考《かんが》へると、今日《こんにち》未《いま》だに消《き》えぬ頭痛《づつう》と痲痺《まひ》の苦痛《くつう》と鬪《たゝか》ひつゝ、二十餘年《よねん》勞働《らうどう》に從事《じうじ》した。

不幸《ふかう》にして兵役免除《へいえきめんぢよ》となり、銃《じう》を取《と》つて御國《みくに》につくす機《き》會《くわい》を失《うしな》つた。しかし、かうして軍需工場《ぐんじゆこうぢやう》にあつて働《はたら》くことが、彼《かれ》の殘念《ざんねん》さを幾分《いくぶん》でも柔《やは》らげてくれた。この仕事《しごと》こそ自分《じぶん》が果《はた》せなかつた義務《ぎむ》を完《まつた》うすべき仕事《しごと》だ。さういつた勵《はげ》みから、十年《ねん》一日《じつ》、まるで蟻《あり》の働《はたら》くがごとく、彼《かれ》は徹頭《てつとう》徹尾《てつび》軍人精神《ぐんじんせいしん》の下《もと》に職務《しよくむ》に精勵《せいれい》してゐる。

身《み》にあまる大《おほ》きな野心《やしん》や希望《きばう》もおこさない。飢《う》ゑることなく一日《にち》々々《〱》を送《おく》ることの出來《でき》るのを心《こゝろ》から感謝《かんしや》しつゝ、質素《しつそ》を旨《むね》とし、彼《かれ》は傷痍軍人《しやうゐぐんじん》の名《な》に辱《はづか》しからぬ餘生奉公《よせいほうこう》につとめてゐる。

子供《こども》は三人《にん》でみな娘《むすめ》であるが、長女《ちやうぢよ》は既《すで》に他家《たけ》に嫁《とつ》ぎ、近《ちか》く二人目《ふたりめ》の孫《まご》が生《うま》れようとしてゐる。次女《じぢよ》三女共《ぢよとも》に健《すこ》やかに成育《せいいく》しつゝある。これから、彼《かれ》、河島彌《かはしまわたる》の半生《はんせい》の苦鬪《くとう》が、樂《らく》の實《み》を結《むす》ぶのであらう。

因《ちなみ》に彼《かれ》は、日露戰役《にちろせんえき》に於《お》ける勳功《くんこう》により、明治《めいぢ》三十九年《ねん》四月《ぐわつ》一日附《にちづけ》を以《もつ》て、勳《くん》八等白色桐葉章《とうはくしよくどうえふしやう》を下賜《かし》されてゐる。

地《ち》に生《い》くる人《ひと》

＝優良小作農《いうりやうこさくのう》と仰がれる中澤傳之助氏《なかざはでんのすけし》＝

本籍地　宮城縣伊具郡[redacted]

負傷程度　右眼盲

一

雲雀《ひばり》が高《たか》く空《そら》に囀《さへづ》つてゐる。

桃《もゝ》の花《はな》が、白壁《しらかべ》の土藏《どざう》の蔭《かげ》に咲《さ》いてゐる。

畔《あぜ》では子供《こども》たちが土筆《つくし》を摘《つ》み、目高《めだか》をすくひ、蝶《てふ》を追《お》つてゐる。空《そら》は水繪具《みづゑのぐ》を塗《ぬ》つたやう、一點《てん》の雲《くも》もない。

中澤老人《なかざはらうじん》は緣《えん》に腰《こし》を下《お》ろして、日向《ひなた》ぼつこをしてゐた。

ぽか／＼と背中《せなか》が暖《あたゝ》かい。老人《らうじん》は如何《いか》にも幸福《かうふく》さうである。

と、垣根《かきね》の外《そと》に人《ひと》の足音《あしおと》がした。

『おぢいさんゐなさるかい？』

『おう、仁《じん》さんかい、珍《めづ》らしいな、まあこつちへお出《い》でよ、隨分《ずゐぶん》いゝお天氣《てんき》ぢやな』

仁《じん》さんと呼《よ》ばれた人《ひと》は、にこ／＼して這入《はい》つて來《き》た。

『傳《でん》さんは何《ど》うなさつたかい？』

と、老人《らうじん》のそばに腰《こし》をかけた仁《じん》さんはいつた。

『今日《けふ》はな、とめよも一緒《しよ》に子供《こども》たちを連《つ》れて畑《はた》に出《で》てゐるがな』

『ほう、よく稼《かせ》がつしやるのう』

『なあに、子供《こども》たちがゐるんぢや仕事《しごと》にもなるまいが、日《にち》曜日《えうび》だからのう』

『おぢいさんはいゝ子供《こども》を持《も》つて仕合《しあは》せぢやなあ』

仁《じん》さんは煙管《きせる》を出《だ》して、すぱ／＼とすひ始《はじ》めた。煙《けむ》が鼻《はな》から口《くち》から流《なが》れ、甘《うま》さうで、ゆら／＼と陽《ひ》の光《ひか》りの中《なか》にとけ込《こ》んで行《い》つた。老人《らうじん》は仁《じん》さんの煙草《たばこ》の煙《けむ》を追《お》つて、仁《じん》さんの横顏《よこがほ》を見《み》ながら話《はな》し出《だ》した。

『ほんとに、わしは仕合《しあは》せものぢやよ。もう七十になるがのう、傳《でん》はよく働《はたら》いてくれるし、それに何《なに》より嫁《よめ》のとめよ

がよくしてくれるからのう。傳《でん》より嫁《よめ》がいゝからかもわからんよ。とめよはわしに、何時《いつ》も、お父《と》つあん、永生《ながい》きして下《くだ》さいよねつて、そればかりいつてくれるんでね。わしは涙《なみだ》がこぼれるほど嬉《うれ》しいよ』

『ゆんべも――おぢいさんも知《し》つてゐるだらうあの太助《たすけ》さんと福市《ふくいち》さんと話《はな》し合《あ》つたんだがね、そりやとめよさんがしつかりものには違《ちが》ひないが、傳《でん》さんが旅順《りよじゆん》でさ、負傷《ふしやう》して歸《かへ》つて來《き》てからの働《はたら》きぶりといやあ、畑《はたけ》ン中《なか》で戰爭《せんさう》してゐるみたいだつて、朝《あさ》は人《ひと》一倍《ばい》に早《はや》いし、夜《よる》はみんなが歸《かへ》つた後《あと》まで居殘《ゐのこ》つて働《はたら》いてゐるんだもの、それでけち／＼するぢやなし、頭《あたま》は低《ひく》いし、人《ひと》の世話《せわ》といや一番《ばん》に駈《か》けて來《く》るし、日本中《につぽんぢう》の若《わか》いものが傳《でん》さんを見習《みなら》つたら、小作爭《こさくさう》議《ぎ》なんかも起《おこ》る道理《だうり》がなくなるし、地主《ぢぬし》だつて反對《はんたい》に割引《わりび》いてくれることになるつて、わしもそりやほんとだと思《おも》つたよ。不平《ふへい》も不滿《ふまん》もなく、傳《でん》さんのやうに一生懸命《しやうけんめい》にたゞたゞ有難《ありがた》い／＼で働《はたら》いてゐるのをみると、誰《だれ》だつて感心《かんしん》しないわけにやいかないからね』

『わしも自分《じぶん》の息子《むすこ》を褒《ほ》めるやうだが傳《でん》の姿《すがた》を見《み》ると嬉《うれ》しい涙《なみだ》がこぼれるからのう、旅順《りよじゆん》から歸《かへ》つて來《き》た時《とき》の傳《でん》の姿《すがた》を見《み》た時《とき》にやあ、これから一體《たいど》何《ど》うなるかと思《おも》つたよ。仁《じん》さんもよう御存《ごぞん》じぢやらうがな、この右《みぎ》の眼《め》ン玉《たま》が全《まつた》くなかつたからのう。そりやお國《くに》のために一身《しん》を捧《さゝ》げたんぢやし、戰死《せんし》なさつた人《ひと》も澤山《たくさん》あることつたし、少《すこ》しも恨《うら》みがましい氣《き》にはなれなかつたもんだがのう、いや／＼かういふことをいふのさへ罰當《ばちあた》りになるよ。あの時《とき》の町《まち》の人々《ひと〲》の心盡《こゝろづく》しに、傳《でん》は生《い》きて歸《かへ》つたのが恥《はづ》かしいつて始終《しじふ》いつてゐたがわしは傳《でん》の心持《こゝろもち》がようわかつてゐたよ。自分《じぶん》たちのことを考《かんが》へるよりも、戰死《せんし》なさつた方々《かた〲》の遺族《ゐぞく》のことを思《おも》はなくちや勿體《もつたい》ないとな。さう思《おも》ふと、傳《でん》もわしも生《い》きて再《ふたゝ》び會《あ》へたのだから、この世《よ》の中《なか》で一等幸福者《とうかうふくもの》ぢやといふ氣《き》がしたよ。傳《でん》は生《い》きて歸《かへ》つたのだから、一生懸命《しやうけんめい》に働《はたら》いて、さうしてお國《くに》のため御奉公《ごほうこう》しなくちやあ、死《し》んだ戰友《ともだち》に申譯《まうしわけ》がないつて……』

何時《いつ》となく老人《らうじん》の聲《こゑ》はしめり、眼《め》はうるみを帶《お》びてゐた、

『おぢいさん、さういふ決心《けつしん》はなか／＼出來《でき》ないものだよ、普通《ふつう》のものはとかく自分《じぶん》の體《からだ》が少《すこ》しでも惡《わる》いと人《ひと》を恨《うら》むし

世《よ》を果敢《はかな》むからのう。傳《でん》さんの心掛《こゝろがけ》がいゝからけふ日《び》は安樂《あんらく》になつたといふもので、太助《たすけ》さんも福市《ふくいち》さんもいつてゐたが、傳《でん》さんは人《ひと》の模範《もはん》だよ、太助《たすけ》さんたちばかりぢやない。町《まち》の人《ひと》たちみんながいつてゐるんだよ。そして、あの地主《ぢぬし》さんがのう、傳《でん》さんは優良小作人《いうりやうこさくにん》だつて、何《なん》とかして表彰《へうしやう》しなくちや自分《じぶん》の恥《はぢ》だつて、そりやほんとだよ、わしだつたらもうとうにしてゐるんだがのう』

『そ、そんなことはせんがえゝ、傳《でん》も受《う》けまいが、それよりや町《まち》の人々《ひと〲》のためになることをした方《はう》がえゝ』

老人《らうじん》は周章《あわ》てゝいつた。

二

パチ、パチ、パチ……機關砲《きくわんはう》の音《おと》が、絕《た》きまなく響《ひゞ》いてゐた。

重苦《おもくる》しく大砲《たいはう》が吠《ほ》え、小銃《せうじう》が永遠《えいゑん》に連《つら》なつた線《せん》のやうに夕立《ゆふだち》のやうな音《おと》を立《た》てゝゐた。

斜面《しやめん》を這《は》つて前進《ぜんしん》してゐた我《わ》が軍《ぐん》は、二〇三高地《かうち》の露軍《ろぐん》に狙《ねら》ひ擊《う》ちにされて、バタ／＼斃《たふ》れて行《い》つた。

露軍《ろぐん》の堡壘《はるゐ》は堅固《けんご》であり、照準《せうじゆん》は適確《てきかく》で、きのふも今日《けふ》も我《わ》が軍《ぐん》は前進《ぜんしん》をはばまれてゐた。

『露助《ろすけ》が何《な》んだ』

と思《おも》つてゐたのに、何《ど》うして／＼露助《ろすけ》は強《つよ》かつた。

『退却《たいきやく》の名人《めいじん》』といふ渾名《あだな》をつけてゐたが、露兵《ろへい》は一歩《ぽ》も退《しりぞ》く風《ふう》がなく、撃《う》つて撃《う》つて撃《う》ちまくつて來《き》た。

我《わ》が軍《ぐん》の攻撃《こうげき》は失敗《しつぱい》に失敗《しつぱい》を重《かさ》ねた。この要地《えうち》――二〇三高地《かうち》を抜《ぬ》かなければ、旅順《りよじゆん》は何時《いつ》まで經《た》つても陷《お》ちないのだ。

露軍《ろぐん》も必死《ひつし》だつたが、我《わ》が軍《ぐん》も必死《ひつし》であつた。

『一歩《ぽ》も退《ひ》くな、退《ひ》いたら日本男子《にっぽんだんし》の恥《はぢ》だ』

さういふ決心《けつしん》が、命令《めいれい》されたのでなく、自然《しぜん》に我《わ》が軍全體《ぐんぜんたい》のものゝ頭《あたま》に充《み》ち滿《み》ちてゐた。

濛々《もう／＼》たる煙《けむり》が針《はり》のやうにちか／＼と眼《め》を突《つ》き刺《さ》し、鼻《はな》から咽喉《のど》にしみて息苦《いきぐる》しかつた。その煙《けむり》と鬪《たゝか》ふのが、一種《しゆ》の戰爭《せんさう》でもあつた。

あるものは地《ち》に這《は》ひつくばり、あるものは木《き》のやうに倒《たふ》れ、あるものは坐《すは》つたまゝ動《うご》かず、あるものは呻《うめ》き唸《うな》り、あるものは怒聲《どせい》を張《は》つて『萬歳《ばんざい》！』を唱《とな》へ、仰向《あふむ》けにそつくりかへるもの、横《よこ》に倒《たふ》れるもの――

中澤傳之助《なかざはでんのすけ》は歩兵《ほへい》第二十七聯隊《れんたい》第十中隊《ちうたい》に屬《ぞく》し現役服務《げんえきふくむ》中《ちう》、明治《めいぢ》三十七年《ねん》八月《ぐわつ》四日動員令《どうゐんれい》を受《う》け、同年《どうねん》十月《ぐわつ》二十六日勇《にちいさ》ましく征露《せいろ》の途《と》に上《のぼ》つたのであつた。十一月《ぐわつ》二十日《か》青泥窪《ダルニイ》に上陸《じやうりく》と共《とも》に直《たゞ》ちに戰線《せんせん》へ乗《の》り込《こ》み、同月《どうげつ》二十六日《にち》に旅順要塞《りよじゆんえうさい》盤龍山西砲臺《ばんりうざんにしはうだい》の攻撃《こうげき》に參加《さんか》、今《いま》や、同月《どうげつ》三十日《にち》の二〇三高地《かうち》攻撃《こうげき》の最中《さいちう》である。

戰友《せんいう》と話《はなし》をする暇《ひま》もなかつた。みんながみな默々《もく／＼》として、前《まへ》へ／＼進《すゝ》んでゐた。

『あツ！』

流《なが》れ彈《だま》が彼《かれ》の右《みぎ》の眼《め》を貫《つらぬ》いた。

『何糞《なにくそ》！　このまゝ退《さ》がれるかい』

血《ち》が噴水《ふんすゐ》のやうに頰《ほゝ》を流《なが》れ、涸《かは》いた口《くち》をしめした。

彼《かれ》は齒《は》を食《く》ひしばり、息《いき》を凝《こ》らして進《すゝ》んで行《い》つた。それから、何《ど》うなつたか――

『中澤《なかざは》！　やられたか、大丈夫《だいぢやうぶ》か？』

といふ聲《こゑ》を微《かす》かに耳《みゝ》にしたばかりであつた。

三

彼《かれ》の右《みぎ》の眼《め》は全然用《ぜんぜんよう》をなさなくなつてしまつた。だが、彼《かれ》は、まだ戰《たゝか》へると思《おも》つた。

『何《ど》うしてもかうしても戰《たゝか》はなければ……』

しかし、彼《かれ》は許《ゆる》されなかつた。

『まだ左《ひだり》の眼《め》があります、手足《てあし》は丈夫《ぢやうぶ》です。戰《たゝか》へます。何《ど》うか戰《たゝか》はして下《くだ》さい』

彼《かれ》は涙《なみだ》を流《なが》して幾度上申《いくたびじやうしん》したことであらう。だが、彼《かれ》は許《ゆる》されなかつた。

彼《かれ》は一人息子《ひとりむすこ》であつた。家《いへ》は（宮城縣伊具郡丸森町《みやぎけんいぐぐんまるもりまち》にあつて）貧《まづ》しい小作農《こさくのう》であつた。その日《ひ》／＼を何《ど》うやらかうやら過《す》ごしてゐるので、彼《かれ》がゐなくなれば、一家《か》の者《もの》は忽《たちま》ち路頭《ろとう》に迷《まよ》はなければならなかつた。

『戰爭《せんさう》に行《い》くばかりが忠義《ちうぎ》ぢやない、お父《とう》さんお母《かあ》さんに孝行《かうかう》するのも忠義《ちうぎ》ぢや』

上官《じやうくわん》は彼《かれ》にこん／＼と諭《さと》した。彼《かれ》はもう頑張《ぐわんば》れなかつた。

町《まち》の人々《ひと／″＼》は、彼《かれ》を凱旋將軍《がいせんしやうぐん》のやうに迎《むか》へた。

『よく歸《かへ》つて來《き》て下《くだ》さつたのう』

『名譽《めいよ》の負傷《ふしやう》だ。町《まち》の名譽《めいよ》だ。俺《おれ》たちの名譽《めいよ》ぢや』

彼《かれ》はさういはれるのが恥《はづ》かしかつた。よし、働《はたら》いて御恩《ごおん》返《がへ》しをしよう、――と思《おも》ひ、土《つち》まみれになつて牛《うし》のやうに働《はたら》いた。妻《つま》のとめよは彼《かれ》のよき伴侶者《はんりよしや》であつた。

『働《はたら》く、働《はたら》く、働《はたら》く』

一にも二にも働《はたら》くことが、彼《かれ》の人生《じんせい》の標語《へうご》であつた。その結果《けつくわ》彼《かれ》は遂《つひ》に家屋宅地《かおくたくち》を自分《じぶん》のものにするやうになつた。そして、優良小作人《いうりやうこさくにん》として表彰《へうしやう》され、ます／＼農事《のうじ》にいそしむのであつた。彼《かれ》が町《まち》の人々《ひと／″＼》の信望《しんばう》を一身《しん》に集《あつ》めてゐることは、いふまでもない。

『働《はたら》くといふことは、何《なん》といふ喜《よろこ》びだらう、お父《とう》さんがあんなに、喜《よろこ》んで下《くだ》さるのが、陛下《へいか》に忠義《ちうぎ》になるといふ日《にっ》本《ほん》は、何《なん》といふいゝ國《くに》だらう』

と、彼《かれ》は眼《め》をうるまして今《いま》もいひつゞけてゐる。

彼《かれ》の老父《らうふ》が死《し》んでからもう五年《ねん》たつ。しかも今《いま》なほ彼《かれ》の孝養《かうやう》ぶりは、町《まち》の人々《ひと／″＼》の間《あひだ》に偲《しの》ばれ、今《いま》では彼自身《かれじしん》が父《ちゝ》であるかのやうに町《まち》の人《ひと》から敬愛《けいあい》せられてゐるのである。」

怒濤《どたう》を越《こ》えて

＝裁縫業《さいはうげふ》にて更生《かうせい》せし村上榮治郎《むらかみえいぢらう》氏《し》＝

本籍地　[redacted]東京市小石川區[redacted]
負傷　頭部、兩足銃創、神經機能ヲ妨
程度　ゲ左眼失明

郵便局員《いうびんきよくゐん》に

『おい第《だい》三便《びん》、區分《くぶん》頼《たの》む』

『よし來《き》た』

『傳票《でんぺう》』

『おいしよ』

中央郵便局《ちうあういうびんきよく》は戰場《せんぢやう》の樣《やう》だ。汽車《きしや》が着《つ》く度《たび》に全國《ぜんこく》から洪水《こうずゐ》のやうに郵便物《いうびんぶつ》が集《あつ》まつて來《く》る。それを東京市内《とうきやうしない》の各區《かくく》に區分《くぶん》し、各區《かくく》の二等郵便局《とういうびんきよく》に發送《はつそう》する。市内《しない》の各郵便局《かくいうびんきよく》からも、全國《ぜんこく》へ向《むか》つての郵便物《いうびんぶつ》が山《やま》のやうに集《あつま》つてくる。それをまた全國各府縣《ぜんこくかくふけん》に區分《くぶん》して東京驛《とうきやうえき》へ送《おく》る。

朝《あさ》九時《じ》から翌朝《よくてう》の九時《じ》まで、廿四時間《じかん》つとめて歸宅《きたく》し、また翌日朝《よくじつあさ》の九時《じ》には出勤《しゆつきん》する。隔日勤務《かくじつきんむ》である。

『今朝《けさ》はいやにブツ（郵便物《いうびんぶつ》のこと）が少《すく》いぞ』

『有難《ありがて》えな』

ブツが少《すく》なければ仕事《しごと》が樂《らく》だから皆喜《みなよろこ》ぶのだ。然《しか》しそんな後《あと》では、きつと前《まへ》に倍《ばい》して夥《おびたゞ》しいブツの山《やま》が來《く》るのが常《つね》だ。一つ片附《かたづ》けてホツとすると、もう次《つぎ》の山《やま》だ。時《とき》には前《まへ》のが片附《かたづ》かないうちに、後《あと》から後《あと》からとたまつて終《しま》ふこともある。大抵朝《たいていあさ》の十時頃《じごろ》、午後《ごご》の二時頃《じごろ》、九時十時頃《じじごろ》が、一番忙《ばんいそが》しい時《とき》で、目《め》が廻《まは》る程轉手古舞《ほどてんてこま》ひをする。

『おい村上《むらかみ》、疲《つか》れたらう。少《すこ》し休《やす》めよ』

隣《となり》の田村《たむら》といふ男《をとこ》に聲《こゑ》をかけられて、榮治郎《えいぢらう》は崩《くづ》れる樣《やう》に板《いた》の間《ま》に腰《こし》をおろした。

『すまねえなあ、お前《まへ》にはいつも厄介《やつかい》をかけて』

『厄介《やつかい》も糞《くそ》もねえや、お前《まへ》は最早充分《もうじうぶん》に國《くに》のために働《はたら》いた人間《にんげん》だ。僕等《ぼくら》が今日《こんにち》かうしてゐられるのも、お前等《まへら》が命《いのち》を

なげ出《だ》して、滿洲《まんしう》の野《の》で働《はたら》いてくれたからだ。俺《おれ》アそれを思《おも》へば、お前《まへ》のためにこの位《くらゐ》のことを助《す》けてやるのは當《あた》り前《まへ》のことだと思《おも》ふんだ』

『なーに、俺《おれ》は君恩《くんおん》の萬分《まんぶん》の一を報《はう》じたまでさ』

彼《かれ》は嘗《かつ》て第《だい》九師團《しだん》の歩兵第七聯隊《ほへいだいれんたい》の一員《ゐん》として、日露《にちろ》戰爭《せんさう》に從軍《じゆうぐん》し、旅順攻圍戰《りよじゆんこうゐせん》や奉天《ほうてん》の大戰《たいせん》に參加《さんか》し、華々《はな／″＼》しい功名《こうみやう》をあげたが、奉天附近《ほうてんふきん》の戰《たゝか》ひで無念《むねん》にも兩足《りやうあし》と前頭《ぜんとう》部《ぶ》に貫通銃創《くわんつうじうさう》を受《う》け、左眼《さがん》の明《めい》を失《うしな》つて終《しま》つた。鄕里《きやうり》の親《しん》戚《せき》の同情《どうじやう》によつて結婚《けつこん》したが、次《つぎ》から次《つぎ》へと三人《にん》も子供《こども》が生《うま》れて見《み》ると、不自由《ふじゆう》な身體《からだ》で百姓仕事《しやうしごと》をやつてもとても喰《く》つてはゆけないので、思《おも》ひ切《き》つて上京《じやうきやう》した。幸《さいは》ひ中央《ちうあう》郵便局《いうびんきよく》に勤《つと》め口《ぐち》があつたので、自分《じぶん》は隔日《かくじつ》に通《かよ》ひ、妻《つま》は内《ない》職《しよく》などをやつて、細々《ほそ／″＼》と暮《く》らしてゐるのだつた。

『おい十二時《じ》だ。汁粉《しるこ》を喰《た》べようか』

榮治郎《えいぢらう》は助《たす》けて貰《もら》つたお禮《れい》に田村《たむら》に汁粉《しるこ》をおごつた。仕《し》事《ごと》の合間《あひま》に、下《した》の食堂《しよくだう》で喰《た》べる一杯五錢《ぱいせん》の汁粉《しるこ》は、彼等《かれら》にとつては無上《むじやう》の美味《びみ》なのだ。

『もう一仕事《しごと》だ。簡單《かんたん》にすまして一寢入《ねいり》しようぜ』

『うむ』

一時頃《じごろ》になるとブツも途絶《とだ》えるので、それから別棟《べつむね》の三階《がい》の寢室《しんしつ》に上《あが》つて朝《あさ》の七時頃《じごろ》まで一眠《ねむ》りする。誰《だれ》のものともきまつてゐない汚《よご》れた寢床《ねどこ》にてんでにもぐりこんで、豚《ぶた》のやうに眠《ねむ》るのだ。

『これだけ働《はたら》いて日給《につきふ》一圓《えん》足《た》らずなんだ。手當《てあて》をいれて月《つき》三十二三圓《えん》。これでは仕方《しかた》がない。商賣《しやうばい》をやつて見《み》よう。商賣《しやうばい》となればどんな事《こと》でも末《すゑ》の樂《たの》しみがある』

南京蟲《なんきんむし》や蚤《のみ》などが横行《わうかう》して、眠《ねむ》られない寢床《ねどこ》の中《なか》で、轉《てん》輾反側《てんはんそく》しながら彼《かれ》は覺悟《かくご》をきめたのだつた。

露店商人《ろてんしやうにん》

『ついでにこいつも負《ま》けて置《お》け。どうです。これがたつた二十錢《せん》。二十錢《せん》ですぜ。二十圓《えん》ぢやありませんぜ。えゝありませんか、驚《おどろ》いたな。ぢやあこの黒《くろ》い奴《やつ》も負《ま》けちやえ。この黒《くろ》いのは腐《くさ》つてるんぢやあない。唯皮《たゞかは》が黒色《こくしよく》に變化《へんくわ》してゐるに過《す》ぎない。所謂《いはゆる》ブラック・バナナといふ奴《やつ》、喰《た》べるとかういふのが本當《ほんたう》においしいのです。ええ笑《わら》つちやあ

いけない。嘘《うそ》だと思《おも》つたら喰《た》べて見《み》て下《くだ》さい。決《けつ》して嘘《うそ》は申上《まうしあ》げない。このおいしいブラック・バナナまでつけて、これで二十錢《せん》。えゝありませんか。驚《おどろ》いたねえ。一體君等《たいきみら》何《なん》の爲《ため》に立《た》つてるんだ。さてはかう見《み》えても懷中《ふところ》は空《から》つ風《かぜ》と見《み》えるな。よしてくれ、此方《こうち》は伊達《だて》や醉興《すゐきやう》にかうして水《みづ》洟《はな》をたらして饒舌《しやべ》つてゐるんぢやねえ。ねえ一人《ひとり》位《くらゐ》は錢《ぜに》のある奴《やつ》だつてゐてもいいぢやないか。カフエーへ行《ゆ》きやあチップにも出《だ》せねえ唯《たゞ》の二十錢《せん》なんだ。ええッ糞《くそ》ッ、十五錢《せん》、追剝《おひはぎ》にあつたと思《おも》やあすむんだ。十五錢《せん》に負《ま》けてやれ』

行《ゆ》き來《き》の人《ひと》を立止《たちどま》らせて、舌《した》一枚《まい》で財布《さいふ》の紐《ひも》を解《と》かせようとするのだから、呑氣《のんき》な商賣《しやうばい》ぢやあない。

車《くるま》をひいて、方々《はう〴〵》の緣日《えんにち》や祭《まつり》を目《め》あてに、歩《ある》き廻《まは》る。ネタの仕入《しい》れから、仲間《なかま》の交際《かうさい》、不自由《ふじゆう》な身體《からだ》には何《なに》もかもが人一倍《ひといちばい》の負擔《ふたん》である。その上《うへ》に折角商賣《せつかくしやうばい》にかゝると雨《あめ》が降《ふ》つて來《き》たり、途中《とちう》で車《くるま》に衝突《しようとつ》して折角《せつかく》の準備《じゆんび》を臺《だい》なしにされて終《しま》つたり、泣《な》きたいやうなことも數知《かずし》れずあつた。

『あ、村上《むらかみ》さん』

澁谷《しぶや》の氷川樣《ひかはさま》の祭《まつり》に行《ゆ》く途中《とちう》、ふと聲《こゑ》をかけられて振《ふ》り返《かへ》つて見《み》ると、粗末《そまつ》な着物《きもの》を着《き》て腰《こし》に秤《はかり》をさした一見《けん》して屑屋《くづや》と解《わか》る男《をとこ》が立《た》つてゐた。

『暫《しばら》くでした。田村《たむら》ですよ。そら郵便局《いうびんきよく》で御一緒《ごいつしよ》だつた』

『お、田村君《たむらくん》』

郵便局《いうびんきよく》で彼《かれ》の隣《とな》りにゐて、よく助《たす》けてくれた男《をとこ》だつた。

それにしても何《なん》といふ變《かは》り樣《やう》だ。いや變《かは》つたといへば、自《じ》分《ぶん》もひどい變《かは》り樣《やう》ではないか。

『緣日商人《えんにちあきんど》をやつてるんですがね。其日《そのひ》を過《す》ごすのがやつとですよ』

と彼《かれ》が言《い》ふと、田村《たむら》は、

『屑屋《くづや》をやつて見《み》ませんか、物價《ぶつか》の變動《へんどう》が劇《はげ》しいのでかなり儲《まう》かるし、時《とき》には掘出《ほりだ》し物《もの》もありますよ。』

と頻《しき》りにすゝめるのだつた。

資本《しほん》がいらないで、緣日商人《えんにちしやうにん》と違《ちが》つて確實《かくじつ》な收入《しうにふ》があるといふ點《てん》に惚《ほ》れこんで、早速屑屋《さつそくくづや》を初《はじ》めて見《み》た。

屑屋《くづや》は足《あし》が資本《しほん》である。貫通銃創《くわんつうじうさう》のため兩足《りやうあし》とも少《すこ》し不《ふ》自由《じゆう》ではあるが、戰場《せんぢやう》にゐた時《とき》のことを思《おも》へば何《なん》でもない。

『屑《くづ》い、屑《くず》い、新聞紙《しんぶんし》や空壜《あきびん》、古雜誌《ふるざつし》のお拂《はら》ひ物《もの》はありま

せんか』

呼聲《よびごゑ》も慣《な》れると調子《てうし》よく出《で》るやうになる。

『おい屑屋《くづや》ッ』と大《おほ》きな聲《こゑ》で呼《よ》ぶやうな家《うち》ではたいした拂《はら》ひ物《もの》はない。新聞紙《しんぶんし》か古雜誌《ふるざつし》が關《せき》の山《やま》である。『屑屋《くづや》さん』と小《ちひ》さい女《をんな》の聲《こゑ》で、しもた家《や》などから呼《よ》びこまれた時《とき》には、往々《わう〳〵》にして金指環《きんゆびわ》とか時計《とけい》とか、意外《いぐわい》の仕事《しごと》になる事《こと》がある。

空巢《あきす》ねらひと間違《まちが》へられたり、猛犬《まうけん》に吠《ほ》えつかれたりしながらも、彼《かれ》はせつせと歩《ある》きまはつた。幸《さいは》ひ毎日《まいにち》二圓位《ゑんぐらゐ》にはなつたので、妻《つま》の內職《ないしよく》と併《あは》せて、其日其日《そのひそのひ》を過《す》ごすには事《こと》缺《か》かなかつた。

遂《つひ》に裁縫業《さいはうげふ》で成功《せいこう》

或日《あるひ》一臺《だい》の古《ふる》ミシンを手《て》に入《い》れた。

妻《つま》はそれを頻《しき》りに欲《ほ》しがつた。右《みぎ》から左《ひだり》に賣《う》れば相當《さうたう》の儲《まう》けにはなるが、妻《つま》が熱心《ねつしん》に希望《きばう》するので、それを家《うち》に置《お》くことにした。

妻《つま》はそのミシンを使《つか》つて裁縫《さいほう》の內職《ないしよく》を始《はじ》めた。それが當《あた》つた。

『貴方《あなた》が一日外《にちそと》で驅《か》けまはつて働《はたら》くのより、私《わたし》が家《うち》で働《はたら》く方《はう》がずつと多《おほ》いわね』

遂《つひ》には妻《つま》から、そんなひやかしを言《い》はれるやうになつた。

『ねえ、貴方《あなた》もミシンをやつたらどう？ 屑屋《くずや》では先《さ》きの樂《たの》しみがないけれど、裁縫《さいほう》ならやり方《かた》によつては大《おほ》きくなれるわよ』

妻《つま》に言《い》はれて彼《かれ》も考《かんが》へた。さうだ、屑屋《くづや》では一日《にち》いくらかけまはつても五圓《ゑん》の儲《まう》けは滅多《めつた》にない。裁縫《さいほう》ならいい顧《と》客《い》さへ摑《つか》めばいくらでも擴張《くわくちやう》できるのだ。

『よし、やらう』

決心《けつしん》すると、其《そ》の日《ひ》からミシンを熱心《ねつしん》に習《なら》ひ始《はじ》めた。その熱心《ねつしん》さは妻《つま》さへ驚《おどろ》く位《くらゐ》だつた。

『本當《ほんたう》にいい職人《しよくにん》になるには、若《わか》い時《とき》から仕込《しこ》まねばダメだ。それだのに俺《おれ》は年《とし》とつてから習《なら》ふのだから、人《ひと》の二倍《ばい》努力《どりよく》するのだ』

餘《あま》り根《こん》をつめて、身體《からだ》をこはしては困《こま》る、と心配《しんぱい》する妻《つま》に向《む》つて、彼《かれ》はいつもかう言《い》つた。

『東京《とうきやう》には裁縫《さいはう》する人《ひと》は澤山《たくさん》ある、その澤山《たくさん》の人《ひと》と競爭《きやうさう》していくらかでも上《うへ》に出《で》ようといふのだから、當《あた》り前《まへ》のことをしてゐては駄目《だめ》だ。人《ひと》が一度《ど》やれば俺《おれ》は二度《ど》やる、人《ひと》が一度《ど》お顧客《とくゐ》へ顏《かほ》を出《だ》せば、俺《おれ》は二度《ど》顏《かほ》を出《だ》す。人《ひと》が五割勉《わりべん》強《きやう》すれば、俺《おれ》は六割勉強《わりべんきやう》する。とに角何《かくなん》でもいいから人並《ひとなみ》以上《いじやう》の努力《どりよく》をするのだ』

彼《かれ》は口癖《くちぐせ》のやうに妻《つま》に言《い》つた。妻《つま》も彼《かれ》の氣持《きもち》を理解《りかい》して熱心《ねつしん》に努力《どりよく》した。

思《おも》ひがけない事情《じじやう》のために、大《おほ》きい顧客《とくゐ》が倒《たほ》れて途方《とはう》に暮《く》れたこともあつた。陰險《いんけん》な中傷《ちうしやう》や迫害《はくがい》のために大打擊《だいだげき》を蒙《かうむ》つたこともあつた。

時《とき》には餘《あま》りに直情徑行《ちよくじやうけいかう》だつたために重要《ちうえう》な顧客《とくゐ》を失《うしな》つたこともあつた。

しかし、誠實《せいじつ》こそはあらゆる迫害《はくがい》に打《う》ち勝《か》つ最上《さいじやう》の武器《ぶき》である。彼《かれ》の熱誠《ねつせい》は一切《さい》の困難《こんなん》に打克《うちか》つて、仕事《しごと》は次第《しだい》に繁昌《はんじやう》するやうになつた。遂《つひ》には夫婦《ふうふ》だけでは手《て》が廻《まは》り切《き》らない程《ほど》になつたので、一人《ひとり》、二人《ふたり》と職人《しよくにん》をも使《つか》ふやうになつた。

職人達《しよくにんたち》にも彼《かれ》は前述《ぜんじゆつ》の心得《こゝろえ》をくり返《かへ》し言《い》ひきかせ、一心《じん》同體《どうたい》となつて奮鬪《ふんとう》したので、現在《げんざい》では十數人《すうにん》の職人《しよくにん》を使用《しよう》する程《ほど》、目《め》ざましい發展《はつてん》をしてゐる。

兩足《りやうあし》に貫通銃創《くわんつうじうさう》を受《う》け、前頭部《ぜんとうぶ》の負傷《ふしやう》のために一眼《がん》の明《めい》を失《うしな》つた、不具《ふぐ》の身《み》でありながら、常人以上《じやうじんいじやう》の奮鬪《ふんとう》をして遂《つひ》に今日《こんにち》を築《きづ》いた氏《し》に對《たい》して、健全《けんぜん》な四肢《し》を持《も》ちながら、碌々《ろく〳〵》たる者《もの》は愧《はづ》かしい次第《しだい》ではないか。

小石川立春會《こいしかはりつしゆんくわい》の設立《せつりつ》

尙氏《なほし》は小石川區內《こいしかはくない》に住《す》む傷痍軍人《しやういぐんじん》と相圖《あひはか》り、昭和《せうわ》三年《ねん》二月《ぐわつ》『傷痍軍人小石川立春會《しやういぐんじんこいしかはりつしゆんくわい》』を設立《せつりつ》した。

最初《さいしよ》の會員《くわいゐん》は十八名《めい》。いづれも日露《にちろ》及《およ》び日獨戰爭《にちどくせんさう》で負傷《ふしやう》した人々《ひと〴〵》である。

『私《わたし》ども同人《どうにん》同區內《どうくない》に居住《きよぢう》し、同《おな》じ御役所《おやくしよ》同《おな》じ團體《だんたい》の下《もと》に在《あ》る者《もの》が一堂《だう》に會《くわい》し、往時《わうじ》を追想《ついさう》し、舊《きう》を談《だん》じ、新《しん》を圖《はか》り、互助《ごじよ》以《もつ》て大過《たいくわ》なき餘生《よせい》を送《おく》りたく』

と發會趣意書《はつくわいしゆいしよ》に記《しる》した如《ごと》く、相互扶助《さうごふじよ》と、治《ち》に居《ゐ》て亂《らん》を忘《わす》れざるの心懸《こゝろが》けのためである。

『またあの兵隊《へいたい》さんが來《き》たぞ、今日《けふ》は面白《おもしろ》い戰爭《せんさう》の話《はなし》が聞《き》けるぞ。嬉《うれ》しいなあ』

小石川《こいしかは》の小學生達《せうがくせいたち》は、氏等《しら》の姿《すがた》が學校《がくかう》に見《み》えると、さう言《い》つて喜《よろこ》ぶ。

それは立春會《りつしゆんくわい》の人々《ひと〴〵》が、年《ねん》に二回位《くわいぐらゐ》交互《かうご》に小學校《せうがくかう》へ出張《しゆつちやう》して、兒童等《じどうら》に、自分等《じぶんら》の實戰談《じつせんだん》を面白《おもしろ》く話《はな》してきかせるからである。

氏《し》はかうして第二國民《だいこくみん》の愛國心《あいこくしん》の養成《やうせい》に努力《どりよく》すると共《とも》に春秋《しゆんじう》二回《くわい》、先輩《せんぱい》や名士《めいし》を招《まね》いて軍事講演會《ぐんじかうえんくわい》を開《ひら》き、一般《ぱん》の人々《ひと〴〵》にも聞《き》かせて軍事思想《ぐんじしさう》の普及《ふきふ》を圖《はか》つてゐる。

劍《けん》を執《と》つては功名手柄《こうみやうてがら》を現《あらは》し、治《ち》に居《ゐ》ては不自由《ふじゆう》の身《み》を鼓《こ》して產《さん》を成《な》し、僚友《れうゆう》の親睦《しんぼく》を圖《はか》る、村上氏《むらかみし》の如《ごと》きは眞《しん》に稀《ま》れなる人《ひと》といふべきであらう。

立志傳中《りつしでんちう》の人《ひと》

＝市會議員《しくわいぎゐん》に迄《まで》なつた楠本長兵衞氏《くすもとちやうべゑし》＝

本籍地　熊本縣上益城郡白旗村
負傷程度　頭部貫通銃創

熊本《くまもと》の御城下《ごじやうか》から南《みなみ》へ五里《り》、上益城郡白旗村《かみますきぐんしらはたむら》の貧《まづ》しい農家《のうか》に生《うま》れた楠本長兵衞《くすもとちやうべゑ》は、六歳《さい》の時《とき》に父親《ちゝおや》と死別《しにわか》れ、母《はゝ》の手《て》一つで育《そだ》てられた。

『お前《まへ》、ほんと氣毒《きのどく》だけれど、今度《こんど》は澤村《さはむら》さんの家《うち》に奉公《ほうこう》に行《い》つておくれでないか』

十二三と言《い》へば、遊《あそ》び盛《ざか》り。父親《ちゝおや》さへ生《い》きてゐたら、遊《あそ》びほうだい遊《あそ》ばしてやるのにと思《おも》ふと、母《はゝ》の胸《むね》はかき搾《ひし》られるやうだつた。しかし、さうなしなければ母子諸共餓死《おやこもろともがし》しなければならぬ現在《げんざい》なのだ。

『えゝ、今《いま》からでも……。』

長兵衞《ちやうべゑ》は元氣《げんき》よく答《こた》へた。彼《かれ》には年少《ねんせう》ながら、母《はゝ》の自分《じぶん》を育《そだ》てゝ來《き》た苦勞《くらう》が察《さつ》せられて、母《はゝ》の言《い》ふがまゝ、彼處此處《あちこち》と、農家《のうか》の手傳《てつだ》ひに出《で》てあるくのだつた。

彼《かれ》が生《うま》れたのは、安政元年《あんせいぐわんねん》。徳川《とくがは》二百五十年《ねん》の封建制度《ほうけんせいど》が、時代《じだい》に目覺《めざ》めた若人達《わかうどたち》に依《よ》つて覆《くつが》へされようとしてゐる頃《ころ》だつた。それから萬延《まんえん》、文久《ぶんきう》、元治《ぐわんぢ》、慶應《けいおう》、明治《めいぢ》と、彼《かれ》が奉公生活《ほうこうせいくわつ》に這入《はい》つたのが、丁度《ちやうど》、王政復古《わうせいふくこ》の曉《あかつき》である。

十二歳《さい》から滿《まん》九年間《ねんかん》、農家《のうか》から農家《のうか》へ、野良仕事《のらしごと》に追《お》はれてゐた彼《かれ》には、殆《ほと》んど學問《がくもん》を受《う》ける暇《ひま》のある譯《わけ》はない。勿論《もちろん》、その頃《ころ》は義務教育《ぎむけういく》があつた譯《わけ》でもないが、時代《じだい》が時代《じだい》だけに、

『百姓《ひやくしやう》でも學問《がくもん》さへあれば、官員樣《くわんゐんさま》にもなれるんだ』

さういつて封建制度《ほうけんせいど》から脱出《だつしゆつ》した喜《よろこ》びと共《とも》に、百姓達《ひやくしやうたち》の間《あひだ》にも、學問熱《がくもんねつ》にうかされて、寺小屋《てらこや》に通《かよ》ふ者《もの》が非常《ひじやう》に増加《ぞうか》してゐた。

彼《かれ》が、十五六歳《さい》となつてくると、水飲《みづの》み百姓《ひやくしやう》の慘《みじ》めな生活《せいくわつ》を見《み》てゐるだけに、

『これからは、何《ど》んな職業《しよくげふ》に就《つ》くにしても、學問《がくもん》が必要《ひつえう》だ。文字《もじ》を知《し》ることが必要《ひつえう》だ』

と感《かん》じて、農家《のうか》の比較的《ひかくてき》に暇《ひま》な冬《ふゆ》の期間《きかん》に開《ひら》かれる寺小屋《てらこや》に通《かよ》ふことにしたが、それも晝《ひる》は仕事《しごと》があるので、特別《とくべつ》に先生《せんせい》に願《ねが》ひ、夜《よる》に個人教授《こじんけうじゆ》をしてもらふことにした。

『長《ちやう》や、歸《かへ》つて來《き》たかな』

十二時《じ》近《ちか》く、冬《ふゆ》の夜風《よかぜ》に吹《ふ》かれて歸《かへ》る彼《かれ》を母《はゝ》は繩《なは》をなひながら待《ま》つてゐる。

『お母《つか》あ、寢《ね》てゐれアいゝに、朝早《あさはや》いんだから』

彼《かれ》は母《はゝ》の體《からだ》を氣《き》づかひ幾度《いくど》となく、さう勸《すゝ》めたが、

『なにさ、お前《まへ》の苦勞《くらう》を見《み》れあ、私《わたし》なんか家《うち》の中《なか》の仕事《しごと》だもの、樂《らく》だよ』

と、待《ま》つてゐることを止《や》めぬ。

この母《はゝ》を思《おも》ふと、彼《かれ》の勉學《べんがく》は、いやでも眞劍《しんけん》になる。晝《ひる》一杯働《ぱいはたら》き疲《つか》れての授業《じゆげふ》だが、彼《かれ》の努力《どりよく》は、寺小屋《てらこや》の先生《せんせい》を感歎《かんたん》させるに十分《ぶん》だつた。

だが、かうした勉强《べんきやう》も、永《なが》く繼《つゞ》けることは不可能《ふかのう》だつた。母《はゝ》は若《わか》い時《とき》からの過激《くわげき》な勞働《らうどう》に疲《つか》れて、病氣《びやうき》がちな體《からだ》となり、長兵衞《ちやうべゑ》の樣《やう》に、田《た》も畑《はたけ》もない小作人生活《こさくにんせいくわつ》には、冬《とう》期《き》といへど、彼《かれ》に勉學《べんがく》の餘暇《よか》を與《あた》へてはくれなかつた。

かくして、明治《めいぢ》七年《ねん》を迎《むか》へた彼《かれ》は前年發布《ぜんねんはつぷ》された徴兵令《ちようへいれい》に依《よ》つて、檢査《けんさ》の結果合格《けつくわがふかく》となつて、十二月《ぐわつ》一日《じつ》には熊本《くまもと》鎭臺《ちんだい》の最初《さいしよ》の兵卒《へいそつ》として、入隊《にふたい》を許《ゆる》されることゝなつた。

各地方《かくちはう》から、士族出《しぞくで》、商家出《しやうかで》と、色々《いろ／＼》の人々《ひと／＼》が集《あつ》まる軍隊生活《ぐんたいせいくわつ》は、實《じつ》に野望《やばう》に燃《も》える若《わか》い青年達《せいねんたち》の寄《よ》り合《あ》であつた。彼《かれ》はその中《なか》にあつて、一層好學心《そうかうがくしん》は煽《あふ》りたてられていつた。

『四民平等《みんびやうどう》の世界《せかい》だ。水飲《みづの》み百姓出《ひやくしやうで》の自分《じぶん》にも勉强次第努力次第《べんきやうしだいどりよくしだい》で、どんな高位《かうゐ》、高官《かうくわん》にでも就《つ》くことが出來《でき》る』

彼《かれ》は下士官《かしくわん》に教《をしへ》を請《こ》ひ、餘暇《よか》を見《み》ては讀書《どくしよ》に耽《ふけ》つた。晝《ひる》の教練《けうれん》に疲《つか》れた體《からだ》を、鞭打《むちう》つて勉學《べんがく》につとめた。母《はゝ》の窶《やつ》れた顏《かほ》が、彼《かれ》を絶《た》えず激勵《げきれい》してくれた。

『楠本《くすもと》、貴樣《きさま》、今日《けふ》は私《わたし》に代《かは》つてやつてくれ』

彼《かれ》の勉學《べんがく》が、やがて隊《たい》の評判《ひやうばん》となつて、時折《ときをり》、かうして下士官《かしくわん》から、代講《だいかう》を頼《たの》まれて、同僚《どうれう》に講義《かうぎ》することさへあつた。

彼《かれ》が鎭臺《ちんだい》に入隊《にふたい》してから三年過《ねんす》ぎた。春《はる》三月《ぐわつ》には佩刀禁令《はいたうきんれい》が公布《こうふ》された。明治《めいぢ》九年《ねん》、その秋《あき》十月《ぐわつ》廿四日《か》の神風連事變《しんぷうれんじへん》——排外主義《はいぐわいしゆぎ》の極端《きよくたん》な國粹黨《こくすゐたう》が、大野鐵平《おほのてつぺい》、加屋齊堅《かやせいけん》、上野謙吾《うへのけんご》等《ら》を先頭《せんとう》に兵《へい》を擧《あ》げて、縣令安岡良亮《けんれいやすをかりやうすけ》、熊本鎭臺《くまもとちんだい》司令長官種田政明《しれいちやうくわんたねだまさあき》を斬《き》つて、鎭臺《ちんだい》に押《お》し寄《よ》せて來《き》たとき、その防護《ばうご》にあたつた彼楠本長兵衞《かれくすもとちやうべゑ》は、神風連黨士《しんぷうれんたうし》の爲《た》め、顏面《がんめん》から頸筋《くびすぢ》にかけて日本刀《にほんたう》を浴《あ》びせられて倒《たふ》れた。

彼等《かれら》、神風連事變《しんぷうれんじへん》の負傷兵《ふしやうへい》は、直《たゞ》ちに大阪城《おほさかじやう》へ送《おく》られて手厚《てあつ》い看護《かんご》をうけた。

彼《かれ》は其當時《そのたうじ》を回顧《くわいこ》して、

『負傷《ふしやう》して大阪城《おほさかじやう》に送《おく》られて色々《いろ／＼》と手厚《てあつ》い看護《かんご》を受《う》けましたが、その當時《たうじ》、畏《おそ》れ多《おほ》くも、明治天皇陛下《めいぢてんのうへいか》の行幸遊《ぎやうかうあそ》ばされました際《さい》には、私共《わたしども》は寢臺《しんだい》に坐《すわ》つたまゝで、咫尺《しせき》の間《あひだ》に龍顏《りうがん》を拜《はい》し奉《たてまつ》りました。その折《をり》のことは、六十年後《ねんご》の今日《こんにち》でも、よく印象《いんしやう》に殘《のこ》つて居《を》ります。』と語《かた》つてゐる。

神風連事變《しんぷうれんじへん》の翌年《よくねん》、熊本《くまもと》では西南《せいなん》の役《えき》が起《おこ》つたが、彼《かれ》が治療《ちれう》を終《を》へて大阪《おほさか》から熊本《くまもと》に歸《かへ》つたのは、明治《めいぢ》十一年《ねん》で、既《すで》に西南戰爭《せいなんせんそう》が終《をは》つてゐた。

熊本《くまもと》に落着《おちつ》いた彼《かれ》は、郷里白旗村《きやうりしらはたむら》の母《はゝ》を呼《よ》び寄《よ》せて、御下賜金《ごかしきん》の參百圓《ゑん》を資本《しほん》に食料品店《しよくれうひんてん》を開《ひら》いた。

『おい、楠本《くすもと》、貴樣《きさま》が此店《このみせ》を開《ひら》いてゐるのか。』

或《あ》る日《ひ》、店《みせ》に這入《はい》つて來《き》た陸軍將校《りくぐんしやうかう》が突然長兵衞《とつぜんちやうべゑ》に聲《こゑ》をかけた。見《み》ると、それは隊役中《たいえきちう》の下士官《かしくわん》だつた人《ひと》だ。

『はい。さうです。貴方《あなた》も御健在《ごけんざい》で……』

『いや、あの時《とき》は大變《たいへん》だつたな。傷《きず》は痛《いた》むのか。何時歸《いつかへ》つた。』と、色々《いろ／＼》昔話《むかしばなし》をした後《のち》に、將校《しやうかう》は言葉《ことば》を改《あらた》めていひだした。

『ところで、お前《まへ》、こんな商賣《しやうばい》をするんだつたら、鎭臺《ちんだい》の御用商《ごようしやう》となる希望《きばう》はないか。』

彼《かれ》の胸《むね》はづきんとした。嬉《うれ》しさがこみ上《あ》げて來《き》たのだ。

『私《わたし》のやうな者《もの》でも、さうして戴《いただ》けば一生懸命《しやうけんめい》にやつて見《み》ますが。』

答《こた》へる聲《こゑ》も喜《よろこ》びに顫《ふる》へてゐる。

『よし、ぢや私《わたし》が出願《しゆつぐわん》してやらう。』

さう言《い》つて將校《しやうかう》は歸《かへ》つて行《い》つた。

彼《かれ》の實直《じつちよく》なことを知《し》つてゐる將校《しやうかう》が奔走《ほんそう》して斡旋してく

れたので、話《はなし》はとん／＼拍子《びやうし》にすゝんで、楠本食料品店《くすもとしよくれうひんてん》は間《ま》もなく、陸軍御用商店《りくぐんごようしやうてん》となつて、熊本鎭臺《くまもとちんだい》に、米《こめ》、大麥《おほむぎ》牛肉《ぎうにく》を入《い》れることゝなつた。これが實《じつ》に、彼楠本長兵衞《かれくすもとちやうべゑ》の今日《こんにち》をなすに至《いた》つた一大原因《だいげんいん》であつた。

正直《しやうぢき》の頭《かうべ》に神宿《かみやど》るといふ。正直《しやうぢき》は成功《せいこう》の基《もとゐ》ともいふ。かくすより現《あら》はれるといふ言葉《ことば》もある。長兵衞《ちやうべゑ》が在營時代《ざいえいじだい》に實直《じつちよく》に勤《つと》めたことが種《たね》となつて、かうしたところに芽《め》を出《だ》して來《き》たことは、我々《われ／＼》に一つの教訓《けうくん》を與《あた》へてくれるではないか。

御用商《ごようしやう》となつて、どん／＼繁昌《はんじやう》して來《く》るにつれ、一人《ひとり》では切廻《きりま》はせず、使用人《しようにん》を雇《やと》ふことになつた。總《すべ》てが實直《せつちよく》を主意《しゆい》とする主人公《しゆじんこう》に眞似《まね》て、使用人《しようにん》もよく働《はたら》いてくれる。從《したが》つて信用《しんよう》は次第《しだい》に増《ま》して行《い》つた。

だが、それから五十餘年《よねん》の商人生活《しやうにんせいくわつ》が、さう平《たひら》な道《みち》を歩《あゆ》むことは、世《よ》の中《なか》に許《ゆる》さるべきものではない。或《あ》る時《とき》は失敗《しつぱい》に失敗《しつぱい》を重《かさ》ねて、破産《はさん》しようともした。又《また》、母《はゝ》の死《し》に接《せつ》して悲歎《ひたん》も味《あぢ》はつた。

しかし、かうした苦難《くなん》にぶつつかる毎《ごと》に、彼《かれ》の勇氣《ゆうき》は増《ま》

して行《い》つた。すべて死線《しせん》をくゞつて來《き》た人《ひと》には、事《こと》ある毎《ごと》に神靈《しんれい》に等《ひと》しい勇猛心《ゆうもうしん》が湧《わ》き立《た》つて來《く》るものだ。彼《かれ》は苦勞《くらう》を試錬《しれん》として幾度《いくど》となく難關《なんくわん》を突破《とつぱ》した。

大正《たいしやう》十年《ねん》には、町内《ちやうない》の人々《ひとびと》の懇切《こんせつ》な希望《きばう》で市會議員《しくわいぎゐん》選擧《せんきよ》に立候補《りつこうほ》して、見事《みごと》に當選《たうせん》した。

かうして、現在《げんざい》、熊本市春竹町《くまもとしはるたけちやう》に居《きよ》を構《かま》へてゐる彼《かれ》は、ある時《とき》は消防機械格納庫《せうばうきかいかくなふこ》建設《けんせつ》の寄附金《きふきん》、その他《た》、公共的奉仕《こうきやうてきほうし》に金《かね》を投《とう》じてゐるので、町民《ちやうみん》の間《あひだ》に評判《ひやうばん》よく、且《かつ》、數萬《すうまん》の財産《ざいさん》を有《いう》して、悠々《いういう》、八十二歳《さい》の老軀《らうく》で活動《くわつどう》してゐるが、彼《かれ》が今日《こんにち》、かうした成功《せいこう》を見《み》たのは、決《けつ》して世渡《よわた》り上手《じやうず》の爲《ため》ではなく、彼《かれ》の少年時代《せうねんじだい》の勞苦《らうく》が、青年時代《せいねんじだい》の苦學《くがく》が齎《もたら》した賜《たまもの》である。

『成功《せいこう》などといふ程《ほど》のことではありませんが、私《わたし》が今日《こんにち》のやうな生活《せいくわつ》の出來《でき》たのは、全《まつた》くあの御下賜金《ごかしきん》の參百圓《えん》です。あの頃《ころ》の參百圓《えん》は現在《げんざい》の貨幣價値《くわへいかち》に換算《くわんさん》すれば參千圓《えん》は充《とう》分《ぶん》ありましたから。それから私《わたし》の開《ひら》いた食料品店《しよくれうひんてん》が鎭臺《ちんだい》の御用商《ごようしやう》の資格《しかく》を與《あた》へて貰《もら》ひましたことです。食料品店《しよくれうひんてん》を開《ひら》いてから、もう、五十何年《なんねん》といふ永《なが》い間《あひだ》ですから、色々《いろいろ》なこともありましたが、世《よ》の中《なか》は、踏張《ふんば》りが大切《たいせつ》ですよ。失敗《しつぱい》がいゝ經驗《けいけん》となつて、激勵《げきれい》してくれました。人々《ひとびと》の勸《すゝ》めで市會議員《しくわいぎゐん》もやつて見《み》ましたが、どうも私《わたし》には政界《せいかい》といふものが、ぴつたりと來《こ》ないので、一期《き》でやめました。傷《きず》ですか、傷《きず》には除隊《ぢよたい》となつた頃《ころ》は、相當苦《さうたうくる》しめられましたが、今《いま》では、慣《な》れて終《しま》つたせゐか、不自由《ふじいう》なことが、人並《ひとなみ》であるやうな氣《き》で、別《べつ》にこれで、困《こま》るやうなこともありません』

八十二歳《さい》の楠本長兵衞翁《くすもとちやうべゑおう》が語《かた》る回顧談《くわいこだん》。

彼《かれ》が過去《くわこ》に教師《けうし》からうけた教育《けういく》は、唯《たゞ》一冬期間《とうきかん》の夜學《やがく》だけである。

六歳《さい》にして父《ちゝ》を失《うしな》ひ、母《はゝ》の手《て》一つで貧農《ひんのう》のうちに育《そだ》てられた彼《かれ》が、勤儉力行《きんけんりきかう》の八十餘年《よねん》の人生《じんせい》は、波瀾多《はらんおほ》き、荊棘《いばら》の道《みち》、惡戰苦鬪《あくせんくとう》の絶間《たえま》なき日日《にちにち》であつた。

彼《かれ》の過去《くわこ》を知《し》り、彼《かれ》の現在《げんざい》を見《み》れば、一寸《ちよつと》の苦難《くなん》、困却《こんきやく》に挫折《ざせつ》する懦夫《だふ》をして蹶起《けつき》せしめるに充分《とうぶん》であらう。

なほ、彼《かれ》は、昭和《せうわ》八年《ねん》第二〇五號傷痍軍人特別扶助金《がうしやうゐぐんじんとくべつふじよきん》が下附《かふ》されると、彼《かれ》はその全金額《ぜんきんがく》を國防資金《こくばうしきん》に獻金《けんきん》した。

道《みち》は開《ひら》ける

＝總《あらゆ》る苦難《くなん》を克服《こくふく》した八巻《やまき》常三郎《つねさぶらう》氏《し》＝

本籍地　福島縣信夫郡渡利村[redacted]
負傷　左示指關節骨折切創、頭部打撲
程度　傷（右眼盲）

一

『永《なが》い間《あひだ》お世話《せわ》になつた學校《がくかう》とも、今日《けふ》限《かぎ》りでお別《わか》れか』

福島師範學校《ふくしましはんがくかう》の校門《かうもん》を出《で》て、八巻常三郎君《やまきつねさぶらうくん》は淋《さび》し氣《げ》に呟《つぶや》いた。

世間《せけん》は既《すで》に春《はる》だ。櫻《さくら》の蕾《つぼみ》が綻《ほころ》びかけてゐる。永《なが》い冬《ふゆ》から蘇生《よみがへ》つて、明《あか》るくなつた世間《せけん》に反《はん》して、常《つね》三郎君《らうくん》の胸《むね》の中《うち》は暗《くら》い。

名殘惜氣《なごりをしげ》に幾度《いくど》か、朝夕見馴《あさゆふみな》れた學校《がくかう》の校舍《かうしや》を振《ふ》り返《かへ》り、振《ふ》り返《かへ》り、彼《かれ》は重《おも》い足《あし》を引摺《ひきず》るやうにして、我家《わがや》の閾《しきゐ》をまたいだのであつた。

『おや、今日《けふ》は歸《かへ》りが早《はや》かつたね。學校《がくかう》は休《やす》みかえ』

彼《かれ》の顏《かほ》を見《み》ると、さう聲《こゑ》をかけたのは母親《はゝおや》であつた。

『あゝ、今日《けふ》は早《はや》じまひだよ』

どうせ一度《ど》は打明《うちあ》けねばならぬ事《こと》ではあるが、老《お》いたる母親《はゝおや》に心配《しんぱい》させるのが辛《つら》くて、彼《かれ》は率直《そつちよく》に切《き》り出《だ》す勇氣《ゆうき》がなかつた。

『さう早《はや》じまひか。たまには身體《からだ》を休《やす》めるがえゝぞ』

母親《はゝおや》は別《べつ》に怪《あや》しみもせずに云《い》つた。

彼《かれ》は福島師範學校《ふくしましはんがくかう》の喇叭手《らつぱしゆ》に雇《やと》はれてゐたのであるが、今日《けふ》解職《かいしよく》されたのだ。別《べつ》に不都合《ふつがふ》な點《てん》があつて解職《かいしよく》された譯《わけ》ではない。日露戰爭《にちろせんさう》に出征《しゆつせい》して、その時《とき》受《う》けた打撲傷《だぼくしやう》が再發《さいはつ》し、喇叭《らつぱ》の吹奏《すゐそう》が出來《でき》なくなり、それが爲《ため》止《や》むを得《え》ず解職《かいしよく》になつた譯《わけ》だつた。

彼《かれ》は、福島縣信夫郡渡利村大字小倉寺《ふくしまけんしのぶぐんわたりむらおほあざこくらでら》に生《うま》れ、元陸軍砲兵上等兵《もとりくぐんはうへいじやうとうへい》である。明治《めいぢ》三十七年《ねん》二月六日動員令《どうゐんれい》に接《せつ》し、二月八日野砲兵《やはうへい》第二聯隊段列《れんたいだんれつ》に編入《へんにふ》され、直《たゞ》ちに出征《しゆつせい》、三月《ぐわつ》

二十四日《か》朝鮮鎭南浦《てうせんちんなんぽ》に上陸《じやうりく》、諸所《しよしよ》に轉戰《てんせん》、淸國盛京省《しんこくせいきやうしやう》哈嗎塘に到着《たうちやく》、冬營準備《とうえいじゆんび》の爲《ため》、廐舍建設《きうしやけんせつ》に服務中《ふくむちう》、誤《あやま》つて材木《ざいもく》と共《とも》に打《う》ち倒《たふ》れ、左示指關節《ひだりしゝくわんせつ》を骨折《こつせつ》し、同時《どうじ》に頭部《とうぶ》を強打《きやうだ》したので、直《たゞ》ちに病院《びやうゐん》に收容《しうよう》された。

打撲傷《だぼくしやう》は可成《かな》りの重傷《ぢうしやう》で、戰地《せんち》に於《おい》ての治療《ちれう》は難《むつか》しく、各地《かくち》の病院《びやうゐん》を經《へ》たる後《のち》、仙臺病院《せんだいびやうゐん》に收容《しうよう》され、治療《ちれう》を加《くは》へたが、經過《けいくわ》は餘《あま》り良《よ》くなく、記憶力《きおくりよく》が減退《げんたい》した上《うへ》に、右眼《うがん》の視力《しりよく》が非常《ひじやう》ににぶくなつた。

翌《よく》三十八年《ねん》八月迄《ぐわつまで》治療《ちれう》を加《くは》へ、同月《どうげつ》八日《か》、右《みぎ》の傷痍《しやうゐ》に依《よ》り兵役免除《へいえきめんぢよ》となり、郷里《きやうり》へ歸《かへ》つたのだつた。が、歸郷後《ききやうご》も氣候《きこう》の變化毎《へんくわごと》に烈《はげ》しい疼痛《とうつう》を覺《おぼ》え、遂《つひ》に右眼《うがん》は全《まつた》く失明《しつめい》してしまつたのである。

彼《かれ》が歸郷當時《ききやうたうじ》、家《いへ》には資產《しさん》があるではなし、一錢《せん》の貯《たくは》へがある譯《わけ》でもなく、家族《かぞく》は祖父母《そふぼ》と、兩親《りやうしん》、妻《つま》と子供《こども》が二人《り》、彼《かれ》を加《くは》へて八人《にん》の大家族《だいかぞく》だ。

家業《かげふ》は農業《のうげふ》で、出征前《しゆつせいまへ》から、田地《でんち》二反《たん》八畝《せ》、畑《はたけ》三反《たん》を小作《こさく》してゐたに過《す》ぎないから、貯蓄《ちよちく》どころの騷《さわ》ぎでなく、一家《か》八人《にん》が糊口《ここう》を凌《しの》ぐにも十分《ぶん》とは云《い》へない程度《ていど》で、他《はた》の見《み》る眼《め》も氣《き》の毒《どく》な狀態《じやうたい》にあつた。

二

家計《かけい》が斯《か》かる狀態《じやうたい》であるから、傷《きず》の痛《いた》みもまだ不充分《ふとうぶん》ながら靜養《せいやう》する暇《いとま》もなく、歸宅早々《きたくさうさう》、彼《かれ》は農業《のうげふ》に從事《じうじ》した。

然《しか》るにこの年《とし》は近年稀《きんねんまれ》な縣下《けんか》一帶《たい》に渡《わた》る大凶作《だいきようさく》で、收穫《しうくわく》は皆無《かいむ》と云《い》ふ有樣《ありさま》で、それでなくても漸《やうや》くその日《ひ》の糊口《ここう》を凌《しの》いでゐた八巻《やまき》一家《か》は、文字通《もじどほ》り赤貧洗《せきひんあら》ふが如《ごと》く困窮《こんきう》の極底《きよくてい》に突《つ》き落《おと》され、飢餓線上《きがせんじやう》に彷徨《はうくわう》する狀態《じやうたい》に陷《おちい》つた。

竈《かまど》の下《した》に煙《けむり》の上《あが》らぬ日《ひ》も幾日《いくにち》か續《つゞ》いた。

老《お》いたる祖父母《そふぼ》、兩親《りやうしん》の口《くち》から出《で》るのは、悲《かな》しい吐息《といき》許《ばか》りである。

『みんな歎《なげ》く事《こと》はないぞ。凶作《きようさく》は俺《おれ》の家《うち》だけぢやない。困《こま》つてゐるのは世間《せけん》の人達《ひとたち》も同《おな》じだ。惡《わる》い事《こと》ばかりが續《つゞ》きやしない。そのうちには又《また》いゝ事《こと》もあるよ』

祖父母《そふぼ》を慰《なぐさ》め、兩親《りやうしん》を勵《はげ》まし、不自由《ふじいう》な身體《からだ》に鞭《むち》うつて、彼《かれ》は日傭稼《ひようかせ》ぎに出《で》るやうになつた。

ところが、普通《ふつう》の身體《からだ》と違《ちが》つて、不具《ふぐ》の身體《からだ》では、どん

なに齒《は》ぎしりしても人間《にんげん》一人前《にんまへ》の働《はたら》きは出來《でき》ない。

一日《にち》に取《と》る勞働賃《らうどうちん》は僅《わづか》に金《きん》五錢《せん》である。如何《いか》に不自由《ふじいう》な身體《からだ》でも、人間一人《にんげんひとり》が一日働《にちはたら》いて、僅《わづ》かに五錢《せん》とは嘘《うそ》のやうな話《はなし》だが、實際《じつさい》だ。

そんな安《やす》い賃金《ちんぎん》も厭《いと》はず更生《かうせい》の意氣《いき》に燃《も》えて働《はたら》いた。又《また》ある時《とき》は縣農務課《けんのうむくわ》の工夫《こうふ》として、雪《ゆき》の深《ふか》い田村郡方面《たむらぐんはうめん》に出《で》かけた事《こと》もある。彼《かれ》は軍隊《ぐんたい》に在《あ》る時《とき》測量《そくりやう》に關《くわん》する教育《けういく》を施《ほどこ》されてゐた爲《ため》に、今《いま》、それが役《やく》に立《た》つたのだ。

寒中《かんちう》は特《とく》に負傷部《ふしやうぶ》の疼痛《とうつう》が烈《はげ》しく、背中《せなか》に懷爐《くわいろ》を入《い》れて出《で》かけるのであつたが、祖父母《そふぼ》や兩親《りやうしん》に心配《しんぱい》かけまいと、強《し》ひて笑顏《ゑがほ》をして出《で》て行《い》く後《うし》ろ姿《すがた》に、妻女《さいぢよ》の眼《め》には涙《なみだ》があふれた。

然《しか》し、さうした勞働《らうどう》も永《なが》くは續《つゞ》かなかつた、と云《い》ふのは患部《くわんぶ》の爲《ため》、全身《ぜんしん》に疼痛《とうつう》を覺《おぼ》えるやうになり、如何《いか》に頑張《ぐわんば》つても、最早勞働《もはやらうどう》に耐《た》へられなくなつた爲《ため》である。

再《ふたゝ》び一家《か》はその日《ひ》その日《ひ》の口《くち》を糊《のり》する事《こと》すら容易《ようい》でなくなつた。

このまゝの狀態《じやうたい》が續《つゞ》けば、一家《か》八人《にん》、餓死《がし》するより外道《ほかみち》は無《な》くなつたが、縣《けん》よりの斡旋《あつせん》に依《よ》り、翌《よく》三十九年《ねん》の春《はる》、師範學校《しはんがくかう》の喇叭手《らつぱしゆ》として雇《やと》はれ、月《つき》八圓《えん》の手當《てあて》を給《きふ》される事《こと》になつた。

この月《つき》八圓《えん》の手當《てあて》こそ、一家《か》を支《さゝ》へる最大《さいだい》の收入《しうにふ》で、兩親《りやうしん》や妻女《さいぢよ》は農事《のうじ》に從《したが》ひ、親子《おやこ》氣《き》を揃《そろ》へて、家運《かうん》の挽回《ばんくわい》に努力《どりよく》し、必死《ひつし》となつた甲斐《かひ》あつて、以前《いぜん》のやうな悲慘《ひさん》な影《かげ》は消《き》え失《う》せたが、大正《たいしやう》二年頃《ねんごろ》より、今度《こんど》は肝腎《かんじん》の喇叭《らつぱ》が思《おも》ふやうに吹《ふ》けなくなり、越《こ》えて大正《たいしやう》四年《ねん》四月《ぐわつ》、遂《つひ》に解職《かいしよく》されたのである。

生活《せいくわつ》の脅威《けふゐ》は再《ふたゝ》び彼《かれ》一家《か》を襲《おそ》つて來《き》た。流石《さすが》にこの時許《ときばか》りは、彼《かれ》も心《こゝろ》を痛《いた》めた。心《こゝろ》が暗《くら》くなつた。

母親《はゝおや》の前《まへ》に、率直《そつちよく》に切《き》り出《だ》し得《え》なかつたのも無理《むり》からぬ話《はなし》である。

三

『實《じつ》はな……』

何時迄《いつまで》隱《かく》しておく譯《わけ》にもゆかぬので、その夜《よ》、彼《かれ》は、兩《りやう》

親や、子供達《こどもたち》が寢靜《ねしづま》つてから、妻君《さいくん》に打《う》あけた。

『お前《まへ》も知《し》つてる通《とほ》り、この頃《ごろ》では指先《ゆびさき》がだんだん不自由《ふじいう》になつて、肝腎《かんじん》の喇叭《らつぱ》が思《おも》ふやうに吹《ふ》けなくなつた。實《じつ》はとうに解職《かいしよく》になるところを、今日《けふ》迄使《までつか》つて貰《もら》つてゐたが、もうどうにもならなくなつたので、實《じつ》は今日《けふ》限《かぎ》り學校《がくかう》は解《かい》職《しよく》になつたのだ』

何時《いつ》にない沈《しづ》んだ顏《かほ》をしてゐる夫《をつと》の顏《かほ》を見《み》て、不審《ふしん》に思《おも》つてゐた妻君《さいくん》も、始《はじ》めてさうであつたかと、首肯《うなづ》いた。

『解職《かいしよく》になつたからと云《い》つて、學校《がくかう》を恨《うら》むやうな事《こと》があつてはならぬ。今迄使《いままでつか》つて頂《いただ》いたのは、校長先生《かうちやうせんせい》や、皆《みな》さんのお情《なさけ》だ。片輪《かたわ》で、滿足《まんぞく》に仕事《しごと》の出來《でき》ない俺《おれ》を、十年《ねん》もの永《なが》い間《あひだ》、使《つか》つて頂《いただ》いた御恩《ごおん》は死《し》んでも忘《わす》れてはならない』

學校《がくかう》を恨《うら》むやうな事《こと》があつてはならないと、彼《かれ》は嚙《か》んで含《ふく》めるやうに、妻女《さいぢよ》に云《い》つて聞《き》かせるのだつた。

妻女《さいぢよ》も解《わか》つた女《をんな》で、愚痴《ぐち》らしい事《こと》は一言《こと》も云《い》はなかつた。

『お前《まへ》がよく判《わか》つてくれればそれでいゝ。俺《おれ》は又《また》、自分《じぶん》に出來《でき》る仕事《しごと》を探《さが》し出《だ》して、一生懸命《しやうけんめい》働《はたら》くよ。働《はたら》いてゐる

うちには屹度《きつと》何《なん》とかなる。人間《にんげん》は働《はたら》くやうに出來《でき》てゐるのだ。どんなに困《こま》つても悲《かな》しんだり、不平《ふへい》を云《い》つてはならぬ。不平《ふへい》を云《い》ふやうになつたら人間《にんげん》はおしまひだ』
貧苦《ひんく》のどん底《ぞこ》を幾度《いくど》も潜《くゞ》つて來《き》た彼《かれ》には、體驗《たいけん》より生《しやう》じた、尊《たふと》い處生訓《しよせいくん》を持《も》つてゐた。

悲觀《ひくわん》せぬ事《こと》
不平《ふへい》は云《い》はぬ事《こと》
人間《にんげん》は一生《しやう》働《はたら》く事《こと》

この三つである。

斯《か》かる立派《りつぱ》な精神《せいしん》を有《いう》する彼《かれ》が、何時《いつ》いつ迄《まで》も、神《かみ》からも、人《ひと》からも見離《みはな》されてゐる譯《わけ》はない。

一端解職《たんかいしよく》した師範學校《しはんがくかう》から、數日經《すうじつた》つて呼出《よびだ》されたので行《い》つて見《み》ると、永年勤續《ながねんきんぞく》の功《こう》に依《よ》り、一ケ年間《ねんかん》、今迄通《いままでとほ》りの手當《てあて》を支給《しきふ》すると言《い》ふ嬉《うれ》しい話《はなし》であつた。

彼《かれ》は涙《なみだ》と共《とも》に感謝《かんしや》の辭《じ》を述《の》べ、急《いそ》ぎ歸宅《きたく》して、一家《か》の者《もの》を喜《よろこ》ばせた。

『有難《ありがた》い事《こと》だ。有難《ありがた》い事《こと》だ。これと云《い》ふのも、お前《まへ》が正直《しやうぢき》に働《はたら》いてくれたからだ』

兩親《りやうしん》は涙《なみだ》を流《なが》して喜《よろこ》んだ。

一家《か》擧《こぞ》つて、捲土重來《けんどちようらい》の意氣《いき》に燃《も》え、朝《あさ》は曉《あかつき》から出《で》かけて、夜《よる》は暗《くら》くなる迄《まで》、必死《ひつし》となつて働《はたら》いた。

妻女《さいぢよ》はその頃《ころ》から玉糸繰《たまいとく》りを始《はじ》め、朝《あさ》は四時《じ》から、夕《ゆふ》は七時《じ》迄《まで》、せつせと稼《かせ》ぎ、一日《にち》六十錢《せん》の收入《しうにふ》を得《え》、子供達《こどもたち》は子供達《こどもたち》で、各々《おの/\》それ/\の仕事《しごと》に從事《じうじ》し、和氣《わき》靄々《あい/\》として苦闘《くとう》十年《ねん》、遂《つひ》に辛苦《しんく》は酬《むく》いられ、家運《かうん》は次第《しだい》に挽回《ばんくわい》し、村《そん》内《ない》の信望《しんばう》は厚《あつ》くなり、大正《たいしやう》九年《ねん》秋《あき》には長女《ちやうぢよ》に婿《むこ》を迎《むか》へ、家《か》計《けい》も漸《やうや》く安定《あんてい》し、現在家族《げんざいかぞく》十一人《にん》、相當多額《さうたうたがく》の貯蓄《ちよちく》も出來《でき》今《いま》では村内中流《そんないちうりう》の生計《せいけい》を營《いとな》み得《う》る迄《まで》になつてゐる。

艱難汝《かんなんなんぢ》を玉《たま》にす。

諺《ことわざ》通《どほ》りである。

八巻常《やまきつね》三郎君《らうくん》、奮闘努力《ふんとうどりよく》の甲斐《かひ》ありて、幸福《かうふく》なる餘生《よせい》を送《おく》りつつあるのである。

土《つち》にまみれて

＝土《つち》と共《とも》に營々《えい/\》三十年《ねん》、前出善《まへでぜん》四郎氏《らうし》＝

本籍地　三重縣安濃郡安濃村[redacted]
負傷程度　[redacted]頭部貫通銃創（全身七個所銃砲創）左眼盲

一

『御免下《ごめんくだ》さいまし。旦那樣《だんなさま》はお宅《たく》でございますか』

三重《へ》縣《けん》安濃《あのう》郡《ぐん》安濃《あのう》村《むら》の資産家《しさんか》、荒木《あらき》彥《ひこ》九郎氏《らうし》方《かた》を訪《おとづ》れたのは、同家《どうけ》の小作農《こさくのう》前出善《まへでぜん》四郎君《らうくん》であつた。

『おう善《ぜん》四郎《らう》さんか』

玄關《げんくわん》に出《で》て來《き》たのは、主人《しゆじん》の彥《ひこ》九郎氏《らうし》であつた。

『これは旦那樣《だんなさま》、何時《いつ》も御無沙汰《ごぶさた》ばかり申《まう》してをります』

『御無沙汰《ごぶさた》はお互《たが》ひ樣《さま》だ。今日《けふ》は商賣《しやうばい》の方《はう》は休《やす》みかい』

『へえ、今日《けふ》は旦那樣《だんなさま》に喜《よろこ》んで頂《いただ》き度《た》い事《こと》がござりましたので、お邪魔《じやま》に上《あが》りました』

『さうかい。まあ此方《こつち》へおいで』

彥《ひこ》九郎氏《らうし》の居間《ゐま》に通《とほ》された彼《かれ》は、大切《たいせつ》さうに持《も》つてゐた風呂敷包《ふろしきづゝみ》を解《と》きかけて、

『旦那樣《だんなさま》、永《なが》らくの間御迷惑《あひだごめいわく》をかけてをりました、親父《おやぢ》の代《だい》からの不足分《ふそくぶん》と、それから先年《せんねん》から滯《とゞこほ》つてゐました小作米《こさくまい》の不足分《ふそくぶん》、それと家賃《やちん》の滯《とゞこほ》りを、今日《けふ》はせめて內金《うちきん》だけでもと思《おも》つて納《をさ》めに參《まゐ》りました』

さう云《い》つて、彼《かれ》は風呂敷《ふろしき》の中《なか》から、新聞紙包《しんぶんしづゝ》みにした分《ぶ》厚《あつ》な札《さつ》を取《と》り出《だ》したのであつた。

『ほう、そりや又奇特《またきとく》な。お前《まへ》さん達《たち》の借分《かりぶん》は兎《と》に角《かく》として、親父《おやぢ》さんの不足分迄返濟仕樣《ふそくぶんまでへんさいしやう》と云《い》ひなさるのか』

彥《ひこ》九郎氏《らうし》は、戰爭《せんさう》に行《い》つて、左眼《さがん》を失《うしな》つた、この實直《じつちよく》な青年《せいねん》の顏《かほ》をしみじみと見直《みなほ》したのであつた。

『私共《わたしども》が滯《とゞこほ》らせた小作米《こさくまい》や家賃《やちん》は勿論《もちろん》の事《こと》、親父《おやぢ》の借金《しやくきん》は二十四年間《ねんかん》も滯《とゞこほ》つてゐるのでございます。これを早《はや》く何《なん》とかしなくては相濟《あひす》まぬと、忘《わす》れた事《こと》はございませぬ

が、何分《なにぶん》にも御承知《ごしようち》の通《とほ》りの仕末《しまつ》でございましたから、遂《つひ》のびのびになりまして、何《なん》とも申譯《まうしわけ》ない次第《しだい》でございます。今日《けふ》はここに三百圓《ゑん》だけ持《も》つて參《まゐ》りました。どうか內《うち》金《きん》としてお納《をさ》め下《くだ》さいませ』

一圓《ゑん》、五圓《ゑん》、十圓《ゑん》と、取混《とりま》ぜた三百圓《ゑん》を、彥《ひこ》九郎氏《らうし》の前《まへ》に差《さ》し出《だ》した。

『善《ぜん》四郎《らう》さん』

彥《ひこ》九郎氏《らうし》の聲《こゑ》は感動《かんどう》に顫《ふる》へてゐた。

『へえ』

『お前《まへ》さんは何《なん》と云《い》ふ感心《かんしん》な男《をとこ》だ。そりや自分《じぶん》で滯《とゞこほ》らせた小作米代《こさくまいだい》や、家賃《やちん》だから、拂《はら》ふと云《い》ふのが當《あた》り前《まへ》には違《ちが》ひないが、本當《ほんたう》はさうでも、なか/\さうはゆかぬものだ。まして、二十年《ねん》も前《まへ》の親《おや》の借金迄拂《しやくきんまではら》はうと云《い》ふ、そのお前《まへ》さんの氣持《きもち》に私《わたし》は感心《かんしん》させられて了《しま》つたよ』

『何《なに》を仰有《おつしや》ります旦那樣《だんなさま》。旦那樣《だんなさま》が催促《さいそく》もなさらず、待《ま》つてゐて下《くだ》さつたればこそ、私達親子《わたしたちおやこ》十人《にん》に近《ちか》い人間《にんげん》が今日《けふ》迄無事《までぶじ》に生《い》きて來《こ》られたのでございます。その御情《おなさけ》に對《たい》してでも、一日《にち》も早《はや》くお拂《はら》ひするのが當《あた》り前《まへ》でございます。どうかお納《をさ》めなさつて下《くだ》さいませ』

幼少《えうせう》の頃《ころ》から實直《じつちよく》で、勤勉家《きんべんか》である彼《かれ》の人《ひと》と爲《な》りをよく知《し》つてゐる彥《ひこ》九郎氏《らうし》ではあつたが、心底《しんそこ》から今日《けふ》と云《い》ふ今日《けふ》は感動《かんどう》させられたのであつた。

『善《ぜん》四郎《らう》さん、お前《まへ》さんがさう迄《まで》云《い》ふなら、私《わたし》は喜《よろこ》んで受《う》取《と》りませう。しかし、三百圓皆《ゑんみ》んな貰《もら》つてはお前《まへ》さんも困《こま》るだらうから、半分《はんぶん》だけ貰《もら》ひませう。あとは又何時《またいつ》でも、お前《まへ》さんの都合《つがふ》のいゝ時《とき》入《い》れて貰《もら》ひませう』

さう云《い》つて彥《ひこ》九郎氏《らうし》は百五十圓《ゑん》を返《かへ》さうとしたが、彼《かれ》は受取《うけと》らうとしない。

『それぢやわしの氣持《きもち》として濟《す》まぬ。親父《おやぢ》さんの不足分《ふそくぶん》なんか、わしは貰《もら》はうとは思《おも》つてゐなかつたのだ。是非《ぜひ》とも半分《はんぶん》は持《も》つて歸《かへ》つてくれ』

『これから又何《またなん》十年《ねん》、旦那樣《だんなさま》のお世話《せわ》にならねばならぬか判《わか》りません。そんな事《こと》を云《い》はないで、どうかお納《をさ》め下《くだ》さいませ』

返《かへ》さうとしても受取《うけと》らうとせぬ彼《かれ》の決心《けつしん》を見《み》て取《と》つた彥《ひこ》九郎氏《らうし》は、

『うむ、さうだ』

と首肯《うなづ》いて、一膝進《ひざすゝ》めた。

『善《ぜん》四郎《らう》さん。お前《まへ》さんの美《うつく》しい決心《けつしん》を見《み》て取《と》つたから、この三百圓《ゑん》は貰《もら》つて置《お》かう。その代《かは》り私《わたし》もお前《まへ》さんにやり度《た》いものがある。それを貰《もら》つてくれ。外《ほか》でもないが、今《いま》お前《まへ》さん達《たち》が住《す》んでゐなさる私《わたし》の家作《かさく》ぢや。あれをそつくりお前《まへ》さんに上《あ》げやう』

『えッ。あの家《いへ》をでございますか』

『古《ふる》い家《いへ》だから、金《かね》にすれば幾《いく》らでもないが、親父《おやぢ》さんの代《だい》から住《す》み馴《な》れた家《いへ》だ。まあ何《なん》にも云《い》はずに貰《もら》つて下《くだ》さい』

彼《かれ》は眼《め》を丸《まる》くして驚《おどろ》いた。その眼《め》からはやがて大粒《おほつぶ》の涙《なみだ》が止度《とめど》もなく膝《ひざ》の上《うへ》に流《なが》れ落《お》ちた。

『お前《まへ》さんの立派《りつぱ》なその精神《せいしん》に對《たい》してあげるのです。遠慮《ゑんりよ》しないで貰《もら》つて下《くだ》さい』

『だ……旦那樣《だんなさま》……何《なん》とも御禮《おれい》の申上《まうしあげ》やうがございませぬ。有難《ありがた》うございます。有難《ありがた》うございます』

感激《かんげき》の涙《なみだ》に暮《く》るゝ彼《かれ》を、彥九郎氏《ひこくらうし》はにこやかに笑《わら》つて眺《なが》めるのだつた。

二

この稀《まれ》に見《み》る感心《かんしん》なる小作農《こさくのう》前出《まへで》善《ぜん》四郎君《らうくん》は、日露戰役《にちろせんえき》に出征《しゆつせい》した。名譽《めいよ》ある傷痍軍人《しやういぐんじん》である。

明治《めいぢ》三十七年《ねん》九月《ぐわつ》一日召集令《せうしふれい》を受《う》け、第《だい》三師團《しだん》歩兵《ほへい》第《だい》三十三聯隊《れんたい》補充大隊《ほじうだいたい》第一中隊《ちうたい》へ編入《へんにふ》され、同月《どうげつ》十九日宇品港《うじなかう》を發《はつ》し大連《たいれん》に上陸《じやうりく》、十月《ぐわつ》五日より同月《どうげつ》九日迄《まで》小東山堡《せうとうさんぽ》、大東山堡《だいとうさんぽ》、柳家堡附近《りうかほふきん》の戰鬪《せんとう》に參加《さんか》、同月《どうげつ》十日《か》より十八日迄《にちまで》沙河堡《さがほ》の戰《たゝかひ》に參加《さんか》、その他諸所轉戰《たしよしよてんせん》し、翌《よく》三十八年《ねん》三月《ぐわつ》七日李官堡《にちりくわんほ》の大激戰《だいげきせん》に參加《さんか》したる際白兵戰《さいはくへいせん》となり、胸部《きようぶ》三ケ所《しよ》、足部大腿《そくぶだいたい》に一ケ所《しよ》、背中《せなか》に二ケ所《しよ》の劍傷《けんしやう》を受《う》け、猶《なほ》もひるまず奮戰中《ふんせんちう》、右《みぎ》の耳《みゝ》から左眼後方《さがんこうはう》へ貫通銃創《くわんつうじうさう》を受《う》けて打《う》ち倒《たほ》れ、遂《つひ》に人事不省《じんじふせい》に陷《おちい》つた。

全身《ぜんしん》に受《う》けた傷《きず》は、劍銃創《けんじうさう》、實《じつ》に七ケ所《しよ》、いづれも重傷《ぢうしやう》であつたが、天《てん》は忠勇《ちうゆう》の士《し》を見放《みはな》さなかつた。

奇蹟的《きせきてき》にも助《たす》かつて、直《たゞ》ちに野戰病院《やせんびやうゐん》に收容《しうよう》された。遼陽《れうやう》、大連等《だいれんとう》の病院《びやうゐん》を經《へ》て、廣島《ひろしま》へ後送《こうそう》され、一時第《だい》七

分院《ぶんゐん》にて治療《ちれう》を受《う》けたが、その後名古屋病院《なごやびやうゐん》に來《きた》つて完全《くわんぜん》なる治療《ちれう》を受《う》ける事《こと》になつた。

胸部《きようぶ》その他《た》の傷《きず》は、起居《ききよ》に差支《さしつか》へなき迄《まで》に癒《い》えたが、頭部《とうぶ》を貫通《くわんつう》した銃創《じうさう》は、彼《かれ》から左《ひだり》の眼《め》を盗《ぬす》み去《さ》つた。

同年《どうねん》十一月《ぐわつ》十六日《にち》、右《みぎ》の創傷《さうしやう》に依《よ》り、兵役免除《へいえきめんぢよ》となり、戰功《せんこう》に依《よ》り勳《くん》八等白色桐葉章《とうはくしよくどうえふしやう》、從軍記章《じうぐんきしやう》、及《およ》び恩給《おんきふ》八十三圓《ゑん》を下賜《かし》されたのである。

名譽《めいよ》の負傷《ふしやう》のため不具《ふぐ》となつた彼《かれ》の榮《は》えある凱戰《がいせん》を、村人達《むらひとたち》は心《こゝろ》から迎《むか》へて呉《く》れた。が、一歩《ぽ》自分《じぶん》の家《いへ》に入《はひ》ると、慘《さん》たる狀態《じやうたい》をまざ／＼と見《み》せられた。

彼《かれ》の家《いへ》は、父《ちゝ》の代《だい》より貧困《ひんこん》を極《きは》め、彼《かれ》が出征前《しゆつせいまへ》と云《い》へど、貧困《ひんこん》の狀態《じやうたい》には何《なん》の變《かは》る所《ところ》がなく、出征後《しゆつせいご》は働手《はたらきて》を失《うしな》つてゐたので、その狀態《じやうたい》は一層《そう》甚《はなはだ》しく、赤貧洗《せきひんあら》ふが如《ごと》しと云《い》ふ言葉通《ことばどほ》りであつた。

『さあ、これから死身《しにみ》になつて働《はたら》くぞ、俺《おれ》は幸運《かううん》にして生《い》きて歸《かへ》つて來《き》たのだ。働《はたら》きさへすれば何《なん》とかなる。稼《かせ》ぐに追《お》ひつく貧乏《びんばふ》なしだ』

敢然《かんぜん》として、更生《かうせい》の意氣《いき》物凄《ものすご》く、七人《にん》の兄弟《きやうだい》を督勵《とくれい》し、

好《す》きな酒《さけ》も斷然廢《だんぜんはい》して、歸鄕早々《ききやうさう／＼》、不健全《ふけんぜん》なる身《み》を野良《のら》に運《はこ》び、或《あ》る時《とき》は日傭稼《ひようかせ》ぎに出《で》て、それもない時《とき》は賣藥行商《ばいやくぎやうしやう》に出《で》るなど、寸暇《すんか》も休《やす》むところなく、自己《じこ》の宣言通《せんげんどほ》り死身《しにみ》になつて働《はたら》いたのだつた。それでも當時《たうじ》の一家《か》は漸《やうや》く糊口《ここう》を凌《しの》ぐ程度《ていど》であつたが、日《ひ》を經《へ》るに從《したが》つてだんだん餘裕《よゆう》を生《しやう》ずるやうになつた。

歸鄕後《ききやうご》丸《まる》三年目《ねんめ》には、遂《つひ》に三百圓《ゑん》の貯《たくは》へが出來《でき》た。

『何《なに》よりも先《ま》づ一番《ばん》に、我々《われ／＼》一家《か》の大恩人《だいおんじん》荒木《あらき》の旦那樣《だんなさま》にお父《と》つさんの借金《しやくきん》をお拂《はら》ひせねばならぬ』

兄弟《きやうだい》七人《にん》が、血《ち》と膏《あぶら》の結晶《けつしやう》とも云《い》ふ可《べ》き三百圓《ゑん》が、荒木《あらき》氏方《しかた》へ持參《ぢさん》した金《かね》であつた。

その誠意《せいい》に感《かん》じた荒木氏《あらきし》は、彼《かれ》に家《いへ》一軒《けん》を贈《おく》つたのだ。

この小作人《こさくにん》にして、この地主《ぢぬし》あり。

村内《そんない》の者《もの》擧《こぞ》つて、兩者《りやうしや》の行爲《かうゐ》に感歎《かんたん》の聲《こゑ》を發《はつ》したのだつた。

三

彼等兄弟《かれらきやうだい》の奮鬪《ふんとう》は漸次《ぜんじ》酬《むく》いられて、田地《でんち》を買入《かひい》れ、畑《はたけ》を買入《かひい》れ、生活《せいくわつ》も次第《しだい》に豐《ゆたか》になつて來《き》た。

地主《ぢぬし》荒木彥九郎氏《あらきひこくらうし》の、彼等《かれら》に對《たい》する信用《しんよう》は非常《ひじやう》なもので、入用《いりよう》の金《かね》は、信用貸《しんようがし》で田地《でんち》を買入《かひいれ》、普請等《ふしんなど》をするに就《つ》いて、いくらでも融通《ゆうづう》された。

血《ち》の出《で》るやうな努力《どりよく》と荒木氏《あらきし》の助力《じよりよく》のお蔭《かげ》で、明治《めいぢ》四十一年《ねん》の秋《あき》には、田地《でんち》八反《たん》四畝《せ》七歩《ぶ》、畑《はたけ》二反《たん》一畝《せ》十五歩《ぶ》、それに松林《まつばやし》五反歩《たんぶ》を自分《じぶん》の名儀《めいぎ》にすることが出來《でき》た。爾來《じらい》彼《かれ》はこの土地《とち》を守《まも》つて農耕《のうかう》に汗《あせ》みどろの努力《どりよく》をつゞけると共《とも》に、家業《かげふ》の暇《ひま》な時《とき》を利用《りよう》して、賣藥《ばいやく》に精出《せいだ》し、年《とし》と共《とも》に家運《かうん》を挽回《ばんくわい》した。

それに下賜《かし》される恩給《おんきふ》も大正《たいしやう》十二年以來《ねんいらい》、年額《ねんがく》五百四十圓《ゑん》となり、生活《せいくわつ》はいよ／＼樂《らく》になつてきた。

七人《にん》の兄弟《きやうだい》は皆《みな》一里内外《りないぐわい》のところにそれ／＼一家《か》をなし、いづれも豐《ゆた》かなる生活《せいくわつ》を營《いとな》んでゐる。

彼《かれ》は當年《たうねん》五十二歲《さい》、二十一歲《さい》を頭《あたま》に三人《にん》の親《おや》である。

現在《げんざい》では村内中流《そんないちうりう》の生活《せいくわつ》をなし、常《つね》に奉公大義《ほうこうたいぎ》に殉《じゆん》ずるの精神《せいしん》を持《ち》し、資性《しせい》溫厚《おんこう》、村内《そんない》の信望《しんばう》厚《あつ》く、家庭《かてい》も至《いた》つて圓滿《ゑんまん》である。

闇《やみ》に輝《かゞや》く光《ひかり》

＝マッサージ師《し》として成功《せいこう》した藤本財吉氏《ふぢもとざいきちし》＝

本籍地　香川縣大川郡[redacted]
負傷　兩側眼窩骨傷貫通銃創
程度

一

日露戰爭《にちろせんさう》が始《はじ》まると、日本《につぽん》の國民《こくみん》は上下《じやうげ》をあげて、熱狂《ねつきやう》の嵐《あらし》に捲《ま》きこまれた。明治《めいぢ》三十五年《ねん》の除隊兵《ぢよたいへい》であつた藤本《ふぢもと》財吉《ざいきち》も、若《わか》い胸《むね》に血《ち》を躍《をど》らせつつ、出征《しゆつせい》の日《ひ》を待《ま》ちわびてゐると、間《ま》もなく召集令《せうしふれい》は下《くだ》された。陸軍歩兵《りくぐんほへい》一等卒《とうそつ》として、彼《かれ》は愈々《いよ／＼》戰場《せんぢやう》へ赴《おもむ》く事《こと》になつたのだ。

『お國《くに》の爲《ため》だ。しつかり働《はたら》いておくれよ』

『後《あと》の事《こと》は俺《おれ》が居《ゐ》るから心配《しんぱい》するな』

母親《はゝおや》と兄《あに》の二人《ふたり》は惜別《せきべつ》の涙《なみだ》をかくして激勵《げきれい》した。彼《かれ》は幼《をさな》い時《とき》に死別《しにわか》れた父《ちゝ》の墓《はか》に詣《まう》でて、奮鬪《ふんとう》を誓《ちか》つて出發《しゆつぱつ》した。

彼《かれ》の所屬《しよぞく》は歩兵《ほへい》第十二聯隊《れんたい》第九中隊《ちうたい》であつた。戰友《せんいう》の誰《だれ》も彼《かれ》もが決死《けつし》の覺悟《かくご》で船《ふね》が盛大《せいだい》な見送《みおく》りを受《う》けつゝ詫間灣《たくまわん》を出《で》る時《とき》には、

『もう二度《ど》と此處《ここ》へは歸《かへ》らないぜ』

『見納《みをさ》めだと思《おも》ふと、懷《なつか》しい景色《けしき》だな』

などと、悲壯《ひさう》な氣持《きもち》で語合《かたりあ》つたものであつた。

苦《くる》しい陣中《ぢんちう》の生活《せいくわつ》がそれから暫《しばら》く續《つゞ》いて、八月《ぐわつ》の二日《か》に上等兵《じやうとうへい》に昇進《しようしん》すると、間《ま》もなく大孤山《だいこざん》の戰鬪《せんとう》。

八月《ぐわつ》の八日《か》、――これこそ彼《かれ》にとつて終生忘《しうせいわす》れる事《こと》の出來《で》ぬ日《ひ》だ。砲煙《はうえん》を潛《くゞ》り、彈雨《だんう》を浴《あ》びて、彼《かれ》の中隊《ちうたい》は突進《とつしん》又《また》突進《とつしん》を續《つゞ》けた。露軍《ろぐん》は優勢《いうせい》な兵力《へいりよく》を以《もつ》て頑強《ぐわんきやう》に戰《たゝか》つた。盛《も》り返《かへ》し、盛《も》り返《かへ》され、彼我《ひが》の軍《ぐん》は文字通《もじどほ》り血《ち》みどろの鬪爭《とうさう》を繰返《くりかへ》してゐる激戰《げきせん》の最中《さいちう》に、彼《かれ》はとある塹壕《ざんがう》の前《まへ》で、ばつたりと倒《たふ》れた。憎《にく》む可《べ》き敵《てき》の彈丸《だんぐわん》が左眼《さがん》から右眼《うがん》へ貫通《くわんつう》したのだ。――しまつた。やられたのだ。

燒火箸《やけひばし》で頭《あたま》を抉《えぐ》られる樣《やう》な激痛《げきつう》、そして天地《てんち》が崩《くづ》れかか

つて來《き》た樣《やう》な騷音《さうおん》と、一瞬《じゆん》にして閉《と》ざされてしまつた修羅《じゆら》場《ぢやう》の視界《しかい》。

——殘念《ざんねん》だ。

さう思《おも》ひ乍《なが》ら、しつかと銃《じう》を握《にぎ》りしめて、

『萬歳《ばんざい》！』

と叫《さけ》んだが、そのまゝ氣《き》が遠《とほ》くなつてしまつた。

意識《いしき》を恢復《くわいふく》した時《とき》には、彼《かれ》の身體《からだ》は野戰病院《やせんびやうゐん》の一室《しつ》に橫《よこた》へられてゐた。併《しか》しもう彼《かれ》の兩眼《りやうがん》は、既《すで》に物《もの》を見《み》る力《ちから》を失《うしな》つてゐたのだ。小銃彈《せうじうだん》は左眼《さがん》の視神經《ししんけい》を切斷《せつだん》し、右眼球《うがんきう》を全《まつた》く破壞《はくわい》した上《うへ》に、嗅覺神經《きうかくしんけい》すらも目茶《めちや》〳〵にしたのである。

長《なが》い病院《びやうゐん》の生活《せいくわつ》を終《をは》つて彼《かれ》が歸鄕《ききやう》すると、家《うち》の人々《ひと〴〵》も、村《むら》の人々《ひと〴〵》も、名譽《めいよ》の負傷者《ふしやうしや》として彼《かれ》を慰《なぐさ》めいたはつてくれた。

それから三年《ねん》の長《なが》い間《あひだ》、彼《かれ》は家《いへ》の中《なか》で寢《ね》て居《ゐ》なければならなかつた。起《お》きると貧血《ひんけつ》を起《おこ》して、直《す》ぐに倒《たふ》れるのだ。だが貧《まづ》しい農家《のうか》で、而《しか》も兄一人《あにひとり》で營々《えい〳〵》と働《はたら》いてゐるのに、傷病者《しやうびやうしや》とは云《い》へ、若《わか》い自分《じぶん》が寢《ね》たきりで、何《なに》一つの手傳《てつだ》ひも出來《でき》ないといふのは、心苦《こゝろぐる》しい極《きは》みである。

失明《しつめい》の苦惱《くのう》と、家人《かじん》への氣《き》がね。それは彼《かれ》をいたく憂鬱《いううつ》にした。三年目《ねんめ》に漸《やうや》く起上《おきあが》れる樣《やう》になると、不自由《ふじいう》を忍《しの》んで、藁細工《わらざいく》の手傳《てつだ》ひなどをし始《はじ》めたが、盲人《まうじん》の手探《てさぐ》り仕事《しごと》位《ぐらゐ》が、何《なん》の家計《かけい》のたしにならう。恩給《おんきふ》の百三十七圓《ゑん》三十錢《せん》は貧《まづ》しい一家《か》の重大《ぢうだい》な助《たす》けにはなると云《い》つても、それで生活《せいくわつ》の安定《あんてい》が得《え》られる筈《はず》は勿論《もちろん》ない。

——盲目《まうもく》でも、どうにかして獨立《どくりつ》し、母親《はゝおや》を安堵《あんど》させてやり度《た》い。

さうは思《おも》ふのだけれ共《ども》、さて不具者《ふぐしや》がどうすれば、世《よ》の中《なか》を渡《わた》つてゆけるであらうか。

彼《かれ》はただいら〳〵と獨《ひと》り悶《もだ》え乍《なが》ら又此《またこ》の三四年《ねん》を過《す》ごして來《き》た。

——もう俺《おれ》も三十二歲《さい》だ。眼《め》さへ見《み》えれば立派《りつぱ》に一人前《にんまへ》の男《をとこ》として立《た》つてゆけるのに、あゝ、口惜《くや》しいなあ——。

納屋《なや》に坐《すわ》つて、何時《いつ》までも暗《くら》い想《おも》ひをたぐつてゐる彼《かれ》の耳《みゝ》に、

『今日《こんにち》は……、誰《だれ》も居《を》りませんかな』

と訪《おとな》ふ人聲《ひとごゑ》が聞《きこ》えて來《き》た。

彼《かれ》はハッと夢《ゆめ》から覺《さ》めた樣《やう》に立上《たちあが》つて、

『誰方《どなた》です』

『私《わし》ぢや。財吉《さいきち》さんお精《せい》が出《で》るなう』

にこやかに話《はな》しかけつゝ、近《ちか》づいて來《き》たのは、何時《いつ》も暇《ひま》を見《み》ては立寄《たちよ》つて、彼《かれ》に親切《しんせつ》に慰《なぐさ》めの言葉《ことば》をかけてくれるこの村《むら》の村長《そんちやう》であつた。

二

『實《じつ》はなあ財吉《さいきち》さん。あんたから度々《たび〳〵》相談《さうだん》を受《う》けるので、私《わし》も色々《いろ〳〵》と研究《けんきう》して居《ゐ》つたんぢやが、これならばあんたにも適《てき》するだらうと思《おも》はれる職業《しよくげふ》を考《かんが》へついたものぢやから早速《さつそく》やつて來《き》ましたよ』

『えつ？　それは何《なん》です、どんな事《こと》です』

彼《かれ》は膝《ひざ》を乘出《のりだ》した。

『それはな、此處《ここ》らでは餘《あま》りやつて居《を》らんが、マッサージぢや』

『マッサージ？　つまり鍼灸師《はりきうし》ですね』

『いや、一口《ひとくち》に鍼灸師《はりきうし》といふと何《なん》だか下品《げひん》に聞《きこ》えるが、今《いま》都會《とくわい》ではマッサージ師《し》と云《い》つて、とても流行《はや》つて居《ゐ》るさうぢや。勿論鍼灸《もちろんはりきう》も一緒《しよ》にやるのぢやらうが、マッサージの方《はう》は機械《きかい》を使《つか》つて文明的《ぶんめいてき》で品《ひん》がいゝし、覺《おぼ》えるのにもさう骨《ほね》は折《を》れないといふ話《はなし》。それで充分暮《じうぶんくら》しは立《た》つてゆくさうぢやから、ひとつ奮發《ふんぱつ》してやつて見《み》なさらんか。その氣《き》があつたら、私《わし》が高松《たかまつ》の盲啞學校《まうあがくかう》から規則書《きそくしよ》を取寄《とりよ》せて、とくと研究《けんきう》して上《あ》げよう』

併《しか》し彼《かれ》は默《だま》つて考《かんが》へこんでしまつた。鍼灸《はりきう》にしてもマッサージにしても、どうせ人《ひと》の情《なさけ》に縋《すが》つて僅《わづ》かの金《かね》を稼《かせ》ぐ、いはば乞食商賣《こじきしやうばい》に類《るゐ》したものではないか。いくら盲目《めくら》になつても未《ま》だそこ迄落《までおち》ぶれたくない——と、世間《せけん》を知《し》らぬ彼《かれ》の一徹《てつ》な勝氣《かちき》が、村長《そんちやう》の折角《せつかく》の言葉《ことば》も、快《こゝろよ》く受入《うけい》れないのである。村長《そんちやう》は少《すこ》し不本意《ふほんい》さうに歸《かへ》つて行《い》つた。

併《しか》し彼《かれ》の煮《に》え切《き》らぬ態度《たいど》にもこりずに、人《ひと》の好《い》い村長《そんちやう》はその後《ご》もしきりに、この職業《しよくげふ》をすゝめに來《く》るのだつた。その熱心《ねつしん》な親切《しんせつ》に、彼《かれ》の心《こゝろ》もいつしか動《うご》いて來《き》た。母親《はゝおや》や兄《あに》に相談《さうだん》すると、それはお前《まへ》の心任《こゝろまか》せだ——といふ。

——よし、何時迄《いつまで》も職業《しよくげふ》の體裁《ていさい》にこだはつてゐても仕方《しかた》はない。又考《またかんが》へて見《み》れば、どんなに下賤《げせん》に見《み》える商賣《しやうばい》でも額《ひたひ》に汗《あせ》して報酬《はうしう》を得《え》る以上《いじやう》、それは神聖《しんせい》な勞働《らうどう》といはねばならぬ。やらう。男《をとこ》らしく全力《ぜんりよく》を盡《つく》してやらう。

彼《かれ》は遂《つひ》に決心《けつしん》した。そして高松《たかまつ》の盲啞學校專修科《まうあがくかうせんしうくわ》に入學《にふがく》する事《こと》になつた。

それからの彼《かれ》の勉強《べんきやう》ぶりは物凄《ものすご》かつた。彼《かれ》は今《いま》や帝國軍人《ていこくぐんじん》として戰場《せんぢやう》に臨《のぞ》んだ時《とき》の勇猛心《ゆうまうしん》を勉學《べんがく》の世界《せかい》にふり向《む》けたのだ。そして困難《こんなん》な點字《てんじ》も忽《たちま》ちに覺《おぼ》えこみ、鍼灸《はりきう》、マッサージを習得《しふとく》して、三年《ねん》の後《のち》には、首尾《しゆび》よく開業《かいげふ》の資格《しかく》を獲得《くわくとく》した。

その後《ご》の事《こと》は、彼《かれ》の僞《いつは》らざる言葉《ことば》を記述《きじゆつ》した方《はう》が、くだ〳〵しい敍述《じよじゆつ》よりも、簡明《かんめい》にして印《いん》象深《しやうふか》い。彼《かれ》は靜《しづ》かに過去《くわこ》を振返《ふりかへ》つて言《い》ふ。

『始《はじ》めの內《うち》は辛《つら》い思《おもひ》もしました。併《しか》し自分《じぶん》の腕《うで》で獨立《どくりつ》して生活《せいくわつ》する悅《よろこ》びは又格別《またかくべつ》でした。世間《せけん》の人達《ひとたち》も決《けつ》して冷《つめた》いものではなく、暖《あたゝか》い心《こゝろ》を以《もつ》て接《せつ》してくれたので、急《きふ》に今迄《いままで》の無明《むみやう》の闇《やみ》が霽《は》れて、人生《じんせい》が明《あか》るくなつた樣《やう》な氣《き》がしました。そして私《わたし》が唯《たゞ》ありきたりの皮相《ひさう》な概念《がいねん》でこの職業《しよくげふ》を賤《いや》しいものの樣《やう》に考《かんが》へてゐたのも、全《まつた》くの間違《まちがひ》である事《こと》が判《わか》りました。斯《か》くして私《わたし》は暫《しばら》く大阪《おほさか》で開業《かいげふ》してゐましたが、間《ま》もなく現在《げんざい》の土《と》

地《ち》に移《うつ》り、以來順調《いらいじゆんてう》に今日《こんにち》に至《いた》つてゐます。今《いま》では恩給《おんきふ》もずつと增《ま》し、努力《どりよく》の甲斐《かひ》あつて相當《さうたう》の收入《しうにふ》をあげて來《き》ましたので、最近《さいきん》、二三年《ねん》に亙《わた》る病臥生活《びやうぐわせいくわつ》にも難《なん》なく耐《た》へる事《こと》が出來《でき》、どうやら暮《くら》しに困《こま》らない程度《ていど》の貯《たくは》へを持《も》つて、一家《か》四人《にん》の圓滿《ゑんまん》な明《あか》るい家庭《かてい》を樂《たの》しんで居《ゐ》るのです』

三

香川縣大川郡引田町《かがはけんおほかはぐんひきだまち》の藤本財吉氏《ふぢもとさいきちし》は、斯《か》うして、自《みづか》ら不具《ふぐ》の身《み》を鞭《むち》うち、輝《かゞや》かしい甦生《かうせい》の生活《せいくわつ》を樹立《じゆりつ》した。

併《しか》し此處《ここ》に至《いた》るまでには、彼《かれ》の內部的生活《ないぶてきせいくわつ》に、敬虔《けいけん》な努力《どりよく》が費《つひや》されてゐる事《こと》も見逃《みのが》してはならない。彼《かれ》は已《おの》れの悲痛《ひつう》な體驗《たいけん》に省《かへり》みて、同《おな》じ苦《くる》しみに喘《あへ》ぐ人々《ひと〴〵》に向《むか》つて、宗敎《しうけう》心把握《しんはあく》の必要《ひつえう》なる事《こと》を聲《こゑ》を大《だい》にして叫《さけ》びかける。

『人生《じんせい》の第一義《だいいちぎ》は自己完成《じこくわんせい》にあります。卽《すなは》ち人間《にんげん》の終局目的《しうきよくもくてき》は自分自身《じぶんじしん》を完成《くわんせい》するにあると固《かた》く信《しん》じて、それに向《むか》つて努力精進《どりよくしやうじん》するのです。だが單《たん》なる精進《しやうじん》では中々《なか〳〵》吾々《われ〳〵》弱《よわ》い人間《にんげん》には困難《こんなん》であるから、そこで宗敎《しうけう》の力《ちから》を借《か》りて念佛生活《ねんぶつせいくわつ》に入《はい》るのです。念佛《ねんぶつ》とは何《なん》であるか、卽《すなは》ち此處《ここ》に、如來《によらい》樣《さま》といふ至大《しだい》、至善《しぜん》、至美《しび》の圓滿具德《ゑんまんぐとく》の靈格者《れいかくしや》の存在《そんざい》を信《しん》じ、而《しか》して如來樣《によらいさま》は常《つね》に吾々《われ〳〵》の眞正面《ましやうめん》に居《を》られて我等《われら》を救《すく》はんと念《ねん》じ、吾々《われ〳〵》が心《こゝろ》から南無阿彌陀佛《なむあみだぶつ》と如來《によらい》の御名《おんな》を呼《よ》ぶのを待《ま》ち佗《わ》びてゐられるのである、といふ事《こと》を固《かた》く信《しん》じて疑《うたが》はず、且吾《かつわれ》も亦如來樣《またによらいさま》の如《ごと》き圓滿具德《ゑんまんぐとく》の人格者《じんかくしや》たらしめんと意慾《いよく》して、一心《しん》に南無阿彌陀佛《なむあみだぶつ》々々々々々々々々と唱《とな》へるのであります。斯《か》くして行住坐臥《ぎやうぢうざぐわ》、一心《しん》に念佛《ねんぶつ》してゐるうちに何時《いつ》かは心《こゝろ》の眼《め》が開《ひら》き、何《なん》とも形容《けいよう》し難《がた》い喜悅《きえつ》が湧《わ》いて來《き》て、不平《ふへい》も不滿《ふまん》も、僻《ひが》みも、呪《のろ》ひも、苦惱《くなう》も消《き》え失《う》せ、そこはただ感謝《かんしや》の念《ねん》のみが生《うま》れます。この光明歡喜《くわうみやうくわんき》の世界《せかい》こそ宗敎《しうけう》の絕對境《ぜつたいきやう》であると共《とも》に、又人間《またにんげん》を一步《ぽ》々々向上《かうじやう》させ、社會國家《しやくわいこくか》を正《たゞ》しく、明《あか》るくするものでありませう。私《わたし》は人間生活《にんげんせいくわつ》の安住地《あんぢうち》は此處《ここ》に在《あ》ると信《しん》じて疑《うたが》ひません。況《いは》んや我等傷痍軍人《われらしやういぐんじん》の安住地《あんぢうち》に於《おい》てをやであります』

理窟《りくつ》や文句《もんく》をゆるさぬ崇嚴《すうごん》な宗敎生活《しうけうせいくわつ》を、己《おの》れの身《み》に體得《たいとく》し、この平和《へいわ》と歡喜《くわんき》を人《ひと》に分《わか》たむとするに至《いた》るまでには、恐《おそ》らく何人《なんぴと》も企及《ききふ》し難《がた》き、克己《こくき》、忍耐《にんたい》の尊《たふと》い內省苦行《ないせいくぎやう》が續《つゞ》けられた事《こと》であらう。

同病者《どうびやうしや》の爲《ため》に

＝盲啞《まうあ》學校經營《がくかうけいえい》に盡瘁《ぢんすゐ》せし柴内魁三氏《しばうちくわいざうし》＝

本籍地　盛岡市[redacted]
負傷程度　兩眼上眼瞼貫通銃創失明

一

陸軍步兵大尉《りくぐんほへいたいゐ》柴内魁三氏《しばうちくわいざうし》の經歷《けいれき》の中《なか》から、日露戰爭從軍《にちろせんさうじうぐん》記《き》だけをぬいても、それだけで血湧《ちわ》き肉躍《にくをど》る獨立《どくりつ》した讀物《よみもの》となるであらう。それ程彼《ほどかれ》は、三十年前《ねんぜん》の滿洲《まんしう》の戰場《せんぢやう》で、惡戰苦鬪《あくせんくとう》、奮戰《ふんせん》に次《つ》ぐに奮戰《ふんせん》を以《も》つてした勇士《ゆうし》である。

大尉《たいゐ》が、野戰步兵《やせんほへい》第十七聯隊《れんたい》の小隊長《せうたいちやう》として、出征《しゆつせい》の途《と》に就《つ》いたのは、明治《めいぢ》三十七年《ねん》十月《ぐわつ》八日《か》のことであつたが、早《はや》くも十三日《にち》には、沙河《さか》の戰鬪《せんとう》に參加《さんか》した。

更《さら》に、十二月五日《ぐわつか》には、かの難攻不落《なんこうふらく》の旅順口《りよじゆんこう》でも有名《いうめい》な、二〇三高地《かうち》の攻擊軍《こうげきぐん》に參加《さんか》した。

翌《あく》れば明治《めいぢ》三十八年《ねん》、一月《ぐわつ》二十五日《にち》より同《どう》二十八日《にち》に渡《わた》る黑溝臺附近《こくかうだいふきん》の戰鬪《せんとう》に於《おい》ては不幸半數《ふかうはんすう》の部下《ぶか》を失《うしな》つたが、大尉《たいゐ》は微傷《びしやう》だも負《お》はなかつた。二月《ぐわつ》二十三日《にち》よりの奉天附近《ほうてんふきん》の會戰《くわいせん》では、月堡子《げつぽし》の攻擊《こうげき》に際《さい》し、敵砲彈《てきはうだん》のために唇《くちびる》に擦過傷《さつくわしやう》を受《う》けた。

ついで三月六日《ぐわつか》、楊子屯《やうすとん》の夜襲戰《やしうせん》に參加《さんか》して、翌七日《よくか》、繼續戰鬪中《けいぞくせんとうちう》、敵《てき》の猛射《まうしや》を受《う》け、一丸宛兩度《ぐわんづつりやうど》に亘《わた》り上眼瞼《じやうがんまぶた》に貫通銃創《くわんつうじうさう》を受《う》けた。そして、この負傷《ふしやう》によつて、彼《かれ》は全《まつた》く戰鬪能力《せんとうのうりよく》を失《うしな》つてしまつたのである。

大尉《たいゐ》は取《と》り敢《あ》へず假繃帶所《かりほうたいじよ》に收容《しうよう》され、それから大連野《たいれんや》戰病院《せんびやうゐん》に送《おく》られた。そこで、やや傷《きず》の癒《い》へるのを待《ま》つて、本國《ほんごく》に送還《さうくわん》され、廣島衞戍病院《ひろしまゑいじゆびやうゐん》に收容《しうよう》されたが、後《のち》、東京《とうきやう》澁谷豫備病院《しぶやよびびやうゐん》に入院《にふゐん》した。

二

しかし、傷《きず》漸《やうや》く癒《い》え、親族知己《しんぞくちき》に護《まも》られて澁谷豫備病院《しぶやよびびやうゐん》

を退院《たいゐん》した時《とき》、黑眼鏡《くろめがね》に隱《かく》された大尉《たいゐ》の兩眼《りやうがん》は無慘《むざん》にも盲《めし》ひてしまつて、もう永久《えいきう》に光《ひかり》を見《み》ることの出來《でき》ない、生《うま》れもつかぬ不具《ふぐ》の身《み》とはなつてしまつてゐたのである。

迎《むか》への人々《ひとびと》は、この變《か》り果《は》てた大尉《たいゐ》を護《まも》りながら、慰《なぐさ》めの言葉《ことば》もなく打《う》ちしめつてゐた。そして、出迎人同志《でむかへにんどうし》、大尉《たいゐ》に聞《き》こえぬやうな低聲《ひくごゑ》で、そつと

『お氣《き》の毒《どく》な』

とか、

『國家《こくか》の爲《ため》とは云《い》へ、あんなになつてしまはれて……』

とか、氣《き》の毒《どく》さうにささやき合《あ》つた。

人々《ひとびと》の顏《かほ》は曇《くも》つてゐたのだ。

だが、どうしたわけか、大尉自身《たいゐじしん》は至極朗《しごくほが》らかで、出迎《でむかへ》人《にん》の誰彼《だれかれ》に、元氣《げんき》な聲《こゑ》で、留守《るす》の間《あひだ》のことをたづねたりした。それが、わざと元氣《げんき》を裝《よそほ》ふてゐるやうにも見《み》えて、人《ひと》人《ひと》の顏《かほ》は益々《ますます》曇《くも》るのであつた。

『まあ、生命《いのち》に別條《べつでう》がないだけでも拾《ひろ》ひ物《もの》ぢや。兩眼《りやうがん》は、國家《こくか》のために捧《さゝ》げたと思《おも》つて諦《あきら》めるんだな。これからは、まあ、呑氣《のんき》に暮《くら》して行《ゆ》くことにするんだな』

舊友《きういう》の一人《ひとり》が、大尉《たいゐ》の肩《かた》に手《て》を掛《か》けながらさう言《い》つて慰《なぐさ》めた。すると、

『呑氣《のんき》にだつて……』

と、見《み》えない黑眼鏡《くろめがね》を舊友《きういう》の方《はう》に向《む》けて、大尉《たいゐ》は咎《とが》めるやうに微笑《わら》つた。そして、

『呑氣《のんき》などころか、僕《ぼく》は益々《ますます》働《はたら》かなければならないと思《おも》つてゐる』

と、謎《なぞ》めいた事《こと》を言《い》つた。

『えツ！ かう云《い》つちや失禮《しつれい》だが、そんな體《からだ》となつて、君《きみ》は一體《いつたい》どんな仕事《しごと》をしようと云《い》ふのかね？………。不自由《ふじいう》な身《み》になつて、心境《しんきやう》の變化《へんくわ》を來《きた》したとでもいふのかね？』

『まあ、さうだよ』

『で、如何《いか》なる心境《しんきやう》の變化《へんくわ》を來《きた》したといふんだ——何《なに》をやらうといふのだね？』

舊友《きういう》は、つひ、釣《つ》り込《こ》まれて云《い》つた。

『不言實行《ふげんじつかう》だよ。今《いま》に分《わか》るよ』

と、大尉《たいゐ》は又朗《またほが》らかに笑《わら》つた。

人々《ひとびと》にも、大尉《たいゐ》が、わざと朗《ほが》らかさを裝《よそほ》つてゐるのではないことが、段々《だんだん》分《わか》つて來《き》た。そして、自分《じぶん》でも亦《また》、吻《ほ》つと救《すく》はれたやうな氣持《きもち》になつて行《い》つた。

大尉《たいゐ》の凱旋《がいせん》の祝宴《しゆくえん》が、盛岡市仁王第三地割平山小路《もりをかしにわうだいちわりひらやまこうぢ》の、大尉《たいゐ》の家《いへ》で催《もよほ》された。

澁谷豫備病院《しぶやよびびやうゐん》まで迎《むか》へに行《い》つた親戚知己《しんせきちき》の他《ほか》に、それらの人々《ひとびと》の家族《かぞく》だの、昵懇《ぢつこん》の間柄《あひだがら》の人《ひと》だの、近所交際《きんじよつきあひ》をしてゐる人々《ひとびと》だのが集《あつま》つた。

祝宴《しゆくえん》とは言《い》つても、凱旋《がいせん》をした人《ひと》が生《うま》れもつかぬ不具《ふぐ》になつてゐるので、座《ざ》はやはり浮《う》きたたなかつた。

床《とこ》の間《ま》の前《まへ》に靜《しづ》かに坐《すわ》つてゐる大尉《たいゐ》の、黑《くろ》い眼鏡《めがね》に、氣《き》の毒《どく》げな又痛《またいた》ましげな視線《しせん》を走《はし》らせては、ぼそぼそとささやき合《あ》つたりしてゐた。

その浮《う》き立《た》たぬ座《ざ》を、無理《むり》に浮立《うきた》たせやうと骨《ほね》を折《を》つてゐるのは、大尉《たいゐ》を東京《とうきやう》まで迎《むか》へに行《い》つて、大尉《たいゐ》が何《なに》かしら確固《かくこ》たる信念《しんねん》をつかんだらしいことを知《し》つた、大尉《たいゐ》の舊友《きういう》であつた。

『皆《みな》さん！ 大尉《たいゐ》の心境《しんきやう》は朗《ほが》らかなんですよ。兩眼《りやうがん》を、天皇陛下《てんのうへいか》のために、國家《こくか》のために捧《さゝ》げたことを、悲《かな》しんではゐないのですよ。さア、皆《みな》さん、大《おほ》いに朗《ほが》らかになつて下《くだ》さい』

少《すこ》しは醉《よひ》も手傳《てつだ》つて、そんなふうに聲《こゑ》を涸《から》して步《ある》いたが、やつぱり座《ざ》は浮《う》き立《た》たなかつた。

親戚《しんせき》の老人《らうじん》が立《た》つて、形式的《けいしきてき》な祝辭《しゆくじ》を述《の》べた後《あと》で、大尉《たいゐ》が立《た》ち上《あが》つた。盲《めし》ひた兩眼《りやうがん》は黑眼鏡《くろめがね》に遮《さへぎ》られて見《み》えなかつたが、口邊《くちべ》には穩《おだ》やかな微笑《びせう》が漂《たゞよ》つてゐた。息詰《いきづま》るやうな拍手《はくしゆ》が室中《しつちう》にこめた。

やがて、その拍手《はくしゆ》の止《や》むのを待《ま》つて、大尉《たいゐ》は落《お》ちついた信念《しんねん》に滿《み》ちた聲《こゑ》で語《かた》り出《だ》した。——座《ざ》はしいんと靜《しづ》まり返《かへ》つて、しはぶきをする人《ひと》さへなかつた。

『皆《みな》さん！ 皆《みな》さんは、私《わたし》が生《うま》れもつかぬ不具者《ふぐしや》となつたことを、私《わたし》のために悲《かな》しんでゐられるやうでありますが、實《じつ》は私《わたし》は、このことを、皆《みな》さんに喜《よろこ》んで頂《いたゞ》きたいのであります。幾萬《いくまん》の同胞《どうはう》が、戰場《せんぢやう》の鬼《おに》と化《くわ》しましたことを思《おも》ひますと、全眼《りやうがん》を失《うしな》ふなんぞ、何程《なにほど》でございませう。天皇陛下《てんのうへいか》の爲《ため》、國家《こくか》の爲《ため》ならば、一命《めい》を捨《す》てて顧《かへり》みない

のが、日本軍人《につぽんぐんじん》の精神《せいしん》なのでございます。それを思《おも》ひますれば、體《からだ》の一部分《ぶぶん》しか捧《さゝ》げることの出來《でき》なかつた私《わたし》などは、大《おほ》いに愧《は》ぢ入《い》らなければならないと思《おも》ふのであります。だが、何事《なにごと》も天命《てんめい》です。天皇陛下《てんのうへいか》の爲《ため》、國家《こくか》の爲《ため》、一命《めい》を捨《す》つることの出來《でき》なかつたことは殘念《ざんねん》ですが、これは恐《おそ》らく、生《い》きてゐて何事《なにごと》かを成《な》せ、といふ天《てん》の命《めい》でありませう。さてそれならば、私《わたし》は何《なに》を成《な》すべきでせう？ 五體《たい》の完備《くわんび》してゐた出征前《しゆつせいまへ》ですら、これといふ仕事《しごと》もなしてゐない私《わたし》が、ましてや光《ひかり》を奪《うば》はれた今日《こんにち》、天《てん》は私《わたし》に何事《なにごと》を成《な》さしめようとするのでせうか？ 私《わたし》は今更《いまさら》ながら、盲學者塙保己一《まうがくしやはなはほきいち》の逸話《いつわ》を思《おも》ひ出《だ》すのであります。風《かぜ》に灯《あかり》を消《け》された弟子《でし》たちに向《むか》つて、(さてさて眼明《めあ》きといふものは不自由《ふじいう》なものだ)と言《い》つたといふ、あの有名《いうめい》な逸話《いつわ》を。皆《みな》さん！ 世《よ》の中《なか》には、盲目《めくら》の方《はう》が重寶《ちやうはう》な場合《ばあひ》があるものなのでございます。いや、盲目《めくら》でなければならない仕事《しごと》があるものなのでございます。私《わたし》は、天《てん》が、私《わたし》から光《ひかり》だけを奪《うば》つて生命《いのち》を捨《す》てさせなかつたのは、その盲目《めくら》でなければ出來《でき》ない仕事《しごと》を、私《わたし》にせよと命《めい》じたのだと信《しん》ずるのであります。これから私《わたし》は

天《てん》が私《わたし》に命《めい》じた仕事《しごと》に私《わたし》の生涯《しやうがい》を捧《さゝ》げるつもりであります。實《じつ》に、私《わたし》は、失明《しつめい》をしてはじめて、此世《このよ》に生《い》き甲斐《がひ》を見出《みいだ》したやうな氣《き》がするのであります。どうか、これからの私《わたし》の仕事《しごと》を見《み》てゐて下《くだ》さい』

言葉《ことば》を切《き》つた大尉《たいゐ》の口元《くちもと》には、依然《いぜん》として穩《おだ》やかな微笑《びせう》が漂《たゞよ》つてゐた。眼鏡《めがね》の黑《くろ》い二つの玉《たま》が、何《なに》かしら神聖《しんせい》なものを包《つゝ》んでゐるやうに、人々《ひとびと》には感《かん》じられた。

三

大尉《たいゐ》の所謂《いはゆる》、與《あた》へられた天職《てんしよく》といふのは何《なん》であつたか？

それは、一生《しやう》を盲啞子弟《まうあしてい》の教育《けういく》に捧《さゝ》げることであつた。

で、その準備《じゆんび》のために、明治《めいぢ》四十二年《ねん》三月末《ぐわつすゑ》單身上京《たんしんじやうきやう》した大尉《たいゐ》は、小石川區指ケ谷町《こいしかはくさしがやちやう》に在《あ》る官立東京盲啞學校教員練習科《くわんりつとうきやうまうあがくかうけういんれんしふくわ》に入學《にふがく》、翌年《よくねん》の三月優秀《ぐわついうしう》の成績《せいせき》を以《も》つて卒業《そつげふ》した。

卒業證書《そつげふしようしよ》を握《にぎ》ると、大尉《たいゐ》は直《たゞ》ちに郷里盛岡市《きやうりもりをかし》に歸《かへ》り、早速私立盲啞學校設立計畫《さつそくしりつまうあがくかうせつりつけいくわく》の實行《じつかう》に取《と》りかかり、早《はや》くも翌《あく》る四十四年八月《ねんぐわつ》には岩手盲啞學校《いはてまうあがくかう》の設立《せつりつ》、並《ならび》に大尉自《たいゐみづか》ら同校《どうかう》の校長《かうちやう》たることを認可《にんか》された。そして、九月一日《ぐわつとつ》から、同《どう》市平山小路《じひらやまこうぢ》の一民家《みんか》を借《か》り受《う》けて授業《じゆげふ》を開始《かいし》した。

經營方針《けいえいはうしん》としては、自《みづか》ら社會事業《しやくわいじげふ》を興《おこ》して財源《ざいげん》をその收益《しうえき》に求《もと》むることにしたが、その事業《じげふ》の主《おも》なるものは、

一、全國《ぜんこく》の軍隊《ぐんたい》、朝鮮《てうせん》、滿洲屯在《まんしうとんざい》の除隊兵《ぢよたいへい》に對《たい》するメリヤス製《せい》シヤツの販賣《はんばい》。
二、小林區署《せうりんくしよ》より拂下《はらひさ》げた薪炭《しんたん》の販賣《はんばい》。
三、知名《ちめい》の士《し》の揮毫《きがう》、畫會等《ぐわくわいとう》に依《よ》つて得《え》たる書畫《しよぐわ》の販賣《はんばい》
四、その他種々《たしゆじゆ》の催物《もよほしもの》。等《とう》。

そして、着々《ちやく／＼》として好成績《かうせいせき》を收《おさ》めたが、その收益《しうえき》だけでは經費《けいひ》に間《ま》に合《あ》はないため、宮内省《くないしやう》の御内帑金《ごないどきん》、其筋《そのすぢ》の助成金《じよせいきん》、補助金等《ほじよきんとう》に頼《たよ》るところも亦多《またおほ》かつた。すなはち——

岩手縣《いはてけん》からは、大正《たいしやう》二年《ねん》より同《どう》十三年迄《ねんまで》補助金《ほじよきん》を交付《かうふ》せられた。

盛岡市《もりをかし》からは大正元年《たいしやうぐわんねん》より同《どう》十三年《ねん》まで補助金《ほじよきん》を交付《かうふ》せられた。

内務省《ないむしやう》からは大正《たいしやう》五年《ねん》より同《どう》九年《ねん》まで助成金《じよせいきん》を交付《かうふ》せられた。

文部省《もんぶしやう》からは大正《たいしやう》十年《ねん》より同《どう》十三年《ねん》まで奬勵金《しやうれいきん》を交付《かうふ》せられた。

宮内省《くないしやう》からは大正《たいしやう》九年《ねん》より同《どう》十三年迄《ねんまで》御内帑金《ごないどきん》を下賜《かし》された。

尚《なほ》、その間《あひだ》行《おこな》はれた江湖同情者《かうこどうじやうしや》の喜捨《きしや》は、感謝《かんしや》を以《もつ》てこれを受《う》けた。

かうして、大尉《たいゐ》の苦鬪《くとう》は漸次《ぜんじ》むくいられて社會《しやくわい》の耳目《じもく》は大尉《たいゐ》の仕事《しごと》の上《うへ》に集《あつ》められ、つひに、大正《たいしやう》十四年《ねん》四月一日《ぐわつとつ》から、私立岩手盲啞學校《しりついはてまうあがくかう》は、岩手縣立盲啞學校《いはてけんりつまうあがくかう》となつてその權威《けんゐ》を伸張《しんちやう》した。從《したが》つて、個人《こじん》としての大尉《たいゐ》も亦《また》、社會的《しやくわいてき》にむくはれない筈《はず》はなく、昭和《せうわ》三年《ねん》には、教育功勞者《けういくこうらうしや》として岩手縣《いはてけん》から懷中時計《くわいちうどけい》一個《こ》を授與《じゆよ》せられ、昭和《せうわ》八年《ねん》には、同《おな》じく教育功勞者《けういくこうらうしや》として帝國教育會《ていこくけういくくわい》から表彰《へうしやう》された。

なほ大正《たいしやう》十一年《ねん》七月《ぐわつ》七日《か》、攝政宮殿下《せつしやうのみやでんか》北海道御見學《ほくかいだうごけんがく》の途次《とじ》盛岡驛御通過《もりをかえきごつうくわ》に際《さい》し、職員生徒奉迎申上《しよくゐんせいとほうげいまをしあ》ぐると同時《どうじ》に殿下《でんか》には武官長《ぶくわんちやう》をして校長柴田魁三《かうちやうしばたくわいぞう》に負傷當時《ふしやうたうじ》の狀況《じやうきやう》並《ならび》に學校《がくかう》の近況《きんきやう》を御下問《ごかもん》あらせられた。

更《さら》に降《くだ》つて昭和《せうわ》三年《ねん》十月《ぐわつ》六日《か》、天皇陛下《てんのうへいか》には東北地方《とうほくちはう》に於《お》ける陸軍特別大演習御統裁《りくぐんとくべつだいえんしふごとうさい》のため御鳳輦《ごほうれん》を止《とゞ》めさせられた際《さい》、特別《とくべつ》の思召《おぼしめし》を以《もつ》て海江田侍從《かいえだじじう》を御差遣《ごさけん》あらせられ、學校《がくかう》の狀況《じやうきやう》その他《た》に關《くわん》し御下問《ごかもん》あらせられた。大尉《たいゐ》は天恩《てんおん》の無窮《むきう》にたゞ／＼感涙《かんるゐ》にむせぶのみであつた。

尚《なほ》、同校創立《どうかうさうりつ》以來《いらい》の卒業生及《そつげふせいおよ》び現在生《げんざいせい》の數字《すうじ》を擧《あ》ぐれば（昭和《せうわ》八年《ねん》十月現在《ぐわつげんざい》）次《つぎ》のやうである。

卒業生《そつげふせい》　三一七名《めい》（内盲生《うちまうせい》一九四名《めい》、聾啞生《ろうあせい》一二三名《めい》）
現在生《げんざいせい》　九二名《めい》（内盲生《うちまうせい》三九名《めい》、聾啞生《ろうあせい》五三名《めい》）

四

教育事業《けういくじげふ》だけでも、失明《しつめい》の身《み》にとつては相等骨《さうとうほね》の折《を》れる仕事《しごと》であるのに、大尉《たいゐ》の努力《どりよく》は、更《さら》に其他《そのた》の公共事業《こうきやうじげふ》の上《うへ》にまで及《およ》んでゐるのだから驚嘆《きやうたん》するではないか。

その主《おも》なる例《れい》を擧《あ》ぐるならば、

一、年來傷痍軍人並《ねんらいしやういぐんじんならび》に戰死病歿者遺族《せんしびやうぼつしやゐぞく》の生活向上《せいくわつかうじやう》に意《い》を用《もち》ひたが、大正《たいしやう》十五年《ねん》傷痍軍人會《しやういぐんじんくわい》を組織《そしき》して、具體的《ぐたいてき》に慰藉《ゐしや》その他《た》の方法《はうはふ》を講《かう》じはじめた。
二、同年岩手盲啞教育後援會《どうねんいはてまうあけういくこうゑんくわい》を組織《そしき》してその會長《くわいちやう》となり具體的《ぐたいてき》な仕事《しごと》としては、取《と》り敢《あ》へず、貧困盲啞兒童《ひんこんまうあじどう》に對《たい》して給費《きふひ》をすることになつた。

三、盛岡市北部地方《もりをかしほくぶちはう》は飲料水《いんれうすゐ》の質《しつ》がよくないので、昭和《せうわ》三年《ねん》、ボーリングを用《もち》ひて、二ケ所《しよ》に百餘尺《よしやく》の井泉《せいせん》を掘《ほ》り、組合組織《くみあひそしき》で約《やく》二千戸《こ》に地下水《ちかすゐ》を供給《きやうきふ》した。尚《なほ》これは昭和《せうわ》八年《ねん》にいたつて市《し》の買收《ばいしう》に應《おう》じたが、この事業《じげふ》は、現在《げんざい》の市營水道實施《しえいすゐだうじつし》の促進《そくしん》に大《おほ》いに役立《やくだ》つてゐる。
四、昭和《せうわ》六年《ねん》同志《どうし》と共《とも》に盛岡消費組合《もりをかせうひくみあひ》を組織《そしき》してその組合長《くみあひちやう》となつた。現在《げんざい》、四百餘名《よめい》の組合員《くみあひゐん》があり、物品《ぶつぴん》を廉價《れんか》に販賣《はんばい》してゐる。
五、昭和《せうわ》八年盛岡市購買利用組合盛岡病院《ねんもりをかしかうばいりようくみあひもりをかびやうゐん》を創立《さうりつ》してその長《ちやう》となつた。利用區域《りようくゐき》は盛岡市並《もりをかしならび》に岩手《いはて》、紫波《しは》の兩郡《りやうぐん》。現在《げんざい》の組合員數約《くみあひゐんすうやく》四千で、組合員《くみあひゐん》の入院患者《にふゐんくわんじや》百餘名《よめい》、外來患者《ぐわいらいくわんじや》二百名《めい》を超《こ》え、院運日《ゐんうんひ》に日《ひ》に隆盛《りうせい》に赴《おもむ》きつつある。

『一寸《ちよつと》くらゐ體《からだ》をお休《やす》めになつては……』

と、人《ひと》はよく大尉《たいゐ》にすすめる。

しかし、大尉《たいゐ》はそんな時《とき》、微笑《びせう》しながらから答《こた》へるのである。

『私《わたし》は働《はたら》くことだけに生《い》き甲斐《がひ》を感《かん》じてゐるのです。日露戰爭《にちろせんさう》の時死《ときし》ななかつたのも一生《しやう》を社會《しやくわい》のために捧《さゝ》げよ、といふ天命《てんめい》だつたと信《しん》じてゐるのです。仕事《しごと》さへしてゐれば心《こゝろ》も常《つね》に明《あか》るく生《い》きてゐる幸福《かうふく》を感《かん》じるのです』

そして、老《お》いてなほ元氣《げんき》よく、身《み》を粉《こな》にして社會《しやくわい》のため民衆《みんしう》のため、そして不幸《ふかう》なる同病者《どうびやうしや》のために活躍《くわつやく》をつゞけてゐる。彼《かれ》の如《ごと》き信念《しんねん》に燃《も》える人士《じんし》でなくては到底企《たうていくわだ》て及《およ》ぶところではない。

苦《く》難《なん》の險《けん》路《ろ》

＝數度《すうど》の災禍《さいくわ》に耐《た》へた平川市平氏《ひらかはいちへいし》＝

本籍地　廣島縣御調郡八幡村[redacted]
負傷程度　頭蓋骨中央部彈丸打撲傷

一

『貴方《あなた》、これまでよく看病《かんびやう》して下《くだ》さいました。わたしは今度《こんど》はとても助《たす》かるまいと思《おも》ひます。どうかこの上《うへ》は、後《あと》に殘《のこ》る子供《こども》のことは呉々《くれぐれ》もお願《ねが》ひします』

痩《や》せ衰《おとろ》へた妻《つま》は、兩眼《りやうがん》に涙《なみだ》を一杯湛《はいたゝ》へ、力《ちから》ない聲《こゑ》ながらも、嘆願《たんぐわん》するやうにいふのであつた。彼《かれ》は妻《つま》の手《て》を固《かた》く握《にぎ》りしめ、口《くち》を耳許《みゝもと》に持《も》つて行《い》つて云《い》つた。

『そんな氣《き》の弱《よわ》いことをいふではない。なアに、大丈夫《だいぢやうぶ》だ、きつとよくなるよ。お互《たがひ》に苦勞《くらう》して來《き》たが、樂《たの》しみは子供《こども》だけぢやないか？　早《はや》く大《おほ》きくなつて一人前《にんまへ》になる日《ひ》まで、お互《たがひ》に丈夫《ぢやうぶ》で居《ゐ》ようよ——なア、俺達《おれたち》は苦勞《くらう》して來《き》たが、子供《こども》だけはちやんと一人前《にんまへ》に育《そだ》てゝ行《ゆ》かうなア』

氣力衰《きりよくおとろ》へた妻《つま》をはげます積《つも》りの聲《こゑ》が、何時《いつ》しか泪《なみだ》に曇《くも》つて來《く》るのだつた。しかし、人事《じんじ》をつくしての看病《かんびやう》も、遂《つひ》に天命《てんめい》には勝《か》てず、妻《つま》はいまはの際《きは》まで後《あと》に殘《のこ》る幼《をさな》い子供《こども》の心配《しんぱい》をしい／＼、遂《つひ》に不歸《ふき》の客《きやく》となつてしまつた。

それは大正《たいしやう》十年《ねん》の晩秋《ばんしう》のことである。

×　×　×

彼《かれ》、平川市平《ひらかはいちへい》は廣島縣御調郡八幡村《ひろしまけんみつぎぐんはたむら》の貧《まづ》しい小作農《こさくのう》の家《いへ》に生《うま》れた。生來《せいらい》、體《からだ》はあまり丈夫《ぢやうぶ》な方《はう》でなかつたので、明治《めいぢ》三十六年適齡《ねんてきれい》に達《たつ》して、徴兵檢査《ちようへいけんさ》の結果《けつくわ》は歩兵乙種《ほへいおつしゆ》となり、晴《は》れの現役生活《げんえきせいくわつ》に入《はい》ることが出來《でき》ずに非常《ひじやう》に殘念《ざんねん》がつたものだ。

家《いへ》にあつても、百姓如《ひやくしやうごと》き勞働《らうどう》には堪《た》へられさうになかつたので、偶々廣島縣《たまたまひろしまけん》で施行中《しかうちう》の巡査募集《じゆんさぼしふ》に應《おう》じ、採用《さいよう》せられて廣島縣巡査《ひろしまけんじゆんさ》を拜命《はいめい》した。

明治《めいぢ》三十七年《ねん》、日露《にちろ》戰役《せんえき》が勃發《ぼつぱつ》した時《とき》には殘念《ざんねん》だつた。

『去年《きよねん》の徵兵檢査《ちようへいけんさ》に合格《がふかく》して居《を》れば、第《だい》一線《せん》に立《た》つて、千載《さい》一遇《ぐう》の御奉公《ごほうこう》の折《をり》を得《え》たのに……』

續々《ぞくぞく》として出征《しゆつせい》して行《ゆ》く皇軍《くわうぐん》を見送《みおく》る度毎《たびごと》に、彼《かれ》は脣《くちびる》を嚙《か》んで口惜《くや》しがつた。せめても銃後《じうご》にあつて、御奉公《ごほうこう》に專念《せんねん》せんと、忠實《ちうじつ》に職務《しよくむ》に從《したが》つてゐるうち、思《おも》ひがけず、第《だい》一線《せん》に立《た》つて皇國《くわうこく》のために活動《くわつどう》する機會《きくわい》が與《あた》へられたのである。卽《すなは》ち、同年《どうねん》十月《ぐわつ》に補充兵《ほじうへい》として召集《せうしふ》せられ、步兵《ほへい》第《だい》四十一聯隊《れんたい》第《だい》八中隊《ちうたい》に入營《にふえい》し、短期訓練《たんきくんれん》の上《うへ》にて、その年《とし》も押《お》しつまつた十二月《ぐわつ》二十九日《にち》に、祖國《そこく》を後《あと》にして征露《せいろ》の旅《たび》に上《のぼ》つた。

『これで、男子《だんし》として生《うま》れた面目《めんもく》が立《た》つ、先祖《せんぞ》への土産話《みやげばなし》が出來《でき》る』

欣喜雀躍《きんきじやくやく》として、戰場《せんぢやう》に赴《おもむ》いた。

當時《たうじ》、彼我《ひが》兩軍《りやうぐん》は沙河《さが》を挾《はさ》んで、冬越《ふゆご》しの陣《ぢん》を張《は》り、着《ちやく》着準備《ちやくじゆんび》を整《とゝの》へつゝ待機《たいき》の狀態《じやうたい》にあつた。明《あ》くれば三十八年《ねん》、二月《ぐわつ》も漸《やうや》く末《すゑ》に近《ちか》づく頃《ころ》より、我軍《わがぐん》の活動《くわつどう》は徐々《じよじよ》に開始《かいし》された。卽《すなは》ち、兩軍《りやうぐん》の運命《うんめい》を決《けつ》する奉天會戰《ほうてんくわいせん》の幕《まく》が切《き》つて落《おと》されたのだ。

敵《てき》はこの一戰《せん》に連敗《れんぱい》の恥《はぢ》を雪《そゝ》がんとし、我《われ》はこの一戰《せん》に敵《てき》の死命《しめい》を制《せい》せずんば、千仭《じん》の功《こう》を一簣《き》に缺《か》く結果《けつくわ》になる。そこに壯烈《さうれつ》なる戰《たゝか》ひが展開《てんかい》するのは當然《たうぜん》であつた。しかし、決死《けつし》の勇《ゆう》に燃《も》ゆる我《わ》が軍《ぐん》の前《まへ》には、さしも世界《せかい》一を誇《ほこ》つた敵軍《てきぐん》も物《もの》の數《かず》ではなかつた。屍《しかばね》を踏《ふ》み越《こ》え踏《ふ》み越《こ》え、怒濤《どたう》の如《ごと》く押《お》し寄《よ》せる我《わ》が軍《ぐん》の攻擊《こうげき》に、さすがの敵《てき》も支《さゝ》へかねて、次第《しだい》〳〵に押《お》しつめられ、三月《ぐわつ》十日《か》には、混亂《こんらん》の中《なか》に算《さん》を亂《みだ》して奉天《ほうてん》を見捨《みす》てる結果《けつくわ》となつた。かくて、皇軍《くわうぐん》の運命《うんめい》を賭《と》したこの一戰《せん》は遂《つひ》に、我《わ》が軍《ぐん》が勝利《しようり》に歸《き》したのである。

彼《かれ》は奉天快捷《ほうてんくわいせふ》の報《はう》を野戰病院《やせんびやうゐん》で聞《き》いた。嬉《うれ》しさに思《おも》はず淚《なみだ》がこぼれた。かうして戰《たゝか》ひ半《なか》ばにして斃《たふ》れたことが、決《けつ》して無駄《むだ》でなかつたことを喜《よろこ》んだ。

彼《かれ》は三月《ぐわつ》六日《か》、頭蓋骨中央部彈丸打撲傷外《づがいこつちうおうぶだんぐわんだぼくしやうほか》四五箇所《かしよ》の負傷《ふしやう》のため、昏倒《こんたう》してゐるところを、野戰病院《やせんびやうゐん》に收容《しうよう》されたのである。各地《かくち》の病院《びやうゐん》を轉々《てんてん》し、內地《ないち》に送還《そうくわん》されて、六ケ月《げつ》の間《あひだ》、手篤《てあつ》い看護《かんご》を受《う》けた。しかし、負傷個所《ふしやうかしよ》が全身《ぜんしん》の

神經《しんけい》を掌《つかさど》る頭腦部《づなうぶ》であるために、病狀《びやうじやう》遲《ち》々として快癒《くわいゆ》せず、遂《つひ》に同年《どうねん》八月《ぐわつ》十七日《にち》除隊《ぢよたい》となつて歸鄕《ききやう》したのであつた。

爾後《じご》、鄕里《きやうり》にあつて、專念療養《せんねんれうやう》につとめた甲斐《かひ》あつて、漸《やうや》く良好《りやうかう》になつて來《き》たが、記憶力減退《きおくりよくげんたい》し、思考力《しかうりよく》も十分《ぶん》ならず、今《いま》は巡査《じゆんさ》としての職務《しよくむ》に復《ふく》する希望《きばう》も捨《す》てねばならなかつた。それかといつて、農業《のうげふ》の如《ごと》き勞働《らうどう》にはとても堪《た》へられない。

『どうしたらいゝか――どうしたら今後《こんご》の生活《せいくわつ》を立《た》てゝ行《ゆ》くことが出來《でき》るか？』

彼《かれ》は全《まつた》く困《こま》つてしまつた。家《いへ》は小作農《こさくのう》とて裕福《ゆうふく》ではない。何《なん》とか身《み》を立《た》てねば、一家《か》は倒《たふ》れてしまふのだ。

悶々《もんもん》として暮《くら》してゐる中《うち》に、薦《すゝ》める人《ひと》があつて、新領土《しんりやうど》朝鮮《てうせん》に渡《わた》つて、運命《うんめい》を開拓《かいたく》しようと決心《けつしん》した。この體《からだ》で氣候不順《きこうふじゆん》で不馴《ふな》れな土地《とち》に行《ゆ》くことは心細《こゝろぼそ》かつた。しかし自《じ》己《こ》の運命《うんめい》を開拓《かいたく》して行《ゆ》くためには、この際《さい》どうしても一大《だい》決心《けつしん》がなければならない。幸《さいは》ひに當時《たうじ》、體力《たいりよく》も幾《いく》らか恢復《くわいふく》してゐた時《とき》なので、明治《めいぢ》四十四年《ねん》一月《ぐわつ》、思《おも》ひきつて合併後《がつぺいご》間《ま》もない朝鮮《てうせん》に渡《わた》り、群山府《ぐんさんふ》に落着《おちつ》いて細《さゝ》やかな米穀商《べいこくしやう》を始《はじ》めた。

二

夫婦《ふうふ》力《ちから》を協《あは》せて働《はたら》いた。時機《じき》もよかつたし、誠實《せいじつ》な營業《えいげふ》ぶりも信用《しんよう》を博《はく》して、店《みせ》は次第《しだい》に榮《さか》えて行《い》つた。蓄財《ちくざい》もいくらか出來《でき》、子供《こども》も上《うへ》三人《にん》の女兒《ぢよじ》と下《した》三人《にん》の男子《だんし》に惠《めぐ》まれ、女兒《ぢよじ》の二人《ふたり》は女學校《ぢよがくかう》に入《い》れられる程《ほど》になつた。賑《にぎ》やかな家庭生活《かていせいくわつ》が幾年《いくねん》かつゞいた。

しかし、その幸福《かうふく》も一朝《てう》にして、慘《みじ》めにもへし折《を》られてしまつたのである。

大正《たいしやう》十年《ねん》一月《ぐわつ》、十幾年《いくねん》の間《あひだ》丹靑《たんせい》をこめて育《そだ》てた長女《ちやうぢよ》が、女學校卒業《ぢよがくかうそつげふ》を眼前《がんぜん》に控《ひか》へて、ぽつくり死去《しきよ》したのである。彼等《かれら》夫妻《ふさい》の落膽《らくたん》ははたの見《み》る目《め》も氣《き》の毒《どく》な程《ほど》だつた。一時《じ》は精《せい》も根《こん》も盡《つ》き果《は》てゝ、暗然《あんぜん》として淚《なみだ》の中《うち》にすごした。

その心痛《しんつう》が、彼《かれ》の妻《つま》の體《からだ》に禍《わざはひ》したのであらう――その年《とし》の秋《あき》になつて、今《いま》まで病氣一《びやうきひと》つせず彼《かれ》を助《たす》けてくれた妻《つま》

が、病魔《びやうま》に見舞《みま》はれ、百方手《はうて》をつくした甲斐《かひ》なく、十一月《ぐわつ》にたうとう不歸《ふき》の客《きやく》となつてしまつた。

彼《かれ》は今《いま》、妻《つま》の冷《つめ》たい骸《なきがら》を前《まへ》にして、腕《うで》を拱《こまぬ》いたまゝ淚《なみだ》にくれてゐた。

『子供《こども》のことは吳々《くれぐれ》もお願《ねが》ひします。』

いまはの際《きは》まで口走《くちばし》つた妻《つま》の聲《こゑ》が、まだ耳《みゝ》の底《そこ》に殘《のこ》つてゐた。

懇《ねんご》ろな野邊《のべ》の送《おく》りもすむと、長《なが》い看護《かんご》の疲《つか》れと落膽《らくたん》のために、彼《かれ》の氣力《きりよく》は更《さら》に弱《よわ》つてしまつた。みるもの、聞《き》くもの、盡《ことごと》くが悲《かな》しみの種《たね》だつた。

ふと見《み》ると、十六の女兒《ぢよじ》を頭《かしら》に五人《にん》の子供《こども》が、枕《まくら》を並《なら》べて無心《むしん》に眠《ねむ》つてゐる。

『最愛《さいあい》の母《はゝ》を喪《うしな》つて、この子達《こたち》はこれからどうして行《ゆ》くのだらうか』

さう思《おも》ふと、胸《むね》がはり裂《さ》けるやうな悲《かな》しみに突《つ》き落《おと》された。不覺《ふかく》の淚《なみだ》がはら〳〵と頰《ほゝ》を傳《つた》つて流《なが》れた。

さういふ有樣《ありさま》で、暫《しばら》くは家業《かげふ》も手《て》に着《つ》かず、呆然《ばうぜん》として日《ひ》を暮《くら》してゐた。悲《かな》しさ、やるせ無《な》さを慰《なぐさ》めるために、つ

い酒《さけ》に走《はし》る。また彼《かれ》の片腕《かたうで》となつて働《はたら》いてくれた妻《つま》がなくなつたゝめに、家業《かげふ》にも支障《ししやう》を來《きた》す。

それやこれやで、今《いま》まで順調《じゆんてう》な道《みち》を辿《たど》つてゐた家業《かげふ》も、次第《しだい》に衰《おとろ》へて來《き》た。

友人達《いうじんたち》はそれを見《み》るに見兼《みか》ねて、彼《かれ》に後妻《ごさい》をすゝめた。子女《しぢよ》はまだ幼《をさな》く、とても男手《をとこで》一人《ひとり》ではやつて行《ゆ》けないのですゝめられるまゝに後妻《ごさい》を貰《もら》ひ受《う》けた。そして、新規更新《しんきかうしん》のつもりで、思《おも》ひ出《で》悲《かな》しい群山府《ぐんざんふ》を去《さ》つて、現在《げんざい》の忠淸南《ちうせいなん》道《だう》保寧郡大川面《ほねいぐんたいせんめん》に移《うつ》り、こゝに新《あら》たに日用雜貨商《にちようざつくわしやう》を開業《かいげふ》し、傍《かたは》ら醬油釀造《しやうゆぢやうざう》をなしつゝ、家運《かうん》の挽回《ばんくわい》に努力《どりよく》することゝなつた。

『子供《こども》のことは吳々《くれぐれ》もお願《ねが》ひします』

さういつた亡妻《ばうさい》の言葉《ことば》は、今《いま》もなほ耳《みゝ》に殘《のこ》つてゐた。

『子供《こども》だけは立派《りつぱ》に育《そだ》てなければ、この子《こ》の母《はゝ》に對《たい》して申《まをし》譯《わけ》がない』

さういつた責任感《せきにんかん》、そして父《ちゝ》としての愛《あい》の力《ちから》で、如何《いか》に困《こま》つても子供《こども》の敎育《けういく》のためには全力《ぜんりよく》をあげた。商賣《しやうばい》の方《はう》も漸次《ぜんじ》好調《かうてう》に赴《おもむ》き、彼《かれ》の前《まへ》には新《あたら》しい希望《きばう》が湧《わ》き上《あが》つて來《き》た。

その矢先《やさき》、昭和《せうわ》三年《ねん》に、又《また》しても不幸《ふかう》が降《ふ》りかゝつた。二男《なん》と三女《ぢよ》が前後《ぜんご》して傳染病《でんせんびやう》に罹《かゝ》り、四ケ月《げつ》の長《なが》い間入院《あひだにふゐん》したのである。幸《さいは》ひにして生命《せいめい》だけはとり止《と》めたが、後《あと》には恐《おそ》ろしい負擔《ふたん》が殘《のこ》された。

『俺《おれ》は何《なん》といふ不幸者《ふかうもの》だらう』

彼《かれ》は沁々《しみじみ》と思《おも》つた。しかし、考《かんが》へてみれば、たとへ如何《いか》に負擔《ふたん》が殘《のこ》つたとはいへ、二人《ふたり》の子供《こども》が不幸《ふかう》にして死去《しきよ》したことを思《おも》へば、何《なん》でもないではないか――さう思《おも》ふと諦《あきら》めもついて、彼《かれ》は自《みづか》らに鞭打《むちう》つて家業《かげふ》に精出《せいだ》したのであつた。

その間《かん》、莫大《ばくだい》な負債《ふさい》を背負《せお》つての活動《くわつどう》は、實《じつ》に血《ち》を絞《しぼ》るの思《おも》ひであつた。子供《こども》には三度《ど》の食事《しよくじ》を與《あた》へても自分《じぶん》は二度《ど》ですましたことさへあつた。

さうした、砂《すな》を食《は》み莚《むしろ》を着《き》る思《おも》ひで、家運《かうん》の挽回《ばんくわい》につとめてゐる最中《さいちう》、又《また》しても第三《だい》の不幸《ふかう》が襲《おそ》つたのである、昭和《せうわ》四年《ねん》、彼《かれ》の妻《つま》が大病《たいびやう》にとりつかれ、あれよこれよと、有《あ》らん限《かぎ》りの力《ちから》を盡《つく》したにも拘《かゝは》らず、遂《つひ》に歸《かへ》らぬ客《きやく》となつて

しまつたのである。

『俺《おれ》は何《なん》といふ不幸者《ふかうもの》だらう』

彼《かれ》は三度《みたび》自分《じぶん》の不運《ふうん》を嘆《なげ》く溜息《ためいき》を洩《もら》した。

又《また》しても、負債《ふさい》のみが後《あと》に殘《のこ》された。度重《たびかさ》なる禍《わざはひ》に、彼《かれ》は氣力體力《きりよくたいりよく》共《とも》に衰《おとろ》へたのを感《かん》じた。

子供《こども》のためだ！　子供《こども》のためだ！

彼《かれ》はたゞ、子供《こども》に對《たい》する責任《せきにん》と愛《あい》とに勵《はげ》まされて、不自由《ふじいう》な身《み》に鞭打《むちう》つて働《はたら》いた。その間《あひだ》の苦心《くしん》は到底筆舌《たうていひつぜつ》のつくすところではない。

かくて數年《すうねん》、二女三女共《とも》に良緣《りやうえん》あつて他家《たけ》に嫁《か》し、長男《ちやうなん》二男《なん》も學業《がくげふ》を卒《を》へて一人前《にんまへ》に働《はたら》けるやうになつた。從《したが》つて彼《かれ》の負擔《ふたん》も次第《しだい》に輕《かる》くなり、それと同時《どうじ》に家運《かうん》も漸《やうや》く挽回《ばんくわい》して來《き》た。

『よくやつて來《き》たもんだ！』

三十年《ねん》の年月《ねんげつ》をふりかへつて、彼《かれ》は沁々《しみじみ》不思議《ふしぎ》に思《おも》ふのである。

この不自由《ふじいう》な體《からだ》で、よく度重《たびかさ》なる不幸《ふかう》を切《き》り拔《ぬ》けて來《き》たことを思《おも》ふと、何《なに》か人間《にんげん》の力《ちから》でない力《ちから》があるやうな氣《き》がするのだ。

彼《かれ》は遂《つひ》に父《ちゝ》として果《はた》すべき義務《ぎむ》を果《はた》した。今《いま》や、彼《かれ》は子供達《こどもたち》に仕《つか》へられつゝ、なほも家業《かげふ》にいそしみつゝ安樂《あんらく》な餘生《よせい》を送《おく》りつゝある。

『苦《く》あれば樂《らく》あり』といふ、『苦《く》は樂《らく》の種《たね》』ともいふ――三十年《ねん》の苦《く》は今《いま》や樂《らく》の實《み》を結《むす》んだ。

それといふも、不撓不屈《ふとうふくつ》、毆《なぐ》られても起《お》き上《あが》る力《ちから》の賜物《たまもの》といはねばなるまい。

乃木將軍《のぎしやうぐん》の訓示《くんじ》

＝盲啞教育《まうあけういく》に身《み》を捧《さゝ》げし森清克氏《もりきよかつし》＝

本籍地　大分縣東國東郡

負傷程度　兩眼盲

一

日露《にちろ》の國交《こくかう》が斷絶《だんぜつ》したといふことは、米國人《べいこくじん》の總《す》べてのものに砲彈《はうだん》をブッ飛《と》ばしたやうに大《おほ》きな衝動《しようどう》を與《あた》へた。物好《ものず》きなアメリカ人《じん》に取《と》つて、これは確《たし》かに百パーセントの話題《わだい》に違《ちが》ひない。彼等《かれら》はよるとさはると戰爭《せんさう》の話《はなし》で持《も》ち切《き》つた。しかし、誰《だれ》も日本《につぽん》が勝《か》つとは思《おも》つてゐなかつた。日頃親日《ひごろしんにち》を唱《とな》へてゐる人々《ひとびと》でも、『日本《につぽん》は全滅《ぜんめつ》する、日本人《につぽんじん》の最後《さいご》の一人《ひとり》まで殺《ころ》されてしまふだらう、そして、この地球《ちきう》から日本民族《につぽんみんぞく》といふものは失《な》くなつてしまふだらう』と悲觀《ひくわん》する有樣《ありさま》であつた。

『馬鹿《ばか》なことをしたものだ、何《ど》ういふ心持《こゝろもち》で日本《につぽん》は露西亞《ロシア》と戰《たゝか》ふのだらう』

『ほんとにさうだ、象《ざう》の背中《せなか》に蠅《はへ》がとまつたくらゐのものだ、いくら蠅《はへ》が力瘤《ちからこぶ》を入《い》れて象《ざう》を押《お》し潰《つぶ》さうとしても、象《ざう》は蠅《はへ》がとまつてゐるとも知《し》らないで、のし〳〵歩《ある》いてゐるやうなものだ』

アメリカ人《じん》が日本《につぽん》を蠅《はへ》に例《たと》へるのも無理《むり》はなかつたらう。その頃《ころ》の露西亞《ロシア》の陸軍《りくぐん》は世界最強《せかいさいきやう》を誇《ほこ》り、自他共《じたとも》に許《ゆる》してゐるのであつた。兵器《へいき》の點《てん》に於《お》いて、裝備《さうび》の點《てん》に於《お》いて、又軍隊《またぐんたい》の數《すう》に於《お》いて、確《たし》かに露西亞《ロシア》は日本《につぽん》の敵《てき》でなく見《み》えた。アメリカ人《じん》が洩《も》らした言葉《ことば》は正直《しやうぢき》に自分《じぶん》たちの思《おも》つたまゝをいつたまでゞ、誇張屋《こちやうや》ではあるが、誇張《こちやう》といつて片《かた》づけられなかつたらう。親日論者《しんにちろんしや》は日本《につぽん》の敗北《はいぼく》を悲《かな》しみ、反日論者《はんにちろんしや》は手《て》を叩《たゝ》いて喜《よろこ》んだ。

さうした空氣《くうき》の中《なか》に森清克《もりきよかつ》はゐた。彼《かれ》は渡米《とべい》してからまだ數年《すうねん》にしかならなかつたが、學生時代《がくせいじだい》から日本《につぽん》の將來《しやうらい》は

海外發展《かいぐわいはつてん》を措《お》いて他《ほか》に道《みち》がないことを思《おも》ひ、學業《がくげふ》を卒《を》へると直《す》ぐに太平洋《たいへいやう》を渡《わた》り、今《いま》では親戚友人《しんせきいうじん》をも呼《よ》びよせて永住《えいぢう》の計畫《けいくわく》を立《た》てゝゐるのであつた。

が、祖國《そこく》を離《はな》れて遠《とほ》く異郷《いきやう》の土《つち》に立《た》つてゐると、初《はじ》めて祖國《そこく》の眞《しん》の姿《すがた》が、その大《おほ》いなる精神《せいしん》が、はつきりわかる。

彼《かれ》はアメリカに永住《えいぢう》しようとまで思《おも》つたのも、その祖國《そこく》あつての決心《けつしん》であり、祖國發展《そこくはつてん》のための實踐《じつせん》であつた。その祖國《そこく》の同胞《どうはう》が擧國《きよこく》一致《ち》して大敵露西亞《たいてきロシア》と矛《ほこ》を交《まじ》へてゐるのだ。勝《か》つか負《ま》けるかはわからないが、協心戮力《けふしんりくりよく》戰《たゝか》つてゐるのは事實《じじつ》である。

『さうだ、俺《おれ》は祖國日本《そこくにつぽん》の運命《うんめい》に殉《じゆん》じよう』

彼《かれ》は一切《さい》を投《な》げうつてアメリカを發《た》つた。

二

彼《かれ》は歸朝《きてう》して、矢張《やは》りよかつた、と思《おも》つた。眼《ま》のあたりに同胞《どうはう》の總《す》べてのものが生々《いきいき》として『露國何者《ろこくなにもの》ぞ』と大敵《たいてき》を呑《の》んでかゝつてゐるのを見《み》ると、彼《かれ》の心《こゝろ》は二倍《ばい》三倍《ばい》に勇氣《ゆうき》づいた。

僅《わづ》か數年離《すうねんはな》れてゐた日本《につぽん》の姿《すがた》が、町々《まちまち》の風物《ふうぶつ》が、際立《きはだ》つて發展《はつてん》してゐるのも嬉《うれ》しかつたし、富士《ふじ》の靈峰《れいはう》に千古《こ》の雪《ゆき》が輝《かゞや》いてゐるのを見《み》ては自分《じぶん》が日本人《につぽんじん》であることを意識《いしき》するのであつた。

しかし、彼《かれ》は故郷《こきやう》（大分縣東國東郡國東町《おほいたけんひがしくにさきぐんくにさきまち》）には歸《かへ》らずに、そのまゝ小倉《こくら》の第《だい》十二師團司令部《しだんしれいぶ》に出頭《しゆつとう》して從軍《じゆうぐん》を志願《しぐわん》した。

『アメリカから歸《かへ》つたまゝで、さうですか』

師團司令部《しだんしれいぶ》の人々《ひとびと》は新《あたら》しい感激《かんげき》をもつていつた。

それから間《ま》もなく彼《かれ》は、參謀本部《さんぼうほんぶ》に召《め》し出《だ》され、第三軍《だいぐん》司令部附《しれいぶづき》を命《めい》ぜられた。

彼《かれ》は獸醫《じうい》であつたのだ。（彼《かれ》は後《のち》に陸軍《りくぐん》二等獸醫《とうじうい》となり、正六位勳五等功五級《しやうろくゐくんごとうこうごきふ》を授與《じゆよ》された）彼《かれ》は勇《いさ》んで出征《しゆつせい》した。

三

旅順《りよじゆん》を陷入《おとしい》れた乃木軍《のぎぐん》は、巧《たく》みに露軍《ろぐん》の眼《め》を外《そ》らして、奉天《ほうてん》へ、奉天《ほうてん》へと進《すゝ》んで行《い》つた。三月《ぐわつ》二日《か》の黄昏《たそがれ》、早《はや》くも奉天《ほうてん》の西砂嶺堡《にしされいほ》に着《つ》いた。この時既《ときすで》に數時間前《すうじかんまへ》、こゝに到《たう》

着《ちやく》してゐた森《もり》は、炎々《えんえん》大火災《だいくわさい》を起《おこ》してゐる敵《てき》の軍團司令部《ぐんだんしれいぶ》の糧食《りやうしよく》や馬糧《ばりやう》を彈雨《だんう》の中《なか》を冒《をか》して、下士卒《かしそつ》や支那人《しなじん》を使《し》役《えき》して火道《くわだう》を斷《た》つた。日《ひ》は將《まさ》に暮《く》れ果《は》てゝ、第三軍司令部《だいぐんしれいぶ》は司令部《しれいぶ》の設營《せつえい》に忙《いそが》しかつた。森《もり》もその中《なか》にゐた。

と、突然《とつぜん》であつた。眞暗《まつくら》な闇《やみ》をつんざいて小銃《せうじう》が鳴《な》つた。夜襲《やしふ》だ。

『あッ！』

『おい、何《ど》うした？　やられたか？　あッ！』

軍馬《ぐんば》が地響《ちひゞ》き打《う》つて斃《たふ》れた。ばた〳〵と士卒《しそつ》の倒《たふ》れる音《おと》が、闇《やみ》の中《なか》に聞《きこ》えた。

彼《かれ》は負傷《ふしやう》したものに應急手當《おうきふてあて》をしようとして、横《よこ》に向《む》いた途端《とたん》であつた。敵《てき》の小銃彈《せうじうだん》が飛《と》んで來《き》た。顔面《がんめん》は血《ち》に塗《まみ》れて氣《き》はだん〳〵遠《とほ》くなつた。これが最後《さいご》だ、さう考《かんが》へた。聲《こゑ》をふり絞《しぼ》つて萬歳《ばんざい》を三唱《しやう》した。その聲《こゑ》に戰友《せんいう》が駈《か》け寄《よ》つて抱《だ》き上《あ》げた。

『自分《じぶん》には構《かま》ふな。早《はや》く行《い》つてこゝは危險地帶《きけんちたい》だから軍司令官《ぐんしれいくわん》に他《ほか》に御出《おいで》になるやうおすゝめしてくれ』

彼《かれ》は絶《た》え〴〵の聲《こゑ》をふりしぼつた。

四

彼《かれ》の傷《きず》は深《ふか》かつた。彈《たま》は、左《ひだり》の眼《め》から鼻骨《びこう》を縫《ぬ》ふて右《みぎ》の眼《め》を突《つ》き拔《ぬ》け、顳顬《こめかみ》に至《いた》る盲貫銃創《まうくわんじうさう》だつた。彼《かれ》は何日《なんにち》も何《なん》日《にち》も意識不明《いしきふめい》であつた。

『駄目《だめ》だ！　到底《たうてい》よくなるまい』

と、軍醫《ぐんい》や看護婦《かんごふ》は呟《つぶや》いた。

純白《じゆんぱく》の繃帶《はうたい》は、顔半分《かほはんぶん》をぐる〳〵巻《ま》きに巻《ま》かれ、血《ち》がにぢんでゐた。だが、不思議《ふしぎ》に彼《かれ》の容態《ようだい》は一日《にち》一日《にち》良好《りやうかう》な經過《けいくわ》を辿《たど》つて行《い》つた。

彼《かれ》は見《み》えない眼《め》が、繃帶《はうたい》に仕切《しき》られた眼《め》が、まだ見《み》えるやうに思《おも》へた。體《からだ》が動《うご》かせるやうになつたら見《み》える――と。そして、夜襲隊《やしふたい》に志願《しぐわん》して仇《あたき》を討《う》つてやらう、仇《あたき》を討《う》たなければ死《し》んでも死《し》にきれない、と思《おも》つた。萬《ばん》が一それが出《で》來《き》なければ、精神教育《せいしんけういく》に一生《しやう》を捧《さゝ》げよう、と考《かんが》へてゐた。彼《かれ》は少《すこ》しも悲觀《ひくわん》めいた思想《しさう》に囚《とら》はれなかつた。アメリカを發《た》つた時《とき》、既《すで》に死《し》は覺悟《かくご》してゐたのだ。

それから四年《ねん》の月日《つきひ》が過《す》ぎた。靜養《せいやう》と醫療《いれう》の四年《ねん》であつ

た。尤《もつと》もその間《あひだ》にも彼《かれ》は盲啞《まうあ》教育《けういく》のために上京《じやうきやう》したりしたが、兩眼《りやうがん》は全《まつた》く見《み》えなくなつてゐた。嗅覺《きうかく》もなく、聽覺味《ちやうかくみ》覺《かく》は障害《しやうがい》せられ、それは年《とし》と共《とも》に增進《ぞうしん》して、右《みぎ》の耳《みゝ》は聾《つんぼ》になり、左《ひだり》の耳《みゝ》は微《かす》かに聞《きこ》えるくらゐのもので、完全《くわんぜん》なる齒《は》といつてはたゞ一本《ぽん》で、氣候《きこう》の變《かは》り目《め》だとか、溫暖寒暑《をんだんかんしよ》の差《さ》の甚《はなはだ》しい時《とき》には顏《かほ》も頭《あたま》もずき〳〵疼《うづ》くのであつた。

しかし步行《ほかう》が自由《じいう》になると森《もり》は自分《じぶん》の信《しん》ずる道《みち》を步《ある》いて行《い》つた。不具者《ふぐしや》のための精神敎育《せいしんけういく》だ。

彼《かれ》は上京《じやうきやう》して、全國《ぜんこく》に大々的《だい〳〵てき》に不具者《ふぐしや》の學校《がくかう》や不具者《ふぐしや》の授產所《じゆさんじよ》を設置《せつち》せんと計畫《けいくわく》して、その實現《じつげん》にあつちこつち飛《と》び廻《まは》つてゐた。

乃木大將《のぎたいしやう》はさうした彼《かれ》の行動《かうどう》を心配《しんぱい》して、彼《かれ》に度々《たび〳〵》いつた。

『戰傷者《せんしやうしや》は國寶《こくはう》ともいふべきものだから、決《けつ》して輕《かる》はずみのことをしちやいかん。自分《じぶん》では正《たゞ》しいと信《しん》じてしたことでも、結果《けつくわ》に於《お》いて誤《あやま》つたことになつたら陛下《へいか》に對《たい》し大不忠《だいふちう》になる。其處《そこ》をよく考《かんが》へて、身《み》を高潔《かうけつ》に持《も》つて、不言《ふげん》のうちに人《ひと》を感化善導《かんくわぜんだう》すべき敎材《けうざい》になるやう、心掛《こゝろが》けなくち

やいかん』

乃木大將《のぎたいしやう》の一言《げん》一句《く》は彼《かれ》の心《こゝろ》に針《はり》で刺《さ》されるやうにしみた。戰傷者《せんしやうしや》の心掛《こゝろが》けとして當然《たうぜん》であり平凡《へいぼん》であるが、犯《をか》すべからざる鐵則《てつそく》であつた。

『自分《じぶん》は功《こう》を焦《あせ》り過《す》ぎてゐるのぢやないかしら？ 自分《じぶん》の考《かんが》へは間違《まちが》つてゐるとは思《おも》はないが、一時《じ》に解決《かいけつ》のつく問題《だい》ぢやない、もつとよく考《かんが》へよう。』

彼《かれ》は他日《たじつ》の機《き》を待《ま》ち、それに備《そな》へるために鄕里大分《きやうりおほいた》に歸《かへ》つて行《い》つた。

五

彼《かれ》は志《こゝろざし》を捨《す》てたのではなかつた。彼《かれ》は隱忍自重《いんにんじちよう》をしてゐたのだ。

大分《おほいた》には彼《かれ》の同志《どうし》が彼《かれ》の蹶起《けつき》を待望《たいばう》してゐた。志柿佐吉《しがきさきち》といふ人《ひと》で、その他《ほか》にも二人《ふたり》ばかりのものが、盲啞敎育《まうあけういく》の提唱《ていしやう》に共鳴《きようめい》してゐた。彼等《かれら》は自力《じりき》で大分縣《おほいたけん》に完全《くわんぜん》な盲啞敎育《まうあけういく》の機關《きくわん》を設置《せつち》しようと圖《はか》つた。彼《かれ》は此處《こゝ》に一縷《る》の光《ひかり》を摑《つか》んだ。

その中《うち》、一《ひと》つの機會《きくわい》が來《き》た。縣《けん》の敎育會總會《けういくくわいそうくわい》に出席《しゆつせき》して、彼《かれ》は自分《じぶん》の意見《いけん》を述《の》べることになつたのだ。彼《かれ》は第《だい》三軍司令部附《ぐんしれいぶづき》として旅順《りよじゆん》へ出征《しゆつせい》した時《とき》のやうに元氣《げんき》一杯《ぱい》であつた。

敎育會總會《けういくくわいそうくわい》の席上《せきじやう》では、彼《かれ》は一時間以上《じかんいじやう》も盲啞學校設立《まうあがくかうせつりつ》の忽《ゆるがせ》にすべからざる事情《じじやう》を說《と》いた。その時《とき》の彼《かれ》の熱辯《ねつべん》は、縣《けん》の當局《たうきよく》や敎育者《けういくしや》たちを動《うご》かし、その翌年《よくねん》——明治《めいぢ》四十一年《ねん》六月《ぐわつ》——には志柿佐吉外《しがきさきちほか》二名《めい》の名《な》を以《もつ》て、大分縣私《おほいたけんし》立《りつ》大分盲啞《おほいたまうあ》學校設立《がくかうせつりつ》の認可《にんか》が下《さ》がつた。

彼《かれ》は有頂天《うちやうてん》になつた。彼《かれ》の勞苦《らうく》は、眞精神《しんせいしん》は遂《つひ》に認《みと》められたのだ。彼《かれ》は直《たゞ》ちに上京《じやうきやう》して、東京盲啞學校敎員練習《とうきやうまうあがくかうけうゐんれんしふ》科《くわ》に入學《にふがく》し、四十三年《ねん》三月《ぐわつ》同校《どうかう》を卒業《そつげふ》した。同年學校《どうねんがくかう》は經《けい》營《えい》を縣敎育會《けんけういくくわい》に改《あらた》めたが、彼《かれ》は同會《どうくわい》よりの補助《ほじよ》を受《う》くるを潔《いさぎよ》しとせず、經費《けいひ》は少《すこ》しも同會《どうくわい》より支出《ししゆつ》せずとの條件《でうけん》のもとに、縣敎育會經營《けんけういくくわいけいえい》の名儀《めいぎ》となつたのであつた。それから彼《かれ》が不幸《ふかう》な兒童《じどう》の敎育《けういく》に、或《あるひ》は學校經營《がくかうけいえい》に盡瘁《じんすゐ》したことはいふまでもない。最初少《さいしよすく》なかつた生徒《せいと》も年々《ねん〳〵》增加《ぞうか》して行《い》つた。

大正《たいしやう》六年《ねん》には縣敎育會《けんけういくくわい》に表彰《へうしやう》されたり、その間《あひだ》には縣當《けんたう》局《きよく》や篤志家《とくしか》の同情《どうじやう》を受《う》けたり、そして、校舍《かうしや》や寄宿舍《きしゆくしや》などを建《た》てたり、評判《ひやうばん》は敎育《けういく》の眞實《しんじつ》であると共《とも》に高《たか》まり、又《また》ある年《とし》には宇佐《うさ》女子蠶業學校長《ぢよしさんげふがくかうちやう》を兼務《けんむ》して、高等女子普通敎《かうとうぢよしふつうけう》育《いく》の高唱《かうしやう》に併《あは》せて、敎育《けういく》の地方化實際化《ちはうくわじつさいくわ》を說《と》き、農村《のうそん》の主《しゆ》婦《ふ》たちには勞働《らうどう》の愛《あい》すべき所以《ゆゑん》を語《かた》つたり、一日《にち》として席《せき》の溫《あたゝ》まる日《ひ》はなかつた。

盲啞學校《まうあがくかう》の成績《せいせき》はます〳〵よくなり、大正《たいしやう》十年《ねん》の春《はる》には約《やく》十五萬圓《まんゑん》の財產《ざいさん》を持《も》つやうになつた。森校長《もりかうちやう》はそれを全《ぜん》部無償《ぶむしやう》で縣《けん》に寄附《きふ》し、全國最初《ぜんこくさいしよ》の縣立盲啞學校《けんりつまうあがくかう》の出現《しゆつげん》を見《み》るに至《いた》つた。私立學校當時《しりつがくかうたうじ》森《もり》が校長《かうちやう》として、學校《がくかう》の管理經《くわんりけい》營《えい》に當《あた》つた年《とし》から縣立《けんりつ》になるまでの十三年間《ねんかん》は、縣《けん》の補助《ほじよ》といつても年額《ねんがく》三百圓乃至最高《ゑんないしさいかう》二千六百圓《ゑん》であつて、森《もり》の努力《どりよく》は大《おほ》きなものであつた。明治《めいぢ》四十一年末《ねんまつ》の生徒數《せいとすう》が僅《わづ》かに三十一名《めい》であつたのが、大正《たいしやう》二年度《ねんど》には百名以上《めいいじやう》になり、昭和《せうわ》八年度《ねんど》には一躍《やく》三百三十五名《めい》となつた。しかし學《がく》校新築費《かうしんちくひ》の外《ほか》は、他《た》から同情《どうじやう》や寄附金《きふきん》などを求《もと》めずして、自分《じぶん》が一身《しん》に引《ひ》き受《う》けたのであつた。

學校經營《がくかうけいえい》の一方《ぱう》に於《お》いては、五十有餘年《いうよねん》採用《さいよう》してゐた手《しゆ》話式《わしき》の敎育《けういく》を大正《たいしやう》四年《ねん》に口話式《こうわしき》に改《あらた》めたのも彼《かれ》の苦心《くしん》の結《けつ》果《くわ》であつた。今《いま》では彼《かれ》の職業敎育《しよくげふけういく》を受《う》けたるもの七百五十名《めい》に達《たつ》し、不具《ふぐ》ながら朗《ほが》らかに獨立自營《どくりつじえい》をしてゐるといふ有樣《ありさま》である。

彼《かれ》は又《また》、盲啞敎育令發布促進運動《まうあけういくれいはつぷそくしんうんどう》のために十數年間《すうねんかん》、中《ちう》心人物《しんじんぶつ》となつたり、帝國盲敎育會副會長《ていこくまうけういくくわいふくくわいちやう》から會長《くわいちやう》になつたり、全國盲學校長協會副會長《ぜんこくまうがくかうちやうけふくわいふくくわいちやう》になつたり、大分縣《おほいたけん》盲人協會《まうじんけふくわい》を組織《そしき》しては同會《どうくわい》々長《ちやう》に選擧《せんきよ》せられたり、又大《またおほ》分縣義勇會《いたけんぎゆうくわい》を組織《そしき》、この會長《くわいちやう》に推擧《すゐきよ》され、戰公傷軍人《せんこうしやうぐんじん》やその遺族《ゐぞく》の世話《せわ》をしたり、文部省囑託學校用敎科書編纂《もんぶしやうしよくたくがくかうようけうくわしよへんさん》員《ゐん》となつたり、全國盲啞敎育會《ぜんこくまうあけういくくわい》やその他多數《たたすう》の團體《だんたい》の幹部《かんぶ》として十數年間努力《すうねんかんどりよく》したり、その間《かん》、帝國敎育會《ていこくけういくくわい》や帝國盲《ていこくまう》敎育會等《けういくくわいとう》より表彰《へうしやう》せられ、彼《かれ》の關係《くわんけい》する事業《じげふ》の總《す》べてが盲《まう》啞《あ》の敎育《けういく》と保護《ほご》なのである。

而《しか》も彼《かれ》はまだ〳〵多《おほ》くの仕事《しごと》をしたい、といつてゐる。一身《しん》は君國《くんこく》のために捧《さゝ》げてゐるのであるから——

軀幹負傷者の部

眞《まつ》直《すぐ》な道《みち》

＝夫婦協力《ふうふけふりよく》して働《はたら》いた稲岡半《いなをかはん》三郎氏《らうし》＝

本籍地 埼玉縣北埼玉郡星宮村[redacted]
[redacted]
負傷程度 右肩胛部貫通銃創

一

険悪《けんあく》な雲行《くもゆき》を見《み》せてゐた日露《にちろ》間《かん》の國交《こくかう》はつひに斷絶《だんぜつ》して満洲《まんしう》の曠野《くわうや》は戰《たゝかひ》の巷《ちまた》と化《くわ》した。

相手《あひて》は世界《せかい》の一大強國《だいきやうこく》だ。日本國中《にっぽんこくちう》津々《づ》浦々《うら/\》にいたるまで、老若男女《らうじやくなんによ》を問《と》はず、國民《こくみん》は祖國《そこく》のために一大決心《だいけっしん》をしなければならなかつた。敗《ま》けたらどうなるか分《わか》らない。どうしても勝《か》たなければならない戰爭《せんさう》だ。

召集令状《せうしふれいじやう》は、埼玉縣北埼玉郡星宮村大字小敷田在住《さいたまけんきたさいたまぐんほしみやむらおほあざこしきださいぢう》の稲《いな》岡半《をかはん》三郎《らう》にも發《はつ》せられた。明治《めいぢ》三十七年《ねん》二月《ぐわつ》のことである。

當時《たうじ》、彼《かれ》は財産《ざいさん》とては僅《わづ》かに雨露《うろ》をしのぐに足《た》るささやかな住居《すまゐ》を持《も》つてゐるにすぎない一介《かい》の貧《まづ》しい小作農《こさくのう》だつた。僅《わづ》かに妻《つま》の細腕《ほそうで》に助《たす》けられながら、小作《こさく》の田畑《たはた》を耕《たがや》し七十を越《こ》えた老父母《らうふぼ》と小學《せうがく》一年《ねん》の長男高次郎《ちやうなんたかじらう》と四歳《さい》の次男《じなん》清《せい》一の、六人《にん》の家族《かぞく》を糊《のり》して行《ゆ》くことは、並大抵《なみたいてい》の苦勞《くらう》ではなかつた。さういふ時《とき》に召集令状《せうしふれいじやう》である。

(俺《おれ》が戰爭《せんさう》に行《い》つたら家族《かぞく》のものはどうなるのだ?)

彼《かれ》はさう思《おも》つた。しかし、彼《かれ》はすぐに思《おも》ひ直《なほ》した。

(日本《にっぽん》は今《いま》、一大國難《だいこくなん》にぶつつかつてゐるのだ。私情《しじやう》になぞ捉《とら》はれてゐる時《とき》ではない。たとへ自分《じぶん》が名譽《めいよ》の戰死《せんし》を遂《と》げても妻《つま》は自分《じぶん》にかはつて老《お》いたる父母《ふぼ》に孝養《かうやう》をつくし、子供《こども》たちを育《そだ》て上《あ》げてくれるだらう)

その夜《よ》、寢物語《ねものがたり》は夜《よ》の明《あ》けるまで彼等《かれら》夫妻《ふさい》の間《あひだ》につきなかつた。そして、その寢物語《ねものがたり》の間《あひだ》に、彼《かれ》は自分《じぶん》の妻《つま》がこれまで信《しん》じてゐた以上《いじやう》に氣丈《きぢやう》な女《をんな》であることを知《し》つて、これならば老《お》い先短《さきみじか》い父母《ふぼ》といたいけな子供《こども》たちを十分安心《ぶんあんしん》してあづけられると吻《ほつ》と安堵《あんど》の胸《むね》を撫《な》でおろしたのだつた。

明治《めいぢ》三十七年《ねん》二月《ぐわつ》八日《か》、彼《かれ》は家族《かぞく》のものをはじめ、多《おほ》くの村人《むらびと》たちの見送《みおく》りを受《う》けて出征《しゆつせい》の途《と》についた。母《はゝ》の背中《せなか》に伸《の》び上《あが》つて、廻《まは》らぬ舌《した》でバンザイを叫《さけ》びながら日《ひ》の丸《まる》の國旗《こくき》を振《ふ》つた清《せい》一の姿《すがた》が、その後《あと》ずつと、戰場《せんぢやう》で砲煙彈雨《はうえんだんう》の下《した》をくぐつてゐる間《あひだ》も、彼《かれ》の頭《あたま》に殘《のこ》つてゐた。

二

彼《かれ》は、軍隊教育《ぐんたいけういく》は二ケ月《げつ》しか受《う》けてゐなかつた。それは明治《めいぢ》二十八年《ねん》九月《ぐわつ》十五日《にち》、豫備《よび》充員《じうゐん》として近衞《このゑ》歩兵第《ほへいだい》二聯《れん》隊補充大隊第《たいほじうたいたいだい》一中隊《ちうたい》に入隊《にふたい》し、同年《どうねん》十一月《ぐわつ》十六日《にち》歸休《きうき》除隊《ぢよたい》となつたのである。

日露戰役《にちろせんえき》に際《さい》して召集《せうしふ》された彼《かれ》は、第《だい》一軍《ぐん》に從《したが》つて宇品《うじな》港《かう》を出帆《しゆつぱん》した。

當時《たうじ》の韓國鎭南浦《かんこくちんなんぽ》に上陸《じやうりく》したのが三月《ぐわつ》十日《か》、そして、翌《よく》十一日《にち》よりの江西守備《かうさいしゆび》を手《て》はじめとして七月下旬《ぐわつげじゆん》まであちこちの守備《しゆび》に當《あた》つた。

はじめて戰闘《せんたう》に參加《さんか》したのは、七月《ぐわつ》三十一日《にち》から翌《よく》八月《ぐわつ》一日《にち》に亙《わた》る代家堡子及楡樹林子附近《だいかほうしおよびゆじゆりんしふきん》の戰闘《せんとう》であつたが、この時《とき》の功《こう》に依《よ》つて、彼《かれ》は一等卒《とうそつ》を拜命《はいめい》した。

八月《ぐわつ》二十五日《にち》から九月《ぐわつ》五日《か》に亙《わた》る大寒波嶺《たいかんはれい》附近《ふきん》から小蓮《せうれん》溝《こう》の間《あひだ》の戰闘《せんとう》には第《だい》十二師團《しだん》に隷屬《れいぞく》し、屢々《しば/\》戰功《せんこう》を樹《た》てたが、九月《ぐわつ》九日《か》平臺子《へいだいし》に於《おい》て本隊《ほんたい》に復歸《ふくき》して左翼守備隊《さよくしゆびたい》となつた。

負傷《ふしやう》をしたのは十月《ぐわつ》十二日《にち》の大嶺東北方高地附近《たいれいとうほくはうかうちふきん》の戰闘《せんとう》の際《さい》であつた。右肩胛部貫通銃創肩胛骨折《うけんかふぶくわんつうじうさうけんかふこつせつ》であつた。取敢《とりあ》へず第《だい》十二師團《しだん》第二野戰病院《やせんびやうゐん》に收容《しうよう》されて應急手當《おうきふてあて》を受《う》けたが、やがて本溪湖《ほんけいこ》定立病院《ていりつびやうゐん》、孤家子《こかし》兵站病院《へいたんびやうゐん》、大安平《たいあんへい》赤十字病院《じびやうゐん》、遼陽病院《れうやうびやうゐん》、靑泥窪《ダルニイ》兵站病院《へいたんびやうゐん》を經《へ》て內地《ないち》に送還《そうくわん》され、十一月《ぐわつ》三日《か》大阪《おほさか》阿部野病院《あべのびやうゐん》へ收容《しうよう》された。同月《どうげつ》十日《か》には又《また》もや大阪《おほさか》を出發《しゆつぱつ》、東京豫備病院《とうきやうよびびやうゐん》戸山分院《とやまぶんゐん》へ轉送《てんそう》、越《こ》えて十二月《ぐわつ》二日《か》には伊豆《いづ》の溫泉地《をんせんち》に轉地療養《てんちれうやう》を命《めい》ぜられた。ここで傷痕《きずあと》はめき〳〵と快癒《くわいゆ》に向《むか》ひ三十八年《ねん》二月《ぐわつ》十六日《にち》には早《はや》くも廣尾病院《ひろおびやうゐん》へ歸院《きゐん》、三月《ぐわつ》三十一日《にち》、退院《たいゐん》と同時《どうじ》に兵《へい》役《えき》を免除《めんぢよ》された。

三

一年《ねん》の間《あひだ》に、長男《ちやうなん》の高次郎《たかじらう》も次男《じなん》の清《せい》一も見違《みちが》へるばかりに生長《せいちやう》してゐた。老父母《らうふぼ》も相《あひ》かはらず元氣《げんき》だつた。

『隨分苦勞《ずゐぶんくらう》しただらうな?』

と、彼《かれ》は妻《つま》をいたはつた。病人《びやうにん》も出《だ》さず、女《をんな》の細腕《ほそうで》で五人《にん》の家族《かぞく》を支《さゝ》へて來《き》た苦勞《くらう》を思《おも》ふと、感謝《かんしや》のために胸《むね》がつまるのだつた。

『なあに、近所《きんじよ》の人《ひと》たちも親切《しんせつ》にして下《くだ》さつたし、これくらゐのこと何《なん》でもないさ。それはさうと傷《きず》はもう大丈夫《だいぢやうぶ》?』

と、妻《つま》はかへつて夫《をつと》の體《からだ》を案《あん》じた。

『あゝ、大丈夫《だいぢやうぶ》だとも、お上《かみ》の手當《てあて》は、そりや涙《なみだ》が流《なが》れるくらゐ行《ゆ》き屆《とゞ》いてゐるからな、さあ! これからひとつ、うんと働《はたら》かなくちやあ』

彼《かれ》は、小作《こさく》のために田畑《たはた》合せて六反《たん》五畝歩《せぶ》を借《か》り受《う》けたが、これだけでは、一家《か》六人《にん》の生計《せいけい》を支《さゝ》へて行《ゆ》くことはむづかしかつた。

『これは何《なん》とかしなくては……』

考《かんが》へる中《うち》にふと思《おも》ひついたのは馬力《はりき》、運送業《うんそうげふ》だ。彼《かれ》は妻《つま》を相手《あひて》に小作《こさく》に精勵《せいれい》する傍《かたは》ら、馬力運送業《はりきうんそうげふ》をはじめた。しかし負傷《ふしやう》の痕《きず》は完全《くわんぜん》にもと通《どほ》りになつてゐないと見《み》えて、少《すこ》し荒仕事《あらしごと》をすると痛《いた》んだし、季節《きせつ》に依《よ》つては力仕事《ちからしごと》に支《し》障《しやう》を來《きた》した。

しかし、彼《かれ》は怠《なま》けるわけには行《ゆ》かなかつた。いつか三男《なん》の順《じゆん》三も生《うま》れてゐたし、すこしでも褌《ふんどし》をゆるめれば、もう明日《あす》からの食《しよく》にも窮《きう》しなければならなかつたのだ。そんなに貧乏《びんばふ》と體《からだ》の不自由《ふじいう》に苦《くる》しみながらも、彼《かれ》は幸福《かうふく》だつた。子供《こども》たちがみんな、親思《おやおも》ひで働《はたら》き者《もの》で健康《けんかう》だつたのだ。

『子供《こども》たちを立派《りつぱ》に育《そだ》て上《あ》げてゐるのだから、それだけでも俺《おれ》たちは滿足《まんぞく》していゝんだよ』

と、彼《かれ》は妻《つま》によく言《い》つた。

知合《しりあひ》の誰彼《たれかれ》に、息子《むすこ》たちのことを賞《ほ》められるのがとても嬉《うれ》しかつた。よい息子《むすこ》を育《そだ》てることは、金《かね》を貯《た》めたりすることより、どんなに幸福《かうふく》だかしれないとも思《おも》ふのであつた。

四

大正《たいしやう》十一年《ねん》一月《ぐわつ》、長男《ちやうなん》の高次郎《たかじらう》に嫁《よめ》を迎《むか》へたが、その頃《ころ》から、一家《か》の暮《くら》し向《む》きは段々《だん/\》よくなつて行《い》つた。

嫁《よめ》といふのがまた働《はたら》き者《もの》だつた。夫《をつと》をたすけて汗《あせ》みどろになつて働《はたら》いてくれた。その上《うへ》、その時分《じぶん》には、もう次男《なん》清《せい》一も三男《なん》の順《じゆん》三も立派《りつぱ》な働《はたら》き手《て》になつてゐて、一家力《かちから》を協《あは》せて農《のう》に勵《はげ》むのだから、貧乏神《びんばふがみ》が逃《に》げ出《だ》すのは當《あた》り前《まへ》の話《はなし》である。家《いへ》のなかには常《つね》に春風《しゆんぷう》がそよいで、一家總出《かそうで》で朝《あさ》から夜《よる》まで樂《たの》しく働《はたら》く樣《さま》は他所目《よそめ》にも羨《うらや》ましいくらゐだつた。

現在《げんざい》では、田畑《たはた》合せて二町《ちやう》一反《たん》六畝歩《せぶ》を耕作《かうさく》してゐる。相變《あひかは》らず小作農《こさくのう》で自分《じぶん》の耕地《かうち》を持《も》つてはゐないが、永《なが》い年《とし》月《つき》勤儉貯蓄《きんけんちよちく》に身《み》を持《ぢ》したお蔭《かげ》で、物質的《ぶつしつてき》にもいくらか餘裕《よいう》が出來《でき》、生活《せいくわつ》も亦《また》安定《あんてい》してきた。

彼《かれ》は又《また》、犧牲的精神《ぎせいてきせいしん》にも富《と》み、各種《かくしゆ》の公共事業《こうきようじげふ》には献身《けんしん》的《てき》な援助《えんじよ》を惜《をし》まない。現在《げんざい》、衞生組合長《ゑいせいくみあひちやう》、神社拜殿建築委《じんじやはいでんけんちくゐ》員《ゐん》、大字評議員《おほあざひやうぎゐん》、養蠶組合役員《やうさんくみあひやくゐん》、片倉養蠶實行組合役員等《かたくらやうさんじつかうくみあひやくゐんとう》の公職《こうしよく》に携《たづさ》はつて村治《そんち》の圓滿《ゑんまん》な發展《はつてん》と產業《さんげふ》の隆盛《りうせい》のために力《ちから》を灑《そゝ》いでゐる。

夫婦共稼《ふうふともかせ》ぎで

=疼痛《とうつう》と闘《たゝか》ひつゞけた川上軍治氏《かはかみぐんぢし》=

本籍地	福岡縣筑上郡東吉富村
負傷程度	右前胸ヨリ右肩頭ニ至ル貫通銃創

戰功《せんこう》を語《かた》る勳《くん》八等白色桐葉章《とうはくしよくとうえふしやう》が胸《むね》に燦然《さんぜん》と輝《かゞや》いて、三大節《だいせつ》その他《た》、村《むら》の式日祭典《しきじつさいてん》にその老人《らうじん》の姿《すがた》を見《み》ないことがない。彼《かれ》は十年《ねん》一日《じつ》の如《ごと》く、毎朝東《まいあさひがし》に向《むか》つて伊勢大廟《いせたいべう》と宮城《きうじやう》に拜禮《はいれい》し、陛下《へいか》の萬歳《ばんざい》と皇國《わうこく》の隆盛《りうせい》とを祈《いの》り、それが終《をは》ると、雨《あめ》の日《ひ》も風《かぜ》の日《ひ》も必《かなら》ず村《むら》の氏神《うぢがみ》に參拜《さんぱい》に出《で》かけ、三百六十五日《にち》、一日《にち》としてこの日課《につくわ》を缺《か》かしたことがない。これは福岡縣築上郡東吉富村大字廣津《ふくをかけんちくじやうぐんひがしよしとみむらおほあざひろつ》に見《み》る、日露役《にちろえき》の傷痍兵川上軍治《しやういへいかはかみぐんぢ》の敬虔《けいけん》襟《えり》を正《たゞ》さしむる、朝毎《あさごと》の姿《すがた》である。

彼《かれ》は明治《めいぢ》十二年《ねん》、吉富村《よしとみむら》の貧《まづ》しき農家《のうか》に呱《こ》々の聲《こゑ》をあげた。明治三十一年十二月、歩兵第十四聯隊第十一中隊に入《にふ》隊。三十四年十一月、無事兵役を了つて歸郷した。當時、家《いへ》は不幸貧困《ふかうひんこん》の極《きよく》に達《たつ》してゐたので、彼《かれ》は直《たゞち》に起《た》つて一家《か》の生計《せいけい》の爲《ため》に、日雇稼《ひやうかせ》ぎにさへも從事《じうじ》せざるを得《え》なかつた。

この勤勞《きんらう》は二年續《ねんつゞ》いたが、時《とき》あたかも日露《にちろ》の開戰《かいせん》となり、第《だい》十二師團《しだん》は、黑木大將《くろきたいしやう》の第《だい》一軍《ぐん》に屬《ぞく》し、大戰《たいせん》の第《だい》一陣《ぢん》を承《うけたまは》つた名譽《めいよ》の師團《しだん》として、三十七年《ねん》二月《ぐわつ》、宣戰《せんせん》の詔勅《せうちよく》渙發《くわんぱつ》と同時《どうじ》に彼《かれ》は充員召集《じうゐんせうしふ》に應《おう》じ、原隊《げんたい》に編入《へんにふ》され、國民熱狂《こくみんねつきやう》の聲《こゑ》に送《おく》られて、直《たゞち》に戰爭《せんさう》の巷《ちまた》に直面《ちよくめん》する事《こと》となつた。

第《だい》一軍《ぐん》の神速《しんそく》は、鴨綠江《あうりよくかう》を越《こ》えて敵《てき》を北《きた》へ北《きた》へと追擊《ついげき》し五月《ぐわつ》二日《か》には、

『鴨綠江ハ敵ノ悖ミテ以テ天嶮ト爲ス處　我第一軍及ヒ之ニ參加シタル海軍支隊ハ計畫周到　克ク其强行通過ヲ全クシ　大ニ敵ヲ擊破セリ　朕深ク之ヲ嘉ス　惟フニ爾後ノ掃蕩ハ勤勞倍ス大ナルヘシ　汝將校下士卒奮テ勉勵セヨ』

との詔勅《せうちよく》を賜《たまは》つた。

連戰連勝《れんせんれんしよう》、北《きた》に進《すゝ》んで、滿洲《まんしう》の奧深《おくふか》く入《はい》るにつれて、季《き》節《せつ》はいよいよ大陸《たいりく》の夏期《かき》を迎《むか》へ、八月《ぐわつ》の雨期《うき》に入《はい》ると、今日《けふ》も明日《あす》も霖雨《りんう》だつた。遼陽《れうやう》の大戰《たいせん》を近日《きんじつ》の運命《うんめい》に、露軍《ろぐん》は、鞍山站《あんざんてん》、安平《あんぺい》、太子河《たいしか》、陽河《やうが》の左岸《さがん》に防禦陣地《ばうぎよぢんち》を敷《し》いて、我軍《わがぐん》の到《いた》るを待《ま》つてゐた。しかも、戰線《せんせん》は何時《いつ》やむとも知《し》れぬ霖雨《りんう》にとぢこめられて、第《だい》一軍《ぐん》は陣地《ぢんち》に三週間《しうかん》も待機《たいき》の姿勢《しせい》をとらされた。

『雨《あめ》にくさるよりは、血《ち》にくさり度《た》い。』

川上《かはかみ》一等卒《とうそつ》は、空《そら》を仰《あふ》いでは腕《うで》をさすり乍《なが》ら、戰友《せんいう》と共《とも》に雨《あめ》ばかりをうらみにしたが、二十日過《はつかすぎ》より、九月《ぐわつ》四日《か》の遼《れう》陽陷落《やうかんらく》まで苦《くる》しい戰鬪《せんとう》をつゞけ、更《さら》に我《わ》が第《だい》一、第《だい》二、第《だい》四の各軍《かくぐん》は、烟臺《えんだい》から遼陽《れうやう》の間《あひだ》に軍《ぐん》を駐《とゞ》めて、遼陽陷落後《れうやうかんらくご》、士《し》氣《き》殆《ほと》んど沮喪《そさう》して見《み》える露軍《ろぐん》の動靜《どうせい》を窺《うかゞ》つてゐた、十月《ぐわつ》九日《か》に及《およ》んで、敵《てき》は俄《には》かに太子河《たいしが》の左岸《さがん》に前進《ぜんしん》を開始《かいし》して、我《わ》が第《だい》一軍《ぐん》の後方《こうはう》を扼《やく》して來《き》た。敵《てき》は頗《すこぶ》る優勢《いうせい》に强襲《きやうしふ》し、本溪湖《ほんけいこ》東方《とうはう》の高地《かうち》に迫《せま》り、更《さら》に夜襲《やしふ》をもつて附近《ふきん》の高地《かうち》へさへも進出《しんしゆつ》して來《き》た。これは容易《ようい》ならずと、十一日《にち》、我《わ》が諸隊《しよたい》は濃霧《のうむ》に乘《じよう》じて奮進《ふんしん》し、敵《てき》を再《ふたゝ》び北《きた》に向《むか》つて追《お》ひ散《ち》らした。翌《よく》十二日《にち》の夜《よ》、川上《かはかみ》一等卒《とうそつ》はこの戰線《せんせん》に夜襲突擊《やしふとつげき》の一隊《たい》に加《くは》はつてゐた。

耳《みゝ》を掠《かす》める砲彈、銃彈のうなりは風のやうにうなり乍《なが》ら雨霰《あめあられ》と飛《と》んで來る。バタバタと倒れる戰友に心をくばる暇《ひま》もない强襲《きやうしふ》だつた。と、はつと思つた瞬間、彼はばたりと大地《だいち》に抛《はう》り出された。

『突擊《とつげき》！』

隊長《たいちやう》のこの一語《ご》ははつきりと耳《みゝ》にのこつて、銃《じう》をとつて立《た》ち上《あが》つた迄《まで》は、はつきりと意識《いしき》してゐたが、憎《にく》や敵彈《てきだん》のため、彼《かれ》は右前胸《みぎぜんきやう》より右肩頭《みぎかたがしら》に至《いた》る貫通銃創《くわんつうじうさう》を受《う》けて倒《たふ》れてゐた。

第《だい》十二師團第《しだんだい》一野戰病院《やせんびやうゐん》、靑泥窪《ダルニイ》兵站病院《へいたんびやうゐん》を經《へ》て、内地《ないち》に還送《くわんそう》、沙河《さが》の陷落《かんらく》は病院《びやうゐん》できかされた。旅順《りよじゆん》の軍《ぐん》は？奉天《ほうてん》は？　と後《あと》に心《こゝろ》を曳《ひ》かれ乍《なが》ら、内地《ないち》に還送《くわんそう》されて、十一月《ぐわつ》九日《か》、小倉豫備病院《こくらよびびやうゐん》に入院《にふゐん》する身《み》となつた。その後《ご》の經過《けいくわ》よく、明治《めいぢ》三十八年《ねん》五月《ぐわつ》二十九日《にち》に退院《たいゐん》して、原隊留《げんたいる》守隊《すたい》に復歸《ふくき》したが、いくばくもなく除隊《ぢよたい》となつて、名譽《めいよ》の負傷《ふしやう》を土産《みやげ》に、郷里廣津《きやうりひろつ》に歸省《きせい》した。

『よく皇國《くわうこく》の爲《ため》に負傷《ふしやう》してくれた。』

父母《ふぼ》は涙《なみだ》を流《なが》して喜《よろこ》び迎《むか》へて呉《く》れた。しかし一家は今や貧困《ひんこん》のどん底《ぞこ》に喘《あへ》ぐ悲慘《ひさん》な狀態《じやうたい》だつた。

『これから後《のち》、どうしたらこの貧困《ひんこん》な一家《か》を支《さゝ》へて行《ゆ》くことが出來《でき》るだらう』

さう考《かんが》へると彼《かれ》は背中《せなか》から冷水《れいすゐ》を浴《あ》びせかけられるやうな氣《き》がした。

天佑《てんゆう》にも、負傷箇所《ふしやうかしよ》はわづかに肺《はい》を避《さ》けてゐたため、生《せい》命《めい》は辛《から》うじて取《と》りとめて歸《かへ》つたが、も早《はや》、彼《かれ》は再《ふたゝ》び荒《あら》々しい土木《どぼく》の日雇稼《ひやうかせ》ぎなどにたづさはることは、斷念《だんねん》しなければならなかつた。と云《い》つて、耕《たがや》すには、寸土《すんど》なく、何《なに》か小《こ》商賣《しやうばい》をと思《おも》つても資本《しほん》もない。老《お》いたる父母《ふぼ》、可憐《かれん》な姉《あね》や妹《いもうと》の顏《かほ》を見《み》るにつけても、彼《かれ》は傷《きず》ついた肉體《にくたい》を顧《かへり》みては、日夜焦慮懊惱《にちやせうりよあうなう》するばかりだつた。ところが、その秋《あき》十月《ぐわつ》、幸運《かううん》にも彼《かれ》は鐘《かね》ケ淵紡績株式會社中津工場《ふちばうせきかぶしきくわいしやなかつこうぢやう》に選綿職工《せんめんしよくこう》として、就職《しうしよく》することとなつた。不自由《ふじいう》な身體《からだ》も、皇國《くわうこく》の爲《ため》の尊《たふと》い犧牲《ぎせい》であることが、特《とく》に恩典《おんてん》としてのはからひだつた。

戰功《せんこう》により當時《たうじ》、勳《くん》八等《とう》を授《さづ》けられた彼《かれ》は、戰場《せんぢやう》に護國《ごこく》

の鬼《おに》と化《くわ》した數多《かずおほ》くの戰友《せんいう》の上《うへ》を考《かんが》へ、斯《か》うして再《ふたゝ》び勤勞《きんらう》をもつて父母《ふぼ》を養《やしな》ふことの出來《でき》る自分《じぶん》の幸福《かうふく》を思《おも》つた。

『よし、命《いのち》を捨《す》てたと思《おも》へばどんなことだつて出來《でき》ないことはない！』

此處《ここ》に奮起《ふんき》一番《ばん》、彼《かれ》は更生《かうせい》の意氣《いき》を以《もつ》て仕事《しごと》に精勵《せいれい》した。酒煙草《さけたばこ》など一切口《さいくち》にすることなく、一意專心《いせんしん》ひたすら父母《ふぼ》を安《やす》んじ姉妹《きやうだい》の幸福《かうふく》を願《ねが》つて勤儉力行《きんけんりきかう》した。良緣《りやうえん》をもつて當時《たうじ》妻帶《さいたい》したが、妻《つま》タマヲはこれ又男《またをとこ》まさりの氣象《きしやう》、健氣《けなげ》に一家更生《かかうせい》の良人《をつと》の意氣《いき》に感《かん》じ、女髪結《をんなかみゆひ》を營《いとな》んで家計《かけい》を扶《たす》けた。

爾來《じらい》二十有餘年間《いうよねんかん》、彼《かれ》は不具《ふぐ》の身《み》を顧《かへり》みず同紡績工場《どうばうせきこうぢやう》の職場《しよくば》を守《まも》つて汗《あせ》みどろ血《ち》みどろになつて働《はたら》いたが、生活《せいくわつ》もやゝ樂《らく》になり、大正《たいしやう》四年老母《ねんらうぼ》は安心《あんしん》して他界《たかい》したが、その後《のち》、大正《たいしやう》十五年《ねん》四月《ぐわつ》、二十年間《ねんかん》の模範工《もはんこう》としての精勤《せいきん》を惜《を》しまれながら老年淘汰《らうねんたうだ》の爲《ため》、同會社《どうくわいしや》を退《ひ》いた。

二十有餘年間《いうよねんかん》の夫婦《ふうふ》死力《しりよく》をつくしての努力《どりよく》の效《かひ》あつて、現今《げんこん》は數《すう》千圓《ゑん》の蓄財《ちくざい》を持《も》ち、千數《すう》百圓《ゑん》を投《とう》じて住宅《ぢうたく》も新築《しんちく》し、靜《しづ》かに郷里吉富村《きやうりよしとみむら》に老境《らうきやう》を養《やしな》つてゐる。今日《こんにち》斯《か》うして、彼《かれ》は三十年前《ねんぜん》の悲境を思ひめぐらす時、うたゝ感慨なきを得《え》ない。悲壯《ひさう》な決意から奮然立つて刻苦勉勵、勤儉力行、この間《かん》、免除恩給、增加恩給を合し一ヶ年四百六十五圓を下賜《かし》され、紡績會社退職手當《はうせきくわいしやたいしよくてあて》參千圓《ゑん》を支給《しきふ》されたるを加《くは》へて、相當裕福《さうたうゆうふく》な生活《せいくわつ》をめぐまれた。

これといふも、質實《しつじつ》をもつて家憲《かけん》をなし、よく勤儉產《きんけんさん》を治《をさ》め、自己《じこ》の今日《こんにち》あるは皆《みな》これ聖恩《せいおん》のしからしむるところなりと肝《きも》に銘《めい》じ、東《ひがし》に向《むか》つて朝毎《あさごと》の遙拜《えうはい》を缺《か》かすことなく感謝《かんしや》の日《ひ》を送《おく》つてゐる。納稅等《なふぜいとう》の如《ごと》きも窮迫《きうはく》時代《だい》といへども、爾來《じらい》、期日《きじつ》などたがへたことなく、國防獻金《こくばうけんきん》など率《そつ》先《せん》して釀出《きよしゆつ》し、老《お》いたる傷痍兵《しやういへい》として忠良《ちうりやう》なる帝國臣民《ていこくしんみん》として其《そ》の日常《にちじやう》は誠《まこと》に規範《きはん》として推稱《すゐしやう》すべきものがある。

三十年前《ねんぜん》、本溪湖《ほんけいこ》の戰鬪《せんとう》に蒙《かうむ》つた胸部《きようぶ》の銃傷《じうしやう》は、冬期《とうき》寒《かん》冷《れい》の季節《きせつ》には必《かなら》ず疼痛《とうつう》を覺《おぼ》えしめるが、彼《かれ》はこの疼痛《とうつう》さへも、ひそかに君國《くんこく》に對《たい》する洪恩《かうおん》を記念《きねん》し、生活信條《せいくわつしんでう》の鏡《かゞみ》となるものゝやうに思《おも》つて、遠《とほ》い三十年前《ねんぜん》の滿洲《まんしう》の思《おも》ひ出《で》とともに祖國愛《そこくあい》に燃《も》え乍《なが》ら、この疼痛《とうつう》が身《み》をひきしめる思《おも》ひで、身《み》の守《まも》りとしていとほしんでゐる。

血《ち》と汗《あせ》の結晶《けつしやう》

＝荒波《あらなみ》を押《おし》切つた山本佐《やまもとさ》一郎氏《らうし》＝

本籍地　岡山縣兒島郡藤田村[redacted]
負傷程度　胸部刺創、右前膊貫通銃創

一

奉天《ほうてん》の會戰《くわいせん》が終《をは》つて、五ケ月《げつ》は過《す》ぎた。しかし、露軍《ろぐん》は北邊《ほくへん》にどん〳〵増兵《ぞうへい》して、凝《ぢ》つと我《わ》が軍《ぐん》の動向《どうかう》をみまもつてゐる風《ふう》で、如何《いか》なるはづみで逆襲《ぎやくしふ》して來《こ》ないとも限《かぎ》らなかつた。内地《ないち》の人々《ひと〴〵》は勝利《しようり》の祝盃《しゆくはい》に未《いま》だ醉《よ》ひが醒《さ》めきれずにゐたが、我《わ》が軍《ぐん》は寸時《すんじ》も油斷《ゆだん》はならなかつた。

『進《すゝ》んで敵《てき》を攻《せ》めるべきか、今暫《いましば》し時機《とき》を待《ま》つべきか』

山本《やまもと》二等卒《とうそつ》の屬《ぞく》する大隊《だいたい》は、興流泉《こうりうせん》に據《よ》る敵《てき》の部隊《ぶたい》と相《あひ》對しつゝ進退に迷つてゐた。即ち、明治三十八年八月十二日《にち》、偵察隊《ていさつたい》が組織《そしき》され、敵状《てきじやう》の偵察《ていさつ》に向《むか》ふことゝなつた。選《えら》ばれたもの十三名《めい》、山本《やまもと》二等卒《とうそつ》もその選《せん》に入《い》り、分隊長《ぶんたいちやう》引率《いんそつ》の下《もと》に決死《けつし》の覺悟《かくご》で、我《わ》が最前線《さいぜんせん》を突破《とつぱ》し、敵《てき》の歩哨《ほせう》線内《せんない》に潜入《せんにふ》した。十三名《めい》、默々《もく〳〵》として一語《ご》をも發《はつ》せず、緊張《きんちやう》の中《なか》に耳《みゝ》と眼《め》を針《はり》のごとくに尖《とが》らしながら、音《おと》を忍《しの》ばせつゝ進《すゝ》むうち、粟畑《あははたけ》に沿《そ》ふた三間道路《げんだうろ》に出《で》た。

ふと眼《め》をあぐれば、道路《だうろ》に面《めん》して可也《かなり》大《おほ》きい民家《みんか》がある。十三名《めい》は期《き》せずしてその方《はう》へ歩《あゆ》み寄《よ》つて行《い》つた。民家《みんか》はこのあたり特有《とくいう》の高《たか》い土塀《どべい》にかこまれてゐて、入口《いりぐち》は道路《だうろ》の向《むか》ふ側《がは》にあつた。畑《はたけ》と土塀《どべい》にはさまれた細《ほそ》い露路《ろぢ》を入《はひ》つて行《ゆ》く一同《どう》の體《からだ》は、緊張《きんちやう》そのものであつた。O上等兵《じやうとうへい》と山《やま》本《もと》二等卒《とうそつ》は最先頭《さいせんとう》に立《た》つて、門《もん》から内部《ないぶ》の樣子《やうす》をうかゞつた。その胸《むね》がドキンとした。そして思《おも》はず電光石火《でんくわうせきくわ》のごとく身《み》をひいて、後《あと》のものを手《て》で制《せい》した。

土塀《どべい》の内側《うちがは》には、鮨詰《すしづめ》になつて敵兵《てきへい》が充滿《じうまん》してゐたのだ。しまつた！　最早《もはや》これまでだ！　さういつた感《かん》じが電流《でんりう》のやうにみんなの胸中《きようちう》を馳《か》けめぐつた。しかし、如何《いか》なる場《ば》

合《あひ》でも、斥候《せきこう》の任務《にんむ》を忘《わす》れてはならない。一番最後《ばんさいご》につゞくM二等卒《とうそつ》に向《むか》つて、

『本隊《ほんたい》に報告《はうこく》しろ！』

と呶鳴《どな》つた。それと同時《どうじ》に塀《へい》の内部《ないぶ》は俄《には》かに騒《さわ》ぎたつて來《き》た。早《はや》くも敵兵《てきへい》は土塀《どべい》の上《うへ》から拳銃《ピストル》を浴《あ》びせかけた。山《やま》本二等卒《とうそつ》はこの時《とき》右手《みぎて》に貫通銃創《くわんつうじうさう》をうけたのであるが、ただもう無我夢中《むがむちう》、少《すこ》しも氣付《きづ》かなかつた。やうやくにして土塀《どべい》から抜《ぬ》けだしたが、計《はか》らざりき、そこにも敵《てき》が待《ま》ち構《かま》へてゐたのだ。さつき通《とほ》つた時《とき》には氣《き》がつかなかつたが、露路《ろぢ》の傍《そば》の畑《はたけ》の中《なか》には、既《すで》に十數名《すうめい》の敵《てき》の斥候《せきこう》が潜伏《せんぷく》してゐたのだつた。

前門《ぜんもん》の虎《とら》後門《こうもん》の狼《おほかみ》、十三名《めい》は進退谷《しんたいきは》まつた。辛《かう》うじてM二等卒《とうそつ》だけは圍《かこ》みをついて逃《のが》れだしたが、殘《のこ》る十二名《めい》は林立《りんりつ》する劍《つるぎ》の中《なか》にかこまれてしまつた。退《ひ》くも死《し》、進《すゝ》むも死《し》——同《おな》じ死《し》ぬなら、思《おも》ふ存分《ぞんぶん》暴《あば》れてやれ！　一同《どう》は遮二無《しやにむ》二にあばれた。銃劍《じうけん》をふりかざし阿修羅《あしゆら》の如《ごと》くに狂《くる》ふ。

『多勢《たぜい》に無勢《ぶぜい》、所詮《しよせん》かなはぬ敵《てき》と闘《たゝか》つて死《し》するよりも、出《で》來《き》れば逃《のが》れて本隊《ほんたい》に報告《はうこく》しよう』

わづかに血路《けつろ》を求《もと》めて、本隊《ほんたい》の方《はう》へと進《すゝ》む折《をり》しもあれ、一俄《には》かに土塀《どべい》かり躍《をど》り出《だ》した一敵兵《てきへい》、山本《やまもと》二等卒《とうそつ》の背後《はいご》から不意打《ふいうち》に胸部《きようぶ》めがけて銃劍《じうけん》をくりだした。避《さ》ける暇《ひま》もなく、山本《やまもと》二等卒《とうそつ》はその場《ば》に倒《たふ》れた。

『なにくそッ！』

滿身《まんしん》の勇《ゆう》をふるつて起《お》き上《あが》らうとしたが、急所《きふしよ》の痛手《いたで》、一そのまゝ地《ち》に俯伏《うつぶ》した。敵兵《てきへい》は彼《かれ》の兩足《りやうあし》をつかんでずるずると引張《ひつぱ》つて行《ゆ》かうとする。

『おのれ、捕虜《ほりよ》になつてなるものか』

引《ひ》きずられ乍《なが》らも、手《て》にあたるものにしがみつかうとするが、意識《いしき》は次第《しだい》にうすれてゆく。力《ちから》は次第《しだい》に抜《ぬ》けてゆく、摑《つか》むもの摑《つか》むもの、みなする〳〵と手《て》から抜《ぬ》けて行《い》つてしまふのだつた。

不意《ふい》に、顔《かほ》に冷感《れいかん》を覺《おぼ》えた。同時《どうじ》に息《いき》がつけなくなつた。ハッとして遠《とほ》くなりかけた意識《いしき》を取《と》りもどした。朦朧《もうろう》とした視界《しかい》に、自分《じぶん》の足《あし》と敵《てき》の後姿《うしろすがた》がうつつた。引《ひき》ずられて行《ゆ》く中《うち》に、小川《をがは》の水《みづ》たまりを潜《くゞ》つたのである。又《また》しても意識《いしき》は次第《しだい》にうすれてゆく。突然《とつぜん》兩足《りやうあし》が地面《ぢめん》に

投げ出された。體が樂になつた。バタ〳〵と逃げる足音。つゞいて豆を煎るやうな小銃の音が、懐しい本隊の方にあたつて聞えた。

『本隊《ほんたい》が救援《きうえん》に來《き》たか』

さう思《おも》ふと、急《きふ》に勇氣《ゆうき》百倍《ばい》した。不思議《ふしぎ》なほど輕々《かる〴〵》と起《お》き上《あが》つた。二歩《ほ》走《はし》つては轉《ころ》び、三歩《ほ》走《はし》つては轉《ころ》び、彼《かれ》は銃《じう》聲《せい》のする方《はう》へ向《むか》つて走《はし》つた。ヒユー〳〵と彈《たま》の音《おと》が、頭上《づじやう》を掠《かす》める。自分等《じぶんら》の命《いのち》を氣遣《きづか》ふ戰友《せんいう》の彈《たま》だ。

『ヤア、戻《もど》つた〳〵！』

口々《くち〴〵》に叫《さけ》ぶ戰友《せんいう》の聲《こゑ》——その聲《こゑ》を聞《き》くと共《とも》に、そのまゝぶつ倒《たふ》れて何《なに》も彼《か》も分《わか》らなくなつてしまつた。

二

胸部《きようぶ》の貫通刺創《くわんつうしさう》と右手《みぎて》前膊部《ぜんはくぶ》貫通銃創《くわんつうじうさう》との重傷《ぢうしやう》のために、山本《やまもと》二等卒《とうそつ》は昏々《こん〳〵》として生死《せいし》の境《さかひ》をさまよつてゐた。負傷《ふしやう》したのが八月《ぐわつ》十二日《にち》の午前《ぜん》、その夕方《ゆふがた》には昌圖府野戰病院《びやうゐん》に收容《しうよう》された。軍醫《ぐんい》は眉《まゆ》をひそめた。誰《だれ》が見《み》たつて、とても命《いのち》の助《たす》かるやうな生優《なまやさ》しい負傷《ふしやう》ではない。今日《けふ》死《し》ぬか、明日死ぬか、死ぬのを待たれながら、彼は不思議に死なゝかつた。奉天、大石橋と各野戰病院へ順次に送られたのも夢の中だつた。昏々《こん〳〵》として眠《ねむ》りつゞけてゐた。時々《とき〴〵》、どうかしたはづみに意識《いしき》をとりもどした。細目《ほそめ》をあけると白《しろ》いベッドに寢《ね》てゐる自分《じぶん》を見出《みいだ》した。

『まだ生《い》きてゐたのかなア！』

生《い》きてゐるのが不思議《ふしぎ》に思《おも》はれた。遂《つひ》に大連《たいれん》から伯愛丸《はくあいまる》にて宇品《うじな》へ還送《くわんそう》され、その年《とし》の十月《ぐわつ》十四日廣島臺町病院《ひろしまだいまちびやうゐん》に落《お》ちつくまでの二ケ月《げつ》といふものは、全《まつた》く生死《せいし》の境《さかひ》を彷徨《はうくわう》してゐたのである。

胸部《きようぶ》の傷痕《きずあと》はすでに早《はや》くから化膿《くわのう》して、右胸部《みぎきようぶ》はまるで膿《のう》のタンクみたいになつてゐた。とても駄目《だめ》だらうと思《おも》はれてゐたのに、不思議《ふしぎ》なのは生命《せいめい》の力《ちから》である。四回《くわい》にわたる大手術《おほしゆじゆつ》の結果《けつくわ》、肋骨《ろくこつ》六本《ぽん》を失《うしな》ひながらも、奇蹟的《きせきてき》に命《いのち》を拾《ひろ》つたのである。

かくて、療養《れうやう》につくすこと十ケ月《げつ》、翌《よく》三十九年《ねん》八月《ぐわつ》には退院《たいゐん》のはこびとなつた。片肺《かたはい》の機能《きのう》はすつかり失《うしな》つたが、

かつての苦《くる》しみも一片《ぺん》の夢《ゆめ》と去《さ》り、どうにか健康體《けんかうたい》となつて懐《なつ》かしいわが家《や》に歸《かへ》つた。

三

彼《かれ》、山本佐一郎《やまもとさいちらう》の家《うち》（岡山縣兒島郡藤田村《をかやまけんこじまぐんふぢたむら》にあつた）は俗《ぞく》にいふ水呑百姓《みづのみびやくしやう》であつた。父《ちゝ》と母《はゝ》と、妹《いもうと》四人《にん》と幼《をさな》い弟《おとうと》一人《ひとり》の七人暮《にんぐら》しで、長男《ちやうなん》である彼《かれ》は一家《か》の大黒柱《だいこくばしら》であり、杖《つゑ》であつた。彼《かれ》が働《はたら》かなければ、父《ちゝ》と母《はゝ》の力《ちから》だけでは、一家《か》は忽《たちま》ち塗炭《とたん》の苦《くる》しみに襲《おそ》はれるのであつた。その大黒柱《だいこくばしら》は、その杖《つゑ》は、今《いま》は傷《きず》つき、過激《くわげき》の勞働《らうどう》に從事《じうじ》することは思《おも》ひも及《およ》ばないのであつた。

それでも彼《かれ》は責任感《せきにんかん》にかられて鍬《くは》をとつてみた。しかし、如何《いかん》せん、彼《かれ》の體《からだ》は前述《ぜんじゆつ》のごとき有樣《ありさま》、とてもその勞《らう》働《どう》には堪《た》へられなかつた。

『さうだ、百姓《しやう》でやつてゆけねば商賣人《しやうばいにん》にならう』

年老《としお》いた病父《びやうふ》の姿《すがた》を見《み》、母《はゝ》の心配顔《しんぱいがほ》を眺《なが》め、幼《をさな》い弟妹《ていまい》の無邪氣《むじやき》な顔《かほ》をみると、彼《かれ》はぢつとして居《を》れなかつた。彼《かれ》は商賣人《しやうばいにん》にならうと決心《けつしん》して、津山市《つやまし》に出《で》て行《い》つた。彼《かれ》の懐《くわい》

中《ちう》には戦功《せんこう》に依《よ》る八百圓《えん》の行賞賜金《かうしやうしきん》があつた。それを資本《しほん》にして、彼《かれ》は雜貨商《ざつくわしやう》の店舗《てんぽ》を營《いとな》んだ。

しかし、商賣《しやうばい》といふものゝ道《みち》を知《み》らない彼《かれ》は、所謂士族《いはゆるしぞく》の商法《しやうはふ》で——實《じつ》は百姓《しやう》の商法《しやうはふ》であつたが——何《ど》うしたら商《しやう》賣《ばい》になるのか、損得《そんとく》の計算《けいさん》が立《た》つのか、たゞ品物《しなもの》だけを揃《そろ》へて置《お》けばいゝのか、ずぶの素人《しらうと》であつたために、間《ま》もなく彼《かれ》の夢《ゆめ》は微塵《びぢん》に打壊《うちくだ》かれ、八百圓《えん》は一文《もん》もなくなつてしまつた。彼《かれ》は泣《な》くに泣《な》かれぬ氣持《きもち》だつた。

『どうして俺《おれ》は死《し》なゝかつたのだらう!』

彼《かれ》は生《せい》に對《たい》する呪咀《じゆそ》の氣持《きもち》を抑《おさ》へることが出來《でき》なかつた。死《し》に對《たい》する誘惑《いうわく》がもく〱と頭《あたま》をもたげて來《き》た。しかし次《つぎ》の瞬間《しゆんかん》、彼《かれ》の耳許《みゝもと》に囁《さゝや》くものがある。

『強《つよ》くなれ〱! お前《まへ》が死《し》んでしまつては、妹《いもうと》や弟《おとうと》は、父《ちゝ》や母《はゝ》は、何《ど》うなる? 飢《う》ゑ死《じ》にするぢやないか、くよくよするこたアない、働《はたら》け〱!』

彼《かれ》の身中《しんちう》には新《あたら》しい勇氣《ゆうき》が沸《わ》き上《あが》つてきた。友達《ともだち》の世話《せわ》で、日本柳行李株式會社《にほんやなぎがうりかぶしきくわいしや》の職工《しよくこう》になつた。

あるときにはいとを紡《つむ》ぎ、あるときには荷作《にさく》りをし、又《また》それを擔《かつ》ぎ、それを運《はこ》び——さういふ毎日《まいにち》〱の勞働《らうどう》は、彼《かれ》の體《からだ》を極端《きよくたん》に疲《つか》らした。何《なん》でも出來《でき》ると思《おも》つてゐたのは一時《じ》の苦《くる》しまぎれからで、彼《かれ》は自分《じぶん》の體力《たいりよく》といふものを忘《わす》れてゐたのだ。彼《かれ》は仕方《しかた》なく會社《くわいしや》を退《ひ》いた。

『この上《うへ》は朝鮮《てうせん》に行《ゆ》かう、あそこなら新天地《しんてんち》を開拓《かいたく》できるかも知《し》れぬ』

併合後間《へいがふごま》もない朝鮮《てうせん》が彼《かれ》を誘惑《いうわく》した。彼《かれ》は青雲《せいうん》の志《こゝろざし》を抱《いだ》いて玄海灘《げんかいなだ》を渡《わた》り、朝鮮京城《てうせんけいじやう》へおちついた。それは明治《めいぢ》四十四年《ねん》のことだつた。

四

しかし、朝鮮《てうせん》も決《けつ》して彼《かれ》にとつては樂土《らくど》ではなかつた。彼《かれ》はひとまづ京城府本町《けいじやうふほんまち》五丁目《ちやうめ》に落着《おちつ》いて荷車挽《にぐるまひき》をはじめた。しかし、彼《かれ》の體《からだ》はこの勞働《らうどう》をゆるさなかつた。魚屋《さかなや》になつてみた。これも馴《な》れぬ土地柄《とちがら》とて、忽《たちま》ち失敗《しつぱい》してしまつた。

『駄目《だめ》だ〱!』

彼《かれ》は幾度《いくど》か頭《あたま》をかゝへて涙《なみだ》にくれた。幾度《いくど》か死《し》なうと思《おも》

つた。しかし自分《じぶん》の背負《せお》つてゐる重大《ちうだい》な責任《せきにん》を思《おも》ふと、今《いま》こゝで死《し》に逃避《たうひ》することは卑怯《ひけう》だと感付《かんづ》いた。目《め》に見《み》えぬ力《ちから》が彼《かれ》を奮然《ふんぜん》として起《た》たしめた。その間《かん》實父《じつぷ》は遂《つひ》に死亡《しばう》する。妹《いもうと》には婿養子《むこやうし》を迎《むか》ふるなど、物要《ものい》りつゞき、六ケ年《ねん》間《かん》といふものは全《まつた》く塗炭《とたん》の苦《くる》しみであつた。

しかし、いばらの道《みち》をかき分《わ》け〱して來《き》た山本《やまもと》に、遂《つひ》に一縷《る》の光明《くわうみやう》が射《さ》して來《き》た。大正《たいしやう》七年《ねん》に至《いた》り東拓會社《とうたくくわいしや》の賄部《まかなひぶ》を請負《うけお》ふことになつたのだ。これによつた彼《かれ》は一息《ひといき》つけるやうになつた。天《てん》は漸《やうや》く彼《かれ》の根強《ねづよ》い努力《どりよく》に負《ま》かされてしまつたのであらう。どうやら、彼《かれ》の上《うへ》にも輝《かゞや》かしい太陽《たいやう》が微笑《ほゝゑ》みかけて來《き》た。

大正《たいしやう》十二年《ねん》、増加恩給《ぞうかおんきふ》を支給《しきふ》せらるゝに及《およ》び、彼《かれ》の生活《せいくわつ》は潤《うるほ》つてきた。彼《かれ》はこれを資本《しほん》として大正《たいしやう》十三年《ねん》十月《ぐわつ》より質屋《しちや》を開業《かいげふ》した。今度《こんど》こそは彼《かれ》も細心《さいしん》な注意《ちうい》を以《もつ》て商賣《しやうばい》に從事《じうじ》した。餘《あま》りにも長《なが》すぎる失敗《しつぱい》の經驗《けいけん》が彼《かれ》をして石橋《いしばし》を叩《たゝ》いて渡《わた》らせた。

天《てん》は何時《いつ》までも彼《かれ》を苦《くる》しめ通《とほ》す程《ほど》慘酷《さんこく》ではない。彼《かれ》は遂《つひ》に成功《せいこう》した。營々辛苦《えい〱しんく》、勤儉貯蓄《きんけんちよちく》、彼《かれ》は遂《つひ》に成功《せいこう》した。

『一度《ど》や二度《ど》の失敗《しつぱい》で氣《き》が挫《くじ》けなくてよかつた。これといふのも、自分《じぶん》が軍人《ぐんじん》として、戰場《せんぢやう》の生死《せいし》の境《さかひ》を突破《とつぱ》したゝめだ』

彼《かれ》は自分《じぶん》の生《せい》を感謝《かんしや》するやうになつた。上御一人《かみごにん》の御仁徳《ごじんとく》を一身《しん》に浴《あ》びてゐるやうな自分《じぶん》を、無上《むじやう》の光榮《くわうえい》と沁々《しみ〲》感《かん》じた。彼《かれ》はこの感謝《かんしや》と喜《よろこ》びを同《おな》じ境遇《きやうぐう》にあるものと分《わか》ち合《あ》ひたい氣持《きもち》になつた。互《たが》ひに手《て》を握《にぎ》り合《あ》つて慰《なぐさ》め合《あ》ひ勵《はげ》まし合《あ》ひしたい熱情《ねつじやう》にかられた。

その結果《けつくわ》は、大正《たいしやう》十三年《ねん》に朝鮮在住傷痍軍人同志會《てうせんざいぢうしやういぐんじんどうしくわい》の發《はつ》會《くわい》となつた。同《おな》じ運命《うんめい》を辿《たど》つて來《き》たものゝ精神的團結《せいしんてきだんけつ》は固《かた》い。等《ひと》しく皇室《くわうしつ》の御稜威《みいづ》を讃《たゝ》へ、各自恩典《かくじおんてん》を感謝《かんしや》し、互《たがひ》に力《ちから》となり柱《はしら》となり合《あ》つて同志《どうし》の幸福《かうふく》を分《わか》ち合《あ》つてゐる。

爾來《じらい》十年《ねん》、產《さん》は積《つ》もり積《つ》もつて約《やく》三萬圓《まんゑん》を算《さん》するに至《いた》つた。今《いま》や彼《かれ》は、親戚《しんせき》に對《たい》しては勿論隣人《もちろんりんじん》に對《たい》しても、有形《いうけい》無形《むけい》の援助《ゑんじよ》も出來《でき》るやうになつた。今《いま》や物質的《ぶつしつてき》にも精神的《せいしんてき》にも豐《ゆた》かに、感謝《かんしや》の生活《せいくわつ》にひたりつゝ餘生《よせい》を送《おく》つてゐる。

彼《かれ》の一生《しやう》こそは、實《じつ》に斃《たふ》れて後止《のちや》むの軍人精神《ぐんじんせいしん》を以《もつ》て終《しう》始《し》一貫《くわん》した、輝《かゞや》かしい一生《しやう》ではあるまいか。

三個條《かでう》の信條《しんでう》

=機業家《きげふか》として成功《せいこう》した松崎清作氏《まつざきせいさくし》=

本籍地　石川縣能美郡根上村
負傷程度　右肩胛部貫通銃創

名譽《めいよ》の戰傷者《せんしやうしや》! 鄕土《きやうど》に誇《ほこ》る勇士《ゆうし》!

兵役免除《へいえきめんぢよ》となつて歸鄕《ききやう》した當初《たうしよ》は、あつちからも此方《こつち》からも引張《ひつぱ》り凧《だこ》の歡迎《くわんげい》だつた。二月《ふたつき》三月《つき》は夢《ゆめ》のやうに過《す》ぎた五月《いつつき》六月《つき》は現《うつゝ》のうちに暮《くら》した。その中《うち》に創《きず》もすつかり癒《い》え村人《むらびと》の昂奮《こうふん》もやうやく冷《さ》めて訪《おとな》ふ人《ひと》も少《すく》なつて來《く》ると、松崎清作氏《まつざきせいさくし》は自分《じぶん》の將來《しやうらい》を考《かんが》へては、何《なに》かしら追《お》ひかけられるやうな氣《き》がするのだつた。

『この手《て》ではもう鋤《すき》や鍬《くは》も握《にぎ》れんし……』

試《こゝろ》みに右手《みぎて》を上方《うへ》の方《はう》へあげてみようとしたが、錐《きり》でもむやうに痛《いた》んだ。後《うしろ》の方《はう》へのばさうとしても、矢張《やは》り動《うご》かなかつた。眼《め》をあぐれば、父祖傳來《ふそでんらい》の田畑《たばた》が、招《まね》くやうにひろがつてゐる。

『あゝ、長《なが》いこと親《した》しんで來《き》たあの田畑《たばた》——あれとも別《わか》れねばならないのか……』

さう思《おも》ふと、何《なん》となく浦淋《うらさび》しい氣《き》がした。彼《かれ》はぢッと田《た》畑《はた》を眺《なが》めながら、自分《じぶん》の來《こ》し方《かた》を走馬燈《そうまとう》の如《ごと》く思《おも》ひ浮《うか》べるのだつた。

彼《かれ》の鄕里《きやうり》は、石川縣能美郡根上村《いしかはけんのみぐんねあがりむら》だつた。生《うま》れたのは明《めい》治《ぢ》十五年《ねん》十一月《ぐわつ》、父祖傳來《ふそでんらい》の百姓《しやう》で、生《うま》れ落《お》ちると共《とも》に土《つち》の香《か》の中《なか》にすく〱と生長《せいちやう》し、村《むら》の小學校《せうがくかう》の高等科《かうとうくわ》を卒《を》へると共《とも》に、父《ちゝ》を助《たす》けて農耕《のうかう》にいそしんでゐる。

勞働《らうどう》によつて鍛《きた》へ上《あ》げた體《からだ》は巖《いはほ》のごとくに頑健《ぐわんけん》、丁年《ていねん》を迎《むか》へて男子《だんし》晴《は》れての徵兵檢査《ちようへいけんさ》には、ものゝ見事《みごと》に合格《がふかく》、明《めい》治《ぢ》三十五年《ねん》十二月《ぐわつ》、國家《こくか》の干城《かんじやう》として金澤騎兵第九聯隊《かなざはきへいだいくれんたい》に入隊《にふたい》したのだつた。その頃《ころ》から日露間《にちろかん》の國交上《こくかうじやう》には暗雲《あんうん》みなぎつてゐたが、雷電《らいでん》一閃《せん》、明治《めいぢ》三十七年《ねん》五月《ぐわつ》宣戰《せんせん》の大詔《たいせう》下《くだ》ると共《とも》に出動《しゆつどう》、遼陽《れうやう》、沙河《さが》、黑溝臺《こくこうだい》、金山屯《きんさんとん》、八寶屯《はうとん》、

奉庫門《ほうこもん》等《とう》の各地《かくち》に轉戰《てんせん》、越《こ》えて三十八年《ねん》一月《ぐわつ》には、長谷川《はせがは》騎兵挺身隊《きへいていしんたい》の一員《ゐん》として、敵地《てきち》深《ふか》く侵入《しんにふ》し、長春《ちやうしゆん》、蛇頼照《だらいせう》間《かん》に於《お》て鐵道電線《てつだうでんせん》の破壞《はくわい》に從事《じうじ》し、更《さら》に北進《ほくしん》して松花江《しようくわこう》を渉《わた》り、特《とく》に舍利店兵站部《しやりてんへいたんぶ》を急襲《きふしふ》した際《さい》には、決死隊《けつしたい》として爆彈《ばくだん》を投擲《とうてき》して兵舍《へいしや》を燒《や》き拂《はら》ふなど、赫々《かく〱》たる武勳《ぶくん》を輝《かゞやか》して本隊《ほんたい》に歸還《きくわん》したのは三月《ぐわつ》の末《すゑ》だつた。

幾度《いくたび》か砲煙彈雨《はうえんだんう》の下《した》をくゞり、數多度《あまたたび》死地《しち》に身《み》をさらしながら、幸運《かううん》にも、彼《かれ》はいつも死線《しせん》を突破《とつぱ》して奮鬪《ふんとう》をつゞけてゐた。しかし、同年《どうねん》七月《ぐわつ》二十六日《にち》、盛京省寶力屯《せいきやうしやうはうりよくとん》附《ふ》近《きん》に於《おい》て敵情偵察《てきじやうていさつ》の際《さい》、つひに敵《てき》の一彈《だん》は右肩胛部《うけんかふぶ》を射貫《うちぬ》いたのである。このために彼《かれ》は內地《ないち》に後送《こうそう》され、治療《ちれう》の手《て》をつくしたが、不幸《ふかう》にも右手《みぎて》は運動《うんどう》の自由《じいう》を失《うしな》ひ、上方及《じやうはうおよ》び後方《こうはう》への旋回《せんくわい》は意《い》の如《ごと》くにならぬ身《み》となつた。かくて三十九年《ねん》四月《ぐわつ》に兵役免除《へいえきめんぢよ》となつて歸鄕《ききやう》したのである。

戰時中《せんじちう》に於《お》ける彼《かれ》の勳功《くんこう》の程《ほど》は、明治《めいぢ》四十年《ねん》四月《ぐわつ》、勳《くん》八等白色桐葉章及《とうはくしよくどうえふしやうおよ》び功《こう》七級金鵄勳章並《きふきんしくんしやうならび》に年金《ねんきん》百圓《ゑん》(現時《げんじ》百五十圓《ゑん》)を下賜《かし》された事實《じじつ》によつても窺《うかゞ》ひ知《し》ることが出《で》來《き》よう。

× × × ×

『一度《ど》は御國《みくに》のため大國《おほぐに》のために捧《さゝ》げた命《いのち》——その命《いのち》を長《なが》らへるやうになつたのは、天《てん》の攝理《せつり》であらう。天《てん》は何《なに》か有《いう》意義《いぎ》な仕事《しごと》をして國恩《こくおん》に報《はう》ぜよと命《めい》じてゐるのに相違《さうゐ》ない』

さう考《かんが》へると、彼《かれ》は一時《じ》もぢッとしては居《ゐ》れないやうな氣《き》がした。何《なに》かしなければならない! とはいふものゝ、もと〱土《つち》に育《そだ》てられた身《み》、鋤鍬《すきくは》をとる術《すべ》こそは知《し》つてゐるが、これといつていゝ仕事《しごと》を思《おも》ひつかない。しかも、大《だい》事《じ》な右手《みぎて》が不自由《ふじいう》であつてみれば、力仕事《ちからしごと》なぞ及《およ》びもつかない。

さうかうしてゐる中《うち》に、一年《ねん》の月日《つきひ》が徒《いたづ》らに過《す》ぎた。丁《ちやう》度《ど》その頃《ころ》、思《おも》ひがけなくも勳《くん》八等白色桐葉章及《とうはくしよくどうえふしやうおよ》び功《こう》七級《きふ》金鵄勳章並《きんしくんしやうならび》に年金《ねんきん》百圓《ゑん》を下賜《かし》されたのである。何《なん》たる鴻恩《こうおん》の深《ふか》さぞ、極《きは》みなき榮譽《えいよ》ぞ! 彼《かれ》はたゞ感涙《かんるゐ》にむせぶ外《ほか》はなかつた。それにつけても、何《なに》か仕事《しごと》をせねばならない。鴻恩《こうおん》に報《むく》い、且《か》つは金鵄勳章《きんしくんしやう》の光輝《くわうき》を更《さら》に輝《かゞ》やかすやうな仕事《しごと》をせねばならない。考《かんが》へてくると、彼《かれ》は重大《ぢうだい》な責任《せきにん》を

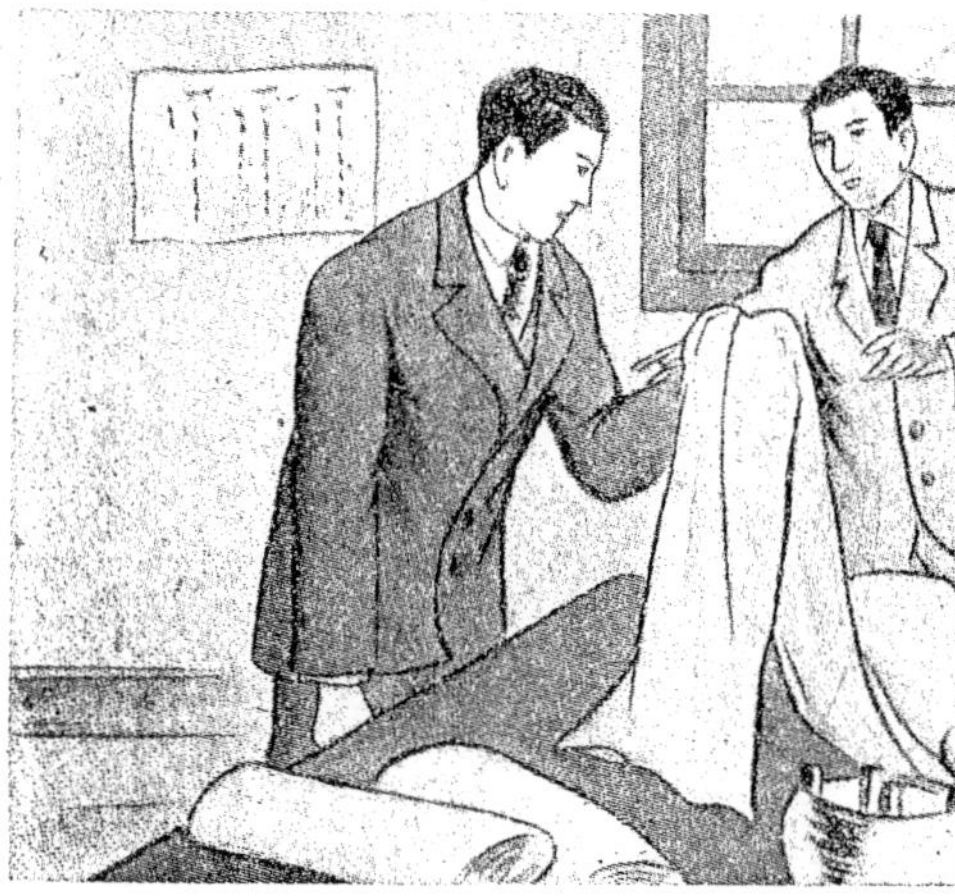

感《かん》じないでは居《ゐ》れなかつた。

丁度《ちやうど》その頃《ころ》である。江《え》ノ島《しま》、釜屋《かまや》、福江《ふくえ》の三ケ村《そん》の併合《へいがふ》の議《ぎ》がおこり、話《はなし》は急速《きふそく》に進展《しんてん》しつゝあつた。

ある日《ひ》、村《むら》の有力者《いうりよくしや》がひよつくり彼《かれ》の家《うち》を訪《おとづ》れて來《き》た。

『松崎《まつざき》さん、今度《こんど》三ケ村《そん》が併合《へいがふ》するについて、貴方《あなた》に收入《しうにふ》役《やく》になつて頂《いたゞ》き度《た》いといふ話《はなし》が出《で》て居《ゐ》るのですがね……』

彼《かれ》はどきりとした。何《なん》でもいゝ、自分《じぶん》に出來《でき》る仕事《しごと》ならやつて見《み》たいと思《おも》つてゐる矢先《やさき》だ。

『それはどうも有難《ありがた》いことで……』

『やつて頂《いたゞ》けると、私方《わたしはう》こそ有難《ありがた》いですね。何《なに》しろ收入役《しうにふやく》の任務《にんむ》は大變大事《たいへんだいじ》なので、迂濶《うくわつ》な人《ひと》には頼《たの》めませんし、實《じつ》は人選《じんせん》に困《こま》つてゐたところで、貴方《あなた》に引受《ひきう》けて頂《いたゞ》ければこれ以上《いじやう》のことはありません』

話《はなし》は順調《じゆんてう》にまとまつて、その年《とし》――即《すなは》ち明治《めいぢ》四十年《ねん》の八月《ぐわつ》、三ケ村《そん》が併合《へいがふ》して根上村《ねあがりむら》として呱々《こゝ》の聲《こゑ》をあげると共《とも》に、彼《かれ》は收入役《しうにふやく》の椅子《いす》に坐《すわ》ることゝなつた。仕事《しごと》にありついた喜《よろこ》びでほッとした。毎日《まいにち》、朝露《あさつゆ》を踏《ふ》んで通勤《つうきん》するのがこの上《うへ》なく嬉《うれ》しかつた。

しかし、收入役《しうにふやく》の事務《じむ》は、彼《かれ》にとつては餘《あま》り樂《らく》ではなかつた。右手《みぎて》の運動《うんどう》が思《おも》ふにまかせないので、ペンを握《にぎ》つての執務《しつむ》は相當《さうたう》つらかつた。特《とく》に納税期《なふぜいき》などの忙《いそが》しい時《とき》には中途《ちうと》で腕《うで》が利《き》かなくなつたりした。從《したが》つて、事務《じむ》が遲《おく》れたりする。それを取《と》り返《かへ》すためには、居殘《ゐのこ》つて執務《しつむ》せねばならなかつた。

而《しか》も、その勞力《らうりよく》に酬《むく》いられるものは、月《つき》にわづか拾圓《ゑん》でしかなかつた。下僚《かれう》の書記《しよき》のやつと三分《ぶん》の二の額《がく》である。

『この年《とし》をしてゐて月《つき》に拾圓《ゑん》とは……』

如何《いか》に名譽職《めいよしよく》とはいへ、如何《いか》に物質《ぶつしつ》に拘《こだ》はらぬとはいへ、男子《だんし》一匹朝《ひきあさ》から晩《ばん》まで働《はたら》いて月《つき》に僅《わづ》かに拾圓《ゑん》しか儲《まう》けることが出來《でき》ぬかと思《おも》ふと、殘念《さんねん》でたまらなかつた。家《うち》に歸《かへ》る途中《とちう》など、今貰《いまもら》つて來《き》た俸給袋《ほうきふぶくろ》を泥溝《どぶ》の中《なか》にぶち込《こ》んでしまはうと思《おも》ふこともあつた。金錢《きんせん》によつて人間《にんげん》の價値《かち》が定《さだ》まるわけではないとはいふものゝ、男子《だんし》一匹自《ひきみづ》から口《くち》に糊《のり》するにも足《た》りぬ薄給《はくきふ》しか得《え》られないことは、誰《だれ》しも殘念《さんねん》であらう。しかし、現在與《げんざいあた》へられた仕事《しごと》を完全《くわんぜん》に遂行出來《すゐかうでき》ない者《もの》には、どんな仕事《しごと》も成《な》し遂《と》げ得《え》ない。ことに軍隊生活《ぐんたいせいくわつ》に於《お》いて責任觀《せきにんくわん》を植《う》ゑつけられた彼《かれ》は、選《えら》ばれて收入役《しうにふやく》といふ責任《せきにん》ある職務《しよくむ》に就《つ》いてゐる以上《いじやう》、完全《くわんぜん》に任務《にんむ》を果《はた》さないではゐなかつた。たゞ、何時《いつ》も彼《かれ》の腦裡《なうり》にこびりついてゐたことは、現在《げんざい》の仕事《しごと》は男子《だんし》一生《しやう》の仕事《しごと》ではないといふ考《かんが》へだつた。

『どうかして現在《げんざい》の苦境《くきやう》を脱《だつ》して、相當《さうたう》な人《ひと》になりたい』

さう考《かんが》へ、焦立《いらだ》つ胸《むね》を抑《おさ》へて秘《ひそ》かに策《さく》を練《ね》つてゐた。熟慮《じゆくりよ》の結果《けつくわ》、次《つぎ》のやうな理論《りろん》が生《うま》れたのである。

『勞働《らうどう》はたとへなし得《う》るとしても自己《じこ》一個《こ》の力《ちから》である。自己《じこ》一個《こ》の力《ちから》だけでは到底大事《たうていだいじ》をなすことは出來《でき》ない。俸給《ほうきふ》生活《せいくわつ》も亦僅《またわづ》かに糊口《ここう》を凌《しの》ぐだけで大事《だいじ》をなすことは不可能《ふかのう》だ――自分《じぶん》は勞働《らうどう》は出來《でき》ない。執筆《しつぴつ》も不十分《ふぶん》である。しかし、身體《からだ》と頭腦《づなう》は健全《けんぜん》であるから、この健全《けんぜん》なる頭腦《づなう》を働《はたら》かしたなら、必《かなら》ずや人《ひと》の長《ちやう》となることも出來《でき》よう』

頭腦《づなう》を働《はたら》かす仕事《しごと》といへば實業《じつげふ》である。彼《かれ》が後年實業界《こうねんじつげふかい》に入《はい》つて活躍《くわつやく》するに至《いた》つたのは、かうした熟慮《じゆくりよ》の結果《けつくわ》であつた。

☆ ☆ ☆

時恰《ときあたか》も日露戰役直後《にちろせんえきちよくご》、諸事業《しよじげふ》は相當振興《さうたうしんこう》した後《のち》で、漸《やうや》く反動期《はんどうき》に入《はひ》るの時《とき》である。實業家《じつげふか》は事業不振《じげふふしん》のために靑息《あをいき》吐息《といき》、閉鎖《へいさ》の止《や》むなきに至《いた》つた工場《こうぢやう》も各所《かくしよ》にあらはれた。

彼《かれ》の親戚《しんせき》に羽二重機業《はぶたへきげふ》に從事《じうじ》してゐる人《ひと》があつた。かねてより實業《じつげふ》に志《こゝろざ》してゐる彼《かれ》は、折々見學《をりをりけんがく》の心《こゝろ》で訪問《はうもん》してゐた。訪問《はうもん》しては工場《こうぢやう》を見學《けんがく》し、その人《ひと》について種々機業《しゆぐきげふ》の實際《じつさい》を聞《き》いてゐる中《うち》に、自然工場經營《しぜんこうぢやうけいえい》の要素《えうそ》を會得《えとく》するやうになつた。數理的《すうりてき》な頭腦《づなう》を働《はたら》かし、經濟上《けいざいじやう》の知識《ちしき》を養《やしな》つて策《さく》を講《かう》じ、管理法《くわんりはふ》を十分《ぶん》に研究《けんきう》してかゝれば、決《けつ》して事業《じげふ》に失敗《しつぱい》する怖《おそ》れはないとの確信《かくしん》を得《え》た。

『さうだ、機業《きげふ》こそは自分《じぶん》に最《もつと》も適《てき》した仕事《しごと》だ。俺《おれ》はこれによつて身《み》を立《た》てよう』

彼《かれ》は判然《はつきり》と自分《じぶん》の進《すゝ》むべき道《みち》を摑《つか》んだのである。

さうかうしてゐる中《うち》に、親戚《しんせき》の工場《こうぢやう》は財界不況《ざいかいふきやう》のあふりを喰《く》つて漸次衰微《ぜんじすゐび》し、氣息奄々《きそくえん〳〵》たる狀態《じやうたい》となつた。今《いま》はもう閉鎖《へいさ》するより途《みち》はない。

『よし、自分《じぶん》がやらう!』

彼《かれ》は奮然《ふんぜん》としてたつた。熱誠《ねつせい》と努力《どりよく》を以《もつ》てすれば、どんな事《こと》でも出來《でき》ないことがあるものか――彼《かれ》には確信《かくしん》があつた。口《くち》を極《きは》めて止《と》める人《ひと》もあつた。しかし、彼《かれ》は斷乎《だんこ》として信念《しんねん》に向《むか》つて邁進《まいしん》した。

大正《たいしやう》二年《ねん》六月《ぐわつ》、七年間勤《ねんかんつと》めた收入役《しうにふやく》を辭《じ》し、疲弊《ひへい》せる該《がい》工場《こうぢやう》を引受《ひきう》けた。實業《じつげふ》に志《こゝろざ》してより數年《すうねん》、その間《あひだ》熟慮《じゆくりよ》勘考《かんかう》、研究《けんきう》に研究《けんきう》を重《かさ》ねたところに、彼《かれ》の成功《せいこう》の因《いん》はあつた。彼《かれ》は己《おの》が居間《ゐま》に大書《たいしよ》した。

一、予《よ》は投機《とうき》をなさゞるべし。

一、予《よ》は嘘《うそ》を言《い》はざるべし。

一、予《よ》は勤勉《きんべん》なるべし。

この三個條《かでう》の誓《ちか》ひをたてゝ、彼《かれ》の汗《あせ》みどろ血《ち》みどろの活動《くわつどう》がはじまつた。第一《だい》に努力《どりよく》したのは、原料《げんれう》を嚴選《げんせん》して能率增進《のうりつぞうしん》により製產費《せいさんひ》を低《ひく》くし、善《よ》い品《しな》を早《はや》く安《やす》く賣《う》ることだつた。思《おも》ふにまかせぬのは世《よ》の常《つね》である。或時《あるとき》は投《な》げ出《だ》してしまひたいこともあつた。ことに大正《たいしやう》三年歐洲大戰《ねんおうしうたいせん》の勃發《ぼつぱつ》による財界《ざいかい》の大變動《だいへんどう》は、生絲織物《きいとおりもの》の大暴落《だいばうらく》を來《きた》し、文《も》字《じ》通《どほ》り四苦八苦《くく》、悲慘極《ひさんきは》まる狀態《じやうたい》に突《つ》き落《おと》されたこともあつた。しかし、彼《かれ》は決《けつ》して希望《きばう》を失《うしな》はなかつた。打挫《うちひし》が

れる度《たび》に新《あたら》しい力《ちから》が生《うま》れて來《き》た。石《いし》の上《うへ》にも三年《ねん》といふ。やがて大正《たいしやう》六七年《ねん》の好況《かうきやう》がめぐり來《き》て、社運《しやうん》は隆々《りう〳〵》と榮《さか》えた。それも暫《しば》しの夢《ゆめ》、大正《たいしやう》九年《ねん》三月歐洲戰亂《ぐわつおうしうせんらん》の終局《しうきよく》と共《とも》に、又《また》しても不況《ふきやう》の大怒濤《だいどたう》が襲《おそ》つた。斯業者《しげふしや》の倒產《たうさん》するもの續々《ぞく〳〵》と起《おこ》つた。しかしかねてより用意周到《よういしうたう》な彼《かれ》は、巧《たく》みに櫓《ろ》を操《あやつ》つてこの難局《なんきよく》を乘切《のりき》ることが出來《でき》た。

かくて事業《じげふ》は日《ひ》と共《とも》に隆昌《りうしやう》、大正《たいしやう》十二年《ねん》七月《ぐわつ》には、工場《こうぢやう》を合名會社組織《がふめいくわいしやそしき》に改《あらた》め、輸出羽二重製織《ゆしゆつはぶたへせいしよく》の傍《かたは》ら輸出富士絹《ゆしゆつふじぎぬ》の製織《せいしよく》をはじめたが、これが時流《じりう》に投《とう》じて飛《と》ぶやうに賣《う》れた。昭和《せうわ》六年《ねん》の春《はる》には、新《あら》たに工場《こうぢやう》を新築《しんちく》し、新式《しんしき》の機械《きかい》を備《そな》へ、產業合理化《さんげふがふりくわ》、能率增進《のうりつぞうしん》、品位《ひんゐ》の向上《かうじやう》に努力《どりよく》しはじめた。かくて今《いま》では力織機《りきしよくき》二百四十臺《だい》、撚絲機《よりいとき》五千錘《すゐ》、職工《しよくこう》二百餘名《よめい》を抱《かゝ》へて年產額《ねんさんがく》約一百萬圓《まんゑん》に達《たつ》する隆昌《りうしやう》ぶりで、昨年《さくねん》十二月《ぐわつ》には產業福利協會總裁山本達雄男《さんげふふくりけふくわいそうさいやまもとたつをだん》より表彰狀《へうしやうじやう》を貰《もら》つた。

この地方《ちはう》では、彼《かれ》の經營《けいえい》する工場《こうぢやう》の職工《しよくこう》となることが、乙女達《をとめたち》の憧憬《あこがれ》になつてゐる。

『まあ、あんたは松崎《まつざき》さんの工場《こうば》にお勤《つと》めで……』

と羨《うらやま》しげにいはれる。それもその筈《はづ》である。彼《かれ》は常《つね》に職工《しよくこう》の訓育《くんいく》に意《い》を注《そゝ》ぎ、溫情《おんじやう》よく職工《しよくこう》の福利《ふくり》をはかり將來《しやうらい》世《よ》に出《で》ても恥《はづか》しからぬ婦人《ふじん》を養成《やうせい》するにつとめてゐる。毎《まい》月數回《げつすうくわい》、學事《がくじ》、裁縫《さいはう》、作法《さはふ》、家事《かじ》、衞生等《ゑいせいとう》の講習《かうしふ》を行《おこな》ふといふ。世《よ》にも羨《うらやま》しき工場《こうぢやう》ではないか――さればこそ主從《しゆじう》一體《たい》となつて事業《じげふ》の繁榮《はんえい》に邁進《まいしん》できるのである。

彼《かれ》は大正《たいしやう》四年以來《ねんいらい》根上村會議員《ねあがりそんくわいぎゐん》に選出《せんしゆつ》せられること四回《くわい》、現在奉職中《げんざいほうしよくちう》であり、大正《たいしやう》八年《ねん》には能美《のび》郡々會議員《ぐん〳〵くわいぎゐん》に選《えら》ばれたこともある。又《また》、大正《たいしやう》八年以來《ねんいらい》石川縣輸出織物同業《いしかはけんゆしゆつおりものどうげふ》組合代議員《くみあひだいぎゐん》に三回《くわい》選《えら》ばれ、目下奉職中《もくかほうしよくちう》であり、昭和《せうわ》四年《ねん》には選《えら》ばれて石川縣《いしかはけん》マルサン織物工業組合理事《おりものこうげふくみあひりじ》となつた。

昭和《せうわ》八年《ねん》四月《ぐわつ》、日本赤十字社《にほんせきじうじしや》へ金《きん》壹千圓《ゑん》を寄贈《きぞう》して有功《いうこう》章《しやう》を授與《じゆよ》され、その他《た》公職《こうしよく》に推薦《すゐせん》せられて社會事業《しやくわいじげふ》に盡瘁《じんすゐ》してゐる。

思《おも》ふに、氏《し》の今日《こんにち》を築《きづ》きしは、勤《きん》、儉《けん》、誠《せい》の三字《じ》を實行《じつかう》に移《うつ》した賜物《たまもの》で、その半生《はんせい》を顧《かへりみ》る時《とき》、人格練磨《じんかくれんま》の歷史《れきし》を見《み》るの感《かん》がある。

輝《かゞや》しき勝《しよう》利《り》

＝巨萬《きよまん》の産《さん》をなした近藤栗二《こんどうくりじ》氏《し》＝

本籍地　徳島市[redacted]
負傷　右手爆裂彈創、右胸部貫通銃創
程度　脊髓骨折銃創

鋤鍬《すきくは》が持《も》てなくなつた

彼《かれ》——近藤栗二《こんどうくりじ》は、徳島縣阿波郡市場町大字尾開村《とくしまけんあはぐんいちばちやうおほあざをひらきむら》の、農家《のうか》の二男《なん》として生《うま》れ、徴兵適齢《ちようへいてきれい》まで、ずつと家業《かげふ》を手傳《てつだ》つてゐた。それまでの彼《かれ》は、べつに、成功《せいこう》の野心《やしん》に燃《も》えたこともない、一個凡庸《こぼんよう》な農村青年《のうそんせいねん》にすぎなかつたのだから、若《も》しも彼《かれ》が、鋤鍬《すきくは》の持《も》てないやうな不具《ふぐ》の身《み》にならなかつたならば、矢張今頃《やはりいまごろ》は、悲慘《ひさん》な小作農《こさくのう》として老《お》い近《ちか》き身《み》を農村《のうそん》に埋《うづ》めてゐたかも知《し》れない。禍《わざはひ》を變《へん》じて福《ふく》となすとは、實《じつ》に、我《わ》が近藤栗二《こんどうくりじ》氏《し》の如《ごと》きをいふのであらう。

彼《かれ》は徴兵檢査《ちようへいけんさ》では第《だい》一補充兵《ほじゆうへい》だつたので、兵隊《へいたい》にはとられなかつた。しかし、間《ま》もなく日露《にちろ》の國交《こくかう》が斷絶《だんぜつ》したので、當然彼《たうぜんかれ》も、農村《のうそん》で田《た》を耕《たがや》してゐるわけには行《ゆ》かなくなつた。すなはち、明治《めいぢ》三十七年《ねん》九月二十日臨時《ぐわつはつかりんじ》召集令《せうしふれい》を受《う》けて歩兵第《ほへいだい》四十三聯隊補充大隊《れんたいほじうだいたい》へ入隊《にふたい》、同年《どうねん》十一月《ぐわつ》十一日《にち》補充召集《ほじゆうせうしふ》として歩兵第《ほへいだい》四十三聯隊《れんたい》へ入隊《にふたい》、十一月《ぐわつ》二十三日《にち》には補充員《ほじうゐん》として出征《しゆつせい》の途《と》に就《つ》いた。

彼《かれ》が名譽《めいよ》の負傷《ふしやう》を蒙《かうむ》つたのは、明治《めいぢ》三十七年《ねん》十二月《ぐわつ》十二日鷄冠山北砲臺攻擊中《にちけいくわんざんきたはうだいかうげきちう》であつた。右手爆裂彈創《みぎてばくれつだんさう》、右胸部貫通銃創《うきようぶくわんつうじうさう》、脊髓骨折銃創《せきずゐこつせつじうさう》、といふ、三個處《かしよ》もの負傷《ふしやう》を受《う》けたのである。中《なか》でも、脊髓骨折銃創《せきずゐこつせつじうさう》は相當《さうたう》の重傷《ぢうしやう》だつたので、直《たゞ》ちに内地《ないち》へ送還《そうくわん》され、善通寺豫備病院《ぜんつうじよびびやうゐん》に收容《しうよう》され、ギブス繃帶《ほうたい》を施《ほどこ》したが、脊柱《せきちう》はたうとう少《すこ》しく前《まへ》へ屈曲《くつきよく》してしまつた。そして、この脊柱前屈《せきちうぜんくつ》のために、彼《かれ》は現在《げんざい》でも尚《なほ》、常時胃腸《じやうじゐちやう》の障害《しやうがい》を受《う》けてゐるし、仰向《あふむけ》に臥《ふ》さうとすると苦《くる》しいし、他《ほか》の病氣《びやうき》を發《はつ》した時《とき》とか普通《ふつう》の運動《うんどう》でも過《すご》した場合《ばあひ》には、脊髓《せきずゐ》がヅキヅキ疼《うづ》くのである。又《また》、登山《とざん》と

か長途《ちやうと》の旅行《りよかう》などには困難《こんなん》を感《かん》ずるし、毎朝《まいあさ》マッサージをしなければ起床《きしやう》することが出來《でき》ない。

現在《げんざい》ですらさうであるから、當時《たうじ》の彼《かれ》の、體《からだ》の不自由《ふじいう》は思《おも》ひやられるではないか。——明治《めいぢ》三十八年《ねん》九月《ぐわつ》二十七日《にち》、兵役免除《へいえきめんぢよ》となつて郷里《きやうり》へ歸《かへ》りは歸《かへ》つたものの、脊髓《せきずゐ》の痛《いた》みのために、鋤鍬《すきくは》を手《て》にすることは出來《でき》なかつた。彼《かれ》は一時悲觀《いちじひくわん》のどん底《ぞこ》に沈《しづ》んだこともあつた。しかし彼《かれ》は飜然《ほんぜん》として思《おも》ひかへした。

『百姓《しやう》の家《いへ》に生《うま》れたからといつて百姓《しやう》をしなければならないといふことはない。自分《じぶん》が負傷《ふしやう》のために鋤鍬《すきくは》を持《も》てなくなつたのは、一奮發《ふんぱつ》しろといふ天《てん》の啓示《けいじ》かも知《し》れない』

彼《かれ》は、或夜《あるよ》そのことを兩親《りやうしん》に諮《はか》つた。母《はゝ》は、さすがに女親《をんなおや》だけに、身體不自由《しんたいふじいう》な息子《むすこ》——彼《かれ》はその時《とき》二十三歳《さい》であつた——を、ただ一人《ひとり》都會《とくわい》に出《だ》すことが不安《ふあん》がつたが、父《ちゝ》は彼《かれ》の決意《けつい》が意外《いぐわい》に固《かた》いし、このまま農村《のうそん》にゐたんでは一生《しやう》肩身《かたみ》がせまい思《おも》ひをしなければならまい、とも考《かんが》へられたので、快《こゝろよ》く、彼《かれ》を徳島市《とくしまし》に出《だ》してやることにした。

かうして、彼《かれ》が志《こゝろざし》を立《た》てて郷關《きやうくわん》を出《で》たのは、その年《とし》の——明治《めいぢ》三十八年《ねん》十二月《ぐわつ》十五日《にち》、師走《しはす》の風《かぜ》が手足《てあし》も千切《ちぎ》れるばかり寒《さむ》い朝《あさ》であつた。子煩惱《こぼんなう》の母親《はゝおや》は、波荒《なみあら》い人世《じんせい》に出《で》て行《ゆ》く不具《ふぐ》の息子《むすこ》を村境《むらざかひ》まで送《おく》つて行《い》つた。そして、いつまでも其處《そこ》に佇立《ちよりつ》して、次第《しだい》に小《ちひ》さくなつて行《ゆ》く息子《むすこ》の後姿《うしろすがた》を見送《みおく》つてゐた。

失敗毎《しつぱいごと》に元氣《げんき》づく

徳島市《とくしまし》に出《で》た彼《かれ》は、知《し》るべを頼《たよ》つて内魚町小喜多洋服店《うちうをまちをぎたやうふくてん》の店員《てんゐん》になつた。

當時《たうじ》、主家《しゆか》は徳島市《とくしまし》でも指折《ゆびを》りの洋服店《やうふくてん》で、なか〱盛大《せいだい》にやつてゐたが、彼《かれ》がこの店《みせ》に住《す》み込《こ》んでから二年《ねん》三ケ月目《げつめ》に、突然當時營業主任《とうぜんたうじえいげふしゆにん》であつた主家《しゆか》の子息《しそく》が、病《やまひ》のため不歸《ふき》の客《きやく》となつたので、遂《つひ》に閉店《へいてん》しなければならない破《は》目《め》に陷《おちい》つた。

ところが、この閉店《へいてん》に際《さい》してかねがねから、彼《かれ》の商才《しやうさい》と人物《じんぶつ》を見込《みこ》んでゐた主人《しゆじん》は、

『どうだ、わしの店《みせ》を引《ひ》き受《う》けてやつて見《み》る氣《き》はないか。このまま閉店《へいてん》してしまふのも惜《を》しいことだし』

と、彼《かれ》にすすめた。

彼《かれ》は一晩考《ばんかんが》へた。これが天《てん》の與《あた》へた機會《きくわい》であるやうな氣《き》もするし、また自分《じぶん》には一戸《こ》の商店《しやうてん》を背負《せお》つて行《ゆ》くだけの力《ちから》はないやうな氣《き》もするし、とやかうと考《かんが》へ惱《なや》んだが、たうとう最後《さいご》には決心《けつしん》が固《かた》まつた。

『よし！　やつて見《み》よう！』

主人《しゆじん》の店《みせ》を讓《ゆづ》り受《う》けた彼《かれ》は、非常《ひじやう》な意氣組《いきぐみ》で、直《たゞ》ちに取引《とりひき》の改正《かいせい》や店務《てんむ》の整理《せいり》に沒頭《ぼつとう》した。その效果《かうくわ》は着々《ちやく〱》と現《あら》はれ、店《みせ》は日《ひ》に日《ひ》に繁昌《はんじやう》しはじめ、獨立《どくりつ》してから丁度《ちやうど》一年目《ねんめ》には、昵懇《とつこん》の人《ひと》のすすめによつて、現在《げんざい》のカノ子夫人《こふじん》と結婚《けつこん》した。

その後《ご》の彼《かれ》の成功《せいこう》を語《かた》るためには、この賢夫人《けんぷじん》の内助《ないじよ》の功《こう》を落《おと》すことは出來《でき》ない。

賢《かしこ》くて貞淑《ていしゆく》で健康《けんかう》で働《はたら》きものの好伴侶《かうはんりよ》を得《え》て、彼《かれ》の店《みせ》は益々繁昌《ます〱はんじやう》して行《い》つたが、『好事魔多《かうじまおほ》し』のたとへに洩《も》れず、第《だい》一回目《くわいめ》の失敗《しつぱい》に見舞《みま》はれた。それも自分《じぶん》のせゐではなかつた。日露戰役《にちろせんえき》の後《のち》の行政整理《ぎやうせいせいり》に遭遇《さうぐう》して事業《じげふ》に大打擊《だいだげき》を蒙《かうむ》つたのだ。

實《じつ》に、獨立《どくりつ》をしてから二年數《ねんすう》ケ月目《げつめ》、相當《さうたう》の財産《ざいさん》も出來《でき》てゐたのが、忽《たちま》ち元《もと》も子《こ》もなくして全《まつた》くの素寒貧《すかんぴん》になつてしまつた。

しかし、彼《かれ》は挫《くじ》けなかつた。失敗《しつぱい》こそは天《てん》の試練《しれん》だと思《おも》つて益々《ます〱》元氣《げんき》づいた。夫人《ふじん》も亦《また》意氣消沈《いきせうちん》するかと思《おも》ひの他《ほか》、かへつて元氣《げんき》をふるひ起《おこ》して夫《をつと》を激勵《げきれい》しさへした。

『このまゝ順調《じゆんてう》に行《おこな》つては少《すこ》し運《うん》がよすぎますわ……。元氣《げんき》を出《だ》しませう』

『さうだよ……しかし、今《いま》から後《のち》どうしたものかなア……どんな仕事《しごと》をして行《ゆ》けばいゝかな』

彼《かれ》は更生《かうせい》の道《みち》を何處《いづこ》に求《もと》むべきかにつき、しづかに時勢《じせい》の趨向《すうかう》を窺《うかゞ》ひながら熟慮《じゆくりよ》した結果《けつくわ》、決然《けつぜん》、羅紗仲買人《らしやなかがひにん》の仲間《なかま》に身《み》を投《とう》じた。かうして、彼等夫妻《かれらふさい》の涙《なみだ》の奮鬪史《ふんとうし》ははじまつた。

ここで特筆《とくひつ》して置《お》きたいのは、夫人《ふじん》の提案《ていあん》によつて、九十三圓《えん》の恩給《おんきふ》を全部貯金《ぜんぶちよきん》し、將來《しやうらい》どんなに資金《しきん》その他《た》に窮《きう》することがあつても、この貯金《ちよきん》には一切手《さいて》をつけないこと

にしたことだ。

そして彼《かれ》は、仕入《しい》れに註文聞《ちうもんき》きに、終日《しうじつ》を汗《あせ》だくになつて驅《か》けめぐり、夫人《ふじん》は夫人《ふじん》で幼兒《えうじ》を抱《かゝ》へながら家事《かじ》一切《さい》のきりもりには少《すこ》しも人手《ひとで》を煩《わづら》はさなかつたのみか、註文品《ちうもんひん》の配達《はいたつ》は一手《て》に引《ひ》き受《う》け、乳母車《うばぐるま》にのせて市中《しちう》を驅《か》けめぐつた。

かうした刻苦勉勵《こくくべんれい》の甲斐《かひ》あつて、三年《ねん》の後《のち》には三千圓餘《えんよ》の貯蓄《ちよちく》ができた。

ところが、天《てん》の試練《しれん》がまだ足《た》りなかつたのか、突然《とつぜん》、顧客先《とくいさき》の洋服屋《やうふくや》が數軒《すうけん》、バタバタと相《あひ》ついで倒《たふ》れ、そのため、近藤夫妻《こんどうふさい》が三年間《ねんかん》の汗《あせ》の結晶《けつしやう》も大半奪《たいはんうば》ひ去《さ》られてしまつた。夫語《をつとかた》らず妻物言《つまものい》はず、その時《とき》の夫妻《ふさい》の心中《しんちう》はどんなであつたらう。

だが、それでも彼等《かれら》はへこたれなかつた。一度《ど》ならず、二度《ど》までの失敗《しつぱい》に、普通《ふつう》の人間《にんげん》ならばすつかり意氣消沈《いきせうちん》してしまふところなのだが、彼等《かれら》の場合《ばあひ》は、轉《ころ》べば轉《ころ》ぶほど、益々《ます〱》勇氣《ゆうき》を奮《ふる》ひ起《おこ》すのであつた。

輝《かゞや》かしき勝利《しようり》の榮冠《えいくわん》

三度《みたび》、こつこつと彼《かれ》は築《きづ》いて行《い》つた。

もう、天《てん》も彼《かれ》に微笑《ほゝゑ》んでいい時《とき》だらう。果《はた》して、大正天皇《たいしやうてんのう》の御大典《ごたいてん》に遭遇《さうぐう》し、忽《たちま》ち數千圓《すうせんゑん》を儲《まう》けた。

彼《かれ》が元氣《げんき》づいてゐるところへ、歐洲大戰《おうしうたいせん》が勃發《ぼつぱつ》し、物價《ぶつか》が一時《じ》に騰貴《とうき》した。機《き》を見《み》るに敏《びん》なる彼《かれ》は、この機《き》を外《はづ》さず巨萬《きよまん》の富《とみ》を獲得《くわくとく》した。そして、全《まつた》く彼《かれ》の事業《じげふ》は基礎《きそ》を固《かた》めたのである。

彼《かれ》の事業上《じげふじやう》の標語《へうご》は『堅實《けんじつ》』といふことだ。彼《かれ》は、利潤《りじゆん》はすべて不動産《ふどうさん》に變《か》へ、決《けつ》して投機的《とうきてき》な事業《じげふ》に投資《とうし》しない。又《また》、何事《なにごと》につけ形式《けいしき》に拘泥《こうでい》せず、店舗《てんぽ》の如《ごと》きも一見實《けんじつ》に粗末《そまつ》なもので、これが、中國《ちうごく》四國地方《こくちはう》で嘖々《さく／＼》たる名聲《めいせい》のある羅紗《らしや》卸商《おろししやう》の店舗《てんぽ》であるだらうかといぶかしまれるくらゐだ。

隣人愛《りんじんあい》に篤《あつ》いことも特筆《とくひつ》すべきことであらう。社會教育《しやくわいけういく》公共事業《こうきようじげふ》に盡《つく》すの念《ねん》は殊《こと》に厚《あつ》く德島市《とくしまし》に在《あ》る孤兒院《こじゐん》、養老《やうらう》院《ゐん》、德島學院《とくしまがくゐん》など一として、彼《かれ》の慈愛《じあい》の手《て》の屆《とゞ》いてゐないものはない。

又《また》、關東大震災《くわんとうだいしんさい》の時《とき》などは、率先《そつせん》自《みづか》ら多額《たがく》の財寶《ざいはう》を投《とう》じて罹災民《りさいみん》の救助《きうじよ》に奔走《ほんそう》したし、近《ちか》くは、飛行機《ひかうき》愛國號《あいこくがう》の献金《けんきん》、縣立盲啞學校《けんりつまうあがくかう》改築《かいちく》の寄附《きふ》など、數《かぞ》へ上《あ》げれば枚擧《まいきよ》に遑《いとま》ないくらゐだ。

店員《てんゐん》や家族《かぞく》を愛《あい》することも亦厚《またあつ》く、從《したが》つて店員《てんゐん》や家族《かぞく》のものも亦彼《またかれ》を敬愛《けいあい》し、家内《かない》には常《つね》に和氣靄々《わきあい／＼》たる空氣《くうき》が漲《みなぎ》つてゐる。

現在《げんざい》一男《なん》三女《ぢよ》を擧《あ》げてゐるが、長男《ちやうなん》がまだ幼年《えうねん》なので、彼《かれ》は病弱《びやうじやく》の身《み》を鞭《むちう》ちながら店《みせ》の采配《さいはい》を振《ふ》つてゐる。

尚《なほ》、現《げん》に貴族院議員《きぞくゐんぎゐん》及び商業會議所議員《しやうげふくわいぎしよぎゐん》一級《きふ》の選擧權所《せんきよけんしよ》有者《いうしや》であることを附記《ふき》しておかう。

故鄉《ふるさと》を出《い》でて

＝安樂《あんらく》の餘生《よせい》を樂《たの》しむ宮本新五郎氏《みやもとしんごらうし》＝

本籍地　[redacted]熊本縣下益城郡豐田村[redacted]

負傷程度　左肩盲貫銃創

熊本縣下益城郡《くまもとけんしもましきぐん》に木原山《きはらやま》と云《い》ふ山《やま》がある。源平《げんぺい》の昔《むかし》、鎭西《ちんぜい》八郎爲朝《らうためとも》が居城《きよじやう》を構《かま》へた遺跡《ゐせき》と傳《つた》へられて、雁囘山《がんくわいざん》の一名《めい》がある。弓《ゆみ》の名手爲朝《めいしゆためとも》が、この山《やま》にかまへて雁《かり》を射《い》たため行雁《かうがん》が木原山《きはらやま》まで來《く》ると、爲朝《ためとも》の矢《や》を恐《おそ》れて、自《みづか》ら山《やま》を囘《まは》つて飛《と》んだと云《い》ふ傳說《でんせつ》だ。

宮本新五郎《みやもとしんごらう》は朝《あさ》に夕《ゆふ》に木原山《きはらやま》を仰《あふ》いで、豐田村塚原《とよだむらつかはら》に生《お》ひ立《た》つた。家《いへ》は貧《まづ》しい小作農《こさくのう》だつたので、尋常小學《じんじやうせうがく》を卒《そつ》へると父母《ふぼ》を助《たす》けて家業《かげふ》の百姓《しやう》を手傳《てつだ》はねばならなかつた。

『水飲百姓《みづのみしやう》ぢや浮《うか》ぶ瀨《せ》がなかばい』と、口癖《くちぐせ》にしてゐた父《ちゝ》は、明治《めいぢ》二十七年《ねん》、日清戰爭《につしんせんさう》のはじまると云《い》ふ年《とし》、即《すなは》ち彼《かれ》が十六の春《はる》、家運挽囘《かうんばんくわい》の大望《たいばう》を抱《いだ》いて、遠《とほ》くアメリカへ出《で》稼《かせぎ》の決心《けつしん》をした。村《むら》では何《なに》某《それがし》、隣《となり》では何《なに》某《それがし》と、九州《しう》一帶《たい》、渡米熱《とべいねつ》の沸《わ》き立《た》つた時代《じだい》だつた。

『新《しん》、おとなしく、阿母《おつか》さんの云《い》ふことをきいて、働《はたら》くんだぞ。俺《おれ》はアメリカで一稼《かせ》ぎ稼《かせ》いで來《く》る。十年《ねん》の辛抱《しんばう》だ』

彼《かれ》は希望《きばう》に燃《も》えて遠《とほ》いアメリカへ旅立《たびた》つ父《ちゝ》を母《はゝ》や弟《おとゝ》と一緒《しよ》に村境《むらざかひ》まで見送《みおく》つて行《ゆ》き、大人《おとな》びた口調《くてう》でいふのだつた。

『あとの心配《しんぱい》は要《い》りません。阿母《おつか》さんを大事《だいじ》に弟《おとゝ》となかよく働《はたら》きます』

十年經《ねんた》つと俺《おれ》は二十六だと考《かんが》へると、十年《ねん》がとても遠《とほ》い將來《しやうらい》のやうに考《かんが》へられて、母《はゝ》も齡《とし》とることだと父《ちゝ》の姿《すがた》が淚《なみだ》にうるんで什《ど》うしても泣《な》けて來《き》た。

自分達《じぶんたち》のため、遠《とほ》いアメリカで苦鬪《くとう》してゐる父《ちゝ》を思《おも》つては、まだ尋常小學《じんじやうせうがく》に通《かよ》つてゐる弟《おとゝ》を父《ちゝ》に代《かは》つて劬《いたは》り、母《はゝ》の勤勞《きんらう》を助《たす》けて一生懸命《しやうけんめい》働《はたら》いた。しかし、生活《せいくわつ》はなか／＼樂《らく》にならず。しかも彼等《かれら》が希望《きばう》をもつて夢《ゆめ》みた程《ほど》には、父《ちゝ》からの送金《そうきん》も充分《じうぶん》ではなかつた。

日清戰爭《につしんせんさう》も終《をは》り臺灣征討《たいわんせいとう》も片付《かたづ》いて、やがて明治《めいぢ》三十一年《ねん》、彼《かれ》は徵兵適齡《ちようへいてきれい》に達《たつ》し、その十二月《ぐわつ》、工兵《こうへい》第《だい》六大隊《だいたい》第《だい》三中隊《ちうたい》に入營《にふえい》した。

父《ちゝ》は異國《いこく》に出稼《でかせぎ》して居《を》り、後《あと》には母《はゝ》と弟《おとうと》とが家《いへ》を守《まも》るのであるから、彼《かれ》は自分《じぶん》が去《さ》つた後《のち》、母《はゝ》と弟《おとうと》と二人《ふたり》きりで百姓《しやう》をやつて行《ゆ》けるだらうかと、後《あと》に心《こゝろ》も殘《のこ》るのだつた。

『新《しん》や、あとに心殘《こゝろのこ》りは要《い》らんぞ、安心《あんしん》して奉公《ほうこう》申《まを》し上《あ》げて來《こ》い』

健氣《けなげ》な母《はゝ》はさういつて彼《かれ》を勵《はげ》まし、心《こゝろ》から喜《よろこ》んで彼《かれ》を送《おく》つてくれた。

彼《かれ》は母《はゝ》の言葉《ことば》に勵《はげ》まされ、入營《にふえい》と共《とも》に鋭意《えいい》軍務《ぐんむ》に精勵《せいれい》し、成績《せいせき》は認《みと》められて、三十二年《ねん》十二月《ぐわつ》には上等兵《じやうとうへい》に進《すゝ》んだ。三十三年《ねん》八月《ぐわつ》、臺灣守備《たいわんしゆび》工兵《こうへい》第《だい》三中隊《ちうたい》に編入《へんにふ》され、翌年《よくねん》八月《ぐわつ》原隊《げんたい》に歸還《きくわん》し、十月《ぐわつ》三十一日《にち》には歸休除隊《ききうぢよたい》となつた。

懷《なつか》しい雁囘山《がんくわいざん》を仰《あふ》ぎつゝ、彼《かれ》は再《ふたゝ》び母《はゝ》を助《たす》けて野良仕事《のらしごと》に精出《せいだ》し、着々《ちやく／＼》と基礎《きそ》を築《きづ》き上《あ》げて行《い》つた。

『新《しん》さん毎日精《まいにちせい》が出《で》るのう。』

村人《むらびと》は人《ひと》一倍早《ばいはや》く畑《はたけ》に出《で》て働《はたら》く姿《すがた》をみては、やさしく聲《こゑ》をかけた。かくして二年半《ねんはん》は夢《ゆめ》の間《ま》にすぎる中《うち》に、日露《にちろ》の風雲《ふううん》はいよ／＼急迫《きふはく》してきた。三十七年《ねん》二月《ぐわつ》八日《か》に、彼《かれ》の許《もと》に召集令《せうしふれい》が配布《はいふ》されて、直《たゞ》ちに入隊《にふたい》し、二月《ぐわつ》十日《か》には宣戰《せん》が布告《ふこく》され、二月《ぐわつ》二十二日《にち》には、長崎《ながさき》を船出《ふなで》して征露《せいろ》の旅《たび》に上《のぼ》つたのであつた。

『新五郎《しんごらう》、いよ／＼今度《こんど》こそお前《まへ》も天子《てんし》さまに御奉公《ごほうこう》申《まを》し上《あ》げる番《ばん》が來《き》た。アメリカの阿父《おとう》さんに、お前《まへ》の姿《すがた》を見《み》せ度《た》いぞえ。アメリカにも聞《き》こえるやうな手柄《てがら》を樹《た》てゝくれ』

出發間際《しゆつぱつまぎは》に淚《なみだ》と共《とも》に送《おく》つてくれた母《はゝ》の顏《かほ》が、玄海《げんかい》の波間《なみま》にもチラついた。

黑木將軍《くろきしやうぐん》を司令官《しれいくわん》に仰《あふ》ぐ、第一軍《だいぐん》の特科隊《とくくわたい》として、第十三師團《だいしだん》の兵站部編成《へいたんぶへんせい》に屬《ぞく》し、海州《かいしう》に上陸《じやうりく》、敵《てき》を追《お》つて北上《ほくじやう》、轉戰又轉戰《てんせんまたてんせん》、席暖《せきあたゝ》まる暇《いとま》もなかつた。抑々《そも／＼》我《わ》が征露《せいろ》第一期《だいき》の策戰上《さくせんじやう》、工兵《こうへい》の使命《しめい》は實《じつ》に重大《ぢうだい》だつた。鴨綠江《あふりよくこう》を控《ひか》へて防禦配備《ばうぎよはいび》に努《つと》めた敵《てき》を擊退《げきたい》し、我《わ》が第一軍《だいぐん》が神速《しんそく》に鴨綠江《あふりよくこう》を越《こ》えて滿洲《まんしう》の天地《てんち》に進出《しんしゆつ》したのは、全軍《ぜんぐん》の人柱《ひとばしら》となつた工兵《こうへい》の力《ちから》だと云《い》つても過言《くわごん》でない。

彼《かれ》の屬《ぞく》した工兵第六大隊《こうへいだいたいたい》は、第十二師團《だいしだん》の應急的《おうきふてき》な所屬《しよぞく》から離《はな》れて、更《さら》に軍用鐵道監《ぐんようてつだうかん》の指揮下《しきか》に移《うつ》された。かくて六月《ぐわつ》二十一日《にち》、仁川港《じんせんかう》で乘船《じようせん》、三官廟《くわんべう》に上陸《じやうりく》すると、第六師團《しだん》の中央軍《ちうあうぐん》に屬《ぞく》して、敵《てき》を追《お》つて北上《ほくじやう》、八月《ぐわつ》三十日《にち》、遼陽大會戰《れうやうだいくわいせん》の際《さい》、首山堡《しゆさんぽ》に於《おい》て左肩盲貫銃創《さけんまうくわんじうさう》を蒙《かうむ》つた。三十日《にち》は遼陽間近《れうやうまぢか》に追《お》ひつめられた敵《てき》の逆襲《ぎやくしふ》甚《はなは》だ猛烈《まうれつ》だつた日《ひ》で、我《わ》が砲兵《はうへい》の猛擊《まうげき》によつて、總強襲《そうきやうしふ》をもつて敵《てき》を全《まつた》く遼陽《れうやう》に退《しりぞ》かしめた、遼陽大會戰中《れうやうたいくわいせんちう》の最高潮時《さいかうてうじ》であつた。雨《あめ》と降《ふ》り來《く》る敵彈《てきだん》に倒《たふ》れた彼《かれ》は、遼陽陷落《れうやうかんらく》の快報《くわいはう》は野戰病院《やせんびやうゐん》できかされた。戰《たゝか》ひ半《なか》ばにして斃《たふ》れた無念《むねん》やるせなく、彼《かれ》は淚《なみだ》をのんで還送《くわんそう》を餘儀《よぎ》なくされ、九月《ぐわつ》十六日《にち》には門司《もじ》に上陸《じやうりく》、熊本豫備病院《くまもとよびびやうゐん》に收容《しうよう》されることゝなつた。

思《おも》へば出征《しゆつせい》の當時《たうじ》、アメリカにも聞《き》こえるやうな手柄《てがら》を樹《た》てゝ吳《く》れと云《い》つた母《はゝ》の餞別《せんべつ》の言葉《ことば》が、病院《びやうゐん》のペットにも絕《た》えず思《おも》ひ出《だ》されて、肩《かた》の銃創《じうさう》を怨《うら》みにしたのだつた。十月《ぐわつ》十四日《か》には退院《たいゐん》を命《めい》ぜられる程經過《ほどけいくわ》もよく、留守隊《るすたい》に歸《き》隊《たい》し、もう一度《ど》滿洲《まんしう》の戰線《せんせん》へと體《からだ》のつゞく限《かぎ》りは御奉公《ごほうこう》を願《ねが》つた。しかし、患部《くわんぶ》は全快《ぜんくわい》には至《いた》らず、未《いま》だ勞役《らうえき》には

耐《た》ふべくもなく、體内《たいない》を針《はり》で突《つ》くやうな疼痛《とうつう》のために、練《れん》兵演習等《へいえんしふとう》も許《ゆる》されぬ状態《じやうたい》だつた。奉天《ほうてん》の陥落《かんらく》をきいた三月《ぐわつ》にはもう彼《かれ》は體《からだ》の疼痛《とうつう》も忘《わす》れて、出征《しゆつせい》を志願《しぐわん》しないではゐられなかつた。越《こ》えて四月《ぐわつ》十八日《にち》、上官《じやうくわん》から、

『宮本《みやもと》、第《だい》十四師團《しだん》の野戰電信隊《やせんでんしんたい》に編入《へんにふ》されたぞ』と云《い》はれて、

『はッ有難《ありがた》うございます。電信隊《でんしんたい》として、出征出來《しゆつせいでき》るのでありますか』

喜《よろこ》び勇《いさ》んだのも束《つか》の間《ま》の夢《ゆめ》、秘《ひ》し通《とほ》した體《からだ》の疼痛《とうつう》も、身《しん》體検査《たいけんさ》の結果不合格《けつくわふがふかく》となり、原隊《げんたい》にとゞまることになつた。

かくて、日露媾和《にちろこうわ》ののち、八月《ぐわつ》二十四日《か》は召集解除《せうしふかいぢよ》となつて、母《はゝ》と弟《おとうと》のもとに歸省《きせい》することゝなつた。

除隊後《ぢよたいご》は阿蘇温泉《あそをんせん》等《とう》に入湯《にふたう》し、養生專一《やうじやうせん》に體《からだ》の恢復《くわいふく》を心《こゝろ》掛《が》けたが、三十九年春《ねんはる》には、再《ふたゝ》び疼痛《とうつう》が再發《さいはつ》した。激《はげ》しい疼痛《とうつう》のために、思《おも》ふやうには働《はたら》けない。しかし一家《か》の現狀《げんじやう》は一刻《こく》の餘裕《よゆう》もゆるさない。彼《かれ》は病軀《びやうく》に鞭打《むちう》つて奮闘《ふんとう》をつづけた。その間縁《かんえん》あつて妻《つま》を娶《めと》り、年老《としお》いた母《はゝ》に孝養《かうやう》の限《かぎ》りをつくしつゝ、妻《つま》や弟《おとゝ》を督勵《とくれい》して耕作《かうさく》につとめ、漸《やうや》くに一家《か》を支《さゝ》へてゐた。

明治《めいぢ》四十年《ねん》の秋《あき》、十三年振《ねんぶ》りに父《ちゝ》がアメリカから歸《かへ》つて來《き》た。十年《ねん》の奮闘《ふんとう》を誓《ちか》つて成功《せいこう》を夢《ゆめ》みて渡航《とかう》した父《ちゝ》は、十三年《ねん》の辛酸《しんさん》の甲斐《かひ》なく、期待《きたい》した程《ほど》の稼《かせ》ぎもなく、既《すで》に年《とし》老《お》いて勞働《らうどう》も意《い》の如《ごと》くではなかつた。彼《かれ》の責任《せきにん》はいよ〳〵重《おも》く、一家《か》の生計《せいけい》を支《さゝ》へるために苦闘《くとう》すべき立場《たちば》に立《た》たされたが、不自由《ふじいう》な體《からだ》を顧《かへりみ》ては暗然《あんぜん》となつた。

恰度《ちやうど》その頃朝鮮《ころてうせん》に渡《わた》つて成功《せいこう》ををさめた友達《ともだち》が歸省《きせい》し、彼《かれ》の立場《たちば》に同情《どうじやう》していふのだつた。

『宮本君《みやもとくん》、どうだ君《きみ》も一つ朝鮮《てうせん》に渡《わた》つて奮闘《ふんとう》して見《み》る氣《き》はないか。君《きみ》のやうな體《からだ》では、内地《ないち》で百姓《しやう》を續《つゞ》けても、やつと生計《せいけい》を立《た》てゝ行《ゆ》くのが關《せき》の山《やま》だ。同《おな》じ農業《のうげふ》でもあつちでなら、安《やす》い賃銀《ちんぎん》の鮮人《せんじん》を使《つか》へば、自分《じぶん》で勞働《らうどう》する必要《ひつえう》もないし、君《きみ》の體《からだ》では、それに限《かぎ》ると思《おも》ふんだが』

いろ〳〵朝鮮《てうせん》の模樣《もやう》をきいてみると、彼《かれ》の雄志《ゆうし》は動《うご》かされた。早速兩親《さつそくりやうしん》の諒解《りやうかい》を得《え》て、決然《けつぜん》として、住《す》みなれた故《こ》郷《きやう》を後《あと》に渡鮮《とせん》したのは、明治《めいぢ》四十四年《ねん》の一月《ぐわつ》だつた。下賜《かし》された一時金《ときん》を資本《しほん》に、桑畑《くはばたけ》を拓《ひら》き、水田《すゐでん》を作《つく》つて、いよ

いよ第《だい》一期《き》の事業《じげふ》は端緒《たんちよ》についた。はじめの中《うち》は、言語風《げんごふう》俗《ぞく》の不便《ふべん》から、言語《げんご》に絶《ぜつ》した辛酸《しんさん》をなめた。しかし一年經《ねんた》つと、やゝ言語《げんご》も通《つう》じるやうになり、生活《せいくわつ》もやうやく光明《くわうみやう》を認《みと》めることが出來《でき》た。

負傷《ふしやう》は毎年寒暑《まいねんかんしよ》に當《あた》つて疼痛《とうつう》を覺《おぼ》えた。殊《こと》に大陸的《たいりくてき》な氣《き》候《こう》の朝鮮《てうせん》では、一層《そう》それが甚《はなは》だしく、加《くは》ふるに、喘息《ぜんそく》を持病《ぢびやう》に持《も》つて、冬期《とうき》は殆《ほと》んど半病人《はんびやうにん》の状態《じやうたい》だつた。彼《かれ》は妻《つま》を督《とく》勵《れい》し、またその助力《じよりよく》を受《う》け、互《たが》ひに援《たす》けあひつゝ作物《さくもつ》の向《かう》上《じやう》をはかつた。

夫婦《ふうふ》一體《たい》となつて勤儉《きんけん》よく力《つと》め、貯蓄《ちよちく》を心掛《こゝろが》けた甲斐《かひ》あつて、年《とし》と共《とも》に農場《のうぢやう》は盛《さか》んになり、土地《とち》も次第《しだい》に廣《ひろ》くなつて行《い》つた。これまでの基礎《きそ》さへ出來《でき》れば、あとはたゞ不斷《ふだん》の努力《どりよく》だけだ。

爾來《じらい》二十五年《ねん》、彼《かれ》は不撓不屈《ふたうふくつ》の軍人精神《ぐんじんせいしん》をもつて運命《うんめい》と戰《たゝか》ひ、軍人勅諭《ぐんじんちよくゆ》を唯《ゆゐ》一の生活《せいくわつ》の指針《ししん》として、現《げん》に朝鮮全羅《てうせんぜんら》北道金堤郡金堤邑葛公里《ほくだうきんていぐんきんていいふかつこうり》に、五十六歳《さい》の老齢《らうれい》を以《もつ》て、一家《か》裕《ゆた》かに移住成功者《いぢうせいこうしや》の一人《ひとり》として、惠《めぐ》まれた餘生《よせい》を樂《たの》しんでゐる。

啓成社に於ける職業再教育終了者の成功談

我國に於ける戰傷者職業再教育は、滿洲上海事變後に於て實施したのが最初である。

試みに其の修業者中成功者の事績を索めようとするに、未だ期が淺いため眞の成功者といつてよい程のものは決め難く、又之れを決めるのは早計だと思ふ。

併し成功といつても程度の問題であり、成功の緒についた者といふ意味で調べれば段々發見されるのである。

本文は其の後者に當るものを集錄しようとして、手元に有合せの材料を極めて匆卒の間に整理したものである。

昭和十三年一月

財團法人　啓　成　社

寫《しや》眞《しん》館《くわん》主《しゆ》

本籍地　宮城縣柴田郡[redacted]

高橋　新吉氏

高橋君《たかはしくん》は前職《ぜんしよく》は農業《のうげふ》であつた。彼《かれ》の滿洲事變《まんしうじへん》に出征《しゆつせい》し昂々溪《こうけい》チ、ハルで不幸《ふかう》左足《ひだりあし》に名譽《めいよ》の戰傷《せんしやう》を負《お》つたが、君《きみ》は傷痍《しやうい》恢復後《くわいふくご》雄々《をゝ》しくも上京《じやうきやう》して、財團法人啓成社《ざいだんはふじんけいせいしや》に入《い》り職業再教育《しよくげふさいけういく》を受《う》けた。受講科目《じゆかうくわもく》は、嘗《かつ》て自分《じぶん》の趣味《しゆみ》であつた寫眞《しやしん》を選《えら》んだ。好《す》きこそ物《もの》の上手《じやうづ》で、技術《ぎじゆつ》はメキ〳〵上達《じやうたつ》した。昭和《せうわ》八年《ねん》六月《ぐわつ》から翌年《よくねん》六月《ぐわつ》までの期間《きかん》を首尾《しゆび》克《よ》く卒業《そつげふ》して、其《そ》の年《とし》の七月《ぐわつ》には早《はや》くも北海道《ほつかいだう》の旭川《あさひがは》に渉《わた》つて、兵隊《へいたい》さんを目標《もくへう》に寫眞業《しやしんげふ》を開《ひら》き在郷軍人職業輔導部《ざいがうぐんじんしよくげふほだうぶ》の斡旋《あつせん》で、先《ま》づ聯隊《れんたい》の門鑑《もんかん》を頂《いたゞ》き、初《はじ》めの程《ほど》は撮影所《さつえいじよ》も持《も》たず毎《まい》日出張撮影《にちしゆつちやうさつえい》だ。根《ね》が寔言正直者《しよくげんしやうぢきもの》の高橋君《たかはしくん》のことだから『少《すこ》しお待《ま》ち下《くだ》さい、此方《こちら》の初年兵《しよねんへい》さんは先口《せんくち》のお客《きやく》さんですから』と一應《おう》二年兵《ねんへい》さんの諒解《りやうかい》を需《もと》めたり、

『ハイ、御約束《おやくそく》の期日《きじつ》ですから持參《じさん》しましたけれど、頗《すこぶ》る不出來《ふでき》で自信《じしん》が御座《ござ》いませんから、今《いま》一度《ど》取《と》り直《な》ほさして下《くだ》さい』といつた調子《てうし》で、決《けつ》して術策《じゆつさく》を弄《ろう》することなく『正直《しやうぢき》と技術《ぎじゆつ》の高橋《たかはし》』といふことで、益々《ます〳〵》顧客《こかく》が殖《ふ》え、漸進的《ぜんしんてき》に發展《はつてん》して遂《つひ》に立派《りつぱ》な寫眞館《しやしんくわん》を建《た》て更《さら》に分館《ぶんくわん》をも營《いとな》んで、現今《げんこん》では押《お》しも押《お》されもしない一流《りう》の寫眞館主《しやしんくわんしゆ》となつた。昭和《せうわ》十一年《ねん》の秋《あき》啓成社《けいせいしや》へ寄《よ》せた手紙《てがみ》の一節《せつ》に、

（前略《ぜんりやく》）……東京《とうきやう》はまだ暑《あつ》いことでせう。北海道《ほくかいだう》はぼつぼつ寒《さむ》くなりつゝあります。現今《げんこん》小生等《せうせいら》は大演習《だいえんしふ》を前《まへ》に非常《ひじやう》に多忙《たばう》です。開業《かいげふ》三ケ年《ねん》、現在《げんざい》は創業當初《さうげふたうしよ》なれば主人《しゆじん》も門《で》生《し》も區別《くべつ》なく夜《よる》は十二時《じ》、一時迄《じまで》働《はたら》いて居《ゐ》ます。一生懸命《しやうけんめい》に働《はたら》き社《しや》で受《う》けた萬分《まんぶん》の一の御恩《ごおん》に酬《むく》ふべく、感謝《かんしや》の中《うち》に働《はたら》いて居《ゐ》ます。大演習《だいえんしふ》終《をは》り次第《しだい》御禮《おんれい》旁々《かたぐ》參上《さんじやう》致《いた》したいと思《おも》つて居《を》ります……

とあるに見《み》ても如何《いか》に眞面目《まじめ》に努力《どりよく》してゐるかゞ分《わか》る。斯《こ》の奮闘努力《ふんとうどりよく》の效果《かうくわ》が實《じつ》に目覺《めざま》しいもので、今《いま》では使用人《しようにん》七人《にん》、家族《かぞく》とも十一人《にん》の大暮《おほぐら》しで毎月《まいつき》の收入《しうにふ》も巨額《たくさん》に上《あが》るが、又其《またそ》の剩餘《あまり》も相當素晴《さうたうすば》らしいものらしい。

序《つひ》でながら、高橋君《たかはしくん》の營業方針《えいげふはうしん》といふのは『宣傳《せんでん》せず』といふ一條《すぢ》だけであつて、其《そ》の他《た》はすべて『高橋君自身《たかはしくんじしん》の人格《じんかく》のひらめき』によつて此《こ》の成功《せいかう》を收《をさ》めてゐるものらしい。

被《ひ》服《ふく》本《ほん》廠《しやう》へ就《しう》職《しよく》

本籍地　福岡縣築上郡南吉田村

松本　三郎氏

歩兵《ほへい》一等兵《とうへい》の松本君《まつもとくん》は郷里《きやうり》に在《あ》つて元郵便局員《もというびんきよくゐん》を勤《つと》め、精勵恪勤局員《せいれいかくきんきよくゐん》に範《はん》を示《しめ》し、貯蓄《ちよちく》した月給數百金《げつきふすうひやくきん》を拂戻《はらひもど》して村《むら》の小學校《せうがくかう》の奉安殿經費《ほうあんでんけいひ》の一部《ぶ》、村社《そんしや》々殿及菩提寺《でんおよびぼだいじ》の裝飾品費等《さうしよくひんひとう》に其《そ》の全部《ぜんぶ》を寄附《きふ》し、自分《じぶん》は粗食粗衣清貧《そしよくそいせいひん》に甘《あま》んじ而《し》かも孝悌《かうてい》の道《みち》に精進《しやうじん》したので、郷黨《きやうたう》の人々《ひと〴〵》を驚嘆《きやうたん》せしめたといふ模範青年《もはんせいねん》であつたが、入營後《にふえいご》に於《おい》ても幾多《いくた》の美談《びだん》を殘《のこ》した人《ひと》である。滿洲事變《まんしうじへん》に出征《しゆつせい》して凍傷《とうしやう》に罹《かゝ》り左手環指及小指《ひだりてくわんしおよびこゆび》を損傷《そんしやう》したが、除隊後《ぢよたいご》意《い》を決《けつ》して上京《じやうきやう》啓成社《けいせいしや》に入《い》り、密針裁縫《みしんさいほう》の業《げふ》を習得《しふとく》して昭和《せうわ》八年《ねん》八月《ぐわつ》卒業《そつげふ》し、陸軍《りくぐん》被服本廠《ひふくほんしやう》に職工《しよくこう》として就職《しうしよく》し相當《さうたう》の給料《きふれう》を受《う》くる身《み》となつたが、故郷《こきやう》から良縁《りやうえん》あつて妻君《さいくん》を迎《むか》へ、之《これ》も亦《また》被服本廠《ひふくほんしやう》に雇傭《こよう》され、今《いま》は一女兒《ぢよじ》を擧《あ》げて、子供《こども》は毎朝出勤《まいあさしゆつきん》と同時《どうじ》に連《つ》れ立《た》つて、廠《しやう》の託兒所《たくじしよ》に預《あづ》け、何《なん》の苦《く》もなく共稼《ともかせ》ぎの幸運《かううん》を樂《たの》しんで居《を》つた。松本君《まつもとくん》は多《おほ》くの逸話《いつわ》の持主《もちぬし》であつて被服本廠《ひふくほんしやう》に勤《つと》むるや、其《そ》の第一回《だいくわい》の俸給《ほうきふ》を受《う》けて以來《いらい》、其《そ》の俸給袋《ほうきふぶくろ》を神棚《かみだな》に供《そな》へて感謝《かんしや》の禮拜《らいはい》を爲《な》し、父母《ふぼ》の好《この》む煙草《たばこ》と菓子《くわし》を買求《かひもと》め小包郵便《こづゝみいうびん》にして之《こ》れを郷里《きやうり》に送《おく》るといふ話《はなし》などは全《まつた》く松本君《まつもとくん》の感謝生活《かんしやせいくわつ》の面目躍如《めんもくやくじよ》として窺《うかゞ》ふに足《た》るものがある。然《しか》るに君《きみ》は其《そ》の負傷《ふしやう》が現役免除《げんえきめんぢよ》の程度《ていど》であつた爲《た》め、今次《こんじ》日支事變《につしじへん》に再《ふたゝ》び出征《しゆつせい》して戰地《せんち》に第《だい》二回《くわい》の御奉公《ごほうこう》を果《はた》しつゝあるのである。

密《み》針《しん》裁《まい》縫《ほう》業《げふ》の自《じ》營《えい》

本籍地　山形縣最上郡眞果村

阿部　豐吉氏

歩兵上等兵《ほへいじやうとうへい》の阿部君《あべくん》は滿洲事變《まんしうじへん》に出征《しゆつせい》して熱河省欒陽城《ねつかしやうらんやうじやう》の戰闘《せんとう》で砲彈破片創《はうだんはへんさう》を受《う》け左手上膊中部《ひだりてじやうはくちうぶ》より切斷《せつだん》した上《うへ》右胸部貫通銃創《きやうぶくわんつうじうさう》をも負《お》つた重傷者《ぢうしやうしや》であるが、之《こ》れに屈《くつ》せず上京《じやうきやう》して啓成社《けいせいしや》に入《い》り、左手切斷端《ひだりてせつだんたん》には作業義手《さげふぎしゆ》を裝着《さうちやく》して仕事《しごと》に勵《はげ》み、昭和《せうわ》十一年《ねん》十月《ぐわつ》密針裁縫科《みしんさいほうくわ》を卒業《そつげふ》して歸郷《きがう》し目下《もくか》自宅《じたく》で開業《かいげふ》し、附近《ふきん》のものゝ註文《ちうもん》を受《う》けて各種《かくしゆ》密針裁《みしんさい》縫物《ほうもの》を製作《せいさく》し且《か》つ雜貨《ざつくわ》、煙草《たばこ》などの小賣業《こうりげふ》を兼《か》ね、營々《えい〳〵》として家運《かうん》を啓《ひら》きつゝあり、最近大《さいきんおほい》に營業《えいげふ》の地歩《ちほ》を固《かた》めつゝあつて、まことに雄《を》ゝしき健闘《けんとう》ぶりを示《しめ》してゐる。

マッサージ師《じ》

小山　伊高氏

本籍地　佐賀縣東松浦郡相知村

小山君《こやまくん》は前《ぜん》の上海事變《シャンハイじへん》には海軍《かいぐん》三等兵曹《とうへいそう》として、出征《しゆつせい》し寶山路《ほうざんろ》で右眼《みぎめ》に戰傷《せんしやう》を受《う》け右眼視力《うがんしりよく》を著《いちじる》しく障害《しやうがい》したのであつたが、志《こゝろざし》を立《た》てゝ上京《じやうきやう》し啓成社《けいせいしや》に入《はい》つて社外委託《しやくわいいたく》により鍼灸《しんきう》マッサーヂ術《じゆつ》を修業《しうげふ》し、昭和《せうわ》十一年《ねん》十一月《ぐわつ》日本赤《ほんせき》十字《じ》社大連病院《しやたいれんびやうゐん》にマッサーヂ師《し》として就職《しうしよく》し今日《こんにち》に至《いた》つて居《ゐ》る。其《そ》の受《う》くる俸給《ほうきふ》も相當《さうたう》のものであり、宿舍《しゆくしや》をも給《きふ》されてゐるので、眞《しん》に安定《あんてい》した良《よ》い生活《せいくわつ》である。

鍼灸《しんきう》マッサーヂ業《げふ》の自營《じえい》

楠山種三郎氏

本籍地　和歌山縣日高郡西内原村

楠山君《くすやまくん》は歩兵伍長《ほへいごちやう》である。滿洲溝帮子《まんしうこうほうし》の戰《たゝかひ》で不幸《ふかう》右足《みぎあし》に負傷《ふしやう》し大腿《だいたい》から切斷《せつだん》した。一時《じ》は非常《ひじやう》なる悲嘆《ひたん》にくれたのであつたが、遂《つひ》に意《い》を決《けつ》して上京《じやうきやう》し啓成社《けいせいしや》に入《い》り委託生《ゐたくせい》として鍼灸《しんきう》マッサーヂ術《じゆつ》を學《まな》び、昭和《せうわ》十年《ねん》六月卒業以來《ぐわつそつげふいらい》自宅《じたく》に歸《かへ》り、鍼灸《しんきう》マッサーヂ業《げふ》の看板《かんばん》を掲《かゝ》げ立派《りつぱ》に開業《かいげふ》してゐる。同君《どうくん》は語《かた》る『田舍《ゐなか》でも仕事《しごと》は隨分澤山《ずゐぶんたくさん》あるが、中《なか》には金《かね》を拂《はら》つて呉《く》れない人《ひと》も可《か》なりある。でも其《そ》れが仁術《じんじゆつ》の一端《たん》でもあらうし、先生《せんせい》の敬稱《けいしよう》を受《う》けながら相當《さうたう》の收入《しうにふ》があるのだ。僕《ぼく》のところは海岸《かいがん》にも近《ちか》いし一寸出《ちよつとで》て釣魚《つりうを》でもやつたりして、食膳《しよくぜん》を賑《にぎ》はすことも出來《でき》、なか〳〵愉快《ゆくわい》な氣樂《きらく》な商賣《しやうばい》ですよ』と。

理髪舗《りはつほ》の經營《けいえい》

鈴木　忠司氏

本籍地　山形縣西田直賜郡[redacted]

鈴木君《すゞきくん》は航空兵上等兵《かうくうへいじやうとうへい》である。元印刷業《もといんさつげふ》に從事《じうじ》してゐたが、後入營《のちにふえい》して航空兵《かうくうへい》となり、滿洲事變《まんしうじへん》には黑龍江省轉興湖《こくりうかうしやうへんこうこ》附近《ふきん》の戰鬪《せんとう》で不幸敵彈《ふかうてきだん》を受《う》け、右胸部銃創後機能障碍《みぎきようぶじうさうごきのうしやうがい》を貽《のこ》して除隊《ぢよたい》したが、志《こゝろざし》を立《た》てゝ上京《じやうきやう》し理髪舗《りはつほ》を營《いとな》まんと決意《けつい》し啓成社《けいせいしや》の社外委託生《しやぐわいいたくせい》として理髪科《りはつくわ》を修業《しうげふ》し、昭和《せうわ》九年《ねん》一月《ぐわつ》から二ケ年《ねん》にして業《げふ》を卒《を》へ遂《つひ》に市内池袋《しないいけぶくろ》四丁目《ちやうめ》に店舗《てんぽ》を借受《かりう》け、昭和《せうわ》十一年《ねん》三月《ぐわつ》三日《か》を吉日《きちじつ》と定《さだ》めて傷痍軍《しやういぐん》人の床屋《とこや》を標傍《へうばう》して立派《りつぱ》に開店《かいてん》した。『技術本位《ぎじゆつほんゐ》で衞生的《ゑいせいてき》、親切第一主義《しんせつだいいちしゆぎ》』をモットーに大《おほい》に勉強《べんきやう》して朝《あさ》は七時半《じはん》から夜《よる》は十二時《じ》まで働《はたら》く『皆樣《みなさま》の床屋《とこや》』といふ觸《ふ》れ言葉《ことば》で活躍《くわつやく》してゐる。

『一度手《どて》がけた客《きやく》を他所《よそ》へ取《と》られるのは取扱方《とりあつかひかた》が不親切《ふしんせつ》だからだと考《かんが》へます。私方《わたしはう》へはお蔭樣《かげさま》で暇《ひま》がない程《ほど》來《き》て下《くだ》さいます。

店《みせ》には千兩餘《せんりやうあま》り掛《か》けました。自分《じぶん》と弟子《でし》が二人《ふたり》で働《はたら》いて引《ひ》つきりなしのお客《きやく》さんですから、段々《だん〴〵》掛《か》けた資本《しほん》も上《あ》がります』

と鈴木君《すゞきくん》はホク〳〵者《もの》である。後輩《こうはい》の理髪科講習生《りはつくわかうしふせい》なども時々《とき〴〵》『鈴木床《すゞきどこ》』へ手傳《てつだ》へに行《ゆ》くほどの芽出度《めでた》い繁昌振《はんじやうぶ》りである。

旋盤工《せんばんこう》

高瀨英四郎氏

本籍地　群馬縣邑樂郡大箇野村

高瀨君《たかせくん》は歩兵上等兵《ほへいじやうとうへい》である。家《いへ》は農業でであるが、三男《なん》なので前職《ぜんしよく》は某所《ぼうしよ》の事務員《じむゐん》であつた。滿洲事變《まんしうじへん》に出征《しゆつせい》して黑《こく》龍省綏化縣後《りうしやうすゐくわけんご》十二井《ゐ》で戰傷《せんしやう》を受《う》け、左肩關節及左肘關節《ひだりかたくわんせつおよびひだりひぢくわんせつ》の運動制限《うんどうせいげん》、左手筋力減退《ひだりてきんりよくげんたい》といふ後遺病狀《こうゐびやうじやう》があつて、將來《しやうらい》の職業生活《しよくげふせいくわつ》を非常《ひじやう》に心配《しんぱい》したのであつたが、啓成社《けいせいしや》で種々《しゆ〴〵》と適職《てきしよく》の研究《けんきう》をした結果旋盤工《けつくわせんばんこう》が良《よ》いといふことに決《き》まつた。

それから同社《どうしや》の講習生《かうしふせい》として某製作所《ぼうせいさくしよ》に委託《いたく》され、旋盤技術《せんばんぎじゆつ》を懸命《けんめい》に勉強《べんきやう》したところ、元來技術方面《ぐわんらいぎじゆつはうめん》に趣味《しゆみ》を有《も》つた同君《どうくん》のことゝて、技術《ぎじゆつ》がずん〳〵進《すゝ》み、三年間修業《ねんかんしうげふ》の後《ご》同製作所主《どうせいさくしよしゆ》から『君《きみ》が希望《きばう》するならば當所《たうしよ》に就職《しうしよく》させて上《あ》げよう』との言葉《ことば》に『願《ねが》つたり叶《かな》つたり』と同所《どうしよ》に勤《つと》めることになり、漸次待遇《ぜんじたいぐう》を進《すゝ》められつゝ優良熟練工《いうりやうじゆくれんこう》として今日《こんにち》に及《およ》んで居《ゐ》る。器械工《きかいこう》のうちでも旋盤工《せんばんこう》の待遇《たいぐう》は相當《さうたう》なものである。

紙函《かみはこ》製《せい》造《ざう》業《げふ》の自營《じえい》

佐々木榮一氏

本籍地　福島市 [redacted]

佐々木君《さゝきくん》は福島縣陸合村《ふくしまけんむつあひむら》のボール箱製造業佐々木近治氏《はこせいざうげふさゝききんぢし》の長男《ちやうなん》に生《うま》れたが故《ゆゑ》あつて雑貨店《ざつくわてん》の店員《てんゐん》として他所働《よそはたら》きをしたのであつた。滿洲事變《まんしうじへん》には出征《しゆつせい》して昂々溪附近《こうくけいふきん》の戰《たゝか》で戰傷《せんしやう》を負《お》ひ左下腿《ひだりかたい》三分《ぶん》の一から切斷《せつだん》した上右總腱趾關節《うはみぎそうかしくわんせつ》を離斷《りだつ》し尙《なほ》其《そ》の上《うへ》に左拇指並《ひだりぼしならび》に右拇指《みぎぼ》、小指等《こゆびとう》にも障碍《しやうがい》を貽《のこ》した程《ほど》の不幸《ふかう》に陷《おち》つた。一時《じ》は絶望《ぜつばう》を叫《さけ》んだが考《かんが》へ直《なほ》して傷痍軍人《しやういぐんじん》となつても其《そ》の名譽《めいよ》は何處《どこ》までも失《うしな》はぬ樣《やう》又家業《またかげふ》のボール箱業《はこげふ》も昔《むかし》の儘《まゝ》の古型《ふるかた》を守《まも》るばかりが能《のう》でない。現代式《げんだいしき》の進歩《しんぽ》した紙函製作業《かみはこせいさくげふ》に改良《かいりやう》して大《おほい》に發展《はつてん》させねばならぬと一念《ねん》凝《こ》つては矢《や》も楯《たて》も堪《たま》らず昭和《せうわ》八年《ねん》五月《ぐわつ》上京《じやうきやう》して啓成社《けいせいしや》を訪《と》ひ之《こ》れを相談《さうだん》したところ同社《どうしや》でも早速《さつそく》其《そ》の委託先《いたくさき》を詮索《せんさく》して同君《どうくん》の成業《せいげふ》を圖《はか》つた。舊式《きうしき》のボール箱《はこ》屋《や》の改善發展《かいぜんはつてん》に資《し》する爲《ため》の紙函製造業《かみはこせいざうげふ》である。一ケ年後《ねんご》には既《すで》に學《まな》ぶべきものは一通《ひととほ》り皆濟《みんなす》んだ。そこで師匠《ししやう》が今後《こんご》は外交《ぐわいかう》の方法《はうはふ》も敎《をし》へるといふので全國各地《ぜんこくかくち》へ外交見習《ぐわいかうみならひ》の旅行《りよかう》をさせて呉《く》れた。斯《か》くて佐々木君《さゝきくん》は一人前《にんまへ》の製造工《せいざうこう》であると同時《どうじ》に紙函店主《かみばこてんしゆ》の資格《しかく》を獲得《かくとく》し業成《げふな》つて歸宅《きたく》し父《ちゝ》の家業《かげふ》を繼《つ》いで今《いま》では福島市腰濱根本町《ふくしましこしはまねほんまち》で自家經營《じかけいえい》をなし近接《きんせつ》各縣《かくけん》に亙《わた》り其《そ》の業《げふ》を擴《ひろ》め現代的紙函製造業《げんだいてきかみばこせいざうげふ》の地位《ちゐ》を確保《かくほ》し『東京《とうきやう》へ註文《ちうもん》しなくても佐々木《さゝき》で間《ま》に合《あ》ふ』といはれて調法《てうはふ》がられ成功者《せいこうしや》の一人《ひとり》に數《かぞ》へられてゐる。

大日本傷痍軍人會大阪府支部
座談會に於ける體驗談の一部

序

今次事變《こんじじへん》に際《さい》し、北支《ほくし》の野《の》に山《やま》に、中南支《ちうなんし》の陸《りく》に海《うみ》に、滿蒙《まんもう》の原野《げんや》に、將又極東《はたまたきよくとう》の大空《おほぞら》に、皇國《くわうこく》の爲奮戰《ためふんせん》せられ、或《あるひ》は名譽《めいよ》の戰傷《せんしやう》を負《お》ひ、或《あるひ》は公務疾病《こうむしつぺい》に罹《かゝ》られました忠勇義烈《ちうゆうぎれつ》なる將兵各位《しやうへいかくゐ》に對《たい》し、私共《わたくしども》は深甚《しんじん》の敬意《けいい》と謝意《しやい》とを表《へう》するものでありますが、翻《ひるがへ》つて私共《わたくしども》が、過去數十年《くわこすうねん》に渉《わた》つて、辿《たど》つて來《き》た途《みち》を顧《かへり》みまして、實《じつ》に感慨無量《かんがいむりやう》、萬感胸《はんかんむね》に迫《せま》るものあるを禁《きん》じ得《え》ないのであります。

私共《わたくしども》は、今次《こんじ》の傷病《しやうびやう》將兵各位《しやうへいかくゐ》と同《おな》じく、日清《につしん》、日露《にちろ》、其他《そのた》の戰役《せんえき》、事變《じへん》に際《さい》し、一死報國《しほうこく》の念《ねん》に燃《も》えつゝ戰場《せんぢやう》に馳《は》せ向《むか》ひ、不幸《ふかう》にして武運拙《ぶうんつたな》く、傷痍《しやうゐ》のため勇途《ゆうと》を挫折《ざせつ》して後送《こうそう》せられ、白衣《びやくえ》の凱旋《がいせん》を致《いた》したのでありますが、當時《たうじ》の私共《わたくしども》の姿《すがた》と心《こゝろ》とを想《おも》ひ顧《かへり》み、今又將兵各位《いままたしやうへいかくゐ》の姿《すがた》を眼《ま》の當《あた》りに迎《むか》へ、心《こゝろ》の中《なか》を御察《おさつ》しするとき、私共《わたくしども》の將兵各位《しやうへいかくゐ》に對《たい》する思《おも》ひは到底《たうてい》筆《ふで》や言葉《ことば》に現《あらは》す事《こと》は出來《でき》ないのであります。

私共《わたくしども》が辿《たど》つて來《き》ました途《みち》は、私共《わたくしども》から見《み》ますれば眞《しん》に苦難《くなん》の途《みち》だつたと言《い》へませう。幾度《いくど》か自暴自棄《じばうじき》となり世《よ》を恨《うら》み己《おの》れを恨《うら》んだ事《こと》もありました。併《しか》し乍《なが》ら私共《わたくしども》はその都度《つど》上《かみ》　皇室《くわうしつ》の御仁慈《ごじんじ》に泣《な》き、戰場《せんぢやう》の花《はな》と散《ち》り果《は》てた幾多戰友《いくたせんいう》の上《うへ》を偲《しの》び、思《おも》はぬ傷痍《しやうゐ》に惜《お》しからぬ一命《めい》を取《と》り殘《のこ》して、たとへ再《ふたゝ》び戰場《せんぢやう》に立《た》つ事《こと》は出來《でき》なくとも、身《み》に適《かな》ふ生業《せいげふ》に精勵《せいれい》し國家《こくか》に御奉公《ごほうこう》申《まを》し上《あ》げる事《こと》こそ、亡《な》き戰友《せんいう》の英靈《えいれい》を弔《とむら》ふ道《みち》であり、又眞《またしん》に生《い》きて行《ゆ》くべき途《みち》であると信《しん》じ、今日《こんにち》に永《なが》へて來《き》たのであります。幸《さいは》ひにして感謝《かんしや》と報恩《はうおん》の生活《せいくわつ》を致《いた》して居《ゐ》るのであります。

今日茲《こんにちこゝ》に傷病《しやうびやう》將兵各位《しやうへいかくゐ》が、白衣《びやくえ》の勇士《ゆうし》として名譽《めいよ》ある凱旋《がいせん》をせらるゝを迎《むか》ふるに當《あた》り、私共大日本傷痍軍人會大阪《わたくしどもだいにつぽんしやうゐぐんじんくわいおほさか》府支部同人《ふしぶどうじん》は、この想《おも》ひ出《で》とこの心《こゝろ》とを、私共《わたくしども》と境遇《きやうぐう》を均《ひと》しくせらるゝ將兵各位《しやうへいかくゐ》に捧《さゝ》げ、聊《いさゝ》か御慰問《ごゐもん》の言葉《ことば》に代《か》へたいと考《かんが》へまして、有志相倚《いうしあひよ》り私共《わたくしども》の赤裸々《せきらゝ》なる心境《しんきやう》と辿《たど》りし途《みち》とを語《かた》り合《あ》ひ、これを取《と》り纏《まと》めた次第《しだい》であります。幸《さいは》ひにして大阪府在滿支將兵後援會《おほさかふざいまんししやうへいこうゑんくわい》に於《お》いては私共《わたくしども》の擧《きよ》を贊《さん》せられ、このさゝやかなる記録《きろく》を印刷配布《いんさつはいふ》せらるゝことゝなりましたことは私共《わたくしども》の最《もつと》も光榮《くわうえい》とし感謝《かんしや》に堪《た》へないところでありますが、やがて傷病將兵各位《しやうびやうしやうへいかくゐ》が、御平癒《ごへいゆ》の曉《あかつき》、その道《みち》の如何《いかん》を問《と》はず、再《ふたゝ》び起《おこ》つて邦家《ほうか》の爲《ため》、雄々《をゝ》しき歩《あゆ》みを運《はこ》ばるゝの日《ひ》、この私共《わたくしども》の貧《まづ》しき人生記録《じんせいきろく》が、何等《なんら》かの御參考《ごさんかう》になり得《え》ましたならば私共《わたくしども》の望外《ばうぐわい》の幸《さいは》ひとするところであります。

昭和十二年十一月

大阪府廳社會課內

大日本傷痍軍人會大阪府支部

○大阪府社會課長《おほさかふしやくわいかちやう》(大谷繁次郎氏《おほたにしげじらうし》)　私《わたくし》、傷痍軍人會《しやうゐぐんじんくわい》の理事《りじ》長《ちやう》の席《せき》を汚《けが》して居《を》ります社會課長《しやくわいくわちやう》の大谷《おほたに》であります。今日《こんにち》は皆《みな》さん方《がた》非常《ひじやう》に御多忙《ごたばう》の折柄《をりから》態々《わざ〳〵》御來會《ごらいくわい》下《くだ》さいまして洵《まこと》に有難《ありがた》うございます、御承知《ごしようち》の如《ごと》く皆《みな》さん方《がた》が曾《かつ》て苦難《くなん》をお嘗《な》めになりましたと同樣《どうやう》に、今次《こんじ》の事變《じへん》で名譽《めいよ》の負傷《ふしやう》をされた方々《かた〴〵》が多數《たすう》こちらの方《はう》にお還《かへ》りになつて居《を》られるのであります、先般來《せんぱんらい》、役員《やくゐん》の方々《かた〴〵》の間《あひだ》に、大阪《おほさか》にお還《かへ》りになつて居《ゐ》る名譽《めいよ》の戰傷者諸君《せんしやうしやしよくん》の御慰問《ごゐもん》を申上《まうしあ》げたいと云《い》ふお話《はなし》がありまして、實《じつ》は差當《さしあた》り慰問《ゐもん》の方法《はうはふ》も考《かんが》へたのであります、その方法《はうはふ》は、隨分各方面《ずゐぶんかくはうめん》から誠意《せいい》を以《もつ》て色々《いろ〳〵》の演藝等《えんげいとう》を申込《まうしこ》まれるのですが、何《なに》をするにしても肝腎《かんじん》の舞臺《ぶたい》の設備《せつび》がない、かういふ點《てん》から先《ま》づ傷痍軍人會《しやうゐぐんじんくわい》としては、その中《うち》の一番《ばん》よく間《ま》に合《あ》ふ舞臺《ぶたい》の設備《せつび》を引受《ひきう》ける事《こと》に致《いた》しましたのであります、それと同時《どうじ》に傷痍軍人《しやうゐぐんじん》としての御見舞《おみまひ》の印刷物《いんさつぶつ》を拵《こしら》へてその諸君《しよくん》に差上《さしあげ》ることになつて居《ゐ》るのであります。

所《ところ》が役員諸君《やくゐんしよくん》の苦心《くしん》されるのは、當座《たうざ》の御見舞《おみまひ》といへば極《きは》めて簡單《かんたん》に濟《す》むわけでありますが、それよりも今次《こんじ》負傷《ふしやう》された人々《ひと〴〵》が將來《しやうらい》ともよい途《みち》を辿《たど》つて下《くだ》さるやうに、大阪《おほさか》の傷痍軍人會《しやうゐぐんじんくわい》に於《おい》て、何《なに》か御役《おやく》に立《た》つやうなことを考《かんが》へたい、かういふ意氣込《いきごみ》を今此處《いまここ》に御列席《ごれつせき》の役員諸氏《やくゐんしよし》も持《も》つて居《ゐ》らつしやるのであります。

そこで先《ま》づその意味《いみ》に於《おい》ての一《ひと》つの奉仕事業《ほうしじげふ》として本日《ほんじつ》の座談會《ざだんくわい》を開《ひら》いたのでありますが、それは、今次《こんど》の戰傷者《せんしやうしや》の方々《かた〴〵》にあなた方《がた》が曾《かつ》ての戰役《せんえき》に於《おい》て名譽《めいよ》の負傷《ふしやう》をされまして、隨分《ずゐぶん》その後《ご》も苦勞《くらう》されたこともございませうが、體《からだ》は不自由《ふじいう》でありましても、所謂盡忠報國《いはゆるじんちうほうこく》の精神《せいしん》で自分等《じぶんら》は爲《な》すことを爲《な》した、自分等《じぶんら》は男子《だんし》として最《もつと》も重要《ちうえう》な仕事《しごと》を分擔《ぶんたん》して爲《な》すことを爲《な》した、かういふ朗《ほがら》かな御氣分《ごきぶん》で進《すゝ》んで下《くだ》さつた、所謂過去《いはゆるくわこ》に於《おい》て戰傷者《せんしやうしや》として辿《たど》り來《きた》つた途《みち》、この途《みち》を皆《みな》さん方《がた》の後進《こうしん》、卽《すなは》ちこの度《たび》の戰傷者《せんしやうしや》の方々《かた〴〵》にお傳《つた》へ願《ねが》ふことは、これはこの戰傷者《せんしやうしや》の方々《かた〴〵》をお慰《なぐさ》めし、且《か》つ大《おほ》いに士氣《しき》を鼓舞《こぶ》するに足《た》るばかりでなく、一面《めん》に於《おい》ては皆《みな》さんの貴重《きちやう》なる體驗《たいけん》を通《とほ》しまして國《くに》なり府縣《ふけん》なり、或《ある》ひは市町村《しちやうそん》なり社會事業團體《しやくわいじげふだんたい》なりが、將來《しやうらい》どういふ風《ふう》な施設《しせつ》等《とう》をすればよいかといふ各種《かくしゆ》の示唆《しさ》を得《う》る得難《えがた》い資料《しれう》とも

ならうと存《ぞん》じまして、今日《こんにち》お出《い》で願《ねが》ひましたのであります、本日御集《ほんじつおあつま》り願《ねが》ひましたメンバーにつきましても急速《きふそく》でありましたから、或《あるひ》はかういふ人《ひと》が漏《も》れて居《ゐ》るんぢやないかといふ風《ふう》なお叱《しか》りを受《う》けるか分《わか》りませんけれど、兎《と》に角《かく》思《おも》ひつきました主《おも》なる方々《かた〴〵》のお集《あつま》りを願《ねが》ひましたのでありますから、この點《てん》は御了解願《ごれうかいねが》ひ、此處《ここ》で時間《じかん》の許《ゆる》す限《かぎ》り皆《みな》さん方《がた》の過去《くわこ》に於《お》ける苦心談《くしんだん》なり、或《あるひ》はかういふ所《ところ》を自分《じぶん》はどうして切拔《きりぬ》けたか、といふやうな點《てん》を忌憚《きたん》なくお話願《はなしねが》ひたいと思《おも》ふのであります、皆《みな》さん方《がた》のお話《はなし》そのものは直《す》ぐに今度《こんど》の戰傷者諸君《せんしやうしやしよくん》に對《たい》しては一《ひと》つの大《おほ》きな慰《なぐさ》めになり、又激勵《またげきれい》になると思《おも》ふのであります、今日《けふ》はどこ迄進《までする》みますか、今日《けふ》一回《くわい》でうまく纒《まと》まらなかつたら、更《さら》に又《また》お暇《ひま》をお繰合《くりあは》せ願《ねが》つて續《つゞ》けてゞもさういふ有意義《いういぎ》な材料《ざいれう》を戴《いたゞ》きまして、先程來《さきほどらい》繰返《くりかへ》して申《まを》しまする如《ごと》く、後進《こうしん》の名譽《めいよ》ある負傷者《ふしやうしや》の方々《かた〴〵》の御慰安《ごゐあん》と鼓舞激勵《こぶげきれい》士氣振作《しきしんさ》に資《し》し、併《あは》せて將來《しやうらい》の施設《しせつ》についての一《ひと》つの指針《ししん》を戴《いたゞ》きたい、かういふ積《つも》りで今日《けふ》お出《い》で願《ねが》ひましたわけであります。

それでお話《はなし》も色々《いろ〳〵》變《かは》つて來《き》ませうけれども、大體《だいたい》の行《ゆ》き方《かた》としては、過去《くわこ》に於《おい》て負傷《ふしやう》されまして後《のち》、御家庭《ごかてい》の方《はう》で色々《いろ〳〵》と營業《えいげふ》なり御事業《ごじげふ》をなさいまして、今日迄色々《こんにちまでいろ〳〵》とやつて來《き》たが、今日《こんにち》では此通《このとほ》り朗《ほがら》かに暮《くら》して居《ゐ》るとか、かういふ點《てん》で失敗《しつぱい》したとか、成功談《せいこうだん》でも失敗談《しつぱいだん》でも結構《けつこう》ですから後進《こうしん》の方《かた》の指針《ししん》となるやうなお話《はなし》を願《ねが》ふことに致《いた》します。

○小泉毅氏《こいづみたけしし》　私《わたし》は役員《やくゐん》の一人《ひとり》として皆樣《みなさま》にお願《ねが》ひを致《いた》して置《お》きます、今日《けふ》の座談會《ざだんくわい》は今課長《いまくわちやう》さんがお話《はなし》になりましてよく御諒解《ごれうかい》のことゝ思《おも》ひますが、この座談會《ざだんくわい》があまり四角《かく》四面《めん》に固苦《かたくる》しくなるといふと言《い》ひたいことも遠慮《えんりよ》されて言《い》はれないといふことがあつては本旨《ほんし》に反《はん》する虞《おそ》れがありますので、そこは遠慮《えんりよ》なくどんな失敗談《しつぱいだん》でも、どんな苦心《くしん》をして一旦《たん》は失敗《しつぱい》しても今日《けふ》はかういふ風《ふう》にして家庭《かてい》の安定《あんてい》を得《え》て居《ゐ》る、或《あるひ》は事業《じげふ》に於《おい》てはかういふことをして失敗《しつぱい》したが再《ふたゝ》びかうやつて盛《も》り返《かへ》したとか、あらゆる點《てん》に於《おい》て決《けつ》して遠慮《えんりよ》なく自分《じぶん》のよい所《ところ》ばかりでなく失敗談《しつぱいだん》でも悉《こと〴〵》く述《の》べて貰《もら》ひたい、どうかその邊《へん》は遠慮《えんりよ》なく仰《おつ》しやつて戴《いたゞ》いたら結構《けつこう》だと思《おも》ひます。

○大澤克氏《おほさはかつし》　それではざつくばらんに一《ひと》つ自分《じぶん》の負傷《ふしやう》し

た後《のち》のことについてお話《はなし》したいと思《おも》ひます、自慢話《じまんばなし》のやうになるかも知《し》れませんけれども、その邊《へん》はお許《ゆる》しを願《ねが》ひます、私共《わたしども》は同《おな》じやうな境遇《きやうぐう》にある者《もの》ばかりですから心持《こゝろもち》に於《おい》ては同《おな》じものだと思《おも》ひますが、私《わたし》は大阪《おほさか》の三十七聯隊《れんたい》から出征《しゆつせい》をし、初《はじ》つ鼻《はな》から奉天迄參《ほうてんまでまゐ》りまして、奉天《ほうてん》で三月《ぐわつ》五日《か》に負傷《ふしやう》したのであります。それからだん〳〵後送《こうそう》され野《や》戰病院《せんびやうゐん》、兵站病院《へいたんびやうゐん》へ行《ゆ》きました所《ところ》であちらでは十分《ぶん》なお手《て》當《あて》は出來《でき》ませんので、病院船《びやうゐんせん》に移《うつ》されまして軍醫殿《ぐんゐどの》に診《み》て貰《もら》つてびつくりした、それ迄《まで》は極《ご》く輕傷《けいしやう》だと思《おも》つたのでありますが、病院船《びやうゐんせん》に乘《の》つて初《はじ》めて繃帶交換《ほうたいかうくわん》をされた時《とき》に軍《ぐん》醫《ゐ》の言《い》はれるのには、これは絕對《ぜつたい》に動《うご》いてはいかぬ、船《ふね》の中《なか》ではどういふ手當《てあて》の方法《はうはふ》もない、便《べん》も取《と》つて貰《もら》へ、食《た》べるものも看護婦《かんごふ》に食《た》べさして貰《もら》へ、小便《せうべん》にも立《た》つことはいかぬといふ宣告《せんこく》を受《う》けまして、その通《とほ》りにやつて廣島《ひろしま》へ收《しう》容《よう》されて、擔架《たんか》に乘《の》つた儘《まゝ》で繃帶《ほうたい》の交換《かうくわん》をされましたが、自分《じぶん》の膝《ひざ》の上《うへ》には病床日誌《びやうしやうにつし》だけがあり、それには手術《しゆじゆつ》を要《えう》すと書《か》いてあつた、その儘擔架《まゝたんか》に乘《の》つて病室《びやうしつ》へ行《い》つたのであります。

それ迄《まで》は内地《ないち》へ還《かへ》つたら有馬《ありま》の溫泉《をんせん》へでも行《い》つて養生《やうじやう》したら直《なほ》きに治《なほ》るぞといふ話《はなし》であつたが、さういふわけで翌《よく》日手術《じつしゆじゆつ》を受《う》けました、その時《とき》にはさういふ風《ふう》に聞《き》いて居《を》つたものですから大《たい》したことはない、かう自分《じぶん》で思《おも》ひ込《こ》んで又再《またふたゝ》び治《なほ》つて行《ゆ》けることだと信《しん》じて居《を》つた所《ところ》が、翌日手術《よくじつしゆじゆつ》室《しつ》に這入《はひ》つたが、無論痲醉《むろんますい》がかゝつて居《ゐ》る爲《ため》に自分《じぶん》はどうしてやられたのかさつぱり分《わか》らない、フッと眼《め》を覺《さ》まして見《み》ると枕元《まくらもと》に電氣《でんき》が點《つ》いてゐる、電氣《でんき》が點《つ》いて居《ゐ》る？　これはまだ夜《よ》が明《あ》けないのか知《し》らんと思《おも》つて居《を》つた、さうした所《ところ》が蒲團《ふとん》を捲《まく》つて起《お》きて見《み》やうと思《おも》つても手《て》を動《うご》かすことが出來《でき》ない、すると、看護婦《かんごふ》が『眼《め》が覺《さ》めましたか、隨《ずゐ》分痛《ぶんいた》みますか、藥《くすり》をお上《あが》りなさい。』というて藥《くすり》を飮《の》ませて呉《く》れた、食事《しよくじ》を昨晩《ゆふべ》からして居《を》らないから食《た》べたい、一口《ひとくち》やつて見《み》た所《ところ》が食《た》べることが出來《でき》ない、一《ひと》つ起《お》きて見《み》ませうと御飯《ごはん》を食《た》べに立《た》たうとしたら、看護婦《かんごふ》が『それはいけません、じつとお寢《やす》みなさい』と云《い》ふ、不思議《ふしぎ》に思《おも》ひながらベッドにもぐつた所《ところ》がこちらの方《はう》は足《あし》がすぼつとしてしまつて繃帶《ほうたい》が澤山卷《たくさんま》いてある、何《なん》にも引《ひ》つ掛《かゝ》らないからを

かしいなと思《おも》つた、さうすると看護婦《かんごふ》がそれは切斷《せつだん》してしまつたといふ、ハッと、その時《とき》もう一種異樣《しゆいやう》な感《かん》じがした、そこ迄《まで》は自分《じぶん》も思《おも》つて居《を》らなかつた、切斷《せつだん》する所迄《ところまで》には行《ゆ》かないだらうと信《しん》じて居《を》つた、これはしまつた、もう併《しか》し今更仕樣《いまさらしやう》がない、それから隨分《ずゐぶん》と痛《いた》みましたが、その時《とき》に私《わたし》はもう愈々足《いよ〳〵あし》を失《な》くしてしまつたのだからどうしたらいゝだらう、その時《とき》にフッと丁稚時分《でつちじぶん》のことを想《おも》ひ出《だ》しました、京町堀《きやうまちほり》に奥村《おくむら》といふ義足屋《ぎそくや》があります、今《いま》もやつて居《を》りますが、そのことを想《おも》ひました、子供《こども》の時分《じぶん》によく使《つか》ひに表《おもて》を通《とほ》つたら足《あし》を半分切《はんぶんき》つたりなんかしてアルコールの瓶《びん》に漬《つ》けてあつた、其處《そこ》へ行《い》つたら義足《ぎそく》を作《つく》つて貰《もら》へる、それによつて活動《くわつどう》しなければいかぬと考《かんが》へた、それからだん〳〵後送《こうそう》されまして、天王寺《てんのうじ》の病院《びやうゐん》へ入《はひ》りました、さうしてやつと傷《きず》も癒《い》えたのであります。

この中《なか》に居《を》られます三浦君《みうらくん》、三村君《みむらくん》も御承知《ごしようち》でせうが、退院《たいゐん》する前《まへ》に奥村《おくむら》を呼《よ》びまして、さうしてもう此處《ここ》を退院《たいゐん》したら直《す》ぐに活動《くわつどう》しなければならぬ、どうして働《はたら》いたらよいか、兎《と》に角自分《かくじぶん》が働《はたら》くといふことより外《ほか》に何《なに》もない、併《しか》し從來《じうらい》の職業《しよくげふ》は印刷業《いんさつげふ》だから相當重《さうたうおも》いものを擔《かつ》いだり何《なに》かしなければならぬ、果《はた》してやれるだらうか、兎《と》に角片輪《かくかたわ》でも歩《ある》くといふことが必要《ひつえう》だからと賴《たの》みましたが、何《いづ》れ恩賜《おんし》の義足《ぎそく》も下《くだ》さることだからちつとも心配《しんぱい》することは要《い》らないと言《い》つて居《を》りました、傷《きず》が治《なほ》つてから恩賜《おんし》の義足《ぎそく》の型《かた》も取《と》られましたし色々《いろ〳〵》にして呉《く》れましたが、併《しか》しそれは相當《さうたう》日《ひ》も掛《かゝ》るし歩《ある》く稽古《けいこ》をして見《み》たい、どの位《くらゐ》行《ゆ》けるか分《わか》らぬから、それを一《ひと》つ自分《じぶん》で作《つく》つて見《み》ようと思《おも》ひますといふので、奥村《おくむら》を呼《よ》びましたら今堀江《いまほりえ》でやつて居《を》ります土井《どゐ》といふのがやつて來《き》ました、その先生《せんせい》に私《わたし》が病院《びやうゐん》に居《ゐ》る間《あひだ》に一足《そく》を作《つく》つて貰《もら》ひまして、その時《とき》には軍醫殿《ぐんゐどの》も立會《たちあ》つて呉《く》れて、かういふ風《ふう》にしたらよからう、あゝいふ風《ふう》にしたらよからう、君《きみ》のやうに早《はや》く作《つく》る奴《やつ》はないと言《い》はれました、在《ざい》院中《ゐんちう》にそれが出來《でき》ましてそれを附《つ》けて看護婦《かんごふ》の肩《かた》に縋《すが》つたりなんかして散歩《さんぽ》して居《を》りました、そこでそれならば行《ゆ》けるだらうと思《おも》ひ、これによつて今日迄大分經驗《こんにちまでだいぶけいけん》も得《え》ましたし、その間色々《あひだいろ〳〵》なこともありましたけれども、そのお蔭《かげ》で兎《と》に角一人前《かくにんまへ》の働《はたら》きも出來《でき》るし、又少々重《またせう〳〵おも》い物《もの》も持《も》てるし

又道《またみち》も相當遠距離《さうたうゑんきより》迄歩《まであゆ》むことも出來《でき》るし、自分《じぶん》では左程《さほど》不自由《ふじいう》なくかうして働《はたら》いて、子供《こども》も成長《せいちやう》したし、自分《じぶん》もその業《げふ》に携《たづさは》つて居《を》るのであります。

後藤君《ごとうくん》なんか御存知《ごぞんぢ》ですが、年《とし》がいつて獨立《どくりつ》してかうして自分《じぶん》で商賣《しやうばい》を始《はじ》めて居《ゐ》るといふことが、取《と》りも直《なほ》さず自《じ》分《ぶん》が負傷《ふしやう》したといふことが既《すで》に自分《じぶん》の心《こゝろ》を一層引締《そうひきし》めてさうして輕卒《けいそつ》なこともせず、又多少《またたせう》そこに自分《じぶん》の考《かんが》へもよい方《はう》に變《かは》つて來《き》てやつたのでなからうか、さういふやうなお蔭《かげ》で今日《こんにち》かうして安樂《あんらく》な生活《せいくわつ》をし得《う》るのだ、自分《じぶん》は負傷《ふしやう》したことを寧《むし》ろ感謝《かんしや》して暮《くら》して居《ゐ》るやうな始末《しまつ》であります。

甚《はなは》だ粗略《そりやく》でしたが、これから色々《いろ〳〵》お話《はなし》も出《で》やうと思《おも》ひますけれども、まあ自分《じぶん》は義足《ぎそく》を附《つ》けて働《はたら》いて來《き》たといふやうなわけであります。

○府社會課長《ふしやくわいかちやう》(大谷繁次郎氏《おほたにしげじらうし》)　大澤《おほさわ》さん、足《あし》はどちらの方《はう》ですか。

○大澤克氏《おほさはかつし》　左《ひだり》です。

○府社會課長《ふしやくわいかちやう》(大谷繁次郎氏《おほたにしげじらうし》)　膝《ひざ》から下《した》になりますか。

○大澤克氏《おほさはかつし》　左樣《さやう》です、極《ご》く下《した》の方《はう》です。

○府社會課長《ふしやくわいかちやう》(大谷繁次郎氏《おほたにしげじらうし》)　私《わたし》はこの前《まへ》に啓成社《けいせいしや》へ行《い》つた時《とき》に、其處《そこ》では膝《ひざ》から下《した》の人《ひと》は非常《ひじやう》に技工《ぎこう》の上手《じやうず》に出《で》來《き》た時《とき》には、運動會《うんどうくわい》の走《はし》る組《くみ》にはいつてやつて居《を》られるのを見《み》て來《き》ました。

○大阪府社會事業主事《おほさかふしやくわいじげふしゆじ》(小菅秀直氏《こすげひでなほし》)　今日《けふ》はこの中《なか》に腕《うで》或《あるひ》は足等《あしとう》を切斷《せつだん》なさいました方《かた》が九人《にん》お見《み》えになつて居《を》られます、今大澤《いまおほさわ》さんから足《あし》の方《はう》のお話《はなし》を伺《うかゞ》ひましたので、次《つぎ》は一《ひと》つお隣《となり》の田村《たむら》さんに腕《うで》の方《はう》のお話《はなし》を伺《うかゞ》つたらどうかと思《おも》ひます。

○田村忠三氏《たむらちうざうし》　私《わたし》は大澤《おほさわ》さんと違《ちが》ひまして第九師團《だいしだん》から出征《しゆつせい》した者《もの》であります、第一回《だいくわい》の旅順總攻撃《りよじゆんそうこうげき》をした聯隊《れんたい》が全滅《ぜんめつ》した後《あと》へ補充《ほとう》に參《まゐ》りましたわけであります、行《ゆ》きました時分《じぶん》が第一回《だいくわい》の總攻撃《そうこうげき》でありました爲《ため》に、晝《ひる》は塹壕《ざんがう》を掘《ほ》り、夜《よる》は壕《がう》の中《なか》で工事《こうじ》をするのが、日々《にち〳〵》の仕事《しごと》だつたのであります。夜《よる》は斥候《せつこう》に數回《すうくわい》出《で》ましたが、その時武運拙《ときぶうんつたな》く敵《てき》彈《だん》に中《あた》つて還《かへ》つたやうな次第《しだい》であります。

負傷《ふしやう》しました當日《たうじつ》は夜中《よなか》でありましたが、夜《よる》三時頃《じごろ》でございました、直《す》ぐ引返《ひきかへ》しまして野戰病院《やせんびやうゐん》で夜《よ》の明《あ》けるのを

待《ま》つたのでありますが、軍醫殿《ぐんゐどの》は『これは切斷《せつだん》しなければいけない、どうするか、後《あと》へ還《かへ》さうか』と言《い》はれました。『どうも傷口《きずぐち》の工合《ぐあひ》から例《れい》のダムダム彈《だん》の疑《うたが》ひがある、だから早《はや》く切《き》つた方《はう》がよいぞ、これは駄目《だめ》だ。』といふのは關《くわん》節《せつ》が割《わ》れてしまつて居《を》りますので『それではお見込《みこみ》がその方《はう》がよいと仰《おつ》しやるならば切斷《せつだん》して下《くだ》さい、どちらでも私《わたし》のことはお任《まか》せ致《いた》します』と申《まを》しましたら早速切斷《さうそくせつだん》されてしまひました、眼《め》が覺《さ》めて見《み》ると急《きふ》に手《て》が無《な》くなつて居《を》つたといふやうな工合《ぐあひ》で、武運拙《ぶうんつたな》く何等《なんら》の戰功《せんこう》もなく數回斥《すうくわいせつ》候《こう》に出《だ》して戴《いたゞ》きましただけで空《むな》しく後送《こうそう》されたやうなわけで、戰爭《せんさう》といふことについてはお話《はなし》せよと仰《おつ》しやつても何《なん》等《ら》お話《はなし》する資料《しれう》がありませぬ、實《じつ》にお恥《はづか》しい次第《しだい》でありま す。さういふわけで還《かへ》りましたのでありますから、大澤《おほさわ》さんとまあ反比例《はんぴれい》の狀態《じやうたい》だと思《おも》つて、常《つね》に皆《みな》さんと同席《どうせき》するさへ恥《はづか》しく思《おも》つて居《を》ります、併《しか》しながらこれも自分《じぶん》としては盡《つく》すだけのことを盡《つく》して倒《たふ》れたのですからやむを得《え》ないといふ精神《せいしん》で居《を》ります。

還《かへ》りまして如何《いか》に殘念《ざんねん》がつた所《ところ》でやむを得《え》ませぬが、さて手《て》を無《な》くしまして今後如何《こんごいか》にしようか、どうしたらいゝか、といふのは、元來私《ぐわんらいわたし》の家庭《かてい》は父《ちゝ》は鐵工《てつこう》で働《はたら》いて居《を》つた者《もの》でありますが、自分《じぶん》は或會社《あるくわいしや》の事務員《じむゐん》になつて働《はたら》いてゐました、還《かへ》りましたらその會社《くわいしや》から色々慰問《いろ〳〵ゐもん》を受《う》けましたこれは保險會社《ほけんくわいしや》でありますが、今後《こんご》の方針《はうしん》として勸誘員《くわんいうゐん》になつたらどうかといふやうなことも申《まう》されましたけれども、その時分《じぶん》は勸誘員《くわんいうゐん》の質《しつ》が非常《ひじやう》に惡《わる》かつたものですから到底自分《たうていじぶん》の職業《しよくげふ》として立《た》つことは出來《でき》ないといふので斷《ことは》りました、それで將來《しやうらい》どうするか、色々考《いろ〳〵かんが》へましたけれどもその當時色《たうじいろ》んな社會《しやくわい》の人《ひと》がかういふことをやれ、あゝいふことをやれと仰《おつ》しやるが、經驗《けいけん》もなし何等《なんら》これといふやうなこともありませず、皆《みな》それを斷《ことは》りました、中《なか》には同情《どうじやう》に事寄《ことよ》せて、後《あと》で聞《き》きますと恐《おそ》ろしい詐欺式《さぎしき》の人《ひと》さへあつたやうに記憶《きおく》して居《を》ります、これらは傷痍軍人《しやうゐぐんじん》となつて將來《しやうらい》の方針《はうしん》に惱《なや》んで居《を》られる方々《かた〴〵》には、餘程自重《よほどじちやう》して戴《いたゞ》かなければならぬ問題《もんだい》だと存《ぞん》じて居《を》ります、よくそれに掛《かゝ》つて最《さい》初《しよ》はあゝ有難《ありがた》いと思《おも》つて居《を》りますと、最後《さいご》には詐欺《さぎ》の陷穽《かんせい》となる例《れい》が澤山《たくさん》あるやうに聞《き》いて居《を》ります、これは自分《じぶん》が

體驗《たいけん》した一端《たん》でございます。

それから自分《じぶん》はどうしたかと申《まを》しますと、どうもこれは何《なに》か生涯《しやうがい》の安定策《あんていさく》を講《かう》じなければならぬ、勿論國家《もちろんこくか》から相《さう》當《たう》の待遇《たいぐう》を受《う》けることは有難《ありがた》い、併《しか》しこれは坐食《ざしよく》すべきものではありませぬから、身《み》に合《あ》ふたことゝ思《おも》ひましても悲《かな》しいかな右《みぎ》の手《て》が無《な》いものでありますから、手《て》ですることは到底及《たうていおよ》びませぬ、唯左《たゞひだり》の手《て》で文字《もじ》や何《なに》かは漸《やうや》く自分《じぶん》の用《よう》を便《べん》ずるだけのことで、到底筆《たうていふで》やペンを持《も》つて處世《しよせい》をするわけには行《ゆ》きませぬものですから色々考《いろ〳〵かんが》へました、それならば寧《むし》ろ商賣《しやうばい》でもしようかと思《おも》つたけれども、これも經驗《けいけん》がありませず、先《ま》づこれはさう高遠《かうゑん》な理想的《りさうてき》な、多額《たがく》の資《し》産《さん》を拵《こしら》へるとか、所謂儲《いはゆるまう》けてからしなければならぬとかいふやうなことをしてはいけない、やはり百《ひやく》は百《ひやく》で採算《さいさん》さへして行《ゆ》けば決《けつ》して生活《せいくわつ》に困《こま》るべきものではない、世《よ》の中《なか》には幾《いく》ら智慧《ちゑ》があり能力《のうりよく》があつても、却《かへ》つて泳《およ》ぐ者《もの》よく溺《おぼ》るといふことがありますので、寧《むし》ろ泳《およ》げない者《もの》の方《はう》が幸福《かうふく》でありませぬだらうか、かういふやうな考《かんが》へで以《もつ》て、先《ま》づ不《ふ》動産《どうさん》などを持《も》つて幾《いく》らかの收入《しうにふ》を得《え》ればよからう、餘力《よりよく》があつて社會《しやくわい》に貢獻《こうけん》することが出來《でき》れば結構《けつこう》だといふやうな方針《はうしん》で今日迄空《こんにちまでむな》しく過《すご》した次第《しだい》で、是《こ》れ亦戰爭《またせんさう》と同《おな》じことで社會《しやくわい》に貢獻《こうけん》する所《ところ》なく衷心恥《ちうしんは》かしい次第《しだい》でありますけれども、やはり一家《か》を確實《かくじつ》に失敗《しつぱい》なく保《たも》つて行《ゆ》かうと思《おも》ひますと、さういふ消極的《せうきよくてき》の方針《はうしん》で今日迄終始《こんにちまでしゆうし》して來《き》たのであります、何等後進《なんらこうしん》の傷痍軍人《しやうゐぐんじん》さんに慰安《ゐあん》を與《あた》へる資料《しれう》といふやうな點《てん》はありませぬけれども、兎《と》も角自分《かくじぶん》は最初負傷《さいしよふしやう》した當時心配《たうじしんぱい》してどうしやうかと不安《ふあん》に襲《おそ》はれて居《を》りましたけれども、案外今日迄《あんぐわいこんにちまで》三十三年《ねん》の間幸《あひださいはひ》にして何等《なんら》の苦難《くなん》に逢着《はうちやく》して居《を》りません、今日《けふ》は苦難《くなん》を辿《たど》つて來《き》た途《みち》を語《かた》れと仰《おつ》しやいますけれども、さういふわけで幸《さいは》ひにして今《こん》日《にち》まで樂々《らく〳〵》と餘命《よめい》を過《すご》して居《を》りますので、全《まつた》く戰友《せんいう》のお蔭《かげ》と上《かみ》陛下《へいか》の御稜威《おんみいつ》は勿論《もちろん》、皇恩《くわうおん》の厚《あつ》きに絶《た》えず感謝《かんしや》の念《ねん》をもつて今日迄來《こんにちまでき》た次第《しだい》であります。

○府社會主事《ふしやくわいしゆじ》(小菅秀直氏《こすげひでなほし》)　田村《たむら》さん、今御商賣《いまごしやうばい》は何《なに》をなすつて居《ゐ》らつしやいますか。

○田村忠三氏《たむらちうざうし》　これは恥《はづか》しい話《はなし》ですが、私《わたし》の子供《こども》が小學《せうがく》校《かう》へ行《ゆ》きましても、お前《まへ》のお父《とう》さんは何《なに》をして居《ゐ》るか、か

う言《い》はれると、無職業《むしよくげふ》、終始無職業《しうしむしよくげふ》でありますので、實《じつ》はこれは善《い》いのか惡《わる》いのか知《し》りませぬけれども、小人閑居《せうじんかんきよ》して不善《ふぜん》を爲《な》すといふことがありますが、不善《ふぜん》さへしなければよからう、それを愼《つゝ》しむのを私《わたし》の一生《しやう》の方針《はうしん》として居《を》ります。

○後藤藤松氏《ごとうふぢまつし》　甚《はなは》だ中言致《ちうげんいた》しますやうでございますけれども、田村《たむら》さんの職業《しよくげふ》といふことをお尋《たづ》ねになつて、田村《たむら》さんは非常《ひじやう》に謙遜《けんそん》して居《を》られますけれども、田村《たむら》さんを非《ひ》常《じやう》に信用《しんよう》された一人《ひとり》の事業家《じげふか》があります、その人《ひと》は田村《たむら》さんを非常《ひじやう》に信《しん》じて、殆《ほとん》ど田村《たむら》さんを師表《しへう》のやうにして、事《こと》毎《ごと》に指導《しだう》を受《う》けて居《を》られます、その人《ひと》の事業《じげふ》は田村《たむら》さんでなければお手傳《てつだ》ひ出來《でき》ないといふ事情《じじやう》でありますが、それにもう隨分久《ずゐぶんひさ》しい間《あひだ》その仕事《しごと》の會計《くわいけい》の方《はう》をすつかり引受《ひきう》けて整理《せいり》なさつて居《を》つたこともありますし、近頃《ちかごろ》は株式會社《かぶしきくわいしや》になつて田村《たむら》さんもやはり重役《ちやうやく》の一人《ひとり》で、その會社《くわいしや》の最《もつと》も中心人物《ちうしんじんぶつ》で精神的《せいしんてき》の指導者《しだうしや》になつて、常《つね》に無職業《むしよくげふ》の職業者《しよくげふしや》であるといふことを申上《まをしあ》げておきます。

○田村忠三氏《たむらちうざうし》　私《わたし》の性質《せいしつ》としまして表面《へうめん》に立《た》つことは總《すべ》てお斷《ことは》りして居《ゐ》る次第《しだい》でありますので、それといひますのは自分《じぶん》の身體《からだ》が不具者《ふぐしや》でありますので、何處《どこ》へ參《まゐ》りましてもやはり不具者《ふぐしや》は不具者《ふぐしや》、身體《からだ》にもう既《すで》に缺點《けつてん》があるものですから、一歩完全《ぽくわんぜん》なお方《かた》に讓《ゆづ》つて行《ゆ》く方《はう》が一番安全《ばんあんぜん》であります、道《みち》を歩《ある》くのにも成《な》るべくは完全《くわんぜん》な方《かた》に先《さき》を讓《ゆづ》る、ズルイと言《い》はれるかも知《し》れませぬけれども、後《あと》へ附《つ》いて行《ゆ》く方《はう》が安全《あんぜん》である、つまり安全《あんぜん》を以《もつ》て處世術《しよせいじゆつ》として居《を》ります。

○府社會課長《ふしやくわいかちやう》(大谷繁次郎氏《おほたにしげじらうし》)　成《な》る程田村《ほどたむら》さんは、御職《ごしよく》業《げふ》として蔭《かげ》でさういふ大《おほ》きな事業《じげふ》の顧問《こもん》をやつて居《を》られるのですね。

○田村忠三氏《たむらちうざうし》　いやそんなことはありませぬけれども、さういふことを言《い》ふと烏滸《をこ》がましいですけれども、到底《たうてい》人《ひと》の前《まへ》へ出《で》まして喋《しやべ》ることが出來《でき》ず、又出來《またでき》た所《ところ》が何《なん》にもなりません、國家《こくか》の爲《ため》にかうして片輪《かたわ》になりましたけれども、幸《さいはひ》にして僅《わづ》かながら立派《りつぱ》な仕事《しごと》をさして貰《もら》つたといふことは無上《むじやう》の光榮《くわうえい》であります、これが若《も》し人形《にんぎやう》であればもう既《すで》に塵箱《ごみばこ》へ捨《す》てられてしまつてゐる、それを傷痍軍人《しやうゐぐんじん》

は國寶《こくほう》だとかいふやうに尊稱《そんしよう》を下《くだ》され優遇《いうぐう》を受《う》けるといふことは身《み》に餘《あま》る光榮《くわうえい》だと存《ぞん》じて終始《しうし》して居《を》ります、強《し》ひて職業《しよくげふ》と仰《おつ》しやれば貸家業《かしやげふ》とでもして戴《いたゞ》けば結構《けつこう》です、その代《かは》り手傳《てつだひ》でも屋根葺《やねふき》でも事實《じじつ》私はやつて居《を》ります、鑑札《かんさつ》は受《う》けて居《を》りませぬが……。

○府社會主事《ふしやくわいしゆじ》(小菅秀直氏《こすげひでなほし》) 墨《すみ》さんの御負傷《ごふしやう》は右《みぎ》の上膊《じやうはく》骨《こつ》の切斷《せつだん》と左《ひだり》の肩胛骨《けんかふこつ》とですが、どんな風《ふう》でしたか、それを一《ひと》つお話願《はなしねが》ひます。

○墨卯三郎氏《すみうさぶらうし》 私《わたし》は八聯隊《れんたい》から參《まゐ》りまして、金州《きんしう》と南山《なんざん》に參《まゐ》りましたが南山《なんざん》で傷《きず》を受《う》けました、それが今仰《いまおつ》しやつたダムダム彈《だん》でやられた、前膊《ぜんはく》をやられたのです、翌《あく》る朝《あさ》になつたらこれを外《はづ》さなければ命《いのち》に關《かゝは》るといふことになつたのです……手首《てくび》をやられたのですから、それを明《あ》けの朝《あさ》外《はづ》してしまつて何《なに》もないのです。私《わたし》は元來縫物屋《ぐわんらいぬひものや》ですから到頭親《たうとうおや》の商賣《しやうばい》が出來《でき》なくなつたのです、これはえらいことになつてしまつた、左《ひだり》の肩《かた》と兩方《りやうはう》やられて居《を》るのですから再《ふたゝ》び生《い》きられるものとは思《おも》はなかつた實《じつ》はその時死《ときし》んでやらうと思《おも》つたのです。

南山《なんざん》で午後《ごご》の四時頃《じごろ》でしたが、これは困《こま》つたことが出來《でき》たと思《おも》つて、それを長《なが》らく掛《か》つて縫《ぬ》つて貰《もら》つても縫《ぬ》へぬのです、縫《ぬ》つて貰《もら》つたのですけれども外《はづ》れたのです、だからかうなつて(手《て》で示《しめ》して)居《ゐ》るのです、ざくろのやうに、その時分田中《じぶんたなか》といつて今《いま》——これも長《なが》い話《はなし》になりますが、奈良《なら》の幼稚園《えうちゑん》の園長《ゑんちやう》をして居《ゐ》る人《ひと》が丁度《ちやうど》あちらへ來《き》て居《を》つたので、その人《ひと》が『まあ食《く》はずに死《し》ぬといふことは止《や》めなさい』……實《じつ》は私《わたし》は食《く》はずと死《し》ぬ考《かんが》へをしたのです、さうしてその人《ひと》が一週間目位《しうかんめぐらゐ》に鷄肉《けいにく》のスープを食《く》はして呉《く》れた、それを初《はじ》めて口《くち》へ入《い》れて見《み》たら美味《おい》しいのです『美味《おい》しいですか』『美味《おい》しい』私《わたし》は手《て》が動《うご》かぬからその人《ひと》に食《く》はして貰《もら》つて居《を》つた、さうすると今度《こんど》は默《だま》つて鷄肉《けいにく》を一切《ひときれ》入《い》れて呉《く》れた、とても美味《おい》しいのです、それが食《く》ひ附《つ》きとなつて、それからまあお粥《かゆ》を食《た》べよとか言《い》つて色々《いろいろ》その人《ひと》が食《く》はして呉《く》れたのであります。

それは向《むか》ふでの話《はなし》で、その年《とし》の十二月《ぐわつ》の正月間際《しやうぐわつまぎは》に除隊《ぢよたい》になつた、所《ところ》が腕《うで》がないからすることがなく困《こま》つた、仕方《かた》がないから親《おや》の家《うち》でぶら〳〵遊《あそ》んで居《を》つた、どうしたもの

かと思《おも》つて居《を》りましたが、これは煙草屋《たばこや》でもしたらよからうといふ親《おや》の話《はなし》でありました、私《わたし》はこの近所《きんじよ》の者《もの》ですが、其所《そこ》で煙草屋《たばこや》をしてをつた所《ところ》が、物《もの》の言《い》ひ方《かた》が下手《へた》でありますから工合《ぐあひ》が惡《わる》いのです、それなら養鷄事業《やうけいじげふ》がよからうと、私《わたし》は大體出《だいたいで》が岐阜縣《ぎふけん》ですから、名古屋《なごや》の鷄《とり》をこつちへ取寄《とりよ》せて養鷄場《やうけいぢやう》をやりました、天王寺《てんのうぢ》の東門《ひがしもん》の所《ところ》でやりまして儲《まう》けて失敗《しつぱい》しましたのですが、その時分《じぶん》に三千圓《ゑん》ばかりで賣《う》つて廢《や》めたのです、それから上野《うへの》さんは御存知《ごぞんぢ》ですが今《いま》の藝者屋《げいしやや》をやり出《だ》したのです。

○後藤藤松氏《ごとうふぢまつし》 その片腕《かたうで》で出來《でき》ますか?

○墨卯三郎氏《すみうさぶらうし》 それは出來《でき》る(笑聲《せうせい》)片腕《かたうで》になつても藝者屋《げいしやや》をやつて今日《こんにち》になつて居《を》ります。

○府社會課長《ふしやくわいかちやう》(大谷繁次郎氏《おほたにしげじらうし》) 何處《どこ》でやつたのですか。

○墨卯三郎氏《すみうさぶらうし》 今里新地《いまざとしんち》でやりました、私《わたし》は奈良《なら》の方《はう》にも又京都《またきやうと》の方《はう》にも店《みせ》を持《も》つて居《を》ります。

さうして藝者屋《げいしやや》で成功《せいこう》しましたといふことについて、上野《うへの》さんは私《わたし》が前《まへ》に話《はな》しましたからよく知《し》つて居《を》ります、社會《しやくわい》の人々《ひとびと》は私《わたし》を營業柄道樂者《えいげふがらだうらくもの》と見《み》ました、この三四年前《ねんまへ》に傷痍軍人會《しやうゐぐんじんくわい》の分會《ぶんくわい》をこしらへる時《とき》に私《わたし》は府《ふ》の役所《やくしよ》の二階《かい》でちよつて申上《まをしあ》げたことがあるのですが、日露役《にちろえき》の時《とき》には社會《しやくわい》の人々《ひとびと》の傷痍軍人《しやうゐぐんじん》に對《たい》する氣受《きう》けは兩三年《りやうねん》は好《よ》かつた、傷痍軍人《しやうゐぐんじん》だ廢兵《はいへい》だと言《い》つて呉《く》れて居《を》つたのです、兩三年濟《りやうねんす》んでしまつたらもう單《たん》に片輪《かたわ》です、それは皆《みな》さん覺《おぼ》えがあるだらうと思《おも》ひます、誰一人顧《たれひとりかへり》みなかつた、今日《こんにち》の如《ごと》く喧《やかま》しく言《い》はない、私《わたし》は元來《ぐわんらい》かういふ所《ところ》へ出《で》ないのです、けれども今日上《けふあが》りましたのは、この戰役《せんえき》が濟《す》んだ後《のち》に、どうか社會《しやくわい》の方《はう》で、もう少《すこ》し傷痍軍人《しやうゐぐんじん》の方々《かたがた》を優遇《いうぐう》してあげて貰《もら》ひたいといふことをお願《ねが》ひの爲《ため》にあがつたのです。

○府社會課長《ふしやくわいかちやう》(大谷繁次郎氏《おほたにしげじらうし》) 私共《わたしども》もそれを承《うけたまは》りたいのです。それで實《じつ》は今日《こんにち》のこの催《もよほ》しを致《いた》したのです。

○墨卯三郎氏《すみうさぶらうし》 私《わたし》は失禮《しつれい》ですけれどもそれでなかつたらかういふ所《ところ》へ來《き》ませぬ、又《また》それが爲《ため》に今日《こんにち》の成功《せいこう》になつたのです、けれども私《わたし》が今日《こんにち》になりましたのは、私《わたし》の營業柄《えいげふがら》社會《しやくわい》の人《ひと》が私《わたし》を道樂者《だうらくもの》として見《み》て呉《く》れたが爲《ため》に一度《ど》も惡《わる》いことをしなかつたものと言《い》へます。

さういふ風《ふう》で今日《こんにち》の境遇《きやうぐう》にさして戴《いたゞ》いたのは、それは社《しや》

會《くわい》が放《はう》つて置《お》いてくれたが爲《ため》になつたのです。それは私等《わたしら》のやうな營業《えいげふ》は藝者屋《げいしやや》でも女郎屋《ぢよろうや》でも道樂者《だうらくもの》がつきものです、さうして藝者《げいしや》を盗《ぬす》み出《だ》すとか女郎《ぢよろう》を盗《ぬす》み出《だ》すとか、所謂《いはゆる》足拔《あしぬ》きをさせておいて金《かね》にするのです。後《うしろ》へ廻《まは》つて何處《どこ》其處《そこ》に隱《かく》れて居《ゐ》るから知《し》らせて上《あ》げますからお金《かね》を呉《く》れといつたやうに、所《ところ》が私《わたし》をえらい道樂者《だうらくもの》のやうに思《おも》つて居《ゐ》るのです、私《わたし》は綽名《あだな》が喜樂《きらく》といふのですが、『喜樂《きらく》はあかんあかん、あそこのは持《も》ち出《だ》したらあかん』と言《い》つて、誰言《たれい》ふとなく今日迄《こんにちまで》來《き》てこの成功《せいこう》をさして呉《く》れたのです、それで實《じつ》は私《わたし》は博奕《ばくち》の札《ふだ》は知《し》りませぬ。

○上野《うへの》九一郎氏 あなたが腕《うで》を無《な》くされたのは喧嘩《けんくわ》をして無《な》くされたとかう皆《みな》が判斷《はんだん》して居《ゐ》るのです、それが爲《ため》に一廉《かど》の俠客《けふかく》のやうに思《おも》つて居《ゐ》るのです。

○墨卯三郎氏《すみうさぶらうし》 又私《またわたし》もえゝ加減《かげん》な俠客《けふかく》になつて居《を》りまして。皆《みな》が私《わたし》に頭《あたま》を下《さ》げて來《く》るのです。

○府社會課長《ふしやくわいくわちやう》(大谷繁次郎氏《おほたにしげじらうし》) 面白《おもしろ》いことがありますね、それからあなたがもうこんな怪我《けが》したら駄目《だめ》だから物《もの》を食《く》はぬと覺悟《かくご》されたといふ所《ところ》も……。

○墨卯三郎氏《すみうさぶらうし》 その話《はなし》ですが、私《わたし》が十年程前《ねんほどまへ》に奈良《なら》の家《うち》に居《を》りました時分《じぶん》、その田中《たなか》といふ人《ひと》が奈良《なら》で稅務《ぜいむ》の課長《くわちやう》をして居《を》つたのです、その時《とき》に何《なに》か稅金《ぜいきん》の行違《ゆきちが》ひから愚妻《ぐさい》を役所《やくしよ》にやつたのです、さうすると『あなたの主人《しゆじん》は右《みぎ》の手《て》がありませんでせう』といふやうな話《はなし》が出《で》て『私《わたし》が是非《ぜひ》一度《ど》お目《め》に掛《かゝ》りたいといふことを言《い》ふて下《くだ》さいませぬか』といふことだつたのです、誰《たれ》だらうとは思《おも》つたが行《い》つて見《み》なかつた、さうしてその儘《まゝ》になつて居《を》つて、大阪《おほさか》の方《はう》に店《みせ》を出《だ》しまして私《わたし》もこちらへ來《き》て居《を》りました、さうした所《ところ》が今年《ことし》の八月《ぐわつ》二十三日《にち》に裁判所《さいばんしよ》へ證人《しようにん》に出《で》なければならぬことがあつて奈良《なら》へ行《ゆ》きました、さうして用事《ようじ》をすませて裁判所《さいばんしよ》の外《そと》へ出《で》た所《ところ》が、人體《にんてい》の好《い》い人《ひと》が『あなた墨《すみ》さんですね』『さうです』と言《い》つたら『私《わたし》は幼稚園《えうちゑん》の園長《ゑんちやう》の田中《たなか》です、實《じつ》は私《わたし》は南山《なんざん》であなたを介抱《かいはう》した人間《にんげん》です』といふわけです、その人《ひと》が私《わたし》に鷄肉《とりにく》のスープを飮《の》ませてくれた人《ひと》だつたのです。

○府社會課長《ふしやくわいくわちやう》(大谷繁次郎氏《おほたにしげじらうし》) 其時《そのとき》に鷄肉《とりにく》のスープを與《あた》へなかつたら頑張《ぐわんば》つて絶食《ぜつしよく》して死《し》んで居《を》つたかも知《し》れな

いですね。結局神樣《けつきよくかみさま》の加護《かご》といひますか、あなたが其處迄《そこまで》決心《けつしん》されたのがひよつこり口中《こうちう》に落《お》ち込《こ》むだ一片《きれ》の鷄肉《とりにく》、それが美味《うま》かつてそれに食《くら》ひ附《つ》いた、それが爲《ため》に恢復《くわいふく》したそれから後《のち》にあなたが傷痍軍人《しやうゐぐんじん》だといふことをちつとも言《い》はないで居《を》つた爲《ため》に、却《かへつ》て片腕《かたうで》が非常《ひじやう》に強《つよ》い人《ひと》に見《み》えて都合《つがふ》が好《よ》かつたのですね。

○府社會主事《ふしやくわいしゆじ》(小菅秀直氏《こすげひでなほし》) 次《つぎ》にまだお若《わか》くて上海事變《シヤンハイじへん》だと思《おも》ひますが、左《ひだり》の眼《め》を失明《しつめい》なさいまして、右《みぎ》の方《はう》も大分《だいぶ》お惡《わる》いやうですが、小林《こばやし》さん一《ひと》つ……。

○小林義雄氏《こばやしよしをし》 僕《ぼく》は九師團《しだん》から出動《しゆつどう》した者《もの》ですが、これと言《い》つてお話《はなし》することはありませぬが……行《ゆ》くなり直《す》ぐ怪我《けが》をしましたので、共同租界《きようどうそかい》へ上陸《じやうりく》をしまして、寶山縣《はうざんけん》の○○といふ所《ところ》で怪我《けが》して兩眼《りやうがん》を傷《いた》めてしまひましたものですから、野戰病院《やせんびやうゐん》へ送《おく》られ、それから直《す》ぐ廣島《ひろしま》へ後送《こうそう》されたのです、廣島《ひろしま》へ後送《こうそう》されましたけれども眼《め》が痛《いた》いばかりで何等全快《なんらぜんくわい》するやうな風《ふう》もないのです。さうして軍醫殿《ぐんいどの》に對《たい》して、病氣《びやうき》になつたのでないから放《はう》つて置《お》いても別《べつ》に惡《わる》くはならないからと賴《たの》んで暫《しばら》く放《はう》つておいて貰《もら》つたのです、さうして治療《ちれう》せずに放《はう》つておいたら神經《しんけい》がひつ着《つ》いたのですね、それでだん〳〵右《みぎ》の眼《め》だけ見《み》えるやうになりまして、廣島《ひろしま》で一ケ月程治療《げつほどちれう》を受《う》けてから東京《とうきやう》へ行《ゆ》きまして衞戌病院《ゑいじゆびやうゐん》で松田軍醫正《まつだぐんいせい》に診《み》て貰《もら》ひましたら、君《きみ》の眼《め》は治《なほ》るから心配《しんぱい》せぬでもよいと言《い》はれました、僅《わづ》か半月程《はんつきほど》で治《なほ》してやるからといふことで松田軍醫正《まつだぐんいせい》に治療《ちれう》をして貰《もら》つた、二週間程《しうかんほど》で一尺程《しやくほど》見《み》えるやうにして貰《もら》ひました、しかしとても淋《さび》しくてたまりませんでした、隣《となり》もやはり眼《め》を傷《いた》めた患者《くわんじや》が居《を》つたのです、二人《ふたり》の間《あひだ》に自殺《じさつ》をせなければならぬといふやうな話《はなし》もおきたのですけれども、まあ心配《しんぱい》せぬでもよい、男子《だんし》の本懷《ほんくわい》を盡《つく》したのだから、さう悲觀《ひくわん》するなと言《い》つて慰《なぐさ》め合《あ》つて居《を》りました、ところがその男《をとこ》は屋上《やくじやう》から飛《と》び降《お》り自殺《じさつ》を企《くはだ》てまして、兩足《りやうあし》が折《を》れて命《いのち》は助《たす》かりました、それで人《ひと》に嗤《わら》はれた、僕《ぼく》も自殺《じさつ》するといふやうな淋《さび》しいことを思《おも》はずに、どうかして自分《じぶん》を守《まも》らなければならぬと思《おも》ひまして、その後東京《ごとうきやう》の病院《びやうゐん》へ三・四ケ月入院《げつにふゐん》して居《を》りました、けれどもどうしても治《なほ》らぬものですから、歸《かへ》つて呉《く》れと言《い》はれまして歸《かへ》つて來《き》ました。

歸《かへ》つて來《き》ても職業《しよくげふ》といつてもまだ手《て》をひいて歩《ある》いて貰《もら》つて居《を》りますから、又考《またかんが》へるといつても頭《あたま》が痛《いた》くつて考《かんが》へる餘地《よち》がない、現在《げんざい》でも殆《ほとん》ど毎日《まいにち》々々、眼《め》の神様《かみさま》だけにお詣《まゐ》りして居《を》ります、ものを考《かんが》へ出《だ》すと頭《あたま》が痛《いた》んで來《く》るので日頃《ひごろ》からずつと藥《くすり》を呑《の》んで居《ゐ》るのですが、恩給《おんきふ》も貰《もら》つて居《ゐ》ることではあるし、又弟達《またおとうとたち》が勵《はげ》まして呉《く》れるから何《なに》も悲觀《ひくわん》しないで現在《げんざい》まで過《すご》して居《ゐ》るやうなわけであります。

○府社會《ふしやくわい》課長《くわちやう》(大谷繁次郎氏《おほたにしげじらうし》)　どちらの眼《め》が少《すこ》し見《み》えるのですか。

○小林義雄氏《こばやしよしをし》　右《みぎ》の眼《め》です、一尺位《しやくぐらゐ》先《さき》であつたら見《み》えるのですが、一間《けん》と離《はな》れると姿《すがた》がぼんやりして居《ゐ》るだけです、左《ひだり》の方《はう》は義眼《ぎがん》をして居《を》ります。

○大澤克氏《おほさはかつし》　何處《どこ》からさういふやうになつて負傷《ふしやう》せられたのですか。

○小林義雄氏《こばやしよしをし》　左《ひだり》の眼《め》から這入《はひ》りました彈《たま》が右《みぎ》の顳顬《こめかみ》へ出《で》たのです。

○後藤藤松氏《ごとうふぢまつし》　けれども見《み》るからに御健康《ごけんかう》さうですね。

○府社會《ふしやくわい》課長《くわちやう》(大谷繁次郎氏《おほたにしげじらうし》)　ちつとも傍《はた》から見《み》れば——この中《なか》であなただけは日露戰役《にちろせんえき》でないらしい、若《わか》い方《かた》だと思《おも》つて居《を》りましたが、お宅《たく》は、御商賣《ごしやうばい》は?

○小林義雄氏《こばやしよしをし》　親達《おやたち》は食堂《しよくだう》見《み》たやうなものをやつて居《を》ります。西洋料理《せいやうれうり》や支那料理屋《しなれうりや》をしてをります、それで今僕《いまぼく》としては手傳《てつだ》ふといつても第一《だい》鼻《はな》が利《き》きませぬからこしらへるといふわけに行《ゆ》かぬ、それで唯筆《たゞふで》で大《おほ》きく書《か》けば書《か》けるので、帳面附《ちやうめんづ》けや金《かね》の出《だ》し入《い》れだけをやつて居《を》るのです。

○大澤克氏《おほさはかつし》　今墨《いますみ》さんが腕《うで》を無《な》くされたといふことについて傷痍軍人《しやういぐんじん》ではなく、俠客《けふかく》か何《なに》かに見《み》られたといふお話《はなし》がありました、私《わたし》の話《はなし》が稍々《やゝ》それに似《に》て居《ゐ》るといふわけでないが、所謂《いはゆる》自分《ぶん》の怪我《けが》したことをよい方《はう》に取《と》つたといふか、何《なん》といふか知《し》りませぬけれども……私《わたし》はずつと以前《いぜん》は心齋橋《しんさいばし》の附近《ふきん》に居《を》つたのです。今《いま》は御堂筋《おだうすぢ》になつて居《を》りますが、その時分《じぶん》に大丸呉服店《だいまるごふくてん》が大火事《おほくわじ》をやつたことがある、その時《とき》私《わたし》は二階《かい》で寢《ね》て居《を》りました。さうすると心齋橋《しんさいばし》の所《ところ》で半鐘《はんしやう》がジヤン〳〵鳴《な》り出《だ》した、大分寒《だいぶさむ》い時分《じぶん》でしたのでぐつすり寢込《ねこ》んで居《を》つた、さうすると『お父《とう》さん火事《くわじ》ですよ』と起《おこ》しますので裏《うら》の戸《と》を開《あ》けて見《み》ると其處《そこ》から一面《めん》

えらい火《ひ》なんです、大丸呉服店《だいまるごふくてん》だ、さあ子供《こども》を避難《ひなん》させねばならぬ、家内《かない》が慌《あわ》てる、老人《らうじん》がキヤア〳〵言《い》つて居《ゐ》る、待《ま》て〳〵慌《あわ》てた所《ところ》で仕方《しかた》がないぢやないか、慌《あわて》るぢやないといふものゝ、義足《ぎそく》を附《つ》けて外《そと》へ出《で》て行《い》つた、所《ところ》が開《あ》けた途端《とたん》といふものはもう火《ひ》が眼《め》の前《まへ》に見《み》えるものですから、それからといふものは元來《ぐわんらい》私《わたし》はかういふ慌《あわ》て者《もの》です、慌《あわ》て者《もの》だけれども慌《あわ》てるな、慌《あわ》てゝはならぬ、さういふものの自分《じぶん》も子供《こども》を引《ひ》つ抱《かゝ》へて飛《と》んで出《で》た、眼前《がんぜん》にあんな大《おほ》きな火《ひ》が出《で》たものですから、これは大《おほ》いに今後《こんご》注意《ちうい》しなければならぬことだ、慌《あわ》てるといふことはよくない、所謂《いはゆる》踏切《ふみきり》でも一歩前《ほまへ》で左右《さいう》に頭《あたま》を向《む》けることだと思《おも》つて今日迄《こんにちまで》やつて來《き》たことが、これは私《わたし》は怪我《けが》の功名《こうみやう》でないかしらんと思《おも》つて居《ゐ》るのです。その時《とき》に幾《いく》ら慌《あわて》た所《ところ》で義足《ぎそく》を履《は》かなければどうすることも出來《でき》ないのです、まあその時《とき》は大過《たいくわ》なく濟《す》みましたが、さういふのでそれを未《いま》だに思《おも》つて何《なに》かしたらふつと出《だ》すのです。

私《わたし》も今《いま》の墨《すみ》さんのお話《はなし》のやうに普通《ふつう》の自分《じぶん》の病氣《びやうき》でもやつたか、或《あるひ》は電車《でんしや》にでも轢《ひ》かれて足《あし》を怪我《けが》したとか何《なん》とか厭《いや》な感《かん》じを與《あた》へられることもあります、その時《とき》にはちよつと腹《はら》が立《た》ちますけれども、こゝだ、腹《はら》を立《た》てたらいかぬ、一歩前《ほまへ》だ、せめて人間《にんげん》は唾《つば》を一《ひと》つ呑《の》み込《こ》むだけの餘裕《よいう》を持《も》つて居《ゐ》らなければならぬ、誰《たれ》でも演説《えんぜつ》をする時《とき》によう喋《しやべ》らぬ時《とき》は先《ま》づ氣《き》を落付《おちつ》ける爲《ため》にコツプの水《みづ》を飮《の》む、こゝだと思《おも》つて自分《じぶん》は修養《しうやう》して來《き》ました、まあ怪我《けが》の功名《こうみやう》といひますか、今《いま》の墨《すみ》さんと一緒《しよ》で所謂《いはゆる》怪我《けが》をよい方《はう》に向《む》けたいといひますか。

○府社會《ふしやくわい》課長《くわちやう》(大谷繁次郎氏《おほたにしげじらうし》)　大澤《おほさは》さん、お子達《こたち》を非常《ひじやう》によく教育《けういく》なされて居《を》るといふことですが、一《ひと》つお話《はなし》を願《ねが》ひたいと思《おも》ひます。

○大澤克氏《おほさはかつし》　いやそれは別《べつ》に——お恥《はづ》しいやうなことで……。

○後藤藤松氏《ごとうふぢまつし》　それでは私《わたし》が代《かは》りまして、詳《くは》しいことは大澤《おほさは》さんでないと分《わか》りませぬが、表面《へうめん》に現《あらは》れたことだけを申上《まうしあ》げます、お子達《こたち》は非常《ひじやう》に多《おほ》うございまして、男《をとこ》の子《こ》が三人《にん》と女《をんな》の子《こ》が三人《にん》、六人《にん》の子供《こども》さんを不自由《ふじいう》な片足《かたあし》で養《やしな》つて教育《けういく》して來《こ》られたのです、一番兄《ばんにい》さんは二十八で、こ

れは京都《きやうと》の帝大《ていだい》を出《で》られまして在學中《ざいがくちう》にもう高文《かうぶん》をパスせられたやうです、それから直《す》ぐ檢事補《けんじほ》に採用《さいよう》されて、司法官《しはふくわん》となつて三回程轉任《くわいほどてんにん》されたのでございませう、今日《こんにち》では東京《とうきやう》の地方裁判所《ちはうさいばんしよ》に奉職《ほうしよく》されて居《を》ります、それから孃《ぢやう》さん達《たち》はそれ〳〵立派《りつぱ》な所《ところ》に縁附《えんづ》いて居《を》られまして、弟《おとうと》さんは去年幹部候補生《きよねんかんぶこうほせい》を志願《しぐわん》された所《ところ》が大變成績《たいへんせいせき》がよろしく、今《いま》は見習士官《みならひしくわん》になつて居《を》られ、軈《やが》て任官《にんくわん》せられることゝ思《おも》つて居《を》ります、さういふ風《ふう》で男《をとこ》の子《こ》は一番下《ばんした》はまだ齢《とし》が行《ゆ》きませぬが、大變家庭《たいへんかてい》に惠《めぐ》まれて居《を》られます。

○府社會《ふしやくわい》課長《くわちやう》(大谷繁次郎氏《おほたにしげじらうし》)　お父《とう》さんは片足《かたあし》でも裁判官《さいはんくわん》を出《だ》し、見習士官《みならひしくわん》を出《だ》して居《を》られるわけですか。

○府社會主事《ふしやくわいしゆじ》(小菅秀直氏《こすげひでなほし》)　さうすると御不自由《ごふじゆう》になつてから長男《ちやうなん》の方《かた》がお生《うま》れになつたのですネ。

○大澤克氏《おほさはかつし》　三十何年《なんねん》になりますから、足《あし》が一本無《ほんな》くなつてから出來《でき》たのです。

○府社會主事《ふしやくわいしゆじ》(小菅秀直氏《こすげひでなほし》)　それでは次《つぎ》に三浦《みうら》さん、頭部《とうぶ》に砲創《はうさう》がおありになり、右《みぎ》の足《あし》の踵《くるぶし》の所《ところ》から切斷《せつだん》されて居《を》りますがそれをどうぞ。

○府社會《ふしやくわい》課長《くわちやう》(大谷繁次郎氏《おほたにしげじらうし》)　頭《あたま》はどの邊《へん》ですか。

○三浦松次郎氏《みうらまつじらうし》　頸筋《くびすぢ》でありますが、砲彈《はうだん》は右《みぎ》の肩胛骨《けんかふこつ》を粉碎《ふんさい》してしまつたのです、つまり右《みぎ》の手《て》が動《うご》かぬのです。手《て》がとれだけしか(示《しめ》して)上《うへ》にあがらぬのです、私《わたし》は金州《きんしう》、南山《なんざん》から奉天迄《ほうてんまで》行《ゆ》きまして、ずつと第一線《だいせん》に行《い》つて居《を》りました、けれども、私《わたし》が臆病者《おくびやうもの》だつたのか、運《うん》が良《よ》かつたのか、第一線《だいせん》に働《はたら》いて居《を》りながら怪我《けが》一つしなかつた、それでいゝ氣《き》になつて居《ゐ》たら、三月四日《ぐわつかよ》にとう〳〵負傷致《ふしやういた》しました、自分《じぶん》の前《まへ》で砲彈《はうだん》が破裂《はれつ》しまして、その砲彈《はうだん》の破片《はへん》によつて方々《はう〴〵》やられました、眼《め》もやられました、けれども幸《さいはひ》に外《ほか》の部分《ぶぶん》は割合輕《わりあひかる》うございまして、手《て》と足《あし》とはすんでに失《うしな》ふところで、足《あし》は無《な》くなりましたが、手《て》だけはどうにか附《つ》いて居《ゐ》るのであります。附《つ》いて居《ゐ》るのが非常《ひじやう》に倖《しあは》せになつて居《を》ります、初《はじ》めは字《じ》一つ書《か》くことが出來《でき》なかつたのですが、病院《びやうゐん》に居《を》りました時分《じぶん》に看護婦《かんごふ》さんが左手《ひだりて》で書《か》くことを稽古《けいこ》しなさい、手紙《てがみ》を書《か》くにも非常《ひじやう》に不自由《ふじゆう》だからといふので、手《て》を持《も》つて親切《しんせつ》に書《か》かして下《くだ》さいましたけれども、どうもうまく書《か》くことが出來《でき》ませぬ、やはり右手《みぎて》を使《つか》

はなければどうにもならぬと思《おも》ひまして、無理《むり》から使《つか》つて居《を》りましたが、やはり手先《てさき》だけしか動《うご》きませぬ、それでもどうなりかうなり手紙《てがみ》だけ書《か》けるやうになりまして、只今《たゞいま》では右《みぎ》の手《て》を一番肝腎《ばんかんじん》として、手先《てさき》で何《なん》でも出來《でき》るやうになりました、併《しか》し上《うへ》へあがらぬのが非常《ひじやう》に不自由《ふじゆう》でございまして、自分《じぶん》がせぬでもよいことを左手《ひだりて》でやりまして、みすみす物《もの》が落《お》ちると分《わか》つても、右《みぎ》の手《て》で止《と》めることが出來《でき》ない爲《ため》に、器物《きぶつ》を壞《こは》すことが度々《たび〳〵》あります、家内《かない》も成《な》るたけさういふことをさせまいとしますけれども、やはり自分《じぶん》がしなければならぬこともありますし、無理《むり》にやりまして度々粗忽《たび〳〵そさう》を重《かさ》ねます。

私《わたし》は戰爭《せんさう》に行《ゆ》きました時分《じぶん》には家《いへ》が貧《まづ》しうございましたその上《うへ》私《わたし》は實際道樂者《じつさいだうらくもの》、と申《まう》しましても博奕《ばくち》打《う》ちではございませぬ、つまり極道《ごくだう》でありました、私《わたし》の家《うち》も私《わたし》の生《うま》れた頃《ころ》には大阪《おほさか》の船場《せんば》にありまして、その時分《じぶん》は親父《おやぢ》も相當《さうたう》にやつて居《を》りまして、私《わたし》を愛撫《あいぶ》して、お乳母《んば》日傘《ひがさ》で育《そだ》てゝ呉《く》れたのでありますけれども、親父《おやぢ》が不幸《ふかう》にして明治《めいぢ》十八年《ねん》の水害《すゐがい》の時《とき》に非常《ひじやう》な損害《そんがい》を蒙《かうむ》りまして、上町《かみまち》の方《はう》に宿替《やどがへ》を致《いた》しました、その時分《じぶん》は上町《かみまち》といふと只今《たゞいま》のやうなよい所《ところ》でなかつたのであります。餘《あま》り柄《がら》のよくない所《ところ》で育《そだ》つた者《もの》でありますから、色《いろ》んな惡《わる》い人間《にんげん》と附合《つきあ》ふことになつた、さうして居《ゐ》る中《うち》に齢《とし》も行《ゆ》きまして兵隊《へいたい》にも合格致《がふかくいた》しました丁度戰爭《ちやうどせんさう》に行《ゆ》く時《とき》は洵《まこと》に家《うち》は貧《まづ》しかつた、かてゝ加《くは》へて親父《おやぢ》は中風《ちうぶ》を患《わづら》つて居《を》つた、負傷《ふしやう》した時《とき》は私《わたし》も實《じつ》はもうかうなつたら迚《とて》も駄目《だめ》だ、この病氣《びやうき》の父《ちゝ》を養《やしな》ふて行《ゆ》かなければならぬが、この身體《からだ》でどうして養《やしな》ふて行《ゆ》けるかと非常《ひじやう》に悲觀致《ひくわんいた》しました。

一時《じ》、遼陽《れうやう》に居《を》つた時分《じぶん》に、自殺《じさつ》しようかと思《おも》ひましたけれども、戰友《せんいう》が止《と》めまして『戰死《せんし》をしたのなら兎《と》に角《かく》、今死《いまし》んだら犬死《いぬじに》ぢやないか、そんなことは止《や》めろ』と言《い》つて呉《く》れたので思《おも》ひ止《とま》りました、併《しか》しどう思《おも》つても世《よ》の中《なか》に出《で》ることが出來《でき》さうもない、みす〳〵親父《おやぢ》に苦《くる》しい目《め》をさせ、又自分《またじぶん》も苦《くる》しい目《め》をしなければならぬかと、色々《いろ〳〵》と思案《しあん》に暮《く》れました、然《しか》しお蔭《かげ》で傷《きず》も全治《ぜんち》して退院出來《たいゐんでき》るやうになりました、けれどもやはりその氣持《きもち》が失《う》せませぬ、併《しか》し世《よ》の中《なか》には捨《す》てる神《かみ》もあれば助《たす》ける神《かみ》もあるもので、御《ご》

同情《どうじやう》して下《くだ》さる方《かた》の勸《すゝ》めで莫大小《メリヤス》の裁縫《さいはう》をやり始《はじ》めました所《ところ》が私《わたし》の本家《ほんけ》は親父《おやぢ》が勤《つと》めました所《ところ》で、本家《ほんけ》は大阪《おほさか》でも屈《くつ》指《し》の莫大小屋《メリヤスや》であります、其處《そこ》へ出入《でい》りして居《を》りましたものですから、其處《そこ》からお助《たす》けを願《ねが》ひまして專屬工場《せんぞくこうぢやう》となりました、自分《じぶん》は一時《じ》は死《し》なうといふ決心《けつしん》をして居《を》りました折柄《をりから》でもありますので、どうかして世間並《せけんなみ》に人《ひと》さんの前《まへ》に立《た》ちたいと思《おも》つて一生懸命《しやうけんめい》にやりました、それで一時《じ》は成功《せいこう》――成功《せいこう》といふ程《ほど》でもございませぬけれども、人《ひと》さんに對《たい》して恥《はづか》しからぬそこ〳〵の日常《にちじやう》が送《おく》れるやうになりました。

その時分《じぶん》は恩給《おんきふ》は極《きは》めて些細《ささい》なものでありまして、これだけの不十分《ふじふぶん》な身《み》を持《も》つて居《ゐ》るにも拘《かゝ》はらず、ほんの僅《わづか》な恩給《おんきふ》でありますから自分一人《じぶんひとり》でも食《た》べ兼《か》ねる、國家《こくか》の爲《ため》とはいへその不遇《ふぐう》をなげきました、併《しか》し人《ひと》に賴《たよ》るばかりが能《のう》でない自分《じぶん》でやつて行《ゆ》かなければならぬと思《おも》つて奮發《ふんぱつ》しました結果《けつくわ》、さういふ風《ふう》にお助《たす》けを願《ねが》ひ、どうなりかうなり生活《せいくわつ》が出來《でき》るやうになりました、けれどもそれも或事情《あるじじやう》の爲《ため》に廢《や》めまして他《た》の職業《しよくげふ》に變《か》はつたのであります、それが第《だい》一の失敗《しつぱい》の因《もと》でありました、その爲《ため》に又元《またもと》の默阿彌《もくあみ》になりました、けれどもまだその時分《じぶん》は餘《あま》り恩給《おんきふ》もあがつて居《を》りませぬ、やはり働《はたら》いて行《ゆ》かなければならぬ、併《しか》し齡《とし》もおひおいとりますし、身體《からだ》が思《おも》ふやうに動《うご》きませず、その時《とき》にフト、これから戰爭《せんさう》に行《ゆ》かれる兵隊《へいたい》さんは氣《き》の毒《どく》なものだ、子供《こども》だけば片輪《かたわ》になつても兵隊《へいたい》にやらぬやうにしたいといふやうな惡《わる》い心《こゝろ》が起《おこ》りました、これはまあ打明《うちあ》けた話《はなし》ですけれども、又一面《またいちめん》そんなことを考《かんが》へて若《も》し國《くに》が危《あぶな》いといふやうな事《こと》があつて、自分等《じぶんら》がそんな惡《わる》いことをしたら申譯《まうしわけ》ないことだ、さういふ惡《わる》い考《かんが》へを起《おこ》してはならぬといふ心《こゝろ》が起《お》きまして、何《なん》でもやつて居《を》りさへすれば又《また》そのうちに運《うん》が向《む》いて來《く》るだらうといふ心《こゝろ》で働《はたら》いて居《を》りました、働《はたら》くといつても自分《じぶん》は出來《でき》ませぬけれども、家内《かない》が非常《ひじやう》に諒解《りやうかい》して呉《く》れまして、私《わたし》の代《かは》りに人一倍働《ひといちばいはたら》いて呉《く》れまして、さうしてまあ私《わたし》はその手傳《てつだひ》をして居《を》りまして、漸《やうや》く今日迄過《こんにちまですご》して來《き》ましたのであります。

その中《うち》に伜《せがれ》も大《おほ》きくなつて來《き》ましたし、この伜《せがれ》が至《いた》つて孝行者《かうかうもの》でございまして、親《おや》を非常《ひじやう》に大事《だいじ》にして呉《く》れまして、

これが今《いま》鐵工所《てつこうじよ》をやつて居《を》ります、鐵工所《てつこうじよ》といつてもまだお恥《はづ》かしい些細《ささい》な工場《こうば》でございますけれども、一生懸命《しやうけんめい》にやつて呉《く》れますので、お蔭《かげ》でまあ私《わたし》は何《なん》にもせずに、又恩給《またおん》も澤山《たくさん》殖《ふ》えましたものですから、この頃《ごろ》では家《うち》のことは一切構《いつさいかま》はずに唯《たゞ》ぶら〳〵と日《ひ》を送《おく》つて居《を》ります、又今何《またいまなに》をせよと言《い》はれましても、もう六十一にもなつて居《を》りますので何《なに》にも出來《でき》ないし、兎《と》に角不自由《かくふじいう》な體《からだ》でありますから何《なに》にも出來《でき》さうな事《こと》がございませぬ、かうして結構《けつこう》にさして貰《もら》ふのは何《なに》かよいことをして行《ゆ》けば又《また》よいことに向《む》ふだらうと思《おも》つて、自分《じぶん》の心《こゝろ》に鞭打《むちう》つて只今無難《たゞいまぶなん》に暮《くら》して居《ゐ》るやうな次第《しだい》であります、餘《あま》り豐富《ほうふ》にはございませぬけれども食《た》べるには別段不自由《べつだんふじゆう》をして居《を》りませぬ。

こゝで一つお願《ねが》ひ申上《まうしあ》げたいのは、今後《こんご》の負傷兵《ふしやうへい》でございます、かういふ人《ひと》を十分《ぶん》に優待《いうたい》して戴《いたゞ》きたい、これを一つお願《ねが》ひします。先刻墨《せんこくすみ》さんも仰《おつ》しやつた通《とほ》り、本當《ほんたう》に二三年《ねん》はよかつたけれども、後《あと》は續《つゞ》かない、行《ゆ》き際《ぎは》には萬歳《ばんざい》の歡呼《くわんこ》でやつて戻《もど》つて來《き》たらもうそれでしまひだ、かういふやり方《かた》だと私《わたし》はまあ考《かんが》へて居《を》りました、これは自分《じぶん》のひがみかも知《し》れませぬけれども、全《まつた》く世《よ》の中《なか》は薄情《はくじやう》なものでございました。只今《たゞいま》のやうな御優待《ごいうたい》といふことは絶對《ぜつたい》になかつたのです、第一線《だいせん》に行《ゆ》きましても、慰問袋《ゐもんぶくろ》を戴《いたゞ》いたといふやうなことは絶對《ぜつたい》になかつたのです。病院《びやうゐん》へ戻《もど》つて來《き》て初《はじ》めて大阪《おほさか》の肅正婦人會《しゆくせいふじんくわい》から慰問袋《ゐもんぶくろ》を一つ戴《いたゞ》きましたが洵《まこと》に結構《けつこう》なものであるなといふことを感《かん》じました、只今《たゞいま》の兵隊《へいたい》さんは結構《けつこう》でございます、併《しか》し人《ひと》さんから貰《もら》ふことばかり考《かんが》へて居《を》つてもそれは洵《まこと》に卑劣《ひれつ》な譯《わけ》でございますけれども、當時《たうじ》はさういふ有樣《ありさま》でありました、どうぞお係《かゝり》の方《かた》は今後《こんご》傷痍軍人《しやういぐんじん》の方《かた》を御優待《ごいうたい》下《くだ》さいますやうにお願《ねが》ひ致《いた》します。

○府社會課長《ふしやくわいくわちやう》(大谷繁次郎氏《おほたにしげじらうし》) いや實《じつ》は今日《けふ》の會合《くわいがふ》も先程《さきほど》申上《まをしあ》げたやうに、一時《じ》はさういふやうに色々《いろ〳〵》お感《かん》じになつて、それで發奮《はつぷん》されたとか、又將來《またしやうらい》かういふ風《ふう》にしなければならぬといふやうなさういふ點《てん》の御希望《ごきばう》も承《うけたまは》つたら非常《ひじやう》に結構《けつこう》と思《おも》つて居《を》りました、どうも有難《ありがた》うございました。

○府社會主事《ふしやくわいしゆじ》(小菅秀直氏《こすがひでなほし》) それでは次《つぎ》に梶《かう》さんのお話《はなし》

を承《うけたまは》ります、梶《かう》さんも右足《みぎあし》でございましたか下腿《かたい》を切斷《せつだん》して居《ゐ》られますね。

○梶嘉三郎氏《かうかさぶらうし》 私《わたし》は南山《なんざん》で負傷《ふしやう》したので戰爭《せんさう》についてはあまり話《はなし》はありません、負傷後家庭《ふしやうごかてい》に歸《かへ》つてからの私《わたし》の失敗談《しつぱいだん》を一つやらして戴《いたゞ》きます、私《わたし》も第四師團《だいしだん》の第八聯隊《だいれんたい》から出征《しゆつせい》して、南山《なんざん》で負傷《ふしやう》して右下腿貫通銃創《うかたいくわんつうじうさう》を受《う》けて、約《やく》一ケ月程《げつほど》金州城《きんしうじやう》の兵站病院《へいたんびやうゐん》で御厄介《ごやくかい》になりどうも經過《けいくわ》が面白《おもしろ》くなくて切斷《せつだん》しなければならぬことになつて、兵站病院《へいたんびやうゐん》で切斷《せつだん》して戴《いたゞ》いて、その後結果《ごけつくわ》が好《よ》くて二週間程《しうかんほど》で傷口《きずぐち》も癒《なほ》りまして、それから八月《ぐわつ》一日に天王寺《てんのうじ》豫備病院《よびびやうゐん》に歸《かへ》つてその後傷《ごきず》は殆《ほとん》ど癒《なほ》りました、三十七年《ねん》十一月中頃《ぐわつなかごろ》に除隊《ぢよたい》になつて家《いへ》に歸《かへ》りました所《ところ》が、親兄弟《おやきやうだい》や親戚《しんせき》の人々《ひと〴〵》も皆《みな》、戰爭《せんさう》の爲《ため》にかういふ風《ふう》に片足《かたあし》を失《うしな》つたのだから洵《まこと》に氣《き》の毒《どく》だといひ、親《おや》もお前《まへ》には生涯樂々《しやうがいらく〳〵》と暮《くら》せるやうに、あまり體《からだ》を動《うご》かさずとも行《ゆ》ける生活《せいくわつ》の方法《はうはふ》をとつてやらうと、かういふ工合《ぐあひ》に非常《ひじやう》に同情《どうじやう》が寄《よ》りまして、その結果樂々《けつくわらく〳〵》とこの世《よ》が送《おく》れるやうな希望《きばう》に自分《じぶん》が甘《あま》んじてしまつたのです、それが爲《ため》に何《なに》をするといふ勇氣《ゆうき》もなく、唯自分《たゞじぶん》としてはもう一生《しやう》の仕事《しごと》を了《を》へたやうな氣持《きもち》になつて、さうして兩三《りやう》年《ねん》ぶら〳〵して居《を》りました、所《ところ》が測《はか》らずも北區《きたく》の大火《たいくわ》の爲《ため》に丸燒《まるやけ》になつて、唯少《たゞすこ》しばかりの金《かね》だけが殘《のこ》つたゞけでした、肝腎《かんじん》の賴《たよ》りとする親《おや》が火事《くわじ》の際《さい》にすつかり財產《ざいさん》を無《な》くしてしまつたものですから、それで落膽《らくたん》した結果《けつくわ》だらうと思《おも》ひますが、どつと床《とこ》に就《つ》いてしまつて一時危篤狀態《じきとくじやうたい》になりました、所《ところ》が自分《じぶん》は今迄樂《いままでらく》な氣持《きもち》で居《を》りましたが、肝腎《かんじん》の賴《たよ》りとする親《おや》がさういふ工合《ぐあひ》に倒《たふ》れてしまひますし、それに少《すこ》しの貯《たくは》へもあつたものが殆《ほとん》ど全部《ぜんぶ》親《おや》の介抱《かいはう》の爲《ため》に入《い》れてしまひました、さうすると益々《ます〳〵》自分《じぶん》の責任《せきにん》が重《おも》くなつてもう忽《たちま》ちどうすることも出來《でき》ない、もうその時分《じぶん》になると、最前《さいぜん》からも色々《いろ〳〵》お話《はなし》がありました通《とほ》り、戰爭後兩三年《せんさうごりやうさんねん》經《た》つて居《ゐ》るものですからやはり戰爭《せんさう》の熱《ねつ》が薄《うす》らいで居《を》りまして、傷痍軍人《しやういぐんじん》に對《たい》しての同情《どうじやう》も大分無《だいぶな》くなつた時分《じぶん》で、どうもする方法《はうはふ》がありません、そこで自分《じぶん》は初《はじ》めてその時《とき》に感《かん》じました、これはどうも自分《じぶん》が今日迄考《こんにちまでかんが》へ違《ちが》ひをして居《を》つた、これは人《ひと》を賴《たよ》りにして自分《じぶん》が樂々《らく〳〵》として居《を》つたのが誤《あやま》りであつた、世間《せけん》を見《み》ると今日不慮《こんにちふりよ》の災難《さいなん》とか病氣《びやうき》と

かで片足《かたあし》や兩眼《りやうがん》の無《な》い人《ひと》もある、手《て》の無《な》い人《ひと》もある、さういう人《ひと》はどうかといふと恩給《おんきふ》は貰《もら》はずに而《しか》もそれで相當《さうたう》な生活《せいくわつ》をして居《ゐ》る、それに自分《じぶん》は足《あし》の一本無《ぽんな》い位《くらゐ》のことで今日人《こんにちひと》の厄介《やくかい》になつて生活《せいくわつ》するといふことは非常《ひじやう》に恥《はづか》しい話《はなし》だ、何《なん》でもこれから一《ひと》つさういふ人《ひと》のやうに自分《じぶん》も出來《でき》ないことはなからう、さうすればやはり恩給《おんきふ》を戴《いたゞ》いて居《ゐ》るだけでも、まだその人等《ひとなど》よりも自分《じぶん》の方《はう》が幸福《かうふく》であると、かういふ風《ふう》に感《かん》じまして、それから何《なに》か一《ひと》つ自分《じぶん》の方法《はうはふ》に掛《かゝ》らなければならぬと思《おも》つてその時非常《ときひじやう》に苦心《くしん》を致《いた》しました、さうしてたら或《あ》る戰友《せんいう》であつた人《ひと》から君《きみ》が何《なに》もする事《こと》がないのならば、賣藥《ばいやく》の行商《ぎやうしやう》が相當金《さうたうかね》も儲《まう》かるからやつてはどうかといふ話《はなし》がありまして、その時自分《ときじぶん》は考《かんが》へました、賣藥《ばいやく》といふものは病氣《びやうき》の時《とき》には必要《ひつえう》なものであらうがどうも壯健《さうけん》な人《ひと》にはあまり要《い》らぬものだ、これを買《か》つて戴《いたゞ》くやうに願《ねが》ひに出《で》るといふことはどうも社會《しやくわい》に對《たい》して好《い》い感《かん》じを與《あた》へない、それよりも何《なに》か一《ひと》つ定價《ていか》の決《きま》つた物《もの》でも買《か》つて貰《もら》ふことにした方《はう》が感《かん》じも惡《わる》くすまいと、かういふことで色々考《いろ〳〵かんが》へた結果《けつくわ》、それには煙草《たばこ》がよからう、これならば一定《てい》の決《きま》つた値段《ねだん》であるし、どうせ買《か》ひに行《ゆ》かなければならぬものをこちらから持《も》つて行《ゆ》くんだから幾分《いくぶん》か買《か》ふて下《くだ》さる方《かた》にも相當便宜《さうたうべんぎ》を與《あた》へられると、かう考《かんが》へまして、專賣局《せんばいきよく》へ事情《じじやう》を述《の》べてお願《ねが》ひに出《で》ました、所《ところ》が向《む》ふでも事情《じじやう》には非常《ひじやう》に御同情《ごどうじやう》して下《くだ》さいましたが、どうもこれはちやんと法律《はふりつ》で決《きま》つたものであるから行商《ぎやうしやう》は出來《でき》ない家《うち》でやつたらどうか、しかし近所《きんじよ》に煙草屋《たばこや》があるかと言《い》はれる、私《わたし》の方《はう》の丁度《ちやうど》四五軒《けん》横《よこ》に一軒《けん》あると言《い》つたら、それではどうもむつかしい、何《なん》とかもつと煙草屋《たばこや》と距離《きより》の離《はな》れた所《ところ》がないか、さうすれば成《な》るべく便宜《べんぎ》を圖《はか》つてあげるといふことでありました、そこで、どうも家《いへ》を替《か》へるとしても資本《しほん》が要《い》ることでもあり、この方《はう》はもう駄目《だめ》だと諦《あきら》めてゐました、その當時福島《たうじふくしま》に住《す》んで居《を》りましたが、そこまでぶらぶらと歩《ある》いて何《なに》か適當《てきたう》な事《こと》がないかと考《かんが》へながら歸《かへ》つて來《き》ました、その翌日《よくじつ》、四ツ橋《はし》の後藤《ごとう》さんのお宅《たく》の半丁程南《はんちやうほどみなみ》に私《わたし》の戰友《せんいう》の細井《ほそゐ》といふ人《ひと》がありまして、其處《そこ》の門先《もんさき》を通《とほ》りました、あゝこれは細井君《ほそゐくん》の家《うち》だなと思《おも》つて家《うち》の中《なか》を覗《のぞ》きながら通《とほ》りましたが、顏《かほ》が見《み》えなかつたので素通《すどほ》りして

ゆきました、所《ところ》が後藤《ごとう》さんの家《いへ》の前《まへ》あたり迄《まで》いつた時《とき》に後《うしろ》の方《はう》から私《わたし》の名前《なまへ》を呼《よ》ぶ者《もの》があります、後《うしろ》を向《む》きますとその細井君《ほそゐくん》が私《わたし》の姿《すがた》を見《み》つけて梶君《かうくん》ぢやないか、戰後《せんご》長《なが》いこと逢《あ》はなかつたが、久《ひさ》し振《ぶ》りだ、兎《と》に角《かく》自分《じぶん》の所《ところ》へ一緒《しよ》に來《こ》いといふので、それから同君《どうくん》の家《いへ》へいつて色々《いろいろ》話《はなし》をしましたが、その家《いへ》は婦人《ふじん》の頭《あたま》に入《い》れる髢《かもじ》とか色々《いろいろ》な裝飾品《さうしよくひん》を商《あきな》つて居《を》ります、そこでこの商賣《しやうばい》なら我々《われわれ》でも出來《でき》ると思《おも》ふがどうだらうと、相談《さうだん》しました所《ところ》が、さう大《たい》して儲《まう》からぬといふ、いや〳〵僕《ぼく》は餘計《よけい》儲《まう》けんでもよい、兎《と》に角《かく》今日《こんにち》の生活《せいくわつ》さへ出來《でき》たらそれで結構《けつかう》だと思《おも》ふと言《い》つた、それ位《くらゐ》のことなら出來《でき》ないこともあるまいといふ話《はなし》であつたので早速《さつそく》その商賣《しやうばい》を敎《をし》へてもらふことに相談《さうだん》が出來《でき》た、それから家《うち》に歸《かへ》つて家族《かぞく》の者《もの》にもその話《はなし》をして、家内《かない》に店《みせ》を守《まも》りさして自分《じぶん》は四ツ橋《はし》の方《はう》まで、職《しよく》を習《なら》ひに毎日《まいにち》出掛《でか》けました、その時《とき》はさういふ落目《おちめ》の時《とき》でしたから、本當《ほんたう》に眞劍《しんけん》にやりました、さうして漸《やうや》く大分《だいぶ》出來《でき》るやうになりましたので、もうその位《くらゐ》だつたらぼつ〳〵店《みせ》に坐《すは》つてやつたらよからうと言《い》つて吳《く》れました。それから自分所《じぶんところ》の店《みせ》に坐《すは》つてぼつぼつやりました、ところが幸《さいはひ》なことに色々《いろいろ》註文《ちうもん》がありました、まだ未熟《みじゆく》ですからむつかしいものは直《す》ぐ四ツ橋《はし》の方《はう》へ走《はし》つて向《むか》ふでよく聞《き》いて來《き》てこしらへました、さういふ風《ふう》にするうち漸《やうや》く註文品《ちうもんひん》の大部分《だいぶぶん》のものが自分《じぶん》で出來《でき》るやうになりました、お客《きやく》さんの中《なか》には、戰爭《せんさう》に行《い》つて負傷《ふしやう》された上《うへ》に更《さら》に火事《くわじ》に遭《あ》つて洵《まこと》に氣《き》の毒《どく》だ、一《ひと》つのものでもあんたに賴《たの》んであげたいと思《おも》つて遠方《ゑんぱう》から買《か》ひに來《き》たといふ樣《やう》な人《ひと》もありました、私《わたし》は心《こゝろ》から感謝《かんしや》の念《ねん》が起《お》きまして、さういふ註文《ちうもん》には尙《なほ》一層《そう》精神《せいしん》をこめて仕上《しあ》げるようにしました、その氣持《きもち》がお客《きやく》さんにも酌《く》まれたものか、お蔭《かげ》で店《みせ》はだん〳〵繁昌《はんじやう》して行《ゆ》きました、それでもう最初《さいしよ》の自《じ》分《ぶん》の精神《せいしん》から、恩給《おんきふ》はなくともこれでどうにか家内《かない》の者《もの》は生活《せいくわつ》が出來《でき》るから、ます〳〵商賣《しやうばい》に精《せい》を出《だ》して、恩給《おんきふ》だけは手《て》を附《つ》けず貯金《ちよきん》しなければいかぬと家内《かない》の者《もの》と申合《まをしあは》せまして、それからはいよ〳〵毎日《まいにち》勉强《べんきやう》を續《つゞ》けました、爾來《じらい》お客《きやく》さんも非常《ひじやう》に信用《しんよう》して今日迄《こんにちまで》店《みせ》の物《もの》を買《か》つて下《くだ》さいますし、今日《こんにち》ではお蔭《かげ》で恩給《おんきふ》だけ約《やく》三十年間分《ねんかんぶん》を貯蓄《ちよちく》して貰《もら》つたやうな次第《しだい》でございます。

これは私《わたし》が今《いま》考《かんが》へますのは、今度《こんど》の新《あら》たな傷痍軍人《しやういぐんじん》の方《はう》でも若《も》しかすると私《わたし》の最初《さいしよ》のやうな履《は》き違《ちが》ひがあつて、依賴心《いらいしん》を起《おこ》して失敗《しつぱい》に終《をは》る人《ひと》が出來《でき》ないにも限《かぎ》らぬと思《おも》ひます、この點《てん》は一《ひと》つよく心得《こゝろえ》て戴《いたゞ》くやうな方法《はうはふ》を取《と》つて貰《もら》つたら大變《たいへん》幸《さいはひ》だと考《かんが》へて居《ゐ》るわけであります、それからもう一《ひと》つは、これはちよつと話《はなし》が後先《あとさき》になりましたけれどもあの最初《さいしよ》の悲境《ひきやう》に陷《おちい》つて、愈々《いよいよ》その決心《けつしん》を持《も》ちました時《とき》に、負傷《ふしやう》して不具《ふぐ》になつて人《ひと》に負《ま》けるといふやうなことはどうも恥《はづか》しいといふやうな氣持《きもち》が起《おこ》つた時《とき》に、それまでの氣持《きもち》といふものは實《じつ》に暗《くら》かつたのです、けれどもその決心《けつしん》がつきました時《とき》に、勇氣《ゆうき》の出來《でき》たことゝいふものはそれは言《い》ふに言《い》はれない淸々《すがすが》とした氣持《きもち》でありまして、それが爲《ため》に今日迄《こんにちまで》かういふ風《ふう》に活動《くわつどう》が出來《でき》たのか知《し》らんと思《おも》ひます、子供《こども》も八人《にん》育《そだ》てまして、今日《こんにち》はお蔭樣《かげさま》で生活《せいくわつ》の途《みち》には心配《しんぱい》したこともなく暮《くら》して居《を》ります。さうして非常《ひじやう》に感謝《かんしや》の氣持《きもち》で生活《せいくわつ》を送《おく》つて居《ゐ》るやうな次第《しだい》であります。

○府社會課長《ふしやくわいくわちやう》(大谷繁次郎氏《おほたにしげじらうし》)　いや實《じつ》は私《わたし》も先程《さきほど》承《うけたまは》りましたやうに、丁度《ちやうど》兩方《りやうはう》から――一般社會《ぱんしやくわい》の民衆《みんしう》としては名譽《めいよ》の負傷者《ふしやうしや》に對《たい》して何時迄《いつまで》もこの感謝《かんしや》の心《こゝろ》、何《なん》とかして優遇《いうぐう》さして戴《いたゞ》くといふ觀念《くわんねん》が必要《ひつえう》であり、又《また》負傷《ふしやう》された御當人《ごたうにん》としては先程來《さきほどらい》皆樣《みなさま》のお話《はなし》のやうに決《けつ》して自暴自棄《じばうじき》にならないで大《おほ》いに奮起《ふんき》してこの際《さい》大《おほ》いにやらうと、かういふお心《こゝろ》を持《も》つて貰《もら》ふことが一番《ばん》必要《ひつえう》であると思《おも》ひます。先程《さきほど》申《まを》したやうに、今日《こんにち》の座談會《ざだんくわい》の記事《きじ》が纏《まと》まつて新《あたら》しい傷痍軍人《しやういぐんじん》の方々《かたがた》のお手《て》に入《い》れば、その人達《ひとたち》も或《あるひ》は悲觀《ひくわん》するやうな事《こと》があつても決《けつ》して自暴自棄《じばうじき》に陷《おちい》らないで、先輩《せんぱい》はかういふ事《こと》があつた時《とき》にかうだつたといふやうなことになるわけで、非常《ひじやう》に私共《わたしども》もさういふやうな皆樣方《みなさまがた》のお話《はなし》は結構《けつかう》なことだと存《ぞん》じて居《ゐ》るやうな次第《しだい》であります。

○府社會主事《ふしやくわいしゆじ》(小菅秀直氏《こすがひでなほし》)　梶《かう》さん、今《いま》でも色々《いろいろ》の小間物類《こまものるゐ》をお扱《あつかひ》になつて居《を》ります、かもじ專門《せんもん》ですか。

○梶嘉《かうか》三郎氏《らうし》　この頃《ごろ》は袋物《ふくろもの》を主《おも》にやつて居《を》ります。

○後藤藤松氏《ごとうふぢまつし》　梶《かう》さんの店《みせ》は上福島《かみふくしま》の北《きた》三丁目《ちやうめ》、淨正橋《じやうせいばし》から西《にし》の方《はう》へ行《い》つたあの賑《にぎ》やかなよい所《ところ》です、其處《そこ》に本店《ほんてん》があつて、今度《こんど》都島に支店《してん》を拵《こしら》へるといふことになつて居《を》り

ます。

○梶嘉《かうか》三郎氏《らうし》　私《わたし》は隱居《いんきよ》して、伜《せがれ》に店《みせ》を讓《ゆづ》ることになりましたが、その長男《ちやうなん》が今度《こんど》出征《しゆつせい》しました。

○後藤藤松氏《ごとうふぢまつし》　梶《かう》さんは男《をとこ》の子《こ》が三人《にん》あります、兄《にい》さんが今度《こんど》出征《しゆつせい》しました、その次《つぎ》の弟《おとうと》が今《いま》航空兵《かうくうへい》として操縱《さうじう》士《し》になつて居《ゐ》ります、さうして八月《ぐわつ》十四日《か》からあの南京爆擊《なんきんばくげき》に海軍《かいぐん》から行《い》つて大變《たいへん》活躍《くわつやく》をしたといふことで　あります。

○府社會課長《ふしやくわいくわちやう》(大谷繁次郎氏《おほたにしげじらうし》)　それは立派《りつぱ》な御子息《ごしそく》がありますね、南京爆擊《なんきんばくげき》の勇士《ゆうし》を出《だ》されたのですね。

○小泉毅氏《こいづみつよし》　その苦心談《くしんだん》の後《ご》に自分《じぶん》の子供《こども》の、今日《こんにち》御國《みくに》の御用《ごよう》に立《た》つて居《ゐ》ることを忌憚《きたん》なく仰《おつ》しやつて下《くだ》さい。

○梶嘉《かうか》三郎氏《らうし》　これが今度《こんど》伜《せがれ》から參《まゐ》りました手紙《てがみ》でございます。

(係員朗讀《かゝりゐんらうどく》)

(文面省略《ぶんめんしやうりやく》)

○府社會課長《ふしやくわいくわちやう》(大谷繁次郎氏《おほたにしげじらうし》)　それはどうも梶《かう》さん、親子《おやこ》續《つゞ》いて非常《ひじやう》にどうも名譽《めいよ》なわけでございます、洵《まこと》に御苦勞《ごくらう》でございます。

○後藤藤松氏《ごとうふぢまつし》　ちよつと梶《かう》さんの事《こと》について私《わたし》非常《ひじやう》に參考《さんかう》に致《いた》して居《を》ります事《こと》は、これは或《あるひ》は却《かへ》つて梶《かう》さんに叱《しか》られるかも知《し》れませんけれども、私《わたし》は梶《かう》さんとお知合《しりあひ》になりましてからもう二十年《ねん》此方《こなた》になりますが、梶《かう》さんは今《いま》お話《はなし》を伺《うかゞ》ひましたやうに、大變《たいへん》傷痍軍人《しやういぐんじん》として結構《けつかう》なお考《かんがへ》で終始《しうし》されて居《を》りまして、何時《いつ》もその時《とき》は只今《たゞいま》のお話《はなし》によると精神《せいしん》の一轉《てん》した時《とき》でございませうが、或日《あるひ》のことに私《わたし》の所《ところ》にお出《い》で下《くだ》さつて、さうして何《なに》か、かうむつかしい心配《しんぱい》のやうな顏《かほ》をして入口《いりくち》から這入《はい》つて來《こ》られた、私《わたし》は何《なに》か梶《かう》さんに心配事《しんぱいごと》でも出來《でき》たのか知《し》らんと思《おも》つて早速《さつそく》上《あが》つて貰《もら》ひましたが、梶《かう》さんは相變《あひかは》らずむつかしい顏《かほ》をして何《なに》も言《い》はれない、どうも何《なに》しに來《こ》られたか知《し》らんと思《おも》つて居《ゐ》ると暫《しば》らく經《た》つてから梶《かう》さんは熱心《ねつしん》に御自分《ごじぶん》の今日迄《こんにちまで》の境遇《きやうぐう》の話《はなし》をせられました、さうして金《きん》百圓《ゑん》を私《わたし》に渡《わた》されて『後藤《ごとう》さん實《じつ》は私《わたし》は片足《かたあし》を無《な》くして廢兵《はいへい》になつたといふ事《こと》が非常《ひじやう》に仕合《しあは》せだと思《おも》つて感謝《かんしや》致《いた》して居《を》ります、良《も》し私《わたし》が戰爭《せんさう》に行《い》つてこの片足《かたあし》がとられなかつたら、その以前《いぜん》は運送店《うんさうてん》を

して、偶《たま》には仲仕《なかし》のやうな事《こと》もやりました、或《あるひ》はさういふやうな事《こと》で仲仕《なかし》でもして生涯《しやうがい》過《すご》したかも知《し》れません、片足《かたあし》とられた爲《ため》に今度《こんど》かういふ立派《りつぱ》な仕事《しごと》にありついて、お蔭《かげ》樣《さま》で店《みせ》も繁昌《はんじやう》致《いた》しました、雇人《やとひにん》が二人《ふたり》居《を》ります、親《おや》に申《まを》しましたら、お前《まへ》だけの倖《しやは》せでない、この親《おや》までどんなに倖《しやは》せであるか知《し》れんと言《い》つて、泣《な》いて喜《よろこ》んで吳《く》れました、で感謝《かんしや》の意味《いみ》で何《なに》か傷痍軍人《しやういぐんじん》の爲《ため》にこの金《かね》が役《やく》に立《た》つならばと思《おも》つて實《じつ》は持《も》つて來《き》ました』かういふお話《はなし》であります、實《じつ》に私《わたし》は感激《かんげき》致《いた》しまして、その金《かね》を私《わたし》は預《あづか》りましても、決《けつ》してそれは私自身《わたしじしん》の考《かんがへ》でどうすることも出來《でき》ないといふので相談《さうだん》の結果《けつくわ》、保養院《ほやうゐん》の廢兵收容所《はいへいしうようじよ》に寄附《きふ》して貰《もら》ふ事《こと》を申《まを》しました、兎《と》に角《かく》片足《かたあし》とられて廢兵《はいへい》になつた爲《ため》にこんなに倖《しあは》せになつたといふこの一言《ごん》はどうでございます、これには私《わたし》も非常《ひじやう》に敎《をし》へられました、さうして私自身《わたしじしん》もその言葉《ことば》の爲《ため》に幸《さいはひ》に致《いた》して居《を》ります、その當時《たうじ》のことは私《わたし》未《いま》だにこの記憶《きおく》から離《はな》れませんので、ちよつと一言《ごん》附《つ》け加《くは》へて申《まを》さして戴《いたゞ》いた次第《しだい》であります。

○府社會課長《ふしやくわいくわちやう》(大谷繁次郎氏《おほたにしげじらうし》)　それでは甚《はなは》だ失禮《しつれい》ですが私《わたし》先約《せんやく》があります爲《ため》にこれで失禮《しつれい》しなければなりませんので、終《をは》りにお禮《れい》を申上《まをしあ》げるのをこの機會《きくわい》に先《さき》に申上《まをしあ》げておきたいと思《おも》ひます、先程來《さきほどらい》色々《いろいろ》結構《けつかう》なお話《はなし》を伺《うかゞ》ひまして、この話《はなし》を承《うけたまは》りました事柄《ことがら》を何《いづ》れ整理《せいり》を致《いた》しまして小册子《せうさつし》に致《いた》しましたら、丁度《ちやうど》今回《こんくわい》の企《くはだ》ての豫期《よき》の如《ごと》く、今度《こんど》負傷《ふしやう》をされた後進《こうしん》の若《わか》い人《ひと》に對《たい》しては慰《なぐさ》めともなり、又《また》一《ひと》つの非常《ひじやう》な鼓舞《こぶ》激勵《げきれい》にもなり、或《あるひ》は又《また》私共《わたしども》當局《たうきよく》者《しや》として將來《しやうらい》色々《いろいろ》の施設《しせつ》をする上《うへ》についての非常《ひじやう》に結構《けつかう》な參考《さんかう》資料《しれう》になると存《ぞん》じまして、洵《まこと》に有難《ありがた》く存《ぞん》じます。

○府社會主事《ふしやくわいしゆじ》(小菅秀直氏《こすげひでなほし》)　それではあとは私《わたし》代《かは》りまして勤《つと》めます、只今《たゞいま》の梶《かう》さんは今日《けふ》お集《あつま》りの中《なか》で一番《ばん》御家族《ごかぞく》が多《おほ》いやうに存《ぞん》じますが、次《つぎ》に一《ひと》つ御家族《ごかぞく》の多《おほ》い方《はう》で、大澤《おほさは》さんはもうお濟《す》みになりましたので、その次《つぎ》に森口《もりぐち》さん一《ひと》つ……八人《にん》の御家族《ごかぞく》ださうです。

○森口喜代松氏《もりぐちきよまつし》　私《わたし》も戰地《せんち》の事《こと》は皆樣《みなさん》が申述《まうしの》べられたことゝ大同小異《だいどうせうゐ》でありますので省略《しやうりやく》致《いた》しまして、除隊《ぢよたい》後《ご》今日《けふ》迄《まで》のことを申述《まうしの》べたいと思《おも》ひます、私《わたし》は奈良縣《ならけん》吉野郡《よしのぐん》の極《ご》く山間部《さんかんぶ》の百姓《ひやくしやう》でありますが、除隊《ぢよたい》になりまして百姓《ひやくしやう》も出《で》

來《き》ないし、何《なに》も思《おも》ひつくことがありません、その當時婦人《たうせふじん》の内職《ないしよく》として大和《やまと》の三本松《さんぼんまつ》といふ所《ところ》で今日《こんにち》の實業學校《じつげふがくかう》といふやうなものがありまして信州行李《しんしうかうり》の製作《せいさく》をやつて居《を》りました、そして一日《にち》四十錢位儲《せんぐらゐまう》かるといふことであります、四十錢儲《せんまう》かれば男《をとこ》の半人前位儲《はんにんまへぐらゐまう》かるそれを練習《れんしふ》して村《むら》の敎師《けうし》となつて村《むら》の婦人方《ふじんがた》を指導《しだう》して行《ゆ》くやうにしたらよからうと役場《やくば》の方《はう》がいふので、心齋橋《しんさいばし》の只今《たゞいま》あるかどうか知《し》りませんが、進藤何《しんどうなん》とかいふさういふ專門《せんもん》の店《みせ》がありましたが、其處《そこ》に交渉《かうせふ》して、私《わたし》の方《はう》は龍門村《りうもんむら》と申《まう》しまして、大《おほ》きな村《むら》で上《かみ》、中《なか》、下《しも》の三《みつ》つに分《わか》れて居《を》り役場《やくば》が三《みつ》つありますが、その三《みつ》つの役場《やくば》から共同《きようどう》で敎師《けうし》を雇《やと》ふて講習《かうしふ》を始《はじ》めました所《ところ》が、材料《ざいれう》も不足《ふそく》でもありますし、一ケ月《げつ》ばかり練習《れんしふ》して少《すこ》しばかりやつて見《み》ましたが、練習《れんしふ》する者《もの》も少《すくな》かつたのでやめになりました。

私《わたし》の家《うち》は本家《ほんけ》は今《いま》でも相當《さうたう》しつかりして居《を》りますが、私《わたし》の親《おや》は其處《そこ》から分《わか》れたのでありまして、親《おや》は少《すこ》し道樂《だうらく》が過《す》ぎて財産《ざいさん》を無《な》くしてしまひ、子供《こども》も澤山《たくさん》あるものですから本家《ほんけ》の兄《あに》からそんな事《こと》をして居《ゐ》つたらこの家《うち》にも居《ゐ》ることがならぬといふわけで、財産《ざいさん》を全部本家《ぜんぶほんけ》の方《はう》に切《き》り替《か》へて保護《ほご》をして呉《く》れて居《ゐ》るといふやうな始末《しまつ》の詰《つま》らぬ家《うち》に私《わたし》は育《そだ》つて來《き》ました、私《わたし》の兄弟《きやうだい》としては弟《おとうと》とは十一も違《ちが》ひましてその間《あひだ》が皆女《みなをんな》ばかりであります、その當時吉野鐵道《たうじよしのてつだう》が出來《でき》まして、村會議員《そんくわいぎゐん》とか郡會議員《ぐんくわいぎゐん》とかいふやうな人々《ひと〴〵》が奔走《ほんそう》して呉《く》れまして、私《わたし》としてはその吉野鐵道《よしのてつだう》の終點《しうてん》の賣《ばい》店《てん》を貰《もら》つてゞも行《ゆ》かうかと思《おも》つて計畫《けいくわく》したのですけれども、私《わたし》の親《おや》がどうしても私《わたし》が家《いへ》を出《で》ることを許《ゆる》して呉《く》れません、區《く》の有力者《いうりよくしや》が色々《いろ〳〵》と説《と》いて、今後《こんご》の方針《はうしん》を立《た》てなければいかぬといふことで色々《いろ〳〵》と方針《はうしん》も立《た》てゝ呉《く》れましたけれどもどうしても親《おや》が承知《しようち》しません、併《しか》し私《わたし》としては到底《たうてい》百姓《しやう》も何《なに》も出來《でき》ないから、今後商賣《こんごしやうばい》をしてやつて行《ゆ》くより仕方《しかた》がないと思《おも》つて、僻地《へきち》でもあるしするものですからその計畫《けいくわく》を立《た》てたのであります、その當時村《たうじむら》の凱旋式《がいせんしき》の時《とき》でも皆《みな》は立派《りつぱ》にえらい元氣《げんき》であるけれども、お前《まへ》は心《こゝろ》も浮《うか》ぶまいといふて慰勞金《ゐらうきん》とか何《なん》とかいふやうなものを戴《いたゞ》きまして、さういふものが三口《くち》も四口《くち》もあり、金額《きんがく》が十圓位《ゑんぐらゐ》のものから多《おほ》いのは、五十圓位《ゑんぐらゐ》のものもあります、さういふ金《かね》

はこれは皆《みな》の涙《なみだ》の中《なか》から出《で》たお金《かね》だといふやうな考《かんが》へから有意義《いういぎ》なことに使《つか》はなければならぬといふことですつかり積《つ》んでおきましたけれども、家《うち》を出《で》ることはどうしても許《ゆる》して呉《く》れません、それに家《うち》に年寄《としより》がありますが、戰時中《せんじちう》は年寄《としより》ばかり置《お》いておいて行《い》つたのですから、只今《たゞいま》のやうにその筋《すぢ》からも有志《いうし》からも保護《ほご》を受《う》けるやうな途《みち》がなかつた爲《ため》に多少《たせう》の負債《ふさい》も出來《でき》て居《を》ります、仕方《しかた》がないからさういふお金《かね》を以《もつ》て區《く》の有力者《いうりよくしや》にお頼《たの》み申《まを》して負債《ふさい》の整理《せいり》もし、父親《ちゝおや》にも得心《とくしん》さして、家内《かない》と一人《ひとり》の子供《こども》を連《つ》れて家《うち》を出《で》る積《つも》りであつたが、出《で》て行《ゆ》くのであつたら何《なに》もやらないと父親《ちゝおや》が言《い》ふので、何《なに》も貰《もら》はなくとも宜《よろ》しい、一厘《りん》のお金《かね》も要《い》りません、併《しか》しながら私《わたし》の身《み》に附《つ》いた旭八《きよくはち》の賜金《しきん》二百圓《ゑん》のお金《かね》は私《わたし》が持《も》つて行《ゆ》く、さうして田舍《ゐなか》のことで夜具《やぐ》を買《か》ひに行《ゆ》くにも賣《う》つて呉《く》れる所《ところ》もないから、自分《じぶん》の平生被《へいぜいかぶ》つて居《ゐ》る夜具《やぐ》だけ呉《く》れ、その他《ほか》のものは何《なに》も要《い》りませんと言《い》つた所《ところ》が、それでも親《おや》は何處《どこ》にもやらないと言《い》ふ、それでは仕方《しかた》がないから村《むら》の眞《ま》ん中《なか》にある學校《がくかう》の横《よこ》で借家《しやくや》して其處《そこ》に住《す》みました、さうして煙草《たばこ》を受《う》けて菓子《くわし》なんかも一緒《しよ》に賣《う》り始《はじ》めました、さうしました所《ところ》でそんなことでは滿足《まんぞく》が出來《でき》ません。そこに大和《やまと》の終始來《しじうく》る賣藥屋《ばいやくや》が今梶《いまかぢ》さんの仰《おつ》しやる通《とほ》り賣藥《ばいやく》の行商《ぎやうしやう》に行《ゆ》かうと勸《すゝ》めて呉《く》れました、そこで私《わたし》も色々《いろ〳〵》考《かんが》へまして、一年程賣藥《ねんほどばいやく》の行商《ぎやうしやう》に行《ゆ》かうといふ氣《き》を起《おこ》しまして、郡役所《ぐんやくしよ》で身許證明書《みもとしようめいしよ》と各府縣知事《かくふけんちじ》や役場《やくば》に充《あ》てた添書《てんしよ》とを拵《こしら》へて貰《もら》ひまして、大和《やまと》の高取《たかとり》へ出《で》て來《き》て藥屋《くすりや》と交渉《かうせふ》して、金《かね》を送《おく》つて行《い》つたら藥《くすり》を送《おく》るやうにして呉《く》れと頼《たの》んで、正確《せいかく》な藥《くすり》を拵《こしら》へて貰《もら》つて出掛《でか》けました、それから信州《しんしう》へ行《ゆ》く積《つも》りで出掛《でか》けましたが、大和《やまと》の月《つき》ケ瀬《せ》といふ梅《うめ》の名所《めいしよ》、あそこへ行《い》つて役場《やくば》へ這入《はひ》りますとお前《まへ》は身許證明書《みもとしようめいしよ》を持《も》つて居《を》るし立派《りつぱ》な者《もの》であるが、先《さき》に來《き》た廢兵《はいへい》は十圓《ゑん》もの藥《くすり》を買《か》うてやつた所《ところ》とんな詰《つま》らぬ藥《くすり》を置《お》いて行《い》つたといふのです、見《み》ると丸《まる》きり糊《のり》か何《なに》かで粉《こな》を固《かた》めたやうなもので、もう黴《かび》が生《は》えて居《ゐ》る、併《しか》し私《わたし》の藥《くすり》を見《み》て、これは正確《せいかく》なものだらうと言《い》うて呉《く》れましたが、丁《ちやう》度《ど》雨《あめ》が降《ふ》りましたのでその土地《とち》で一日滯在致《にちたいざいいた》しました、その時《とき》、私《わたし》は考《かんが》へました、この役場《やくば》の村長《そんちやう》さんや皆《みな》さんの言《い》

ふことを綜合《そうがふ》して考《かんが》へて見《み》ると、これは藥《くすり》を賣《う》りに行《ゆ》くのでない、自分《じぶん》の情《じやう》を買《か》ふて貰《もら》ひに行《ゆ》くのだ、人間《にんげん》に生《うま》れて兵隊《へいたい》にとつて貰《もら》ふやうな者《もの》が百《ひやく》の數《すう》を知《し》らぬ馬鹿《ばか》もないのに、これは恩給《おんきふ》を貰《もら》ひつゝ人《ひと》の情《なさけ》を貰《もら》つて生活《せいくわつ》しなければならぬやうな考《かんがへ》を持《も》つて居《ゐ》るといふことは大《おほ》いに誤《あやま》つて居《ゐ》るといふ感《かん》じを受《う》けたのであります、さうするともう一歩《ぽ》も向《むか》ふへ進《すゝ》むことも出來《でき》ません、俺《おれ》はもう今日限《けふかぎ》りやめだと言《い》つたら、友達《ともだち》がなぜやめにするかと言《い》ふ、いや俺《おれ》は感《かん》ずる所《ところ》があるからやめたと言《い》つて其處《そこ》から家《うち》へ歸《かへ》りました、家《うち》へ歸《かへ》つてから後家内《のちかない》が菓子《くわし》を細々《ほそ〴〵》と賣《う》つて居《ゐ》るのを私《わたし》はそんなことで食《く》ひ足《た》らぬから唯見《たゞみ》て居《を》りました、所《ところ》がなか〳〵よく賣《う》れる、僅《わづ》か十圓《ゑん》、十五圓《ゑん》の金《かね》でやつて居《ゐ》るのでありますがなか〳〵よく賣《う》れる、そこでそれを見《み》て居《を》りまして、盆《ぼん》によく賣《う》れるからと言《い》つて三十圓程《ゑんほど》の店《みせ》にしましたが、盆《ぼん》に賣《う》るのでなくて一週間程《しうかんほど》の間《あひだ》に賣《う》れてしまつた、これはよく賣《う》れるからもつと大《おほ》きくしなければ損《そん》だといふので又大《またおほ》きくして、丁度《ちやうど》二年程《ねんほど》の間《あひだ》に約《やく》二百圓程《ゑんほど》の店《みせ》になつて、最初《さいしよ》から考《かんが》へると約《やく》十倍位《ばいぐらゐ》の大《おほ》きさの店《みせ》になりました、所《ところ》がその時家内《ときかない》が病《やまひ》に罹《かゝ》つてそれから四年間患《ねんかんわづら》ひました爲《ため》に、最初《さいしよ》の二年《ねん》は今言《いまい》つた通《とほ》り儲《まう》けましたが、後《あと》の二年《ねん》は食《く》ひ込《こ》みました、そこで家内《かない》がさういふ狀態《じやうたい》でもあり、食《く》ひ込《こ》みの爲《ため》にその商賣《しやうばい》も出來《でき》なくなつて、家財道具《かざいだうぐ》一切《さい》を處分《しよぶん》して負債《ふさい》を返却《へんきやく》し、丸裸《まるはだか》みたやうになりました、そこで私《わたし》は考《かんが》へまして、これは努力《どりよく》さへすれば足《あし》一本《ぽん》でも立派《りつぱ》な商賣人《しやうばいにん》となつて机《つくゑ》の前《まへ》で商賣《しやうばい》して居《ゐ》る人《ひと》もあるんだから、これは考《かんが》へ樣《やう》によつて努力《どりよく》すれば行《ゆ》けぬことはなからうといふことを考《かんが》へまして、それから一生懸命《しやうけんめい》になつて豆腐屋《とうふや》もすれば八百屋《やほや》もするといふやうなわけで、大正《たいしやう》二年迄《ねんまで》苦《くる》しみながらやつて來《き》ました、さうした所《ところ》これはこの商賣《しやうばい》が成功出來《せいこうでき》ないのは土地《とち》に合《あ》はないのであるといふ所《ところ》からして、私《わたし》の方《はう》は百姓半分《ひやくしやうはんぶん》、木半分《きはんぶん》でありますので、ぼつぼつ材木《ざいもく》をいぢることになりました結果《けつくわ》、だん〴〵調子《てうし》がよくなり、丁度大正《ちやうどたいしやう》七年《ねん》、八年《ねん》、九年《ねん》の五月迄《ぐわつまで》はお金《かね》が降《ふ》つて居《ゐ》るやうなもので、金《かね》の百圓《ゑん》や二百圓儲《ゑんまう》けることはちよつと頭《あたま》のカンがあればわけない狀態《じやうたい》で、こんな時《とき》に男《をとこ》にならねばならぬと思《おも》つてその僅《わづ》か三年程《ねんほど》の間《あひだ》に、一萬圓《まんゑん》

に近《ちか》い金《かね》を握《にぎ》るやうになりました、これを幸《さいはひ》として消極的《せうきよくてき》にやつたらよかつたものを積極的《せききよくてき》にやつたものでありますから、大正《たいしやう》九年《ねん》五月《ぐわつ》の財界《ざいかい》の變動《へんどう》の際《さい》に大《おほ》きな損《そん》をしました。市中《しちう》でもさうでありましたでせうが、抵當《ていたう》を持《も》つて行《い》つても銀行《ぎんかう》では金《かね》を貸《か》して呉《く》れません、もうすつかり無《な》くした上《うへ》にまだ二千圓餘《ぜんゑんよ》の負債《ふさい》が出來《でき》ました、十年《ねん》の年《とし》に一年程遊《ねんほどあそ》んで、十一年《ねん》の春《はる》に三ケ月程《げつほど》の間《あひだ》に又都合《またつがふ》よく儲《まう》けてその負債《ふさい》を返却《へんきやく》しましたが、あまり私《わたし》は積極的《せききよくてき》にやり過《す》ぎました結果《けつくわ》さういふことになりましたので、今度《こんど》は齡《とし》も取《と》りましたし、到底山《たうていやま》で稼《かせ》ぐことが出來《でき》ないやうになり、又年寄《またとしより》も山《やま》は危險《きけん》だからやめよと喧《やかま》しく言《い》ひますのでやめまして、大正《たいしやう》十二年《ねん》から大阪《おほさか》の方《はう》に御厄介《ごやくかい》になつて居《ゐ》るやうな始末《しまつ》であります。

本日御出席《ほんじつごしゆつせき》の方々《かた〴〵》は私《わたし》のやうに最初《さいしよ》から貧乏《ひんばふ》で、現在《げんざい》でまだつまらぬ生活《せいくわつ》をして居《を》られる方《かた》はどうも見受《みう》けないやうに思《おも》ひます、皆成功《みなせいかう》された方《かた》ばかりのやうに思《おも》ひますが、たとへ片輪《かたわ》になつても、努力次第《どりよくしだい》で成功出來《せいこうでき》ぬことはありません、成功《せいこう》には運《うん》といふものも手傳《てつだ》はぬといけないかしりませんが、大體《だいたい》は努力一《どりよくひと》つで、自分《じぶん》の身分《みぶん》に應《おう》じて努力《どりよく》すれば成功出來《せいこうでき》ない事《こと》はないと思《おも》ひます、今回《こんくわい》の方《かた》も廢兵《はいへい》になられた方《かた》は勞働社會《らうどうしやくわい》の人々《ひと〴〵》に多《おほ》いやうに思《おも》ひます、何《なに》をしようかしらんと途方《とはう》に暮《く》れる人《ひと》も澤山《たくさん》あるだらうと思《おも》ひますが、何《なん》といつても分《ぶん》に應《おう》じた努力《どりよく》といふことが一番肝腎《ばんかんじん》かしらんと思《おも》ひます、片輪《かたわ》になつたからといつて人《ひと》に縋《すが》り、人《ひと》の同情《どうじやう》を求《もと》めて生活《せいくわつ》しようといふやうな心得《こゝろえ》の人《ひと》は大《おほ》いに間違《まちがひ》だらうと思《おも》ひます、私《わたし》はそこまで苦勞《くらう》して、未《いま》だに極《ご》くつまらぬ生活《せいくわつ》をして居《を》りますが、まだ兄弟《きやうだい》の所《ところ》にも誰《たれ》にも無心《むしん》を言《い》ふことはありません。

○上野九一郎氏《うへのくいちらうし》　森口《もりぐち》さんは至《いた》つて謙虚《けんきよ》な方《かた》でございまして眞面目《まじめ》一點張《てんばり》のお方《かた》でございます、町内《ちやうない》でも色々《いろ〳〵》皆《みな》さんのお世話《せわ》をなすつたりして、一本《ぽん》の足《あし》にも拘《かゝは》らずなか〳〵活動《くわつどう》されて居《を》ります、又《また》あの附近《ふきん》の老人《らうじん》の方《かた》のお世話《せわ》もなか〳〵よくやつて下《くだ》さつて居《を》ります。

○府社會主事《ふしやくわいしゆじ》（小菅秀直氏《こすがひでなほし》）　只今森口《たゞいまもりぐち》さんが仰《おつ》しやいました信州行李《しんしうかうり》、あれは普通《ふつう》の行李《かうり》ですか、どういふ行李《かうり》ですか。

○森口喜代松《もりぐちきよまつ》氏　あの信州行李《しんしうかうり》は竹《たけ》で作《つく》るのです、あれを一ケ月程練習《げつほどれんしふ》しました、役場《やくば》から材料《ざいれう》と機械《きかい》とをちゃんとあてがつて貰《もら》つて、一ケ月《げつ》三十圓《ゑん》の手當《てあて》を貰《もら》つて宿屋《やどや》へ泊《とま》つて練習《れんしふ》に行《ゆ》きました、併《しか》し到底《たうてい》そんなもの位《くらゐ》では家族《かぞく》が養《やしな》つて行《ゆ》けませんので、こんな事《こと》はもう駄目《だめ》だと思《おも》つてすてゝしまつたわけです。

○府社會主事《ふしやくわいしゆじ》（小菅秀直《こすがひでなほ》氏）　それでは次《つぎ》に三村《みむら》さんにお願《ねが》ひ致《いた》します。

○三村留吉《みむらとめきち》氏　私《わたし》は砲兵助卒《はうへいじよそつ》と申《まう》しまして極《ご》く階級《かいきふ》の低《ひく》い者《もの》であります、五月四日《ぐわつか》に召集令狀《せうしふれいじやう》が參《まゐ》りまして由良《ゆら》へ入隊出征《にふたいしゆつせい》し、由良《ゆら》から增員部隊《ぞうゐんぶたい》に選拔《せんばつ》されて旅順包圍軍《りよじゆんはうゐぐん》の第《だい》三軍《ぐん》に加《くは》はつたのです、第《だい》一回《くわい》、第《だい》二回《くわい》の戰鬪《せんとう》にも加《くは》はり、第《だい》三回目《くわいめ》には戰時《せんじ》野砲隊《やはうたい》の方《はう》に派遣《はけん》になつたのです、旅順陷落後滿洲《りよじゆんかんらくごまんしう》の奉天《ほうてん》の方《はう》に行《ゆ》き、沙河《さが》の陣地《ぢんち》に行《い》つて、二月《ぐわつ》二十八日《にち》沙河《さか》を前進《ぜんしん》して沙河《さか》の停車場《ていしやぢやう》の方《はう》へ行《い》つたのです、それは戰鬪《せんとう》が極《ご》く接近《せつきん》して居《を》つて、夜火《よるひ》を點《とも》してもいけないといふやうな狀態《じやうたい》で、一晩《ばん》鐵道《てつだう》の線《せん》に沿《そ》ふて行《ゆ》きましたが、三月《ぐわつ》二日《か》に負傷《ふしやう》しました、私《わたし》はその時《とき》五番砲手《ばんはうしゆ》で撥條《はつでう》を引《ひ》いた所《ところ》が、パンと音《おと》がするなり又直《またす》ぐドドンといふ音《おと》がして、兩足《りやうあし》と右手《みぎて》と、三本《ぼん》の指《ゆび》を太《ふと》い丸太《まるた》でパッと叩《たゝ》かれたやうな痛《いた》さを痛《かん》じたのです。ヘッとして三本《ぼん》とも飛んでしまつたかと思《おも》つて見《み》た所《ところ》が、まだあるのです、それから歩《ある》いて後方《うしろ》へ下《さが》つて足《あし》を見《み》た所《ところ》が、足《あし》の砧骨《ねんこつ》がもう挫折《ざせつ》して居《を》ります、そこで小隊長《せうたいちやう》が、『しつかりしろ』『いや大丈夫《だいぢやうぶ》です』と言《い》ひましたが、そこまでよく歩《ある》けたと思《おも》つて居《を》ります、『擔架《たんか》々々』と叫《さけ》ぶと直《す》ぐ擔架《たんか》が來《き》ましたのでそれに乘《の》つたのです、その際《さい》は氣《き》は確《たし》かであつたのです、痛《いた》いことは痛《いた》いが、まだ足《あし》があるものだから嬉《うれ》しい、それから假繃帶所《かりはうたいじよ》へ來《き》て手當《てあて》を受《う》け、其處《そこ》で赤《あか》い繪符《ゑふ》を附《つ》けて呉《く》れて又直《またす》ぐ後方《こうはう》へ送《おく》られたのですが、遼陽《れうやう》の兵站病院《へいたんびやうゐん》でその翌日《よくじつ》脚《あし》を切斷《せつだん》して貰《もら》ひました、さうして廣島《ひろしま》の病院《びやうゐん》を經《へ》て大阪《おほさか》へ送《おく》り還《かへ》されたのですが、丁度《ちやうど》五月四日《ぐわつか》に動員《どうゐん》が下《くだ》つて、川口《かはぐち》から出《で》て、その翌年《よくねん》の五月四日《ぐわつか》の朝《あさ》梅田《うめだ》へ着《つ》いたわけです、それから後《のち》、島町《しままち》の病院《びやうゐん》へ行《い》つて右足《みぎあし》の盲貫《まうくわん》の手術《しゆじゆつ》をするのにレントゲン寫眞《しやしん》をとつて貰《もら》つたりして、手術《しゆじゆつ》をして中《なか》の彈《たま》をとつて呉《く》れました、それから天《てん》

王寺《わうじ》の豫備病院《よびびやうゐん》に行《ゆ》きまして大澤《おほさは》さん等《など》と一緒《しよ》に收容《しうよう》して貰《もら》ひ十月《ぐわつ》二十七日《にち》に除隊《ぢよたい》になりました、その間《かん》に大澤君《おほさはくん》は早《はや》く退院《たいゐん》されて義足《ぎそく》をやつて居《ゐ》る、私《わたし》もその間《あひだ》に色々考《いろ〳〵かんが》へました。私《わたし》は生魚商《なまうをしやう》で、魚屋《さかなや》は足《あし》一本《ぽん》で出來《でき》るか知《し》らんと思《おも》つて非常《ひじやう》に苦心《くしん》しました、そこで兎《と》に角《かく》義足《ぎそく》をこしらへなければどうもならぬといふので、入院《にふゐん》して居《ゐ》る間《ま》に東京《とうきやう》の丸《まる》キに義足《ぎそく》を註文《ちうもん》しておきましたが、家《うち》へ歸《かへ》つてからその義足《ぎそく》を附《つ》けて歩《ある》いて見《み》たが、半町《はんちやう》も歩《ある》いたかと思《おも》ふともう歩《ある》けんのです、それを無理《むり》に半町程《はんちやうほど》歩《ある》いて、俥《くるま》を雇《やと》つて大澤君《おほさはくん》の所《ところ》へ行《い》つて、歩《ある》く練習《れんしふ》はどうしたらよいかと色々《いろ〳〵》聞《き》いて、それから又《また》俥《くるま》に乘《の》つて歸《かへ》つて歩《ある》く練習《れんしふ》に取《と》り掛《かゝ》りました、さういふ風《ふう》に義足《ぎそく》に非常《ひじやう》に苦心《くしん》しましたが、今日《こんにち》では義足《ぎそく》の儘《まゝ》で營業《えいげふ》もして居《を》ります、前《まへ》には人《ひと》を使《つか》うて營業《えいげふ》して居《を》りましたが、ちよつと失敗《しつぱい》しましたので、家庭《かてい》の都合《つがふ》に因《よ》りまして私《わたし》は家《いへ》を出《で》て、或所《あるところ》で店《みせ》を出《だ》して居《を》りましたが、義足《ぎそく》でリーヤカーにも乘《の》り、自轉車《じてんしや》にも乘《の》り、リーヤカーに五十貫目位《くわんめぐらゐ》の物《もの》を積《つ》んで買出《かひだ》して來《く》ることが出《で》來《き》るやうになりました、今日《こんにち》では義足屋《ぎそくや》の方《はう》もえらく勉強《べんきやう》しまして、關節《くわんせつ》の方《はう》も内《うち》の方《はう》へ曲《ま》がるやうになつて、坐《すわ》るのに都合好《つがふよ》くなりました。その後《ご》ずつと商賣《しやうばい》をして居《を》りましたが、一昨年《さくねん》ちよつと失敗《しつぱい》して商賣《しやうばい》を廢業《はいげふ》しました。今《いま》の所《ところ》では恩給《おんきふ》を頂戴《ちやうだい》して――これは初《はじ》めは百圓程《ゑんほど》戴《いたゞ》いて居《を》りましたが、私《わたし》は金鵄勳章《きんしくんしやう》の方《はう》と二つ戴《いたゞ》いて居《を》りますので二百圓程《ゑんほど》ありました、それを二十年間貯蓄《ねんかんちよちく》して居《を》つた爲《ため》に少《すこ》しの財產《ざいさん》も出來《でき》て居《を》りましたが、今《いま》申《まう》しました通《とほ》りすつかり失敗《しつぱい》しました爲《ため》に今《いま》ではもう何《なに》もないのでございます、今《いま》は堺《さかひ》に居《を》ります、その間《あひだ》私《わたし》の子供《こども》は女《をんな》六人《にん》と男《をとこ》が一番末子《ばんすゑこ》一人《ひとり》ありますが、女《をんな》は五人《にん》を女學校《ぢよがくかう》を卒業《そつげふ》させまして、下《した》の女《をんな》は今《いま》五年生《ねんせい》で來年卒業《らいねんそつげふ》します、一番末子《ばんすゑこ》の男《をとこ》は十七歳《さい》で今商業學校《いましやうげふがくかう》へやつて居《を》ります、さうして今日《こんにち》はもう詰《つま》らぬながらも恩給《おんきふ》を戴《いたゞ》いて、堺《さかひ》の方《はう》で遊《あそ》んで居《を》ります、姉《あね》の方《はう》は陸軍步兵《りくぐんほへい》の一年志願兵《ねんしぐわんへい》の所《ところ》に緣附《えんづ》いてゐますが、まだ五人共家《にんともうち》に抱《かゝ》えて居《を》ります、失敗《しつぱい》した中《なか》にも有難《ありがた》い恩給《おんきふ》を戴《いたゞ》いて今日餘命《こんにちよめい》を送《おく》つて居《ゐ》るやうな次第《しだい》でございます。

○後藤藤松《ごとうふぢまつ》氏　先程《さきほど》から三浦《みうら》さんの大變結構《たいへんけつこう》なお話《はなし》を伺《うかゞ》

ひましたが、三浦《みうら》さんは砲兵輸卒《はうへいゆそつ》です、而《しか》も金鵄勳章《きんしくんしやう》を貰《もら》つて居《を》ります、步兵科《ほへいくわ》で參《まゐ》りましてもなか〳〵金鵄勳章《きんしくんしやう》は餘《よ》う貰《もら》へないのに三浦《みうら》さんは金鵄勳章《きんしくんしやう》を貰《もら》つた、これは餘程眞面目《よほどまじめ》に忠實《ちうじつ》にお働《はたら》きになつたからだと思《おも》ひます、その上《うへ》あゝして實業界《じつげふかい》に入《はい》つて片足《かたあし》で生魚《なまうを》を商《あきな》うて來《き》ますことが可《か》なり長《なが》い間《あひだ》でございました。阿波座《あはざ》の市場《いちば》の方《はう》で店《みせ》がございましたし、それから堀江《ほりえ》の市場《いちば》にも店《みせ》を持《も》つて活動《くわつどう》して居《を》られました、今《いま》お話《はなし》のやうに子供《こども》さんが女《をんな》の子供《こども》が六人《にん》、それが殆《ほとん》ど皆女學校《みなぢよがくかう》を卒業《そつげふ》され末子《まつし》の男《をとこ》の子《こ》が今商業學校通學中《いましやうげふがくかうつうがくちう》でございます、一番長女《ばんちやうぢよ》は堺《さかひ》の一力《りき》の弟《おとうと》さんの濱卯《はまう》の店《みせ》に緣附《えんづ》いて居《を》ります、三浦《みうら》さんがさういふ片足《かたあし》で魚屋《さかなや》を營《いとな》みながら長《なが》い間《あひだ》働《はたら》かれましたその間《かん》の活動振《くわつどうぶり》といふことについては私共《わたしども》常《つね》に感心《かんしん》して居《を》ります、丁度《ちやうど》堀江《ほりえ》の市場《いちば》で三浦《みうら》さんがやつて居《を》られた時《とき》に、問屋橋《とひやばし》の南詰《みなみづめ》の前田《まへだ》といふこれもやはり傷痍軍人《しやういぐんじん》です、その人《ひと》が私《わたし》の所《ところ》へ來《き》て、意外《いぐわい》にも三浦《みうら》さんの話《はなし》をしました『三浦《みうら》さんの活動振《くわつどうぶり》には實《じつ》に驚《おどろ》き入《い》る、私《わたし》は每朝《まいあさ》五時頃《じごろ》起《お》きて表《おもて》へ掃《は》きに出《で》ると、もう三浦《みうら》さんがえらい元氣《げんき》で自轉車《じてんしや》に乘《の》つて、自轉車《じてんしや》の後《うし》ろには魚籠《びく》をうんと積《つ》んで一方若《いつぱうわか》い者《もの》にはリーヤカーに積《つ》ませて、元氣《げんき》よくお早《はや》うと言《い》つて通《とほ》られる、あの元氣《げんき》を見《み》たら私《わたし》はどうしてもぢつとしてゐられません』と又市場《またいちば》の店頭《てんとう》に立《た》つても、義足《ぎそく》であつても少《すこ》しも義足《ぎそく》といふやうなことを顏《かほ》にも出《だ》さない、御承知《ごしやうち》の通《とほ》りあの市場《いちば》の魚屋《さかなや》さんは長《なが》いゴム靴《ぐつ》を履《は》いて居《を》ります、三浦《みうら》さんは跨《また》の切《き》れ目《め》まで長《なが》いゴム靴《ぐつ》を一杯《ぱい》に履《は》いて、聲《こゑ》を張《は》り上《あ》げてお客《きやく》を呼《よ》んで居《ゐ》る、それを見《み》ると誰《だれ》が見《み》ても義足《ぎそく》を附《つ》けて居《ゐ》るやうには見《み》えない、又御自身《またごじしん》も全《まつた》く義足《ぎそく》といふやうなことを眼中《がんちう》にもおかずに活躍《くわつやく》して居《を》られる、それに非常《ひじやう》に長《なが》い間《あひだ》でありました丁度《ちやうど》二三年前《ねんぜん》に、だん〳〵年《とし》を取《と》られますし、商賣《しやうばい》をやめて、今《いま》は堺《さかひ》の南町《みなみまち》で餘命《よめい》を樂《らく》にお過《すご》しになつて居《を》られます。

○府社會主事《ふしやくわいしゆじ》（小菅秀直《こすげひでなほ》氏）　それでは次《つぎ》に廣畑《ひろはた》さん一つ。

○廣畑《ひろはた》二三氏　皆《みな》さんから大變立派《たいへんりつぱ》なお話《はなし》を承《うけたまは》りまして、私《わたし》の感《かん》じた話《はなし》を致《いた》さうと思《おも》ひましても、私《わたし》は皆《みな》さんのやうな立派《りつぱ》な戰傷《せんしやう》ではないのであります。實《じつ》は前後《ぜんご》十三回《くわい》

に亙《わた》つて戰鬪《せんとう》には參加致《さんかいた》しましたが、一度《ど》も負傷《ふしやう》せず、中途《ちうと》で兄《あに》が銀側時計《ぎんがはとけい》を送《おく》つて呉《く》れまして、それをポケットに入《い》れて居《を》りましたら、その時計《とけい》に彈《たま》が中《あた》つて自分《じぶん》に中《あた》らなかつたといふことがあるのみで、負傷《ふしやう》といふことは成《な》る程《ほど》戰傷《せんしやう》ではありまするけれども、實《じつ》は凍傷《とうしやう》であります、黑溝臺《こくこうだい》の西《にし》の方《はう》で潛伏斥候《せんぷくせきこう》で居《を》りまして、その時《とき》二回《くわい》まで敵襲《てきしふ》に遭《あ》ひ、僅《わづ》かに百名位《めいぐらゐ》で敵《てき》に接近《せつきん》しましたが、幸《さいはひ》に其處《そこ》から敵《てき》もよう來《こ》なかつた。それで夜明《よあ》けになつて初《はじ》めて凍傷《とうしやう》に罹《かゝ》つて居《ゐ》るといふことを感《かん》じて、それから後送《こうそう》されて歸《かへ》つたのであります。私《わたし》は廣島師團《ひろしましだん》から出征《しゆつせい》しましたが、廣島《ひろしま》の衞戍病院《ゑいじゆびやうゐん》で兩足《りやうあし》の七分所《ぶどころ》から切斷《せつだん》されて、それから家《いへ》に歸《かへ》りました、さうして親《おや》の脛齧《すねかぢ》りをやつて居《を》りましたが私《わたし》は一番末子《ばんまつし》でありまして兄《あに》があります、親《おや》のまだ生《い》きて居《ゐ》る時代《じだい》でございましたが、嫁《よめ》を貰《もら》つたらどうかといふやうな話《はなし》がありました。併《しか》し嫁《よめ》を貰《もら》つてもどうだらうかといふ考《かんが》へもありましたが、その話《はなし》が熟《じゆく》して二回程見合《くわいほどみあひ》をやりました。見合《みあひ》の結果《けつくわ》これなら貰《もら》つてもよいと私《わたし》が感《かん》じたのですが、向《むか》ふの方《はう》から斷《ことわ》つて來《き》た、二回共《くわいとも》さういふ結果《けつくわ》であつたので、そこで私《わたし》はこれは足《あし》が出《で》ない限《かぎ》り嫁《よめ》は貰《もら》へないものだといふことを深《ふか》く感《かん》じたのであります、さうして四五年《ねん》する中《うち》に親《おや》も亡《な》くなり、まあお前《まへ》は不足者《ふそくもの》だから外《ほか》の兄弟《きやうだい》よりも少《すこ》し餘計《よけい》に財產《ざいさん》をやらうといふやうなことで多少《たせう》の財產《ざいさん》を貰《もら》つたのであります。そこで親《おや》が亡《な》くなつたものですから兄《あに》の所《ところ》に何時《いつ》までも居《ゐ》るのもいかぬと思《おも》つてこちらへ出《で》て參《まゐ》りました、所《ところ》が扨《さ》てこれまで商賣《しやうばい》したこともなし、さういふ經驗《けいけん》がないので二、三年《ねん》ぶら〳〵して、これは何《なに》かしなければいかぬといふやうなことから、火災保險《くわさいほけん》の代理業《だいりげふ》でもやらうかと考《かんが》へまして今日《こんにち》に至《いた》つて居《を》るのであります、その中《うち》に又兄《またあに》の方《はう》からどうにか嫁《よめ》も貰《もら》つて呉《く》れて今日《こんにち》まで仲好《なかよ》くやつて居《を》りまするが、この大阪《おほさか》に參《まゐ》りまして私《わたし》が非常《ひじやう》に感《かん》じたのは、錢湯《せんとう》に參《まゐ》つた時《とき》であります私《わたし》は朝風呂《あさぶろ》になぜ行《い》つたかといふと、朝《あさ》は人《ひと》が少《すく》ないからであります、さうして湯《ゆ》の中《なか》に成《な》るべく長《なが》く居《を》つて、外《そと》で洗《あら》ふのを成《な》るべく早《はや》く濟《す》まして歸《かへ》る、といふやうに遠慮《ゑんりよ》して居《を》りましたが、その時或立派《ときあるりつぱ》な大阪《おほさか》の紳士《しんし》の方《かた》、相當《さうたう》な年輩《ねんぱい》の人《ひと》でありましたが、その方《かた》と一緒《しよ》に這入《はひ》りました所《ところ》

その方《かた》が足《あし》を洗《あら》つて居《ゐ》るのを見《み》られて、いやな顔《かほ》をせられました、その時《とき》の私《わたし》の感《かん》じといふものは實《じつ》に如何《いか》なる感《かん》じがしたか、洵《まこと》に言語《げんご》に絶《ぜつ》するものがあつたのであります。これはどうしても錢湯《せんとう》に行《ゆ》くといふことは皆樣《みなさま》に濟《す》まぬ、どうしても自宅《じたく》で風呂《ふろ》を拵《こしら》へねばならぬと考《かんが》へまして、それから以來《いらい》錢湯《せんとう》といふものには一回《くわい》も行つたことはありません。

その當時《たうじ》は成《な》る程《ほど》萬歳《ばんざい》の聲《こゑ》で送《おく》られ、又迎《またむか》へられましたが、この上《うへ》はどうしても自分《じぶん》で自分《じぶん》の進路《しんろ》を開拓《かいたく》して行《ゆ》かねばならぬといふことから、どうにかかうにか、迚《とて》も皆樣《みなさま》のやうに立派《りつぱ》になつて金《かね》を殘《のこ》すといふやうなことは出來《でき》ませんが、漸《やうや》くその日《ひ》を過《すご》して今日《こんにち》まで來《き》て居《を》ります、そこで私《わたし》は自分《じぶん》が色々《いろ／＼》とその爲《ため》に苦《くる》しんで來《き》た經驗上《けいけんじやう》、新《あたら》しい傷病兵《しやうびやうへい》の方《かた》には少《すこ》しでも安心《あんしん》を與《あた》へるやうに、力《ちから》になつて上《あ》げるやうにしたいといふ一念《ねん》で以《もつ》て、今日援護組合長《こんにちえんごくみあひちやう》も勤《つと》め、青年團《せいねんだん》、防護團總《はうごだんすべ》てさういふ方面《はうめん》の關係《くわんけい》に微力《びりよく》を盡《つく》させて戴《いたゞ》いて居《ゐ》るやうな次第《しだい》でございます。

○後藤藤松氏《ごとうふぢまつし》　只今《たゞいま》お話《はなし》の錢湯《せんたう》で足《あし》を見《み》られて卑下《ひげ》されたといふお言葉《ことば》は、多分癩病患者《たぶんらいびやうくわんじや》か何《なに》か、さういふやうな風《ふう》に誤認《ごにん》の結果《けつくわ》だらうと思《おも》ひます、戰傷者《せんしやうしや》だといふことが分《わか》れば向《むか》ふも、さうは感《かん》じなかつたゞらうと思《おも》ひますがね。

○上野九一郎氏《うへのくいちらうし》　それはかういふ例《れい》があります、私共老人《わたしどもらうじん》の間《あひだ》で時遇旅行《ときだまりよかう》を致《いた》します、大澤《おほさは》さんも、田村《たむら》さんも、梶《かぢ》さん、高田《たかた》さん、此處《ここ》に居《ゐ》られる三浦《みうら》さんも皆《みな》一緒《しよ》です、さうして溫泉《をんせん》に參《まゐ》ります、所《ところ》がちよつと見《み》た所《ところ》でさういふやうな義足《ぎそく》だといふことも分《わか》らず、手《て》が無《な》いといふやうなことも分《わか》りません、扨《さ》て愈《いよい》よ溫泉《をんせん》に入《はひ》らうといつて我々《われ／＼》が銘々《めい／＼》裸《はだか》になつて風呂《ふろ》へ行《ゆ》く、さうすると風呂《ふろ》の中《なか》の人達《ひとたち》は最初《さいしよ》は三人《にん》五人《にん》、這入《はひ》つて居《を》つて俺《おれ》は先《さき》に這入《はひ》つて居《ゐ》るといふやうな調子《てうし》で見《み》て居《ゐ》る、何《なん》だ妙《めう》な者《もの》が來《き》たなと思《おも》つて見《み》るのですが、その中《うち》にコソ／＼と皆《みんな》が出《で》て行《い》つてしまふ、それはどういふ感《かん》じで我々《われ／＼》を避《さ》けるのかといふと、丁度今《ちやうどいま》の廣畑《ひろはた》さんのお話《はなし》のやうに、やはり一種《しゆ》のさういふやうな病氣《びやうき》のやうに感《かん》ずるのです、これは初《はじ》めから我々《われ／＼》は傷痍軍人《しやうゐぐんじん》であるからといふて先《さき》に宿屋《やどや》と打合《うちあは》せでもしておけば或《あるひ》

は宿屋《やどや》でもその都合《つがふ》をして呉《く》れるのですけれども、我々《われ／＼》は別《べつ》にさういふことを何《なん》とも感《かん》じて居《を》りませんので、寧《むし》ろよい鹽梅《あんばい》ぢやないか、俺達《おれたち》が來《き》たら皆《みな》出《で》て行《い》つて廣《ひろ》くてよいと、却《かへつ》て笑話《わらひばなし》にして日々《ひび》旅行致《りよかういた》しました。

○大澤克氏《おほさはかつし》　それから最近《さいきん》もかういふ話《はなし》があります、援護組合《えんごくみあひ》の方《はう》の役《やく》をして居《ゐ》る關係《くわんけい》で、慰問金《ゐもんきん》の募集《ぼしふ》とか何《なん》とかに忙《せは》しくて、この夏《なつ》の暑《あつ》さにすつかり體《からだ》を壞《こは》しまして、どうしたらよからう、溫泉《をんせん》へでも行《い》つたらよいかとも考《かんが》へましたが、溫泉《をんせん》へ行《ゆ》けば金《かね》も相當要《さうたうい》ることであるから、それでは堺《さかひ》の潮湯《しほゆ》へ行《ゆ》くのが一番《ばん》よからうと考《かんが》へまして潮湯《しほゆ》へ行《ゆ》きました、さうした所《ところ》がよい事《こと》が一つある、こつちで洗《あら》つて居《ゐ》つた所《ところ》が、堺聯隊區司令官《さかひれんたいくしれいくわん》の石井《いしゐ》さん、あの方《かた》が向《むか》ふ側《がは》で洗《あら》つて居《を》られる、それまで石井《いしゐ》さんにはお目《め》に懸《かゝ》つて居《ゐ》るけれども、どうも眞《ま》つ裸《はだか》でお目《め》に懸《かゝ》つたことがない、それだから初《はじ》めは石井《いしゐ》さんだとはつきり知《し》らない、何處《どこ》かで見《み》たことのある人《ひと》だと思《おも》つて居《ゐ》つた、潮湯《しほゆ》からあがつて來《き》てから始《はじ》めて名乘《なの》り合《あ》つたわけです、さうしたらその潮湯《しほゆ》の人《ひと》が『あなた兵隊《へいたい》さんですか』と言《い》ふ、それで漸《やうや》く皆《みな》の人《ひと》にも分《わか》つたが、それまでは皆《みな》がジロ／＼と今《いま》のお話《はなし》のやうに見《み》るのです、恥《はづか》しいやらきまりが惡《わる》いやら、――別《べつ》に惡《わる》いことはないが、やはりさういふ風《ふう》にされるとこれはかうでございますと言《い》つて言譯《いひわけ》をすることも出來《でき》ないし、まあ／＼と思《おも》つて氣持《きもち》が惡《わる》くても辛抱《しんばう》して居《を》つたです。

○春木刀喜造氏《はるきときざうし》　先程《さきほど》の顏《かほ》をしかめられたといふのは、普通《ふつう》の人《ひと》として足《あし》の片《かた》一方《ぱう》がないのを見《み》るとハツと變氣がさす、所謂《いはゆる》びつくりするのです、癩病《らいびやう》とかさういふ穢《きたな》いことは考《かんが》へて居《を》らない、かういふのもあります。

○大澤克氏《おほさはかつし》　中《なか》には『あんたそれは電車《でんしや》ですか』と言《い》ふ人《ひと》があるのです。

○後藤藤松氏《ごとうふぢまつし》　傷痍軍人《しやうゐぐんじん》に關係《くわんけい》の無《な》い人《ひと》は『電車《でんしや》ですか、怪我《けが》ですか』と言《い》ふけれども我々《われ／＼》はどんな人《ひと》を見《み》ても『何處《ど》で戰爭《せんさう》した人《ひと》か』『何處《どこ》で怪我《けが》した人《ひと》か』と直《す》ぐさう思《おも》ふのです。

○墨卯三郎氏《すみうさぶらうし》　私《わたし》は後藤《ごとう》さんも御存知《ごぞんぢ》ですが、私《わたし》は今里《いまざと》町《まち》に別莊《べつさう》みたやうにして二軒《けん》もつて居《を》りますが、兩方《りやうはう》に風《ふ》

呂《ろ》をこしらへて居《を》ります、私《わたし》は腕《うで》をとられてから風呂《ふろ》へ行《い》つたのはたつた一日《にち》です、あとは全部《ぜんぶ》うちの風呂《ふろ》です、たつた一日《にち》だけ錢湯《せんたう》へ行《い》つて私《わたし》は一遍《ぺん》に兄《あに》に頼《たの》んで風呂場《ふろば》をこしらへて貰《もら》つたのです、それつきり今日《こんにち》に至《いた》るまで何十年間《なんねんかん》風呂《ふろ》へ行《い》つたことがありません、といふのはさつきの廣畑《ひろはた》さんのお話《はなし》の通《とほ》りです、それから私《わたし》はつく／″＼考《かんが》へて居《ゐ》るのです、微力《びりよく》ながら傷痍軍人《しやうゐぐんじん》や出征軍人《しゆつせいぐんじん》の爲《ため》に出來《でき》る限《かぎ》りのことをしたいと思《おも》つて僅《わづ》かながら金《かね》を出《だ》して居《を》ります、それは兵隊《へいたい》といふものは氣《き》の毒《どく》なものだといふことが頭《あたま》を離《はな》れないのです。

○田村忠三氏《たむらちうざうし》　私共不具者《わたしどもふぐしや》でありますから大《おほ》いにさういふ場面《ばめん》に出會《でつく》はすことがあります、私《わたし》は自宅《じたく》にもありますが、再々《さい／＼》錢湯《せんたう》にも參《まゐ》ります、私《わたし》の家《うち》の近所《きんじよ》でありますから大抵《たいてい》は知《し》つた人《ひと》です。

○墨卯三郎氏《すみうさぶらうし》　そんなのは結構《けつかう》です。

○田村忠三氏《たむらちうざうし》　行《ゆ》きますと知《し》つた人《ひと》が、背中《せなか》を流《なが》して上《あ》げませうかと言《い》つて呉《く》れるのが却《かへ》つて困《こま》ることがあります向《むか》ふが氣輕《きがる》に出《で》て居《ゐ》るのです。

○堀善一氏《ほりぜんいちし》　知合《しりあひ》の人《ひと》が自分《じぶん》の洗《あら》ふのもやめておいて洗《あら》つて呉《く》れませう、町内《ちやうない》の人《ひと》が皆洗《みなあら》つて呉《く》れるといふことになつて、何《なん》だか風呂《ふろ》へ洗《あら》つて貰《もら》ひに行《ゆ》くやうになる、さういふ工合《ぐあひ》で却《かへ》つて氣兼《きがね》で堪《たま》らぬので、うちで風呂《ふろ》をこしらへてちつとも行《ゆ》かぬといふことにもなる。

○府社會主事《ふしやくわいしゆじ》(小菅秀直氏《こすがひでなほし》)　只今廣畑《たゞいまひろはた》さんが自分《じぶん》の凍傷《とうしやう》であつて立派《りつぱ》な戰傷《せんしやう》ではないがと言《い》つて甚《はなは》だ御謙遜《ごけんそん》なお言葉《ことば》でありましたが、凍傷《とうしやう》であらうが、何《なん》であらうが、結局《けつきよく》同《おな》じことであります、やはりその凍傷《とうしやう》の續《つゞ》きで一へ高田《たかた》さんにお願《ねが》ひします。

○高田次郎氏《たかたじらうし》　私《わたし》は第一戰列隊《だいせんれつたい》に加《くは》へて戴《いたゞ》きまして南山《なんざん》の方《はう》から奉天《ほうてん》まで參《まゐ》りまして、三月五日《ぐわつか》に負傷《ふしやう》して、左肩《ひだりかた》から猛貫《まうくわん》した猛貫銃創《まうくわんじうさう》を受《う》けました、その時《とき》は丁度夜《ちやうどよる》でありまして非常《ひじやう》に雪《ゆき》が降《ふ》つて居《を》りました、その時非常《ときひじやう》に吐血《とけつ》してこれはもうあかんと思《おも》ひました、それから暫《しば》らくしてから背中《せなか》に手《て》を當《あ》てると背中《せなか》にポツコと彈《たま》が上《うへ》に出《で》て居《ゐ》る、これはヒヨツとしたら助《たす》かるかも知《し》れんと思《おも》ひました、それから皆《みんな》が擔架《たんが》々々《／＼》と叫《さけ》んだが擔架《たんが》がちつとも來《こ》ない、漸《やうや》

く一時間程《じかんほど》してから來《き》た、もうその時分《じぶん》には寒《さむ》くて仕樣《しやう》がない、それから擔架《たんが》に乘《の》せて貰《もら》つて壕《ほり》まで收容《しうよう》して貰《もら》つた、其處《そこ》で毛布《まうふ》を一枚被《まいかぶ》つて夜通《よどほ》し居《を》つた、その間《あひだ》に凍傷《とうしやう》に罹《かゝ》つたらしいのです、野戰病院《やせんびやうゐん》から順々《じゆん／＼》に送《おく》つて貰《もら》つて、遼陽《れうやう》で彈《たま》を拔《ぬ》いて貰《もら》ひましたお蔭《かげ》で創《きず》の方《はう》は好《よ》くなつたのですが、凍傷《とうしやう》の方《はう》がどうもいけません、廣島《ひろしま》へ歸《かへ》り廣島《ひろしま》で診斷《しんだん》を受《う》けました所《ところ》がもうすつかり腐《くさ》つてしまつて居《を》ります目《め》の前《まへ》で母指《おやゆび》を切《き》るのに、何《なん》の感《かん》じもないのです、自分《じぶん》ながらにも臭《くさ》くて／＼仕樣《しやう》がない、夜分《やぶん》は其處《そこ》が病《や》めまして布團《ふとん》を上《うへ》に載《の》せることが出來《でき》ないのです、もう自分《じぶん》ながらにも呆《あき》れてしまつたのです、それから順々《じゆん／＼》に大阪《おほさか》の本院《ほんゐん》に歸《かへ》りまして其處《そこ》で切斷《せつだん》して貰《もら》ひました、こつちへ歸《かへ》つてから二月程《ふたつきほど》經《た》つて七月《ぐわつ》十日《か》に免除《めんぢよ》になりました。

私《わたし》は元來主人持《ぐわんらいしゆじんもち》の勤人《つとめにん》で呉服太物商《ごふくふともののしやう》です、で親戚《しんせき》の人《ひと》が來《き》て兵役免除《へいえきめんぢよ》も間近《まぢか》になるし、どうするかといふ話《はなし》です、もうかうなつたら仕方《しかた》がないから、何《なん》なりと自分《じぶん》で出來《でき》る職《しよく》を覺《おぼ》えなければどうもならぬ、が兎《と》も角《かく》一應主家《おうしゆか》へ歸《かへ》つて相談《さうだん》して見《み》たいとかういふことで歸《かへ》つて來《き》て主人《しゆじん》に相談《さうだん》しました所《ところ》が、適當《てきたう》な仕事《しごと》があるから居《を》れと言《い》ふ、けれども元來問屋《ぐわんらいとひや》ですからやはり旅《たび》にも出《で》て行《ゆ》かなければならぬ、小賣《こうり》の方《はう》でしたらまあよいのですが――そこで色々《いろ／＼》と苦心《くしん》して、自轉車《じてんしや》にも乘《の》つて見《み》たんですがペタルを踏《ふ》んでも力《ちから》がないから返《かへ》しが利《き》かぬので乘《の》ることが出來《でき》ない、それから外《そと》へ出《で》ることは一切《さい》やめて帳面《ちやうめん》の方《はう》をやれといふことで、それ以來《いらい》もうずつと其處《そこ》に勤《つと》めて居《を》りまして、將來《しやうらい》は家《いへ》を持《も》たすからといふ話《はなし》であつたのです、その後《ご》、家《いへ》も持《も》たして呉《く》れ、又家内《またかない》も貰《もら》つて呉《く》れました、その間《あひだ》、問屋《とひや》のことですからやはり年々《ねん／＼》一回《くわい》の賞與《しやうよ》があります、その賞與《しやう》を少《すこ》し宛溜《づゝた》めておきました、所《ところ》が大正《たいしやう》二年《ねん》になつてコロッと主家《しゆか》の方《はう》が潰《つぶ》れてしまつた、これは困《こま》つた、もうこれからは恩給《おんきふ》だけで行《ゆ》かなければならぬし、その當時《たうじ》は先程《さきほど》のお話《はなし》の如《ごと》く、恩給《おんきふ》というても僅《わづ》かしか戴《いたゞ》いて居《を》りません幸《さいはひ》にその後順々《ごじゆん／＼》に上《あが》つてそこ／＼に暮《くら》して行《ゆ》けるやうになつたのであります、そこで何《なに》かしなければならぬと思《おも》つて煙草屋《たばこや》を始《はじ》めました、後藤《ごとう》さんの御厄介《ごやくかい》になりまして證明《しようめい》を戴《いたゞ》いたのです、所《ところ》があまり冒險過《ぼうけんす》ぎて家賃《やちん》が少《すこ》し張《は》り

過《す》ぎたのです、まあ二、三年間《ねんかん》は順調《じゆんてう》に行《い》つて居《を》りましたが、その後《ご》だん〳〵賣行《うれゆき》が減《へ》つて來《き》まして、そこへ借金《しやくきん》も大分《だいぶ》嵩《かさ》んで來《き》たのでそれを廢業致《はいげふいた》しました、息子《むすこ》がそこそこの年《とし》になつて月給《げつきふ》も取《と》れるやうになりましたので、それで今日結構《こんにちけつかう》に暮《くら》して居《ゐ》るやうなことでございます。

○府社會主事《ふしやくわいしゆじ》(小菅秀直氏《こすがひでなほし》) 御令息《ごれいそく》はお一人《ひとり》ですね。

○高田次郎氏《たかたじらうし》 一人《ひとり》です。

○大澤克氏《おほさはかつし》 ちよつと高田《たかた》さんのことを申上《まをしあ》げます、高田《たかた》さんは本町《ほんまち》の野村《のむら》さんといふ只今《たゞいま》お話《はなし》になつた御主人《ごしゆじん》の所《ところ》に居《ゐ》られたわけであります、あゝいふお商賣柄《しやうばいがら》一《ひと》つ蹉跌《さてつ》しますともう皆《みな》さういふやうな不幸《ふかう》に遭《あ》つたわけです、それでその後《ご》高田《たかた》さんは天下茶屋《てんかちやや》の方《はう》に住《す》まれて、奥《おく》さんが非常《ひじやう》に高田《たかた》さんの御不自由《ごふじいう》なことについて何《なに》くれと心配《しんぱい》されて居《を》ります、御令息《ごれいそく》もお一人《ひとり》でございまして、苦《くる》しい中《なか》から學校《がくかう》も卒業《そつげふ》さして只今《たゞいま》では八木《やぎ》さんの方《はう》へ行《い》つて居《ゐ》られます、平素《へいそ》至極《しごく》朗《ほがら》かに又《また》つつまやかにやつて居《ゐ》られまして大變結構《たいへんけつかう》だと思《おも》つて居《を》ります、奥《おく》さんがなか〳〵の賢夫人《けんぷじん》でございまして、もう高田《たかた》さんが何處《どこ》へ行《ゆ》かれるにも、御主人《ごしゆじん》が怪我《けが》でもしたらいかぬと御自分《ごじぶん》も附《つ》いて行《ゆ》かれますし、又《また》御令息《ごれいそく》も御令息《ごれいそく》でよく御兩親《ごりやうしん》を勞《ねぎ》らはれて居《ゐ》るやうであります、大變結構《たいへんけつかう》だと存《ぞん》じて居《を》ります。

○府社會主事《ふしやくわいしゆじ》(小菅秀直氏《こすがひでなほし》) それでは次《つぎ》に正井《まさゐ》さんにお願《ねが》ひ致《いた》します――正井《まさゐ》さんも右腕《みぎうで》を御切斷《ごせつだん》になつたのですね。

○大澤克氏《おほさはかつし》 どうも腕《うで》は右《みぎ》、それから足《あし》は左《ひだり》が多《おほ》いです妙《めう》ですね、皆《みな》さうなつて居《を》ります。

○後藤藤松氏 大變遲《たいへんおそ》くなりまして恐縮《きようしゆく》でございますが今一《いまひと》つ補足《ほそく》さして頂《いたゞ》き度《た》いと存《ぞん》じます、私《わたし》は先《さき》にも申《まう》しました通《とほ》り傷痍軍人《しやうゐぐんじん》となつて以來《いらい》、同人《どうにん》の爲《ため》に色々《いろ〳〵》お世話《せわ》させて貰《もら》つて參《まゐ》りました關係上《くわんけいじやう》、傷痍軍人《しやうゐぐんじん》としての處世上《しよせいじやう》に感《かん》じました事柄《ことがら》に就《つい》て、二三お話《はな》しして參考《さんかう》に供《きよう》したいと存《ぞん》じます、傷痍軍人《しやうゐぐんじん》となつた最初《さいしよ》二三年《ねん》は、親兄弟《おやきやうだい》はもとより世間《せけん》からも、非常《ひじやう》に同情《どうじやう》を寄《よ》せられますが、これは何時迄《いつまで》も望《のぞ》み難《がた》いもので、四年《ねん》五年《ねん》と日《ひ》を經《へ》ますと自然《しぜん》に薄《うす》らいで來《き》ますことは、先程來皆樣《さきほどらいみなさま》のお話《はなし》の通《とほ》りで、長《なが》い歳月《さいげつ》の間《あひだ》には自然《しぜん》にお互《たがひ》に鼻《はな》につくやうな事《こと》も出來《でき》ます、ですか

ら何時迄《いつまで》も人《ひと》を頼《たよ》りにする事《こと》や、同情《どうじやう》に慣《な》れるやうな事《こと》の無《な》いやうに、覺悟《かくご》せねばならぬと思《おも》ひます。それから不具者《ふぐしや》必《かなら》ずしも失業者《しつげふしや》ではありません、先刻來《せんこくらい》の皆樣《みなさま》のお話《はなし》を伺《うかゞ》つても判《わか》ります、併《しか》し俄《にはか》に不具者《ふぐしや》になつたのですから從來《じうらい》の仕事《しごと》や職業《しよくげふ》に就《つ》く事《こと》の困難《こんなん》な場合《ばあひ》はありませう、その場合《ばあひ》は早《はや》く自分《じぶん》の適業《てきげふ》を見出《みいだ》して、生《うま》れ變《かは》つた氣持《きもち》で、甦生《かうせい》の生涯《しやうがい》にはいる事《こと》が肝要《かんえう》だと思《おも》ひます、心懸《こゝろが》け一《ひと》つで寧《むし》ろ五體《たい》の整《とゝの》つたなまけ者《もの》の方《はう》が失業《しつげふ》する場合《ばあひ》が多《おほ》い、傷痍軍人《しやうゐぐんじん》は戰場《せんぢやう》に於《おい》て勇敢《ゆうかん》に奮闘《ふんとう》された如《ごと》く、人生《じんせい》の勇者《ゆうしや》となつて貰《もら》ひたいと存《ぞん》じます。

それから傷痍軍人《しやうゐぐんじん》に賜《たまは》る恩給《おんきふ》でありますが、恩給《おんきふ》についても餘程考《よほどかんが》へて置《お》かねばならぬと思《おも》ひます、普通達者《ふつうたつしや》な人《ひと》の恩給《おんきふ》は相當老齢《さうたうらうれい》になつて支給《しきふ》されるか、さもなければ恩給《おんきふ》のみに依《よ》らなくとも生活《せいくわつ》の出來《でき》る健康體《けんかうたい》の人《ひと》ですから、傷痍軍人《しやうゐぐんじん》の場合《ばあひ》と餘程相違《よほどさうゐ》があります、傷痍軍人《しやうゐぐんじん》の場合《ばあひ》は到底再《たうていふたゝ》び元《もと》の體《からだ》に還《かへ》らぬのですから、如何《いか》なる場合《ばあひ》でも此《この》恩給《おんきふ》を手離《てばな》してはならぬと思《おも》ひます、資本《しほん》さへあれば金儲《かねまう》けが出來《でき》るといふものではありませんから、他人《たにん》の甘言《かんげん》に乘《の》せられて恩給《おんきふ》で三年《ねん》五年《ねん》と前借《ぜんしやく》するやうなことは斷《だん》じて避《さ》けなければなりませぬ、こんな事《こと》で一生《しやう》取《と》り返《かへ》しのつかぬ、悲慘《ひさん》な目《め》にあつてゐる人《ひと》が澤山《たくさん》あります。

それから傷痍軍人《しやうゐぐんじん》は自分《じぶん》の居所《きよしよ》を、市區町村役場《しくちやうそんやくば》へ屆《とゞ》けて置《お》くことが必要《ひつえう》です、日露戰爭後《にちろせんさうご》に制定《せいてい》せられました傷痍徽章《しやうゐきしやう》を今《いま》だに請求《せいきう》せられない人《ひと》さへあります、色々新《いろ〳〵あたら》しい待遇法《たいぐうはふ》などが發表《はつぺう》せられても通知《つうち》してあげる方法《はうはふ》が無《な》いわけです、移轉《いてん》の度毎《たびごと》に面倒《めんだう》でも屆出《とゞけいで》をして置《お》いて貰《もら》へば吾々《われ〳〵》傷痍軍人會《しやうゐぐんじんくわい》の方《はう》とも連絡《れんらく》が執《と》れるわけです。

以上心《いじやうこゝろ》づきましたまゝに、新《あらた》に傷痍軍人《しやうゐぐんじん》となられました方々《かた〴〵》の御參考《ごさんかう》までに申《まう》し上《あ》げて置《お》きます。

○府社會主事《ふしやくわいしゆじ》(小菅秀直氏《こすげひでなほし》) これはどうも色々有難《いろ〳〵ありがた》うございました、大分時間《だいぶじかん》も經過致《けいくわいた》しましたので今晩《こんばん》はこの邊《へん》で止《と》めたいと存《ぞん》じますが、堺聯隊區《さかひれんたいく》の增田中佐殿《ますだちうさどの》に何《なに》か一《ひと》つ御感想《ごかんさう》でもありましたら、極《ご》く簡單《かんたん》にお願《ねが》ひ申《まう》したいと思《おも》ひます。

○增田中佐《ますだちうさ》(堺聯隊區《さかいれんたいく》) 私《わたし》は堺聯隊區《さかひれんたいく》の增田《ますだ》でございますが、この問題《もんだい》につきまして師團《しだん》の方《かた》、それから大阪聯隊《おほさかれんたい》

區《く》の方《かた》と集《あつま》りまして、研究《けんきう》を重《かさ》ねて居《ゐ》るのでございます、私《わたし》は軍人《ぐんじん》であつても戰爭《せんさう》はまだ知《し》らぬのでございます、無論負傷《むろんふしやう》といふ問題《もんだい》にぶつかつて居《を》りませんので、考《かんが》へて見《み》ると私共《わたしども》のは實《じつ》に机上《きじやう》の空論《くうろん》でありまして根底《こんてい》が淺《あさ》いのでございます、非常《ひじやう》に苦《くる》しんで色々考《いろ〳〵かんが》へて見《み》たのでございますけれども、結局結論《けつきよくけつろん》に到着《たうちやく》しなかつたのであります、今日《こんにち》は幸《さいはひ》に得難《えがた》い貴重《きちやう》なお話《はなし》を承《うけたまは》りまして、先《ま》づこれを基礎《きそ》にして更《さら》に研究《けんきう》を重《かさ》ねて、戰友《せんいう》といふ立場《たちば》から十分《ぶん》なる御世話《おせわ》をしたいと考《かんが》へて居《を》ります、まだこれから後《のち》に於《お》きましても亦皆《またみな》さんの御意見等《ごいけんなど》も承《うけたまは》る機會《きくわい》もあらうと思《おも》ひます、どうか宜《よろ》しくお願《ねが》ひ致《いた》します、本日《ほんじつ》はどうも有難《ありがた》うございました。

○府社會主事《ふしやくわいしゆじ》(小菅秀直氏《こすけひでなほし》) 大變長時間《たいへんちやうじかん》に亙《わた》りまして、或《あるひ》は皆《みな》さんの御負傷《ごふしやう》の個所等《かしよとう》に影響《えいきやう》がありはしなかつたかと心配致《しんぱいいた》して居《を》ります、甚《はなは》だ氣《き》の利《き》かぬ司會者《しくわいしや》でございまして洵《まこと》に恐縮《きようしゆく》に存《ぞん》じて居《ゐ》るわけであります。本日《ほんじつ》は私共《わたしども》が今後《こんご》かういふ問題《もんだい》を取扱《とりあつか》つて參《まゐ》ります上《うへ》に非常《ひじやう》に參考《さんかう》になります結構《けつこう》なお話《はなし》をお聞《き》かせ願《ねが》ひましたばかりでなく、今次《こんじ》の事變《じへん》に因《よ》ります傷痍軍人《しやうゐぐんじん》の方々《かた〴〵》の、これから進《すゝ》まれます途《みち》の指導《しだう》にも大變結構《たいへんけつこう》な所謂金科玉條《いはゆるきんくわぎよくでう》を得《え》たやうに思《おも》ふのであります、重《かさ》ねて今後《こんご》の傷兵保護《しやうへいほご》の對策上《たいさくじやう》にも大變結構《たいへんけつこう》な資料《しれう》を得《え》たことを有難《ありがた》く御禮申上《おれいまうしあ》げます、色々御氣附《いろ〳〵おきづき》の點等《てんとう》を拜聽致《はいちやういた》しましたが、尚《なほ》かうした會《くわい》が適當《てきたう》の機會《きくわい》に更《さら》に開會《かいくわい》の出來《でき》ますやうな風《ふう》に運《はこ》びたいと存《ぞん》じて居《を》ります本日《ほんじつ》は誠《まこと》に有難《ありがた》うございました、これを以《もつ》て閉會《へいくわい》することに致《いた》します。(終)

傷痍軍人座談會錄

大日本傷痍軍人會愛知縣支部

本冊子は印刷を以て謄寫に代へ主として今次事變に於ける愛知縣出身の傷痍軍人各位に配布するものである。

昭和十三年四月

大日本傷痍軍人會愛知縣支部

はしがき

今次事變に際し名譽の傷痍を受けられました將兵各位に對しましては滿腔の感謝と敬意とを表するものであります。切に今後の加療と平癒とを祈つて已みません。各位は或は鄕に歸つて從前の家業に精進せられ或は適職を求めて新しい方面に邁進しようと企圖してゐられるでありませう。何れにしても不自由を感ぜらるゝでありませうが各々志す生業に精勵せんことを固く決意せられてゐると信ずるものであります。

顧つて過去數十年私共は世を儚み己れを恨んだこともありましたがその都度上　皇室の御仁慈に泣き身にかなふ生業に勵み國家に御奉公申上げることこそ亡き戰友の靈を慰め又眞に生くべきの途であるを信じまして、餘生を捧げて君恩に報ぜんことを期して參りました。これを顧み各位の心情をお察し致しまするとき實に感慨無量でございます。茲に婆心ながら私共同人は有志相寄り貧しい體驗でありますが赤裸々な心境を錄しまして座右に贈る次第であります。何等かの御參考になれば望外の幸であります。

因に本冊子の輯錄する所は曩に本會大阪府支部その他に於て同樣のものを配布せられたのでありますが今次事變に於る本縣出身の傷病者が多數に上ることを承はりまして特にそれ等の方に幾分の寄與がありますれば無上の喜びとするところであります。尙名古屋陸軍病院に於る厚生省委囑の講師岩倉正雄、中山龜太郎兩氏の講演を併せ記錄しました。

昭和十三年四月

大日本傷痍軍人會愛知縣支部

目次

傷痍軍人座談會出席者

副支部長	甲の三項症	歩兵大尉	鈴木富吉	頭部貫通銃創左半身不隨
支部理事	甲の二項症	歩兵二等兵	長尾銀治	右肩胛骨より切斷
支部評議員	甲の一項症	砲兵上等兵	大竹常三郎	兩足膝關節より切斷
名古屋市東區分會長	甲の五項症	歩兵二等兵	山中德松	左眼視力を失ふ
名古屋市千種區分會長	甲の六頃症	歩兵二等兵	小林藤吉	左足關節部貫通銃創
正會員	甲の六項症	歩兵一等兵	石黑富次郎	左肘關節貫通砲創
正會員	甲の五項症	歩兵一等兵	安藤與吉	左足の用を妨ぐ
正會員	甲の五項症	歩兵少尉	上原吉太郎	右足の用を妨ぐ
正會員	乙の三項症	歩兵上等兵	森下芳雄	右手肘より切斷
正會員	甲の五項症	歩兵上等兵	鈴木榮治郎	右手の用を妨ぐ
支部監事	甲の六項症	歩兵一等兵	岩田與三郎	右足不自由
名古屋市熱田區分會長	甲の五項症	歩兵二等兵	櫻井保次郎	右腕に銃創
正會員	甲の五項症	歩兵軍曹	各務作太郎	左手の用を妨ぐ
支部理事	甲の三項症	歩兵上等兵	加納政吉	左手切斷
正會員	乙の六項症	砲兵軍曹	鎌田大圓	右足關節骨折
正會員	甲の五項症	歩兵一等兵	山森勇次郎	頭部貫通銃創
支部常務理事	甲の六項症	歩兵一等兵	杉村倉太郎	左上肢及左胸部に銃創
今次事變戰傷者		歩兵大尉	神谷一政	
同		歩兵准尉	川口孝信	
名古屋聯隊區司令部		歩兵少佐	高田重男	
陸軍省在鄕軍人職業輔導部主事			富永高義	
厚生省職業顧問				

其の他

帝國軍人後援會愛知支會主事	三輪俊介
愛國婦人會愛知縣支部主事	小川淺次郎
業善館々長	三上孝基

主催者

大日本傷痍軍人會愛知縣支部長	學務部長	越野菊雄
仝　副支部長	軍事援護課長	末廣榮
仝　(專任)	正會員	谷口晴壽
仝　事務員	社會事業主事	中村孝太郎
仝	社會事業主事補	田中秀夫

傷痍軍人座談會錄

○支部長（越野《こしの》菊雄《きくを》氏） 私は越野であります。二ケ月程前にこちらに參りまして、大日本傷痍軍人會愛知縣支部長を勤めさせていたゞいて居りますが、まだ一向關係の方々ともお會ひ致しませんので、どうか今後共何分宜ろしくお願ひ致します。本日は、この座談會を催しますのについて、御案内申上げたところお忙しい中をお繰合せ御來會下さいまして、洵に有難くお禮申上げます、御承知の通り今度の事變につきまして、多くの將兵が北支に南支に、寔に目覺しい功績をたてられ、皇國の國威を中外に宣揚せられてゐますことは、洵に有難いことであります。銃後の私共としては日夜感激致してゐるのであります。

この間には誠にお氣の毒にも、戰場の露と消えられて、無言の凱旋をなされます方も多數あります。又戰傷を負はれまして第一線より退き療養されてゐる方も澤山あります。左様な方の中には重ねて第一線に立たれる方もありますが、戰傷の模様によつては、内地に還送されて療養されてゐる方もあります。皆さんは過去の戰役に於て、赫々たる武勳をおたてになりまして、名譽の戰傷を負はれ、今日まで御不自由な中からも更にその身體を以て、御國の爲社會の爲に、各方面に御活躍になつて居られますが、皆様方のやうに戰傷された方がなほ且つ、しつかりした信念の下に、不自由な身體にも拘はらず、それ〴〵の分野に於て業務を勵んで居られ國家社會に寄與されてゐることを、今度の事變に於て戰傷された方々にお話したならば、戰傷の勇士の方も心强く思はれることゝ思ひますので、過去の戰役に於て戰傷を負はれて、なほ現在社會で奮闘されてゐる皆様方の思出話、御苦心談或は現在の心境を伺つて、かういふ先輩が居る、こういふ心持で働いてゐるといふことを、新しい戰傷者にお傳へしたならば、先輩の苦心活躍があるから、勇氣百倍して働らかうといふ、一つの光明を與へるものと思ひまして、斯様な會を催したのであります。皆様の御經驗談、苦心談を記錄にして、他日今次の新しい名譽の戰傷者の方々のお集りなどにお傳へして、大いに元氣百倍して御活躍を願はうと思ふのであります。

かような譯でありますから、どうぞ事情を御諒察の上、折角お集りを願つたのでありますから、どうか皆様から一人殘らず充分おきかせ願ひたいと思ひます。かような趣旨を以てこの座談會を催したわけでありますから、打寛ろいで、こういふことをきかせてみたいといふことを申述べていたゞけば

私として會を催した趣旨にも滿足するのでありまして、望外《ばうがい》の喜びであります。

開會にあたりまして、一言お集り願ひましたお禮を申上げまた今日のお話についてお願ひを申上げ、御挨拶と致します。

○副支部長（末廣《すゑひろ》榮《さかえ》氏） 私は副支部長として、傷痍軍人會に最も深い關係をもつてをります末廣であります。只今、支部長から申されたやうに、本日の座談會は極めてざつくばらんに、かたくならずに御所見を拜聽したいと思ひます。

昨年の四月に、傷痍軍人會の愛知縣支部が生れてから今日に至るまで、色々の關係で、これといふ御奉公も出來なかつたのでありますが、昨年の十一月初旬に役員の方々で、名古屋の陸軍病院と豐橋の病院に、今度の事變の傷病將兵の方を慰問していたゞいたのであります。本日の座談會の結果を印刷してパンフレットといたし、傷病兵の方にお頒《わか》ちしたならば本日お集りの方々の、過去における成功談、失敗談、その後における御活躍の様子をお傳へすることになるので、今度の傷病兵の方の慰めとなると思ひます。そのほか私共として、いろ〳〵社會事業團體などとも協力して、御奉公する參考資料ともなるのでありますから腹藏《ふくざう》なくご意見をきかせていたゞきたいと存じます。

○支部長（越野《こしの》菊雄《きくを》氏） それでは失禮ですが、私からお名ざしをして、その方からお話をお聞きすることに致したいと思ひます。負傷の模様を簡單にせられて、その後今日までの生活の模様、今日までの經驗において、こういふ點が困つた、今後の傷病兵はこういふことを考へていたゞきたいといふことを、餘計《よけい》お聞かせ願ひたいと思ひます。先づ最初に本會において、いろ〳〵お世話願つてゐる鈴木《すゞき》富吉《とみきち》氏にお願ひいたします。

○鈴木《すゞき》富吉《とみきち》氏 私はごく平凡に今日まで暮らさせていたゞきまして、これといつて申上げるほどのことは何もありませんが、折角のお催しでありますから、少しばかり申上げてみたいと思ひます。

私は第十師團の鳥取聯隊から出て、明治三十七年八月三十一日、遼陽附近の激戰において、頭部に貫通銃創を負ひました。野戰病院收容當時は、精神が朦朧《まうろう》としてまつたく死生のほどもわからない有様で、たび〳〵軍醫から遺言を迫られたのでありますが、一週間くらいして意識も次第に明瞭になりました。

野戰病院から後送の途中深く感じたことは、世間や新聞で名譽の戰死とか、名譽の負傷などといふが、名譽とは一體何であるかといふ問題であります。自分の手や足が少しも動かない、この有様が名譽だらうか、またこういふ身體《からだ》になつて

陛下に對し奉りまして忠義であらうか、この問題解決のためにいろ〳〵考へたため、大分傷の痛みを凌ぐことが出來たやうであります。次々と後送されて、十一月姫路の衛戍病院に入院しましたが、この間、家のこととか、退職後の方針といふことについては毛頭も考へたことはありません。只管《ひたすら》、一日も早く傷がなほつて、再び戰線に立てなくとも、せめて補充隊附となつて働きたいといふことで一杯《いつぱい》でありました。その後退院いたしまして、軍醫のお世話で、東京帝大の三浦内科に入つて治療しました。自分としては、日本一の先生に治療してもらつて、直らなかつたら諦《あきら》めやうとしたのであります。六ヶ月程いたしまして、同先生から到底治《なほ》らないといふ宣告をうけましたから、意を決して補充隊に入つて、中隊長を勸めましたが、練兵場に出るにも擔架《たんか》に乘つたり、椅子にかけて教育に從事したのであります。當時の戰況は、我國としては實に累卵《るいらん》の危きにあつて、ロシヤは新鋭兵をどし〳〵送つて來るのに、我國は不完全な補充兵をもつてこれに對峙《たいじ》してゐたのであることを申上げておきます。その後、聯隊區司令部の副官になりましたが、この戰役が我が大捷《たいしょう》となりまして、軍隊が歸還いたしました。そこで始めて私は退職後のことを考へました。さうして妻帶いたしましたが、私は舌だけは動くから退職後は舌で御奉公したいと思つたのであります。そこで東京外國語學校の入學許可を得まして、やつとの思ひで退職願を出しましたが、引留めてきかれなかつた。それをふりきつてフランス語を學びまして、これを終へましたが、丁度その時、たゞ一人の弟が、兵學校を卒業して遠洋航海に出て、その歸りに臺灣の傍で事故《じこ》のために亡《な》くなりましたので、何だか世の中が嫌になつて、幼年學校の教官にならんかとか、參謀本部の飜譯官《ほんやくかん》にならぬかとかいふ話があつたのを斷りまして名古屋の近在に隱棲し、養雞や百姓の眞似《まね》をしてゐる間に健康を回復して、今日のやうな身體になつたのであります。その後、子供が次々と生れ學齡に達しましたので、市中に住むやうになり一寸した商賣をしまた商店の支配人を致しましたが、面白くないと思つたので、以後は一切儲《いつさいまう》け仕事はやるまいといふことにして、子供の教育と、それにこの町内は四百戸ほどの戸數ですが、そのお世話をすることになり、二十年間ばかり勤めて參りました。只今では子供が一人になつて、全部獨立しましたが、はじめは恩給が合計で五百二十五圓で、それで生活をしたから、かなり苦しい思ひをしました。が子供達が今日あるのは、その間に於る授業料の免除であります。苦しい時にはいろ〳〵のことが起りやすいから、恩給證書は貯金局に預けておいたのであります。さうすることは現在でもいゝ方法であると思ひますから、皆さ

んにもお勸め致します。恩給はその後、増額につぐ増額で、今日では大變樂になりまして、しみ〴〵君恩の宏大を思はずには居られません。自分としましては、ます〳〵行ひを愼しみ、餘世を公益に盡したいと思ひます。

昭和三年以來、私達有志で、本縣に傷痍軍人會を組織致しまして、その會長を勸めて、皆樣からいろ〳〵承はり最も感じたことは、傷痍軍人の職業といふことであります。本日お集りの方々は、それ〴〵の方面に御成功の方でありますが、傷痍軍人全體から見て、忌彈《きだん》なく申しますれば、農村に殘つてゐる方は概して成功し、都會でも土着の人はよいが、農村から都會に出て來られた方は、失敗者が多いのは、今回の傷病將兵各位の尊い參考になりはしないかと思ひます。當局では今次事變の傷痍軍人のために、職業再教育といふことに大變力瘤をいれておいでになりますが、日清日露の戰役當時の私共から見ると羨望《ぜんぼう》に堪えないことで、相當の成果をおさめられることゝ思ひますが、次のやうなことを申上げたいと思ひます。

一、農村にあつた者は以前の農村に歸り、身體相應に農業に從事すること

二、從來職業についてゐた者は、身體相應にそのまゝ就業し、出來ない時にその職業について再教育をうけること

三、都會に住んでゐた者が、以前の職業に全然從事することが不能の場合、はじめて新らしい職業の再教育をうけること

四、農村より都會に出て、何か始めやうとすることは失敗のもとである。

以上四つのことは、何《いづ》れにしても恩給證書を擔保にして、事業資金に投資することは、多くの場合失敗して、破滅を來すことが多いから、新しい傷痍軍人のためこの點ご注意致したいのであります。

傷痍軍人に對する待遇については、政府におかれて審議會を催され、充分論議されて、着々實現される樣子を承はりまして、感激に堪えません。顧みれば、過去においては、國家施設に於て及ばない所があり、悲慘《ひさん》な境遇におちた方もあつたが、追々改善されて、殊に今度の恩給改正法については一層改善され、君恩の宏大に感激する次第でありますから、吾人は一層名譽の保持に、充分言行を愼み、常によく家庭を背負つて、子弟の教養につとめ、進んで公益をひろめ、眞に國民の儀表《ぎひやう》たるの心がけを持たなければならぬと思ひます。公私の念を忘れ、只自己あるのみ、又は暇あるにまかせて、惡宣傳を事とするやうな輩《やから》に至つては、唾棄《だき》すべきものといはざ

るを得ません。御靜聽を煩はしました。

○支部長（越野菊雄《こしのきくを》氏）　それでは長尾銀治《ながをぎんじ》氏にお願ひ致します。

○長尾《ながを》銀《ぎん》治《じ》氏　私は日露戰役に際し、第三師團から出征いたしまして奉天附近の李官堡といふ所で、敵の數彈をうけて非常な重傷でありましたが、その後陸軍病院の手厚い御看護によりまして、追々全快に向ひましたが、不幸にも數彈の中、一ヶ所右手の上膊に盲管銃創をうけたのが、切斷といふことになつたのであります。その當時私は、非常な重傷のため、病院でも格別に手厚い看護をうけまして、三十九年の二月、陸軍病院を退院することが出來て、家へ歸つたといふやうな有樣であります。家へ歸つてからの職業については、以前は一介の竹細工の職人でありましたので、右手を失つては仕事が出來ないから、その後、陸軍の方から偕行社の使用人にしてやるから來たらどうか、といふ話がありましたが、もと〳〵家でそういふ職をやつてゐたものであるから、俸給生活といふことはどうも乘り氣がしない、又不具者であつて、格別に御使用願ふといふことは、堪えられないと思ひましたので、何とかして生活の途を營業に轉換しやうといふので、秤《はかり》ももたず、桝《ます》もたないといふ商賣を考へて、その結果、荒物屋をやるより外ないと思つて、荒物の小賣と卸賣を少しづゝやつて、その後五六年たつて、三四人の使用人を置くやうになりました。職業については單にそんなことで、今日に至つて居ります。職業生活の體驗といふことについて申しますと、只その當時のまゝ現在に至つたといふわけであります。

恩給については、只今鈴木《すゞき》氏のお話のやうに、私もその當時から郵便局に保管致しまして、今日に至つて居りますが、私共の傷痍軍人のお友達の中にも、恩給證書を擔保にして、營業資金とされた方も澤山あるのを承はつて居りますが、恩給證書は今後においても、絶對にさういふやうなことに御使用にならぬことをお勸めしたいと思ひます。恩給證書を擔保にして、その金を使用する時は、成功すればよいが不成功に終つた時は、それをとり戻すことはなか〳〵出來ないから、その點は今後の方にも御注意申上げたいと思ひます。

傷痍軍人としての注意は、私共は何分にも兵卒でありまして、軍人會などにおいても、さしたる役もうけて居りませんが、私としては只今の鈴木さんのお話の如く、あまり自尊心をたかめないやうに、今日恩給をいたゞくといふことは眞に有難いことでありまして、又いろ〳〵のことについて非常に喜んでゐる次第であります。

現在では、老人にもなりましたことでありますから、營業も子供にまかせて、殆んど監督するだけでありますが、今日

では自分は手のない方がむしろよかつたと思ひます。兩手があつて、一介の職人でゐるよりも、手を失つた方が、却《かえ》つて發奮出來てよかつたと思つて居ります。ですから、どちらかといへば、今日ではその當時負傷したのを喜んでゐる次第であります。誠に前後した話で恐入ります。

○支部長（越野菊雄《こしのきくを》氏）　大變どうも有難たうございます。それでは大竹常《おほたけつね》三郎さんにお願ひします。

○大竹常《おほたけつね》三郎氏　私は明治三十六年兵でありますが、日露の動員と同時に出征することが出來なくて、補充隊としてこちらに殘つて居りました。しかしどうしても、戰地に行きたくてたまらないので、血書して出征したのでありますが、負傷したのは戰闘中ではありません。一月二十一日の午後三時頃、土嚢作業中に埋沒してゐた敵の不發彈が爆發して負傷したのであります。五時に病院で手術をうけたが、出血が甚だしくて到底助からないといふことでありました。自分としては死ぬことは名譽だから、死んだ方がいゝと思つたのでありますが、病床日誌には「精神に異狀あり注意すべし」といふので、不寢番がついてゐたさうです（笑聲）それから二月四日、煙臺の兵站病院に居ります時、畏くも　天皇陛下の御慰問使と　皇太子殿下の御慰問使がお見えになつた時には、私はまだ病床に坐つて、敬意を表することが出來なかつたのであります。枕邊にお出でになつて私のことを聞かれて「お前はまだ命をとりとめただけでも不幸中の幸である。陛下からの恩賜の義肢を拜受して、軍人精神を忘れずにしつかりやれ」といはれました。それから郷里へ歸りましたが、まだ二十三才の一人ぼつちで、このまゝでは居られないから何かやらなければならないが、私の家は百姓と日傭とりと雜貨商をやつてゐたので、それから百姓と雜貨商をやりました。日傭取りはもう出來ません。そこで私はとても金持にはなれんから、子福長者になつて、子供に世の中のためになつて貰はうと思ひました。そこでつくることは十五年の間に八人出來ました。しかし粗製濫造で、どうもみんな弱い、兄は兵隊を志願させたが補充兵で、弟は海軍へ入れやうとしたが駄目でした。それは船乘りになつてをりまして、先の上海事變では御用船に乘つたのであります。

二十三で百姓をしてゐたから、前途の生活は考へてゐませんでした。その當時癈兵院（現在の傷兵院）で職業を教えてゐましたが、その中で刺繡を覺えて、大連へ行つて居られる方など、今では十數萬の資産ですが、その方なんかは考へが違つて居りまして、三年間に一生懸命勉强されたのであります私は子供は澤山生れたが、大正七年に三男が流行性感冒で亡くなり、八年には母が子宮癌で死に、九年には長女、十年には妻

が乳吞兒を殘して死ぬといふわけで、到頭生活難に陷つて、商賣も廢業せねばならぬことになりました。あの時、軍人後援會から五圓づゝ七ケ月、三十五圓いたゞきましたが非常に助かりました、米は一升二十三四錢の時で、生活のドン底にありました。しかし鈴木さんのお話の通り、恩給證書は貯金局に預けてありました。けれども借金があつては困りますので家を整理しました。こういふ事情であるから、なるだけ高く賣りたいと思つたが、實際となるとさういふわけにはいかん、相手はなるだけ安く買はうとする、それでその時思ひました。社會がどうかしてくれさうなものだ、こんなことならあの時死んでゐた方がよかつたと思ひましたが、これではいかん「憂《う》きことのなほこの上に積れかし、限りある身の力ためさん」といふ歌があると、發奮して今日に至りました。

今後の傷痍軍人の職業については、どうも重傷者はなるべく農村から都會に行かない方がいゝと思ひます。傷兵院に十八年もゐた人が、あそこにゐるのを望まなくて出られたが、四百何十人傷兵院にゐたが成功者は少ない、震災の方々が收容されて職業再教育をうけてゐる啓成社といふのがあるが、この方は恩給がない、一方は恩給を貰つてゐて、田舍から來ると幸せ過ぎるといふ感じがあつて、どうしても軋轢が出來るやうに思はれる。

次に昭和九年の五月に、鈴木さんを團長として、滿洲に慰問に行つたことがあります。何處でも非常におもてなしをうけましたが、一ばん感じたのはハルピンでありまして、その商工會議所の方に案內されて、方々を見學したのでありまず。あそこには白系露人が四萬六千人ほど居りまして、祖國には居れませんから、日本の日の丸の下に生活をして居ります。そこの貧民窟を見たが、二千人餘の人がゐる、それを見て私は日本に生を得て、傷痍軍人として待遇されることを非常に有難く感じました。それから私も愼まねばならぬ、個人としても出來るだけのことをして、御國のために盡したいと思ひまして皇軍將兵に慰問品なども送りまして、そのお禮の手紙が澤山來て居りますが、非常に立派な覺悟で働いて居られます。

どうしても二十三や四の頃では、生活戰線に立つて、どうこうといふことは考へなかつた。現に私の近くに、深谷某といふ傷痍軍人がありますが、朝鮮軍にゐて負傷して二百餘日病院にゐたが病院に飽いて來たから歸るといふので、まだよくなかつたが歸つて來て商賣を始めやうとしたのでありまず。盲腸が惡かつたのでありますが、病院で徹底的に治して貰へばよかつたが、早く歸つたために、その後惡くなつて盲腸炎で地方の病院に入院した。それに都合の惡いことには、

嫁さんが難產で、岡崎の病院に入院したといふ始末で大分借財を致しました。手術をすると、腸結核でありましたが非常な苦しみをしました。その他二三の例もありますが、陸軍病院で治せる限りは、徹底的に治して貰つた方がいゝと思ひます。

それから義手義足の點でありますが、その頃はドイツあたりでは、手や足を失くすれば、義手や義足をつけて、やれる仕事を授けるといふことを聞いてゐましたが、我國では、その點餘り考へられなかつた。この點は、軍醫におかれても充分研究していたゞきたいと思ひます。尙仕事もよく出來る義肢を研究してゐたゞきたい。

それから最後に、我々傷痍軍人は國恩に浴し、國家社會から待遇されてゐるが、一面甘えてゐる點もある、餘り國家に賴り過ぎる。それから、主人が重傷であれば、仕事が出來かねるのであるから、子弟の教育を、餘程考へなければならぬと思ひます。只主人の恩給を賴つて、何もしないといふことをしないやうに、子弟の教育が大切であります。私の村に、兩手のない方があります、今年二十五でありますが、十二の時に電氣のために兩手をやられた、それが發奮して、一時は活動の辯士(映畫說明者)をしたこともあるが、今では代書人をして居ります。口で字を書くのであります。兩手のない人が却つて立派な生活して居ります。恩給も何も貰つて居りません、それにくらべると、傷痍軍人は餘程發奮しければならないと思ひます。その人は代書業で、安樂に生活してゐるが自分の精神一つで樂に暮らせるようになるのであります。それで支部長さんから、傷痍軍人の信條といふやうなものを定めていたゞきたいと思ひます、こゝに傷痍軍人訓といふ一つの腹案を持つて參りましたから、讀んでみます。

傷痍軍人訓

一、鴻大無邊ナル皇恩ニ對シ奉リ、寸時モ報恩ノ念ヲ忘レズ勅諭勅語ノ御趣旨ヲ奉戴シ、有終ノ美ヲ完ウセヨ

二、名譽ノ負傷者、名譽ノ軍人トシテ、終始スベキ言論行爲ヲ愼重ニシ、以テ諸子ノ本分ヲ完ウセヨ

三、諸子ノ身體ハ、症狀上絕對ニ强健ヲ保シ難ク、故ニ、行動坐臥自愛自重シ以テ保健ニ留意セヨ

こういふやうな趣旨を徹底して、傷痍軍人として、後指をさゝれないやうにしたい覺悟を持つて居ります。

○支部長(**越野《こしの》菊雄《きくを》氏**)二十五才で電氣で兩手を無くして代書業をしてゐるといふ人は何處の何といふ方ですか。

○大竹《おほたけ》常《つね》三郎氏　大濱に居ります、杉田《すぎた》繁信《しげのぶ》といつて二十五才です。私共が行くと非常に煩悶します。學校で一緒の仲間の人が、戰地で働いてゐるのに、自分は國家のために働けな

いといつて惱みますが、立派な精神の持主であります。

○支部長(**越野《こしの》菊雄《きくを》氏**)有難たうございました。それでは次に各務《かゝみ》作《さく》太郎さんにお話願ひます。

○各務《かゝみ》作《さく》太郎氏　私のお話はお恥しい話で、失敗につぐ失敗といふのであります。私は明治三十四年兵として近衞聯隊に入隊して、丁度三年兵の時に戰爭となり、三十七年二月東京を出發しまして新橋驛を市民の歡呼裡に立つたのでありますが三月十一日に宇品を出發、朝鮮の鎭南浦に上陸、九連城をはじめとして、十二ケ所の戰鬪に參加したのであります。私は陸軍記念日の三月十日に奉天附近激戰に、斥候に出て、腹部及左腕に貫通銃創をうけました。急造擔架で第一野戰病院に收容され看護をうけたが、四足とも痲痺《まひ》して動かない、小便も出血で、一日三回とつていたゞきました。大便は一週間に一度、浣腸か又は藥でとるといふ有樣で、看護兵のお世話になつたことは一通りでありません。食事はミルク小量だけか、パイナツプルの汁を啜《すゝ》つて生命を保つてゐました。その後第二野戰病院に還送されましたが、その時はじめて尿が自然に出るやうになつた、その時の嬉しさは今なほ忘れません四月十八日大連から東京澁谷病院に轉送され、腹部の手當をうけまして傷口も治り、翌年八月に兵役免除となつたのであります。

入院生活五百餘日、この間の手厚い御手當には、今なほ感謝の念を禁じ得ません。宅へ歸ると、待ちに待つた祖母や母が泣いて喜んでくれました。四十年の春、私の伯母が、家內も少いことであるから、妻を娶《めと》つてはどうかとすゝめてくれました。母もそれがよからうと口を添えてくれましたが、私は腹部と左腕貫通銃創の上、脊髓損傷のこの身體で、果して妻を迎へることが出來るかどうか、疑ひを待つて居りました母に話すことの出來ぬ苦痛があつたのであります。これは何れの傷病兵諸士も同じであらうと思ひます。しかし私は、母の言葉には、如何なることでも應ずるといふ決心をしてゐたのであります。母は二十四才の時に父に死別し、その時に私は生れたのであります。女手一つで、養育してくれたのでありますから、私としては人より二倍も三倍も大切な母親であります。嫁を迎へて、別段の仕事もなく休養して居りましたが不安に思つてゐた子供も生れて、診斷書の苦痛も、今は昔のことになり身體も少しづゝよくなつて來たので、何か仕事をと思つて、學校の近くに住んでゐましたので、文房具店を始めました。十四年間やりましたが、學校が移轉したので自然廢業し、何か仕事をと思ひましたが、私は四肢揃つてはゐるが足の裏にタコがあたつて、身體を兩足で支へることが困難で、力仕事は出來ません、それに今でも尿が飛出し、又冬

になれば尿が滲《し》み出すといふ身體のために、入營前の百姓も出來ず、そのまゝ貸地米と恩給で、質素な生活をして參りました。しかし大正年間の、あの農村の人氣が落ちた頃から、貸地米の收入に變化を來したので、多少でも自作農をせねばならぬが、力仕事は出來ないので、人を雇ふといふことで生活に狂ひが生じたのです。又折も折とて力と恃《たの》む長男が、第一師範の五年生の時に病氣で斃《たほ》れ、わづかの貯金も年々の赤字で、すつかりなくしてしまい、こゝに第一の生活の基礎は破れてしまひました。

第二の生活に入るには、不動產を賣渡して、生活の安定をはかるより仕方がなかつたのであります。しかしこの苦しみを一人の母に見せなかつたのが、何よりだつたと今でも喜んでゐます。さうしてやうやく今日まで暮らして來たのです。その間三男が五年間病に伏して、昨年十二月二十三才で亡くなりました。次々に起る不幸であります。

只今の心境としては、子供の教育と、家族の健康とをひたすら祈るばかりです。又本年は四男が丁度徵兵適齡になつて居りますから、いさゝかなりとも、國家のために御奉公させたい、又自分のやうな、不幸な家庭にはあり勝ちのことですが、子供が少しの病氣にも脅《おび》える惡習が出來てゐます。これを一掃するためにも、何卒合格するやう念願するのであります。

回顧すれば私は三十三年間、先祖よりの土地を失ひ、恩給を食ひ、子供が出來たと喜んだのも束の間、三人の男子を亡《うしな》ひ感慨無量なものがあります。今後も社會の苦惱と戰つて進まねばなりませんが、唯信仰の力に生きて、進まんことを心に誓つてゐる次第であります。洵に辱しい三十三年のお話で赤面致す次第でございます。

○支部長(**越野《こしの》菊雄《きくを》氏**)有難たうございました。大變お氣の毒なことです、唯今ではお子さんは一人ですね。

○各務《かゞみ》作太郎氏　さうです。私は生れる時から運命が決《きま》つてゐたんですね。たゞ四男が今年適齡ですから、是非合格させたいと思つてゐます。

○支部長(**越野《こしの》菊雄《きくを》氏**)誠に感じ入つたお話で、大變有難たうございます。それでは山中《やまなか》德松《とくまつ》さんにお願ひ致します。

○山中《やまなか》德松《とくまつ》氏　私は步兵第六聯隊に屬して出征しました。明治三十八年三月七日、奉天李官堡で左顏に盲管銃創をうけ、病院を轉々と後送されて、四月十二日名古屋の衛戍病院に收容されました。七月頃視力失明のために、兵役免除となつたのであります。除隊後の私の處世に關して、少し申上げたいと思ひます。私の父は年も老年のことでありますから、商賣人になれと非常にすゝめたのであります。又私の親戚にも相

當手廣く商賣をやつてゐるのがありまして、名古屋に本店を設け、京都に工場を置き、所々に支店を設けてやつて居りましたから、その主人も、私に商賣人になることをすゝめたのであります。けれども私は商賣はあまりすゝまなかつた。その當時、私のすぐ次の弟が愛知醫學専門學校に學んでゐたのでそれらの關係で、私もどうかして實業學校の一つもやりたいと思つてゐました。その翌年私が二十四才の三月に、豊橋の奥の安城農林學校の林科一年に入學願書を出したのであります。その當時安城の農林學校は、豫科一年、本科三年といふことでありました。本科は農科と林科とに分れてゐたのであります。私は豫科から本科に進むつもりでありましたが、幸ひその年に、農科も林科も補欠入學があつたので、林科一年に入學を許可されました。で家へ歸つて父にそのことを話しますと、それは結構だ、しかし學資をどうして出すかといふから、私はその時恩給と一時公債八十圓をいたゞいてゐたからそれでやるといつたのであります、父はそれでやつて行けるかといふ、やつて行きますといふので、農家の一室をかりて通學しました。間もなく恩給が改正され、その當時は物價の安い時でありましたが、下宿に入ると四圓五十錢で、それではどうもやりにくいと思つたから、自炊生活をしたのであります。

かようにして、私は三ケ年をどうかこうか過して、明治四十二年に林科を卒業しました。その當時は學生が少い時で、就職に心配のいらぬ時でしたから、私は希望通りその後間もなく、帝室林野局名古屋支局に勤務することにより、飛彈《ひだ》の小坂《こさか》出張員を命ぜられました。その翌年妻を娶り、子供が生れるといふわけで、明朗に愉快になりました、が間もなく、名古屋にゐました父親が病死したのであります。私の家族は名古屋に弟が二人、妹が一人ありましたが、私は長男ですからどうしても家をつがねばならぬ。私も林野局に勤めてまだ六年そこ〳〵にしかならぬ、名古屋に行くわけにいかん、とも角母に話して現狀維持で、子弟の教育を依頼してゐたのであります。と、翌年下の弟が病死し、それから二年程して中學にゐた弟が金澤の藥學専門學校に入學しました。實はこの弟は名古屋にゐて、實家を監督させるつもりでしたが、當時歐洲戰爭の頃で藥品が缺乏し、化學工業が喧傳されたので弟もそちらに進むことになつたのです。さうなると實家は母と子供だけで心配でありますので、私の妻を子供三人つれて歸し、私は飛彈で獨身生活をやりました。その時幸ひ母が丈夫であつたから、子供のお守を母に賴み、妻は藥學校に通つて文部省の藥劑師の資格を得たのであります。私はその後二三の林野局を轉勤し、大正十三年辭職しまして、妻は折角藥

劑師の資格を得たのですから、藥局を開かせることとし、現在の所に開業し今日に至つて居ります。

下らん話で失禮しました。

○**支部長**（**越野《こしの》菊雄《きくを》氏**）有難たうございました。それでは櫻《さくら》井《ゐ》保《やす》次郎さんにお願ひします。

○**櫻井《さくらゐ》保《やす》次郎氏**　私は明治三十八年三月七日、奉天附近で戰鬪中右前膊盲管銃創をうけ、各地病院に轉送され、十一月に名古屋第一分院に入院、明治三十九年五月兵役免除となり、郷里知多郡上野村に歸りました。

その後傷が痛むので療養して居りましたが、私の家は父母と兄弟六人で、農業をやつてゐました。私は農業が出來ぬ故、その年に分家して酒溜の店を出しました。私も妻も商賣に馴《な》れぬので二三年で失敗して、五六百圓の負債が出來ました。その當時の恩給は餘り澤山ありませんでしたから、生活も困難になり、父からの家や土地も人手に渡さねばならぬことになりました。そこで私は決心を固め、知人に賴んで熱田兵器工廠で働くことになりました。二三年たつて、妻の內職として、現在のさゝやかな煙草、雜貨店を營ませることにしました。私は大正十三年まで兵器廠に勤め、退職賜金一千五百圓で、それを資本として工業所を始めたのです。その當時は相當の利益もあつたのですが、都合で昭和七年廢業しましたが昨年末から又或る工場に勤めてゐます。

恩給は預金及び私共夫婦と子供二人の生命保險等にあてゝ居ります。私は傷痍軍人として、國家から恩給を賜はる身であるから、日常の生活や信條については、陛下に對し奉つて忠義を盡し、國家に對し終生報國の信念で行かねばならぬと信じて居ります。それには先づ、一家の平和を重んじ、近隣郷黨の方々には親密に交際して、他人と口論爭議などを愼しみ他の模範になる心懸けで、過去御國のために、報國の一端を盡したいと思つた自負心を、忘れないやうにしたいと存じて居ります。

私は、體驗より考へれば、傷の程度によつて大官衙、大工場等で適材適所を選び就職させていただくことが一ばん結構なことゝ存じます。一時的の救濟や後援よりも、適當の職を與へて下さることが肝要のことゝ存じます。又本人もその自覺の下に、進んで就職することこそ望みたいのであります。私は幸ひにも健康であるから、この健康の續く限り、現在なしてゐる軍需品關係の仕事に勵んで行くことが、自分のためのみならず又ひいては御國のために盡すことであると考へてゐるのであります。

○**支部長**（**越野《こしの》菊雄《きくを》氏**）有難たうございました。次に小林藤《こばやしとう》吉《きち》さんお願ひします。

○**小林藤吉《こばやしとうきち》氏**　私は三十七年の秋に六聯隊に入營致しまして翌年三月七日に李官堡で左足に貫通銃創をうけて、名古屋の病院に四月十五日と思ひますが、參りまして、一年の後兵役免除となり、六項症となつたのであります。

私は母に早く別れ、父にも十五の年に別れたやうな悲境でありましたので、退院した時は行く先もないので、取敢えず友人である吉田といふ人の家へ厄介になりました。鈑力の鑵をつくるといふのが私の商賣であります。ところが、恩給で徒食してはいけない、何かやらなければならぬといふので、その時論功行賞において、勳八等白色桐葉章と百五十圓の賜金がありましたのでその公債を百三十一圓と思ひますが賣りまして、それをもとでとして西區の小島町に二圓五十錢の借家に入つて、先づやらうといふことになつたのであります。一般にわれ〳〵傷痍軍人の多くは、藥や齒磨の押賣りみたいなことをして、面白くない話を聞いて居りました。又一方にはこゝに居られる長尾《ながを》氏は腕が一本ない、その方ですら車に籠をつけて市中を賣つて歩かれる。それを見て私も奮起しまして鑵詰の製造をやることにしたのであります。當時は戰後の好況で、鑵詰は名古屋でやる人が澤山あつて、お陰でその日を暮らして行けるやうになりました。しかしその時、私にはどうしてもやらなければならぬことが一つあつた。それは私は父母に別れると同時に、伯母に世話になりましたが、それが運惡く亭主に別れ、子供がないので、私がそれを養はなければならない。足はどうかといへば、負傷のため三丁位歩けるが、それ以上は痛くて歩けない。鑵をつくつても、それを持つて行かなければならない、やむなく小僧を雇ひましたもう一つやらねばならぬことがある、それは杉本《すぎもと》、古井《ふるゐ》といふ戰友があつて、戰場で一緒にやらう、骨を拾はうといふので約束しましたが、三月七日に私が負傷し、戰友二人が戰死したのであります。これを弔はねばならない、石碑を立てなければならない、どうしても記念碑をたてたいと思ひましたそれで小銃彈に二人の名をほつて、先づ二圓あるから、お經《きやう》をおげようと思ひました。これが私をして奮起せしめましたその後、私は頭がわるいに拘らず考案することがすきで、繭の種をつけるものを鈑力で考案してつくりましたが、それが當つたのか、大正七八年の好況の波に乘りまして、いさゝか利益を得ました。それで大正八年に覺王山に、一千餘圓かけて記念碑をたてました。自慢するやうで失禮ですが、先づ自分の思ひを達したわけであります。遺族の方にもお知らせして喜んでいたゞきました。

それからだん〳〵世の中を見て、こういふ設備をしたら世の中のためになるといふやうなことを考へました。といふの

は先天的に不具の人でも働いてゐるのに、何故《なぜ》戰傷者だけがあまえて藥賣りをしてゐるか、腕一本ない人ですら活動してゐる、よしツ　國家ばかり賴つてはいけない、自分は彈をいくつうつたか、百うつたか、二百うつたか、それが若し敵にあたつて居ればいゝが、若しあたつてゐないとすれば、敵を斃《たほ》しもしないで、自分だけ敵の彈にあたつて恩給をいたゞいてゐたのでは、國家に盡したことにならないではないか、どうかして恩給のいたゞけるだけのことは世の中に返すべきではないかと考へたのであります。甚だ生意氣のやうでありますが、今日の座談會は赤裸々に話せといふことでありますから申上げたいと思ふのでありますが、私は父母に別れて、教育は二年あまりしか受けて居りません。だから私は、教育といふことに非常に重きをおいてゐたのであります。その當時私は笹島町に住んでゐましたが、この町は御承知の如く、蘇鐵町といふ貧民部落に近いので、驛から柳橋の間は家がありますが、一度南へ行くと非常に惡くなります。その頃笹島小學校には、兒童の理科實驗の器具がなくて惱んで居られたので、恩給が毎年積んであつた一千八百圓をかけて、これを寄附しました。これといふのは何であるかといへば、毎日見る人は、一面見にくい人でも頭を下げるべき人があるが、こゝに御出席の長尾《ながを》氏の御奮鬪の樣子を見まして、出來ることならと思つて實行したのであります。

その後子供がだん〳〵大きくなつて、こゝは環境が面白くないので、東郊覺王山の方へ移りましたが、しかしこゝには風紀上面白くない點もあるので、これは何かたてようと思つて思ひついたのが圖書館であります。大正十四年に小さい圖書館をつくりました。圖書は買集めたのが百冊ばかりあつたので、それを拋《ほう》り込んだのであります。それが番人も何もない只默つて來て、默つて入つて默つて出して、默つて讀んで、默つてお歸りといふことをやりましたが、それが面白いと見えて、女工が、默つて來て、默つて出して、默つて讀んで、默つて歸つて行くといふことをやるやうになりました。その後縣の社會教育課の方から今度　陛下の御大典で簡易圖書館を縣下に三十ばかりつくりたいと思つてゐるが、君のもそれに加つてもらいたいといふ話がありましたので、恩給が四百五十圓になつてゐたから、よし、これでやらうと思つて、家內のものと相談した上、「昭和通俗圖書館」と改稱して、以來十三年間やりました。昭和十二年には文部省から優良圖書館として表彰されたこともございます。

その後一昨年の八月に、それをやめて藏書三千冊を高見小學校に寄附して、小林文庫になつて居ります。何故やめたか

といへば、子供には恩給はない若し商賣が面白くなつた時は、やめねばならぬだらう、それに圖書館事業は非常に六ヶ敷いもので無料で、讀ませて新刊雜誌を買つて行くと、どうしても年に相當の經費がいる、だから足許《あしもと》の明るいうちに寄附することに致したのであります。

　これは自分の體驗でなく、自慢のやうになつて恐入りますが、傷痍軍人は國家の負傷者である、國家最高の犧牲者である、といふやうな考へで行動してゐる人が往々におりますやうですが、どうも廢兵といふものは、嫌がるものを賣りつける、といふやうに思はれて居ります。先天的に不具の人でも何か業務についてゐるから、何もやれんことはないといふ見地からいつて、何もしないといふことはよい譯がありませんわれ〳〵のやうに教育も金もなく、何の背景もなかつたものでも、何かやらうと思へば出來る、ですからこの度の事變でわれ〳〵の同志の方が澤山出られるやうに思ひますが、その方々はどうか先づ自分で働く、といふ決心をしていたゞきたいと思ひます。

　この頃新聞で拜見しますと、當局の方がいろ〳〵考慮されて、職業の指導といふことに盡力されてゐるといふことでありまして、大變結構なことゝ思ひます。けれども御如才はなからうが、先づ働らくといふ氣持を持たせていたゞきたいと思ひます。とりとめのないことを申上げました。

○支部長（越野《こしの》菊雄《きくを》氏） 有難うございました。大變に御活躍になつてゐる樣子で、喜ばしく心强いことゝ思ひます。それでは用意が出來たさうですから、この邊で一寸休憩しお食事をしていたゞくことに致します。

○支部長（越野《こしの》菊雄《きくを》氏） それでは引續きお話を伺ふことに致します。石黒《いしぐろ》富《とみ》次郎さんにお願ひします。

○石黒《いしぐろ》富《とみ》次郎氏　私は步兵六聯隊から出征して南山で負傷し十八聯隊の野戰病院に收容されました。夜中の三時ごろだつたと思ひますが、この附近へ彈が來て危いから、動ける者は後方にさがれといふ命令で、途中で不意打をくわないやうに武器彈藥を持つて後方にさがりました。その後病院を轉送され、七月頃名古屋の衛戍病院に來て看護をうけたのであります。私達が來た時は、分院もやつと出來かゝりで、私達は最初にその分院で手當をうけたものです。なか〳〵傷が思ふやうに治りませんので、八ヶ月程療養して、恩給診斷をうけ、家へ歸りました。

　歸つてから、百姓をしたり、一文菓子を賣つたりしてゐたが、子供が九人もあるからどうすることも出來ない。恩給もいたゞいて居りましたが、やり切れない、役場に行つて、村

— 15 —

長さんに賴んで見たがどうする、といふことも出來なかつたのであります。その頃の生活は、ぐず〳〵暮らしてはゐましたが、乞食に近いやうな狀態でありました。その前、大正十年に、息子が入營しましたが、それを送り出す時の氣持は、世をはかなむやうな、自分の傷を思ひ起す氣持でした。それは三月ほどして歸つて參りましたが、それからも一文菓子を賣つたり、紙屑を買つたりして、生活をつゞけて居りましたその頃子供の一人が、尋常小學校を卒業しましたが、どうしても高等小學へやれないので、家で私の片腕として、働かせることに致しました。しかし、何時までも、これでは駄目だ到底頭をあげることは出來ないといふので、いろ〳〵考へましたが、丁度大正八年頃の好景氣の時でありましたから、葡萄酒がよからうといふので、これをやることにしましたが、それが少しづゝ當りこんで來まして喜んで居りました。その後都合で酒の小賣を始め、今では釀造の方もやるやうになり今日ぼつ〳〵暮して居ります。

○支部長（越野《こしの》菊雄《きくを》氏） 現在何か感じて居られることはありませんか。

○石黒《いしぐろ》富《とみ》次郎氏　最初、私は恩給がなく難儀致しましたが、恩給をいたゞいて、こんな嬉しいことはないと喜んで暮しました。

○支部長（越野《こしの》菊雄《きくを》氏） 子供さんはお達者ですか。

○石黒《いしぐろ》富《とみ》次郎氏　九人ありまして、去年滿洲の獨立守備隊に入營したのが居りますが、國家のため、働いてゐてくれますので、幾らか御奉公出來ることゝ思つてゐます。お蔭樣でまめで働いて居ります。

○支部長（越野《こしの》菊雄《きくを》氏） では次に安藤《あんどう》與吉《よきち》さんにお願ひします。

○安藤《あんどう》與吉《よきち》氏　私は岐阜縣の生れで、十三の年から名古屋で丁稚奉公をいたして居りました。敦賀《つるが》の十九聯隊へ入隊し、旅順附近の戰鬪で、左足の大腿へ敵彈があたりまして、野戰病院で「その足を切つたらうへ……」といはれましたが、私は「治るといふ自信を持つてゐるから、どうぞ切らずにおいて下さい、も一度出征しなければならない」と申しまして切斷することなく內地に還送され、退院後充分に療養致しましたので、今日では、左足が二寸ほど短いが、歩くのにさほどの困難を感じません。

　それで、丈夫でゐながら、遊んでゐるわけに行かない、自分で生活の途をたてねばならぬと考へて、僅か四圓の資本で十三の年から覺えた漬物と鑵詰の小賣をやることゝなり、自分で車をひいて、津島あたりまで行商に參りました。私は、どこまでも、この商賣で人にすがらずにやらう、と思つてや

— 16 —

つて來ましたが、今日では、どうにか生活も安定といふところで喜んで居ります。

　只今の私の希望は、子供も大きくなつたので、商賣はほゞ息子にまかせてゐますから、傷痍軍人或は在鄕軍人で團結していたゞきまして、煙草の元賣捌、酒保、軍隊關係、政府關係の仕事をやらせていたゞきたいといふことであります。

○支部長（越野《こしの》菊雄《きくを》氏） 何か、他の傷痍軍人或は今度の事變で、傷痍をうけられた方に、特に話してやりたいと思はれることはありませんか。

○安藤《あんどう》與吉《よきち》氏　どうしても、恩給とか人樣からの救助を願ふといふことは考へずに、自分で一心に働らく、といふ決心をもつていたゞきたい、といふのが私の希望であります。

○支部長（越野《こしの》菊雄《きくを》氏） 有難うございました。それでは上原《うえはら》吉《きち》太郎さんのお話を伺ひたいと思ひます。

○上原《うえはら》吉《きち》太郎氏　私の負傷は、右大腿部の骨折貫通銃創となつて居りますが、何處に障害を起したかは知りませんが、右の足が短縮しまして、實際は、下駄と草履ほどの差がありましたが、それも最初のうちで、同じやうな患者が用ひて居られる、こういふ一方高く、一方低い靴の雛型を貰ひまして、それで滿足に步けるやうな狀態であります。從ひまして、普通の履物ですと、爪先で步かなければならんから困難であるが、これならば機械的に一里でも二里でも步けます。これも機械のお蔭です。

　今日は白衣の勇士もいらつしやいますので、私の體驗を、一寸申上げて見ますと、負傷と天氣豫報――天候が變る時は三日四日前にきつと分ります。何故かといへば、やつぱり身體に響きがあると見えまして、私は自分の負傷は、天氣のバロメーターだと思つて居りました。

　それから、今日の白衣の勇士方はきつと治ります。今日の醫術からいへば治ります。もとの身體になるとは申しませんが、傷が固ると治ります。私は最初、座敷でも步けませんでしたが、惡いながらに固ると步けます。で現在の白衣の勇士も、その點は安心して下さつてよいと思ひます。それが傷痍軍人といふことになると思ひます。今申上げたやうな天氣豫報があたるといふのは、氣持が惡い時です。惡い氣持がするさうすると二日目か三日目には、雨か風か、兎に角天候がかはります。さういふときは手當して、患部を冷さないやうにされたらよいと思ひます。しかし五年位して固つてくるともうバロメーターにはなりませんが、惡い間は、出來るだけ冷さないやうにすれば、結構だと思ひます。これは私の體驗談で、新しい勇士方に申上げておきます。

　私は現役を退いてから、先づ自分の職業をどういふ風に求

— 17 —

めやうかと考へました。現在の私の知識狀態では、再建の時代ですから、どうしても豫備知識を求めねばならないといふので、三年間勉强しました。さうしてゐるうちに、日露戰爭であります。私は近衛の後備第二聯隊で、第一に召集をうけたわけであります。その前三年間、少しばかり、教授――といつては當を得ませんが、自分も習ひながら、向ふにも教へるといふ意味で、支那公使館で語學をやつたのであります。出征してからも、それが役立ちました。

　負傷したのは、ロシヤ軍の增加によつて、遼陽から第一線に加はるといふので、小倉の師團の管轄に入りまして、沙河の會戰の少し前、任務が敵の軍隊を牽制せよ、といふのでありますから、どうしても夜襲するより仕方がない、敵の前部隊が夜間だけゐる所を、側面から夜襲するつもりで出て參りまして、その途中、前哨線を出てから約一里半位の所で敵の潜伏斥候に出會ひ、私だけ負傷しました。夜の三時頃です。彈は夜でもあたります。足音のするところを狙つて打てばあたります。幸ひ、私の方の部隊が多かつたから追ッ拂ふことが出來ましたが、私は骨折ですから、えらい苦しみをして參りまして、一ケ月位してやうやく、東京の赤十字病院に入りました。

　それで、先程申上げたやうに、多少の豫備知識を得て、實業界に出ようと思ひました。やゝ健康が同復し、實業方面へ出まして、現在でもやつぱり、あちらこちらの實業方面に仕事をして居りまして、やゝ生活も安定したと自分では、かすかながら思つてゐる次第であります。

　そこで、新しい傷病將兵さんの、御參考までに申上げたいことは、自分の負傷程度に應じた職業を、お求めになることが必要ではないか、無理なことをすれば、身體にさはりますそれで無理のない職業をお求めになつたならばいゝと思ひます。幸ひ職業紹介所も國營になるといふ時代でありまして、さういふ機關もあり、國家では職業再教育のため特に意を用ひられるやうでありますし、又銃後の國民も、熱心に誘導していたゞくから、さういふ方面に傳手を求められたならば、よいのではないかといふことを申上げたいと思ひます。

　先程恩給證書のお話がありましたが、私も遞信省に預けてあります。以上自己の經驗談でありますが、今日支那事變でやがては傷痍軍人になられる方もありますから、その點に力を入れて一寸お話申上げたのであります。これで御容赦願ひます。

○支部長（越野《こしの》菊雄《きくを》氏） 有難うございます。三年間豫備知識を求められたといふのは、具體的にいへばどういふことですか。

— 18 —

○上原吉太郎氏　當時、私には父母もあり、兄弟もありましたが、田舍で生活の道は立つてゐたから、私さへ努力すれば出來ることであるから、東京の早稲田大學で、法律と經濟學を學ばうとしたのであります。そしたら、戰爭となつて、私の身體に即應したものといふので、實業方面の人に傳手を求めたのであります。

○支部長（越野《こしの》菊雄《きくを》氏）有難うございました。次に森下芳雄《もりしたよしを》さんにお願ひします。

○森下芳雄《もりしたよしを》氏　私は滿洲事變の傷痍軍人で、年もまだ若いので、皆樣のやうに經驗はもつて居りませんが、昭和八年の十月に、奉天省通化縣の通化で負傷して、奉天の病院に收容されました。私は負傷の個所が、そのまゝ治るやうに思つて、憲兵志願をしやうと軍醫殿に願ひましたが、傷口がくさり、到頭右手を中關節から切斷しました。それでも私は、滿洲に居殘るやうに軍醫殿にお願ひしましたが、それはかなはず、大連、廣島、東京と還送されて、九年三月に退院したのであります。

入院當時の考へでは、養鷄などをやらうと思つたが、家へ歸つてから、父が、今まで商賣をやつてゐたのだから、商賣をするやうにといふので、聯隊區の方にお願ひして、東京の啓成社に入つて、約一年半ミシン科の方を習ひました。それで、商賣をはじめるといつたところで、自分一人では、到底店を開くことも出來ませんし、初めのうちは、戰友の家に厄介になつてゐて、知合の所へ行つて、ワイシャツ專門ですから、ワイシャツの仕事をとつて來て、やつて居りました。がさう長らく、戰友の家にゐるわけにもゆかず、自分で家を一軒かりて、半年ばかり自炊しましてから、或る人のすゝめによつて、妻をもらひまして、今ぼつ〳〵やつてゐる次第であります。

啓成社を出て、日清、日露の傷痍軍人の方は、よく御存知のことゝ思ひますが、退院して二年ばかりは、やつぱり、ひがみ根性が起るだらうと思ひまして、相當本などを讀んで、修養したが、風呂などへ行くと、どうも人が自分を見てゐるやうな氣がして、堪えられませんでした。それで、一時は自棄《やけ》になつたやうなこともあつて、妻を貰ふにも相當苦勞しましたが、これからの傷痍軍人の方も、若い人が澤山あると思ひますが、やつぱり二、三年の苦痛はあるだらうと思ひます。それを餘程、親なり、後援していたゞく方に骨折つていたゞかないと自棄《やけ》になる人もあり、相當苦勞する人もあると思ひます。

それから、商賣をやるにも手がないから、作業義手を、恤兵會からいたゞいて、やりましたが、やつぱり作業義手は、

人に見えるやうに出來てゐるから、はじめはきまりが惡いやうな、變な氣持でした。なれてしまへば、今では、如何に手が無からうと平氣でありますが、その當時は、餘程心せねばならぬと思ひました。それで、作業義手について、お願ひしたいことがありますが、恤兵會でいたゞいた義手は、後でこはれると自費で直さねばなりません、啓成社にゐて、作つて貰ひましたが、さう長くもつものではありません。一年半ばかりで、こはれてしまいました。最近義手屋へ出しましたがまだ直つて來ません。自費で三圓五十錢なり、五圓なり出さねばなりません。

○大竹常《おほたけつね》三郎氏　陸軍病院で二つ貰へるんぢやないですか。

○森下芳雄《もりしたよしを》氏　陸軍省は陸軍省、恩賜は恩賜で下げていたゞくのでありますが、もう少しかはつたものも、出來てゐるだらうと思ひますし、普通の義手と、作業する時のと、兩方一本で取はづしが出來るやうにと、この前陸軍の方へ行つて話しましたが、やつぱりさううまくゆきません。

○支部長（越野《こしの》菊雄《きくを》氏）大變いゝことを承はりました。あなたの作業義手とかを、直しますと幾らとられますか。

○森下芳雄《もりしたもしを》氏名古屋の松本といふ所へ出しましたが、金額はまだ分りませんが、三圓か三圓五十錢です。

○支部長（越野《こしの》菊雄《きくを》氏）自費でやらねばならんのですね、大變いゝ話を伺ひました。殊にお若いにも拘らず、啓成社を出てから、いろ〳〵氣まづい思ひがあつたといふ話であつたが啓成社の內部のことで、何かお話がありませんか。何も、あなたから伺つたからといふのではありませんが、自分も行つたことがあり、考へてゐることもありますので、その施設などについて、お考へがあつたら、伺つておきたいと思ひます啓成社で一年半修業された時に感じられたことか何か……

○森下芳雄《もりしたよしを》氏　啓成社には傷痍軍人も居られるが、地方の方も居られます。地方の方で私たち以上に、ひどい人もあります。しかし、どうしても傷痍軍人は恩給がありますから、先生が「何々をやれ」といはれても「嫌だ」といつて、遊びに行くやうな人もあります。私達もそれを聞いて居りまして、地方の人に全くすまんといふ氣持が起きます。餘程、理事さんから注意されたが、やつぱり相當さういふことをする人があります。傷痍軍人も、さういふことは考へなければいかんと思ひます。

○支部長（越野《こしの》菊雄《きくを》氏）啓成社を出られた當座は、誰も彼もが、自分を見てゐるやうな氣がするといふことは、實際に感ぜられたことゝ思ひますが……

○森下芳雄《もりしたよしを》氏　ひがみ根性といひますか、よそに出て、商賣に行つても、手を出すにも出しにくいんです。ワイシャツで

すから、寸法をとらねばなりませんので、普通の義手をつけてゐては、仕事が出來ないから、どうしても作業義手をつけて行くが、さういふ時、人から同情して貰ひますが、自分ではそんなに考へないで、却つて涙をこぼしたこともあります一ばん困るのは、旅行した時ですが、最近の汽車の窓は、兩手でなければ閉まりません。丹那トンネルのやうなところはいゝが、ほかのトンネルなどでは、煙が入ると閉めなければなりません。その時なんか、隣の人に賴むのも變だし、自分でもやれないから、涙が出ました。啓成社を出てから、暫らく戰友のところにゐたが、やつぱり人に厄介になるといふ氣持はどうもいけません。それで、自分で自炊してやりかけたが、思ふやうに仕事も捗《はかど》りませんので、妻を貰つて、どうにかこうにかといふところまで行きました。しかし、キチンとしたお得意がありませんから、軍部の皆樣にお願ひして、もう少し商賣の方に、身を入れたいと思ひます。

○支部長（越野《こしの》菊雄《きくを》氏）よくわかりました。妻帶された時は親御さんが心配されたと思ひますが、その點について何か……
……

○森下芳雄氏　私の親が心配して、田舍の方で相當さがしていたゞきましたが、やつぱり家が貧乏だし、こんな身體だからなのか、みんな斷つて來ます。それで、自分でも相當ムツと致しまして、自分でさがすからといふので、名古屋へ來てから、私の友人にさがして貰ひました。

○支部長（越野菊雄氏）今度の事變においては、若い傷痍軍人が多いから、政府においても、それらの方の結婚媒介といふことも考へなければならんと思ひます。短い時間ですが、大變いゝお話を伺ひました。あなたのワイシャツの仕事も、かような團體が應援して、御商賣の方が、幾分でも好都合になるやうにしたいと思ひます。又、ほかにもそのやうな方があると思ひますが、兎に角しらべまして、それ〴〵地元の方にお賴みします。今あなたは何處に居られますか。

○森下芳雄氏　名古屋驛のすぐ裏に居ります。

○支部長（越野《こしの》菊雄《きくを》氏）さうですか、大變有難うございました。それでは次に鈴木《すゞき》榮《えい》次郎さん……

○鈴木《すゞき》榮次郎氏　私は第六聯隊に編入されて、奉天で胸部の貫通銃創、右上膊の骨折貫通をうけ、大變重態でありました私の信念としては、應召當時から、どうしても病でたほれたくないといふ念願でありました。幸ひ、それがかないまして遂に第一分院に後送、退院して今日に及んだわけであります私は病院にゐる當時から考へまするに、私の職業は陶器の繪工でありまして、自分の最も大切にする、右腕の自由を失つたために、これではとても、從來の業務につくことが出來ま

せん。何かほかの仕事でなければならぬと思ひまして、病院にゐるうちから、左腕を一人前にするやうに努力しました。が、どうしても從來の職業をとることが出來ません。やむを得ず、陶器畵付業の事務員をして、暫らく働いて居りましたが、やつぱり十分の仕事が出來ません。そこで、親戚に洋服屋をやつてゐる人があつたから、足は兩方滿足ですし、つかひ歩きなどをすることになりました。しかし人並の働きが出來ませんから、人一倍働かねばならんといふ信念で、以來二十餘年を勤め、最近少々身體の具合が惡いので、やめましたやうなわけです。その間といふものは、給料は僅かですがお上からいたゞく恩給と兩方で、生活して來ました。が私の考へでは、どうかして恩給を浪費しないやうにといふ心懸から四ケ月分いたゞく恩給を、四等分して、その一つを一ケ月に使ふ、その中から、餘裕が出來れば、幾分でも貯蓄をするといふやうなことで、今日まで參りました。恩給の有難さをしみ〴〵感じてゐる次第であります。

又傷痍軍人としての體面を汚さないやうに、人にも接し、すべてのことに感謝の念をもち、電車などは乘車證をいたゞいて居りますので、無賃で乘せていたゞけるのを、非常に有難く思つて、乘るにも、降りるにも、車掌さん方にお禮をいつてゐます。又、汽車で、鐵道省に無賃乘車證をお返しする時には、お禮狀を出して感謝の意を表して居ります。

後進の傷病兵諸士に對する待遇とか、施設とか、その他については私共の當時より隨分改善されて、職業指導といふやうなことを、新聞紙上で拜見して、大變結構なことだと思つて居ります。

現在の心境としては、別にこれといつて、申上げることもございませんが、どうかして社會に幾分でも盡したいと思ひます。が今のところ、健康を害して居りますので、さういふことも出來ず、洵に遺憾に存じてゐる次第であります。

○支部長（越野《こしの》菊雄《きくを》氏）今は何をして居られますか。

○鈴木榮次郎氏　別段何も致して居りません。

○支部長（越野菊雄氏）陶器の方はやめられたのですか。

○鈴木榮次郎氏　やめて或る親戚の店員になりました。親戚ですから、幾らか援助してくれますし、どうやらこうやら、二十年以上も勤めて、退職したやうなわけであります。

○支部長（越野《こしの》菊雄《きくを》氏）有難うございました。それでは岩田《いわた》與《よ》三郎さんどうぞ……

○岩田《いわた》與《よ》三郎氏　私は明治三十六年兵で、歩六の九中で、戰地でも九であります。三月七日の戰鬪で、二百十五名の中隊のうち、百十五名が戰死、九十一名が負傷で私はその中の一人であります。

私もやつぱり、兩足と手を使ふ職業でありまして、右足が全然きかないやうになりましたので、商賣の方に轉換しようと思ひました。しかし、何分にも貧窮で、資本がないから、どうすることも出來ませんでした。そのうちに、近くの人で非常に親切な方がありまして、お前達ならば、少額だが、資本を貸さうといふので、さゝやかな店を開き、非常に順調にいつて、今日に至つたわけであります。

職業は、只今は恩給もありますし、多少商賣の餘裕もありますが、當時は、恩給を生活にあてるといふのは、ホンの一部で、どなたもさうでせうが、私も、どうしても獨立の生活をしなければならないといふので、恩給はなるべく殘すつもりで、今日までやつて來たのであります。恩給の使途並覺悟ですが、これは鈴木《すゞき》（富）さんがおつしやつた如く、證書を手許におくといふことは、一ばん危險です。かといつて、入用の時は、それを使ふより仕方がない。證書は高利貸その他の金融業者に使ふことは、絶對にいけないと思ひます。

次に、傷痍軍人として注意すべきことですが、これは小林《こばやし》さんのおつしやつたこと、やつて來られたことは、實に理想を實現されたわけで、あゝいふ立派なことは出來ないまでも、感謝の念でやつて行きたいと思ひ、その氣持で終始して居ります。いつも、立派な方から、名譽ある軍人といふことを聞かされてゐる。成程、それだから、一層心を引締めて行くといふことが、大切で、いふまでもなく自重せねばならぬと思ひます。

今回の傷病將士の職業につきましては、皆さん、充分自重されて、職業を選定され、恩給を二年なり、三年なり、然るべき信用ある方にまかせて、生活にまわして貰ふやうな方法で、仕事を充分會得されることが、肝腎だと思ひます。只今、こゝに居られる森下《もりした》さんが、友人に暫らく世話になられたことは、結構なことであつたやうに存じます。又風呂へ行つて、人に見られてきまりが悪い、といふことは、若い時には必ずあるもので、私も若い頃は、一寸びつこをひいても、辛いことがありました。殊に、手がない、足がないといふことは、さういふことが、一層感ぜられることゝ思ひます。

私の現在の心境は、全く君恩に感謝するといふことです。今日、こういふ催しをして下さつたことは、結構なことでありまして、私共は、いつもこういふことがあればいゝと思ひます。極く簡單に、お茶とお菓子くらいで、うち寛《くつ》ろいで、日露の傷痍軍人や、新しい傷痍軍人が、一緒に集りまして、お互に、話しあつたり、聞きあつたり、意見を交換することは、意義あることゝ思ひます。

日露戰役當時は、すべての點でロシヤは進んでゐました。

それで滿洲事變後、滿洲の慰問に參りました時、ロシヤの傷痍軍人ばかりでなく、普通の人も、非常に慘めな生活をしてゐる。これを見て、あんなに進んでゐたロシヤに生れながら、戰敗國であるから、こんな生活をしてゐる、それにひきかへ私共は、恩給を貰つて樂々と暮らしてゐるといふことは、實に國家のお蔭であるといふことを、しみ〴〵感じました。とりとめのない話でありますが、一寸感想を申上げた次第であります。

○支部長（越野《こしの》菊雄《きくを》氏）　有難うございました。今お話の中にあつた如く、皆樣方と新らしい傷痍軍人の方とが、話し合ふ機會をつくるといふことは、私もお話を伺つて居りまして、大變いゝ御着眼だと思ひました。今度の事變で、大勢さういふ方も出來ますから、適當に考へることに致します。それでは加納《かのう》政吉《まさきち》さんどうぞ……

○加納《かのう》政吉《まさきち》氏　私は、三月二十八日敵、が難攻不落と恃《たの》んだ旅順の陣地を、正攻法により坑道作業を行つて、これを爆破した時に、掩蓋の下敷となつて負傷したのであります。その時は、もうこのまゝ岩石の下敷になつて、壓死するのかと思つてゐましたが、衛生隊に助けられ、野戰病院で片手を切斷されたのであります。私はこういふところで負傷したのを、今でも殘念に思つて居ります。

負傷して家へ歸ると、女房も若い身空で、片輪者の犧牲にするのは氣の毒だ、幸ひ子供もないから離緣しよう、農業も出來ない、職はないし、商賣するにも資本はないから、いつそ獨身で暮さう。それに、大きな負傷をした者は長命も出來まい、念佛して暮さうかと、いろ〳〵悲觀してゐたのであります。ところが、追々傷も治つて參りまして、先づ働かうといふ決心になりました。私は十三の時から、名古屋の疊表商の店員をしてゐたから、疊表の商賣をしようと思ひました。がこの商賣は、その當時、資本が二三千圓なければ、本當の仕事は出來なかつた。資本はございません。先づ、荒物屋くらいの資本はあるから、それをやつて見やうと思ひました。しかし小賣では、あまり收入もないやうだから、家内相手に、子供の支那鞄をつくりはじめました。片手のない私が、どうしてさういふものが出來たかといふと、これはやつぱり、片手なくてもいろ〳〵工夫して、型をつくり、相當のところまでやれるやうになつたのであります。實際やつて見るとやれます。それをつくつて、天津や香港あたりまで送るやうになり、大分賣れるやうになりました。そんなことで、少々資本も出來ましたので、疊表の附屬品くらひから始めやうと思ひ、一品二品と品目を殖やしました。そのうちに、疊表の販賣も出來るやうになり、戰後の影響もあり、四十三年頃には、名

古屋に共進會があり、好況になつて來ました。大正三年頃でしたか、產地へ直接原料を仕入れに行くことを思ひつき、大分縣、廣島縣に出かけました。名古屋へは大阪の商人の手を經て來るのでありますから、直接仕入れることにしたのであります。やつて見ると、相當の成績で、東京や仙臺方面までも行きました。

恩給で、金貸しから金をかりた人がありますが、傷痍軍人でも發奮して、すべての事を穩健着實に、隱忍自重してやつて行けば、恩給で金を借りずともやつて行けるものであります。德川家康公の訓へにもありますが「人の一生は重き荷を負ふて、遠き道を行くが如し。急ぐべからず」戰地にゐることを思へば、出來ないことはない、怒りは敵と思へ、と心得てやつて行くべきだと思ひます。信用が出來れば、家庭も圓滿になる、衣食足つて禮節を知る、天の惠みを知つて不平がなければ病人も出來ない、出來ても治りが早いといふ、明朗な生活になると思ふのであります。私達は、恩給を生活費にあてることは、考へなければならんと思ひます。恩給は身體の不自由なため、働きが充分でないから、國家がわれ〳〵の生活保障のために、生命のある間下げていたゞくのであるから、働くことを第一に考へねばならないと思ひます。

次に、世間ではまだ、恩給を貰つてゐる人はうまいことをしてゐる、といふやうにいふ人もあるやうですが、一方に恩給を貰つてゐる者も、我國が今日あるは、我々の犧牲のお蔭だといふやうなことをいつたり、國家は我々を優遇するのは、當り前だといふ考へを持つてゐる人もあるやうですが、これは愼しむべきことであると思ひます。私は、さういふことを思ふ人があるだけでも申譯ないと思ひます。さうして、私自身もまだ、國家に感謝する念が少いやうに思つて居ります。

それから、待遇の施設につきましては、私も考へてゐることがありますが、この頃も新聞で見ると、傷兵保護院といふものが考へられてゐるやうで、これは洵に結構なことであると存じます。又恩給金庫が出來るやうでありますが、當局におかれては、自分の子供をいたはる氣持で、面倒を見てやつていたゞきたいと思ひます。さうして、さういふ人に、幸福な家庭を結ばせていたゞきたいと、切にお願ひしたいのであります。今回恩給法の改正も考へられまして、上に薄く下に厚く、世事人情を加味されて、立案されたことは洵に、喜ばしい次第であります。その手續などにつきましては、中央と地方と連絡してお世話下され、殊に當縣は、立派な傷痍軍人會の支部もあることで、今日も支部長さんがお出で下さいまして、それ〴〵御指導下さいます程で、充分この方面にも御用意のあることゝ信じます。どうか、そのことをお願ひしま

す。現在の心境抱負としては、私らは既に軍籍をはなれて、第一線にたつことも出來ません、それに片手もなく、老齡でありますから、意力を以て國運の隆盛に、少しでも貢獻したい、銃後の守りに餘生を捧げて、君國に報じたい心持であります。徒らに年ばかりとつて、徒食すべきでないと思ひます。それで私は、今後今回の傷痍軍人で、お困りの方は、工場などへ出來るだけお世話したいと思つて居ります。あれは片手がないから、自分の工場で使ふことは出來ん、といふ見方をされる方があるかも知れませんが、たとへ片手がなくとも、相當の仕事は出來ます。私は片手ありませんが、これで商賣もやりました。自轉車にも乘ります。又三貫目も五貫目ものなら、平氣で乘せて走ります。雨が降れば、片手で傘をさゝえて乘ります。使ふ人も見捨てないやうに、又仕事もはじめは出來んでも、こういふ仕事をしやうと決心すれば、必ず出來るから、熱心にやつて貰ひたいと思ひます。それだけ申上げます。

○支部長（越野《こしの》菊雄《きくな》氏）　有難うございました。次に鎌田《かまだ》大《だい》圓《えん》さんにお願ひ致します。

○鎌田《かまだ》大圓《だいえん》氏　私は三重縣の生れで、入隊前は農業で、充分といふ家庭ではなかつた。中農生活でした。大正六年野砲兵三聯隊に入隊しまして、九年の八月、北練兵場の北西のところの隔離厩のあるところ——今はないかも知れませんが——で演習中、人が通りかゝり急に蝙蝠傘をさしたゝめ、馬が狂奔して走り出し、これを何とかしてとめるか、右か左に切らないと、人も馬も大切な武器も、水の中に落ちて大變なことになるので、私は飛降りてこれをとめたのであります。がその時、自分の關節がはづれてゐるのも氣づかずに居りましたので、關節がこわれてしまひました。その時兵が馬をたほしましたので、私は這つて行つて馬の口をとつた、調べて見ると、皆のものには異狀がなく、自分だけ負傷してゐることをはじめて知つたのですが、責任を果すことが出來たわけであります。その日は丁度大風の翌日で、電線がこわれ、エッキス光線にかけることも出來ませんでした。二十七日間入院しましたが、大變苦しみました。その時、看護婦の方から非常にお世話になつたのでありますが、自分の傷が思ふやうに治らず、手當のたびに泣くばかりでした、で相談しますと、轉地療養がよからうといふので轉地しまして、非常に効果がありました。今ではそれを深く喜んで居ります。いくらマッサージしてもいけなかつたものが、轉地したら早く治りました。

○支部長（越野《こしの》菊雄《きくな》氏）　何處へ行つたんですか。

○鎌田《かまだ》大圓《だいえん》氏　山城温泉です。一週間で立てるやうになりました。

病院にゐる時に、軍隊で勤まらないとすると、何か職を求めねばならないが、この身體では力仕事は出來ない、なるべく力のいらない仕事を得たいと思つて居りました。丁度、その頃父が亡くなつたのですが、私は負傷のため、葬式に行くことが出來なくて、大變惱みました。それに加えて、以前の機動演習で三重縣へ行つた時、私は部下を一人亡くしてゐたので、それらを思ひ合せて、いつそのこと僧侶にならうといふので、現在に至つたわけであります。さうして切角なら、一ケ寺の住職と同じ程度まで行きたい、といふので五年間いろ〱勉強し、住職の資格を得たのであります。修業する間は、生活にも困りましたが、家内が内職などしてくれて、勉強することが出來たのであります。さうして、お經を讀んで歩くのも結構であるが、自分は何とかして、永年の間養つていたゞいた軍人精神を、今後も生かして行きたい、それに佛教の精神を加味して行きたい、といふので、私は子供が好きですから、哺育の事業に進むことゝし、現在では、午前中はその方に働いて、午後は本職を働いてゐるのであります。

そんな關係で、私思ひますに、金がなくて、自分の思ふことを實現するには、如何にしたらいゝか、先づつまらない仕事でも、コツ〱とその道に進んで行くべきだと思ひます。社會に進む時は、誰しも、初から大きくやりたいと思ふ、しかし、それは必ず失敗するから、兎に角自分のやることに、一人でも共鳴し、贊同していたゞく方があつたならば、結構だといふ精神で進むべきだと思ひます。今彼の地に出征されてゐる、戰友のお子達十三人を、無料であづからせていたゞいて居ります。今後傷痍軍人として、地方に出られた方は、自分の身體に相應した仕事で、餘り最初から資本をかけずに、働かれることが結構だと思ひます。大きな資本で無理をされるのは、必ず身體をこわすことになると思ひます。

私が、今の道に入りますには、相當の苦勞もございました。皆様、御經驗のある方ばかりで、私共が申上げることはないが、職を求められるには、相當どなたも御苦心なさつて居られると思ひます。まあ、その間辛棒して、自分の目的に進んでゐれば、必ずいゝ時機が來ると思ひますから、自重して、職におつきになることが望ましいのであります。

それから、今後傷痍軍人として出られる方の、待遇の方面でありますが、私は手續をしなかつたから、傷痍軍人の記章もございませんが、もつとも私は手續をしなくても、兵役免除になる時に、いたゞけるものと思つて、手續をしなかつたのですが、これからは本人が手續をしなくても、兵役免除になる時に、お渡し願へるやうにしていたゞいたら結構だと思ひます。

現在の心境としては、お上の待遇も充分で、實際感謝の念にみちて居ります。

○支部長（越野《こしの》菊雄《きくを》氏） 兵役免除になつた時に、手續をしなければ貰へませんか。

○杉村《すぎむら》倉太郎《くらたろう》氏 はじめからいたゞけません、本人の願出によつていたゞきます。以前は自然に貰ひました。

○支部長（越野《こしの》菊雄《きくを》氏） 鎌田さん、聯隊區へ言はれたらどうですか、貰へると思ひますが……。

○鎌田大圓氏 私のは何ですが、今後は本人が手續しなくても、貰へるやうにしていたゞいたら結構だと思ひます。

○支部長（越野《こしの》菊雄《きくを》氏） それはよく含んでおきます。次は山《やま》森勇次郎《もりゆうじろう》さん。

○山森勇次郎《やまもりゆうじろう》氏 私は日露戰役で、奉天附近の李官堡において頭部貫通銃創をうけて、半身不隨となり、耳も聾になりました。一時手當をうけましたが、その場に倒れたまゝ、翌朝まで覺えがありませんでした。身體に寒氣がするので、附近を見ると、戰死者ばかりで味方は一人も居りません。前進したのだと思つてゐましたが、人の足音がする、味方の衛生隊だらうと思つたら、ロシヤの將校でありました。それから翌日、露國の赤十字病院で、手當をうけたが、食物がないのには困りました。七日未明から十三日まで、少しも食べませんでした。その後、同方面は日本軍の占領するところとなり、私達も五師團の第一野戰病院で、始めて看護をうけました。しかし半身不隨で、手紙を書くことも出來ず、その間約三ケ月、故郷へ音信不通でありました。家では戰死したと思つて、法要まですましたとのことでした。廣島で中學生の慰問をうけて、手紙が出したいなら代つて書きませうとのことで、早速書いてもらつて、はじめて通知することが出來ました。その後、名古屋に轉送されたが、右半身不隨で、動くことが出來ないので、三十九年の三月兵役免除になつたのであります。

私の戸籍は港區になつて居りますが、もとは農家の二男でした。妻を娶つて、生活の途をはからねばなりませんので、小さい家を買つて分家しました。半身不隨では、農業は出來ないので、タバコの小賣、菓子その他のもので、小さい店を出しました。が、田舎のことで、支拂ひは半期拂ひといふやうなことで、五年程でやめました。その間に、子供が四人生れたが、長男と次男は死に、男一人女一人であります。その後、事務員になつたこともありましたが、大正九年頃には、鞄の工場で働らくことになり、そこまでは一里半もあるので、歩行困難のため、今までの家を賣り、その附近の借家に移りました。その中に、腰痛に惱まされ始めたのです。がこの腰痛には、揉療治《もみりやうじ》がよいと聞いて、これをうけたら一回で全快

しました。そこで私は、これをやれば人助けになると思つて、工場をやめ、その人について修業をしたのであります。私が何故工場をやめて、職をかへたといひますと、工場は年齢の制度があるが、自分の仕事ならそれがない、一生やれると思つたからであります。半身不隨の身で、どうして治療が出來るかといへば、これは強く指を動かす、按摩療法と違つて、力もいらず、私のやうな身體でも容易です。この揉療治は免許がなくては、營業が出來ないので、治療かた〱獨學で研究し、四年後に三重縣で、檢定試驗をうけて免許をうけました。それから現在に至るまで、營業をつゞけて相當の收入を得てゐるのであります。

恩給は全然生活費にあてず貯蓄して、今から五年前、宅地も買ひ、自宅及借家も出來ました。それから、私の體驗としては、歸郷してから、世間一般の人や學校の子供まで、私の眞似をする、それが非常に不快だつたので、ある時は、學校に行つて先生に注意して貰つたこともあります。

傷痍軍人で、揉療治をなさることは、適當な職業と思ひますが、たゞ免許をとるのが、なか〱六ケ敷いから、縣當局も特別の便宜をはかつていたゞけたら、結構だと存じます。

私も身命を捧げて、君國のために傷痍軍人となり、恩給をいたゞき、今日では生活も安定し、皇恩の有難さをしみ〲感じて居ります。

○支部長（越野《こしの》菊雄《きくを》氏） 有難たうございました。次には杉《すぎ》村倉太郎《むらくらたろう》さん

○杉村倉太郎《すぎむらくらたろう》氏 私はやつぱり六聯隊の三十六年兵であります。李官堡の戰で、左前膊骨折貫通、左胸部貫通銃創と頭部に擦過傷をうけました。負傷當時のことは、さう何事も覺えて居りません。戰友に助けられて、野戰病院へ、それから大阪、名古屋と歸つて來ましたが、病院にゐる間にいろ〱考へました。私は時計屋に奉公してゐたもので、左手が不自由では絶對に、時計の修繕は出來ないから、何をやらうと思案しました。病院に一年半ゐて出て來た時、兎に角、本町の長谷川時計店が私の主人でしたから、そこへ行きました。すると「お前は負傷して、店の仕事は出來ないから、卸部の方へ廻つたらどうか」といふ御言葉であつたが、まあ少し勉強しようと思つて、三年間學校に通ひました。卒業當時いろ〱話もありましたが、自分の覺えた商賣に未練があつて、その後六年間、全國に卸賣りに參りました。

二十九の年に獨立で、營業をはじめやうと思ひましたが、親が許してくれません。で私がいたゞいた勳章の年金が二百圓あつたから、それを資本にはじめましたところ、都合よく二三年の間に三四千圓の利益がありました。恩給はいたゞい

て居りましたが、子供でもあつたらとても生活が出來ない、恩給はあてに出來ない、手は間に合はなくても、心は傷いてゐない、よしツ、働いて見せるといふので、事業をはじめましたが、これは暫らくで、全部損をして、もとの默阿彌になつてしまひました。仕方がないので、親に頼んで貴金屬の製造をはじめたのです。手が不自由ですから、職人を雇つてやつてゐました。大正七八年の好況の波に乘つて、多少の金も出來ました。

他の人は私に對して「お前は恩給もあるし、氣樂であるから、儲かるだらう」と申しますが、恩給は有難いが、恩給にもたれるからいかん、恩給は、兩親がある以上、兩親の扶助料だと思つてゐる、これは何處からもとりに來るものでないが、自分のものでもないと思つて、營業して居りました。その後、妻を亡くし、子供が四人あつたがこれも死に、兄弟も他界して、これではならぬといふので、いろ〱方針をかへて、現在では貿易を主にして居ります。生意氣なやうですが、私は日本の金は欲しくない、外國の金が欲しいといふので、貿易物を主として居るのであります。

傷痍軍人として注意すべきことは、傷痍軍人なら、それらしい行ひがしていたゞきたい、傷痍軍人だから、どんなことをしてもいゝと、思ひ過ぎないやうに、自重していたゞきたいといふことを希望します。

後進の傷病將兵に對する待遇、施設については、今の傷病者に對する施設は、我々の時代にくらべると、乞食と殿樣ほどの差があります。私共の時代には、負傷して病衣をかへるのは、廣島まで來て暫らくしてからであつて、當時は繃帶をして貰ふのが關の山といふやうな有樣で、名古屋まで還されたのであります。

現在の心境としては、傷痍軍人は、身體には傷がついたけれど、精神は傷ついてゐない。だから、ひがむといふやうなことは、皆樣がよく注意していたゞきたいと思ひます。最初はちんばとか足が一本で案山子だとかいはれて、ひがみ根性が出るが、月日が經つと、自分は戰爭に行つて負傷したのだ、といふ自覺が出來て左程氣にならぬものであります。しかし、「戰爭に行つて來たぞ」といつて威張ると、又「何だ戰爭へ行つて來たつて、今ぢや恩給も貰つてゐるぢやないか」といふやうなことで、却つてうらまれるやうになりますから、注意すべきだと思ひます。私は、不自由ながらも、社會に盡したいといふ信念で、こゝまで來ましたが、現在は方面委員や遺家族世話係もやり、傷痍軍人としては、何も役立ちませんが、常務理事をやらせていたゞいて居ります。負傷しても必ず悲觀することはありません。心に働くぞといふ精神を持つてい

たゞきたいことを、新しい傷痍軍人の方にお願ひしたい。これだけで、私の感想を終りたい思ひます。

○支部長（越野《こしの》菊雄《きくを》氏）大變いゝお話を伺ひました、有難たうございました。

次に白衣の方に少しお話を伺ひたいと思ひますが………

○神谷《かみや》一政《かずまさ》氏（陸軍歩兵大尉）　自分は現役の中隊長と致しまして、働いて歸りました。多くの部下を亡くし、又百數十名の戰傷患者を療養中であります。皆様と同時の境遇になるものゝことを考へまして、先程からの、貴い體驗談を承はりましたことについて、洵に感謝に堪えません。

自分も傷いて居りますけれども、大した障碍はないと思ひますから、部下のために貴い御經驗談を、誘掖指導の一助にしたいと思ひます。特に感じたことは、精神的の方面が、一ばん肝要のやうに思ひます。特に、關係當局並に現役將校と致しましては、その點に注意して、名譽の軍人その他傷痍軍人としての心得を、積極的に教育して、それ〴〵の症狀に應ずる職業につかせて、生活の安定を得させることが出來たら、結構だと思ひます。どうか、皆様においても、後進の者のために今後とも、誘掖、訓化、指導下さらんことをお願ひします。有難たうございました。

○支部長（越野《こしの》菊雄《きくを》氏）　只今の方は神谷大尉であります。では川口准尉さんにお願ひします。

○川口孝信《かはぐちたかのぶ》氏（陸軍歩兵准尉）　仰せに従ひましてお願ひしたいことがあります。

實は先日、座談會があるといふ通知をうけまして早速現在入院してゐるところの、重傷患者五六十名を集めまして、主として、心境と將來の職業について尋ねましたが、それがどの患者も皆殆んど、自暴自棄に陷つてゐるやうな感じを持ちました。何故であるかといへば、何時になつたら治るか分らない、といふやうな手術を要するものには、將來の見透しがつかんといふこともあります。それに、現在のまゝで職業のことを考へさせるのが、どうかと思ひます。若し職業につく考へがあるならば、思ふ存分いつてくれといふので、五十四名ばかり調べましたが、そのうちで、これといふ意見を持つたものは一人もありません。が、復職性のあるもの、やゝ不可能のもの、全然不可能のものに分けて、轉職希望について調べました。疾患區分は首や頭に關する者二名、眼を痛めた者十三名、腹部十四名、關節三名、兩足及び前膊六名、指及び手の方面六名、大腿骨折十一名その他五名、これは私的に調べたもので、病院で公表したものではありません。たゞ、參考にしていたゞきたいと思ひます。その職業區分は、工業方面、旋盤工十三名、農業九名、店員三名、自動車組立三名、

運轉手一名、巡査三名、鐵道職員二名、公吏九名、會社職員一名、商業二名、指物職一名、疊、木工、鍛冶屋、木材織工、紡績職工、無職各一名宛でありまして、そのうち病院を出て、職につけるもの二十名、やゝ治つたが本當のことは出來ない者が二名、全然職につけない者が五名、自分はとてもその職に堪えられないから、變りたい者が二名居りまして「現在のお前達の感想を聞かせてくれ」といふと「別に感想といはれると何もない。只治りたい一念、治つてもとの職につかせて貰へば結構だから、さういふやうにして貰ひたい」といふのが、殆んどの希望であります。先程も、各先輩の方の、職業選定に對する、御奮闘の狀況を承はりましたが、先程申しましたやうに、これといふ案を持つたものはありませんから、洵に厚顔ましいお願ひでありますが、それ〴〵の疾患者に對して、適當の方法を教へていたゞけたら、本人たちも安心するのではないかと考へて居ります。私も中隊長の補佐役として、野戰に赴き、多くの部下を痛めた、せめてもの償ひと思つて、部下のために、出來るだけのことをお願ひしたいと思つて、本日參つたわけであります。さういふわけでありますから、出來る限り、將來是非御援助願ひたいと思ひます。有難たうございました。

○支部長（越野《こしの》菊雄《きくを》氏）　それでは名古屋聯隊區司令部の高田少佐の御挨拶がございます。

○高田《たかだ》重男《しげを》氏　私は本日、皆様の尊い、しかも有益なる御體驗談を拜聽させていたゞきまして、將來如何なる方面に、進むべきかといふ大きなヒントを與へられたやうに、痛感するのであります。

特に皆様が、生活の道に對して、恩給その他にたよらず御奮闘なさつて、しかも社會國家のために、貢獻して居られる有様を拜聽致しまして、感謝感激してゐる次第であります。

私も及ばずながら、微力であるけれども、將來大いに皆様とともに、職業の方面に對して、少しでもお力添へが出來れば光榮と存ずる次第であります。特に、皆様の御健勝と御幸福を祈り、今日のお禮にしたいと思ひます。

○支部長（越野《こしの》菊雄《きくを》氏）　今日は、大變永い間、皆様のお話を伺ふことが出來まして、誠に力強い自信が出來ました。大變有難たうございました。

殊に、今次の事變で戰傷者の多い今日、私共は一層、責任の重大なることを思ひ、各方面の援助を得まして、職業輔導その他について、出來るだけお力添へしたいと思ひます。

有難たうございました。

岩倉陸軍少將講演

（昭和十三年三月二十七日於名古屋陸軍病院、因に岩倉少將は大日本傷痍軍人會本部の總務理事である）

私は只今御紹介を受けた岩倉少將で御座居ます。このたび厚生省、陸軍省の委託を受けまして諸氏にお見舞がてらお話したいと思ひましたが、お見舞に來ながら、諸氏にこう云ふ窮屈なところに座らせお話をすることは誠に失禮でありますが、暫く我慢して聞いて頂きたいと思ひます。

偖て、このたびの日支事變は、我が帝國が始つて以來、未だないところの重大な時局であり、此の時局に於て帝國が世界に飛躍するの大事な時期である、この秋に當つて諸氏が第一線で一身を忘れて奮闘せられた結果非常な勝利を得て、我が帝國の陸海軍の名聲が世界に輝き畏多くも　陛下の御稜威は世界に輝いたので御座います、之は誠に諸氏が第一線にあつて一身を忘れ奮戰せられた功績であり、國民が悉く感激に堪へぬのであります。然るに皆さんは負傷され或は病氣になられて、白衣の勇士として還へられた事は誠にお氣毒なことゝ御同情に堪へぬ次第で御座います。一日も早く御治りになつて再び御國のために盡されん日の來るのを御待ち致します。さて、私は日露戰爭で頭を負傷して、一時は半身不隨になつたが、足の各關節の運動が不自由で片輪者として今日まで參つて居ります。この三十年の間、片輪者として暮して來たのであるが、こゝに居られる諸氏の中にも或は澤山の方が片輪者として、將來一生涯世の中を暮す方があるのではなからうか、多分澤山おありになることゝ思ひまして、この際今迄の傷痍軍人がどう云ふ風に世の中を渡つて來たか、世の中の人は今迄戰に行つて片輪者になり、或病人になつた方々をどう云ふ風にやつて見てゐたか、又今次の事變に際して國家及び國民が我々をどう云ふ風に見、どう云ふことを考へて下されるかと云ふやうなことをお話して、之に對して傷痍軍人たる我々がどう云ふやうな覺悟をしなければならないかと云ふことを皆さんにお話したいと思ふので御座ます。

そこでこの日清、日露の役からこの支那事變が始まる前までの傷痍軍人は、昔は癈兵と申して居たが、この癈兵が今どうなつて居るかと申しますと、生きて居る人の數は三萬五千人ばかりありますが、大部分は日露戰爭の負傷者でありまして、之等の人がどう云ふ狀態であるか、一口に云へば世間の

人から忘れられたのみならず、世間の人からなんとなしに嫌らはれて居ると云ふやうな狀態にあります。何故かやうな狀態になつたかと申しますと、先づ日露戰爭がどんな戰であつたかと云ふことを考へなければならない、日露戰爭は當時、日本の國と云ふものは實に小さな國であつて、ヨーロッパ邊りを旅行すると、日本人をつかまへてお前は支那人かと聞かれる、支那人でないと云ふと、そんな國がどこにあるのかと云ふて不思議がられた位ヨーロッパでは知られて居なかつた國でありました、一方戰爭の相手のロシアと云へば非常に大きな國であつて、その時分は世界一の陸軍であると、ロシア自身も思ひ、世界の人達も世界一の陸軍だと見てゐた、それが世の中に知られて居ないやうな小さな日本が世界一の大陸軍國と戰をして勝てやう筈がないと世界の人々が見て居た、日本と云ふ國は無茶な國である、日本人自身も、それから政府にゐた大臣も陸海軍の大將達も、この戰は先づ五分々々の戰が出來れば幸いであるが、どうなることか分らん、併乍ら大和魂で止むにやまれんから戰をするのであると云ふ悲壯な心構へで戰を初めたのであつた。ところが世界の人の思ひもよらぬところの、又日本人自身も、思ひもよらぬところの大勝利を得て、そして一回も負けたことがない、之は日本人の精神力によるものである。本當の日本はこの戰で金も使い人間も使ひ盡してしまひ凡ての物資も使ひ盡して日本は全くひよろ〳〵になつた而も戰はあの通り大勝利を得たが講話談判で償金を取ることも出來ず、そうして金も使ひ盡し、總てのものを使ひ盡したが、戰に勝つた以上、日本は之から世界の一等國として飛躍しなければならんので澤山の金が入る、そこで戰死をした人の遺族や、戰爭に行つて怪我をしたり病氣になつて癈兵になつた人々に充分の手當が出來なかつた、併し日本人であるから之に不服も唱へず皆がやつて居たが、年數のたつに從つて暮しに困る人が出來た、中には勿論成功した人もありました、片輪者で成功した人もあつたが、又暮しに困つたやうな人が諸君が知つて居られるやうに藥賣りに出かけた、この傷痍記章をつけた人が恐らく諸君の家を廻つて松葉杖をつきながら癈兵で御座居ますと云つて藥を賣りに行つたらうと思ひますが、戰で片輪になつた人が杖をついて一軒々々歩いて藥を賣つて歩いたのであります、之は傷痍軍人であるからよいが中には傷痍軍人でない所謂職工なんかで片輪になつたものを集めて、傷痍軍人として澤山の人の家を歩かせた、之等のうちには惡い奴がゐて藥を買はないと、國家のために片輪になつたものの藥を買はぬとは非國民だと云ふて尻をまくつて嚇した、そこで女、子供は癈兵さんは非常に惡い怖いものであると云ふやうな感じを起してそこで國民は

何となく癈兵と云ふものは嫌なものである、怖いものであると云ふて嫌ふやうになつたのであります。それのみならず癈兵のうちで軍人精神を失つた人が人から嫌らはれるやうなことをしでかした、又國家の方から見ても特別に我々傷痍軍人の世話をして下さる專門の御役所が一つもなかつたのであります。

たゞ陸軍省に恩賞課と云ふところがあつて恩給の事であるとか扶助料等のことはやつて下さるが、それは色々の仕事の序の一部分であつて、專門の役所ではないのであります、又海軍省にもあつたがそれも專門に世話するのではありません、そこで癈兵のことを世話すると云ふものがないのみならず、癈兵自身でお互の修養をすると云ふ機關もなかつた之がために野心のある傷痍軍人あたりが、澤山の人を騙つてそして色々の會を作り、あちらにもこちらにも小さな傷痍軍人會を作つたが之が陸軍省等へ押かけたが、そのやり方が軍人がやる仕事ではない、無頼漢のやうな仕事であつた、ために世間から非常に嫌らはれるやうな事になる、かう云ふ狀態であるから世間の人が傷痍軍人と云へば何となく無頼漢のやうに考へ、又非常に惡い者のやうに考へるやうになつたのであります。無論國家としては恩給を殖して色々の待遇をして下さるやうになつたが、尤も傷痍軍人がさう云ふ風に精神がいこじになつて居りその精神が改められないで今日に到つたのである。

明治天皇御製

國をおもふ道にふたつはなかりけり
軍のにはにたつもたゝぬも

こう云ふ昔の狀態を我々が今から、考へる時、本當に諸君の如く國家に生命を捧げてやつた人が世間から嫌はれるやうなことがあつてはならぬ、前には政府に於ても手ぬかりもあつたか知らんが、それは傷痍軍人が軍人精神を忘れたのがその因であつたのであります。先づ昔の傷痍軍人がそう云ふ狀態であつた點を考へて頂きたい、然るに今度はどうであるか、諸君は第一線に於いて火を吐く機關銃の前に笑つて飛び込み或はトーチカの前に、死ぬとわかつてゐるトーチカに飛び込んで行き、又工兵は歩兵を渡すために自分が梯子となつて渡す、食物がないのに芋を噛り落花生をしやぶつて戰を續けて行つた、水の中に半日もつかつて一身を忘れて戰をして居つた。かう云ふやうな情報を聞いて實に軍人と云ふものは普通の人間では考へる事の出來ないことをしてくれると云ふの

で國民は非常な感激をして、之は戰傷した人の遺族や又傷痍軍人にはたゞでは置けぬと云ふ感じが國民全體に擴り、政府も又非常に感激されて、今度は專門の御役所まで出來たのであります、それは皆さん御存知の厚生省に傷兵保護院と云ふ一つの院が出來て專門に我々傷痍軍人のために御世話をして下さることになつたのであります。又傷痍軍人自身も今迄の色々な小さな會が出來てゐたのを解散してしまつて大日本傷痍軍人會と云ふものを作つたのであります。

このことに就ては後から申上げるが、お互の精神を修養しそしてお互の利益を守つて行こうと云ふ會が出來たのであります。そこで然らばこの厚生省に出來て居る傷兵保護課に於ては、また政府の人達がどう云ふ風に傷痍軍人の世話をして行くかと云ふことを考へて居られると云ふことを見ますのに、勅令で先般傷痍軍人保護對策審議會と云ふものが出來たが、その審議會はどう云ふ風に出來て居るかと申しますと、會長は厚生大臣、委員になつた方々には陸海軍省、文部省、大藏省と云ふやうな總ての省の次官、それから貴衆兩院の主な議員、民間の學者、大きな實業家、前に大臣をやつたと云ふやうな有力な方々が五拾人ばかりが委員になつて、さうして傷痍軍人の世話を色々どう云ふ風にすべきかと云ふことを審議されたのでありますが、その審議の模樣を聞いて見ますと、我々が昔の傷痍軍人を私は今迄傷痍軍人の常務理事でお世話をして來ましたが、昔の傷痍軍人のことを考へて、今政府が我々に色々のことを考へて下さるところを見て眞に涙の出るやうな思ひが致します。こゝまでに政府では考へて下さるのか、この審議會で決まつた答申となつて厚生大臣に出されたものの項目を一、二拾つてお話して見ると、傷兵を優遇すると云ふ點に就ては、今迄傷痍軍人記章はあつたが、世間ではこれを知らないで、藥賣の記章のやうに思つて居たのであるからこの點を改正しなければならないと云ふのでこの記章に就ては既に改正案が出來て立派な徽章が出來ることになつて居ります。近いうちに出ることゝ思ひます。又傷痍軍人の住んで居る家には印をつくらう、之は傷痍軍人の家であると云ふ印をつくろうと云ふことになつて、この印は取敢ず大日本傷痍軍人會の門標を決めて之を門札として貼ることになつて居るから誰が見てもこゝは傷痍軍人の家であることが分る樣に、また傷痍軍人が死んだ時には國家から弔みをしようと云ふやうなことまでが決つて居るこう云ふ細いことにまで考へて居られる、また傷痍軍人には種々慰安施設をしやう、何か國か公共團體で催物のあつた場合には招待して見せると云ふやうなこともしやう、それから生活の保證もしやうと云ふので毎年怪我をした人には恩給をあげやう、現に恩給法が

改正になつて既に貴衆兩院も通つて居るが今度の恩給法を見ると、日露戰爭當時の恩給の拾倍以上になつて居る、その外傷痍軍人がなくなつた後に遺族が貰ふ扶助料も非常に殖へて、傷痍軍人がなくなつてもどうかかうか暮しの足しになるやうな扶助料のことまで考へられて之が決つて居る、それから身上相談所を拵へて傷痍軍人の色々身の上相談もする、又職業のない人には職業の相談もする、怪我をして今迄やつて居た仕事が出來ないやうになつた人には別の職業につかせるやうにして、現在怪我をしてゐる人にどう云ふ職業につきたいかと云ふ希望を聞いてゐる向きもあると思ひます。凡てこう云ふことが今實施せられつゝあるのであります。それから傷痍軍人自らの精神指導もしやう一般國民の教養をしなければならない、國民がいつまでも傷痍軍人に對する感謝の念を忘れないやうな事を何とか考へなければならない、それから傷痍軍人が或は腕がなくなつた人が時候の變り目に痛むとか或は一通り治つたがもう少し温泉にでも行つてよく治さねばならんと云ふやうな人のためには温泉療養所をつくつて無料で入れるようにする、それには家族もつれて行けるやうにしやうと云ふことまで考へられて居るのであります。其他細いことまで考へて、國家があらゆる智慧と金の都合もつくだけは皆さんの世話をしやうと云ふ風に考へて居るのであります。之は日露戰爭當時の國家の力では國が弱つてゐたから出來なかつたのでありますが、今は國家が非常に盛になつて居るから出來るのである、この今と昔のことを較べて私共は實に今昔の感に堪えないと思ふのであります。

諸氏が戰場で支那兵が傷ついて倒れて居るのや、死んで居る死骸を澤山見られたことと思ふが支那兵のことを考へて御覽なさい負傷をしても誰に手當をして貰ふことも出來ず、また戰死した支那兵の骨を誰が拾つてくれるか、その死骸は鳥や犬の餌食となつてゐるが、誰か食べないやうに片付けてくれるのがあるか、この戰死した支那兵の遺族や負傷した人達の一生涯のことを考へて貰ふと云ふやうなことを彼等は夢にも見ることは出來ん、ところが諸君はこの有難い日本に生れ、名譽ある軍人になつたことを先づ感謝しなければならないと思ふ、我々も亦昔を考へて今政府が國民が白熱的に我々の世話をしやうと考へて居られるのに對しては誠に感謝の外はなく何も云ふべきことはないと思ふのであります。

そこで大體今迄の傷痍軍人と、之から傷痍軍人になるゝ諸氏のことをお話したのでありますが、斯樣に國家國民が我々に誠に有難いお世話をして下されることに就て我々はどう肚をきめて行つたらよいであらうか、之が私が之から申上げやうとする大事な事であります。

世間の人は諸氏を白衣の勇士と言ふ、實に白衣の勇士である、私は世間の人が白衣の勇士と云ふことは尤もなことで、本當にさう云ふべきであると思ふがなぜならば諸氏は機關銃の火を吐いて居る前に飛び込み、死ぬにきまつて居り、怪我するにきまつて居るところにどん〱進み、先頭に行つたものが倒れて機關銃の楯になり、後のものがどうかこうか無事に行かれる、クリークの中に飛び込み永く水につかつてをれば腹を惡くするにきまつてゐるが、それも構はず飛込んで行つて戰をする、そして命を的に國家のために働いて居る、その諸君の樣子を國民は聞き、諸君が傷つき或は病氣になつて還るのを見て白衣の勇士と云ふのは尤もである、併し乍ら諸氏自身は白衣の勇士であると自分で思つてよいか、こゝをよく考へて貰いたい、私は諸氏は白衣の勇士ではないと思はなければならないと思ふ。

こう云ふことを忠勇無双の諸氏の前で云ふのは甚だ失禮と思ふが私自身が嘗て白衣の勇士と云はれ怪我をした一人で諸士と同じ仲間であるから失禮を顧みず斯う云ふのであるが、決して諸士は白衣の勇士ではない、斯う肚に思つて頂きたいのであります、なぜか、軍人が戰場に行つて活躍をする、彈が雨のやうに降る、そこで戰をすると云ふことは軍人の當然の仕事であり、之は平素入營した時から覺悟してゐることで、雨霰と降る彈にぶつかつて突進して行くところの攻擊精神を失はず、何處にでも飛び込む、これは當然なことで之をやらなければ軍人ではない、それの出來ない人は軍人ではない、そうしたなれば世間の人が白衣の勇士と云ふのは、尤もであるが、我々自身が考へれば白衣の勇士でも何でもない、軍人だから當然なことをして來たと云ふことを深く心に自分で思つて頂きたいと思ふのであります。

なぜ當然のことであるかそれは諸士は嘗て明治天皇の軍人に賜つた勅諭を常に聞かされて居ると思ふが、陛下は何と仰せられたか

朕ハ汝等軍人の大元帥ナルゾサレバ朕ハ汝等ヲ股肱ト頼ミ汝等ハ朕ヲ頭首ト仰ギテゾ其親ミハ特ニ深カルベキ

と仰せられた、お前等は朕が手足であるぞよ、お前等は朕を頭と思へ一つ身體であるから、その親みは深いものであると陛下自ら軍人と一つ身體であると仰せになつた、斯樣なことを、陛下がほかのものには仰せにならん、たゞ軍人のみである、尚仰せられて居る。

朕ガ國家ヲ保護シテ上天ノ惠ニ應ジ祖宗ノ恩ニ報ヒマヒラスル事ヲ得ルモ得ザルモ汝等軍人ガ其職ヲ盡スト盡サヾルトニ由ルゾカシ

と仰せられた、陛下自ら朕が國家を保護し天の惠みに應じて

御先祖の恩に報ゆることが出來ると仰せられたが誰に陛下が斯様なことを仰せられたか、大臣にもどんな千萬長者にも賓業家にも誰にもさう云ふことは仰せられない、我々のやうな軍人にのみ斯様に仰せられたのである、陛下が如何に軍人を頼りになつて居るかゞお分りの事と思ふ、お前等さへしつかりしてくれゝば朕は其の仕事が出來るのだと軍人をお頼りになつて居る、一天萬乘の君がこんなにまで軍人をお頼りになつて居られると云ふことを知つたなれば、火の中、水の中であらうが、一家の灰になつても悔むことはない、日本人である以上は、して見れば諸氏が軍人として生きて居る以上火を吐く機關銃の前に飛びこむ位何ごとぞ、當り前である、こうお考へにならなければならない、既にこう云ふことは云はんでも諸君の肚の中にはちやんと分つてゐる筈である、戰場で死ぬ人が一面に血を流がしてもう死んだと思ふやうな人の口から出る言葉は天皇陛下萬歳である、これでこそよいのである、陛下の御ためと云ふことに日本の軍人はなつて居る、何を聞いても云へないが、かすかに口を動かして居るが、その唇を讀むことが出來たなら、それは、天皇陛下萬歳である、この考へをどうか一生涯忘れぬやうにして貰いたいと思ひます、さうしないと之から片輪者になつて諸氏が苦難の生活に入らなければならないと思ふ、今迄は世間の人が白衣の勇士だと諸君を歡迎して居られたが世間の人も忙しい身體でありいつ迄も白衣の勇士よと諸君のことばかりを考へて居ることは出來ぬので、戰が終れば熱がさめることは之は昔のことを顧みて御覽になれば、目をつむつてお考へになれば直ぐ肯ることである、たゞ慢然と白衣の勇士と云ふやうなことを考へて居たならば、今迄の藥賣りのやうな狀態で世間の人から嫌らはれるやうになるので、我々は前に云つたやうにたとへ功勞はあつても國家のために當然のことをして來たと云つてこそ、世間の人は軍人さんは偉いものであると云つていつ迄も尊敬して下さるが威張つたら反感の來ることはいはずもがなであります。

　必ず反感が來る、軍人だけが何も國家のためになつたものでなく世のため人のために片輪になつたものはいくらでもある、汽車の運轉手が怪我をする、その他新聞の三面記事を見れば毎日皆人のため世のため怪我をしてゐるが、軍人のみが怪我をしたと云つて特別に恩給を頂き、特別に色々な手厚いお世話をして頂くと云ふことは、我々が陛下の御信頼を頂いてゐる軍人であるからこそである、どうか世間の人から嫌らはれることのないやうに、國家のために盡したのでないなんと云はれるやうなことがあつてはならぬ、それには軍人はどんな偉いことをしても、どんな功績をたてゝ來た人でもたゞ

當り前のことをしたのである、陛下よりの信頼に應へるための當り前のことである。こんな生命をもつて歸つたのは却つて恥しいと云ふ位の必持ちであればそんなことを云ふ人はない、肚に思つて居て貰へばよい、このことを一生涯忘れんやうにして貰いたい、こう云ふとまるで寺の坊さんがお說教をして居るやうであるが、却々軍人である我々はさう行かぬかも知れんが、どうか之からは苦難の生活が始まると云ふことを今から覺悟して、それには威張る氣持ちは自分でもないやうにする、世間の人は勿論足の片輪の人が通ればあの人は戰爭で足をなくした氣の毒な人だと思つてはくれやうが、もう少し進んであの人は便所に行つたらどうして用を足すであらうかそこ迄は考へてくれない、事實足のない人は便所に行つて足があつたらこんな不自由をせんでもと云ふことはつくづくと身にしみるであらう、片手のない人を之を世の中の人が見て片手なくてはさぞ不自由であらうとは考へてくれるが、その人が帶をしめる時にはどんなに不自由であらうとまでは考へてくれない、之から手のない人足のない人目の見えない人はどんな苦勞でもしなければない、片輪者がお風呂に行くと何で怪我をしたか知らんので氣味が惡いと云つて逃げ出す、風呂屋の主人がお客さんに迷惑をかけてはならんから私の湯には遠慮して下さい、こんなことまで屢々聞かされるのでありますが、この苦難にうち勝たなければならない、ぼんやりしてゐては決して之等の苦難にはうち勝てない、たゞ自分は陛下の御ために陛下御信頼のために手をなくし足をなくして居る、一身をなくしてもよいと云ふ、この信念があつたら人が何と云ふても自分は非常に朗らかに愉快に暮せるのではないかと思ふのであります、どうか根本の精神をこゝに始終をいて居らんと不平が出る、不平があると世の中が嫌になつて恥も外聞もなくなつて人の嫌ふことでも何でもやるやうになる、さうなると昔の癈兵と云ふことを傷痍軍人と云ふやうになつたが今度は本當の癈兵になつてしまふ、諸君が火を吐いて居る機關銃の前に飛び込んで戰つた勇敢な諸君が世間の人から賤しまれるやうな人間になつてはならん、卑劣な根性を出してはいかん、何處迄も軍人精神をもつて人を導くやうな考へで行かなければならない、世間の人が何んと云ふても自分だけ心持ちを朗らかにもち、なに人に負けるものかと云ふ氣分をもつて行かなければならないと思ひます。それには今迄の苦難を考へ人が何と云つても自分の心を愉快に自分の仕事をさつさとやる、それには自分が功績があつて白衣の勇士であると云ふやうな心持ちが腹の中に少しでもあると愚痴が出るから、この愚痴を出さんやうにする、之が軍人には一番大切である、次に諸君はみな怪我をされて居るから今病氣

を療養され、怪我がこの上よくならんと云ふなら原隊に歸り、鄕里に召集解除されることゝ思ふが、さて鄕里に歸ると諸君も先づ戰で怪我して來た、病氣になつたから一つ休まうと云ふ氣分にならうと思ふ、諸君の御兩親或は親類の方々、近所の方々もよく歸へられてよかつたまあゆつくり休むがよからう、或は又暮しの樂な人はお前は片輪者になつたからお前一人位遊んで居ても困らんから遊んで居れ、斯ふ云ふ兄さんや父さんがあるかも知れない、諸君自らも亦こんな恩給を貰へるやうになつたから恩給さへ貰つたらなんか商賣をやらうか、何か考へよう斯う云ふ風に考へられるのではないかと思ふ、私も亦諸君は鄕里に歸へられゝば先づゆつくりお休みなさいと申上げたいが、併し乍ら今迄の傷痍軍人の狀態を見ると、こう云ふ氣の弛んだ時に色々の誘惑が來る、色々のことを云ふて諸君をそゝのかして折角貰へる筈の恩給も貰はん前に高利貸から取られてしまふ、色々こんな商賣があるからと云つて胡魔化して恩給をとると云ふとんでもない人が澤山あるのであるから、諸君は鄕里へ歸つたらすぐ翌日から働きなさい、百姓の人は百姓の鍬をもつて出る、元の職業につけない人は新しく身を立てる方法を今からよく考へて鄕里へ歸へる頃にはこの位の仕事は出來ると、その時から新しく職業につける氣持ちでゐてもう翌日からやらなければならないと思ふ、機關銃の火を吐く前に飛び込んで戰つた諸君が何一つ出來ないことはない肚さへしつかりして居れば必ず出來る方々である、そして諸君に對しては今云つたやうに厚生省に於ても色々と世話をしてくれる、そして商賣に必要な資本のない人には、金も融通するし、相談まで受けて下される、我々も御相談に乘ります、さう云ふ風にあらゆる方面に手を伸ばして世話をして下さるから、諸君の肚がきまつて居れば樂に仕事が出來ると私はそう思ひます、兩手がなくなつたり兩足がなくなつたら出來んこともあるが、それでも手のない人には足でする仕事と、足のない人には手でする仕事を考へて生きてゆかねばならん、右手ない人には左手ですることを考へる、現に私の一緒の櫻井少將は有名な文章家であるからよいが、左手で字も書けば著術家としても一流の人となつてゐる、有名な肉彈を書いた人であるが、しかし片手でやることはざらにあるから、片輪にならうが決して悲觀してはならない、第一線で敵陣に突進して行つたその氣力を一生涯忘れないやうに、もし心に弛みが出來たらいつもそのことを考へそうして片輪者になつても決して人に敗けるものかと云ふ考へをもつてゆかんといかん。

　今迄の傷痍軍人で恩給を澤山貰ふために何もせずに居る人からお助けばかり受けて一文でも餘計に貰ふことばかりを考

へて出すことは少しもしないやうな人が往々にあつたが諸君はそんな根性になつてはいかん、今に兵役免除になつて鄕里へ行かれるが、陛下の手足とまで信頼された所の軍人であるから、之からは世の中のために、人のために分相應の働きをしなければならない、人のお助けばかりを考へたり恩給を澤山貰いたいやうなことに目をつけてはいかぬ、それは貯金をして留めて置いて、今度戰の時には恤兵金に獻金する位で、あとは稼いで暮すと云ふ氣分でやつて頂きたいのであります。さう云ふ心持でやつてゐる人は皆成功してゐる、東京でもこのころ第一陸軍病院でさう云ふ人を集めて座談會をやつたが、なか〳〵成功してゐる人がある、一例をあげると、その人は信州の山の中の百姓であつたが、足がなくて百姓が出來ない、足がなくなつて歸ると兄さんが親の田地を受けついで百姓をしその人も無事で居ればいくらか分けて貰つて百姓をする積りであつたが片輪では百姓は出來ぬと云ふので兄さんと色々相談して東京に出て藥屋をやらうとしたところが、藥屋になるのには藥劑師の免狀がなくてはならないと云ふので兄がリヤーカーに乘せて近所の學校に毎日送り迎へをした、兄さんも感心な人であつたが到々學校を卒業して藥劑師になつて東京で店を開きそれから自分が足が不自由なところから義足の研究をして立派な義足屋になつて今では相當な金持になつてゐるが、もしこの人が怪我をしなかつたら何時までも水呑百姓をして終つたことであらうが怪我したためにこう云ふ風に今では本鄕では人に知られる藥劑師になつてゐられるがこう云ふ人は世の中にいくらもある、愛知縣にもある、こゝに居られる傷痍軍人の世話をして居られる方で數萬の富をなして居る人もある、之は氣分一つである、片輪になつたから、金持になれんと云ふことはない、片輪になつたから人の上に立てぬと言ふことはない、片輪になつたら精神を入替へるよい時期であるからその積りでうんと働くと云ふことを今から肚に入れてそして諸君は今は療養中であるがどの位の不自由になるか、必ず鄕里に歸られるにきまつて居らうが退院するまでには大體の考へを付けて置くと云ふことが必要である、決して世間の人から諸君を困らすことはないと思ふ。

　先づ私が云はうと思つて居ることはこう云ふことであるが尙こう云ふ人が澤山ある。色々の世間に仕事があるが、それは願出さねばならんが、お上で知らんから色々世話して下さらない、そこで諸君のうちにこう云ふことがあつても知らずにゐる人がある、田舍に住んで居ると知らずに濟んでしまふことがある、大日本傷痍軍人會と云ふものがあつて傷痍軍人は會員になれるから會員になれば、會で常に諸君の身の上のことを種々相談に乘つてくれる、何でも分るやうになるので

あるから、その會に傷痍軍人はなるべくお入りになることを希望します、全國の傷痍軍人の會で大體どう云ふ風に出來て居るかと云ふと、本部は東京にあつて、會長は林仙之大將で會の幹部には厚生省の傷兵保護課長、軍事援護課長、それから陸軍省の恩賞課長、海軍省の人事局の第二課長と云ふやうな傷痍軍人のことを常にするところの課長さんが役員になつて、その會の本當の仕事をしてゐる、陸軍で云へば中佐、文官で云へば事務官と云ふ人が役員になつてゐる、私も役員の一人でありますが、そして各府縣には支部が出來て支部長には知事さんが居られる愛知縣は學務部長さんが支部長になつて居り、又愛知縣軍事援護課長さん課の關係の方々が支部の役員になつて仕事をおやりになつて居る、それから各地方に傷痍軍人會の支部が出來て、縣内に各分會が出來てゐる、こう云ふやうな組織になつてゐるからそこには手續をすれば入れる、こう云ふことになつて居り、而も全國の會員はお互に精神修養をなし、お互が世話をしあふて、皆仲間同志の集りで、血こそ通つておらんが怪我したと云ふことで心を通し兄弟のつもりでお互が助け合ふと云ふ趣旨の會であるから之に入つてその會員になられむことを希望致します。

慰問をしに來たのに諸君を長らくこんなところに座らせて誠に失禮であつたと思ふが、自分は諸君と同じ傷痍軍人である、年輩から云つても諸君の親、叔父位の年である、血こそ續いておらんが、心持ちは傷痍軍人と云ふことで叔父、甥の心持である、私の云ふたことは喧しい叔父が甥に話をする氣分でやつたのだから、どうか何と云つても、もう一度味はつて見て忘れずに居て貰いたいと思ひます、どうか一日も早くよくなつて再び御國のために盡されんことを祈つてやまん次第であります。

中山龜太郎氏講演

（昭和十三年三月二十九日、於名古屋陸軍病院）

私は只今御紹介して頂きました中山龜太郎と申す者であります。時間が非常に短い關係上一切の無駄口を省きまして、たゞ要點だけを一つ聞いて頂きたいのであります。

私は非常に不仕合の者であります。五歳の時に鑛山で働いてゐた父が亡くなり、六歳の時に私は鐵道線路で遊んでゐて汽車に轢かれ兩手片脚を無くしてしまつたのであります。それ以來と言ふものは、全く母の苦鬪によつて育られて來たのであります。

初め小學校でも私を入學させてくれません、母はその頃鑛山で働いてゐましたが、勿論鑛山には女の仕事もありますが、女の仕事をしてをつては生活が出來ない、そこで男の間に入つて男の仕事をしてくれました。學校に賴みに行くと、そんな一本脚の子供はほかの子供に迷惑をかけるから斷ると言はれまして母は非常に力を落しました、之は學校にお願ひする前に神樣にお願ひしなくてはならん、まず神樣にお願ひしてせめて字は書くことは出來なくとも書物だけは讀めるようにして貰ひたい、さう思ひまして鑛山から歸つては一里ばかり離れてゐる所に金光敎の敎會所がありましたがそこに詣るやうになりまして、雨の日も嵐の日も缺かさないで、私のために一生懸命に參拜をつゞけてくれました、之は母親であつたればこそ出來たらうと思ひます、そこで兎に角十歳の時に校長が代りになりまして役場で試驗して頂いて二學年に入れて貰いました。

學校に行くやうになりますと意地の惡い子供が私をいじめるのであります。山田の中の一本脚の案山子だと申します。私を轉ばしては龜さん、手もない脚もない達磨の形に似てゐると申します。

甚だしきは石を投げたり、杖を振り廻していじめるのであります。

私はそんな時に滅多に泣かない子供でしたが、夜眠れない時などには思ひ出して悔しい涙を流すことがありました、そんな時に母は悔しかつたら勉强なさいと言つて勵ましてくれました、そこでなるほど勉强なら敗けないようにやつて見せると思ひまして、それからと言ふものは一生懸命に勉强をしました、脚の指に筆を挾み、鉛筆を挾んで字を書く、繪を描く、折紙、粘土細工等もいたしまして、一生懸命にやつて居りますと上手だと言ふので教室に貼つて貰へる、或は展覽會に出して頂けるやうになつたのであります。

その頃母は私の將來と言ふことに就て心配するやうになりました、それは近所の人が鑛山で働いてゐるやうな人であるから口が惡いのであります。あんな一本脚をどうする積りか、それより見世物に賣つて、鑛山をやめてはどうか再婚をすればよいではないか、色々と口さがないことを申しますので、母はそれを聞いては非常に心配するようになりました。働けなくなつたらどうするか、自分が死んでしまつたら一本脚の子供を誰が世話するだらうか、それまで考へますと御飯が食べられない、仕事が手につきません、悲み悶へた末敎會所に參つて先生に訴へると、その時敎へられた金光敎の敎への中に非常に母を力づけてくれるものがありました、それは心配する心で信心をせよと言ふことでありました。なるほど心配してゐてもどうにもならん、もう之からはそんな心配は神樣にお預けして後は一生懸命に働く、働きさへすれば神樣が必ず道を開いて下さるのだ、さう考へるやうになつたのであります。

それ以來母は私のことを心配しなくなつて、私に希望をもつてくれたのであります。

希望と言ふのは如何なる生活にも必要であります。希望のない生活には向上も發展もなければ、又喜びも感ぜられないものであります。

どんな生活にも希望がなくてはならないのでありますが、その希望と言ふのは、たゞ自分の生活のもつものだけではない、自分の相手即ち對照であります。家庭生活に於ての夫と妻の關係、親と子の關係、學校に於ての先生と敎子の關係、それから醫者と患者の關係、働く人と働かせて下さる人との關係、こう言つたものを見ますと誰にも對照がある、その對照に向つての希望がなくてはならんが、その中でも一番大切な希望は親が子に對する希望であります。私の場合は母が私に希望をもつてくれるやうになつてからは、母自身がどんな苦勞をしても、それを苦勞とは考へなかつたのであります。一日に男の人が千貫の石を割つてゐる時に、私の母は千五百貫の石を割りました、それでも尙ほ働きが足りないと言つて、夜歸つて來ると疊表、花筵、薗の内職をしてくれました、よくも女の瘦腕でそれだけの勞働が出來たと思ひますが、之は母親であつたればこそやつてくれたのであります、母に希望があつたならこそ、母に信仰があつたならこそ出來たとこんな風に考へるのであります。そこで私も一生懸命に勉强せざるを得なかつたのです。

私は小學校を出ると金光中學に入りましたが、私の中學に

入つてからの母は二人前、三人前の仕事をしてくれました。

そうして中學を出る頃から東京に出て行つて働きたいと思ひましたが、私のような一本脚では到底勉强など出來ません、之が苦勞でありました、無暴な願ひではありましたが、母は私のために祈つて下さいました、中學を出て一年ばかり雜誌の編輯のお手傳をして居りましたが、ある時中學校長の宅で壁を塗つてゐた左官が「校長先生あの一本脚は活動の辯士にさせたらどうです。」こう言つてくれたのが天來の響きでありました、之は神樣が左官の口を借りて敎へて下さつた言葉であつた、而も活動寫眞は敎育上よくないものではありますが、說明の言論方法によつては立派な社會敎育機關である、自分は之を社會敎育者のつもりで說明しやうと思つて東京に出て行きました、一年ばかり又母に働いて貰いましたが月給が頂けるやうになると、活動寫眞の辯士として働く傍ら東洋大學に通ひました。お蔭で昭和六年に卒業させて頂き、八年に文部省から中學敎員の免狀を頂きました、その後文部省の社會敎育局内にあります勤勞社會敎育中央會に、之は勞務者の輔導敎育をするところでありますが、そこの仕事の手傳ひをさせて頂き、そして先般國民精神總動員の中央聯盟が結成されましたが、あの仕事をさせて貰ふことになつたのであります。

今般海軍省の囑託を受けまして、海軍の各病院をお話をさせて貰つて歩くことになつたのでありますが、陸軍の方からも歸りに沿線に寄つて貰ひたいと言ふ事で、實は今回の第一回の講演旅行は今日が最初でこちらに參りましたが陸軍省の方の手續がこちらに早く參らなかつたため、皆樣にも色々と御迷惑をかけた次第でありますが、どうぞ惡からず御諒承を願ひます。

それでは之から極く簡單にお話を申上げます、それは母の苦勞話であります。私の身の上話であります。詳しくお話すれば際限がありませんから極く簡單にお話いたします。陸軍省の方から、皆樣に讀んで頂くために私の履歷を中學の校長が書いて下さいましたパンフレットが送つて來てゐると思ひますから、何れ皆さんに見て頂くことと思ひますが、それを御覽下さいまして詳いことは御承知頂きたいと思ひます。

私はこの母の苦勞を通して色々と敎へられてゐるのでありますが、皆さんに聞いて頂きたいと思ひますのは、私が現在どう言ふ心持ちで生活をしてゐるかと言ふことであります。私は只今お話しましたように非常に不仕合なものでありますが、自分には不仕合せだと思つて居りません、非常に仕合せと思つて居ります。

この世の中で自分位幸福なものはほかにはないだらうと考

へることさへあるのであります。その仕合な理由を聞いて頂きたいと思ふのでありますが、その前に仕合せとか、不仕合せと言ふことに就ての私の考へを聞いて頂いて、皆さんにも一つ考へて見て頂きたいと思ふのであります。少しばかりの苦勞があり、惱みますと誰でも私は不仕合せだと言ひます。なるほどその人の身になつて考へますと、同情に耐へないのでありますけれども、私は仕合とか不仕合せと言ふのは、自分の心でつくるものと思つてをります。よき心の持方と言ひますか、心構へと言ひますか、正しい心構へがあつたなら、立派な心の持方がありましたならば、不仕合せと言ふものはなくなつて仕舞ふのであります、實際はなくすることの出來ない境遇にある人もあります。私などは兩手片脚がない、この私の不仕合せと言ふものは絕對になくすることは出來ません、しかし私は心の持方に依つては、不仕合せの逆の仕合せを見つけることが出來ると思つて居ります。例をあげて申しますれば、運とか運命だとかよく申しまして、人が出世する、金持になると、あの人は運がよいと申します、自分は何をやつてもうまくゆかん運が惡いと申します、この運の良し、惡しを言ふ人は、運命と言ふものは、その人が生れた時に貰つて死ぬまで持つて行かねばならんもので自分の力ではどうにもならんものであると言ふように考へてゐる人もあるのであります。けれども運命の運と言ふ字は「運送の運」で運ぶと讀む、即ち命を運ぶのであると私は思つて居ります。

然ればどんな事が必要かと言へば、第一番に努力と言ふことが必要である、それから强い意志が必要である、正しい信仰が必要である、朗かな氣持が必要であるとこう思つて居ります。

棚の牡丹餅は寢ころんでゐてはとれません、立ちあがつて手を差伸ばすと言ふ努力がなくてはならん、牡丹餅をとらうと思つた時に、何の躊躇もなくすつと立ちあがるだけの意志がなくてはならん、況や運命には努力と意志が必要で而もその努力はどこ迄もどうぞ正しい努力であるやうにと言ふ祈りがなくてはならんと思ひます。言はゞ希望であります。この努力がどこ迄も正しい努力であるやうにと言ふ希望であります。そしてこの努力は自分でやつてゐるのでなく、神樣が手傳つて下さる、佛樣が前から引張つてゐて下さる、この神佛が自分の努力を勵して下さると言ふ敬虔の氣持がありましたならば、自分の努力を一層正しく精進せずには居られないと思ひます、さう言ふ敬虔の氣持で精進いたしますれば必ず努力は報いられるものであります。

更に言換れば正しい努力をする上に正しい信仰がなくてはならん、その正しい信仰から强い信念が湧いて來ます。その

强い信念から出て來たところの本當の朗かさと言ふものがなくてはならんと思ひます。之だけの心がありましたならば、運命なんと言ふものは誰でも開拓が出來るものと思つて居ります。即ち不仕合せと言ふことはなくなると思ひます。

ところがなくすることの出來ない場合を例にとりましたならば、私には兩手片脚がありません、この兩手片脚のない私がどんなに努力しても、もとの兩手兩脚揃つたものにはなりません、私がどんな信仰をしても手は生えて來ない、脚も生えて來ないのであります。

そこでこんな境遇になつたら一體どうするかと言ふ問題であります。私も隨分かつては惱んだことがあります。どうしてこんな一本脚になつたらうかと言ふことを考へた時に、私は親の不注意と思ひました、親を恨んでも見ました、友達を見るとみんな兩手兩脚が揃つて居ります。美ましく思はれてなりません。

親を恨み友達を羨むこの私の心は止らず、毎日私は私の運命を呪つてゐました、一本脚になつた私の運命を呪ひ悶へ苦しんで居りました、何とかしてこの苦みから遁れたいと思つて祈りつゞけたのであります。この時ふと心に浮かんで來ましたことは、運命は呪つてゐるだけではいかない、憎んでゐるのではいけない、憎む、呪ふの反對に愛すると言ふことをしやうじやないかと思ひました。私の運命を愛してやらうと思つたが、しかし愛すると言ふ言葉を使ひましたけれども、一體どうしたら愛せるか更にわかりません、色々考へますと愛すると言ふのは、愛するものがなくては愛せない、愛するものをどう言ふ風にすれば本當に愛することが出來るかと考へると、寶石などでわかりますが、ダイヤモンド等を愛すると言ふことは、決して綿に包んで箱の中に入れて簞司にしまつて置くのではない、指につける贅澤品としてゐるところに寶石の價値を生かして居るのでありまして、即ち愛すると言ふのはその價値を生かすことであります。私にとつては私の一本脚になつた運命にも何だか價値があるのではないか、私はこの一本脚の運命を生かすこと、そこに價値があると思つたのであります、よく諦めと言ふことを言ひますが、諦めると言ふのは普通に考へますと、めそ〳〵泣いてゐるとか、辛抱してゐるとか言ふ消極的なことであるが、本當に諦めると言ふのはそんな消極的なことではない、諦めるところの起りは明かに見究めると言ふことであります。なぜ自分はこんな運命になつたらうかと、本當に底の底を割つて正しく檢討して正しく認識すると、必ず自分の運命を生かしてゆく道を發見してゆけると思ひます。

私が手がなくなつた時には親を恨んだり、友達を羨しく思

つたが、併し一本脚になつた私がどうして生活が出來るかと言ふことを考へた時、初め醫者は助かるまいと言ひました、多量の出血があり、之は手術をするのも無駄だと思つてゐたのが助つた、之こそ本當に奇蹟だと申して居ります。なぜ奇蹟があつたかと考へるとき、それは神樣の思召があつたのであります。一本脚で兩手なくとも立派に生きてゆけるぞと言ふ神の思召によつて助けられたが、私が成長できたのは、母が男以上の仕事をしながら私を育てゝくれました、こう思ふと母の愛を生かさねばならん、神の慈みを生かさねばならん、それが運命を生かす道だと考へました、手のなくなつたことは、どんなに考へても元の手にはならないから、そう言ふことは綺麗さつぱりと諦め切つて、後の一本脚を生かす、その價値を生かさなければならんと思ひました。如何に身體が不具でも心まで片輪にしてはならん、心は素直に朗かに圓滿でなければならんと思つたのであります。身體の形に心は宿つてゐるのではない、心は身體の形に支配されるものではない、自分の心は立派に健全に生かさなければならんと思つたのであります。それからと言ふものは、私は自分の運命を呪はなくなり、却つて一本脚になつたことを仕合に考へるやうになつたのであります。

かやうに運命を愛し、運命を生かすと言ふ道を、この不仕合の中に見つけ出すと言ふことが大事であります。

例へば完全な兩脚をもつた人が階段をお上りになる時にはどうしてお上りになるか、右左〳〵と一つ〳〵お上りになるが私は階段を上る時には片方が大腿部から義足であるから膝が曲らない、この曲らん義足を階段の上に運ぶことが出來ない、そこで右の脚で一段上つてからそこに義足を揃へる、それから又一段上つて義足を揃へるのであります。すると普通の人が五十の階段を上る時には二十五しか上れない、これでは普通の人と同じ生活をすると言へない、どうかして普通の人と同じ速力で上りたいと思ひました。そこで今では二段づゝ上つて居りますが、二段づゝ上れば人が五十上るうちに私も五十上れるのであります、なぜかと言へば脚の數から比例すれば二本脚なら一つ〳〵でよいが、一本脚では二分の一の數だからその二倍の努力をしなければならん、即ち私が二倍の努力をして二段つゝ上れば、普通の人が上るのとイコールになる、箸の場合でも普通の人が手で箸を摑むと四本の指であるが、私は足で箸を使ふとすると二本しか動かない、足の指は手のやうに四本は動かん、一本であるから二倍の努力をすればいゝかと言へば決してさうでない、手の指の長さと足の指の長さとが違ふ、手の性質と足の性質と違ふ、そこで四倍から五倍の努力をしなければならん、ところがそれだけ努

力して普通であつて、決して人以上の成績をあげるところまではいかん、人以上の成功をしやうとすれば人以上の努力が必要である、どこか足りない身體であつたら、人以上に努力してやつと近づくことが出來るのであります。こんな風に考へますと、運命を愛し運命を生かすと言ふ人も努力に變りない。多少の差があると言ふだけであります、そしてそれだけの努力をするには一層强い意志がなくてはならん。

即ち努力は倍すればよい、或は三倍すればよいと思ふが、精神的にはずつと違ふのであります。

普通の人は普通の精神生活をしてゐればよいが、境遇に差があれば一層信念を得る正しい信仰が出來なくてはならんと考へます。

一言に申せば結局心の持ち方である、心構へであると思ひます。余り面白くない話であつたと思ひますが、それは皆さんがそれ程に運命を愛し運命を生かさねばならんと言ふ境遇になつた方が少ないのであります。

中には非常に運命を愛し生かして行かねばならん方もあると思ひますが、私のことに就て之れから申上げて見たいと思ひます。

私は一本脚ではありますが、病氣の氣味はない、非常に健康であります、勿論私は脚食は致しません、不攝生も致しません、適當の運動をし養生をして居ます、養生だけでは、健康は保たれない、身體の素質にもよりますが、素質と言ふことになりますと兩親から生れたので、兩親から引きついて來た、こうなると兩親に感謝致さねばならんのであります。皆さんも徵兵檢査に合格されて健康であつたことは、それだけの素質を貰つて來られたことは私以上であつたのであります。併しそれは素質だけではない、養生だけではない、もつと大きな大切なものがある、即ちこゝに大きな天地の御惠み、大きな御慈悲があつて健康を保たさせて貰つてゐるのであります、こう思ふ時非常に健康であることが有難く思はれるのであります。

昔から健全なる精神は健康なる肉體に宿ると言ひますが、身體が丈夫でなくては、身體が丈夫であつて初めて健全なる精神が出來ると思ひます。しかし私は其の逆を信じたいと思ふ、即ち健全な精神に身體が宿るのではないか、健全な精神をもつて居れば健全になれると言ふ風に考へて居ります。

それは自分の健康を本當に有難いと考へる人なら病氣にはならない、よしんば病氣になつても、本當に自分の健康を有難いと感謝する人なら出來るだけの養生をする、自分の精神によつて病氣を回復させる、病人が希望を失つたところの療

養の生活はめちや〳〵であります、希望をもつて養生してこそ回復が早いのであります。どんなに立派な醫者がどんなに立派な藥を盛つても、こんな病氣になつて駄目であると言ふことを考へる人であれば、絶對に回復しない、健康を本當に有難いと考へる人は病氣にはならない、病氣になつても直ぐに健康にならざるを得ないのであります。健康は自分の精神が引き締つてゆく、自分の心いき一つで健康になる、こう言ふ風に考へて居ります、この意味から私は一本脚ではありますが、身體は非常に健康であります。之が非常な仕合と思つて居ります。

第二の仕合は不自由がないと言ふこと、勿論私には出來ないこともある、私に出來ないことは帶を結ぶことゝ袴の紐を結ぶことであります。そのほかは自分でやつて居ります。朝起ると齒ブラシを使つて顏を洗ふ、風呂に入ると頭に石鹼をつけて洗ふ、鬚が生へると剃刀を足につけて鬚も剃る、ホークもナイフも自分で使つて御飯をいたゞく、東京に出て行く前は足に箸をはさんで居りましたが、足にはさんで居ると皆さんと同じで、豌豆のやうなものを一つ〳〵口に運ぶ競爭をしたら敗けない自信をもつてゐる、併し近頃は脇の下に箸をはさんで食べることを研究した、東京に出てから色々の機會に人と會食をすることがありますが、私が主賓でありますれば何も別に遠慮することはありませんが、私がお相伴《しようはん》する場合に足をなげ出して食べるのはどうもおかしいので脇の下に箸をはさんで二本の箸で食べたいものをはさんで口に運ぶのであります。陸軍省から送つて下さる書物を見て下されば、私の日常生活がよくわかりますが、レーザを足で使ひ脇の下に箸をはさんで御飯を食べてゐるところ、洋食などスプン、フホーク、ナイフを脇の下にはさんで食べて居ります、嘘だと思ひになつたら遠慮なくおごつて下さると分りますが、これで私は小學校と中學校は足で字を書いて居りましたが、大學に入つてからは教室の都合で足で書いて居れんから、口に鉛筆を啞へて書くやうになりました、大學では教科書がない、先生の仰言ることを筆記するのでありますが、そこで友達が私の筆記を貸してくれと言ふものさへあつた、大學時代には山にも登つた、普通の山登りには杖が要るが私の場合は杖は要らん、大島の三原山にも二度ばがり登りましたが、決して噴火口から飛び込むためではない、山登りが私は好きであります、それから寫眞をとることが好きで現象から燒付、引伸まで自分でやつて居ります、その引伸の機械も私の手製であります、それから私には五才になる男の子があるが、その子の夏の洋服は私が拵へたものであります。

かやうに申して來ますと、私に出來んことは前にもお話し

た如く帶を結ぶことと袴をはくことで、そのほかのことは何でも出來ます。

しかし之は私が貧乏であつたから何でも出來るやうになつたが、若し金持ちで、やれ女中だ付添だ、と言つて皆のもので身の廻りをしてくれたなら私には何も出來なかつたと思ふ。ところが朝から晩まで母が鑛山で二人前三人前の活動をして下さる、夜は遲くまでそれで自分のことは自分でやらねばならんと思つて、何事も自分でする工夫をしました、努力をしましたので漸く大抵のことは出來るやうになりました私はこの貧乏であつたことと、不自由のないことが仕合であります。

もう一つ聞いて頂きたいことは、賴よると言ふことが一番いけない、只今私は杖をつくことが出來ないと申したが、この杖の持てないのが仕合であります、本當は大腿部からの義足であつても一本の義足ならば杖の必要はない、若し膝の關節が殘つてゐる場合には兩方とも義足であつても杖の必要はない、初めに杖を使ふともう杖がなくては歩けないやうな氣がするから、最初の心配を押へて不自由を我慢するならば、杖はつかないで歩いてゐるうちに馴れてしまつて、平氣で歩けるやうになるから、この賴ると言ふことが一番いけないと思ひます、もう一つは私が何でも出來ると申しますと、普通の人は君は小さい時に怪我をしたから出來るが、中年から怪我したらそんなに出來るものではないと仰言るが、しかし決して私はさうではないと思ふ、來月二日、三日、四日と帝大の心理學教室で色々の研究發表會があつて、四日に傷痍軍人職業懇談會があつて色々の研究が發表されることになつて居るから、私もその席に出て話をしたり聞いたり色々なことを討論することになつて居りますが、そこで私は決して小さい時からの怪我だから出來るのでなく、中年からでもその人の意志と努力によつてどうにでもなると言ふ一つの證據を見て頂きたいと思つて、今色々の方に實驗して貰つてゐるが、一人には足で字を書くことをやつて貰つてゐる、この人は非常に不器量な人で一日に三十分づゝやつて貰つてゐるが、最初は筆を足にはさむことすら出來ないものが、二日たち、三日たちするうちに足で筆がとれるやうになり、五日目には「いろは」が書けるやうになりました、一寸四角位の文字であるが、來月の發表する迄にはその成績をまとめたいと思つて居りますが、恐らくその人の手で書いた文字と足で書いた文字とが接近するであらうと期待して居ります。

この中年から怪我をした方には隨分色々の方が不自由のない生活をして居られる、私もさう言ふ方を澤山存じて居りますが、皆さんも傷痍軍人の成功美談を御覽になつたことゝ思

ひますが、いくらでも途中から出來ると思つて居ります、たゞその場合に賴ると言ふ氣持ちがあつてはならない、自彊術に身體を二つに折る運動があるが、之も最初から二つに折れない、練習次第で中年からでも出來る、何でも小さい時からやれば骨が曲つて自由に動くかのやうに思ふが、骨は絶對に曲らない、關節が動くだけで大人も子供も同じである。

之は色々の例から申上げられるが、しかしそれは別問題として意志と希望をもつてをり不自由のない事が私は仕合であります。第三の仕合は朗かと言ふことであります。一本脚の達磨と言つていじめられて來た私がちつともひねくれて居りません、よく人が出世する人が儲ける、すると僻を感ずる、それは當然のやうではありますが、しかしよくないことである、そんな時には運命を愛し運命を生さなければならんと思ひます、僻みを感ずるやうな境遇にあつたら、自分の心の持ち方によつて僻みを感じないものを自分で見出してゆけばよいと思つて居ります。朗かでなくてはならんが、しかし本當の心の底からの朗かさと言ふものはなか〳〵得られるものではない、それには信念がなくては得られないのであります。

私がこゝに立ちましてからもう四十分以上になりますが、こうして立つて居ると言ふことは六ヶ敷いことであります。立つてゐるよりも腰をかける方が樂であります、腰をかけるよりも座る方が樂である、座るよりも寢ころぶ方が樂であります、人間にはこの立つてゐること、腰をかけること、座つてゐること、寢ころんでゐることの四通りの姿がある、どれが一番苦しくて、どれが一番樂であるか、之は誰が考へても立つてゐることが一番苦しい、寢ころんでゐるのが一番樂であります、この苦と樂は一枚の紙のやうなものでその紙には裏表があるが、それは平等であります。私は後で字を書いて御覽に入れやうと思つて畫仙紙を用意して來たが之にも裏表があるが平等である、小さな紙をもつて來ても裏表があるが平等である、この苦と樂も平等である、立つてゐることは苦しいが立つてゐて苦しいならば腰かけることが出來る、腰かけて苦しいなら座つてよい、座つてゐて苦しければ寢ころんでもよい、ところが腰かけてゐる人は立つてゐる人より樂なかはりに座ることゝ寢ころぶ事があるが、寢ころんでゐる人は一番樂なかはりに寢ころぶことが苦になつたらもう身體のやり場がない、この寢ころんでゐるのから立ちあがるのは四通りの姿のうちで一番大きな苦勞であります、皆さんは經驗されて御承知と思ふが、無事な時に寢ころぶのは一番樂である、しかし病床に寢ころぶ場合は病氣の苦痛と寢ころぶ苦痛と二重の負擔である、立つたり腰をかけたり一日中立ち働いてゐるから寢ころぶことが樂であるが、毎日寢てゐたら決し

て樂ではない、身體のやり場がなくなる、そこで苦と樂とは平等で、立つてゐることは苦しいが一番樂であると思ふのであります。

昨年十一月にある大學で戰傷者の職業指導研究會があつて、そこに列席して色々の方の話を承はつたが、殊に日露戰爭の時に兩方の眼を失つた方で只今東京の盲學校に教職をとつてをられる方がしみ〴〵と仰言つたことは、私は兩方の眼がなくなつて凱旋したことが本當の仕合である、若し完全な身體で凱旋したのならば、私は出征前と同じやうな貧乏な生活をして、嫁を貰ふことも出來なければ子供を養ふことすら出來ない、全く悲慘な生活をしたであらうのに、兩眼を失つて本當に仕合になつたと仰言つた、兩眼を失つて當時の恩給で月十五圓の生活をしなければならん、之では働かねば食つてゆけん、一生懸命に考へた末盲學校に入ることになつた、入ると眞劍であるから卒業の時に成績がよい、そこで學校の方で君は眞面目で學術もよいからこの儘學校に殘つて先生をつとめてくれないかと言ふことで先生をするやうになつた、學校の手當と恩給と扶助料で意外な手當を貰へるやうになつたから奥さんを貰つた、子供が生れた、その子供は高等專門の教育を受けさせて、それ〴〵社會で働いてゐると言ふことでありますがその方の仰言るのに眼が完全であつたなら凱旋してから以前の仕事を續けるほか仕方がなかつたが、眼を失つたために自分は本當の生活が出來るやうになつた、而も子供をそれ〴〵役にたてることが出來たと言ふので非常に喜んで話されました、その後に今度の事變で片眼を失つた將校がをられて、その方は只今はある學校の教官をしてをられるが、片眼であつて義眼を入れて眼鏡をかけてをられるので誰が見ても眼が惡いやうには思はれん、自分も眼を失つた當時は片眼で不自由だつたが、だん〴〵生活に馴れて來ると一つの眼が殘つてゐるから充分の生活が出來る、今では不自由はないと仰言つたが、それだけ前の日より仕合でなければならんのであります、がその人の話を聞いてゐるうちに、生活には學校の教官であるから相當の月給は貰つてをられるやうだが、それに恩給や、扶助料で相當以上の生活が出來てゐるが、その人の言はれるのには、生命を捨てゝ國家のために働いたのに國家の報いてくれたものは僅かしかない恩給ではないかと愚痴をこぼしてをられたが、この二人の話を比較して見ると兩方の眼をなくした方が仕合である、片方の方が仕合のやうであるが事實はさうではない、話を聞いてゐると實際は仕合ではないやうであります。

普通兩方の眼を失つたより片眼を失つた方が仕合である、兩方の手をなくするより片手をなくする方が仕合である、片

手をなくするより足一本なくした方が仕合である、手足をなくするより指一本をなくする方が仕合である、ところが實際に於ては反對の結果になつてゐる、それは心の持ち方と言ふか、兎に角苦みが大きくなるだけ眞劍になるかと考へます、眞劍でやつて行つたならば必ずそこに立派な運命を開拓してゆくことが出來ると私は思ふのであります。

併乍ら私の考へる朗かさとは、人の嫌がるやうなことは喜んでしなければならん、それを生かしてゆくことの出來る强い信念のある朗かさでなくてはならん、然らばその信念はどうして得られるかと言へば、それには正しい信仰がなくてはならん、正しい信仰とは國家が許してゐる宗教ならばどれでもよろしい。間違つた宗教は過去に於て國家が取消しました、正しい宗教ならば國家が許して保護してくれます。その正しい宗教に對しての正しい信仰がなくてはならん。

私の宗教は金光教であり、私の信念は金光教から得られるものでありますが、皆さんの御家庭には神樣や佛樣が祀つてあると思ひますが、そして皆さんの中にも信仰を求められてをられる方もあると思ひますが、それは神樣でも、佛樣でも結構であるが、たゞ神棚がある、佛壇があると言ふだけでは正しい信仰が出來てゐるとは言へない、神の敎へ、佛の敎へが不斷の生活の上に生きて行かねばならん、生活してゐることゝ信仰してゐることが、別々の軌道を走つてゐてはならない、同じ軌道の上に於て同じ生活と信仰とが一つになつて走るものでなくてはならんと思ふ、どんな境遇になりましても、どんな不自由の身體になりましても、確固たる信念の得られるところの本當の思想が、その生活の上に生きて來なければならんと思ふ、こんな意味から申しますところの正しい信念から出た朗かさがほしいのであります。

私はこの朗かであると言ふこと、不自由がないと言ふこと、健康であると言ふこと、之が私の仕合せの理由であります。しかし如何にこうして仕合だと思つても明日の日がどうなるかわからん、人間は生きてゐる時どんな怪我があるか、どんな過があるかわからん、私などもどんなに之から苦勞するかわからん、しかし私はそれに對して心配はない、私には將來どうなるかわからないが、神樣にはわかつてゐるのであります。

私は神樣に凡てはお任せしてゐるから自分で何も考へる必要はない、それは之から私がいくら苦勞すると言つても母の苦勞に比べると、その百分ノ一にも、千分ノ一にも足らない、母のあの並ならん苦勞を思ふ時、私は母の苦勞を立派に生かしてゆかねばならぬ、又生かしてゆくだけの自信がある、私が怪我をした時には兩手片脚がなかつた、醫者は助ら

んと言つたが、それが助かつた、なぜ助かつたか、それは神の思召でもつて一本脚でも生かしてやらうと言ふ考へから出たので、今日まで生長出來たのは母の苦勞があつたからである、又今働けるやうになつたのは學校の先生の御恩があるからである、そして今働いてゐるのは働かせて下さる方があるからである、今私は着物を着てゐる、御飯を食べて生きてゐるが、それは自分の拵へた着物でもなければ自分の作つたお米でもない、着物は紡績會社で拵へたもの、お米は百姓が作つたもの、こう考へて來る時、そこに萬人の御恩がある、國家の御恩がある、この國に生れたればこそ皆さんは生命を捨てゝ働いて下さつた。こう考へる時第一、陛下の御恩があり、それから萬人の御恩があつて生きてをれるのである、さう考へる時どうしても自分たちは生きてゆかねば相濟まんと思ふ、生きることは決して金持ちになることでもなければ出世することでもない、一人でもよいから外の人の喜んで貰へるやうな生活がしたい、そして私の生活には不平不滿はない、本當に生かして貰つてゐる喜びをしみ〴〵感謝しながら生活をしてゐるのであります。もし私が完全であつたらどんな生活をしてゐたか、それはわからないが、始め小學校を斷られたのが有難かつた、それから母が信仰を求めた、しかし母の信仰は正しい信仰でなかつた、近所の人からあんな一本脚をどうするかと言はれて御飯を食べられないほど苦しみました。それから正しい信仰を得るやうになつた、又私も子供たちにいじめられたのが有り難い、一本脚だから可哀さうだと言つて同情して下されたら私には何も出來なかつたのであります。

ところが私にはいぢめてくれるものがあつて、何くそやつて見せると言ふので色々苦勞してやつたお蔭がある、こう考へると私の過去には幾度となく泣いたことがある、苦しんだことがあるが今はない、之も仕合せであると思ふ、私の過去にはもう恨みも呪ひもなく凡てが有り難いことばかり、之が聞いて頂きたい私の心持ちであります。色々お話したいことはありますが、時間がなく大變まづいお話になりまして失禮しました。

しかし私と皆さんの立場を考へますと、私よりも皆さんの方が仕合である、それは決して怪我の程度ではありません、皆さんの立場は一旦生命を國に捧げられたもので、さうなるのは覺悟の上であると思ひます、しかし全部の人がみな生命を捧げてしまはなくともよい、而も皆さんはその中に選ばれて歸られた方だとこう思ふのであります。なぜなれば皆さんの今後の生活に神樣が期待なされ、もつと御奉公をさせようと言ふので皆さんを、お歸しになつたものである、而も皆さ

んの身體は東洋平和のためにもつと活躍しなければならんのであつて、皆さんのなくなつた肉體のために何等の精神的苦痛はないと思ふのであります。神樣が最後の御奉公を期待されて皆さんをお歸しになつた、こう言ふ風に私は考へてゐるのであります。

只今國では厚生省と陸海軍省が協力して色々の施設をつくり、皆さんの將來の生活に不安を與へないやうに劃策せられてゐるのであります、結局どんな施設があらうとも、どんな方法が與へられるとも、自分の心の中にそれを受入れるだけの心構へ、心の持ち方がなくては本當の安心と言ふものは得られない、こう思ふのであります、どうか皆さんは今後御自分の運命を立派に生かして頂きたいと思ひます。

大變つまらん話で折角病院の方からお出で下さつたのに却つて窮窟な目をさせて何等得るところもなかつたことゝ思ひますが、少しでも參考にして頂く點があれば、皆さんへの私の感謝の言葉と、皆さんへの御慰問の挨拶を述べたことゝして歸らせて頂きたいと思ひます。之から初めに申上げましたが、口で字を書いて見ますが、文字は誠に下手でありますが、その文字の精神だけを汲んで見て頂きたいと思ひます。

（終　り）

昭和十三年五月二十日印刷
昭和十三年五月三十一日發行

愛知縣廳軍事援護課內
編輯兼發行者　谷口晴壽

名古屋市中區千種町五反田五二
印刷者　小池清彥

名古屋市中區千種町五反田五二
印刷所　合資會社三益社

愛知縣廳軍事援護課內
發行所　大日本傷痍軍人會愛知縣支部

傷痍軍人慰問

みさび歌集

みさび社編

寫眞、下はみさび會員が大阪陸軍病院金岡分院を慰問せし時、撮影寄贈せられしもの

感謝状

みさび會　殿

今回支那事變ニ當リ本院入院戰傷病者ノ慰恤ノ為金品寄贈セラレタル篤志ニ對シ茲ニ深甚ナル謝意ヲ表ス

昭和十三年六月十九日

大阪陸軍病院金岡分院長
陸軍軍醫中佐正六位勲四等大塚武夫

はしがき

輝かしい我が三千年の國史の上に、いまだ曾て無い大きな聖戰は勃發し、皇軍將士の方々の御苦勞は並大抵ではございませぬ。而してかの嫌むべき容共支那の彈丸に傷つき、或は酷熱酷寒の爲、將又惡辣極りなき敵が策謀の諸病に感染し、あたら健全であつた身體を病床に横たへ苦んで居られる方々の數も次第に增し、誠に國民としてじつとしてはゐられない、お氣の毒な限りに存じます。私共は曩に大阪陸軍病院金岡分院を慰問し、未熟ながらも赤誠こめたる短冊その他を寄贈し又席上揮毫等を致し、その後も個人的に奉仕することを得て、聊か感謝の微意を表して參りましたが、今回は社中の有志相集り『みさび歌集』を編纂して同病院へお贈りする事となりました。この小歌集は主

として毎月の歌會に提出せられた歌をもつてし、大部分今年作のものでございます。誠に突然な思ひ付でございました爲め、不備な點もあり稚拙な歌ではございますが、幸に白衣の將士の方々の御つれ〴〵の御慰めともなる事が出來まするならば、一同の光榮之に過ぐるものは御座いませぬ。

終りに、この微意に早速御共鳴御聲援下さいました里見軍醫中佐（心の花）、山崎靜子様（同上）、大久保文子様（同上）、內野辨子様（冬柏）、濱本くに子様、生地詮子様（藝林）の方々に深く感謝の意を表する次第でございます。

昭和十三年十二月

みさび社

玉島照波

みさび歌集（五十音順）

西宮市外

生地詮《ノリ》子

事變歌（四首）

打ち勝ちてかならず歸りきませやと心に祈る旗うちふりつつ
漢口は遂に落ちたり國をあげて戰地《そこ》にひびけとさけぶ萬歲
萬歲の聲に埋もる街ゆきて熱きものただ胸にせぐりく
大和魂ふれて互にほとばしるこの有樣に胸うたれつつ

大分縣鐘乳洞（三首）

幾億年におのづと凝りし石の洞心あやしく肌寒く覺ゆ
崩れ落つる憂ひなしとせず廣き洞をおびえ心につつましく見つ

一

洞の中雫垂りゐて肌さむし闇にこもりて蝙蝠なけり

麻　雀（二首）

萬貫《まんがん》の勝ちをしめたりしかすがに嬉しさは頰にあつくのぼりく
遊びつかれし夜更けを庭に下りたてば靑葉吹きゆする風のすがしも
夕燒けの空にそびやく竹の秀のゆらぎは靜かおのもおのもに
つつましく咲けば愛しも秋風の吹きすぐる野のりんどうの花
咲きすぎておのづから散るコスモスの影ゆらゆらし月の光りに
細長き吾影をひきて野をゆけり何處までも見ゆる月のあかるさ
別れ來し友を思ひてたたずめば夕風さむし松原小道

二

兵庫縣武庫郡

內野辨子

事變雜詠（八首）

ひざまづき皇軍人《みいくさびと》を祈るなり玉置《たまき》の宮の秋のきざはし
菊花《きくくわ》をば凱旋門として待たん秋盡きぬ間に歸れますら夫
冷泉を山に掬びて思ふかな渴きを忍ぶ遠征の人
みいくさに主《しゆ》は召されつゝ山莊の路よ落葉のうづ高きかな
土の香《か》もほのかに立ちぬ征野なる綿の畠に書かれつる文
頭《かしら》をば垂れざるもなし行きあへる白衣の兵の乘れる車に
失ひし部下を嘆きて戰勝も身の深傷《ふかで》をも言はぬ隊長
亡き兵の父母に見へん面《おも》なきを今身に知ると部隊長泣く

大和の十津川村にて

戶を鎖《さ》さず時を計らず僞らずなつかしきかな十津川の人
孫のごと牛をば愛づる山里の翁が賜ふ朝の牛乳
山の風呂かこひ無けれど夜に浴めば月光流れ蟲近くなく

三

四

人病むも人生るゝも相寄りてはらからのごと睦ぶ村人
山の子も遍路も通ふ吊橋の舞臺めきても見ゆる秋かな
秋風や山の少女が十日前産れし牛と遊べる花野
危くも丸木橋行く心地すれ隣家へ通ふ畦狹くして
秋風や松明《たいまつ》の火に導かれ淡き月夜の田の畔を行く
花手折る母を待つ子の口笛を乘せて廣野の秋風わたる
山に來てわれ素直なり秋の灯に子と讀むをさへ幸《さいはひ》とする

住吉區　大久保文子

篤志婦人會看護勤務（二首）

水かへて花瓶すがしきるり色を見は見ますれど力なき眼付《まみ》
秋雨にぬれしコートぬぎもあへず作業場へといそぐ長き廊下を

聖戰博にて（二首）

双の翼《よく》ゆたにひろげて機はやすらふ朝の陽てれる芝生の上に
首かしげ機の彈《たま》の痕《あと》まさぐれる盲學生の複雜な表情

おびたゞしき造船工が朝の舗道《みち》を港へのあゆみひたすらなるも

阿蘇（三首）

ゆきゝする雲のおもむきたゞならず道大阿蘇にちかきを思ふ
吹きおろす風に堪へつゝあへぎあへぎ熔塊岩の道ふみのぼる
これやこの大地の吐息ある時は天に冲して火を吐くといふ

雲仙の地獄（三首）

靜かなる此山にしてかくばかり燃ゆる思のありけるものを
この大地わが踏《ふ》む下《した》は熱湯ぞとおもふに心あやしくおびゆ
立つ湯氣はもつれもつれつうすものをまとへる妖女舞ふかの如く

五

六

臙脂《えんじ》こき木蓮の花どの花も朝あけ空にまむかひ咲けり
山道は秋の眞晝も風さむく穗すゝき銀とかゞよひみだれ
峠みち落葉松《からまつ》の梢《うれ》とすれすれに湖《うみ》あるらしき光の一すぢ
運命《さだめ》なりなに思はんといふやうにさも事なげに散りちる紅葉
丘畑に唐黍たかく枯れ立てり空あかあかと夕ばえのして

大阪市住吉區　金三津菊松

映畫、五人の斥候兵（四首）

前進すと言ひ張る友につめたくも銃持てねばと後送をすゝむ
傷つける腕まさしくも銃を揭ぐ顏一面に汗にじみたり
嚴然と後送命令下したる隊長の瞼《まぶた》にじめるものあり
歸り來ぬ部下の鐵兜拾ひ來てひしと抱きて泣き入る鬼斥候長

機影既に雲に入りしが整備兵なほも彼方を見守りてあり
エンジンの調車にうすき掌《て》の形わが掌をそつとあてゝ見にけり
除夜の鐘の一つ〳〵が身にしみて今年こそはと年迎ふなり
まつさきにとり見る賀狀つたなきもその字に力こもらひてあり
幼き日友と遊びし砂濱に寄せゐる波か枕にひびく
重たげな鈍き靴音のみつづくまひる間近き艦中の路
（生徒を引卒して磐船へ行きける時）
池の面の八つ手をうちて玉水の落ちゐるほとり金魚つどへり

思ふことありて（二首）

忘れむと戸口にくれば夕暮るゝ時雨悲しく吾が心打つ
世の中に頼らむもののあらなくに將來を思ひ日々を嘆かふ
理《ことわり》の吾《あ》にあるべきを言負けて口惜しさに居りいさかひのあと

七

いさかひて友避けて來し裏庭は廣きプールに河馬の居たりき

人なくば手枕借りて寢ても見む昔戀《こほ》しき人に向へり
（幼兒吾を愛し吳れし人に十二年振りに會ひて）

友達と笑ひ興じて時過ぎぬ去なむと立てば菓子の粉《こ》散れり

試驗終へ駈けのぼり來て屋上に力一杯詩を吟じたり

枕邊に書《ふみ》よみ吳るゝ人もがも豫定のおくるれば聞きて學ばむ

氷囊をのせてベットに伏《こや》りつゝ受驗準備のプランたて居り

大阪府中河内郡　柏田よしゑ

近　詠

爆彈の落つると見るや忽に火災起れり信陽城門（映畫）

霧晴れてあたり明るくなりにけり人のゆききの面白く見ゆ

ラヂオ體操今朝もほがらかに聞ゆなり敎へ子今か元氣に成さん

すげなくもふりはらへどもなほ子らは袖に袴にすがりつくなり

朝早くより稻こきの音聞こゆ寢床にありてすまなく思ふ

久々に尋ね來られしうれしさにはしやぎ話す我がさまおかし

大阪府三島郡　里見三男

東伏見宮妃殿下を大阪陸軍病院にお迎して（五首）

御成日は陽ざし明るくあけにけり雨となりなむよべにてありしを

壇にたゝす宮はしづかに列立のひとりひとりにうなづき給へり

頭もたげ妃の宮あふぐ傷兵の目に光れるは何の露ぞも

やつれたるうなじを頰をいたましと妃はみそなはす御まなざしよ

還御ありて院庭の藤ふさながらしづかなる雨こぼれ來にけり

觀　兵　式（十首）

はつ夏の生駒は晴れて將軍が馬上に持《ち》する刀《たう》のきらめき

太き髭に風はかをりて幕僚と兵を閱する將軍の肩（谷司令官）

一隊は一隊につゞき肅々と兵あゆみ去りあゆみ來るかも

戞々と蹄の音に一團の騎馬もりあがり跑《かけ》り來るかも

雨あがりの練兵場に飛沫《しぶき》あげて砲車の列はつゞきにつゞく

自動車隊轟々としてさしもひろき練兵場を壓しかけるかも

軍用犬尾を垂れ步む聲も立てず兵の步調と足並そろへり

幾旒の分會旗ゆく少年の旗手のもろ頰《ほ》はかがやきてあり

まのあたり見る軍容のゆゝしさに人々の眼に淚ひかれり

老いて召されこの式に逢ふよろこびの胸の高鳴りとゞめかねつも

大阪府中河内郡　玉島照波

百日紅花さかりなる院庭にけさも來て鳴く油蟬の聲

捷ちとりし長城に步哨あふぐらむ水と澄みたるこの月光《つきかげ》を（宿舍樓上にて）

わが握る鍬先に一つ靑き芽の土を抽き居り何の花かも

あかき芽の息吹を感じ薔薇の根にしたゝか土を覆ひけるかも

根分してカンナを植うる午さがりうす日かげりて風立ちにけり

大阪陸軍病院金岡分院慰問（八首）

いならべて寢臺多しいたましき傷病兵に心寄りつゝ

傷兵らベッドに起きて禮《いや》したまふわれ何樣ぞ土にぬかづかむ

われらの爲にかくも傷つきたまひたる白衣の君や後光《ごくわう》さすごとし

床臥の兵が兩眼《ふため》はおほはれて白百合の花うつゝに匂《にほ》ふ
苦《くる》しとも告《の》らさねばまた悲しもよ君が病《やまひ》のかろやかならぬ
かさ高に脊板胸板あてはめし兵あらはれて我が面《おもて》うつ
天地《あめつち》の神よこぞりて勇士《つはもの》のいたで癒やしめよこのつはものを
みかへれば夕雨《ゆふさめ》の野にしづもりて病棟は長《なが》し默禮をさゝげぬ

枚岡神社（二首）

のぼり來し齋庭《ゆには》にきよき今朝の霜この御手洗《みたらし》を汲みし人あり（早朝祈願）
蕾かたき梅の木下《こじた》の枯芝生《かれしばふ》陽《ひ》にあたゝかに傾き廣し
寒山寺鐘のひゞきを傳へざれ兵は守《も》りつゝ年祝《としほが》ひせむ
惡業《あくごふ》の國聖《きよ》むると天《あめ》の火の敵都はいまし燃えさかりつゝ（南京攻略）
遠蛙しゞになきなく夜のふけを 灯《ともしび》かゝげもの書きつぐも
手をのべて品撰り分けつゝい詰めしめ慰問袋は吾が枕邊にて（病臥）

病室のまどに見出でし晝の月位置たもちつゝひそけく澄めり
あるなしの風に靑みて暮れゆきし春蘭の花夜半におもふも
デパートの入口にて人に押されつゝ千人針は待《ま》ちて縫ひけり
このこゝろ通ずるこゝち順を待ちて千人針の一針を結《ゆ》ふ
わが袂《たもと》みぢかくせんととる鋏けさは冷《つめ》たし戰場を思ふ
ひかりなきみ空を低み木に石に雪たゞに降りてたそがれむとす

大阪府[redacted]
西田寛治

身邊雜詠

朝夕の冷え身に泌みて戰場の將兵の上に思ひは深し
日の暮を疲れ歸れば妻病みて寢てをりたゞち醫者呼びにゆく

苦しさを訴ふる妻靑ざめて熱の香高し夜着をかけてやる
今日もまた死傷多しと聞くものか吾が胸いたし君の身を思ふ
幾度か死線を越えて手柄せし君が痛手は癒やさで止まじ（白衣の勇士に捧ぐ）
み冬より今日を待たれし櫻花朝日に映《て》りて今盛りなり
起きてまづ庭べに出でゝ朝顏の花の世話する樂しさに生く
皇軍は武漢三鎭何のその全支をめざし進みゆくなり
うかうかと暮らしゐしかど指折れば今年も餘り四十日なる
年の瀨は旣に近しと思ひつゝ一日《ひとひ》を歌に凝りて暮しぬ

大阪府中河内郡[redacted]玉島照波方
羽野式子

靖國神社臨時大祭の放送をきゝて（二首）

みまつりの實況放送となりたればゐづまひ正し我聞き入りつ
玉串を今か捧げむ人のさま目前《まなさき》に見ゆ靴の音せり
征《ゆ》く馬の今宵曠《ひろの》夜に屯《たむろ》すと聞けば悲しも雨の降りつゝ
ふるさとの梅の花見にさそはれつなれども我はつとめの身なり
ふるさとの梅の盛りを思ひつゝ靑菜きざめば梅の香のする
移らしゝ今日を八千代のはじめとも淸《すが》しくなびく御戶《みと》のゆふしで（遷宮祭）

大阪市東區安土町二丁目大日本紡績株式會社事務所
古市道太郎

水害見舞の途上（二首）

スクラムを組みて渡るがともすれば押し流されむ氣配あり見ゆ
人中に行きまどふ犬きよろきよろと主探《ぬしたづ》ぬらし泥まみれなる

征く人に並びて我れも日の丸の大旗の前に坐をば占めたり
なみなみと酒つがせつゝ心ふと戰線の友を思ひておのゝく
藝者らも今は一つに集りて戰《いくさ》を語る燗冷めの德利

一六

日常吟其他

大阪府中河内郡　福井房子

おごそかに遺骨を持たる兵の列長々つゞき寺に入りゆく
木の蔭の地《つち》にはらばひ人寢たりこの工事場のまひる靜けく
本を見て作れる晩のあつものや美味《うま》しと父のほめさせ給ふ
湖の鷺なるらしも夕やけの近山越えてかへり行くなり
かぼそくも降る春雨は夕まけて八つ手の廣葉ぬらしゐたりき
裏庭は芙蓉の花の咲き初めて殘りの暑さうすらぎにけり
葛城の山峽《やまかひ》ふかき西行の弘川寺は篠群れ生へり
六甲の山よりわきしむらくものしまらくにして雨を落せり
寺庭のぼたんの花にさやりつゝ秘佛を拜む僧のうしろに
夜にのこる仕事は多しくりやべにもの洗ひ居れば雨の音すも（自炊生活）
丹波なる峽《かひ》の學校に轉勤の友を送りて心わびしも
名知らねどくれなゐはしき花一輪泉のきはにさきゐたりけり
松山に秋陽は透きて足もとのりんどうの花咲き過ぎむとす
夜の町の道べにひさぐ白萩のこまかき花はカンテラの灯に
ほゝ落ちし母の寢顔のわびしかり八人の子を育て居る思へば
見送りの人のうしろにのび上り勇士の子供は父見送れり
弟に風呂敷包みかゝへさせ續きて縫へり赤き一針

一七

打水のすがしき御庭に讀經の聲のみ澄める式は進みて
街道を木炭自動車の數臺が綺麗に並びて走り行きたり
長期戰に備へんとして代用品つぎつぎに出來使はれ行くなり

一八

今年歌抄集

大阪市此花區　前田耕作

幾人《いくたり》の敵斬り倒しよろめきてあとは知らずと病院よりの便り
近江路や白梅紅梅桃の花櫻も咲きて家まばらなり
照りもせず降りにもならず花堤糸より細きものゝ降るなり
春立ちてはやも廿日を過ぎぬるに寒さ肌つき雪ふり來たる
朝まだき齋庭《ゆには》に高き杉木立《すぎこだち》まうづる人の引きもきらずに
かき曇り陽《ひ》はまだ高くありながら花の梢も見えずなりたり
冬かれの木立の中の柿の木や三つ四つ殘る赤きつぶら實
生活に逐はれ日ねもす働きて食《た》ぶる食事のうまくもあるかな
秋の野を劃《くぎ》りてたてる山の端にかたむく入日大きかりけり
さしのぼる朝日に映えて富士の峯《ね》の雪一《ひと》しほにかゞやき增せり
雨あとの雲を拂ひて東《ひんがし》に上り出でたる十五夜の月
待望の漢口遂に陷落し全市提灯の海となりたり
永遠の東洋平和きづくべく我皇軍は起《た》ち給ひたり
征く兵士あまたの人に見送られ祈りぬかづく神の御前に
雨あとをうすもや立ちてむらさきの雲間に光かる夕陽《ゆふひ》かげかな
霜つゆに耐へて久しく咲く菊に御紋所《ごもんどころ》の尊さを思ふ（伊丹高女にて）
をみなこそ平和のための使徒ならめ宣撫のために努めてほしき

一九

二〇

あいついで廣東武漢陷落し世界に示す聖戰の意義
窓の雪螢の光に五つとせをはげみし子等の行手祝はむ
（尼崎中學卒業式に列して）

大阪府南河内郡丹南村[redacted]
森はるみ

身邊近事

征く友は言葉あらなく手を組めど誓へるこゝろ我に通ふも（看護婦）
鳥小屋の日よけになりし朝顏の枯葉增しつゝ秋ならむとす
戰場の勇士の上に幸あれと祈る今宵の月さやかなる

大阪市天王寺區[redacted]
山崎靜子

せるろいどのだるま

灯《ひ》の下のおきあがり小法師自《し》がかげのくろき眞中《まなか》にひくゝ坐《すわ》れり
ころがせしおきあがり小法師ころげゆき手さきとどかぬ邊《へ》に起《お》き上る
せたけより長き影ひきまろびゆくおきあがり小法師灯《ひ》にそむきつゝ
まろびゆくおきあがり小法師つまづきしきゐの上にあやぶく起きたり
飛びつきし猫の手許をすりぬけてかるくまろびぬおきあがり小法師
ちよこちよこと手をだす仔猫《こねこ》に倒《こ》けかゝりこくり〳〵とおきあがり小法師

をりをりのうた

今日よりはみ國の寶と召集令さがりし人を上座に据《す》うる
日の丸の旗江南にかがやくてふ記事よみ合ひて朝餉《あさけ》おくれぬ
ますらをの尊き犧《にへ》に日の本は唐八紘《からはつこう》に延びひろごりぬ
ひとりゐのこゝろしづけく更《ふ》くる夜をひさしたゝきてあられふるおと
歌思ふ床の邊にゐし冬の蛾《が》のいついづべにかよろぼひゆきし

二一

二二

廂《ひさし》より落ちたる干葉《ひは》の音かそか今日は雀の來て遊ばさる
日の照りつゝ吹雪《ふぶ》く浦曲《うらわ》の磯上《いそかみ》にかんだかく鳴くとりありにけり
もり上りどゞと寄せくる浪がしら高く碎《くだ》けぬ巖《いはほ》の上に
ふし穴を出で入る小雀《こがら》いでいりに一どは止《と》まる椋木《むくぎ》のさきに
もずの聲眞葛《まくず》が原の蒼空《あをぞら》にひびきわたれるむなしきあかるさ

兵庫縣伊丹町[redacted]、久米川方
米川久子

事局詠（五首）

つはものを送りし家の麥刈りを手傳ふといふに今日も雨降る
輜重隊の憩ひしあとに散らばりて馬の拔毛はおびたゞしもよ
いさをしを語りてあれど大方の指失へる見るが悲しさ（傷兵慰問）
眞夜中の山坂越えて來しと聞く轡取る兵等疲れも見せず
傷つきし兵等のかもすどよめきをうからひそまり耳すまし聞く
（慰問の夕中繼放送を聽く）
日盛りを步みつかれて來し所くちなしの香の嬉しかりけり
しめり含む冷き風に庭の樹の枝搖れさはぐ雨來るらしも
あへぎあへぎ搦手道の青葉樹のいきれの中を城趾にのぼる

長良川にて（二首）

川上にかゞり火小さく見え初めて鵜飼の舟は下りくるらしき
近よれる鵜飼の舟のかゞり火の焰なびきて我が船にとゞく
闇をゆく自動車《くるま》の右はたぎつ瀨の音のみ高し坂を越えゐる
安土すぎて琵琶湖又見ゆ朝靄はやゝうすらぎて水光りをり
瀧しぶき飛び散る大き岩の上に握飯《むすび》食しゐる子供等の群
長旅の終らむとして汽車はいま夕闇せまる川の岸ゆく

二三

雲低く空を覆ひぬ烏一羽木ぬれかすめてまなかひを過ぐ
梅雨空は曇りたもちつゝ雨止まず稲田の蛙ひねもすを鳴く
茶屋の姥は客を呼ばはず書蘭けし此の参道に初蟬の聲
掛茶屋に憩ふ人なく葦簾かげの床几の上に子供ねむるも

水　害（二首）

昆陽《こや》池の堤きれたり街道に濁りうづまける水のいきほひ
濁水の猛りに猛りゆきし道の舗装は大方崩されにける

大阪府南河内郡高鷲村
緒　林　喜　代　子

ある日のうた

村に高くかゝげられたる大國旗色やゝあせて秋闌《た》けにけり
打消しつゝうつむく友の高島田嫁《とつ》ぐ日前の馴らし髪にや
とやかくと争ふ事のみにくさよ理智ある女《ひと》は默してゐるを

昭和十三年十二月十三日印刷
昭和十三年十二月十七日發行

（非賣品）

編輯兼發行者　大阪府中河内郡龍華町植松　玉島照波
發行所　大阪府中河内郡龍華町植松　みさび社
印刷所　大阪市此花區中江町五十七　丹治共生社印刷所

帝國學士院會員 文學博士 佐佐木信綱
立正大學講師 跡見女學校講師 伊藤嘉夫
共編

傷痍軍人 聖戰歌集

人文書院

傷痍軍人聖戰歌集 推薦之辭

本書は、聖戰に參加して、名譽ある傷痍を受けし軍人諸子が、其の實情實感を述べたる作を、佐佐木博士、伊藤君の編纂せらるるところたり。惟ふに和歌は、日本國民の國風なり。上代以來武人の作にして、國民精神作興の上に裨益するもの多しとす。この歌集亦聖戰の好記念として、傷痍軍人を慰め、延いては第一線將兵の士氣を鼓舞し、且つは銃後國民の精神作興に寄與するところ多大なるべきを信ず。

昭和十三年十二月

傷兵保護院總裁
陸軍大將 男爵 本庄繁

序

歌は、わが國民精神の精華である。今や聖戰一年有半、有史以來の此の大戰に當つて、忠勇比なき出征諸士の間に、その日本精神の精華の發露として、多くの歌を見ることは、固より偶然ではない。

歌は、ひたふる心から生れるものである。出征諸士が身命を國家にささぐるひたふる心から、その眞實の體驗の感動があふれ出て、おのづから歌と生れるのは、自然のことである。

いま自分等が世に公にする此の集は、北支、中支、はた南支の戰の場《には》に傷ついた人人の精神の精華であり、ひたふる心より生れ出た眞實のさけびである。この聖戰に從つて尊い傷痍をうけられた人々の感動を、普く永く世に傳へむが爲めである。

しかして、此の集の成立には來由がある。

今年七月の末、臨時東京第一陸軍病院に療養中の杉谷上等兵から、數回書簡を寄せ來つた。自分はその返書に、傷病兵諸氏が歌の話を聞きたいとのことならば、自分及び同人の中より病院にいつてよいと書き送つた。それによつて、慰問部の吉澤衞生大尉が來訪され、傷病兵諸氏の爲めに、隔週に講話する事となつた。

「關西の颱風來の警報が、刻々の臨時ニュースで報ぜられてゐる九月五日の午後、牛込なる病院に、伊藤嘉夫君と共に赴いた。

院長三木軍醫中將と、階上の應接室に語り、吉澤大尉に導かれて、會場に赴いた。清潔に完備せる病室の前の長い廊下を幾度もまがり、階段を下りて行く。病室には、重傷患者が少からず、廊下に行き逢ふ傷病兵にも、胸せまる思であつた。

導かれた入口には、多くの松葉杖が置き並べられ、厚い毛布を敷きつめた會場には、七十人あまりの白衣の勇士諸君が集うて居られた。

壇に上つてまづ目についたのは、左方に手押車に乘つたまま、配付した歌の摺物を手に持つて居る兵——後に聞けば双脚を失はれた方であるといふ——兩眼を失明して看護婦に介添されてをる方たちである。壇に立つた自分は、まづ、戰線に奮闘せられた奉公の至誠に對する感謝の語を述べようとしつつ、はふれ落つる涙をとどめあへなかつた。しかして講じゆくにつれて、要點を筆記する人々も見受けられ、傷痍の苦痛をも忘れたるがごとく熱心に聞いてをられるので、感激いよゝ深く、一時間餘の講話を終へたのであつた。」

以上は、第一日の記事であるが、爾來數回講話に赴いて、伊藤君と共に諸氏の作歌を見たことであるが、その措辭に未だしいところはあつても、その一首一首は、眞實の感動であり、魂のさけびであり、誠の結晶である。しかしてまた、その作歌が、朝夕の心の糧となり、更生の心の柱となり得たことを喜んでをる人々が多い。故に、自分等の見た歌をつどへて、此の一冊を成した次第である。

此の集は、上述のごとく蒐集の範圍が狹いが、この集を全國の陸海軍病院、野戰病院に普く寄贈して、更に傷痍軍人諸氏の寄稿を得、第二集を撰びたいと思うてゐる。

この小冊子が、多くの傷痍軍人諸氏の目に觸れ、耳に聽かれて、諸氏の精神的慰安の一端となり、更に銃後の國民が傷痍軍人にささぐる感謝の念を一層深くする種《くさはひ》ともならば幸である。將また、今より一千二百年前、大伴家持は、かの防人の歌を採錄して永く天地の間に殘したが、自分等の此のささやかなる企圖により、昭和の聖戰に於ける國民精神の精華が、永遠に傳はることを得ば、此の著亦、深き意義を有するものと思ふ。

昭和十三年十二月

帝國藝術院會員　佐佐木信綱識

序

聖戰第三年の年をむかへむとして、巷は銃後の緊張にあわただしく日が刻まれてゆく。街路樹は裸身を凩にさらしてきびしい冬である。一入に皇軍將士の勞苦に感謝と感激の思が深い。私自身としても幾人の近親を戰野に送り、又戰塵にまみれて、大陸に戰ひつゝある親しい友の幾人の上に思ひ至れば、胸あつく心はおのづからひきしまる事である。自ら銃後の心をつゝましくたもつて、己が道へのひたぶるな精進を心に念じて在り經てゐる。

恩師、佐佐木信綱先生と共に、隔週の月曜に、第一陸軍病院に、短歌の講義及び指導の爲めに赴いてゐる。佐佐木先生の序文にあるごとく、短歌が傷痍軍人の更生の心の柱にもなれかしと祈つて、微力を傾けて指導にあたつたのであつた。

戰火の下に於ける最も勇猛にして、最も忠誠なりし傷痍軍人諸氏は、然も一旦短歌の道に入らるゝや、かつて戰時に傾けられた全生命を、その不自由な身體を驅つて全精神を以て短歌の道にむけられ、實に半歳に及ばざるに、本集に撰せるが如く、高度の藝術價値ある作品をものさるゝに至つたことは、深き驚きと喜とを深めた事である。

もとより、これを世に問はうと云ふ野心のもとに作歌されたのではないが、一は作者にとつての記念のため、一は亦廣く江湖に頒つて、戰場に於ける記錄文學として世に殘したらばとの事で、先生と共に本集を撰するに至つたのである。短期間に整理した事は、この病院に於いてすら、數人の秀れた作者を逸してゐる。これは、改めて第二集として刊行する日があらう。

實戰の經驗は、けだし人生最高の大體驗である。傷痍軍人はまさにこの間をくゞり來られた人々である。この集に收錄した人々は、ほとんど前に作歌の經歷の無い人々のみである。隨つてその表現等には、生々しさと稚さがあらう。然しそれこそさらにこの集の輝きとさへなるものである。略歷に多少不明の人々のあるのは、轉送退院により、急に調査しがたいものであつた。

最後に、吉澤仁介衞生大尉の協力を感謝し、あはせて傷痍軍人諸氏の健康を祈りつゝ筆を擱く。

昭和十三年十二月

立正大學講師
跡見女學校講師
伊藤嘉夫

凡例

一、本集は、臨時東京第一陸軍病院に於いて短歌を指導してゐる傷痍軍人及び、その後他の陸軍病院に轉送、又は退院された傷痍軍人、及び看護に當られる衞生兵、看護婦の短歌を集めたものである。

二、本集は出征途上、現地前線、野戰病院、還送療養の四篇に分ち、最後に作者略歷を附した。

三、作者略歷は、轉送、退院等によつて急に調査しがたいものはその旨を記しておいた。

四、この集は前に云ふ如く、第一陸軍病院のみにかぎつたが、今後も集まるにしたがつて出版したいと思ふから、各地の陸海軍病院の傷痍軍人諸君は、「東京市本郷區西片町十番地佐佐木信綱」宛に略歷を附して原稿を郵送されたい。

傷痍軍人聖戰歌集 目次

出征途上篇

征途

石井英太郎

一切を越えし心のおちつきを何時の間にかも得つる我なる

はるかなる四國の山見ゆ綠こき小島もありて旗ふれり見ゆ

出征

池内勇

やすみしし我が大君の召のまに生命《いのち》捧ぐる時は來れり

丸刈せし頭髮《かみ》の毛いささかを封じつつ遺髪と書きて安けし心

今宵出發《た》つ我にしあれば人も物も見納めとならむか大きく映る（東京出發）

3

見送人への謝辭（一首）

平靜をよそほへど心たかぶりきて答ふる聲もきほひはずみつ

見送の人、人、人に騒然たり妻と對へど語るひまなし（東京驛）

生還を期せざる今日の旅なれど何か樂しきが吾を待てる如し

鄕里を出發して原隊に向ふ

忘れても家を見向かず出發《た》てといへる老父《ちち》は門べに旗ふりてをり

何處ゆく船の動きか分かねども敵への氣配いよよたかまる（船中）

4

出征

加納政幸

産土の神に別をつげまつり君が御楯といでたつ吾は

大君の御楯といで征《ゆ》くちりひぢの數にもあらぬ我身にしあれど

河村功

營庭に濃く繁りたる柳の芽まへにしつつも父母と語る（父母に別れの日）

村村に吾が父母に似る農夫等鍬ふりかざし萬歳とおくる

空のいろすみ渡りつつ鳴く小鳥我の武運を祈ると聞ゆ

陽は入りて電光青く入海の波に照るなり今しいでたつ

5

兩岸の歡呼の聲に送らるる關門海峽をふりむき見かへる

北森　茂

よし死すとも悔いぬの意味《こころ》とほ廻《まは》しにのたまふ母のみ聲の强さ

再會のはかりがたきを胸に秘めゑみて勇みて門を出でにし

出征　　黒多吉行

大君の命かしこみ言さやぐ醜のえみしら討つといで立つ

では行けときつぱり言ひおき又しても汽車の窓見ます父老いませり

6

後藤清次

軍事公用と呼ぶ配達夫のその聲にはね起きて我は萬歳を叫ぶ

動員令　　白山　正

雨しとど降りしく夜半に召集令吾に屆きたり胸透く思ひ

海と空とつらなりつづくただ中を我が征く船は動揺もなく（船中）

黄海に近づきぬらし黄なる波の紆《うねり》に揺られ揺るるわが船

召集令狀　　松尾榮郎

戸あくるに公用提灯のぞくなりたまゆらにはつと胸は躍るも

7

たまゆらの沈黙《しじま》ほぐれて笑《ゑま》ひつつ老母《はは》は靜かに令狀いただけり

令狀を神前に供へ拜みゐる母の後姿《うしろ》老いませるかな

汽船搭載

吊り上げられおどろく馬のぶらりぶらり乘せらるる見れば涙ぐましも

たかだかと吊られゆく馬足掻きつつ汽船《ふね》の中どへ姿かくしぬ

出發

萬歳の叫びは今し起れるなりわが汽船《ふね》徐徐と岸離れ行く

軍裝に固めし吾等ひたよりて遠ざかりゆく山ををろがむ

8

船中

見おろせば潮は黒く流れつつ時に光れる波の秀《ほ》のみゆ

吾ひとりと思ひしを彼方にかがむ兵黒き潮に眺め入るらし

船底の狹きにつなげる馬ら皆床うち蹴りて苦しげなるも

馬糧をば配り終れば厩ぬちしばしエンヂンと麥食む音と

食ひ足りし馬ひとしきり靜かなり船底の燈《ひ》のあまりむし暑き

三田村新一

萬歳のこゑ湧く車窓に雨そそぎいよいよかたし決死の誓

9

海にひびく汽笛は長し見送の萬歳の聲すでにかすめり

臺灣より應召して　　森田勇

節をかしき南の國の童《わらべ》らの歌に送られて我等いでたつ
大君の御稜威かしこみ新開の民にたぎつ此の誠心《まごころ》のこゑ
熱帶の九月の暑さ耐へがたし出征の兵士等氷割り食ふ
聯隊旗まもる兵士の顔のいろ烈日の下輝きてあり

山口覺

風強き上甲板に兄と我と祝杯あげぬサイダーぬきて
歡送の焚火たきゐる村見えぬ我等萬歳の聲あげ答《いら》ふ

10

九月二日夜充員召集令を受く　　吉澤仁介

あめつちを鳴りひびかして雷《かみ》おちし刹那手にしぬ召集の令状《ふみ》
召集令手にしいさめる門の戸に又はたたきぬ近稲びかり
近き邊《へ》に雷《かみ》さがりきと召集令もたらしし人聲はずみ語る
わが心汐騒のごと高鳴れりいかにしづめむ此の大きよろこび

應召の日に

もち古りし笥《け》ぬちの太刀をなつかしみぬぐひかけつつ眺めあかずも

11

刀佩きしますらを姿吾子たちへかたみにせまくうつしゐに撮る

森勝美

さきくあれとはげまされたる鄕人にゐや交し立つ神の廣前

出征　　宇山省三

故鄕を鄕人に送られいでたちぬ御奉公ちかふ心はかたく
歸らじと思ふ心の强ければいよよなつかし故鄕《ふるさと》の山の

玄海灘にて　　高取長之助

玄海の波しづかなり燈臺の吾が船に振る日の御旗みゆ

12

出發　　林正カツヱ

戰の場《には》に心をひたはせつついでたつ今朝を霜街に濃き
聖戰に傷きし人みとらむと船路はろけくいでゆく吾等

召集令を受取りて　　早川八重子

召集令今し來たりと山ゆ馳けて祖母《おほはは》の家に勇み告げゆく
心おきなく征けよとのらす我が父のみ面優しく靜けかりけり　（病床の父）
晴れやかなる父のみ面を見あげつつ勇みて御れ別の言葉まをしぬ
我が身には今日を限りの山村のこの靜けさのひしひしと沁む

13

大空の雲の光りも常ならず我が瞳《め》に映る嬉しき朝なり

艦上にて

従軍の凛凛しき姿うつし繪にとどめて病める父へと贈る

いたで深きますらをあまた待ちまさむ我が軍艦《いくさぶね》とくとくとこそ

現地戰線篇

14

青木治男

廢墟なす家より人の顔出だし日の丸打ち振り我ら迎ふる

鳴りひびく汽笛にも心ひきしまる戰線目指しひた走る汽車は

喇叭なりて血醒き闇に我ら下車し聲ひそめつつ點呼とりけり

命《めい》まちて午後としなりぬ粟飯の炊きしは持ちて進軍始む

進軍の道邊にたふれし敵の死骸棗の實一つそなへられあり

棗干せる家に宿をばとりにけり稚子おとなしく眠りてぞをる

棗とりて腹作りつつ炎天下を進軍つづく今日も昨日も

17

壕に入りて土龍《もぐら》の如く幾日へぬ敵の銃聲たえまあらなく

出水せし畑眺めつつ進み行くに熟せる梨が鈴なりになれる

梨畑の中の部落につきにけり水面に籠を浮かせつつ你《ティ》あり

堤防の上に露營す

堤防を切られて車輛進まねば架橋工事に日は暮れにたり

米無くて細き甘藷を掘り來り炊き初めたれば雨に降らるる

生甘藷かじりて食むも味は無く汁と滓とが腹に入り行く

くすぶる火おこしつつ身をあぶりをり劍ざや振れば水いでにけり

18

天幕の中にもぐりてまどろめどぐつしよりと濡れて寒氣骨に沁む

中支クリーク進軍

友軍の聲きとめし時クリークに我すべり落ちて敵に知られつ（夜間斥候）

民船に息殺しつつ乘りにけり敵陣内にこれよりぞ入る

兩岸に銃眼すごく口開く遠き彼方に立つは鬼火か

朝ぼらけ常熟の町に入りにけり旗かざしつつ敵望み見る

南京目ざして山岳戰

服につける戰友の血汐眺めつつ南京城を思ひつよめぬ

數個所の裝具の彈あと數へつつ不死身となるか御守を拜む

19

南京郊外警備中

紫金山たづね來たればくづれたるトーチカの中に雪積りをり

朝霧に初日待ち居る警備隊の炊事の煙足下に見ゆ

警備隊に春の香は立つ頽れたる家の修理成り門松もありて

何處までも麥畑ばかりの曠野なり避難民の姿點點と見ゆ

右翼より砲聲きこえ來麥生わけて我ら斥候立ち行かむすと

微山湖に太陽映り葦間より光り燒けつくに眼とぢたり

20

敵陣とおぼしき方に銃聲し眼鏡に映る我が斥候あり

砲彈は敵の二陣に炸裂しつ煙と共に人飛びちれり

敵の射つ銃に火點點と闇に見え博覽會の模型に似たり

匍匐しつつ敵陣近くにせまりたり友軍皆は白襷して

數線の敵陣地より射つ彈の楯としたのむクリークに集注す

萬歳の一語《こと》を殘し息切れつ旗覆ひおき敵に突き進む

敵陣の騷立つ聲に動く影大きく見えて總立ちに逃ぐ

右腕が飛びしと思《も》へど付いてあり左に拳銃を拾ひて持ちし

日本刀さつとひらめけば友軍が黒塊となりてどつと進むも

じんじんと頭が鳴りて幽にも萬歳の聲と唱和しにけり

今井文一

21

廣漠たる子牙河の傍《かたへ》進み行けば敵の人馬の死體おびただし

木枯の辻に集ひて良民ら微笑浮べつつ茶をもてなすも

高粱の葉ずれの音も水の音も聽き澄まして進む進む途は遠し

呉淞に上陸

かすかにも身震ひ覺え砲聲をかぞへつつ船を降る我かも

石井英太郎

22

豆とりて汁の實つくる當番の戰友《とも》に呉淞の陽の照りてあり
影ふみ立つ草むらに晝の虫のなきて呉淞の秋すでに深しも
ほこりあびほこりあび進む我が自動車野戰病院を過ぎてゆくなり
吹きとびし四十サンチの砲身にまたがりて見る揚子江の水
揚子江の水に赤さのうつろひて火事やむとなし待機しあれば

進撃

たわむほど馬の背につみし彈箱に一輪の黄菊さしたるがゆらぐ
青き屋根の彈丸の穴かぞへ見つつ戰友が苦戰の市政府を行く（上海にて）

23

我《われ》農なればふみにじられしを惜しと思ひ思ひ廣き棉畑をよこぎりて來し
日暮れてもまだ八粁は進まざり自動車引きつつ道のはるけさ
やうやくに鷄など乞ひて歸りくれば進擊命令に整列しをり
霜白く光りて部落は寒寒し置き去りし敵の油をもとむ（鎭江城外にて）
わらかむり豚の子の如分隊はしばしの閑をむさぼりいねぬ
鐵かぶと鮹すくひのざるとなり進擊を明日に踊るざわめき

白卯口上陸に參加して

敵前上陸に同船なせし臺灣の戰友の墓標に水をたむくる

24

妻よりと書ける手紙も供へあり土盛りし上に鐵かぶとなど
せがまれて聲よき友は唄ふなり燈火消して進む甲板
幾日か赤き水見て今日も暮るる對岸の柳雨にかすめり
砲煙をくぐりて進む橋いくつかすかなる岸に銃音はげし

定遠城外に負傷して

勵ましてくれし戰友の聲やめばかすかなるうめき聞えきにけり

揚子江岸〇〇に上陸　池田勇

涯しなき濁流なり猛射うけつつも敢然上陸《あが》りし戰友を思へり

25

先發の戰友の血汐未だ殘る敵前上陸の地にし我立てり
堤防のこの堅陣にひた向ひ上陸せしなり我が戰友は
半壞の土塀の所所に穴あけり敵がたのみし銃眼なりこは
朱く塗れる佛壇らしきが燒け殘れり塀巡らせるは寺院なりしか
砲彈の炸裂せし稻田の跡にして生生しき彈片を我手にとるも
ぬかるみの五里を往復して休むなく馬いたはれりあはれ特務兵
兵も馬も顔のはね土拭ひあへず進みなづめりぬかるみ細道
背嚢の重さは肩に食ひ入りつつぬかるみの道行けどはてなし

26

ぬかるみの難行軍に堪へ堪へて戰鬪の氣分やうやく高まる

激戰地〇〇〇に到着

鬚面の兵のゐたればつつしみて戰況を聞けり今日つける吾《われ》

四十日の苦鬪に堪へし戰友の鬚面に鋭《と》き眼光るも

口慣れぬ支那酒おのおの酌み交はし明日參戰のよろこびに浸る

第一戰に參加す

わが利せる地物《ちぶつ》は午前の激戰に仆れたる敵ぞ血汐光れり

新らしき敵屍を楯に伏しにけり手榴彈二發所持せるを見つ

27

となり伏せる敵の屍體は背後よりうたれたるか吾と同じう向けり

突擊に際し工兵自ら橋臺となりて歩兵を渡す

クリークに人柱立つる竹梯子をろがみ渡るなり心猛れり

突擊

小隊長の右手下りしたまゆらを兵等ましぐらに突き進みをり

如何にして突き入りたるか一人仆し我にかへれば戰友も突けり

敵ながら殺氣こもれる劍尖の手强《こは》かりしを二人して刺せり

逃げ後れし敵の背部を突き刺せば聲なく仆れつ老兵なりき

28

露營

わが寢ぬる壕の中には血をふける敵屍伏せるも思ふひまなし

闇にうつ敵の砲彈いよよしげししげしと思ひつつ何時かねむれり

夜半過ぎて突如鳴物騷騷しきは敵の夜襲と聞くも小癪なり

戰場掃除

一本もあまさで折れし竹藪の激戰の地を掃除つくせり

敵兵を埋めしその手に向日葵を供ふる兵を我は見つるも

おり立ちて掩蔽壕に入りくれば敵屍の傍にトランプ散れり

29

軍旗中隊となりて第一戰をさがる

軍旗衞《も》る中隊となり一線を退《さが》りて遠き砲聲を聞く

炊事

大き鍋徵發し來り休養の炊事の設備もややに揃へり

炊事番に當りし戰友は聲高く韮枝豆など摘みて歸れり

馬の背に野菜などつけて歸り來し特務兵は手に黃菊を持てり

前進

分隊に三個渡りし慰問袋頒ち終へしに出發となれり

30

昨日まで火を噴かせけむ銃身にコスモスそへて行く兵のあり

寢ぬるべき民家乏しみ棉畑に夜を徹しつつ壕を掘るなり

對陣しつつ徐々に敵陣に接近して行く

楯となる由はなけれど砲彈《たま》の落ちしそのたまゆらを草かげに伏す

敵前の闇夜に掘りし塹壕に雨の夜寒をよりて堪へをり

煙たたばたちまち砲彈飛來するを避けつつ後方に飯を炊くなり

寢ねられぬ夜寒を月の照るなべに思ふともなく敵彈《たま》を聞きをり

筵垂れて夜寒を堪ふる塹壕に月洩れ入りつつ蟬鳴く聲

31

よべ寢ねし壕に砲彈命中せり敵の照準も定まり來るらし

心あらば虫よ暫しは鳴かであれな彈丸のやみ間はもの聞かざらむ

糧食の補給絶えたる夕となり殘りの乾麵麭たふとみ食めり

この復讐《かたき》うたでは死なじと立上り假繃帶所に入りし戰友《とも》はも

わが生命何時果つべきか分かねども部下の戰死を急ぎ手紙《ふみ》せり

汗拭けば肌に冷やけき認識標二十七號の文字をなで見る

夜をこめてやまずうち來る敵彈《たま》のおと慣れては壕の夢も安けし

32

總攻擊の前日

爲すこともなき午後となりクリークに彈丸を聞きつつ綸を垂れをり

明日を待つ總攻擊の宵となり生鯛《たひ》渡れるを刺身して食ふ

夜に入りて更に前進敵前五十米に接近す

銃音の絶えししじまをひとりゆき據るべき陣地確かむ我は

分隊の一人一人を導きて耳うち授け壕を掘らしむ

匍匐したるまゝの姿勢にて壕を掘る

呼吸とめて掘る一圓匙《さひ》の土塊にも生命托しつつ徐徐に積み上ぐ

33

寢返りて深く呼吸せり棉の葉の月光冴えて露に光れる

銃音を空《くう》に聞きつつひたむきに月明き夜半を壕掘り急ぐ

敵陣は五十米さきなりしばしば敵哨の私語の聞えくるかも

小夜更けて未だ干ぬ汗の肌寒く狹き壕にて體操などせり

更に前方の地形障碍物の偵察の命我に下る

耳許に命令を傳ふ隊長の息吹を今宵は熱く感ぜり

單身棉畑を匍匐前進

棉畑に月光《かげ》冴えて我姿あらはに見ゆや手榴彈投げ來ぬ

34

轟然と夜空に發せし手榴彈は破片となりて頭上を鳴り行く

はつかなる距離にしあれど月明く進みなづめり匍匐ふ我は

棉畑の夜露に軍衣濡れ通り匍匐しゐるに肌のつめたさ

總攻擊

對陣の空を舞ひつつ急降下する爆擊の壯觀をまさ目にし見つ

三たび四たび翼搖するは空爆の終りし合圖ぞ我等うちつぐ

射擊開始

照準の手もといささか動搖《うご》きたれば眼とざして深呼吸せり

快き反動を肩に感じつつ我がうつ彈丸は物の怪のごとし

手榴彈を投ぐる敵兵にはつとして即ち我うてりをどりたふれつ

我命數《いのち》もいよよ迫れるか既にして分隊長五名死傷せしなり

敵より手榴彈浴びせ來るも我には一發もなし

手榴彈補給つかざる無念さに食《く》へと土塊投げなげて應ず

即死せる部下なれどなほ生けるごとし手當加へて名をし呼びつぐ

手榴彈補給されしを遑しく兵等きほひてはげしくし投ぐ

たふれたる戰友の彈丸頒ち合ひまたうちつぐも怒こもれり

35

36

射ちうちていくほどへけむ右肩のいたみ堪へがたしタオル當《あ》つるも

朝よりの猛射の中に乾麵麭を食ひつつ敵彈《たま》の命中らざるを思ふ

戰傷

背伸び立ち目標を指示せるたまゆらを肩いぬかれて血汐つかみつ

鐵兜を射拔ける彈丸の右肩に盲貫となりし奇蹟を思ふ

鐵兜を射拔けるにも不拘頭部に異狀なし

背部《せな》にして灼けつくごとく疼《うづ》けるは彈丸とどまれる位置にやあらむ

出血多く高熱を發し渇を覺ゆる甚だし

渇《かわ》けどもかたく飮まざりいかにしてもなほし戰はむ生きたし我は

石神六郎

屍はさながら凍ててゐたりけりむらむらと悲憤胸つきてくる

戰友の斃れしと聞けば憤り胸つきて銃を握りしめつる

傷ゆ噴く血潮たちまち固まりて流れもあへず凍りたるかも

日の本の民と生れし幸深し支那《もろこし》の燒土ゆけどはてなし

大塚嘉六

37

38

苦しめる戦友に肩をかしにけり我もいたでによろめきながら

敵襲のとだえてしばし草にすだく虫の音聞けば堪へがたきかな

日をおひて進み進む吾がみいくさにはむかふべしや醜《しこ》のもろこし

亡きとも灰埋めつつ去らむとす白木にしるく其の名しるして

黄河畔敵前渡河　　乙馬仁

渡河戦の訓示なさるる部隊長の表貌厳かに鋭く胸うつ

飯盒の蓋を盃にくみかはし渡河の成功と無事を祈りぬ

暮近く蜿蜒として輜重車輛堤防の內側につらなりひそまる

39

整備すみ暫し民家にいこふなり胡沙のすさみを外にききつつ

命令一下鐵舟にわたす豫備隊は辷りつつ土手を登りてぞ行く

水汀《みづぎは》に乘舟待ちし步兵らの白襷凛凛しく夜目に泛びぬ

區隊長の出發命令低く鋭く響きて鐵舟は渚離れゆく

舟長は面梶まへへ宜候《ようさふらふ》と方向示しつ銃劍見入りぬ

一押へ一控へ敵陣に近づけど銃聲の一發も聞えぬ無氣味さ

氷塊の舳にくだけて散る音と櫓臍《ろべそ》きしるのみ暗を行く鐵舟《ふね》

刻刻と緊張たかまる十數分敵岸二百米なりと棹手は呟く

40

瞬時に敵氣づきけむ耳を掠め手を掠め足を掠めて飛び散る敵彈

水面に赤き尾を引きて曳光彈舳《とも》櫓手の手首に命中したり

やられたと襷に掛けし日の丸に手をくくりなほも屈せぬ舳櫓手

齒を〆めて痛みこらへゐし舳櫓手の流氷はげしく艪櫓手と代りぬ

降り頻る彈丸よそに工兵は首もすくめず操舟しつづくる

礫のごと漕ぎにし鐵舟は間も入れず對岸の鹿砦たちまちつきぬ

ましらの如つぎつきに降《お》りし步兵らは彈雨をくぐりそのまま突擊す

木枯のすさむ暗闇つんざきて部落占領の信號彈は上りぬ

41

天皇陛下萬歳と戰捷の歡聲の煤銀の大空を突んざき轟く

上海

人力車《やんちよう》にニューパーク道巡りくれば廣き夜霧にランタンさ搖らぐ

茴香《うゐきやう》の葩余りにも白くしてわれ鄉愁の泪せまりぬ

散り敷くはプラタンの葉にぞありつらし霧笛長長と胸に響き流る

野戰彈藥倉庫の步哨に立ちて

亡き戰友《とも》に敎へられにし星座をば我見つめ立てり彈藥倉の前に

切り捨てし軍服《ふく》に降りつむ粉雪は紅《あけ》に染りしままに凍りつ

42

岡田好一

大休止に苦力の所作面白きと戰友ら哄笑せる聲に假眠の夢醒まされて

戰友の聲に夢醒めぬ笑ひつつ母と語りて吾が居たりしに

分隊員七名一本のバットを頒ち喫む

分隊にとぼしき煙草喫みあひぬ吸へる手先のかすかにふるふ

突撃を待ちゐる顔に似かよへりまはる煙草をもどかしがるは

分ち喫ふ煙草の量はきめられぬ我の分は「GO」の字のところまで

43

夜間戰鬪

彈丸の下の喧騒つんざきて奇妙なる聲は驢馬の鳴くなりき

下士哨に立ちて

靜寂の闇を破りて驢馬鳴けり古里のことふと思ふなり

限りなきしじま漂ふ歩哨線に驢馬一しきり鳴きてやみたり

遠方の砲《づゝ》の轟きにおどろくか驢馬しぼり鳴けり澄める夜空に

限りなきあはれ求むる様したり銃劍の影長く引く夜に

44

北支石家莊にて明治節を迎へて

海隔つ東方《ひむがし》の空ふしをがみ掲ぐる旗の輝き充てる

君が代のラツパ東に響き入りから國の空の澄み渡りたる

夜間激しき戰鬪のすみて

闇の夜のほのぼの明けて彈やめりはひ出し面《つら》に目のみ交しぬ

塹壕に彈をさけつつ假寢せる土のしとねのしとしとこぼる

傷つきて

日頃にはきびしかりにし隊長の温き言葉つい涙しぬ

45

負傷兵に飯盒の飯を介錯して食はすに子供の如く食ふ

髯だらけの顔をくづして口つけぬすまんすまんをつづけ呼びつつ

腹部貫通せし重傷の戰友を軍醫のとてもたすからぬと云ふを聞きて涙しつつ

萬に一つこひねがひつつ軀《からだ》支へ恩賜の煙草口につけてやりぬ

飯盒炊爨

次次に炊爨火のまして土堤の腹に篝火のごとし蛙鳴くなり

逃げ行くに荒らし果《はた》して火つけしか黒き壁のみ傾き殘れる

46

頑強なる敵を攻撃しつひに白襷隊に命令下る

意氣だてる兵をしづめて命下す隊長の眉はつかに動きぬ

銃劍をかまへつつ待てる荒武者に命令下りぬ行動始めと

入　城

荒れ果てし町にいかめしく城門の薫和門の文字高高とある

荒れさびし町に踏み入りて吾らきぬ祖國といふ語胸一杯になる

昨日はげしき戰鬪《いくさ》ありしとふ唐家屯彈痕生生と煙硝は臭ふ

なつききてこはき髯せる警備兵に煙草進上と請ふ支那の子供ら

47

言葉なきものの哀れさあがきせしあと土に殘しこときれし馬

あまたたび死鬪を終へて泥のごときねむりに落ちぬかべ落ちし家に

クリーク戰に人柱となりて友軍を渡し終へその任務を果したる時

敵彈のたえまをつひに渡したり「終り。」を聞きて戰友《とも》はたふれし

敵包圍中に入り萬策つき壕を掘れと命ぜられ壕を掘りつつ今宵を最後なりと思ひて

掘りかけしやはらかき土に書きて見ぬ父といふ字を母といふ字を

平靜を裝ひをれど笑む顏の頰の歪みて引きつるおぼゆ

死ぬ時は敵も味方も聞ゆるごと萬歲叫び死なむと思ひぬ

48

見苦しき死態すより拳銃を當てみる顳顬にひやりと冷《つめた》し

大庭養孝

外人の兒等もまじりて吾汽車に萬歲叫びをり平壤の驛

街通る人影もなし爆破されし煉瓦建物に雨そそぐなり　(天津にて)

飯食まず二日となりぬもろこしを畑にとりきて腹みたす吾ら

芋畠を見出でし喜びに聲はずみ或は冗談などいひつつ掘るも

兵等みな芋掘り掘りて餘念なければたちまちにして芋山となる

芋畑の此所彼所に芋の山出來てすこし凌げるぞと言ひゐる聲す

49

ひさびさの飯にありつく嬉しさに豚汁つくり今日の命祝ふ

長雨にぬかり甚し自動車のいぐ時かかり五間動きぬ

岩山の岩碎き自動車《くるま》通さんと夜を徹しつつ兵ら休まず

隊長の出されし煙草に兵等皆ワッと喊聲あげて集る　(一本の煙草)

班長殿にと吾に一口先に吸はせ殘りを九人で吸ひて廻せり

一口の煙草に疲しばし忘れ鬚面かたみにゑみかはすなり

一口の煙草のうまさ身の髓《ずゐ》にしみとほりゆくか甘きこの煙

易州の水淸ければ隊長初め裸となりて戰塵おとす　(易州の河にて水浴)

50

膝のつく淺瀨わたればしかすがにふるさと思ほゆ戰ふ吾も

褌を流して追へる兵のあり拍手聲援ドッとあがれり

或《ある》は只今見るのみのわが目にし可憐《かな》しくもうつる野菊のゆらぎ

高粱穀しきていねむとたのしみてつくりし床おきて出發す

眞闇《まやみ》の橋梁のもとに兵と吾見えざる四圍の氣配いましむ

小倉政男

51

太沽へと船は進むなり甲板に戰友と立ちて心きほへり

見かへれば水平線の果もなし船は迫りぬ河口太沽へ

高粱のまばらなる平野線路にそひ歩哨立つ見ゆ日は暮れむとす

除線ありて止まる列車に寄り來り進上々々と支那の兒はさけぶ

清河鎭の戰鬪　　金澤文一

52

城頭高くつひにかかげし日章旗血に染むを我ら仰ぎぬただに

占領せし清河鎭の部落あちこちに燒け殘りつつ民家慘たり

戰の跡訪ね來て戰友の內山が墓標白きにし逢ふ

戰友の名を呼びみれど曠野ただ果なくすさぶ秋風の音

敵前上陸　　加納政幸

53

あられなす敵彈のさ中つきすすむに無念や戰友つぎつぎ倒るる

火をはきゐし銃身まだあつき敵銃座に曉の光あびて我が立つ

海兵も此の一瞬を待つならむ我今し上ぐる合圖の煙火

抵抗壕出來しと思ふ暇もなし前進命令我隊は受けつ

激戰のあと偲ばるるこの村の敵屍多きに默し進軍す

曉の空つきてゆきし友軍機の爆破うれしもいねぬ目に見る

戰友《とも》を燒く煙たゆたふ戰場のうすらに寒く暮れて行くなり

月の光浴びて假寢する戰友の何夢見るか明るく笑める

待つことのすでにして久し顏顏すごくひかる眼に命令ききぬ

肉彈もて落せし壕に銃にぎりて重なり死せりあはれ少年兵

すは敵かと銃を擬しつつ確むに豚まろのそのそ霧ゆ歩み出つ

54

此の任務はたさむまではいかにとも守らせ給へ吾の命を　（傳令）

畑に伏し高粱《きび》の繁みにかくろひつつはせくれど本部いまだはるけき

傷つきつつとく報告をとひたいそぐ前後左右に彈丸しきるなり

射貫かれし顎をおさへつつよぢくれば戰友の屍に足をとられつ

傷負へば銃はいらぬぞ銃をはなせはなせといふも我が握りしむるを
傷つきて水求めましゝをひと時と經ぬ間につひに動きたまはぬ　（分隊長の戰死）
きずつける我をば背負ひ給ひつる隊長の肩はあけにそみしか

假收容所夜襲

はや三たびも襲ひ來るなり夜ふかきにきこゆる號令は敵の隊長の聲
執る銃無し是れでふせげと傷つける吾にも竹槍あたへられたり
陣營の夜は更け行くも傷負ひし胸にかよひく故鄕の水

55

○○上陸　　河村功

はればれと上陸迎ふる西瓜あり氣合の余り兩手に破り食ふ
お互に腕をさすりて頑張れど水に困りて馬と共に呑む
敵銃聲やうやく近し吾先にときほひにきほひ走りつゞけつ
陽は落ちて進む山道くづれをり敵屍踏むなとよけつつ進む
梅雨の雨に谷道はあふるる激流なり銃差上げてまろびつつ進む

忻口鎭

薄暮來て突撃の命下りたり煙火の波を猛激戰す

56

山西の堅陣太原の前にして空しく負へるいたで口惜し
砲聲に耳のいたみのたへかねて顧りみすれば友たふれ居り

鎌田秋良

江南の陣中にて　　北森茂

銃いだきしばしまどろむ塹壕の土のしとねに霜こぼるなり
今宵照る月の光の淸ささへ硝煙に曇りうすがすむなり
たれこめし雨雲映ゆる砲火の照り結びかねたるつはものの夢

57

蘇州河にて負傷の朝

昨夜《きぞ》までの戰の跡を思ひつつ今朝のいたでに涙のむなり
飛ぶ彈に耳そばだつる愛《いとし》し馬のせなに湯氣立ち雲は晴れたり
假名まじりに日每かげ膳するをると母の便りを涙してよむ

大黃河渡河戰に參加　　黑多吉行

夜は深し隱密渡河の命下り懷中電燈に地圖擴げみる
みしみしと氷流るるおとのみが吾等待機する堤に響き來
對岸に生きて着きなばかにかくに必ず勝てと部隊長は云はす

58

いたで負ふも占領ののろし見るまでは聲あげるなと強く言はるる

今宵かぎりはつる命と整列し大君います東天を拜す

對岸に敵あれど無し今を別れと嚴かに我ら軍旗を拜す

歴史的のこの渡河戰の成功を護らせ給へ吾らの神神

59

戰場に於て泰山を望む

泰山に陣地築きて敵ありと云ふ明日のいくさを思ひ雄たけぶ

昨夜來敵遁げしてふ泰山はただ尾根のみに雲うごきゐつ

戰のしじまに望む泰山は曠野の果に青く浮べり

頂は風ひようひようと唸るなり千引の岩に雲ふきつくる

ぐつと呑む水のつめたさあぢのよさ占領の山に夕風つよし

始皇帝國見せしてふいただきにいまこそ我ら日章旗建てつ

泰山を望まんとすれど傷重くして頭あがらねば思ひつつゐる

雄雄しきと仰ぎともしみし泰山よ名殘とみまく欲れども見えず

60

尊き犧牲者

つはものは斯くありてこそと思へどもまさ目に見ればなほし歎かゆ

天皇の御稜威稱へて眼とづるいちづ心に泣かざらめやも

手握りつつ呼吸つめてひたに祈るなり今ひとたびを眼ひらかせ

隊長の善く戰つたぞの一聲を聞きうなづきてこときれにけり

一言の遺言のこさず天皇のみな稱へつつ君はゆきたり

61

火葬

告別のラッパのうちに火葬の火はぜくづれつつ悲しくもえ立つ

小夜更けて火葬の炎もえ盡きぬいく度もめぐる白き榾火を

ひと骨を部隊長先づ拾ひつつ深く祈りて動き給はぬ

ひと骨もあだに思はめや垂乳根のおやのみこころ偲びて泣かゆ

進擊

突擊は近きに迫れり我らが隊這ひ伏せ走りもの言ふはなし

すは敵と思ふたまゆらにものすごき敵彈そこここに炸裂つづけぬ

桑原清藏

62

彈雨飛下の敵陣近く夜となれば匍ひいでて芋を今日も掘るなり

彈雨あびて掘りこし芋を戰友の屍にそなふ土つきしままを

塹壕に飯届く日は雨なりき戰友より來る顏はみなゑみて

今つきし握り飯をば食はむとし涙こぼしつつ萬歲となへぬ

一本なり順々に喫へと八人で煙草まはし喫みぬ月夜の壕に

避難民

抱《いだ》く子に日の丸の旗振らせつつ避難民たちつぎつぎ歸り來《く》

野戰にて　後藤清次

野に荒れし十字火止みて塹壕に細々と鳴く秋虫を聞く

敵彈くぐり特務兵は彈を運び來つ手を握りしめて物言ひあへず

物凄き敵砲彈は炸裂せり一時身を伏せ唇をかむ

戰友の屍を運びかへりくれればまたたく星空に虫しきり鳴く

63

彈なくも肉彈を以て打ちつけむ今や遲しと突撃命令を待つ

佐藤義信

楊柳の茂る彼方に流見ゆ敵が堡壘のありしぞと聞く

ほの暗き燈火かこみて遺書書きぬ明日初陣のてがら祈りつつ

攻撃の開始にしばし間のあれば更に機銃の機能調べぬ

陵線を越えて突進する戰友の顔に悲壮の力あふれつ

今日も亦炎熱百里行軍の焼きつく渇を黍《きび》もて癒す

高粱の葉末に白く露光る露營の目覺め今は幾時《いくとき》

64

夜を日につぐ強行軍に疲れはてて泡ふく駒の末期《まつご》悲しも

輜重車の中に冷《つめ》たう横たはる友がむくろを包む日の丸

保定城頭高高と御旗ひらめけり幾日の恨み噫今はれぬ

宿營の民家ぬくときヲンドルに故郷の夢見てさめにけり

清水政

この朝《あした》零下四十度の酷寒に馬の息吹は氷柱と下れる

此のあたり山砦あるらし手分けして水も洩らさじと捜索せしむ

小休止兵ら手足ふり運動す討匪の山河寒さきびしく

65

敵主力東の山に移動中と傳令は聲たかぶりて云ふ

出動の夕べ加給の酒くみて迫る決戰の武運祝へり

掃蕩終へし兵らはきほひ軍歌うたひ凍土の道を宿舍にいそげり

泥濘の道惡しければ大行李夜半すぐれども未だ歸りこず

敵兵に橋こぼたれし河をわたる軍馬一途に首ふり進む

前衛となりし乘馬隊ましぐらに凍土《いてつち》蹴たて山の徑ゆく

遮ぎれる山のいただき怪しければ双眼鏡を眼にふれ見つむる

先遣隊の激戰の跡思ふなり後送の擔架また來るに遭ふ

66

激戰のにほひあらたなりこの部落家ことごとく燃えつづけ居り
地圖ひろげ暗きランプの光たどりあす往く道の敵情を察す
支那家屋暗き奥なる我が本部らふそくの火にしげし人影
出動の興奮おさへて起きし夜半を吹雪すさびつつ靜けき人馬
身におそふ寒さいや增せり吹雪の山ゆくてに暗く聳えたちたり
密偵の情報うけつつ部隊長匪賊の山をしばし見つめぬ
默默と一途に進む討伐隊の馬のいななき靜けさを破る
今すみしいくさに生きしづはものは月みち行くにただもだしたり

67

歩哨の劍月の光に閃めきて露營の夜は音なく更けつ
追ひつきし敵は晝餉の大休止なり部隊の緊張極度に達す
山間の彼我の交戰始まれり擲彈筒はこだましつづく
山の背を敵の本隊退却す追擊射擊の手をばゆるめず
指揮官の我は狙擊をせられありはげしき彈丸《たま》の近にささりつづく
山の端に夕陽低し敵味方射ち合ふたまの更にはげしき
たたかひの終りし闇に近よれど傷つきて馬はつひに動かず
山砦の敵を今より攻擊すと指揮官の聲おごそかに聞ゆ

68

掃蕩の廣き山河をい往きゆき隣接部隊に遭ひしよろこび

重本英夫

傷つきし軍馬人求めうごめける彼方に部隊の影消えにける
傷つきしいとしき馬は人參もすでに喰べずなりぬ足搔も絶えて
鮮血にまみれたふれし戰友に心殘しつつ進みすすみぬ
寸前に死はありされど此の彈藥如何にしても一線に運ばざるべからず
時雨降る曠野に人馬ゆきくれて白樺に鳴る風の冷たさ
明日さへも賴めぬ命に戰のいとまを書くも故鄉人に

69

白山正

泥濘の强行軍につはものら氷砂糖をいたく欣ぶ
夜もすがら銃砲聲の絕えまなく白みそめたり南支の戰場
夜もすがら敵彈雨下にさらす身の生も死もなき我が命かな
暮れなづむ戰の庭に出で會ひて見守る兄弟の欣びの色

斥候

あの世にてともに會はむと云ひ交しつぶさに探るトーチカの狀況

70

決死隊出發の折

深む夜の肌刺す風に雲うすれ水盃に月映《うつ》り冴ゆ

盃の水呑みほして打ち仰ぐ月に此の世の別れ告げたり

雲の間を洩れ來る月にしみじみと戰友《とも》と名殘の顔うちまもる

必ず成功祈るぞと手を握り我を送りし戰友《とも》今はなき

砲彈は敵トーチカを粉碎し火柱となり夜空焦しぬ

炸裂する我が砲彈に堪へかねて敵陣營に動搖の見ゆ

71

敵前渡河

敵前渡河の命降りたりわが部隊すでに決死の盃交はす

雨を衝き敵前渡河の命降れり闇にいましむる聲ひくく强し

三段に構へし敵の虚を衝いて殺氣みなぎる突撃の聲

突ききたる銃劍さつとかはしつつとうと斬り込む備前長船

振り下ろす我が劍尖をかはし得ず血煙あげて巨兵斃るる

小癪なる夜襲の敵を蹴散らせば空明けそめていよよ靜かなり

大場鎭占領もすでに時の間ぞ傷つき倒れし我の無念さ

72

戰友の背にたすけられつつ本意なくも野戰病院指して塹壕を辿る

いくたびか呼び起されつつ歩めどもまたいつしかに眠り襲ひ來

清水一三

激戰の夜はほのぼのと明けそめてひげの集ひに喜びの顔

敵機飛來照空燈のしばしばに闇の夜空を截ちきりにけり

周家宅の戰鬪にて

杉原治平

なつめの木おほかたの葉はもぎ取られいたいたしけれ枯木のごとく

仇は討つたぞと戰友の屍にすがりつつ泣きながら泣きながら云ふ兵のあり

73

無我夢中に彈雨もなにも我になくただ勝つことの一すぢなりし

關口彦衞

敵前五百米に露營して暗きを馬にかひば與へぬ

昂《たか》まりて裝塡はすれど細心の點檢忘れぬ我が戰友は

敵陣に死なば事足る今の吾と語れば響く爆擊の地震

玉きはる命の果てか襲ひ寄る黑き潮の吾を捲敷く　（傷負す）

ひたむきに拂はんとすれど吾が命今を限りか此の暗やみは

觀測の將校の群の歸り行くにはげまされつつ吾れ耐へて急ぐ

74

此の道は進みし道なり吾が隊の據點も近し戰友《とも》に逢はばや

高橋作一

塹壕の月の明りにペンとりて上陸以來の初便り書く

いたでにかすむ意識おぼろに聞きてゐつ我友軍のかちどきの聲

砲聲を空に聞きつつ月の壕に亡き友の母へそのいさを書く

民徳治雄

露おびし白菊の香も漂ひて東《ひむがし》の空明け白み行く

澄み晴れて高き秋空を二機三機重爆機行くただに嬉しき

75

秋晴の天を敵彈の下くぐり傳書鳩とぶ使命はたすと

月澄みし野にねむる戰友の墓の前に新しき菊をりてささぐる

竹本穣

山西戰線にて

長城の城壁に立ちて今宵望の月見つつ長途の追擊戰思ふ

のまず食はぬ日もありねむらぬ夜も共に攻めし戰友なり遺髪に涙す

滿洲の陸軍病院

遼陽の吹雪の音に目ざめつつ母懷ふは悲し傷つける我は

傷いえて再び戰線に立つ喜びに故國《くに》への便り書きつつもきほふ

76

田中保

白木の文字新しき墓標の前の土に野菊いく本もさしてささげあり

塹壕に假名文字の子の便り讀みてほほ笑みゐるもひげ濃き戰友

瀧口清

高粱のつづく限りの曠野灼けて追擊戰は今日もつづくなり

泥濘《ぬかるみ》の涯なきひろさ生芋に饑いやしつつ猶し進擊す

攻擊の命待ちて友と陽に熟れし棗喰ひつつ土に憩へり

硝煙のうすれ逝けく國境の山紫に戰線昏れぬ

77

肅々と兵馬は進むなり涯しなき曠野あまねく月はさえつつ　(涿　洲)

渡舟場に彈丸降る宵の月あかく機銃分隊は舟を待ちをり　(大清河渡河)

秋晴の空に日の旗ひらめきて保定は陥ちぬ勝鬨高く

保定陥つる感激の涙にぬれながら吾は城下に傷つきてありき

綱取光藏

叢雲の八重立つ空にひびきつつ砲聲とよむ戰線近し

神の兵と我ら召されて來たりけり敵陣に對ひ勇氣百倍す

重傷のまくらべに身をよこたへてなく驢馬の聲しみとほるなり

78

79

土肥清三郎

梨畠見つけし喜びに痛む足ひきずりながらかけよりにけり
水なきに苦しみし時に食ふ梨のこの甘さ頬のちぎれさうなり
辱けなし橋かけられぬ工兵等生命をさらしかけくれし橋
徹夜して橋をかけたる工兵に口口に感謝の聲あげて進む
残されし豚の仔の群に殘飯をはふりてやれば競ひくらへる
行く先にいよいよ砲聲近くなれり先發の戰ひ氣づかひ急ぐ
城壁は一彈一彈と崩れゆけりたかぶる心に見つつ待機す
砲撃に突撃路つひに開かれぬ前進命令今ぞと待てり
明朝の攻撃の準備ととのひてしばしまどろむ藁壕のぬくみ
出發の聲きこゆれど口惜しや幾度たてど傷つきし我は

80

中島市郎

闇の夜を飛來する彈丸さけつつも單騎進めり連絡せむと
糧秣もとどかぬ今日の急追に吾が乘る馬に何をか與へむ
燒け落ちし農家の灰の下に見いでし小麥集めて我が馬に與ふ
天幕をもり來る霖雨の雫しげし重なりあひて吾ら寢る上に

81

西村一夫

明日の激戰を　陣中杯

吾らの命今宵限りと誓ひつつ水筒の水のともしき酌みあふ
この澄める月見るも今宵限りなり明けなば散らむ何思ふべき

戰友の血染の三角布

三角布の血染のこの旗なびかせつつ城壁は登りつ亡き戰友《とも》よ安らへ
今宵はての命と誓ひし戰友《とも》散りぬ日章旗ふりつつ涙せきあへず

敵前上陸　西直

暗闇の海上をゆく本船は火影もあらず胸高鳴るも
きほひ來る心に闇に銃劍をひきぬきて刃を我が調べけり
繩梯子傳ひて下りゆく決死隊闇にもありあり白襷見ゆ
拂曉の靜けさ破り決死艇もて吾らはどつと陸に迫りつ

82

一線近し轟く砲聲のしげき聞きつつ我無蓋車はひたに進めり
運ばるる擔架の上に負傷兵さがらずと號べり眞夏の日光
負傷兵後送するに忙がしき衛生隊にニイヤも混れり
悲憤の顔青くひきしめし負傷兵乘せ救護自動車は行きすぎにけり
負傷兵乘せたる救護自動車は高粱畠とほく行きかくれたり

銃劍を擬しつつ敵陣睨みつけて命令待つなり焇煙の中に
崩れたる望樓に立てし日章旗のはためきにしらむ黎明の空
軍服の血汐ながめつつ昨夜《きぞ》の夜襲激戰なりしをしばし偲びつ
月冴ゆる塹壕のしづけさこほろぎの鳴くもいたまし激戰終りて
頑强なりしトーチカをつひに奪取しぬ屈强なる死體重なり伏せり

西浦清

83

苦力らに荷を負はせつつ我が部隊部落をいくつすぎ進むなり
水筒の水は一滴もなくなれど猶し追擊の行軍つづく
夜襲戰成功の信號見ゆるなり部隊長の鬚の顔は動きぬ
宵やみにあやしき者のけはひするに銃擬してよれば仔豚なりけり
波しづかに御艦は入りぬ黃塵のけむる港に殘敵はなし
五里十里と進軍につぐ進軍のきびしきに慣れて思ふ事なし

西川守

84

傳令は鐵兜に泥をぬりつけて月の塹壕を這ひいでにけり
歸り來ずと氣づかひし戰友は泥ぬりし鐵兜かぶり屍《むくろ》となりゐつ
置き去られいたでになやむ敵兵の若き顏見れば哀れなりけり

捕虜護送

行軍の行程いたく遠ければ老いたる捕虜に煙草わけやる
捕虜と共にいねてつづけし道果てぬ多謝多謝と云ひ泣き出すもありき

橋本三代吉

85

彈はつきぬ戰友《とも》もたふれぬこれまでと喊聲ふりしぼり我ら突擊す
肉彈もて我らうち立てし日章旗大場鎭の夕陽にはためく
いぶかしげに我等見送る支那の民日本と戰ふとし知らずてあるか

藤井清士

聖戰の初陣なれや通州の敵攻擊の命令ぞ下る
闇空にしるき友軍の擲彈筒音凄じく敵陣に落つ
砲兵の支援の下の突擊なり銃握りつつ息のみて待つ
雲遠く翔《ゆ》く友軍の編隊機ひたに目指すは太原城か

戰場清掃

倒れたる戰友《とも》の面影のありありと浮ぶところなり墓標をたつる
戰友の流しし血潮黑黑と地に染みてありむねせまり來る
敵倒れ馬斃れをる道端に烏なきつつむらがりをるも

86

荒れはてし部落そこに屍臭して鬼氣せまるなり戰火の跡は

月寒く冴えて照らせる高粱の風のそよぎにも氣心ゆるさず

長城線附近にて敵に包圍さる

ゆくも死ぞとどまるも死ぞおなじくは長城壁に登りて死なむ

共に死ねと隊長の決意は眉に固し潮の如き攻圍を突破せむ

連絡の重任帶び我が戰友二人傳令となりて闇にまぎれ出づ

照明彈に照らし出され地に嚙《しが》みつきて動かぬ傳令を息つめ見守る

闇深く雨ふりしきり食はなし死守せむ戰友の早や幾人ぞ

87

負傷前後

糧食が重いぞなどと輕口いひ長驅追擊に出でたつ朝あけ

頼むぞと戰友《とも》が激勵を後にして勇躍我は一線に立つ

爆煙の闇に白しと見し一瞬われ昏倒しつ敵陣を前に

敵來らば共に死なんと手榴彈の柱引きぬきて待ちゐし長さ

流るる血止るともなく我かくて死なむとするか口惜し口惜し

倒れたる戰友《とも》の繃帶卷くひまも眼は敵をのがさじとする

淵上一彦

88

やられたと號びたふれし戰友の倒れしままに銃をはなさず

疲れたる戰友《とも》よせめては一時も多く眠れと銃とりまもる（夜間步哨）

葉がくれの血潮かよへる此の腕の劔もすべなし傷つける身に

古谷淺吉

陽は暮れぬ戰友《とも》探し來るに高粱の蔭のさわぐは敵か味方か

滿月を頭上に浴び立つ步哨線遠き堆土の敵影に見ゆ

亡き戰友《とも》の弔合戰なり吾が銃劍折れよとばかり敵の胸刺す

傷うけつつ銃執る我やあせれども戰友におくれ遅れて口惜し

89

傷癒えて前線に行く戰友を吾が送りつつ安からなくに

久々の湯は瓶風呂の野天風呂月に漢詩《からうた》うたへるもあり

釜山港に着して

夜明けぬと甲板にいでぬ右の方綠のあざやけき島島つららぐ

このあたり鰐の居るとふに眺めやる海の潮の深きあゐ色

あら海を越えてつきたる半島の釜山に馬と上陸せりわれ等

搖架鞍はこべるわれの足よろみ眞夏の鋪道の目に痛きかも

馬ひきて街路にいこへば街の人等冷たきお茶をはこび來れり

松尾榮郎

90

わが引ける馬のゆばりのぎらぎらと鋪道に光るみて飯盒ひらく

郎坊

郎坊車站に吾汽車着けば先着の歩兵ゐて靜かに默しつつ佇てり

戰友《とも》はみな車窓よりして乘りいだし車站の歩兵にすすむる煙草を

くえくえし郎坊街を過ぎゆけばひたすらに心引しまり來る

乾草《くさ》いきれ馬の膚への汗に濡れ汽車は搖れつつ天津過ぎ行く

行軍

追ひて行く山の道かも壘壘と西瓜の皮あたらし敵疾く逃げし

91

綿の服あゐ色の服ごろごろと道に棄てあり敵の逃げし跡に

すてて逃げし敵の大行李服にまじりていかめしき敵將の寫眞出できつ

丹青《あかあを》に塗りたる民家のその床に三民主義の本すててあり

支那文の讀めぬなれどもそのなかに抗日の文字見ゆ拾ひし書物に

わが馬の頸《くび》寄せくればまた一つの林檎與へたり日照はあつし

奇怪なる像立ちならぶこの堂に薪あつめ來て忙《せは》しき飯《いひ》たく

いざと云はば颯と應ぜん覺悟にて銃劍構へつ暗き家に入る

江渉ることにもなれしか吾が馬の手綱はなせば見事わたり行く

92

山砲隊遲遲と進める泥濘の高粱畑の空雁行けり

高粱の廣葉うらがれし埃道を徵發支那馬車長くつづきぬ

追ひこし追ひ越してゆく自動車を羨み眺めつ馬引きて我は

死せるごとはいなう枕に休らへば灼《や》きつく熱日も苦にはならずも

落伍して仆れ苦しむ兵おこし聲かけいたはれる隊長のあり

露營

石ころ道に毛布かぶりて寢ね居れば寒さは骨のずゐに迫り來

冷え切りし足に目ざむれば馬の息のあたたかく身の近くにありし

93

かちかちと鐵蹄の音をききながら岩蔭に眠れずしみじみ寒し

携帶燃料のうすき光をながめつつ今宵ひそかに飯盒炊爨す

行軍

夕陽いまかげりゆくなり遙かなる山洞に群れたる藍衣の女等は

高粱の畑に馳せ入り尿《ゆばり》することにも馴れて戰ひ三《み》月

高粱の青莖《あをぐき》をちぎり馬に與へ灼熱の道に憩ふひととき

戰友《とも》が顏埃にまみれものすごく髭のみ黑しはてなき行軍

生《なま》の鮭裂きては食《くら》ふそのうまさ温突《ヲンドル》たきつつ今宵ふけたり

94

わが部隊埃にまみれ行く道に自動車あり米人《べいじん》の白き顔見ゆ

死なば死ねと濁り江に飲むにごり水ごくりごくりと咽喉を過ぎ行く

いづこからかぶつんと飛び來る彈丸《たま》ありて晝寢の戰友《とも》等身動きもせず

まはだかになりたる工兵等の鐵橋によぢては繕《つく》ろへり汗にあえつつ

手に手に即製日の丸かざしつつ支那のわらべ等吾隊見てゆく

棄てられし馬はあはれなり支那驢馬のそこ此處に佇ちゐて吾を驚ろかす

かん高く啼きいだしたる支那ろ馬を叩き叱りつ敵前にしのび行く

先着の戰友等が徵せし西瓜をばうち割りて食ふ今着きし吾等

95

民家より鷄をもらひ來し戰友は銅鍋磨き料理するなり

傷つけばせむすべもなし徵發馬殘し出發《いで》れば頭擡げたり

雨に濡れ濡れとほしつつ佇ち居たる馬馬の目の皆靑きかな

いたましき鞍傷を深み骨までもあらはれし馬の我が隊追ひ來る

細き頸うち振りうち振り追ひ來たる彼の瘦馬遂に斃れたりけり

汝が馬は瘦せたるかなと言ふ戰友《とも》が言ききつつ吾せつなかりけり

代縣にて日本酒わたる

飯盒の蓋《ふた》にたたふるいささかの酒をまはし呑みつ腹に沁みわたる

96

死せるごと背嚢枕に休らへば灼《や》きつく熱日も苦にはならざり

小休止と命令下るや戰友みなあふむき寢《いね》つ馬はきびむさぼり

自動車隊もらくにはあらね坂道を押し行く吾等の汗みどろなる

支那馬の馭者のニーヤの黑き顏炎熱の直射にてらてら光れり

敵彈の降りしきる中を來しならむこの輸送車窓の銳き彈痕

戰　鬪

前線に近づきたれば道傍《ばた》の洞に踞《かが》む兵の目ばかり光りて

赤土のきりぎしにより添ひ進み行く步兵も砲兵もひと言も云はず

97

掘りかへし掘りかへしたる土の香の生生しき壕にわれも入りたり

時時にぴゆつぴゆつと彈丸は掠め飛ぶ壕の上の空あまりにも靑し

砲手に持ち來し食糧わたしやるに歡び躍り去りがてぬかも

破裂せる砲彈の近ければ知らず知らず戰友踞めば我も踞めり

眞黑なる顏のひたむきにしまりつつ步兵はぞくぞく頂上に登り來

手榴彈持ち乾ぱんかじりつつ登り來る日燒けたる步兵の淚ぐましも

行　軍

馬が飛ばす泥水跳ねてわが肩も背嚢も濕りかわくひまなし

98

戰友どち力あはせて懸命に押しゆく砲車のわだちは深し
ぬかるみ道ますます悪しきこの部落ニーヤ四五人手傳ひに來し
大日本軍歡迎との貼紙を軒毎見つつひそけき街通る

沙城壁にて

荒蓼たる城壁なりしこの街に日毎支那人の歸り來たれり
この老爺いづちよりかも日毎日毎われ等が靴を繕ひに來る
默默と靴繕ふなるこれの老爺の金勘定はこすきことかな
槌一つに粗末なる鐵床皮ともしらに繕はる軍靴の數を知られず

99

ある部落にて

この老人の故郷の父に何處か似たり何かいたはる心となりたり
馬鈴薯を煮るといふなり彼の爺が吾等迎へて懸命に鞴《ふいご》押す
がちやつと帶劍に脅えて見あげたるニイの目あはれ吾れ笑みながら

行軍（病みて）

ほつとしでのぼりいこへば隊長の御苦勞といふにふと泪おつ
あつと云ふ間もあらず馬墜し兵等降りゆく狂《くる》へるごとくに
戰友ならむ聲はりあげて落伍兵の軀をゆすり呼びて居るかな

100

クリークに顔つけ水吞むわが馬の引けども動かず心忙きつつ
燃えさかる縣道は遠し挽く馬の鐵蹄すれて白く光れり
ホイホイと掛聲かけつつ吾と馬と渉る泥濘《ぬかるみ》盡きむとはせず

平刑關に

戰友のわが馬の頸愛撫するにふとも目頭熱くなりたり
鞍傷のどろどろむくれし吾が馬に藁灰塗りつつ悲しかりけり
小癪にも襲ひ來る飛機白日章見ながら吾隊齒がみなし射つ
頂上に据ゑつけられしまま空しくも彈丸なき山砲默し居るなり

101

敵が來しあの頂上の砲車を引おろしに行くと戰友ら血眼に
目ざむれば山峡をながるる黄泥水のざわざわ聞ゆるぞ寒きかな
目ざむれば天幕に落つる雨雫ぽとりぽとりと思一つなし
わが馬の天幕の外《そと》に足掻きては水沫飛ばすを夜どほし聞きつつ

戰鬪

搬ばれつつ一歩も退《ひ》くなと叫びたる隊長の聲に溢《はふ》り落つる涙
泣きながら鉾と銃にぎりましぐらに敵彈集注のただ中を馳す
泪にたちまちかすみくる眞晝陽の遙かなる閃光見つつ突撃す

102

藍色の服が轉《まろ》びつつのぼりゆく敵陣めざして射つ射つ懸命に
先頭に立ちて進みし分隊長も戰死したりと息はずませ友言ふ
彈丸《たま》の中をはせ來たりし機關銃兵は彈丸缺乏と云ひて馳せ去りぬ
銃聲のとみにはげしきただなかを支那兵が突撃のラッパひびき來る
赤土のきりぎしにより添ひすすみ行く歩兵砲兵のひと言も云はず

砲　撃

遙かなる段段高地の岨路《そばみち》を走りゆくなる敵兵ちらと見ゆ
今居たる敵兵のあたり黑煙のたちこめしままに何ものも見えず

103

命中率もの凄しと双眼鏡かざしつつ隊長笑ひいひ給ふなり
山の端にそれ彈の煙もくもくとうすれゆくなり背向《そがひ》の蒼き山山

戰友を背負ひて

背負たる戰友の息の忙しきに仁丹與へてはげまし降る
ぬらぬらと背つたひ來る友の血潮意識しつつ軍醫の天幕《てんと》遠きを焦る

負　傷

わめきたつ戰友の姿を見たるまま土煙の闇に氣遠くなりゆく
一瞬間眞暗闇《まつくらやみ》のただなかにつきおとされて搖られ行きたり

104

氣遠くもなりゆくたまゆら土煙の中ころげゆく戰友《とも》の見えたり

後　送

ぴちやぴちやと水音《みおと》きこゆる擔架上に星空を見つつうつつなくをり
ごとごとと傷に食ひ入る輜重車の上に寢かされて闇を行くなり
痛しともいはれざりけり輜重兵の默默歩ける姿し見れば
挽き馬の長き頸がふらふらと我が顏近くに來りとまれり
痛む目に見あげて見れば馬の顏近くにありて息忙《せは》しげなる
痛からむと高粱の葉を手折り來て敷きてくれし兵の姿忘れじ
しがみつきしがみつきつつ車上にて齒を喰ひしばりしのび泣きにき

松井六郎

105

旅團長兵の手柄を賞めたたへ笑みつつ呉れられぬ二本の芋を
雨と來る敵彈の下行き行きてただ一路吾に死も何もあらず
死する身の覺悟きめ敢へて往く處何ものかあらむ決死隊の前に
春なれど大陸氣候の夜は寒く相よりて堪ふる夜ともなれば

牧　正信

菊の佳節陣中に迎へいとまあり相撲に興じことほぎまつる　（元氏）

106

餅をつき酒樽あけて陣中の戰友うち揃ひ春を迎へき（順德）

玉の緒の絶えなむ際《きは》を聲しぼり萬歳となへし聲耳にあり

幾度を戰火ぐくりて死ぬべしと決めゐしを生きゐるむしろあやしき

牧本學男

夕せまる荒野を主なき豚の群いくさに追はれ散りぞ行くなり

家具負へる手ひける子も又荷を持てるつきあひ押しあふ避難民あはれ

城壁に一番乘の旗ふりて勝鬨さけぶ泣き笑ひしつつ

はてしなくクリーク越えて進擊す主なき稻はしなびてあはれ

107

ひときれの命の綱のパンさへも愛馬とわけて今日は喰むなり

塹壕にまどろむ間なしうるさくも夜襲の敵の鳴物さわがし

塹壕に暮れ行く宵やすすきゆれて空にはさびし雁の行くなり

猛擊のたえまにかすか嬰子の泣く聲するに胸つかれたり

行きつきて斃るる愛馬に抱きつき大聲あげて兵士《つはもの》は泣く

便りの來る度に功績《てがら》をとひあれば答へがたきに我は泣きけり

生死をばかたく誓ひし戰友をおきて白衣となりて還送《かへ》る悲しさ

108

桝田宇三郎

前のみと見れば後にも打ちをれどなれては鳥の聲ほどもなき

支那の民ら彈流れとぶ下くぐり子をかかへつつ道ばたに泣く

地隙《ほれあな》に敵かと見れば避難民なりパンをあたへゐる戰友もあり

前田金房

南京城總攻擊ぞと聯隊長は部下に訓《さと》さる霜深き朝を

をどり超え突擊にうつる塹壕に傷ける友二三人ありき

彈丸けむりはれしたまゆら城壁上に紅に染りて戰友たふれつ

109

颯颯秋は更けたり太湖廣し柳並木を我が部隊ゆく

雨と來る彈丸をくぐりひたぶるに鐵條網に迫る强行破壞に

いささかの物音もかたみに警《いまし》めつつはらばひ進む鐵線鋏手握り

くづれ殘る民家の壁に天幕張りて幾日目にかも宿るがうれしき

急造擔架に運ばれて來し戰友かこみ軍醫の手もとじつと見つむる

千切雲空に流るる山裾を兵ら押し進む蟻の如くに

月冴えて銃音絶えし塹壕の藁のしとねにこほろぎは啼く

うろこ雲空にみだるる陵線の秋草をわけて腹ばひ進む

110

早稲おくて實りゆたけしと故鄕の便りうれしき秋晴の朝

戰傷

衛生兵未だ來らず我が血潮ふく音ききて霜の夜更けぬ
藁床に身をよこたへてかそかにも友の名よびて水を求めぬ
ほのぐらき灯に白き軍醫見つつ引き入れらるるごと我は眠れり

三田村新一

111

我が砲撃にまたく崩れし呉淞の敵陣地見つつ心しまれり
淡き月塹壕に入りて夜は更けぬ火をいましめて煙草はすふも
重爆機銀翼そろへ機十機我が空を行くもうれしかりけり
星月夜更けて寒けし壕掘りつつ戰友と笑むほどに慣れたる
隊長は敵彈に面うたれたふれつつ猶し軍刀しきり振りたまふ
城頭にひらめくみ旗あふぎみつつながるる涙とどまらなくに
ゐみかはす戰友は汗と泥の顔に泪こすりつつかぶとの緒をしむ
新戰場戰はてて戰友のみ靈祀るなり何時かも吾は

三角信二

112

灼熱下に仰ぐ萬里の長城線攻略《せめと》りし戰友の苦鬪思はる

幾重山こえきてここに工兵ら烈日に振ふ鍬は光るも
ふるさとに便りするもこれが最後ぞと誰も誰も手紙書てゐるなり（杭州灣上陸の前日に）
激戰を想ひつつきびしこの夜明けばいよよ血をもて上陸すべし
金山衛城一角つひに占領しつ日章旗うち立てて一番乘號ぶ
金山街の城内眼下に見下じつつ憩へば頭を去來するもの
夜もすがら櫓を漕ぎこげる戰友に涙覺ゆる水面みつつ
杖つかれし部隊長今日もぬかるみを進みゆかる見つつ胸あつくなれり
南京も數日ならず陷落《おち》むものをと傷つきし戰友の聲の悲しき
智仁勇ここにも大きく書きてありうつろに見えてあはれなるかな
幾日の草のしとねを思ひつつ暖き今宵の床に入るなり

羅店鎭に向ひつつ

森田勇

113

行軍に疲れし兵の背嚢を背高く積みて水牛歩む
連日をい寢ず鬪ひて今宵また行軍す我は睡りつつ歩く

我が隊長

兵士等は寢《いね》しづもりし燈の下に作戰する隊長のみじろがぬ姿
兵士等が造り堅めし掩蓋壕に軍旗奉じつつ隊長作戰す

114

迫撃砲落つるさ中に掩蓋壕掘りてぞ奉ずる我が聯隊旗
壕を掘る圓匙《しやべる》にあたりし敵彈の强き音たててまなかひに落つ
壕掘りて濡れしとる身に夜の冷《ひえ》のたへがたきかなかたみに寄り合ふ
月の夜に壕掘る兵のひたぶるさ汗みどろなる面は光れり

戰場の夜

明日知らぬ命にはあれ夜の務我にかかれり强くしとげむ
たそがれてしばしの憩ひ戰友らよく生きゐしものとかたみに語る
戰友あまた散りしクリーク目ざしつつ兵士らはひたに銃劍を磨く

115

前線の塹壕も蚊になやむらし蚊やりの煙はつはつ見ゆる
銃彈にあたり亂れ散る棉の實の月の下びに白く光れり
絶え間無き敵の銃聲ふと止みて闇の塹壕のにはかにわびし
月の夜の銃聲にひとり目は冴えつつ銃いだき戰友《ども》のまどろむを見る
前線に出づるきほひにたくましく兵士らかたみに武裝堅めつ　（敵陣近し）
重砲の音ややに烈しく鳴りとよめば待機する兵士は猛りに猛りつ
水筒は既に水無し走りつつかじりかじり食ふ甘蔗《さとうきび》の莖《ちく》
敵兵ははやも逃げしか空赤し敵陣燃えつつ勝鬨聞ゆ

116

村人もあわてふためき皆逃げたり飯焚く煙ほのかにのぼれり
人逃げし民家の庭に山羊かたまりメーメーと鳴く聲腹に沁む

羅店鎭附近にて戰傷を負ふ

突撃して壕に兵居らず敵襲のあらばと銃執る傷つきし我は
傷つきてひたに動けぬ我なれば迫撃砲はただに憎しも
朝霧に勝鬨流れくる壕内に痛みこらへつつも今は安けし
ひしひしとせまる夜寒に堪へつつも塹壕に仰ぐ長城の月

森安隆一

長城の月見つつ思いつしかも戰友の上に係りてゐたり
黄塵にまみれて黄なる友の顔玉なす汗の道もあらはに
恙なく在る身の不思議ふと思ふ今宵やどりの塹壕掘りつつ
迫撃戰藁の温みに結ぶ夢露營の夜は霜にふけゆく
敵彈の音ややにはげし進撃の命令おそしと血はたぎりたつ
沂州の城に迫れる皇軍の巨砲の怒り黒煙を吐く
夜襲戰に幾多の友を失ひし長城線は月に浮べり
吸ひ殘る煙草供へて墓標の前に戰友のいさを偲びつ吾は

117

118

部隊名書き殘しある城門の鐵扉《び》に生生し血しぶきの跡

懷來《くわいらい》の平野に出でて朝なりきりんご輝きてうるる村過ぐ

己が頭を岩にがん〳〵と打ちつけて死にたる捕虜の心おもふも

山口覺

119

戰友の慰靈祭にて

生ける人に物言ふ如く隊長は祭壇に向ひ語り給へり

鐵打ちに小さき足の驢馬つれて戰友と急げり街の鍛冶屋に

嶮道は峠にかかりぬ蜿蜒と遠く彼方に長城の見ゆ

烈日の峠を逃ぐる敵の上に我が砲彈つぎつぎ炸裂すなり

頭部貫通銃創を受け戰死せりと云はれし兄に逢ひて

戰場掃除に行く途中なり傷かるき兄と出合ひて喜びあへり

一番乘の樣子語れる我が兄の持てる鐵兜は射ぬかれてありき

萬里長城平型關にて

迫擊砲彈は馬腹に當りて馬の肉飛び散りにけり我等は地に伏しぬ

暗闇を進む城門の中にして敵の喊聲の絶間なく聞ゆ

通州の戰に兄を失ひし戰友の働非凡なりけり

120

夜襲

誰何すれど答へぬ黑き一團の敵に機銃をあびせかけけり

手榴彈の炸裂しきりなる山頂に我等はげましあひて戰ひにけり

自動小銃手にせる敵の折重りて多く死してありき望樓の下に

小勢なる我等の部隊侮りて暗闇を敵のまたもおし寄す

崖下に襲ひ來し敵のただ中に手榴彈三つつづけ樣に投げぬ

目前に火の輪ゑがきて轟然と手榴彈一つ炸裂しけり

岩山をゆるがして轟轟と手榴彈炸裂しつぐを我等死守せり

121

援隊來る

二千米彼方の山頂に黑きかげあまた見ゆ見ゆ援隊來しなり

大日章旗山腹にたて我等みな手を振り叫びぬ援隊に向ひ

大場部隊入つて來たぞと叫ぶきこゆ援隊着きぬ山の麓に

夢にまで何度か見つる援隊ぞ今まさに來ぬ我等の山に

彈もつき食もつきむとせし我等に援隊着きたり涙ほほをつたふ

本村中佐、長城線平型關口三角山の戰鬪にて戰死せらる。我が現役中の中隊長なり。三角山は後本村山と命名せらる。

山頂にてドツカと腰を下されし今日の隊長のひきしまれる顏

122

白き布に頭を巻きて隊長は岩山の敵を睨み給へり

兵はみな塹壕に伏せしめて隊長はひねもす敵を見つづけ給へり　（橘少佐）

忻口鎮戰闘

故郷より届きし今年の炒米を塹壕中の戰友に配れり

つるべ撃ちの我が砲撃に望楼の高地はくづるる如砂煙あげつ

口々に間隔取れと呼びあひつつ彈丸來る山峡の道を走れり

つかの間のやみまもあらず敵銃聲はげしくなりぬ退くならむか

炸裂の音こだまする夜の山峡に電話のベルのけたたましく鳴れり

123

追撃戰

砲をひく戰車は地《つち》をゆるがせて闇の彼方の彼方に消え入りつつ

身じろがず我等が見つむる敵陣の高地は一瞬に日章旗たてり

乾パンを半分わりて與ふれば若き支那兵涙ぐみたり

煙突の高く屋根ごしに立つが見ゆ目指す太原はつひにま近し

太原を占領せしは夜なりき南門が燃えくづれゐつ我うれしかりき

保定警備中

ブリキ太鼓うちならしつつ朝の街に物賣り歩く老人もあり

124

洋車《ヤンチャウ》の行きかひしげき歳末の保定の街は胡弓もきこゆ

黄河を渡る

たうたうと渦巻く大黄河聞きながら夜の軍橋を粛と進めり

山東省にて

雨の中を辮髪の苦力ども多く來て宿舍の前に木を割りてをり

月おぼろなる夜を敵の方見つめをり春まだ淺き銃眼の中に

怒る如く火を噴きにけりつぎつぎに麥畑の中の我が砲列は

吹き出づる血潮を手もて押へつつ我は進みぬ戰友《とも》の後追ひて

125

夕闇のあれ野をよぎる擔架にて大いなる隊長の手を握り返しぬ

北支戰にて

吉田實

夜くだちの柳の下ゆ舟出だし銃を擬しつつ白河をのぼる

無燈火の舟つひに岸に乗り上げぬ工兵飛び込む無言のままに

支那人の持ち來し豚の脂火に飯盒炊く戰友の姿照らせり

殘り無き一本の煙草すひまはせり夜襲命令待ちつつ我らは

南京戰にて

橋落ちて迂回するクリーク術つきず今日も暮れたり陽は赤赤と

126

砲聲を聴きつつクリークわたり行く鐵舟に誰かハーモニカを吹けり

數しれぬ捕虜の歩哨に立ちつつ我敗北の悲慘つくづくと思ふ

南京警備地

氷割りて網引き行けば三尺余の鯉飛び上りて元氣つけらる

昨日よりも今日とれし鯉の大きくて急ぎ持ち行く隊長殿に

松無くも注連飾りして正月を大きく迎へて悦び滿ちぬ

彰德警備地

小春日和歩哨に立ちをれば支那の子ら麥田の中を駈けて來るみゆ

127

下士哨を引上げ歸る麥田道今日も事故無く終りて嬉し

彰德の長き警備に苦力等に棒を持たせて教練教ふ

やうやくに片言葉習ひし苦力らはおはやうと言ひて停止敬禮す

警備地をたちゆく我等見送れる苦力の親しも日の丸振りて

徐州戰

徐州戰に向ふ列車の窓近くアカシヤ香る花ちらしつつ

戰の砂塵を浴びて刈り期過ぎし麥田を我らはら這ひ進む

黃塵に眼ばかりなれどアカシヤの花戰帽に立てて行軍す

128

負傷して

十倍近き敵とて血しほは沸きたちしを突入を前に倒れて悲し

大黃河の鐵橋は新たになりたれど病院列車にて渡るを悲しむ

渡部法順

見る限り草木なき處に戰友《とも》を茶毘す山西の山すべなかりけり

冬籠りのかてと石炭積みあげし民家は敵にあらされてゐし

背嚢の帶革肩深く喰込めり八達嶺の嶮峻を行く

口口に敵の狀況訊きにけり將校斥候の歸れるに遇ひて

退却をはじめしか夜更けて敵陣に發火信號しきりに上りぬ

129

廣靈

祝日本軍大勝利の旗かかげつつ入城の我等迎ふる市民

炊爨の煙みつけしかにはかにも迫擊砲彈集注しはじめぬ

殿下御下賜の日の丸の旗を拜しつつ進軍す

渡邊勉

進み進む我が部隊の行く手輝かに御旗はためき勇む我が兵

ぬかるみもトーチカもものか皇軍の進みゆく前になにものかあらむ

130

野戰病院篇

石井英太郎

野戰病院にて

彈の音はげしく瓦やぶるなり又襲ひ來しか闇ともなれば

民と共に

すきを見て腰伸ばしをる老人の笑へる顏のよく父に似し

働かぬ老人なれど後姿父に似つるは叱られざりき

日本語で話す少女は京都にて育ちしとかや難民の中に

後送途上

無言にて握る手に力强めつもつたふ泪をふきあへず我は

133

なきながら燒く煙見て後送の車に乘れり友は逝きしか

別れなば生きて遭はむもはかられぬ後送車上に手をあげつつも

池田勇

假收容所にて

收容されし民家は砲彈射拔けるか闇夜の空に星は光れり

枕邊に洩る雨垂を聞きゐつつ大場鎭の陷落に泣けり

豫備病院にて

擬裝せる木の葉も枯れてあらはなる病舍の屋根の霜の眞白さ

134

大庭養孝

病舍敵機に襲擊さる

堂堂の編隊と見つる我が前方《まへ》に敵機なりしか爆彈を投ぜり

堂堂と自が國の標識揭げ得ざる敵機はむしろあはれなりけり

負傷直後

呼ぶ聲に吾にかへれどひとりびとりの聲判《わか》れど見えず何も見えず眼に

よく生命がと軍醫に云はれ吾が傷の重きを知れり目にものは見えず

日に追はれ忘れてゐたる數數を見えぬ眼にみる見きれぬ程を

耳の痛み樂になりしを喜びて三日の後にとれたるを知りぬ

135

見えるかと出されし物のほの白く手なりといふことを知れるうれしさ

白山正

一ぽんの蠟燭の灯《ひ》のもとに我が弓手《ゆんで》つひに切斷の手術をはれり

深手なれど淺手の如く裝ひて休みつつ書く父母への手紙

野戰病院にて

竹本穣

突擊の吾が聲に吾と夢さめて口惜しかりけり夜半の病室

霜の冷え傷《いたで》に沁むる朝さめて戰線に思ひ至りつつ苦し

136

野戰病院にて

森田勇

今ははや前線に歸るのぞみ無し口惜しく折れて動かぬ我が脚

前線に復歸すと云ふ戰友《とも》の顏臥したるままに見つつ羨《とも》しき

病院船にて

池上久美子

今宵敵機飛來すと云ふ船內の闇のしじまにエンジンの音

癒えませと卷く繃帶に祈りこめぬ矢彈の庭の御楯尊し

空襲の響き渡らふ甲板に耳をすませば爆音聞こゆ

137

海中《わたなか》を病院船《みふね》は洩灯《もれび》覆ひつつ今宵も走れりただひとすぢに

玄海の波浪《なみ》な荒れそと祈りつつ心やすまず夜を更けてゐる

飯塚すゞ子

明け初むる廣き江上を煙なびけ溯江する艦のたのもしく見ゆ

敵陣地つひえし跡のあらはなり航行しゆくはてなき江上

望遠鏡諸手に持ちて奇しき山あかずながめつつ船橋に立つ

戰の跡とも見えぬ鎭口の街に夕餉のけむりたなびく

高き山のいただきは皆塔を建てトーチカ砲臺きづかれてあり

江の面渡る朝風すがすがし白帆三つ四つ岸べりに見ゆ

濁江の流れのぼりつつ二日なり夕べ見えそめぬ南京の街

たたかひははげしく進めり地圖ひらきて苦戰しのぶなり船內にわれは

紫金山にかかれる月の影やや冴えわたりつつたそがれむとす

列なしてこの濁流をのぼる船の船首にたくましく步哨兵みゆ

岸につづくトーチカも砲臺もくづれたり皇軍の苦勞胸つきて來る

水牛の犬とたはむれ濁江の岸の水面に浮ぶ珍らし

銃後なる人のまごころにうたれつつ蕪湖に山なす馬草を見る

139

ともしびを消したる江上靜かにして砲の音水に響きつつすごし
我が船めざし發砲せるや江上をとどろき渡るするどき敵彈
小夜ふけて江渡り來る風寒しはるかに敵のつつ音ひびきて
飛行機とみいくさ船に守られつつ戰線さしていそぐ我が船
煙幕を江上に雲となびかせてたくましく進むわがいくさ船
高き水柱をちごちに立ちて江上は敵砲彈のしきりにおちおつ
船べりとすれすれ上る水柱の三つ四つとつづき鐵片飛びちる
敵照準いよいよ近し砲彈のくだけ烈しく甲板にとぶ

140

空爆のすさまじきみわざたちまちに敵軍陣は火を噴きつひゆ
むら雲に月も覆はれて江上の眞闇は深しつつ音ひびき
敵彈に注意あれと呼ぶ對岸の守備兵の聲水ひびきとどく
敵兵と思へどもあはれ戰場にさらす屍《しかばね》の數し知られず
いくさ船探照燈に敵陣地見とめたり發射する火花飛びとぶ
流れ出づる血潮も汗もそのままに乾きにけりなますらをの服
炎天を歩みつづけし兵士らは屋根なき原に馬とし寐ねつ

後藤富美代

141

馬と共に野にまろび寐る兵士らの額にひるの日は照りつけつ
待機してはや十日を過ぎにけり乘船の日をひたすらに待つ
緊急集合の命令ありてにはかにもわれらが部隊色めきたちぬ
おごそかに命令告げます部隊長のみ顔は明るき燈《ひ》にてらされつ
一番乘の組に我が名も入り居り心しづめて命令を聞く
巨船《おほふね》も傾くかとぞ思ふほどきほふつはものの甲板にみつ

航海

船べりに碎けて落つる大浪の潮のしぶきに虹はたちつつ

142

行く雲とをどる浪間をわかちつつわたつみを我が巨《おほ》みふね進む
橫ぶりに夕立ふれる海原をひるがへりつつとぶ燕かも
浪たけり風吠ゆる海をわがみふね木の葉の如くゆれ進み居り
轉び落ちし物みな船のゆるる度右に左に辷りゆくかも

上海陸戰隊野戰病院にて

早川八重子

翔りくる飛行機見ればあざやかに赤き日の丸の瞳に映るなり
ああ友軍の飛行機は飛ぶ曉の空に日章の翼かがよはせ
曉のこのとどろきは南京へ南京へと空爆の我が荒鷲ぞ

143

蠟燭の暗き灯影に掩ひして祖國の母へ初便り書く
雨霰と敵彈飛來するさなかにして手術の介輔今日もするなり
灯影なき部屋にめざめて思ふこと手さぐりに書くわざは覺えつ
名月の夜を聞く今宵上空の空は敵機の音しきりなり
すでにして死は覺悟なり天地に我れ思ふことの何あるべきや
今は我れ思ふことあらず百雷のとどろきたてて大地裂くとも
百雷の落つる響たて爆彈はつぎつぎと街に投下さるるなり
闇の都市に爆彈はおつ一瞬にして白晝をあざむく焔の海と

144

一瞬の後に火を噴き崩れ落つる病舍とここを思ふに堪へず
すさぶ身をいたはらむとて今日も亦草の花つみて瓶にさすなり
「ペス」と呼ぶ聲聞えねば隣なる刈谷少佐と犬は留守ならむ
枕邊に慰問袋を並べつつますらをは皆安らにねむります
一月目にとどきし帝都の新聞をくりかへしくりかへし今日も讀むなり
うつし繪にかげ膳そなへ汝がために武運祈ると讀みつつ泣きぬ
灰燼の街のがれ來て我が膝に安らひねむるこれの小猫は
夕映えの空おとろへて白き蝶ひそかに舞ふはあはれなるかな

145

空爆の敵機の音を二十四時聞きつつ身も魂もいつか疲れぬ

燒夷彈病舍に落つ

かかることかねて思へど炎炎と燃え狂ふ病舍を見れば恨めし
千人針の眞綿に彈のとどまりて奇しくも一命を得たり我が友は
燒跡の眞白き灰を手にのせてはかなき人の世を思ひみる

病　み　て

かりそめの病と思へど起《た》たれねば口惜しく遂に悲しき吾の
いたづきに身はありながらつつがなくみとりに勵むと書くは悲しき

146

いつしかも敵機の音も耳に慣れ病み疲れては一人ねむれり
心細くなく蚊の聲のものうさよ更けて病床にねぬ夜のつづく
氣やすめとは知れども嬉し我が頬のややにふとれりと友の云ふなど
梳づれば限りも知らず黒髪の拔け落つることよ病めばはかなや
病み疲れねむるいとまは晝も夜もしみじみ水を飲みし夢みる

皇軍杭州灣に上陸す

嗚呼日軍百萬上陸とアドバルーン曉の空にひるがへり見ゆ
三日三夜燃えつづけ未だおとろへず占領地の焔夕空に赤し

147

空襲のひびきやみたり星まばらに冴えて冷たく夜霧流れぬ
空襲の絶えし今宵は爐に寄りて火を焚き我等干魚を燒く
音もなく更けゆく夜半は故里にゐる心地してしみじみと嬉し

病院船の友と會ひて

相見れば我等云ふべき言葉なくただとめどなく涙流れぬ
十年も昔別れし心地して相見る友は相いだき泣く
敵彈に貫かれたる扉など一一友に說きてまはれり
大方の世をば思はずみとりめわれ尊き白衣につつましく生きむ

148

南市陸軍兵站病院にて

二日經れば捕虜の李の云ふ片言葉や我が耳に慣れていとしも
いつしかも我になつきて日ねもすを水汲み運ぶ捕虜の李あはれ
いく昔かくて住みけむ世ありしや火なく水なく讀む書もなし
夜更くれば病舍はさびしローソクをともして傷の處置をするなり
數ふれば二十日あまりを顏洗ふいとまだになく我等みとりす
手さぐりに狹き階段駈けゆきて大なる壁に突き當りたり
くまもなく月影照りて二三人水汲む人の影のゆれをり

149

戰跡見學

爆擊の跡もあはれに行けど行けど廢墟の街は盡きんとせざり
我が前を捕虜の行くなり木の箸と茶碗を腰に下げて行くなり
久にして見つつなつかし吳淞路を帶しめてゆくをみなの姿
敵將のこもれりと聞く古寺の塔の彈痕に手を觸れて見つ
崩れたる民家を見出で水の湧く井戸はなきかとさがしまはれり
古寺に焚火し憩ふ兵士等の里のなまりのほほ笑ましけれ
龍華寺の塔をめぐりてしみじみとつめたき冬の雨降りにけり

150

歸國の折に

風吹けば風吹くままになびきつつ窓の柳は日每青めり

新戰跡大場鎭にて

鬨《かちどき》橋と名附けし橋あり二度みたび行きもどりしつつ涙わくなり
戰に踏みにじられし畠にたち人默默と稻刈れり見ゆ

上海北四川路をゆきて

かりそめの奧津城どころあまたあり四川路行けば涙はふりおつ
激戰をまのあたり見る心地すもくだけざるもの一つなき街

松正カツヱ

151

よこしまの棲める都をくだかむと矢玉となりて散りしますらを

航海

支那海の波風荒きこの船路大君の御ためぞ何ひるむべき

船暈に吐きつ倒れづつ内還の傷兵みとる看護婦われは

還送療養篇

今井文一

みとせ振り大君坐ます武藏野に白衣となりて吾は來りぬ

人形を白衣のひざに抱き上げ顔見つめつつ友は笑みをり

久久に雲を拂ひし富士の峰夕日にはえて黒く浮べり

聖戰の場にいそしむ戰友は今宵の月を何と見るらん

靖國の社なる戰友《とも》も微笑めよ我等は勝てり武漢陷ちたり

石井英太郎

病院船にて

陸の灯のかすか見ゆなり丸窓にふるへる體支へつつ立つ

大島の近く見ゆなり岸邊には日章旗ふりて人の集へる

芝浦に上陸して

東京の土踏む足のふるへつつ人手をかりて自動車に入る

ゐならびて出迎へくれる人の群におどろきて見つ母に似し人

戰友の葬儀に列して

我が母のそれよりも老いし亡き戰友《とも》の母見出でつつ何事を言はん

慰問の人々に謝して

えにしなき人の情けの厚き事貧しき文に謝しつつうれしも

いただきし鉢を窓べにそなへつつ心うれしき今朝の空かも

漢口陷落の祝に

群がりて兒のふる旗に手あぐれど呼吸ぜまりきて叫びあへざる

胸の彈痕痛み少《すくな》し

日光をあびて裸の汗しどと燒きつく蟬の聲しきりなる（日光浴しつつ）

157

池　内　　勇

樹に青く眠安けき東京と思ひ比べぬ上海の朝を

秋空の叉降り出でて許されし屋外散歩を雨にはばまる

目覺めては話上手の看護婦の唇《くち》いそがしく動く見てをり

肺臟に破片殘りければ

ふと醒めし夜半を胸部のいたむなり肺臟の彈丸の動くかと驚く

數多き彈丸を胸にこやりゐるわが見る夢は今も戰へり

切開も度重なれば堪へがたき痛みのあとにきざす快感

切開の度重なりてほのかにもいたみをむしろ喜びおもふ

胸ぬちのこのあまたなる彈片はとりがてなくに肉としなるか

組討ちて傷負ひつつ遂にたふしたる戰友は讃へぬその敵のつよさ

158

靖國神社臨時大祭の中繼放送を聽きて

ラヂオよりみどり兒の泣ける洩れ聞けば亡父《ちゝ》祀《まつ》らるる夜を母と侍《はべ》れるか

とことはに神と鎭まりし君とわれ同じ戰場に競ひしものを

病　室　雜　詠

鑷子などふれ合ふ音のするどさよ繃帶交換の部屋の靜けさ

花活くる技を學べる兵ゐればわが病室《へや》の鉢は常にすがしも

「十月二十七日午後五時半漢口陷落」と公表さる

じつと堪へし感激はつひに破られて泪はふり落つ漢口は陷ちぬ

いくそたび汗流しいくたび血汐染めてああ遂に陷ちぬ漢口は陷ちぬ

159

石　神　六　郎

繃帶の目に沁む秋や赤蜻蛉空にまぎるるを見極めにけり

戰傷兵に繪畫彫刻を教授しつつ

池　上　　恒

大君に手足捧げし戰友の持つ彫刻刀に迫りくるもの

白衣の袖不自由にしつつ左手にはさめる彩管《ふで》の動きたどたどし

不自由なる手足を超えてひたむきに藝術への希望かがやきて見ゆ

160

石山三次

ふるさとの妻の書みつつ安らげり豊作なりとまづ書かれあり

常ながら痛む我が身のひとしほに今日は痛み劇し雨來たるらし

鴻恩にあみつつかしこ恩賜の義足ふみしめて銃後の務めはたさむ

宮様より杖をいただきて　　稲垣精作

たまはりしみ杖たふとし生くる日をわれの心の杖となれかし

故伊藤工兵大尉の英靈にささぐ　　乙馬仁

花花しき戰死遂げましし君がこと思ふ夜更を篠づく雨なり

161

伊藤大尉の戰死の記事に集ひ來し戰友等の顔に泪は光る

勇壯なる戰死の樣子《さま》をつぶさにも報ずる君が部下山田曹長の文

伊藤大尉の大腿動脈ゆほとばしる血潮は止むる術無かりけむか

刻刻貧血に落つる二時間余を意識確かに指揮せられしと云ふ

胸ぬちに悼む思のみなぎりてその御はてのありありと見ゆ

御下賜金拜受傳達式に參列し呼び出されて　　岡田好一

傷つけるわれにさへ給ふ洪恩に胸のつまりて涙はふりおつ

162

度を重ねてやむごとなき方より御下賜品を拜受し

たび累ぬるおほき皇恩《みめぐみ》に頭垂れひざまづきつつ申すことなき

戰場の夢を見、余りにはかなく消え去り飽き足らず思ひ戰場よりの戰友らの古き文など引き出して

戰場の夢をはかなみたへ難く野の土匂ふ文讀み返しみぬ

病院の園庭に慰問のため中學生の植ゑし菊の咲けるを

やはらかき秋の日射しの院庭に咲ける黃菊のここまで匂ふ

傷負ひて滿一年なり

今日こそは右手もて食むときほひしに執れば音立ててまろびぬ食器

163

病床にもかくも身に沁む今宵なれ野に伏す戰友やいかにかあらむ

幼稚園兒より贈られし環投競爭を終日戰友と屋上にて樂しむ

三つ四つと競ひつづけて時經ちぬ幼き頃の心慕ひつつ

野戰の友の便りを讀みて

いねむとてつとむれば更にいねられず激戰せし友の文見し今宵

隊長の悲しきしらせ寄せて來し思はず膝を立てて見入りぬ

きほふとも甲斐なきものをたかぶりて白衣の褄をはしをりて居つ

164

明治節を迎へて

去年のけふ廣野に筵しきほぎまつり酒盛りせしもはろかなるかな

大庭養孝

165

三十余年働きつづけしこの指も今日の午後には吾にかへらず（食指切斷の日）

うれしさはかぎりなけれどこの日まで働けざりし今の吾が身を（漢口陷落の夜）

傷はあさしと知らせし時をおもひつつ病む母かるしとの妹の文讀む

加納政幸

功なくて白衣まとひて今歸る宇品の埠頭雁渡る見ゆ

ひたぶるの希ひ南翔の一番乘りは我をのこして戰友とげたり

高鳴るは近歩の兵の演習か去年の激戰思ほゆるかも

あな畏いたづきの兵の枕邊にくだし賜へる菊花は薫る

徐州陷落の日に

北森茂

166

かくなりし定めくちをし鬨の聲にきほへる戰友が姿目にみゆ

あな畏こ后《きさい》の宮のたびし御歌拜しつつ更に早傷《はやで》口惜しき

失明の勇士に本を讀み聽かす細き聲音《こはね》に我れもたたずむ

井之頭にて

とげとげの杉のこずゑをわたりくる夕べの風のつめたかりけり

足動く

動かぬと思ひし足の動き初め故郷《くに》への便りに心躍るも

木村藤太郎

167

白き衣は若葉に馨る風うけて池邊に遊ぶ鶴に似るかも

菊川順治

つはものに召され出征《いでた》つ友の上に武運いのりつ病床に吾は

曉空にうすれまたたく星見つつ戰ふ友のいさをし祈りつ

內地送還

黑多吉行

168

戰友みなと凱旋ならば如何ばかりうれしからまし玄海の月

徐州戰いまし酣戰友にこころすまず內地の土ふみて立つ

病院生活

ゆるく煽るうちはものうく眼をつむる去年たたかひし想ひ出悲しも

こころよりこだはりあるなと故鄉のなまりのままに語り始めぬ

硝子戸の曇はつよく彈丸傷のうづく夜半なり霜は降るらし

漢口攻略に際して　桑原清蔵

占領を報らすが如く今朝の富士よく晴れゐしと戰友《とも》の言ひをれり

漢口を陷すも留まるいとま無き戰友に思ひ至ればつらし

新宿御苑拜觀

有難き大御心仰ぐ拜觀に汚《けが》すわだちの恐れ多けれ

度かさなる破格の光榮《はえ》に浴しつつ武運無き身のいとおそれ多し

菊花を賜りて

大御心かけさせたまふかしこさや勿體なしとあふぐ床の白菊

169

ある夜

すき間漏る風一すぢに傷いたみ一夜さめゐて戰友しのびつ

折にふれて

晴れやらぬ日はことさらに盲ひたる戰友の姿にむちうたれけり

きのふより傷はうづくと思ひしに今朝雲重く寒き雨降る

新聞の來る度毎に先づ探す戰友の手柄の出てはゐぬかと

新宿御苑を拜觀して　後藤法芳

ふるさとの山田もります父母にたよりしるさむ今日のよろこび

170

後藤清次

戰友《とも》の肩に長き廊下を背負はれて今宵も我は入浴にきぬ

暖かき春の陽ざしを身にうけつつ松葉杖つきて院内散歩す

伊東療養所所感

靜かなる伊東の海よ初島よいさり男《を》ひとり海を行く見ゆ

院外散歩に畠道くれば人形をいだき居る子の愛らしき顔

山峽の萩咲きこぼれ秋深し觀光道路を自動車は走る

171

内地還送　白山正

突然に我が手を得たる心地して義手つけし日の胸の高鳴り

白石浪男

屍室より木魚の鳴りて靜かなる夜更いよいよねむられがたし

留守隊の酒保に集まりあわただしき戰況ニュースきく宵宵ごとに

さ夜中に目ざめて久し雨ぞとは氣づかぬごとき音たててゐぬ

清水政

德安は遂に落ちしかこのあした敎へし兵の幾人散りぬ

172

陷落祝ふ旗の波ゆく院庭に松葉杖あげて應ふる友《とも》はも
畏きや傷つける身をねぎ給ふと賜びし菊花は部屋に薫れり
日に増して癒えゆく我身よろこびつつ朝陽の窓に文書きにけり
街行けば空に砲鳴る音とよみ超非常時の迫る心地す
都大路黒一色にぬりつぶし寸分隙なき今宵の管制
秋深きプールのぞきし吾が影におどろく蝦蟇の姿をかしき　（井頭）
岡超えし木立の奥にプールありて秋寒寒と水たたへたり
人たえしプールの水の冷えびえと枯葉は底にしづみてありけり

清水一三

傷いたみねむれぬままに戰友《とも》を偲び古き便を讀みかへしみる

杉谷清一

173

いたみ忘れ窓によりて見る院庭の雨に冴えたるくれなゐの花

我は再び銃とらむ

我が作詞コロムビア盤に入ると云ふを夢の如くに我が思ひをり
霧島が感激にみちて唄ひ聴かすわが作詞明日は吹き込まるるとふ
徹夜して作曲したりと云ふ電話聞きつつ頰のほてり來る感ず

174

歌詞讀みつつ明本君泣き讀みあへず人代り讀めり聞きつつ泣きし
朝霧の調律場の屋根の繼ぎ目はつかに見えて砂利道は白し
薬工品の夜なべいそしむ老翁《をぢ》の傍に孫はまだ寢ず軍歌をうたふ

杉田定一

傷つきて口惜しけれども本懐なり銃後の感謝に涙流るる

關口彦衛

再びの菊も闌けたり風渡るはぜの紅葉に今日も暮れ行く
突入のニュースに泣きし昨夜の夢は生生しき戰場を馳せてありけり

175

城内の掃蕩に移る熱戰の戰友《とも》の武運は羨しかも
こみあげて霞むまぶたをしばたたき陷落の記事尚讀み進む

關谷登重

不自由なる手にラケットを持つ戰友《とも》の意氣揚るなり秋晴の庭
戰傷《きず》癒えて療舍の朝の靜けさを戰況ニュース友と聴き居り

瀧口清

現身を國にささげて悔ゆるなし朝禮拜の御旗仰げり

176

屋上の金魚を見て
田中賢治
とことはに共にあり得ぬ汝《なれ》なれど命かぎりをここに泳げや

土肥清三郎
日は暮れてそぞろ寒けき窓により高粱かれし北支を思ふ
傷癒えて歸鄕する友見送ると白衣の我ら院庭に立つ

宮内省より菊花を賜りて
中島市郎
病室に菊の薰りのただよひて傷癒え方《がた》の心も安らふ

177

新宿御苑を拜觀して
傷受けて戰半ば歸り來し身に有難き今日の光榮

病院日常
握りたる粘土《つち》を盛りゆく樂しさにヴヰナスの像もほほゑむがごと　（塑像を習ふ）
塹壕の水に浸りつつこの夜らも我戰友の過してあるらむ

中村信一
一億の民共共によろこびを分ちて今日の喜び祝はむ　（武漢落つ）
勝いくさことほぎまつる蒼生の歡喜《よろこび》の聲天もとどろに

178

漢口陷落
西直
陷落のサイレン鳴るや病室も裂けよとばかり萬歳叫べり

新宿御苑を拜觀せし日
西田重一
傷つけるわれこの光榮《はえ》に浴するを生命《いのち》ありつる幸《さち》とし思ふ

西川守
いねられぬ昨夜《きぞ》を目覺めて思ひにし戰友は南支に散ると云はずやも
三度目の傷も癒えたる戰友の前線に出ると勇み書おきこせり

179

藤井清士
痛手忘れ萬歳さけび喜びき涙ながしき陷落の報に　（十二年明治節忻口鎭落つ）
戰線に死すべかりける我なりき空しく床にあるが悔いらる

船見邦松
朝夕を白衣の吾ら勞りて身を忘るなり白衣の天使
枕邊のコスモスの花美しく少女心の咲くかと思ふ

本村吐月
醜の彈に身は傷つけど皇恩のかたじさなさに涙し流る

180

江南の草を血しほにそめなしし隻脚撫しつつ思ぞ深き
書の上に不覺の涙落ちにけり傷つきし身のあまた口惜し
かりがねの空わたりゆく夕暮も我は戰思ふすべなけれども
しこの身は犧牲《にへ》とささげて悔あらずみいくさのさちただに祈るも
晴間なき雨、隻脚の身にしみてきほひ心の押へがてなく
この我が見る月の光は變らぬを白衣の袖に見むと思ひしや

北支に戰死せし弟の遺品を送り來る　　牧瀬柳好

汝《なれ》に宛てて認めやりし一通は封切らぬままに遺品となりぬ

181

前田金房

故郷の母に告げやらん昨日今日獨り歩みもままになりぬと

牧正信

突撃の我が喊聲に夢破れ寒月あはく白衣てらしつ
前線の戰友《とも》の便のかたじけな暇なき身に我をうれひ書けり
腕一つ失へる身もふるひ起ち銃後の民の行く道ゆかむ

漢口占領を祝ひて　　森田勇

童べの旗行列は長長し亡き戰友《とも》しのばれ來て涙し流る

182

新宿御苑拜觀

御庭《おんには》の芝生を召され我行けばサルビアの紅眼にしむをおぼゆ
限りなき大御心を身にしめつつ落葉一つなき御苑を歩む
傷つきて甲斐なき我に今日の此の光榮《はえ》しみじみとおほけなきかも

病院にて

訪ふ人に戰の話かたるらし戰友の言葉はげしくなりつ

十一月十一日新宿御苑を拜觀して　　山口覺

玉砂利を踏みつつ我等が拜觀す御苑はつかに秋かすみつつ
やはらかき夕日を受けて常盤木の輝く中を我等進めり
一とせ前の今日の戰の思出を戰友と語り芝生に坐すも

183

内地勤務を命ぜられて　　吉澤仁介

戰場に送られぬ我ときくからにびんなきおもひいよよつのれり
かかる時内地のつとめほいなきもゆだねられたるつかさ守らむ

補充兵教官を課せられて

補充兵を率《ゐ》て育てよと命ありぬ訓ふるの器わがあらなくに
命なればわがともしきをいなまずてあけくれうまず兵を率《ゐ》てをり

184

久に執る小銃なれどもむかし知りしわざ浮び出でて興そるなり

秋暑きおどろの草に折敷きて防毒面をかぶりけるかも

法師蟬の秋告ぐる頃擔架執るわざにもなれぬうましつはもの

このゐして

つぎつぎにまはる點呼のいそがしく霜のあしたの身ぬちほてりぬ

朝霜をふむ音しるく兵士らは列竝《つらな》み出でつ軍歌するなり

鐘凍る夜をいもやらずひたぶるにみとりいそしむ雄雄したをやめ

折折に白衣の袖をたくし上げてほほゑみ語るておひもののふ

185

手もすまに紹刺いそしむ白衣人にわが胸ふたぎただもだすのみ

マッサージ終ればやをら松葉杖に身を靠らせつつ白衣戻りぬ

寒の雨ぼそぼそと降るかはたれをゆばりにさめし兵のしはぶき

はなひれる褥いづこと見にたてば夜巡りの兵したがひて來も

クリークを踰ゆるとき受けし創なりと目しひし戰友は我に語れり

孔子生誕の地曲阜落つ

先つ世にひじりの生《あ》れし地なりといふ曲阜城頭に皇旗あがれり

すめらぎの御稜威かがやき曲阜城にをしへの草のまた生《む》すらむか

186

このゐして

窓のべのかぎろへるよをうかがひしつつ刀佩き出たりとのゐの我は

春寒みとのゐの室に戻り來て諸手《もろて》かざしぬ尉になる火に

かずかずの病舍看巡りいなのめの霜氣きびしく耳痛むはも

白衣の人の訴へをきく

朝なさなおく霜白ししかすがに萎えし腓《こむら》にいたく冷ゆとふ

芝罘占領

節分の豆撒きはずむ時なりき皇師芝罘を占めしニュースは

187

慰問の花鉢を見て

あかあか咲きおごりたる寒木瓜の嫩葉はぢらふ淺緑かも

中華維新政府誕生

いにしへのひじりの道をかへり見てたてよから人《びと》とはによき國

敵軍黄河を決潰せりときゝて

黄河決潰のニュースにわれも齒がみせり彼《かれ》しれびとの飽かぬ暴擧に

京漢線ひた押しに進むみいくさは武甕槌のかむわざに似たり

思はざりき保定の城に日のみ旗かばかりに疾くひらめかむとは

188

旅順攻圍のそれにもまさる呉淞のクリーク戰の苦鬪しのばゆ

とことはにいつきまつらむ大陸をかためなすため散りにしにへを

きさいの宮傷病兵を御慰問あらせらる

そがままにこやせとのおほせ畏みつつ涙しをがむ白衣のつはもの

田波軍醫大尉よりの近信を讀みて

前線の暇なき身に南京の古蹟探りし君はもうれし

戰跡の廬山は秋の深からむ東坡詩集を手にしおもほゆ

渡部法順

こともなく手術終りて摘出の肉つきし留彈《たま》軍醫みせらる

腹中より摘出されし留彈《りうだん》は彈頭尖りて黒く錆びてゐし

しみじみと秋立つ風は寂しかり動もなくてきずつきし身は

189

左手の戰友　　渡邊勉

左手の書く文も慣れて戰友は故里の便り今日も書きをり

傷つけど心のきほひたわまねば支那地圖に染む進軍のあとを

隻腕におし戴きてやごとなき慰問の品品うけまゐらする

190

ひねもすをロザシの糸に精こめつつ左手に運ぶ針のたしかさ

新宿御苑拜觀（十一月七日）

畏きやすめらみことの垂れたまふ御いつくしみの白衣にしむも

菊晴るる今日の我身のこの光榮《はえ》を文して頒つ故鄕の母に

井之頭公園

戰にきずつきし我や靜かなる池面みつめつつ戰友おもふ

秋深き辨天堂にぬかづきて祈るはただに遙けき戰友

191

内海あや子

白きもの微かに見ゆと戰盲の君前にたちみえぬ眼を開く

松葉杖つくまで創の癒えたりと面輝かし聲はずませて

呼りんの音も聞えずなりて來ぬ安き眠を得たまふか人ら

ふるさとの夢かも見つつ病兵の顔かすかにも微かにも笑む

日燒せし御顔の色の頼もしさ再び征かす君を見送る

恙なく手術終りて息づけり出されし彈を手にふれてみぬ

傷兵に賜へる御歌院長は傳へ給ひて御聲はれやか

192

もやふかき上海の港思ひ出でぬ朝もやの道吾は行きつつ

金清佐津子

みいくさに傷つきましし兵士《ますらを》のみとりの使命につつしみつかふる

ひねもすの痛もしばし去りぬらん安き寢息たてね入りたまへり

あまりにも安げに眠りたまふゆゑまた氣にかかる夜のみとりなり

藏田つま子

故里の訛もて語るこの兵は今朝遠くより送られて來し

戰盲の兵《つはもの》が菊を近くよせて何色なりやと聞かす悲しさ

193

病室の花瓶に今朝は白菊と紅きダリヤを生けてすがしき

早川八重子

上海より歸朝せる日、母の死を知る。出征中の吾に死を秘して亡き人となりたまへるなり。

凱旋の榮ある今日を悲しきや我がふるさとに母のいまさず

母の御靈安らひたまへ吾は今し尊き使命遂げて歸れり

耳澄ませどつひに聞えず八重子かと呼び給ひしは現にあらず

すでに死は覺悟せよとて首途の日母が給ひし珠數なりきこれは

母そばの母のいまはのみ教を思へば我が務おろそかならず

194

上海を思ひて

中山院に捕虜の李は今も默默と風に吹かれつつ水汲みをらむか

秋立ちて丸くふとれるか弱かりし刈谷少佐の愛犬ペスは

ますらをの看護《みと》りいそしみ半島の少女等はひたにやさしかりしか

看護日常

月影はほのかに澄みて懸崖の恩賜の白菊清くかをれり

めしひにておはせば悲しはしなくも月美しといひたる後《あと》に

勇ましくラヂオ體操する君の白衣にをどる朝の太陽

義手は成りぬ義足はなりぬますらをの故郷に歸る姿尊し

眞赤なる召集令狀開き見て感激せし日ぞ去年の此の日は

二村しん子

重症やゝに快方にむかふをみとりつゝ

日にましくる食慾見えて箸とらるるゑ顔うれしも看護する身に

195

（拾遺）

小野久彦

心して行けと宣ふ隊長の鐵兜に見ゆるしるき彈痕

突撃の命令受けしつはもの等鐵兜の紐をかたくしめたり

196

突撃の準備は成りぬ夕暗に銃劍の群は白く光れり

突撃成功せるも遂に負傷してたふる

大腿ゆ滴る血潮とどまらず壕ゆ仰ぐ空は月明るかり

今ぞ我が誇りに呼ばむ大君の御楯となりて此所にし果つと

今はただ何をか思はむ大君の御楯の我ぞ命果つとも

— 終り —

作者略歴

197

作者略歴

青木 治男 歩兵軍曹 大正二年[redacted]生。奈良縣山邊郡朝和村[redacted]。農業。句容南京戰鬪。南京警備徐州攻略戰。

今井 文一 工兵軍曹 二十六歲、愛媛縣周桑郡[redacted]

石井英太郎 歩兵上等兵 明治三十九年[redacted]生。埼玉縣北埼玉郡利島村[redacted]農業、吳淞、白卯口附近の敵前上陸。鎭江攻擊。南京攻略戰。

池内 勇 歩兵上等兵 明治三十六年[redacted]生。高知縣幡多郡七鄉村[redacted]。公吏。上海戰線。

石神 六郎 騎兵一等兵 明治四十四年[redacted]生。山梨縣甲府市[redacted]

池上 恒 衞生伍長 明治三十三年[redacted]生。淺草區[redacted]。工藝美術家。

石山 三次 歩兵一等兵 明治三十七年[redacted]生。新潟縣北蒲原郡神山村[redacted]大海戰南京攻略、淮河敵前渡河、津浦線非常警備。

稻垣 精作 轉送

宇山 省三 未詳

大塚 嘉六 歩兵伍長 明治四十五年[redacted]生。靜岡縣志太郡[redacted]。印刷業。吳淞、揚行鎭、葛里。

201

乙馬 仁 工兵一等兵 明治四十二年[redacted]生。兵庫縣飯磨郡八木村[redacted]。製塩業太沽、台兒莊。

岡田 好一 歩兵上等兵 大正四年[redacted]生。奈良縣生駒郡平郡村[redacted]南京攻略戰。

大庭 養孝 輜重兵伍長 明治三十六年[redacted]生。長野市[redacted]。銀行員。黃河の線に向ひ追擊。京漢線邯鄲驛南方。

小倉 政男 轉送

小野 久彦 歩兵中尉 岡山縣淺口郡[redacted]北支戰線にて戰傷。

金澤 文一 轉送

鎌田 秋良 轉送

加納 政幸 歩兵一等兵 大正五年[redacted]生。高知縣高岡郡[redacted]。吳服商。羅店鎭攻略戰。

河村 功 歩兵上等兵 大正三年[redacted]生。山口縣佐波郡八坂村[redacted]。農業。北支戰線に參戰。忻口鎭に受傷

木村藤太郎 轉送

北森 茂 歩兵軍曹 大正三年[redacted]生。石川縣能美郡御幸村[redacted]。農業蘇洲河渡河戰に追擊砲彈破片にて受傷。

菊川 順治 明治四十五年[redacted]生。鳥取縣。會社員。濟南黃河渡河戰。

黒多 吉行 歩兵伍長 明治四十四年[redacted]生。鳥取縣西伯郡巖村[redacted]。農業。津浦沿線南下徐州準備戰に於て受傷。

桑原 清藏 歩兵曹長 大正三年[redacted]

202

[redacted]生。岐阜縣養老郡多良村[redacted]
後藤　法芳　轉送
後藤　淸次　歩兵伍長　明治三十九年[redacted]
[redacted]生。宮城縣石巻市[redacted]。鮭
罐詰檢査員。中支戰線にて決死隊に參加
受傷。
佐藤　義信　歩兵上等兵　大正五年[redacted]
[redacted]生。熊本縣玉名郡春富村。
南京光華門前にて受傷。
重本　英夫　輜特一等兵　兵庫縣美方郡[redacted]
[redacted]。
白山　正　歩兵上等兵　明治四十二年[redacted]
[redacted]生。東京市四谷區[redacted]。
官吏。中支戰線、江蘇省小宅附近にて受傷
淸水　政　歩兵大尉　明治四十年[redacted]
[redacted]生。東京市牛込區[redacted]。北
滿濱綏線一面坡。
淸水　一三　歩兵上等兵　明治三十八年[redacted]
[redacted]生。神奈川縣高座郡柏原村[redacted]
[redacted]。
白石　浪男　砲兵一等兵。二十七歲、茨城縣
に生る。厚生省簡易保險局官吏。
杉原　治平　歩兵軍曹　大正五年[redacted]
[redacted]生。愛知縣西春日井郡山田村[redacted]
[redacted]。現役軍人。呉淞敵前上陸。要地固家宅
占領。上海市政府附近の戰闘。呉淞クリー
クの戰闘。大場鎭戰闘。
杉田　定一　大正四年[redacted]。靜岡縣引
佐郡奥山村[redacted]。上海及呉淞戰に參加。
杉谷　淸一　歩兵上等兵　富山縣。
關口　彦衛　歩兵上等兵　明治三十九年[redacted]

203

[redacted]生。埼玉縣比企郡高坂村[redacted]
[redacted]。農業。劉河行附近の戰闘。大場鎭
にて負傷す。
關谷　登寳　衛生上等兵
民德　治雄　歩兵上等兵　大正二年[redacted]
生。大阪市北區[redacted]。化學分析
南京攻略戰に參加。
高取長之助　航空兵上等兵。
竹本　穰　歩兵上等兵　明治四十五年[redacted]
[redacted]生。島根縣鹿足郡藏木村[redacted]
農業。事務員。長城山岳戰に參加。忻口鎭
にて負傷加療後徐州攻略戰に台兒莊方面に
て再び受傷。
田中　保　歩兵上等兵　明治四十三年[redacted]
[redacted]生。福井縣南條郡[redacted]。雜
貨商。大場鎭附近に於て受傷。
田中　賢治　轉送
田中　淸　歩兵上等兵　明治四十三年[redacted]
[redacted]生。長野縣長野市。會社員。北支
保定攻略戰に受傷。
網取　光藏　歩兵上等兵　明治四十四年[redacted]
[redacted]生。埼玉縣北埼玉郡[redacted]。
會社員。北滿吉林省放牛溝北方高地にて受
傷。
土肥淸三郎　歩兵上等兵　大正三年[redacted]
[redacted]生。宮崎縣延岡市中出北區。農業。杭
州灣上陸。南京攻略戰參加。
中島　市郎　砲兵伍長　明治三十年[redacted]
生。靜岡縣靜岡市[redacted]。
左官職。南京攻略。徐州追擊戰。

204

中村　信一　明治四十二年[redacted]生。
滋賀縣甲賀郡[redacted]。濟南
台兒莊の戰闘に參加す。
西村　一夫　歩兵伍長　大正四年[redacted]
生。京都府船井郡新庄村[redacted]
[redacted]。軍人。無錫、常州並に南京攻略戰に
參加。南京城にて負傷。
西　直　歩兵上等兵　大正五年[redacted]
生。廣島縣芦品郡大正村[redacted]。農
業。北支洞北省南口鎭最高峯に於て受傷。
西田　重一　轉送
西浦　潔　歩兵伍長　兵庫縣城崎郡中筋村
[redacted]。農業
西川　守　歩兵上等兵　大正三年[redacted]
[redacted]生。廣島縣双三郡川地村[redacted]
小學校教員。北支山嶽戰。徐州戰に參加受
傷。
橋本三代吉　歩兵上等兵　明治四十四年[redacted]
[redacted]生。石川縣能美郡鳥越村[redacted]。農業
呉淞上陸。大場鎭に向ふ。原田村にて受傷
藤井　満士　歩兵一等兵　大正五年[redacted]
生。呉市[redacted]。洋服裁縫。太
原攻略。山西省忻口鎭にて受傷。
淵上　一彦　歩兵一等兵　大正六年[redacted]
生。佐賀縣藤津郡能古見村[redacted]
[redacted]。太沽上陸。天津、靜海縣等占領地の
警備後泰樓附近の戰闘に參加受傷。
古谷　溢吉　歩兵上等兵　大正五年[redacted]
生。栃木縣芳賀郡[redacted]
[redacted]。農業。大站上陸。河南省西崗頭激戰に
て受傷。

205

船見　邦松　砲兵　明治三十八年[redacted]生
群馬縣山田郡川内村[redacted]。
本村　吐月　〇〇船長　戰傷。
松尾　榮郎　砲兵一等兵　大正三年[redacted]
生。大分縣日田郡光岡村[redacted]
職工。北支河北省、山西省方面の戰闘に參
加。忻口鎭にて受傷。
松井　六郎　歩兵一等兵　大正二年[redacted]
生。群馬縣勢多郡粕川村[redacted]。職工。
保定戰闘。石家莊附近戰闘。影德の戰闘。
その後受傷
牧　正信　輜重兵特務一等兵　明治四十二
年[redacted]生。北海道空知郡山部村[redacted]
河北省、山西省、山東省、河南省に轉戰。
河北省長垣縣にて受傷。
牧本　學男　工兵軍曹　明治三十三年[redacted]
[redacted]日。生廣島縣雙二郡君田村[redacted]。上海
戰線にて受傷。
桝田宇三郎　歩兵準尉　明治三十五年[redacted]
[redacted]生。鳥取縣鳥取市[redacted]。教練
教官。徐州戰に參加受傷。
牧瀬　柳好　轉送
前田　金房　歩兵一等兵　明治三十七年[redacted]
[redacted]生。長野縣上伊那郡川南村[redacted]
[redacted]。
三田村新一　福井縣今立郡味眞野村[redacted]。
農業。大場鎭西方走馬塘クリーク突撃の際
受傷。
三角　信二　歩兵軍曹　廣島縣賀茂郡賀永村
北支戰線後南京攻略に參加。徐州前哨戰に
て山東省向城に於て受傷。

206

森　勝美　群馬縣山田郡河内村[redacted]。

森田　勇　歩兵軍曹　明治四十五年[redacted]生　埼玉縣[redacted]。會社員。羅店鎭附近にて受傷。

森安　隆一　歩兵上等兵　明治四十三年[redacted]生。廣島縣賀茂郡下野村[redacted]官吏。北支長城線戰闘參加。徐州灣敵前上陸參加。南京攻略戰參加。徐州攻略戰參加受傷。

山口　覺　歩兵上等兵　大正元年[redacted]生。島根縣邑智郡川下村[redacted]。農業。北支長城線の戰闘に參加。徐州戰に參加。山東省間城城外にて受傷。

吉田　實　歩兵上等兵　明治四十四年[redacted]生。京都府熊野郡海部村[redacted]。農業。河北省、南京、徐州に轉戰し歸德にて受傷。

吉澤　仁介　陸軍衞生大尉　明治廿年[redacted]生。埼玉縣入間郡金子村[redacted]。

渡部　法順　歩兵上等兵　大正五年[redacted]生。島根縣簸小郡園村。農業。山西省戰線。

渡邊　勉　大正二年[redacted]生　栃木縣那須郡親園村[redacted]。農業。北支戰線。

池上久美子　救護看護婦　大正五年[redacted]日生。福井縣坂井郡[redacted]。病院船○○部隊に編入ついで當院に配屬。

飯塚すゞ子　救護看護婦長　明治四十年[redacted]生。茨城縣結城郡豊賀美村[redacted]。病院船○○丸に乘組み目下中支方面に於て患者還送の任に當る。

内海あや子　救護看護婦　明治四十一年[redacted]

207

[redacted]生。山口縣美禰郡[redacted]第○病院船衞生員ついで當院衞生員下命。

金淸佐津子　救護看護婦　明治四十三年[redacted]生。山口縣吉敷郡嘉川村。

藏田つま子　救護看護婦　明治四十一年[redacted]生。山口縣厚狭郡吉部村[redacted]。病院船勤務ついで當院勤務。

後藤富美代　救護看護婦長　明治三十五年[redacted]生。東京市中野區[redacted]。病院船○○丸に乘救護患者還送の任に當るついで當院勤務。

早川八重子　代理看護婦　明治四十四年[redacted]日生。山梨縣東八とし相興村[redacted]。日本赤十字社特別救護班要員ついで○○に派遣。海軍野戰病院及陸軍兵站病院勤務。

林正カツヱ　救護看護婦　大正四年[redacted]生。廣島縣比婆郡山内東村。病院船要員として○○部隊に編入され、ついで當院に轉屬。

三上しん子　救護看護婦　明治三十九年[redacted]生。岐阜縣益田縣馬瀬村[redacted]。

208

傷痍軍人聖戰歌集

定價金壹圓

昭和十四年一月一日初版發行
昭和十四年一月五日再版發行
昭和十四年一月六日三版發行
昭和十四年一月七日四版發行
昭和十四年一月八日五版發行
昭和十四年一月九日六版發行
昭和十四年一月十一日七版發行
昭和十四年一月十二日八版發行
昭和十四年一月十三日九版發行
昭和十四年一月十四日十版發行
昭和十四年一月十五日十一版發行
昭和十四年一月十六日十二版發行
昭和十四年一月十七日十三版發行
昭和十四年一月十八日十四版發行

著者　佐佐木信綱　伊藤嘉夫

發行兼印刷人　京都市河原町通二條下ル　渡邊久吉

發行所　京都市河原町二條下ル　人文書院
振替（東京貳八四五九番　大阪八貳壹六參番）

帝國學士院會員 文學博士 佐佐木信綱
立正大學講師 跡見女學校講師 伊藤嘉夫
共編

傷痍軍人 聖戰歌集

—第二輯—

人文書院

傷痍軍人聖戰歌集 推薦之辭

帝國教育會長　永田秀次郎

今回佐佐木博士と伊藤嘉夫君の努力に依つて、「傷痍軍人聖戰歌集」が編纂されたことは、喜びと感謝に堪へぬ。

傷痍軍人諸君は、身を鴻毛よりも輕く、一死盡忠報國を、身を以て如實にせんとした勇士達である。そして、その忠烈、勇猛果敢な實戰の體驗から生まれたのが本歌集で、實に得難い聖戰の記錄文學である。これらの歌の作者が、曾て戰場では鬼神を泣かせた勇士であることを想ふと、感慨無量であり、日本軍人のゆかしさが伺はれる。

本歌集は、多くの事變歌集中でも、傷痍軍人のみの作歌に依るといふ特種の意義を持つもので、前線の將士に對しては士氣を鼓舞し、傷病勇士には、更生の心の糧となり、更に銃後國民には、軍人各位への感謝と、長期建設への努力を自覺せしめ、國民精神總動員の必要な今日、得難い源泉力を與へる書であると信ずる。

序

聖戰すでに二周年を越えて、東亞の天を覆へる妖雲いまだ晴れやらず。興亞𠔥建の戰線に立ちて、不幸傷痍を蒙れる勇士、其の數實に夥しとす。

予さきに同人伊藤君と謀りて、東京第一陸軍病院に入院せる諸士の爲めに、隔週の月曜日毎に赴きて和歌に就きて講說し、その心の糧たらむことを期せしが、戰地に於いて勇猛なりし諸士は、斯道に於いても亦驀進已まず、作歌に努めしにより、本年一月、聖戰歌集第一輯を世に公にしたりき。故《かれ》、更に全國の陸海軍の病院に書を送りて、傷痍軍人諸士の寄稿を求め、その佳作を選び、そを分類して、出征途上篇、現地前線篇、現地海上篇、現地空戰篇、野戰病院篇、還送療養篇、再起更生篇の七篇とし、ここに第二輯を刊行せり。本卷は、或は陸に、或は海に、或は空に、奮鬪せる實況を述

べ、一身を君國に獻ぐる忠烈の情を摛べたるものなるが、その中には、隻脚、隻腕、或は全盲となれる身にして歌詠を樂しめる作、或は更生して國家に盡くせる作あり。全篇一千有餘首、その一首一首皆、愛國熱血の情凝りて三十一言となれるものなり。

惟ふに本書は、第一輯の初に、本庄傷兵保護院總裁が、「傷痍軍人を慰め、延いては第一線將士の士氣を鼓舞し、且つは、銃後國民の精神作興に寄與するところ多大なるを信ず」と述べられたるごとく、其の效果は、獨り現代を裨補するのみならず、永く天地の間に留まりて、有史以來の大事業なる興亞の記念の碑たるを得ば、予等の喜、之に過ぎざるなり。

昭和十四年九月

帝國藝術院會員　佐佐木信綱

序

大東亞新秩序建設の聖戰は、炎熱の大陸にきびしく進展し、忠勇なる皇軍將士諸氏は、血を以てこの聖業に從はれてゐる。銃後亦、出征軍人の勞苦に對し、感謝と感激を以て、緊張の日々を送りつつある。聖戰に參加せられ、不幸傷痍を受けて內還療養にあたられつつある白衣の勇士が、その出征より內還に至るまでの感激を詠歌に留められたるものを、恩師佐佐木信綱先生と共に選し、先般その第一輯を上梓した。しかして、この書を繙讀した人士が、傷痍軍人の忠烈と勇武をたたへ、新聞雜誌に多くの評文をのせ、又、その幾首かはラヂオ等に引用放送され、或は少年雜誌等に解說載錄されなどしたのは、編者の望外の喜とする處である。こは實に、作者のおほむね初心者であつたにもかかはらず、人生最高の體驗を詠みいでたのが、人の胸をうつた爲に外ならないと思ふ。

第一輯は、東京第一陸軍病院內に於いて、先生並に自分の指導した人人に限つた爲、更に全國陸海軍病院に於ける白衣の勇士諸氏より歌稿を募り、これを上梓せむことを公約したのであつた。しかる處、全國陸海軍病院また遠くは南京上海の軍病院內二百數十人の應募を得た。歌數に制限を設けなかつた爲、最も多きは一人で五百八十首も寄せられた人があつた。此の勇士は、右腕に銃創を負はれ、不自由な左手に丹念に書き誌されてゐた。なほ百首、二百首といふ數に上る歌を寄せられた人は、數十人の多きに及んだ。もとより悉くが秀拔なものとは言ひがたいが、讀みもてゆくほどに、おのづからその烈烈たる氣魄と、忠誠なる尊皇の至情に壓倒されむとした。總歌數一萬數千首より約一割千六百餘首を採つて第二輯を編んだ。

これを第一輯と比較すれば、歌數に於いて數百首多く、收容人員は約三倍になつてゐる。その內容に於いても、一輯は陸軍軍人のみであつたが、この方は海軍軍人の作品をもふくみ、從つて部立に於いて海上篇を加へ、さらに空戰篇と、再起更生篇を加へて、一輯の四部門がこの方では七部門になつてゐる。

猶、又、第一輯と第二輯との關係は、前述の如く、正續の關係でなく、別別に讀まれてよいものであり、刊行の順を以て、第一輯といひ第二輯と稱するにすぎない。第二輯を讀まれた人人は更に第一輯を讀まれむことをすすめる。

佐佐木先生と共に、隔週月曜に陸軍病院に短歌を講じて、滿一年になる今日、校正

の朱筆を置いて一文を草した次第である。幸にこの第二輯も、一輯の如く廣く讀まれ、白衣の勇士の忠誠にふれられむことを、さらにこの集の作者ならびに傷痍軍人諸氏の快癒再生の日の早からむことを祈つてやまない。

昭和十四年九月

立正大學講師　伊藤嘉夫

凡例

一、本書は、嚮に出版せる「傷痍軍人聖戰歌集」と同じく本事變に應召出征し傷痍をうけられし陸海軍將士の聖戰に關する短歌を選輯した。

第一輯の例により、衞生兵、看護婦諸氏の歌をも收めた。

一、本書は、出征途上、現地前線、現地海上、現地空戰、野戰病院、還送療養、再起更生の七篇に分ち、最後に作者略歷を附した。

一、現地海上篇は、主として海軍の將士の作である。爲めに、陸戰隊等、個々としては陸上の歌もある。

一、野戰病院篇には、病院船に於ける歌をふくめた。

傷痍軍人聖戰歌集 第二輯

目次

杉浦德藏　杉本信男　高瀨辰夫　高山俊平　田中保　土肥清三郎　中島滕夫　長房守澄　新歩一小衞門　根岸子之吉　原直陳　福村禪教　前田金房　松島萬造　宮田敬一郎　森國初藏

杉原治平　角新藏　高橋作一　竹中俊夫　辻井禎兒　富山淸治　長瀨一秀　中村兵藏　西淳夫　橋本康以　原崎金一　淵上一彥　松浦正典　松本小四郎　村井淸三　森田次男

杉本榮之進　園部才治　高橋長助　多田進　土屋貫一　中川嘉一　永瀨武三郎　南雲耕一　西直　長谷川悌三　春本彥六　吉田一正　松尾榮郞　三田村新一　村松新三郎　森田則重

杉本太朗　高井正二　高橋喜由　立花吉雄　土山竹次　中島市郎　中津都馬　新林富士朗　西川守　林大　廣瀨茂雄　古谷淺吉　松尾五一　道井時雄　森重敏　矢島嘉門

山口覺　山本保　吉原金平　渡邊實

山田榮喜知　山本信夫　和田幸七　渡部法順

山田充穗　吉田鑒次郎　渡邊正四郎

山本一雄　吉田實　渡邊文作

現地海上篇

青柳今朝雄　齋藤豐平　津島欣一　野口厚己　降旗助敏　吉田喜作

市川哲夫　笹本袈雄　中村茂夫　野村斌　望月光　萬良全

大野弘　笹木憲太郎　中村春一　蓮見利平　山口義治

上村正二　佐野明　野地太郎　半澤高利　山先義雄

現地空戰篇

伊藤立夫　降旗助敏

大野政治

高取長之助

地木幸夫

野戰病院篇

池内勇　小橋傳一　杉本榮之進　根岸子之吉　廣瀨茂雄　吉田實　後藤富美代　野村淚子

上田豐二　宍戸晴美　田中保　橋本康以　古谷淺吉　飯塚すゞ子　杉山りつ子　橋本春

梅津佐助　柴田末光　長瀨一秀　服部末吉　松本小四郎　内海あや子　竹内あき子　早川八重子

小手川正平　杉原治平　西園福長　林大　吉田喜作　大嶽康子　新田笹世

還送療養篇

青木治男　石原丁已　宇山省三　乙馬仁

青柳今朝雄　石山三次　小笠原好雄　笠原政雄

池内勇　宍戸一夫　小澤開一　加藤淸

池上恒　梅澤千丸　小澤寬一　加藤平太郎

門屋逸郎　小島貞雄　齋藤豐平　種物谷利一　杉本榮之進　高取長之助　田中保　長瀨一秀　中村春一　西川守　長谷川悌三　廣瀨高市　古市明　松本小四郎　森田次男　山本保

金居大介　小手川正平　宍戸晴美　白石淚男　杉本三郎　高橋喜由　地木幸夫　長房守澄　中村兵藏　根岸子之吉　日野髟雄　藤井彰　前田金房　宮岡貞三郎　森脇悟　山本信夫

唐澤千學　小橋傳一　柴田末光　白鳥德治　瀨尾利兵衞　高橋良吉　土肥清三郎　中村季　新歩一小衞門　野地太郎　姬野顯　枡田宇三郎　藤井多嘉市　宮田敬一郎　山口義治　横山久雄

古賀金吾　小山千里　島圓治　杉原治平　高瀨辰夫　竹内俊夫　中畝萬三　中村茂夫　西川辰男　橋口時吉　廣瀨茂雄　降旗助敏　松尾五一　森重敏　山田充穗　吉澤仁介

出征途上篇

淺利長一郎

見送はせずと言ひましし父上は發車間際に駈けつけ來ましつ

池内　勇

海中《わたなか》の大きうねりの寄する朝對空監視哨を甲板に出だせり

上田豐二

大君の命《みこと》かしこみまつろはぬ冠《あた》を討つべく出でたつ我は

涙して勵まし給ふ母の手のひびあかぎれをいたましみ見る

遠藤　清

汽車輸送今は手ぬるしと我が隊に急據航空輸送の命下りたり

はろばろと裸山續く北支那を今し飛びいそぐ機上にわれら

鐵道線路直下にしわが機は飛行すなり爆撃のあとのまざまざと見ゆ

小沼源太郎

玄海の逆卷く怒濤も何かあらむ堂堂と支那に吾が船は入る

岡田平八郎

吾が令狀拜受の大き喜びを老母は告げます父の御靈に（召集令狀）

門屋逸郎

一夜さをいも寢ず遺書を記したりいま安らかに眼とぢみる

北陸の小田に稻刈る農人らは稻束ふりて歡送すなり

沿線の家家は御旗かかげおきてひたすらに業にいそしむらしも

色あせし我衣を着けし老少尉の言あげもせず擧手をたまへり

3　4

國民の熱き情と信頼の言葉に泣きて昂ぶれり我が魂

荒縄に靴を縛りてタラップをのぼりぬ支那にい征く御用船《みふね》に

ふたたびは見じとし思ふわが祖國の山河《さんが》はしたし見あかざるなり

萬歳と御旗の渦をあとにして八十船は海をひたに押しゆく

秋に入り心さやけく出で征く認識票の肌につめたさ

半島の村のわらべはひた走る軍用貨車に草を投入るる

小島貞雄

生きてまた越ゆとおもはねば玄海の怒濤もものかは銃据ゑて立つ（對空監視）

小橋傳一

歡聲のどよめく中に吾が母は涙一滴ながし給はず

汽車に醉ふわが母なれど出帆の宵をはるばるここまで來まし

5

酒井辰雄

滑らじと蹄《ひづめ》ふみしめ夜の鋪装路《みち》を汗に濡れゆく吾が馬愛しも（軍馬輸送係）

貨車中に繋ぎ終りし吾が軍馬鼻太らせつつ瞬《まただ》き居るも

水嚢にま深く面を押入れつつ軍馬の飲み居る水はうまきか

更けし夜を征《い》く汽車なれば丘の上に人ら集《つど》ひてかがり火を擧ぐ

起重機に輕く吊られて秋空に軍馬はあはれあがきてゐるも

ウインチの響かしましく船底に吊られつつ火砲《ほづつ》降ろされにけり

大君の萬歳となへ夕日染む甲板《ざつき》に集《つど》ひ乾杯しけり

船底のむるる暑さに馴染みしか軍馬は汗あえて草喰み居るも

6

動搖激しされど人馬共に意氣昂れりと前ゆく船ゆ無電來れり

遮蔽せる燈火のもとに準備終へ砲聲聞きつつ朝餐食《は》み居り（下船準備）

佐々木忠夫

夕刊輸送し運轉臺を降りたてば召集令狀の吾をば待ちゐし

佐野明

嫗らは涙流しつつ御苦勞はん御苦勞はんと窓に茶を出す（京都驛通過）

重本英夫

生を受けし故郷の山は陽に映えて吾が征く後に高高とそびゆ

兵隊さん賴みますじやと飼ひ主は馬札渡しつつ別れ惜しめり

沸き返る歡呼の聲も馴れ馴れて軍馬靜かに秣喰みゐる

7

エンジンの水切る音を間近く聞き吾ら徹夜して厩勤務す

大陸は間近なるらし色色の木屑波間に漂ふが見ゆ

宍戸晴美

聖戰に召されし今日の嬉しさよ古き軍服とり出だし着る

豐かなる秋のみのりのふるさとを見つつ召されて吾は出で征《ゆ》く

柴田末光

かへらじと思ふ心の堅ければなほ惜しまるる遠き山山

かへり來てまた見なむ日のありやなしやじつと見まもる村の山山

杉原治平

今日が最後面會人は多けれど死して歸れと云ふは母一人（出動前の面會にて）

8

武装して熱田の神に祈りつつ大御いくさにいで立つ吾ら

避難民をのせし上海丸とすりかはりて

日本へかへる彼等なり船の上より萬歳を聲かぎりに叫びつつ行けり

しつかり頼むぞ頼むぞと聲をかぎりに聲聲にさけぶ船の上の人は

小夜更けし暗の夜空にくれなゐの火炎《ほのほ》うつるを見つつ我らゆく

鈴木浩

召されたるよろこびおさへ亡き父に亡き姉に告ぐみなしご吾は

大き重き任務身に受けおほけなくどよみの中の應召列車に立つ

須山寛司

中風の父は車に身を委ね田舎の驛に我を送りたまふ

我が町の驛ぞと窓を眺むれど軍用列車の通過の早さ

田中、保

9

大君の御楯と立たむ今日のために我はきたへつ此の身この魂

月冴ゆる今宵デツキに更かしつつ故郷おもふ父母を友を

地木幸夫

病床の妻は逝きたり應召に心おきなく我は發つなり

令狀は來りぬ今はなき妻に逢ふ日も近しと誓ふ吾はも

辻井禎兒

我《われ》いくさに出づると云ふにほかほかと朝《あした》の神酒《みき》のきて來にけり

中村春一

10

父上のたよりに哭かゆ出動前の志氣挫かじと喪を祕めたまひし（應召待機中母逝く）

橋本康以

行先を祕めたる船のおびただしく島かげにはてて編成を終へぬ

この一夜いねてばわが身この國にあらじと思ひしその夜もあけぬ

林大

わが船は對馬の沖をすぐるなり浪はたゆたへど吾が心は否

いく日經ば踏むべき土のあるものぞ海鳥ひとついまだも飛べる

その面に驚もなく母はなほ我をひたすらはげまし給ふ

福村禪教

令狀は畑にとどきたり嬉しさに鍬振り捨て令狀握れり

古谷淺吉

11

わが船の方向のまた氣になりてデツキに出でて北斗もとめぬ

さやかにも船尾に北斗見きはめて目的の地の話はずみぬ

森重敏

檣燈も舷燈も消ししまくろき船くろき大海を行くを思へり

兵器彈藥すべて積込めり我が艦は勇躍むかふたたかひの海に

山口義治

ひそやかにひそやかに艦は浪切りて月の軍港を出でむとすなり

艦船の戰友《とも》は手を振り帽を振り港出でゆく我等見送る

12

山田榮喜知

頬の汗拭ひもあへず馳せ寄りてしかもえ云はず父佇ちたまふ（出征列車）

いざ征かむ機銃も馬も積み終へたり港の雨は拭ひ上れり（〇〇港出帆）

山本一雄

見をさめと思ふ心に見かへれば懐かしきかな故郷の山川

吉澤仁介

首途祝ふこの夜の暑さ戸を繰りてさ庭に咲ける秋草を見つ

燈取蟲の燈の笠をうつさゝめきに寄せ書の筆いく度か措くも

培へる山草の鉢二百まり殘しあれども心のこらず

山草の水なきらしそと妻子らへ言葉殘しつ明日い征く身の

13

吉田喜作

戰にい行く御楯の數に入りて心はたぎる歡呼の嵐に

吉田實

鄕軍の庭にたてゆく出征旗に生還せじとひそかに誓ふ

旗の波波の前を進む汽車の窓に何日《いつ》迄も殘る母の笑顔の

竹內あき子

月すみて波たけり立つ玄海のただ中を我が船はゆくなり

島もなく漁船も見えず黄海は雲たれこめてたそがれんとす

出發の前夜赤十字病院養心寮にて

早川八重子

今日今日と心もえつつ出動令待ち久しかりき今日のこの日を

14

ガラス戸の霧にくもるに幾たびも書きては消ちぬ出征とふ文字

ものごとに赤き十字の章附し我ら出發の用意は成りぬ

あすよりはゐさかひがたきゆゑふくめ籠の小鳥を空に放てり

飯盒に米とぎ入れて炊きてみぬ我が出動は明日に迫れる

雜踏の中にのび上りのび上り旗振りおはす我が祖母の見ゆ

船のゆれややに烈しと思ひつつ我が豫防接種の番を待ち居り

應召前後

橋本春

女われも召されしからにわが家の門べの旗は四本となれり

戰線に溯江部隊に留守隊に病院勤務に四人の同胞

上海おちてゆとりあるらし弟の手紙に啄木の歌かきてあり

杭州灣にて兄戰傷す

生還は期せずと征きし兄上の杭州灣に傷つき給へり

再會あるを思はざりし兄上の白衣となりて歸り來ませる

15

16

現地前線篇

青木治男

數線の敵陣地より射つ彈にクリーク楯となして進めり　(寺頭鎭)

萬歳の一語を殘し息たえぬ旗覆ひおきて敵に突込む

廢屋に入り焚火をすれば燒けし佛像顏てらてらと光りいますも

焚火のほのかなる光にペンとりて紙片に明日の覺悟を記す

秋山淳

心しつつ夜寒の軒に焚火すれど何處よりか彈丸のしげくとびくる　(露營)

殘月は凄く光れり銃劍をひくくさげつつ敵にせまりぬ　(光線鎭の夜襲)

楊柳の風におもねりの笑みたたへ雞卵賣《チータンマイ》と呼びゆく子供等　(四月)

砲彈の炸裂はげし心しめてつごもりの夜を銃とる我は　(除夜)

19

朝日奈義一

急追擊に息つく間なく過ぎ來しか長江を渡りつつ思ひぞ多き　(揚子江を渡りて北上)

朝晴の對岸にちらつく敵兵は陣地再建にきほひゐるらし

對岸に何打つ敵の槌音ぞ夜更け聞きつつわれら緊りをり

湯浴みするも久しと思ふ枝にかけし千人針は垢づきにけり

吾ら近しと知らず話す敵の聲きこゆ熟れ麥の畑をこごみつつゆけば

續く戰友《とも》のいま土堤越え來むとするを制しはげしき彈の下に腹這ふ

斃れたる戰友の靴脫がせつつ汗いまだ乾ぬ足をかなしめり

壕のなかに膝うむるほどの穴を掘り湧く水待ちつつたたかひてをる(上海附近の戰鬪)

敵彈の高低を伏して定めをり目前の橋を一氣に渡らむとす

麥畑を這ひゆけば墓地あり碑のかげに急ぎ銃彈つめかふるなり

墓地のかげに伏したりしかどわが邊《あたり》あやまたずして敵はうつなり

砲彈の屋根の上越ゆる音ききつつ帶劍をかたく締めなほしたり

運强きわれらなりけりと死地脫《ぬ》けて闇夜の畑に手を握り合ふ

暮れゆきて高度に來たる敵機あり炊爨の火を消し銃のそなへす

20

淺利長一郎

巡察に行きて歸れば朝の煙はそぼそと立てり部落の家々

また一發信號彈聞ゆ我が隊は今敵陣へ突入せむとす

21

足立政信

すて身で向ふ任務の前に何かあらむすて身こそ我のただ恃むもの

有木辰治

塹壕に兄たづね來ぬ嬉しさに握りあふ手のごつごつかたしも

鑵詰のあきかんの底に穴うがち大根おろしす夕べの壕に

小休止背嚢ごとあふむけになりをれば體のぬくみに雪ややに解《と》く

飯田定雄

高粱の假寢にききし驢馬の聲またも夢みつ肌ひゆる朝を

甘藷掘る泥手に汗拭くわが顔をわらひし戰友今はたいかに

池内勇

いかし御《み》堂砲彈いくつ貫けどさはりおはさず金色のみ像　（羅店鎭にて）

占領の日時《とき》を記せる白壁の文字に泣きたり廢墟羅店鎭

荒れし野の砲車の轍長長と幾すぢもとほり稲穂枯れたり

彈丸の音もとどろと響く野を心くばりつつ戰場掃除す

誤れるいくさとも知らに本國《くに》のため倒れし敵とおもふにいたまし

督戰隊の傳單あまた散らばれる棉畑廣し馬橋戰線

色褪せし傳單土にまみれつつ敵屍に寒し秋の野の風

何を擔ふ童ぞ媼と昏《くれ》はやき野路を日の丸しきり振りゆく

身を挺し突きて入りけむ鐵條網の前に背嚢あまた捨てあり

馬橋なる陣地は堅し鐵條網の切り開かれたる跡に立つ我

突撃にとまどひつらむ靴のあと入亂れをり鐵條網の畑

砲彈《たま》の音ただに鳴りゆく秋の野の仰げば高き空の眞青さ

22

23

休養の幾日はたのし濯ぐ手をやめてはるかに空爆を見る

戰鬪《たたかひ》をしましはなれつ砲彈の響を壕にひそまり聞くも

軍犬を山羊にけしかくる兵等あり戰鬪に心すさみたるらし

敵彈《たま》避けて辿りつきたる渡河點の水《み》づく渡舟に敵屍伏しをり　（出動）

彈丸避けて機を待つ畑の畦のべの鐵條網に蜻蛉むれゐつ

空爆の歸途をわが機の低うきて手巾振れるに我等聲上ぐ

疲れては伏床の慾もなかりけり壁に竝み倚り銃抱きて寢る

老兵と少年と伍して戰へり前面の敵は雜軍ならむ

彈《た》丸《ま》に慣れて鳴きゐる蟲の吾が行けば俄にやみて夜露つめたし

わが左翼俄に射撃開始しぬ明日總攻撃の牽制かと見つ

物の怪《け》に吸はるる如く木の間にし動くもの見つ雙眼鏡に

深谷に墜ちなむ如きわがいのち心はげましはげまし保つ　（負傷前後）

石毛寅二

息せきて冷たき岩を戰友と攀づる散山觀測所は曉近し

台兒荘の白き城壁に炸裂する重砲彈の小氣味よき煙

彈丸をこむる十五糎の砲腔より圓く敵機の飛ぶがほの見ゆ

きさらぎの南辛荘は風なきに寒さしくしく骨にしみ入る

黄昏の銅山站は砂煙り爆破されし機關車《くるま》の倒れ居て凄し

馬と乘る軍用貨車にあふられてアカシヤ竝木青葉波立つ

24

25

石塚茂助

病む戰友に石温めて抱かすればやがて眠りぬ安らけき顔に

まだ生きて居たかとへうきんに云ふ戰友《とも》の堅くにぎる手に涙おとしつ

天も裂け大地も震ふあかつきを吾は地襞《ひだ》に傷者みとりぬ

かげ膳に添へたりといふゆづり葉を守り袋に入れてすすみぬ

威勢よき國共打倒の大文字の上にかがやく日の大み旗

頑強に敵のよりたるトーチカを脚胖巻きつつ記者の見て居り

山峡は道せまくして自動車の登り澁れり吾等手傳ふ

此あたりにて戰友は再び起たざりき心おされつつ暫し歩まず

皇國《みくに》の旗翻る村の山すそは土民しきりに鍬ふるひ居り

建《た》ててやる何ものも無し此あたり生木削りて亡き友の名書く

いしぶみを建つるにものなし土の上に土もり上げて戰友の墓まうく

26

石山三次

彈雨くぐり斥候いでつげり既にして激戰のけはひ高まりにけり

彈丸音は次第にとぎれ來たりけり敵の後尾のくづれそめしならむ

敵彈に斃れし戰友は血にあえつつ陛下の萬歳を唱へやまずも

餘寒の月やどすクリークに歩哨の影冴々とうつり夜は更けにたり

猪田宇之輔

草に伏し見上ぐる空の色深し戰車の響野を傳ひ來る

一つづつ取つて廻せとドロップの鑵まはりくる暗の塹壕に

27

市原猶治

こぼれたる馬糧欲しさに駈けよりて叱れどもなほ去らぬ小孩よ

夕ぐれを馬に鞭うつぬかるみに彈藥車よけて本隊を追ふ

乾麵麭をかじりつつ夜通し行軍せり敵陣新章子は二粁に迫れる

伊戸一夫

月冴ゆる夜の戰線にひそみつつ言葉もなくて兵等飯食ふ

大いなる竹藪なれど一本も立てるを見ざり彈丸《たま》に折れふし

雨はげしく彈丸しげき藪の壕に傳令と明して夜は長かりき

朝光《かげ》に日のおほみ旗ひるがへし霜の廣野を戰車進めり

道ゆけばわが戰友《とも》の手に墨あらたに支那兵無名勇士の墓と

外つ國に正月祝ふかちいくさ南天いくるつはものもあり（警備）

28

歎異鈔いくさの庭に戀ひしかり六字のまことたのもしければ

としの瀬をいくさの庭におくりつつ戀ほしみおもふ百八の鐘

支那の兒のうたふを聞けばうれしかり「白地に赤く日の丸そめて」（徐州）

いくすぢも光はなちていかづちは鳴りとどろけり雨ふる壕に

上田豊二

風荒れて空も地もなき黃塵の中蒙古の原を我が討匪行

ふるさとを夢見しならむ我戰友は母と呼びつつねがへりをせし

上田義雄

曉《あかとき》の彈丸《たま》は止みたり朝霧の深深とかすみ雨降りきたる

29

梅津佐助

鶏捕ふる術はかくかくと得意げに語れる戰友の髯たくましき（觀城）

夜襲戰白兵のあとの靜もりに谷間にうめく敵兵のあはれ（山嶽戰）

故郷の人人の名書きし日章旗今臨汾城にまさに吾たてつ

雨しとど寒さにふるふ壕の夜中傷ける我に戰友外套を脱ぐ

暗き夜を手さぐり寄りきて我傷に繃帶しくれし戰友今は亡し

四周の敵にらみつつただ口惜しかり動けぬながらなほ戰はんとす（戰鬪三日目）

よもすがら假繃帶所の木の下にうめける戰友の痛みいやす術なきか

銃杖に出で行く戰友に頼むぞと歩けぬ我等ただに叫びぬ

30

宇山省三

戰友も負傷したるかかすかにも覺えある聲衛生兵を呼ぶ

行軍は麥畑にかかれり踏まれては踏まれては起きゆく麥をいためり

竹藪にビューンと飛び來し砲彈に戰友おどろきて敵襲と叫びし

壕に入り應急手當うけをれば小隊長は吾が銃とりて走りゆきぬ

應急の止血《しけつ》のまま一人壕に臥し星空見てをり銃聲やまず

遠藤清

ひたに降る秋雨の中を長城に敵と對峙しつつ一夜明かしぬ（萬里長城の戰鬪）

支那兵の置き去りしパン拾ひ來て飢を凌ぎしも殘り無くなれり

山深く入りて食絶ゆ友軍機の食料落下しくるるに涙あふるる

31

冷え冷えと背筋をつたふ秋の雨銃劔にぎる手はふるへ居り

泥手のまま戰友の運び來し握り飯を舌つづみ打ちつつ涙こぼせり

足裏に血はにじめどもなほし吾ら進みに進み强行軍す

溪《たに》川に沿ひて進み行く吾が部隊を長城の峯に敵は待ち居るか

きりもみに木の葉返しに急降下に逃げまどふ敵の上にをどれり吾が機

戰功をほしいままにせる空軍をしばしながめつうらやむわれら

大岩を一つへだてし敵兵と手榴彈投合ひぬすさまじかりき（長城の峯攻撃の折）

眞先にかけ上る隊長の鐵帽の宙に飛ぶと見えて打伏したまふ

隊長のなきがら守る部下われら星凍る夜を泣きつつあかしぬ

あらはなる敵の屍の遺棄しあるを戰友みなと土覆ひやる

日は落ちて暫しまどろむ塹壕に夜襲命令は突如降れり（陽高城攻撃）

輕裝に城壁攀づべく仕度して息殺しつつひた進み行く

敵彈のしきりなる夜を壕に伏し拂曉を期す突撃おもへり

入城もめでたく成りしよき日今日ぞ吾等が部隊の軍旗祭の日なり

32

小笠原好雄

クリークの水草かきわけ明日のための飯をたくべく水くみにけり

小澤開市

鶏公山ゆ砲車ひきゆく山裾路陽炎ゆらぎて草木芽ばえぬ

天そそる廬山の峯にわがたちて祖國の方をはるかにのぞめり

斥候の任務果ししよろこびに胸あふれつつ飯《いひ》はみにけり

33

宣撫員童を寄せては日の丸をふりつつ教ふ愛國行進曲
建國の佳節にわたる日本酒に故郷を想ひつつ戰友とくみかはす
出動に戰友等勇めりいたづきにたち得ぬ吾はくやしく見送る
宣撫員泣ける童をなだめつつ菓子などあたへ頭なでをり
山頂に動くは敵かかそかにも眼定めて見守りにつつ
男の子が生れた生れたと吾が戰友は手紙片手に喜びをどれり
南口のけはしき山に入りにけり谷間に貨車の横たはる見ゆ
高粱も枯れて秋たけぬ蒙古空深深とすみてみる眼にいたし
蒙古風浴びつつ進み今日三日敵まだ見えず行手は遠し
鐵橋を護り通しつあさあけの光に戰友の顔皆輝けり

小沼源太郎

34

大休止畑打止《や》めし土民等は笑顔に支那茶すすめ廻りぬ
討匪行母がたまひし千人針巻き直し撫でみて心強しも
慰問品の包の古新聞は戰友ら集ひきてかたみにむさぼり讀みぬ
朔縣の城壁の破れ仰ぎみれば共産地獄と書かれてありけり
屯して今日いとまあり土つきし古き文またくりかへしよむ

大久保猶義

麥の上のかぎろひ白う眼にしみてゆくトラックは影の如しも
疲れ果てて着きし部落に支那酒求め痛める足に塗りてねむるも

大久保一完

35

集注彈が鐵板にはねる音高し輕戰車は今向《むき》をかへたり
彈道はまさに何邊《いづべ》と思ふ刹那敵彈われの四圍に集ひ來《く》
馬くさき列車の中のむしあつさ馬を守りつつ夜はながきかも
出でゆきて歸る命のあるなしをおもふものなし兵勢《きほ》ひたり
砲擊の小止みとなりし廣原に夕燒の空ひろがりにけり
追擊の部隊は長し穗麥畑踏みしだかれて道つきにたり
幾度か夜襲に逢へど傷一つ負はぬ命を不思議に思ふ
暇ありて日本租界の疊の上に坐りたる時古里おもひぬ
ここに激しき戰のありしと思へども水田ひらきて早苗植ゑられぬ
この夜半にまた襲ひ來む敵を思ひ藥盒の彈を充たして寢につく
咳すれば血も呼吸も吹く創口を手に抑へつつ擔がれて來ぬ

大島義夫

36

退路斷つ第一作戰報ぜられ惡路を進む楓涇鎭めざし
意氣揚がる鐵路遮斷の重任に怒濤の如し皇軍の進擊
迎ふる新春《はる》二歲《ふたとせ》となりぬ聖戰の大陸髯も人後に落ちず

大鹽佐藏

難行路あへぎつつ進み今日しもぞ彈雨下に立てり心きほふも
攻め取りし壕にかがんで一本の「かちどき」分ち喫《の》めばうれしも
硝煙の中をくぐりて我が荒鷲天がけりゆくとどろとどろと

大矢喜代司

37

かへり來る吾が友軍の荒鷲の母艦に着くに感慨無量なり

岡田平八郎

雷雨はげし迫擊砲彈またしげし突擊の命待つ塹壕の一時

はてしなく續く泥濘晝夜なく保定へ保定へと怒濤の進擊す

米はなくて粟飯甘藷の常食に意氣奮ひ起し日日を進擊す

岡安實

敵逐うて裏おもてより奥にいれば廊下の壞《くえ》に壕をみつけぬ (修武にて)

高粱をもしてあたるに背の寒し軍靴の泥の乾き來るなり

うちかはす彈のはげしきにこのところ高粱の畑は立てる莖なし

38

奥谷忠雄

星あかり戰友の傷《いたで》をさぐりつつまく繃帶に血しほねばるも

風吹けば煙のごとき砂ほこり顏は泥となり目のみ光れる

乙馬仁

爆竹とチータン賣のこゑしつつ廬山の嶺のあからみそめぬ (元朝の濟南城)

黃塵と戰ひつつも入り來し村春に逢ひけり桃の花咲ける (春の津浦線)

乾パンも盡きし七日の籠城に糧機待ちつつ空あふぎ疲る

今ここに絕ゆる我しらすよしもなく母は今朝しも霜路詣で給ふか (受傷)

片山權一

傷つきし愛馬捨てゆくと頸なでつつ最後のまぐさ與へやるなり

39

決死行かたみに遺言いひかはしひしと進みゆく眞闇の底を

牛よみて持ちゐし故鄕《くに》の母の手紙月の壕にしてすかし讀むなり

加藤平太郎

妻子なき我身に他の思ひなし明日の戰鬪ひたすらに思ふ

門屋逸郞

たたなはる山脈大行何がなしわれに抗して立つが如しも

如月の春未だあさみ大行の山を征くべく氣は澄みて昂し

いとも重き作戰行動ぞ兵ひとりの行方に關せず前進令下る

高嶺より彈丸のとび來《く》と見るうちに側衛は占めて旗を立てたり

五十粁は進みしならむ今宵寢るところも知らでただに闇行く

40

うつし身の今は痛まぬところなきも御名をとなへてかしこみ歩む

降るごとく彈丸《たま》は飛び來《く》も後方の高地にはいまだ敵殘りゐしか

征矢のごとく彈丸《だんがん》はうなり絕間なく走る足元の土にささりつぐ

弱冠にみたざる顏の敵兵は投げたる態《さま》にまろび死にをり

おのがじし道に殉ぜし敵なればをろがむ心に眼《まなこ》とぢけり

手榴彈我に投げつけ逃ぐるをば十步を出でず刺して斃しぬ

礫なしたばしる彈丸《だんがん》もものならず肅然とし隊は押しに押しゆく

突擊の準備了へたり闇の中に淡淡《たんたん》として思ふことなし

まろび伏せる敵屍はなべて骨痩せたり敵も辛苦に耐へて來ぬらし

日もすがら夜は夜もすがら敵討ちて生命をしまねど死なぬものかな

41

あかつき近し勿體なけれど荼毘の火に手をかざしては戰友《とも》をかたるも
なきものとかねて定めし命なれど西安に旗を立てて死にたし

龜山春司

柿の花道一ぱいに散りてゐし部落横切り猶し進みぬ
潰亂の跡明らけき粤漢の鐵路を遂に我ら乘つ奪《と》りぬ
銃砲聲はげしき中に無電のキーけたたましくも鳴りつづくなり

川久保定雄

戰利品のラツパかたみに吹きをれば何といふことぞみな涙ぐめり
立哨の影ながながと中秋の名月たかく輝きにけり
塹壕のほた火にかざす兩の手に髯の氷がとけてしづくす
突撃に翳す銃劍ふるさとのすすきが原を想ふ一瞬
城壁に掛けし綱はしごわれ先に一番乘きそひ昇りゆくなり

川田喜四郎

荷のゆるみ直すときの間も砲聲の間なくとどろく馬よ動くな
クリークの水美しき月の夜を馬のくつわを執りてひた行く
小休止家鴨追ひ廻す我が友の石田實のひげ面をあはれ

北森茂

進撃の砲車に注連の飾りして正月といふに猶し進撃す
大砲の音遠くして月淡き塹壕つめたく彈丸《たま》鳴りをきく
夜を徹し蘇州街道を追撃す馬蹄カツカツと石火をちらし

42

43

戰友の墓標のもとにをろがめば野菊立てあり野砲の藥莢に
初便り配り終りて手に殘る主なき封筒に涙おとしぬ

楠美英雄

久しぶりに好物の人參出しやれば馬はうれしげに嘶くものを（愛馬に謝す）
寸前の土にめりこむ敵彈にも數よまるべくゆとり持ちきぬ

栗田博

銃音の絶えて淋しき霜月夜藁かむりつつ雁の音をきく（戰線）
右ひだり戰友は斃れてうめけども機銃取る我が手はなすべからず
彈藥を機銃近くに運びし戰友《とも》装塡と呼べど無念や應《こたへ》なし
眺めやる空にするどき三日月は猛る心にくひ入るごとし
笑み交しいざと壕出づるに戰友は早や倒れたり其の壕に無念
みじめなる支那の子見ては如何にしても敗けてならぬと戰友と語る

桑原清藏

地圖ひろげ作戰練りいます隊長の懷中電燈も暗し天幕に蔽ひて
中天にかかりて高き寒月は塹壕の底の底までも冴ゆ
續けよとはげましゆけど膝沒する泥濘に隊はとぎれがちなり
ぬれしまま立哨する兵に感謝しつついつしか夢路たどりたり吾は

郷田豐

炎天下追撃は續く戰友らが汗埃まみれの顔黒く光れり

44

45

鄕田正矩

共に出し決死隊の戰友ことごとく亡《な》し今夕の點呼は我と馬のみ

機關銃援護頼むと刀ふりていでましし隊長たまゆらに亡《な》し

持てる書《ふみ》伏す隊長にわたすまで彈よあたるなと祈り這ひ行く（前線に命令持ち行く）

うなり來し敵砲彈に息止めて伏せど不發にて共にほほゑむ

クリークに敵彈裂けて魚死にぬその魚を今朝は燒きて食ふなり

打ち來《きた》る敵砲彈も遠ければ慰問袋の將棋はじまる（後方勤務）

古賀金吾

戰場に友にめぐり會へど語るひまなし漢口で漢口でと云ひて別れたり

46

小島貞雄

艦上機つぎつぎ翔《た》ちて行くところ天を焦すは金山の街か

黃泥の波にうつりてはるかなる陸燃ゆる見ゆ天燃ゆる見ゆ

胸をひたす杭州灣の泥潮に馬を曳きつつ上陸《あが》らむとする（上陸作業）

潮速き杭州灣の朝ぼらけ馬と泳ぎつつ一擧に上陸《あが》る

身ぶるひして高嘶《な》く馬よ敵の土踏めば勇むかつぎつぎに嘶《な》く

鐵兜つたふ氷雨の沁みとほり乘馬の我の長靴に滿つ

下りて曳けど乘馬も駄馬も泥濘に動かず氷雨いよいよ繁し

泥濘に倒れし馬の鞍かづき部隊につづく兵も泥まみれ

この泥濘どこ迄續く降りしきる氷雨に今日も暮れむとすなり

47

家の子によく似し男《を》の子もまじりゐて親しきかもよこの村の子等は

目にたちて馬も痩せたり鞍とりてやるひまもなき夜に日の追擊（南京攻擊）

水牛に鞍は乘せつつ傷つきしその馬曳きて部隊につづく

この道によこたはりたる敵屍みな草鞋をはけり哀れなるかな

疲れてはつまづく馬よ聲かけて手綱控ふる手さへ凍えつ

湖のほとりを行けば鶴立てりみいくさ遠く來つるものかな

駒とめて太湖のうへの空遠く啼きわたりゆく雁がねをきく

南京へあますは四里ぞ月明の流彈下をひたに押しせまるなり

倒れたる駄馬をはげまし起すさへ敵前なれば聲もかけられず

城壁を目前に見つつ一番乘りできぬ口惜しさ騎兵部隊我等は

砲音もしばし止絕えて夜となれり空には白き月いでにけり

砲音も今日は絕えたり城壁の日の丸仰ぎつつ甕風呂に入る

襤褸まとひ戰火をさくる女等も姑娘は姑娘爪染めて居る（北支定州にて）

雲にぬく夕陽の古塔仰ぎつつもだせる戰友《とも》よ何をおもふや

48

三百騎轡ならべて大黃河押し渡りたり滿月の夜を

砲彈に崩れ落ちたる琉離河の驛をかこみて柳青めり

雲雀籠玉の如くも抱きつつ逃げゆく翁《をぢ》よ夕陽の中を

これやこの孔子の末裔《すゑ》の家の庭夾竹桃の花盛りなり

砲彈に折れし柳の太幹に若芽しるくも伸びたちにけり

駒竝めて行けばほのかに月いでぬ高粱畑の青きたそがれ（驛縣にて）

49

妻一人山田に早苗とる頃ぞ新戰場に蛙なくなり
殘桑を賣りて夏肥買ひしとふ妻の便りをくりかへし讀む
無事と書きてペンは擱《お》きたりほの暗き蠟燭の灯にひびく砲聲
これやこの昨日の友か骨がめの底に白白片寄れる骨は
せぐくまり手もて掩ひつつ深く吸ふ煙草もこれが最後と思ふ　(德縣附近大討伐)
面さへま向けぬ亂射も彈藥手我は伏せられずひたかけにつつ
我命ここに死ぬべし彈箱を抱きてひたに棉畑を馳くる
倒れたる馬を顧るいとまなしそれを楯としひた打ち續く
ヂリヂリと包圍されゆく氣配感ず隊長彈藥《たま》はあと二十連
土壁の上に其の身乘りだし手榴彈投ぐる支那兵憎さも憎し

50

落着け落着けと呼び交せども彈いでず我が武運ここに盡きしか無念　(機關銃故障)
クリークに飛び込み逃ぐる支那兵の目に見ゆれど見ゆれど彈出《で》ぬ機關銃
掩ひやる何物もなしこもごもに野菊手折りて屍埋むる
今五分間抵抗さるれば我が彈のつきしと思ふに言《こと》にはいへず
蠟燭の炎に顏を寄せ合ひて今日もたもちし生命《いのち》をおもふ
我が子等も夕餉すらむか宵月の棗の下に飯かしぎをる
何氣なく振舞ひてあれどくはへたる煙草なかなか火はつかずけり　(後退入院と決定す)
大黃河の鐵橋守るつはもの等菜《な》など作れり河原の隅に　(病院列車)
戰の國のうちとも思はれず悠悠と運河を眞帆下りゆく

51

小手川正平

銃執りて我等きほへどのぼりゆく江岸ことも無くてつづきぬ
起伏なくかすむ岸べを辿りきてめづらしみ見つ小さき島山
あけがたの部落の端の林かげよく見れば敵の影動くなり　(石峯嶺)
蟻のごとよせくる敵にあびせかけてわが機關銃火を吐きつづく
あとよりあとより限なくつづく敵うつと吾が銃身の熱灼くごとし
傷つきし兵うめくこゑ耳にしつつましぐらに吾が輕機擊ちつぐ
戰友の射手倒されし怒りはげし銃も裂けよと擊ちまくるなり
吾が射擊恐れて寄らぬ敵の姿もとめゆきてはねらひ斃しぬ
腹這ひて彈の補充をいく度かくりかへす兵神業に似る

52

これまでと決めし折しも嬉しうれし援軍砲彈に敵どよめける
戰ひてをれば死《しに》するといふことのげにたはやすく思はれにけり
亡き戰友《と》も見守りをらむ敵彈下に壕掘りつづけ曉近まりぬ
生き抜くは死より辛しと戰の終りし壕に手を握り合ふ
生き伸びし嬉しさは戰友《とも》とおのづから手を握りしめ握りしめ合ふ
煙草欲りマッチ探すに兵ありて敵彈のもと火をすりくるる
散らばりてたふれし敵のやせこけし背《せな》に雨傘背負へるが見ゆ
いくつも〳〵持ちてたふれたる支那兵の手榴彈あまたよせ集めしむ
戰のとぎれし森に鳴きいづるカッポウのこゑよく透るなり
燒け殘る民家に灯《とも》る一つあかりたえず見守りて夜は更けにたり

53

山蔭に見出でし清水むさぼり飲む頭上をうなり彈過ぎにけり
人も馬も戰ひつかれ山蔭に太く息づき飯くらふなり
熱ひきてさわやかにさめし晝さがり遠雷とまがふ砲聲のあり
塹壕に降りしぶく雨いくにちの戰づかれ溶けゆくごとし
斬り込めば敵陣深し鐵條網鹿砦《ろくさい》のたぐひ堅く備へて
敵將が居にけむ後としのばるる女ものなどちらばりてをり
風を切る砲彈の音しげければ吾が擊つ機銃ひびくともなし
眼こらしボサの蔭よりうかがへど敵チエツコの位置認めがたし
呼ばれたるごとき心地に見返ればわが戰友は殪れふしゐつ
すがりよればうつろにひらく眼《まなこ》よりあふるるものの頰をつたへり

54

今宵襲擊と決《きま》りて仰ぐ闇空に黑くせまりて廬山はしづけし
逆襲に吹き鳴らし來る敵軍の喇叭の怪音またきこゆなり
創の痛み耐へがてに伏す枕べに深山桔梗の花のいろ深し　(負傷)
背負はれてくだる岨道ゆき昏れて戰友も吾も共に泣きたり
つまづきし戰友の背ゆ投げ出され四つ這ひのまま田の水を吞む
時やまずバラバラと來る流れ彈足かなはねばただ伏せにけり
木の梢《うれ》にふりて火となり散らばひつダムダム彈は高く飛びをり
ひた伏しつつ見上ぐる吾の眼に光り曳光彈は尾を曳きにけり
うつぶして動かぬ戰友《とも》を搖りたれば煙草吸ひゐて苦笑ひせり
背負はれて重しと思へ萬一と鐵帽かたくかむりしままなり

55

傷つきし吾に軍刀障れども命あるかぎり持ちてゆくべし
創の痛みもてあましつつ戰友の背《せな》に拳銃構へ進めり

小橋傳一

めくら射《う》ちに射《う》つ敵の銃火桑の葉のばさりと音立て目の前に落つ
荒天の一夜は明けぬ行軍は尙もつづけり泥濘の道を
名を告げて夜間斥候に吾等出づ空に榴彈散るが如しも
本隊と離れて五日今日もまた空しく暮るる陽をみつめをり
ダダダダツと機銃の音す一齊に桑畑に匍匐して吾等進めり
彈丸《たま》に搖る夏草に伏し身動かず地熱きびしく顏にほてり來《く》
霧雨の今朝は止みたり桑畑に總攻擊の準備しつつ待機す

56

敗敵追うて芋畑を我等前進す砂つきしままの芋嚙りつつ
夜を徹し進擊し來れば曉の靜けき中に白き塔見ゆ
飯を焚く暇なければ炎天の畠に入りて生南瓜喰ひぬ
飯盒炊爨の火の手見せじと山蔭に風をよけつつひそかに焚きたり
敗敵を追ひ行く村の古き家の軒に葡萄のよく熟れてゐし
逆襲のきざし見えたり悲壯なる決意の下《もと》に銃を構へぬ
逆襲を三度受けたり隊長の眉間《みけん》にけはし決意のしるさ
掃蕩も明日に終ると聞ける宵死せる戰友《とも》あり哀れなるかな
炎天下に猛焔凄じく照り光り敵が據りたる家は燒け落ちつ
久々に支那米の配給ありたれば芋粥焚きて喜び合へり

57

乾パンに交りてありし金平糖の一つが有難くて涙こぼれぬ
今日も亦武運ありしを喜びて肌の守を確と握りぬ
激戰のつづけば思ふ事もなし笑ふ事さへ絶えて久しき
濁流をさかのぼり行く艦近く迫擊砲彈しきりにも落つ
連絡の任務を受けて駈け下る吾に機銃の掃射はげしも
砲彈は頭上かすめて頻り落つ死場所はここと思ふ氣が出ぬ
苦戰せる戰友《ども》思ひつつ彈藥箱を背負ひて登る山の險しさ
曉闇を衝いて岩山攀ぢ登る肩に食ひ入る彈藥の重たさ
父母に最後とならむか此の手紙心靜かに書き終りたり
あかるき月夜なりけり交代を終へ來て暫し蟲の音を聞く (海鹽警備)
海原に月はのぼりぬ故里を戀ふる心は吾一人なるか
燒き棄てし手紙の跡に尙もまだ故鄕の香らしく煙立つなり
砲彈に傾き立てる大寺の塔に眞白き鴉群れ飛べり
宣撫班の自動車止れば子供等の物乞はんとて集まり來る
救援の命令あるやアカシヤの花咲くを見つつ自動車に乘る (蕪湖へ)
頭上ぐる事も出來ねば彈丸しげき中に繃帶をわれ一人卷く (負傷)
この擔架幾百人を運びしか血汐ま黑く染め殘りたる

58

後藤水戸仁

細き月黃河のうへに傾けり遠き砲聲は濟南の空か
砲彈の四隣に落つるはげしさに極まりてむしろしづけし決意

59

近藤俊光

しぐれ路の戰野を愛馬に頰よせていたはり進む泥濘何日ぞ
城壁に夕日を浴びて佇みつつ我れ達者ぞと遠き母に申す
たどりつくここの村にも民あらず今宵の寒さ月さえに冴ゆ
背囊の母の寫眞と草に寢て最後の夜とならん蟲を聞きをり

齋藤勇三

部落より闇を通して犬の聲し威嚇射擊に敵應じ來ぬ
逆襲と言ふ間もあらで友は散りぬ銃射《う》ちながら我はをがみし
岩山に足の肉刺《まめ》潰れ血のにじみ又出來る肉刺《まめ》を踏みつぶし進む

60

酒井辰雄

碼頭廣場は地雷爆《は》ぜたる跡凄くその一すみに假墓見ゆも
美しき星の夜空を眺めつつ握飯《むすび》食《は》む間も流彈止まず
星空に機影見えねど爆音のほの聞え來て全消燈す
敵機おふ照空燈の鮮けく交叉《かは》す夜空に曳光彈《ひだま》飛び飛ぶ
爆音の遠去りゆけばひたすらに燈火《ともしび》かくし載下し急ぐも
殘りなく載下は終りぬ吾が腕の夜光時計は三時を示せり
朝光《かげ》の展《ひろ》ごりて來るこの原に移動準備を兵勵み居り
危げにこの橋搖るるも皇軍の架けしと念《おも》へば感激强し
見過し難く馬をとどめてはぎ取れり「來東洋鬼」の抗日ポスター

61

傾ける秋陽に己《おの》が影おひつつ兵ら引きつれ水尋ねゆく
あたり見る仔牛の眼愛《まなこかな》しけれ夕餐の副食物《さい》と曳かれて來《こ》しを
轟轟とアカシア竝木震《ゆ》るがしつつ吾が隊をぬきて戰車すぎゆく
道の傍《べ》に爆破せられし自動車の青天白日章雨に濡れ居り
敗敵のひそむてふ森警戒しつつ軍馬倒さじと泥濘《ぬかるみ》をゆく
雨露未だ乾《ひ》ぬ豆畑に砲据ゑて「射て」の命待つひたに待つなり
豆畑に建てる二階家に砲隊鏡覗き居るらし人動き見ゆ　(觀測所)
命中彈念《ねが》ひ居るらむ兵らみな今撃つ砲尾睨みて動《ゆる》がず
ひたすらにこの日待ち居つ愛《め》でて來し火砲《ほづつ》も爆《は》ぜよと初彈發射す
瞬間《たまゆら》の衝激砲を躍らせつ飛ぶ重砲彈は天地《あめつち》を震《ゆす》る
一彈毎に敵潰《つひ》えよと念《ねが》ひつつ生命《いのち》こめうつ砲兵われは
餘韻消えず硝煙ただよふ砲身に僞裝網の影濃く搖れて居り
彈丸《たま》爆《は》ぜし穴に殘れる雨水の透明《きよら》かなれば惜しみつつ汲む
仄暗き燈火かくしつつ照準儀檢《ただ》し居る間をしげき敵彈
逆襲かまた唸《な》り初むるチェックに兵ら憤りつつ砲備に慌し
身に懲《し》みて砲彈《たま》恐るらし砲うてば敵機銃座の瞬間《たまゆら》ひそまる
鹽氣なき枝豆うまし集ひ來て楯の彈痕語らひつつ食《を》す　(敵擊退の朝)
給水のトラック着けりま陽高き砲兵陣地に歡聲擧る
霽れてゆく雲の流は今迅し無電の塔のさやかに見え來《く》　(部隊移動)
砲口の視界さまたぐる河畔《クリーク》の茂樹伐《た》つ兵の斧光り見ゆ

62

63

目先ま暗く意識落ちゆく瞬間を戰友《とも》の腕《かひな》に抱かれつ吾は　(卒倒)
戰友《とも》の背にうち縋りゆく棉畑に迫擊砲彈は轟然と爆《は》ず　(戰線後退)

重本英夫

六十年振りの大雨なりとふ野も街も泥濘にうもれし太沽の港
いたづらに氣ははやれどもぬかるみの道果てしなく今日も暮れゆく　(天津へ惡路を進む)
四粁も進み得ずして今日も亦泥濘の野に暗迫るなり
泥濘に斃るる軍馬數知れずますらを吾等男泣する
難行軍の幾日堪へ堪へて入城する吾らが隊の馬の少き　(天津入城)
襲擊の後生生《なまなま》しき燒け跡に今吾れら立てり悲憤いやまさる
はりつめたる氣もゆるみしか邦人の吾等迎へつつ淚にむせぶ
鹿砦《ろくさい》の張りめぐらさるる城門に月を浴みつつ步哨に吾が立つ
幾日目に見る淸き水か水道の冷たき水に吾等狂喜す　(水道の水を飮む)
ほとばしる水道栓に口つけて飮みつつ吾等嬉し淚こぼる
驛構內の水瓶に血痕のおびただしきは傷つきし支那の兵の飮みしか
軍馬の耳に水入れまじと懸命に勵まし勵まし押し渡るなり　(濁流に軍馬を渡す)
靜海縣と大きく書ける城門は半ば碎けて道塞ぎをり
九月九日吾が氏神の祭なり遠くをろがみて流河鎭に肉迫す
この佳き日敵砲彈のとどろきも吾が氏神の太鼓の如し
初陣《うひぢん》にきほへる心極まりて吾が生も死も念頭になし　(流河鎭攻擊)
攻擊の命令降り初陣の吾等の氣魄怒濤の如し

64

65

激烈なる敵銃聲も馴れ馴れて花火の音とも今は思はず

傷つきし軍馬いたはる時の間も敵彈の唸り益〻はげし

轟然と爆彈炸烈し敵兵の中天高く舞ふ蟲けらの如く

占領せる敵塹壕に洋傘の散ばる見つつ吾れ等苦笑す

おびただしく散亂しゐる青龍刀宵月影につめたく光れり

爆擊に粉碎されし敵陣のトーチカの鐵骨あらはにし見ゆ

ぬばたまの夜空に唸りて亂れとぶ曳光彈は人魂の如し

ぬばたまの夜を進擊する吾が前に敵照明彈眞晝の如し（滄州城攻擊）

第三中隊に彈藥賴むと連絡兵は報告終へて打斃れけり

66

ゐざりつつ黍畑を拔け粟畑を拔け今し最後のクリークに肉迫す

時折に白く光るは支那兵の青龍刀なりきレンズにうつる見れば

曉の濃霧《ガス》深くして友軍の戰車の響音《きやうおん》たくましく過ぎゆく

抗日のポスターの上に親日のポスター張り行く支那人のあどけなさ

泥《どろ》まみれの顏ほころばせ今占領を報告すなり通信兵は（滄州戰）

歸り來れば吾が荷物はみな整理しあり戰死と我の傳はりしとふ（彈藥交付）

久〻に米の飯にしありつけば泪流しつつまほり食ふ吾等

鞍取りて背をさすりつつ恙なき今日の行軍を軍馬に謝しぬ

腹一ぱい何か喰べたし行軍に草喰む馬をうらやましと思ふ

豆の葉をまほりゐる馬うらやみて吾も嚙みて見ぬ腹減りたれば

鐵條網張りめぐされし城内に〇〇隊占領と大きく書きてあり（陵縣の友軍を急援す）

67

日燒けせる顏ほころばせ隊長は急援の吾等に禮を給へり

暗闇に炊ぎし飯に海苔《のり》の如クリークの青藻まつはりてあり

足の痛みも感ぜずなりて木の如しただに前進を續けゆくなり（濟寧へ）

馬繫場の片隅に咲ける紅梅は砲火の中に今盛りなる（嘉祥縣）

日溜《ひだまり》に高粱敷きて軍服の虱退治に餘念なし吾等

春立ちぬ軍馬の毛並つややかに中天の陽に照り映えて居り

グワンーと衝動を受けしたまゆらを吾が右肩は血を吹きてゐつ（徐州攻擊）

敵の聲近く迫りぬ倒れゐし吾れこれまでと劍拔きて構ふ

宍戸晴美

68

塹壕の土砂吹き飛ばし敵砲彈音すさまじく續けさまに來る

伏せて進む我が身邊に敵機銃彈しきりに落ちて泥はね返す

棉の實の彈丸《たま》に散り飛ぶ中にしてわれ敵陣をにらみてありぬ

戰場にひしひしと迫る夕やみを染めつつもえあがる敵の陣營

どこまでどこまで續くぬかるみぞ兵馬はただに泥にまみれ進む

地平線の彼方に小さく塔見えて晝の光のあまねし草原

爆擊にくづれ落ちたる城壁に夕日は赤く赤くさしたり

敵彈の集注うけつつ我が分隊いよいよきほひ機銃射《う》ちまくる

右腕のしびれしと思ひしまま倒れたり立たむとするに腕ぶらさがれり

戰線にも初春は來《き》ぬいづこよりか臼さがしきて餅つく音聞ゆ

篠崎純

69

70

島　圓　治

飛びこみし水の深さにとまどひて把《にぎ》れる銃を俄にさしあぐ
ぬかるみの道に迷ひてくねりたるクリーク傳ふ夜の進軍
ひとときの眠りとらむと疲れたる足をぞ伸ばす藁つめる小屋に
木蔭に伏し目標見れば敵はわれをねらひ撃つらし銃のかまへは
さかんなる火力發揮《あら》はし機關銃の猛りてやまぬ彈《たま》丸のはげしさ
手ぜまなる土民の家にごろ寢して明日の戰前のしばしをいこふ
待ちきれぬ戰機更けゆき闇の壕に抱く銃劍もいつか凍《し》みゐつ
遺棄屍體あはれ若くて十二三なりかり出されしにはかの兵か

71

清　水　一　男

中華門は今とざされてたけのびし夏草茂れり土嚢の上まで
戰火に逃げまどひし民とも思はれず中華門外の市場にぎはふ
つはものの血を吸へること夢のごとし紫金山ただに靜けかりけり
蓆敷き菓子を食べつつ月影に班長を圍み故郷語りぬ　(陣中月見)
照りわたる滿月をじつと見てあれば母の顏となりぬゐむ母の顏と
わが母もこの月眺めこの吾を案じたまふか思ひ千千なる
大陸の夜明の寒さ耐へにつつ立哨す銃劍の月に靑しも
ぬかるみに足をとられて崖下へ彈藥箱と共に二度も轉げつ
息はせまり肩は破れても後れてならじ彈藥箱負ふ我にしあれば

72

杉　浦　德　藏

命《めい》待ちつつ夜に入りにけり籔陰の壕に濡れつつともすれば眠る
死を賭してこよひ夜襲の山上を物かげにじつと我らにらめり
隊長の襷を追ひて闇かけゆけばチェッコ機銃は雨のごとはげし
遲れじと崖を溝を飛び越えとびこえて彈道が破る闇を我ら突擊す
川の水のこの美しさむさぼるごと吾ら岸べにむらがり下りぬ
飯盒の蓋にうけてはこぼしつつ水すくひ樂しめり砲聲を他《よそ》に
ひとしきり水きそひのみしが誰からとなく幾日ぶりなる顏あらひたり
砲聲の止みて安けく久久に野天の風呂に小唄うたふもあり
水に饑ゑて砲彈《たま》の落ちあとの水溜の水に米磨《と》ぎ飯盒炊爨す

73

杉　原　治　平

血しぶきあび無我の間なり敵陣にただ一筋に吾は突擊しぬ
占領して初めて見れば慘澹たり折重なりて敵の倒れをり
道に逢ふ隊長の擔架に捧げ銃せしめて直ちに我らすすみぬ　(斥候の途次村瀨少佐殿の御遺骸に會ふ)
佐久間佐久間分隊長だ解るかといだきしもつひに應《いらへ》なかりき
しつかりせよと握りしめたる佐久間の手次第にゆるみゆくに術《すべ》なかりけり
敵兵の日の丸振りてあざむけるひれつなる心にあきれにくみつ
へんぽんと空にひるがへる日章旗吾は仰ぎつつ涙ながしし　(上海市政府にて)
壕の上敵の彈丸亂れとび土片ふりくる吾等が頭上に　(周家宅)

妖しげなる信號彈を打ち上げて黑きかたまりの吾にせまれり　(連夜の夜襲)

壕前に折重なりて倒れをる敵の裝備見ればあなどりがたし

猛攻にあわてふためく敵が兵交通壕に手を揚げて立てり　(急襲して)

しまつたと思ひし時は既に早や血潮ふきつつ吾が身倒れつ　(負傷して)

ややしばしただ茫然とをりたるも我に返りて痛さおぼえつ

傷手おふ吾にかかれる責任をいかにはたさむ齒をくひしばる

(小隊にて下士官以上小生一名になりて)

74

傷口の三角巾《きん》を紅に染め流るるわが血とどめがたしも

生き殘れる兵はげましつつ傷手おふ吾が身動けず動けずくやし　(彈雨中にて)

如何にして起きたるかその時もしらず只一念に報告にありき

身につけし裝具はいつかなくなりて刀《たう》を杖にて吾は步き來し

氣はあせれど體《からだ》進まずいかにせむ吾はいつしか這ひて進みつ

吾がはふ音に誰かと呼びし聲ききつ嬉しさ餘り萬歲と號びし

かけよりてしつかりせよと吾起す步哨の肩にすがりて立ちし

よろめける吾をかばひつ步哨兵吾血にそまりつつ本部指しゆく

助けられたどりつきたる本部にて「殘念です」と隊長殿にいひつ

「しつかりせよ、よくやつたぞ」と吾手をば握りしめつつ水を下されし

手握られし隊長殿の顏見つめゐしに遂にくらくらと見えなくなつてしまひぬ

「よく來たものぞこんな傷にて步けしか」と軍醫が言葉吾が耳にきこゆ

75

杉本榮之進

炎天の山嶽戰のはげしさに軍馬つぎつぎに倒れてゆきぬ　(萬里長城總攻擊)

深霧にまぎれて奇襲成功せり晴れ行くみ空にみ旗あふぎぬ

手を取りて嬉し泣せり其のあまりもろかりし敵の陣地に立ちて

道惡くクリーク傳ひジャンクにて進みつつふと倭寇思ひつ

敵の兵も死もの狂ひの抵抗に銃砲聲の盛んになり來し　(南京城敵退路遮斷)

尖兵は敵陣占領したるらし砲聲少なにかがり火の見ゆ

仇《かたき》を討つてくれとの一言《ひとこと》に悲しや遂にこときれにけり

この腕《うで》できつと仇《かたき》は討つてやると負へる遺骨に言ひつつ進擊す

負ひ進む戰友《とも》の御靈に傳へつつおつる涙よ今日の勝鬨　(南京入城)

76

抗日の根城たりにし南京に今新年の酒くみかはす　(南京に新年を迎へて)

幼子のたどたどと書ける慰問文くり返しよみ涙す我は　(慰問袋及び文を受けて)

やうやくに治安恢復し步哨われにたはむるる子供笛など吹きて　(青島警備)

立哨のひまのつれづれにイロハなど敎へし子等とも別るるなり今日は

補充兵ぐるりと古兵を取りまきて手柄話に耳かたむけをり

やうやくに軍裝準備とゝのひて次の戰鬪に心はりきる

明日知らぬ我が身なれども健けき顏見せばやと寫眞うつしぬ　(寫眞を送るに添へて)

濁流は淮河にあふれ高きびの穗波分け行く我がジャンク船　(徐州戰に加はりて)

鞍傷に血膿流しつつなほ車《くるま》挽き行く軍馬の涙ぐましき

77

杉本太朗

泥芋を生《なま》ながら嚙り戰へどおとろへず我らが燃ゆる氣魄の

杉本信男

高粱の青葉繁りて音するに吾が古里の潮騒を懷ふ

甕風呂に入らむと焚き居る戰友の背越の丘は赫く暮れ行く

枯果てし高粱畑を突走る重機分解搬送の吾等必死の行動

匍匐して陣地選定の吾が頭上を跳彈《てうだん》の唸り物凄く聞ゆ

注毒せしと云ふこの畠を惜しみつつ腹立ちて西瓜蹴散らしにけり

軍馬は斃れしならむ駱駝連れて部隊の後に附き行くが見ゆ

78

角新藏

支那服に姿を更へて我こよひ敵陣深く探りつつ行く

目に見えぬ力を得つつ雨と降る矢彈の中をつきすすむ我ら

園部才治

初に見る穴居の住居めづらしや桃をさかせて翁《おきな》すみ居る

戰帽をあみだに冠り飼料《かいば》刈る戰友のどかに唄うたふなり

高井正二

地熱はげし午後一時の總攻擊の命を待ちつつ血は昂れり

傷つきてよろめく硝煙のただよふ中言無く戰友は肩を貸し來ぬ

擔架にて後送さるる身の腹立たし銃聲だんだん遠ざかりゆく

79

高瀬辰夫

ひたふる雨避くるすべなき塹壕に身を寄せ合ひ銃抱き我ら徹宵す　(雨の戰線)

宵闇に飛來する彈しばらくたえ吾脊つたふあめ冷冷しかも

今日も賴むぞと泥にまみれし鞍置きつつ瘦せしわが馬の頸たたくなり

吾が馬の鞍傷痛し其の肩に泣きて鞍置くも鞍傷の肩に

宵暗を來つる敵機が落としたる爆彈クリークに落ちてしぶき上ぐ　(支那空軍)

目前の憎きトーチカ打碎く空の戰友《とも》に我らがおくる萬歲　(我が空軍)

三日目にわたる握飯泥手のまま急ぎうけとりてほほばる吾も

軒下に飯盒並べ雨水を汲み取るが仕事今日も雨に暮るる

夜に入りて一しほ烈しき敵彈なり我の夜襲を恐るるならむ

擔架にて後送さるる無念さにこぶし握れば血潮わきいづ　(敵彈に倒れて)

80

高橋作一

地雷火の敷設されある上陸地月の明りにすかしつつ進む

敵前上陸に我等決死の白だすき掛け故國の空をふし拜むなり

井戸もあり大河もあれど一滴の我らがのむべき眞水はあらず

たんねんに打ちふせる屍一つ一つ探せども遂に戰友《とも》見あたらず

彈藥盒の重みは減りつ一發の彈は最後の爲に殘せる

彈藥の補充つかねば口惜しけど十字砲火下の壕に銃抱き待つ

彈藥つき敵の遺棄せる手榴彈拾ひ來て壕に敵を待つなり

わが命もとよりなしと覺悟するに如何にか故郷の夢をまた見し

81

配給の煙草も切れてまる三日枯草を巻き吸ひこころみぬ

高橋長助

待ちまちし攻撃前進の命降れり今日こそと思ふに胸ひきしまる

高橋喜由

友軍の苦力《クリー》となりてはたらける儞《ニー》をあはれみ羊羹分ちやる

はつと思ひたふれし眼に映りし突撃の戰友の姿あとは覺えず　（南京雨花台戰鬪）

高山俊平

82

驅逐艦に護衛せられつつ吾ら乘る御用船の行先知らねどもきほふ

激戰の終りし日暮にぎり飯を戰車が持ち來て我等に呉れたる

餓鬼の如泥手につまむにぎり飯もりもり食ひぬうましともうまし

渡河をへて皆んな無事かと唯一言《こと》部下をあんじつつ隊長逝きましぬ

陣營の宵空高き月のかげ詩を吟じ居れば涙ながれ來ぬ

塹壕にねむれぬままに仰ぐ空星かがやかに雁の列ゆけり

夜更けて歩哨に立てば敵陣に杭打つ音のしきりに聞ゆ

砲彈の砂煙をあびて泥だらけなり傷一つ無きを不思議と思へり

今日もまだ補充隊來ねばたのむぞと殘り少なき我等はげまさる

最後ぞと水盃を汲みかはし決死の吾等言葉なかりき

アンペラを持ちて歸りしほどもなく惜しや出發の命下りたり

激戰の跡しづかなり籔の中に蟲の鳴く聲澄みつつ聞ゆ

雨と來る彈丸の中走りつづけ無我夢中にし吾等突込めり

83

激戰は終りて暮るるクリークの水面かすめつつ燕とび去れり

敵彈の砂かむりつつ我が隊長聲高に言はる兵は無事かと

ばつたりと倒れし戰友氣丈にもそつと立ちしがまたどうと倒れぬ

並木道進む頭上にアカシヤの花美しく咲きにほひをり

竹中俊夫

水筒の水は切れたり進軍に助けの神か梨畠現る

塹壕に星をたよりにペン執りて心あてに書く戰友も吾も

多田進

乾麵麭《かんめんぽう》の袋にクリークの水こして呑む兵等は皆しぶき顔せり

立花吉雄

84

彈の雨血潮あびつつ濁流に見事架けたり永定河の橋を　（北支陣中）

泥濘に行きなづむ馬をいたはりて保定へ保定へといそぐ闇夜を

物凄き我の撃《う》ち出す砲聲に彈着よしの電波ひびきぬ

秋風の曠野に露營の夜も更けて歩哨の靴音コツコツとひびく

田中保

大陸に三日月淡く照り映えて蟲の音聞ゆ戰線の夜更

辻井禎兒

傷つきし痛手忘れつつ追撃の三日を吾はひたきほひ來し

夜となればエンヂン止めて櫓にかへつつ殘敵多き水路を上る

85

心なき雨は今宵もなほ止まず壕にして敵と對峙するなり
擊《う》ちつづけうちに擊《う》ちたる銃身の焼けしほてりの顔にあつしも
夕空は赤く暮れゆき星となりぬ殪れし戰友《とも》の上をし祈る

土屋貫一

殊勝にも戰ひいどみ來し敵なれど一擊にもろくも潰走しけり（敵襲）

土山竹次

暁闇の私語をたよりに忍び寄り肉彈奇襲に凱歌揚れり（掃蕩戰）
驟雨霽れて火網いよいよ熾なり胸に必勝の信念燃えくる

86

敵陣は手榴彈とどく間近なれど突擊待つ間を戰友ら眠りをり
前線は砲聲夜に入りてしげければ後方勤務の心落ちつかず

土肥清三郎

たむろして十七日を過したる天幕はづす夕さりにつつ

富山清治

彈藥看視に我等殘りて靜かなり遠くとどろく砲の音きく
前進の部隊を送りてしばらくは話すこともなく薩摩芋やく
豫備卒の我は戰友と鍋かつぎ駄馬の後に汗たれてゆく
背嚢に慰問袋を結びつけほこりたてつつ歩兵部隊ゆく
何時出せるあてもなけれど故郷に便りを書きて雜嚢にをさむ
「良民歸れ」の我が宣傳にボツボツと民は歸りて畑をうち居り

87

クリークの水に炊げる飯盒の飯の黄色さにも今は馴れたり（上海）

中川嘉一

突擊の掩護射擊はをさまりて吾先に進む破壞口に對ひて（南京攻略戰）
橋梁の障害物を除かむと躍り込む兵の面かがやけり
始めての慰問袋を受取りて子供のごとくはしやげり兵ら
敵は今退却すらし青色の照明彈長く空に尾をひけり（漢口攻略）

中島市郎

前線へ前線へとひたに進みゆく駒の背中に野菊のゆるる
天幕の中に棉の木敷きつめて今宵はいぬる砲兵吾等
砲彈の命中につぐ命中に聲のかぎりを萬歳さけぶ

88

年きけば九つと答ふる支那の子よ吾が子も同じ九つなるを

中島勝夫

命ありて夜半に乘りたる無蓋貨車汽笛は大陸の闇をつらぬく
敗殘の兵を逐ひつつ朝夕に藷を掘り食ひて深くすすめり

長瀬一秀

敵遠く去りたる夜半に焚火して語れば心ゆたけきに似たり
進退きはまりぬ伏せたるままに銃《つつ》とりて御紋章の土を指もて拭ふ
山の家今宵も雪は降りをらむ靜かにいませ老いの父母（故郷を偲びて）
ほのぼのと湯氣立つ雜煮かげ膳にするます母がまぼろしに見ゆ（追擊行軍中元旦を迎へて）

89

彈《たま》に足失せたるのみに戰へず武運つたなきを許させ給へ　（負傷）

永瀬武三郎

見渡せど濁水はてなきただ中を水をけたてて列車行くなり

雲もなく風もなかりき大空にもゆる太陽のただ一つ在りて

中津都馬

輜重車の車輪は雪に喰入りつつ馬あへぎ行く銃聲の中を

城壁によぢ登り萬歳さけびつつ涙ともに下る太原の城

90

長房守澄

身のまはり整理せよとふ隊長の決意くみつつまづ遺書を書く

夜襲には絶好の暴風雨《しけ》ぞ銃劍の機能を試す廢屋の土間に

我が任務の重き思へば再びは生きて歸らじ子らに書《ふみ》かく

行動開始に未だ時刻あり許されし假寢苦しも寢がへりにつつ

亂れくる彈丸を避けつつほの暗き江上を今し鐵舟下る

陣地占領の信號彈は放たれぬ曉の空に赤く爆じけつつ

つひにかも陣地は占領《と》りぬ機銃彈雨と注ぐ山に萬歳叫ぶ

泣きつつも後退しゆく傷うけし兵が後姿見つつ我も泣く

手榴彈の炸裂の中喚聲あげ白き襷はかけぬけてゆく

敵味方入り亂れたり合言葉たよりて闇をひたに突きまくる

敎はりし劍術の型もくそもなし敵斃し斃しつき進みたり

壕内の曉冷えやおのづから目ざめて苦し身うごきならず　（負傷）

91

友よべど答はあらず壕内は動かぬ兵ら重なりあへり

いささかを匍ひもて來しに根《こん》つきて青草の上に打ち倒れたり

飮まず食はず四日あまりを死守したる山なりと匍ひつつわが仰ぎ見る

氣をはりてひとり這ひゆく草の丘啼く蟲の音をうるさしと思ふ

中村兵蔵

煉瓦積みて掛けし飯盒ながめつつ故鄕の竈ふとなつかしむ

數分の後におこらむ修羅の風含みつつ黃河のこれの靜けさ

底知れぬ黃河の泥に雙足を奪《と》られとられては流氷に縋りぬ

師走二十三日の夜の黃河を喘ぎ涉り鐵條網超えて嬉しさに哭く

塹壕を跳ばむとせしも覺束な濡れし軍袴は凍て硬ばりぬ

默默と銃劍構へ殺到すれば敵は痲雀に耽りゐしところ

肉刺《まめ》だらけの足踏みしめてなほも行く飯盒はすでに三日使はず

精根を盡し果てつと思ひしより尙幾日の追擊行ぞ

92

アンペラを透す大地の底冷えに夜もすがら起きゐて身をゆすぶれり

いつはつる身とわかねども日頃欲りし法帖を求め得たるうれしさ

眞夜中の鐵路を行けばひたひたと地下足袋の音闇にひびかふ　（鐵道巡察）

地下足袋の音にもこころ配りつつ鐵路の闇をひたに進むも

城壁に上れば春は展けゐぬ麥と柳の綠親しも　（祁縣城）

春曉を欝然とわれら攻擊す逆光線に敵の逃げまどふ見ゆ　（大行山脈附近）

一足を運ぶにものの十秒を費すほどの山の嶮しさ

93

94

彈丸盡きたりと送るモールスはもどかしき三倍の敵と我は對峙す

モールスは後の山に屆きたり今暫くぞ守れこの山

南雲喜一

此處までは敵に知られずこしものを裝具の音に心いましむ　（斥候）

戰車ぬち展望孔《てんぼうこう》を賴みとし我は轉把《てんは》に友は輕機を

久久に味噌の手に入りし喜びに戰友よりあひ味噌汁つくる

新林富士朗

95

麥畑に腹這ひてあればこの心幼びる如し彈道高し

この飯は最後ならむかこの白きは最後ならむかと想ひつつ喰ふ

鉛筆は二寸位に短くなりぬ泥の吾面の前に翳し見る

淸らなる山に向ひて朝やけを口惜しがりつつ砲擊すなり

戰場に强き風吹かば捨てし鐵帽も笛の如くに鳴るかと思ふ

新歩一小衞門

屯する日記のはしにしるす歌南支の梅を詠みて足らへり

塹壕の月の明りに頬すりて生き殘りたる黑馬《くろ》をいたはる

生き死にの境を遠く越え來たる吾がたまゆらの奇《く》しく思ほゆ

西淳天

赤黑きクリークの中に懸命に步兵われら渡すと橋架けをり工兵は

人柱となりてわれ等をわたす工兵は彈雨下のクリークに首ばかり出せり

西直

96

霰如《な》す彈クリークに落ちつげり橋擔ぎて工兵らはげましあへり

賴むぞと號びて渡る橋の途中血潮流るる顏見つ拜みわたれり

鮮血に顏眞紅《まつか》にしつつ橋擔ぎゐし顏よ突擊の目にちらつくも

先發の戰友の屍踏みこえてただにましぐらに突擊し行く

鬨つくりて敵陣の中に突擊せり戰友の仇ぞ一人も逃《のが》すべからず

夜も日もなし精根のかぎり盡くしゆく强行軍に戰友《とも》ら目のみ光れる

西川守

97

頂は九月と云ふに雪つみて谷にこだます機銃のひびき　（闇山、杉本中佐戰死）

今の今まで敵が居たりし頂の小屋をこはして部隊長を燒く

夕近み彈をさまりし崖下に一日の飯を炊き終へにけり　（沂口鎭）

彈の中を連絡に來し幼な友のまた會はむとは言はず去りにき

特務兵の夜をひそかに運びくる日に二つづつの此の握りめし

糧食背負ひ運ぶ途にして特務兵の今日また一人斃れしと云ふ

一しきりの銃聲止みてあかつきの峯より峯を勝鬨おこる

云ひ交す言葉もなくて相抱きて勝鬨の間を泣きて居たりき

こだまして耳に殘れる勝鬨に交れる如し亡き友の聲

捧げ持つ銃もふるへて君が代のラッパひびく時朝日昇りぬ

水淸く桃の花咲くこの里に敵居しならむ塹壕を見つ　（行軍中）

根岸子之吉

ふたすぢの鐵路に月の光きよしこの鐵橋を警備すれは　（鐵路警備）

敵襲の徴候ありとの電話あり手榴彈二個もちて步哨交替す

時刻正しく支那路警日本語もて異狀なしと報告すなり土嚢の前に

ぬかづけの大根背負袋に四日過しぬ今朝は二寸ばかりか殘りを食はむ

三升二合の麥飯一本のかつをぶしこの戰に食ひつくし背はかるがるし

追擊の小休止に粉味噌と牛罐一個水かけて食ひたり四合の飯に

岩山に夜戰つづきぬ今宵また給水班の登りくるかありがたし

橋本康以

四五冊の本も船夫にわかちやりて敵前上陸の準備は成れり　（杭州灣）

身のまはりかたづけ終へぬ敵前上陸に間ある船艙にありて語りぬ

いくたりの傷兵竝び橫たはる砂山のかげは雨にたそがれぬ

ぬかるみを行き惱み來て我部隊夜雨の鹽田に疲れ極りぬ

金山の火焔は闇を焦すなりわれら默默と海岸を移動す

古刹海天寺に深夜假繃帶所開設、左肩胛貫通銃創

假繃帶所に連絡つかず重傷者のうめき苦しむ聞きつつすべな

クリークに渡せし板をつぎつぎに傷者は辿る雨の深夜を

傷つきし戰友《とも》いだきゐる吾が肩をはたと敵彈貫きゆきぬ

カンテラの燈かげにぬぎし軍衣より潮によごれて日章旗出できぬ

次次に運ばれ來たる擔架にはわれより重き傷者のみなる

負傷せる友を勵まし假繃帶はどこすひまも彈しきりとぶ

長谷川悌三

98

99

彈止みて廣野に夕べせまりたり星の光のかくも美しき

林大

朝日子の光背におひてみいくさはいま大陸に第一步踏む

支那村のめぐりの沼の白鳥のかかる白さもあるかと思ふ　（西苑）

天つ日の下に思ふことあるべからず麥の芽しきて操典をよむ

步哨線を橫ぎるは誰そ白きもの速きもの耳の長きもの、兎　（保定）

忍び忍び人寄る如き音たてて雀の子居る朝の步哨線

共共に語り待てりしみんなみの徐州はおちつ汝《な》が靈は聞くや　（遺骨護送）

汝が骨を國におくりて汝が母にいかに申さむ豫《か》ねて苦しも

遠山の巍峨たるを見よやかの下に汝《なれ》はいさをたてしにあらずや

この中に誰か缺けむと語らひて笑ひしことよ今ぞゆゆしき　（共に寫し寫眞あり）

たましひは高くまひ上りふるさとを海はろばろに望むなるべし

鐵條網を破りて匪賊來るものか白き腕章の月にあらはに　（駐屯）

勿體なく今日を生きゐて鐵條網にとまる蜻蛉をじつと見つむる

重迫重砲榴彈いくらでも飛んで來い死にて止むべき我にはあらず

夕星のあかしあ道を宵ゆけばいくさに死なむ身とし思はず　（公用にて北京にゆく）

南京假駐

本宅主人敬白と移轉告知の白板も泥にまみれつつ壞れたる家

何か燃えさうなものを探しに廢屋に入り來れば夾竹桃の花

爽氣西來たかどのに古き文字はあれどわれ東《ひむがし》のをのことこそ思へ　（漢中門）

100

101

昭和十二年十二月十二日一番乘第〇師團〇〇部隊の文字もきほへる

雁むらは今わたるらし爆撃機の爆音が中にこゑのあざやけく

武漢攻略戰

いづくに舍利はおはすや幾層のくづれて草を頂ける塔　（蕪湖）

左舷に岸せまるところ民屋に銃眼しるし今しは空《むな》しく

安慶の塔おもしろし南蠻の帆のある船を泛べて見たし

濁江を幾日馴れ來て青き水の泛ぶる塔を息にわがする　（湖口）

ぴしり何かわが咽喉をかすめ空氣ふるへつその時し隊長は負傷し給ひしか

あだ彈のしこのそれだまのまぐれあたり口惜し隊長に觸るといふものか

命令はいまだ下らず闇となりぬ第一線は四粁前方なり

竹籔にわづかにまぎれ突擊の最後の息をしばし待機す

しのぶとはすれどざわざわ眞砂地のゆきがたきかなもの言はず往く　（夜襲）

一彈は戛と音して近かりき誰が鐵帽にふれしにかあらむ

靜もりて一隊の兵伏す底はいささかの水流れてありぬ

山一つ奪《と》りて明くれば霧ふかし樺《かには》のおとす秋の葉のしづく　（茨巴山）

萩原は霧深かりきうるひにし今朝の鐵帽に花かづら卷く

一山を日にけに吹きて東風《ひがしかぜ》二日の月にすすきほけしむ　（彪泉崖）

頂の岩間ふせいは這ひいで入りけだもののごと物にうゑにつ

給水の自動車が見えて隊列の急に亂れたり水！水と足の輕き　（給水車）

ゴム管を口にひきよせあふるる水ごくごくとのみて呑みてむせびつ

あふむきて冷たき水をのどに注ぐまばゆさに嬉しさに眼つぶりて

嬉しき水も行軍をとどめがたし喉うるほへば馳けて先を逐ふ

逆襲！一角にするどき叫びありいたくは逃げでゐたる敵かそは　（逆襲）

なんの小癪と打ちはらひつれ新手かも重ねてきたる三度五たび

手榴彈なげになげなげ岩に寄れり近くは寄せで追へばまた逃ぐ

我が兵力少なしと見し敵兵かこの執拗さをかつては知らず

本隊追及の途に師團長閣下の車にあふ車とどめ吾ら見給ふ「一中隊か」と

「師團長も兵團長も見てをつたぞよくやつたよくやつた昨日は」とのたまふ

音もなく土にささりし跳彈は芋蔓つかむ三歩左に

一山を夜霧によぢて敵無かりき望月も吾もぬれてしとどに

草は地に月かげは空にそぼちたりしばしを臥してまどろまむとす

上重は芋中重はかぶら入りぬ下なる籠は鷄はばたきて　（貢物）

どら、太鼓、笛ならしこの貢の列ねりてまゐりつ鹽いただきに

聖廟はわらうちしきて駒つなぎむなしき四文字「斯文在茲」　（通城孔子廟）

原　直　陳

皎皎たる月下の警戒壕は鐵かぶと黑黑と光りしづけかりけり

白壁の見ゆる部落に敵ありと聞きてしづかに砲を据ゑ終る

戰友の血しほ吸ひたる山西の山山そびゆ魔神の如く

原　崎　金　一

眞夜中に塹壕掘り終へ身をひそめをれば明空に星きらめけり

春本彦六

戰場にもかくのどかなる日のありて戰友クリークに綸《いと》たれて居る
軍旗守る劍光月に光りつつ山峽の道を進みゆくなり

廣瀨茂雄

黎明を期し奪《と》るといふ山頂は雲間に伸びゐて敵數多らし
朝霧は廬山の峯を立ち卓めて吾等の部隊肅肅と進む
彈道は篠笹かすめしきりなり身をこごめつつひたに迫りぬ
勝ち拔かむ必ず勝つと眼で語り銃握りしめ敵陣めがけゆく
應急の止血《しけつ》施し片手もて銃執りなほし射擊に努む
黎明の山頂に見ゆる萬歳の叫び嬉しく我泣き伏しぬ

禰村禪敎

106

彈の中を這ひ來《き》傷つける我を助け下れとふ友に心泣きけり
傷つける我は彈雨にさらされて二十四時間そのままにありし
急造の擔架に下る我を送り仇はうつぞと戰友《とも》はさけべり

淵上一彦

星あかりあふぎつつ壕に身をかたく總攻擊の拂曉を待つ

古田一正

對岸の掩蓋銃座を擬裝せし木草は枯れて動く兵見ゆ
明日あると生命おもはぬ戰線の夕陽赭く棉畑に落つ
トーチカの入口に向けて擊ち込みぬ擲彈筒の筒身《つつ》燒けるまで

107

日の御旗燦然として朝風に敵トーチカの上にはためけり
新しき墓に鐵帽冠むせあり野菊手折りて捧げまつれり
捨てられし鞍傷重き鹿毛の馬さみしき瞳を空に向けをり
脚挫けし栗毛はびつこ曳きつつも我らの後を慕ひ來にけり
棉畑ひとところ土の盛りあげられ馬塚あたらしう蜻蛉《あきつ》飛び交ふ

古谷淺吉

捨てて逃げし敵の米をば食しつつも行軍すなり昨日につづき
霰と飛ぶチエツコ機銃狂ひ居る蘭封城めがけましぐら征く戰車
保定陷ちて我ら入城するなれど友の少きに瞼あつくなれり
戰友の肩にたすけられ蘭封城の一番乘して嬉し泣きに泣く

前田金房

108

靴傷《くわしやう》ひどき戰友《とも》いたはりつつ暮なづむ氷雨の野路を部隊追ひ行く
落ちし橋の修理待ちつつ工兵に今日し聞きたり弟の負傷を
胸部貫通金山に殘ると弟のこと兵は語れり架橋の手休めて
深手なるも元氣なりしと語る兵の訛りある語尾はやや震へり
生きて居ろと心に祈り降り止まぬ泥濘の道をたどたどと行く
側方射擊避けつつよりし物かげにしたたか落ちゐるは誰の血潮か
逆襲する敵影を闇にすかし見つつ手榴彈握り安全栓を口切る　（雨花台）
照明彈闇に炸けたりうつ伏せどチエツコ銃は頻り吼え我に集注せり
我に續けと嚴然と叫べる隊長につづき一擧に馳せ登るゆるき斜面を

109

松浦正典

戰友《とも》をやく煙りはかなしはれわたる秋空高く消えて戻らず（長城線にて）

松尾榮郎

きたならしき支那風呂なれどただに嬉し湯ぶねにひたる幾月ぶりぞ（大同にて）

銃一つが我がたよりなる今の今土煙の中に射ちに射ちつぐ

まろびつつにげ行く敵を狙ひながら命中せざるをもどかしみ射つ

岩壁にしつかり身を寄せ命令待つ吾等がうへに土煙しきりなり

草食むを止めたる馬のどんよりと佇ちて居るなり飛彈はげしきなかに

破裂する砲彈のつぎつぎに近く落つあなどりがたしと話し合ふなり

ほほゑみて居るがにし見ゆ銃握りあふむき死してゐる若き敵兵

110

汗みどろに掘りつぐ壕の掘れずして遙かに敵の砲音きこゆ

据ゑつけし砲に擬裝のやうやく終へほつとして夜の明くるを待てり

けふの日の突擊やみて山峡に運べる死體に暗き夜の來る

——敵の包圍中にあり輸送車來たらず——平型關

一日一夜寢かされしままの山峡の露營の傷者に夜風寒きかな

鞍毛布外套もはぎて負傷者に着せやるなりとて戰友等持てゆく

むきむきに寢ねたる傷者の血だらけの一人だにうめきあぐるものなし

夜もすがら銃聲すごく連續すいま大接戰を闇にひしと感ず（飛彈下露營）

土の香のほのかに匂ふ洞に居て闇の夜空に光る砲彈見る

ひとときでも眠りておかむと目とづれど今宵銃聲のしげくて眠れず

111

救援隊の今日着きしなり列見ゆるに吾等よろこび泣きつつむかふる（救援隊來る）

三發宛砲彈をはこぶ坂道にあるものはポケットに彈を入れをり（前線に砲彈を運ぶ）

裸彈丸肩にかつぎて歩きなづむ戰友のあとより吾亦あへぎつつ

ヒユルヒユルと頭上かすむる迫擊砲彈そのたまゆらを首ちぢこめぬ

汲みて來し嚢に額寄す馬馬のあらそひ來たりて水の乏しき（行軍）

かくばかり水に飢ゑたる軍馬《うま》に飲ます水欲しと思ふ汗ふきにつつ

ごくりごくりと水を呑み呑む吾が馬の喉に手をあてて心安けし

正規兵かカーキの服着し士官らしきを歩兵縛め伴れて來れり

女學生等江を渉りて彈丸運ぶてふ敵の狀況を話し居る兵あり

三月目《みつきめ》におとせる垢ぞと友言ひつつかめ風呂の中に唄ひ居るかな

112

出發の聲に起きたつ吾が足のわがものにあらずと思ふほど重し

土埃さ霧の如くただよふなか戰友等乾ぱん分けつつ行くも

むつとする臭氣にもなれて車廐内に腰をおろして銃劍みがく

どつたりと吾が前にたふれし馬の腹大きく息づくを見つつすべなし

地に臥しつつ監視哨するわが眼に吹きくる風のいたきばかりなり

松尾五一

彈丸の今宵殊にはげしいましめ合ひはらばひつつ我ら進みに進む

呼吸止めて引鐵引けば前の丘を逃げ行く敵の大きく斃れぬ

松島万造

たそがれて細き煙のたなびけば今ある我をしみじみ思ふ

113

頑强に火を吹く敵の機銃見つつ胸焼くるごとくいきどほり覺ゆ

松本小四郎

前進の號令かかれば不思議にも痛みゐし足の無意識に立つ

大切に殘せし煙草の一本も今は吸ひ果てぬ思ふことなし

安らかに日章旗の下に稲穂刈る支那農民の手の鎌光る

三田村新一

編隊の我が機朝日に輝きつつ空爆行の壯途にのぼれり

ひゆるひゆる空を飛びゆく砲聞きつつひたぶるに吾ら壕を掘るなり

乾麵麭塹壕の中に食うべつつ月あふぎをりいささか愉し

114

道井時雄

マラリヤに惱める戰友へわら覆《かぶ》せ今宵の勤務に我はいでゆく

午前二時トーチカ奪取の決死隊最後のたばこと唯一息に吸ふ

宮田敬一郎

ぬかるみの暗路を冒し近づけば敵機銃氣づきて赤き火をはく

戰鬪の寸暇甕風呂に入浴《ゆあみ》つつ鄕里《くに》の想に夜は更け行く

村井清三

今朝元氣に語りし戰友は歸り來ず宵闇高く月はかかれる

村松新三郎

まろびつつ泥塊となりて默默と我ら行くなり泥濘の夜行軍

115

赤く燃ゆる夕日のいろを眺めつつ今日の命をよろこばむとす

一本の煙草も戰友と分ちすへり突撃まであと五分あり

森重敏

はね土を頭まで浴びて泥濘の險路進みて人馬つかれはつ（濘路進軍）

腹病むぞと戒めゐたりし戰友《ども》も亦寄り來たりては生芋嚙りぬ

戰のひまに芋掘りふかし食みぬ携帶口糧貯へおきて

今日もまだ糧秣輸送なきままにふかし芋もて腹をつくりぬ

シヤベル跡まだ新らしき戰車壕は土民驅り立てて掘りたるならむ

クリークに仰向けに浮ぶ少年兵の遺棄屍體あり傷ましきかな

息止めてグツと一息に呑みし湯のクリークの臭ひ鼻に殘れり

占據せし壕にこよひを寢むとすれば闇に蒸れたつ蒜の臭ひ高し

腹までも沁みて戎衣は乾かねど闇のせまれば火焚くすべなし（江南露營）

燃えぬ火に辛苦しつつ飯炊ぐ露天竈に雨强きかな

進擊の仕度しつつ二食分の飯たく竈に雨降りやまず

飯進上と殘飯せがむ小輩に交りて媼も茶碗出しくる（南京駐屯）

片言の身ぶり手眞似の支那語なれど今日此頃は用足りるなり（北支轉戰）

支那の子に慰問袋のキヤラメルを別ち與へて今の心足れり

クリークの水もぬるみぬ此頃は蛙鳴くにぞ故里を憶ふ

麥畑にをりかさなれる遺棄屍體埋めやりたく思ひつつ進みぬ（北支にて）

高粱畑の果にもまだその果の果にも眞白き入道雲は動かずにあり（隴海沿線追擊）

116

117

電鍵を叩き終れば夜も更けて汗ばみし肌のしつとりとする　（蘭封）
明日を思はぬ今日に間に合ひてとどきたる故郷の便うれしくもあるか
月光の甕風呂に戰塵洗ひされば蟲鳴きそめて胸あつくなれり
戰火止みし新戰場に鳳仙花血潮のいろに咲けるいたまし
運轉の兵ら幾日も寢ずといふ彈藥輸送瞬時も絶つべからざれば
彈丸《たま》はこぶ挽馬《ばんば》について進み行く仔馬もありき徐州目ざして　（徐州進擊）
糧秣は一日遲るとも彈藥の輸送絶ゆるなと電話急ぐなり
山頂の敵の陣地に動くかげかすかに見つつ今日も待機す　（五臺山麓進攻）
肩にあたりし不發手榴彈投げ返せば硝煙の中に仆る影見ゆ
起ち上らんと意識すれども動けざる意氣地なき身に腹立はげし
射ち射ちて熱くなりたる銃身を己が血潮に染めて甲斐なし
目前に敵を見据ゑて仆れたりいまだ血ぬらざる劍見つつ口惜し

森　國　初　藏

118

河北照らす滿月も故郷に照る月も變るなしと思ひ立哨すなり
銃は折れ右手くだき去りし迫擊彈に秋草染めてわがたふれたり

森　田　次　男

119

前面の敵二十萬もありと云ふ空は晴れたり愛馬嘶けり
激戰の最中に何時か見し戰爭の映畫の場面ふと浮び出ぬ
四千米向ふの山の稜線に靑芝あるらし砲隊鏡に見ゆ
砲聲は遠雷の如こだまして廬山山麓の夕闇は濃し

森　田　則　重

兵も馬も泥にまみれつつ雨をつき敗敵追ひて迫る南涯城　（浦東掃蕩）
城壁は砲彈に崩え居て抗日の文字むなしくも雨に打たれゐる
この手紙最後となるやはかられず更くるランプに母に書きいそぐ
英國旗かかげて過ぎし船の上ににくにくしもよ支那人の顔
刈時の過ぎて久しきこの麥田もつたいなしも腐《くさ》れしままに

矢　島　嘉　門

身に迫る危期覺えつつ夜襲戰の銃火の中を默し進みぬ　（夜襲戰）
大君に捧げし命惜しからね生命《いのち》ありし日の嬉しかりけり　（危地を脱して）
いくそたび彈雨のしとね共にせし隊長石砦に神となりましぬ　（悼茂木少佐）

山　口　覺

120

白き馬二つならびて走り行く安東の街は繪を見るが如し　（安東）
闇に黑くよこたはるは萬里の長城なり山海關に我が汽車は入る　（山海關）
長城の敵を破りて山西の平野に出づる日樂しみつつ戰ふ
赤き信號彈空に撃《う》ちあげ逆襲の敵ひしめきて近くよせ來る
明くる日は明治節なり一齊射擊樂しみ居るに敵は退《しぞ》きたり
退却の敵が燒きたる橋桁は火のまま闇の河にかかれり
行くままに吹雪は止みてはても無き曠野を月の靑く照らせり　（討匪行）
雪の野に機銃をおろし疎開して敵の來るてふ西に向へり

121

雪積る曠野を進む我が隊の先頭は地平線のかげに入り居り

宿舎の子等この頃我によくなつき日本大人《リーベンタージン》と呼びてくるなり

劇場の土間に穴あり奥深く階段つづくは防空壕なるべし（諸城）

激戰につぐ激戰に春深み麥の芽何時かいたく伸びたり（徐州城）

傷つきし戰友《とも》の服裂《さ》き假繃帶終ればあたり夜となり居たり

戰友の位牌入れたる背嚢つけ夜襲の列に加はりにけり

明日あたり戰死する豫感あり新らしき襦袢を出して一人着かふる

山東省向城城外にて敵を追擊中、敵砲彈數米前方に落下し受傷す

山口は死ぬるだらうと云ふ聲を他事《ひとごと》のごと我は聞きたり

「よくやつてくれた」と云はれる隊長の聲は常より大き聲なりき

122

山田榮喜知

拳銃の音屋根の上に轟けど月のみ澄みて敵影見えず（王家口にて夜襲を受く）

口糧も遂に盡きたり給養は現地調辨せよと命出づ

飯無くて粟白菜を喰ひつつ今日も進めり敗敵追ひて

扉の開かぬ此の家怪し小銃の安全裝置月に外しぬ

朝靄に被服解き負ひ渡りゆく敵無き渡河の水の冷たさ

一列に進むクリークの星明り腰まで浸る水生ぬるし

故郷《くに》を出て未だ月餘なれど永かりき初の便りを繰返し讀む

小夜更けて身に沁む山の凍て强し天幕めぐらし小さき火を焚く

息繼ぎの此の岩蔭に振り向けば彈丸はじく崖を戰友ら傳ひ居り

123

本隊は移動をなせり寡兵にて野戰倉庫を護るなり我等は

我兵力薄くなりしを氣づきけむ敵執拗に逆擊し來る

新敵の迫り來るもの三萬と軍司令部より通報ありぬ

敵襲の遠の彈丸音聞きつつも蔭を拾ひて月の道行く

敵本部燒け落つる音物凄く飼鳩は空に輪を描きて居り

山田充穗

砲聲のとどろと傷に響くゆゑ流るる血しほ土にしみ行く

もがけども痛みは去らず闇の中の現にゐがく父の姿よ

山本一雄

月影にうごめく物見ゆハツとして銃握る手に力の入るも

急造の擔架にゆられ仰ぎ見る初夏の空を星流れたり（負傷して）

山本保

流星の光芒くづるる秋の夜を戰鬪《たたか》ふわれのいのち生きゐる

などかくも流離を急ぐ白雲ぞ戰ふ秋の澄みに澄めるに

うなじ垂れ馬徵發されくる黃昏を霧あをく流れ皮膚にしみつく

人間のいき死にかかはりもなく標的の位置はたしかなり呪ひのごとく

山本信夫

夜の更けし岩山のかげに野草しき軍旗《みはた》まもりをればしきりに寒し（北支、鐵角嶺にて）

たそがるる部落の民家のはねつるべたれかよりゐて水使ふ音す

なきかはす驢馬のこゑして部落部落《むらむら》に燈の一つなきはいとどさびしも

124

125

久久の味噌汁は腹の底にしみてうまきものなり母に通知《しら》せむ
甕風呂にひたりてあれば仔をつれて豚のもどり來《く》主なき家に
夜はふかし今日の宿營《やどり》の燈のもとに母より來《こ》し文また出し讀む
土塵あげて入城する吾が隊列に驢馬も駱駝も兵と行進す
おもかげの母を夢みてさめし山に風の音聽きつつ眼は開きてゐる
街軒に裝具離して憩ひたり韮のにほひの鼻衝くをおぼゆ
連絡兵のかへり待ちつつ鐵兜の緒をしめなほす板橋の上に　（北支、原平鎭にて）
突擊だと言はるる隊長の眼が光り賜はりし煙草いそぎ吸《の》み合ふ
我が名呼び彈丸《たま》も乾パンもゆづるぞと云ひつつ戰友《とも》は息絶えにけり　（戰友の最期）
連絡より歸り來れば誰もゐず繃帶のみ散りてすでに暮れをり　（永嘉堡にて）
〇〇部隊！〇〇部隊！と聲かぎり呼べどすべなしそそり立つ嶺
明日わかぬ身に歌かきて夜を更かす明日のわかねば尚歌かかむとす
鐵舟にピシユ！ピシユ！と彈當れば漕ぐ工兵の念佛《みな》を唱ふる　（敵前渡河）

塹壕を夢中に掘りつつありし時、戰友擊たれしか覺えある聲
此の地を此の地點をと云ひ續け隊長は三角山に果てたまひけり
粉雪の狂ふ塹壕に兩膝を膳にして食ふ粟飯うまし　（長城線にて）
小銃も劍も左手も擊ちくだかれ今は殘る手に石を摑みぬ
背すぢより呼吸《いき》するごとに生ぬるき血は流れつつ水ほしきなり　（原平鎭に受傷す）

吉田鑒次郎

一束の故鄕の便り屆きたり南京城の元日の朝を　（南京迎春）

吉田　實

我が隊の敵前渡河に工兵は裸體となりてクリークに架橋す　（工兵敵前架橋）
河面に雨とふりそそぐ敵彈にくやしくも屍となりしかいくたり
城門へ點火せし儘の破壞筒をいだきて斃くる戰友《とも》をろがみつ　（工兵、城門爆破）
山岳の歩哨に立ちをれば小癪なり月負ひて敵のはひ登り來る　（徐州戰）
月冴ゆる山岳登り來し敵の奴に彈をしまれて岩落しやれり
歩哨線に冴え渡りゆく名月は故鄕をも照らし子等も見るらむ
夜となれば銃聲止みて砲聲の眠り妨ぐるがに時時音す
明日ありと思ふ此の身にあらねども徐州の落つる報聽く迄は
陽の高く部落に着けば炊事班と徵發班は豚引き戾れり
蔣政權打倒の旗と五色旗をおし立て行けり維持會員等は
隊長に敬禮も笑みて機上となり砂塵卷上げ飛び征《ゆ》く荒鷲　（飛行隊警備）

編隊機雄雄しく征けば歩哨等も銃高く上げて心勇むなり
見る限り麥又麥の畑中に兵馬進みて道つきにたり
麥青く廣野包めり傭夫《ティ》婦麥畑の上に水を汲み揚ぐ
行軍の背囊に干せし襦袢袴下《こした》カムフラーヂユの兵等の征けり
柳蔭のアンペラの上にまろ寢すればなま暖き初夏の風吹く
いく日か探し求めし戰友は敵陣深くゆきて倒れ居し
銃かたく握りて敵陣睨む戰友《とも》の屍に隊長の眼頭光りぬ

吉原金平

クリークの霧霽れくれば對岸の草生は敵が機銃陣地なりし

飛來する彈にばらばらと壁落つる民屋に軍醫は靜かに聽診す（繃帶所）

運ばれし黄色の粥に梅干の一つ入れられつ涙しいただく

和田幸七

夜は更けぬ砲の光か稲妻か拂曉待つ空の時時明るし

敵部隊動くならむか遠近に犬の鳴き聲しきりに聞ゆ

地軸裂く砲の音しげき朝霧を決死の戰友進み行く見ゆ

明けきらぬ冷たき空氣ゆるがして殷殷と砲音おしかぶさり來る

130

渡邊正四郎

野に伏してすふ一服の支那たばここよなしと思ふみどりの烟

彈藥箱重きになづみ來にしかば今日山峽につつじ花見つ

卯月たつ故郷ぞひたに思ほゆる異國の山の赤き土見れば

みどり濃く果ほのぼのと山遠しかすめる空にほこり立ち行く

中秋の月を背にして馬洗ふ廬山のふもと水かがやけり

足ひきて心强めて今日もまた樫の木繁る山を越え行く

渡邊文作

焼酎にて足の傷口洗ふ戰友くるしさ忘れ笑ひ居るなり

月の下に中隊命令聞きをれば緊張する身のそぞろ寒しも

131

渡邊實

背嚢は肩に喰ひ入りのど渇《か》れつ麥嚙み行けば汗眼に沁むも

小しやくにも敵の撃ち上ぐる狼火《のろし》の火に又今宵もかと戰友とほほ笑む

大江ゆたにゆたに流るる靜けさや黎明の岸に雀鳴きつつ

木木の梢《うれ》ほのかに搖ぎ明け渡る曉の空を鳥とびゆけり

黄河へと我いく度か夢に見し磧に立てば涙こぼるる

渡部法順

集注する敵彈下に低く伏しあれば音たてて飯盒を彈うちぬけし

132

現地海上篇

135

青柳今朝雄

臨戰準備完了せるデッキに佇みて祖國の方と思ふ空見る
マンドレツド作りし艦は目的さし全速あげて今し出で行く
出動の命令うけて艦にみつる兵等いきまきて互《かたみ》にきほふ
戰場へ向ふ前夜を砲塔のかげに月見つつ戰友《とも》と酒汲む
空襲の報によき敵御參なれと機銃をしつかと握りしむるも
闇黒の江上に殺氣みなぎりてマストに刄のごとき月かかりたり
空襲の配置につきて秒一秒時はすぎゆくに心しまるも

136

市川哲夫

空爆の轟き聞きつ腕組みて病室の隅巡りてもみし
水呉れと叫ぶ傷兵叱りつつ叱る戰友も半泣顔なり
血潮にじむ文は遺書なりき君萬歲遺言無しとただに書かれあり
傷兵の寢息やすけしほの暗き燈に戲むる大陸の蟲
この島に風なく聲なし屍やく煙どこまでもどこまでも昇る
セーラ服袈裟掛けじゆず把り御經讀む生臭坊主今日嚴めしき (水兵誦經)
砲塔と警戒兵の浮彫にサウザンクロスの星冴えにけり (廣東沖)
吾が艦は何方に行くや月青きみ空の下をひた走りつつ
重重しき武裝ととのへ整列し今し艦に別る涙はあらず
舷梯を降りつつうしろを振向きて紅顏の兵不敵に笑みし
鐵舟にか黒く竝ぶ鐵兜月已に落ちて午前二時なり

137

大野弘

遠つ祖文にたたへし甘露寺の月をし今宵艦《ふね》にして見る
片帆おち傾きながら行く船のとまりやいづこ大江は暮れぬ

上村正二

軍艦旗はたはたと風に打ち鳴りて決死隊乘せし鐵舟は離れぬ
あらがねの大地も裂けよとつはものは雄叫び擧げて敵陣に迫る
いとせめて戰友よ吾が働きをみまもりてあれと祈りつづくる
名を惜しみ身をば捨てよと母上の假名につづられし書讀みかへす
いくさする兄にあげむと妹弟《はらから》してつくり送りこし干栗ぞこれは
いとけなき弟妹《はらから》等集《つど》ひ栗拾ひしさまを想ひてひとり微笑む

齋藤豐平

敵を睨め銃を手にしかとにぎりつつ撃《う》たむ姿勢のままにことされつ
久久に手にせる煙草一本とり戰友のしづめる江に投げやりぬ (中支戰線にて)
あけくれに我が腸は濁流をくめどもにごる魂ならなくに (南支砲艇上にて)
進上進上と支那の兒くるに久久の慰問袋をわれ空《から》にしつ (黃浦軍官學校にて)

138

笹木袈雄

大君の御稜威輝く御いくさに征《い》で來て初日をろがみにけり
日の御旗をろがむ子等へつはものはかしらなでつつキヤラメルを與ふ
まどろみの夢路破るは彈ならでふる里しのぶ餅搗きの音
儚なくも病みて戰線を今し去ると夢心地しつつくやしかりけり

砲聲をこもり唄としてねむりつつ夢は故郷の父母のもとに

倒れても又たふれても立ちあがり御旗たつるまでわれは死ぬまじ

笹本憲太郎

139

佐野明

今とどきし電報にある戰死者は同期生なりしばし默禱す

颱風荒ぶ江上低く荒鷲の翼かがやかに西に飛び行けり

基地に還る爆撃隊の翼輕く夕陽に白くかがやきにけり

不時着の電報受《と》信りて艦橋に報告る聲のとがりつつくやし　（艦載機不時着）

全速力に來たれど僚機早や影を沒し濁流ただに淀み居たりき

季節風荒まく南支の海上にジャンク出でをり停船臨檢す

郵便船來《きた》る日なれば 東《ひむがし》に雙眼鏡《めがね》向け居て戰友《とも》は叱らる

荒潮と濁流ひしめき押し返すと視凝《みつ》めて早く二箇月過ぎぬ　（揚子江口哨戒任務）

便船なく麥飯に梅干と鹽の汁と今朝もつづきて三日過しぬ

140

地木幸夫

バンザイと結びに書ける小學生の慰問文またも繰りかへし讀む

月あはく守れる海は凪ぎにけりしかも我らの心たかぶれり

海に明け海に暮れゆく我が戰《いくさ》マストをわたる風も友なり

津島欣一

わが艦の進むゆくてに米國の軍艦見ゆるに心しまりぬ　（揚子江）

あと頼むの一言のこし戰友の短艇にうつりゆくをうちまもりをり

肩たたき射《う》つて呉れよと陸兵ら吾等に頼みて端舟にのりゆく　（敵前上陸掩護）

戰死せる兄の形見の旗送るぞと老います母の文とどきたり

戰死せる兄が形見の日の丸を敵陣高くたててうれしき

141

中村茂夫

二時過を戰友と起出で闘門の燈を幾度も振返り見る　（佐世保回港）

あかあかとしづまりかへる闘門をあかり消しつつ我が艦は來つ

颱風を衝きて出動すといふを聞きて我が心いよよ引しまる　（出動）

うれしさは溢るるばかり夜の更けをきほひはずみて荒天準備す

いくたびも振返り見し島の灯も見えずなりゆきひたに進むも

吹きすさぶ颱風に暑き夜をこめてゆられゆらるる我がハンモック

うす暗く狹きデッキに汗あえて夜食のあつき雜炊を食ふ

警戒の喇叭は鳴りて敵地への氣配いよいよ深まりて來ぬ

つづき來る艦《ふね》の艦首は虹立てるしぶき切りてまた波をすくへり

海面を低く飛び來し爆撃隊に成功祈ると仰ぎ帽ふる

あへぐやう波より抜出でし二番艦のホールは又も波をくぐりぬ

横なぐりに顔吹きつくる風雨の中吾ひたぶるにアンテナを張る

ゆれゆるる甲板に足ふみしめてプロペラの風に堪へて立ち居つ

搖上げられ搖下げられつ續き來る艦の艦首はしぶきに隱る

朗らかに飛び立ち行きしが還りこぬ人ある思へば涙こみあぐ

次次とかへり來れる飛行機の數のそろひて心安けし

142

あきらめし一機かへり來つ戰友どちは顏晴晴と着艦準備す
ゆり上げられし艦首に水は瀧なしつつ忽ちにして波をすくへり
艦ゆれて狹き通路を行きなやむ右に左につきあたりつつ
問はるれば大丈夫ですと答へ居つ日に增し我は瘦せ細り行く（病に倒る）
診察をうながされつつ堪へ堪へて今日までは強く任務勵みし
觀念の眼閉づれど口惜しさにただ口惜しさに胸せまり來ぬ

中村春一

見いでたる露にまみれし赤のまま銃床つきてふと佇ちにけり
雨降れば我が駒いとし耳の邊にぬくめるくびをさしのべてくる
きびしくも猛き心となりゆくをゆゆしきことと知りてをりけり
いつも君は云はむと思ふ事云ひのけぬなさばと思ふ事なし遂げたらむ（友戰死す）
銃劔をつきつけつつも莨などあたへて捕虜をひき立てにけり

143

にくしみを越えし心となりし今敵の遺棄死體手あつく葬る
復歸《かへ》り來て耕し初めぬ麥は穗に菜は花終へて大野まばゆし
この丘を我が競ひつつ進み來し野は遙けくもうす霞せり
草の花ここだも咲けり涼しければ銃輕輕と草はらをゆく
黑き煙吐きし瞬間一塊の火となりて敵機まさに燃えおち來
爆音は天地を覆ひ雲卷きて全機はまさに漢口に向へり
砲聲を聞かずなりしが暫らくは物足らぬ日の明けくれにあり
泥濘は砲車を埋め足をとらふ身もて肩もて押し上げてゆく

144

又雨か砲車の下に腰すゑて莨ものまず默しつくせり
茅野《ちの》の雨ひしひしと寒く身に應《こた》ふ砲擊命令いまだ降らず
相對する敵は一つなり倒すまでは他の雜兵に目は移すまじ
武裝輕く月影ふめり曉の攻擊までに五里往かむとす
日の丸辨當と今更騷ぎをるものか生《なま》いもかじり戰友ら進めり
遠く近く絕えず轟く砲聲に今は驢馬さへ耳を動かさぬ
赤く青く塗りまぜし市街《まち》黑色の陰影深く日暮れなんとす
現はれし大き黑犬追へど去らず人を射る瞳《め》の魔物めきたる
御紋章しるくも刻む銃なればいのちに替へて錆もとどめず
小癪にも銃眼口より手を出してバカヤローと叫べりどうしてくれよう
時機いまだ早しと云はる隊長の唇ぎゆつと引緊めてあり
潰れたる「ほまれ」三本あらかたは袋の底に粉となりゐし

145

先發隊既に部落に入りしならむ犬の吠ゆるがしきりになれり
菜の花の花粉にまみれ戾り來し斥候は異狀なしと叫びぬ
日の丸を揭げて歸る土民等は月明るければ土堤に續くみゆ
氣持惡き臭の味噌やぼろ綿をくくり擔ひて土民等歸り來
クリークの向ふに現れし黑き犬吠えんとしては尻ごみをせる
きりきりと鵙《もず》猛るなり討伐の汗にまみれて息づきをれば
酒の話いづれば笑まる隊長の慰問袋はキヤラメルドロップ
鐵兜少しゆるめに結び置けと一人一人にいひます隊長

146

一個分隊相いましめつつこの露路を突き進む時劔ふれて鳴る
石塀に今しはぜにし敵彈に默したる儘顏見合せて笑ふ
銃床の土にまみるをいむあまり靴にてそつと小石を寄する
手油の染みたる銃は魂を擔ふ心地す肩かへて進む

野池太郎

147

航行遮斷のわれ等の任務はえざるも感謝捧げて共に働く
誰何する歩哨の聲の凛として凍れる暗をつらぬきてゆく
立ち止まれば足よりせまる夜の寒さ感覺なき足をこらへつつ行く
有りつたけ着ていねたれど風寒く假寢の宿に夢まならず
戰場で散れず病の歸り路に逝きにし友ありわが心つく

野口厚已

舷に鳴りて流氷砕くる音しげく夜は明けにたり昨日のごとく
凪ぎし海に島も帆も見えぬ日中なり心しめつつこの日も暮れつ
國のため捧げし身なり何時はてむも惜みなければ安けきに似る

野村斌

148

血をふきてどうとたふれし戰友のたしかにもさけぶ萬歳の聲

蓮見利平

午後十時基地へ急行の命下り信號燈の明滅せはし
黃海の夕陽あかきを眺めつつ御用船團護り我艦は航く
萬歳もて登舷禮に答へつつ我が戰隊は中支に急ぐ

陸兵を上陸掩護のこの朝義妹は夢にて吾を勵ましき（呉淞敵前上陸）
拳銃のうちがらデッキに散亂せり上陸作業の難さしのばる（じようよう丸所見）
默默と我が砲艦は黃浦江護りてぞ居る月なき夜なり
陸兵に居住甲板《へや》を讓りて吾等みな物蔭にまろびしばしまどろむ（陸兵輸送）

半澤高利

149

今朝戰友《とも》の笑を乘せゆきし內火艇血まみれのままに君なくてかへる
引き上げし機雷爆破に子供めきより集まりて手をたたくなり
スキツチをひねるたちまち水散りて水柱くづれ夕月濁る
今日で三日白湯とぱんとで腹みたし攻め溯《のぼ》り航來つ明日はたいかに
今日も亦陸上運動にゆきければ支那娘《クーニャン》らゑみてこんにちはいふ
サンパンに供物つみ來し民哀れ船は情のしほわかちやる
默默と彈の音ききて機關兵おのがつとめの汽罐たくなり

降旗助敏

いくそたび黑潮千里波わけゆき彈丸交さずて秋立ちにけり
南のこの支那海に海戰あらばと腕撫しをれど今日も事なし（航行遮斷）
玄海の波立ちさわげば陸兵ら彈丸おそれねど海怖《こほ》しといふ
輸送船に小旗ざわめきカーキー色に積まれて陸軍の兵らは征くも
萬歳のさけび海原を流れつつ登舷禮式帽振りて送る

望月光

いさぎよく散らむ覺悟のつは者ら今宵を集ひ月に語らふ

150

白だすき別れのきはの戰友の言葉明るし手をふりて行けり

山口義治

夜も晝も陣地うごめく敵兵を睨みつ邦人の引揚を守る　（仙頭にて）

わたつみの海のつはもの敵前の此のあつさにも武道を勵む

居留民まだ引揚の終らざれば銃を取りて警備の任につきをり　（厦門にて）

つつがなく務果して歸れよと言ひおこせたまふ母のおん文

砲側に立ちて敵陣睨みする「撃て」の號令待てばもどかし

火を吐きて飛び出す彈丸はうなり行くがたのもし鍛へし我が此の腕

新しき白鉢卷を締め込みて撃《う》つ砲彈をいだき眺むる

敵陣に見事炸裂する彈丸に思はず喊聲を我らあげたり

敵彈がうなつて頭上飛び越すにソツと首ちぢめ互《かたみ》にてれあふ

晝食の箸投捨てて砲員は塹壕の敵に猛射あびせる

151

硝煙の香もまだ消えぬ砲身を撫でて喜ぶ晴の初陣

爆撃にゆく荒鷲を艦橋に見えずなるまで我ら見送る

笑止笑止敵機の落下する爆彈は海の魚族を驚かすのみ

つづけざまに狙ひ打ち出せば砲身の塗具は燒けて眞赤に剝げぬ

藥莢で足のふみ場もなかりけり敵機を打ちし後の甲板《デツキ》は

久久の母の便を出して見てはいくさの暇に讀むが嬉しき

舷窓をたたく怒濤も聞き馴れて南支の月を戰友と眺めぬ

哨兵の任務を交代し心輕しばし佇む月の甲板に

152

暴風《しけ》し夜に錨卷揚げたちまちに怪しき船を我が艦追跡す

分捕りし高速艇に軍艦旗おし立てて乘りジヤンク狩する　（九龍にて）

爆破して半ばかたむく敵船の燃ゆる炎は天を焦しつ　（九龍關、爆沈）

鉢卷と共にそなへし大砲の御酒《おみき》いただく戰勝の夜を

あかつきの夢を破りて彼我の撃つ砲聲とどろく虎門海戰

日本海海戰の繪をさながらに見るが如くに水柱立つ

敵艦に我が打ちし砲彈が美事にも命中せしと聞き飛び立ち上る

艦側に二〇糎の砲彈があぶなく落ちぬ敵もさるもの

二隻とも敵艦沈めゆうゆうと虎門の港を出づる大捷

明暮に眺むるものは浪ばかり故鄕の土が戀しき日もあり

歸り來ぬ友機を搜す探照燈しきりに照らす秋の夜空を

見附次第すぐ燒きしかば此の頃はジヤンクの影も見えずなりけり

戰爭は何處であるかと云ひさうに浪も靜けき秋の海の月

久久に土踏むことのうれしさに戰友と波止場を後に駈出せり　（高雄に入港す）

酌む酒は咽を鳴り行く久久の上陸なれば戰友もはしやぐ

153

甲板を打越す浪の暇を見てましらの如く兵は駈けゆく

當直を終へて勞れも打忘れマストの月に歌など案ず

山先義雄

城門に登り立ち見れば兵《つはもの》の血潮を浴びし草の繁れる　（南京にて）

征つてくるぞと手を振り征きし荒鷲の一機は待てど遂にかへらず

154

晴れ渡る大陸の空ゆ降りしきる光眩しき下に兵等眠れり

久し振りにて內地より行嚢つきたれば兵らの顔のみな明るしも

梅家州の若草むせるごと春めきて戎衣の袖をそよ風の吹く

そのむかし我が部隊占領せし此の地にて奇しくも再び我ら待機す

雄叫びの絶えし戰場に時雨して雁渡り行く鄱陽の湖《うみ》 （燕家占領の夕ぐれ）

あかねさす吳城の塔に軍艦旗飜るさまただ涙溢るる （吳城鎭にて）

吉田喜作

155

不思議にも今日一日の生を得て明日のいくさに心たかぶれり

上陸をとげし嬉しさ彈とべる砂丘に伏せば雲雀鳴くなり

穗すすきの野にさへ見えて海のほとり朝の日あびつつ武夫の征く

不思議にも生きゐる命今日も亦擊《う》ち擊《う》たれつつ進擊つづくる

しみじみとテントにそそぐ秋の雨夢よりさめて彈の音きく

戰場に更け靜まりて月の夜を蟲の聲あはれうすれ行くなり

最後ぞと敵陣にらむ鐵兜にぶく光りて月落ちかかる

極樂の札忘るなとともどもに立ちあがりたる顔の輝き

萬良金

156

杳《はる》かなる南支の海に戰へる戰友《とも》偲びつつ新春迎ふ

苦しみも過ぎて暇ありいたづきに年老いしごと茶などほめつつ

吾とまたおなじ痛みになやまさるる戰友もあるらし寢返りを打つ

此の日頃矢も楯もたまらぬ心なりいくさの場《には》のただに戀しき

現地空戰篇

伊藤立夫

朝空に飛び立つ愛機見守りて心こめつつ帽を打ちふる

重任を果たしし愛機の戰友《とも》の身を神も守《も》りましつ果すつとめを

大陸の夜氣しみわたる飛行場に犬の遠吠聞ゆ故郷思ふ

大砲の音を聞きつつまどろみて村の祭を夢にわが見し

警報のサイレン鳴るやつぎつぎにエンヂンとどろき舞ひたつ我が機

大野政治

159

夢のごとし日露の役に父上の散りましし跡に我し今飛ぶ （奉天）

ふるさとを雲路はろけくかけり來て今北支那の蒼穹を征く

ばらばらと時雨にまじる銃聲に白楊戰ぐ夜半の陽高

城角に掲げし小さき日のみ旗翩飜と風に明るくはためく

攻略の空遠く雲の上行けば七彩の環に圍る我が愛機の影

高取長之助

徹宵の作業終りて完備せし愛機の姿たのもしみ見る（地上整備）

出發の刻せまりしかば爆彈の懸吊のテスト汗ばみ行ふ

兩腕に實爆彈の重みをば親しく感じつつ翼に懸吊す

爆彈の懸吊をへつ機關銃のたまも整備せり今は飛びたたな

鵬翼に爆彈つらね北支那の空に向へり我が愛國滋賀號（出動）

一機二機兩翼に爆彈重くかかへ天がけり發ちぬ北支の空にむけ

かきくらすつゆ空ひくし大同を長驅襲ふなり我が爆擊隊は

160

機上詠

かへりみれば航法の空路夕やけて安定板の寒く立ちたり

凍てつける風を機上に浴びながら旋廻銃の位置を定むる

空行けば夕立まぜて吹く風の機上は寒し頸も出し得ず

くすぶれる雲に入りしと思ふまに頸根をいたく雨たたきゆけり

たたなはる嶺こえゆけば眼界ひらけわが機とならび白雲うごけり

遠つ雲次第にのびしと見る見るも霧雨はげしくわが機襲ひにし

わが機より下りしと見しま上昇せしつづく機のあり氣流惡しき中

第一大隊長戰死せられぬ

華華しく敵機とわたりあひ大原の上空に散りましぬ三輪隊長は

161

爆擊行に並木機の機關停止せしを自爆せんと決意し
急降下するに停止せる機關再び活動せり

停止せる機關に自爆決意せる並木中尉の心いかばかり

三百の高度に降《くだ》れば停止せる機關動き出せりまさに神の御加護

自爆機と知りつつ傾く機上より敵地撮影せり我が今井中尉は

大原上空に敵機九機を葬りて三輪隊長はつひに永久
に還りまさず

根據地の三輪隊長の戰帽の遺品となりて原隊にかへりぬ

機上詠

傾くごと見ゆる大地に點點たる部落に影おとしわが機ゆくなり

岩井中佐戰死

生還はもとより期せず武夫のきびしくも空に散りたまひけり

地木幸夫

關野大尉自爆

射ちうちて彈つきし機のとまれるに今はと敵地に散華しましぬ

艦上機出動

出動の部下の飛行機消ゆるまで佇ちたまふ艦長の眼ひかれり

友よ機よ無事にかへりて來てくれと油に黑き帽子ふる我は

降旗助敎

翼やすめず歸り來てすぐに出でゆく我が荒鷲を神まもりたまへ

隣にでも行きなむほどの氣安さに出でし機はろか雲にまぎれつ

162

163

敵機來《く》とたちまちにして艦上機北方にむきて飛び立ちにけり

164

野戰病院篇

池内　勇

呼吸《いき》つまる胸のいたみの堪へ難く土間に伏し藁に坐し齒を食ひしばる

脈搏の不規則なるを感じつつ死期近きかと吾がむねさわぐ

病室は半壞の民家の土間に藁敷きたるのみなり

ある時は戰傷のいたみもうち忘れ麥藁の香に心遊べり

輕傷と書かまく思へど持つペンのただに顫へて今日も書き得ず

ふと思は故郷にめぐりつ枝たわにみのれる柿のもとに立つ老父《ちち》

上田豐二

看護《みと》る身の戰に病みつ看護られて還るなり涙堪ふべくもあらず

涙して遂に病院船に入りにけり繰り返へせども口惜しくもあるか

內還のつらき思のこの我に玄海の夕日などかくも燃ゆる

ますらをぞ男の子ぞと吾が眉あげて渡りし海よ玄海の海

何もかもかなぐりすてて一瞬に戰線に還るすべなきものか

梅津佐助

いたづきの窓に吹き入るアカシヤの花の香《にほ》ふにわがむせぶなり

見舞ひくれし老婆あまりにも母に似るに病衣にかくれてしばしを泣きし　(錦縣)

驛に止まる病院列車に旗ふりてかけくる支那の子にキヤラメルをやる　(豐臺)

去年《こぞ》の日のあの砲煙を知らぬげに桃咲く溪《たに》に女洗濯《すす》ぐ見ゆ　(娘子關)

小手川正平

創の痛みもてあます夜の更けわたり天幕の繼目に星一つ冴ゆ

167

168

氣のつけば繃帶白くしめ卷かれ手術臺にわれは汗ばみてゐつ

創の痛み耐へがてに居る夜のくだち室の隅にも誰かうめける

上海病院二首

四階ゆ見おろす廣きグラウンド芝生の夕陽浴びて見たしも

キヤツチボールたのしむ見れば吾もゆきて上海の土ふみならしたし

よろめきつつ甲板を見る上海の燈の色のあかきも見納めならむ

○○野戰病院にて　　小橋傳一

今宵又死せる戰友あり暗き燈に吾も祈らん心淨めて

野戰病院へ後送の途中にて

擔架のまま艀船に乘りて長江を下る吾が眼に秋の雲飛ぶ

169

後送の途中狙擊を受けたり

船員も銃を構へて舷により敵を擊ちつつ船進めゆく

宍戸晴美

戰線復歸の心しきりなりいく度も痛む傷口に手をやりて見る

貫通銃創骨折なれば內地還送まぬかれずと醫官に云はれつつ悲し

內地還送取り止め下されと幾度も賴めばつひに醫官に叱らる

同じ日に傷つきし戰友《とも》は傷癒えて今日戰線に歸りゆくものを

願ひしもつひに聽かれず內地還送の命令くだりぬ今はすべなし

柴田末光

うなされしチブス患者の聲高く官級氏名くりかへすあはれ　（部隊在勤中）

170

銃の音絕えて暮れゆく岡の上に馬斃れ居て曼殊沙華赤し

野戰病院にて義兄に會ひて　　杉原治平

呼ぶ聲に吾に返りし己が目に兄が見えつる時の嬉しさ

解つたか兄だ兄だと吾手をば握りたまへり淚流れやまず

杉本榮之進

ひたすらに漢口攻擊待ちたるに參加出來ざる甲斐なさを泣く

一線の戰況ニュース聞くごとに癒えざる足をながめくやしむ

田中保

傷淺き兵士はいもを掘りて來ぬ野戰病院のあたたかき朝

暗やみの部屋に傷手に惱みつつまだ明け初めぬ夜明まつ永さ

171

長瀨一秀

傷痛む身の枕邊に君が生けしアカシヤの花のかをりただよふ

足失せてはじめて松葉杖の步みせり幼子の如くいたはられつつ

やはらかき白衣の君の肩によりて步めば戰傷《きず》のほのかにうづく

西園福長

母の名をかすかに呼びて馬鞍山の野戰病舍に戰友《とも》つひに逝きぬ

根岸子之吉

夕食ならむ衛生兵支那釜に味噌汁みたしアンペラの上に飯盒をならべゐる（野戰病院）

進軍の銃音もすでにをさまるか九江の電燈長江にうつる

白衣の天使まつ黑になりしわが顏にタオルをあてぬ淚いでこし（南京病院にて）

172

食はぬかと大福餅一つさし出す腕《かひな》の細さ東京の生れとふ

エイホーと苦力の飯びつはこびくるかけ聲きこゆ待ちどほしけれ

橋本康以

いくたりの戰友《とも》死なしめし海岸を涙たりつつ見送りにけり

輕傷のわれはデッキに立ち出でぬ雨の杭州灣を今拔錨す

砲聲のとどろき遠し赤き陽の呉淞の方におつるを見つむ　（呉淞沖碇泊）

上海に廻航されし傷者等の原隊復歸みな願ひ出ぬ

佛蘭西租界の電飾はるけし甲板に後送の身を思ひ口惜しむ

故鄕なる伊勢石藥師村神風義塾の師を慕ひて

服部末吉

彌榮と神に祈らしし師の君の御聲今日なほ耳に殘れり　（野戰病院にて）

通城に入城せる夜、病重りて野戰病院に收容さる

林大

たたかひはやみぬ熱いでて平病の口惜しさ遣り難し敷藁にふす

汝は國に捧げつとのたびしたらちねよ今いかにおはす我病みてあり

虱虱このやせ胸の血をすひて腹太るかよ孫子生みちらす　（虱三首）

敗殘の敵匪の如くひそみをる尻の方やや黑き虱にくしこやつ

討ち平げつと思へどもまだ蠢動す明日は襦袢を湯漬にすべし

173

廣瀬茂雄

戰線に再起の夢は破られて秋陽《あきび》まばゆく白衣を照らす

內還の命受け聞けば心暗し船の汽笛のいたく身にしむ

174

古谷淺吉

射ぬかれし假收容所に傷友《とも》と寢る淡きランプに痛みはげしも　（假收容所に一週間）

野戰病院にて返信に苦む

唯無事と書く外は術もなくなりて我は傷《いたで》を撫で泣くなり

「新聞に出たけどお前は如何《どう》した」と親の便りに胸突かるるを

松本小四郎

病院の窓より見ゆる黑けむり敵兵憎し無辜の家燒く

吉田喜作

血しぶきて骨くだくるも悔《くい》あらず己が務めをなし果てたれば

昨日敵を打ちまくりしに傷負ひて今日床に臥す運命《さだめ》口惜し

吉田實

創いえて前線復歸する戰友《とも》は靴音勇み笑みつつ集ひぬ

片腕の動き兼ねゐる戰友は還送と聽きて逃げまはるなり

175

病院船のゆきかへり

飯塚すゞ子

レコードの今たけなはに流れつつ白衣の勇士靜もり聞きます

諫山喜久子

朝まだき總員起しの號令に夢破られて身をひきしめぬ

カムフラージ今は解かれてさつぱりと春は來にけり中山陵に

內海あや子

揚子江近かるらしも水の色うすく濁りて波靜かなり

176

うすもやのかかりし今朝の江上にブロードウエイの尖塔がみゆ

夜に入りて砲音はげしく船室の硝子戸ひまなくうちふるひつつ

空襲と傳令とびぬ身を締めて豆電燈を手に兵みとりする

隊長の餅つき給ふきねの音朝の甲板に冴えてきこゆる

大嶽康子

いかほどの砲聲も我おそれねど聞きがてなるはもののふのうめき（野戰病院）

炎天に敵屍臭へる邊にして我が兵ら飯を食みていませり（戰跡見學）

新しき白衣ただして甲板に初日をろがむ呉淞の沖に

177

後藤富美代

航空母艦沖に見えけりかのふねにわが弟《おとひ》の乘れりとしきく

ありありと荒鷲の姿見ゆるかも今しわが船の眞上を飛べる

たらちねの母が手になるソツクスを押しいただきて我ははくなり

寒さにと送りたまひしこの眞綿背に着て友の情思ひつ

タラツプを踏む足もともおぼつかな傷手生生しき兵のぼり來ぬ

「しつかり」とはげましつつわれ脈見れば今たえんとするにいそぎ注射す

生生し血しぶきつける軍服のずぼんは切りてぬがせけるかも

いたいたしみ顔おほへる繃帶のしみに群がる蠅追へど去らず

手を脚を切《き》斷《ら》れても齒をくひしばり聲一つたてず耐へたまふなり

いかほどにつくしても足りぬ思ひなりこの傷の大きく生生しきに

わが船に來りし兵士らむさぼるごとにごらぬ水をひたにのみ給ふ

178

久久に白き飯食《を》すとつはものは幼子のごとよろこびたまふ

傷兵の呼びたまふ聲にゐざりつつみとりするかも船ゆれにゆれ

羅店鎭にかへせかへせと叫びたまふ武夫あはれ現《うつつ》はあらぬ

心つくしわざつくしてもかひ見えずみえぬ力にただにすがるも

トーチカをカモフラージせる竹藪に聲かしましう群雀鳴く（戰跡見學）

片ことの支那語かたれば女らの三人四人とわれにより來ぬ

キヤラメルを與ふれば幼子なじみ來て臘梅一枝差し出すなり

崩れ落ちし家居の庭に一むらの白蘭の花咲き盛りをり

杉山りつ子

砲聲の今宵ま近にきこゆるに暗き甲板にいでてみにけり（呉淞沖にて）

爆撃の音の激しさ今宵またもゆる火の手は天をもこがせり

砲聲にもゆる火の手ぞ盛んなる呉淞沖は燈一つも見えず

涙ぐまし敵前上陸の傷者たちに激しかりつる戰おもはれ（杭州金山沖にて患者收容）

小舟もて傷者をはこぶ兵等みな眼《まなこ》すわりゐぬ涙もてみる

風はげしく流激しきに小舟もて傷者をはこぶ兵等のはたらき

上官を氣づかひつつも一歩一歩ふりかへり行く兵のいとしさ

本船は病院船となる前御用船として度度敵前上陸の兵を送りしときく

呉淞鎭目のあたりみつつ船の上に敵前上陸のものがたりきく

彈丸の雨と降る中を此の船の兵等敵前に上陸せしときく

180

爆撃に破《や》れし古寺の佛たち缺けたるままにもだしおはすも　（南市龍華寺）

はげしき低氣壓に會ひて

風はげし波あまりにも高ければ船のゆれざまあまりにもはげし
波荒し船首をたたく波はげしくこの大船も裂くるかとおもふ
とどろとどろ船も裂けむばかりうちうつ波百の雷落ちし如くに
あらあらし波に嵐にもてあそばれい行く船ぬちに傷病人《いたでびと》います
苦しさをひめつつみとる此の身はた此のゆれざまに倒れむとすも
胸苦《むなぐる》しあな胸《むな》ぐるし海荒れのこの大波のいく日つづくか
いく十度ゆききはすれど今日のこの此の苦しさを何としいはむ
大波にゆられゆられくれば對島灘島かげに大船は避難して居り
この船も島かげにしばしいこはむかそれよりもとくゆかしめたまへ
船長の君の決意の眉のさまつづけ航行《ゆか》すとのををしき御面
門司岸壁と只一言《こと》に傷者みなうれしむさまの涙ぐましも
甲板にいづる傷病兵のまさをき顔この航海の苦しかりしに
波おだしき瀬戸内の海を船行きぬ今宵病室のいとも靜かなる
やすらかに故山の夢やむすびまさむみとりする身も心やすけし

竹内あき子

さわやかに秋空晴れて原隊に歸る兵士等立ち竝びいます
數しらぬ勇士のみたま鎭もれる小高き丘に柳芽吹きぬ

182

181

新田笹世

身だしなみ顧る心のいとまなしひねもすを勵む看護のわざに

野村浪子

かく强き大和男の子か航《ゆ》き航けど兩岸はみな戰跡のはげしさ
甲板の波濤は高し看とりゐる吾が足もとの定まらなくに

橋本春

宿直の事務を終へたり窓によれば港は完き燈火管制
武漢おつのニユースに萬歲叫びつつ傷兵達はみな泣きいます
花瓶に梅花を生けてすがすがし戰傷病舍の日かげ明るく

早川八重子

まなこ閉ぢ救護員十訓をとなふなり我が病いと苦しき日なり
戰跡よりひろひ來し鐵かぶとごろごろと我が枕邊にころがされあり
臥しながら我がはく息のほのかにも白きを見れば寒き朝ならし
外創の聲に駈けゆく長き廊下暗き廊下のもどかしきかも
みいくさに兩眼捧げし勇士あまた霧深き朝を後送されきぬ
齒をくひしめ苦しとはつひにのたまはずほとばしる血潮に朱にそみつつも
醫扱箱山と積みたるトラツクに赤十字旗をたてて我等前進す　（前進）
かかる日のためにと我等日頃より勵みし業ぞひたにつくさむ
時雨降る廢墟の街をわがトラツク大き動搖しつつひたはしりゆく

184

183

トラックにゆられ行くゆくて知らねども心しまりつつ急《せ》かれてくるも

物乏しき假設病舎の藥局に藥袋とどきたりつつましく用ゐむ（工部局假設病舎にて）

くつきりと還送自動車のわだちのあと眞白き霜の上につづけり

汲みあぐるつるべの水に明星の光かそかにゆれうつるなり

眞赤なる血潮の雫ちる如し雨に冴えたるサルビアの花

戸棚あけて掃除をすればいくつもいくつもフランス人形が出でて來にけり

抱き上げて西洋人形あやしゐる若き水兵のまみは晴れやか

めづらしや未だ暮れ初めぬ大空に敵機襲來の爆音とどろく

すさまじき空中戰鬪のあくる朝撃墜せられし敵機運ばれきたりぬ

レントゲンに透しみる兵が胸ぬちの敵彈片の數限りなき

185

後送の擔架待ちをれば足下の草むらにかすか蟲啼きそめぬ

片言に捕虜は語れり中國に母と妹と住めることなど

軍國歌我等唄へば捕虜も唄ふのどかなるこの眞晝の憩ひ

幾度も幾度もおじぎしつつ捕虜は火傷の手當を賴みに來たり

戰友の情はかなし支那の捕虜一本の煙草を分け合ひて喫へり

故里の祖母がたまひしかき餅やれば捕虜はうましと云ひて食みをり

歸國の日明日に迫れりと告げやれば捕虜は大聲あげて泣きけり

186

還送療養篇

青木治男

還送の友に野戰のさま聞けば無念の涙胸つきて來る

坐臥出來ぬ戰友もやうやく快くなりて希望にもゆるまなざしに逢ふ

病室に初日めでたくさしにけり戰友立ちあがり癒えし手をふる

青柳今朝雄

雪國の子等が心のこもりたる人形何よりも嬉しかりけり

病床に母の寫眞《うつしゑ》みまもりつつ再起奉公かたく誓ひぬ

右腕の機能障碍を恢復するため運動を課せられて一首　池内勇

幾年を持たで過ぎ來しラケットの使ひがてなるわが腕の傷

行幸の日三首

189

天皇陛下着御まします今日の眞晝尊きしじま病室につつしむ
傷兵の踏み荒らしつる粗き廊を玉歩はこばすなり涙流るる
高光る日の御子今しみそなはす我ら傷兵の機能體操

池上恒

戰傷患者戰爭展（陸軍記念日）

傷兵が描ける戰爭畫稚拙なるも心せまり來《く》その體驗に
繪を學び彫刻はげむ傷兵の技《わざ》すすみ行くに嬉しく涙す（美術教授として）

石原丁己

癒ゆるとも銃持ち得ざる右腕の細きをさすり悲しむ吾は

石山三次

足痛み寢られぬ夜半を覺めをれば雁の鳴く音の遠ざかりゆく

190

歩習機に身を運びつつ思多し生還を期せずと誓ひ征きし吾

伊戸一夫

癒えきらぬ脚をはこびて草に立てば繃帶の上に蟻上り來る
このあした子供心をおさへ得ず慰問の芝居見にゆかんとす
傷つきて一年はめぐりぬ今にして身よりいでくる彈丸《たま》の一かけ

佐佐木先生の御授講に接す

あふぎつつ久しき大人が歌がたり吾が聞くことか傷つきてここに

梅澤千丸

雨上りのうら暖き院庭に兎を見つつ傷兵ら笑めり
見えぬ目をしばたたきつつ戰のさま語るなり雨の病室

191

あたたかき銃後の光身にうけて再起の日待つと吾は勇めり

宇山省三

身體《からだ》には重傷負へど心には傷うけざりしと母に知らする

小笠原好雄

慰問にと子等が持ち來し智慧の輪を手すさびにしつつ今日の半日を

小澤開市

色青く見えても寒き冬空をベツドの中に堪へゐて見つる

小澤寛一

水栽の球根青く芽をふきて戰友《とも》が謠曲《うたひ》の聞ゆる夜かな

乙馬仁

192

戰爭の話をせがむ子供等と心親しく煖爐かこみぬ
其の父は出征なせしと聞きし子の笑顔うれしく頭なでやりぬ
院庭の芝生も青く芽をふけり吾も再起をちかひて歩めり

笠原政雄

傷癒えてひとり歩きも出來し日の喜びをまづ母にふみ書く

加藤清

征《い》でし日の誓ひも空し武運拙く白衣着る身をゆるさせ給へ

加藤平太郎

お互にしつかりやらうと約せし友今はしづまりぬ靖國の社に
戰傷の父を訪ひ來ていじらしく何時頃かへると又もいふ子よ

193

門屋逸郎

得たへぬを耐へて來にしが嬉しかりベッドに臥ししに涙こぼれき（病院の生活）

うつし身はしめ木にかかりをる如し間なく苦しく間なく痛むに

つはものの惜しまぬ命ながらへて死ぬにまされる苦しみに哭く

烈烈の氣は衰へずいたづきに現身いたく痩せ細れども

負傷ならば嬉しからましいたづける身はたよりさへ書きまどひつつ

戰盲となりて　金居大介

精進の鐘の音ひびく默禱に殘れる使命胸にあつしも（調布高女）

晝餉の卓風鈴の音とカナリアの聲そへられし心うれしも

天使たちおたまじやくしを取りくれぬ目に見えねども嬉しかりけり

194

唐澤千學

院庭の梅の梢に小鳥來て今朝も囀れど心たのします

院庭の芝生に坐して拙かりし武運くやしく青空あふぐ

古賀金吾

片腕のなき戰友《とも》のあり今よりは不平いはじと今朝も思へり

小島貞雄

熱いでて眠られぬ夜は北支那の野に別れ來し我が馬思ほゆ

討伐にいで行く夜に書きしといふ友の手紙は短かりけり

血潮もて我等が占領《とり》し南京の鐘としきけば胸は迫りく（白衣迎春）

南京より除夜の鐘きこゆいたづきのベッドに坐り感極まりぬ

195

小手川正平

背負はれて船よりあがる自《し》が姿しみじみとして涙あふるる

荒びたる心にしみて夜ふかく降りしづむ雨は故國の雨ぞ

戰野より荒びかへりし吾が心匂ひ咲く菊に涙ながしぬ

雄叫びせし昨夜《よべ》の夢思ひあたたかき窓ぎはの陽にしみじみとをり

列の中より呼びかけくる聲は知れ涙あふれむに默默とゆく（原隊驛頭）

小橋傳一

拙なきを知りてはあれど畫がく繪の樂しきものと日毎なり行く

小山千里

春たちて楊柳も麥も伸びたりと戰友の無事の便りうれしき

196

○○○海軍病院にて　齋藤豐平

暖き食餌を前に戰場の戰友を偲びつつ箸の手ふるふ

宍戸晴美

レコードの音樂流れ靜かなる病院船の和やかなれど

大行幸あふぎまつると相模原春日うららけし今日の佳き日を

柴田末光

有難き國に生れしうれしさは病の床に雜煮祝ひつ（療養所にて正月を迎ふ）

いづべにか戰ひ居らむ戰友《も》を思ひつつ熱き飯食《いひを》しにけり

第○陸軍病院に行幸あらせらると聞く

傷兵の更生のさま親しくもみそなはし給ふ聖慮畏し

197

かぎろひの野に立つ見ればはるばると病得て來し吾が身思ほゆ

いくたびか死線を越えし今にしてしづこころなき心かなしも

島　圓治

生きてゆく望ぞもゆる再び起ち國に盡さむつはものわれは　(病院にて)

銃執りつつ越えにし山河まざまざとよみがへり來て昨日のごとし

白石浪男

小學校兒童の慰問文とどきたり力こめたる字の美くしさ

慰問文に返事かかむと心には思ひつつ今日も一日くれたり

身動も出來ぬ身體に手を伸ばし銃はどこだとさけぶ兵あり

種物谷利一

新聞に戰友《とも》の記事出づる見る度に白衣きる身のなげき多きかな

轉送の車窓に見ゆる山峽はかすみつつ白う櫻花さけり

白鳥德治

賞詞狀授與たまはりて胸せまり過ぎし激戰を吾は偲びし　(個人賞詞狀授與)

賞詞狀くりかへし讀みて胸せまり今日の感激をまづ母に書く

光榮に只感激に胸せまり讀みつつあふる淚は頰に

杉原治平

感狀をよみつつせまる喜びを亡き戰友に吾は語りぬ　(中隊へ感狀を授與されて)

願へども許されずして本意なくも我が身をまかす病院船へ　(內地還送を命ぜられて)

杉本榮之進

199

198

出迎に立ち並び居る人人のあつき言葉に顏も上げ得ず

封切ればかすかに匂ふ梅の花おこせし母のみ心に泣く　(東京第〇病院にて)

杉本三郞

颯爽と義肢を運べる我が友の白衣に朝の青嵐吹く

勤勞の奉仕を終へし子供らの汗拭きてゐる青葉の蔭に

瀨尾利兵衞

今日ぞ聖戰二周年の記念日なり白衣の床に默禱す吾は

原病院轉送の日の迫りたり屋上より拜す九段の大鳥居

戰友と勳誓ひし玄海を一人白衣に渡る無念さ

高瀨辰夫

勳なく擔架に歸る己が身を迎ふる人に顏あげがたき

次次に戰友《とも》は病舍去りて長くなれるおのが白衣を見つつ心苦し

七度の手術を受けて床に臥す生きながらへし吾身くやしき

幾度か死する覺悟のほのめけば強く生くべしと目つぶりて叱る

高取長之助

水こぼる音おもしろしとふ戰盲の友と池邊に佇む吾は

高橋喜由

人生の一大事遂げてかへりこし戰友の顏の明るくたくまし　(歸還部隊を迎へて)

我が隊の歸還の戰友《とも》を祝しつつ口惜しき淚自づと湧き來る

病床札の長き傷名見入りつつ思ひ亂れてつひにくやしき　(病床雜詠)

201

200

梅雨しぐれひそにけぶれるこのあさけ金魚は死にたり美しきまま　高橋良吉

最高の忠義は死とぞ思へれど傷つきし身の術なかりけり
半ば癒えし傷見せ合うて共共に語らひあへり事變記念日に　竹中俊夫

年の瀬を老いたる母は忙しくいまさむものと病床に我は　田中保

船に酔ひ苦しみながら看護《みとり》する白衣の天使すがた尊し
君が爲散ると定めて征で來しをこの身病みつつ還る苦しさ　地木幸夫

202

戰勝の鈴の音遠く消えゆきぬ白きベッドに聞きつつ我は
爆音高く荒鷲ゆくに戰線の空爆の様友は語るも　土肥清三郎

戰友の寢顔にかかる月影の白白として夜更けぬ病室
何時までも戰ひくれよと別れたる戰友も散りて一年經たる
南京占領の報を聞きつつよくやつてくれたと號び皆泣きあひぬ　長瀬一秀

足失せしくるしき思忘れはてて汗ばむまでも子等と遊べり
假義足にて歩めば音のかまびすしふと佇みて足を眺めぬ（假義足）
これがこれわが足なるか鐵の足歩めばギイカチヤンと音高く鳴る

203

傷つきてはや一年《ひとゝせ》もめぐり來ぬいま戰地にも楊柳《やなぎ》芽吹かむ（戰地を偲びて）

昭和十四年一月二十四日竹田宮、北白川宮邸へ伺候して
大妃殿下の御手づからたまふ御情足失せし身を光榮に泣く
大妃殿下の化粧《けはひ》遊ばさぬ御おもわに御惠あふるる大き光みつ　中畝萬三

想出の日なり白衣の友とならび月ににほへる梅を見にけり
戰捷の年をむかへて故郷の友温泉にてとたよりおこせぬ　長房守澄

秋の蠅ここに來て遊べせめてこの朝陽あびゐるわが膝の上に
足の上にひとり遊べる秋の蠅やせてよわげなり我と同じく
我が部隊一番乘の新聞を白衣の我は持ちてまはりぬ　中村季

散華せし知らせのあとに來し便り俺は達者と漫畫まで畫《か》きて
城頭に立てし日章旗の感激を胸にたもちて一生《よ》は生きむ
かく迄もと思へば淚こみあげぬ顔もえ上げず病兵我は　中村茂夫

幼子にいひきかせ居る母もあり我等の乘れる自動車《くるま》さしつつ
來る處まで來しとつくづく今一度ベッドに臥《こや》りて病室《へや》見廻しぬ
六月《むつき》ごしの病に堪へて戰ひし我今にして云ふことあらず　中村春一

204

205

瓶の花名も知らざれど咲き昇り種子さへ青く見え初めにけり
大き毬塀越ゆる毎にどよもすはバレーボールをなし居るらしも

中村兵藏

傷つけりと吾が知らせしも空しかりはらからは廬山に魂散りしとぞ（弟戰死）
白衣着たる兄に代りて奮へてふ我の便りは何地迷ふらむ
大陸に兄弟の血を流さむと交せし誓遂げられしかな
よれよれの守り袋も硬ばりし財布も母は覺えありてふ

新歩一小衞門

失明の戰友は今朝も濱に出て海の音聽くと耳かたむけぬ

206

西川辰男

風呂をいでてベッドの上に爪を剪るこの靜けさに喇叭演習聞ゆ
爪を剪りて指をながむるこのゆとり戰鬪の樣ふと思ひたり
朝なさな飮む牛乳の冷たきものどにさやけく夏は來にけり

西川守

椰子の葉を入れておこせし戰友のゆとり心を羨《とも》しみにけり（陸軍病院）
新しく還りし友にとびつきて聞きただし居り誰れ彼れの事を

根岸子之吉

强くなりたし歩みたしと思ふ今日もまた擔送車にのりてレントゲン室にゆく
戰友《とも》の妻面會に來て子供背に何となくはなしゐる燈のともるまで

207

野池太郎

たはむれに燒きし燒芋温く滄口《ソーコ》のことども思ひ出さるる（滄口—地名）

橋口時吉

歸還して不要になりしわが遺書を感慨無量に今ぞ火に燒く
窓に見る雲の流れのしきりなり出動の同僚を思ひみにつつ

長谷川悌三

手術後の友を車にのせてゆく窓に春日のあたたかきかも
義手義足の身をうち忘れ嬉嬉としてたはむれ居るも戰友のいく人
ほころびし梅の香りをたたへつつ戰盲の友はそぞろ行くなり
我いまだ無事なりといふ戰友の近きたよりを嬉しみて讀む

208

林大

おや國の青島山にまむかひて病兵われのはぢらひ深し（船中）
あら御《み》たまあらびいたづく兵《つはもの》を看護《まもり》る人のうつくしき言葉（白衣天使）
うつくしき白妙の子も荒海の荒き波にはえづくがあはれ

日野彪雄

一年をへだてて母を見まゐらすればや今宵いをし寢がてぬ
江南の華にちらむと誓ひしを散りのこりたるわが身くやしも

姫野穎

わたさるる慰問袋をいただきて銃後の誠心語りあふなり
こがらしのまどうつおとに夢やぶれ今はなき足をそとさはりみぬ

209

廣瀬茂雄

更生の道を拓けと奮き師は情溢るる便りたまひぬ　（陸軍病院にて）

あどけなく唄ふ慰問の女兒等が歌聞き居れば眼頭熱し

廣瀬高市

五十數機擊墜せりといふ愉快なるニュース聞きつつ我床に就く

藤井彰

義手を附け再起奉公と太く書きし筆跡見入り希望胸にあつし

降旗助敏

芝草に白衣の兵等集まりて手柄ばなしに春の陽そそぐ　（病舍雜詠）

切りたてよと持《も》て來し兒等のいじらしき其の花束の赤き花はも

藤井多嘉市

今宵また葉櫻にうつ雨の音しづけきままに戰友《とも》思ふなり

古市明

長らへて戰友《とも》のみ靈にぬかづけば彼の日の契り胸に熱しも

詣で來て戰友《とも》のみ靈にぬかづきつつ今日ある我の不可思議を思ふ

前田金房

行幸を仰ぎまつりて

一年の永き起居を病める身の今日の行幸を仰ぐかしこさ

感激を頒つすべなし江南の露と消えし戰友《とも》のたれかれに

枡田宇三郎

傷つきて見えぬ吾が生《よ》を尺八に托しつつ奥を極めむと思ふ

210

211

戰盲にも明るく見ゆる今朝の陽を心の島に映し見るかな　（朝陽映島）

一言の言葉も心の姿なりつつみし玉の暗に光れり

盲教の學藝會にまねかれて心の光を我も見にけり

松尾五一

親切な慰問の客に惠まれしさつきは旣に花つけにけり

戰傷の床に二歳《とせ》今は只再起奉公の準備に他意なし

松本小四郎

白衣ゆゑ道ゆく人の寄せらるる敬意に我は涙こみあぐ

宮岡貞三郎

行幸を仰ぎまつりて

かしこきや白衣の兵におほみづから御會釋賜ふに涙とどまらず

宮田敬一郎

銃後のこの心づくしを頂きてただに吾胸の迫りくるなり

森重敏

煖爐の火落ちし夜半の病室《へや》冷えたり創の痛みに又も目覺めつ

しじま破る夜間演習の銃聲に逆襲の敵追ひし日をおもふ　（戸山學校の演習）

森田次男

碎けたる顎撫でつ肉體の儚なさ知れど心碎けず

病床の暖かさすまぬ心地せり凍てつく北支の戰友を憶へば

退院の申告すらし友の聲長き廊下のはてより聞こゆ　（新年雜詠、二日市溫泉）

戰勝の初日拜むと眞白なる一裝の病衣渡されにけり

212

213

十七病棟より出《いで》し太陽の十九病棟に入り一日終る

お前まだ生きて居たかと戰友に駈け寄らんとして夢さめにけり

森脇　悟

弟の支那よりの便り傷つきし兄我の分も努めゐるといふ

南昌はつひに落ちたり入城の部隊に弟もきほひゐるらむ

山口義治

火傷した跡まだ殘れり空襲に打續けたる銃身にふれて

幕開けば何と無邪氣なちよこなんとすまして立てる可愛い慰問使

いくさには再び立てぬ身となりしもいのちあるかぎり何ごとか成さむ

惠まれし戰友《とも》の武運を忍びつつ再び立てぬ我が身かなしも

幾度か思ひなほせどともすれば神となりにし戰友を羨む

桃色の小さき封筒來にければ戰友等はしやぎしばし渡さず　(銃後女性の慰問文)

山田充穗

おお見ゆる故國の山が病院船の窓に寄りそひ唯涙しぬ

變りたる今日の此の姿此の驛を送られ征《い》でしあの日を想ふ

汝《な》が傷の平癒願に今日も行くとの父が便りを繰り返し讀む

明日よりは歩いて良しと軍醫殿の許可の出でたる夜《よる》の長さは

久久に外に出づれば日の光まぶしく照りてただにうれしも

送られし吾が枕邊の人形も左の足がいと短かかり

吾を知る人送りしにあらねども運命《さだめ》めきたる人形悲し

ねむられぬ今宵なりけり湯がたぎる音のかなしさ一人しあれば

徐州にて傷つきし友が來るといふに杖にすがりて出迎へに出づ

山本　保

鞭鳴らすしぐさも今はむなしくて四月の風に額《ぬか》を打たるる

血脈の爽《すが》しさはなし野に立てば遠景となる白衣のわれの

逞しく立ちはだかれば胸もとを四月の風にふきぬかれゐる

たじろがず征矢《そや》かざせしはむかしにて鞭もならさぬ春を悴《やつ》るる

口《こう》をつく叫びをころす日もあればいくさといふをせちに思ひぬ

山本信天

夜ふかく覺めてふと見る新聞の豫報は晴とありなにかうれしき

盲《めし》ひたる戰友《とも》のベッドに看護婦はひな祭の餅を配りつつ泣く

戰友《とも》の母の文來るごとに讀みてやれば聲立てて泣きぬ母ありがたきと

横山久男

山の手線の走る音らし夜は更けて眠れぬ床に一人聞きゐぬ

常夜燈の暗き燈に書も讀めず晝寢せし日の夜の苦しさ

健けき色にこげたるたのしさよ戸山が原に一日遊びぬ

吉澤仁介

花いぢり好むところとうべなへるおのが司《つかさ》を勤しまでやは　(庭園綠化主任拜命)

槖駄師のしごとに倣ひ兵を率《ゐ》て庭つくりするきのふけふはも

身の傷痍《いたで》癒やす醫師《くすし》をたすけつつ心の傷痍《いたで》とかまくは吾等　(慰安部委員拜命)

看護するわざを授くるこの身まづ看護《みとり》の精神《こころ》養はむと思ふ　（衞生兵敎官拜命）

血の河むくろの山を怖め怖ぢぬ兵をしつくるわれらが任務

これの身の日ごとのしごと嵩みあれば夜深みいねず鷄に鳴かれて　（折にふれて）

夕されば糧はたるらし動物舍ゆ山羊の聲聲顫ひやまずも　（病院のある日）

ひたぶるに神につかふる心もていそしみやまず照りかへす庭に　（さる奉仕園に謝す）

わきいづるうなじの汗を拭きもあへず築墻の草を刈るよ日盛り

ほむら吐く庭となりけり白衣干す下に咲きつぐ百日草の花

な啼きそうつけ鴉と知りつつもいたづき人は汝が聲を忌む　（ある曇り日に）

たたかひもみとりもひとつ大君につかへまつるにけぢめあらめやも　（折にふれて）

院の庭に旗行列のなだれ入りぬ武漢攻略とほぎにほぎつつ　（武漢三鎭陷落の日）

いやはてに後れつきたる提燈がわきても明くはなやげるかも

戰捷をほぐ燈の海に押され出でて肩車の子も燈をささげ居たり

贈りこし珍《うづ》の拓本を手にしつつ戰場を偲《しぬ》びあかず愛《を》しめり（姥原軍曹所贈の拓本）

南昌の華と散りにし雄雄し君は鬼軍醫てふ名をば止めつ

218

吉田　實

ひしひしと師走の寒さ創にしみて明日の日和を知る夜頃なり

床に入れど創もたる腕の冷たさよしみじみと痩せし腕さするなり

送られし鉢の白梅あたたかき病室に咲けば記念撮影す

夕闇の靜かにせまる軍病院の窓ガラスいつか水玉つける

ほろほろと心崩れてゆく如き感激湧けり戰友ら征《た》ちゆく

219

吉村　矢左衞門

梅雨去りて傷の疼きもうすらげば皆元氣になりて軍歌うたへり

竹田宮妃殿下御慰問を賜はりて一首　内海　あや子

御手づから花瓶のひとつ賜はりぬ兵に代りて吾の受けまつる

召され來て二年の春むかへたりみとりの使命いよよ勵まむ

野を山を進みてあらむみいくさを思ひつこの夜を兵みとりする

かけ聲をあげて竹刀をとり給ふ兵の義足に力こもれり

岡田　久良子

花の位置變ふれば氣分の替るとてよろこびたまふわがますらをの

金清　佐津子

病室のドアを開くれば沈丁花の甘きかをりは部室にただよへり

清水　陽

自動車の窓より宮城拜しつつ勇士らの目に涙光れり

傷癒えて更生に勇む勇士らの明るき顏見つつ涙ぐましも

早川　八重子

萬歳の聲湧く方にしきりにも旗振りいます戰盲の勇士は

朝な朝ないえゆく創の目に立ちて繃交受持の我に嬉しき

廻りつつかねて知れども夜半の窓義肢下りをるにふともおどろく

病あつき勇士の部室に千羽つるかかげて春をことほがむとす

220

221

青空に眞向ふ君が眞白なる雙の眼帶の新しくかなし
まろびつつ義肢の勇士らがひたすらに造りしこれの大き雪だるま
義手義足の白衣の勇士ら二てにわかれ雪合戰は今したけなは
敵前上陸のいくさ語れるつはものの語氣は次第に烈しくなれり
ますらをの創うづく日はみとりする我が身も魂《たま》もうづく心地す
名も告げずおくり給へる白梅の慰問の花のさき盛りたり
梅の花香りくるよとひとりごち戰盲の君は杖とめ給ふ

222

再起更生篇

再起軍屬として從軍す　河村 功

陽は落ちて極寒零下二十五度殘光かすむ新京の驛
國國の旗ひらめけるハルビンに我が日のみ旗たのもしく浮けり
白衣すてて再び來にし大陸なり心もえつつ凍てし江に立つ
爆竹の爆發《おと》を聞きつつ現にも目に追ふものが往來《ゆきき》せし戰線
露人の子ら「見よ東海の空明けて」と口もつれもつれうたへり

所澤整備學校に勤むることとなりて　笠原英吉

今日よりは銃後の勤《つとめ》はたさむと固くちかひぬ我は整備校に
譽ある傷痍記章を胸につけ我は感謝と慚愧に堪へず
過ぎ來つる征野の三年《みとせ》夢のごとし今は更生の勤に勵む

225

瀧口 清

軍需工場街の朝の躍動人波の一人と更生の傷兵われも
君が代の喇叭響きて軍需工場の朝をするすると昇る日章旗
ありし日の戰野しのびつつ機銃組むわが現身に血潮わく覺ゆ
機銃試射わが耳朶うてり灼くる日を職場に在りて征野しのびぬ
更生の意氣に日毎の職場明るし機銃工作にいそしむ吾は

廣田上等兵の琴曲電波にのる　杉谷清一

兩眼を國にささげて精進の君が「飛躍の曲」はあかるし
勤勞の職場に急ぐ自轉車に朝《あした》の道をましぐらに行く

226

吾子つれて標高一〇〇〇の山頂を登りつめたり健康デー今日は

笹燻べて日の丸辨當膝にひらく初夏の眞晝の山いただきに

聖戰《みいくさ》に傷痍《いたつ》きし吾久久に喘ぎためすと山登り來ぬ

三年ぶりに城山の嶺のぼりつめ街の甍を數へ見ぬ吾

武澤武士

更生の希望に燃えて第一歩强く踏みしめ仰ぐ大空　(退役職業戰線に起ちて)

野村斌

新しき第二の生命いただきついよよ盡さむこの生命もて

再び鍬をとりて

前田金房

颪にゆらぐ枝引き撓め摘む桑の葉越にのぞく空のか青さ

この雨に颪な吹きそと祈りつつ今日穗揃ひの稻田見廻る

すすき穗のゆらぎの遠にたたなはる伊那山脈の高き山なみ

227

228

作者略歴

作者略歴 (氏名・階級・生年月日・出生地・職業其他・出動方面)

青木　治男　陸軍歩兵軍曹　大正二年[redacted]生。奈良縣山邊郡朝和村[redacted]。農業。句容南京戰鬪。徐州戰。

青柳今朝雄　海軍一等水兵　大正四年[redacted]生。長野縣東筑摩郡壽村[redacted]。軍艦〇〇乘組。中南支警備。

秋山　淳　陸軍歩兵上等兵　明治四十四年[redacted]生。長野縣更科郡大岡村[redacted]。農業。北支戰線。

朝日奈義一　陸軍歩兵一等兵　明治四十四年[redacted]生。新潟縣[redacted]。農。徐州戰。

淺利長一郎　陸軍歩兵一等兵　大正六年[redacted]生。秋田縣北秋田郡早口村[redacted]。鑛業所出張所事務員。北支河北省南各莊附近戰鬪にて受傷。

有木　辰治　陸軍歩兵上等兵　大正五年[redacted]生。廣島市[redacted]。北支戰線。

足立　政信　陸軍歩兵上等兵　大正三年[redacted]生。大分縣上井田村。中支九江戰。

飯田　定雄　陸軍歩兵軍曹　大正三年[redacted]生。茨城縣稻敷郡君原村[redacted]。農業。北支河北省拒爲河戰鬪に受傷。

池内　勇　陸軍歩兵上等兵　明治三十六年[redacted]生。高知縣七郷村。上海戰線。

池上　恒　陸軍衞生軍曹　明治三十三年[redacted]生。東京市本所區[redacted]。美術家。東京美術學校卒業。職業補導美術部敎授として戰傷將兵患者を敎育す。

231

石毛　寅二　陸軍歩兵上等兵　大正三年[redacted]生。千葉縣香取郡森山村[redacted]。學生。大黄河渡河作戰・徐州大會戰。

石塚　茂助　陸軍歩兵曹長　明治三十二年[redacted]生、秋田縣河邊郡岩見三內村[redacted]。木材業事務員。石家莊東方藁城攻擊戰。成安・清豐攻擊。山東・山西省鎭壓戰。大行山脈突破・徐州攻擊中受傷。

石原　丁巳　陸軍歩兵二等兵　大正六年[redacted]生。長野縣根羽村[redacted]。敎員。

石山　三次　陸軍歩兵一等兵　明治三十七年[redacted]生。新潟縣北蒲原郡神山村[redacted]。上海戰・南京戰。

猪田宇之輔　陸軍歩兵一等兵　大正元年[redacted]生。京都府[redacted]。中支。

市川　哲夫　海軍一等看護兵　大正二年[redacted]生。山口縣熊毛郡[redacted]。會社員。〇〇丸病院。特務艦〇〇にて北中南支轉戰。連雲港敵前上陸。受傷。

市原　猶治　陸軍砲兵上等兵　明治四十四年[redacted]生。千葉縣印旛郡旭村[redacted]。新馬調敎手。徐州殲滅戰。

伊戸　一夫　陸軍歩兵中尉　明治四十三年[redacted]生。福井縣坂井郡劍岳村[redacted]。上海・南京戰。徐州戰。

伊藤　立夫　海軍三等整備兵曹　大正元年[redacted]生。大分縣北海部郡丹生村[redacted]。農業。上海戰線〇〇基地より漢口までの戰線。航空隊整備員。

上田　豐二　陸軍衞生一等兵　大正六年[redacted]生。富山縣西礪波郡廣瀨村[redacted]。農業養鷄業。豐臺・北京を經て張家口に至る。同地警備附近討伐。罹病。

上田　義雄　陸軍歩兵軍曹　大正四年[redacted]生。兵庫縣小代村[redacted]。釦商。北支。

梅澤　千丸　陸軍衞生少尉。明治二十一年[redacted]生。東京市足立區[redacted]。東京市吏員。內地勤務。

梅津　佐助　陸軍歩兵軍曹　明治三十七年[redacted]生。岩手縣稗貫郡龜ケ森村[redacted]。小學校敎員。北支戰線。山西作戰。

宇山　省三　陸軍歩兵伍長　明治三十九年[redacted]生。神奈川縣中郡[redacted]。書籍文房具商。上海戰參加。

遠藤　清　陸軍歩兵上等兵　大正五年[redacted]生。宮城縣亘理郡山下村[redacted]。農業。北支。忻口鎭西方山嶽戰受傷。

小笠原好雄　陸軍歩兵一等兵　島根縣邑智郡矢上村[redacted]。自動車運轉者。中支。

小澤　開市　陸軍歩兵一等兵　大正五年[redacted]生。愛知縣葉栗郡[redacted]。絹織物業。上海戰線。

小澤　寛一　陸軍歩兵上等兵　大正三年[redacted]生。長野縣下伊那郡根羽村[redacted]。農。

小沼源太郎　陸軍歩兵一等兵　大正六年[redacted]生。北海道函館市。會社員。北支內蒙に轉戰警備、河西作戰に參加。

大久保猶義　陸軍歩兵上等兵　明治三十四年[redacted]生。群馬縣北甘樂郡秋畑村[redacted]。東京市本所區土木課勤務。北支方面。

大久保一完　陸軍歩兵一等兵　大正六年[redacted]生。宮城縣登米郡米山村[redacted]。

大島　義夫　陸軍歩兵上等兵　明治四十一年[redacted]生。群馬縣勢多郡荒砥村[redacted]。中支戰線に參加。

大塩　佐藏　陸軍歩兵上等兵　明治四十一年[redacted]生。神戸市林田區[redacted]。北支戰線に參加。

大野　弘　海軍一等整備兵　大正八年[redacted]生。宮城縣東臼杵郡南方村[redacted]。上海戰。第〇〇〇陸戰隊員として東部戰線參加。第〇艦隊沿岸封鎖。遡江部隊となりて南京進擊。〇〇に整備に入り佐空。

大野　政治　陸軍航空兵軍曹　大正四年[redacted]生。北海道空知郡三笠山村。農業。天津・保定・陽高・石家莊・太原・濟南・彰德・洛陽等の攻略に參戰す。

大矢喜代司　海軍二等機關兵曹　明治四十四年[redacted]生。神奈川縣煤ケ谷村[redacted]。

岡田平八郎　陸軍歩兵一等兵　大正二年[redacted]生。群馬縣碓氷郡秋間村[redacted]。保定攻略戰に參加。

岡安　實　陸軍歩兵上等兵　大正七年[redacted]生。栃木縣那須郡武茂村。待王鎭の戰闘に受傷。

奥谷　忠雄　陸軍歩兵伍長　大正四年[redacted]生。三重縣志摩郡名田村[redacted]。大工。北支。跳馬頭戰闘に受傷、加養療後、南京攻略戰・徐州會戰に參加。再受傷。

乙馬　仁《まさし》　陸軍工兵一等兵　明治四十三年[redacted]生。兵庫縣飾磨郡八木村[redacted]。製鹽業。太沽上陸。天津・大黄河・濟南等。

笠原　英吉　陸軍歩兵上等兵　大正四年[redacted]生。埼玉縣入間郡堀兼村[redacted]。農。蘆溝橋事件に參加。中支江西戰線に受傷。除役退院後、所澤整備學校勤務。

笠原　政雄　陸軍歩兵一等兵　大正六年[redacted]生。福井縣坂井郡[redacted]。會社員。北支戰線。

片山　權一　陸軍歩兵曹長　大正元年[redacted]生。愛媛縣越智郡立花村。北支山西省。

加藤　清　陸軍輜重兵特務兵一等兵　大正四年[redacted]生。石川縣能美郡牧村[redacted]。大工。呉淞攻擊・南京攻略・徐州會戰・漢口攻略戰に參加受傷。

加藤平太郎　陸軍砲兵上等兵　大正五年[redacted]生。靜岡縣濱名郡[redacted]。

門屋　逸郎　陸軍歩兵伍長　明治三十四年[redacted]生。岩手縣和賀郡岩崎村。敎員。北支に轉戰。三十數回並警備。

金居　大介　陸軍歩兵一等兵　大正六年[redacted]生。福井縣吉田郡圓山西村[redacted]。製織。中支方面漢口戰。

上村　正二　海軍一等水兵　大正二年[redacted]生。越後妻有庄。橫須賀海兵團に入團。事變勃發と共に〇〇艦に乘組み江上部隊として初期上海戰に參加。航行遮斷。厦門攻略に陸戰隊として參加。

龜山　春司　陸軍歩兵軍曹　大正四年[redacted]生。岐阜縣稻葉郡芥見村野村。上海・中支。

唐澤　千學　海軍看護兵一等兵。大正五年[redacted]生。靜岡縣濱松市[redacted]。理學的治療助手。〇〇海軍病院。

川久保定雄　陸軍歩兵一等兵　大正五年[redacted]生。靜岡縣富士郡田子浦村[redacted]。農業。上海戰線。

川田喜四郎　陸軍輜重特務二等兵　大正三年[redacted]生。栃木縣[redacted]。南京戰に參加受傷。

河村　功　陸軍歩兵上等兵　大正三年[redacted]生。山口縣佐波郡八坂村。農業。忻口鎭に受傷。退院。現在〇〇部隊軍屬。

北森　茂　陸軍歩兵軍曹　大正三年[redacted]生。石川縣能美郡御幸村[redacted]。農業。蘇州河渡河戰に迫擊砲彈にて受傷。

楠美　英雄　陸軍騎兵上等兵。大正五年[redacted]生。青森市[redacted]。鐵道員。關東軍騎兵隊に入隊。北滿蘇滿國境警備。

栗田　博　陸軍歩兵伍長　大正五年[redacted]生。岐阜縣養老郡上多度村[redacted]。農業。中支戰線。

桑原　清藏　陸軍歩兵曹長　大正三年[redacted]生。岐阜縣養老郡多良村[redacted]。

郷田　正矩　陸軍歩兵軍曹　大正四年[redacted]

[redacted]生。愛媛縣伊豫郡岡田村[redacted]。農業。松山農業學校卒業。上海戰參加。

郷田　豐　陸軍步兵上等兵　明治四十三年[redacted]生。山梨縣南都留郡東桂村[redacted]。農業。中支方面。

古賀　金吾　陸軍砲兵上等兵　明治三十四年[redacted]生。福岡縣浮羽郡水分村[redacted]。農業。杭州灣敵前上陸。南京攻擊・漢口戰にて負傷。

小島　貞雄　陸軍騎兵上等兵　明治四十一年[redacted]生。長野縣更級郡鹽崎村。果樹園藝農業。杭州灣敵前上陸。南京攻略戰。浙江省附近討伐警備。京漢・津浦・隴海各沿線掃討警備。

小手川正平　陸軍步兵軍曹　明治四十四年[redacted]生。大分縣大分郡高田村[redacted]。農業。輕機分隊長として中支に轉戰。廬山總攻擊の際決死隊となる。

小橋　傳一　陸軍步兵上等兵　明治三十九年[redacted]生。奈良縣吉野郡[redacted]。銀行員。安徽省繁昌縣荻港鎭の戰鬪に受傷。

後藤水戸仁　(陸軍)　大正四年[redacted]生。兵庫縣加西郡賀茂村[redacted]。電機職工。

小山　千里　陸軍步兵軍曹　大正三年[redacted]生。長野縣長野市[redacted]。農業。

近藤　俊光　陸軍步兵一等兵　大正六年[redacted]生。愛知縣愛知郡日進村[redacted]。農業。中支戰線。武昌にて受傷。兩眼盲。

齋藤　豐平　海軍一等水兵　埼玉縣入間郡入間村[redacted]。驅逐艦○に乘組み敵前上陸空爆掩護。陸戰隊陸軍部隊輸送。航行遮斷の任に南中北支戰線に活動。ついで第○陸戰隊として廣東攻略に參加。

齋藤　勇三　陸軍工兵一等兵　明治四十一年[redacted]生。東京市城東區[redacted]。大工職。平漢線石家莊より順德間の戰鬪、石家莊よ

り太原、太原より原平鎭附近の戰鬪。

酒井　辰雄　陸軍砲兵伍長。明治三十七年[redacted]。東京市本郷區[redacted]。會社員。吳淞敵前上陸。上海戰線參加。

笹木　袈雄　海軍一等主計兵曹　明治三十八年[redacted]生。陸戰隊員。南支に轉戰。

笹木憲太郎　(海軍)　大正四年[redacted]生。名古屋市熱田區[redacted]。上海閘北。

佐々木忠夫　陸軍步兵二等兵　明治三十九年[redacted]生。群馬縣。自動車運轉手。中支。

佐野　明　海軍三等兵曹　大正三年[redacted]生。山梨縣西八代郡大河内村[redacted]。第○○戰隊第○○隊○○に乘組み出征。電信員。吳淞に於て發病。

重本　英夫　陸軍輜重兵一等兵　大正四年[redacted]生。兵庫縣美方郡[redacted]。農業。徐州戰新庄にて受傷。

宍戸　晴美　陸軍步兵伍長　明治三十五年[redacted]生。福島縣信夫郡佐倉村[redacted]。農業。南京攻略戰。徐州戰參加。

篠崎　純　陸軍步兵二等兵　大正七年[redacted]生。東京市目黑區[redacted]。立正中學卒業。財務局經理課機械工場雇員。

柴田　末光　陸軍衞生伍長。大正四年[redacted]生。熊本縣。農業。關東軍衞生部。

島　圓治　陸軍步兵一等兵　明治四十二年[redacted]生。大分縣宇佐郡封戸村[redacted]。杭州灣敵前上陸。南京攻略戰。漢口進攻作戰。潛山西方地區戰鬪に受傷。

清水　一男　陸軍步兵一等兵　大正五年[redacted]生。理研重工業會社柏崎工場事務員。京漢線保定鐵道警備。漢口攻略戰。

種物谷《しゅもつや》利一　陸軍衞生一等兵　大正四年[redacted]生。本所區[redacted]。製圖工。

白石　浪男　陸軍砲兵一等兵　二十八歲、茨城縣。厚生省官吏。内地勤務中發病。

白鳥　德治　陸軍步兵一等兵　大正五年[redacted]生。長野縣上伊那郡東春近村。補充隊勤務中發病。

杉浦　德藏　陸軍砲兵一等兵　大正二年[redacted]生。東京市蒲田區[redacted]。上海戰線、杭州城攻擊。

杉谷　清一　陸軍步兵伍長　富山縣西礪波郡[redacted]に生る。中支上海方面。退院後商工會書記。

杉原　治平　陸軍步兵軍曹　大正五年[redacted]生。愛知縣西春日井郡山田村[redacted]。上海市政府附近、大場鎭戰鬪。

杉本榮之進　陸軍步兵一等兵　明治四十四年[redacted]生。廣島縣沼隈郡熊野村[redacted]。廣海工廠工員。萬里長城攻擊南京攻略戰。徐州攻擊。

杉本　三郎　陸軍步兵一等兵　明治三十四年[redacted]生。新潟縣北蒲原郡[redacted]。吳服商。中支方面。

杉本　太朗　陸軍步兵軍曹　明治三十七年[redacted]生。滋賀縣甲賀郡柏木村。農業。太沽上陸。南京攻略戰。徐州攻擊。漢口攻略戰に於て受傷。

杉本　信男　陸軍步兵一等兵　大正六年[redacted]生。滋賀縣淺井郡朝日村[redacted]。農業。北支・山西戰線。受傷。

鈴木　浩　陸軍步兵一等兵　大正五年[redacted]生。岩手縣西磐井郡[redacted]。教員。北支戰線。

角　新藏　陸軍步兵軍曹　明治卅七年[redacted]生。北海道天鹽郡遠前村。織物商。涿縣附近戰鬪。西泊頭附近戰鬪參加。

須山　寛司　(陸軍)　大正三年島根縣に生る。本願寺派事務員。

瀨尾利兵衞　陸軍步兵軍曹　大正元年[redacted]生。茨城縣太田村。農業。北支。

園部　才治　陸軍步兵准尉　明治二十五年[redacted]生。秋田縣平鹿郡醍醐村[redacted]。教練教師。山西大掃蕩軍に參加。

高井　正二　陸軍步兵一等兵　大正二年[redacted]生。新潟縣[redacted]。大工。中支方面。

高瀨　辰夫　陸軍輜重特務兵一等兵　明治四十二年[redacted]生。宮城縣牡鹿郡蛇田村[redacted]。官吏。上海戰に受傷。

高取長之助　陸軍航空兵上等兵　大正四年[redacted]生。東京市淀橋區[redacted]。飛機工員。○○國境及び北支戰線。

高橋　作一　陸軍步兵一等兵。大正六年[redacted]生。愛知縣葉栗郡北方村[redacted]。染色業。上海戰線。

高橋　長助　陸軍步兵一等兵　大正三年[redacted]生。三重縣多氣郡丹生村[redacted]。會社工。南京紫金山戰鬪に受傷快癒、徐州戰睢縣攻擊に再度受傷。

高橋　喜由　陸軍步兵伍長　長野縣下水內郡水內村[redacted]。韓莊附近戰鬪にて受傷。

高橋　良吉　陸軍工兵上等兵　明治四十年[redacted]生。秋田縣平鹿郡[redacted]。官吏。中支方面。

高山　俊平　陸軍步兵一等兵　大正二年[redacted]生。香川縣小豆郡四海村[redacted]。銅滓ユリ物業。吳淞上陸、上海戰線參加。

瀧口　清　陸軍步兵一等兵　明治四十三年[redacted]生。長野市[redacted]。北支保定戰に受傷。退院後、日立兵器技術員。

武澤　武士　陸軍輜重兵特務一等兵　大正五年[redacted]生。宮城縣登米郡上沼村[redacted]。海產物加工業。中支戰線安慶戰に受傷。

竹中　俊夫　陸軍砲兵上等兵　明治四十二年

[redacted]生。京都市[redacted]
[redacted]。呉服商。上海戰線。
多田 進 陸軍歩兵上等兵 大正二年[redacted]
[redacted]生。廣島市[redacted]。自轉
車販賣業。
立花 吉雄 陸軍歩兵上等兵 明治四十二年
[redacted]生。秋田市[redacted]。常設消防
署勤務。保定・石家莊・太原平地攻略戰。
田中 保 陸軍歩兵上等兵 福井縣南條郡
[redacted]。雜貨商。上海戰線大場鎭
附近戰鬪に受傷。
地木 幸夫 海軍一等整備兵 大正五年[redacted]
[redacted]生。岡山縣苫田郡香々美南村[redacted]
[redacted]。軍艦〇〇乘組、參戰。
津島 欣一 海軍一等水兵 大正四年
[redacted]生。岡山市[redacted]。〇〇艦勤務遡
江作戰受傷。
辻井 禎兒 陸軍歩兵一等兵 明治四十年[redacted]

[redacted]生。奈良縣南葛城郡葛村[redacted]。
米穀精米業。中支戰。
土屋 貫一 陸軍歩兵上等兵 大正三年[redacted]
[redacted]生。愛知縣知多郡[redacted]。
商業。中支方面。
土山 竹次 陸軍歩兵軍曹 明治三十三年[redacted]
[redacted]生。佐賀縣神崎郡[redacted]。海軍
工廠記錄員。杭州灣敵前上陸。金山・楓經・
嘉善・喜興・廣德・蕪湖に轉戰。
土肥清三郞 陸軍歩兵上等兵 大正三年[redacted]
[redacted]生。宮崎縣延岡市[redacted]。農業。中
支、南京攻略戰。
富山 淸治 陸軍輜重特務一等兵 明治三十
七年[redacted]生。茨城縣北相馬郡菅生
村。會社員。呉淞賓クリーク・蘇州河・嘉定・
大倉・徐州・漢口戰鬪。
中川 嘉一 陸軍歩兵上等兵 大正三年
[redacted]生。滋賀縣東淺井郡大鄕村[redacted]

[redacted]。京呉服商店員。上海戰、南京攻略戰、
徐州會戰、漢口攻略戰に參加。
中島 市郞 陸軍砲兵伍長 明治三十六年[redacted]
[redacted]生。靜岡市[redacted]。左官職。
大場鎭、南京攻略、徐州追擊戰にて受傷。
中島 勝夫 陸軍歩兵軍曹 大正二年[redacted]
[redacted]生。奈良市[redacted]。
長瀨 一秀 陸軍歩兵上等兵 明治四十年[redacted]
[redacted]生。岡山縣吉備郡大和村[redacted]
[redacted]。僧侶。津浦線沿線の戰鬪に參加。
永瀨武三郞 陸軍砲兵上等兵 大正二年[redacted]
[redacted]生。埼玉縣川口市[redacted]。自
動車運送業。北支。
中畝 万三 陸軍歩兵一等兵 大正五年[redacted]
[redacted]生。呉市[redacted]。北支・南口鎭・太原・
徐州に轉戰。
中津 都馬 陸軍歩兵一等兵 大正三年[redacted]
[redacted]生。山口縣玖珂郡賀見畑村[redacted]

[redacted]。海軍工廠艤裝工員。山西省忻口鎭・
太原・保定・濟南をへて山東省鄒城攻擊。
長房 守澄 陸軍歩兵伍長 明治三十九年[redacted]
[redacted]生。大分縣東國東郡上國崎村[redacted]
[redacted]。小學校教員。中支。
中村 季 陸軍歩兵伍長 大正二年[redacted]
[redacted]生。文房具店員。中支方面。
中村 茂夫 海軍一等水兵 大正十年[redacted]
[redacted]生。山口縣都乃郡[redacted]。支
那沿岸航行遮斷。上海。
中村 春一 海軍一等水兵 大正二年[redacted]
[redacted]生。東京府北多摩郡砂川村[redacted]。商業。
上海閘北總攻擊、南海に轉戰し、再び中支
に進出。武漢三鎭攻略戰。
中村 兵藏 陸軍歩兵伍長 明治四十五年[redacted]
[redacted]生。滋賀縣伊香郡高時村[redacted]。
警察官。北支河北省、山東省、山西省に轉
戰。

南雲 喜一 陸軍歩兵上等兵 大正四年[redacted]
[redacted]生。東京市本鄕區[redacted]。電
機製作業。
新林富士朗 陸軍歩兵二等兵 慈惠醫大卒。
新歩一小衞門 陸軍歩兵伍長 明治四十年[redacted]
[redacted]生。山口縣。會社員。中支敵前上
陸。南支に轉戰。
西 淳夫 陸軍輜重特務一等兵 大正四年
[redacted]生。福岡縣三瀦郡川口村[redacted]
[redacted]。僧侶。北支・中支。
西 直 陸軍歩兵上等兵。大正五年[redacted]
[redacted]生。廣島縣蘆品郡大正村[redacted]
[redacted]。農業。北支南口鎭に於て受傷。
西川 辰男 陸軍歩兵一等兵 大正五年[redacted]
[redacted]生。東京市芝區。漢口戰。大別山脈
中に於て受傷。
西川 守 陸軍歩兵上等兵 大正三年
[redacted]生。廣島縣双三郡川地村[redacted]

[redacted]。小學校教員、北支山嶽戰・徐州戰。
西園 福長 (陸軍)
根岸子之吉 陸軍歩兵上等兵 明治四十五年
[redacted]生。埼玉縣秩父郡[redacted]
[redacted]。小學校教員。漢口攻略戰。
野池 太郞 海軍三等兵曹 大正二年[redacted]
[redacted]生。長野縣更級郡稻里村[redacted]。農業。
軍艦〇〇乘組、支那沿岸封鎖任務。第〇特
別陸戰隊附。上海・青島・芝罘。
野口 厚己 海軍三等兵曹 大正三年[redacted]
[redacted]生。鹿兒島縣薩摩郡上甑村[redacted]
[redacted]。農業。〇監視部隊、沿岸封鎖任務通信
關係員として奮鬪せり。
野村 斌 海軍一等水兵 明治四十四年
[redacted]日生。大阪市港區[redacted]
[redacted]。商店員。上海特別陸戰隊員として上海
閘北戰鬪に受傷。
服部 末吉 陸軍歩兵一等兵 明治四十三年

[redacted]生。三重縣鈴鹿郡石藥師村。中
支戰線。
橋口 時吉 海軍一等機關兵 大正六年[redacted]
[redacted]生。鹿兒島市[redacted]。
橋本 康以 陸軍歩兵上等兵 明治三十五年
[redacted]生。佐賀縣多津郡古枝村。小學
校教員。杭州灣敵前上陸。
蓮見 利平 海軍一等兵曹 明治四十一年[redacted]
[redacted]生。埼玉縣北足立郡尾間木村[redacted]
[redacted]。御用船護送。上海・呉淞・中支。
長谷川悌三 陸軍歩兵上等兵 明治四十四年
[redacted]生。三重縣度會郡一之瀨村[redacted]
[redacted]。農業。子牙河・南京・徐州・漢口戰
參加。
林 大 陸軍歩兵上等兵 大正三年生。
東京市[redacted]。東京帝國大學國文科出身。北
支駐屯、武漢攻略戰。
原 直陳 陸軍歩兵一等兵 明治四十四年

[redacted]生。新潟縣刈羽郡
[redacted]。工業。山西戰・忻口鎭。
原崎 金一 (陸軍) 大正二年
生。靜岡縣濱名郡北濱村[redacted]。機業工。
春本 彦六 陸軍歩兵一等兵 明治三十八年
[redacted]生。群馬縣高崎市[redacted]。
會社員。中支方面。
半澤 高利 海軍一等機關兵 大正五年[redacted]
[redacted]生。宮城縣刈田郡小原村[redacted]。
軍艦〇〇より第〇〇〇隊〇に轉勤、漢口作
戰後尾に參じ、岳陽攻擊に陸軍と協力、江
上掃海、船舶保護、江岸警備。
日野 彭雄 (海軍) 愛媛縣上浮穴郡川瀨村
[redacted]。青島・連雲港敵前上陸。
姫野 頴 海軍三等機關兵曹 大分縣北海
部郡[redacted]。上海戰受傷。
廣瀨 茂雄 陸軍歩兵伍長 明治四十二年[redacted]
[redacted]生。千葉縣東葛飾郡風早村[redacted]。

杭州攻略、漢口攻略戰。廬山々脈哨瓜船奪取戰鬪に受傷。

廣瀨 高市 陸軍輜重兵特務一等兵 明治三十五年[redacted]生。愛知縣北宇和郡北灘村。農業。中北支方面。

福村 禪敎 陸軍步兵一等兵 大正三年[redacted]生。愛媛縣喜多郡南久米村。僧侶。中支羅店鎭戰鬪に受傷。

藤井 彰 (陸軍) 明治四十二年、山口縣都野郡加見村に生る。

藤井多嘉市 陸軍步兵一等兵 明治三十九年[redacted]生。北海道。北支京漢線方面。

淵上 一彥 陸軍步兵一等兵 大正六年[redacted]生。佐賀縣多津郡能古見村[redacted]。農業。大沽上陸、天津・靜海縣等占領地警備、泰樓附近戰鬪に受傷。

隆旗 助敏 海軍一等機關兵 大正二年[redacted]生。長野縣南安曇郡明盛村。農業。

陸軍輸送並に護衞及航行遮斷。

古市 明 陸軍砲兵軍曹 大正四年[redacted]生。岡山縣兒島郡[redacted]。北支・徐州・台兒莊附近戰鬪にて受傷。

古田 一正 陸軍步兵伍長 明治四十四年[redacted]生。愛知縣碧海郡櫻井村[redacted]。酒類雜貨商。上海虬江碼頭敵前上陸。大場鎭攻擊中受傷。

古谷 淺吉 陸軍步兵上等兵 大正五年[redacted]生。栃木縣芳賀郡[redacted]。農業。太沽上陸、保定・石家莊。受傷。加療後、大黃河敵前渡河、蘭封・東崗頭。再受傷。

前田 金房 陸軍步兵一等兵 明治三十七年[redacted]生。長野縣上伊那郡川南村[redacted]。中支戰線。

桝田卯三郎 陸軍步兵准尉 明治三十五年[redacted]生。鳥取市[redacted]。敎練敎

官。徐州戰に參加受傷。

松浦 正典 陸軍步兵上等兵 日本美術學校圖案科學生。天津・長城線・大同戰鬪。

松尾 榮郎 陸軍砲兵一等兵 大正三年[redacted]生。大分縣日田郡光岡村[redacted]。職工。河北・山西省方面戰鬪、忻口鎭に受傷。

松尾 五一 陸軍步兵一等兵 大正三年[redacted]生。岐阜縣武儀郡中有知村[redacted]。農業。吳淞砲臺・大場鎭攻擊。

松島 万造 陸軍步兵上等兵 大正四年[redacted]生。京都府北桑田郡黑田村[redacted]。太沽上陸、南京中山門一番乘。南京城外守備。

松本小四郎 陸軍輜重兵特務一等兵 大正三年[redacted]生。長崎縣南高來郡[redacted]。郵便局員。杭州灣敵前上陸、中南支戰線・廣東攻略戰、惠州にて受傷。

三田村新一 陸軍步兵一等兵 明治四十五年

[redacted]生。農業。福井縣今立郡味眞野村[redacted]。中支方面。

道井 時雄 陸軍步兵一等兵。大正六年[redacted]生。石川縣羽咋郡千里濱村、大伯中學卒業。會社員。中支。

宮岡貞三郎 陸軍衞生上等兵 明治三十四年[redacted]生。東京市神田區[redacted]。銅眞鍮地金業。東三レントゲン及機能檢查。

宮田敬一郎 陸軍步兵上等兵 明治三十六年[redacted]生。北海道空知郡山部村[redacted]。官吏。

村井 淸三 陸軍步兵軍曹 明治三十九年[redacted]生。山形縣東村山郡大鄉村[redacted]。農業。北支方面。

村松新三郎 陸軍步兵上等兵 大正五年[redacted]生。東京市本所區[redacted]。理髮業。天津・長城線・張家口・大同。山西線にて受傷。

望月 光 海軍一等水兵 大正五年[redacted]生。長野縣東筑摩郡五常村[redacted]。北中支航行遮斷。南支廈門島。

森 重敏 陸軍工兵一等兵 明治四十二年[redacted]愛媛縣に生る。警察官。上海・北支・徐州戰。河北省五臺山麓に於て受傷。

森國 初藏 陸軍步兵一等兵 大正三年[redacted]生。福井縣足羽郡社村[redacted]。國鐵從業員。

森田 次男 陸軍砲兵一等兵 大正五年[redacted]生。佐賀縣佐賀郡松梅村[redacted]。農業。北支戰線參加。

森田 則重 (陸軍)

森脇 悟 陸軍步兵上等兵 明治四十一年[redacted]生。島根縣那賀郡都濃村[redacted]。製瓦彫刻。忻口鎭・太原城・山東省莒縣城に於て受傷。

矢島 嘉門 陸軍步兵曹長 明治三十八年[redacted]生。群馬縣勢多郡下川淵村[redacted]。事務員。北支戰線・徐州戰・河南省羅王驛附近の戰鬪に受傷。

山口 覺 陸軍步兵上等兵 大正元年[redacted]生。島根縣邑智郡川下村[redacted]。農業。察洽・山西・河北・山東の各省に轉戰、山東省向城にて受傷。

山口 義治 海軍一等水兵 大正二年[redacted]生。鹿兒島縣肝屬郡[redacted]。木挽。南支方面。

山先 義雄 海軍中尉 海軍陸戰隊〇〇部隊に屬し、南昌作戰に參加負傷。

山田榮喜知 陸軍步兵軍曹 大正二年[redacted]生。石川縣金澤市[redacted]。官吏。河北省・山西省・戰鬪守備。

山田 充穗 (陸軍) 大正五年[redacted]生。長野縣諏訪郡長地村。諏訪中學校卒業。北支戰線、保定戰に受傷。

山本 一雄 陸軍步兵軍曹 明治四十四年[redacted]生。愛知縣南設樂郡[redacted]。農業。大場鎭・南京攻擊、靖江警備。漂陽附近討伐に負傷。

山本 保 (陸軍) 大正元年[redacted]山口縣宇部村に生る。明治大學法學部卒業。

山本 信雄 陸軍步兵上等兵 大正五年[redacted]、新潟縣中頸城郡上杉村[redacted]に生る。農業。北支戰線、原平鎭にて戰傷。

橫山 久男 陸軍步兵軍曹 明治四十三年[redacted]生。神奈川縣中郡比々多村[redacted]。中支方面。

吉澤 仁介 陸軍衞生大尉 明治二十年[redacted]生。埼玉縣入間郡金子村[redacted]。昭和十〇年九月〇〇日、充員召集により應召。〇〇陸軍病院。

吉田鑒次郎 陸軍步兵軍曹 大正二年[redacted]生。宇治山田市[redacted]。彥根高商卒。

會社員。北支・中支・徐州會戰・漢口作戰、大別山沙窩附近にて負傷。

吉田 喜作 海軍一等兵曹 明治四十二年[redacted]生。神奈川縣高座郡田名村[redacted]。廈門島敵前上陸。

吉田 實 陸軍步兵上等兵 明治四十四年[redacted]生。京都府熊野郡海部村[redacted]。農業。北支戰線・南京攻略戰・徐州會戰、歸德にて受傷。

吉田矢左衞門 陸軍步兵伍長 大正四年[redacted]生。三重縣飯南郡伊勢寺村[redacted]。農業。中支方面。

吉原 金平 (陸軍)

萬 良金 海軍三等水兵 大正九年[redacted]生。福岡縣筑紫郡。南支沿岸警備。

和田 幸七 (陸軍) 明治四十三年[redacted]生。京都府熊野郡。農業。中支方面。

渡邊正四郎 陸軍步兵上等兵 千葉縣我孫子。

慶應大學出身。北支警備、武漢攻略戰。

渡邊 文作（陸軍） 大正三年[redacted]生。新潟縣西蒲原郡升潟村[redacted]。吳服店員。上海・南京・徐州戰。

渡部 法順 陸軍歩兵上等兵 大正五年[redacted]生。島根縣。農。山西戰線。

渡邊 實 陸軍歩兵一等兵 大正三年[redacted]生。栃木縣上切賀郡板荷村[redacted]。農業。北支方面。

飯塚すゞ子 救護看護婦長 明治四十年[redacted]生。茨城縣結城郡豐賀美村[redacted]。〇〇〇部隊救護看護婦長。

諫《いさ》山喜久子 救護看護婦 明治三十九年[redacted]生。大分縣日田郡三花村[redacted]。上海特別陸戰隊病舍、南京海軍病舍。

內海あや子 救護看護婦 明治四十一年[redacted]生。山口縣美禰郡[redacted]。〇〇病院船衞生員。ついで〇〇陸軍病院衞生員下命。

大嶽 康子 救護看護婦 大正四年[redacted]生。靜岡縣庵原郡[redacted]。病院船衞生員要員として〇〇部隊に編入。患者還送の任に當る。ついで當院に轉勤。

岡田久良子 救護看護婦生徒 日赤群馬支部病院。

金清佐津子 救護看護婦 明治四十三年[redacted]生。山口縣吉敷郡嘉川村。

後藤富美代 救護看護婦長 明治三十五年[redacted]生。東京市世田ケ谷區[redacted]。日本赤十字社本社病院に勤務中應召。病院船勤務。歸京再應召〇〇陸軍病院勤務。

清水 陽 救護看護婦 大正七年[redacted]生。長野縣下伊那郡松尾村[redacted]。

杉山りつ子 救護看護婦長 明治二十六年[redacted]三重縣桑名郡長島村に生る。大正二年應召、浦鹽及尼港陸軍病院に勤務。本

248

事變に際し病院船勤務要員として應召、內還患者の看護に從事の航行數十回。ついで內地勤務。

竹內あき子 救護看護婦 大正七年[redacted]生。長野縣小縣郡西鹽田村。天津兵站病院。〇〇部隊に屬して德縣・濟南に前進す。ついで內地病院に轉勤。

新田 笹世 救護看護婦 明治三十五年[redacted]生。鹿兒島市[redacted]。南京海軍病院。

野村 涙子 救護看護婦 大正三年[redacted]生。山口縣豐東村[redacted]。病院船衞生員、ついで東一衞生員下命。

橋本 春 救護看護婦 大正二年[redacted]生。佐賀縣多郡古枝村[redacted]。〇〇〇海軍病院、ついで〇〇海軍病院勤務。

早川八重子 救護看護婦 明治四十四年[redacted]生。山梨縣。日本赤十字特別救護班要員として上海に派遣。軍病院勤務、ついで內地勤務。

249

傷痍軍人聖戰歌集 —第二輯—

定價金壹圓貳拾錢

昭和十四年十一月十八日印刷
昭和十四年十一月二十日發行

著者 佐佐木信綱 伊藤嘉夫

發行人 京都市河原町通二條下ル 渡邊久吉

印刷人 京都市河原町丸太町上ル 堀井二郎

發行所 京都市河原町二條下ル 人文書院 振替〔大阪八貳壹六參番 東京貳八四五九番

傷痍軍人聖戰歌集 推薦之辭

本書は、聖戰に參加して、名譽ある傷痍を受けし軍人諸子が、其の實情實感を述べたる作を、佐佐木博士、伊藤君の編纂せらるるところたり。

惟ふに和歌は、日本國民の國風なり。上代以來武人の作にして、國民精神作興の上に裨益するもの多しとす。この歌集亦聖戰の好記念として、傷痍軍人を慰め、延いては第一線將兵の士氣を鼓舞し、且つは銃後國民の精神作興に寄與するところ多大なるべきを信ず。

傷兵保護院總裁
陸軍大將 男爵 本庄繁

☞ 裏面ヲ御覽

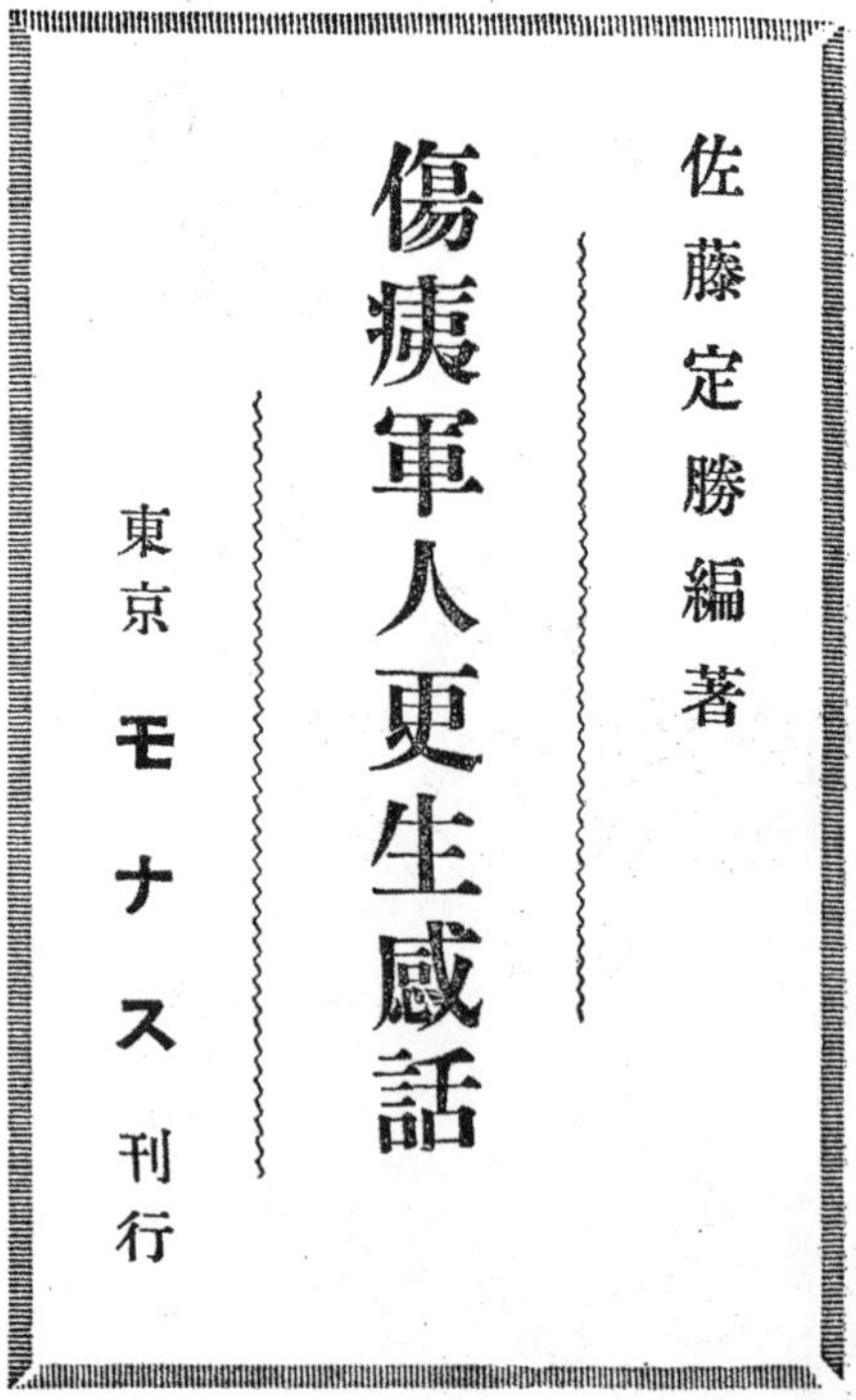
佐藤定勝編著

傷痍軍人更生感話

東京 モナス 刊行

軍事保護院總裁
陸軍大將 本庄繁閣下

大日本傷痍軍人會會長
陸軍大將 林仙之閣下

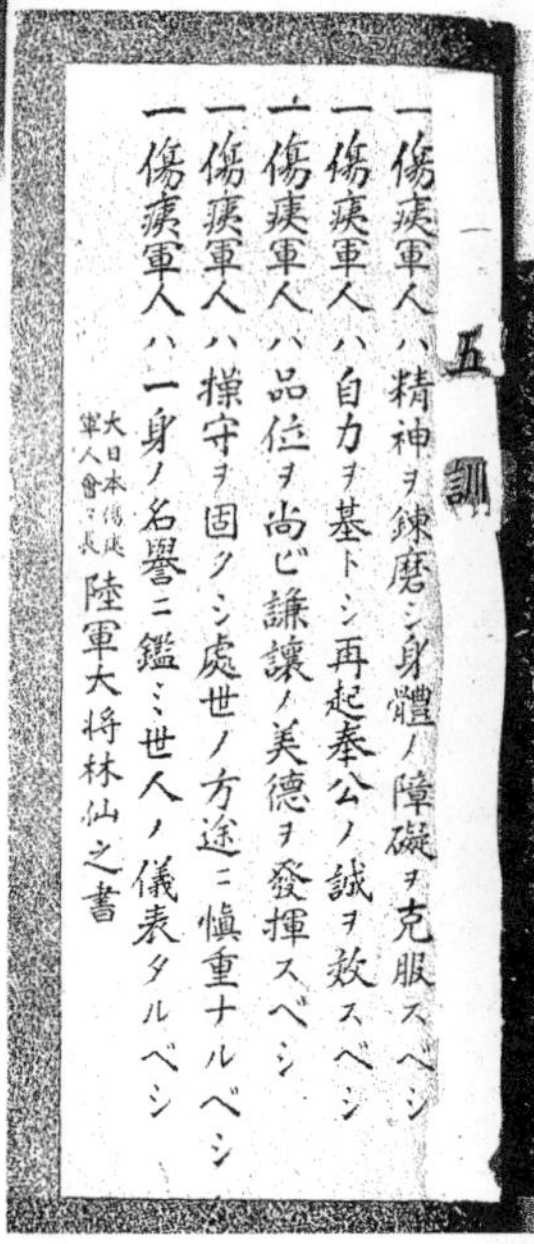
五訓

一 傷痍軍人ハ精神ヲ錬磨シ身體ノ障礙ヲ克服スベシ
一 傷痍軍人ハ自力ヲ基トシ再起奉公ノ誠ヲ效スベシ
一 傷痍軍人ハ品位ヲ尚ビ謙譲ノ美徳ヲ發揮スベシ
一 傷痍軍人ハ操守ヲ固クシ處世ノ方途ニ愼重ナルベシ
一 傷痍軍人ハ一身ノ名譽ニ鑑ミ世人ノ儀表タルベシ

大日本傷痍軍人會々長 陸軍大將林仙之書

隻脚の産業勇士（レンズ磨き）

作業義手を装着してアイロンを使用

上 作業義指で時計修繕
下 作業義手でミシン使用

隻腕の旋盤工

義手の鍛冶屋さん

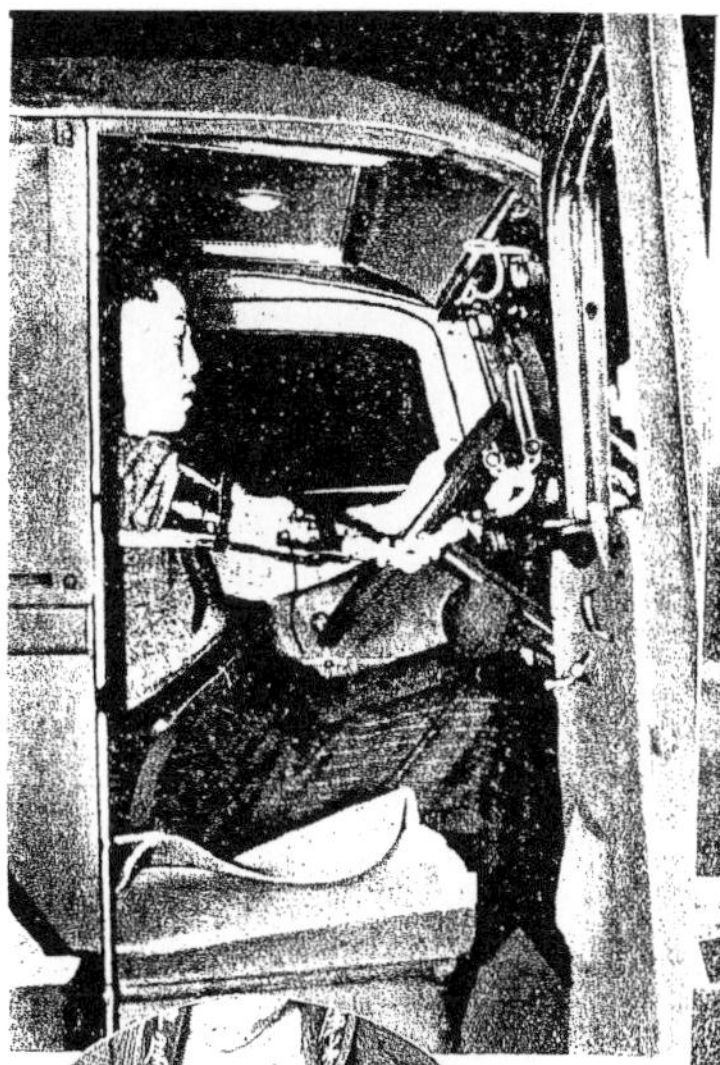

隻腕の運轉手さん

隻腕で鋸を引く

隻腕で草刈り

隻腕で鍬を使ふ

貫通銃創で農耕

隻腕の米屋さん

陸軍病院の職業再教育

上　右手にペン左手に文鎮

緒言

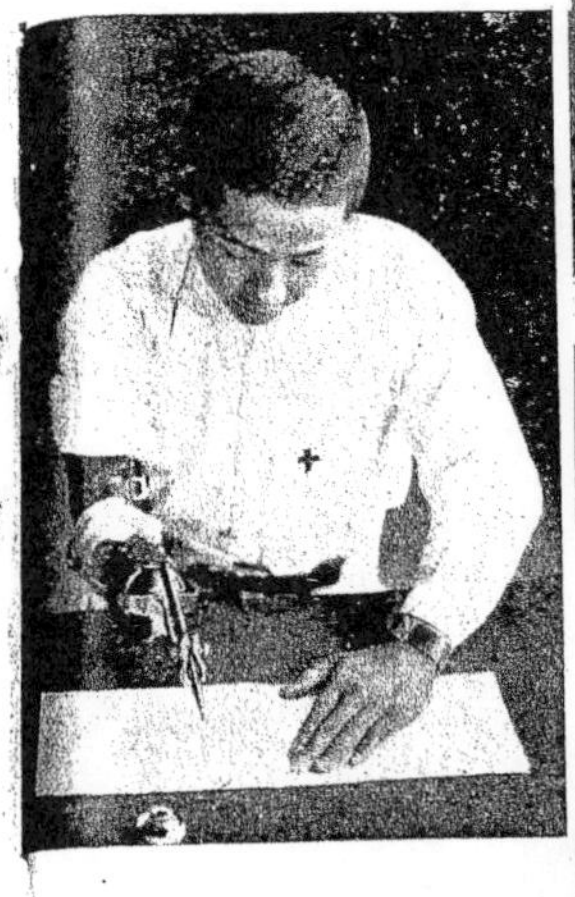

右　不自由な手に毛筆握つて

上　不自由な手に萬年筆持つて

緒言

今次《こんじ》の事變《じへん》により傷痍軍人《しやういぐんじん》となられた名譽《めいよ》の方々《かた〳〵》に對《たい》しては、予《よ》は滿腔《まんかう》の感謝《かんしや》と敬意《けいい》とを捧《さゝ》げるものであります。希《こひねが》はくば一意專心加療《いゝせんしんかれう》に努《つと》められ、一日《にち》も早《はや》く快癒《くわいゆ》せられんことを。

本書《ほんしよ》は主《しゆ》として、日露戰役及《にちろせんえきおよ》び上海《シヤンハイ》、滿洲《まんしう》の兩事變《りやうじへん》によつて戰傷《せんしやう》を受《う》けられた諸氏《しよし》が、不自由《ふじいう》な身《み》を以《もつ》てあらゆる苦難《くなん》を克服《こくふく》し、今日立派《こんにちりつぱ》な社會人《しやくわいじん》として再起《さいき》奉公《ほうこう》の實《じつ》を擧《あ》げてゐると云《い》ふ、その貴《たふと》い體驗談《たいけんだん》を集錄《しうろく》したもので、到底涙《たうていなみだ》なくしては見《み》られぬ實話集《じつわしう》であります。今日《こんにち》でこそ、これ等《ら》傷痍軍人《しやういぐんじん》に對《たい》する社會的救《しやくわいてききう》護施設《ごしせつ》が萬端整備《ばんたんせいび》されて來《き》ましたが、日清《につしん》、日露《にちろ》の戰役當時《せんえきたうじ》には、斯《か》る何等《なんら》の施《し》設《せつ》がなく、すべて自力《じりき》で叩《たゝ》き上《あ》げて來《き》たもので、これこそ眞《しん》の更生感話《かうせいかんわ》の第一頁《だいページ》を飾《かざ》るものであります。

數多《かずおほ》い傷痍軍人《しやういぐんじん》の中《なか》には、或《あるひ》は郷《がう》に歸《かへ》つて從前《じゆうぜん》の家業《かげふ》に精進《しやうじん》される方《かた》もありま

一

せうが、傷痍《しやうい》のために嘗《かつ》ての原職《げんしよく》に復歸《ふくき》することが困難《こんなん》となつた人《ひと》、或《あるひ》は適職《てきしよく》を求《もと》めて新《あたら》しい方向《はうかう》に進《すゝ》みたい希望《きばう》の人《ひと》も尠《すくな》くないと思《おも》はれるのです。これ等諸氏《らしよし》のために、軍事保護院《ぐんじほごゐん》では大阪府堺市《おほさかふさかひし》と福岡縣小倉市《ふくをかけんこくらし》とに、國立傷痍軍人職業輔《こくりつしやういぐんじんしよくげふほ》導所《だうじよ》を新設《しんせつ》し、また東京市巣鴨《とうきやうしすがも》にある財團法人啓成社《けいせいしや》の施設《しせつ》を擴張《くわくちやう》して、職業《しよくげふ》の再《さい》教育《けういく》が行《をこな》はれるやうになつたのであります。

從《した》がつて、これ等《ら》の軍人《ぐんじん》の方々《かた〳〵》がどんな傷痍《しやうい》を受《う》けられても、職業《しよくげふ》の再教育《さいけういく》を受《う》けられゝば新職業《しんしよくげふ》の修得《しうとく》が出來《でき》、新《あたら》しい職場《しよくば》で立派《りつぱ》に立《た》ち働《はたら》けるやうになると云《い》ふ實例《じつれい》を示《しめ》すために、主《しゆ》として上海《シヤンハイ》、滿洲事變《まんしうじへん》によつて戰傷《せんしやう》を受《う》けられた方《かた》が、當時職業再教育機關《たうじしよくげふさいけういくきくわん》として唯一《ゆゐ》の存在《そんざい》であつた啓成社《けいせいしや》の卒業者《そつげふしや》をも、參考《さんかう》のために併《あは》せて掲載《けいさい》してありますが、傷痍軍人《しやういぐんじん》の方々《かた〳〵》が本書《ほんしよ》を繙《ひもと》かれて、自己《じこ》の將來《しやうらい》のために多少《たせう》とも役立《やくだ》ちますれば、著者《ちよしや》が望外《ぼうぐわい》の幸《さひは》ひであります。

昭和十五年三月十五日

著者

二

目次

目次　一

目次

目次

目次

目次終

沒落して米穀雜貨營業

山梨縣南都留郡瑞穗村

歩兵上等兵　渡邊鶴三郎君

右手機能不能

農家《のうか》としては相當有力《さうたういうりよく》な家庭《かてい》に生《うま》れた彼《かれ》は、長《ちやう》ずると共《とも》に父母《ふぼ》を助《たす》けて農業《のうげふ》に從《したが》つた。兄《あに》は鋤鍬《すきくは》を棄《す》てて絹織物業《きぬおりものげふ》並《なら》びにその販賣《はんばい》に從事《じうじ》してゐたので、自然《しぜん》、傳來《でんらい》の家業《かげふ》は彼《かれ》の努力《どりよく》を俟《ま》たねばならなかつた。やがて丁年《ていねん》に達《たつ》し、彼《かれ》は國家《こくか》の干城《かんじやう》として歩《ほ》兵第《へいだい》一聯隊《れんたい》に入營《にふえい》した。

その頃《ころ》、既《すで》に日露《にちろ》の國交《こくかう》は急《きふ》を告《つ》げ、一度風《たびかぜ》瑧《いた》らば旋風《せんぷう》を捲《ま》きおこすは、火《ひ》を見《み》るより明《あきら》かだつた。

「日清戰役《につしんせんえき》の屈辱《くつじよく》を忘《わす》れるな！」

「嬌露《きやうろ》を征《せい》せよ！」

さういつた氣持《きも》ちが全國民《ぜんこくみん》の血管《けつくわん》に脈打《みやくう》つてゐる。從《したが》つて、軍隊《ぐんたい》に於《お》ける訓練《くんれん》にも活氣《くわつき》があり、眞劍味《しんけんみ》があつた。この眞劍味《しんけしみ》で叩《たゝ》きこまれた軍人精神《ぐんじんせいしん》は、彼《かれ》の骨《ほね》の髓《ずゐ》までしみ込《こ》んでゐたのである。

いよ〳〵時《とき》が來《き》た！　遺恨《あこん》十年《ねん》磨《みが》きに磨《みが》いた一劍《けん》を揮《ふる》ふ秋《とき》が來《き》た！　乃《すなは》ち明治《めいぢ》三十七年《ねん》二月《ぐわつ》十日《か》、戰《たゝかひ》の幕《まく》は切《き》つて落《おと》されたのだ。彼《かれ》の所屬《しよぞく》する第《だい》一聯隊《れんたい》は、奥保鞏大將《おくやすかたたいしやう》の率《ひき》ゐる第《だい》二軍《ぐん》に屬《ぞく》して、各地《かくち》に轉戰《てんせん》した。幾度《いくたび》か砲火《はうくわ》の下《した》をくぐり、幾度《いくたび》か彈雨《だんう》に襲《おそ》はれた。しかし、彼《かれ》は不思議《ふしぎ》にも死線《しせん》を突破《とつぱ》して、よく軍務《ぐんむ》に精勵《せいれい》した。

明治《めいぢ》三十七年《ねん》九月《ぐわつ》十九日《にち》——それは彼《かれ》にとつては忘《わす》れることの出來《でき》ない日《ひ》だ。彼《かれ》の一生《しやう》をくつきりと二分《ぶん》した日《ひ》だ。

この鶴《つる》三郎《らう》の所屬部隊《しよぞくぶたい》は、旅順海鼠山寺溝《りよじゆんなまこやまてらみぞ》附近《ふきん》の戰鬪《せんとう》に參加《さんか》して、篠突《しのつ》く彈雨《だんう》の中《なか》を縱横《じゆうわう》に馳《か》けめぐつた。

咄《とつ》！　突如《とつじよ》、一彈《だん》は彼《かれ》の右上膊《みぎじやうはく》を撃《う》ち拔《ぬ》いたのである。

二

右上膊骨接貫通銃創《みぎじやうはくこつせつくわんつうじゆうそう》だ。直《たゞ》ちに後送《かうそう》されて野戰病院《やせんびやうゐん》に擔《かつ》ぎこまれた。最初軍醫《さいしよぐんい》は右腕《みぎうで》を切斷《せつだん》せねばなるまいと言《い》つた。それが運《うん》よくも切斷《せつだん》を免《まぬか》れたが、右手《みぎて》は垂《た》れ下《さが》つたまゝ動《うご》かすことが出來《でき》なくなつた。しかし間《ま》もなく内地《ないち》に送《おく》られ、幸《さいは》ひ衞戍病院《えいじゆびやうゐん》で治療《ちれう》を受《う》けた甲斐《かひ》あつて、創口《きずぐち》はどうにか癒《なほ》つたが、疵痕《きずあと》は絶《た》えずづきん〳〵と痛《いた》んだ。少《すこ》しも動《うご》かすことは出來《でき》ない。自分《じぶん》の右腕《みぎうで》でありながら、まるで腕《うで》としての機能《きのう》を失《うしな》つてしまつたのだ。

三年餘自宅で療養

さうした狀態《じやうたい》のまゝ兵役免除《へいえきめんじよ》となり、その勳功《くんこう》によつて勳《くん》八等《とう》を授與《じゆよ》され、懷《なつ》かしい郷里《きやうり》に歸《かへ》つて、やさしい父母《ふぼ》の懷《ふとこ》ろに抱《いだ》かれたのである。

「まあ暫《しばら》くは呑氣《のんき》に養生《やうじやう》するさ、體《からだ》でもすつかりよくなつたら、何《なに》かお前《まへ》に向《む》く仕事《しごと》でも考《かんが》へてやらうよ」

兵役免除《へいえきめんじよ》の恩典《おんてん》に浴《よく》して、久《ひさ》しぶりに歸郷《ききやう》した彼《かれ》の變《かは》り果《は》てた姿《すがた》を、痛《いた》ましさうに見守《みまも》りながら、兄《あに》は慰《なぐさ》めてくれるのであつた。

三

「兄《にい》さん御厄介《ごやつかい》をかけてすみません。あの時《とき》見事《みごと》に戰死《せんし》さへすればよかつたのですが……僕《ぼく》は出征《しゆつせい》の當初《たうしよ》から護國《ごこく》の鬼《おに》と化《くわ》すつもりでしたのに、幸《かう》か不幸《ふかう》か戰死《せんし》出來《でき》なかつたのが殘念《ざんねん》でなりません」

「馬鹿《ばか》だな、お前《まへ》は——そりや少《すこ》し考《かんが》へが違《ちが》つとるぞ。戰死《せんし》せずに生《い》きて歸《かへ》らねばならなかつたところに、神樣《かみさま》の思召《おぼしめし》があるのぢやないか。そこを考《かんが》へにやいかん。護國《ごこく》の鬼《おに》となるだけが御奉公《ごほうこう》の道《みち》ではないぞ。いくらでも御奉公《ごほうこう》の道《みち》はある。お前《まへ》はまだ若《わか》いのぢやないか。假令《たとへ》右《みぎ》手《て》が利《き》かなくなつたつて、左手《ひだりて》もあり、兩足《りやうあし》も丈夫《ぢやうぶ》ぢやないか。その使《つか》へる所《ところ》を使《つか》つて、御國《みくに》のためにつくせ。それが神樣《かみさま》の思召《おぼしめし》だ、そう考《かんが》へれば悲《かな》しむこともないぢやないか」

なる程《ほど》さうだ。考《かんが》へてみるとあの激戰《げきせん》で戰死《せんし》しなかつたのが不思議《ふしぎ》だ。戰友《せんいう》の多《おほ》くは戰死《せんし》したのに、自分《じぶん》だけが右手《みぎて》を撃《う》たれたゞけで、生命《せいめい》をとりとめたことは一つの奇蹟《きせき》だ。兄《あに》がいふ通《とほ》り、死《し》すべくして死《し》なかつたところに、自分《じぶん》の將來《しやうらい》の使命《しめい》があるのに違《ちが》ひない。

「兄《にい》さん、よく分《わか》りました。十分《ぶん》に體力《たいりよく》が恢復《くわいふく》しましたら、きつと軍人《ぐんじん》として恥《はず》かしからぬ仕《し》事《ごと》をします」

さういつた彼《かれ》の眼《め》は、感激《かんげき》と決意《けつい》に輝《かゞや》いてゐた。

もと〳〵彼《かつ》の家《いへ》は農家《のうげふ》として相當《さうたう》にやつて居《お》り、兄《あに》は絹織物業《きぬおりものげふ》として手廣《てびろ》く商賣《しやうばい》をしてゐたので、生活《せいくわつ》のことを心配《しんぱい》する必要《ひいえう》はなかつた。父兄《ふけい》の慈愛《じあい》のもとに安《やす》らかに、三年間餘《ねんかんあま》りというものは疵《きづ》の治療《ちれう》にいそしんだ。その間《かん》、緣《えん》あつて妻《つま》を娶《めと》つた。

四

一家は急轉沒落

彼《かれ》が歸郷後《ききやうご》三年《ねん》ばかりたつてからである。突如《とつじよ》、一家《か》は一大困難《だいこんなん》に遭遇《さうぐう》したのである。戰爭中《せんさうちゆう》は相當活氣《さうたうくわつき》を呈《てい》してゐた經濟界《けいざいかい》も、戰爭《せんさう》の終熄《しゆうそく》と共《とも》に反動期《はんどうき》に入《はい》つた。物價《ぶつか》は急轉直下《きふてんちよくか》の勢《いきほ》ひで暴落《ばうらく》に暴落《ばうらく》を重《かさ》ね、財界《ざいかい》は大混亂《だいこんらん》の渦《うづ》に捲《ま》き込《こ》まれた。そのあふりは兄《あに》の從事《じゆうじ》してゐる絹織物業界《きぬおりものげふかい》にも波及《はきふ》し、瞬《またゝ》く間《ま》に一萬《まん》七千圓《えん》の損失《そんしつ》を招《まね》いたのである。兄《あに》が營々《えい〳〵》として築《きづ》き上《あ》げた財產《ざいさん》は、一朝《てう》にして崩潰《ほうくわい》してしまつたばかりか、父《ちゝ》が長《なが》い年月《としつき》かゝつて育《そだ》て上《あ》げた家《いへ》も屋敷《やしき》も、借金《しやくきん》の穴《あな》うめとして人手《ひとで》に渡《わた》さねばならない日《ひ》が來《き》た。

「これは安閑《あんかん》としては居《お》れないぞ！」

五

六

一家離散《かりさん》の止《や》むなきに至《いた》つた時《とき》、はじめて彼《かれ》は決然《けつぜん》として覺悟《かくご》の肚《はら》を固《かた》めた。しかし負傷《ふしやう》の疼痛《とうつう》もまだ治《おさ》まらなかつた。小止《こや》みなくヅキン〳〵と痛《いた》んだ。それでも、今《いま》は安閑《あんかん》として治療《ちれう》などしてゐる場合《ばあひ》ではない。

「お父《とう》さん、兄《にい》さん、長《なが》いこと御厄介《ごやくかい》になりましたが、いよ〳〵私《わたし》も獨立《どくりつ》して仕事《しごと》をしたいと思《おも》ひます」

彼《かれ》は決心《けつしん》の色《いろ》をみせて云《い》つた。

「獨立《どくりつ》するといつて」

心配《しんぱい》さうに、父《ちゝ》が彼《かれ》の右腕《みぎうで》をみつめた。

「この體《からだ》ではと仰言《おつしや》るのでせうが、なあに大丈夫《だいぢやうぶ》です。男《をとこ》一匹片腕《ひきかたうで》がない位《くらゐ》で屁古垂《へこた》れてたまるもんですか、戰爭《せんさう》のことを思《おも》へば、何《なん》だつてやれますよ。死《し》ぬ覺悟《かくご》でやれば出來《でき》ない事《こと》はありますまい」

「鶴三郎《つるさぶらう》、氣《き》の毒《どく》だナ……俺《おれ》が惡《わる》かつた。俺《おれ》に目《め》がなかつたばかりに、かういふ破目《はめ》になつたんだ。不自由《ふじいう》なお前《まへ》にまで苦勞《くらう》をかけてすまんナ」

涙《なみだ》ぐましい弟《おとうと》の決意《けつい》に感激《かんげき》した兄《あに》も、涙《なみだ》を流《なが》しながら、さういふのだつた。

しかし、なつた事《こと》は仕方《しかた》がない。不幸《ふかう》にしてかゝる苦境《くきやう》に陥《おち》つた以上《いじやう》、これを打開《だくわい》する方法《はふはふ》を講《かう》ずるより外《ほか》ない。

馴れぬ商賣で人知れぬ苦勞

七

もう少《すこ》しよくなるまで、心置《こゝろお》きなく治療《ちれう》させたい――それは親心《おやごころ》であり、兄心《あにごころ》だ。けれども、現狀《げんじやう》はそれを許《ゆる》さなくなつた。

そこで僅《わづ》かばかりの資本金《しほんきん》を融通《ゆうづう》してもらつて、さゝやかな米穀雜貨商《べいこくざつかしやう》を開《ひら》いた。しかし、なれぬ商賣《しやうばい》だし、それに自分《じぶん》の體《からだ》が不自由《ふじいう》なので、卒先《そつせん》して仕事《しごと》をする譯《わけ》に行《い》かない。どうしても愛妻《あいさい》の力《ちから》を得《え》なければならなかつた。

俄《にはか》かに活動《くわつどう》をはじめたことが、傷《きず》のために惡《わる》かつたものか、傷《きず》は前《まへ》にも增《ま》して痛《いた》み出《だ》した。農家《のうか》で普通使《ふつうつか》つてゐる低《ひく》い膳《ぜん》では、上半身《ぢやうはんしん》の屈折每《くつせつごと》に傷《きず》にひゞいてくるので、特《とく》に一尺位《しやくくらゐ》の高《たか》い膳《ぜん》を拵《こしら》へて、これに凭《よりか》ゝつて食事《しよくじ》をするといふ仕末《しまつ》だつた。

八

かういふ狀態《じやうたい》であつたので、妻《つま》の苦勞《くらう》も一通《とほ》りや二通《とほ》りではなかつたらう。若《わか》い身空《みそら》であつて見《み》れば、美《うつく》しい着物《きもの》も欲《ほ》しからう、髮飾《かみかざ》りも欲《ほ》しからう。しかし、彼女《かのぢよ》はさういつた欲望《よくばう》を一切《さい》すてゝ、たゞ夫《をつと》を援《たす》けて一家《か》を盛《も》りたてゝ行《い》きたい一心《しん》に、朝《あさ》から晩《ばん》まで汗《あせ》みどろになつて働《はたら》いた。

夜《よ》になると夫《をつと》をいたはつて、患部《くわんぶ》をさすつてやつたり、濕布《しつぷ》してやつたり、休《やす》む暇《ひま》なく介抱《かいはう》につとめた。

「苦勞《くらう》ばかりかけて濟《す》まんなナ！　しかし、今《いま》に體《からだ》がすつかり癒《なほ》つたら、決《けつ》して今《いま》までの樣《やう》な苦勞《くらう》はかけんから、當分辛棒《たうぶんしんぼう》してくれよ」

彼《かれ》は妻《つま》に對《たい》する感謝《かんしや》をこめていふのだつた。

「まあ勿體《もつたい》ない。こんなこと當《あた》り前《まへ》のことですわ」

妻《つま》は朗《ほが》らかに答《こた》へて、頰笑《ほゝゑ》むのだつた。

倒れて後止む

九

天《てん》は彼《かれ》に同情《どうじやう》したのであらう。次第《しだい》に疼痛《とうつう》はうすらいで行《い》つた。それと同時《どうじ》に非常《ひじやう》に元氣《げんき》になつて來《き》た。しかし、痛《いた》みは消《き》えても右腕《みぎうで》は利《き》かない。それでも、もう三年餘《ねんあま》りも左手《ひだりて》だけで仕事《しごと》をすることに馴《な》れてゐた。右腕《みぎうで》の分《ぶん》の力《ちから》を吸《す》ひ取《と》つたかのやうに、左腕《ひだりうで》はめき〳〵と發達《はつたつ》して來《く》るのであつた。

「よーし、今《いま》に見《み》ろ！　立派《りつぱ》な店《みせ》に仕立《した》てゝ見《み》せるぞ」

稼《かせ》ぐに追《お》ひ付《つ》く貧乏《びんばふ》なし……働《はたら》けば働《はたら》くほど顧客《とくゐ》は次第《しだい》に增《ふ》えて來《き》た。それに軍人精神《ぐんじんせいしん》が骨《ほね》の髓《ずゐ》までしみこんでゐるので、同《おな》じ商人《しやうにん》は商人《しやうにん》でも、見《み》え透《す》いた懸引《かけひき》がない。正直《しやうじき》すぎるほど正直《しやうじき》だし、ごまかしがない。同《おな》じ品物《しなもの》でも、安心《あんしん》して買《か》へるといふので、

「お米《こめ》を買《か》ふなら、あの片手利《かたてき》きの米屋《こめや》さんから」

といふので、近所近邊《きんじよきんぺん》は勿論《もちろん》、村内《そんない》の信用《しんよう》と同情《どうじやう》から、彼《かれ》の店《みせ》は漸次繁昌《ざんじはんじやう》して來《き》た。數年後《すうねんご》には店《みせ》も手狹《てぜま》になつて、擴張《くわくちやう》の必要《ひつよう》にせまられた。

そのうちに子供《こども》が生《うま》れる。子供《こども》が生《うま》れると、そこに新《あたら》しい希望《きばう》が出《で》る。父《ちゝ》としての責任《せきにん》も重《おも》くなつて來《く》る。ます〳〵精《せい》を出《だ》さねばならない。

一〇

氣候《きかう》の變《かは》り目《め》になると疵痕《きずあと》は痛《いた》んだ。しかし、その位《くらゐ》のことで參《まゐ》つては一家《か》を支《さゝ》へては行《ゆ》けない。まるで疼痛《とうつう》と戰爭《せんさう》してゐるやうな氣持《きも》ちで家業《かげふ》にいそしんだ。

かくて二十餘《よ》年《ねん》——彼《かれ》は生活《せいくわつ》と血《ち》みどろな鬪《たゝか》ひをつゞけて來《き》た。その間《かん》、財界《ざいかい》の影響《えいきやう》を蒙《かうむ》つて、營業狀態《えいげふじやうたい》もよかつたり、惡《わる》くなつたり、いろ〳〵浮《う》き沈《しづ》みが多《おほ》かつた。しかし、彼《かれ》は勇敢《ゆうかん》に鬪《たゝか》つた。そしてよく耐《こら》へた。

今《いま》や確乎《かくこ》動《うご》かすべからざる地盤《ぢばん》をかため、現在《げんざい》は絹織物業《きぬおりものげふ》を兼《か》ね、家運《かうん》はます〳〵隆盛《りうせい》ならんとしてゐる。七人《にん》の家族《かぞく》をかゝへて、中流《ちゆうりう》の生計《せいけい》を營《いとな》みつゝあるが、その圓滿《ゑんまん》なる家庭《かてい》は村《むら》人《びと》の羨望《せんばう》の的《まと》となつてゐる。

それといふも、堅忍不拔《けんにんふばつ》の軍人精神《ぐんじんせいしん》、及《およ》び戰場《せんぢやう》で命《いのち》を的《まと》に戰《たゝか》つた經驗《けいけん》から得《え》た、倒《たふ》れて後《のち》止《や》むの尊《たふと》い教訓《けうくん》の賜物《たまもの》である。

雜貨商で子女教育

東京市板橋區
步兵上等兵　岡村三龜三君

松葉杖の悲哀

日《ひ》が經《た》つにつれて村人達《むらびとたち》の彼《かれ》を見《み》る眼《め》は冷《つめ》たくなつて行《い》つた。

「なあに、あなたの松葉杖《まつばづゑ》なんか金鵄勳章《きんしくんしやう》みたいなものですよ。大《おほ》いに把威《がんば》張つていいわけですよ」

なんかと言《い》つてくれる人《ひと》でも、心《こゝろ》から同情《どうじやう》してゐるのかどうか分《わか》らなかつた。彼《かれ》は自分《じぶん》が恩《おん》賜《し》の義足《ぎそく》を拜領《はいれう》した當時《たうじ》のあの眞心《まごころ》をこめた村人《むらびと》たちの歡迎《くわんげい》のことを思《おも》ひ出《だ》すと淋《さび》しかつた。

老人《らうじん》たちは肩《かた》を叩《たゝ》いて

一一

一二

「ようやつてくれた、國《くに》の爲《ため》によう片《かた》つ方《はう》の足《あし》を捨《す》ててくれた」

と涙含《なみだぐ》んだし、若《わか》い者《もの》たちは

「君《きみ》の體《からだ》の不自由《ふじいう》は我々《われ〳〵》みんなが力《ちから》を合《あは》せて補《おぎな》つて上《あ》げなければならない義務《ぎむ》があるよ」

と慰《なぐさ》めてくれたし、娘《むすめ》たちは

「まあ、素的《すてき》な！」

といつたやうな尊敬《そんけい》と憧憬《あこがれ》の眼差《まなざし》で彼《かれ》を見《み》たのであつた。それが一年《ねん》も經《た》たないうちに熱狂《ねつきやう》的《てき》な氣持《きもち》からさめてしまつて、人々《ひと〴〵》は普通《ふつう》の不具者《ふぐしや》に對《たい》する憐憫《れんびん》と輕蔑《けいべつ》の眼《め》で、彼《かれ》を見《み》るやうになつたのである。彼《かれ》はその當時《たうじ》人々《ひと〴〵》に、ちやほやされて少《すこ》しいい氣《き》にさへなつて居《ゐ》た自分《じぶん》がはづかしかつた。そして家業《かげふ》の百姓《ひやくしやう》仕事《しごと》が出來《でき》ないまゝに一年《ねん》の間《あひだ》といふものはなすこともなく、ぶら〳〵暮《くら》して來《き》たことを後悔《かうくわい》した。（どうにかしなければ）と彼《かれ》は焦《あせ》り出《だ》した。

「世間《せけん》の同情《どうじやう》なぞといふものはいざとなると、あてにならないものだよまだ若《わか》いし、そのうちには俺《おれ》の方《はう》でも何《なん》とか商賣《しやうばい》の資本《しほん》ぐらい工面《くめん》出來《でき》るだらうから、くよ〳〵しないで遊《あそ》んでゐろよ」

さすがに家《いへ》を繼《つ》いでゐる兄《あに》の言葉《ことば》だけは身《し》にしみてうれしく、當時《たうじ》は彼《かれ》にとつて唯一《ゆゐ》の慰《なぐさ》めであつた。けれども澤山《たくさん》の家族《かぞく》を抱《かゝ》へた貧困《ひんこん》な兄《あに》に、そんな資本《しほん》の工面《ぐめん》などが、おいそれと出來《でき》ようとは思《おも》はれず、一人《ひとり》になると暗澹《あんたん》たる未來《みらい》のことを考《かんが》へて、煩悶《はんもん》せずにはゐられなかつた。

彼《かれ》は明治《めいぢ》三十八年《ねん》三月《がつ》九日《か》、奉天《ほうてん》西北方《せいほくはう》田義屯《でんぎとん》附近《ふきん》の戰鬪《せんとう》の際《さい》、右大腿部《みぎだいたいぶ》に骨折貫通銃創《こつせつくわんつうじうさう》並《ならび》に左脇下部《さけふかぶ》に銃劍刺傷《じうけんししやう》を負《お》ひ、張家子《ちやうかし》野戰病院《やせんびやうゐん》に收容《しうよう》され、ついで蘇家屯《そかとん》定立病院《ていりつびやうゐん》を經《へ》て內地《ないち》に送還《さうくわん》され、四月《がつ》十六日《にち》、東京陸軍豫備《とうきやうりくぐんよび》病院《びやうゐん》澁谷病院《しぶやびやうゐん》に入院《にふゐん》したが、經過不良《けいくわふりやう》のため、左大腿部《ひだりだいたいぶ》から切斷《せつだん》するの止《や》むなきに到《いた》つたのであつた。傷癒《きずゐ》え恩賜《おんし》の義足《ぎそく》を拜領《はいれう》して退院《たいゐん》したのは、三十九年《ねん》の八月《がつ》であつた。

村役場吏員となる

しかし、天《てん》はやつぱり國家《こくか》のために働《はたら》いた傷痍軍人《しやういぐんじん》に對《たい》して殘酷《ざんこく》ではなかつた。或日《あるひ》村役場《むらやくば》の小使《こづか》ひが村長《そんちやう》の手紙《てがみ》を持《も》つて（當時はまだ村であつた）使《つか》ひに來《き》た。封《ふう》を切《き》つて見《み》ると、至急《しきふ》お目《め》にかかりたいから、村役場《むらやくば》までお越《こ》し願《ねが》ひたいといふ簡單《かんたん》な文面《ぶんめん》だつた。自分《じぶん》たち見《み》たいな

一三

貧乏人風情《びんぼうにんふぜい》に、どんな用事《ようじ》であらうと、いぶかしみながら、小《こ》ざつぱりした着物《きもの》に着換《きか》へた。

彼《かれ》は村役場《むらやくば》に出掛《でか》けてゐつた。

「さあ、〳〵、どうぞ、待《ま》つてゐたところです」

柔和《にうわ》な微笑《びせう》を満面《まんめん》に泛《うか》べながら、村長《そんちやう》は空《あ》いてゐる椅子《いす》に彼《かれ》を招《せう》じた。彼《かれ》は固《かた》くなつて、招《せう》ぜられるまま椅子《いす》に腰《こし》をおろした。

「わざ〳〵お呼《よ》び立《た》てした用件《ようけん》といふのは、ほかでもありませんが、今夜《こんや》一人《ひとり》、或事情《あるじじやう》のために役場《やくば》を退《しりぞ》いたものがあつて、椅子《いす》が一つ空《あ》いたんですが、どうですナ、村《むら》のために働《はたら》いて見《み》る氣《き》はありませんか」

村長《そんちやう》の言葉《ことば》はかうであつた。彼《かれ》は飛《と》び上《あが》るやうな喜《よろこ》びに打《う》たれた。それもその筈《はず》であらう。一年《ねん》も遊《あそ》んでゐては、どんなに理解《りかい》のある實兄《じつけい》の家《いへ》とは云《い》へ、肩身《かたみ》の狭《せま》い思《おも》ひもしなければならなかつたし、絶望的《ぜつばうてき》な未來《みらい》を思《おも》つて、煩悶《はんもん》してゐたのであるから、村長《そんちやう》のこの言葉《ことば》に彼《かれ》は、ほつと愁眉《しうび》を開《ひら》いたのであつたが、次《つぎ》の瞬間《しゆんかん》に彼《かれ》は自分《じぶん》の無學《むがく》に思《おも》ひついて急《きふ》に悄氣《しよげ》でしまつた。

一四

「願《ねが》つてもない幸《さいは》ひですが、私《わたし》ごとき無學《むがく》の人間《にんげん》では」

それは謙遜《けんそん》ではなく、心《こゝろ》からの彼《かれ》の言葉《ことば》だつた。村長《そんちやう》には彼《かれ》の氣持《きもち》は十分解《ぶんわか》つてゐるらしかつた。

「と思《おも》はれるなら、勉學《べんきやう》はこれからでもおそくはありません。とにかく臨時雇書記《りんじやとひしよき》といふ事《こと》にして、當分仕事見習《たうぶんしごとみなら》ひのつもりでお出《い》でになつては」

その理解《りかい》ある言葉《ことば》は彼《かれ》を感激《かんげき》させた。

「さうだ！　勉強《べんきやう》はこれからでも遅《おそ》くはあるまい。村長《そんちやう》の恩《おん》にむくいるためにも大《おほ》いにやらう」

彼《かれ》は心《こゝろ》にさう叫《さけ》んだ。

「ではお世話《せわ》になります。どうかよろしくお願《ねが》ひします」

彼《かれ》は感涙《かんるゐ》に咽《むせ》びながら、さう答《こた》へた。村長《そんちやう》の好意《かうい》を深《ふか》く膽《きも》に銘《めい》じた彼《かれ》は、それから懸命《けんめい》に業務《げふむ》に勵《はげ》んだ。恩賜《おんし》の義足《ぎそく》はきはめて精巧《せいこう》に出來《でき》て居《ゐ》て、時間《じかん》の制限《せいげん》のない散歩《さんぽ》などの場合《ばあひ》、一里位《りくらゐ》の道《みち》に優《いう》に使用《しよう》に堪《た》へたけれども毎日往復《まいにちわうふく》五千メートルの田舎道《いなかみち》を、風雨降雪《ふううかうせつ》の別《べつ》なく時間《じかん》で通勤《つうきん》するには、松葉杖《まつばづゑ》でなければいけなかつた。しかし、彼《かれ》は一年《ねん》一日《にち》の如《ごと》く、休《やす》むことなく業務《げふむ》を怠《おこた》らなかつた。

一五

漸《やうや》く事務《じむ》にも慣《な》れ村當事者《そんたうじしや》の信用《しんよう》も得《え》て、書記《しよき》に昇進《しやうしん》したのは間《ま》もなくであつたが、大正《たいしやう》二年《ねん》四月《がつ》には收入役代理《しうにふやくだいり》を命《めい》ぜられて、一村《そん》の金庫《きんこ》の鍵《かぎ》を預《あづ》かる身《み》となつた。彼《かれ》が村役場《むらやくば》の書記《しよき》をしながら、不自由《ふじいう》の身《み》を挺《てい》して在鄕軍人團《ざいがうぐんじんだん》の組織《そしき》に參與《さんよ》し、明治《めいぢ》四十年《ねん》十一月設立以來《がつせつりついらい》、大正《たい しやう》六年《ねん》五月村役場書記《がつむらやくばしよき》を辭《じ》するまで、引續《ひきつゞ》きこの事務《じむ》を擔當《たんたう》して、本會《ほんくわい》の發展《はつてん》に盡《つく》した功績《こうせき》は特筆《とくひつ》すべき事《こと》であらう。

はじめ在鄕軍人團《ざいがうぐんじんたん》を組織《そしき》するに當《あた》つて、彼《かれ》は役場《やくば》の休業《きうげふ》を利用《りよう》しては、不自由《ふじいう》な身《み》をも顧《かへり》みず、戰友《せんいう》たちを訪問《はうもん》して相談《さうだん》を重《かさ》ね、やつとの事《こと》でその趣意綱領《しゆいかうれう》を決定《けつてい》して、ここに在鄕軍人團《ざいがうぐんじんだん》の組織《そしき》を見《み》るにいたつたのであつた。しかし、それが團體《だんたい》として活動《くわつどう》するには相當《さうたう》の經費《けいひ》を要《えう》したので、今度《こんど》は村長《そんちやう》を始《はじ》め村會議員名譽職《そんくわいぎゐんめいよしよく》の諸氏《しよし》を歴訪《れきはう》して、團體維持《だんたいゐぢ》に必要《ひつえう》な最少限度《さいせうげんど》の補助金《ほじよきん》を、村經常費《そんけいじやうひ》の一部《ぶ》として豫算《よさん》に計上《けいじやう》させることに成功《せいこう》し、ここにやうやく彼《かれ》が産婆《さんば》役《やく》をつとめた在鄕軍人團《ざいがうぐんじんだん》は、名實共《めいじつとも》に備《そな》はつて來《き》た次第《しだい》だつたのである。そして其《そ》の後《ご》も彼《かれ》は分會長《ぶんくわいちやう》を援《たす》けて、會《くわい》の發展《はつてん》につくし、數々《かずかず》の功績《こうせき》を殘《のこ》したが、大正《たいせう》六年左足《ねんさそく》の切斷部《せつだんぶ》が疼《うづ》き出《だ》し（後《のち》にそこから彈片《だんぺん》を摘出《つまみだ》した）歩行《ほかう》に支障《ししやう》を來《きた》すやうになつたので、村役場《むらやくば》を退職《たいしよく》すると同時《どうじ》に、在鄕軍人團《ざいがうぐんじんだん》の事務擔當《じむたんたう》も他《た》の適任者《てきにんしや》に讓《ゆず》つた。下練馬村分會《しもねりまむらぶんくわい》は大正《たいせう》七年《ねん》四月《がつ》七日《か》、彼《かれ》が會《くわい》のためにつくした功績《こうせき》に對《たい》して感謝狀《かんしやじやう》と記念品《きねんひん》を贈《おく》つた。尚越《なほこ》えて大正《だいせう》十一年《ねん》には帝國《ていこく》在鄕軍人會規約《ざいがうぐんじんくわいきやく》五十七條《でう》に依《よ》り、時《とき》の會長《くわいちやう》川村景明閣下《かわむらかげあきかつか》から賞狀《せうじやう》を授與《じゆうよ》された。

一六

雜貨店を開く

年額《ねんがく》九十八圓《えん》の恩給《おんきふ》には手《て》もつけず、役場《やくば》の俸給《ほうきふ》のうちからも毎月幾《まいげついく》らかづつ貯金《ちよきん》するやうにして、勤儉《きんけん》に身《み》を持《ぢ》した効《かう》あつて、役場《やくば》を退職《たいしよく》した時《とき》にはいくらかの貯蓄《ちよちく》が出來《でき》て居《ゐ》た。けれども、子供達《こどもたち》には人並《ひとなみ》の敎育《けういく》を授《さづ》けてやりたいし、そのためには座食《ざしよく》といふわけにも行《ゆ》かないので、現在《げんざい》の場所《ばしよ》にさゝやかな煙草《たばこ》、荒物《あらもの》、雜貨等《ざつかとう》の小賣店《こうりてん》を開《ひら》いた。

經驗《けいけん》がないので一番間誤《ばんまご》ついたのは商品《しやうひん》の仕入《しいれ》であつた。大量仕入《だいれうしいれ》は利益《りえき》のあることが解《わか》つたが、資金《しきん》の融通《ゆうづう》がつかないので、品切《しなぎれ》の商品《しやうひん》だけをしば〳〵仕入《しい》れに行《い》かなければならなかつた。しかし、彼自身《かれじしん》では運搬《うんぱん》が出來《でき》ないので、十二三歳《さい》の少年《せうねん》を傭《やと》ひ、この少年《せうねん》に荷車《にぐるま》を挽《ひ》

一七

かせることにした。しかし、普通《ふつう》の日《ひ》はそれでもよかつたが、天氣《てんき》の悪《わる》い日《ひ》とか、霜解《しもど》けのはげしい季節《きせつ》になると、少年《せうねん》の様子《やうす》はあまりに痛《いた》ましかつた。或《あ》る雨《あめ》の日《ひ》に彼《かれ》の妻《つま》は、少年《せうねん》が小《ちひ》さな足《あし》に草鞋《わらじ》をつける様子《やうす》をじつと眺《なが》めてゐたが、突然《とつぜん》

「お父《とう》さん、荷車《にぐるま》の後押《あとお》しに私《わたし》をやつて下《くだ》さい」と申出《まをしで》た

「うむ、さう言づてくれるのは有難《ありがた》いよ。天氣《てんき》の悪《わる》い日《ひ》には全《まつた》く痛《いた》ましいからな。しかし、赤《あ》ん坊《ぼう》がゐるからな」「いゝえ、赤《あか》ん坊《ぼう》なんか負《お》ぶつてつたらいゝんですもの」

健氣《けなげ》な妻《つま》の決心《けつしん》は固《かた》かつた。それからは風雨《ふうう》の日《ひ》とか、道路《だうろ》の泥濘《ぬかる》んだ日《ひ》とかには、赤《あか》ん坊《ぼう》を負《お》ひ、不馴《ふな》れな足《あし》に草鞋《わらじ》をつけ、少年《せうねん》の挽《ひ》く荷車《にぐるま》の後《あと》を押《お》す彼《かれ》の妻《つま》の姿《すがた》が必《かなら》ず見《み》られて、見《み》る人々《ひとびと》を感激《かんげき》させた。

彼《かれ》はまた、いろ〲と實用經濟《じつようけいざい》を才覺《さいかく》した。その一例《れい》としてボール箱《ばこ》の自家製造《じかせいざう》を擧《あ》げることが出來《でき》る。これは家《うち》の中《なか》に坐《すは》つてゐて、商《あきな》ひの合間《あひま》〲にやれることだし、菓子類《くわしるゐ》や卵《たまご》などを入《い》れるボール箱《ばこ》を、他《ほか》から買《か》ひ込《こ》むなんて不經濟《ふけいざい》なことだと思《おも》ひついたからだつた。丁度《ちやうど》、知人《ちじん》にボール箱製造《ばこせいざう》をやつてゐる人《ひと》があつたので、實地《じつち》について技術《ぎじゆつ》を習《なら》ひ、簡單《かんたん》な機械《きかい》を購《かう》

一八

入《にふ》し、店《みせ》の合間《あひま》を利用《りよう》して自店用《じてんよう》のボール箱《だこ》を製造《せいざう》したが、いつの間《ま》にか、妻《つま》もまた、その技《ぎ》術《じゆつ》を覺《おぼ》えたので、やがて自店用《じてんよう》の外《ほか》に、他店《たてん》の注文《ちゆうもん》にも應《おう》じられるやうになつた。

また宅地《たくち》の一部《ぶ》を利用《りよう》して花卉《かき》、苗木《なへき》等《とう》を仕立《した》てることを思《おも》ひついた。花《はな》や實《み》を眺《なが》めることは、彼《かれ》のやうな體《からだ》の不自由《ふじいう》な人間《にんげん》にとつては、非常《ひじやう》な慰《なぐさ》めになることだつた。また、ともすれば陥《おちい》り勝《か》ちな運動不足《うんどうふそく》が、手《て》入《いれ》などの仕事《しごと》によつて補《おぎな》はれるし、仕立《した》てたものは花屋《はなや》や植木屋《うゑきや》が金《かね》にしてくれるし、これは實《じつ》に一擧《きよ》三得《とく》の思《おも》ひつきだつた。

家族的《かぞくてき》にはすこぶるめぐまれてゐる。長男《ちやうなん》は、昭和《せうわ》七年《ねん》巣鴨《すがも》商業學校《せうげふがくかう》卒業《そつげふ》と同時《どうじ》に某會社《ぼうくわいしや》に奉職中《ほうしよくちゆう》、昭和《せうわ》九年《ねん》一月《がつ》二十日《か》現役兵《げんえきへい》として入營《にふえい》してゐる。二男《なん》も早稲田實業學校《わせだじつげふがつかう》を卒業《そつげふ》して某會社《ぼうくわいしや》に勤務《きんむ》してゐるし、長女《ちやうぢよ》は三輪田高等女學校《わたかうとうぢよがくかう》に在學中《ざいがくちゆう》であるが、兄弟揃《きやうだいそろ》つて學校《がくかう》の成績《せいせき》もよく、體《からだ》も至《いた》つて壯健《さうけん》である。しかも兩親《れうしん》の性質《せいしつ》を受《う》けついでか、朝《あさ》も早《はや》く起《お》きて掃除《さうぢ》の手《て》傳《つだ》ひもするし、家《いへ》に歸《かへ》つてからも豫習《よしふ》、復習《ふくしふ》の餘暇《よか》を利用《りよう》しては、注文品《ちゆうもんひん》の配達《はいたつ》や商品《せうひん》の仕入《しい》れなどに、骨身《ほねみ》を惜《をし》まず店《みせ》の仕事《しごと》を手傳《てつだ》つてゐる。昭和《せうわ》七年《ねん》に家屋の改築《かいちく》もやつたし、まことに羨《うら》ましき幸福《かうふく》な家庭《かてい》と云《い》はなければなるまい。

一九

店員をして我が子を博士に

群馬縣高崎市[redacted]

歩兵上等兵　天引鬼太郎君

商賣はすべて失敗

歩《ほ》兵第十五聯隊《へいだいれんたい》に隷屬《れいぞく》して、日露戰役《にちろせんえき》に從軍《じゆうぐん》し、明治《めいぢ》三十七年《ねん》八月《がつ》十四日《か》、磚盤溝附近《せんばんかうふきん》の激《げき》戰中《せんちゆう》に、右手《みぎて》掌砲彈《せうはうだん》挫滅創《ざめつさう》を蒙《かうむ》つたのである。直《たゞ》ちに野戰病院《やせんびやうゐん》で手術《しゆじゆつ》し、それから凱旋後《がいせんご》、東《と》京衞戍病院《きやうゑいじゆびやうゐん》で大手術《だいしゆじゆつ》をしたが、全治《ぜんぢ》するまでには行《ゆ》かなかつた。退役後《たいえきご》、引續《ひきつゞ》いてその疼痛《とうつう》に苦《くる》しんでゐたのだつた。

『美禰《みや》、私《わたし》はつく〲考《かんが》へたんだが、これからの子供《こども》は、どうしても中等教育《ちゆうとうけういく》を受《う》けさせなければいかんなあ、私《わたし》は若《わか》いし、まだ〲働《はたら》ける。恩給《おんきふ》は子供《こども》の教育費《けういくひ》に當《あ》てゝ、私達《わたしたち》は働《はたら》いて

二〇

生活《せいくわつ》して行《ゆ》かう。お前《まへ》もその覺悟《かくご》でゐて呉《く》れ』

彼《かれ》が、さう言《い》つたのは、退役直後《たいえきちよくご》の明治《めいぢ》三十九年《ねん》の暮《くれ》であつた。

『えゝ、私《わたし》だつて死者狂《しにものぐる》ひで働《はたら》きます。貴方《あなた》の不自由《ふじいう》な右手《みぎて》になり代《かは》つて……』

第《だい》一にやつた商賣《しやうばい》は、煙草《たばこ》の小賣《こうり》と雜貨商《ざつかしやう》だつたが、殘念《ざんねん》なことに、彼《かれ》の眞正直《ましやうぢき》な性格《せいかく》が、かうした商人《しやうにん》には適《てき》しなかつた。その後《ご》、煙草《たばこ》と雜貨商《ざつかしやう》をやめてから、二三商賣《しやうばい》がへをしたのだが、皆思《みなおも》ふやうには行《ゆ》かなかつた。

二年《ねん》の間《あひだ》にすつかり商人《しやうにん》をあきらめて、給料取《きふれうと》りの就職口《しゆしよくぐち》を探《さが》してゐたのだが、思《おも》ふやうなところはなく、隨分《ずゐぶん》と苦《くる》しんだ。時々生爪《ときどきなまつめ》を針抜《くぎぬき》で引抜《ひきぬ》かれるやうな疼痛《とうつう》をこらへ乍《なが》ら、紹介狀《せうかいじやう》や新聞廣告《しんぶんかうこく》に頼《たよ》つて、就職口《しゆうしよくぐち》を探《さが》し廻《まは》つた。

『美禰、今日《けふ》も駄目《だめ》だつた』

自宅《じたく》に歸《かへ》つて來《き》た彼《かれ》を、妻《つま》の美禰《みや》さんは元氣《げんき》に迎《むか》へて

『さう、――でも、力《ちから》を落《おと》すことなんかありません。そのうちに屹度《きつと》、いゝ處《ところ》が見《み》つかります

二一

よ、一日中《にちちゆう》、御歩《おある》きになつて御疲《おつか》れでせう。ゆつくり御飯《ごはん》を召《め》しあがつて、お寢《やす》みになると、またいゝ考《かんが》へも泛《うか》んで來《き》るかも知《し》れません』

元氣《げんき》なく頂垂《うなだ》れてゐる良人《をつと》の心《こころ》を、少《すこ》しでも引《ひ》きたてやうとする美禰《みや》さんの心盡《こころづく》し。

『お父《とう》さん、待《ま》つてましたよ。早《はや》く御飯《ごはん》にしませうよ』

奥《おく》から駈《か》けだして來《き》た次男《じなん》の魁《かしら》に、夫妻《ふうふ》は思《おも》はず救《すく》はれたやうな笑《わら》ひを顔《かほ》に泛《うか》べた。

『お父《とう》さん、僕喰《ぼくた》べさしてあげませうか』

不自由《ふじいう》さうに運《はこ》ぶ父《ちゝ》の箸《はし》を見《み》て、長男《ちやうなん》の忠定《たゞさだ》が言葉《ことば》をかけると、

『お父《とう》さんは、大丈夫《だいぢやうぶ》だ』

温順《をとな》しく父《ちゝ》をいたわり乍《なが》ら、食卓《しよくたく》についてゐる子供《こども》たちを眺《なが》めてゐると、眼頭《めがしら》が熱《あつ》くなるのを覺《おぼ》えた。

酷暑《こくしよ》には、箸《はし》も持《も》てない程痛《ほどいた》みだして、妻《つま》に手傳《てつだ》つて貰《もら》はなければ何《なん》にも出來《でき》ない彼《かれ》の右手《みぎて》だつた。

二二

子供の教育に專念

明治《めいち》四十四年《ねん》の春《はる》だつた。

『美禰《みや》、喜《よろこ》んで呉《く》れ、就職《しゆうしよく》が見付《みつ》かつたよ』

駈《か》けこむやうに這入《はい》つて來《き》た彼《かれ》は、妻《つま》の前《まへ》にどつかと坐《すは》つて、家中《いへぢゆう》に響《ひび》くやうな嬉《うれ》し聲《こゑ》で叫《さけ》んだ。

『貴方《あなた》』

その欣《よろこ》びは、良人《をつと》よりも妻《つま》の方《はう》が遙《はる》かに大《おほ》きかつた。長《なが》い間《あひだ》、どんなに待《ま》つてゐたか知《し》れなかつた就職《しゆうしよく》だつたのだ。

二年間奔走《ねんかんほんそう》して得《え》た職業《しよくげふ》といふのは、同市《どうし》八島町《じまちやう》の請負業者《うけをひげふしや》井上保《ゐのうへやす》三郎氏《らうし》の店員《てんゐん》だつたのである。彼《かれ》の實直《じつちよく》と誠實《せいじつ》とを認《みと》めた井上氏《ゐのうへし》は喜《よろこ》んで迎《むか》へて呉《く》れた。

『井上氏《ゐのうへし》の好意《かうい》に對《たい》しても一生懸命《しやうけんめい》やらなければならぬ』

さう誓《ちか》つた彼《かれ》は、まつたく寢《ね》る眼《め》も寢《ね》ずによく働《はたら》いた。

二三

夫婦《ふうふ》の外《ほか》に子息《むすこ》四人《にん》みな元氣《げんき》で父《ちゝ》を慰《なぐさ》めた。

妻《つま》の美禰《みや》さんは頭髮《とうはつ》に油《あぶら》をつけたこともなく、他《た》の女《をんな》は遊《あそ》ぶことを考《かんが》へてゐるのに、彼女《かのぢよ》だけはまつたく良人《をつと》の心《こころ》になつてよく働《はたら》き通《とほ》した。

そのうち長男《ちやうなん》の忠定《たゞさだ》が、中學《ちゆうがく》から高等學校《かうとうがくかう》に進《すゝ》み、次男《じなん》の魁《かしら》が商業《しやうげふ》に、三男《なん》、四男《なん》の子息《むすこ》を小學校《せうがくかう》に通《かよ》はせる天引夫妻《あまひきふさい》には、子供以外《こどもいぐわい》のことは眼中《がんちゆう》になかつた。それがために、彼《かれ》は斷乎《だんこ》たる決意《けつい》を示《しめ》したのである。

『私《わたし》は、煙草《たばこ》をよさう』

と、彼《かれ》は言《い》ひだした。

『あんなに好《す》きな煙草《たばこ》をどうしておよしなさるの』

美禰《みや》さんは不思議《ふしぎ》に思《おも》つて訊《き》いた。

『忠定《たゞさだ》が、高等學校《かうとうがくかう》に入《はい》るやうになつたし、子供《こども》たちが、それぞれ學校《がくかう》に入《はい》るやうになつたので、私《わたし》の好《す》きな煙草《たばこ》でもよさなきア、子供《こども》たちの教育《けういく》も出來《でき》ない。お前《まへ》が着物《きもの》一枚買《まいか》ふでなしお化粧《けしやう》一つせず、一生懸命働《しやうけんめいはたら》くお前《まへ》に比《くら》べたら、煙草《たばこ》をやめる位《ぐらゐ》なんでもないよ』

二四

夫婦《ふうふ》は心《こころ》を合《あは》せて辛抱《しんばう》した。あれほど好《す》きな煙草《たばこ》を止《や》める位《くらゐ》だから、他《た》は推《お》して知《し》るべしだ。かうして專心子供達《せんしんこどもたち》の教育《けういく》にあたつたのである。

斯《か》うして、夫婦《ふうふ》は共《とも》に心《こころ》を合《あは》せて節約《せつやく》に節約《せつやく》を重《かさ》ね、すべて子供《こども》等のためにと、あらゆる辛《しん》抱《ばう》を續《つゞ》けた。

その甲斐《かひ》あつて、長男《ちやうなん》の忠定君《たゞさだくん》は大正《たいせう》十五年《ねん》に東京醫科大學《とうきやうゐくわだいがく》を卒業《そつげふ》し、引續《ひきつゞ》いて同分院《どうぶんゐん》や本《ほん》院《ゐん》で實地學理《じつちがくり》の研究《けんきう》をしてゐた。また、次男《じなん》の魁君《かしらくん》は學校《がくかう》を卒《を》へると直《す》ぐ商賣《しやうばい》を初《はじ》め、三男《なん》の三夫君《みつをくん》は、中等學校《ちゆうとうがくかう》を卒《を》へると一年志願兵《ねんしぐわんへい》として、歩兵第《ほへいだい》十五聯隊《れんたい》へ入營《にふえい》、上海事變《シヤンハイじへん》が勃發《ぼつぱつ》するや歩兵少尉《ほへいせうゐ》として出征《しゆつせい》し、父子揃《おやこそろ》つて武勳《ぶくん》をたてられた。

末男《すゑこ》の五郎君《らうくん》もまた、父《ちゝ》の希望《きばう》によつて商業學校《しやうげふがくかう》を卒業《そつげふ》し、目下某會社《もくかばうくわいしや》に勤務中《きんむちゆう》である。

こんな具合《ぐあひ》で、親《おや》として立派《りつぱ》に子供達《こどもたち》の發育《はついく》に專念《せんねん》されたのである。

昭和《せうわ》八年《ねん》一月《がつ》に長男忠定君《ちやうなんたゞさだくん》は、醫學博士《いがくはかせ》の稱號《せうがう》を獲得《くわくとく》したのである。この時《とき》の天引夫妻《あまびきふさい》の喜《よろこ》びは如何《いか》ばかりであつたらうか？ 今《いま》までの忍苦《にんく》は、遂《つひ》に報《むく》ひられたのである。そして現在《げんざい》醫院《ゐん》を開業《かいげふ》し、非常《ひじやう》な人氣《にんき》を博《はく》してゐる。

二五

二六

古《ふる》い諺《ことわざ》にも『悅《よろこ》びは忍《にん》の後《あと》より、樂《らく》は常《つね》に苦《く》の中《なか》より生《う》む』と、天引夫妻《あまびきふさい》の半生《はんせい》は、實《じつ》にこれを實證《じつしやう》してあまりある。

三男もまた名譽の應召

昭和《せうわ》七年《ねん》八月《がつ》、上海事變《シヤンハイじへん》の勃發《ぼつぱつ》と共《とも》に、三男三夫君《なんみつをくん》は名譽《めいよ》の召集《せうしふ》を受《う》け、翌年《よくねん》九月《がつ》に目出度《めでたく》凱旋《がいせん》した。

まつ黑《くろ》に日焦《ひや》けした元氣《げんき》な顏《かほ》で

『お父《とう》さん、たゞ今歸《いまかへ》りました』

と、元氣《げんき》な顏《かほ》を見《み》せた時《とき》には、母《はゝ》の美禰《みや》さんなどは嬉《うれ》し淚《なみだ》を流《なが》してゐた。

『どうだつた。戰爭《せんさう》に行《い》つてみると、戰場《せんぢやう》の眞劍味《しんけんみ》が分《わか》つたらう』

『えゝ、愉快《ゆくわい》でしたよ。なにしろ、上海《シヤンハイ》の戰爭《せんさう》は市街戰《しがいせん》ですから、いつどこから機關銃《きくわんじう》の彈《たま》が飛《と》んで來《く》るか判《わか》らんですから、油斷《ゆだん》も隙《すき》もあつたものぢやありません』

この父子《おやこ》の眼《め》には、戰場《せんぢやう》の光景《くわうけい》が泛《うか》んでゐるのだつた。

長男《ちやうなん》の忠定《たゞさだ》、次男《じなん》の魁《かしら》、それに弟《おとうと》の五郎等《らうとう》もひきつけられるやうに聞《き》いてゐた。

『お父《とう》さん、戰地《せんち》の生活《せいくわつ》は愉快《ゆくわい》ですねえ、お父《とう》さんからよく戰爭《せんさう》の話《はなし》を聞《き》かされたことがありますが、自分《じぶん》が實際《じつさい》にぶつかつて見《み》なければ判《わか》らないですね。一歩出《ぽで》ると敵《てき》です。隊《たい》の者同志《ものどうし》は、まつたく兄弟以上《きやうだいいじやう》に親密《しんみつ》になるし、道《みち》で友軍《いうぐん》などゝ逢《あ》ふた時《とき》の嬉《うれ》しさと言《い》つたら、お父《とう》さん、言葉《ことば》なんかぢや表《あら》はすことが出來《でき》ませんねえ』

『だが、匪賊相手《ひぞくあひて》ぢや物足《ものた》らんだらう』

『だつて、お父《とう》さん、支那人《しなじん》だつて、日清戰爭時代《につしんせんさうじだい》と違《ちが》ひますよ』

家中《いへぢゆう》は、笑《わら》ひ崩《くづ》れた。

『手《て》がやつ張《ば》り痛《いた》みますか』

『たいしたこともないが、夏《なつ》と冬《ふゆ》には痛《いた》んで來《く》る』

『兄《にい》さんに診察《しんさつ》して貰《もら》ひなさい。これからは私《わたし》が働《はたら》きますから』

彼《かれ》が、二十年間勤續《ねんかんきんぞく》した井上保三郎《ゐのうへやすらうし》氏の店《みせ》を引《ひ》いたのは、昭和《せうわ》九年《ねん》の春《はる》だつた。

彼《かれ》は、いつでも人《ひと》に語《かた》つてゐる。

二七

二八

『私《わたし》が、今日成功《こんにちせいこう》と人《ひと》に言《い》はれますのは、主人井上保三郎氏《しゆじんゐのうへやすらうし》の厚意《こうい》と、軍隊生活《ぐんたいせいわつ》を長《なが》くやつたからです。私《わたし》は、常《つね》に主人《しゆじん》の厚意《こうい》を裏切《うらぎ》つてはいけないと、いつでも思《おも》つたものです。主人《しゆじん》の厚意《こうい》に報《むく》ひるために、軍隊生活《ぐんたいせいくわつ》で鍛《きた》へた堅忍不拔《けんにんふばつ》の精神《せいしん》と、誠意《せいい》を以《もつ》て働《はたら》きました。また、妻《つま》は着物《きもの》一枚新調《まいしんてう》するでなし、映畫《えいぐわ》一度《ど》見《み》せないことにも、なんの不平《ふへい》もなく、子供達《こどもたち》の教育《けういく》に一身《しん》を捧《さゝ》げてくれました。私《わたし》たちが刻苦奮鬪《こくくふんとう》してゐるのを、子供達《こどもたち》がよく見《み》てゐた筈《はず》です。子供《こども》たちも、私《わたし》と妻《つま》の日常《にちじやう》を頭《あたま》の中《なか》にしみこませたことと思《おも》ひます。それが、今日《こんにち》をなし得《え》た原因《げんいん》だと思《おも》ひます。

最後《さいご》に、私《わたし》は、子供《こども》の教育《けういく》は勿論《もちろん》のことですが、それ以上《いじやう》に大切《たいせつ》なことは、夫婦和合《ふうふわがふ》といふことです。夫婦《ふうふ》が協力《けふりよく》してことにあたらなければ、何事《なにごと》も出來《でき》るものではありません。夫婦力《ふうふちから》を一にして家庭《かてい》を處理《しより》し、子供《こども》を指導《しだう》することが、一番大切《ばんたいせつ》なのです』

この言葉《ことば》は、實際《じつさい》、彼《かれ》の尊《たふと》き體驗《たいけん》を語《かた》る言葉《ことば》である。

彼《かれ》の陰《かげ》には、また何時《いつ》でも妻《つま》の偉大《ゐだい》な助力《じよりよく》のあることを忘《わす》れてはならない。

轉職すべて成功

奈良縣宇陀郡神戸村[redacted]
步兵特務曹長
勳七等功七級　鈴木順次君

大阪で丁稚奉公

彼《かれ》の姿《すがた》をみれば、右手《みぎて》はだらりと棒《ぼう》のやうにぶら下《さが》つて、用《よう》をなさないらしい。しかも、その左腕《さわん》は隆々《りゆうりゆう》たる筋肉《きんにく》の盛《も》り上《あが》りをみせ、意志《いし》の强《つよ》さを示《しめ》すやうに引締《ひきしま》つた口許《くちもと》、そして銳《するど》いうちにも溫和《をんわ》な眼《め》の光《ひかり》——何《なん》となく人《ひと》をひきつける面影《おもかげ》がある。

「たゞの者《もの》ではないな」

誰《だれ》しもさう感《かん》じないでは居《を》れない。實事《じじつ》、決《けつ》してただ者《もの》ではないのである。こゝに彼《かれ》が今日《こんにち》を築《きづ》き上《あ》げるまでの血淚史《けつるゐし》を繙《ひもと》いてみよう。彼《かれ》は廣島縣御調郡三原町《ひろしまけんごてつぐんみはらまち》の貧農《ひんのう》の家《いへ》に生《うま》れた。生《うま》

二九

れると直《す》ぐから、彼《かれ》は人生《じんせい》の痛苦《つうく》をなめさせられたのである。小學校《せうがくかう》を卒《お》へるか卒《お》へない十三歳《さい》になつた時《とき》、彼《かれ》は早《はや》くも獨立獨歩《どくりつどくほ》の道《みち》を考《かんが》へねばならなかつた。べん／＼として家《いへ》にあつたのでは、家《いへ》の貧窮《ひんきう》はいよ／＼どん底《ぞこ》へ引摺《ひきづ》り込《こ》まれるばかりだ。

「俺《おれ》は都《みやこ》に出《で》て身《み》を立《た》てよう」

と幼心《えうしん》にも、さう決心《けつしん》した順次少年《じゆんじせうねん》は、父母《ふぼ》の前《まへ》に出《で》て決心《けつしん》の程《ほど》をみせた。父母《ふぼ》として、この年《とし》もゆかぬ子供《こども》を手放《てばな》すことは辛《つら》いことには相違《さうゐ》なかつたが、家《いへ》の狀態《じやうたい》は正《まさ》しく洗《あら》ふやうな赤貧《せきひん》のどん底《ぞこ》にある。この際《さい》、一人《ひとり》でも口《くち》がへることは有難《ありがた》いことだつた。

晴《は》れの旅路《たびぢ》に上《のぼ》るといつても、十分《ぶん》のことも出來《でき》なかつた。旅費《りよひ》の外《ほか》には小遣錢《こづかひせん》として五十錢《せん》、若干《じやくかん》の衣類《いるゐ》をまとめて、單身大阪《たんしんおほさか》めざして郷關《きやうくわん》を出《で》たのであつた。

上阪《じやうはん》して丁稚奉公《でつちぼうこう》に住《す》み込《こ》んだのが漆器製造兼袋物業《しつきせいざうけんふくろぶつげふ》、こゝで熱心《ねつしん》に仕事《しごと》に精出《せいだ》し、影日向《かげひなた》なくよく働《はたら》いた。そして二十一歳《さい》の丁年《ていねん》を迎《むか》へて徴兵檢査《ちようへいけんさ》にも見事《みごと》に合格《がふかく》し、第《だい》四師團《しだん》步兵第《ほへいだい》八聯隊《れんたい》に入營《にふえい》したのは、明治《めいぢ》二十九年《ねん》十二月《ぐわつ》一日《じつ》だつた。困苦《こんく》に堪《た》へる精神《せいしん》は、軍隊《ぐんたい》では最《もつと》も重要《ぢうえう》なものだ。彼《かれ》は幼《をさな》きより既《すで》にその精神《せいしん》だけは鍛《きた》へに鍛《きた》へられてゐた。しかも着實勤勉《ちやくじつきんべん》よく

三〇

軍務《ぐんむ》に精勵《せいれい》したゝめに、その成績《せいせき》は見《み》るべきものあり、次第《しだい》に上官《じやうくわん》に認《みと》められることゝなつた。すゝめられるまゝに下士《かし》志願《しぐわん》して、後進《こうしん》の指導《しだう》につとめ、累進《るゐしん》して明治《めいぢ》三十六年《ねん》十二月《ぐわつ》一日《じつ》を以《もつ》て步兵曹長《ほへいさうちやう》に任《にん》ぜられた、

前額部と右腕貫通銃創

明《あく》れば明治《めいぢ》三十七年《ねん》二月《ぐわつ》十日《か》、驕露《けうろ》を征《せい》すべき宣戰《せんく》の大詔《おほみことのり》下《くだ》さるゝや、第《だい》二軍《ぐん》に屬《ぞく》して出《しゆつ》征《せい》したのが四月《ぐわつ》二十三日《にち》、直《たゞち》に金州南山《きんしうなんざん》の攻擊《こうげき》にまづ火蓋《ひぶた》をきつて、瞬《またゝ》く間《あいだ》にこれを占領《せんりやう》し、更《さら》に北進《ほくしん》また北進《ほくしん》し、次第《しだい》に敵軍《てきぐん》を追《お》ひつめて、遼陽《れうやう》の敵軍《てきぐん》を擊破《げきは》した。

かくて同年《どうねん》九月《ぐわつ》二十四日《か》、彼《かれ》は特務曹長《とくむさうちやう》に任《にん》ぜられ、步兵第八聯隊第《ほへいだいれんたいだい》八中隊第《ちうたいだい》二小隊長《せうたいちやう》に補《ほ》せられ、十月《ぐわつ》には小隊長《せうたいちやう》としての初陣《うひぢん》、沙河《さが》の會戰《くわいせん》に參加《さんか》して天晴《あつぱ》れ武勳《ぶくん》を輝《かゞや》かした。こゝに敵軍《てきぐん》は悉《こと／＼》く沙河《さが》以北《いほく》に退《しりぞ》き、彼我兩軍《かれわがりやうぐん》は沙河《さが》を挾《はさ》んで對峙《たいじ》すること數《すう》ケ月《げつ》、明《あ》けて三十八年《ねん》二月下旬《ぐわつげじゆん》、旅順《りよじゆん》より北上《ほくじやう》して來《き》た第《だい》三軍《ぐん》を加《くは》へて全軍《ぜんぐん》四十萬《まん》、大山大將《おほやまたいしやう》を總司令官《そうしれいくわん》として、敵《てき》の息《いき》の根《ね》をとめんものと活動《くわつどう》を開始《かいし》した。これに對《たい》する敵軍《てきぐん》は總勢《そうぜい》實《じつ》に六十萬《まん》、延長《えんちやう》四十里《り》の長《ちやう》

三一

蛇《だ》の陣《ぢん》を敷《し》いて、この一戰《せん》に今《いま》までの汚名《をめい》を雪《そゝ》がんとの意氣《いき》も凄《すご》い。

三月《ぐわつ》に入《はひ》ると共《とも》に、我《わ》が軍《ぐん》の攻擊《こうげき》は漸《やうや》く猛烈《まうれつ》を極《きは》め、七日《か》總攻擊《そうこうげき》の令下《れいくだ》るや、全軍《ぜんぐん》一齊《せい》に猛《まう》進《しん》、全線《ぜんせん》にわたつて壯烈《さうれつ》な戰鬪《せんとう》が展開《てんかい》された。九日《か》に至《いた》れば我軍《わがぐん》いよ／＼肉迫《にくはく》、十日《か》には我《わ》が全軍《ぜんぐん》の攻擊《こうげき》ことの外猛烈《ほかまうれつ》を加《くは》へ、今《いま》や敵《てき》は支《さゝ》へかねて烈《れつ》を亂《みだ》して敗走《はいそう》し去《さ》つた。この壯烈《さうれつ》なる戰《たゝか》ひの最中《さいちう》、わが鈴木小隊長《すゞきせうたいちやう》は敵《てき》の流彈《りうだん》のために、前額部《ぜんがくぶ》に盲貫銃創《まうくわんじうさう》、右腕《みぎうで》には貫通銃創《くわんつうじうさう》を蒙《こほむ》つた。

「殘念《ざんねん》」

たゞ一語《ひとこと》を殘《のこ》してその場《ば》に昏倒《こんたつ》、人事不省《じんじふせい》に陷《おちい》つてしまつたのであつた。

彼《かれ》が奉天入城《ほうてんにふじやう》の報《はう》を聞《き》いたのは、野戰病院《やせんびやうゐん》に入院《にふゐん》してからであつた。嬉《うれ》しさと晴《は》れの入城式《にふじやうしき》に參加《さんか》出來《でき》なかつた口惜《くや》しさで、思《おも》はず枕《まくら》を濡《ぬら》した。それから各地《かくち》の野戰病院《やせんびやうゐん》や衞戍病院《ゑいじゆびやうゐん》を轉々《てんく》として、遂《つひ》に大阪衞戍病院《おほさかゑいじゆびやうゐん》に送還《さうくわん》され、こゝで手篤《てあつ》い治療《ちれう》を受《う》けた。しかし彼《かれ》の右手《みぎて》は元《もと》のやうにはならなかつた。全《まつた》く自由《じいう》を失《うしな》つてしまつた。

三二

病苦と赤貧を克服

翌《よく》三十九年《ねん》三月《ぐわつ》七日《か》、兵役《へいえき》を免《めん》ぜられて退院《たいゐん》、久《ひさ》しぶりに鄉里《きやうり》の土《つち》を踏《ふ》んだ。然《しか》し、傾《かたむ》きかけた軒《のき》を見《み》、年老《としお》いた父《ちゝ》と母《はゝ》の姿《すがた》をみた時《とき》、彼《かれ》の心《こゝろ》からは凱旋《がいせん》の喜《よろこ》びが消《き》えてしまつた。

「今後《こんご》どうしたらこの身《み》を支《さゝ》へ、老父母《らうふぼ》を扶養《ふやう》して行《い》けるか」

考《かんが》へると暗澹《あんたん》とした。右手《みぎて》の自由《じいう》を失《うしな》つては、以前《いぜん》の漆器製造《しつきせいざう》のやうな手職《てしよく》をつゞけて行《ゆ》くことは出來《でき》ない。といつて、幼《をさな》い時《とき》から、その仕事《しごと》の苦勞《くらう》をつゞけて來《き》ただけで、他《ほか》にこれといふ學問《がくもん》もなし……彼《かれ》の前途《ぜんと》は全《まつた》く暗黑《あんこく》に塗《ぬ》りつぶされてゐた。

その四月《ぐわつ》一日《にち》、彼《かれ》は戰功《せんこう》によつて、功《こう》七級金鵄勳章並《きふきんしくんしやうならび》に年金《ねんきん》百圓《ゑん》、及《およ》び勳《くん》七等青色桐葉章《とうせいしよくどうえふしやう》を授與《じゆよ》されたのである。彼《かれ》はこの恩命《おんめい》に感泣《かんきふ》した。それと同時《どうじ》に、彼《かれ》の心《こゝろ》には勃然《ぼつぜん》として勇氣《ゆうき》がふるひ起《おこ》つたのである。

「お前《まへ》は帝國軍人《ていこくぐんじん》ではないか？ それなのに何《なに》をくよ／＼と思《おも》ひ惱《なや》むのだ」

さういつた叱聲《しかりごゑ》が天外《てんぐわい》より聞《きこ》えてきた。彼《かれ》は悄然《しようぜん》として冷汗《れいかん》を感《かん》じた。

三三

「さうだ。俺《おれ》は軍人《ぐんじん》だ。あの軍人《ぐんじん》に賜《たまは》りたる勅諭《ちよくゆ》の中《なか》の精神《せいしん》、あの精神《せいしん》をどこに置《お》き忘《わす》れて來《き》たのだ。あの軍人精神《ぐんじんせいしん》を體《たい》して進《すゝ》む時《とき》、何《なん》の恐《おそ》れるものがあらう！」

思《おも》はず身内《みうち》の血《ち》が勇氣《ゆうき》に燃《も》えるのを覺《おぼ》えた。更生《かうせい》への氣慨《きがい》が欝勃《うつぼつ》として滿《み》ち溢《あふ》れて來《く》るのを覺《おぼ》えた。

「やるぞ！　大《おほ》いにやるぞ！」

一度《ど》決心《けつしん》した以上《いじやう》躊躇逡巡《ちうちよしゆんじゆん》すべきではない。彼《かれ》は種々《しゆく》考《かんが》へた揚句《あげく》、生活必需品《せいくわつひつじゆひん》たる酒醬油《さけしやうゆ》商《しやう》をはじめることに決心《けつしん》した。大阪《おほさか》へ出《で》て手頃《てごろ》の家《いへ》を借《か》り、小規模《せうきぼ》に店《みせ》を開《ひら》いたのがその年《とく》の五月《ぐわつ》一日《にち》だつた。軍人上《ぐんじんあが》りだつた、ぶつきら棒《ぼう》で世辭《せいじ》も愛想《あいさう》もない。しかし正直《せうぢき》で掛引《かけひき》がないといふので、顧客《とくゐ》も次第《しだい》にふえた。彼《かれ》はこの時決心《ときけつしん》して、お上《かみ》から頂《いたゞ》く年金《ねんきん》や恩給《おんきふ》はないものと一切《さい》手《て》をつけず、これを貯蓄《ちよちく》することにした。そのために、貯金《ちよきん》は年《とし》と共《とも》に加《くは》はつて行《い》つた。

轉職また轉職

昭和《せうわ》二年《ねん》五月《ぐわつ》、彼《かれ》は感《かん》ずるところあつて酒醬油商《さけしやうゆしやう》を廢業《はいげふ》し、改《あらた》めて福島區《ふくしまく》北《きた》一丁目《ちやうめ》の繁華《はんくわ》な土地《とち》を卜《ぼく》して、茶舗《ちやみせ》を開《ひら》いた。開業《かいげふ》と共《とも》に又《また》しても評判《ひやうばん》をとり、日《ひ》に〳〵客《きやく》もふえて來《き》た。やがて資産《しさん》も數萬圓《すうまんゑん》となり、一流《りう》の商店《しやうてん》として斯界《しかい》に重《おも》きをなすに至《いた》つたのである。誰《だれ》かこの鈴《すゞ》木商店《きしやうてん》の主人《しゆじん》が、たつた五十錢《せん》を握《にぎ》つて上阪《じやうはん》した廣島《ひろしま》の片田舍《かたゐなか》の小僧《こぞう》と考《かんが》へよう。右手《みぎて》の自由《じいう》を失《うしな》つて懊惱《あうのう》した人《ひと》と考《かんが》へよう。そして彼《かれ》の人《ひと》と爲《な》りを聞《き》き、今《いま》までの苦心《くしん》を知《し》つた時《とき》、誰《だれ》しもが滿腔《まんこう》の尊敬《そんけい》を拂《はら》はずには居《を》れないのである。右腕《みぎうで》の自由《じいう》を失《うしな》つてより三十年《ねん》、長《なが》い習練《しふれん》によつて、彼《かれ》の左腕《ひだりうで》は右腕《みぎうで》と兩方分《りやうはうぶん》の働《はたら》きをするやうになつた。筆《ふで》を持《も》つも箸《はし》を持《も》つもみな左手《ひだりて》で、いさゝかも不便《ふべん》を感《かん》じないやうになつた。

「腕《うで》を二本《ほん》も持《も》つて、さぞ邪魔《じやま》のことだらうなア」

彼《かれ》はよく冗談口《じようだんぐち》をたゝくのである。このまゝ店《みせ》をつゞけて行《い》けば、いよ〳〵繁昌《はんじやう》への晴《は》れやかな道《みち》をたどつて行《い》つたらう。併《しか》し、彼《かれ》は昭和《せうわ》八年《ねん》の十月《ぐわつ》になつて、急《きふ》に茶舗《ちやみせ》を閉《と》ぢて大阪《おほさか》から姿《すがた》をかくしてしまつた。それには涙《なみだ》ぐましい譯《わけ》があるのだ。當時《たうじ》、不況《ふきやう》のために彼《かれ》の近親者《きんしんしや》の間《あひだ》には財政窮乏《ざいせいきうぼふ》のために身動《みうご》きならぬ者《もの》が出《で》て來《き》た。これを一時《じ》助《たす》けることは、當時《たうじ》の彼《かれ》と

しては困難《こんなん》なことではない。しかし、それでは相手《あひて》に恩《おん》を賣《う》ることになるばかりか、根本的《こんぽんてき》な財政回復《ざいせいくわいふく》は覺束《おぼつか》ないのだ。そこで彼《かれ》は考《かんが》へた。

「いつそ田舍《ゐなか》に引込《ひきこ》んで、園藝《えんげい》と林業《りんげふ》に着手《ちやくしゆ》しよう。さうしたら恩《おん》を着《き》せることもなく、互《たが》ひに力《ちから》になり助《たす》け合《あ》つて、新天地《しんてんち》を開拓《かいたく》することも出來《でき》よう」

さういつた美《うつく》しい心《こゝろ》づかひを以《もつ》て、大阪《おほさか》の店《みせ》を惜《を》し氣《げ》もなく人手《ひとで》に渡《わた》し、奈良縣《ならけん》宇陀郡《うだぐん》神戸《かんべ》村《むら》に田畑《たはた》二十筆山《ひつさん》、地《ち》六筆《ひつ》を購入《こうにふ》して住宅《ぢうたく》を新築《しんちく》し、自分《じぶん》の家族全部《かぞくぜんぶ》とその近親者《きんしんしや》をひきつれて移住《いぢう》した。そして、こゝに彼《かれ》は園藝家《えんげいか》にして、また林業家《りんげふか》としての第《だい》一步《ぽ》を踏《ふ》み出《だ》したのである。

「これが自分《じぶん》の最後《さいご》の御奉公《ごほうこう》だ」

さういつた意氣《いき》を以《もつ》て、晴《は》れ渡《わた》つた大空《おほぞら》の下《した》に、老《お》いの身《み》もいとはず刻苦精勵《こくくせいれい》してゐる。世《よ》の中《なか》は持《も》ちつ持《も》たれつ――といふ言葉《ことば》がある。しかし今《いま》の世《よ》の中《なか》で、果《はた》してこれを實行《じつかう》してゐる人《ひと》は、どの位《くらゐ》あるであらうか。自分《じぶん》さへよければ他《ほか》はどうでもよい……それが大抵《たいてい》の人《ひと》の處《しよ》世術《せいじゆつ》だ。さういつた風潮《ふうてう》の中《なか》にあつて、彼《かれ》の態度《たいど》は、實《じつ》に見上《みあ》ぐべき美擧《びきよ》といはねばならない。

箱造りが遂に會社重役

青森縣南津輕郡
歩兵伍長 勳七等 横山慶太郎君

家大工の弟子入

この黑石町《くろいしまち》に、三十年前《ねんぜん》さゝやかな飲食店《いんしよくてん》があつた。父《ちゝ》の元吉《もときち》は飲食店《いんしよくてん》の傍《かたは》ら仲立業《なかたちげふ》を營《いとな》んでゐたが、伜《せがれ》の慶太郎《けいたらう》は、小學校《せうがくかう》へ通《かよ》ふ頃《ころ》から飲食店《いんしよくてん》といふ父《ちゝ》の家業《かげふ》を嫌《きら》つて、俺《おれ》は大《おほ》きくなつたら家大工《いへだいく》になると決《き》めてゐた。棟梁《とうりやう》になつて、棟上《むねあ》げの棟《むね》の上《うへ》で、紺《こん》の法被《はつぴ》で千歲萬歲《せんざいまんざい》と槌《つち》を振《ふ》る。迚《とて》も男《をとこ》らしく、勇《いさ》ましい姿《すがた》を子供《こども》ながらに空想《くうさう》してゐたのだつた。

彼《かれ》は小學校《せうがくかう》を卒《を》へると、理想通《りさうとほ》り家大工《いへだいく》の弟子入《でしい》りをした。そして朝早《あさはや》くから道具箱《だうぐばこ》を擔《かつ》いで職場《しよくば》に入《はい》り、せつせと鉋《かんな》を磨《と》ぎ、鑿《のみ》を磨《み》がされたが、この生活《せいくわつ》が五六年經《ねんた》つと、彼《かれ》はだんだ

三八

んと腕《うで》が出來《でき》て、もう八分《ぶ》大工《だいく》だつた。「叩《たゝ》き仕事《しごと》には慶《けい》さん」と、わざ〱名指《なざ》しで呼《よ》ばれたりする程《ほど》だつた。

やがて彼《かれ》は徴兵適齢《ちやうへいてきれい》で、みごと甲種合格《かうしゆがうかく》した。この年支那《としな》は北清事變《ほくしんじへん》で、日本《にっぽん》からは福島少《ふくしませう》將《しやう》を司令官《しれいくわん》に、列國《れつこく》の聯合軍《れんがふぐん》が天津攻撃《てんしんこうげき》にあたり、日本軍《にっぽんぐん》が列強《れつきやう》の陸軍《りくぐん》の面前《めんぜん》で、日本男子《にっぽんだんし》の意氣《いき》を揮《ふる》つて見《み》せてゐた。

明治《めいぢ》三十三年《ねん》十二月《がつ》、彼《かれ》は歩兵第《ほへいだい》三十一聯隊第《れんたいだい》七中隊《ちゆうたい》に入隊《にふたい》した。日清戰役《にっしんせんえき》の錦繪《にしきゑ》で、原田《はらだ》重吉《じうきち》を尊敬《そんけい》してゐた彼《かれ》は、一日《にち》も長《なが》く北清事變《ほくしんじへん》が長引《ながび》いて、出征《しゆつせい》する機會《きくわい》を與《あた》へられることを希《こひねが》つてゐた。入營後《にふえいご》の彼《かれ》の精勤《せいきん》ぶりは、實《じつ》に神業《かみわざ》とも思《おも》はれる程《ほど》で、その結果《けつくわ》は成績抜群《せいせきばつぐん》となつて表《あらは》れた。卽《すなは》ち、三十四年《ねん》の十二月《がつ》には上等兵《じやうとうへい》に昇進《しやうしん》し、翌《よく》三十五年《ねん》の十一月《がつ》には、成績《せいせき》優良《いうりやう》のため歸休《ききふ》を命《めい》ぜられた程《ほど》である。

郷里《きやうり》に歸《かへ》ると共《とも》に、彼《かれ》は再《ふたゝ》び大工《だいく》にいそしみだした。

『慶《けい》さんは、上等兵《じやうとうへい》だぞ』

と云《い》はれ、肩身《かたみ》の廣《ひろ》い思《おも》ひだつたが、彼《かれ》は戰爭《せんさう》がなくては上等兵《じやうとうへい》も何《なに》ものぞと思《おも》つてゐた。

折《をり》から、日《ひ》に日《ひ》に日露《にちろ》の風雲《ふううん》は急《きふ》だつた。三十七年《ねん》二月《がつ》に入《はい》ると、五日《か》、日露《にちろ》の國交《こくかう》は斷絶《だんぜつ》し、宣戰《せんせん》の詔勅《せうちよく》の下《くだ》つた十日《か》より前《まへ》、既《すで》に海軍《かいぐん》は九日《か》、仁川《じんせん》の海戰《かいせん》と、旅順第《りよじゆんだい》一回《くわい》の總攻撃《そうこうげき》をはじめてゐた。二月《がつ》八日《か》、第《だい》二師團《しだん》の一部《ぶ》は仁川《じんせん》に上陸《じやうりく》し、三月《がつ》一日《じつ》には、黑木大將《くろきだいしやう》の第《だい》一軍《ぐん》は平壤《へいじやう》に着《つ》いた。

六月《がつ》十一日《にち》、待《ま》ちに待《ま》つた横山上等兵《よこやまじやうとうへい》は、充員召集《じうゐんせうしふ》に應《おう》じて原隊《げんたい》に編入《へんにふ》され、十月《がつ》六日《か》は大《おほ》阪《さか》を出帆《しゆつぱん》して、十月《がつ》十日《か》には大連《だいれん》の對岸《たいがん》、柳樹屯《りうじゆどん》に上陸《じやうりく》した。遼陽《りやうやう》を陷《おと》しいれたばかりの我《わ》が第《だい》一、第《だい》二、第《だい》三の三軍《ぐん》は、この時《とき》、煙台《えんだい》から遼陽《りやうやう》に至《いた》る間《あひだ》に駐《とゞま》つて、沙河《さか》の大會戰《だいくわいせん》にそなへて居《お》り、第《だい》三軍《ぐん》は旅順背面《りよじゆんはいめん》の二〇三高地《かうち》の爭奪《さうだつ》に、肉彈戰《にくだんせん》を繰《く》り返《かへ》してゐる時《とき》であつた。

『よし、やるぞ！　今《いま》にみろ露助共《ろすけども》』

滿洲《まんしう》の土《つち》を踏《ふ》むと、もう彼《かれ》は武者振《むしやぶ》ひをしてゐた。この日《ひ》十五日《にち》には、沙河堡《さかほ》が陷落《かんらく》した。奉天《ほうてん》の大會戰《だいかいせん》をひかへて、敵味方《てきみかた》八十五萬《まん》の大軍《だいぐん》は、氷點下《ひやうてんか》二十度《ど》の冬營《とうえい》を利用《りよう》して、日々《ひび》防《ばう》禦工事《ぎよこうじ》を進《すゝ》めてゐた。我《わ》が三軍《ぐん》は二月《がつ》中旬《ちゆうじゆん》に至《いた》つて、旅順《りよじゆん》を陷《おとしい》れた第《だい》三軍《ぐん》の到着《たうちやく》と、川村《かはむら》大將《だいしやう》の新《あらた》な鴨綠江軍《おうりよくこうぐん》を加《くは》へ、全軍翼《ぜんぐんよく》を張《は》り、東《ひがし》は撫順《ぶじゆん》から南《みなみ》は本溪湖《ほんけんこ》、西《にし》は奉天《ほうしん》、渾河《こんか》の左岸《さがん》

三九

四〇

に互《わた》つて、延長實《えんちやうじつ》に四十里《り》の戰線《せんせん》を形作《かたちづく》つてゐた。我《わ》が第《だい》一、第《だい》二、第《だい》三、第《だい》四軍《ぐん》、鴨綠江軍《おうりよくこうぐん》の五大兵團《だいへいだん》の攻撃準備《こうげきじゆんび》が全《まった》く成《な》り、三月《がつ》一日全軍活潑《じつぜんぐんくわつぱつ》な活動《くわつどう》を開始《かいし》した。

全身蜂の巣の砲彈

三月《がつ》六日《か》、魚鱗堡戰鬪《ぎよりんほせんとう》の際《さい》、横山上等兵《よこやまじやうとうへい》は遂《つひ》に敵彈《てきだん》にあたつて、全身《ぜんしん》八ヶ所《しよ》に餘《あま》る大負傷《だいふしやう》を蒙《かうむ》つた。推《お》してその大激戰《だいげきせん》の程度《ていど》も計《はか》り知《し》られるであらう。間《ま》もなく野戰病院《やせんびやうゐん》に收容《しうよう》され、二度《ど》も醫官《いくわん》から絶望《ぜつばう》を宣言《せんげん》された程《ほど》の重傷《ぢゆうしやう》であつた。一命《めい》をとり止《と》めたのは天佑《てんいう》と云《い》ふべきか、奇蹟《きせき》とも云《い》ふべきか、醫官《いくわん》も驚《おどろ》いた程《ほど》である。

『骨胸上窩《こつきやうじやうか》ヨリ射入《しやにふ》シ左肩胛部《さけんかふぶ》ニ盲貫《もうくわん》セル砲彈子創《はうたんしさう》、左前腕弓《さぜんわんきう》ノ上内方《うはうちはう》三糎米《センチメートル》ノ部《ぶ》ヨリ左《ひだり》上膊上《じやうはくじやう》部後側《ぶうしろがわ》ニ盲貫《もうくわん》セル砲彈子創《はうたんしさう》、左膝關節部内《ひだりひざくわんせつぶない》ヨリ左下腿中《ひだりしたたいちゆう》央外側《あうそとがわ》ニ貫通《くわんつう》セル砲彈子創《はうたんしさう》、右李肋部《みぎりこつぶ》ヨリ右背部《みぎはいぶ》ニ貫通《くわんつう》セル砲彈子創《はうだんしさう》、右手背第《みぎてせなかだい》四掌骨中央部《しやうこつちゆうあうぶ》ヨリ第《だい》一掌骨撓骨側《しやうこつたうこつがわ》ニ貫通《くわんつう》シ骨《ほね》ヲ折傷《せつしやう》セル砲彈子創《はうだんしさう》、右鼠蹊中央《みぎそけいちゆうあう》ヨリ射入《しやにふ》シ髀臼關節部内《びきうくわんせつぶない》ニ盲貫《もうくわん》セル砲彈子創《はうだんしさう》、左上膊《ひだりじやうはく》ヨリ後部《こうぶ》ニ貫通《くわんつう》セル砲彈子創《はうだんしさう》、右下腿中央部貫通砲彈子創《みぎしたたいちゆうあうぶくわんつうはうだんしさう》』

これだけにわたる砲彈子創《はうだんしさう》で、目《め》の前《まへ》に炸裂《さくれつ》した敵《てき》の砲彈《はうだん》のために、文字通《もじとほ》り蜂《はち》の巣《す》のやうな、全身《ぜんしん》にわたる負傷《ふしやう》を受《う》けたのであつた。

雪《ゆき》と氷《こほり》の滿洲《まんしう》を南《みなみ》へ南《みなみ》へと運《はこ》ばれて、三月《がつ》十九日營口出帆《にちえいこうしゆつぱん》、四月《がつ》五日《か》に宇品《うじな》に還送《くわんそう》されて後《のち》爾來《じらい》一ヶ年間《ねんかん》の病院生活《びやうゐんせいくわつ》を續《つゞ》け、三月《がつ》九日《か》、退院《たいゐん》と同時《どうじ》に傷病兵《しやうびやうへい》として兵役《へいえき》を免除《めんぢよ》された。

彼《かれ》は負傷直前《ふしやうちよくぜん》の三十八年《ねん》二月《がつ》十八日《にち》、伍長《ごちやう》に昇進《しやうしん》してゐたが、戰功《せんこう》に依《よ》り勳《くん》七等《とう》に叙《じよ》せられ、恩給法第《をんきふはふだい》九條第《でうだい》三項《こう》に該當《がいたう》する者《もの》として、のち恩給金《をんきふきん》八百八十五圓《ゑん》を下賜《かし》されるやうになつた。全快《ぜんくわい》ののち、右膝關節屈曲《みぎひざくわんせつくつきよく》し、受傷部《じゆしやうぶ》の皮膚《ひふ》は知覺鈍痛《ちかくどんつう》あり、右手《みぎて》の用《よう》を妨《さまた》げ、左肢《さし》及《およ》び右下肢《みぎかし》は殆《ほと》んど用《よう》をなさず、わづかに歩行《ほかう》に耐《た》へられたのは、不幸中《ふかうちゆう》の幸《かう》であつた。

名譽《めいよ》の傷痍軍人《しやうゐぐんじん》として、故郷《こきやう》に錦《にしき》をかざつた彼《かれ》は、今《いま》や少年時代理想《せうねんじだいりさう》とした大工《だいく》の棟梁《とうりやう》は斷《だん》念《ねん》する外《ほか》なかつたばかりか、凡《すべ》て肉體的勞働《にくたいてきらうどう》には從事出來《じゆじでき》ない體《からた》であつた。しかし、奇蹟的《きせきてき》に生命《せいめい》をつなぎ得《え》た僥倖《げうかう》を思《おも》ふ時《とき》、國民《こくみん》の義務《ぎむ》として陛下《へいか》の赤子《せきし》として倒《たふ》れる迄《まで》は働《はたら》きたいと決《けつ》心《しん》した。

『一度《ど》は、陛下《へいか》に捧《さゝ》げた身命《いのち》だ。それが奇蹟的《きせきてき》にも助《たす》つたのには、何《なに》か天《てん》の啓示《けいし》があるに相違《さうゐ》

四一

ない。更《さら》に眼《め》を足下《そくか》に轉《てん》ずれば、一家《か》は今《いま》や困窮《こんきう》のどん底《だこ》にある。これを救《すく》ひ上《あ》げるべき責任《せきにん》は、一に自分《じぶん》の双肩《さうけん》にあるのだ』

箱造りから會社重役

あれを考《かんが》へ、これを思《おも》ふ時《とき》、彼《かれ》は一日《にち》も安閑《あんかん》としては居《ゐ》れなかつた。皇國《こうこく》のため、家《いへ》のため運命《うんめい》を開拓《かいたく》して生活進展《せいくわつしんてん》の理想《りさう》のもとに、奮然《ふんぜん》と起《た》たざるを得《え》なかつた。

その時《とき》である。彼《かれ》は收入印紙賣捌《しうにふいんしうりさば》きの特典《とくてん》に浴《よく》した。これは癈痼軍人救護《はいこぐんじんきうご》のため、政府《せいふ》が與《あた》へた恩典《をんてん》である。彼《かれ》はこの洪恩《こうおん》に對《たい》して感激《かんげき》せざるを得《え》なかつた。これによつて彼《かれ》は幾分前途《いくぶんぜんと》に光明《くわうめい》をみることが出來《でき》た。更《さら》に彼《かれ》は林檎箱《りんごばこ》打《う》ちを思《おも》ひ立《た》つた。その頃《ころ》、青森林檎《あをもりりんご》はやうやく日本的《にっぽんてき》に認《みと》められ、需要《じゆえう》は年《とし》と共《とも》に增《ま》してゆく有様《ありさま》だつたので、自然《しぜん》この仕事《しごと》は忙《いそが》しくなつた。昔《むかし》のやうに體《からだ》は動《うご》かない。しかし、昔《むかし》とつた杵柄《きねづか》、彼《かれ》はどうやらこの仕事《しごと》には耐《た》へられそうだつた。紛骨碎身《ふんこつさいしん》、業《げふ》に心身《しんく》を打込《うちこ》んで努力《どりよく》するうちに、どうやら生活《せいくわつ》も樂《らく》になつた。殊《こと》に下賜《かし》される恩給《をんきふ》のお蔭《かげ》もあつて、遂《つひ》に林檎箱《りんごばこ》の製造《せいざう》より、箱問屋《はこどんや》に進出《しんしゆつ》し、更《さら》に林檎《りんご》の輸出業《ゆしゆつげふ》

に發展《はつてん》して、爾來《じらい》三十年《ねん》、現在《げんざい》は縣下《けんか》屈指《くつし》の菜果移出輸出問屋《さいくわいしゆつゆしゆつとんや》として名《な》をなすに至《いた》つた。これといふも、彼《かれ》が常《つね》に更生《かうせい》の意氣《いき》を以《もつ》て萬難《ばんなん》を排《はい》し、一家《か》を督勵《とくれい》して、奮闘努力《ふんとうどりよく》、艱難辛苦《かんなんしんく》した結果《けつくわ》である。艱難《かんなん》は一家《か》に富《とみ》を惠《めぐ》んだのみならず、その人《ひと》をまた玉成《ぎよくせい》して、德望篤《とくばうあつ》く、ひとり黒石《くろいし》の町《まち》に重《おも》きをなすのみならず、地方的《ちはうてき》にも尠《すくな》からざる信望《しんばう》を得《う》るに至《いた》らしめた。乃《すなは》ち、彼《かれ》は防火衞生組合委員《ばうくわゑいせいくみあひゐん》、氏子總代《うぢこそうだい》、町會議員《ちやうくわいぎゐん》は四期《き》にわたつて、その任《にん》に選《えら》ばれてゐる。在鄕《ざいがう》軍人分會事業《ぐんじんぶんくわいじげふ》や國防獻金等《こくばうけんきんとう》には卒先《そつせん》して援助指導《ゑんじよしだう》の地位《ちい》に立《た》ち、社會公共《しやくわいこうきやう》の爲《た》めに盡瘁《じんすゐ》するところ多《おほ》く、また實業方面《じつげふはうめん》に於《おい》ては、縣同業組合員《けんどうげふくみあひゐん》を勤《つと》める他《ほか》、各會社重役《かくくわいしやぢゆうやく》の地位《ちゐ》を占《し》めてゐる。

貧《まづ》しい飲食店《いんしよくてん》の伜《せがれ》と生《うま》れ、家大工《いへだいく》を志《こゝざ》して、朝夕道具箱《あさゆふだうぐばこ》を擔《かつ》いで職場《しよくば》に通《かよ》つた昔《むかし》の慶《けい》さん時《じ》代《だい》、前途《ぜんと》に光明《おわうめい》を失《うしな》ひ、痛《いた》ましい傷痍兵《しやうゐへい》として、杖《つゑ》にすがつて歸鄕《ききやう》した横山伍長《よこやまごちやう》の三十年前《ねんぜん》を回顧《くわいこ》すれば、轉《うた》た今昔《こんじやく》の感《かん》なきを得《え》ない。終始一貫《しうしくわん》、旺盛《わうせい》な軍人精神《ぐんじんせいしん》を以《もつ》て、運命《うんめい》を征服《せいふく》しながら、至誠奉公《しせいほうこう》の一念《ねん》に凝《こ》り、自力更生《じりよくかうせい》、生活進展《せいくわつしんてん》に努《つと》めた自然《しぜん》の成果《せいくわ》とは云《い》ひながら、又《また》もつて稀《まれ》に見《み》る立志傳中《りつしでんちゆう》の人《ひと》といふべきだ。

粒々辛苦の刺繡

大連市

歩兵伍長　中丸留吉君

死線を彷徨

「人間死《にんげんし》ぬ氣《き》になりや、何《なん》だつて願《ねが》ひの叶《かな》はないことアありやしません！　しかし人間誰《にんげんたれ》だつて、死《し》んで仕舞《しま》ひたい氣《き》になることが、一生《しやう》に一度《ど》や二度《ど》はあるものですよ。私《わたし》なぞも、あの時《とき》よくぞ死《し》なゝかつたと思《おも》ひ出《だ》しますよ。決《けつ》して短氣《たんき》なんぞ起《おこ》してなるものぢやありません！」

と彼《かれ》は尊《たふと》い體驗談《たいけんだん》を語《かた》るのであつた。

彼《かれ》は當年《たうねん》五十三歲《さい》の中老紳士《ちゆうらうしんし》、現在大連市《げんざいだいれんし》の繁華街《はんくわがい》に大《おほ》きな刺繡店《ししうてん》を經營《けいえい》して、使用人《しようにん》も日《にっ》支人《しにん》を合《あは》せて十數名《すうめい》を使《つか》ひ、月收《げつしう》九百圓《ゑん》（實益《じつえき》は三百圓《ゑん》を下《くだ》らず）資金《しきん》も數萬圓《ゑん》と言《い》はるゝ成《せい》功者《こうしや》である。彼《かれ》は左足《ひだりあし》の自由《じいう》を持《も》つてゐない。これは往時日露戰爭《わうじにちろせんそう》の折《をり》に、奉天《ほうてん》の戰闘《せんとう》でうけた名譽《めいよ》の負傷《ふしやう》の名殘《なご》りである。

『私《わたし》は神奈川縣高座郡六會村西俣野《かながわけんかうざくんむつあひむらにしまたの》九五八の農家《のうか》に生《うま》れました。で、ずつと農業《のうげふ》をやつてゐたのです、明治《めいぢ》三十七年《ねん》十二月第《がつだい》七師團步兵第《しだんほへいだい》二十七聯隊《れんたい》に入營《にふえい》した時《とき》には、あの日露戰爭《にちろせんさう》の眞《まつ》最中《さいちゆう》でせう。喜《よろこ》びましたね。何《なに》しろ若《わか》さの元氣《げんき》一杯《ぱい》でしたから鬼《おに》ケ島征伐《しませいばつ》の桃太郎《もゝたらう》のやうに胸《むね》が躍《をど》りましたよ。翌年《よくねん》の三十八年《ねん》二月十日《がつか》には早《はや》くも出征《しゆつせい》して、奉天《ほうてん》の戰線《せんせん》に馳《は》せ參《さん》じたのは二月《がつ》二十六日《にち》でした。露助《ろすけ》の生《なま》ツ首《くび》を、五ツ六ツ素《す》つこ拔《ぬ》いてやらうと、てぐすね引《ひ》いて待《ま》つてゐたのに、運《うん》が惡《わる》かつたのですね。まだ何《なに》一つ戰功《せんこう》も立《た》てないのに、三月五日《がつか》の戰闘《せんとう》で私《わたし》はやられちやつたのです。奉天《ほうてん》の戰《たゝかひ》は敵《てき》も死物狂《しにものぐる》ひです。打出《うちだ》す矢彈《やりたま》は文字《もじ》通《とほ》りに隙間《すきま》もないくらゐでした。その矢彈《やりたま》をくゞりぬけて奮戰《ふんせん》してゐる最中《さいちゆう》、ガーンと頭《あたま》に響《ひび》いたと思《おも》つたきり、その後《ご》のことは何《なに》一つ覺《おぼ》えてゐませんでした。

氣《き》が付《つ》いて見《み》ると、はや野戰病院《やせんびやうゐん》のベツトに寢《ね》かされてゐて、足《あし》をしこたまやられてゐるんですね、敵《てき》の砲彈《はうたん》の破片《はへん》が兩足《りやうあし》の大腿部《だいたいぶ》を貫通《くわんつう》してゐて、殊《こと》に左足《ひだりあし》は、大腿骨《だいたいこつ》が折《を》れてゐて、その上《うへ》左番《ひだりばん》二足關節《そくくわんせつ》までが骨折《こつせつ》してゐるんですね。その痛《いた》む事《こと》〳〵、意識《いしき》が戻《もど》つて來《く》るにつれて、もうその痛《いた》さは堪《た》えられません。もうたまらぬ。これア死《し》んだ方《はう》がましだ。命《いのち》は陛下《へいか》に捧《さゝ》げる積《つも》りで出征《しゆつせい》した自分《じぶん》だ。何《なに》しろ戰傷者《せんしやうしや》の數《すう》が夥《おびたゞ》しいので、手當《てあて》を受《う》けるまでには、隨分《ずゐぶん》長《なが》い間《あひだ》待《ま》たされる始末《しまつ》です。やつと應急《おうきふ》の手當《てあて》を受《う》けると死《し》ぬやうな苦痛《くつう》をしのんだまゝ荷馬《にば》車《しや》に乘《の》せられて數時間《すうじかん》がたごとゆられ、やつと、遼陽《りやうやう》の兵站病院《へいたんびやうゐん》に送《おく》られ、落着《おちつ》く暇《ま》もなく、また大連《だいれん》の兵站病院《へいたんびやうゐん》に送《おく》られました。それでも重傷《ちゆうしやう》なので遂《つひ》に同年《どうねん》の四月《がつ》二十六日《にち》、更《さら》に宇品《うじな》に送還《そうくわん》されて、廣島《ひろしま》の豫備病院第《よびびやうゐんだい》七分院《ぶんゐん》に入《い》れられました。それから今度《こんど》はまた東京《とうきやう》の豫備病院《よびびやうゐん》の方《はう》へ送《おく》らるる事《こと》となつたのですが、到頭私《たつとうわたし》は途中《とちゆう》で重體《ぢゆうたい》に陷《おちい》つて仕舞《しま》ひました。

護送《ごそう》の看護長《かんごちやう》は驚《おどろ》いて、私《わたし》を大阪《おほさか》の豫備病院《よびびやうゐん》に擔《かつ》ぎ込《こ》んだのですが、そこで前後《ぜんご》二回《くわい》の大手《だいしゆ》術《じゆつ》が行《おこな》はれました。又嚮《またさ》きの日《ひ》の悲觀病《ひくわんびやう》が私《わたし》に取《と》り付《つ》きます。あまりの疼痛《とうつう》の甚《はなは》だしさに、私《わたし》

四六

は再三言葉《さいさんことば》を盡《つく》して左足《ひだりあし》の切斷《せつだん》を嘆願《たんくわん》しました。此《こ》の疼痛《とうつう》の原因《げんいん》を除《のぞ》いて仕舞《しま》へば、後《あと》は屹度《きつと》樂《らく》にならうし、此《こ》の際樂《さいらく》にさへなれば、私《わたし》はもう一生《しやう》の片輪《かたわ》なぞはどうでもいいと思《おも》つたのです。然《しか》しその時《とき》の係《かゝ》りの軍醫殿《ぐんゐどの》は隨分《ずゐぶん》と物《もの》の解《わか》つた親切《しんせつ》な方《かた》でした。

『君《きみ》が強《た》つての希望《きばう》なら、それあ切斷《せつだん》せん事《こと》もないが、然《しか》し君《きみ》、よく〳〵考《かんが》へて見《み》る事《こと》だぞ。今痛《いまいた》みはひどからうが、じつと我慢《がまん》すれア二年《ねん》も三年《ねん》も續《つゞ》くものぢやない。それに君《きみ》の傷《きづ》は、骨《ほね》が役《やく》に立《た》たなくなつてゐるのぢやない。だから此《こ》の際我慢《さいがまん》をぢつと通《とほ》して見給《みたま》へ。癒《なほ》つた後《あと》でどんなに君《きみ》はその足《あし》を有難《ありがた》かるか判《わか》らない。所《ところ》が今切斷《いませつだん》すれば、君《きみ》は一生《しやう》一本足《ぽんあし》の案山子《かゝし》だ。篤《とく》と考《かんが》へて見給《みたま》へ〳〵、痛《いた》いや苦《くる》しい所《ところ》の事《こと》では無《な》いと思《おも》ふぜ!』

私《わたし》は軍醫殿《ぐんゐどの》のこの情理《じやうり》に服《ふく》しました。そして今《いま》この通《とほ》りこの左足《ひだりあし》があるのですが、よくぞあの時切斷《ときせつだん》なんぞしなかつたと思《おも》ひますよ。短氣《たんき》は損氣《そんき》、あゝ〳〵、萬事《ばんじ》短氣《たんき》で得《とく》をする事《こと》は何《なに》も無《な》いのです、桑原《くはばら》、々々』

と彼《かれ》は深《ふか》い感慨《かんがい》に思《おも》ひ入《はい》つて、更《さら》に語《かた》り繼《つゞ》けた。

『それから同年《どうねん》の十一月東京《がつとうきやう》の戸山分院《とやまぶんゐん》に送《おく》られて、ずつと治療《ぢりやう》を續《つゞ》けて貰《もら》つたのですが、お

四七

蔭《かげ》で經過《けいくわ》が段々《だん〳〵》と良《よ》く、翌《あく》る三十九年《ねん》二月《がつ》一日《にち》には、恩給法第《おんきふはふだい》九條《でう》、第《だい》五項症《こうしやう》といふ事《こと》になつて、兵役免除《へいえきめんぢよ》の上《うへ》、歸郷《ききやう》を命《めい》ぜられる事《こと》となりました。然《しか》し歸郷後《ききやうご》も專《もつぱ》ら療養《りやうやう》に努《つと》めて、轉《てん》地《ち》だ、湯治《たうぢ》だ、とあらゆる手《て》を盡《つく》したのですが、患部《くわんぶ》の激痛《げきつう》は少《すこ》しも去《さ》りませんで、同年《どうねん》の六月再《がつふたゝ》び東京衞戌病院《とうきやうゑいじゆびやうゐん》に入《い》れて貰《もら》ひ、今《いま》一度《ど》の手術《しゆじゆつ》をして貰《もら》ひましたが、その結果《けつくわ》は先《ま》づ以《も》て經過《けいくわ》もよく、七月《がつ》には相州湯《さうしうゆ》ケ原溫泉《はらをんせん》へ轉地《てんち》をして、翌月《よくげつ》八月《がつ》には再《ふたゝ》び歸郷《ききやう》することが出來《でき》たのです。更《さら》に第《だい》九條《でう》、第《だい》四項症《こうしやう》に變更《へんかう》される事《こと》となりまして、御覽《ごらん》の通《とほ》り左足《ひだりあし》がきかなくなつて跛《びつこ》になつてしまひました』

廢兵院で刺繡を習得

苦《くる》しい療養中《りやうやうちう》の體驗談《たいけんだん》を終《を》はつた彼《かれ》は、更《さら》にその後《ご》の生活《せいくわつ》を語《かた》り續《つゞ》けた。

『偖《さ》て、廢兵《はいへい》になつてからのお話《はなし》はこれからなのです。不具者《ふぐしや》になつた。さあ、その體《からだ》で食《く》つて行《ゆ》かねばならない。――その辛刻《しんこく》な苦惱《くのう》を、經驗者以外《けいけんしやいぐわい》の誰《たれ》が想像出來《さうぞうでき》るでせうか。私《わたし》は郷里《きやうり》に歸《かへ》つて來《き》た。少々《せうく》の恩給《をんきふ》は頂《いたゞ》ける。然《しか》し家《うら》が貧《まづ》しい私《わたし》は、迚《とて》もそれだけでは暮《くら》し

四八

て行《ゆ》けないのです。忽《たちま》ち生活難《せいくわつなん》に陷《おちい》つて、全《まつた》く途方《とはう》に暮《く》れてゐますと、偶々《たま〳〵》東京巢鴨《とうきやうすがも》の廢兵院《はいへいゐん》といふのが開院《かいゐん》されたと聞《き》いて、私《わたし》は明治《めいぢ》四十年《ねん》の五月《がつ》、賴《たの》んでそこへ入《い》れて貰《もら》ひました。これでやつと小康《せうかう》を得《え》た形《かたち》です。私《わたし》は先《ま》づ〳〵落《お》ちつきました。然《しか》し私《わたし》は、一日《にち》でも早《はや》く生《せい》計《けい》の法《はふ》を考《かんが》へねばなりません。長《なが》い一生《しやう》です。一生廢兵院《しやうはいへいゐん》の御厄介《ごやつかい》になる譯《わけ》には行《ゆ》きません。それに第《だい》一、私《わたし》の自尊心《じそんしん》と向上心《かうじやうしん》がそれを許《ゆる》しません』

『何《なに》か自活《じくわつ》の道《みち》を講《かう》ぜねばならん。といつて、この體《からだ》では農業《のうげふ》はつゞけて行《ゆ》けないし……これには何《なに》か手職《てしよく》を覺《おぼ》えなくてはならん。それより外《ほか》に進《すゝ》むべき道《みち》はない』

さう考《かんが》へてゐる矢先《やさき》、廢兵院主事《はいへいゐんしゆじ》又森大尉殿《またもりだいゐどの》の御斡旋《ごあつせん》で東京市牛込區《とうきやうしうしこめく》改代町《かいだいちやう》の刺繡師《ししうし》金森伊《かなもりい》兵衞《べゑ》氏《し》に入門《にふもん》して、刺繡《ししゆう》の技《き》を習得《しふとく》する事《こと》になつたのです。これが今日私《こんにちわたし》が刺繡《ししゆう》で身《み》を立《た》てゝ居《ゐ》る因《もと》ですが、そこで私《わたし》は約《やく》八ケ月《げつ》、一心不亂《しんふらん》に刺繡《ししゆう》の業《げふ》を見習《みなら》ひました。その間《あひだ》の苦心《くしん》も並《なみ》大抵《たいてい》でありません。何《なに》しろ鍬《くわ》や鐵砲《てつぱう》を持《も》つ外《ほか》は、手先《てさき》の仕事《しごと》といつたら繩《なは》を綯《な》ふことより知《し》りません。急《きふ》に上品《じやうひん》な刺繡《ししゆう》をはじめたのですから、人知《ひとし》れぬ苦勞《くらう》をしました。それでも兎《と》に角《かく》一人前《にんまへ》の刺繡職工《ししゆうしよくこう》となれましたので、それから廢兵院《はいへいゐん》で製作品《せいさくひん》を作《つく》り、若干《じやくかん》の賃金《ちんきん》を得《う》る事《こと》が出《で》

四九

來《き》るやうになりました。ところが、何《なん》の光榮《くわうえい》ぞ、明治《めいぢ》四十一年《ねん》の六月《がつ》、今《いま》の參謀總長宮《さんぼうそうちやうのみや》、閑院宮殿下《かんゐんのみやでんか》が廢兵院《はいへいゐん》に御臺覽遊《ごたいらんあそ》ばされて、廢兵《はいへい》の製作品《せいさくひん》として私《わたし》の羽二重刺繡《はぶたへししゆう》ハンカチーフを臺覽御嘉賞《たいらんごかしやう》、その上《うへ》御買上《おんかいあげ》の榮《えい》まで賜《たまは》つたのであります。猶《なほ》また、四十一年《ねん》四月《がつ》には、畏《おそれおほ》くも明治大帝《めいぢだいてい》の、天覽《てんらん》の光榮《くわうえい》にすら浴《よく》したのであります。

私《わたし》はそれ等《ら》の光榮《くわうえい》に感奮興起《かんぷんこうき》、益々《ます〳〵》刺繡《ししゆう》の技《ぎ》を練《ね》つてゐる中《うち》に、創《きず》も治《なほ》り痛《いたみ》も薄《うす》らぎ、ほとんど完全《くわんぜん》な健康體《けんかうたい》となりました。そこで、推薦《すゐせん》せられて明治《めいぢ》四十一年《ねん》十二月《がつ》、御恩《ごおん》ある廢兵院《はいへいゐん》を出《で》てデパート三越《こし》の刺繡部《ししゆうぶ》に這入《はい》りました。私《わたし》は日給《につきふ》九十錢《せん》を得《え》て、玆《こゝ》に初《はじ》めて獨立《どくりつ》の生計《せいけい》を得《う》る事《こと》が出來《でき》たのです。獨立《どくりつ》の生計《せいけい》！　これをどれ程《ほど》、私《わたし》は願《ねが》ひ、憧《あこが》れて、これ迄《まで》の艱難辛苦《かんなんしんく》を續《つゞ》けて來《き》たのでせう！　私《わたし》はその時《とき》の歡《よろこ》びを、今《いま》もまざ〳〵と覺《おぼ》えてゐます。一生《しやう》片輪《かたわ》で乞食《こじき》になるのか、と思《おも》つてゐた私《わたし》は、堂々《どう〳〵》と社會《しやくわい》への第一歩《だいぽ》を踏《ふ》み出《だ》して、人並《ひとな》みに生《い》きて行《ゆ》く事《こと》が出來《でき》たのです』

と、彼《かれ》は非常《ひじやう》な感慨《かんがい》に滿《み》ちて、暫《しば》らく心《こゝろ》の感動《かんどう》を收《をさ》めてゐるやうだつた。

遂に今日を築く

『何《なに》？　それから？　――それからは大失敗《だいしつぱい》』

と彼《かれ》は明《あか》るく笑《わら》ひ出《だ》した。

『三越《こし》に三年居《ねんゐ》ますと、一生懸命《しやうけんめい》だものだからまた腕《うで》も上《あが》り、信用《しんよう》も加《くは》はりました。こゝで一つ獨立《どくりつ》して一旗《はた》あげてやらうと思《おも》つて、大《おほ》きな希望《きばう》を抱《いだ》いてこの大連《だいれん》へ渡《わた》つて來《き》ました。それが明治《めいぢ》四十四年《ねん》の三月《がつ》で、當市《たつし》の伊勢町《いせまち》に居《きよ》を構《かま》へて店《みせ》を開《ひら》いたのです。所《ところ》が大失敗《だいしつぱい》、何《なに》しろ其《そ》の頃《ころ》、大連《だいれん》はまだ人口《じんこう》も稀薄《きはく》でしたからね。刺繡《ししゆう》などの需要《じゆえう》は、まだ〳〵なかつたのです。忽《たちま》ちに大成金《だいなりきん》になる考《かんが》への私《わたし》が、到頭《たうとう》食《く》つたり食《く》はなかつたりに墜《お》ちて仕舞《しま》つたのですよ、實《じつ》に淺《あさ》はかでした。ははゝゝ』

所《ところ》が實際《じつさい》は、彼《かれ》はその悲境《ひきやう》の中《なか》を、堅忍不拔《けんにんふばつ》、不具《ふぐ》の身《み》を提《てい》して東奔西走《とうほんさいそう》、晝《ひる》は各町《かくちやう》を廻《まは》つて注文《ちゆうもん》を集《あつ》め、夜《よる》は夜更《よふ》け迄《まで》その業《げふ》に從《したが》つて孜々汲々《しゝきうく》、遂《つひ》にはその地理《ちり》に通《つう》じ、また人々《ひと〴〵》の同情《どうじやう》も摑《つか》んで、到頭立派《たうとうりつぱ》な一本立《ぽんた》となつて仕舞《しま》つたのだつた。

其《そ》の後《ご》、妻《つま》を迎《むか》へ夫婦共稼《ふうふともかせ》ぎとなつて、家運《かうん》はます〳〵隆盛《りゆうせい》、遂《つひ》に今日《こんにち》を築《きづ》き上《あ》げてゐるのであるが、我々《われ〳〵》は此《こ》の不撓不屈《ふだうふくつ》の士《し》、而《しか》して功成《こうな》つて功《こう》に誇《ほこ》らない謙抑《けんよく》のこの好紳士《かうしんし》を、心《こゝろ》から我々《われ〳〵》は敬服《けいふく》するものである。

猶《なほ》、彼《かれ》は社會救護《しやくわいきうご》の念《ねん》に極《きは》めて厚《あつ》く、公共事業《こうきやうじげふ》に盡瘁《じんすゐ》する事《こと》一再《たび》ならず、特《とく》に赤十字社《せきじしや》の爲《ため》には功勞顯著《こうらうけんちよ》である爲《ため》、大正《たいしやう》十一年《ねん》十二月《がつ》二日《か》、赤十字社大連支部《せきじしやだいれんしぶ》は銀側時計《ぎんがはとけい》を贈《おく》つて謝意《しやい》を表《へう》し、更《さら》に昭和《せうわ》三年《ねん》二月《がつ》には、赤十字社總裁宮殿下《せきじしやそうさいのみやでんか》より最高表彰《さいかうへうじやう》の有功章《いうこうしやう》、及《およ》び木杯《もくはい》一組《くみ》を賜《たまは》つてゐる。

なほ、在郷軍人會《ざいがうぐんじんくわい》 大連第三分會《だいれんだいぶんくわい》長《ちやう》 松崎貞良氏《まつさきていりやうし》の左《さ》の談話《だんわ》は、彼《かれ》の人格《じんかく》を窺《つかゞ》ふに好個《こうこ》の適例《てきれい》である。

『昭和《せうわ》六年《ねん》の事變以來《じへんいらい》、皇軍戰傷病兵《こうぐんせんしやうびやうへい》及《およ》び遺骨《ゐこつ》の送迎《そうげい》に對《たい》して、氏《し》は不自由《ふじいう》の足《あし》を引摺《ひきず》つて殆《ほとん》ど毎回送迎《まいくわいそうげい》の勞《らう》を惜《をし》まれません。氏《し》が傷兵會《しやうへいくわい》の旗《はた》を奉持《ほうぢ》し、左脚《ひだりあし》を引摺《ひきず》りながら、慰靈祭《ゐれいさい》に玉串《たまぐし》を奉奠《ほうかう》する樣《さま》は、實《じつ》に感激《かんげき》なくしては見《み》ることは出來《でき》ません。昭和《せうわ》八年《ねん》三月《がつ》より九年《ねん》四月《がつ》までの間《あひだ》に、軍隊《ぐんたい》、戰傷病兵《せんしやうびやうへい》、遺骨《ゐこつ》の送迎《そうげい》、その他患者《たくわんじや》の見舞《みまひ》など約《やく》三百五六十回《くわい》に及《およ》んでゐます。平均毎日《へいきんまいにち》一回《くわい》の送迎《そうげい》がある譯《わけ》ですが、氏《し》は忙《いそが》しい家業《かげふ》の傍《かたは》ら、よくこれ程《ほど》の奉仕《ほうし》がつゞけられるものと、秘《ひそ》かに驚《おどろ》き、心《こゝろ》から崇敬《すうけい》してゐる次第《しだい》です。昨年《さくねん》三月《がつ》は自分《じぶん》の手《て》で立派《りつぱ》な分會旗《ぶんくわいき》（時價約《じかやく》八十圓《ゑん》）を拵《こしら》へて寄贈《きそう》されました。分會員《ぶんくわいゐん》の等《ひと》しく感激《かんげき》してゐる次第《しだい》です。

なほ餘談《よだん》ながら、氏《し》は人《ひと》の借金《しやくきん》の保證人《ほしやうにん》になつて、多大《ただい》の損害《そんがい》を受《う》けて居《ゐ》られます。しかし氏《し》は人《ひと》を責《せ》めることもなく默々《もく〳〵》としてゐられます。こうしたところにも氏《し》の崇高《すうかう》な人格《じんかく》が表《あら》はれ、吾等《われら》の等《ひと》しく尊敬《そんけい》おく能《あた》はざる次第《しだい》です。また、氏《し》の近所《きんじよ》の人《ひと》の話《はなし》ですが、氏《し》の家《うち》からはたゞの一度《ど》も氏《し》の怒聲《どせい》を聞《き》いたことがないさうです。夫婦喧嘩《ふうふけんくわ》は勿論《もちろん》のこと、店員《てんゐん》を叱《しか》りつける大聲《おほごえ》も聞《き》いたことはないといひます。近所《きんじよ》の人達《ひとたち》はむしろ不思議《ふしぎ》に思《おも》つてゐる位《ぐらゐ》ださうです。何《なに》でもないことのやうですが、こんなところにも氏《し》の人格《じんかく》がうかゞへるでせう。

因《ちな》みに彼《かれ》には三男《なん》があつて、現在《げんざい》、長男《ちやうなん》は東京《とうきやう》三越刺繡部《こししゆうぶ》に在《あ》つて刺繡《ししゆう》の實地見習中《じつちみならひちゆう》であり、他《た》二男《なん》は家庭《かてい》にあつて農業《のうげふ》に專念中《せんねんちゆう》、又妻女《またさいぢよ》は貞節勤勉《ていせつきんべん》、家庭《かてい》は常《つね》に和樂《わらく》に滿《み》ち、全《まつた》く近隣《きんりん》の羨望《せんぼう》の的《まと》となつてゐる。又店員《またてんゐん》に對《たい》すること實《じつ》に慈父《じふ》の如《ごと》く、店主《てんしゆ》と店員《てんゐん》との間《あひだ》の情愛《じやうあい》の細《こま》やかさ美《うつく》しさは、近隣《きんりん》での噂《うはさ》であるといふ。

大當りのマオラン栽培

佐賀縣神崎郡[redacted]
歩兵伍長　牟田作一君

恩賜の義足

憶《おも》へば、明治《めいぢ》三十七年《ねん》十月《ぐわつ》十四日《か》から十五日《にち》にかけての沙河《さか》の戰鬪《せんとう》は實《じつ》に激戰《げきせん》であつた。敵《てき》は頑强《がんきやう》に抵抗《ていかう》をつゞけて、一歩《ぽ》も退《しりぞ》く樣子《やうす》もない。敵《てき》は度重《たびかさ》なる敗戰《はいせん》の恥《はぢ》を雪《そゝ》がうとする。我《わ》が軍《ぐん》はこれを一氣《き》に擊破《げきは》しようとする。こゝに端《はし》なくも大激戰《だいげきせん》が開《ひら》かれた。彼《かれ》の中隊《ちゆうたい》二百二三十名中《めいちゆう》の二日間《かかん》の戰鬪《せんとう》で百四五十名《めい》の死傷《ししやう》を出《だ》したのをみても、激戰苦戰《げきせんくせん》の樣《さま》が偲《しの》ばれやう。しかし、彼《かれ》の中隊《ちゆうたい》はよく最後《さいご》の五分間《ふんかん》まで持《も》ちこたえた。辛《から》うじて敵《てき》を擊退《げきたい》した後《のち》、第《だい》十二中《ちゆう》隊《たい》で健在《けんざい》だつたのは僅《わづ》かに六七十名《めい》に過《す》ぎなかつた。しかも、中隊長鶴田大尉《ちゆうたいちやうつるだたいゐ》がまづ敵彈《てきだん》に重《ちゆう》傷《しやう》、つゞく小隊長高園中尉《せうたいちやうたかぞのちゆうゐ》また重傷《ちゆうしやう》、廣瀨《ひろせ》少尉《せうゐ》、富永特務曹長《とみながとくむさうちやう》みな重傷《ちゆうしやう》、米田曹長《よねださうちやう》は卽死《そくし》、隊《たい》の幹部《かんぶ》は殆《ほと》んどなく、わづかに志波軍曹《しばぐんさう》が中隊《ちうたい》の指揮《しき》に當《あた》つてゐたのである。牟田《むだ》上等兵《じやうとうへい》もまた、この時《とき》に左腿《さたい》へ貫通銃創《くわんつうじゆうさう》を負《を》ふたのであつた。

明治《めいぢ》三十九年《ねん》の冬《ふゆ》――雪《ゆき》がチラ〳〵降《ふ》る、寒《さむ》い或《あ》る朝《あさ》のことである。久留米《くるめ》の衛戍病院《えいじゆびやうゐん》の門内《もんない》に、質素《しつそ》な洋服姿《やうふくすがた》の、見《み》るからに實直《じつちよく》そうな三十前後《ぜんご》の青年《せいねん》が、少《すこ》し跛《びつこ》をひき乍《なが》ら這入《はい》つて來《き》て、慇懃《いんぎん》な態度《たいど》で、院長《ゐんちやう》に面會《めんくわい》を求《もと》めた。

受付《うけつけ》の者《もの》が來意《らいい》を聞《き》くと、

「私《わたし》は佐賀縣神崎郡神崎町《さがけんかんざきぐんかんざきまち》の者《もの》で、牟田作《むださく》一といふ傷痍兵《しやういへい》ですが、おかみから戴《いたゞ》いた義足《ぎそく》の事《こと》で、御願《おねが》ひがあつて參《まい》りました」

「さうですか、暫《しば》らくお待《ま》ち下《くだ》さい」

と院長室《ゐんちやうしつ》に行《い》つて、その旨取次《むねとりつ》ぐと、院長《ゐんちやう》は書類《しよるゐ》を整理《せいり》してゐた手《て》を休《やす》めて、

「直《す》ぐ會《あ》はう、丁寧《ていねい》に應接間《おうせつま》に待《ま》たせておくがいゝ」

「ハイ」

そこで牟田作《むださく》一と名乘《なの》る若《わか》き廢兵《はいへい》は、早速院長《さつそくゐんちやう》の面會室《めんくわいしつ》に通《とほ》された。待《ま》つ程《ほど》もなく院長《ゐんちやう》は、にこやかな微笑《びせう》を湛《たゝ》へつゝ姿《すがた》を現《あら》はした。

若者《わかもの》はきちんと直立不動《ちよくりつふどう》の姿勢《しせい》を取《と》つて、自分《じぶん》の姓名《せいめい》を名乘《なの》ると、

「さ、まあ掛《か》け給《たま》へ」

戰爭《せんさう》での負傷者《ふしやうしや》は、卽《すなは》ち貴《たふと》い國家《こくか》の犧牲者《ぎせいしや》である。院長《ゐんちやう》は極《きは》めて愛想《あいそ》がよかつた。

「何《なに》か、義足《ぎそく》の事《こと》に就《つい》て、相談《さうだん》があるといはれたさうだが……」

「ハイ、實《じつ》は少《すこ》しゴムの具合《ぐあい》が惡《わる》くなりましたので困《こま》つて居《お》りましたところ、在鄕軍人分會《ざいがうぐんじんぶんくわい》で、こちらへお伺《うかゞ》ひして直《なほ》して戴《いたゞ》くがいゝ、といはれましたものですから、お手數《てすう》を煩《わづら》はして寔《まこと》に恐縮《きようしゆく》千萬《ばん》でございますが、お願《ねが》ひに參《まい》つた樣《やう》な譯《わけ》でございます」

「お易《やす》い御用《ごよう》だ、證明書《しやうめいしよ》さへあれば何時《いつ》でもやつて上《あ》げる。傷《きず》は痛《いた》む樣《やう》な事《こと》はないかな」

「お陰樣《かげさま》でもう全《まつた》く何《なん》ともございません」

「併《しか》し今日《けふ》の樣《やう》な寒《さむ》さには、いくらか疼痛《とうつう》を感《かん》ずるだらう。傷痕《きずあと》といふものは隨分長《ずゐぶんなが》くチクチクするものだから」

優《やさ》しい勞《いた》はりの氣持《きもち》が、院長《ゐんちやう》の言外《げんぐわい》に溢《あふ》れてゐた。彼《かれ》は頭《あたま》を下《さ》げて、

「私《わたし》などは左足《ひだりあし》一本《ぽん》を失《うしな》つたばかりで、未《ま》だ〳〵輕《かる》い方《はう》でございますから、痛《いた》いの痛《いた》くないと申《まう》しては罰《ばち》が當《あた》ります」

「何處《どこ》でやられたのかね」

「沙河《さか》の戰鬪《せんとう》でした。骨折貫通銃創《こつせつくわんつうじゆうさう》で、此處《ここ》から切斷致《せつだんいた》しました。……」

と左腿《ひだりもゝ》の中頃《なかごろ》を抑《おさ》へて見《み》せた。

「ふうむ、沙河《さか》の戰鬪《せんとう》は隨分激《ずゐぶんはげ》しかつたそうだね。私《わたし》の知人《ちじん》も五六人《にん》あすこで戰死《せんし》してしまつた。君《きみ》は四十八聯隊《れんたい》で出征《しゆつせい》したんだらう」

「ハイ、四十八の第《だい》十二中隊《ちゆうたい》です」

「十二中隊《ちゆうたい》は戰功《せんこう》のあつた隊《たい》だと聞《き》いてゐる。しかしよく生殘《いきのこ》つたね」

さういはれて、彼《かれ》の眼前《がんぜん》にはあの當時《たうじ》の慘狀《さんじやう》が彷彿《はうふつ》として浮《う》かび上《あが》つてきた。

「あの激戰《げきせん》によく生《い》き殘《のこ》つたものだと、自分《じぶん》でも不思議《ふしぎ》に思《おも》つて居《お》ります」

彼《かれ》は感慨深《かんがいぶ》かそうにいつた。

「それは天命《てんめい》ぢやよ。しかし、君《きみ》も片足《かたあし》なくては種々《しゆぐ》不自由《ふじいう》だらうね？」

「始《はじ》めの三四ケ月《げつ》は全《まつた》く困《こま》りました。義足《ぎそく》に慣《な》れませんし氣持《きもち》もいら／＼致《いた》しまして……。けれ共慣《ともな》れてしまひますと平氣《へいき》です。歩行《ほかう》も人並《ひとなみ》で、自轉車《じてんしや》にも乘《の》つて居《お》ります」

と、彼《かれ》は朗《ほが》らかに笑《わら》つた。院長《ゐんちやう》は彼《かれ》の健康《けんかう》さうな顔色《かほいろ》を見《み》て滿足《まんぞく》げに肯《うなづ》きながら、

「義足《ぎそく》は恩賜《おんし》の物《もの》だらうね」

「さうであります」

恩賜《おんし》の一言《ごん》に、彼《かれ》は再《ふたゝ》びぴんと椅子《いす》から起《た》ち上《あが》つて、軍隊言葉《ぐんたいことば》でさう答《こた》へ、感謝《かんしや》に充《み》ちた眼《まな》ざしをした。

「今《いま》、醫官《ゐくわん》に命《めい》じて、よく修理《しうり》させる。決《けつ》して遠慮《えんりよ》は要《い》らないから、故障《こしやう》が起《おこ》つたらどん／＼申出《まうして》なさい。現在《げんざい》の物《もの》が役《やく》に立《た》たなくなつた場合《ばあい》には、新品《しんぴん》を調《とゝの》へて上《あ》げる」

「さういふ時《とき》の費用《ひよう》は、どんな具合《ぐあひ》になるのでせうか」

「陛下《へいか》の優渥《いうあく》なる思召《おぼしめ》しによつて一切《さい》、宮内省《くないしやう》から支辨《しべん》されるのだ。だから、金《かね》がなくても、心配《しんぱい》することはない。陛下《へいか》は絶《た》えず、諸君等《しよくんら》の様《やう》な勇敢《ゆうかん》な犧牲者《ぎせいしや》の身《み》の上《うへ》を御軫念《ごしんねん》あらせられて、特《とく》に折々《をり／＼》御内帑金《ないどきん》を賜《たま》はるのだ」

「ハツ――」

彼《かれ》の双頬《さうばう》に熱涙《ねつるゐ》が溢《あふ》れ出《で》た。感激《かんげき》の爲《ため》に言葉《ことば》も出《で》ないらしい。

嗚呼《あゝ》、陛下《へいか》には、吾等《われら》草莽《さうまう》の微臣《びしん》に對《たい》して、斯《か》くまでも大御心《おほみこころ》をお使《つか》ひ遊《あそ》ばされてゐるのであつたか――。有難《ありがた》いことである。畏《おそ》れ多《おほ》い極《きは》みである。自分達《じぶんたち》はこの大御心《おほみこころ》に答《こた》へ奉《たてまつ》る爲《ため》に、至誠純忠《しせいじゆんちう》の一國民《こくみん》として、粉骨碎身《ふんこつさいしん》しなければならない責務《せきむ》があるのだ。

彼《かれ》はきつと唇《くちびる》を嚙《か》みしめたまゝ、暫《しばら》く身《み》じろぎもしなかつた。

幾轉戰、遂に負傷

彼《かれ》は入營前《にふえいまへ》までは、鍬鎌《すきかま》もつて家業《かげふ》の農業《のうげふ》に從事《じふじ》し、極《きは》めて眞面目《まじめ》に働《はたら》き、近隣《きんりん》きつての模範青年《もはんせいねん》であつた。

農耕《のうかう》の傍《かたは》ら、孜々《しゝ》として讀書《どくしよ》にいそしみ、習字《しふじ》に勵《はげ》んだので、なまじつか上《うへ》の學校《がくかう》に行《い》つた連中《れんちう》よりも、能筆家《のうひつか》で學力《がくりよく》もついた。


歩兵第《ほへいだい》四十八聯隊《れんたい》に入營《にふえい》すると、その明敏《めいびん》な頭腦《づなう》と、眞摯《しんし》な性格《せいかく》は上官《じやうくわん》の認《みと》むる所《ところ》となり、忽《たちま》ち成績《せいせき》は群輩《ぐんぱい》を凌《しの》いで、上等兵《じやうとうへい》に昇進《しやうしん》し、やがて善行證書《ぜんかうしやうしよ》、並《なら》びに下士《かし》適任證書《てきにんしやうしよ》を授與《じゆよ》せられ、意氣揚々《いきやう／＼》と歸郷《ききやう》した。

町内《ちやうない》の人達《ひとたち》はこの様《やう》な優秀《いうしう》な兵士《へいし》を、自分等《じぶんら》の所《ところ》から出《だ》したことを誇《ほこ》り、「牟田《むだ》の作《さく》一さんを見習《みなら》へ」といふのを、若者共《わかものども》への訓戒《くんかい》の言葉《ことば》とした程《ほど》で、何《なに》か事《こと》が起《おこ》ると、直《す》ぐ彼《かれ》の所《ところ》に持《も》つて來《き》た。

地方《ちはう》での優良青年《いうりやうせいねん》は、軍隊《ぐんたい》での模範兵《もはんへい》となり、軍隊《ぐんたい》での模範兵《もはんへい》は又必《またかな》らず、地方《ちはう》での模範青年《もはんせいねん》と仰《あを》がれる――といふ言葉《ことば》は、彼《かれ》の上《うへ》にぴつたり當《あ》て嵌《はま》つた眞理《しんり》で、彼《かれ》の感化《かんか》は町《まち》の後進青年達《かうしんせいねんたち》の間《あひだ》に浸潤《しんじゆん》し、いろ／＼の不德《ふとく》な氣風《きふう》は次第《しだい》に影《かげ》を潜《ひそ》めて、作《さく》一青年《せいねん》は若《わか》き町《まち》の指導者《しだうしや》の位置《ゐち》におかれたかの如《ごと》く見《み》えた。

軍隊《ぐんたい》での嚴格《げんかく》な規律的訓練《きりつてきくんれん》を受《う》けて、身心共《しんしんとも》に一段《だん》と磨《みが》かれ、世《よ》に立《た》つて行《い》く上《うへ》に於《お》ける大《おほ》きな自信《じしん》を得《え》た彼《かれ》は除隊《じよたい》の翌年《よくねん》の春《はる》、即《すなは》ち明治《めいぢ》三十五年《ねん》の四月《ぐわつ》に、福岡縣《ふくおかけん》の巡査《じゆんさ》の試驗《しけん》を受《う》けてこれに合格《がうかく》し、任地《にんち》に赴《おもむ》いた。此處《ここ》では彼《かれ》は拔群《ばつぐん》の成績《せいせき》をあげて、將來《しやうらい》の出世《しゆつせ》を約束《やくそく》されてゐたが、二年目《ねんめ》の三十七年《ねん》には、日露《にちろ》の國交《こくかう》が斷絶《だんぜつ》して、露兵《ろへい》は續々《ぞく／＼》と滿洲《まんしう》の野《の》に南下《なんか》し、日本《にほん》もまた、乾坤《けんこん》一擲《てき》の大決心《だいけつしん》を以《もつ》て、皇軍《くわうぐん》を海《うみ》の彼方《かなた》に送《おく》り、アジヤの一角《かく》に、漠々《ばく／＼》たる戰雲《せんうん》は漲《みなぎ》つたのである。

作《さく》一青年《せいねん》も直《たゞ》ちに召集令《せうしふれい》を受《う》けて聯隊《れんたい》に馳《は》せつけた。

そして六月《ぐわつ》十五日《にち》に、長崎港《ながさきかう》を出發《しゆつぱつ》、蓋平《がいへい》、大石橋《だいせききやう》、海城《かいじやう》、鞍山《あんざん》、金山嶺《きんざんれい》、首山堡《しゆざんぽ》、遼陽《れうやう》、と各地《かくち》に轉戰《てんせん》して砲煙彈雨《はうえんだんう》、の戰陣生活《せんぢんせいくわつ》にまみれ、意氣益々《いきます／＼》揚《あが》つた時《とき》に、沙河《さか》の會戰《くわいせん》だ。

嗚呼《あゝ》、恨《うら》みは長《なが》き沙河《さか》の戰鬪《せんとう》。

敵《てき》の銃彈《ぢゆうだん》は無慘《むざん》に左足《ひだりあし》を打貫《うちつらぬ》いて、彼《かれ》は燃《も》ゆるが如《ごと》き憤怒《ふんぬ》の念《ねん》を抱《いだ》きつゝも、傷《きず》つける身《み》の詮《せん》すべもなく、戰陣《せんじん》を退《ひりぞ》いて野戰病院《やせんびやうゐん》に空《むな》しく呻吟《しんぎん》の日《ひ》を送《おく》らねばならぬ運命《うんめい》となつた。

「軍醫殿《ぐんゐどの》、早《はや》く癒《なほ》して下《くだ》さい。牟田《むだ》は戰友《せんいう》の仇《あだ》を取《と》りに行《い》かねばなりません」

己《おの》れの傷《きず》の重《おも》きも忘《わす》れて、彼《かれ》は口惜《くや》しげに叫《さけ》ぶのだつた。

「いや、癒《なほ》してやりたいのは山々《やま／＼》だが、お前《まへ》の傷《きず》は少《すこ》し深過《ふかす》ぎる。或《あるひ》は二度《ど》と銃《じゆう》を持《も》つことは出來《でき》ないかも知《し》れぬぞ」

「えつ？」

彼《かれ》の面《おもて》は、悲痛《ひつう》な驚《おどろ》きの爲《ため》に歪《ゆが》んだ。

彼《かれ》は遂《つひ》に內地《ないち》に送還《そうくわん》されて、左大腿部《ひだりだいたいぶ》を切斷《せつだん》しなければならなかつた。そして三十八年《ねん》の六月《ぐわつ》十日《か》を以《もつ》て、兵役《へいえき》を免除《めんじよ》された。

彼《かれ》は寢臺《しんだい》の枕《まくら》を摑《つか》んで、男泣《をとこな》きに泣《な》いた。

しかし、それは不具者《ふぐしや》になつたのが、悲《かな》しいのではない、二度《ど》と元《もと》の職業《しよくげふ》に就《つ》くことの出來《でき》ぬのが辛《つら》いのでもない。幾多《いくた》の戰友《せんいう》を殺《ころ》し、而《しか》して己《おの》れを沙河《さか》の赤土《あかつち》の上《うへ》に叩《たゝ》きつけた、憎《にく》むべき露軍《ろぐん》に對《たい》して、報復《はうふく》の銃火《じゆうくわ》を浴《あ》びせてやる日《ひ》が、永遠《えいえん》に巡《めぐ》つて來《こ》ないか、と思《おも》ふと、腸《はらわた》をかきむしられる樣《やう》な氣《き》がしたのであつた。

地方産業の開拓者

名譽《めいよ》ある負傷者《ふしやうしや》として、鄉里《きやうり》に歸《かへ》つた彼《かれ》は專《もつぱ》ら書物《しよもつ》に親《した》しみながら、暫《しばら》く靜養《せいやう》の日《ひ》を送《おく》つた。

しかし何時《いつ》までも遊《あそ》んでゐる事《こと》は境遇《きやうぐう》が許《ゆる》さぬし、且《か》つ彼《かれ》のやうに勤勉力行《きんべんりつかう》の精神《せいしん》に富《と》んだ若者《わかもの》にとつて、無爲《むゐ》の生活《せいくわつ》は堪《た》えられるものではない。

恩賜《おんし》の義肢《ぎし》をつけて步行《ほかう》の練習《れんしふ》をし、健康《けんかう》の保持《ほぢ》につとめながら、職《しよく》を求《もと》めてゐると、以前《いぜん》から彼《かれ》の眞面目《まじめ》な性行《せいかう》に感心《かんしん》してゐた町《まち》の有志達《ゆうしたち》が奔走《ほんさう》してくれて、神崎町役場《かんざきまちやくば》の書記《しよき》に任命《にんめい》されたのである。その時《とき》の彼《かれ》の喜《よろこ》びは如何《いか》ばかりであつたらうか。以來明治《いらいめいぢ》四十一年《ねん》に家事《かじ》の都合《つがふ》で辭任《じにん》するまで、篤實《とくじつ》に勤務《きんむ》を續《つゞ》けた。

そして四十三年《ねん》の五月《ぐわつ》に、佐賀區裁判所神崎出張所《さがくさいばんしよかんざきしゆつちやうじよ》で、登記事務《とうきじむ》に關《くわん》する代書業《だいしよげふ》を始《はじ》め、併《あは》せて、收入印紙《しうにふいんし》の賣捌《うりさば》きを爲《な》しつゝ年收《ねんしう》千圓以上《えんいじやう》を上《あ》げるに至《いた》つた。

この間《かん》、彼《かれ》は我國《わがくに》にとつて重大《ぢうだい》なる纖維植物《せんゐしよくぶつ》の少《すく》ないことに氣《き》がついた。こゝに彼《かれ》は私費《ひし》を投《たう》じてマオランの研究《けんきう》を數年來《すうねんらい》つゞけ、その栽培《さいばい》がこの土地《とち》に適《てき》してゐることを確《たしか》めるや、村民《そんみん》に對《たい》してその栽培《さいばい》を說《と》き薦《すゝ》めた。その成果《せいくわ》は漸《やうや》く芽《め》を出《だ》し、今《いま》や郡內《ぐんない》に數《すう》千人《にん》の栽培者《さいはいしや》を見《み》るに至《いた》り、マオラン栽培神崎郡組合《さいばいかんざきぐんくみあひ》までが成立《せいりつ》し、彼《かれ》はその組合長《くみあひちやう》におされて組合《くみあひ》の中心人物《ちうしんじんぶつ》となり、義足《ぎそく》の身《み》を以《も》て東奔西走《とうほんせいさう》、指導奬勵《しだうしやうれい》にあたつてゐる。

殊《こと》に今日《こんにち》の非常時《ひじやうじ》日本《につぽん》における産業振興上《さんげふしんこうじやう》に貢獻《こうけん》するところ、決《けつ》して尠《すくな》くないのである。これがために最近《さいきん》、神崎郡內《かつざきぐんない》の産業界《さんげふかい》は頓《とみ》に活況《かつきやう》を呈《てい》するに至《いた》つたのである。

今《いま》や、斯業《きげふ》は漸《やうや》く發展《はつてん》し、組合員《くみあひゐん》からは生《う》みの親《おや》としての信望《しんばう》と尊敬《そんけい》をうけてゐる。聞《き》くところによれば、組合員《くみあひゐん》は次回《じくわい》の縣會議員選擧《けんくわいぎゐんせんきよ》には彼《かれ》をおし立《た》てようと、より〳〵計畫中《けいかくちう》だといふ。これを開《き》いただけでも、彼《かれ》が如何《いか》に甚大《じんだい》なる信望《しんばう》をかち得《え》てゐるかゞ窺《うかゞ》はれるであらう。

彼《かれ》が戰爭《せんさう》で片足《かたあし》を失《うしな》つても、些《いさゝ》かも生活《せいくわつ》に困《こま》る事《こと》のなかつたのは、靑少年時代《せいせうねんじだい》からの彼《かれ》の勤《きん》直《ちよく》で向上心《かうじやうしん》に富《と》んだ性行《せいかう》が、鄉人《きやうじん》の間《あひだ》に深《ふか》い信望《しんばう》を博《はく》して居《を》つた一點《てん》に起因《きゐん》する。

これを見《み》ても、平常《へいじやう》に於《お》ける生活態度《せいくわつたいど》の如何《いかん》が、どんなに人《ひと》一生《しやう》の運命《うんめい》を支配《しはい》するかゞ判《わか》るであらう。砲火《はうくわ》の閃《ひらめ》く所《ところ》にだけ戰爭《せいさう》があるのではない。鋤《すき》を握《にぎ》り、ハンマーを振《ふる》ふ、そこにも日常不斷《にちじやうふだん》の貴《たふと》き戰場《せいぢやう》であるのだ。

大機業會社を築く

石川縣能美郡根上村
騎兵上等兵 勳八等功七級 松崎清作君

誇る勇士にこの惱み

彼《かれ》の鄉里《きやうり》は、石川縣能美郡根上村《いしかはけんのうびぐんねがみむら》だつた。生《うま》れたのは明治《めいぢ》十五年《ねん》十一月《ぐわつ》、父祖傳來《ふそでんらい》の百姓《しやう》で、生《うま》れ落《おち》ると共《とも》に土《つち》の香《か》の中《なか》にすく〳〵と生長《せいちやう》し、村《むら》の小學校《せうがくかう》の高等科《かうとうくか》を卒《お》へると共《とも》に、父《ちゝ》を助《たす》けて農耕《のうかう》にいそしんでゐたのである。

勞働《らうどう》によつて鍛《きた》へ上《あ》げた體《からだ》は巖《いはを》のごとくに頑健《がんけん》、丁年《ていねん》を迎《むか》へて男子晴《だんしは》れての徵兵檢査《ちようへいけんさ》には、ものの見事《みごと》に合格《がうかく》、明治《めいぢ》三十五年《ねい》十二月《じわつ》、國家《こくか》の干城《かんじやう》として金澤騎兵第九聯隊《かなざわきへいだいれんたい》に入隊《はふたい》したのだつた。その頃《ころ》から日露間《にちろかん》の國交上《こくかうじやう》には暗雲《あんうん》みなぎつてゐたが、雷電《らいでん》一閃《せん》、明治《めいぢ》三十七年《ねん》五月《ぐわつ》宣《せん》

戰《せん》の大詔下《くだ》ると共《とも》に出動《しゆつどう》、遼陽《れうやう》、沙《さ》河《か》、黒溝臺《こくかうだい》、金山屯《きんざんとん》、八寶屯《ほうとん》、奉庫門《ほうこもん》等《など》の各地《かくち》に轉戰《てんせん》、越《こ》えて三十八年《ねん》一月《ぐわつ》には、長谷川騎《はせがはき》兵挺身隊《へいていしんたい》の一員《ゐん》として、敵地《てきち》深《ふか》く侵入《しんにふ》し、長春《ちやうしゆん》、蛇賴照間《だらいしやうかん》に於《おい》て鐵道電線《てつだうでんせん》の破壞《はくわい》に從事《じふじ》し、更《さら》に北進《ほくしん》して松花江《しようかかう》を渉《わた》り、特《とく》に舍利店兵站部《しやりてんへいたんぶ》を急襲《きふしう》した際《さい》には、決死隊《けつしたい》として爆彈《ばくだん》を投擲《たうてき》して敵《てき》の兵舍《へいしや》を焼《や》き拂《はら》ふなど、赫々《かくかく》たる武勳《ぶくん》を輝《かゞや》かして本隊《ほんたい》に歸還《きくわん》したのは、三月《ぐわつ》の末《すへ》だつた。

　幾度《いくど》か砲煙彈雨《はうえんだんう》の下《した》をくゞり、幾度《いくたび》か死地《しち》に身《み》をさらしながらも、幸運《かううん》にも、彼《かれ》はいつも死《し》線《せん》を突破《とつぱ》して奮闘《ふんとう》をつゞけてゐた。しかし、同年《どうねん》七月《ぐわつ》二十六日《にち》、盛京省寶力屯附近《せいきやうしやうはうりよくとんふきん》に於《おい》て敵《てき》情偵察《じやうしさつ》の際《さい》、つひに敵《てき》の一彈《だん》は右肩胛部《みぎけんかふぶ》を射貫《いぬ》いたのである。このために彼《かれ》は内地《ないち》に後送《かうそう》され、治療《ちれう》の手《て》をつくしたが、不幸《ふかう》にも右手《みぎて》は運動《うんどう》の自由《じいう》を失《うしな》ひ、上方及《じやうはうおよ》び後方《かうはう》への旋回《せんくわい》は意《い》の如《ごと》くにならぬ身《み》となつた。かくて三十九年《ねん》四月《ぐわつ》には兵役免除《へいえきめんじよ》となつて歸郷《ききやう》したのである。

　戰時中《せんじちゆう》に於《お》ける彼《かれ》の勳功《くんこう》の程《ほど》は、明治《めいぢ》四十年《ねん》四月《ぐわつ》、勳《くん》八等白色桐葉章《とうはくしよくどうようしやう》及《およ》び功《こう》七級金鵄勳章《きふきんしくんしやう》並《なら》びに年金《ねんきん》百圓《えん》（現時《げんじ》百五十圓《えん》）を下賜《かし》された事實《じじつ》によつても窺《うかが》ひ知《し》ることが出來《でき》よう。

　名譽《めいよ》の戰傷者《せんしやうしや》！　郷土《きやうど》に誇《ほこ》る勇士《ゆうし》！

　兵役免除《へいえきめんじよ》となつて歸郷《ききやう》した當初《たうしよ》は、あつちからも此方《こつち》からも引張《ひつぱ》り凧《たこ》の歡迎《くわんげい》だつた。二ケ月《げつ》三ケ月《げつ》は夢《ゆめ》のやうに過《す》ぎた。五ケ月《げつ》六ケ月《げつ》は現《うつゝ》のうちに暮《くら》した。そのうちに創《きず》もすつかり癒《い》えて村人《むらびと》の昂奮《かうふん》もやうやく冷《さ》めて、訪《と》ふ人《ひと》も少《すく》なくなつて來《く》ると、彼《かれ》は自分《じぶん》の將來《しやうらい》を考《かんが》へては、何《なに》かしら追《お》ひかけられるやうな氣《き》がするのだつた。

「この手《て》ではもう鋤《くは》や鍬《すき》も握《にぎ》れんし……」

　試《こゝろ》みに右手《みぎて》を上方《じやうはう》の方《はう》へあげてみやうとしたが、錐《きり》でもむやうに痛《いた》んだ。後《うしろ》の方《はう》へのばさうとしても、矢張《やは》り動《うご》かなかつた。眼《め》をあげれば、父祖傳來《ふそでんらい》の田畑《たはた》が、招《まね》くやうにひろがつてゐる。

「あゝ、長《なが》いこと親《した》しんで來《き》たあの田畑《たはた》とも別《わか》れねばならないのか」

　さう思《おも》ふと何《なん》となく浦淋《うらさび》しい氣《き》がした。彼《かれ》はぢツと田畑《たはた》を眺《なが》めながら、自分《じぶん》の來《き》し方《かた》を走馬燈《さうまたう》の如《ごと》く思《おも》ひ浮《うか》べるのだつた。

推されて收入役となる

「一度《ど》は御國《みくに》のため大君《おほぎみ》のために捧《さゝ》げた命《いのち》――その命《いのち》を長《なが》らへるやうになつたのは、天《てん》の攝理《せつり》であらう。天《てん》は何《なに》か有意義《いういぎ》な仕事《しごと》をして國恩《こくおん》に報《はう》ぜよと命《めい》じてゐるのに相違《さうゐ》ない」

　さう考《かんが》へると、彼《かれ》は一時《じ》もぢツとしては居《お》れないやうな氣《き》がした。何《なに》かしなければならない！　とはいふものゝ、もと〳〵土《つち》に育《そだ》てられた身《み》、鋤鍬《すきくは》をとる術《すべ》こそは知《し》つてゐるが、これといつていゝ仕事《しごと》も思《おも》ひつかない。しかも、大事《だいじ》な右手《みぎて》が不自由《ふじいう》であつて見《み》れば、力仕事《ちからしごと》なぞ及《およ》びもつかない。

　さうかうしてゐる中《うち》に、一年《ねん》の月日《つきひ》が徒《いたず》らに過《せ》ぎた。丁度《ちやうど》その頃《ころ》、思《おも》ひがけなくも勳《くん》八等白《とうはく》色桐葉章《しよくどうようしやう》及《およ》び功《こう》七級金鵄勳章《きふきんしくんしやう》並《ならび》に年金《ねんきん》百圓《えん》を下賜《かし》されたのである。何《なん》たる鴻恩《かうおん》の深《ふか》さぞ、極《きは》みなき榮譽《えいよ》ぞ！　彼《かた》はたゞ感涙《かんるゐ》にむせぶ外《ほか》はなかつた。それにつけても、何《なに》か仕事《しごと》をせねばならない。鴻恩《かうおん》に報《むく》い、且《か》つは金鵄勳章《きんしくんしやう》の光輝《かうき》を更《さら》に輝《かゞ》やかすやうな仕事《しごと》をせねばならない。考《かんが》へてくると、彼《かれ》は重大《ぢゆうだい》な責任《せきにん》を感《かん》じないでは居《お》られなかつた。

　丁度《ちやうど》その頃《ころ》である。江《え》ノ島《しま》、釜屋《かまや》、福江《ふくえ》の三ケ村《そん》の併合《へいがう》の議《ぎ》がおこり、話《はなし》はトン〳〵拍子《べうし》に急速《きふそく》な進展《しんてん》をしたのであつた。

　ある日《ひ》、村《むら》の有力者《いうりよくしや》がひよつこり彼《かれ》の家《いへ》を訪《おとづ》れて來《き》た。

「松崎《まつざき》さん、今度《こんど》三ケ村《そん》が併合《へいがふ》するについて、貴方《あなた》に收入役《しうにふやく》になつて頂《いたゞ》き度《た》いといふ話《はなし》が出《で》て居《ゐ》るのですがね……」

　彼《かれ》はどぎりとした。何《なん》でもいゝ、自分《じぶん》に出來《でき》る仕事《しごと》ならやつて見《み》たいと思《おも》つてゐる矢先《やさき》だ。

「それはどうも有難《ありがた》いことで……」

「やつて頂《いたゞ》けると、私方《わたしかた》こそ有難《ありがた》いですが、何《なに》しろ收入役《しうにふやく》の任務《にんむ》は大變大事《たいへんだいじ》なので、迂濶《うかつ》な人《ひと》には賴《たの》めませんし、實《じつ》は人選《じんせん》に困《こま》つてゐたところで、貴方《あなた》に引受《ひきう》けて頂《いたゞ》ければこれ以上《いじやう》のことはありません」

　話《はなし》は順調《じゆんちやう》にまとまつて、その年《とし》――即《すなは》ち明治《めいぢ》四十年《ねん》の八月《ぐわつ》、三ケ村《そん》が併合《へいがう》して根上村《ねあがりむら》として呱々《こゝ》の聲《こえ》をあげると共《とも》に、彼《かれ》は收入役《しうにふやく》の椅子《いす》に坐《すは》ることゝなつた。仕事《しごと》にありついた喜《よろこ》びでほつとした。毎日朝露《まいにちあさつゆ》を踏《ふ》んで通勤《つうきん》するのが、この上《うへ》なく嬉《うれ》しかつた。

　しかし、收入役《しうにふやく》の事務《じむ》は、彼《かれ》にとつては餘《あま》り樂《らく》ではなかつた。右手《みぎて》の運動《うんどう》が思《おも》ふにまかせないので、ペンを握《にぎ》つての執務《しつむ》は相當《さうたう》つらかつた。特《とく》に納稅期《なふぜいき》などの忙《いそが》しい時《とき》には中途《ちうと》で腕《うで》が利《き》

七〇

かなくなつたりした。従《したが》つて、事務《じむ》が遅《おく》れたりする。それを取《と》り返《かへ》すためには、居残《ゐのこ》つて執務《しつむ》せねばならなかつた。

しかも、その勞力《らうりよく》に酬《むく》いられるものは、月《つき》にわづか拾圓《えん》でしかなかつた。下僚《かれう》の書記《しよき》のやつと三分《ぶん》の二の額《がく》である。

「たとへ傷痍軍人《しやうゐぐんじん》でも、この年《とし》をしてゐて月《つき》に拾圓《えん》とは……」

如何《いか》に名譽職《めいよしよく》とはいへ、如何《いか》に物質《ぶつしつ》に拘《かゝ》はらぬとはいへ、男子《だんし》一匹《ぴき》朝《あさ》から晩《ばん》まで働《はたら》いて、月《つき》に僅《わづ》かに拾圓《えん》しか貰《もら》ふことが出來《でき》ぬかと思《おも》ふと、殘念《ざんねん》でたまらなかつた。家《いへ》に歸《かへ》る途中《とちう》など、今貰《いまもら》つて來《き》た薄給袋《はうきふぶくろ》を泥溝《どぶみぞ》の中《なか》にぶち込《こ》んでしまはふと思《おも》ふこともあつた。金錢《きんせん》によつて人間《にんげん》の價値《かち》が定《き》まるわけではないとはいふものゝ、男子《だんし》一匹《ぴき》自《みづ》から口《くち》に糊《のり》するにも足《た》りぬ薄給《はくきふ》しか得《え》られないことは、誰《たれ》しも殘念《ざんねん》であらう。しかし、現在與《げんざいあた》へられた仕事《しごと》を完全《くわんぜん》に遂行出來《すゐかうでき》ない者《もの》には、どんな仕事《しごと》も成《な》し遂《と》げ得《え》ない。ことに軍隊生活《ぐんたいせいくわつ》に於《おい》て責任觀《せきにんくわん》を植《う》ゑつけられた彼《かれ》は、選《えら》ばれて收入役《しうにふやく》といふ責任《せきにん》ある職務《しよくむ》に就《つ》いてゐる以上《いじやう》、完全《くわんぜん》に任務《にんむ》を果《はた》さないではゐられなかつた。たゞ、何時《いつ》も彼《かれ》の腦裡《なうり》にこびりついてゐたことは、現在《げんざい》の仕事《しごと》は男子《だんし》一生《しやう》の仕事《しごと》ではな

七一

いといふ考《かんが》へだつた。

「どうかして現在《げんざい》の苦境《くきやう》を脱《だつ》して、相當《さうたう》な人《ひと》になりたいものだ」

さう考《かんが》へ、焦立《いらだ》つ胸《むね》を抑《おさ》へて秘《ひそ》かに策《さく》を練《ね》つてゐた、熟慮《じゆくりち》の結果《けつくわ》、次《つぎ》のやうな理論《りろん》が生《うま》れたのである。

「勞働《らうどう》はたとへなし得《う》るとしても自己《じこ》一個《こ》の力《ちから》である。自己《じこ》一個《こ》の力《ちから》だけでは到底大事《たうていだいじ》をなすことは出來《でき》ない。俸給生活《ほうきふせいくわつ》もまた僅《わづ》かに糊口《ここう》を凌《しの》ぐだけで大事《だいじ》をなすことは不可能《ふかのう》だ。自分《じぶん》は勞働《らうどう》は出來《でき》ない。執筆《しつぴつ》も不《ふ》十分《ぶん》である。しかし、身體《しんたい》と頭腦《づなう》は健全《けんぜん》であるから、この健全《けんぜん》なる頭腦《づなう》を働《はたら》かしたなら、必《かな》ずや人《ひと》の長《ちやう》となることも出來《でき》よう」

頭腦《づなう》を働《はたら》かす仕事《しごと》といへば實業《じつげふ》である。彼《かれ》が後年實業界《かうねんじつげふかい》に入《はい》つて活躍《くわつやく》するに至《いた》つたのは、かうした熟慮《じゆくりよ》の結果《けつくわ》であつた。

衰微せる工場を引受けて

時恰《ときあたか》も日露戰役直後《にちろせんえきちよくご》、諸事業《しよじげふ》は相當振興《さうたうしんこう》した後《あと》で、漸《やうや》く反動期《はんどうき》に入《はい》るの時《とき》である。實業家《じつげふか》は

七二

事業不振《じげふふしん》のために青息吐息《あをいきといき》、閉鎖《へいさ》の止《や》むなきに至《いた》つた工場《こうぢやう》も各所《かくしよ》にあらはれた。

彼《かれ》の親戚《しんせき》に羽二重機業《はぶたへきげふ》に從事《じふじ》してゐる人《ひと》があつた。かねてより實業《じつげふ》に志《こゝろざ》してゐる彼《かれ》は、折々《をり〳〵》見學《けんがく》の心《こゝろ》で訪問《はうもん》してゐた。訪問《はうもん》しては工場《こうぢやう》を見學《けんがく》し、その人《ひと》について種々《しゆ〴〵》機業《きげふ》の實際《じつさい》を聞《き》いてゐる中《うち》に、自然工場經營《しぜんこうぢやうけいえい》の要素《えうそ》を會得《ゑとく》するやうになつた。數理的《すうりてき》な頭腦《づなう》を働《はたら》かし、經濟上《けいざいじやう》の知識《ちしき》を養《やしな》つて策《さく》を講《かう》じ、管理法《くわんりはふ》を十分《ぶん》に研究《けんきう》してかゝれば、決《けつ》して事業《じげふ》に失敗《しつぱい》する怖《おそ》れはないとの確信《かくしん》を得《え》た。

「さうだ！　機業《きげふ》こそは自分《じぶん》に最《もつと》も適《てき》した仕事《しごと》だ。俺《おれ》はこれによつて身《み》を立《た》てよう」

彼《かれ》は判然自分《はんぜんじぶん》の進《すゝ》むべき道《みち》を摑《つか》んだのである。

さうかうしてゐる中《うち》に、親戚《しんせき》の工場《こうぢやう》は財界不況《ざいかいふきやう》のあふりを喰《く》つて漸次衰微《ざんじすゐび》し、氣息奄々《きそくえん〳〵》たる狀態《じやうたい》となつた。もう閉鎖《へいさ》するより外《ほか》に途《みち》はなくなつたのである。

「チャンスはこの時《とき》だ。よし、俺《おれ》がやらう！」

彼《かれ》は奮然《ふんぜん》として起《た》つた。熱誠《ねつせい》と努力《どりよく》を以《もつ》てすれば、どんなことでも出來《でき》ないことがあるものかと、彼《かれ》には充分《じうぶん》の確信《かくしん》があつた。口《くち》を極《きは》めて止《と》める人《ひと》もあつた。しかし、彼《かれ》は斷乎《だんこ》として信《しん》

七三

念《ねん》に向《むか》つて邁進《まいしん》した。

大正《たいしやう》二年《ねん》六月《ぐわつ》、七年間勤《ねんかんつと》めた收入役《しうにふやく》を辭《じ》し、疲弊《ひへい》せる該工場《がいこうぢやう》を引受《ひきう》けた。實業《じつげふ》に志《こゝろざ》してより數年《すうねん》、その間熟慮勘考《かんじゆくりよかんかう》、研究《けんきう》に研究《けんきう》を重《かさ》ねたところに、彼《かれ》の成功《せいこう》の因《いん》はあつた。彼《かれ》は己《おの》が居間《ゐま》に大書《たいしよ》した。

一、予《よ》は投機《たうき》をなさゞるべし。

一、予《よ》は嘘《うそ》を言《い》はざるべし。

一、予《よ》は勤勉《きんべん》なるべし。

この三個條《かでう》の誓《ちか》ひをたてて、彼《かれ》の汗《あせ》みどろ血《ち》みどろの活動《くわつどう》がはじまつた。第《だい》一に努力《どりよく》したのは、原料《げんれう》を嚴選《げんせん》して能率增進《のうりつぞうしん》により製產費《せいさんひ》を低《ひく》くし、善《よ》い品《しな》を早《はや》く安《やす》く賣《う》ることだつた。

しかし、思《おも》ふにまかせぬのは世《よ》の常《つね》である。或時《あるとき》は投《な》げ出《だ》してしまひたいこともあつた。ことに大正《たいしやう》三年歐洲大戰《ねんおうしうたいせん》の勃發《ぼつぱつ》による財界《ざいかい》の大變動《だいへんどう》は、生絲織物《きいとおりもの》の大暴落《だいぼうらく》を來《きた》し、文字通《もじとほ》りに四苦《く》八苦《く》、悲慘極《ひさんきは》まる狀態《じやうたい》に突《つ》き落《おと》されたこともあつた。しかし、彼《かれ》は決《けつ》して希望《きばう》を失《うしな》はなかつた。打挫《うちくぢ》がれる度《たび》に新《あたら》しい力《ちから》が生《うま》れて來《き》た。

事業擴張また擴張

石《いし》の上《うへ》にも三年《ねん》といふ。やがて大正《たいしやう》六、七年《ねん》の好況《かうきやう》がめぐり來《き》て、社運《しやうん》は隆々《りうりう》と榮《さか》えた。それも暫《しば》しの夢《ゆめ》、大正《たいしやう》九年《ねん》三月《ぐわつ》歐洲戰亂《おうしうせんらん》の終局《しうきよく》と共《とも》に、又《また》しても不況《ふきやう》の大怒濤《だいどたう》が襲《おそ》つた。斯業者《きげふしや》の倒產《たふさん》するもの續々《ぞくぞく》と起《おこ》つた。しかし、かねてより用意周到《よういしうたう》な彼《かれ》は、巧《たく》みに櫓《ろ》を操《あや》つて、この難局《なんきよく》を乘切《のりき》ることが出來《でき》た。

かくて事業《じげふ》は日《ひ》と共《とも》に隆昌《りうしやう》、大正《たいしやう》十二年《ねん》七月《ぐわつ》には、工場《こうぢやう》を合名會社組織《がふめいくわいしやそしき》に改《あらた》め、輸出羽二重《ゆしゆつはぶたへ》製織《せいしよく》の傍《かたは》ら輸出富士絹《ゆしゆつふじきぬ》の製織《せいしよく》をはじめたが、これが時流《じりう》に投《たう》じて飛《と》ぶやうに賣《う》れた。昭和《しやうわ》六年《ねん》の春《はる》には、新《あら》たに工場《こうぢやう》を新築《しんちく》し、新式《しんしき》の機械《きかい》を備《そな》へ、產業合理化《さんげふがふりくわ》、能率增進《のうりつぞうしん》、品位《ひんゐ》の向上《かうじやう》に努力《どりよく》しはじめた。かくて今《いま》では力織機《りきしよくき》二百四十四臺《だい》、撚絲機《ねんしき》五千錘《すゐ》、職工《しよくこう》二百餘名《よめい》を抱《かゝ》へて年產《ねんさん》額約《がくやく》二百萬圓《まんゑん》に達《たつ》する隆昌《りうしやう》ぶりを示《しめ》してゐる。一昨年《さくねん》十二月《ぐわつ》には產業福利協會總裁《さんげふふくりきやうくわいさうさい》山本達雄男《やまもとたつをだん》より表彰狀《ひやうしやうじやう》を貰《もら》つた。

この地方《ちはう》では、彼《かれ》の經營《けいえい》する工場《こうぢやう》の職工《しよくこう》となることが乙女達《をとめたち》の憧憬《あこがれ》になつてゐる。

「まあ、あんたは松崎《まつざき》さんの工場《こうぢやう》にお勤《つと》めで……」

と、羨《うらやま》しげにいはれる。それもその筈《はず》である。彼《かれ》は常《つね》に職工《しよくこう》の訓育《くんいく》に意《い》を注《そゝ》ぎ、溫情《おんじやう》よく職《しよく》工《こう》の福利《ふくり》をはかり、將來《しやうらい》世《よ》に出《で》ても恥《はづ》かしからぬ婦人《ふじん》を養成《やうせい》するにつとめてゐる。毎月數回《まいつきすうくわい》、學事《がくじ》、裁縫《さいほう》、作法《さはう》、家事《かじ》、衞生等《えいせいなど》の講習《かうしふ》を行《おこな》ふといふ、世《よ》にも羨《うらやま》しき工場《こうぢやう》ではないか。されば主從《しゆじふ》一體《たい》となつて、事業《じげふ》の繁榮《はんえい》に邁進《まいしん》できるのである。

彼《かれ》は大正《たいしやう》四年以來《ねんいらい》、根上村會議員《ねがみそんくわいぎゐん》に選出《せんしゆつ》せられること四回《くわい》、現在奉職中《げんざいほうしよくちう》であり、大正《たいしやう》八年《ねん》には能美郡々會議員《のうびぐんぐんくわいぎゐん》に選《えら》ばれたこともある。また、大正《たいしやう》八年以來《ねんいらい》、石川縣輸出織物同業組合代議員《いしかはけんゆしゆつおりものどうげふくみあひだいぎゐん》に三回《くわい》選《えら》ばれ、目下奉職中《もくかほうしよくちう》であり、昭和《しやうわ》四年《ねん》には選《えら》ばれて石川縣《いしかはけん》マルサン織物業組合理事《おりものげふくみあひりじ》となつた。

昭和《しやうわ》八年《ねん》四月《ぐわつ》、日本赤十字社《につぽんせきじふじしや》へ金《きん》壹千圓《えん》を寄贈《きぞう》して有功章《いうこうしやう》を授與《じゆよ》され、その他《た》公職《こうしよく》に推薦《すゐせん》せられて社會事業《しやくわいじげふ》に盡瘁《じんすゐ》してゐる。

憶《おも》ふに、彼《かれ》の今日《こんにち》を築《きず》きしは、勤《きん》、儉《けん》、誠《せい》の三字《じ》を實行《じつかう》に移《うつ》した賜物《たまもの》で、その半生《はんせい》を顧《かへり》みる時《とき》、人格練磨《じんかくれんま》の歷史《れきし》を見《み》るの感《かん》がある。

小僧から大商店主となる

徳島市　歩兵上等兵　近藤栗二君

鍬鋭を持てなくなつた

彼《かれ》——近藤栗二君《こんどうくりじくん》は、徳島縣阿波郡市場町大字尾開村《とくしまけんあはぐんいちばちやうおほあざをかいむら》の、農家《のうか》の二男《なん》として生《うま》れ、徴兵適齡《ちようへいてきれい》まで、ずつと家業《かげふ》を手傳《てつだ》つてゐた。それまでの彼《かれ》は、別段成功《せいこう》の野心《やしん》に燃《も》えたこともない、一個《こ》凡庸《ぼんやう》な農村青年《のうそんせいねん》にすぎなかつたのだから、若《も》しも彼《かれ》が、鋤鍬《すきくわ》の持《も》てないやうな不具《ふぐ》の身《み》にならなかつたならば、矢張今項《やはりいまごろ》は悲慘《ひさん》な小作農《こさくのう》として老《を》い近《ちか》き身《み》を農村《のうそん》に埋《うづ》めてゐたかも知《し》れない。禍《わざはひ》を變《へん》じて福《ふく》とするとは、實《じつ》に、我《わ》が近藤栗二君《こんどうくりじくん》の如《ごと》きをいふのであらう。

彼《かれ》は徴兵檢査《ちようへいけんさ》では第《だい》一補充兵《ほじゆうへい》だつたので、兵隊《へいたい》にはとられなかつた。しかし、間《ま》もなく日露《にちろ》の國交《こくかう》が斷絶《だんぜつ》したので、農村《のうそん》で田《た》を耕《たがや》してゐるわけには行《ゆ》かなくなつた。すなはち、明治《めいぢ》三十七年《ねん》九月《ぐわつ》二十日《か》臨時召集令《りんじせうしうれい》を受《う》けて歩兵第《ほへいだい》四十三聯隊補充大隊《れんたいほじうだいたい》へ入隊《にふたい》、同年《どうねん》十一月《ぐわつ》十一日《にち》補充《ほじう》召集《せうしう》として歩兵第《ほへいだい》四十三聯隊《れんたい》へ入隊《にふたい》、十一月《ぐわつ》二十三日《にち》には補充員《ほじうゐん》として出征《しゆつせい》の途《と》に就《つ》いた。

彼《かれ》が名譽《めいよ》の負傷《ふしやう》を蒙《かうむ》つたのは、明治《めいぢ》三十七年《ねん》十二月《ぐわつ》十二日《にち》鷄冠山北砲臺攻擊中《けいくわんざんほくはうだいこうげきちう》であつた。右手《みぎて》爆裂彈創《ばくれつだんさう》、右胸部貫通銃創《うきようぶくわんつうじうさう》、脊髓骨折銃創《せきずゐこつせつじうさう》といふ三個處《かしよ》の負傷《ふしやう》を受《う》けたのである。中《なか》でも脊髓骨折銃創《せきずゐこつせつじうさう》は相當《さうたう》の負傷《ふしやう》で、野戰病院《やせんびやういん》から直《たゞ》ちに內地《ないち》へ送還《そうくわん》され、善通寺豫備病院《ぜんつうじよびびやういん》に收容《しうよう》されてギブス繃帶《ほうたい》を施《ほどこ》されたが、脊柱《せきちう》はたうとう少《すこ》し前《まへ》へ屈曲《くつせつ》してしまつた。そして、この脊柱前屈《せきちうぜんくつ》のために、彼《かれ》は現在《げんざい》でも尙《なほ》、常時胃腸《じやうじゐちやう》の障害《しやうがい》を受《う》けてゐるし、仰向《あふむけ》に臥《ふ》さうとすると苦《くる》しいし、他《ほか》の病氣《びやうき》を發《はつ》した時《とき》とか普通《ふつう》の運動《うんどう》でも過《すご》した場合《ばあひ》には、脊髓《せきずゐ》がヅキヅキ疼《うづ》のである。また、登山《とざん》と長途《ちやうと》の旅行《りよかう》などには困難《こんなん》を感《かん》ずるし、毎朝《まいあさ》マツサージをしなければ起床《きしやう》することが出來《でき》ない。

現在《げんざい》ですらさうであるから、當時《たうじ》の彼《かれ》の體《からだ》の不自由《ふじいう》は實《じつ》に思《おも》ひやられるではないか。明治《めいぢ》三十八年《ねん》九月《ぐわつ》二十七日《にち》兵役免除《へいえきめんぢよ》となつて鄕里《きやうり》へ歸《かへ》りは歸《かへ》つたものの、脊髓《せきずゐ》の痛《いた》みのために、鋤鍬《すきくわ》

を手《て》にすることは出來《でき》なかつた。彼《かれ》は一時《じ》悲觀《ひくわん》のどん底《ぞこ》に沈《しづ》んだこともあつた。しかし彼《かれ》は翻《ほん》然《ぜん》として思《おも》ひかへした。

「百姓《しやう》の家《いへ》に生《うま》れたからといつて百姓《しやう》をしなければならないといふことはない。自分《じぶん》が負傷《ふしやう》のために鋤鍬《すきくわ》を持《も》てなくなつたのは、一奮發《ふんぱつ》しろといふ天《てん》の啓示《けいじ》かも知《し》れない」

彼《かれ》はある夜《よ》そのことを兩親《りやうしん》に語《かた》つた。母《はゝ》は、さすが女親《をんなおや》だけに、身體不自由《しんたいふじいう》な息子《むすこ》——彼《かれ》はその時《とき》二十三歳《さい》であつた——を、ただ一人《ひとり》都會《とくわい》に出《だ》すことが不安《ふあん》だつたが、父《ちゝ》は彼《かれ》の決意《けつい》が意《い》外《ぐわい》に固《かた》いし、このまゝ農村《のうそん》にゐたんでは一生肩身《しやうかたみ》がせまい思《おも》ひをしなければなるまい、とも考《かんが》へられたので、快《こゝろよ》く、彼《かれ》を徳島市《とくしまし》に出《だ》してやることにした。

こうして彼《かれ》が志《こゝろざし》を立《た》てて歸鬪《きうくわん》を出《いで》たのは、その年《とし》の明治《めいぢ》三十八年《ねん》十二月《ぐわつ》十五日《にち》、師走《しはす》の風《かぜ》が手足《てあし》も千切《ちぎ》れるばかり寒《さむ》い朝《あさ》であつた。子煩惱《こぼんなう》の母親《はゝおや》は、寒風《かんぷう》にもめげず波荒《なみあら》い人世《じんせい》に出《で》て行《ゆ》く不具《ふぐ》の息子《むすこ》を村境《むらざかひ》まで送《おく》つて行《い》つた。そして、いつまでも其處《そこ》に佇立《ちよりつ》して、次第《しだい》に小《ちひ》さくなつて行《ゆ》く息子《むすこ》の後姿《うしろすがた》を見送《みおく》つてゐた。

七八

一難襲ひ來る毎に奮起

徳島市《とくしまし》に出《で》た彼《かれ》は、知《し》るべを賴《たよ》つて内魚町《うちうをまち》小喜多《こきた》洋服店《やうふくてん》の店員《てんゐん》になつた。

當時《たうじ》、主家《しゆか》は徳島市《とくしまし》でも指折《ゆびを》りの洋服店《やうふくてん》で、なか〳〵盛大《せいだい》にやつてゐたが、彼《かれ》がこの店《みせ》に、住《す》みこんでから二年《ねん》三ケ月目《げつめ》に、突然當時《とつぜんたうじ》營業主任《えいげふしゆにん》であつた主家《しゆか》の息子《むすこ》が、病《やまひ》のため不歸《ふき》の客《きやく》となつたので、遂《つる》に閉店《へいてん》しなければならない破目《はめ》に陷《おちい》つた。

ところが、この閉店《へいてん》に際《さい》してかね〴〵から、彼《かれ》の商才《しやうさい》と人物《じんぶつ》を見込《みこ》んでゐた主人《しゆじん》は、

「どうだ、わしの店《みせ》を引《ひ》き受《う》けてやつて見《み》る氣《き》はないか。このまま閉店《へいてん》してしまふのも惜《を》しいことだし」

と、彼《かれ》にすすめた。

彼《かれ》は一晩考《ばんかんが》へた。これが天《てん》の與《あた》へた機會《きくわい》であるやうな氣《き》もするし、まだ自分《じぶん》には一戸《こ》の商店《しやうてん》を背負《せお》つて行《ゆ》くだけの力《ちから》はないやうな氣《き》もするし、あれこれと考《かんが》へ惱《なや》んだが、たうとう最後《さいご》には決心《けつしん》が固《かた》まつた。

七九

『よし！　やつて見《み》よう！』

主人《しゆじん》の店《みせ》を讓《ゆづ》り受《う》けた彼《かれ》は、非常《ひじやう》な意氣込《いきごみ》で、直《たゞ》ちに取引《とりひき》の改正《かいせい》や店務《てんむ》の整理《せいり》に沒頭《ぼつとう》した。その效果《かうくわ》は着々《ちやく〳〵》と現《あら》はれ、店《みせ》は日《ひ》に日《ひ》に繁昌《はんじやう》しはじめ、獨立《どくりつ》してから丁度《ちやうど》一年目《ねんめ》には、昵懇《じつこん》の人《ひと》のすゝめによつて、現在《げんざい》のカノ子《こ》夫人《ふじん》と結婚《けつこん》した。

その後《ご》彼《かれ》の成功《せいこう》を語《かた》るためには、この賢夫人《けんぷじん》の内助《ないじよ》の功《こう》を落《おと》すことは出來《でき》ない。賢《かしこ》くて貞淑《ていしゆく》で健康《けんかう》で働《はたら》きものの好伴侶《かうはんろ》を得《え》て、彼《かれ》の店《みせ》は益々《ます〳〵》繁昌《はんじやう》していつたが、「好事魔多《かうじまおほ》し」のたとへに洩《も》れず、第《だい》一回目《くわいめ》の失敗《しつばい》に見舞《みま》はれた。それも自分《じぶん》のせゐではなかつた。日露《にちろ》戰役《せんえき》の後《あと》、行政整理《ぎやうせいせいり》の影響《えいきやう》によつて事業《じげふ》に大打擊《だいだげき》を蒙《かうむ》つたのだ。實《じつ》に、獨立《どくりつ》をして二年數《ねんすう》ケ月目《げつめ》、相當《さうたう》の財產《ざいさん》も出來《でき》てゐたのが、忽《たちま》ち元《もと》も子《こ》もなくして全《まつた》くの素寒貧《すかんぴん》になつてしまつた。

しかし、彼《かれ》は悲觀《ひくわん》もしなければ、挫《くぢ》けもなかつた。失敗《しつばい》こそ天《てん》の試練《しれん》だと思《おも》つてます〳〵奮《ふん》起《き》したのであつた。夫人《ふじん》もまた意氣消沈《いきせうちん》するかと思《おも》ひの他《ほか》、かへつて元氣《げんき》をふるひ起《おこ》して夫《をつと》を激勵《げきれい》しさへした。

八〇

「このまゝ順調《じゆんてう》に行《い》つては、少《すこ》し運《うん》がよすぎますわ、元氣《げんき》を出《だ》しませうよ」

「さうだ！　しかし、今《いま》から後《のち》はどうしたものかなア……どんな仕事《しごと》をして行《ゆ》けばいゝか」

彼《かれ》は更生《かうせい》の道《みち》を何處《どこ》に求《もと》むべきかにつき、しづかに時勢《じせい》の趨向《すうかう》を窺《うかゞ》ひながら熟慮《じゆくりよ》した結果《けつくわ》、決然《けつぜん》、羅紗仲買人《らしやなかがひにん》の仲間《なかま》に身《み》を投《とう》じた。かうして彼等《かれら》夫妻《ふさい》の涙《なみだ》の奮鬪史《ふんとうし》ははじまつた。

こゝで特筆《とくひつ》して置《お》きたいのは、夫人《ふじん》の提案《ていあん》によつて、九十三圓《えん》の恩給《おんきふ》を全部《ぜんぶ》貯金《ちよきん》し、將來《しやうらい》どんなに資金《しきん》その他《た》に窮《きう》することがあつても、この貯金《ちよきん》には一切《きいて》手をつけないことにしたことだ。

そして彼《かれ》は、仕入《しいれ》に註文聞《ちうもんき》きに、終日《しうじつ》を汗《あせ》だくになつて驅《か》けめぐり、夫人《ふじん》は夫人《ふじん》で幼兒《えうじ》を抱《かゝ》へながら、家事《かじ》一切《さい》のきりもりには少《すこ》しも人手《ひとで》を煩《わづら》はさなかつたのみか、註文品《ちうもんひん》の配達《はいたつ》は一手《て》に引《ひ》き受《う》け、乳母車《うばぐるま》にのせて市中《しちう》を驅《か》けめぐつた。

かうした刻苦勉勵《こくくべんれい》の甲斐《かひ》あつて、三年《ねん》の後《のち》には三千圓餘《えんよ》の貯蓄《ちよちく》ができた。

ところが天《てん》の試練《しれん》がまだ足《た》りなかつたのか、突然《とつぜん》、顧客先《とくゐさき》の洋服屋《やうふくや》が數軒《すうけん》バタバタと相《あひ》ついで倒《たふ》れ、そのため、近藤夫妻《こんどうふさい》が三年間《ねんかん》の汗《あせ》の結晶《けつしやう》も大半奪《たいはんうば》ひさられてしまつた。夫語《をつとかた》らず、妻《つま》物言《ものい》はず、その時《とき》の夫妻《ふさい》の心中《しんちう》はどんなであつたらう。

八一

輝かしき勝利の榮冠

だが、それでも彼等《かれら》はへこたれなかつた。一度《ど》ならず、二度《ど》までの失敗《しつぱい》に、普通《ふつう》の人間《にんげん》ならばすつかり意氣消沈《いきせうちん》してしまふところなのだが、彼等《かれら》の場合《はあひ》は、轉《ころ》べば轉《ころ》ぶほど、ます〳〵勇《ゆう》氣《き》を奮《ふる》ひ起《おこ》すのだつた。

そして三度《みたび》、こつこつと築《きづ》いて行《い》つた。

もう天《てん》も彼《かれ》に微笑《ほゝゑ》んでいい時《とき》だらう。果《はた》して大正天皇《たいしやうてんのう》の御大典《ごたいてん》に際《さい》して、忽《たちま》ち數《すう》千圓《ゑん》を儲《まう》けたのである。

彼《かれ》が元氣《げんき》づいてゐるところへ、歐洲大戰《おうしうたいせん》が勃發《ぼつぱつ》し、物價《ぶつか》が一時《じ》に騰貴《とうき》した。機《き》を見《み》るに敏《びん》なる彼《かれ》は、この機《き》を外《はづ》すわけがなく、幸《さいは》ひ圖《づ》に當《あた》つて巨萬《きよまん》の富《とみ》を獲得《くわくとく》した。そして、彼《かれ》の事業《じげふ》は全《まつた》くここに强固《きやうこ》な基礎《きそ》を築《きづ》いたのである。

彼《かれ》の事業上《じげふじやう》の標語《へうご》は『堅實《けんじつ》』といふことだ。

彼《かれ》は、利潤《りじゆん》はすべて不動産《ふどうさん》に變《か》へ、決《けつ》して投機的《とうきてき》な事業《じげふ》に投資《とうし》しなかつた。また何事《なにごと》につけ

八二

形式《けいしき》に拘泥《かうでい》せず、店舗《てんぽ》の如《ごと》きも一見實《けんじつ》に粗末《そまつ》なもので、これが、中國《ちうごく》、四國地方《こくちはう》で嘖々《しやく〳〵》たる名《めい》聲《せい》のある羅紗店卸商《らしやてんおろししやう》の店舗《てんぽ》であるだらうかといぶかしまれるくらゐだ。

隣人愛《りんじんあい》に篤《あつ》いこともまた特筆《とくひつ》すべきことであらう。社會教育公共事業《しやくわいけういくこうきようじげふ》に盡《つく》すの念《ねん》は殊《こと》に厚《あつ》く、徳島市《とくしまし》に在《あ》る孤兒院《こじゐん》、養老院《やうらうゐん》、徳島學院《とくしまがくゐん》など一として、彼《かれ》の慈愛《じあい》の手《て》の屆《とゞ》いてゐないものはない位《くらゐ》である。

また關東大震災《くわんとうだいしんさい》の時《とき》などは卒先《そつせん》、自《みづか》ら多《た》數《がく》の財寶《ざいはう》を投《とう》じて、罹災民《りさいみん》の救助《きうじよ》に奔走《ほんそう》したし、近《ちか》くは、飛行機愛國號《ひかうきあいこくがう》への獻金《けんきん》、縣立盲唖學校改築《けんりつまうあがくかうかいちく》への寄附《きふ》など、數《かぞ》へ上《あ》げれば枚擧《まいきよ》の遑《いとま》ないくらゐだ。

店員《てんゐん》や家族《かぞく》を愛《あい》することもまた厚《あつ》く、從《したが》つて店員《てんゐん》や家族《かぞく》のものもまた彼《かれ》を敬愛《けいあい》し、家内《かない》には常《つね》に和氣《わき》靄々《あい〳〵》たる空氣《くうき》が漲《みなぎ》つてゐる。

現在《げんざい》一男《なん》三女《ぢよ》を擧《あ》げてゐるが、長男《ちやうなん》がまだ幼年《えうねん》なので、彼《かれ》は病弱《びやうじやく》の身《み》を鞭打《むちう》ちながら店《みせ》の采配《さいはい》を振《ふる》つてゐる。

なほ現《げん》に貴族院議員《きぞくゐんぎゐん》及《およ》び商業會議所議員《しやうげふくわいぎしよぎゐん》一級《きふ》の選擧權所有者《せんきよけんしよいうしや》であることを附記《ふき》しておく。

八三

七轉八起、質屋營業

朝鮮京城府
歩兵上等兵　山本佐一郎君

捕虜の手から逃れて

さしもの日露戰役《にちろせんえき》も、奉天《ほうてん》の會戰《くわいせん》が終《をは》つて五ケ月《げつ》は過《す》ぎた。しかし露軍《ろぐん》は北邊《ほくへん》にどん〳〵増《ぞう》兵《へい》して、凝《じ》つと我《わ》が軍《ぐん》の動向《どうかう》をみまもつてゐる風《ふう》で、如何《いか》なるはづみで逆襲《ぎやくしふ》して來《こ》ないとも限《かぎ》らなかつた。内地《ないち》の人々《ひとびと》は勝利《しようり》の祝盃《しゆくはい》に未《いま》だ醉《ゑ》ひが醒《さ》めきれずにゐたが、現地《げんち》の皇軍將兵《くわうぐんしやうへい》にとつては寸時《すんじ》の油斷《ゆだん》もならなかつた。

「進《すゝ》んで敵《てき》を攻《せ》めるべきか、今暫《いましば》し時機《じき》を待《ま》つべきか」

山本《やまもと》二等卒《とうそつ》の屬《ぞく》する大隊《だいたい》は、興流泉《こうりうせん》に據《よ》る敵《てき》の部隊《ぶたい》と相對《あひたい》しつゝ進退《しんたい》に迷《まよ》つてゐた。即《すなは》ち、

八四

明治《めいぢ》三十八年《ねん》八月《ぐわつ》十二日《にち》、偵察隊《ていさつたい》が組織《そしき》され、敵狀《てきじやう》の偵察《ていさつ》に向《むか》ふことゝなつた。選《えら》ばれたもの十三名《めい》、山本《やまもと》二等卒《とうそつ》もその選《せん》に入《はい》り、分隊長引卒《ぶんたいちやういんそつ》の下《もと》に決死《けつし》の覺悟《かくご》で、我《わ》が最前線《さいぜんせん》を突破《とつぱ》し、敵《てき》の歩哨線内《ほせうせんない》に潛入《せんにふ》した。十三名《めい》は默々《もく〳〵》として一語《ご》をも發《はつ》せず、緊張《きんちやう》の中《うち》に耳《みゝ》と眼《め》を針《はり》の如《ごと》く尖《とが》らせながら、音《おと》を忍《しの》ばせつゝ進《すゝ》むうち、粟畑《あはばたけ》に沿《そ》ふた三間道路《げんだうろ》に出《で》た。ふと眼《め》をあぐれば、道路《だうろ》に面《めん》して可也大《かなりおほ》きい民家《みんか》がある。十三名《めい》は期《き》せずしてその方《はう》へ歩《あゆ》み寄《よ》つて行《い》つた。民家《みんか》はこのあたり特有《とくいう》の高《たか》い土塀《どべい》にかこまれてゐて、入口《いりぐち》は道路《だうろ》の向《むか》ふ側《がは》にあつた。畑《はたけ》と土塀《どべい》にはさまれた細《ほそ》い路地《ろぢ》を入《はい》つて行《ゆ》く一同《どう》の體《からだ》は、緊張《きんちやう》そのものであつた。一上等兵《じやうとうへい》と山本《やまもと》二等卒《とうそつ》は最《さい》先頭《せんとう》に立《た》つて、門《もん》から内部《ないぶ》の樣子《やうす》をうかゞつた。その時胸《ときむね》がドキンとした。そして思《おも》はず電光《でんくわう》石火《せきくわ》のごとく身《み》をひいて、他《た》のものを手《て》で制《せい》した。

土塀《どべい》の内側《うちがは》には、鮨詰《すしづめ》になつて敵兵《てきへい》が充滿《じうまん》してゐたのだ。

「しまつた！　最早《もはや》これまでだ！」

さういつた感《かん》じが、電流《でんりう》のやうにみんなの胸中《きようちう》を駈《か》けめぐつた。しかし、如何《いか》なる場合《ばあひ》でも斥候《せきこう》の任務《にんむ》を忘《わす》れてはならない。一番最後《ばんさいご》につゞくM二等卒《とうそつ》に向《むか》つて

八五

「本隊《ほんたい》に報告《はうこく》しろ！」
と吸鳴《どな》つた。それと同時《どうじ》に塀《へい》の内部《ないぶ》は俄《にはか》かに騒《さわ》ぎたつてきた。早《はや》くも敵兵《てきへい》は土塀《どべい》の上《うへ》から拳銃《けんじう》の霰《あられ》を浴《あ》びせかけた。山本《やまもと》二等卒《とうそつ》はこの時《とき》、右手貫通銃創《みぎてくわんつうじうさう》をうけたのであるが、たゞもう無我夢中《むがむちう》、少《すこ》しも氣付《きづ》かなかつた。やうやくにして土塀《どべい》から抜《ぬ》けだしたが、計《はか》らざるも、そこにも敵《てき》が待《ま》ち構《かま》へてゐたのだ。さつき通《とほ》つた時《とき》には氣《き》がつかなかつたが、路地《ろぢ》の傍《かたはら》の畑《はたけ》の中《なか》には、既《すで》に十數名《すうめい》の敵《てき》の斥候《せきこう》が潜伏《せんぷく》してゐたのだつた。

前門《ぜんもん》の虎後門《とらこうもん》の狼《おほかみ》、十三名《めい》は進退窮《しんたいきは》まつた。辛《から》うじてM二等兵卒《とうへいそつ》だけは圍《かこ》みをついて逃《のが》れだしたが、殘《のこ》る十二名《めい》は林立《りんりつ》する劍《つるぎ》の中《なか》にかこまれてしまつた。

「退《しりぞ》くも死《し》、進《すゝ》むも死《し》、同《おな》じ死《し》ぬなら、思《おも》ふ存分暴《ぞんぶんあば》れてやれ！」

一同《どう》は遮《しや》二無《む》二にあばれた。銃劍《じうけん》をふりかざし阿修羅《あしゆら》の如《ごと》くに狂《くる》ふ。

「多勢《たぜい》に無勢《ぶぜい》、所詮《しよせん》かなはぬ敵《てき》と闘《たゝか》つて死《し》するよりも、出來《でき》れば逃《のが》れて本隊《ほんたい》に報告《はうこく》しよう」

わづかに血路《けつろ》を求《もと》めて、本隊《ほんたい》の方《はう》へと進《すゝ》む折《をり》しも折《をり》、俄《にはか》に土塀《どべい》から躍《をど》り出《だ》した一敵兵《てきへい》が、山本《やまもと》二等卒《とうそつ》の背後《はいご》から不意打《ふいうち》に胸部《きようぶ》めがけて銃劍《じうけん》をくりだした。避《さ》ける暇《ひま》もなく、山本《やまもと》二等卒《とうそつ》は

八六

その場《ば》にドツと倒《たふ》れた。

「なに糞《くそ》ツ！」

滿身《まんしん》の勇《ゆう》をふるつて起《お》き上《あが》らうとしたが、急所《きふしよ》の痛手《いたで》、そのまゝ地《ち》に俯伏《うつぶ》した。敵兵《てきへい》は彼《かれ》の兩足《りやうあし》をつかんでずる〳〵と引張《ひつぱ》つて行《ゆ》かうとする。

「おのれ、捕虜《ほりよ》になつてなるものか」

引《ひ》きずられながらも、手《て》にあたるものにしがみつかうとするが、意識《いしき》は次第《しだい》にうすれてゆく、力《ちから》は次第《しだい》に抜《ぬ》けてゆく、摑《つか》むもの摑《つか》むもの、すべてがする〳〵と手《て》から抜《ぬ》けて行《い》つてしまふのだつた。

不意《ふい》に顔《かほ》に冷感《れいかん》を覺《おぼ》へた。同時《どうじ》に息《いき》がつけなくなつた。ハツとして遠《とほ》くなりかけた意識《いしき》を取《と》りもどした。朦朧《もうろう》とした視界《しかい》に、自分《じぶん》の足《あし》と敵《てき》の後姿《うしろすがた》がうつた。ひきずられて行《ゆ》くうちに、小川《をがは》の水《みづ》たまりを潜《くゞ》つたのである。

又《また》しても意識《いしき》は次第《しだい》にうすれてゆく。突然《とつぜん》、兩足《りやうあし》が地面《ぢめん》に投《な》げ出《だ》された。體《からだ》が樂《らく》になつた。パタ〳〵と逃《に》げる足音《あしおと》。つゞいて豆《まめ》を煎《い》るやうな小銃《せうじう》の音《おと》が、懷《なつか》しい本隊《ほんたい》の方《はう》にあたつて聞《きこ》え

八七

て來《き》たのである。

「本隊《ほんたい》が救援《きうゑん》に來《き》たか」

さう思《おも》ふと、急《きふ》に勇氣《ゆうき》百倍《ばい》した。不思議《ふしぎ》なほど輕々《かるぐ》と起《お》き上《あが》つた。二歩走《ほはし》つては轉《ころ》び、三歩《ぼ》走《はし》つては轉《ころ》び、彼《かれ》は銃聲《じうせい》の聲《こ》えする方《はう》へ向《むか》つて走《はし》つた。ヒユー〳〵と彈《たま》の音《おと》が、頭上《づじやう》を掠《かす》める。自分等《じぶんら》の命《いのち》を氣遣《きづか》ふ戰友《せんいう》の彈《たま》だ。

「ヤア、戻《もど》つた〳〵！」

口々《くちぐ》に叫《さけ》ぶ戰友《せんいう》の聲《こゑ》！　その聲《こゑ》を聞《き》くと共《とも》に、そのまゝドツと倒《たふ》れて何《なに》も彼《か》も分《わか》らなくなつてしまつた。

奇蹟的に死を免る

胸部《きようぶ》の貫通銃創《くわんつうじうさう》と右手前膊部貫通銃創《みぎてぜんはくぶくわんつうじうさう》との重傷《ぢうしやう》のために、山本《やまもと》二等卒《とうそつ》は昏々《こんく》として生死《せいし》の境《さかひ》をさまよつてゐた。負傷《ふしやう》したのが八月《ぐわつ》十二日《にち》の午前《ごぜん》、その夕方《ゆふがた》には昌圖府野戰病院《しやうだんふやせんびやうゐん》に收容《しうよう》された。軍醫《ぐんい》は眉《まゆ》をひそめた。たれが見《み》たつて、とても命《いのち》の助《たす》かるやうな生優《なまやさ》しい負傷《ふしやう》ではない。

八八

今日《けふ》死《し》ぬか、明日《あす》死《し》ぬか。死《し》ぬのを待《ま》たれながら、彼《かれ》は不思議《ふしぎ》も甦《よみがへ》つたのである。

奉天《ほうてん》、大石橋《だいせきけう》と各野戰病院《かくやせんびやうゐん》へ順次《じゆんじ》に送《おく》られたのも夢《ゆめ》の中《うち》だつた。昏々《こんく》として眠《ねむ》りつゞけてゐた。時々《ときぐ》、どうかしたはづみに意識《いしき》をとりもどした。細目《ほそめ》をあけると白《しろ》いベツトに寢《ね》てゐる自分《じぶん》を見出《みいだ》した。

「まだ生《い》きてゐたのかなア！」

生《い》きてゐるのが不思議《ふしぎ》に思《おも》はれた。遂《つゐ》に大連《だいれん》から伯愛丸《はくあいまる》にて宇品《うしな》に還送《くわんそう》され、その年《とし》の十月《ぐわつ》十四日《か》、廣島台町病院《ひろしまだいまちびやうゐん》に落《お》ちつくまでの二ケ月《げつ》といふものは、全《まつた》く生死《せいし》の境《さかひ》を彷徨《はうくわう》してゐたのである。

胸部《きようぶ》の傷痕《しやうこん》はすでに早《はや》くから化膿《くわのう》して、右胸部《うきようぶ》はまるで膿《うみ》のタンクみたいになつてゐた。見《み》るものをして誰《だれ》でも顔《かほ》をそむけずには居《ゐ》られなかつた。不思議《ふしぎ》なのは生命《せいめい》の力《ちから》である。とても駄目《だめ》だらうと思《おも》はれてゐたのに、四回《くわい》にわたる大手術《だいしゆじゆつ》の結果《けつくわ》、肋骨《ろくこつ》六本《ぽん》を失《うしな》ひながらも、奇蹟的《きせきてき》に命拾《いのちびろ》ひをしたのである。

かくて療養《れうやう》につくすこと十ケ月《げつ》、片肺《かたはい》の機能《きのう》はすつかり失《うしな》つたが、かつての苦《くる》しみも一片《ぺん》の

八九

夢《ゆめ》と去《き》り、翌《よく》三十九年《ねん》八月《ぐわつ》には退院《たいゐん》のはこびとなつた。この彼《かれ》の退院《たいゐん》を一日《にち》千秋《しゆ》の思《おも》ひで待《ま》ち焦《こが》がれてゐるわが家《や》へ急《いそ》いだのであつた。

商賣の失敗から行賞資金もフイ

彼《かれ》、山本佐《やまもとさ》一郎《らう》の家《いへ》（岡山縣兒島郡藤田村《をかやまけんこじまぐんふぢたむら》）は俗《ぞく》にいふ水呑《みづのみ》百姓《しやう》であつた。父《ちゝ》と母《はゝ》と、妹《いもうと》四人《にん》と幼《をさ》ない弟《おとうと》一人《ひとり》の七人暮《にんぐら》しで、長男《ちやうなん》である彼《かれ》は一家《か》の大黑柱《だいこくばしら》であり、杖《つゑ》であつた。彼《かれ》が働《はたら》かなければ、父《ちゝ》と母《はゝ》との力《ちから》だけでは、兎《と》もすれば三度《ど》の食事《しよくじ》も事《こと》を缺《か》き、一家《か》は忽《たちま》ち塗炭《とたん》の苦《くる》しみに襲《おそ》はれるのであつた。しかしその大黑柱《だいこくばしら》、その杖《つゑ》は、今《いま》は傷《きず》つき、過激《くわげき》の勞働《らうどう》に從事《じうじ》することは思《おも》ひも及《およ》ばないのであつた。

それでも彼《かれ》は責任感《せきにんかん》にかられて鍬《くわ》をとつてみた。しかし如何《いかん》せん、彼《かれ》の體《からだ》は前述《ぜんじゆつ》のごとき有《あり》樣《さま》、とてもその勞働《らうどう》には堪《た》えられなかつた。

「そうだ！　百姓《しやう》でやつてゆけねば商人《しやうにん》にならう」

年老《としを》いた病父《びやうふ》の姿《すがた》を見《み》、母《はゝ》の心配顔《しんぱいがほ》を眺《なが》め、幼《をさな》い弟妹《ていまい》の無邪氣《むじやき》な顔《かほ》を見《み》ると、彼《かれ》はぢつとし

てゐられなかつた。彼《かれ》はどうしても商賣人《しやうばいにん》にならうと決心《けつしん》して津山市《つやまし》に出《で》た。當時《たうじ》、彼《かれ》の懷中《くわいちう》には戰功《せんこう》に依《よ》る八百圓《ゑん》の行賞賜金《かうしやうしきん》があつた。それを資本《しほん》にして、兎《と》も角《かく》彼《かれ》は雜貨商《ざつくわしやう》の店舗《てんぽ》を營《いとな》んだ。

しかし、商賣《しやうばい》といふものゝ道《みち》を知《し》らない彼《かれ》は、所謂士族《いはゆるしぞく》の商法《しやうはふ》で——百姓《しやう》の商法《しやうはふ》であつたが—何《ど》うしたら商賣《しやうばい》になるのか、損得《そんとく》の計算《けいさん》が立《た》つのか、たゞ品物《しなもの》だけを揃《そろ》へて置《お》けばいゝのかずぶの素人《しろうと》であつたために、間《ま》もなく彼《かれ》の夢《ゆめ》は微塵《みぢん》に打壞《うちくだ》かれ、八百圓《ゑん》は一文《もん》もなくなつてしまつた。彼《かれ》は泣《な》くに泣《な》かれぬ氣持《きもち》だつた。

「こんな失敗《しつぱい》をする位《くらゐ》なら、どうして俺《おれ》は戰地《せんち》で死《し》なゝかつたのだらう！」

彼《かれ》は生《せい》に對《たい》する呪咀《じゆそ》の氣持《きもち》を抑《おさ》へることが出來《でき》なかつた。死《し》に對《たい》する誘惑《いうわく》がもく〳〵と頭《あたま》をもたげて來《き》た。しかし次《つぎ》の瞬間《しゆんかん》、彼《かれ》の耳許《みゝもと》に囁《さゝや》くものがある。

「強《つよ》くなれ！　お前《まへ》が死《しん》でしまつては、妹《いもうと》や弟《おとうと》は、父《ちゝ》や母《はゝ》は、どうなる？　飢《う》ゑ死《じ》にするぢやないか、これも天《てん》の試練《しれん》だ」

彼《かれ》の身中《しんちう》には新《あたら》しい勇氣《ゆうき》が沸《わ》き上《あが》つてきた。そのうち友達《ともだち》の世話《せわ》で、日本柳行李株式會社《にっぽんやなぎかうりかぶしきぐわいしや》の

職工《しよくこう》になつた。

ある時《とき》にはいとを紡《つむ》ぎ、ある時《とき》には荷造《にづく》りをし、又《また》それを擔《かつ》ぎ、それを運《はこ》び——さういふ毎《まい》日々《にち〳〵》の勞働《らうどう》は、彼《かれ》の體《からだ》を極度《きよくど》に疲《つか》らした。何《なん》でも出來《でき》ると思《おも》つてゐたのは一時《じ》の苦《くる》しまぎれからで、彼《かれ》は自分《じぶん》の體力《たいりよく》といふものを忘《わす》れてゐたのだ。彼《かれ》は仕方《しかた》なく會社《くわいしや》を退《ひ》いた。

「この上《うへ》は朝鮮《てうせん》に行《ゆ》かう。あそこなら新天地《しんてんち》を開拓《かいたく》できるかも知《し》れぬ」

併合後《へいがふご》間《ま》もない朝鮮《てうせん》が彼《かれ》を誘惑《いうわく》した。彼《かれ》は青雲《せいうん》の志《こゝろざし》を抱《いだ》いて玄海灘《げんかいなだ》を渡《わた》り、朝鮮京城《てうせんけいじやう》へおちついた。それは明治《めいぢ》四十四年《ねん》のことだつた。

轉職また轉職、遂に初志貫徹

しかし、朝鮮《てうせん》も決《けつ》して彼《かれ》にとつては樂土《らくど》ではなかつた。彼《かれ》はひとまづ京城府本町《けいじやうふほんちやう》五丁目《ちやうめ》に落《お》ち着《つ》いて荷車挽《にぐるまひき》をはじめた。しかし彼《かれ》の體《からだ》はこの勞働《らうどう》をゆるさなかつた。魚屋《さかなや》になつてみた。これも馴《な》れぬ土地柄《とちがら》とて、忽《たちま》ち失敗《しつぱい》してしまつた。

「だめだ〳〵！」

彼《かれ》は幾度《いくど》か頭《あたま》をかゝへて涙《なみだ》にくれた。幾度《いくど》か死《し》なうと思《おも》つた。しかし自分《じぶん》の背負《せお》つてゐる重《ぢう》大《だい》な責任《せきにん》を思《おも》ふと、今《いま》こゝで死《し》に逃避《たうひ》することは卑怯《ひけふ》だと感付《かんづ》いた。目《め》に見《み》えぬ力《ちから》が彼《かれ》を奮然《ふんぜん》として起《た》たしめた。その間《かん》實父《じつぷ》は遂《つゐ》に死亡《しばう》する。妹《いもうと》には婿養子《むこやうし》を迎《むか》ふるなど、物要《ものい》りつゞき、六ケ年間《ねんかん》といふものは全《まつた》く塗炭《とたん》の苦《くる》しみであつた。

しかし、いばらの道《みち》をかき分《わ》け〳〵して來《き》た彼《かれ》にも、遂《つゐ》に一縷《るい》の光明《くわうみやう》が射《さ》して來《き》た。大正《たいしやう》七年《ねん》に至《いた》り東拓會社《とうたくぐわいしや》の賄部《まかないぶ》を請負《うけお》ふことになつたのだ。これによつて彼《かれ》は一息《ひといき》つけるやうになつた。天《てん》は漸《やうや》く彼《かれ》の根強《ねづよ》い努力《どりよく》に負《ま》かされてしまつたのであらう。どうやら、彼《かれ》の上《うへ》にも輝《かゞや》かしい太陽《たいやう》が微笑《ほゝゑ》みかけて來《き》た。

大正《たいしやう》十二年《ねん》、增加恩給《ぞうかおんきふ》を支給《しきふ》せらるゝに及《およ》び、彼《かれ》の生活《せいくわつ》は濕《うるほ》つて來《き》た。彼《かれ》はこれを資本《しほん》として大正《たいしやう》十三年《ねん》十月《ぐわつ》より質屋《しちや》を開業《かいげふ》した。今度《こんど》こそは彼《かれ》も細心《さいしん》な注意《ちうい》を以《もつ》て商賣《しやうばい》に從事《じうじ》した。餘《あま》りにも多《おほ》すぎる失敗《しつぱい》の經驗《けいけん》が、彼《かれ》をして石橋《いしばし》を叩《たゝ》いて渡《わた》らせた。

天《てん》は何時《いつ》までも彼《かれ》を苦《くる》しめ通《とほ》す程慘酷《ほどざんこく》ではない。彼《かれ》は遂《つゐ》に成功《せいこう》した。

「一度《ど》や二度《ど》の失敗《しつぱい》では氣《き》が挫《くぢ》けなくてよかつた。これといふのも、自分《じぶん》が軍人《ぐんじん》として、戰場《せんぢやう》

の生死《せいし》の境《さかひ》を突破《とつぱ》したゝめだ」

彼《かれ》は自分《じぶん》の生《せい》を感謝《かんしや》するやうになつた。上御《かみご》一人《にん》の御仁徳《ごじんとく》を一身《しん》に浴《あ》びてゐるやうな、無上《むじやう》の光榮《くわうえい》と沁々《しみ〴〵》感《かん》じた。そして、彼《かれ》はこの感謝《かんしや》と喜《よろこ》びを同《おな》じ境遇《きやうぐう》にあるものと分《わか》ち合《あ》ひたい氣《き》持《もち》になつた。互《たがひ》に手《て》を握《にぎ》りあつて慰《なぐさ》め合《あ》ひ、勵《はげ》まし合《あ》ひしたい熱情《ねつじやう》にかられた。かくて率先《そつせん》、同志《どうし》の糾合運動《きふがううんどう》を開始《かいし》したのであつた。

その結果《けつくわ》は、大正《たいしやう》十三年《ねん》に朝鮮在住傷痍軍人同志會《てうせんざいぢうしやうゐぐんじんどうしくわい》の發會《はつくわい》となつた。同《おな》じ運命《うんめい》を辿《たど》つて來《き》たものゝ精神的團結《せいしんてきだんけつ》は固《かた》い。等《ひと》しく皇室《くわうしつ》の御稜威《みいづ》を讃《たゝ》へ、各自《かくじ》恩典《おんてん》を感謝《かんしや》し、互《たがひ》に力《ちから》となり、柱《はしら》となり合《あ》つて、同志《どうし》の幸福《かうふく》を分《わか》ち合《あ》つたのである。

爾來《じらい》十年《ねん》、産《さん》は積《つ》もりつもつて數萬圓《すうまんゑん》を算《さん》するに至《いた》つた。今《いま》や彼《かれ》は、親戚《しんせき》に對《たい》しては勿論《もちろん》、隣人《りんじん》に對《たい》しても、有形無形《いうけいむけい》の援助《ゑんじよ》も出來《でき》るやうになつた。そして物質的《ぶつしつてき》にも精神的《せいしんてき》にも豊《ゆた》かに、感謝《かんしや》の生活《せいくわつ》にひたりつゝ餘生《よせい》を送《おく》つてゐる。

彼《かれ》の一生《しやう》こそは、實《じつ》に斃《たふ》れて後《のち》止《や》むの軍人精神《ぐんじんせいしん》を以《もつ》て終始《しうし》一貫《くわん》した輝《かゞや》かしい一生《しやう》ではあるまいか。

荊棘の道を踏み越えて

新潟縣佐渡郡畑野村

歩兵上等兵　松本市藏君

左上膊貫通銃創兼骨折

裏日本《うらにつぽん》は佐渡《さど》ヶ島《しま》の貧《まづ》しい小作農《こさくのう》の家《いへ》に四男《なん》として生《うま》れた彼《かれ》は、六歳《さい》の時《とき》に父《ちゝ》に死別《しべつ》し、母《はゝ》の細腕《ほそうで》に十六歳《さい》を頭《かしら》に五人《にん》の子供《こども》が殘《のこ》されたのである。一家《か》は忽《たちま》ち路頭《ろとう》に迷《まよ》はねばならなかつた。幸《さいは》ひ、土地《とち》の大地主《おほぢぬし》が同情《どうじやう》に篤《あつ》い人《ひと》で、上《うへ》の方《はう》の子供《こども》はそこへ奉公《ほうこう》に上《あが》り、漸《やうや》くにして、どうにかかうにか細《ほそ》い煙《けむり》をあげることが出來《でき》た。彼《かれ》は兄《あに》の世話《せわ》で辛《から》うじて義務教育《ぎむけういく》を受《う》け、その後《ご》は夜學《やがく》や獨習《どくしふ》で勉強《べんきやう》しつゝ十六歳《さい》になるや、彼《かれ》もまた大地主《おほぢぬし》へ奉公《ほうこう》に上《あが》り、木切《きき》りや草刈《くさかり》などの仕事《しごと》に從《したが》つてゐたのである。

明治《めいぢ》三十六年《ねん》、彼《かれ》は適令《てきれい》に達《たつ》し、見事《みごと》徴兵檢査《ちようへいけんさ》に合格《がふかく》して、當時《たうじ》新潟縣村松《にひがたけんむらまつ》にあつた歩兵第《ほへいだい》三十聯隊《れんたい》に入營《にふえい》した。

その翌年《よくねん》二月《ぐわつ》、日露戰役《にちろせんえき》の幕《まく》は切《き》つて落《おと》され、彼《かれ》の聯隊《れんたい》の先輩達《せんぱいたち》は勇躍《ゆうやく》して征途《せいと》に上《のぼ》つた。しかし、彼等《かれら》は未《いま》だ教育中《けういくちう》なので後《あと》に殘《のこ》された。そして野戰第《やせんだい》三回補充《くわいほじう》として、憧憬《どうけい》の戰場《せんぢやう》へ向《むか》つたのは同年《どうねん》九月《ぐわつ》二十三日《にち》だつた。大連《だいれん》に上陸後《じやうりくご》、各地《かくち》を經《へ》て十月《ぐわつ》七日《か》齊臺子なる本隊《ほんたい》に合《がつ》し、彼《かれ》は第《だい》五中隊《ちうたい》に編入《へんにふ》され、沙河《さか》の會戰《くわいせん》寺山攻撃《じざんこうげき》を初陣《うひぢん》に、各地《かくち》の戰鬪《せんとう》に參加《さんか》した。

敵《てき》が全軍《ぜんぐん》の運命《うんめい》を賭《か》けた奉天會戰《ほうてんくわいせん》には、彼《かれ》は右翼軍《うよくぐん》に屬《ぞく》し、三月《ぐわつ》十日《か》には撫順《ぶじゆん》を拔《ぬ》き、息《いき》つく暇《ひま》なく、鐵嶺《てつれい》の追撃戰《つゐげきせん》に移《うつ》つた。十四日《か》曉方《あけがた》、張家樓子《ちやうかろうし》東北方高地《とうほくはうかうち》に據《よ》る强力《きやうりよく》な敵軍《てきぐん》めがけて、決死《けつし》の突入《とつにふ》を敢行《かんかう》したが、射距離《しやきより》一〇メートルまで近《ちか》づいた時《とき》、彼《かれ》は左上膊貫通銃創兼《さじやうはくくわんつうじうさうけん》骨折《こつせつ》の負傷《ふしやう》を受《う》けた。

亂戰《らんせん》の最中《さいちう》とて救援《きうゑん》の手《て》もとゞかず、その日《ひ》の夕刻《ゆふこく》まで山腹《さんぷく》に伏《ふ》し、やうやく擔架《たんか》に救《すく》はれ、野戰病院《やせんびやうゐん》に收容《しうよう》された。

野戰病院《やせんびやうゐん》は傷《きず》ついた戰友《せんいう》で溢《あふ》れる程《ほど》で、ここ彼處《かしこ》に痛烈《つうれつ》な呻吟《しんぎん》の聲《こゑ》が聞《きこ》えた。そのために軍《ぐん》醫《い》の手《て》はまはりきれず、應急處置《おうきふしよち》をうけたまゝ、彼《かれ》は五日間《かかん》といふものアンペラの上《うへ》で苦吟《くぎん》しなければならなかつた。その間《あひだ》の苦痛《くつう》やるところなく、たまりかねて「殺《ころ》してくれ」と叫《さけ》んだ程《ほど》ことも一再《さい》ではなかつた。

十八日《にち》にやつと軍醫《ぐんい》の診察《しんさつ》を受《う》けたが、左上膊《ひだりじやうはく》の骨折《こつせつ》は複雜《ふくざつ》であるため、取《と》るべき處置《しよち》は切斷《せつだん》の外《ほか》はなかつた。卽《すなは》ち十九日午前《にちごぜん》十時《じ》、彼《かれ》の左腕《さわん》は肩下《かたした》から切斷《せつだん》されてしまつたのであつた。その後《ご》各地《かくち》の病院《びやうゐん》を經《へ》て、四月《ぐわつ》十九日《にち》廣島豫備病院《ひろしまよびびやうゐん》に入院《にふゐん》、更《さら》に後送《こうそう》されて五月《ぐわつ》十二日《にち》仙臺豫備病院河内第《せんだいよびびやうゐんかうちだい》一分院《ぶんゐん》に移《うつ》り、こゝに手篤《てあつ》い治療《ちれう》をうけた。

その結果《けつくわ》、漸次快癒《ぜんじくわいゆ》に向《むか》ひ八月《ぐわつ》三日《か》兵役免除《へいえきめんぢよ》となり、八月《ぐわつ》八日《か》母兄《ぼけい》の許《もと》に歸郷《ききやう》したのである。

勇躍生活戰線へ

しかし、元來《ぐわんらい》、極貧《ごくひん》の家《いへ》に生《うま》れた彼《かれ》にとつて、たとへ名譽《めいよ》の負傷《ふしやう》とはいへ、默々《もく〴〵》として坐食《ざしよく》を許《ゆる》さなかつた。

「何時《いつ》までも母《はゝ》や兄《あに》の厄介《やくかい》になつては居《を》れず、何《なん》とか獨立《どくりつ》の道《みち》を講《かう》じなくては……」

さう呟《つぶや》いて、彼《かれ》は追《お》ひかけられるやうな焦立《いらだた》しさに、つと立《た》ち上《あが》つた。ふと左肩《ひだりかた》を見《み》ると、袂《たもと》が輕《かる》さうに垂《た》れてゐて、あるべき手《て》はないのだ。

「あゝ、この體《からだ》ではなア……」

思《おも》はず溜息《ためいき》が洩《も》れた。しかし、次《つぎ》の瞬間《しゆんかん》（なに糞《くそ》！）といつた反撥心《はんぱつしん》が湧《わ》き起《おこ》るのだつた。

「命《いのち》を投《な》げだして戰《たゝか》ふ戰爭《せんさう》の事《こと》を考《かんが》へ、あの覺悟《かくご》さへあれば、この世《よ》の中《なか》に出來《でき》ないことがあるものか」

さう勇氣《ゆうき》をふるひ起《おこ》しては、彼《かれ》は家《いへ》を出《で》て、知合《しりあひ》をたづねまはり、何《なに》か自分《じぶん》に適《てき》する仕事《しごと》はないかと頼《たの》み廻《まは》るのだつた。しかし、田舎《ゐなか》の事《こと》ではあるし、右手《みぎて》一本《ぽん》しかないので勞働《らうどう》には堪《た》へられないので、これと思《おも》ふ仕事《しごと》もない。

「あゝ、やつぱり駄目《だめ》かなア」

暗然《あんぜん》として涙《なみだ》ぐまずには居《ゐ》られなかつた。悲觀《ひくわん》しては、自《みづか》ら心《こゝろ》に鞭打《むちう》つて勇氣《ゆうき》を奮《ふる》ひおこし、空《むな》しく仕事《しごと》を探《さが》しまはつては、又《また》しても落膽《らくたん》する。さうした日《ひ》を幾月《いくつき》か重《かさ》ねてゐる中《うち》に、早《はや》くも夏《なつ》は過《す》ぎ秋《あき》も暮《く》れた。貧乏《びんばふ》なために、母《はゝ》や兄《あに》が食《く》ふものも食《た》べずに働《はたら》いてゐるのをみると、

九八

彼《かれ》は一日《にち》もヂツとして居《を》れなかつた。

すると、その冬《ふゆ》になつて、彼《かれ》の立場《たちば》にひどく同情《どうじやう》してくれる人《ひと》があつて、或《あ》る牛乳屋《ぎうにうや》に記帳《きちやう》掛兼配達夫《がかりけんはいたつふ》として世話《せわ》してくれた。當時《たうじ》の彼《かれ》の境遇《きやうぐう》はどんな仕事《しごと》でもよい、働《はたら》いて食《く》へさへすればよかつた。

「よし、うんと働《はたら》くぞ！」

彼《かれ》は希望《きばう》に燃《も》えて、牛乳屋《ぎうにうや》の近所《きんじよ》に小《ちひ》さな家《いへ》を一軒《けん》借《か》り、兄《あに》の家《いへ》より貰《もら》つた僅《わづ》かの食器《しよくき》に併《あは》せて、土鍋《どなべ》などを買《か》ひそろへ、自炊《じすゐ》の準備《じゆんび》をとゝのへた。新居《しんきよ》にふさはしく夜具《やぐ》も買《か》ひもとめたが、十分《ぶん》の金《かね》もないので古着屋《ふるぎや》から掛蒲團《かけぶとん》を求《もと》め、これを二つに折《を》つて所謂柏餅《いはゆるはしはもち》で寢《ね》ることにした。

積り重なる不運

牛乳屋《ぎうにうや》の記帳掛兼配達夫《きちやうがかりけんはいたつふ》となつた彼《かれ》は、俄《にはか》か片手《かたて》の不便《ふべん》を忍《しの》びつゝ、自分《じぶん》の身《み》の廻《まは》り一切かから食事《しよくじ》のことまで、また出《い》でては帳簿《ちやうぼ》のことから配達《はいたつ》まで一心《しん》になつて働《はたら》いた。しかし、寒《さむ》い

九九

冬《ふゆ》の日《ひ》の片手《かたて》の仕事《しごと》は辛《つら》かつた。殊《こと》にまだ片手《かたて》の生活《せいくわつ》には馴《な》れないことゝて、不便《ふべん》なこと不自《ふじ》由《いう》なことこの上《うへ》なく、どうかすると不覺《ふかく》の涙《なみだ》にくれることがあつた。

その翌年《よくねん》、彼《かれ》の不自由《ふじいう》な暮《くら》しを見《み》るに見兼《みか》ねて、世話《せわ》する人《ひと》があつて妻《つま》を娶《めと》つた。つゝましいながらも樂《たの》しい生活《せいくわつ》をつゞけて行《ゆ》くうち、その年《とし》の冬《ふゆ》には、政府《せいふ》より廢兵《はいへい》に與《あた》へられた優先《いうせん》權《けん》として、煙草小賣業《たばここうりげふ》を許可《きよか》せられたので、小《ちひ》さいながらも店《みせ》を開《ひら》いた。翌《よく》四十年《ねん》の春《はる》には、賣藥請賣兼行商《ばいやくうけうりけんぎやうしやう》をはじめ、牛乳屋《ぎうにうや》の方《はう》は五升以上《しやういじやう》になると、片手《かたて》では配達《はいたつ》も出來《でき》かねたので止《や》めなければならなかつた。

そのうち圖《はか》らずも懇望《こんまう》されて、同年《どうねん》四月《ぐわつ》に、三畝《せ》三十二歩《ぼ》の宅地《たくち》と極《ご》く古《ふる》びた住宅《ぢうたく》一戸《こ》の外《ほか》は、幾何《いくばく》かの負債《ふさい》しかない八十一歳《さい》の老母《らうぼ》一人《ひとり》暮《ぐら》しの家《いへ》へ、養子《やうし》として迎《むか》へられた。その後間《ごま》もなく、この養母《やうぼ》は病《やまひ》におかされ、孝養《かうやう》の甲斐《かひ》なく、三年目《ねんめ》の四十二年《ねん》七月《ぐわつ》に死去《しきよ》した。ついで、四十四年《ねん》六月《ぐわつ》には夫婦《ふうふ》の間《あひだ》に長女《ちやうぢよ》が生《うま》れたが、妻《つま》は姙娠中《にんしんちう》より脚氣《かつき》にかかつてゐたのが、産褥《さんじよく》にあつて惡化《あくくわ》し、七月《ぐわつ》には敢《あ》へなくなつてしまつた。彼《かれ》の手許《てもと》には生《うま》れたばかりで母《はゝ》を失《うしな》つた長女《ちやうぢよ》が殘《のこ》され、その彼女《かのぢよ》も生後《せいご》の肥立《ひだ》ち惡《あ》しく、八月《ぐわつ》には、さきに逝《い》つた母《はゝ》の手許《てもと》にひき

一〇〇

取《と》られてしまつたのだ。

一時《じ》に妻《つま》と子供《こども》を失《うしな》つた彼《かれ》は、暫《しばら》くは呆然《ばうぜん》として腑《ふ》抜《ぬ》けたやうになつたが、遊《あそ》んでゐては明日《あす》の食《しよく》にも困《こま》ること、身《み》の不自由《ふじいう》をも顧《かへり》みず、ひたすら家業《かげふ》に精出《せいだ》した。殊《こと》に重《かさ》なる不幸《ふかう》のために思《おも》はぬ失費《しつぴ》をまねき、生活《せいくわつ》はかなり窮迫《きうはく》して來《き》た。

その年《とし》の十一月《ぐわつ》、再《ふたゝ》び妻《つま》を娶《めと》り、協力《けふりよく》して家運《かうん》の挽回《ばんくわい》につとめた。翌年《よくねん》には次女《じぢよ》の出生《しゆつせい》を見《み》たが、またもや一月《ひとつき》ばかりで死亡《しばう》し、翌大正《よくたいしやう》二年《ねん》の八月《ぐわつ》には長男《ちやうなん》が生《うま》れた。はじめての男《をとこ》の子《こ》とて、夫婦細心《ふうふさいしん》の注意《ちうい》を拂《はら》つて育《そだ》てたが、その甲斐《かひ》もなく、到頭翌年《たうとうよくねん》七月《ぐわつ》にはあたら固《かた》い蕾《つぼみ》のまゝ消《き》え去《さ》つてしまつた。その後《ご》大正《たいしやう》四年《ねん》に二男出生《なんしゆつせい》、同《どう》六年《ねん》に三男《なん》が生《うま》れ、この二人《ふたり》は無事《ぶじ》に育《そだ》つたが、同《どう》九年《ねん》に生《うま》れた三女《ぢよ》は一年數《ねんすう》ヶ月《げつ》の短《みじか》い壽命《じゆみやう》で死去《しきよ》し、同《どう》十五年《ねん》には四女《ぢよ》の誕生《たんじやう》を見《み》たのである。

かうした打續《うちつゞ》く不幸《ふかう》、打續《うちつゞ》く出費《しつぴ》のために、たゞでさへ困窮《こんきう》してゐる彼《かれ》一家《か》は、更《さら》にどん底《ぞこ》につき落《おと》された。特《とく》に大正《たいしやう》六、七、八年頃《ねんごろ》の物價騰貴《ぶつかとうき》は、彼等《かれら》の生活《せいくわつ》を一層《そう》みぢめなものにした。彼《かれ》が頂《いたゞ》く恩給《おんきふ》は、一人分《ひとりぶん》の米代《こめだい》にも足《た》りず、彼《かれ》は賣藥行商《ばいやくぎやうしやう》に奔走《ほんそう》し、妻《つま》は子守《こも》りや炊事《すゐじ》

一〇一

一〇二

の傍《かたは》ら内職《ないしよく》に精出《せいだ》したが、それによる收入《しうにふ》とて、世間《せけん》でよくいふ燒石《やけいし》に水《みづ》の有様《ありさま》だつた。三度《ど》の食事《しよくじ》を二度《ど》に減《げん》じても、米《こめ》を常食《じやうしよく》とすることが出來《でき》ず、芋《いも》や麥粉《むぎこ》だけで僅《わづ》かに飢《う》ゑをしのいだこともあつた。

「こんなことなら、いつそ死《し》んだ方《はう》がましだ」

彼《かれ》は飢《う》ゑに泣《な》く子《こ》の姿《すがた》をみ、乞食同然《こじきどうぜん》なわが姿《すがた》と妻《つま》の身《み》なりを見《み》た時《とき》に、思《おも》はず涙《なみだ》がこぼれるのであつた。

稼《かせ》ぐに追《お》ひつく貧乏《びんばふ》なし――そんな事《こと》は嘘《うそ》だ。現《げん》に自分《じぶん》は稼《かせ》げども〳〵食《く》へないぢやないか

……そんな愚痴《ぐち》の出《で》ることも一再《さい》ではなかつた。

勞苦の夫婦共稼

「貴方《あなた》、そんなに悲觀《ひくわん》してもどうにもなりはしないし、お互《たがひ》に死《し》ぬつもりで働《はたら》かうではありませんか」

妻《つま》が彼《かれ》を激勵《げきれい》した。その言葉《ことば》を聞《き》いた時《とき》、彼《かれ》はぎくりとした。

一〇三

「さうだ！ これ位《くらゐ》のことで疵《へ》太《た》ばつては、軍隊《ぐんたい》の飯《めし》を食《く》つて、戰場《せんぢやう》まで行《い》つた甲斐《かひ》がどこにあるか？ 軍人精神《ぐんじんせいしん》はどこに忘《わす》れて來《き》たのだ？」

そして、彼《かれ》は今《いま》や、どんな苦勞《くらう》も決《けつ》して自分一人《じぶんひとり》で嘗《な》めるのではないことを強《つよ》く感《かん》じた。

「俺《おれ》は一人《ひとり》ぢやないんだ。妻《つま》も一緒《しよ》に苦勞《くらう》するんぢやないか！」

彼《かれ》の身《み》の内《うち》に、欝勃《うつぼつ》たる勇氣《ゆうき》が生《うま》れた。ここに更新《かうしん》した彼《かれ》の努力《どりよく》がはじまる。それに汗《あせ》みどろな妻《つま》の活動《くわつどう》がはじまる。

彼《かれ》は山《やま》へ薪取《まきと》りにも行《ゆ》けば、不自由《ふじいう》な片手《かたて》と足《あし》で繩《なは》も綯《な》ふ。

妻《つま》は妻《つま》で子供《こども》の養育《やういく》の傍《かたは》ら、莚織《むしろお》りをして生活費《せいくわつひ》の足《た》しにしてくれる。斯《か》うして毎日《まいにち》〳〵血《ち》みどろな活動《くわつどう》がつゞけられた。

大正《たいしやう》七年《ねん》には、彼《かれ》は單身北海道《たんしんほくかいだう》へわたり、賣藥《ばいやく》や日用品《にちようひん》の雜貨行商《ざつくわぎやうしやう》を營《いとな》み、勤儉貯蓄《きんけんちよちく》して多少《たせう》の金《かね》を仕送《しおく》つた。しかも留守宅《るすたく》にあつては、妻《つま》は不具《ふぐ》の夫《をつと》の苦勞《くらう》を無《む》にしてはならぬと、極力《きよくりよく》生活《せいくわつ》をきりつめて、自《みづか》らは毎日毎夜《まいにちまいよ》倦《う》むこともなく莚織《むしろお》りに精出《せいだ》し、よく家《いへ》を守《まも》つてくれるのだつた。

一〇四

大正《たいしやう》八年《ねん》、傳染病院《でんせんびやうゐん》の防疫事務員《ばうえきじむゐん》に雇《やと》はれてからは、生活《せいくわつ》は大體《だいたい》に於《おい》て安定《あんてい》して來《き》たのであつたが、健氣《けなげ》な彼《かれ》の妻《つま》は孜々《しゝ》として、日雇稼《ひやとひかせ》ぎなどで働《はたら》き、夫婦共稼《ふうふともかせ》ぎで家運《かうん》の挽回《ばんくわい》につとめたのであつた。

一時《じ》は「稼《かせ》げども〳〵食《く》へず」と嘆《たん》じた彼《かれ》であつた。しかし「稼《かせ》ぐに追《お》ひ付《つ》く貧乏《びんばふ》なし」との諺言《ことわざ》は、やつぱり眞理《しんり》だつた。

彼《かれ》の一家《か》も漸《やうや》くどうにか三度《ど》の食事《しよくじ》にも事缺《ことか》かず、その上《うへ》に今《いま》や幾分《いくぶん》かの貯金《ちよきん》も出來《でき》て來《き》た。更《さら》に大正《たいしやう》十二年《ねん》には恩給法《おんきふはふ》の改正《かいせい》を見《み》、增額《ぞうがく》となつてからは、生活《せいくわつ》はいよ〳〵安定《あんてい》するに至《いた》つたのである。

「これといふも、みな天皇陛下《てんのうへいか》のお蔭《かげ》だ。この廣大無邊《くわうだいむへん》な御恩《ごおん》は忘《わす》れてはならない」

彼《かれ》は妻《つま》にいひきかせるのだつた。夫婦《ふうふ》は更《さら》に氣《き》をひきしめ、昔《むかし》の苦勞《くらう》を忘《わす》れないやうに、なほも一心《しん》に働《はたら》きつゞけた。

そして十年《ねん》ばかり勤《つと》めた防疫事務員《ばうえきじむゐん》をやめる頃《ころ》には、彼《かれ》は既《すで》に田地《でんち》三反《たん》二畝《せ》を所有《しよいう》し、土藏《どざう》一棟《むね》も新築《しんちく》した程《ほど》になつた。そして、苦痛《くつう》をしのびつゝも農業《のうじ》に從《したが》ひ、一日《にち》とても休《やす》む暇《ひま》なく

一〇五

働《はたら》きつゞけてゐる。

彼《かれ》は昔《むかし》を述懷《じゆつくわい》して語《かた》る。

「…とに角《かく》、私《わたし》よりも妻《つま》の苦心《くしん》は、とても筆舌《ひつぜつ》の盡《つく》すところではありません。どうにか今日《こんにち》の地位《ちゐ》を築《きづ》き上《あ》げたのは、決《けつ》して私《わたし》の一人《ひとり》の力《ちから》ではなく、夫婦共々《ふうふともども》に努力《どりよく》した汗《あせ》と油《あぶら》の結晶《けつしよう》だと信《しん》じます」

踏《ふ》んで來《き》た過去《くわこ》の荊棘《いばら》の道《みち》をふりかへる時《とき》、彼《かれ》はうたゝ感慨《かんがい》に堪《た》えないのである。

「よくこれまでやつて來《き》たものだ」

何《なん》だか人間業《にんげんわざ》ではない樣《やう》な氣《き》がする。目《め》に見《み》えぬ神《かみ》が導《みちび》いてくれたやうに思《おも》はれて、涙《なみだ》を流《なが》すことも一再《さい》ではなかつたのである。しかし、事實《じじつ》は彼《かれ》の血《ち》みどろな努力《どりよく》を、天《てん》が嘉《よみ》したのではあるまいか。

彼《かれ》の三人《にん》の子供《こども》も、一番上《ばんうへ》は既《すで》に縣立佐渡農學校《けんりつさどのうがくかう》を卒《を》へ、次《つぎ》の二十歳《さい》の息《そく》も、同校第《どうかうだい》二本科《ほんくわ》を本年《ほんねん》卒《を》へる豫定《よてい》であり、一番下《ばんした》の女子《ぢよし》は尋常《じんじやう》五年生《ねんせい》になつてゐる。

綿糸問屋で巨萬の富

東京市大森區[redacted]
歩兵伍長　高柳直兵衞君

實直な辰三郎青年

東京《とうきやう》は日本橋《にほんばし》の大傳馬町《おほでんまちやう》に、昔《むかし》は日露大戰《にちろたいせん》に華《はな》と謳《うた》はれた勇士《ゆうし》、今《いま》は日本有數《にっぽんいうすう》の綿糸問屋《めんしどんや》で信望《しんばう》の高《たか》い高柳直兵衞商店《たかやなぎなほべゑしやうてん》がある。店舗《てんぽ》の構《かま》へは、昔《むかし》ながらの日本樣式《にほんやうしき》であるが、宏壯《かうさう》な建築《けんちく》は、江戸時代《えどじだい》のよい意味《いみ》における名殘《なごり》が偲《しの》ばれる。一歩店内《ほてんない》に脚《あし》を入《い》れると、そこには二十餘《よ》人《にん》の店員《てんゐん》が、さも忙《いそが》しげに右往左往《うわうさわう》に活動《くわつどう》の繪卷《ゑまき》を繰《く》り擴《ひろ》げてゐる。商品取引《しやうひんとりひき》の舞臺《ぶたい》を此處《こゝ》に卜《ぼく》して幾星霜《いくせいさう》、店《みせ》の繁昌振《はんじやうぶ》りは日《ひ》増《まし》に加《くは》はる一方《ばう》、更《さら》に表記《ひやうき》の郊外《かうぐわい》に、宏壯《かうさう》な大邸宅《だいていたく》を新《あら》たに建築《けんちく》して、主人高柳氏《しゆじんたかやなぎし》が安息所《あんそくじよ》に充《あ》てたのである。

直兵衞氏《なほべゑし》は本年《ほんねん》六十歳《さい》、生粋《きつすゐ》の江戸《えど》つ兒《こ》である。父《ちゝ》はしがない雜穀屋《ざつこくや》で細々《ほそぼそ》とした生活《せいくわつ》を營《いとな》んでゐたが、直兵衞《なほべゑ》が小學校卒業《せうがつかうそつげふ》の翌々日《よくよくじつ》、傳手《つて》を求《もと》めて先代直兵衞《せんだいなほべゑ》が經營《けいえい》の綿糸問屋《めんしどんや》へ小僧《こぞう》奉公《ぼうこう》に住《す》み込《こ》ませたもの、その頃《ころ》の直兵衞《なほべゑ》は辰《たつ》三郎《らう》と呼《よ》ばれ、十人《にん》の店員中《てんゐんちう》にまだら若《わか》い十三の小僧《こぞう》ながら、悧恰《りかう》な蔭日向《かげひなた》なく正直《しやうぢき》に働《はたら》くこの小僧《こぞう》に、炯眼《けいがん》な主人直兵衞《しゆじんなほべゑ》は、内心《ないしん》ほとほと感心《かんしん》してはゐたものの、外《そと》には微塵《みぢん》もあらはさずに、幾年《いくねん》を過《す》したのである。商業《しやうげふ》の繁榮《はんえい》は世《よ》の信用《しんよう》も加《くは》はり、次第《しだい》に店員《てんゐん》も增《ま》し行《ゆ》けど、たゞ惠《めぐ》まれないのは子寶《こだから》であつた。親戚《しんせき》から養子《やうし》を迎《むか》へるもよいが、帶《おび》には短《みぢか》し襷《たすき》には長《なが》し、しかも商人《しやうにん》は、勤勉誠實《きんべんせいじつ》な經營《けいえい》的手腕《てきしゆわん》に富《と》んだ人《ひと》でなくてはならぬ。かく條件《でうけん》をならべて物色《ぶつしよく》して見《み》たが、なか〳〵そんな男《をとこ》は容易《ようい》に見當《みあた》らない。

かくて歳月《さいげつ》を送《おく》る中《うち》に、辰《たつ》三郎青年《らうせいねん》は壯丁《さうてい》として、北海道《ほくかいだう》は旭川第七師團《あさひかはだいしだん》に入營《にふえい》の身《み》となつたのである。勤勉誠實《きんべんせいじつ》な辰《たつ》三郎《らう》は、軍隊教育《ぐんたいきやういく》を受《う》けた二ケ年《ねん》で、よりよき人格《じんかく》を養《やしな》ひ、規律的《きりつてき》に鍛錬《たんれん》された强壯《きやうさう》な體軀《たいく》と歩《ほ》兵上等兵《へいじやうとうへい》に昇進《しやうしん》して、いざ除隊《ぢよたい》といふ數日前《すうじつぜん》、かねて風雲急《ふううんきふ》を告《つ》げた日露兩國間《にちろりやうこくかん》に戰端《せんたん》が開《ひら》かれた。そこで彼《かれ》は現役兵《げんえきへい》として滿韓《まんかん》の戰線《せんせん》へ出動《しゆつどう》の命《めい》を受《う》けたの

で、數日與《すうじつあた》へられた休暇《きうか》を幸《さひは》ひに、故郷《こきやう》へ暇乞《いとまご》ひに還《かへ》つた。

出征を前に婿養子

この時主人《ときしゆじん》の直兵衞《なほべゑ》は、長《なが》い年月《としつき》の心勞《しんらう》から、重《おも》い病《やまひ》に臥《ふ》して再《ふたゝ》び回春《くわいしゆん》の日《ひ》もあるまいと、出入《でい》りの醫師《いし》から家人《かじん》に内示《ないじ》されて間《ま》もない頃《ころ》なので、主人直兵衞《しゆじんなほべゑ》は、病《や》み衰《おとろ》えた淋《さび》しい顏《かほ》をしてゐたが、微笑《びせう》を泛《うか》べて、枕頭《まくらべ》に辰《たつ》三郎青年《らうせいねん》を招《まね》き

「辰《たつ》三郎《らう》よく來《き》て呉《く》れた。儂《わし》も見《み》る通《とほ》りの重病《ぢうびやう》だ。到底再起《たうていさいき》の望《のぞ》みはない。爾《そち》が戰線《せんせん》に立《た》つ以上《いじやう》、生《い》きて復《ま》た還《かへ》らふとは思《おも》はれまいが、萬《まん》一武運強《ぶうんつよ》く凱旋《がいせん》した曉《あかつき》は、我《わ》が後目《あとめ》を賴《たの》むよ。不幸屍《ふかうかばね》を滿洲《まんしう》の野《の》に曝《さら》した其《そ》の時《とき》は、そのまゝこの約《やく》は解消《かいせう》して苦《くる》しうない」

と呼吸《いき》も切《き》れ〴〵に語《かた》るのであつた。

傍《そば》にゐた内儀《おかみ》も膝《ひざ》を進《すゝ》めて、辰《たつ》三郎青年《らうせいねん》の快諾《くわいだく》を懇望《こんもう》したので、彼《かれ》は

「身不肖《みふせう》な私風情《わたしふぜい》をかく迄《まで》に愛《あい》したまふ心根《しんね》の程《ほど》はいつの世《よ》にか忘却《ばうきやく》すべき、されど家《いへ》には兩《りやう》親《しん》もあること、一應御厚意《おうごかうい》の程《ほど》を傳《つた》へて、許諾《ゆるし》を得《え》た上《うへ》で、更《さら》に罷《まか》り出《で》ませう」

とその場《ば》を辭《じ》し去《さ》り、その翌日《よくじつ》、出發前《しゆつぱつまへ》に再《ふたゝ》び訪《おとづ》れて、その需《もと》めに應《おう》じ、無事凱旋《ぶじがいせん》の日《ひ》は高《たか》柳家《やなぎけ》の相續者《さうぞくしや》として、高柳商店《たかやなぎしやうてん》の名跡《めいせき》をつくことを約《やく》し、盃《さかづき》をかはして主人《しゆじん》と永《なが》い訣《わか》れを告《つ》げ、原隊《げんたい》へ歸《かへ》つたのであつた。

だが、思《おも》へば果敢《はか》ない約束《やくそく》をしたものだと、辰《たつ》三郎氏《らうし》は戰地《せんち》へつくこととなつた。あゝ主人《しゆじん》に惡《わる》いことをした。きてみれば、この戰爭《せんさう》に生《い》きて還《かへ》られるなど、考《かんが》へるだけ無理《むり》なことだと思《おも》へた。なぜあの時《とき》、キツパリ主人《しゆじん》に斷《ことわ》つてこなかつたことかと後悔《かうかい》したが、追《お》ひつかなかつた。

敵砲彈で左腕を失ふ

辰《たつ》三郎青年《らうせいねん》の屬《ぞく》する旭川師團《あさひかはしだん》は、音《おと》に聞《きこ》えた乃木第《のぎだい》三軍《ぐん》の一翼《よく》として、難攻不落《なんこうふらく》の旅順港攻《りよじゆんかうこう》擊《げき》に從《したが》つた。この攻防戰《こうばうせん》が當時非常《たうじひじやう》なる激戰《げきせん》で、世界的《せかいてき》に有名《いうめい》なるものであつたことは、第《だい》一次歐洲大戰當時《じおうしうたいせんたうじ》のベルダン大攻防戰《だいこうばうせん》にも匹敵《ひつえき》すべきものであつた。そして、辰《たつ》三郎氏《らうし》は二〇三高地《かうち》の攻略戰《こうりやくせん》において、無念《むねん》にも敵砲强《てきはうだん》の炸裂《さくれつ》した破片《はへん》によつて、左腕《さわん》をもぎとられてしまつたのである。

二〇三高地《かうち》の攻略戰《こうりやくせん》がいかに超死闘的《てうしたうてき》なものであつたか！　それは彼我兩軍《ひがりやうぐん》の戰死傷者《せんししやうしや》でも推《お》してわかる。そして、また旅順港陷落《りよじゆんかうかんらく》の死命《しめい》を制《せい》したものは、實《じつ》に二〇三高地《かうち》の皇軍占據《くわうぐんせんきよ》が成《な》るか否《いな》かにあつたのでもあつた。從《したが》つて露軍《ろぐん》の防禦《ばうぎよ》も尋常《じんじやう》のものでなかつたが、皇軍《くわうぐん》も屍山《しざん》血河《けつか》を厭《いと》はず、攻《せ》めに攻《せ》めたのであつた。

左腕《さわん》をうしなひ一時氣絶《じきぜつ》をしたが、蘇生《そせい》した時《とき》は戰友《せんいう》に援《たす》けられて、後方《かうはう》の野戰病院《やせんびやうゐん》に收容《しうやう》されてゐた。

「よくも助《たす》かつたものだ」

彼《かれ》は助《たす》かつたことが、寧《むし》ろ不思議《ふしぎ》でならなかつた。そして、戰死《せんし》した多《おほ》くの戰友《せんいう》たちに對《たい》して相濟《あひす》まぬことに思《おも》つた。

稍々《やゝ》快方《くわいはう》にむかひ、長期《ちやうき》の旅行《りよかう》に堪《た》えるやうになつてから、旭川衛成病院《あさひかはゑいじゆびやうゐん》に後送《かうそう》された。

こゝでしばらく靜養《せいやう》し、恩賜《おんし》の義手《ぎしゆ》を戴《いたゞ》き、且《かつ》は伍長《ごちやう》に昇進《しやうしん》して正式《せいしき》に除隊《ぢよたい》となり、實家《じつか》に歸《かへ》つた。父母《ふぼ》の喜《よろこ》びやうはなかつた。養子先《やうしさき》の高柳家《たかやなぎけ》では、既《すで》に主人《しゆじん》は他界《たかい》してをられたが、養《やう》母《ぼ》は健在《けんざい》ではあり、直《す》ぐと彼《かれ》を婿養子《むこやうし》に迎《むか》へ、先代《せんだい》の直兵衛《なほべゑ》を襲名《しうめい》させて、その事業《じげふ》を繼承《けいしやう》させた。

一一〇

かくて、暫《しばら》く湯河原《ゆがはら》で最後《さいご》の傷《きず》の養生《やうじやう》をした。二代目《だいめ》直兵衛君《なほべゑくん》は片腕《かたうで》をものともせず起《た》ち上《あが》つた。眞《しん》に甦生《かうせい》の意氣《いき》物凄《ものすご》く。

誠實が買はれ、誠實で酬ゆ

彼《かれ》には二ツの重大《ちようだい》な使命《しめい》があつた。

一、傷痍軍人《しやういぐんじん》として立派《りつぱ》に事業《じげふ》を成功《せいこう》させ、餘生《よせい》を君國《くんこく》のために捧《さゝ》ぐること。

二、折角《せつかく》の主人《しゆじん》の囑望《しよくばう》により養子《やうし》となつた以上《いじやう》は、先代以上《せんだいいじやう》に家業《かげふ》を盛大《せいだい》にしなければならぬこと。

いくら條件《でうけん》は重《おも》くても、結局《けつきよく》は如何《いか》にして事業《じげふ》を盛大《せいだい》にするかにあつた。

それでは二代目《だいめ》直兵衛君《なほべゑくん》が、いかにして事業《じげふ》を盛大《せいだい》にするかの途《みち》を發見《はつけん》したであらうか。

彼《かれ》はその誠實《せいじつ》が、主人《しゆじん》に認《みと》められて婿養子《むこやうし》に迎《むか》へられ、横濱《よこはま》で指折數《ゆびおりかぞ》へられてゐる呉服屋《ごふくや》深澤周次郎氏《ふかさはしうじらうし》の娘《むすめ》フクさんを迎《むか》へて妻《つま》としてゐる。彼《かれ》のかゝる幸福《かうふく》を得《え》たことも、今更《いまさら》に考《かんが》へてみても、結局《けつきよく》、彼《かれ》の才智《さいち》でもなければ、能辯《のうべん》でもない。その容貌《ようばう》でもなければ體力《たいりよく》でもない。實《じつ》に蔭日向《かげひなた》のない只《たゞ》一ツの誠實《せいじつ》であつたのだ。その誠實《せいじつ》に勤勉《きんべん》が伴《ともな》つて、主人《しゆじん》からその眞價《しんか》を認《みと》められたのであつた。

一一一

彼《かれ》はその身《み》の幸福《かうふく》であるにつけても、是非《ぜひ》この幸福《かうふく》を自分《じぶん》の一代《だい》ばかりでなく、その子孫《しそん》にも及《およ》ぼしたいものだ、それでこそ先代直兵衛氏《せんだいなほべゑし》に對《たい》しても、自分《じぶん》の一分《ぶん》が立《た》つと考《かんが》へた。この子々孫々《しゝそんそん》にいたる永久《えいきう》の幸福《かうふく》……それは投機《たうき》によるものでもなければ、他人《たにん》の資金《しきん》をかきあつめて大會社《だいくわいしや》をつくることでもない。世間《せけん》には、さういふ手段《しゆだん》で大金《おほがね》を儲《もう》けるものもある。それは餘程達識《よほどたつしき》の士《し》であつて、多《おほ》くの人々《ひとびと》はこの達識《たつしき》の士《し》の眞似《まね》をして失敗《しつぱい》するのである。いや、その餘《あま》りに失敗《しつぱい》するものゝ多《おほ》きことよ。

「俺《おれ》はどこまでも一攫千金《かくきん》を夢見《ゆめみ》てはならぬ」

と、己《おのれ》の分《ぶん》を知《し》る直兵衛君《なほべゑくん》は、あくまで自重《じちよう》して、商賣上《しやうばいじやう》の無理《むり》をしなかつた。

不況にも搖がず

一一二

日本橋《にほんばし》には數多《あまた》の綿糸問屋《めんしどんや》がある。一代《だい》に大資產《だいしさん》を蓄積《ちくせき》したものもあれば、一代《だい》に貧乏《びんばふ》の底《そこ》に沈《しつ》んだものもある。それらは、あまりにも思惑《おもわく》、商賣《しやうばい》の傀儡《くわいらい》である。殊《こと》に問屋《とんや》は注文《ちうもん》があるからといつて、無暗《むやみ》に小賣店《こうりてん》へ品物《しなもの》を發送《はつそう》するわけにはゆかない。信用《しんよう》のない小賣店《こうりてん》に引掛《ひつかゝ》つて、とんでもない損失《そんしつ》を招《まね》くことがある。だから、最初《さいしよ》の間《あひだ》いかに金拂《かねばら》ひのよい小賣店《こうりてん》でも、よほど吟味《ぎんみ》しないかぎり貸賣《かしうり》は禁物《きんもつ》なのである。各問屋《かくとんや》は華客《とくゐ》を增加《ぞうか》せんがために、貸賣《かしうり》をしても他《た》の問屋《とんや》の繩張《なほばり》の小賣店《こうりてん》を自分《じぶん》の方《はう》へ引取《ひきと》らうとする。その虛《きよ》を小賣店《こうりてん》に衝《つ》かれて、うまく操《あやつ》られ、結局《けつきよく》、問屋《とんや》が共倒《ともだふ》れとなる結果《けつくわ》を招《まね》く。

こゝに着眼《ちやくがん》した彼《かれ》は、手堅《てがた》い小賣店以外《こうりてんいぐわい》は一切貸賣《さいかしうり》をしないことにした。その代《かは》り卸値《おろしね》だけは出來《でき》るだけ廉《やす》くした。

「ふむ、成程《なるほど》、高柳直兵衛《たかやなぎなほべゑ》は頑固《がんこ》なところがあるが、またものゝ判《わか》るところもある。現金廉賣《げんきんれんばい》主義《しゆぎ》か……これが一番手堅《ばんてがた》い」

小賣店《こうりてん》でも確固《かくこ》たる地盤《ぢばん》をもつてゐるものは、二代目《だいめ》直兵衛君《なほべゑくん》の商法《しやうはふ》に贊成《さんせい》して、他《た》の卸問屋《おろしとんや》との手《て》を切《き》り、彼《かれ》の店《みせ》へ乘《の》りかへてくるといふ風《ふう》であつた。

一一三

さういふ工合《ぐあひ》で、一度《ど》に華客《とくゐ》は増《ふ》えなかつたけれども、次《つぎ》から次《つぎ》と、だん〳〵に華客《とくゐ》が増加《ぞうか》した。これは一に彼《かれ》の着實《ちやくじつ》な達見《たつけん》に依《よ》るところである。

かう見《み》てみると、日本橋《にほんばし》の綿糸《めんし》問屋街《どんやがい》でも、第《だい》一次歐洲大戰後《じおうしうたいせんご》の不況《ふきやう》には隨分惱《ずゐぶんなや》んだ。地方《ちはふ》農村漁村《のうそんぎよそん》が不景氣《ふけいき》で、從《したが》つてこれらの村々《むら〳〵》と經濟上《けいざいじやう》の因果關係《いんぐわくわんけい》にある地方市町村《ちはふしちやうそん》が景氣《けいき》が出《で》やうはずがない。そこで自然《しぜん》にそれが東京《とうきやう》の問屋方面《とんやはふめん》にも響《ひゞ》いて來《き》て、倒產《たふさん》した店《みせ》も相當《さうたう》にあつた。

この時《とき》だけは、遉《さすが》に彼《かれ》の店《みせ》にも影響《えいきやう》がなかつたとはいへなかつた。利益《りえき》はガタ落《お》ちとなり、相當《さうたう》に手《て》強《ごは》く不景氣風《ふけいきかぜ》を受《う》けたのであつた。これには少々閉口《せう〳〵へいこう》したけれども、それは少々《せう〳〵》といふ程度《ていど》であつて、屋臺骨《やたいぼね》をゆるがす程《ほど》の大《おほ》きい打擊《だげき》ではなかつた。

それといふのも、第《だい》一次歐洲大戰當時《じおうしうたいせんたうじ》に、各綿糸問屋《かくめんしどんや》は地方《ちはふ》の好景氣《かうけいき》に氣《き》をよくして、注文《ちうもん》があれば貸賣《かしうり》で、どし〳〵品物《しなもの》を送《おく》りつけた。その貸金《かしきん》の殘《のこ》りが積《つも》りに積《つも》つて、相當《さうたう》の額《がく》となつてゐた。そこへ底拔《そこぬ》けの大不景氣《だいふけいき》が到來《たうらい》したがために、いよ〳〵地方《ちはふ》の小賣店《こうりてん》はやつてゆけなくなる。やつてゆけないから卸店《おろしみせ》に支拂《しはら》はぬ。そんなこんなで、さしもの家重代《いへじうだい》を誇《ほこ》る綿糸《めんし》

一一四

問屋《どんや》も次々《つぎ〳〵》と倒產《たふさん》したが、高柳商店《たかやなぎしやうてん》は好景氣時代《かうけいきじだい》に思惑賣《おもわくうり》をして、手《て》を擴《ひろ》げなかつたゞけにその打擊《だげき》は大《たい》したものでなかつた。

しかし、好景氣時代《かうけいきじだい》には、他《た》の問屋仲間《とんやなかま》から、兎角《とかく》の批評《ひひやう》をうけて嗤《わら》はれたこともある。

「直《なほ》さんは石橋《いしばし》どころか、鐵橋《てつけう》を金槌《かなづち》どころか玄翁《げんのう》で叩《たゝ》きつけて、それから渡《わた》る人物《じんぶつ》だ。わづか糸屋《いとや》が地方《ちはふ》の小店《こみせ》に卸賣《おろしうり》をする程度《ていど》だ。ひつかけられても、ひつかけてもタカが知《し》れてる。それほど念入《ねんい》りにしてなくてもよささうなものだ」

「さうよ。商賣《しやうばい》は氣《き》でするツてな。算盤《そろばん》ばかり彈《はぢ》いてちや、大《おほ》きいことは出來《でき》ぬ」

さういつて、高柳式商法《たかやなぎしきしやうはふ》は氣前《きまへ》のよい江戸《えど》ツ兒式《こしき》な綿糸問屋筋《めんしどんやすぢ》では、低《ひく》く評價《ひやうか》されたものであつた。

しかし、彼《かれ》は默《もく》して語《かた》らなかつた。

堅《かた》い信念《しんねん》と、そしてその天賦《てんぷ》の健康《けんかう》をたのみとして、自己《じこ》の商法《しやうはふ》に從《したが》ひ日夜奮鬪《にちやふんたう》したのであつた。隻腕《せきわん》なにすれば恐《おそ》れんや、人後《じんご》に落《お》ちるを潔《いさぎよ》しとせずとばかりに……。

一一五

小刻に築きあぐ

それがあらぬか、第《だい》一次歐洲大戰後《じおうしうたいせんご》の財界不況《ざいかいふきやう》が深刻《しんこく》であつたゞけに、一般綿糸問屋《ばんめんしとんや》のうけた損失《そんしつ》は非常《ひじやう》なものであつた。しかし、誰《たれ》かこの不景氣《ふけいき》を豫期《よき》し得《え》たであらうか。しかも世界《せかい》的《てき》な不景氣《ふけいき》であつたことは、周知《しつち》の通《とほ》りである。日本《につぽん》の經濟界《けいざいかい》が未曾有《みぞう》の大金《たいきん》を、大戰中《たいせんちう》に儲《まう》けたことと、極端《きよくたん》な對蹠的現象《たいしよてきげんしやう》を來《きた》したのも實《じつ》に奇異《きゐ》である。日本《につぽん》の財界人《ざいかいじん》は好景氣《かうけいき》そのことのみに氣《き》をとられて、その後《ご》に當然《たうぜん》、襲《おそ》ひ來《き》るであらうところの經濟界《けいざいかい》の不況《ふきやう》についてはまるで氣《き》がつかなかつたのである。あだかも斷崖《だんがい》の突端《とつたん》に立《た》つて亂舞《らんぶ》しつゝ瞬間後《しゆんかんご》の生命《せいめい》の危險《きけん》さへ打忘《うちわす》れてゐるやうなものであつた。

これは人間誰《にんげんだれ》しも狂人《きやうじん》か愚者《ぐしや》でないかぎり、いやまた人並《ひとなみ》はづれた強膽《ごうたん》なものは別《べつ》として、普通《ふつう》あり得《う》べからざることであつたが、このわかりきつたことが、事金儲《ことかねもう》けとなると、まるで狂人《きやうじん》となり、患者《くわんじや》となり、驚《おどろ》くべき心臟《しんざう》の強《つよ》い人間《にんげん》となるのだ。この狂人《きやうじん》、患者《くわんじや》どもが高柳直《たかやなぎなほ》兵衛《べゑ》君《くん》を嗤《わら》つたのだ。しかし、嗤《わら》はれるまゝに、罵《のゝし》られるまゝに、毀譽褒貶《きよはうへん》を他所《よそ》に、自己《じこ》の

一一六

所信《しよしん》に向《むか》つて邁進《まいしん》したのである。その結果《けつくわ》として、大戰中《たいせんちう》にあまり大儲《おほもう》けをしなかつた代《かは》りに、その後《ご》の不況時代《ふきやうじだい》に損《そん》もしなかつたのである。馬鹿《ばか》に手《て》をひろげなかつたゞけに、小刻《こきざ》みに儲《もう》けた彼《かれ》は不況時代《ふきやうじだい》でも損《そん》をすることなく凌《しの》いで、まるで肥料《ひれう》のよく利《き》いた草花《くさばな》が、順調《じゆんてう》に伸《の》びるがごとく、遂《つひ》に今日《こんにち》では非常《ひじやう》なる財產《ざいさん》を築《きづ》き得《え》たのであつた。

彼《かれ》は仕事《しごと》に熱心《ねつしん》で、六十歲《さい》になつてゐながら年中《ねんぢう》、各地取引先《かくちとりひきさき》を東奔西走《とうほんせいそう》し、床《とこ》の溫《あたゝ》まる暇《ひま》もないほどである。それでも殆《ほと》んど病氣《びやうき》をしたことがない。いくら仕事《しごと》に熱心《ねつしん》でも、病氣《びやうき》をしたのではどうにもならない。本腰《ほんこし》をいれて仕事《しごと》ができるものではない。

「健康《けんかう》が第《だい》一だ。健康《けんかう》でなくてはどうにもならぬ」

かういつて、彼《かれ》は家人《かじん》や雇人《やといにん》を日頃《ひごろ》から誡《いまし》めてゐるといふことである。隻腕《せきわん》の日露《にちろ》の戰士《せんし》はかくて銃後《じゆうご》の使命《しめい》と養父《やうふ》の期待《きたい》を完遂《くわんすい》したわけである。

一一七

再起成功の旗頭

東京市城東區
歩兵一等兵　宇田福太郎君

全身五十四ケ所の彈創

茨城縣猿島郡境町《いばらぎけんさるじまぐんさかひまち》一一六〇番地《ばんち》、宇田仙次郎《うだせんじらう》氏の長男《ちやうなん》に生《うま》れた福太郎《ふくたらう》氏は、父《ちゝ》が郷里《きやうり》でさゝやかな商人《しやうにん》として生活《せいくわつ》してゐるのに滿足《まんぞく》せず、發奮興起《はつぷんこうき》し、家郷《かきやう》を後《あと》に東京《とうきやう》に出《で》たのが十三歳《さい》の折《をり》であつた。時《とき》は明治《めいぢ》二十七年《ねん》のこと。日清戰爭《につしんせんさう》が日本全國民《につぽんぜんこくみん》の血《ち》を沸《わ》かしてゐる頃《ころ》のことであつた。幼《をさな》いながらに、どうか早《はや》く大《おほ》きくなつて、天晴《あつぱ》れ帝國軍人《ていこくぐんじん》として立派《りつぱ》な勳功《てがら》がたてたいものだと思《おも》つた。

東京《とうきやう》ではさる人《ひと》の世話《せわ》で、日本橋區馬喰町《にほんばしくばくろちやう》二丁目《ちやうめ》一九番地《ばんち》齋藤松太郎《さいたうまつたらう》方《かた》に小僧《こざう》に入《はい》つた。この家《いへ》は當時《たうじ》としては、まことに珍《めづ》らしい洋服《やうふく》などミシン仕事《しごと》をするところで、洋服《やうふく》やトンビや外套《ぐわいたう》など年長《ねんちやう》の職人《しよくにん》に習《なら》ひ、年期《ねんき》を入《い》れて、一人前《にんまへ》の職人《しよくにん》になるのであるが、わづか十三歳《さい》の少年《せうねん》が一人前《にんまへ》の職人《しよくにん》になるには、何年《なんねん》も何年《なんねん》も奉公《ほうこう》しなければならない。適齡《てきれい》まで奉公《ほうこう》するにしても七八年《ねん》はある。その間《あひだ》には次《つぎ》から次《つぎ》と比較的給料《ひかくてききふれう》のよい方《はう》へ轉々《てんく》と移動《いどう》するのが職人根性《しよくにんこんじやう》であるが、福太郎少年《ふくたらうせうねん》は斷乎《だんこ》として、そんなオツチヨコチヨイな世渡《よわた》りの仕方《しかた》を排撃《はいげき》した。どこまでも一人《り》の主人《しゆじん》を大切《たいせつ》にし、その主人《しゆじん》のところから一人前《にんまへ》の職人《しよくにん》として巣立《すだ》つことを念願《ねんがん》とした。ことらは、なかく普通《ふつう》の少年《せうねん》にはできないことであつた。

無事《ぶじ》に適齡《てきれい》まで勤《つと》めあげた福太郎《ふくたらう》氏は、芽出度《めでた》く甲種合格《かつしゆがふかく》で入營《にふえい》したのが北海道旭川師團《ほくかいだうあさひかはしだんだい》第二十八聯隊《れんたい》であつた。そして、そのまゝ日露戰爭《にちろせんそう》の勃發《ぼつぱつ》とゝもに歩兵《ほへい》一等兵《とうへい》として出征《しゆつせい》ときまり、明治《めいぢ》三十七年《ねん》に大擧友軍《たいきよいうぐん》と遼東半島《れうとうはんたう》へと進出《しんしゆつ》したのであつた。

この年《とし》十二月五日《ぐわつか》、あの旅順港攻略《りよじゆんかうこうりやく》の第《だい》一關門戰《くわんもんせん》とも稱《しやう》すべき二〇三高地《かうち》占據《せんきよ》のための激《げき》烈《れつ》なる總攻撃《さうこうげき》において、氏《し》は全身《ぜんしん》五十四ケ所《しよ》に及《およ》ぶ敵彈《てきだん》の洗禮《せんれい》をうけた。敵《てき》の强力《きやうりよく》なる砲彈《はうだん》の炸裂片《さくれつへん》と、小銃彈《せうぢゆうだん》により、片足《かたあし》は吹《ふ》きとばされ、片目《かため》は貫通銃創《くわんつうぢゆうさう》をうけて失明《しつめい》してしまつた。頭《あたま》だけでも六發《ぱつ》の小銃彈《せうぢゆうだん》が命中《めいちう》したのである。

「あつ」

と叫《さけ》んで、ぶつ倒《たふ》れた福太郎《ふくたらう》一等兵《とうへい》を、

「しつかりせよ」

戰友二人《せんいうふたり》がかつぎあげ、後退《かうたい》しようとするところを、またもや敵彈《てきだん》……そして、二戰友《せんいう》は忽《たちま》ちにその餌食《えじき》となつて卽死《そくし》した。が、不思議《ふしぎ》や、福太郎《ふくたらう》一等兵《とうへい》のみは、重傷《ぢうしやう》のまゝ大地《たいち》に投《な》げ出《だ》されたが、生命《せいめい》に別條《べつでう》はなかつたのである。

生還はしたけれど

これぞ眞《しん》に武運《ぶうん》に惠《めぐ》まれたといふべきで、身《み》に五十餘《よ》ケ所《しよ》の負傷《ふしやう》をして、殊《こと》に右眼《うがん》を貫通《くわんつう》したる銃彈《ぢゆうだん》が、もう二三分《ぶ》内側《うちがは》であつたならば、腦漿《のうしやう》をやられて生命《せいめい》のありやうはなかつた。實《げ》に、人生《じんせい》は一面强力《めんきやうりよく》なる運命《うんめい》に支配《しはい》せられてゐるとも見《み》るべきであらう。

「人事《じんじ》を盡《つく》して、天命《てんめい》を待《ま》つ」

これぞ、人生《じんせい》に對《たい》する至言《しげん》であると稱《しやう》すべきであらうか。日露戰爭《にちろせんさう》の頃《ころ》には輸血《ゆけつ》など醫療法《いれうはふ》がなかつただけに、片足《かたあし》を失《うしな》ひ、全身蜂《ぜんしんはち》の巣《す》のごとくに彈《だん》創《さう》をうけた宇田福太郎《うだふくたらう》一等兵《とうへい》が、非常《ひじやう》なる出血《しゆつけつ》に堪《た》えて、よくも助《たす》かつたものだと思《おも》はれる。まことに奇蹟《きせき》とでも稱《しやう》すべきであらうか。

戰《いくさ》止んで、漸《やつや》くに擔架《たんか》で後送《かうそう》され、應急手當《おうきふてあて》をうけた福太郎《ふくたらう》一等兵《とうへい》は、なにもかにも夢《ゆめ》のやうであつた。一發大砲《ぱつたいはう》を喰《くら》つて脚《あし》が素飛《すつと》びその衝撃《しやうげき》で吹《ふ》き倒《たふ》された時既《ときすで》に氣絶《きぜつ》しかけてゐた。それを戰友《せんいう》に擔《かつ》がれて後退《かつたい》しかけて、二度目《どめ》の敵小銃《てきせうちゆう》、或《あるひ》は當時《たうじ》日本軍《につぽんぐん》の持《も》たなかつた機關銃《きくわんぢう》か、それの掃射《さうしや》をくらつて共《とも》に薙倒《なぎたふ》された時《とき》、完全《くわんぜん》に氣絶《きぜつ》してゐた。氣《き》がついた時《とき》には、假繃《かりほう》帶所《たいしよ》で應急手當《おうきふてあて》を受《う》けたあとであつた。

野戰病院《やせんびやうゐん》にそれから後送《かうそう》され、數《すう》十日間《にちかん》手當《てあて》をうけ、漸《やうや》くに傷痍《きづぐち》も快方《くわいはふ》に向《むか》つたところでもつて内地《ないち》へ送還《そうくわん》され、旭川《あさひかは》の衛戍病院《ゑいじゆびやうゐん》で徹底的《てつていてき》な治療《ぢれう》をうけた。これが、明治《めいぢ》三十八年盛夏《ねんせいか》までつゞいた。傷《きず》はすつかりよくなつたし、恩賜《おんし》の義足《ぎしゆ》も義眼《ぎがん》もいたゞき、さて、郷里《きやうり》に歸《かへ》つたものゝ、當時《たうじ》福太郎《ふくたらう》氏の恩給《おんきふ》が、なんと一年《ねん》百四圓《ゑん》でしかなかつた。今《いま》から思《おも》へば、まるで

夢《ゆめ》のやうな話《はなし》である。今日《こんにち》の傷痍軍人《しやういぐんじん》が充分《じゆうぶん》に生活《せいくわつ》の保證《ほしやう》を與《あた》へられてゐることは、聖代《せいだい》の有《あり》難《がた》さで、つく〲身《み》に滲《し》みる。

郷里《きやうり》で福太郎氏《ふくたらうし》は如何《いか》にして今後《こんご》身《み》を立《た》てゝゆくかを考《かんが》へた。わづかの恩給《おんきふ》でもつて坐食《ざしよく》することはできない。隻眼《せきがん》となつては入營前《にふえいぜん》のやうに細《こま》かいミシン裁縫《さいほう》には向《む》かない。またミシンを踏《ふ》むにも、今後《こんご》は片足《かたあし》で跡《ふ》まなくてはならぬ。それも毎日《まいにち》のことであるから、なか〲身《み》にこたへるであらう。かう考《かんが》へると、今更東京《いまさらとうきやう》に出《で》て、元《もと》の主人《しゆじん》の店《みせ》へ働《はたら》く元氣《げんき》も出《で》ない。みす〲中途《ちうと》で體《からだ》をいためて、また郷里《きやうり》に引返《ひきかへ》すのでは、なんにもならぬことだ。しかし、このまゝ郷里《きやうり》にくすぶつてゐても、どう身《み》を立《た》てる方法《はうはふ》もない。また、十三の折《をり》から一生懸命《しやうけんめい》にやつたミシン裁縫《さいほう》の技術《ぎじつ》は、やはり捨《す》てたくはなかつた。他人《たにん》のところに勤《つと》めれば、朝《あさ》から晩《ばん》まで働《はたら》きづめに働《はたら》かなければならないが、自分《じぶん》で商賣《しやうばい》をするならば、體《からだ》を無理《むり》しないでやつてゆける。

「さうだ！ 俺《おれ》は東京《とうきやう》に出《で》て洋服屋《やうふくや》を開業《かいげふ》しよう」

さう決心《けつしん》した時《とき》、自《おのづか》ら氣分《きぶん》が晴《は》れやかになつてくるのであつた。その時《とき》、除隊《じよたい》にあたり二百

一二二

圓《えん》の手當《てあて》をいたゞいてゐたのをそのまゝ持《も》つてゐたし、また、

「俺《おれ》は年《ねん》百四圓《えん》の恩給《おんきふ》がある。この證書《しやうしよ》でもつて金《かね》の融通《ゆうづう》をうけて、開業《かいげふ》しよう」

といふところまで、計畫《けいかく》をすゝめて上京《じやうきやう》し、先《ま》づ淺草區《あさくさく》竹町《たけちやう》三七番地《ばんち》の表通《おもてどほ》りに洋服屋《やうふくや》を開業《かいげふ》した。無論一人《むろんひとり》で世帶《しよたい》のもてるはづはなく、茨城縣猿島郡八俣村字谷《いばらきけんさるじまぐんはちまたむらあざや》貝生《かひうま》れのマサ子《こ》さんを妻《つま》と迎《むか》へたのであつた。

悲運の連續

隻眼隻脚《せきがんせききやく》の良人《をつと》にかしづくマサ子《こ》さんも、もとより、どんな苦勞《くらう》もいとはないといふ不退轉《ふたいてん》の覺悟《かくご》を以《もつ》て嫁《とつ》いで來《き》たのであつた。いふまでもなく、年《ねん》百圓《えん》ばかりの恩給《おんきふ》など、あるもないも同《おな》じことだ。白衣《はくい》の勇士《ゆうし》の妻《つま》となつて、その人《ひと》の生活《せいくわつ》をいかほどでも守《まも》り得《う》れば、これにこしたことはない、といふ大和撫子《やまとなでしこ》ならでは持《も》ち得《え》ない悲壯《ひさう》な覺悟《かくご》だつたのである。この女性《ぢよせい》あるがゆゑにこそ、日本《にっぽん》の社會《しやくわい》は健全《けんぜん》なる發達《はったつ》を遂《と》げ得《え》たのである。

洋服《やうふく》が一般化《ばんくわ》して、誰《たれ》でも着《き》るやうになつたのは、こゝ二十年《ねん》あまり前《まへ》からのことで、それ

一二三

までは主《しゆ》として、官吏《くわんり》や學校《がくかう》の先生方《せんせいがた》の洋服《やうふく》の注文《ちうもん》をとつて仕立《した》てるのが、一般《ばん》の洋服屋《やうふくや》の表《おもて》商賣《しやうばい》であつた。

この商賣《しやうばい》は結果《けつくわ》として、宇田福太郎氏《うだふくたらうし》にはどうであつたか。生命《せいめい》は武運《ぶうん》あり生《い》きながらへて凱旋《がいせん》したと云《い》つても、商運《しやううん》は逆《ぎやく》に頗《すこぶ》る不味《まづ》かつた。なぜ不味《まづ》かつたか。それは大體場所《だいたいばしよ》があまり客足《きやくあし》の多《おほ》いよい場所《ばしよ》でなかつたこと、そしてこの店《みせ》で約《やく》十年《ねん》の苦勞《くらう》をしのぎ、蓄《たくは》へた虎《とら》の子《こ》の四千圓《えん》を、自分《じぶん》の善良《ぜんりやう》であるところから、他人《ひと》もさうと考《かんが》へて郷里《きやうり》の某《なにがし》に貸《か》したのだが、それが不回收《ふくわいしう》に終《をは》つたのが手痛《ていた》い損失《そんしつ》であつた。それに加《くは》へて、目《め》と足《あし》の不自由《ふじいう》なところから、お華客《とくゐ》まわりの外交員《ぐわいかういん》を使《つか》つてゐたが、これがお華客《とくゐ》から集金《しふきん》した七百圓《えん》ばかりをもつて、いづれにか逃亡《たうばう》したことだ。約《やく》五千圓《えん》であつたので、これは今日《こんにち》の一萬圓《まんえん》にも相當《さうたう》する金額《きんがく》であり、青春の熱と力を注ぎつくして儲けた金が、夢のごとく泡沫のごとく消失し霧散したのである。一方《はう》、子寶《こだから》にはめぐまれ、マサ子《こ》さんとの間《あひだ》には、次々《つぎ〲》と男女《だんぢよ》とりまぜて數人《すうにん》の子《こ》が生《うま》れたが、一方家計費《はうかけいひ》は嵩《かさ》むばかりであつた。

まことにこの點《てん》はよく〲注意《ちうい》すべきことで、容易《ようい》に他人《ひと》より借金《しやくきん》するものでもなければ、

一二四

また他人《ひと》に貸《か》すべきものでもない。誰《たれ》しも拂《はら》ふつもりで借《か》りもすれば、拂《はら》つてもらふ心算《つもり》で貸《か》しもする。しかし、何《なに》ごとによらず、豫定通《よていどほ》りにゆかぬことの方《はう》が多《おほ》く、貸倒《かしだふ》れとなり、借《か》り逃《に》げとなるのだ。これといふのも、まだ〲この方《はう》の苦勞《くらう》が福太郎氏《ふくたらうし》には不足《ふそく》してゐるのだ。また雇人《やといにん》にわづかの集金《しふきん》ならば兎《と》に角《かく》、洋服《やうふく》といへば金額《きんがく》がまとまつてゐる。——さういふ集《しふ》金《きん》には使《つか》ふべきでなかつた。自分《じぶん》で足《あし》の不自由《ふじいう》のため集金《しふきん》にゆけなければ、妻《つま》のマサ子《こ》さんでも行《ゆ》かせるべきであつた。得《え》てして、惡徳漢《あくとくかん》は最初《さいしよ》の間《あひだ》は忠義顔《ちうぎがほ》をして主人《しゆじん》にとりこみ、信用《しんよう》させ、油斷《ゆだん》を見《み》すまして、大《おほ》きい仕事《しごと》をして韜晦《とうくわい》するのである。まことに氣《き》の毒《どく》ながら、この術《て》を喰《く》らつた福太郎氏《ふくたらうし》であつた。これに前後《ぜんご》して、惡運《あくうん》は次《つぎ》から次《つぎ》と福太郎氏《ふくたらうし》を訪《おとづ》れては苦《くる》しめぬいたのである。

一家族十人が途方に迷ふ

この店《みせ》で、そんなわけで喰《く》ひつめて、大正四年《たいしやうねん》に本所押上町《ほんじよおしあげちやう》一七〇番地《ばんち》に家移《やうつ》りし、こゝで商賣《しやうばい》をはじめた。場所《ばしよ》は電車通《でんしやどほ》りではあるし、當然《たうぜん》、うまく賣《う》れなければならぬはづのものが

一二五

一二六

思《おも》ふやうには行《い》かない。こゝに轉居《てんきよ》したについても、いふまでもなく恩給證書《おんきふしやうしよ》を抵當《ていたう》に入《い》れて資本《しほん》をこしらへたのであつた。

けれども、いかなる努力《どりよく》もこの一家《か》を見離《みはな》した福《ふく》の神《かみ》には抵抗《ていかう》しやうもないかに見《み》えた。妻《つま》のマサ子《こ》さんは赤《あか》ン坊《ぼう》を背《せ》に、幼《をさな》い子《こ》の手《て》を引《ひ》いて、毎夜寒風《まいよかんぷう》にさらされながら夜店《よみせ》を出《だ》しては、出來合《できあひ》の洋服《やうふく》を商《あきな》つた。福太郎《ふくたらう》氏は年長《ねんちやう》の子《こ》の面倒《めんどう》をみながら、不自由《ふじいう》な目《め》と足《あし》で、しきりとミシンを踏《ふ》んでは仕立物《したてもの》に精《せい》を出《だ》し、一分《ぷん》一秒《びやう》を惜《お》しむばかりにして働《はたら》いた。

「人物《じんぶつ》を見《み》ることが出來《でき》なかつたらお仕舞《しま》ひだ。一人《ひとり》で暮《くら》してゐる世《よ》の中《なか》ぢやない。人《ひと》の寄合《よりあ》つて暮《くら》してゐる以上《いじやう》、いくら働《はたら》いたつて、人《ひと》を見《み》る目《め》がなくちやお仕舞《しま》ひだ」

このことは、ミシンを踏《ふ》みつゝも寸時《すんじ》も忘《わす》れられぬことであつた。雇《やと》つてゐるものも、お客《きやく》も大家《おほや》も、なにもかにもすべて人《ひと》また人《ひと》である。その第《だい》一回《くわい》に失敗《しつぱい》して、この貧苦《ひんく》のドン底《ぞこ》に落込《おちこ》んだ以上《いじやう》、聰明利發《さうめいりはつ》なる福太郎《ふくたらう》氏が當然考《たうぜんかんが》へたことであつた。

しかし、容赦《やうしや》なく、貧乏《びんばふ》はヒシ／＼と宇田《うだ》一家《か》を襲《おそ》つた。丁度妻《ちやうどつま》マサ子《こ》さんが産褥《さんじよく》に臥《ふせ》つてゐる時《とき》など、三軒《げん》の米屋《こめや》に借《か》りがあり、もう、どうにも借《か》りる方法《はうはふ》とてもなく、さりとて晩《ばん》に食《く》ふ米《こめ》さへどうしやうもなかつた。どちらを見廻《みまは》しても、家中質草《いへぢうしちくさ》にするものとては一ツもない。この時《とき》、福太郎《ふくたらう》氏は三十五歳《さい》の男盛《をとこざか》りにして食《しよく》するに米《こめ》さへないといふ、この貧乏《びんばふ》に苛《さいな》み責《せ》めたてられたのであつた。

しかし、甦生《かうせい》の意氣《いき》ものすごく、働《はたら》きに働《はたら》いたのと、人事《じんじ》に充分注意《じゆうぶんちうい》を拂《はら》つた關係《くわんけい》から、到底再起不可能《たうさいきふかのう》かと思《おも》はれた福太郎《ふくたらう》氏が、グン／＼と經濟的《けいざいてき》に建直《たてなほ》してきた。そして、大正《たいしやう》七年《ねん》には電話《でんわ》さへ引《ひ》いて、相當《さうたう》な店構《みせがま》へとなつた。こゝで、福太郎《ふくたらう》氏は從來《じゆうらい》の方針《はうしん》を一擲《てき》して、新《あたら》しい商法《しやうはふ》を採用《さいよう》したのである。それは卽《すなは》ち小賣店《こうりてん》から卸賣商《おろしうりしやう》へと轉《てん》じたことだ。職人《しよくにん》を使《つか》つてドシ／＼既製洋服《きせいやうふく》をつくつては、市内《しない》の小賣店《こうりてん》へ卸《おろ》したのである。

しかし、これは決《けつ》して福太郎《ふくたらう》氏に成功《せいこう》を齎《もたら》す道《みち》ではなかつた。またしても氏《し》が性來善良《せいらいぜんりやう》であるだけに、兎角他人《とかくひと》を信《しん》じすぎる。いや、多《おほ》くの卸問屋《おろしどんや》がこれで失敗《しつぱい》するのだが、卽《すなは》ち小賣店《こうりてん》に對《たい》して貸倒《かしだほ》れになることだ。福太郎《ふくたらう》氏はこれで相當《さうたう》ひどい目《め》にあつたところへ、大正《たいしやう》十二年《ねん》のあの大震災《だいしんさい》だ。まつたく店《みせ》も品物《しなもの》も灰燼《くわいじん》に歸《き》し、元《もと》の裸《はだか》一貫《くわん》となり、八人《にん》の子供《こども》と夫婦《ふうふ》都合《つがふ》十人《にん》が大東京《だいとうきやう》の眞中《まんなか》に抛《はう》り出《だ》されたのであつた。

一二七

一二八

良妻を撰ぶべし

かうした二ツの不運《ふうん》に出逢《であ》ひ、あちこちの羅紗問屋《らしやどんや》へ約《やく》四萬圓《まんゑん》の借金《しやくきん》ができたのであつた。

「これから先《さき》どうする……」

無《む》一物《ぶつ》どころではない、借金《しやくきん》ができたのである。

致方《いたしかた》なく、龜戸《かめゐど》に引越《ひつこ》してきた。こゝで、どうやら旨《うま》く商賣《しやうばい》が當《あた》つたと思《おも》つたが、そこへまた都市區劃整理《としくかくせいり》にあひ、道幅《みちはゞ》をひろげることになつて引越《ひつこ》さねばならないことになつた。ところが、引越《ひつこ》しに際《さい》し、家主《やぬし》が權利金《けんりきん》（家屋《かおく》に附帶《ふたい》したもので、商業上有利《しやうげふじやういうり》な店舗《てんぽ》には一種《しゆ》の格式《かくしき》として必《かなら》ずあるものである）を拂《はら》ひもどしてくれない。これが悶着《もんちやく》となつて、三年間大審院《ねんかんだいしんゐん》まで出《で》て爭《あらそ》ひ、遂《つひ》に勝訴《しやうそ》とはなつたものゝ、その間《かん》の費用《ひよう》やなにかのために、二三千圓《ゑん》の損失《そんしつ》をしてゐる。しかし、そんなことで屈《くつ》する福太郎《ふくたらう》氏ではなかつた。現在《げんざい》の新設市場《しんせついちば》の表玄關《おもてげんくわん》を借《か》りうけ、こゝで既製洋服類《きせいやうふくるゐ》の小賣店《こうりてん》を開業《かいげふ》して、これが當《あた》つた。卸賣《おろしうり》のごとく貸倒《かしたふ》れにならないし、資本《しほん》の廻轉率《くわいてんりつ》が早《はや》く、その上《うへ》、長年《ながねん》の商賣《しやうばい》の經驗《けいけん》から選《えら》んだ場所《ばしよ》もよかつた。

かくて店《みせ》は繁昌《はんじやう》し、四萬圓《まんゑん》の借金《しやくもん》も一年《ねん》一萬圓《まんゑん》の割《わり》で返濟《へんさい》するし、現在《げんざい》の店《みせ》の價値《かち》がいざ他《た》人《にん》に讓《ゆづ》るとなれば、その場所《ばしよ》だけで五千圓《ゑん》の權利金《けんりきん》がとれるほどになつた。しかし、容易《ようい》に貯《ちよ》蓄《ちく》はできないものだ。二十四五歳《さい》の折《をり》、手《て》から離《はな》した恩給證書《おんきふしやうしよ》が歸《かへ》つたのは五十歳《さい》の折《をり》だつた。證書《しやうしよ》は轉々《てん〳〵》として、高利貸《かうりがし》の手《て》から手《て》へと渡《わた》つてゐたので、仙臺《せんだい》にあるかと思《おも》へば金澤《かなざは》の方《はう》へ廻《まは》つてゐるといふ風《ふう》で、證書《しやうしよ》が自分《じぶん》の手《て》に歸《かへ》つた時《とき》、初老《しよらう》の初霜《はつしも》をおくわが頭《あたま》に手《て》をやりながら、思《おも》へば二十幾年《いくねん》の有爲轉變《うゐてんぺん》の半生《はんせい》を顧《かへり》みて、男心《をとこごゝろ》に萬感交々《ばんかんこも〴〵》胸《むね》に迫《せま》るものがあつたといふ。無理《むり》もないことだ。

さうしてゐるうちに、貧乏《びんばふ》の中《なか》で育《そだ》てた子達《こたち》も成長《せいちやう》し、中學校《ちうがくかう》や女學校《ぢよがくかう》に行《い》くやうになる。そして餘暇《よか》には父《ちゝ》の手傳《てつだい》をする。雇人《やといにん》も幾人《いくにん》もおけるやうになる。さういふ風《ふう》で、今《いま》や、江戸《えど》川區《かはく》小岩町《こいはまち》に數萬金《すうまんきん》を投《たう》じた邸宅《ていたく》を新築《しんちく》し、貸家《かしや》も十數戸《すうこ》を有《いう》し、電話《でんわ》も三本《ぼん》を引《ひ》き、五十九歳《さい》の今日《こんにち》、功成《こうな》り業《げふ》は榮《さか》えて、日露戰役《にちろせんえき》における傷痍軍人中《しやういぐんじんちう》、成功者《せいこうしや》の一方《はう》の旗頭《はたがしら》である。

宇田福太郎《うだふくたらう》氏は、遙《はる》かに苦難《くなん》の過去《くわこ》を振返《ふりかへ》つて述懷《じゆつくわい》して曰《いは》く、

「俺《おれ》がかく成功《せいこう》し得《え》たのも、俺《おれ》の力《ちから》だけで爲《な》し得《え》たものとは露些《つゆいさゝ》かも思《おも》はない。妻《つま》の内助《ないじよ》あつ

一二九

たればこそだ。僕《ぼく》は妻《つま》に感謝《かんしや》しとる。殊《こと》に重傷軍人《ぢうしやうぐんじん》は、妻《つま》の撰擇《せんたく》に十分注意《ぶんちうい》しなければならぬ。自分《じぶん》の體《からだ》が不自由《ふじいう》なところを、妻《つま》に補《おぎな》つてもらはなければならぬからだ。縹緻《きりよう》などは第《だい》二、第《だい》三いな第《だい》四問題《もんだい》だ。心掛《こゝろがけ》のよい女《をんな》を得《う》ることが第《だい》一番《ばん》だ」

この言《げん》や良《よ》し。後進傷痍軍人《かうしんしやういぐんじん》へのよき忠告《ちうこく》ではある。

屑屋から裁縫業で更生

東京市小石川區[redacted]
歩兵伍長
勲七等　村上榮治郎

再起のスタートは郵便局員

東京中央郵便局《とうきやうちうおういうびんきよく》はいつも戰場《せんじやう》のやうだ。汽車《きしや》が東京驛《とうきやうえき》に着《つ》く度《たび》に、全國《ぜんこく》から洪水《かうずゐ》のやうに郵便物《いうびんぶつ》が集《あつま》つて來《く》る。それを市内《しない》の各區《かくく》に區分《くぶん》し、各區《かくく》の本局《ほんきよく》に發送《はつそう》する。逆《ぎやく》に市内《しない》の各郵便《かくいうびん》局《きよく》からも、全國《ぜんこく》へ向《むか》つての郵便物《いうびんぶつ》が山《やま》のやうに集《あつま》つて來《く》る。それをまた全國《ぜんこく》の各府縣別《かくふけんべつ》に區分《くぶん》して東京驛《とうきやうえき》へ送《おく》り出《だ》す。

かうして、毎日《まいにち》毎日同《おな》じ仕事《しごと》を繰返《くりかへ》してゐる局員達《きよくゐんたち》は、朝《あさ》九時《じ》から翌朝《よくあさ》の九時《じ》まで、二十四時間《じかん》つとめて歸宅《きたく》し、また翌日朝《よくじつあさ》の九時《じ》には出勤《しゆつきん》する隔日勤務《かくじつきんむ》である。

「今朝《けさ》はなんて郵便物《いうびんぶつ》が少《すく》いじやないか」

「有難《ありがた》いナ」

郵便物《いうびんぶつ》が少《すく》なければ仕事《しごと》が樂《らく》だから皆《みな》が喜《よろこ》ぶ。しかし、そんな後《あと》では必《かなら》ず前《まへ》に倍《ばい》して夥《おびたゞ》しい郵便物《いうびんぶつ》の山《やま》が來《く》るのが常《つね》である。一つ片付《かたづ》けてホツとすると、もう次《つぎ》の山《やま》だ。時《とき》には前《まへ》のが片《かた》付《づ》かないうちに、後《あと》から後《あと》からと溜《たま》つてしまふこともある。大低朝《たいていあさ》の十時頃《じごろ》、午後《ごご》の二時頃《じごろ》、九時《じ》、十時頃《じごろ》が一番忙《ばんいそが》しい時《とき》で、全《まつた》く目《め》が廻《まは》るほど轉手古舞《てんてこまひ》をする。

「オイ村上《むらかみ》、君《きみ》は疲《つか》れたやうだから少《すこ》し休《やす》めよ」

隣《となり》に立《た》つてゐた田村《たむら》といふ同輩《どうまい》に聲《こゑ》をかけられて、村上君《むらかみくん》は崩《くづ》れるやうに板《いた》の間《ま》へと腰《こし》を降《おろ》した。

「濟《す》まないネ、君《きみ》にはいつも心配《しんぱい》かけて」

「何《なに》も遠慮《えんりよ》はするなよ。君《きみ》はもう充分《じうぶん》に皇國《みくに》のために働《はたら》いたのだ。われ〳〵が今日《こんにち》かうして居《ゐ》られるのも、君等《きみら》が命《いのち》を投《な》げ出《だ》して滿洲荒野《まんしうかうや》で働《はたら》いてくれたからだ。僕等《ぼくら》がそれを思《おも》ふと、君《きみ》のためにこの位《くらゐ》のことをしてやるのは當然《たうぜん》のことなのだ」

彼《かれ》は嘗《かつ》て歩兵第七聯隊《ほへいだいれんたい》の一員《ゐん》として、日露戰爭《にちろせんさう》に從軍《じうぐん》し、旅順攻圍戰《りよじゆんこうゐせん》や奉天《ほうてん》の大戰《たいせん》に參加《さんか》し、華々《はなばな》しい功名《こうめう》をあげたが、奉天附近《ほうてんふきん》の戰《たゝかい》で無念《むねん》にも兩足《りやうあし》と前額部《ぜんがくぶ》に貫通銃創《くわんつうぢうさう》を受《う》け、左眼《さがん》の明《めい》を失《うしな》つてしまつた。

陸軍病院退院後《りくぐんびやうゐんたいゐんご》、郷里《きやうり》の親戚《しんせき》の同情《どうじやう》によつて結婚《けつこん》したが、次《つぎ》から次《つぎ》へと三人《にん》も子供《こども》が生《うま》れてみると、不自由《ふじいう》な身體《からだ》で百姓仕事《しやうしごと》をやつても、とても一家《か》を支《さゝ》へて行《い》けないので、思《おも》ひ切《き》つて上京《じやうきやう》した。幸《さひは》ひ中央郵便局《ちうおういうびんきよく》に勤《つと》め口《ぐち》があつたので、自分《じぶん》は隔日《かくじつ》に通《かよ》ひ、妻《つま》は内職《ないしよく》などをやつて細々《ほそぼそ》と暮《く》らしてゐたのである。

「オイ十二時《じ》だ、お汁粉《しるこ》を喰《た》べようか」

彼《かれ》は手傳《てつだ》つて貰《もら》つたお禮《れい》に、田村君《たむらくん》にお汁粉《しるこ》をおごつてやつた。仕事《しごと》の合間《あいま》に一杯《ぱい》五錢《せん》のお汁粉《しるこ》は、彼等《かれら》にとつては無上《むじやう》の美味《びみ》であつたのだ。

「もう一仕事《しごと》だ、簡單《かんたん》にすまして一寢入《ねいり》しようぜ」

「さうだナ」

時計《とけい》がもう一時《じ》を打《う》つ頃《ころ》になると、郵便物《いうびんぶつ》も途絶《とだ》えるので、それから別棟《べつむね》の三階《かい》に上《あが》つて、

朝《あさ》の七時頃《じごろ》まで一眠《ひとねむり》するのであつた。誰《たれ》のものとも定《き》まつてゐない汚《よご》れた寢床《ねどこ》に、豚《ぶた》のやうにてんでに潜《もぐ》り込《こ》むのであつた。

「これ程働《ほどはたら》いても僅《わづか》に日給《につきふ》一圓《えん》足らずなんだ。せい〲手當《てあて》を入《い》れても月《つき》に三十二三圓《えん》。これではどうにも仕方《しかた》がないから、一つ商賣《しやうばい》でもやつて見《み》よう。商賣《しやうばい》ならどんなことでも末《すゑ》の樂《たの》しみがさる」

蚤《のみ》や南京蟲《なんきんむし》の横行《わうかう》してゐる寢床《ねどこ》の中《なか》で、彼《かれ》は轉輾反側《てんてんはんそく》しながら覺悟《かくご》したのである。

街頭でバナナ賣

しかし、商賣《しやうばい》をはじめやうとしても、もと〱彼《かれ》には開業資金《かいげふしきん》があつたわけじやなし、さればと云《い》つて、このまゝの狀態《じやうたい》では一生《しやう》うだつがあがらぬ……といふわけで、ともかく商賣《しやうばい》の第《だい》一步《ぽ》として、バナナの露店商人《ろてんしやうにん》となつたのである。

「序《つ》いでにこれも負《ま》けて置《お》け。どうです。これでたつた二十錢《せん》だ、二十圓《えん》じやありませんよ。ええこれでもありませんか。驚《おどろ》いたネ。ぢやあ、この黑《くろ》いのも負《ま》けてやれ。しかし、この黑《くろ》い

のは腐《くさ》つてゐるんぢやない。たゞ皮《かは》の色《いろ》が黑《くろ》く變《かは》つたに過《す》ぎない。いはゆるブラック・バナナといふ奴《やつ》だ。かういふのが本當《ほんたう》に美味《おい》しいのです。ええ笑《わら》つちやいけない。嘘《うそ》だと思《おも》つたら食《た》べて御覽《ごらん》。決《けつ》して嘘《うそ》じやないから……この美味《おい》しいブラック・バナナまでつけて、僅《わづ》かにこれで二十錢《せん》。これでもありませんか?

一體《たい》あなた方《がた》は何《なん》のために立《た》つてゐるんです。さては、金缺病者《きんけつびやうしや》ばかりと見《み》えますネ。よしてくれ、こつちは伊達《だて》や醉興《すゐきやう》に、かうして水鼻《みづばな》を垂《た》らしながら辨《べん》じてゐるんじやないよ。どうです。お世辭《せじ》でも一人位《ひとりくらゐ》は錢《ぜに》の出《だ》すものはゐませんか。カフエーへ行《い》きやチップにも出《だ》せない、たゞの二十錢《せん》だ。えゝ糞《くそ》! 思《おも》ひ切《き》つて腹切《はらき》つて、追剝《おひはぎ》にでも遭《あ》つたと思《おも》つて、十五錢《せん》だ」

往《ゆ》き來《き》の人々《ひと〲》を立《た》ち止《とま》らせて、舌先《したさき》三寸《ずん》で財布《さいふ》の紐《ひも》を解《と》かせようとするのだから、なか〱容易《やうい》な商賣《しやうばい》じやない。

かうして毎日《まいにち》、方々《はう〲》の緣日《えんにち》や祭《まつり》を目當《めあて》に步《ある》き廻《まは》つたのである。それに仕入《しいれ》まで一人《ひとり》でやるのだから、不自由《ふじいう》な身《み》には人《ひと》一倍《ばい》の苦勞《くらう》があつたのだ。それに途中《とちう》で雨《あめ》に降《ふ》られたり、時《とき》には車《くるま》に衝突《しやうとつ》して、折角《せつかく》のバナナが目茶苦茶《めちやくちや》にされたり、泣《な》くにも泣《な》けない情《なさ》けないことも數知《かずし》れず

あつた。

「あツ、村上君《むらかみくん》じやないか」

澁谷《しぶや》の氷川神社《ひかはじんじや》の祭《まつり》に行《い》く途中《とちう》、不意《ふい》に聲《こゑ》をかけられて振《ふ》り返《かへ》つて見《み》ると、粗末《そまつ》な着物《きもの》を着《き》て、腰《こし》に秤《はかり》をさした一見《けん》して屑屋《くずや》である男《をとこ》が立《た》つてゐた。

「暫《しばら》くでした。田村《たむら》ですよ。そら郵便局《いうびんきよく》で一緒《しよ》に働《はたら》いた田村《たむら》です」

「おゝ田村君《たむらくん》!」

郵便局《いうびんきよく》で彼《かれ》の隣《とな》りにゐて、よく助《たす》けてくれた男《をとこ》であつた。それにしても、何《なん》といふ變《かは》りはてた姿《すがた》であつたらう。見向《みむ》きするも嫌《いや》な感《かん》がする。いや變《かは》つたと云《い》へば、彼自身《かれじしん》もまたひどい變《かは》り方《かた》であつた。

「實《じつ》は緣日商人《えんにちしやうにん》をやつてゐるのだが、漸《やうや》くその日《ひ》を過《すご》してゐる有樣《ありさま》ですよ」

と彼《かれ》が云《い》ふと、田村《たむら》は

「どうです。一つ屑屋《くずや》をやつて見《み》る氣《き》はありませんか。此頃《このごろ》のやうに物價《ぶつか》の變動《へんどう》が激《はげ》しくなると、かなりの儲《まう》けもあるし、時折《ときおり》、掘出《ほりだ》し物《もの》も入《はい》りますよ」

と頻《しき》りに薦《すゝ》めるのであつた。緣日商人《えんにちしやうにん》と違《ちが》つて資本《しほん》が要《い》らぬし、收入《しうにふ》も確實《かくじつ》だといふのに惚《ほ》れ込《こ》んで、早速《さつそく》、屑屋《くずや》に轉業《てんげふ》することになつた。尤《もつと》も屑屋《くずや》は足《あし》が資本《しほん》である。ところが彼《かれ》は貫《くわん》通銃創《つうちうそう》のために、兩足《りやうあし》とも多少《たせう》不自由《ふじいう》ではあつたが、戰地《せんち》で働《はたら》いたことを思《おも》へば何《なん》でもない、と思《おも》つて、毎朝早《まいあさはや》くから、街《まち》から街《まち》へと

「屑《くづ》い、屑《くづ》い、新聞《しんぶん》、雜誌《ざつし》、空壜《あきびん》のお拂《はら》ひ物《もの》はありませんか」

呼聲《よびごゑ》もだん〱慣《な》れて來《く》ると、調子《てうし》もよく出《で》るやうになつて來《き》た。

「おい、屑屋《くづや》」と、大《おほ》きな聲《こゑ》で呼《よ》ぶやうな家《いへ》に限《かぎ》つて、あまり大《たい》した拂《はら》ひ物《もの》はない。せい〱新聞《しんぶん》か古雜誌《ふるざつし》が關《せき》の山《やま》である。

ところが、それと反對《はんたい》に「屑屋《くづや》さん」と小《ちい》さな聲《こゑ》で呼《よ》びかけられた時《とき》には、往々《おう〱》にして金銀《きんぎん》細工《さいく》のやうな意外《いぐわい》のものが入《はい》るのであつた。

しかるに、時《とき》には空巣《あきす》ねらひと間違《まちが》へられたり、猛犬《まうけん》に吠《ほ》えつかれたりしながらも、彼《かれ》はせつせと步《ある》き廻《まは》つた。幸《さいは》ひ毎日《まいにち》二圓《えん》から三圓位《ゑんくらゐ》になつたので、妻《つま》の內職《ないしよく》と併《あは》せて、ともかく、生《せい》活上《くわつじやう》の不安《ふあん》はなかつたのである。

遂に裁縫業で成功

かね〴〵妻女《さいぢよ》は頻《しき》りにミシンを欲《ほ》しがつてゐたところへ、或《あ》る日《ひ》一臺《だい》の古《ふる》ミシンを手《て》へ入《い》れたのであつた。右《みぎ》から左《ひだり》へ賣飛《うりと》ばせば相當《さうたう》の儲《まう》けにはなるが、妻《つま》が熱心《ねつしん》に希望《きばう》するので、そのまゝ家《いへ》に置《お》くことにした。そして、妻《つま》はそのミシンで裁縫《さいほう》の內職《ないしよく》をはじめたのである。ところが、それが大當《おほあた》りして毎日仕事《まいにちしごと》に追《お》はれ通《どほ》しといふ盛況振《せいきやうぶ》りであつた。

「貴方《あなた》が一日外《にちそと》で駈《か》けづり廻《まは》つて働《はたら》くより、私《わたし》が家《いへ》でミシン掛《かけ》をした方《はう》が、遙《はる》かに儲《まう》けが多《おほ》いわよ」

或時《あるとき》、妻《つま》は夫《をつと》に向《むか》つてそんなひやかしを云《い》ふのであつた。

「ねえ、貴方《あなた》も外《そと》で働《はたら》くより家《いへ》で一緒《しよ》にミシンをやつたら如何《どう》？　屑屋《くづや》へは先《さき》の樂《たの》しみも少《すく》いけれど、裁縫《さいほう》ならやり方《かた》によつては大《おほ》きくなるわよ」

妻《つま》に云《い》はれて彼《かれ》も頭《あたま》をかしげたのであつた。

「さうだ、屑屋《くづや》では一日《にち》いくらかけ廻《まは》つても五圓《ゑん》の儲《まう》けは滅多《めつた》にない。裁縫《さいほう》ならいい顧客《とくゐ》さへ摑《つか》めば、いくらでも擴張出來《くわくちやうでき》るのだ。よーし、やつてみよう」

さう決心《けつしん》した彼《かれ》は、その日《ひ》から熱心《ねつしん》にミシンを習《なら》ひはじめた。しかし、本當《ほんたう》にいゝ職人《しよくにん》になるには、若《わか》い時《とき》から仕込《しこ》まねば駄目《だめ》だ。それだのに彼《かれ》は年《とし》とつてから習《なら》ひはじめたのだから、人《ひと》の二倍以上《ばいいじやう》の努力《どりよく》を要《えう》するのだつた。

「東京《とうきやう》には隨分《ずゐぶん》たくさんの裁縫屋《さいほうや》がある。その澤山《たくさん》の人《ひと》と競爭《きやうさう》して、顧客《とくゐ》を獲得《くわくとく》しようとするのだから、普通《ふつう》のことをやつてゐては駄目《だめ》だ。人《ひと》が一度《ど》やれば俺《おれ》は二度《ど》やらねばならぬ。顧客《とくゐ》を訪問《はうもん》するにも人《ひと》が一度《ど》なら、俺《おれ》は二度《ど》、三度《ど》やる」

といふ風《ふう》に並大抵《なみたいてい》の努力《どりよく》ではなかつた。ところが、或《あ》る事情《じじやう》のために大《おほ》きい顧客《とくゐ》が倒《たふ》れて途方《とはう》に暮《く》れたこともあつた。それに陰險《いんけん》な中傷《ちうしやう》や迫害《はくがい》のために大打擊《だいだげき》を蒙《かうむ》つたこともあつた。時《とき》にはあまりに直情徑行《ちよくじやうけいかう》だつたために、重要《ぢうえう》な顧客《とくゐ》を失《うしな》つたこともあつた。その苦勞《くらう》たるや、一通《とほ》り二通《とほ》りではなかつたのである。

しかし、誠實《せいじつ》こそはあらゆる迫害《はくがい》に打《う》ち勝《か》つ最上《さいじやう》の武器《ぶき》である。彼《かれ》の熱誠《ねつせい》は一切《さい》の困難《こんなん》に打《う》ち勝《か》つて、漸《やうや》く仕事《しごと》は繁昌《はんじやう》するやうになつた。遂《つひ》には夫婦《ふうふ》だけでは手《て》が廻《まは》り切《き》れない程《ほど》になつ

たので、一人《ひとり》、二人《ふたり》と職人《しよくにん》をも使《つか》ふ身分《みぶん》になつた。そして職人達《しよくにんたち》と一心同體《しんどうたい》になつて奮鬪《ふんとう》したので、忽《たちま》ち職人《しよくにん》も十數人《すうにん》となり、目醒《めざま》しい發展《はつてん》を遂《と》げたのである。

兩足《りやうあし》に貫通銃創《くわんつうじうさう》を受《う》け、前頭部《ぜんたうぶ》の負傷《ふしやう》のため一眼《がん》の明《めい》を失《うしな》つた不具《ふぐ》の身《み》でありながら、常人《じやうじん》以上《いじやう》の奮鬪《ふんとう》をして、遂《つひ》に今日《こんにち》の大商店《だいしやうてん》を築《きづ》きあげた彼《かれ》に對《たい》して、健全《けんぜん》な四肢《し》を持《も》ちながら、碌《ろく》々たるものは愧《はづ》かしい次第《しだい》である。

相互扶助の團結

なほ彼《かれ》は小石川區內《こいしかはくない》に在住《ざいぢう》する傷痍軍人《しやういぐんじん》と相圖《あひはか》り、昭和《しやうわ》三年《ねん》二月《ぐわつ》「小石川區傷痍軍人立春會《こいしかはくしやういぐんじんりつしゆんくわい》」を設立《せつりつ》した。最初《さいしよ》の會員《くわいゐん》は僅《わづ》かに十八名《めい》で、日露《にちろ》、日獨兩戰役《にちどくりやうせんえき》の負傷者《ふしやうしや》ばかりであつたが、上海《しやんはい》、滿洲兩事變《まんしうりやうじへん》による負傷者《ふしやうしや》も參加《さんか》するやうになつて、最近《さいきん》ではその數《かず》三百餘人《よにん》に達《たつ》してゐるといふ。

「私《わたし》ども同人《どうじん》が同區內《どうくない》に居住《きよぢう》し、同《おな》じ役所《やくしよ》、同《おな》じ團體《だんたい》の下《もと》にある者《もの》が一堂《だう》に會《くわい》し、往時《わうじ》を追憶《ついおく》し、舊《きう》を談《だん》じ、新《しん》を圖《はか》り、互助《ごじよ》以《もつ》て大過《たいくわ》なき餘生《よせい》を送《おく》りたく……」

と發會趣意書《はつくわいしゆいしよ》に記《き》してある通《とほ》り、會員《くわいゐん》の相互扶助《さうごふじよ》と、治《ち》に居《ゐ》て亂《らん》を忘《わす》れざるの心懸《こゝろが》けのためである。

「またあの傷痍軍人《しやういぐんじん》が來《き》たよ。今日《けふ》も面白《おもしろ》い戰爭《せんさう》のお話《はなし》が聞《き》けるぞ。嬉《うれ》しいナ」

小石川《こいしかは》の小學生達《せうがくせいたち》は、彼等《かれら》の姿《すがた》が學校《がくかう》に見《み》えると、さう云《い》つて喜《よろこ》ぶのであつた。それは立春《りつしゆん》會《くわい》の會員達《くわいゐんたち》が、年《ねん》に二三回《くわい》くらゐ交互《かうご》に小學校《せうがくかう》へ出張《しゆつちやう》して、兒童達《じどうたち》に自分達《じぶんたち》の實戰談《じつせんだん》を面白《おもしろ》く聞《き》かせるからである。

彼《かれ》はかうして、第《だい》二國民《こくみん》の愛國心《あいこくしん》の養成《やうせい》に努力《どりよく》すると共《とも》に、春秋《しゆんじう》二回《くわい》、先輩《せんぱい》や名士《めいし》を招《まね》いて軍事講演會《ぐんじこうえんくわい》を開《ひら》き、一般《ぱん》の人々《ひとびと》にも聽講《ちやうこう》させて、軍事思想《ぐんじしさう》の普及《ふきふ》を圖《はか》つてゐる。劍《けん》を執《と》つては功名手柄《こうめうてがら》を現《あら》はし、治《ち》に居《ゐ》ては不自由《ふじいう》の身《み》を鼓《こ》して產《さん》をなし、僚友《れういう》の親睦《しんぼく》を圖《はか》る彼《かれ》の如《ごと》き、眞《しん》に尊敬《そんけい》すべき人物《じんぶつ》である。

苦節十年の實

東京市本郷區[redacted]
一等水兵勳八等
日本義肢工業組合理事長　武内　武君

毎月三千圓近い收入

帝大病院正門前《ていだいびやうゐんせいもんまへ》の大通《おほどほ》りを眞直《まつす》ぐに歩《あゆ》んで來《く》ると、本郷座《ほんがうざ》の眞向《まむか》いに地《ち》の利《り》を占《し》めた藥局《やくきよく》がある。これが武内藥局《たけうちやくきよく》である。更《さら》に同區《どうく》金助町《きんすけちやう》に義肢《ぎし》、整形器械《せいけいきかい》の製作工場《せいさくこうぢやう》を經營《けいえい》してゐる傍《かたはら》、舊郊外《きうかうぐわい》の大崎町《おほさきまち》に製藥工場《せいやくこうぢやう》まで設《まう》けて、毎月驚《まつきおどろ》くなかれ約《やく》二千圓《ゑん》の收益《しうえき》をあげてゐるといふ。昔《むかし》から云《い》はれてゐるやうに、たとへ藥《くすり》九層倍《そうばい》の儲《まう》けとは云《い》へ、その盛況振《せいきやうぶ》りは推《お》して知《し》るべしである。

彼《かれ》の事業收入《じげふしうにふ》はそればかりではない。昭和《せうわ》六年《ねん》に友人《いうじん》から買《か》ひ受《う》けた家作《かさく》の收入《しうにふ》が六十圓《ゑん》、それに支那事變勃發以來《しなじへんぼつぱついらい》、軍需工場《ぐんじゆこうぢやう》が雨後《うご》の筍《たけのこ》の如《ごと》く增設《ぞうせつ》、或《あるひ》は增築《ぞうちく》によつて、地方民《ちはうみん》の都市《とし》集中《しふちう》が著《いちじる》しくなり、極度《きよくど》の住宅難《ぢうたくなん》に陷《おちい》つてゐる現狀《げんじやう》に鑑《かんが》み、昨年《さくねん》の秋《あき》に豐島區駒込橋側《としまくこまごめばしがは》に豪壯《がうさう》なアパートを四萬《まん》二千五百圓《ゑん》(尤《もつと》もそのうち一萬圓《まんゑん》は未拂《みはらひ》)で買《か》ひ受《う》け、その收入《しうにふ》が七百圓《ゑん》に達《たつ》してゐるといふから、恩給月額約《おんきふげつがくやく》七十圓《ゑん》を合《あは》すれば、實《じつ》に毎月《まいつき》三千圓近《ゑんちか》い收入《しうにふ》があるわけである。

しかも、右足《うそく》を失《うしな》つた一本足《ぽんあし》で、ほんとうの裸《はだか》一貫《くわん》から粒々辛苦《りふくしんく》、僅《わづ》か十ケ年間《ねんかん》に、これ程《ほど》の成功《せいこう》を收《おさ》めたものは、あまり類例《るゐれい》のない話《はなし》である。本年《ほんねん》四十七歳《さい》といふ働《はたら》き盛《ざか》りであるから彼《かれ》の將來《しやうらい》こそ實《じつ》に輝《かゞやか》しきものがある。

一見《けん》、時代《じだい》の波《なみ》に乘《の》つた幸運兒《かううんじ》のやうにも云《い》はれるが、今日《こんにち》の大成《たいせい》を築《きづ》きあげたものは、これすべて彼《かれ》の貴《たふと》い汗《あせ》と脂《あぶら》の結晶《けつしやう》であつて、濡手《ぬれて》に粟《あは》のぼろい儲《まを》けでは決《けつ》してないのだ。あらゆる世《よ》の荒波《あらなみ》と鬪《たゝか》ひ、艱難辛苦《かんなんしんく》を克服《こくふく》した賜物《たまもの》なのだ。彼《かれ》の今日《こんにち》の成功《せいこう》については、大日本傷痍《だいにつぽんしやうい》軍人會《ぐんじんくわい》でも賞讃《しやうさん》してゐる程《ほど》で、世捨人《よすてびと》ならぬ青年達《せいねんたち》の範《はん》とすべき更生感話《かうせいかんわ》の第《だい》一頁《ページ》を飾《かざ》るものである。されば招《まね》かれて東京第《とうきやうだい》一、第三陸軍病院《だいりくぐんびやうゐん》で講演《かうえん》すること幾度《いくたび》か、また推《お》されて隨所《ずゐしよ》において、その成功苦心談《せいこうくしんだん》の一節《せつ》を述《の》べてゐるのである。

一昨年《さくねん》の八月《ぐわつ》に、彼《かれ》が中心《ちうしん》となつて東京義肢工業組合《とうきやうぎしこうげふくみあひ》を設立《せつりつ》し、更《さら》に昨年《さくねん》の十一月《ぐわつ》には、全《ぜん》國《こく》を打《う》つて一丸《ぐわん》とする大日本義肢《だいにつぽんぎし》工業組合《こうげふくみあひ》(目下監督《もくかかんとく》官廳《くわんちやう》に認可申請中《にんかしんせいちう》)が設立《せつりつ》されるや、彼《かれ》は推《お》されてその理事長《りじちやう》に選《えら》ばれたのである。

なほ、こゝに附記《ふき》して置《お》かなければならぬことは、内助《ないじよ》の功顯著《こうけんちよ》であつた妻女《さいぢよ》の存在《そんざい》を忘《わす》れてはならぬのである。彼《かれ》は妻《つま》に對《たい》する感謝《かんしや》の念《ねん》で「私《わたし》は朝《あさ》から晩《ばん》まで仕事《しごと》に追《お》はれ通《どほ》しなので、家庭内《かていない》のことは一切妻《さいつま》に任《まか》せきりです。妻《つま》はよく私《わたし》の氣持《きもち》を呑《の》み込《こ》んでくれて、かりそめにも他人《たにん》の厄介《やくかい》になるやうなことがあつてはならないと、どこまでも自力《じりき》で生活《せいくわつ》の基礎《きそ》を固《かた》めるべく、極力《きよくりよく》無駄《むだ》を省《はぶ》き、一文《もん》でも貯金《ちよきん》しようと心掛《こゝろが》けて來《き》たのです。收入《しうにふ》も多《おほ》いが、支出《ししゆつ》もまた大變《たいへん》なものです。一萬圓《まんゑん》に對《たい》する月賦償還《げつぷしやうかん》、生命保險《せいめいほけん》(七千圓)及《およ》び家屋動産保險《かをくどうさんほけん》(一萬圓)の掛金《かけきん》、それに銀行《ぎんかう》の定期貯金等《ていきちよきんかう》、家計上《かけいじやう》のことは一切妻《さいつま》がやつてゐます。それに店《みせ》の方《はう》も調劑《てうざい》以外《いぐわい》は全部《ぜんぶ》一人《り》で接客《せつきやく》してゐます。毎晩遲《まいばんおそ》くまで收支計算《しうしけいさん》で頭《あたま》を惱《なや》ましてゐる姿《すがた》を見《み》るにつけ、金《かね》の苦勞《くらう》までさせて濟《す》まないと思《おも》ふこともあります」

彼等夫婦《かれらふうふ》は二人《にん》三脚《きやく》で文字通《もじどほ》り、常《つね》に腕《うで》をしつかりと組合《くみあは》せて黃金《こがね》の山《やま》を築《きづ》きあげたのであるが、たゞ物淋《ものさび》しきことは、後《あと》にも先《さき》にも一粒種《ひとつぶだね》の一男《なん》だけで、こればかりは、さすがの彼《かれ》も力及《ちからおよ》ばずと見《み》える。

射擊演習で右足を失ふ

彼《かれ》は愛知縣丹羽郡羽黑村《あいちけんたんばぐんはぐろむら》の小作農《こさくのう》であつた棟《むね》一の三男《なん》に生《うま》れ、八年制《ねんせい》の高等小學校《かうとうせうがくかう》を卒業《そつげふ》した。元來父《ぐわんらいちゝ》は軍人崇拜者《ぐんじんすうはいしや》であり、また非常《ひじやう》な憧《あこが》れをもつてゐた。そこで「幸《さいは》ひどの子《こ》も鬼《おに》のやうに頑丈《がんぢやう》な身《み》だから、將來《しやうらい》は皆軍人《みなぐんじん》にさせたいものだ」ところが、長男《ちやうなん》は不圖《ふと》した怪我《けが》から遂《つひ》に不合格《ふがふかく》となり次《つぎ》に二男《なん》へと期待《きたい》をかけてゐたところ、これまた籤《くじ》のがれで望《のぞ》みがなくなつてしまつたので、今度《こんど》は三男《なん》こそと大《おほ》いに期待《きたい》してゐたので、これをかね〴〵聞《き》かされてゐた彼《かれ》は早速《さつそく》、横須賀海兵團《よこすかかいへいだん》に志願《しぐわん》したのであつた。それがうまくパスしたので、父《ちゝ》の喜《よろこ》びも一方《ひとかた》でなかつた。

ところが當時歐洲大戰中《たうじおうしうたいせんちう》で、我軍《わがぐん》は聯合國側《れんがふこくがは》に組《くみ》してドイツ攻擊中《こうげきちう》であつたので、彼等《かれら》の便乘《びんじよう》せる「香取《かとり》」もまた參加《さんか》することになり、遂《つひ》に南洋《なんやう》の獨領《どくりやう》サイパン島《たう》を占領《せんりやう》した。次《つ》いで靑《せい》

島《たう》から太平洋《たいへいやう》に逃亡《たうばう》したドイツ巡洋艦《じゆんやうかん》シャルンホルスト號外《がうほか》一隻《せき》の追撃《つひげき》に、イギリス東洋艦隊《とうやうかんたい》と共《とも》に、我《わ》が「香取《かとり》」・「生駒《いこま》」・「鞍馬《くらま》」等《とう》が大活動《だいくわつどう》をしたのであつた。

かくて、歐洲大戰《おうしうたいせん》も聯合國側《れんがふこくがは》が大勝《たいしよう》を博《はく》して終焉《しうえん》を告《つ》げたのであるが、幸《さいは》ひ彼《かれ》は無傷《むきず》で凱旋《がいせん》することが出來《でき》たのである。しかし、彼《かれ》にとつては實《じつ》にあつけないものだつたらしく。

「何《なん》とかもつと武勳《ぶくん》をたてなければ、父《ちゝ》に會《あは》す顏《かほ》がない」

と思《おも》つた彼《かれ》は、兎《と》も角《かく》、せめて恩給《おんきふ》のつくまで頑張《ぐわんば》る覺悟《かくご》で、一先《ひとま》づ原隊《げんたい》に歸還《きくわん》することになつたのであるが、途中《とちう》で彼《かれ》の便乘《びんじよう》してゐる「香取《かとり》」が第《だい》二艦隊《かんたい》の旗艦《きかん》となり、彼《かれ》は舞鶴《まひづる》に編入《へんにふ》された。その後《ご》、「鹿島《かしま》」・「相模《さがみ》」へと轉々《てん〳〵》と乘換《のりかへ》を命《めい》ぜられ、大正《たいしやう》五年《ねん》の演習《えんしふ》がすむと遂《つひ》に「相模《さがみ》」は豫備編入《よびへんにふ》といふことになり、彼《かれ》は内心甚《ないしんはなは》だ遺憾《ゐかん》に思《おも》つてゐたところへ、「宗谷《そうや》」・「丹後《たんご》」と共《とも》にロシアに讓渡契約《じやうとけいやく》が成《な》り、その回航員《くわいかうゐん》としてウラジオへ行《い》つた。その後《ご》、更《さら》に「周防《すはう》」に轉乘《てんじよう》、横須賀《よこすか》へ回航《くわいかう》して來《き》てから、大正《たいしやう》六年《ねん》四月《ぐわつ》に水雷學校《するらいがくかう》に入學《にふがく》し、七ケ月《げつ》の課程《くわてい》を終《を》へて再《ふたゝ》び「周防《すはう》」へ掌水雷兵《しやうするらいへい》として戻《もど》つた。

同年《どうねん》十二月《ぐわつ》十日《か》に、館山《たてやま》で射撃訓練中《しやげきくんれんちう》、たま〳〵風雨《ふうう》が強《つよ》くなり浪高《なみたか》かつたので、海中《かいちう》のロープ作業《さげふ》に飛《と》び込《こ》んだ彼《かれ》は、不運《ふうん》にも標的《へうてき》の上《うへ》でボートの下敷《したじき》となり、意識不明《いしきふめい》の中《うち》に横須賀《よこすか》海軍病院《かいぐんびやうゐん》にかつぎ込《こ》まれ、四日目《かめ》には惜《をし》くも右大腿部《みぎだいたいぶ》三分《ぶん》の二以下《いか》を切斷《せつだん》される身《み》となつてしまつた。約半《やくはん》ケ年《ねん》の入院治療《にふゐんちれう》で、大正《たいしやう》七年《ねん》六月《ぐわつ》一日《にち》に兵役免除《へいえきめんぢよ》となつて歸郷《ききやう》したのである。

自炊しながら藥學校へ

歸郷《ききやう》はしたものの右足《うそく》一本失《ぽんうしな》つては、百姓《ひやくしやう》することも出來《でき》ず、それかと云《い》つてぶら〳〵しても居《を》れず、あれやこれやと將來《しやうらい》のことについて惱《なや》み續《つゞ》けたのであるが、親兄弟《おやきやうだい》は擧《こぞ》つて賣藥《ばいやく》業《げふ》でも始《はじ》めたらとすゝめる。

「成程《なるほど》、賣藥《ばいやく》の收益《しうえき》と恩給《おんきふ》があれば、どうにか暮《くら》せないこともなからう」一時《じ》はさうも考《かんが》へたのであつたが、しかし、そんなことで滿足《まんぞく》する彼《かれ》ではなかつた。

「どうせ藥屋《くすりや》になるなら、先《ま》づ藥劑師《やくざいし》の資格《しかく》をとらなければならぬ」

さうは決心《けつしん》してみたものの、それにはどうしても藥學校《やくがくかう》に入《はい》つて、一通《ひととほ》りの課目《くわもく》を修《をさ》めなければ、とても資格試驗《しかくしけん》は受《う》けられない。しかし、この地方《ちはう》の風習《ふうしふ》として中等學校以上《ちうとうがくかういじやう》に進《すゝ》むも

のは、先《ま》づ上流家庭《じやうりうかてい》でなければ出來《でき》ないもののやうに考《かんが》へられてゐたので、彼《かれ》はいろ〳〵煩悶《はんもん》した。遂《つひ》に彼《かれ》は起《た》ち上《あが》つて

「さうだ！　俺《おれ》はどうしても藥學校《やくがくかう》へ入《はい》つて、立派《りつぱ》な藥劑師《やくざいし》になるんだ。親兄弟《おやきやうだい》の厄介《やくかい》にならずとも、切詰《きりつ》めた生活《せいくわつ》をやれば恩給《おんきふ》でどうやら間《ま》に合《あ》ふ」

彼《かれ》の決心《けつしん》は實《じつ》に堅《かた》く、物凄《ものすご》い意氣込《いきごみ》であつた。そして親《おや》や兄《あに》に向《むか》つて、

「どうか俺《おれ》が藥學校《やくがくかう》（名古屋《なごや》の愛知藥學校《あいちやくがくかう》）へ入《はい》ることを許《ゆる》してくれ。その代《かは》りどんなことがあつても、親兄弟《おやきやうだい》から一文《もん》の援助《ゑんじよ》なしで立派《りつぱ》に卒業《そつげふ》してみせるから」

彼《かれ》のあまりの熱心《ねつしん》さに遂《つひ》に、親《おや》や兄《あに》も動《うご》かされ、それを承認《しようにん》することゝなつた。しかし近所《きんじよ》の手前上《てまへじやう》、翌朝《よくてう》まだ明《あ》けやらぬうちに人目《ひとめ》を憚《はゞか》るやうにして、兄《あに》の仕立《した》てたリヤカーに乘《の》り、一里餘《りよ》の田舍道《ゐなかみち》を停車場《ていしやぢやう》まで見送《みおく》られたのであつた。

そして名古屋《なごや》へ着《つ》くと先《ま》づ一番安《ばんやす》い貸間《かしま》を探《さが》し求《もと》め、その日《ひ》から自炊《じすゐ》する段取《だんどり》をはじめたのである。もつとも同市内《どうしない》に叔父《をぢ》、叔母《をば》も居《を》つたが、決《けつ》して他人《たにん》を頼《たよ》りにしてはいけない、すべて自力《じりき》でやるといふ彼《かれ》の堅《かた》い信念《しんねん》であつたので、勿論《もちろん》、何《なん》の通知《つうち》もしなかつた。そして、その年《とし》の十月《ぐわつ》に愛知藥學校《あいちやくがくかう》の速成科《そくせいくわ》に入學《にふがく》が許可《きよか》され、自炊《じすゐ》しながら勉強《べんきやう》してゐたのであるが、翌《よく》年《ねん》の四月《ぐわつ》には郷里《きやうり》から妹《いもうと》まで呼寄《よびよ》せ、一切彼《さいかれ》の負擔《ふたん》において同《おな》じ愛知藥學校《あいちやくがくかう》へ通學《つうがく》させたのである。かくて、大正《たいしやう》九年《ねん》十月《ぐわつ》には螢雪《けいせつ》二ケ年《ねん》、目出度《めでた》く速成科《そくせいくわ》を卒業《そつげふ》したのである。

在學中《ざいがくちう》の學資金《がくしきん》は、論行功賞《ろんかうこうしやう》による百圓《ゑん》、免役當時《めんえきたうじ》の義捐金《ぎえんきん》百圓《ゑん》、恩給年額《おんきふねんがく》百十七圓《ゑん》が二ケ年《ねん》で二百三十四圓合計《ゑんがふけい》四百三十四圓《ゑん》であるから、月額《げつがく》僅《わづ》かに十八圓《ゑん》といふ心細《こゝろぼそ》いものであつた。從《したが》つて出來《でき》るだけ節約《せつやく》に節約《せつやく》を重《かさ》ね、冬《ふゆ》でも炊飯時《すゐはんじ》以外《いぐわい》は火《ひ》を用《もち》ひたことがなく、一汁《じふ》一菜《さい》の粗食《そしよく》に甘《あま》じながら、寢《ね》るめも寢《ね》ずに勉強《べんきやう》に餘念《よねん》なく、文字通《もじどほ》り四苦《く》八苦《く》の生活《せいくわつ》を續《つゞ》けて來《き》たのである。

そして、翌年《よくねん》一月《ぐわつ》に學科《がくくわ》と實地《じつち》の檢定併願《けんていへいぐわん》をなしたのである。

「世間態《せけんてい》を憚《はゞ》かつてゐた親《おや》や兄《あに》を納得《なつとく》させてまで飛《と》び出《だ》した以上《いじやう》、たとへ石《いし》に噛《かじ》りついても目的《もくてき》を達成《たつせい》させなければ、死《し》すとも再《ふたゝ》び故郷《こきやう》の土《つち》を踏《ふ》まぬ決心《けつしん》でした。生命《せいめい》に關係《くわんけい》しなかつたら、どんな不味《まず》いものでも、また暑《あつ》い寒《さむ》いも平氣《へいき》で押《お》し通《とほ》して來《き》たものです。

當時《たうじ》は經濟《けいざい》、米騒動《こめさうどう》のあつた時分《じぶん》で、すべての物價《ぶつか》が高《たか》く、米《こめ》一升《しよう》六十錢《せん》といふ高値《たかね》だつた

ので、とても苦《くる》しみました。それに寸時《すんじ》の暇《ひま》も惜《を》しいので、三日分位《かぶんぐらゐ》の米《こめ》を磨《と》いで乾《ほ》しておき朝起《あさお》きたら七輪《りん》に火《ひ》を起《おこ》して鍋《なべ》をかけ、湯《ゆ》が沸《わ》いたら米《こめ》を入《い》れ、炊《ふ》け上《あが》つたら火《ひ》を消《け》し七輪《りん》の温《あたゝま》りで味噌汁《みそじる》を煮《に》たものです。それ以外《いぐわい》どんな酷寒《ごくかん》でも火《ひ》を用《もち》ひたことはありませんでした。

時折《ときをり》、叔母《をば》がやつて來《き》てこつそり鍋《なべ》の蓋《ふた》をとつ（てこんなものを食《た》べてゐたら榮養不良《えいやうふそく》になつてしまふよ）幾度《いくど》か注意《ちうゐ》を受《う》け、（今日《けふ》、他所《よそ》からこんな美味《をい》しいものを貰《もら》つたから、少《すこ》し持《も》つて來《き》たよ）と、いろ〳〵親切《しんせつ》にしてくれました。しかし人《ひと》の厄介《やくかい》になつては心苦《こゝろぐる》しいと思《おも》ひ、そのお返《かへ》しに困《こま》つて、何時《いつ》の間《ま》にか御馳走《ごちそう》を貰《もら》つた皿《さら》が三、四枚《まい》も溜《たま》つて弱《よわ》つたこともありました。

何《なに》はとも角《かく》、勉強第一《べんきやうだい》と他《た》の何物《なにもの》をも顧《かへり》みる暇《ひま》なく、夜《よ》の一時《じ》、二時《じ》の時計《とけい》の音《おと》を聞《き》くことも少《すく》なかつたのです。誰《だれ》が何《なん》と云《い》はうと、またどんな辛《つら》い苦《くる》しいことがあつても、學校《がくかう》を卒業《そつげふ》するまでは頑張《がんば》らなくてはいけないといふ信念《しんねん》を忘《わす》れなかつたのです。

彼《かれ》のこの奮闘《ふんとう》、辛苦《しんく》こそ貴《たふと》い血《ち》と涙《なみだ》の繪卷物語《ゑまきものがたり》なのだ。

苦心の一節

郷里《くに》を出《で》る時《とき》の決意《けつい》は毫《がう》も緩《たゆ》むことなく、自己完成《じこくわんせい》のために一路邁進《ろまいしん》したのであつた。藥劑師《やくざいし》の檢定《けんてい》をとらぬうちは兎《と》も角《かく》、就職《しうしよく》せずに一心《しん》に勉強《べんきやう》しようと覺悟《かくご》を決《き》めてゐたのである。ところが檢定試驗準備中《けんていしけんじゆんびちう》、たま〳〵昭和《せうわ》十年《ねん》三月《ぐわつ》に、義肢研究《ぎしけんきう》のため陸軍省醫務局《りくぐんしやういむきよく》に招《せう》ぜられる身《み》となつた。

この時《とき》は彼《かれ》もちよつと考《かんが》へ迷《まよ》つた。「檢定《けんてい》をとるまでは、決《けつ》して他《た》に心《こゝろ》を奪《うば》はれてはならぬのだ。だが、こんなチャンスは再《ふたゝ》び廻《まは》つてくるかどうか。しかし、勤務《きんむ》の傍《かたは》らでも勉強《べんきやう》すれば出《で》來《き》ないことはないと考《かんが》へた彼《かれ》は、早速上京《さつそくじやうきやう》して東京目黑《とうきやうめぐろ》の衞生材料廠《えいせいざいれうしやう》に奉職《ほうしよく》した。そして翌《よく》月名古屋《げつなごや》で行《おこな》はれた檢定試驗《けんていしけん》に學說《がくせつ》は見事合格《みごとがふかく》したが、實地《じつち》は遂《つひ》に失敗《しつぱい》。更《さら》に九月《ぐわつ》、大阪《おほさか》で行《おこな》はれた實地試驗《じつちしけん》に漸《やうや》くパスして、藥劑師《やくざいし》としての免許狀《めんきよじやう》を下附《かふ》されたのであつた。その時《とき》の彼《かれ》の喜《よろこ》びは如何《いか》ばかりであつたらうか？　全《まつた》く眼《め》に見《み》えるやうな氣《き》がする。

そこで、彼《かれ》は獨立《どくりつ》して藥局《やくきよく》を開業《かいげふ》しようと、かね〴〵その場所《ばしよ》を物色中《ぶつしよくちう》であつたが、當時《たうじ》は

まだ大震災《だいしんさい》の燒跡《やきあと》だつたので、全《まつた》くどこでも選《よ》り取《ど》り見取《みど》りの狀態《じやうたい》であつた。

「開業《かいげふ》するには此時《このとき》だ。今《いま》が一番《ばん》よいチャンスだ」

さう考《かんが》へた彼《かれ》は、先《ま》づ將來《しやうらい》はどうしても帝大病院《ていだいびやうゐん》を得意《おきやく》に持《も》たなくてはと、その附近《ふきん》を中心《ちうしん》に、且《か》つ誰《たれ》にもわかり易《やす》い場所《ばしよ》といふ條件《でうけん》の下《もと》に、結局《けつきよく》、表記《へうき》のところを選定《せんてい》したのである。

たま〳〵衞生材料廠《えいせいざいれうしやう》が陸軍省《りくぐんしやう》から內務省《ないむしやう》に移管《いくわん》されることになつたので、それを機會《きくわい》に大正《たいしやう》十三年《ねん》五月《ぐわつ》に同廠《どうしやう》を退職《たいしよく》し、いよ〳〵開業《かいげふ》の準備《じゆんび》に取《と》りかゝつた。その時《とき》に彼《かれ》は月給《げつきふ》と恩給《おんきふ》の貯金《ちよきん》が既《すで》に約千圓《やくえん》ばかりあつたので、先《ま》づ地上權《ちじやうけん》に七百圓支拂《えんしはら》ひ、友人《いうじん》から六百五十圓借《えんかり》受《う》けて、さゝやかながらも藥局《やくきよく》らしい建物《たてもの》が出來上《できあが》つた。そこで問屋《とんや》から特《とく》に藥品《やくひん》の仕入《しいれ》を掛《かけ》にして貰《もら》ひ、約《やく》六百圓仕入《えんしい》れ、兎《と》も角開業《かくかいげふ》できたのである。なほ、その傍《かたは》ら義肢及《ぎしおよ》び整形器械《せいけいきかい》の製作《せいさく》もはじめた。

かうして多年《たねん》の宿望《しゆくばう》漸《やうや》く叶《かな》つたので、かねて衞生材料廠《えいせいざいれうしやう》に奉職中《ほうしよくちう》、毎週《まいしう》の水曜《すゐえう》に帝大病院《ていだいびやうゐん》へ研究出張《けんきうしゆつちやう》を命《めい》ぜられてゐたのを幸《さいは》ひに、それを緣故《えんこ》として再來帝大病院《じらいていだいびやうゐん》からの注文《ちうもん》を受《う》けやうとお百度踏《どふ》むこと實《じつ》に八ケ年《ねん》、雪《ゆき》の降《ふ》る日《ひ》も雨《あめ》の降《ふ》る日《ひ》も一日《にち》としてかいたことがなかつた。漸《やうや》く多年《たねん》の念願《ねんがん》が叶《かな》ひ、昭和《せうわ》五年《ねん》にその指定《してい》の義肢《ぎし》、整形器械製作所《せいけいきかいせいさくじよ》となつたのである。

これによつても、彼《かれ》が如何《いか》に熱心家《ねつしんか》であり、努力家《どりよくか》であるかゞ窺《うかゞ》ひ知《し》ることが出來《でき》るであらう。さればこそ今日《こんにち》の大成功《だいせいこう》をしたので、今日《こんにち》でもなほ毎週《まいしう》の月《げつ》、水《すゐ》、金《きん》の指定日《していび》には、事情《じじやう》の如何《いかん》を問《と》はず彼自《かれみづか》ら出張《しゆつちやう》して、注文《ちうもん》を受《う》けて來《く》るといふ。それ以來《いらい》、この義肢《ぎし》、整形器械《せいけいきかい》製作所《せいさくじよ》を本鄕金助町《ほんがうきんすけちやう》に獨立《どくりつ》させ、現在《げんざい》では十數人《すうにん》の職工《しよくこう》を雇傭《こよう》して注文《ちうもん》に忙殺《ばうさつ》されてゐるのである。

その外《ほか》になほ赤《せき》十字病院《じびやうゐん》、橫濱病院等《よこはまびやうゐんとう》からの注文《ちうもん》も一手《て》に引受《ひきう》けてゐるといふ、その信用《しんよう》たるや實《じつ》に絕大《ぜつだい》なるものである。

「私《わたし》の今日《けふ》を爲《な》さしめたのは偏《ひとへ》に帝大整形科《ていだいせいけいくわ》の高木博士《たかぎはくし》をはじめ、赤《せき》十字《じ》の蔭山博士《かげやまはくし》、それに橫濱病院《よこはまびやうゐん》の濱田博士等《はまだはくしとう》の御同情《ごどうじやう》、御支援《ごしゑん》に外《ほか》ならぬのです。全《まつた》くこれ等《ら》諸先生《しよせんせい》に對《たい》しては、常《つね》〴〵に心《こゝろ》から感謝《かんしや》してゐる次第《しだい》です。もつとも私《わたし》も人知《ひとし》れぬ苦勞《くらう》をしましたが、しかし妻《つま》の苦《く》勞《らう》も一方《ひとかた》ではなかつたのです。」

彼《かれ》は頗《すこぶ》る謙遜《けんそん》して語《かた》るのであつた。更《さら》に語調《ごてう》を高《たか》く

「傷痍軍人《しやういぐんじん》だと云《い》つてチヤホヤされる間《あひだ》は誰《たれ》しもいゝ氣持《きもち》ですが、世《よ》の中《なか》は決《けつ》してそんな甘《あま》いものではありません。追々《おひく》に世《よ》の荒浪風《あらなみかぜ》が強《つよ》く當《あた》つて來《く》るやうになると、はじめて我身《わがみ》の不自《じ》由《ゆう》なことが泌々《しみぐ》と感《かん》じて不平《へい》や不滿《ふまん》も出《で》て來《く》るのです。もし、これが自分《じぶん》の不注意《ふちうい》で怪我《けが》し、或《あるひ》は工場《こうぢやう》で機械《きかい》に引摺《ひきず》り込《こ》まれて腕《うで》を一本《ぽん》とられるか、足《あし》を失《うしな》つたとしたら、自資《じし》、或《あるひ》は工場《こうぢやう》主《しゆ》の負擔《ふたん》にしろ、それと比較《ひかく》して、私共傷痍軍人《わたしどもしやういぐんじん》は一生涯恩給《しやうがいおんきふ》を頂戴《ちやうだい》するのですから、有難《ありがた》いものです。それを考《かんが》へても決《けつ》して他力本願《たりきほんぐわん》であつてはいけない、どこまでも自力《じりき》を以《もつ》て更生《こうせい》しなくては、名譽《めいよ》ある軍人《ぐんじん》と申《まう》されません」

彼《かれ》のこの一語《ご》こそ、貴《たうと》い體驗談《たいけんだん》として傾聽《けいちやう》に値《あた》ひするものであり、吾々《われく》のよく玩味《がんみ》すべき金《きん》言《げん》であらう。

「過去《かこ》においては隨分苦《ずゐぶんく》しいことや、辛《つら》いことも數々《かずく》ありましたが、決《けつ》して他人《たにん》の厄介《やくかい》にはならないといふ信念《しんねん》で押《お》し通《とほ》して來《き》ました。そして將來《しやうらい》、どんなことがあつても、他人《たにん》に迷惑《めいわく》かけずにやつて行《い》けるといふ確信《かくしん》のつかぬうちは、迂濶《うかつ》に他人《たにん》の世話《せわ》などして逆《ぎやく》に自分《じぶん》が厄介《やくかい》になつてはいけないと思《おも》ひ、生活基礎《せいくわつきそ》の安定策《あんていさく》に汲々《きふく》として來《き》ました。幸《さいは》ひ最近《さいきん》では、どうにか

見透《みとほ》しもつきましたので、組合《くみあひ》の仕事《しごと》や、町會《ちやうくわい》のこと等《とう》も御引受《おひきう》けしました。それに、私《わたし》のやうなものゝ苦心談《くしんだん》や體驗談《たいけんだん》を述《の》べて貰《もら》ひたいと云《い》つて、いろ〳〵な會《くわい》から招《まね》かれますが、未《み》完成時代《くわんせいじだい》には一切謝絶《さいしやぜつ》してゐました」

彼《かれ》から學《まな》ぶべきものが幾多《いくた》あるか知《し》れないのだ。

それに彼《かれ》はまた、使用人《しようにん》を可愛《かあい》がること我子《わがこ》の如《ごと》く、婚期《こんき》に達《たつ》すれば何《なに》から何《なに》まで一切世話《さいせわ》をしてゐるその費用《ひよう》は勿論《もちろん》、住宅《ぢうたく》まで心配《しんぱい》してくれるので、使用人側《しようにんがは》もまた、彼《かれ》を慈父《じふ》のやうに慕《した》ひ敬《うやま》つてゐる。何《なん》といふ床《ゆか》しい情景《じやうけい》ではあるまいか。最後《さいご》に彼《かれ》の失敗談《しつぱいだん》を一つ。

「私《わたし》の生涯忘《しやうがいわす》れることの出來《でき》ないものは、昭和《せうわ》三年《ねん》に取引銀行《とりひきぎんかう》の破産《はさん》から、粒々辛苦《りふくしんく》貯《た》めた約《やく》三千圓《ゑん》が不拂《ふはらひ》になつた時《とき》です。泣《な》いても泣《な》き切《き》れぬ憤慨《ふんがい》のあまり、遂《つひ》に腕力沙汰《わんりよくさた》に及《およ》んで警察《けいさつ》の留置場《りうちぢやう》に放《ほう》り込《こ》まれました。憶《おも》へば、つまらぬところに軍人精神《ぐんじんせいしん》を發揮《はつき》したものでした。アハハア……」

彼《かれ》の高笑《たかわら》ひで紫煙《しえん》はパツと天井《てんじやう》を覆《おほ》ふた。

片足の鐵工場主

香川縣仲多度郡[redacted]
步兵上等兵 勳八等 高畑謙三君

街を縫ふゐざり

空《そら》は高《たか》くからりと晴《は》れてゐた。すい〳〵と飛《と》んでゐる蜻蛉《とんぼ》を子供《こども》たちは追《お》ひかけまはつてゐる。そうした或《あ》る日曜日《にちえうび》であつた。何處《どこ》から此《こ》の町《まち》に流《なが》れ込《こ》んで來《き》たのか、いつぞ見《み》かけないゐざりが埃《ほこり》にまみれた髯面《ひげづら》に汗《あせ》を掻《か》いて、櫂《かひ》を漕《こ》ぐやうに自分《じぶん》の乘《の》つてゐる箱車《はこぐるま》を押《お》してゐた。しかし車《くるま》はがたびし音《おと》を立《た》てるばかりで、ゐざりの力《ちから》ではなか〳〵動《うご》かなかつた。ゐざりは一間《けん》行《い》つては一息《いき》つき、また力限《ちからかぎ》り車《くるま》を押《お》すのであるが、力《ちから》が足《た》りないのか道《みち》が惡《わる》いのか前《まへ》と同《おな》じやうな調子《てつし》だ。ゐざりの頸《くび》から胸《むね》には頭陀袋《づだぶくろ》が吊《つ》るしてあるのを見《み》ると、四國《こく》八十八ヶ所《しよ》の靈場《れいぢやう》を巡禮《じゆんれい》してゐる遍路姿《へんろすがた》であつた。白木綿《しろもめん》で拵《こしら》へたじんべのやうな羽織《はおり》、ゐざりの顏《かほ》と

同《おな》じやうに煤《すゝ》けてゐるが、その靈場《れいぢやう》の印形《いんけい》が一つ二つ三つ……もう十二三も重《かさ》なつて居《ゐ》た。ゐざりのさうした姿《すがた》は往來《わうらい》の人々《ひとぐ》に感激《かんげき》の念《ねん》をそゝらせずにはおかなかつた『よくもまあお詣《まゐ》り出來《でき》たものだ。弘法樣《こうぼふさま》がついてゐらつしやるからであらう』と私《ひそ》かに思《おも》ひ、いひ合《あ》はしたやうにゐざりのそばに寄《よ》つて來《き》て一錢《せん》二錢《せん》と喜捨《きしや》し、口《くち》に遍照金剛《へんせうこんがう》を唱《とな》へて去《さ》つて行《い》つた。

その度《たび》に、ゐざりは車《くるま》をとゞめ、頭《あたま》を深《ふか》く垂《た》れて、唱名《しやうみやう》と共《とも》にりん〳〵と鈴《すゞ》を鳴《なら》した。その音《ね》は實《じつ》に淸《きよ》らかであつた。まるで頭《あたま》の上《うへ》にひろがつてゐる青空《あをぞら》のやうに美《うつく》しくもあつた。

ゐざりは再《ふたゝ》び棒《ぼう》を取《と》つて、車《くるま》を押《お》し〳〵してゐた。「あア、もし」見《み》るに見《み》かねてか、かう聲《こゑ》をかけたのはまだ三十には間《ま》もあらう若《わか》い女《をんな》であつた。白粉氣《おしろいけ》のない彼女《かのぢよ》の顏《かほ》にはつぶらな瞳《ひとみ》がつややかに輝《かゞや》いてゐた。「あの、御難澁《ごなんじふ》のやうですが車《くるま》がいたんでゐるのではないでせうか?」突然《とつぜん》の質問《しつもん》にゐざりは怪訝《けげん》な面持《おももち》をしてゐたが、やつと女《をんな》のいふ意味《いみ》が酌《く》みとれたのか髭《ひげ》に埋《うづ》まつた微笑《びせう》さへ泛べ、齒《は》のない唇《くちびる》をもぐ〳〵動《うごか》して「え、もうすつかり擦《す》り減《へ》つてしまつたものですから」と答《こた》へた。それを聽《き》くと女《をんな》は「さうですか。それぢや車《くるま》を取《と》り換《か》へたらいゝでせう」と事《こと》もなげにいふのであつた。惡《わる》いものをいゝものと換《か》へたらよくなるのは當《あた》り

前《まへ》のことで、それが出來《でき》ないから苦勞《くらう》をしてゐるのだと、ゐざりはひとり問答《もんだう》をして「さうは思《おも》つてゐるのですが」と、みなまで云《い》はずに言葉《ことば》を切《き》つた「わたしのうちまでお出《い》で下《くだ》さい。よくして上《あ》げますから……いゝえこゝにじつとしてゐて下《くだ》さい」女《をんな》はさういつて、とある家《いへ》に馳《か》け込《こ》んだ。間《ま》もなくその家《いへ》から二人《ふたり》の男《をとこ》と一本脚《ほんあし》の男《をとこ》が出《で》て來《き》て、ゐざりを車《くるま》ぐるみ女《をんな》の家《いへ》へ引《ひ》つぱつて行《い》つた。

同病相憐む

ゐざりを連《つ》れ込《こ》んだ女《をんな》の家《いへ》は小《ちひ》さな鐵工所《てつこうじよ》であつた。車《くるま》の修理《しうり》は一本脚《ほんあし》の主人《しゆじん》と二人《ふたり》の職工《しよくこう》の手《て》によつて忽《たちま》ち頑丈《がんぢやう》に出來上《できあ》がつた。ゐざりはさつきの女《をんな》の言葉《ことば》に對《たい》して馬鹿《ばか》らしく思《おも》つたことをどんなに後悔《こうくわい》したことだらう。またこの家《いへ》の人々《ひとびと》に對《たい》して、どんなに感謝《かんしや》したかはこと新《あたら》しくいふまでもない。車《くるま》は今《いま》までのやうに木《き》で作《つく》つたものでなく鐵《てつ》の輪《わ》に代《か》へられ、その上《うへ》多《おほ》くの布施《ふせ》と菓子《くわし》、蜜柑《みかん》、握飯《にぎりめし》などを與《あた》へられたのだ。ゐざりはその人々《ひとびと》の手厚《てあつ》い情《なさけ》に涙《なみだ》を頰《ほゝ》に泛《うか》べて、高《たか》らかに遍照金剛《へんせうこんがう》を唱《とな》へ、リン〳〵鈴《すゞ》を鳴《な》らして蜻蛉《とんぼ》の飛《と》び交《か》ふ町《まち》を去《さ》つて行《い》つ

た。一本脚《ほんあし》の主人公《しゆじんこう》はシベリア派遣軍《はけんぐん》に從軍《じうぐん》してオケアンスカヤ、ニコリスフパス・コーヱ等《など》で、警備中《けいびちう》、名譽《めいよ》の負傷《ふしやう》をした歩兵《ほへい》一等兵《とうへい》高畑謙三君《かたばたけけんざうくん》の後身《こうしん》でありゐざりを呼《よ》び入《い》れた、女性《ぢよせい》は高畑《たかばたけ》の妻榮《つまえい》さんであつた。彼等《かれら》は共《とも》に力《ちから》を協《あは》せて體《からだ》の不自由《ふじいう》な不幸《ふかう》な人々《ひとびと》の世話《せわ》をするのが、何《なに》よりの樂《たの》しみであつた『體《からだ》の惡《わる》くない人《ひと》たちには片輪者《かたわもの》の辛《つら》さや、病人《びやうにん》の苦《くる》しみといふものは不幸《ふかう》な目《め》に合《あ》つたもの―扶《たす》けねばならない。それが人間《にんげん》の義務《ぎむ》ぢやないか』と彼《かれ》は口癖《くちぐせ》のやうにいふのであつた。

『ほんとうにさうですわ。シベリアで死《し》んだと思《おも》へば何《なん》でもない事《こと》ですからね』

妻《つま》の榮《えい》さんは夫《をつと》を勵《はげ》ますやうに力強《ちからづよ》く答《こた》へるのであつた。高畑夫婦《かたばたけふうふ》の眼《め》には、不思議《ふしぎ》に不具《ふぐ》の人々《ひとびと》が眼《め》についた。家《いへ》に訪《おとづ》れて來《く》る人《ひと》の中《なか》に多《おほ》くは商用《しやうよう》の人《ひと》であつたが、家《いへ》の前《まへ》を通《とほ》る人《ひと》の中《なか》に、そして町《まち》を歩《ある》いてゐる時《とき》など彼等《かれら》は其《そ》の人々《ひとびと》に、出來《でき》る限《かぎ》りの力《ちから》を盡《つく》すのであつた。實際《じつさい》注意《ちうい》して見《み》ると、不幸《ふかう》な不具者《ふぐしや》は多《おほ》いものだ。しかし彼《かれ》が現在《げんざい》のやうに不幸《ふかう》な人々《ひとびと》を少《すこ》しでも慰《なぐさ》め力《ちから》づけ喜《よろこ》ばし、役立《やくだ》つことの出來《でき》るやうになつたのは、決《けつ》して一朝《てう》のことではない。彼《かれ》も亦《また》その不幸《ふかう》な人《ひと》であり、其處《そこ》には血《ち》と涙《なみだ》の忍苦《にんく》の歷史《れきし》があるのである。

バルチザン膺懲

三月《ぐわつ》になつたといふのにシベリアの雪《ゆき》は何時《いつ》解《と》けるとも知《し》れず、大地《たいち》にしがみついたやうに凍《こほ》つてゐた、大正九年《たいせうねん》の春《はる》である。雪《ゆき》に閉《と》ざされた曠野《くわうや》に突如蜂起《とつじよほうき》したバルチザンの魔手《まて》に、我《わ》が石田領事《いしだりやうじ》を始《はじ》め多數《たすう》の邦人《ほうじん》は、何《なん》の罪《つみ》もなくニコライエフスクで慘殺《ざんさつ》されてしまつた、次《つ》いで獄屋《ごくや》に繫《つな》がれた同胞《どうばう》は「忘《わす》ル勿《なか》レ五月《ぐわつ》二十四日《か》午後《ごご》十二時《じ》ヲ！」と悲痛《ひつう》な文字《もんじ》を壁《かべ》に書《か》き殘《のこ》して無念《むねん》の死《し》を遂《と》げた。我《わ》が史上始《しじやうはじ》まつて以來《いらい》嘗《かつ》てなき慘劇《ざんげき》であつた。同胞《どうばう》の血《ち》は老《お》いも若《わか》きも男《をとこ》も女《をんな》も、事件《じけん》の判明《はんめい》と共《とも》にたけり立《た》つた。バルチザンを膺懲《ようちよう》せよ！　高畑《たかばたけ》一等兵《とうへい》が出征《しゆつせい》したのは、燃《も》え殘《のこ》りの火《ひ》がくすぶつてゐるやうな大正十年《たいせつねん》の春《はる》であつた。折角武裝《せつかくぶさう》して出征《しゆつせい》した、とはいふものゝ――勿論敢《もちろんあへ》て戰爭《せんさう》をするのが目的《もくてき》ではなかつたが――これといふ戰《たゝか》ひもなく物足《ものた》りない日々《ひび》をオケアンスカヤニコリスク、スパスコーヱの警備《けいび》に送《おく》つてゐた。

その間《あひだ》にシベリアの雪《ゆき》は解《と》け夏《なつ》が訪《おとづ》れて來《き》た。或《あ》る夜《よ》であつた。高畑《たかばたけ》一等兵《とうへい》は歩哨《ほせう》の任《にん》についてゐた。夏《なつ》とは云《い》へ大陸《たいりく》の夜《よ》はぞく〳〵と底冷《そこび》えのする冷《つめ》たさであつた。星《ほし》が遠《とほ》くにキラキ

ラしてゐた。彼《かれ》は眼《め》を皿《さら》のやうにして四邊《あたり》に氣《き》を配《くば》つてゐた。彼《かれ》の立《た》つてゐる前《まへ》には、嘗《かつ》てバルチザンが掘《ほ》つた深《ふか》い塹壕《ざんがう》が大《おほ》きな口《くち》を開《あ》けてゐた。靜《しづ》かである時折《ときをり》ヒユーと唸《うな》つて風《かぜ》が吹《ふ》いて行《ゆ》く、後《あと》は何《なん》の音《おと》もしなかつた、と彼《かれ》の眼《め》に黑《くろ》いものが映《うつ》つた。それはハツキリ何《なに》かわからなかつたが、遠《とほ》くの白樺《しらかば》の森《もり》を出《で》て、横《よこ》に走《はし》つたり前《まへ》に出《で》たりまた森《もり》に這入《はひ》つたり人影《ひとかげ》のやうでもあるし、動物《どうぶつ》のやうでもあるし、その動作《どうさ》は極《きは》めて敏捷《びんせふ》であつた「怪《あや》しい奴《やつ》だ」高畑《たかばたけ》一等《とう》兵《へい》はさう呟《つぶや》いて、一足《あし》二足前《あしまへ》に進《すゝ》んで行《い》つた。彼《かれ》は前《まへ》に氣《き》を取《と》られて塹壕《ざんがう》のあることに氣《き》がつかなかつた。「アツ！」といふ間《ま》もなく、彼《かれ》は足《あし》を滑《すべ》らして塹壕《ざんがう》の中《なか》に墜落《つゐらく》してしまつた。

兄の借金まで背負ふ

塹壕《ざんがう》の中《なか》は思《おも》つたより深《ふか》く、石《いし》がごろ〳〵してゐた。彼《かれ》は其處《そこ》で右《みぎ》の膝關節《しつくわんせつ》を割《わ》つたのであつた。口惜《くや》し涙《なみだ》がポロ〳〵落《お》ちた。だが何《ど》うする事《こと》も出來《でき》なかつた。やがて高畑《たかばたけ》一等兵《とうへい》は尼市《にし》の陸軍病院《りくぐんびやうゐん》から廣島病院《ひろしまびやうゐん》へ移《うつ》され、それから善通寺衞戍病院《ぜんつうじゑいじゆびやうゐん》へ轉々《てん〳〵》として治療《ちれう》したのであつたが、經過《けいくわ》は思《おも》はしくなかつた。彼《かれ》は除隊後《ぢよたいご》も善通寺衞戍病院《ぜんつうじゑいじゆびやうゐん》に入院《にふゐん》し、更《さら》に大阪衞戍病院《おほさかゑいじゆびやうゐん》に入《にふ》

院加療《ゐんかれう》したのであつたが、遂《つひ》に右足《うそく》を上部《じやうぶ》から三分《ぶん》の一以上切斷《いじやうせつだん》しなければならなかつた。しかし彼《かれ》は一本足《ぽんあし》にも屈《くつ》せず、雄《を》々《を》しく起《た》つた。

兄《あに》の定治郎《ていぢらう》氏《し》に勵《はげ》まされ慰《なぐ》さめられそして彼《かれ》は徵兵以前《ちようへいいぜん》に習《なら》ひ覺《おぼ》えた鐵工職《てつこうしよく》の力《ちから》を以《もつ》て、雄《を》々《を》しく工場《こうぢやう》に通《かよ》つた。一本脚《ぽんあし》の職工《しよくこう》は、思《おも》ふやうに體《からだ》を動《うご》かすのが苦《くる》しかつた。不幸《ふかう》な時《とき》には不幸《ふかう》が重《かさな》つて來《く》る。たゞ一人《ひとり》の力《ちから》と賴《たの》んでゐた兄《あに》は、妻《つま》や子《こ》に數百圓《すうゑん》もの借金《しやくきん》を殘《のこ》して死《し》んでしまつた。彼《かれ》は此《こ》の世《よ》の中《なか》が恨《うら》めしかつた。彼《かれ》は兄《あに》の借金迄背負《しやくきんまでせお》はなければならなかつたのである。しかも老《お》いた父《ちゝ》がゐるのだ。彼《かれ》は負《ま》けてはゐなかつた。夢中《むちう》で働《はたら》いた。一年《ねん》また一年《ねん》、遂《つひ》に彼《かれ》は大正《たいせう》十五年《ねん》の秋《あき》に小《ちひ》さな工場《こうぢやう》を獨立經營《どくりつけいえい》するまでに漕《こ》ぎつけた。

それからの彼《かれ》の努力《どりよく》は目《め》ざましい。開業《かいげふ》二年後《ねんご》には自分《じぶん》の借金全部《しやくきんぜんぶ》を返却《へんきやく》し、間《ま》もなく小學《せうがく》校教員《かうけうゐん》の妻《つま》を迎《むか》へ夫婦共稼《ふうふともかせ》ぎをして每年少《まいねんすこ》しづゝ工場《こうぢやう》を擴大《くわくだい》して行《い》つた妻《つま》と云《い》ふのは榮《えい》さんその人《ひと》である。それから四年後《ねんご》には氣《き》になつてゐた兄《あに》の借金數百圓《しやくきんすうゑん》をも支拂《しはら》ひ、兄《あに》の一家《か》の世話《せわ》をしつゝ、妻榮《つまえい》さんとの間《あひだ》に生《うま》れた二人《ふたり》の男《をとこ》の子《こ》の未來《みらい》に大《おほ》きな希望《きばう》をかけて、職工數人《しよくこうすうにん》を置《お》き、片足《かたあし》をもつて灼熱《しやくねつ》の火《ひ》の子《こ》を浴《あ》びながら、最近《さいきん》の軍需景氣《ぐんじゆけいき》の波《なみ》に乘《の》つて、激賑《いんしん》を極《きは》めてゐる。

無學で鍼灸マッサージ業

和歌山縣日高郡由良村
歩兵伍長　楠山種三郎君

義務教育も名のみ

和歌山縣《わかやまけん》と云《い》へば全國《ぜんこく》でも有數《ゆうすう》な渡米縣《とべいけん》である。彼《か》の祖父《そふ》もまた一儲《まう》けせんと渡米《とべい》したが、不幸《ふかう》にも暴風雨《ばうふうう》に逢《あ》つて、カナダで船《ふね》と共《とも》に海底《かいてい》の藻屑《もくず》となつてしまひ、領事裁判《りようじさいばん》によつて家《か》財《ざい》一切《さい》を沒收《ぼつしふ》された。それに父親《ちゝおや》までが惡性《あくせい》の流感《りうかん》で、彼等《かれら》五人《にん》の子供《こども》を置《お》いて夭折《ようせつ》したので母親《はゝおや》は手《て》一つで小作《こさく》をしながら、一家《か》の生計《せいけい》を維持《ゐじ》して行《ゆ》かなければならぬといふ境遇《きやうぐう》、その並々《なみなみ》ならぬ苦勞《くらう》は、とても筆舌《ひつぜつ》に盡《つく》し難《がた》いものがある。

それで農繁期《のうはんき》ともなれば、彼等《かれら》は小學校《せうがつかう》を休《やす》んで、母《はゝ》に手傳《てつだ》つたのである。斯《か》うして彼《かれ》は漸《やうや》

く義務敎育《ぎむきやういく》を終《を》へると、翌日《あくるひ》から早速山《さつそくやま》や田《た》に仕事《しごと》に出掛《でか》けた。しかし容易《ようい》に金《かね》にならない。それより、もつと手取早《てつとりばや》い金《かね》になる仕事《しごと》はないものかと考《かんが》へてゐる矢先《やさき》に、彼《かれ》の村《むら》から一里《り》半《はん》ほど北《きた》にあるセメント工場《こうじよう》で、彼《かれ》を職工《しよくこう》として迎《むか》へてくれることになつたのである。

喜《よろこ》んだのは母親《はゝおや》である。どんなに寒《さむ》い日《ひ》でも每朝必《まいあさかなら》ず三時半《じはん》には起《お》きて、美味《おい》しさうな辨當《べんたう》を作《つく》つてくれるのであつた。その手前《てまへ》でも彼《かれ》は一生懸命《しやうけんめい》に働《はたら》かなければならぬと、每日野越《まいにちのこ》え山越《やまこ》えして精勤《せいきん》したのである。そのうち南紀《なんき》の山村《さんそん》にも文化《ぶんくわ》の光《ひかり》を受《う》けて、鐵道《てつだう》が敷設《ふせつ》されることになり、近所《きんじよ》に鐵道工事場《てつだうこうじば》が設《まう》けられたので、通勤《つうきん》にも便利《べんり》だといふので、二ケ年餘《ねんあまり》も働《はたら》いたセメント工場《こうじよう》から、こゝに轉職《てんしよく》した。

彼《かれ》は先《ま》づトンネル開鑿工事《かいさくこうじ》から煉瓦工《れんぐわこう》となり、どうやら一人前《にんまへ》の仕事《しごと》が出來《でき》るやうになつたが、次《つぎ》から次《つぎ》へと仕事場《しごとば》が變《かは》つたので、向學心《こうがくしん》に燃《も》えてゐた彼《かれ》も、遂《つひ》に靑年訓練所《せいねんくんれんじよ》へも行《ゆ》けずに到頭《たうとう》、丁年《ていねん》に達《たつ》してしまつたのである。

満期除隊を目前に満洲へ出動

徵兵檢査《ちようへいけんさ》の結果《けつくわ》は甲種合格《かうしゆごうかく》となり、國家《こくか》の干城《かんじよう》として譽高《ほまれたか》き步《ほ》兵第《へいだい》七十八聯隊《れんたい》へ入營《にふえい》した。二ケ年間《ねんかん》、朝夕《あさゆう》のラツパと共《とも》に起居《ききよ》したが、餘《あま》すところ十日《か》で滿期除隊《まんきぢよたい》となるの日《ひ》、未明《みめい》、營《えい》庭《てい》に突然鳴渡《とつぜんなりわた》るラツパの音《おと》、非常召集《ひじやうせうしふ》だ。全員營庭《ぜんゐんえいてい》に集合《しうがふ》、戰時軍裝《せんじぐんさう》を命《めい》ぜられ、昇《のぼ》る朝日《あさひ》と共《とも》に營門《えいもん》を出發《しゆつぱつ》したのであつた。それは昭和《せうわ》六年九月《ぐわつ》十八日《にち》のことである。彼《かれ》はこの機會《きくわい》あるを鶴首待《かくしゆま》ち焦《こが》れてゐたのであつた。

出征《しゆつせい》の車中《しやちう》で、滿洲事變勃發《まんしうじへんぼつぱつ》の號外《ごうぐわい》を手《て》にしたのである。

先《ま》づ奉天市街掃蕩戰《ほうてんしがいさうとうせん》を手始《てはじめ》に、吉林《きちりん》、チチハル、三間房《げんばう》、法庫門等《はふこもんなど》轉戰《てんせん》すること二十幾囘《いくくわい》、零下《れいか》四十度《ど》といふ北滿《ほくまん》の嚴寒《げんかん》にも、幸《さひは》ひ凍傷《とうしよう》にもかゝはらず勇戰《ゆうせん》することが出來《でき》たが、熱河作《ねつかさく》戰《せん》の初期《しよき》に、溝幇子《かうほうし》附近《ふきん》の戰鬪《せんたう》で、味方《みかた》は僅《わづか》に一個分隊《こぶんたい》なるに三、四百餘《よ》の敵軍《てきぐん》を相手《あひて》に、交《かう》戰數時間《せんすうじかん》に及《およ》んだのであるが、何分《なにぶん》にも夜分《やぶん》のこととて地形《ちけい》がわからず、無我無中《むがむちう》で猛攻擊《まうこうげき》を續《つゞ》けてゐるうち、不幸《ふかう》にも彼《かれ》は敵砲彈《てきはうだん》のために左右下腿《さゆうかたい》に負傷《ふしよう》を受《う》け、遂《つひ》に奉天病院《はうてんびやうゐん》で右下腿《みぎかたい》を切斷《せつだん》されてしまつた。その後《ご》、內地送還《ないちさうかん》となり、東京第《とうきやうだい》一衞戍病院《えいじゆびやうゐん》に入院《にふゐん》、再度右足《さいどみぎあし》を大腿《だいたい》中央部《ちうおうぶ》より切斷《せつだん》の憂目《うきめ》に遭《あ》つた。しかし、幸《さひは》ひ軍醫《ぐんい》、看護婦等《かんごふなど》の親身《しんみ》に勝《まさ》る手厚《てあつ》い看護《かんご》によつ

て、案外經過《あんがいけいか》がよく、僅《わづ》か一ケ年《ねん》の病院生活《びやうゐんせいくわつ》で退院《たいゐん》することが出來《でき》たのである。

ところが一方《ぱう》、心《こゝろ》の痛手《いたで》は増《ま》すばかり、慰問《ゐもん》に銃後《じうご》の人々《ひとぐ》が來《き》てくれる間《あひだ》は忘《わす》れるが、夜《よる》にも入《い》つて靜《しづ》まり返《かへ》つた病舍《びやうしや》に、消燈《せうとう》ラッパが淋《さび》しげに鳴《な》り響《ひゞ》けば、いつか心《こゝろ》も憂鬱《ゆううつ》になつて、寢《ね》つかれぬことも幾夜《いくよ》かあつた。そのうち待望《たいぼう》の義足《ぎそく》が下附《かふ》されたので、歩行練習《ほかうれんしふ》をしてみたが、最初《さいしよ》は足取《あしどり》も亂《みだ》れ勝《が》ちであつたので、習《なら》ふより馴《な》れよといふ言葉《ことば》に從《したが》つてゐるうち、漸《やうや》くどうにか歩行出來《ほかうでき》るやうになつて、退院《たいゐん》の許可《きよか》を受《う》けたのである

歡迎、嘲弄、自暴自棄

退院《たいゐん》した彼《かれ》は一路《ろ》、鄕里《きやうり》へと急《いそ》ぎ、唯一人《たゞひとり》の母親《はゝおや》の居《い》られる懷《なつか》しき村《むら》へ、家《いへ》へと行《ゆ》くのであつた。田舍驛《いなかえき》には出迎《でむかへ》の人垣《ひとがき》、旗《はた》の波《なみ》、その中《なか》を縫《ぬ》ふて行《ゆ》く彼《かれ》は感慨無量《かんがいむりやう》であつた。歸村當時《きそんたうじ》は村民《そんみん》も大變歡迎《たいへんくわんげい》してくれたので、その厚意《かうい》に甘《あま》え、幾日《いくにち》かを夢《ゆめ》のやうに過《すご》した。

事變《じへん》も漸《やうや》く終《おは》りを告《つ》げ、村民《そんみん》も仕事《しごと》に追《お》はれて他人事《たにんごと》ではなくなつた。世《よ》の荒波《あらなみ》は大《おほ》きく小《ちい》さく、いろ/\な形《かたち》で打《う》ちつける。無情《むじやう》の風《かぜ》は遠慮會釋《えんりよゑしやく》なく吹《ふ》き捲《まく》つて來《く》る。村《むら》の子供達《こどもたち》はい

つか侮蔑《ぶべつ》するやうになつて來《き》た。

彼《かれ》が村《むら》の小道《こみち》を歩《ある》いてゐると、子供等《こどもら》が後《あと》から指《ゆび》さして

「あの人《ひと》は金具《かなぐ》の足《あし》だ、ゴムの足《あし》で歩《ある》いてゐるよ」

と嘲弄《ちやうろう》する。仕舞《しま》ひには、子供等《こどもら》が面白半分《おもしろはんぶん》で、跛行《びつこ》を引《ひ》きながら彼《かれ》の眞似《まね》をする。そして彼《かれ》の後《あと》から續《つゞ》いて來《く》る。怒《おこ》れば逃《に》げ、また集《あつま》つて來《く》る。中《なか》にも惡童《あくどう》は

「ヤーイ、幾《いく》ら怒《おこ》つても走《はし》つて來《こ》られないじやないか」

など云《い》はれると、一時《じ》は腹立《はらだ》ちまぎれに怒《おこ》つても見《み》たが、さすがの彼《かれ》も、あまりの無情《むじやう》さに涙《なみだ》をこぼすこともあつた。それに一家《か》は毎日《まいにち》の三食《しよく》に事缺《ことか》くこともあるといふやうな、悲慘《ひさん》な狀態《じやうたい》にあつたので、徒《いたづ》らに座食《ざしよく》してゐるわけにも行《ゆ》かず、何《なん》とか收入《しうにふ》の途《みち》を考《かんが》へ將來《しやうらい》の方法《はうはふ》も講《かう》じなければならぬので、あれやこれやと思案《しあん》にあまつて、時《とき》には自暴自棄《じばうじき》に陷《おちい》り、酒《さけ》でも飮《の》んで苦悶《くもん》を忘《わす》れやうと料理屋《れうりや》、カフエー等《など》に借金《しやくきん》しながら、苦《にが》い酒《さけ》を飮《の》みはじめた。もと/\金《かね》があつて飮酒《いんしゆ》したのでないから、負債《ふさい》がぐん/\殖《ふ》えて來《き》る。矢《や》の催促《さいそく》だ。さうなると世《よ》の常《つね》で「金《かね》の切目《きれめ》が緣《えん》の切目《きれめ》」で、どこへ行《ゆ》つても相手《あひて》にしてくれるところがない。

母《はゝ》は涙《なみだ》を流《なが》して懇々《こんく》と彼《かれ》を誡《いまし》め、且《か》つ慰《なぐさ》めるのであつた。

「お前《まへ》は名譽《めいよ》ある傷痍軍人《しやういぐんじん》なのだ。それを忘《わす》れて料理屋《れうりや》、カフエー等《など》で馬鹿《ばか》な遊《あそ》びをするとは何《なん》といふ不心得者《ふこゝろえもの》だらう。何《なに》も心配《しんぱい》することはないから、家《いへ》の中《なか》に落付《おちつ》いてゐたらどうか、そのうちいゝ考《かんが》へも浮《うか》び出《で》て來《く》るだらうよ」

それを云《い》はれて彼《かれ》は初《はじ》めて我《われ》に還《かへ》り、後悔《かうくわい》したのであつた。その時《とき》が彼《かれ》の更生《かうせい》の第《だい》一歩《ぽ》なのである。

後悔して發奮す

先《ま》づ飮酒《いんしゆ》した負債《ふさい》を返《かへ》さなければならぬと思《おも》つて、友人《いうじん》に少《すこ》しの資金《しきん》を借受《かりう》け、山《やま》の立木《たちぎ》の仲買《なかがひ》をはじめた。すると美事《みごと》それが當《あた》つて、僅《わづ》か二日間《かかん》に百二十圓《ゑん》の儲《まう》けをあげたのである。

「よーし、この調子《てうし》で行《い》けば負債《ふさい》の支拂《しはらひ》も大《たい》したことはないぞ」

すつかり喜《よろこ》んだ彼《かれ》は忽《たちま》ち元氣《げんき》百倍《ばい》した。しかし、素人《しろうと》が濡手《ぬれて》で粟《あは》の摑《つか》み取《ど》りするやうな、そんな旨《うま》い仕事《しごと》があらう筈《はず》がない。また、そんな甘《あま》い世《よ》の中《なか》ではなかつたのだ。何《なん》十年《ねん》も仲買《なかがひ》をして負債《ふさい》で苦《くる》しんでゐるものも多《おほ》い世《よ》の中《なか》である。案《あん》の定《じやう》、調子《てうし》に乘《の》つた彼《かれ》も遂《つひ》に大損《おほぞん》をしてしまつた。

「俺《おれ》は、やつぱり田舍《いなか》じや駄目《だめ》だ。ビツコでは勞働《らうどう》も出來《でき》ないのだから、一つ東京《とうきやう》にでも飛《と》び出《い》で一旗《ひとはた》あげよう」

さう決心《けつしん》した彼《かれ》は毎日《まいにち》、新聞《しんぶん》の廣告案內《かうこくあんない》と首引《くびつぴ》きで求人《きうじん》を探《さが》してゐたが、いづれも身體強健《しんたいきやうけん》、學力中等學校程度以上《がくりよくちうとうがくかうていどいじやう》といふのばかりで、傷痍軍人歡迎《しやういぐんじんくわんげい》といふのは一つも出《で》てゐない。結局《けつきよく》、自分《じぶん》で何《なに》か修得《しうとく》しなければ、就職出來《しうしよくでき》ないといふことに感《かん》づいた。

啓成社入社の動機

その時《とき》フト思《おも》ひ浮《うか》んだのが、嘗《かつ》て病院《びやうゐん》に入院中《にふゐんちう》、啓成社《けいせいしや》で不具者《ふぐしや》のために職業再敎育《しよくげふさいけういく》するといふ話《はなし》である。そこで早速啓成社《さつそくけいせいしや》に入社願《にふしやねが》ひを出《だ》し、その後《あと》から上京《じやうきやう》して、先《ま》づ病院《びやうゐん》に戰友《せんいう》を訪《おとづ》れてみると、同《おな》じ病室《びやうしつ》にゐた友人《いうじん》が、旣《すで》に啓成社《けいせいしや》に入社《にふしや》してゐることを聞《き》き、踵《きびす》をかへて同《どう》社《しや》を訪《おとづ》れ、その戰友《せんいう》に會《あ》つていろ/\社《しや》の內容《ないよう》を聞《き》き、また金野《かねの》敎育主任《けういくしゆにん》にも面會《めんくわい》して、今後《こんご》

における身《み》の振《ふ》り方《かた》を相談《さうだん》したのであつた。

最初《さいしよ》、彼《かれ》の希望《きばう》は東京物理醫學校《とうきやうぶつりいがくかう》に入《はい》つて、鍼灸術《しんきうじつ》を習得《しふとく》したいと思《おも》つてゐた。しかし、義《ぎ》務教育《むけふいく》ですら漸《やうや》く終《お》へた位《くらゐ》の彼《かれ》が、醫術《いじつ》を習得《しふとく》するといふ大望《たいもう》には、誰《たれ》しも不思議《ふしぎ》に思《おも》ふであらうが、それには涙《なみだ》ぐましい理由《りいう》があつたのである。

彼《かれ》の父親《ちゝおや》が病氣《びやうき》の時《とき》に醫者《いしや》を迎《むか》へたのであるが、遂《つひ》に醫藥費《いやくひ》が積《つも》り重《かさな》つて、後《のち》には醫者《いしや》をよんでも直《す》ぐに來《き》てくれなくなつた。病人《びやうにん》を危險《きけん》の狀態《じやうたい》にさらしながら、藥代《くすりだい》を支拂《しはら》はぬからと云《い》つて、往診《わうしん》にも來《き》てくれぬ不德《ふとく》な醫者《いしや》の居《い》ることを痛憤《つうふん》してゐた彼《かれ》は、無學《むがく》でも何《なん》とか醫術《いじつ》を習《なら》ふ方法《はうはふ》を考《かんが》へ、哀《あは》れな病者《びやうしや》のために盡《つく》したいといふ念願《ねんぐわん》からだつたのである。

當時《たうじ》の啓成社《けいせいしや》は傷痍軍人《しやういぐんじん》の取扱《とりあつかひ》が最初《さいしよ》のことではあり、また今日《こんにち》のやうに設備《せつび》が完全《かんぜん》でなかつたので、鍼灸術《しんきうじつ》に關《かん》しては個《こ》人敎授《じんけふじゆ》と學校敎育《がくかうけふいく》の二方面《はうめん》に分《わ》けたのである。そこで彼《かれ》は學校《がくかう》を志望《しばう》した。私立《しりつ》ではあつたが、坂本校長《さかもとかうちやう》は特《とく》に傷痍軍人《しやういぐんじん》に對《たい》して、授業料免除《じゆげふれうめんじよ》の特典《とくてん》を附與《ふよ》してくれた。

彼《かれ》は一生懸命《いつしやうけんめい》に勉強《べんきやう》した。雨《あめ》の日《ひ》も雪《ゆき》の日《ひ》も厭《いと》はず通學《つうがく》したが、一日《にち》休《やす》めば休《やす》んだだけ後《おく》れるといふので、學校《がくかう》の寄宿舍《きしゆくしや》に入《い》れて貰《もら》ふことを許《ゆる》された。そして他《た》の人《ひと》の倍《ばい》も努力《どりよく》しなければ、滿足《まんぞく》に卒業出來《そつげふでき》ぬので、彼《かれ》は晝間部《ちゆうかんぶ》と夜間部《やかんぶ》の二部《ぶ》に出席《しゆつせき》して勉強《べんきやう》した。その努力《どりよく》が酬《むく》ひられ、彼《かれ》は二ケ年餘《ねんよ》で到頭《たうとう》、國家試驗《こくかしけん》をパスしたのである。その時《とき》の彼《かれ》の喜《よろこ》びは、まるで鬼《おに》の首《くび》でも取《と》つた氣持《きもち》であつた。

「何事《なにごと》もなせば成《な》る、なさぬは人《ひと》のなさぬなりけり」

と彼《かれ》は古歌《こか》を口吟《こうぎん》するのであつた。かくて彼《かれ》は再《ふたゝ》び錦《にしき》を飾《かざ》つて、勇《いさ》んで鄕里《きやうり》へ歸《かへ》つたのである。

一七〇

開業早々千客萬來

歸鄕《ききやう》した彼《かれ》は先《ま》づ、親切《しんせつ》、丁寧《ていねい》、安價《あんか》をモツトーに鍼灸術《しんきうじつ》の看板《かんばん》を揭《かゝ》げたのであつた。開業《かいげふ》當時《うじ》は患者《くわんじや》も多《おほ》かつたが、何分《なにぶん》二百人程度《にんていど》の僻村《へきそん》であつたので、將來性《しやうらいせい》がないと思《おも》ひ、海岸《かいがん》の町《まち》へ移轉《いてん》した。

移《う》つて後《のち》は幸《さひは》ひ千客萬來《せんきやくばんらい》の盛況《せいきやう》で每日多忙《まいにちたぼう》を極《きは》め、往診《わうしん》に出掛《でか》けると夕食《いうしよく》も滿足《まんぞく》に出來《でき》ぬこ

一七一

ともあるといふ。しかしいつも面白《おもしろ》いことばかりではない。

患者《くわんじや》も長《なが》くて一週間位《しいかんくらゐ》で快癒《くわいゆ》すればよいが、日數《にっすう》がかゝると他《た》の醫師《いし》へ乘換《のりか》へる。折角《せつかく》、懇《ねん》ごろに治療《ぢれう》してやつた辛勞《ほねをり》も水泡《すいはう》に歸《き》してしまふ。他《よそ》で三、四日治療《かぢれう》を受《う》け全快《ぜんくわい》したとなると、今《いま》まで來《き》てゐた患者《くわんじや》も、その方《はう》へと逃《に》げてしまふといふ、人知《ひとし》れぬ苦《くる》しみがある。

その逆《ぎやく》に、他《よそ》で治療《ぢれう》を受《う》けて恢復《くわいふく》せず、彼《かれ》のところで短《みぢか》い日數《にっすう》で全治《ぜんぢ》すると、その患者《くわんじや》は生《い》きた廣告《かうこく》となり、次《つぎ》から次《つぎ》へと吹聽《ふいちやう》してくれ、患者《くわんじや》も自然《しぜん》に殖《ふ》えて來《き》る。全快《ぜんくわい》した患者《くわんじや》の笑顏《わらひがほ》を見《み》た氣持《きもち》は治療師《ぢれうし》でなければ味《あじ》はへぬ喜《よろこ》びであらう。

「人知《ひとし》れぬ苦勞《くらう》もしたが、この醫術《いじつ》を習《なら》つて現在《げんざい》では本當《ほんたう》に幸福《かうふく》な生活《せいくわつ》をしてゐます」

と彼《かれ》はしんみりと述懷《じつくわい》した。そして今日《こんにち》では負債《ふさい》もすつかり返《かへ》したばかりでなく、幾分《いくぶん》でも貯金《ちよきん》が出來《でき》るやうになつた。

働くのが趣味

かうした幸福《かうふく》な生活《せいくわつ》も夢《ゆめ》の間《ま》で、過勞《くわらう》の結果《けつくわ》つひに風邪《かぜ》を引《ひ》き、やがて肺尖《はいせん》カタルといふ病《びやう》名《めい》をさへつけられ、逆《ぎやく》に患者《くわんじや》に見舞《みま》はれる身《み》となつた、止《や》む得《え》ず療院《れうゐん》を閉鎖《へいさ》し一意靜養《いせいやう》に努《つと》めたので、六ケ月位《げつくらゐ》で外出《がいしゆつ》できるやうになつた。しかし、病後《びやうご》が大切《たいせつ》だといふので、日光浴《にっかうよく》や散《さん》歩《ぽ》ぐらゐに止《とゞ》め、二ケ月《げつ》ほど經過《けいくわ》してから、醫師《いし》に魚釣《うをつ》りでもして遊《あそ》んだらと薦《すゝ》められ、いつかそれに興味《きようみ》を覺《おぼ》え、自然元氣《しぜんげんき》をとり戾《もど》したのである。

それがやみつきで誘引《ゆういん》となり、到頭彼《たうとうかれ》は小舟《こぶね》を買求《かひもと》め、每日潮風《まいにちしほかぜ》に吹《ふ》かれ日光《にっかう》に照《てら》されて、魚釣《うをつ》りに夢中《むちう》になつた。そのうち病氣《びやうき》もすつかり快癒《くわいゆ》した。斯《か》うして、約《やく》一ケ年《ねん》の魚釣《うをつ》り生活《せいくわつ》で、遂《つひ》に本職《ほんしよく》の漁夫《ぎよふ》としての收入《しうにふ》で生活《せいくわつ》し得《え》られる程度《ていど》になつたのである。その後《ご》身體《しんたい》もますます丈夫《ぢやうぶ》になるし、漁夫《ぎよふ》としての收入《しうにふ》も少《すくな》くなかつたのである。

そこで、彼《かれ》はまた元《もと》の鍼灸術《しんきうじつ》を午前中《ごぜんちう》だけ開業《かいげふ》することゝし、午後《ごご》からは海《うみ》に出《で》るといふ風《ふう》に、兩々兼業《りやうりやうけんげふ》の構《かま》へで働《はたら》き出《だ》した。漁業《ぎよげふ》の收入《しうにふ》は一日《にち》に七圓餘《ゑんよ》に達《たつ》することもあるが、小舟《こぶね》でなく、これが發動機船《はつどうきせん》であれば、倍額以上《ばいがくいじやう》の收入《しうにふ》をあげることも大《たい》して苦《く》でないといふ。閑村《かんそん》の生活《せいくわつ》にとつては莫大《ばくだい》な收入《しうにふ》である。

「收入《しうにふ》の多寡《たか》は問題《もんだい》でありません。人間《にんげん》は常《つね》に暇《ひま》なく働《はたら》くことによつて、すべての苦勞《くらう》が忘《わす》れ

一七三

愉快《ゆくわい》に其《そ》の日《ひ》を過《すご》すことが出來《でき》ると思《おも》ひます」

これが彼《かれ》の貴《たうと》い體驗談《たいけんだん》である。

再起成功の生きた標本

彼《かれ》は時折《ときおり》山野《さんや》へ薪《たきゞ》とりにも行《ゆ》けば、最近《さいきん》は田畑《たはた》にも出《で》て働《はたら》き、自給自足《じきふじそく》の生活《せいくわつ》をはじめた。不自由《ふじゆう》な身《み》をも顧《かへり》みず殆《ほと》んど隙《すき》なく立働《たちはたら》いてゐる。それに一文《もん》も手《て》につけず貯《た》めて置《お》いた恩給《おんきう》で、田舍《ゐなか》としては可《か》なり立派《りつぱ》な現在《げんざい》の住居《すまい》を一千圓で買取《かひと》つた。また妹《いもうと》の嫁入《よめい》り仕度《したく》から、弟《おとうと》の分家費用《ぶんけひよう》まで一切《さい》したといふ、兄弟思《きやうだいおも》ひの彼《かれ》である。

今《いま》や、彼《かれ》は實《じつ》に見上《みあ》げた男《をとこ》だと云《い》つて、地方《ちはう》の模範青年《もはんせいねん》、傷痍軍人再起成功《しやういぐんじんさいきせいかう》の生《い》きた標本《ひやうほん》として、地方《ちはう》一般《ぱん》の信望《しんばう》を一身《しん》に集中《しうちう》してゐる。

羨望の産業戰士

東京市板橋區[redacted]
歩兵伍長　高瀨英四郎君

ペンを捨てゝ銃をとる

彼《かれ》は群馬縣邑樂郡大箇野村大字大高島《ぐんまけんおうらぐんおほかのむらおほあざおほたかしま》の僻地《へきち》で、瀧藏氏《たきざうし》の三男《なん》として生《うま》れ、丁年《ていねん》に達《たつ》するや男子《だんし》の本懷《ほんくわい》ともいふべく、〇〇聯隊《れんたい》に入營《にふえい》し、滿《まん》二ケ年《ねん》の軍事教育《ぐんじけういく》を受《う》けて除隊《ぢよたい》となつた。そして間《ま》もなく上京《じやうきやう》して、某電氣工業會社《ぼうでんきこうげふぐわいしや》の事務員《じむゐん》として勤務中《きんむちゆう》、たま〳〵滿洲事變《まんしうじへん》が勃發《ぼつぱつ》し、過《す》ぐる昭和《せうわ》七年春未《ねんはるいま》だ淺《あさ》き如月《きさらぎ》の半《なかば》に國家《こくか》の干城《かんじやう》として召出《めしいだ》され、ペンを捨《す》てゝ戎衣《じうい》に勇躍征途《ゆうやくせいと》につき、種村部隊付歩兵上等兵《たねむらぶたいつきほへいじやうとうへい》として、母國《ぼこく》を後《あと》に上海《シヤンハイ》へ、それから北上《ほくじやう》して滿洲《まんしう》の治安維持《ちあんゐぢ》の大任《たいにん》についたのであつた。

燃《も》えるが如《ごと》く蒸《む》すが如《ごと》く、夏《なつ》は焦熱地獄《しやうねつぢごく》の北滿《ほくまん》において、反逆《はんぎやく》の梟雄馬占山《けうゆうばせんざん》の大軍《たいぐん》と交戰幾《かうせんいく》十度《ど》、遂《つひ》に黑龍江省綏化縣後十二井《こくりうこうしやうすゐくわけんうしろせい》の包圍殲滅戰《はうゐせんめつせん》に向《むか》つたのであつた。

時《とき》は昭和《せうわ》七年《ねん》八月《ぐわつ》十日拂曉《かふつげう》である。本隊《ほんたい》より分離《ぶんり》した彼等《かれら》二十一名《めい》は、五百名《めい》にあまる敵軍《てきぐん》と肉迫戰《にくはくせん》に遭遇《さうぐう》した。敵《てき》は數多《あまた》の迫擊砲《はくげきはう》、重輕機關銃《ぢゆうけいきくわんじう》、チェコ製《せい》の自働小銃《じどうせうじう》を持《も》つてゐる、敵《てき》は既《すで》に戰《たゝか》はずして我《われ》を呑《の》むの慨《がい》あるも、しかし蛇《じや》は寸《すん》にして人《ひと》を呑《の》むといふ譬《たとへ》によつて、烏合《うがふ》の衆《しう》に勇《ゆう》を鼓《こ》して反擊《はんげき》したのであつた。何《なん》と云《い》つても敵《てき》は數《すう》において多《おほ》いだけに、衆《しう》に賴《たの》んで敢《あ》えて退却《たいきやく》する樣子《やうす》もない。味方《みかた》は次々《つぎつぎ》に負傷《ふしやう》し、或《あるひ》は戰死《せんし》するものもあつて、この調子《てうし》で行《い》つたら我軍《わがぐん》は全滅《ぜんめつ》するの外《ほか》ないといふ危機《きき》に迫《せま》つたのである。この時《とき》、彼《かれ》もまた敵彈《てきだん》のために左上肢《ひだりじやうし》及《およ》び左側胸部《さそくきようぶ》に貫通銃創《くわんつうじうそう》を負《お》ひ、その場《ば》にどつと倒《たほ》れてしまつた。

「無念《むねん》！　やられた」

即座《そくざ》に直感《ちよくかん》したが、あとは夢中《むちゆう》であつた。漸《やうや》く意識《いしき》を恢復《くわいふく》した頃《ころ》に、我《わ》が救援部隊《きふゑんぶたい》がどつと押《お》しかけてくれたので、これを見《み》た敵軍《てきぐん》は俄然總退却《がぜんそうたいきやく》を開始《かいし》したのであつた。

「仇《あだ》を晴《はら》さん、逃《に》がしてなるものか」

と、皇軍《くわうぐん》は猛追擊《まうついげき》をして到頭敵軍《たうとうてきぐん》を殲滅《せんめつ》してしまつた。

無念《むねん》にも大陸《たいりく》の原野《げんや》に鮮血《せんけつ》を流《なが》したまま、生還《せいくわん》を期《き》せぬ母國《ぼこく》の土《つち》を踏《ふ》んだのは、その年《とし》も晩《ばん》秋《しう》コスモスの花既《はなすで》に凋《しぼ》む頃《ころ》であつた。

歸還して復職はしたが

內地《ないち》に送還《そうくわん》されてから、高崎陸軍病院《たかさきりくぐんびやうゐん》で、療養生活約《れうやうせいくわつやく》七ケ月《げつ》、醫學《いがく》の粹《すゐ》と溫情溢《をんじやうあふ》るゝ看護《かんご》によつて、第《だい》一國民兵役《こくみんへいえき》に編入《へんにふ》の身《み》となつた彼《かれ》は、さして不自由《ふじいう》を感《かん》ぜぬまでになつて、翌《よく》八年《ねん》二月《ぐわつ》に漸《やうや》く退院《たいゐん》となつた。

更《さら》に一ケ月《げつ》ばかり鄕里《きやうり》で靜養《せいやう》したのであるが、戰友達《せんいうたち》のことを考《かんが》へると、一日《にち》も安閑《あんかん》として居《ゐ》るわけに行《ゆ》かず、再《ふたゝ》び元《もと》の職場《しよくば》に歸《かへ》つて働《はたら》くべく上京《じやうきやう》したのであつた。そして以前《いぜん》と同《おな》じくペンをとつたのである。

負傷《ふしやう》とは云《い》へ、机《つくえ》に向《むか》つてやる事務《じむ》には大《たい》して支障《ししやう》もなかつたので、彼《かれ》にとつてはこれに越《こ》した適業《てきげふ》のあらう筈《はず》がなく、滿足《まんぞく》すべきであつたのである。これは誰《たれ》しもさう考《かんが》へられること

で、しかも極《きは》めて常識的《じやうしきてき》なものである。

　ところが、はからずも彼《かれ》に大《おほ》きな悩《なや》みが生《しやう》じて來《き》た。それは日本商品《につぽんしやうひん》に對《たい》する歐米諸國《おうべいしよこく》の關税引上《くわんぜいひきあげ》とか、バーター・システムとか、いろ〳〵の關税障壁《くわんぜいしやうへき》を設《まう》けて、日本商品《につぽんしやうひん》の輸入《ゆにふ》を阻止《そし》する方針《はうしん》に出《で》たのである。

「日本《につぽん》は海外《かいぐわい》に投賣《ダンピング》をやつてゐる。職工《しよくこう》などには食《く》ふか食《く》へぬ程度《ていど》の安賃銀《やすちんぎん》を拂《はら》つて……」

といふやうな外國《ぐわいこく》の新聞雜誌《しんぶんざつし》は日本《につぽん》を酷評《こくひやう》し、デマを飛《と》ばせたのである。

かやうに日本商品《につぽんしやうひん》の輸出《ゆしゆつ》は外國《ぐわいこく》から門戸《もんこ》を閉鎖《へいさ》されるやうな結果《けつくわ》となり、輸出商品《ゆしゆつしやうひん》の製造《せいざう》會社《くわいしや》は甚大《じんだい》なる影響《えいきやう》を蒙《かうむ》つたのである。彼《かれ》の勤《つと》めてゐる會社《くわいしや》も米國向專門《べいこくむけせんもん》に電球《でんきう》を大量製造《たいりやうせいざう》してゐたが、米國《べいこく》の日本電球《につぽんでんきう》に對《たい》する輸入禁止的關税引上《ゆにふきんしてきくわんぜいひきあげ》によつてぱつたり輸出《ゆしつ》が杜絶《とぜつ》してしまつた。

「さて、會社《くわいしや》はこれからどうなるだらう。自分達《じぶんたち》も明日《あす》から失業《しつげふ》の憂目《うきめ》をみるのではなからうか」

社員《しやゐん》も職工《しよくこう》も生《い》きた心地《こゝち》せずに、寄《よ》ると障《さは》るとその噂《うはさ》で一パイであつた。重役連《ぢゆうやくれん》はその善後策《ぜんごさく》のために東奔西走《とうほんさいそう》するのであつたが、會社《くわいしや》の營業狀態《えいげふじやうたい》はます〳〵不振《ふしん》の一途《と》を辿《たど》るのみであつた。

「あゝ俺《おれ》も遂《つひ》に何處《どこ》かへゆかねばならぬ」

彼《かれ》は職場《しよくば》から歸《かへ》つて、下宿《げしゆく》の一室《しつ》で獨《ひと》り煩悶懊惱《はんもんあうなう》するのであつた。

機をみるに敏

　その時《とき》、彼《かれ》は自己《じこ》の生活戰線《せいくわつせんせん》における能力《のうりよく》を通《つう》じて、現在《げんざい》から將來《しやうらい》へと冷靜《れいせい》に檢討《けんたう》を試《こゝろ》みたのである。

　時正《ときまさ》に日本工業界《につぽんこうげふかい》は以前《いぜん》の家庭的工業《かていてきこうげふ》から大資本工業《だいしほんこうげふ》へ、手工業《しゆこうげふ》から機械工業《きかいこうげふ》へと躍進《やくしん》し、實《じつ》に日進月歩《につしんげつぽ》の隆盛《りうせい》を示《しめ》してゐた。

「インテリーは日本《につぽん》にあり餘《あま》つてゐるのだ、躍進日本《やくしんにつぽん》が要求《えうきう》する方面《はうめん》へ活路《くわつろ》を開拓《かいたく》すべき秋《とき》である。

　さうだ！　裸一貫《はだかくわん》、無《む》一文《もん》の我々《われ〳〵》は腕《うで》に職《しよく》をつけることが何《なに》より強味《つよみ》なのだ。一つ腕《うで》で行《ゆ》か

う、體當《たいあた》りをやれ。渾身《こんしん》一番《ばん》思切《おもひき》つて轉向《てんかう》してみやう」

と大膽《だいたん》にも決意《けつい》はしてみたものの、はたと當惑《たうわく》したことは負傷《ふしやう》した身《み》である。

「二ケ所《しよ》も負傷《ふしやう》してゐるのだ。この身《み》で果《はた》して無傷《むきず》な普通《ふつう》の健康人《けんかうじん》に伍《ご》して行《ゆ》けるであらうか？」

　そこに一沫《まつ》の不安《ふあん》を感《かん》ずるのであつた。その後《ご》は機會《きくわい》ある毎《ごと》に、自分《じぶん》の體力《たいりよく》を檢按《けんあん》すると共《とも》に、その增進《ぞうしん》に努力《どりよく》を拂《はら》つた。

「今《いま》や日本《につぽん》は重工業方面《ぢゆうこうげふはうめん》において一新生面《じんせいめん》を打開《だかい》しようとしてゐる。よしこの時《とき》だ、俺《おれ》も重工業方面《ぢゆうこうげふはうめん》の第《だい》一線《せん》の戰士《せんし》として、傷痍軍人再度《しやうゐぐんじんさいど》の御奉公《ごほうこう》をしやう。

　事務《じむ》なんか、少《すこ》し學問《がくもん》のあるものなら、誰《たれ》にでも出來《でき》ることだ。だから不景氣《ふけいき》にでもなると直《す》ぐ馘首《かくしゆ》される心配《しんぱい》をしなくてはならぬ。ところが熟練工《じゆくれんこう》になれば望《のぞ》みのところに行《ゆ》かれる。さうだ！　どうしても背廣服《せびろふく》より菜葉服《なつぱふく》だ。背廣服《せびろふく》に對《たい》する淡《あは》き青春《せいしゆん》の憧《あこが》れこそ、捨《す》つべきである」

漸《やうや》くにして自信《じしん》を得《え》た彼《かれ》は熟慮《じゆくりよ》の結果《けつくわ》、決然《けつぜん》として斷行《だんかう》したのであつた。多《おほ》くの人《ひと》は負傷前《ふしやうぜん》の職業《しよくげふ》よりも、樂《らく》な骨《ほね》の折《を》れぬ職《しよく》を撰擇《せんたく》するを常《つね》とするのを、彼《かれ》はペンからハンドルに全身的《ぜんしんてき》活動《くわつどう》へと、逆順的《ぎやくじゆんてき》、正反對《せいはんたい》のコースを選《えら》んだのである。

　そこで、技術修得《ぎじゆつしうとく》の方法《はうはふ》について考《かんが》へたのであるが、思《おも》ひついたのは、嘗《かつ》て廣島衞戍病院《ひろしまゑいじゆびやうゐん》に入院中聽《にふゐんちうき》いた、啓成社講習係長金野氏《けいせいしやかうしふがゝりちやうかねのし》の職業再教育《しよくげふさいけういく》に關《くわん》する講演《かうえん》であつた。

　その折《をり》に配布《はいふ》されたパンフレツトを持《も》つて早速啓成社《さつそくけいせいしや》の門《もん》を叩《たゝ》き、彼《かれ》の希望《きばう》であつた旋盤工《せんばんこう》修得《しうとく》を願出《ねがひで》たところ、當時《たうじ》啓成社《けいせいしや》にはその施設《しせつ》がなかつたので、科外《かぐわい》として下谷區竹田町《したやくたけだちやう》の田《た》中製作所《なかせいさくじよ》、に第《だい》一回旋盤技術講習生《くわいせんばんぎじゆつかうしふせい》として依託《いたく》され入社《にふしや》したのである。そして輝《かゞや》かしき希望《きばう》に一路邁進《ろまいしん》し、甦生《かうせい》のスタートを切《き》つたのであつた。

職業の再教育

　それから春風秋雨《しゆんぷうしうう》三星霜《せいさう》、中年《ちうねん》にして、しかも不自由《ふじいう》な身《み》をもつて新《あたら》しい職《しよく》を覺《おぼ》える辛苦《しんく》の程《ほど》は察《さつ》するにあまりあらう。もと〳〵彼《かれ》には機械工業《きかいこうげふ》に對《たい》する特別《とくべつ》の趣味《しゆみ》があつたわけじやなし、將來大《しやうらいおほ》きく伸《の》びんがためには、それだけに、どんな試練《しれん》の嵐《あらし》をも覺悟《かくご》せねばならなかつた

のである。

　その間《かん》一年有半《ねんいうはん》、芝區《しばく》白金《しろがね》にある分工場《ぶんこうぢやう》に通講《つうかう》の折《をり》などは、午前《ごぜん》七時《じ》に作業《さげふ》を開始《かいし》し、午後《ごご》九時《じ》終業《しうげふ》のため、冬期《とうき》には黎明未《れいめいいま》だ告《つ》げやらぬに星《ほし》を戴《いたゞ》いて出《い》で、夕《ゆふべ》には静寂《せいじやく》な街路《がいろ》に孤影《こえい》を投《とう》じて歸社《きしや》しなければならなかつたこともあり、雪《ゆき》の夕《ゆふべ》、雨《あめ》の朝《あした》、しかし、希望《きばう》に燃《も》ゆる彼《かれ》にとつては、寧《むし》ろ、不倒不屈《ふたうふくつ》の信念《しんねん》に油《あぶら》を注《そゝ》ぐ神《かみ》の試練《しれん》と心得《こゝろえ》て、この苦難《くなん》の試練《しれん》を甘受《かんじゆ》したのである。

「大日本帝國《だいにつぽんていこく》の干城《かんじやう》であつたではないか。北滿《ほくまん》の第《だい》一線《せん》で、日本男子《につぽんだんし》の本懐《ほんくわい》を達《たつ》して思《おも》ふ存分《ぞんぶん》働《はたら》いて來《き》た身《み》じやないか。傷負《きずお》ひたりといへども、人後《じんご》に墜《おち》るやうなことがあつては、戰地《せんち》に殘《のこ》した戰友《せんいう》に對《たい》して申譯《まうしわけ》がない」

かう考《かんが》へては挫《くぢ》けやう、緩《ゆる》まんとする心身《しんしん》に鞭打《むちう》つて努力《どりよく》を續《つゞ》けるのであつた。

月《つき》二回《くわい》の休講《きうかう》は樂《たの》しくもまた多忙《たばう》でもあつた。身《み》の廻《まは》りの事《こと》もせねばならぬ、參考書《さんかうしよ》も讀《よ》まねばならぬといふ、終日《しうじつ》多忙《たばう》に追《お》はれて案外短《あんぐわいみじ》かい在社期間《ざいしやきかん》であつた。

　かくて昭和《せうわ》十年《ねん》の秋《あき》、板橋區志村分工場《いたばしくしむらぶんこうぢやう》に轉《てん》じ、實地見習《じつちみならひ》を終《をは》つて翌《よく》十一年櫻花爛漫《ねんあうくわらんまん》として

一八二

萬朶《まんだ》の麗葩《れいは》微笑《ほゝゑ》む四月に、恙《つゝが》なく待望《たいばう》の生活戰線《せいくわつせんせん》に、立派《りつぱ》な旋盤工《せんばんこう》となつて甦生《かうせい》の第《だい》一歩《ぽ》を力《ちから》強《つよ》く踏《ふ》み出《だ》すことになつたのである。その時《とき》の彼《かれ》の歡喜《くわんき》！　眞《しん》に涙《なみだ》のこぼれる思《おも》ひであつた。隨喜《ずゐき》の泪《なみだ》とはこのことであらう。

勞苦の結實

卒業《そつげふ》と同時《どうじ》に、彼《かれ》は引續《ひきつゞ》き板橋區志村分工場《いたばしくしむらぶんこうぢやう》に正規《せいき》の旋盤工《せんばんこう》として働《はたら》くことになつた。そこで住居《じゆうきよ》を現在《げんざい》のところに構《かま》へ、本籍《ほんせき》もこゝに移轉《いてん》したのである。そして毎日《まいにち》、職場《しよくば》に朝《あさ》から晩《ばん》まで、ハチ切《き》れるばかりの希望《きばう》をもつて、鋭意《えいい》技術《ぎじゆつ》の練磨《れんま》に全精神《ぜんせいしん》を打《う》ち込《こ》んでゐるのである。その傍《かたは》ら更《さら》に副産物修得《ふくさんぶつしうとく》として、酸素熔接士《さんそようせつし》の免許證《めんきよしよう》も昭和《せうわ》十二年《ねん》に獲得《くわくとく》することが出來《でき》た。

　これに先《さき》だち、昭和《せうわ》十一年《ねん》十一月《ぐわつ》に、知友《ちいう》の媒酌《ばいしやく》にて一生《しやう》の伴侶《はんろ》たる妻《つま》を迎《むか》へたのであつた。當時《たうじ》彼《かれ》が二十八、妻《つま》は二十四。彼《かれ》の不自由《ふじいう》なる身體《からだ》に對《たい》して、心《こゝろ》からなる同情《どうじやう》と理解《りかい》を以《も》て、何《なに》くれとなく盡《つく》してくれるその眞心《まごゝろ》には、彼《かれ》も衷心《ちうしん》から感謝《かんしや》してゐる。

一八三

たま／＼支那事變《しなじへん》が勃發《ぼつぱつ》するや、重工業方面《ぢうこうげふはうめん》は一段《だん》と殷賑《いんしん》を極《きは》めるやうになり、工場《こうぢやう》は次《つぎ》から次《つぎ》へと増築《ぞうちく》、或《あるひ》は新築《しんちく》され、熟練工《じゆくれんこう》もまた諸々方々《しよく／＼はう／＼》から引張《ひつぱ》り凧《だこ》だ。嘗《かつ》ては將來《しやうらい》の生活《せいくわつ》を危《き》惧《ぐ》した彼《かれ》も、この好景氣《かうけいき》に惠《めぐ》まれて月收約《げつしうやく》百五十圓《ゑん》を得《う》るに至《いた》つた。

「私《わたくし》が退院後《たいゐんご》そのまゝ前《まへ》の電氣會社《でんきくわいしや》に落着《おちつ》いてゐたら、今頃《いまごろ》は勿論信任《もちろんしんにん》も厚《あつ》かつたことであらうし、また不自由《ふじいう》な身《み》としては、事務員《じむゐん》が最《もつと》も適業《てきげふ》であつたかも知《し》れません。しかし、その月給《げつきふ》は、現在旋盤工《げんざいせんばんこう》として得《え》てゐるものには、とても比較《ひかく》すべくもありません」

と彼《かれ》は語《かた》るのであつた。樂《らく》な仕事《しごと》は誰《たれ》でも出來《でき》る。だから不景氣《ふけいき》ともなれば俸給《はうきふ》が低下《ていか》し、まかり間違《まちが》へば馘首《かくしゆ》される。苦難《くなん》であつても特殊技術《とくしゆぎじゆつ》を修得《しうとく》しておけば、景氣不景氣《けいきふけいき》に影響《えいきやう》されることなく、その生活《せいくわつ》は保證《ほしよう》されるのだ、といふことを彼《かれ》は體驗《たいけん》したのである。

「今《いま》や我國《わがくに》は皇國興廢《くわうこくこうはい》の超非常時《てうひじやうじ》であります。私共《わたくしども》は銃後《じうご》にあつても戰場《せんぢやう》の寸時《すんじ》を想起《さうき》してどんな困苦缺乏《こんくけつぼふ》にも耐《た》へ忍《しの》び、産業《さんげふ》の戰士《せんし》として、東亞新秩序建設《とうあしんちつじよけんせつ》のため粉骨碎身《ふんこつさいしん》、國是《こくぜ》の向《む》ふところに笑《わら》つて殉《じゆん》じ、そして累卵《るゐらん》の危《あやふ》きにある東亞《とうあ》の現状《げんじやう》を克服《こくふく》せんとする覺悟《かくご》であります」

一八四

不具者ばかりで工場經營

東京市向島區
歩兵上等兵　丸山政雄君

不具者ばかりの集り

　とかく世間《せけん》といふものは煩《うる》さい。右《みぎ》へ轉《ころ》んだと云《い》つては蔭口《かげくち》をきき、左《ひだり》へ倒《たふ》れたと云《い》つては惡口《あくこう》を叩《たゝ》く、名譽《めいよ》ある傷痍軍人《しやういぐんじん》たる丸山政雄君《まるやままさをくん》が跛《びつこ》を引《ひ》きながら歩《ある》いてゐる後姿《うしろすがた》をみては、いたましいと同情《どうじやう》する人《ひと》も多《おほ》かつたが、中《なか》には冷《つめ》たい侮蔑《ぶべつ》の眼《め》で見《み》やる人《ひと》も少《すく》なかつたのである。

　もつとも、これは獨《ひと》り丸山君《まるやまくん》に限《かぎ》つたわけではなからうが、特《とく》に彼《かれ》のところには不具者《ふぐしや》ばかり五人《にん》も雇入《やとひい》れてゐるので、物珍《ものめづ》らしさうな連中《れんちう》が寄《よ》つてたかつて噂《うは》さしたのであつた。

一八五

一八六

「最初《さいしよ》は隨分癪《ずゐぶんしやく》にさはることもあつたが、事實斯《じじつか》うして不具者《ふぐしや》ばかり五、六人《にん》も揃《そろ》つて仕事《しごと》をしてゐると、誰《だれ》でも店先《みせさき》に足《あし》を止《と》めて覗《のぞ》き込《こ》んでみたいのは人情《にんじやう》であらうと思《おも》ひ、此頃《このごろ》では別《べつ》に氣《き》にも止《と》めずに、毎日仕事《まいにちしごと》に追《お》はれてゐるやうな仕末《しまつ》だ。そんなことを一々氣《き》にかけてゐては、この世《よ》は渡《わた》つて行《い》けない」

と彼《かれ》は語《かた》るのであつた。

彼《かれ》は滿洲事變《まんしうじへん》で戰傷《せんしやう》の結果《けつくわ》、啓成社《けいせいしや》でミシン裁縫《さいほう》の再敎育《さいけういく》を受《う》け、昨年春《さくねんはる》に卒業《そつげふ》すると間《ま》もなく店舖《てんぽ》を構《かま》へ、現在《げんざい》では不自由《ふじいう》な身《み》のもの同志《どうし》を集《あつ》めて、軍需品《ぐんじゆひん》の下請負《したうけおひ》に忙殺《ばうさつ》されてゐるのである。

この同志《どうし》といふのも、彼《かれ》の義俠心《ぎけふしん》から生《うま》れたもので、片手《かたて》のないもの、或《あるひ》は片足《かたあし》のないものといふやうな同樣《どうやう》の不遇《ふぐう》な連中《れんちう》ばかりを集《あつ》め、兎《と》も角今日《かくこんにち》まで築《きづ》きあげた傑物《けつぶつ》である。しかも不自由《ふじいう》な身《み》に、裸一貫《はだかくわん》の彼《かれ》が、二年足《ねんた》らずで小《せう》なり、一《ひと》つの工場《こうぢやう》を經營《けいえい》するに至《いた》つたその裏面《りめん》に、血《ち》のにじみ出《で》るやうな並々《なみ〱》ならぬ努力《どりよく》と勇氣《ゆうき》の賜物《たまもの》であると云《い》はねばならぬ。

若年の身に重き責任

彼《かれ》は與四郎氏《よしらうし》の長男《ちやうなん》として生《うま》れ、他《ほか》に姉《あね》と妹《いもうと》の二人《ふたり》がゐる。父《ちゝ》はクリーニング屋《や》として一時《じ》は相當盛《さうたうさか》んにやつてゐたが、彼《かれ》が十二歳《さい》の時《とき》に父《ちゝ》に急死《きふし》され、一年後《ねんご》には廢業《はいげふ》の止《や》むなきに至《いた》つたのである。從《したが》つて彼《かれ》が義務敎育《ぎむけういく》を卒《を》へると同時《どうじ》に、生計《せいけい》の幾分《いくぶん》なりとも稼《かせ》がなければならぬといふのでゴム工場《こうぢやう》に出《だ》された。

かくて、若年《じやくねん》ながらも一家《いつか》の責任《せきにん》を双肩《さうけん》に擔《にな》ひ、一生懸命《いつしやうけんめい》に働《はたら》いてゐたのであるが、男子一《だんしいつ》世晴《せいは》れの徵兵檢査《ちようへいけんさ》で見事《みごと》に合格《がふかく》し、昭和《せうわ》八年《ねん》十二月《ぐわつ》に滿洲獨立守備隊《まんしうどくりつしゆびたい》に入營《にふえい》する身《み》となつたのである。いよ〱入營間近《にふえいまぢか》になると、さすがの彼《かれ》も考《かんが》へなければならなくなつた。

「家《うち》では唯一人《たゞひとり》の男《をとこ》である自分《じぶん》が居《ゐ》なくなると、後《あと》は老《を》いた母《はゝ》と妹《いもうと》だけだ。さてどうしたらいいだらう。國《くに》のためだ。止《や》むを得《え》ない、幼《をさな》い妹《いもうと》にも可哀《かあい》さうだが、一時働《じはたら》いて貰《もら》はなくてはいけない」

と思《おも》つた彼《かれ》は、八方手《ばうて》を盡《つく》して兎《と》も角製藥工場《かくせいやくこうぢやう》に就職《しうしよく》させた。そして、彼《かれ》は燃《も》える勇氣《ゆうき》に胸《むね》

一八七

一八八

を躍《をど》らしつゝ營門《えいもん》を潜《くゞ》つたのであつた。

ところが滿洲事變中《まんしうじへんちう》であつたので、翌年二月《よくねんぐわつ》、安東《あんとう》、奉天《ほうてん》、大連《だいれん》の三角地帶討伐《かくちたいたうばつ》の命下《めいくだ》り、出動《しゆつどう》を開始《かいし》したのである。しかし敵《てき》も名《な》にし負《お》ふ堅軍《けんぐん》、守《まも》りを固《かた》うして退《しりぞ》かない。漸《やうや》くにして數《すう》ケ月間《げつかん》の激戰後《げきせんご》、さすがの强敵《きやうてき》も遂《つひ》に殲滅《せんめつ》した。更《さら》に引續《ひきつゞ》き東邊道討伐《とうへんだうたうばつ》を命《めい》ぜられたが、武運《ぶうん》つたなく彼《かれ》は戰《たゝか》ひ半《なか》ばにして、左大腿部及《ひだりだいたいぶおよ》び右手上膊部《みぎてじやうはくぶ》に敵彈《てきだん》を受《う》けたのである。遂《つひ》に滿鐵《まんてつ》病院《びやうゐん》に收容《しうよう》され惜《をし》くも左大腿部《ひだりだいたいぶ》三分《ぶん》の一下《した》を切斷《せつだん》されてしまつたのである。その後《ご》、奉天衞戍《ほうてんえいじゆ》病院《びやうゐん》に轉《てん》じ、內地《ないち》に送還《そうくわん》されたのは十月半《ぐわつなかば》であつた。そして東京第一《とうきやうだい》陸軍病院《りくぐんびやうゐん》に暫《しばら》く入院加療《にふゐんかれう》を受《う》け、退院《たいゐん》したのは翌《よく》十年《ねん》七月《ぐわつ》十日《か》であつたのだ。

「名譽《めいよ》の戰傷者《せんしやうしや》！」

町內《ちやうない》をあげて彼《かれ》を歡迎《くわんげい》してくれた。しかし誰《だれ》よりも嬉《うれ》しく、退院《たいゐん》を待《ま》ち焦《こ》がれてゐたのは老《を》いた母親《はゝおや》であつた。そして心《こゝろ》からなる介抱《かいはう》の下《もと》に極力靜養《きよくりよくせいやう》を薦《すゝ》めるのであつた。

「その體《からだ》ではとても仕事《しごと》は出來《でき》ない。まあ急《いそ》ぐことはない、ゆつくり靜養《せいやう》するといいよ」

老母《らうぼ》は慰《なぐさ》め顏《がほ》にいふのであつた。事實《じじつ》、歩行《ほかう》さへ十分《ぶん》でないのに、どうして出征前《しゆつせいぜん》のやうな勞役《らうえき》に耐《た》えられやう。さればと云《い》つてすぐ商賣《しやうばい》をはじめるにも資金《しきん》はなし、萬《まん》が一失敗《しつぱい》でもしたら、それこそ名譽《めいよ》ある軍人《ぐんじん》の名《な》を汚《けが》すことにもなる。と云《い》つて、べん〱として遊《あそ》んでゐられる身《み》ではない。何《なに》か生《い》きる道《みち》は考《かんが》へねばならない。あれを思《おも》ひ、これに迷《まよ》ひ、彼《かれ》は心《こゝろ》を惱《なや》ました。

再起するまでの苦難

恰度《ちやうど》その當時《たうじ》、近所《きんじよ》に某《ぼう》ワイシャツ店《てん》の下請《したうけ》をしてゐるミシン工場《こうぢやう》の主人《しゆじん》が、彼《かれ》の境遇《きやうぐう》にすつかり同情《どうじやう》して、

「どうです。僕《ぼく》の工場《こうぢやう》に來《き》て少《すこ》し手傳《てつだ》つて貰《もら》へないだらうか」

と親切《しんせつ》に云《い》つてくれた。左足《ひだりあし》こそ不自由《ふじいう》ではあれ、彼《かれ》は强健《きやうけん》な肉體《にくたい》に惠《めぐ》まれ、また軍人精神《ぐんじんせいしん》でかたまつてゐた。折角《せつかく》の厚意《こうい》と彼《かれ》は感謝《かんしや》しながら、早速傳《さつそくはたら》くことになつた。そして先《ま》づミシンのかけ方《かた》について一意專心精勵《いせんしんせいれい》したのであつた。しかし、ミシンに手足《てあし》をかけるのは、はじめてのことではあり、それに不自由《ふじいう》な足《あし》であつたために、仕事《しごと》をするといふよりも寧《むし》ろミシン

一八九

一九〇

針《はり》をおる方《はう》が多《おほ》かつた。あまりの不甲斐《ふがひ》なさに幾度《いくど》か歎《なげ》いたのである。

「これではとても仕事《しごと》にはならん。それに先方《せんばう》に對《たい》しても申譯《まをしわけ》がない。何《なに》か他《ほか》に手取《てつと》り早《ばや》い仕《し》事《ごと》はないものかナ」

いろ〳〵惱《なや》み續《つゞ》けてゐるところへ、フト思《おも》ひ浮《うか》べたことは、嘗《かつ》て陸軍第《りくぐんだい》一病院《びやうゐん》に入院中《にふゐんちう》、大《おほ》塚《つか》の啓成社《けいせいしや》へ案内《あんない》され、不具者《ふぐしや》に對《たい》する再教育《さいけういく》の實情《じつじやう》を見學《けんがく》したことであつた。

「さうだ！　俺《おれ》も一《ひと》つ啓成社《けいせいしや》に入《はい》つて、ミシン裁縫《さいほう》をみつしり勉强《べんきやう》しよう。そして俺《おれ》も將來立《しやうらいりつ》派《ぱ》に獨立《どくりつ》してみせやう」

と決心《けつしん》した彼《かれ》は、早速《さつそく》その手續《てつゞき》をしたのである。幸《さいは》ひ許可《きよか》されたので、昭和《せうわ》十一年《ねん》十一月《ぐわつ》四日《か》に入社《にふしや》し、一年《ねん》三ケ月《げつ》の課程《くわてい》を卒《を》へて、昨年《さくねん》二月《ぐわつ》、自宅《じたく》の一室《いつしつ》をミシン裁縫室《さいほうしつ》に當《あ》て、兎《と》も角《かく》、開業《かいげふ》の準備《じゆんび》をしたのである。しかし、開業《かいげふ》と云《い》つても素《もと》より一文《もん》の資金《しきん》があるではなし、ここでまた彼《かれ》は心配《しんぱい》した。

そこで先《ま》づ自《みづか》ら區役所《くやくしよ》に出頭《しゆつとう》し、軍事救護係《ぐんじきうごがかり》に相談《さうだん》したのであつた。ところが、その係員《かゝりゐん》はいろ〳〵親切《しんせつ》に、軍需品《ぐんじゆひん》の下請《したうけ》の世話《せわ》から、ミシン機械《きかい》まで格安《かくやす》で斡旋《あつせん》してくれたので、左程《さほど》の苦勞《くらう》なしに即日仕事《そくじつしごと》が出來《でき》、心《こゝろ》から喜《よろこ》んで奮起《ふんき》したのである。

最初《さいしよ》は出征兵士見送《しゆつせいへいしみおくり》の旗《はた》を作《つく》つたり、或《あるひ》はフンドシのやうな簡單《かんたん》なものが多《おほ》かつたが、だん〳〵軍服《ぐんぷく》の注文《ちうもん》を受《う》けるやうになつて、家族《かぞく》の手傳《てつだひ》ぐらゐでは間《ま》に合《あ》はなくなり、それに自宅《じたく》の一室《いつしつ》だけでは狹隘《けふあい》を感《かん》じて、本夏《ほんか》に近所《きんじよ》の空家《あきや》を借受《かりう》け、さゝやかながらも一《ひと》つの工場形態《こうぢやうけいたい》をなして、職人《しよくにん》も一人《ひとり》、二人《ふたり》と現在《げんざい》五人《にん》も雇入《やとひい》れ、朝《あさ》から晩《ばん》まで目《め》が廻《まは》るやうな忙《いそが》しさである。

家庭的な職場

しかるに、彼《かれ》の職場《しよくば》に働《はたら》いてゐるものすべてが、揃《そろ》ひも揃《そろ》つても手《て》か足《あし》のない不具者《ふぐしや》ばかりといふ特異《とくい》な存在《そんざい》であるだけに、町内《ちやうない》の評判《ひやうばん》になつてゐる。自分《じぶん》が不自由《ふじいう》な身《み》であればある程《ほど》せめて雇入《やとひい》れるものでも五體《たい》の完全《くわんぜん》な人《ひと》を採用《さいよう》したら、仕事《しごと》の上《うへ》にどれだけ都合《つがふ》がいいかわからないと思《おも》ふが彼《かれ》に云《い》はしむれば、

「そのことは誰《だれ》からも云《い》はれるのであるが、自分《じぶん》は寧《むし》ろその逆《ぎやく》だ。お互《たがひ》に不愍《ふびん》な身《み》であればこそ、同病相憐《どうびやうあひあはれ》むで、甲《かふ》が出來《でき》ないものは乙《おつ》がやり、乙《おつ》の出來《でき》ないものは丙《へい》がやるといふやう

一九一

一九二

に、お互《たがひ》に扶《たす》けつゝ扶《たす》けられつゝ何《なん》とか一人前《にんまへ》の仕事《しごと》をやらうと、精《せい》の出《だ》し方《かた》が普通人《ふつうじん》の及《およ》ばぬところがある、團結心《だんけつしん》の强《つよ》いことは驚《おどろ》くべきものである。從《したが》つて仕事《しごと》の出來高《できだか》において、決《けつ》して他《た》の工場《こうぢやう》に優《まさ》るとも劣《おと》らぬ成績《せいせき》をあげてゐることによつても、立派《りつぱ》に證明《しようめい》されるのである」

毅然《きぜん》として彼《かれ》は云《い》ふのであつた。同樣《どうやう》な不運《ふうん》の境遇《きやうぐう》にあるもの相集《あひあつま》り、相扶《あひたす》けるといふ彼《かれ》の義俠心《ぎけふしん》と同情心《どうじやうしん》のほどばしりからで、傷痍軍人再起美談《しやういぐんじんさいきびだん》の第《だい》一ページを飾《かざ》るものである。

それに感心《かんしん》したことは、すべて家庭的《かていてき》で恰《あたか》も兄弟《きやうだい》の如《ごと》く、雇主《こしゆ》、被雇傭者《ひこようしや》の觀念《くわんねん》は微塵《みぢん》もない。母《はゝ》と妹《いもうと》はこれ等連中《られんちう》の身《み》の廻《まは》り一切《いつさい》を世話《せわ》してくれるので、實母《じつぼ》、實妹《じつまい》にも劣《おと》らぬ親《した》しみをもたれてゐる。それればかりではない。お互《たがひ》に不具《ふぐ》の身《み》であるがために、錢湯《せんたう》に行《ゆ》くにも大手《おほて》振《ふ》つて入《はい》れぬだらうといふ心遣《こゝろづか》ひから、風呂場《ふろば》まで新造《しんざう》した。また通勤《つうきん》も容易《ようい》ならぬといふので、一室《いつしつ》に彼《かれ》と共《とも》に寢起《ねおき》してゐる。萬事《ばんじ》が家族的《かぞくてき》であるがために、誰一人《たれひとり》不平《ふへい》を唱《とな》ふるものもなければ、不滿《ふまん》を洩《も》らすものもなく、寧《むし》ろ感謝《かんしや》の念《ねん》に充《み》ちた和氣靄々《わきあいく》たるものである。されば、その氣持《きもち》が仕事《しごと》の上《うへ》に反映《はんえい》し、五體《ごたい》の滿足《まんぞく》な普通人《ふつうじん》にも優《すぐ》る能率《のうりつ》をあげてゐるわけである。

その名も雄々しき「つはもの」寫眞館

宮城縣牡鹿郡稻井村

歩兵上等兵　鈴　木　節　義　君

商賣繁昌、生活安定

「自分《じぶん》は傷痍軍人《しやうゐぐんじん》だからと云《い》つて、世《よ》の中《なか》の誰《たれ》も彼《かれ》もが面倒《めんだう》をみてくれるとは限《かぎ》らない。最初《さいしよ》は何《なに》や彼《かに》やといろ〳〵心配《しんぱい》をしてくれ、同情《どうじやう》も寄《よ》せてくれるが、それにあまへてゐては、遂《つひ》に哀《あは》れな廢兵《はいへい》になつてしまふ。だから、どうしても獨立獨歩《どくりつどつぽ》、他《た》に依賴心《いらいしん》を起《おこ》してはいけないのだ」

敢然《かんぜん》として、鈴木節義君《すゞきせつよしくん》は語《かた》るのであつた。

彼《かれ》は嘗《かつ》ての母隊《ぼたい》であつた歩兵第四聯隊輜重第二敎導學校《ほへいだいれんたいけいちゆうだいけうだうがくかう》の厚意《こうい》により、その指定寫眞館《していしやしんくわん》とな

一九三

つて、生計《せいけい》の大部分《だいぶぶん》を維持《ゐぢ》してゐるのである。現在《げんざい》お弟子《でし》さん二人《ふたり》も使《つか》つて盛大《せいだい》にやつて居《ゐ》るところをみると、月收入《げつしうにふ》は相當《さうたう》な額《がく》に上《あが》るだらうと羨《うらや》ましき限《かぎ》りである。

「御覽《ごらん》の通《とほ》り、毎日仕事《まいにちしごと》に追《お》はれる位《くらゐ》忙《いそが》しく、弟子《でし》も二人《ふたり》使《つか》ふ身分《みぶん》になつたのも、皆先輩《みなせんばい》の方々《かたぐ》の御援助《ごゑんじよ》と御指導《ごしだう》によるものと、常《つね》に感謝《かんしや》して居《を》ります。それに幸《さいは》ひ現在《げんざい》では、貯金《ちよきん》も相《さう》當出來《たうでき》るやうになつて來《き》ましたので、喜《よろこ》んでゐます」

この分《ぶん》ならば、先《ま》づ以《もつ》て生活《せいくわつ》は安定《あんてい》し、ます〳〵伸《の》び行《ゆ》くばかりである。しかし、今日《こんにち》を築《きづ》くまでには、その裏《うら》に並々《なみ〳〵》ならぬ努力《どりよく》と、血《ち》の滲《にじ》み出《で》るやうな辛苦《しんく》が秘《ひ》められてゐることを、忘《わす》れてはならない。幾度《いくたび》か挫《くぢ》け、挫《くぢ》けて鞭打《むちう》ちして、常《つね》に努力《どりよく》の二字《じ》に嚴《きび》しく監視《かんし》され、よくもそれを守《まも》り得《え》たればこそ、裸《はだか》一貫《くわん》から雄々《を〻》しくも起《た》ち上《あが》ることが出來《でき》たのである。〃努力《どりよく》〃この二字《じ》の前《まへ》には、何物《なにもの》も抗《かう》し得《え》ないといふ身《み》を以《もつ》ての體驗者《たいけんしや》である。

選職には人一倍の苦心

彼《かれ》は郷里《きやうり》の金山小學校《かなやませうがくかう》を卒業《そつげふ》すると、田畑《たはた》に出《で》て家業《かげふ》の手傳《てつだひ》をしてゐた。そのうち適齡《てきれい》となり、昭和《せうわ》五年《ねん》現役《げんえき》を志願《しぐわん》したところ本望叶《ほんばうかな》つて、翌《よく》六年《ねん》一月《ぐわつ》十日《か》歩《ほ》兵第《へいだい》四聯隊《れんたい》に入營《にふえい》したのであつた。

折《をり》しも滿洲《まんしう》の風雲《ふううん》はいよ〳〵急《きふ》、彼《かれ》もまた勇躍《ゆうやく》して渡滿《とまん》し、同年《どうねん》九月滿洲事變《ぐわつまんしうじへん》に參加《さんか》したが、長驅《ちやうく》チチハル攻擊《こうげき》において無念《むねん》にも兩足《りやうあし》が凍傷《とうしやう》にかゝり、各地病院《かくちびやうゐん》を經《へ》て內地《ないち》へ送還《そうくわん》され、東《とう》京陸軍第一衞戍病院《きやうりくぐんだいえいじゆびやうゐん》に入院《にふゐん》した。そして遂《つひ》に右足第《みぎあしだい》一、二、三指《し》と左足第《ひだりあしだい》一、三指《し》を切斷《せつだん》され、漸《やう》く翌《よく》七年《ねん》七月《ぐわつ》十五日《にち》同院《どうゐん》を退院《たいゐん》の身《み》となつて、郷里《きやうり》へ歸《かへ》つたのである。

「何《なん》の武運《ぶうん》も立《た》て得《え》ずに、オメ〳〵と歸還《きくわん》しては戰友達《せんいうたち》に申譯《まうしわけ》がない」

懷《なつか》しい親《おや》の膝下《しつか》へ歸《かへ》つては來《き》たものの、やつと、その日《ひ》〳〵の口糊《こうこ》を凌《しの》いでゐる本當《ほんたう》の水飲《みづのみ》百姓《ひやくしやう》であつたために、直《す》ぐ働《はたら》かなければならぬ不遇《ふぐう》な境遇《きやうぐう》にあつた。そればかりでなく、父《ちゝ》には莫大《ばくだい》な負債《ふさい》があつたので、切角下賜《せつかくかし》された一時金《じきん》千五百圓《ゑん》も、止《や》むを得《え》ずその穴埋《あなう》めに廻《まは》さなければならぬやうな破目《はめ》に陷《おちい》つてゐた。

彼《かれ》はもと〳〵農家《のうか》であつたので、ともかく、その手傳《てつだひ》をする心算《つもり》であつたが、いろ〳〵家庭《かてい》に複雜《ふくざつ》した事情《じじやう》があつたので、それも出來《でき》ず、と云《い》つて、ぶら〳〵遊《あそ》んで居《ゐ》られる身分《みぶん》じやな

し、どうしても自活《じくわつ》の道《みち》を講《かう》じなければならなかつた。最初《さいしよ》は田舍《ゐなか》廻《まは》りの行商《ぎやうしやう》でもと考《かんが》へてみたが、當時《たうじ》、村《むら》には既《すで》に四、五人《にん》の行商《ぎやうしやう》が居《を》り、それに資金《しきん》もなければ、またそれを融通《ゆうづう》して貰《もら》ふ傳手《つて》もなしといふ狀態《じやうたい》であつた。ところが、それ程《ほど》まで無理《むり》して商賣《しやうばい》をしてみても、萬《まん》が一失敗《しつぱい》でもしたら、それこそ親《おや》に心配《しんぱい》かけるばかり……あれやこれやと考《かんが》へ惱《なや》んだ時《とき》、床《とこ》に入《はい》つてもまんじりとも眠《ねむ》れなかつたこと幾夜《いくや》かあつた。

或日《あるひ》ふと憶《おも》ひ出《だ》したことは、豫《か》ねて東京陸軍病院《とうきやうりくぐんびやうゐん》に入院中見學《にふゐんちゆうけんがく》した啓成社《けいせいしや》のことである。

「いつまでも愚圖々々《ぐづ〳〵》は出來《でき》ない。さうだ！この際寧《さいむし》ろ啓成社《けいせいしや》へ入社《にふしや》して、職業《しよくげふ》の再教育《さいけういく》を受《う》け、何《なに》か一《ひと》つの技術《ぎじゆつ》を覺《おぼ》えて、腕《うで》に自信《じしん》をつけることが最《もつと》も賢明《けんめい》であり、それが何《なに》より手取早《てつとりばや》いことだ」

斯《か》う決心《けつしん》した彼《かれ》は、早速啓成社《さつそくけいせいしや》へ入社許可願《にふしやきよかねがひ》を出《だ》したのである。數《すう》十日後《にちご》に講習係長《かうしふかゝりちやう》から丁寧《ていねい》な返事《へんじ》があつたので、兩親《りやうしん》や兄等《あにとう》に相談《さうだん》したところ、父母《ふぼ》は嘗《かつ》ての兄《あに》の事業《じげふ》の失敗《しつぱい》に懲《こ》りて、二の舞《まひ》を踏《ふ》むやうなことがあつては大變《たいへん》だと云《い》つて、どうしても彼《かれ》の意見《いけん》を聞入《きゝい》れてくれなかつた。

「さて、どうしたらいゝだらう。親《おや》はどうしても許《ゆる》しくれぬし、それに上京《じやうきやう》するにも旅費《りよひ》はなし……」

いろ〳〵煩悶《はんもん》したのである。

「俺《おれ》はいつまでも親《おや》、兄弟《きやうだい》の厄介《やくかい》になつては居《ゐ》られないのだ。何《なん》としても自活《じくわつ》の方法《はうはふ》を考《かんが》へなければいけないのだ。よーし、男子《だんし》一旦《たん》、覺悟《かくご》を決《き》めた以上《いじやう》それに一路邁進《ろまいしん》だ。それにしても先《ま》づ第一《だい》に、旅費《りよひ》を稼《かせ》がなければならない。それが先決問題《せんけつもんだい》だ」

といふわけで、炭燒《すみやき》を志《こゝろざ》し、早速山中《さつそくさんちゆう》に入《はい》つてコツ〳〵と約《やく》六ケ月間《げつかん》、毎日溜《まいにちたま》る貯金《ちよきん》を樂《たの》しみに、上京《じやうきやう》の日《ひ》の一日《にち》も早《はや》からんことを待《ま》つ心《こゝろ》で一パイであつた。そのうち十五圓《ゑん》も貯金《ちやきん》が出來《でき》たので、これなら旅費《りよひ》として大丈夫《だいぢやうぶ》、あとは啓成社《けいせいしや》で一切世話《さいせわ》してくれるから、と思《おも》つた彼《かれ》は、兩親《りやうしん》の反對《はんたい》を押切《おしき》つて上京《じやうきやう》し、憧《あこが》れの啓成社《けいせいしや》に入社《にふしや》したのである。

緩む心に捩子《ネヂ》をかけ

彼《かれ》は入社《にふしや》は出來《でき》たものの、何分《なにぶん》にも田舍育《ゐなかそだ》ちのこととて、最初《さいしよ》は、さて何科《なにくわ》へ志願《しぐわん》したらい

いのやら、その決心《けつしん》もなく、たゞ入社《にふしや》したいといふ氣持《きもち》で一パイで、そんなことなど何《なに》も考《かんが》へてゐなかつた。また考《かんが》へて見《み》ても、自分《じぶん》には果《はた》してどんな仕事《しごと》が適《てき》して居《ゐ》るものやら判《わか》らんので、先《ま》づ最初《さいしよ》は興味《きようみ》にかられて高等洋服科《かうとうやうふくくわ》を受講《じゆかう》した。しかるに、どうも彼《かれ》の思《おも》つたやうではなく、だん〴〵嫌氣《いやき》がさして來《き》た。止《や》むを得《え》ず寫眞科《しやしんくわ》に轉科《てんくわ》を希望《きばう》し、講習係《かうしふがゝり》にその旨《むね》お願《ねが》ひしたが、どうしても轉科《てんくわ》は許可出來《きよかでき》ないと一蹴《しう》されてしまつた。さすがの彼《かれ》も窮《きう》して、一時《じ》は歸郷《ききやう》する決心《けつしん》までしてみたものの、

「そんな意志《いし》の弱《よわ》いことでは駄目《だめ》だ。親達《おやたち》の反對《はんたい》するのを押切《おしき》つて、必《かなら》ずや成功《せいこう》せずんば歸《かへ》らずといふ堅固《けんご》な決心《けつしん》の下《もと》に、上京《じやうきやう》して來《き》た筈《はず》なのに……この位《くらゐ》のことで今《いま》からヘタバルやうでは、一體《たい》これから何《なに》が出來《でき》る。それに第一線《だいせん》で働《はたら》いてゐる戰友《せんいう》に對《たい》しても申譯《まうしわ》けがないではないか」

彼《かれ》の心《こゝろ》の奥隅《おくすみ》で、正《まさ》に崩《くづ》れんとする彼《かれ》の氣持《きもち》を起《おこ》し立《た》て、緩《ゆる》む心《こゝろ》にチネをかけ、鞭打《むちう》つものがあつた。そこで、この決意《けつい》を再《ふたゝ》び教育課長《けういくくわちやう》にお願《ねが》ひしたところ、

『それ程《ほど》の決心《けつしん》があるならば』

と云《い》つて、特別《とくべつ》の取計《とりはから》ひで漸《やうや》く寫眞科《しやしんくわ》への轉科《てんくわ》を許《ゆる》されたのである。その後《ご》の彼《かれ》の奮勵努力《ふんれいどりよく》は物凄《ものすご》かつたが、或日《あるひ》、在郷軍人職業補導部《ざいがうぐんじんしよくげふほだうぶ》の係官《かゝりくわん》が來社《らいしや》された時《とき》、たま〴〵彼《かれ》の轉科問題《てんくわもんだい》に言及《げんきふ》されて、

「大體《だいたい》、中途《ちうと》で心變《こゝろがは》りするやうな人《ひと》は斷《だん》じて成功《せいこう》するものではない」

と申《まを》され、

「よろしい、意地《いぢ》でもきつと成《な》し遂《と》げて見《み》せなければいかん。精神一到何事《せいしんたうなにごと》か成《な》さざらんやだ」

彼《かれ》をしてます〴〵發奮《はつぷん》させたのであつた。しかし、その時《とき》はその人《ひと》を隨分恨《ずゐぶんうら》んだものであつたが、彼《かれ》の今日《こんにち》を成《な》さしめた恩人《おんじん》であり、その時《とき》に云《い》はれた一言《ごん》は今《いま》なほ非常《ひじやう》な刺激《しげき》となり、激勵《げきれい》となり、また藥《くすり》となつたのである。

さて寫眞科《しやしんくわ》に轉科《てんくわ》した彼《かれ》は、委託生《ゐたくせい》として寫眞學校《しやしんがくかう》に通學《つうがく》し、六ケ月間《げつかん》一心不亂《しんふらん》に勉強《べんきやう》したのである。こゝで一通《ひととほ》りの科目《くわもく》を習得《しふとく》すると、その後《ご》、某寫眞館《ぼうしやしんくわん》に實地研究《じつちけんきう》に行《い》つたのであるが、いづれも彼《かれ》より年下《としした》の十六才《さい》と二十三才《さい》の二人《ふたり》であつたので、時《とき》には隨分癪《ずゐぶんしやく》に障《さは》るやうなこともあれば、また苦《くる》しいこともあつたが、「これも修業《しうげふ》だ」と涙《なみだ》をのんで、技術《ぎじゆつ》の練磨《れんま》が第《だい》一

と一生懸命《しやうけんめい》に勉強《べんきやう》に勵《はげ》んだ。

先輩《せんぱい》の高橋新吉君《たかはししんきちくん》が旭川《あさひかは》で寫眞館《しやしんくわん》を開業《かいげふ》してゐたので、更《さら》に研究《けんきう》を續《つゞ》けやうと、彼《かれ》は遙々旭《はる〴〵あさ》川《ひかは》へ出掛《でが》け、ここで約《やく》二ケ年《ねん》の實地研究《じつちけんきう》をなしたが、高橋君《たかはしくん》も支店《してん》を持《も》つやうになつたので、昭和《せうわ》十一年《ねん》十一月《ぐわつ》に現在《げんざい》のところに開業《かいげふ》する運《はこ》びとなつたのである。

無一文で開業

もと〴〵彼《かれ》は修業《しうげふ》が目的《もくてき》であつたのであるから、滿《まん》三ケ年《ねん》の修業中《しうげふちう》に一文《もん》の貯金《ちよきん》とて出來《でき》ず、獨立《どくりつ》しようとしても、何《なに》から先《さき》に手《て》を出《だ》してよいやら見當《けんたう》がつかなかつた。傷痍軍人《しやうゐぐんじん》にとって唯《ゆゐ》一の恩惠《おんけい》であつた一時賜金《じしきん》、行賞金《ぎやうしやうきん》、慰問金《ゐもんきん》は、全部家《ぜんぶいへ》の負債《ふさい》に向《む》けてしまつたので、開《かい》業資金《げふしきん》の都合《つがふ》も出來《でき》ぬ狀態《じやうたい》であつた。

ところが、圖《はか》らずも同情《どうじやう》し助力《じよりよく》して呉《く》れる人《ひと》があつて、大枚《たいまい》二百圓《えん》の資金《しきん》を借受《かりう》けた時《とき》の彼《かれ》の喜《よろこ》び、全《まつた》く旱天《かんてん》に慈雨《じう》を得《え》た有難《ありがた》さで、早速開業《さつそくかいげふ》の準備《じゆんび》に取《と》りかかり、細々《ほそ〴〵》ながらも、こゝに「つはもの寫眞館《しやしんくわん》」の看板《かんばん》を掲《かゝ》げることが出來《でき》た。

右《みぎ》二百圓《えん》の資本《しきん》の内譯《ないやく》を調《しら》べてみると、家賃雜費《やちんざつぴ》五十圓《えん》、家具什器《かぐじふき》三十八圓《えん》で、他《た》の殘金《ざんきん》は營業用諸器具《えいげふようしよきぐ》に當《あ》てた。もつとも寫眞機《しやしんき》一臺《だい》は修業中《しうげふちう》に買求《かひもと》めて置《お》いたが、當時《たうじ》は物價《ぶつか》が騰《あが》るばかりで、開業《かいげふ》には一方《かた》ならぬ苦心《くしん》を嘗《な》めたのである。

何《なに》は兎《と》も角《かく》、收入《しうにふ》がなくては食《く》ふことが出來《でき》ぬので、開業早々《かいげふさう〴〵》に早朝《さうてう》から地方廻《ちはうまは》りをやつてみた。しかし、一日中《にちぢう》テク〴〵歩《ある》いたとて一向何等《かうなんら》の收入《しうにふ》もなく、いよ〳〵生活《せいくわつ》は窮《きう》して來《く》るばかりであつた。

それに、まだ新婚早々《しんこんさう〴〵》であつたので、世《よ》の中《なか》の苦勞《くらう》など少《すこ》しも知《し》らぬ愛妻《あいさい》の前《まへ》に、何《なん》と云《い》つて歸《かへ》らうかと、歸《かへ》りの足《あし》の重《おも》さ、その疲《つか》れ方《かた》は格別《かくべつ》であつた。

「昨日《きのふ》も駄目《だめ》で、今日《けふ》も駄目《だめ》、毎日《まいにち》こんなことでは餓《う》え死《じに》の外《ほか》はない。樂《たの》しかるべき新婚生活《しんこんせいくわつ》も破綻《はたん》か、妻《つま》に對《たい》して會《あ》はす顏《かほ》がない」

青菜《あをな》に鹽《しほ》のやうに萎《しほ》れた元氣《げんき》のない姿《すがた》で、彼《かれ》は表玄關《おもてげんくわん》から堂々《だう〴〵》と入《はい》れず、裏口《うらぐち》から入《はい》るのであつた。しかし、妻《つま》は苦《くる》しい生活《せいくわつ》にありながらも、決《けつ》して惡《わる》い顏《かほ》一《ひと》つ見《み》せず、いつもニコニコして彼《かれ》を迎《むか》へてくれる。それだけに、彼《かれ》は心《こゝろ》の中《なか》で「濟《す》まない」といふ氣持《きもち》で、妻《つま》に對《たい》し眞《まし》

正面《やうめん》から顔《かほ》を向《む》けることが出來《でき》なかつた。しかも家計《かけい》が苦《くる》しくなればなる程《ほど》、妻《つま》は笑顔《ゑがほ》で彼《かれ》を勵《はげ》ましてくれるのであつた。

あまりの苦衷《くちう》に堪《た》えかねた彼《かれ》は或日《あるひ》、在郷軍人職業輔導部《ざいがうぐんじんしよくげふほだうぶ》の主事《しゆじ》にお願《ねが》ひの便《たよ》りを出《だ》した。すると、その便《たよ》りが返送《へんそう》になつて來《き》た。どうしたものかと見《み》ると、その手紙《てがみ》の上《うへ》に

「たゞ君《きみ》の努力《どりよく》に待《ま》つより外《ほか》なし」

といふ符箋《ふせん》がついてあつただけである。その時《とき》、彼《かれ》ははじめて自身《じしん》の意氣地《いくぢ》なき恥《はぢ》を知《し》つたのである。

「さうだ！　何事《なにごと》も努力《どりよく》だ!!　俺《おれ》は今《いま》までこの二字《じ》を忘《わす》れてゐたのだ」

ここで彼《かれ》は「自分《じぶん》のことは自分《じぶん》でしなければならぬ」といふ堅《かた》い決心《けつしん》の下《もと》に發奮《はつぷん》したのである。そこで一晩中考《ばんぢうかんが》へた末《すゑ》、嘗《かつ》ての母隊《ぼたい》であつた第《だい》四聯隊《れんたい》に百度《ど》參《まゐ》りして、漸《やうや》く特別《とくべつ》の恩典《おんてん》を附與《ふよ》されることになり、その名《な》も相應《ふさ》はしい「つはもの寫眞館《しやしんくわん》」は、文字通《もじどほ》りの伸展《しんちやう》を示《しめ》して今《いま》や押《お》しも押《お》されもせぬ堅《かた》い地盤《ぢばん》を築《きづ》きあげた再起苦心《さいきくしん》の成功者《せいこうしや》である。

足指切斷で理髪師となる

鹿兒島縣熊本郡[redacted]　有馬長藏君

無念の凍傷

「一にも二にも修業《しゆげふ》と考《かんが》へ、不平《ふへい》や不滿《ふまん》など勿體《もつたい》なくて云《い》はれません。まだ〳〵一人前《にんまへ》になるには道遠《みちとほ》く、懸命《けんめい》の努力《どりよく》を拂《はら》つてゐます。毎月戴《まいげついたゞ》く給金《きふきん》の中《なか》から多少《たせう》なりとも自營資金《じえいしきん》として貯金《ちよきん》してゐます。店《みせ》が發展《はつてん》すれば主人《しゆじん》ばかりでなく、自分《じぶん》の月給《げつきふ》も昇給《しやうきふ》するのだといふ考《かんが》へで、顧客《とくゐ》を大事《だいじ》と働《はたら》いてゐます」

謙遜《けんそん》しながら云《い》ふのは、岡山市天滿屋理髪部《をかやましてんまんやりはつぶ》に働《はたら》いてゐる有馬長藏君《ありまちやうざうくん》である。

彼《かれ》は鹿兒島縣熊本郡屋久島宮《かごしまけんくまもとぐんやくしまみや》ノ浦《うら》の半農半漁《はんのうはんれふ》の家《いへ》に生《うま》れた。向學心《かうがくしん》の強《つよ》い彼《かれ》も家庭《かてい》の事情《じじやう》で

高等小學校《かつとうせうがくかう》を卒業《そつげふ》すると家業《かげふ》を手傳《てつだ》ひ、その傍《かたは》ら補習科青年訓練所《ほしふくわせいねんくんれんじよ》へと進《すゝ》み、一心《しん》に勉強《べんきやう》したのであつた。第三年《だいねん》の時《とき》、海軍志願《かいぐんしぐわん》を目指《めざ》したのであつたが、その時折惡《ときをりあし》く、海《うみ》が荒《あ》れ狂《くる》ひ、島《しま》の村《むら》から鹿兒島市《かごしまし》にあつた檢查場《けんさぢやう》に行《ゆ》くことが出來《でき》ず、惜《をし》くも機《き》を失《しつ》してしまつたのである。そのうち適齡《てきれい》に達《たつ》し、いよ〳〵徵兵檢查《ちようへいけんさ》となつたのであるが、不幸《ふかう》にもはねられた。生來《せいらい》軍人《ぐんじん》に對《たい》して非常《ひじやう》な憧《あこが》れをもつてゐた彼《かれ》にとつて、その時《とき》の失望《しつぼう》は云《い》はんかたなく、止《や》むを得《え》ず選外志願《せんぐわいしぐわん》として、漸《やうや》く男子《だんし》の本懷《ほんくわい》が達《たつ》せられ、欣喜雀躍《きんきじやくやく》、昭和《せうわ》七年《ねん》一月十日《ぐわつかか》に歩兵第《ほへいだい》四十五聯隊《れんたい》に入營《にふえい》したのであつた。

當時《たうじ》、滿洲《まんしう》の風雲急《ふううんきふ》を告《つ》ぐる時《とき》であつたので、彼《かれ》もまた同年《どうねん》十二月《ぐわつ》十五日《にち》に出征《しゆつせい》する身《み》となつた。出征後《しゆつせいご》は通信斑《つうしんはん》として奉天《ほうてん》、山城鎭《さんじやうちん》、ハルピン方面《はうめん》の警備《けいび》を命《めい》ぜられ、その後《ご》、熱河《ねつか》討伐《ばつ》に向《むか》つたのであるが、時恰《ときあた》かも嚴寒《ごくかん》の候《こう》、しかも大陸特有《たいりくとくいう》の寒《さむ》さ、何《なに》しろ零下《れいか》四十度《ど》もあるといふ自然《しぜん》の敵《てき》には抗《かう》し得《え》ず、殘念《ざんねん》にも到頭凍傷《たうとうとうしやう》に冒《をか》され、右足第《みぎあしだい》一、二、三趾第《しだい》一關節《くわんせつ》より切斷《せつだん》されてしまつたのである。

好《す》きでたまらぬ軍隊生活《ぐんたいせいくわつ》も、僅《わづ》か二ケ年足《ねんた》らずで永久《えいきう》、服役免除《ふくえきめんぢよ》となり、あらゆる理想《りさう》も希望《はう》もすつかり失《うし》なつてしまひ、暗《くら》い氣持《きもち》で病院《びやうゐん》のペットに呻吟《しんぎん》しなから、自分《じぶん》の不甲斐《ふがひ》なさをかこつのであつた。

「何《なん》と考《かんが》へても凍傷《とうしやう》とは不名譽《ふめいよ》千萬《ばん》であり、殘念《ざんねん》でもあるが、また申譯《まうしわ》けないことだ。戰死《せんし》した戰友《せんいう》を思《おも》ひ、或《あるひ》は元氣《げんき》でゐる戰友《せんいう》の苦勞《くらう》を偲《しの》び、何《な》にこれ位《くらゐ》のことでへたばつてはいけないのだ。

戰《いくさ》の庭《には》に立《た》つも立《た》たぬも、國《くに》に盡《つく》す道《みち》は同《おな》じだ。さうだ！　我々《われ〳〵》が生死《せいし》を度外視《どぐわいし》して働《はたら》けたのも、銃後《じうご》の熱烈《ねつれつ》なる聲援《せいゑん》であつたのだ。自分《じぶん》も一日《にち》も早《はや》く全快《ぜんくわい》して、せめても銃後《じうご》でその責《せき》を果《はた》さう」

堅《かた》い決心《けつしん》の下《もと》に養生專一《やうじやうせん》に努《つと》めた結果《けつくわ》、幸《さいは》ひ病院生活《びやうゐんせいくわつ》も六ケ月餘《げつあま》りで、退院《たいゐん》することが出來《き》た。

適業の選擇に惱む

懷《なつか》しい故郷《こきやう》に歸《かへ》つたものの、座《ざ》して徒食《としよく》を許《ゆる》さぬ家庭《かてい》であつたためでもあるが、「せめて銃後《じうご》

二〇六

で責任《せきにん》を果《はた》さん」と、不自由《ふじいう》な身《み》をも顧《かへり》みず歸郷早々《ききやうさうく》から家業《かげふ》の手傳《てつだ》ひをやり、時《とき》には道路工《だうろこう》事《じ》のやうな過激《くわげき》な勞働《らうどう》までもやつたが、冬《ふゆ》になると傷痍部《しやうゐぶ》が痛《いた》み出《だ》して、煩悶懊惱《はんもんおうなう》の日《ひ》も幾日《いくにち》が續《つゞ》いた。

ところが或日《あるひ》、陸軍省在郷軍人職業輔導部《りくぐんしやうざいがうぐんじんしよくげふほだうぶ》より「職業再教育《しよくげふさいけういく》に就《つ》いて」の書類《しよるゐ》が屆《とゞ》けられ、その中《なか》に財團法人啓成社《ざいだんほふじんけいせいしや》の案内書《あんないしよ》が入《はい》つてゐた。

「これだ！　自分《じぶん》は今希望《いまきぼう》を失《うしな》つてはいけない。足《あし》が不自由《ふじいう》になつたのも天《てん》の試練《しれん》である。天《てん》の試練《しれん》に負《ま》けてはならぬ。新《あたら》しい希望《きぼう》と理想《りさう》の下《もと》に人生《じんせい》の再出發《さいしゆつぱつ》をするのだ。これからの職業《しよくげふ》は天職《てんしよく》だ。今《いま》二十四歳《さい》でも俺《おれ》は若《わか》いぞ」

勇《いさ》み勵《はげ》んだ彼《かれ》も、いざ選職《せんしよく》となると、どれが一番自分《ばんじぶん》に適《てき》してゐるか迷《まよ》ふた。しかも一生《しやう》の天職《てんしよく》として定《き》める以上《いじやう》、迂闊《うくわつ》なことも出來《でき》ない。到頭《たうとう》、六ケ月《げつ》も考《かんが》へ拔《ぬ》いた末《すゑ》、理髮業《りはつげふ》を選《えら》び出《だ》したのである。

「自分《じぶん》は足《あし》が不自由《ふじいう》なのだ。なるべく手先《てさき》で出來《でき》る職業《しよくげふ》を選《えら》ぶべきだらう。それには理髮業《りはつげふ》が最《もつと》も適《てき》してゐる。さうだ、これだ」

しかも、これは喜《よろこ》び、喜《よろこ》ばれる商賣《しやうばい》だ。

「噫《あゝ》！　きれいになつた、さつぱりして氣持《きもち》がいい、若《わか》くなつたやうだ」

と喜《よろこ》んでくれる老人《らうじん》の笑顏《ゑがほ》を見《み》るにつけ、その一日《にち》が愉快《ゆくわい》で料金《れうきん》もいらぬ程《ほど》、自分《じぶん》も嬉《うれ》しい氣《き》持《もち》になつて來《く》る。人《ひと》の喜《よろこ》びはまた自分《じぶん》の喜《よろこ》びであるといふ見地《けんち》から、斷然《だんぜん》、理髮術《りはつじゆつ》を修業《しゆげふ》することに決《けつ》した。

そして、昭和《せうわ》九年《ねん》五月《ぐわつ》一日《じつ》に啓成社《けいせいしや》に入社《にふしや》し、十一年《ねん》六月《ぐわつ》一日《じつ》、委託先《ゐたくさき》の大日本理髮學校《だいにつぽんりはつがくかう》を卒業《そつげふ》したのである。この二ケ年《ねん》の修業期間《しゆげふきかん》に對《たい》し、彼《かれ》は常《つね》に感謝《かんしや》してゐる。

「修業中《しゆげふちう》は毎日《まいにち》、啓成社《けいせいしや》から學校《がくかう》までの電車賃《でんしやちん》は勿論《もちろん》、食費《しよくひ》から、小遣錢《こうかひせん》まで支給《しきふ》され、それに有益《いうえき》な處生上《しよせいじやう》の訓話《くんわ》まで聞《き》かされて、今日《こんにち》斯《か》うして安樂《あんらく》な生活《せいくわつ》の出來《でき》るのも、　大君《おほぎみ》の鴻恩《こうおん》と深《ふか》く感謝《かんしや》してゐるのです。

彼《かれ》はまた神《かみ》に感謝《かんしや》する心《こゝろ》も失《うしな》はない。すべて感謝《かんしや》の生活《せいくわつ》をしてゐるので、一日々々《にちいちにち》を愉快《ゆくわい》に過《すご》してゐる。」

二〇七

二〇八

甦生の第一歩を踏み出す

さて、斯《か》うして生活戰線《せいくわつせんせん》の第《だい》一歩《ぽ》を踏《ふ》み出《だ》した彼《かれ》は、いろ〳〵世《よ》の荒波《あらなみ》に、もまれたのである。彼《かれ》は二ケ年間修業《ねんかんしゆげふ》して、決《けつ》して人《ひと》に負《ま》けぬ自信《じしん》は持《も》つてゐても、十ケ年以上《ねんいじやう》も修業《しゆげふ》した人《ひと》々《びと》と一緒《しよ》に働《はたら》いてみると、比較《ひかく》にならぬ見劣《みおと》りがするのである。就職《しうしよく》して最初《さいしよ》のうち二ケ月位《げつぐらゐ》は、殆《ほと》んど仕事《しごと》らしい仕事《しごと》を與《あた》へない。彼《かれ》は自分《じぶん》の齡《とし》を考《かんが》へるともう二十六だ。口惜《くや》しい、殘《ざん》念《ねん》だと思《おも》ふことも幾度《いくど》かあつた。

「俺《おれ》よりも若僧《わかぞう》の癖《くせ》に生意氣《なまいき》なことを云《い》ふな。よーし！　今《いま》に見《み》て居《を》れ、必《かなら》ず追《お》ひ拔《ぬ》いて、逆《ぎやく》にこちらで使《つか》ふ立場《たちば》に立《た》つてみせるから」

その度毎《たびごと》に我心《わがこゝろ》を勵《はげ》まし、修業第《しゆげふだい》一と常《つね》に技術《ぎじゆつ》の練磨《れんま》に務《つと》めると共《とも》に、一方《ぱう》、顧客《とくゐ》に對《たい》しては親切《しんせつ》、叮寧《ていねい》といふことを忘《わす》れず、實踐窮行《じつせんきうかう》につとめてゐる。

『顧客《とくゐ》があつて我々《われく》も安樂《あんらく》な生活《せいくわつ》が出來《でき》るのだ』

といふ氣持《きもち》で、日夜《にちや》、骨身《ほねみ》惜《をし》まず働《はたら》いてゐる。

貧なるが故に發奮

山形縣東田川郡渡前村[redacted]

歩兵上等兵　押井子之助君

負傷の身も憐れ

有名《いうめい》な庄内米《しやうないまい》の產地《さんち》でありながら、彼《かれ》は不遇《ふぐう》な貧農《ひんのう》に呱々《ここ》の聲《こゑ》をあげた。彼《かれ》が生後《せいご》三ケ月位《げつくらゐ》にして大黑柱《だいこくばしら》の父《ちゝ》に死別《しにわか》れ、彼等《かれら》五人兄弟《にんきやうだい》は可弱《かよわ》い母《はゝ》の手《て》一つで漸《やう》く糊《のり》してゐた。

彼《かれ》が小學校《せうがくかう》を卒業《そつげふ》すると、直《たゞ》ちに近所《きんじよ》に大工《だいく》見習《みならひ》に出《だ》され、幾分《いくぶん》かの家計《かけい》の手傳《てつだひ》をさせられた。ここで五ケ年間《ねんかん》みつしり一通《とほ》りの仕事《しごと》を覺《おぼ》え、將來獨立《しやうらいどくりつ》すべく準備中《じゆんびちう》のところ、丁年《ていねん》に達《たつ》して野砲第八聯隊《やはうだいれんたい》に入營《にふえい》したのは昭和《せうわ》八年《ねん》一月《ぐわつ》十日《か》であつた。

時恰《ときあた》かも滿洲事變《まんしうじへん》の眞中《まんなか》であつたので、入營後五日《にふえいごいつか》にして現地《げんち》に出動《しゆつどう》する身《み》となつた。先《ま》づ

二〇九

打虎山《だこざん》の警備《けいび》を命《めい》ぜられ、二月二十日《ぐわつはつか》より錦州《きんしう》目指《めざ》していよ〳〵戰鬪開始《せんとうかいし》となつたのである。零下《れいか》四十度《ど》といふ嚴寒《げきかん》の滿洲曠野《まんしうくわうや》の中《なか》に突擊《とつげき》ラッパは嚠々《りやうく》と鳴響《なりひゞ》き、戰友《せんいう》互《たがひ》に見合《みあ》はす顏《かほ》と顏《かほ》、その顏《かほ》には一樣《やう》に決死《けつし》報國《はうこく》の色《いろ》が漲《みなぎ》つてゐる。天《てん》に冲《ちう》せんばかりの濛々《まうく》たる砲煙《はうえん》、頭上《づじやう》をかすめて飛《と》び交《か》ふ小彈丸《せうだんぐわん》の唸《うな》りの中《なか》を驀進《ばくしん》したのであつた。そして漸《やう》くにして朝陽鎭《てうやうちん》沿線《えんせん》の北口附《ほくこうふ》近《きん》を占領《せんりやう》したのである。その後《ご》寶寧《ほうねい》の警備《けいび》を命《めい》ぜられたのであるが、出沒常《しゆつぼつつね》なき便衣隊《べんいたい》のために手榴彈《しゆりうだん》を投《な》げつけられ、不運《ふうん》にして右足《うそく》背盲貫《はいまうくわん》砲彈片《はうだんぺん》破創《はさう》を受《う》けた。それは四月《ぐわつ》十六日《にち》であつた。

「糞《くそ》！ やつたな、今《いま》に仇《あだ》をとつてやるぞ」

と云《い》つて、唇《くちびる》をかたく嚙《か》みしばつたまゝ野戰病院《やせんびやうゐん》に送《おく》られた。それから二十日《はつか》位《ぐらゐ》で內地《ないち》に護《ご》送《そう》され、廣島病院《ひろしまびやうゐん》を經《へ》て弘前陸軍病院《ひろさきりくぐんびやうゐん》で二ケ年間《ねんかん》の治療《ちれう》を受《う》けた。幸《さいは》ひ全快《ぜんくわい》したので、昭和《せうわ》十年《ねん》七月《ぐわつ》二日《か》に退院《たいゐん》、懷《なつか》しい故鄕《こきやう》に歸《かへ》つたのである。

選職の苦心

名譽《めいよ》の傷痍軍人《しやういぐんじん》として錦《にしき》を飾《かざ》つて故鄕《こきやう》に歸《かへ》つた彼《かれ》は、今《いま》や少年時代《せうねんじだい》の理想《りさう》とした大工《だいく》の棟梁《とうりやう》は斷念《だんねん》するの外《ほか》なかつたばかりか、すべて肉體的勞働《にくたいてきらうどう》には從事《じうじ》出來《でき》ない體《からだ》になつてしまつた。しかし奇蹟的《きせきてき》に生命《せいめい》をつなぎ得《え》た僥倖《ぎやうかう》を思《おも》ふ時《とき》、國民《こくみん》の義務《ぎむ》として　陛下《へいか》の赤子《せきし》として、倒《たふ》れるまでは働《はたら》かなければならぬと決心《けつしん》したのであつた。

「一度《ど》は　陛下《へいか》に捧《さゝ》げた身命《しんめい》だ。それを奇蹟的《きせきてき》にも助《たす》かつたのは、何《なに》か天《てん》の啓示《けいじ》があるに相違《さうゐ》ない」

更《さら》に眼《まなこ》を足下《そくか》に轉《てん》ずれば、一家《か》は今《いま》や困窮《こんきう》のドン底《ぞこ》に突《つ》き落《おと》されてゐる。もと〳〵彼《かれ》は貧農《ひんのう》に生《うま》れ、幼《えう》にして父親《ちゝおや》に死別《しにわか》れ、いくら稼《かせ》いでも〳〵漸《やうや》く口《くち》に糊《のり》するばかり、否《いな》それすら兎角《とかく》途絕《とだ》え勝《が》ちであつたので、歸鄕《ききやう》してもその日《ひ》から働《はたら》かなければならぬ不幸《ふかう》な境遇《きやうぐう》にあつたのである。

出征前《しゆつせいまへ》まで五年間《ねんかん》も大工《だいく》をやつて居《ゐ》た彼《かれ》には、その方面《はうめん》の腕《うで》は充分《じうぶん》であつても、昔《むかし》のやうに高《たか》い所《ところ》に登《のぼ》つたり、或《あるひ》は重《おも》い材木《ざいもく》を擔《かつ》ぐわけに行《い》かなくなつた。さて、これからどうして身《み》を立《た》てたものか、と苦悶懊惱《くもんあうのう》に閉《とざ》されてゐた。

「今後《こんご》ゆくべき道《みち》は？ どんな職《しよく》を選《えら》ぶべきか？」

歸鄕早々《ききやうさうく》から悲壯《ひさう》な考《かんが》へであつた。時折《ときをり》、右足《うそく》の傷痍部《しやういぶ》をさすりながら、思《おも》はず吐息《といき》を洩《も》らすのであつた。その度每《たびごと》に彼《かれ》の眼前《がんぜん》には壯烈《さうれつ》な戰場《せんぢやう》が彷彿《はうふつ》とした。ばた〳〵と倒《たふ》れてゆく戰友《せんいう》の姿《すがた》が浮《う》かんで來《き》た。

「さうだ！ あの時死《ときし》ななかつたのは、あの壯烈《さうれつ》な最後《さいご》を遂《と》げた戰友《せんいう》の分《ぶん》まで働《はたら》くためだつたのだ。なんだ！ これ位《くらゐ》の傷《きず》で」

彼《かれ》は自《みづか》ら心《こゝろ》に鞭打《むちう》つて勇氣《ゆうき》を鼓舞《こぶ》した。そして兄達《あにたち》とも相談《さうだん》した。しかし、母《はゝ》も兄《あに》も深《ふか》く同《どう》情《じやう》して、異句同音《いくどうおん》に

「お前《まへ》は立派《りつぱ》に皇國《くわうこく》のために働《はたら》いて來《き》たのだ。何《なに》も無理《むり》して働《はたら》かなくともいい。私共《わたしども》が皆《みな》で働《はたら》いてゐるのだから、お前《まへ》は心配《しんぱい》せずにゆつくり靜養《せいやう》するがいい」

と云《い》つてくれたものの、さう云《い》はれば云《い》はれる程《ほど》、彼《かれ》は皆《み》んな對《たい》して濟《す》まないと云《い》ふ氣持《きもち》から、

「兎《と》も角《かく》、東京《とうきやう》の兄《あに》を訪《たづ》ねて、手先《てさき》で出來《でき》る仕事《しごと》を見付《みつ》けよう。東京《とうきやう》に行《い》つたら、どんな仕事《しごと》でもあるに違《ちが》ひない」

母《はゝ》や兄《あに》の留《と》めるのも振《ふ》り切《き》つて、一週間後《しうかんご》に家《いへ》を飛出《とびだ》し、當時《たうじ》本所押上《ほんじよおしあげ》で生命保險《せいめいほけん》の外交員《ぐわいかうゐん》をやつてゐた兄鶴吉《あにつるきち》を訪《たづ》ね、何《なに》か手先《てさき》で出來《でき》る仕事《しごと》はないものかと、每日新聞《まいにちしんぶん》の案內廣告《あんないかうこく》と首引《くびび》きであつた。

その頃《ころ》、大塚《おほつか》の啓成社《けいせいしや》で、傷痍軍人《しやういぐんじん》の職業再敎育《しよくげふさいけういく》を盛《さか》んにやつてゐたので、兎《と》も角《かく》、一應係《おうかゝり》員《ゐん》に相談《さうだん》してみやうと、早速出掛《さつそくでか》けて行《い》つた。ここには、いろ〳〵な敎育部門《けういくぶもん》があつて、本人《ほんにん》の意見《いけん》なども尋《たづ》ねられた。

元來《ぐわんらい》、彼《かれ》は寫眞術《しやしんじゆつ》に非常《ひじやう》な興味《きようみ》を持《も》つてゐたので、最初《さいしよ》、啓成社《けいせいしや》の係員《かゝりゐん》も寫眞科《しやしんくわ》を奬《すゝ》めたのである。しかし、將來獨立《しやうらいどくりつ》する場合《ばあひ》に少《すくな》からぬ資本《しほん》を必要《ひつえう》とするので、彼《かれ》の環境《くわんきやう》から見《み》て、そんな巨額《きよがく》な資本《しほん》を出《だ》してくれる目算《もくさん》もなかつたので、婦人子供服科《ふじんこどもふくくわ》に入所《にふしよ》することになつた。

彼《かれ》の經歷《けいれき》から云《い》へば隨分緣遠《ずゐぶんえんどほ》い選職《せんしよく》の方法《はうはふ》である。何故《なにゆゑ》、彼《かれ》がこんな職《しよく》を選《えら》んだか？ 本人《ほんにん》にその理由《りいう》を訊《たづ》ねると

「兄《あに》三人《にん》とも百姓《しやう》で、もと〳〵小作《こさく》の貧農《ひんのう》です。それがために自分《じぶん》は將來《しやうらい》、大工《だいく》となつて獨立《どくりつ》

しやうと思《おも》つたのですが、現在《げんざい》の身《からだ》ではそれが出來《でき》なくなつた。選職方面《せんしよくはうめん》についてはいろいろ考《かんが》へましたが、どうしても手先《てさき》の職《しよく》でないと將來覺束《しやうらいおぼつか》ないと思《おも》ひ、啓成社《けいせいしや》の方々《かたぐ》の意見《いけん》も聞《き》き、熟慮《じゆくりよ》の結果《けつくわ》、婦人子供服《ふじんこどもふく》の修得《しうとく》を志《こゝろざ》したのです。

現在《げんざい》の一般情勢《ばんじやうせい》から將來《しやうらい》を推移《すゐい》して見《み》るに、和服《わふく》よりも洋服着用者《やうふくちやくようしや》が遙《はる》かに多《おほ》いやうに見受《みう》けられるのです。これは日常生活《にちじやうせいくわつ》の上《うへ》に非常《ひじやう》に便利《べんり》だからでせう。それに年々《ねんく》いろ〱な型《かた》が出《で》て來《く》るので、最《もつと》も將來性《しやうらいせい》があると思《おも》つて、これを選《えら》んだわけです」

東北人《とうほくじん》にしては珍《めづら》しい明哲《めいせき》な人士《じんし》である。

職を覺えるまで

かくして昭和《せうわ》十年《ねん》十一月《ぐわつ》、啓成社《けいせいしや》の婦人子供服科《ふじんこどもふくくわ》に御世話《おせわ》になることゝなつた。先《た》づミシンのかけ方《かた》、ポケット作《つく》り、ボタン穴《あな》の作《つく》り方《かた》、それに製圖《せいづ》、裁斷《さいだん》を覺《おぼ》え、いよ〱子供《こども》セーラーから婦人《ふじん》オーバーの作《つく》り方《かた》まで一通《とほ》り修得《しうとく》し、十二年《ねん》一月《ぐわつ》二十日《か》に卒業《そつげふ》したのである。

更《さら》に實地研究《じつちけんきう》のために、本郷區《ほんがうく》三《み》組町《くみちやう》の稲澤《いなざは》加《か》工部《こうぶ》に入《はひ》つたのである。ここは各《かく》デパート納《なふ》入品《にふひん》の製作《せいさく》をやつてゐたので、最《もつと》も望《のぞ》ましいところだと思《おも》つたからである。

ところが啓成社《けいせいしや》で修業中《しゆげふちう》と違《ちが》ひ、朝《あさ》は早《はや》くから夜遲《よるおそ》くまで、最初《さいしよ》はミシンかけ専門《せんもん》であつたので、疲勞《ひらう》と共《とも》に傷痍部《しやうゐぶ》の疼痛《とうつう》が激《はげ》しくなり、一週間位《しうかんぐらゐ》の間《あひだ》は毎夜《まいよ》二時《じ》、三時《じ》の音《おと》を聞《き》かないことはないといふ。あまりの疼痛《とうつう》に中途《ちうと》で辭《や》めようかと思《おも》つたことも一再《さい》ではなかつた。しかし、今《いま》までの努力《どりよく》も苦心《くしん》も水泡《すいはう》に歸《き》してしまふことを考《かんが》へると、泪《なみだ》をのんで耐《た》え忍《しの》びつつ再《ふた》び職場《しよくば》へと出《で》るのであつた。それでもやはり、激務《げきむ》のために痛《いた》みはます〱激《はげ》しくなるとも止《や》むことなかつた。しかし、時《とき》としてはすつかり氣力《きりよく》を失《うしな》つてしまつて、床《とこ》の中《なか》で泣《な》いたことも幾《いく》夜《よ》と續《つゞ》いた。

「さうだ、俺《おれ》はこんな意氣地《いくぢ》なしでは駄目《だめ》だ。一旦《たん》、身命《しんめい》を抛《なげう》つて戰《たゝか》つた勇士《ゆうし》ではないか。當《たう》時《じ》のことを考《かんが》へたら、これ位《くらゐ》のことは屁《へ》のカッパじやないか。まだ〱俺《おれ》には軍人精神《ぐんじんせいしん》が消《き》えてない筈《はず》だ」

その後《ご》の彼《かれ》は全《まつた》く一變《ぺん》して、精神的《せいしんてき》に疼痛《とうつう》を押《おさ》へつけ、仕事《しごと》に夢中《むちう》になつたのである。從《したが》つてメキ〱と上達《じやうたつ》し、數《すう》百人《にん》の同僚《どうれう》の中《なか》でも抜群《ばつぐん》の成績《せいせき》をあげたのである。かくして二ケ年間《ねんかん》の實地研究《じつちけんきう》の結果《けつくわ》、どんな仕事《しごと》を持込《もちこ》まれても、立派《りつぱ》に成《な》し遂《と》げるだけの自信《じしん》もついたので、いよ〱實社會《じつしやくわい》に飛出《とびで》ることになつた。それは昨年《さくねん》二月《ぐわつ》であつた。

新世界を見出す

その頃《ころ》、同郷《どうきやう》の友人《いうじん》で洋服生地《やうふくきぢ》の外交《ぐわいかう》をしてゐた××君《くん》に偶然出遭《ぐうぜんであ》つたのを幸《さいは》ひに、就職口《しうしよくぐち》の斡旋《あつせん》を依賴《いらい》した。

間《ま》もなく吉報《きつぱう》を齎《もたら》してくれた。それは銀座《ぎんざ》のいさみ屋《や》で、是非當店《ぜひたうてん》で雇入《やとひい》れたいといふのであつた。

その時《とき》の彼《かれ》の喜《よろこ》びは一方《ひとかた》でなかつた。全《まつた》く願《ねが》つたり叶《かな》つたりの就職先《しうしよくさき》であつたからである。こゝで初《はじ》めて彼《かれ》の世界《せかい》を見出《みいだ》し、將來獨立《しやうらいどくりつ》の端緒《たんちよ》を得《え》たと思《おも》つたのである。腕《うで》に充分《じうぶん》の確信《かくしん》ある彼《かれ》は、獨特《どくとく》の妙技《めうみ》を發揮《はつき》してどんな高級《かうきふ》な注文品《ちうもんひん》もどし〱片付《かたづ》けて行《い》つたのである。これを見《み》た店主《てんしゆ》も彼《かれ》の技倆《ぎりやう》に吃驚《びつくり》して、特別待遇《とくべつたいぐう》するやうになり絶大《ぜつだい》なる信望《しんばう》をかち得《え》るやうになつたのである。

入店僅《にふてんわづ》か八ケ月《げつ》の今日《こんにち》、彼《かれ》は歩合制度《ぶあひせいど》により、毎月平均《まいげつへいきん》八、九十圓位《ゑんくらゐ》の收入《しうにふ》を得《え》てゐる。それが繁忙期《はんばうき》になると、百四、五十圓《ゑん》、どんな閑散期《かんさんき》でも六十圓《ゑん》を下《くだ》ることはないといふから、獨身《どくしん》の彼《かれ》にとつては先《ま》づ〱安泰《あんたい》な生活《せいくわつ》といふべきであらう。

貧乏生活《びんばふせいくわつ》を續《つゞ》けて來《き》た彼《かれ》は、それが泌々《しみぐ》と身《み》に感《かん》じ、軍隊生活《ぐんたいせいくわつ》のことなど思《おも》ひ合《あは》せて、節約《せつやく》に節約《せつやく》を重《かさ》ね、毎月《まいげつ》十圓乃至《ゑんないし》三十圓位《ゑんくらゐ》づゝ貯蓄《ちよちく》をなし、將來《しやうらい》の獨立資金《どくりつしきん》に積立《つみた》ててゐるといふ無駄《むだ》のない生活《せいくわつ》をしてゐる。輝《かゞや》く希望《きばう》の前《まへ》には、どんな艱難辛苦《かんなんしんく》も耐《た》え忍《しの》び、寸刻《すんこく》も惜《をし》んで一心《しん》に働《はたら》いてゐる彼《かれ》の姿《すがた》を見《み》ては、誰人《だれびと》も涙《なみだ》がこぼれる。

駄足《だそく》ながら彼等兄弟《かれらきやうだい》の麗《うるは》しき心情《しんじやう》の一端《たん》を附記《ふき》して置《お》く。

彼等《かれら》五人兄弟《にんきやうだい》は母《はゝ》の細腕《ほそうで》一本《ぽん》に縋《すが》つて育《そだ》て上《あ》げられたその恩返《おんがへ》しといふことで、毎月《まいつき》一圓《ゑん》づつ醵金《きよきん》して「母《はゝ》を慰《なぐさ》める會《くわい》」を組織《そしき》してゐる。額《ひたい》に皺《しわ》した老母《らうば》は、毎月《まいつき》子供等《こどもら》に送《おく》られた五圓《ゑん》の金《かね》を受取《うけと》ると、先《ま》づ佛壇《ぶつだん》にあげ、亡《な》き夫《をつと》と共《とも》に嬉《うれ》し涙《なみだ》でおし頂《いたゞ》いてゐる。

かくて押井家《おしゐけ》の家運《かうん》もいよ〱挽回《ばんくわい》し、將來賴母《しやうらいたのも》しきものがある。

轉職三度にして目的を達す

北海道上磯郡[redacted]
歩兵上等兵　浅野一雄君

情熱の赤い花も

北海道《ほくかいだう》のさゝやかな町《まち》、伊達町《だてまち》字錦町《あざにしきちやう》六番地《ばんち》に浅野久治《あさのひさぢ》の三男《なん》として生《うま》れたのが私《わたし》であつた。私《わたし》は、肉親《にくしん》との縁《えん》は薄《うす》かつた。父《ちゝ》は私《わたし》の十一歳《さい》の折《をり》他界《たかい》した。殘《のこ》された一家《か》のものはその後《ご》の生活維持《せいくわつゐじ》のために、總動員《さうどうゐん》で稼《かせ》がねばならなかつた。長兄《ちやうけい》が眞先《まつさき》になつて働《はたら》いた。次兄《じけい》も……。私《わたし》は十一歳《さい》だ。働《はたら》くにも稼《かせ》ぐにも、てんでまだ他人《たにん》から賃銀《ちんぎん》の貰《もら》へる年齡《ねんれい》ではない。子供心《こどもごころ》にも相濟《あひす》まぬと心苦《こころぐる》しくはあつたが、小學校《せうがくかう》の課程卒業《かていそつげふ》までは母《はゝ》の慈愛《じあい》の膝元《ひざもと》で學校《がくかう》へ通學《つうがく》させてもらつた。北國《きたぐに》の北海道《ほくかいだう》にも春夏秋冬《しゆんかしうとう》は事變《ことかは》りなく訪《おとづ》れた。そして十四歳《さい》の春《はる》、尋常《じんじやう》

二一八

六年《ねん》の課程《かてい》を終《を》へた……北海道《ほくかいだう》には雪猶消《ゆきなほき》えやらぬ頃《ころ》、私《わたし》は學舍《まなびや》に六ケ年《ねん》の名殘《なごり》を惜《を》しみつつ、先生《せんせい》や學友《がくいう》たちに訣別《わかれ》を告《つ》げた。思《おも》ひ出《で》多《おほ》き幼《をさな》き日《ひ》の六ケ年間《ねんかん》よ。振返《ふりかへ》りみるに、この小學時代《せうがくじだい》ほど尊《たうと》くも私《わたし》の半生《はんせい》に數々《かずかず》の忘《わす》れがたない思《おも》ひ出《で》をもつものはない。

「學校《がくかう》も卒業《そつげふ》した。これから母《かあ》さんや兄《にい》さんたちのために、僕働《ぼくはたら》けるんだ。嬉《うれ》しいなア」

子供心《こどもごころ》にも勇《いさ》み立《た》ち、躍《をど》りあがる心《こころ》の毬《まり》のごとくに彈《はず》み切《き》つてゐたことよ。ある深切《しんせつ》な方《かた》のお世話《せわ》で、私《わたく》は近《ちか》くの大工棟梁《だいくとうりやう》の弟子《でし》となつた。なんでも修業時代《しうげふじだい》の樂《らく》なものゝあらうはずはない。私《わたく》も苦勞《くらう》した。辛《つら》いこと、悲《かな》しいこと、恐《おそ》ろしいこと。しかし、それらの感傷《かんしやう》を子供心《こどもごころ》に破《やぶ》りすて、叩《たゝ》きとばして、氣《き》をとりなほし、心《こころ》を引緊《ひきし》めて、明日《あす》の成功《せいこう》への憧憬《あこがれ》と希望《きばう》に生《い》きた。

「しつかりやれよ」

兄《あに》たちも激勵《げきれい》し、鞭撻《べんたつ》してくれた。

「お前《まへ》な。奉公《ほうこう》は辛《つら》かろけれど、それが身《み》の藥《くすり》になるのだから……若《わか》い時《とき》の苦勞《くらう》は買《か》つてもせよ、といふ諺《ことわざ》もあるのだから……な。」

二一九

母《はゝ》は屈託《くつたく》した時《とき》の私《わたく》の顔《かほ》をみて泌々《しみじみ》と慰《なぐさ》めてくれた。

かくて、勤《つと》めあげること數年《すうねん》。若《わか》き大工《だいく》として一人前《にんまへ》に働《はたら》けるやうになり、やれ嬉《うれ》しや、これから一家《か》の手助《てだす》けが本當《ほんたう》にできる。粉骨碎身《ふんこつさいしん》、以《もつ》て母上《はゝうへ》にも兄上《あにうへ》にも御恩返《ごおんがへ》しがしたい、地下《ちか》の父上《ちゝうへ》も、さぞやこの日《ひ》を喜《よろこ》んでゐてくれるであらう……この喜悦《きえつ》と新《あたら》しき希望《きばう》に勇躍《ゆうやく》、青年《せいねん》の全精魂《ぜんせいこん》を打込《うちこ》んで、やがては棟梁《とうりやう》にまで立身《りつしん》する日《ひ》を待望《たいばう》した。北國《きたぐに》の野邊《のべ》にも緋色《ひいろ》の花《はな》は咲《さ》く。青年《せいねん》の情熱《じやうねつ》の花《はな》だ。また、碧色《みどりいろ》の花《はな》も……若人《わかうど》の明《あか》るい希望《きばう》の花《はな》だ。

母の激勵

時《とき》しも適齡《てきれい》に達《たつ》し、私《わたし》は甲種合格《かうしゆがふかく》でもつて〇〇部隊《ぶたい》に入營《にふえい》し、累進《るいしん》して歩兵上等兵《ほへいじやうとうへい》にまでなつた。母《はゝ》は滿悦《まんえつ》してくれた。感涙《かんるゐ》さへうかべて、

「一家《か》の名譽《めいよ》だぞえ。お國《くに》の御奉公《ごほうこう》を立派《りつぱ》に勤《つと》めあげておくれ。」

繰返《くりかへ》し、母《はゝ》はかく私《わたし》を鼓舞《こぶ》してくれた。母《はゝ》なればこそ、慈愛《じあひ》は清泉《せいせん》のごとく、山溪《さんけい》の碧水《へきすゐ》のごとく、あふれ流《なが》れ出《い》でて盡《つ》くるなし。兄達《あにたち》も、

二二〇

「兄《あに》の分《ぶん》も御奉公《ごほうこう》してくれ、お前《まへ》は兵隊《へいたい》となれて幸福者《かうふくもの》だ。」

と、羨望《せんばう》の瞳《ひとみ》を輝《かゞや》かし、兄弟《きやうだい》の仲《なか》において他《た》のことでは見《み》られない嫉妬《しつと》さへ持《も》つのであつた。日本男兒《につぽんだんじ》なりやこそ、この譽《ほま》れ！兄達《あにたち》の本能的《ほんのうてき》な軍人《ぐんじん》への憧憬《あこがれ》……私《わたし》は幸福《かうふく》であつた。この幸福《かうふく》を倍加《ばいか》するところのもの……それは昭和《しやうわ》七年《ねん》九月《ぐわつ》に動員令《どうゐんれい》が下《くだ》り滿洲《まんしう》の匪賊討伐《ひぞくたうばつ》に出動《しゆつどう》することになつたことだ。

「立派《りつぱ》に戰《たゝか》つて、名譽《めいよ》の戰死《せんし》をして來《こ》い。」

「おッ母《かア》の身《み》の上《うへ》は大丈夫俺達《だいじやうぶおれたち》で引受《ひきう》けた。」

兄達《あにたち》は口々《くちぐち》に元氣《げんき》をつけてくれた。

「一雄《かずを》。もう一度《ど》、わたしに顔《かほ》をみせておくれ。元氣《げんき》なこと……でもな、お前《まへ》がヨチ〱歩《ある》いてたのは、二三年前《ねんまへ》のやうなのに、もう、わたしより背丈《せたけ》がのびて……立派《りつぱ》におなりだなア……」と、ホロリと一滴《ひとしづく》こぼして、「お國《くに》のためなりやこそ、お前《まへ》をお天子様《てんしさま》へ差上《さしあげ》るのだよ。わたしの氣持《きもち》を察《さつ》しておくれ。こんなにまで大《おほ》きくなつたものを……でも、一旦《たん》お國《くに》へ差上《さしあ》げた身《み》であるからには、いゝかい、日本《につぽん》一の手柄《てがら》をたてゝおくれ。生《い》きて還《かへ》らうなんぞ考《かんが》へるな

二二一

よ。さア、わたしが祝《いは》つてやるよ。」

母《はゝ》は大《おほ》きく日章旗《につしやうき》を振《ふ》つて萬歳《ばんざい》を唱《とな》へてくれた。その感激《かんげき》よ！　私《わたし》の全身《ぜんしん》が……全魂《ぜんこん》が躍上《をどりあが》つたことよ。

いよ〳〵十月《ぐわつ》に滿洲《まんしう》へ上陸《じやうりく》し、軍人《ぐんじん》として最《もつと》も渇望《かつばう》の實戰《じつせん》に參加《さんか》することのできたのは無上《むじやう》の歡喜《くわんき》であつた。匪賊《ひぞく》だといつても馬鹿《ばか》にはならぬ。蔣介石《しやうかいせき》とソヴェートから支給《しきふ》された武器《ぶき》彈藥《だんやく》をもつて、猛烈《まうれつ》に反擊《はんげき》してくる彼等《かれら》であつた。常《つね》に友軍《いうぐん》は數《かず》において彼等《かれら》より尠《すく》ない。必《ひつ》然《ぜん》、友軍《いうぐん》は氣力《きりよく》と膽力《たんりよく》でもつて敵《てき》を壓《あつ》してゆくよりほかはない。

かくて、匪賊征伐《ひぞくせいばつ》に每日《まいにち》をおくり、北海道育《ほくかいだうそだ》ちの私《わたし》さへ滿洲《まんしう》の凜烈《りんれつ》なる寒氣《かんき》は慄然《りつぜん》たるものがあつた。が、馴《な》れてみれば、寒《さむ》さも糞《くそ》もない。そんなものは氣力《きりよく》で彈《はじ》きとばして昨日《きのふ》も、今《け》日《ふ》も、明日《あす》も……虱《しらみ》つぶした匪賊《ひぞく》の討伐《たうばつ》で白皚々《はくがいく》たる曠野《かうや》を……凍結《とうけつ》したる河上《かちやう》を……進擊《しんげき》……又進擊《またしんげき》である。かくて、事《こと》なく嚴寒《げんかん》を征服《せいふく》し、匪賊《ひぞく》を討滅《たうめつ》しつゝ熱河省《ねつかしやう》に入《はい》つたのは昭和《しやうわ》八年《ねん》二月下旬《ぐわつげじゆん》。三月《ぐわつ》に入《はい》ると、南滿地區《なんまんちく》ではあり、重《おも》い不便《ふべん》な防寒用具《ばうかんようぐ》などつけて進軍《しんぐん》するのは手足纏《てあしまとひ》である。それらを後方《かうはう》〇〇本部《ほんぶ》に殘《のこ》して前進《ぜんしん》した。

二二二

しかるに匪賊《ひぞく》の大部隊《だいぶたい》に遭遇《さうぐう》し、これが追擊戰《つゐげきせん》となり、懸軍《けんぐん》三晝夜《ちうや》……實《じつ》に壯絕無比《さうぜつむひ》一睡《いつすゐ》するなく、一食喫《いつしよくきつ》するなく雪中《せつちう》を大進軍《だいしんぐん》だ。加《くは》ふるに寒氣《かんき》は早春《さうしゆん》といふに嚴冬《げんかん》にも劣《おと》らぬ激烈《げきれつ》なるものがある。わが〇〇部隊《ぶたい》は僅々《きんく》一百名《めい》。匪賊《ひぞく》は我《われ》に幾倍《いくばい》してゐる。果《はた》せるかな、凍傷《とうしやう》に倒《たほ》れるもの、賊彈《ぞくだん》に戰死《せんし》するものが逐時增加《ちくじぞうか》するばかりである。

苦戰中に凍傷にかゝる

しかし、それだけに止《と》どまらなかつた。友軍《いうぐん》は作戰上《さくせんじやう》、喇嘛洞附近《らまどうふきん》の小丘《せうきう》を占據《せんきよ》したのであるが、賊軍《ぞくぐん》はこれを奪回《だつくわい》せんものと、十重《とへ》二十重《はたへ》に包圍《はうゐ》してきた。友軍《いうぐん》は幾倍《いくばい》する敵《てき》のためその數《かず》は、だん〳〵減《げん》じてくる。そして、我々《われく》は雪中《せつちう》に全身《ぜんしん》を伏《ふ》せたまゝ一晝夜《ちうや》動《うご》かなかつたのである。で、私共《わたしども》の靴《くつ》の先《さき》は雪《ゆき》の中《なか》に必然《ひつぜん》の結果《けつくわ》として突射《つきさ》さつてゐるわけで、足先《あしさき》を氷漬《こほりづけ》にしてゐることになる。私《わたし》は最初足趾《さいしよあしゆび》の感覺《かんかく》のなくなるのを感《かん》じた。で……足趾《あしゆび》を動《うご》かしてみようとするのであつたが、いつしかにそれが動《うご》かなくなつてゐた。

「凍傷《とうしやう》！」

二二三

直感的《ちよくかんてき》に頭《あたま》に來《き》た。やられた。と思《おも》つたがそのために足部《そくぶ》を切斷《せつだん》することにならうと、どうならうと、そんなことに、なんら悲觀《ひくわん》も落膽《らくたん》もなかつた。自分《じぶん》は今《いま》祖國《そこく》の運命《うんめい》を荷《にな》うて戰《たゝか》つてゐるのである。この小丘《せうきう》を匪賊《ひぞん》に占領《せんりやう》せられたとあつては死《し》すとも死《し》することができない。天皇陛下に申譯なきかぎりである、と胸《むね》一杯《ぱい》、腹《はら》一杯《ぱい》で煮《に》えかへつてゐるから、凍傷《とうしやう》がどうのかうの、などと贅澤《ぜいたく》はいつてをれない。しかも四日《か》にわたる不眠不休《ふみんふきう》……人間《にんげん》の體《からだ》が雪中《せつちう》にこんなに耐久力《たいきうりよく》のあるものかと、寧《むし》ろ自分《じぶん》ながら驚歎《きやうたん》したのであつた。が、友軍《いうぐん》は彈藥將《だんやくまさ》に盡《つ》きなんとし、その兵員《へいゐん》も數《かぞ》へるばかり……この危機《きき》に際《さい》し、幸運《かううん》にも友軍《いうぐん》の大部隊《だいぶたい》が、そのまゝ見殺《みごろ》しにしてなるものか、と、わあツと後方部隊本部《かうはうぶたいほんぶ》から押寄《おしよ》せてくれた。

「日軍大部隊《にちぐんだいぶたい》來《きた》る。」

とみれば、忽《たちま》ちに志氣沮喪《しきそさう》する賊軍《ぞくぐん》ばら……、追《お》ひまくられ、擊《う》ちまくられて、多數《たすう》の遺棄屍《ゐきし》體《たい》を拋棄《はうき》して遁走《とんそう》した。

私共《わたしども》は急援隊《きふえんたい》から直《たゞ》ちに糧食《りやうしよく》を支給《しきふ》され、凍傷《とうしやう》ある者《もの》は馬車《ばしや》により陵源《りやうげん》へと移送《いそう》された。私《わたし》の蹠部《せきぶ》前半分《ぜんはんぶ》はひどい凍傷《とうしやう》にかゝつてゐた。野戰病院《やせんびやうゐん》に收容《しうやう》され、寢臺《しんだい》にのせられて、全身《ぜんしん》に

二二四

暖氣《だんき》が通《かよ》つてくると、凍傷《とうしやう》にかゝつた部分《ぶぶん》が痒《かゆ》きがごとく、痛《いた》むがごとく、チク〳〵と射《さ》すのであつた。まことに置《お》きどころのない有樣《ありさま》だ。

「大丈夫《だいじやうぶ》だ。」

軍醫殿《ぐんいどの》も衞生兵《えいせいへい》たちも元氣《げんき》をつけてくれた。

それから飛行機《ひかうき》で錦州《きんしう》に運《はこ》ばれ、更《さら》に遼陽《れうやう》に送《おく》られ、こゝで手術《しゆじゆつ》をうけて、前蹠《まへあし》を切斷《せつだん》したのであつた。手術《しゆじゆつ》は痲醉藥《ますゐやく》によつて假死狀態裡《かしじやうたいり》に執刀《しつたう》せられたので、自分《じぶん》が足《あし》の手術《しゆじゆつ》をうけたことは二日後《かご》に知《し》つた。

「どうも變《へん》だ。足《あし》が妙《めう》に輕《かる》い。」

と、思《おも》つてゐたら、軍醫殿《ぐんいどの》は私《わたし》に心配《しんぱい》させまいと考《かんが》へられたか、無斷《むだん》で手術《しゆじゆつ》をせられたのであつた。なんの心配《しんぱい》も失望落膽《しつばうらくたん》もあるものか、どうせ御國《おくに》に捧《さゝ》げた身《み》ではないか。名譽《めいよ》の戰死《せんし》をしなかつたのが殘念《ざんねん》なくらゐだ。わづかに前蹠《まへあし》の切斷《せつだん》だけで生還《せいくわん》したことは、それだけですら勿體《もつたい》ないと慚愧《ざんき》の念《ねん》、切《せつ》なるものさへあるのに……

二二五

涙……涙の歡迎よ

内地《ないち》へ白衣《はくい》の一上等兵《じやうとうへい》として送還《さうくわん》せられ、東京第一《とうきやうだい》陸軍病院《りくぐんびやうゐん》に約《やく》十ケ月入院《げつにふゐん》して創痕《きずぐち》は癒《い》え、義足《ぎそく》を賜《たま》はり、昭和《しやうわ》九年《ねん》二月《ぐわつ》に退院《たいゐん》して、なつかしの浪《なみ》の華咲《はなさ》く津輕《つがる》を越《こ》えて伊達町《だてまち》に歸《かへ》つた。雪《ゆき》は深《ふか》く、そして眞白《まつしろ》に……思《おも》ひ出《で》の山河《さんか》は昔《むかし》のまゝに大自然《だいしぜん》の白衣《はくい》をまとふて迎《むか》へてくれた。迎《むか》へられる我《われ》……また思《おも》ひきや……白衣《はくい》であらうとは……。

「生《い》きて歸《かへ》れたが幸《しはは》せだぞよ。」

「更生《かうせい》して御國《おくに》へ御奉公《ごほうこう》せい。」

母《はゝ》も兄達《あにたち》も涙《なみだ》で歡待《くわんたい》し、涙《なみだ》で激勵《げきれい》してくれた。

鄕里《きやうり》に靜養《せいやう》すること暫《しば》し。それから元《もと》の大工職《だいくしよく》になつた。

「仕事《しごと》はできんでもえゝ、俺《おれ》が引受《ひきう》けた以上《いじやう》は大丈夫《だいじやうぶ》だ。」

弟子《でし》を十人《にん》も持《も》つ棟梁《とうりやう》は胸《むね》を叩《たゝ》いて、大《おほ》きく引受《ひきう》けてはくれたものゝ、仕事《しごと》は足《あし》が不自由《ふじいう》なだけに兎角《とかく》以前《いぜん》のやうに調子《てうし》よくゆかない。寒《さむ》い折《をり》には傷痕《きづあと》が疼痛《とうつう》を催《もよほ》する。

二二六

私《わたし》は煩悶《はんもん》した。

懊惱《あうなう》した。

どうしたらよいか。

いつまでも棟梁《とうりやう》に迷惑《めいわく》をかけてはゐられない。棟梁《とうりやう》はなんとも思《おも》つてゐはしないであらうけれども、自分自身《じぶんじしん》がそれでは良心的《りやうしんてき》にたまらないのだ。一人前《にんまへ》の仕事《しごと》ができなくてゐて、一人《にん》前《まへ》の給料《きふれう》をもらふことが一度《ど》こそ二度《ど》こそ、毎日《まいにち》つゞくとあつては……。

「おい、お前《まへ》は東京《とうきやう》の陸軍病院《りくぐんびやうゐん》にゐた時《とき》、一度《ど》啓成社《けいせいしや》に行《ゆ》つたことがあるナ、東京《とうきやう》に出《で》い。さうして啓成社《けいせいしや》に行《い》けい。再生《かうせい》の幸福《かうふく》がそこに待《ま》つてるはづだ。」

おや……と驚《おどろ》き、四邊《あたり》をみれば、眠《ねむ》るともなく、壁《かべ》にもたれたまゝ苦惱《くなう》しつゝ、いつか夜《よ》も更《ふ》けて、假睡《かする》したらしい。そして、第二《だい》の自己《じこ》が眠《ねむ》れる第《だい》一の自己《じこ》に呼《よ》びかけたのであつた。

「さうだ。行《い》かう、東京《とうきやう》へ……。啓成社《けいせいしや》に行《い》つて、一人前《にんまへ》に堂々《だうく》と足《あし》がなくても生活《せいくわつ》してゆける方法《はうはふ》を相談《さうだん》してみよう。」

私《わたし》はかくと決心《けつしん》すると、矢《や》も楯《たて》も溜《たま》らず上京《じやうきやう》の希望《きばう》に明《あ》け暮《く》れ驅立《かりた》てられるのであつた。歸《き》

二二七

鄕《きやう》して約《やく》二ケ年半近《ねんはんちか》くにして、昭和《しやうわ》十一年《ねん》六月《ぐわつ》またもや東京《とうきやう》への旅路《たびぢ》についた。青函連絡船《せいかんれんらくせん》の上《うへ》で、うすれゆく北海道《ほくかいだう》の山々《やまく》を見《み》ながら、

「この次《つぎ》歸《き》鄕《きやう》する折《をり》は、屹度《きつと》不自由《ふじいう》な足《あし》を征服《せいふく》しゝ成功《せいかう》の上歸《うへかへ》つてみせるぞ。」

私《わたし》は固《かた》く誓《ちか》つたのであつた。

上京《じやうきやう》して先《ま》づ私《わたし》は陸軍省《りくぐんしやう》の中村指導部主事《なかむらしだうぶしゆじ》に御面會《ごめんくわい》して、

「この不自由《ふじいう》な足《あし》を使《つか》はなくてもできる仕事《しごと》といへば時計屋《とけいや》がよいではないかと存《ぞん》じます。私《わたし》は大工《だいく》から時計屋《とけいや》に轉職《てんしよく》しようと思《おも》ふのですが、如何《いかゞ》なものでございませう。」

と相談《さうだん》をもちかけた。

中村主事《なかむらしゆじ》は、つく〴〵私《わたし》の顏《かほ》をみてをられたが、

「それはよい考《かんが》へだ。自分《じぶん》で向《む》はふと思《おも》ふ方向《はうかう》へ進《すゝ》めば、それに越《こ》したことはない。が、自分《じぶん》の考《かんが》へが正《たゞ》しい時《とき》にはよいけれど、間違《まちが》つてゐると大變《たいへん》な結果《けつくわ》になるものだ。私《わたし》は君《きみ》の樣子《やうす》をみるに、眼鏡《めがね》をかけてゐるし、目《め》が惡《わる》いやうだが近眼《きんがん》か亂視《らんし》かナ。」

と尋《たづ》ねられた。

二二八

「はア、亂視《らんし》であります。」

「亂視《らんし》では時計《とけい》の機械《きかい》のごとき細《こま》かい仕事《しごと》は無理《むり》だ。君《きみ》は眼《め》が弱《よわ》いのだから、その弱點《じやくてん》を強《し》ひて用《もち》ゆるがごとき職業《しよくげふ》は不適當《ふてきたう》と思《おも》ふ。」

さすがは傷痍軍人《しやういぐんじん》の指導主任《しだうしゆにん》だけはある。その相手《あひて》の長所短所《ちやうしよたんしよ》を一見《けん》して見拔《みぬ》く。

さう云《い》はれて、成程《なるほど》と、私《わたし》も氣《き》がついたのであつた。大工《だいく》から、時計職《とけいしよく》に……三轉《てん》して、また別《べつ》の職業《しよくげふ》を探《さが》さねばならぬことになつた。

靴屋となる

中村主任《なかむらしゆにん》は、

「それなれば靴屋《くつや》をやれ、靴屋《くつや》を……靴屋《くつや》ならば足《あし》を使《つか》ふ心配《しんぱい》がないから大丈夫《だいじやうぶ》。目《め》も細《こま》かいものを見《み》ることもない。」

と、いろ〴〵懇切《こんせつ》に提案《ていあん》されたので、私《わたし》はそのお說《せつ》に從《したが》ふことにして啓成社《けいせいしや》に入《はい》り、製靴業《せいくわげふ》を習得《しふとく》したのであつた。

二二九

一通《どほ》り教《おそ》はると、社會《しやくわい》に出《で》て現住所《げんぢゆうしよ》、則《すなは》ち東京市《とうきやうし》豊島町《としまく》巣鴨町《すがもまち》七丁目《ちやうめ》一六九八番地《ばんち》に一戸《こ》を構《かま》へ、靴製造販賣業《くつせいぞうはんばいげふ》をはじめた。

私《わたし》は非常《ひじやう》な意氣込《いきご》みで、商賣《しやうばい》をはじめればトン〳〵拍子《びやうし》にゆくつもりで、アレコレと計劃《けいかく》を立《た》てたり、收入《しふにふ》のことを計算《けいさん》したりした——だが、實際《じつさい》は……さう思《おも》ふやうには儲《まう》からない。生活費《せいくわつひ》の方《はう》は食《く》ひ込む一方《はう》だ。そこで、さても商賣《しやうばい》は困難《こんなん》なるものかなと悟《さと》つたのであつた。

致方《いたしかた》なく、晝間《ひるま》は某製靴工場《ぼうせいくわこうぢやう》に勤《つと》め、夜少《よるすこ》しづゝ店《みせ》の方《はう》の靴《くつ》を作《つく》つた。——この方法《はうはふ》は非常《ひじやう》によかつた。商賣《しやうばい》はあせつては失敗《しつばい》のもとだ。もすこし、テキパキやれば儲《まう》かるのに……と人《ひと》が思《おも》ふくらゐ悠々《ゆうく》と構《かま》へて、大儲《おほまう》けすることより、失敗《しつばい》せぬことを先《ま》づ工夫《くふう》しなければならない。ある有名《ううめい》な實業家《じつげふか》が、今日成功《こんにちせいこう》するには昔《むかし》の

「運《うん》、鈍《どん》、根《こん》！」

でなくて、一にも二にも、

「運《うん》、敏《びん》、根《こん》！」

と、同《おな》じ三ンでも「ン」ちがひがする——といつてゐるが、これは多年實業界《たねんじつげふかい》において充分《じふぶん》に經驗《けいけん》を積《つ》んだ人《ひと》のいふべきことで、素人《しろうと》が實業界《じつげふかい》で食《く》つてゆくには昔《むかし》ながらの「運《うん》、鈍《どん》、根《こん》」でゆくべきで、「運《うん》」の好惡《かうあく》は人爲《じんゐ》の如何《いかん》ともなし得《う》るところではないが、根氣《こんき》と鈍重《どんぢゆう》さは誰《たれ》にも出來《でき》ることだ。私《わたし》と同《おな》じく白衣《はくい》の凱旋兵《がいせんへい》で、恩給證書《おんきふしやうしよ》さへ入質《にふぢち》し、多額《たがく》の資金《しきん》をかきあつめて、大々的《だいくてき》に商賣《しやうばい》をはじめて悲慘《ひさん》なる失敗《しつばい》を喫《きつ》したるものが非常《ひじやう》に多《おほ》い。これは今次事變《こんじじへん》において傷痍軍人《しやういぐんじん》となられたる人々《ひとぐ》の向後《かうご》の實業方面《じつげふはうめん》へ進出《しんしゆつ》せらるゝにあたり、私《わたし》が切《せつ》に忠告《ちうこく》したいことである。

私《わたし》は昭和《しやうわ》十一年《ねん》に妻昌子《つままさこ》を迎《むか》へて以來《いらい》四年《ねん》、彼女《かのぢよ》は本年《ほんねん》二十四歳《さい》で、私《わたし》が二十九歳《さい》……。妻《つま》が私《わたし》の工場《こうぢやう》へ勤《つと》めに行《い》つてゐる間《あひだ》に、來客《らいきやく》へ應接《おうせつ》し、注文《ちうもん》などをとつておいてくれるし、私《わたし》が歸宅《きたく》して、注文通《ちうもんどほ》りの靴《くつ》をつくる……かういふ風《ふう》にして、だん〳〵とお華客《とくゐ》を増加《ぞうか》し、もう、これなら、といふところで工場《こうぢやう》を辭《よ》して、さゝやかながら今日《こんにち》の靴店《くつや》をやつてきたのだが、お蔭《かげ》で生活《せいくわつ》には困《こま》らず、日増《ひまし》に繁昌《はんじやう》にむかつてゐるのを嬉《うれ》しく思《おも》つてゐる。いづれ近々《ちかぐ》に店《みせ》も大《おほ》きくしたいものと、その時期《じき》を急《いそ》がず、あはてず、待《ま》つてゐるのだ……それは、こよなく逞《たくま》しき樂《たの》しみであることよ。

猛ける試練の嵐

東京市足立區
歩兵上等兵　岡田源治君

見込まれて養子に入る

片手《かたて》の米屋《こめや》さんだと云《い》つて町内《ちやうない》の同情《どうじやう》を一身《しん》に集《あつ》め、朝《あさ》から晩《ばん》まで目《め》の廻《まは》るやうな繁昌《はんじやう》をしてゐるのが越中屋《ゑつちうや》、そこの主人公《しゆじんこう》の岡田源治君《をかだげんぢくん》である。

世《よ》の中《なか》に災難《さいなん》つゞきの不幸《ふかう》、不運《ふうん》、不遇《ふぐう》な人《ひと》も隨分《ずゐぶん》ゐるが、彼《かれ》の歩《ある》んで來《き》た二十七年間《ねんかん》は、全《まつた》く文字通《もじどほ》り荊棘《いばら》の道《みち》であつて、あらゆる辛酸《しんさん》を嘗《な》めつくして來《き》たのである。

彼《かれ》は富山縣《とやまけん》の閑村《かんそん》に生《うま》れ、幼《えう》にして父《ちゝ》に死《し》に別《わか》れたのであつた。從《したが》つて義務教育《ぎむけういく》を卒《を》へると、間《ま》もなく京都《きやうと》の豆腐屋《とうふや》へ奉公《ほうこう》に出《だ》された。ところが彼《かれ》の氣性《きしやう》に合《あ》はぬといふので、到頭《たうとう》母《はゝ》の膝《しつ》下《か》に舞《ま》ひ戻《もど》つてしまつた。

そのうち叔父《をぢ》の紹介《せうかい》で、東京《とうきやう》の米屋《こめや》に再《ふたゝ》び小僧《こぞう》に出《だ》される身《み》となつた。彼《かれ》にとつて、こゝは大分氣《だいぶんき》に入《い》つたとみえて一生懸命《しやうけんめい》に働《はたら》いた。そして自分《じぶん》も將來獨立《しやうらいどくりつ》して、立派《りつぱ》な米屋《こめや》にならうと決心《けつしん》したのである。この彼《かれ》の奮闘振《ふんとうぶ》りをかね〴〵目《め》に止《と》めてゐた同業《どうげふ》の越中屋主人《ゑつちうやしゆじん》は、

『あそこの若《わか》い者《もの》なか〳〵感心《かんしん》だ。朝《あさ》から晩《ばん》までよく働《はたら》き、商賣《しやうばい》も熱心《ねつしん》だし、お得意先《とくいさき》の評判《ひやうばん》もよい。あんな眞面目《まじめ》な男《をとこ》なら、宅《うち》の娘《むすめ》に申分《まをしぶん》ない婿養子《むこやうし》だ』

と云《い》つて妻女《さいぢよ》とも内々《ないく》で相談《さうだん》して居《を》つたのである。

斯《か》うして、彼《かれ》は十七歳《さい》の時《とき》に、越中屋夫妻《ゑつちうやふさい》のお眼鏡《めがね》に叶《かな》つて、到頭彼《たうとうかれ》は婿養子《むこやうし》に迎《むか》へられたのである。そして小僧《こぞう》も郷里《きやうり》から雇入《やとひい》れたのであつた。

ところが人《ひと》も羨《うらや》む程《ほど》のこの圓滿《ゑんまん》な家庭《かてい》にも、世《よ》の不況《ふきやう》の嵐《あらし》が押《お》し寄《よ》せはじめたのである。それに彼《かれ》が丁年《ていねん》のときに養父《やうふ》に斃《たふ》れられ、一家《か》は悲嘆《ひたん》にくれてゐる時《とき》、彼《かれ》は歩兵第《ほへいだい》二十七聯隊《れんたい》に入營《にふえい》しなければならぬ身《み》となつた。しかも時恰《ときあたか》も滿洲事變《まんしうじへん》の酣《たけなは》な時《とき》なのである。

『現在《げんざい》ですら、こんな狀態《じやうたい》なのに、俺《おれ》が入營《にふえい》した後《のち》は一體《たい》どうなるだらう。それに入營《にふえい》すれば遲《おそ》かれ早《はや》かれ當然《たうぜん》、實戰《じつせん》に送《おく》り出《だ》される覺悟《かくご》をせねばならない。さて殘《のこ》される愛妻《あいさい》は！　母《はゝ》は！　商賣《しやうばい》の方《はう》は！』

それからそれへと、いろんな事《こと》を考《かんが》へてゆくと、彼《かれ》は心配《しんぱい》で堪《たま》らなかつた。その心配《しんぱい》な彼《かれ》の姿《すがた》を見《み》てとつた妻《つま》は、

『貴男《あなた》！　何《なに》をそんなに心配《しんぱい》してゐるの、家《いへ》のことは私《わたし》がやるから、元氣《げんき》で行《い》つてゐらつしやいよ』

健氣《けなげ》にも彼女《かのぢよ》はそう云《い》つてくれたのである。

『すまないな、それじや賴《なの》むよ』

と云《い》つて、彼《かれ》は勇躍《ゆうやく》、原隊《げんたい》へ向《むか》つたのであつた。それは昭和《せうわ》八年《ねん》十二月《ぐわつ》一日《じつ》であつた。四ヶ月半《げつはん》の原隊教育《げんたいけういく》を受《う》けて、彼《かれ》もまた豫《か》ねて覺悟《かくご》の戰地《せんち》に向《むか》ふ身《み》となつた。

滿洲事變で名譽の戰傷

彼《かれ》は熱河《ねつか》の朝陽縣《てうやうけん》（奉山線《ほうざんせん》）において、裝甲列車警乘兵《さうかふれつしやけいじようへい》として暫《しばら》く勤務中《きんむちう》、翌《よく》九年《ねん》四月《ぐわつ》十七日《にち》、圖《はか》らずも敵《てき》の砲彈《はうだん》によつて、無念《むねん》にも左腕《さわん》に負傷《ふしやう》を受《う》けたのである。間《ま》もなく赤峰衞戍病院《せきほうゑいじゆびやういん》にかつぎ込《こ》まれ、到頭左前膊《たうとうひだりぜんぱく》は切斷《せつだん》されてしまつた。その後《ご》、錦州《きんしう》、奉天《ほうてん》、大連《だいれん》の各衞戍病院《かくゑいじゆびやうゐん》を轉院《てんゐん》して、六月《ぐわつ》九日《か》内地《ないち》に送還《そうくわん》されたのである。そして東京第《とうきやうだい》一陸軍病院《りくぐんびやうゐん》に約《やく》十ヶ月《げつ》ばかり入院《にふゐん》、漸《やうや》くにして昭和《せうわ》十年《ねん》二月《ぐわつ》十一日《にち》紀元節《きげんせつ》の佳節《かせつ》に、恩賜《おんし》の義手《ぎしゆ》を拜受《はいじゆ》して退院《たいゐん》したのである。

ところがこの十ヶ月《げつ》の入院中《にふゐんちう》に彼《かれ》は將來《しやうらい》のことを思《おも》ひ浮《うか》べて、煩悶懊惱《はんもんあうなう》の末《すゑ》、卒倒《そつたう》したことも一再《さい》ではなかつたといふ。時折戰友《ときをりせんいう》だちから話《はなし》かけられても、口《くち》を開くことすら出來《でき》ず、側《そば》で騷《さわ》がれても耳《みゝ》に入《はい》らなかつた。

『俺《おれ》は戰死《せんし》した方《はう》がどれだけ幸福《かうふく》だつたらう。なぜ、あの時《とき》もつと華々《はなぐ》しく戰《たゝか》つて敵陣《てきぢん》へ乘《の》り込《こ》み得《え》なかつたらう。』

こんなことを考《かんが》へては、自分《じぶん》の不甲斐《ふがひ》なきを歎《たん》ずるのであつた。それに時々《とき〴〵》訪《たづ》ねて來《く》る妻女《さいぢよ》から、或《あ》る日《ひ》、圖《はか》らずも自分《じぶん》も肋膜《ろくまく》のために病院通《びやうゐんがよ》ひをしてゐるから、出來《でき》ることならなるべ

く早《はや》く退院《たいゐん》して貰《もら》ひたいといふことを聞《き》かされたのである。以來《いらい》、彼《かれ》はます〳〵前途《ぜんと》の暗澹《あんたん》たるを覺《おぼ》え、なき片腕《かたうで》を握《にぎ》つては思案《しあん》に暮《く》れるのであつた。が、その時彼《ときかれ》は悠然奮起《いうぜんふんき》し、

『さうだ俺《おれ》は一度死《どし》んだ人間《にんげん》だ。あの時《とき》のことを思《おも》つたら、これ位《くらゐ》のことで庇古垂《へこた》れてはならぬのだ。幸《かう》か不幸《ふかう》か命拾《いのちびろ》ひをしたことは天《てん》は俺《おれ》に再起奉公《さいきほうこう》を啓示《けいじ》したのだ。すべて人間死《にんげんし》んだ心算《つもり》でやれば、どんな事《こと》でも出來《でき》ないものはない筈《はず》だ。よーし、俺《おれ》はこれからうんと働《はたら》かなければならなかつたのだ』

斯《か》うつぶやいた彼《かれ》は自分《じぶん》に鞭打《むちう》つたのである。そして留守中《るすちう》、一家《か》の生計《せいけい》を守《まも》つて來《き》た妻女《さいぢよ》の勞苦《らうく》を偲《しの》び、またその無理《むり》の結果《けつくわ》から來《き》た病氣《びやうき》に對《たい》しても、必《かなら》ず治療《ちれう》してやらなければならぬといふ責任感《せきにんかん》が湧然《ゆうぜん》と心《こゝろ》の奧《おく》に燃上《もえあが》つたのである。そこで四月《ぐわつ》に退院豫定《たいゐんよてい》のところ、軍醫《ぐんい》に一切《さい》の事情《じじやう》を打開《うちあ》け、特《とく》に二ヶ月《つき》ばかり早目《はやめ》に退院《たいゐん》の許可《きよか》を受《う》けたのである。

愛妻に死別、商賣も出來ず

歸宅《きたく》を許《ゆる》された彼《かれ》は先《ま》づ留守中《るすちう》も變《かは》らず贔屓《ひいき》にして貰《もら》つてゐる得意先《とくいさき》に對《たい》し、お禮《れい》を兼《か》ねた挨拶廻《あいさつまは》りをしたのであつた。すると何處《どこ》のお得意先《とくいさき》も、昔《むかし》に增《ま》した同情《どうじやう》を以《もつ》て迎《むか》へてくれたのには何《なに》よりの喜《よろこ》びであり、聊《いささ》か意《い》を强《つよ》ふしたのである。

しかるに一方《ぱう》、一日《にち》千秋《しう》の思《おも》ひで彼《かれ》の歸宅《きたく》を待焦《まちこが》れてゐた病妻《びやうさい》の姿《すがた》を見《み》た彼《かれ》は、ホロリと淚《なみだ》が落《お》ちた。病勢《びやうせい》は日《ひ》に增《ま》し惡化《あくわ》するばかりで、彼《かれ》の心《こゝろ》からなる同情《どうじやう》と手厚《てあつ》い看護《かんご》の甲斐《かひ》もなく、蠟燭《らふそく》の火《ひ》が消《き》えるやうに、哀《あは》れ果《は》かなくなつてしまつた。

『もう暫《しばら》く生《い》きてゐて貰《もら》ひたかつた。今《いま》までは苦勞《くらう》のかけ通《どほ》し、これからは少《すこ》し樂《らく》にさせてやりたかつたのに……』

彼《かれ》は天《てん》に訴《うつた》へ地《ち》に哭《こく》して嘆《なげ》いたが、既《すで》に及《およ》ばぬ望《のぞ》みだつた。それにつけても入營《にふえい》の時《とき》

『家《いへ》のことは何《なに》も心配《しんぱい》いらぬから、元氣《げんき》で行《い》つてゐらつしやい』

と云《い》はれたあの時《とき》の言葉《ことば》が、今《いま》なほ胸《むね》に甦《よみが》へるのであつた。

『幸《かう》か不幸《ふかう》か、俺《おれ》は越中屋《ゑつちうや》の一人娘《ひとりむすめ》に迎《むか》へられたものゝ、子供《こども》がなく、妻《つま》にも今《いま》は亡《な》くなられて、血筋《ちすぢ》を切《き》らしてしまつた。亡《な》き養父母《やうふぼ》に對《たい》して申譯《まをしわけ》がない』

彼《かれ》は落《お》ちる淚《なみだ》を人知《ひとし》れず拭《ふ》いて、

『不自由《ふじいう》な片手《かたて》ながらも、俺《おれ》は病妻《びやうさい》に對《たい》して、あらゆる人力《じんりよく》を盡《つく》した心算《つもり》だ。店《みせ》を見《み》ながら炊《すゐ》事《じ》のことから洗濯《せんたく》までやつた。それに永《なが》い患《わづら》ひのために資財《しざい》の殆《ほと》んど醫療費《いれうひ》に投《とう》じた位《くらゐ》だから、手當《てあて》について思《おも》ひ殘《のこ》すことはない』

と寂《さび》しく述懐《じゆつくわい》するのであつた。

それに悲《かな》しいことには大事《だいじ》な左手《ひだりて》をなくして、店先《みせさき》に起《た》つても米屋《こめや》としての働《はたら》きが出來《でき》ず腹《はら》立《だ》ちまぎれに米袋《こめぶくろ》を蹴放《けはう》つてしまひ、奥《おく》に引込《ひきこ》んでは米屋《こめや》を廢《や》めやうかと思《おも》つたことも、幾度《いくど》かしれない。袋《ふくろ》に米《こめ》を入《い》れやうとするとパラ〳〵と米《こめ》がこぼれ、袋《ふくろ》の口《くち》を結《むす》ばんとすれば袋《ふくろ》が倒《たふ》れて米《こめ》が流《なが》れ出《で》るし、繩をかけやうとすれば外《はづ》れてしまふといふ始末《しまつ》で、當時《たうじ》義手《ぎしゆ》の不慣《ふな》れから陰憂《いんうつ》な氣持《きもち》が幾日《いくにち》か續《つゞ》いたのである。その都度《つど》むかつぱらが立《た》つた。

或《あ》る日《ひ》、

『こんなことでは俺《おれ》は一生何《しやうなに》も出來《でき》ないぢやないか。決死報國《けつしはうこく》の覺悟《かくご》で働《はたら》いた戰地《せんち》のことを追《つゐ》憶《おく》したら、こんなことは屁《へ》のカツパだ。まだ〳〵精《せい》の出《だ》し方《かた》がたりないのだ』

と自分《じぶん》に鞭打《むちう》つた彼《かれ》は、その後失敗《ごしつぱい》しても幾度《いくど》となくやり直《なほ》して到頭頑張《たうとうぐわんば》り通《とほ》し、約《やく》一ケ年《ねん》位《くらゐ》でどうにか一人前《にんまへ》の仕事《しごと》が出來《でき》るやうになり、昨今《さくこん》では何《なに》一つ不自由《ふじいう》なく、五體《たい》のそろつた人《ひと》にも負《ま》けないだけの自信《じしん》がついたといつて喜《よろ》こんでゐる。そして、三袋《ふくろ》の米《こめ》を自轉車《じてんしや》に積《つ》んで、五里《りよ》餘の遠《とほ》い新宿《しんじゆく》までも配達《はいたつ》すくらゐ元氣《げんき》だ。全《まつた》く『精神《せいしん》一到何事《たうなにごと》かならざらんや』である。

憂きことの限りなし

『これと云《い》ふのも、すべて恩賜《おんし》の義手《ぎしゆ》のお蔭《かげ》であると、日夜聖恩《にちやせいおん》の有難《ありがた》さに感泣《かんきふ》してゐるのです。それにつけても人《ひと》一倍《ばい》の努力《どりよく》をして、鴻恩《こうおん》の萬分《まんぶん》の一にも酬《むく》ひなければならぬ決心《けつしん》で働《はたら》いてゐます。

それに大《たい》した功勞《こうらう》も立《た》てずに、年額《ねんがく》六百圓《ゑん》といふ身《み》に餘《あま》る恩給《おんきふ》まで拜受《はいじゆ》してゐるので、恐懼《きようく》の極《きは》みと存《ぞん》じ、如何《いか》なる場合《ばあひ》でも、一文《もん》なりとも手《て》につけてならぬ覺悟《かくご》で貯蓄《ちよちく》し、朝《あさ》な夕《ゆふ》なに推《お》し戴《いたゞ》いてゐます』

聖恩《せいおん》の有難《ありがた》さに彼《かれ》は常《つね》に感謝感激《かんしやかんげき》し、輝《かゞ》やかしい希望《きばう》の下《もと》に、額《ひたひ》に汗《あせ》しながら商賣《しやうばい》に精進《しやうじん》す

るのであつた。

粉骨碎心《ふんこくさいしん》の努力《どりよく》を續《つゞ》けてゐる彼《かれ》の姿《すがた》を見《み》ては、誰人《たれびと》も感心《かんしん》し、不自由《ふじいう》な身《み》の上《うへ》に同情《どうじやう》した或《あ》るお得意先《とくいさき》の世話《せわ》で、再《ふたゝ》び妻《つま》を迎《むか》へ、人生《じんせい》の再《さい》スタートをした。

夫婦《ふうふ》に店員《てんゐん》と三人《にん》よく心《こゝろ》を合《あは》せ、一心同體《しんどうたい》となつて働《はたら》いたために、町内《ちやうない》の信用《しんよう》をかち得《え》て忽《たちま》ち昔《むかし》に倍《ばい》する繁榮《はんえい》を挽回《ばんくわい》したのである。

ところが、またもや世《よ》の荒波《あらなみ》が押寄《おしよ》せ、一家《か》の平和《へいわ》を脅《おび》かしつゝあるのである。それは昨秋《さくしう》以來《いらい》の米價問題《べいかもんだい》から、生産地《せいさんち》からの原米《げんまい》が充分《じうぶん》に入手出來《にふしゆでき》なくなり、折角《せつかく》のお得意先《とくいさき》に對《たい》して充分《じうぶん》の配給《はいきふ》が出來《でき》ず弱《よわ》り抜《ぬ》いてゐる。勿論減收《もちろんげんしう》の結果《けつくわ》にもよるが、一つの思惑《おもわく》によつて生産地《せいさんち》及《およ》び仲買人等《なかがひにんとう》の賣惜《うりを》しみがあるため、最近頗《さいきんすこぶ》る配給《はいきふ》の圓滿《ゑんまん》を缺《か》いてゐる。從《したが》つて、闇取引《やみとりひき》が盛《さかん》に行《おこな》はれるやうになつたが、一方《ぱう》小賣《こうり》の公定價格《こうていかかく》が決《き》められながら、卸賣價格《おろしうりかかく》が決《き》められてないために、最近《さいきん》では賣價《ばいか》よりも仕入價格《しいれかかく》の方《はう》が高値《たかね》であると云《い》ふ奇現象《きげんしやう》を呈《てい》してゐる。これでは商賣《しやうばい》にならない。彼《かれ》はいふ、

『この頃《ごろ》ではとても商賣《しやうばい》が出來《でき》なくなつた。それかと云《い》つてまさか社會奉仕的《しやくわいほうしてき》に損《そん》しながら商《しやう》賣《ばい》も出來《でき》ないが、現在《げんざい》三百餘軒《よけん》のお得意《とくい》を持《も》つて居《ゐ》るので、假《か》りに一家族《かぞく》五人平均《にんへいきん》として、一千五百餘人《よにん》の臺所《だいどころ》を預《あづか》つてゐる責任上《せきにんじやう》、自分《じぶん》の都合《つがふ》ばかり考《かんが》へて無暗《むやみ》に廢業《はいげふ》も出來《でき》ず、寢《ね》ても醒《さ》めても思案《しあん》にくれてゐるところだ。止《や》むを得《え》ず、生産地《せいさんち》に人《ひと》を派《は》してまで仕入《しいれ》に狂奔《きやうほん》してゐるのだが、五日間《かかん》に漸《やうや》く十一俵《ぺう》しか纒《まと》らないやうな狀態《じやうたい》だ。いくら金《かね》をつんでも賣《う》つてくれない恐《おそ》ろしい世《よ》の中《なか》になつたものだが、一體《たい》これは誰《たれ》の罪《つみ》だらうか？ これから吾々業者《われ〳〵げふしや》はどうすればよいのだらうか？』

彼《かれ》は悲痛《ひつう》なる叫《さけ》びをあげた。その日《ひ》店頭《てんとう》には顧客《とくい》が列《れつ》をなしてゐるのだが、賣《う》るにも一粒《つぶ》の米《こめ》すらなく、

『すみませんが二三日中《にちぢう》お待《ま》ち下《くだ》さい。何《なん》とか都合《つがふ》してきつと御屆《おとゞ》けしますから……』

『恐《おそ》れ入《い》りますが今日《けふ》のところ七キロで御勘辨下《ごかんべんくだ》さい。殘《のこ》りは入荷次第《にふかしだい》すぐお屆《とゞ》けしますから』

といふ風《ふう》に一々斷《ことは》るのに忙殺《ばうさつ》されてゐる。

『こんな情勢《じやうせい》が暫《しば》らく續《つゞ》くとしたら、或《あるひ》は不祥事件《ふしやうじけん》が勃發《ぼつぱつ》しないとも限らない。全《まつた》く末恐《すゑおそ》ろしい感《かん》がして、時《とき》には自暴自棄《じばうじき》に陥《おちい》ることもあるが、永年御贔屓《ながねんごひいき》になつてゐる顧客《とくい》に對《たい》しては、

充分《じうぶん》の配給《はいきふ》も出來《でき》ず、誠《まこと》に申《まを》し譯《わけ》ないと思《おも》つてゐます』

若《わか》い彼《かれ》の胸《むね》の中《うち》は、暗愁《あんしう》にとざされてゐる。これから一體《たい》どうなるか？

いつも、死《し》の一歩手前《ほてまへ》で踏《ふ》み止《とゞま》つた彼《かれ》は、またもや、人生行路《じんせいかうろ》の一大障壁《だいしやうへき》にぶつかつたのである。

憂《う》きことの尙《なほ》この上《うへ》に積《つも》れかし
　限《かぎ》りある身《み》の力試《ちからため》さん

一難襲《なんおそ》ひ來《きた》る每《ごと》に新《あら》たな勇氣《ゆうき》にふるひ立《た》つ堅忍不拔《けんにんふばつ》の精神《せいじん》の持主《もちぬし》だ。またしても捲土重來《けんどちようらい》の意氣《いき》を以《もつ》て、必《かなら》ずや難關突破《なんくわんとつぱ》に邁進《まんしん》するであらう。

彼《かれ》のこの意氣《いき》たるや、全《まつた》く軍人精神《ぐんじんせいしん》の發露《はつろ》である。

將來有望な洋服店

東京市小石川區[redacted]
歩兵上等兵　加藤上君

兩手に敵彈を受ける

陽《ひ》ざしのいゝ店先《みせさき》に注文品《ちゆうもんひん》を山《やま》と積《つ》んで、店員《てんゐん》を督勵《とくれい》しながら額《ひたへ》に汗《あせ》して洋服《やうふく》の裁斷《さいだん》に餘念《よねん》なく、我世《わがよ》の春《はる》を思《おも》はしめるのが、加藤洋服店《かとうやうふくてん》である。

昭和《せうわ》十二年《ねん》九月《ぐわつ》二十日《か》、啓成社《けいせいしや》の洋服科《やうふくくわ》を卒業《そつげふ》すると同時《どうじ》に、表記《へうき》の場所《ばしよ》へ店舗《てんぽ》を設《まう》け、每《まい》日仕事《にちしごと》に追《お》はれ通《どほ》しの加藤上君《かとうのぼるくん》も、嘗《かつ》ての滿洲事變《まんしうじへん》に參戰《さんせん》した名譽《めいよ》の負傷凱旋者《ふしやうがいせんしや》である。

彼《かれ》は山形縣南置賜郡廣幡村字上小萱《やまがたけんみなみおきたまぐんひろはたむらあざかみこかや》の產《さん》で、名助氏《なすけし》の二男《なん》に生《うま》れ、小學校《せうがくかう》を卒業《そつげふ》すると兄《あに》と共《とも》に田畑《たはた》に出《で》て、父亡《ちゝな》き後《あと》の農業《のうげふ》に從事《じゆうじ》した。

十八才《さい》の時《とき》、叔父《をぢ》の紹介《せうかい》で秋田《あきた》建設事務所《けんせつじむしよ》に雇《やと》はれることになり、昭和《せうわ》六年末《ねんすゑ》まで建築工手《けんちくこうしゆ》

として鐵道《てつだう》の測量《そくりやう》に從事《じうじ》してゐた。翌年《よくねん》一月《ぐわつ》、歩《ほ》兵第三二聯隊《へいだいれんたい》に入營《にふえい》し、原隊訓練《げんたいくんれん》を受《う》けてゐるうち、熱河《ねつか》の風雲急《ふううんきふ》なるに及《およ》んで先遣部隊《せんけんぶたい》を追《お》ふて四月《ぐわつ》十一日原隊《にちげんたい》を出發《しゆつぱつ》したのであつた。

同《どう》十九日大連《にちたいれん》に上陸《じやうりく》すると、先《ま》づ打虎山《だこざん》の警備《けいび》を命《めい》ぜられ、六月《ぐわつ》九日大桑林子《かだいさうりんし》の戰鬪《せんとう》に向《むか》つた。こゝで彼《かれ》は田川《たがは》、阿部《あべ》の戰友《せんいう》と共《とも》に中隊長《ちうたいちやう》から敵陣《てきぢん》の地形偵察《ちけいていさつ》を命《めい》ぜられた。

彼等《かれら》はまだ明《あ》けやらぬ闇《やみ》をつき、肅々《しゆくく》と出掛《でか》けて行《い》つた。この時《とき》、闇《やみ》を貫《つらぬ》いて一閃《せん》の銃火《じうくわ》が散《ち》つた、と思《おも》ふ間《ま》もなく、ドドドドーンと曉闇《げうあん》を破《やぶ》つて銃聲《じうせい》が轟《とゞろ》く。素破《すわ》こそ感《かん》づかれたか！

『今日《けふ》こそは敵《てき》を擊退《げきたい》せずにおくものか！　それ突擊《とつげき》だ』

彼等《かれら》三人申《にんまを》し合《あは》せたやうに、銃《じう》をとつて應戰《おうせん》したのであつた。よく見《み》れば敵《てき》のトーチカ陣地《ぢんち》から百餘《よ》の銃眼《じうがん》が向《む》けられてゐるのではないか。

『あつ！』と叫《さけ》んで倒《たふ》れたのが田川君《たがはくん》であつた。殘念《ざんねん》にも彼《かれ》は胸部貫通銃創《きようぶくわんつうじうさう》の重傷《ぢうしやう》を負《お》ふたのであるが、不思議《ふしぎ》にも彼《かれ》と阿部君《あべくん》だけは無事《ぶじ》であつた。間《ま》もなく應援隊《おうゑんたい》がやつて來《き》て、頑强《ぐわんきやう》な敵《てき》を擊滅《げきめつ》してしまつたのである。更《さら》に六月《ぐわつ》廿日《か》には東邊道附近《とうへんだうふきん》の討伐《たうばつ》に出掛《でか》け、七月《ぐわつ》二十日《か》に再《ふたゝ》び打虎山《だこざん》に戻《もど》り、通陽《つうやう》との間《あひだ》の警備《けいび》を命《めい》ぜられたのである。

かくて翌年《よくねん》二月《ぐわつ》二十日《か》にいよ〳〵熱河討伐《ねつかたうばつ》に向《むか》つたのである。身《み》を劈《さ》くやうな酷寒《こくかん》に、進擊《しんげき》また進擊《しんげき》を續《つゞ》けてゐるうち、瑠丁寧《りうていねい》の戰鬪《せんとう》で無念《むねん》にも彼《かれ》は兩手《りやうて》に敵彈《てきだん》を受《う》け、野戰病院《やせんびやうゐん》に送《おく》られる身《み》となつてしまつた。それは五月《ぐわつ》の十三日《にち》である。五ケ所《しよ》ばかりの病院《びやうゐん》を轉々《てんく》と巡《めぐ》り、六月初《ぐわつはじ》めに大連《たいれん》から內地《ないち》に後送《こうそう》され、廣島陸軍病院《ひろしまりくぐんびやうゐん》に一時入院《じにふゐん》して、更《さら》に山形陸軍病院《やまがたりくぐんびやうゐん》に收容《しうよう》されたのは六月中旬《ぐわつちうじゆん》であらう。幸《さいは》ひ、經過《けいくわ》が頗《すこぶ》る順調《じゆんてう》で約《やく》一ケ年後《ねんご》の昭和《せうわ》九年《ねん》七月《ぐわつ》廿七日《にち》に退院《たいゐん》することになつた。

事務員になつたけれど

二ケ年半《ねんはん》ぶりで懷《なつか》しい廣幡村《ひろはたむら》に歸《かへ》つた彼《かれ》の姿《すがた》を見《み》た母親《はゝおや》は、兩手《りやうて》をひろげて飛《と》びつくやうに

『上《のぼる》——よくも働《はたら》いて來《き》てくれたのう』

嬉《うれ》し淚《なみだ》をためて迎《むか》へたのであつた。不具《ふぐ》となつた彼《かれ》にとつて、鄉里《けうり》はやはり最上《さいじやう》の安息所《あんそくじよ》であつたのだ。しかし、たとへ御國《みくに》のためとは云《い》ひながら、未《いま》だ若《わか》くして不具《ふぐ》となつた彼《かれ》は、まだ後《あと》に殘《のこ》された長《なが》い人生《じんせい》のことを思《おも》ふと、ぢつとしては居《を》られぬ不運《ふうん》な境遇《きやうぐう》にあつたのだ。

さうだ――現在《げんざい》の俺《おれ》には將來《しやうらい》の問題《もんだい》より、もつと切實《せつじつ》な今日明日《けふあす》のことを考《かんが》へなければならないのだ、寸刻《すんこく》もぐず／＼出來《でき》ないのだ』

『兎《と》も角《かく》、入營前《にふえいまへ》まで働《はたら》いてゐた秋田《あきた》建設事務所《けんせつじむしよ》へ行《い》つて復職《ふくしよく》させて貰《もら》ふ』

歸郷早々《ききやうさうく》から就職《しうしよく》の心配《しんぱい》をしなければならなかつたのである。ところが『建設事務《けんせつじむ》も間《ま》もなく完了《くわんれう》するので、お氣《き》の毒《どく》ながら復職《ふくしよく》は出來《でき》ない』と、すげなく斷《ことわ》られた彼《かれ》は『望《のぞ》みの綱《つな》も切《き》れた』とばかりに、すつかり落膽《らくたん》してしまつた。されば と云《い》つて、百姓《しやう》も出來《でき》なくなつた不具《ふぐ》の身《み》の彼《かれ》は、その夜《よる》、床《とこ》に入《い》つても眠《ねむ》ることが出來《でき》なかつた。

『今《いま》からこんなに悄氣《しよげ》てしまつては、將來何《しやうらいなに》も出來《でき》ないじやないか。さうだ！　嘗《かつ》て陸軍病院《りくぐんびやうゐん》で敎《をし》へられた簿記《ぼき》、珠算《たまざん》を、この際活用《さいくわつよう》してやらう』

彼《かれ》は一ケ年《ねん》の入院中《にふゐんちう》に、何《なに》かの役《やく》にと簿記《ぼき》、珠算等《たまざんとう》を敎《をし》へられたのであつた。そこで八方《ばう》に運動《うんどう》の結果《けつくわ》、幸《さいは》ひ米澤市《よねざはし》の某製糸工場《ぼうせいしこうぢやう》で、事務員一人《じむゐんひとり》缺員中《けつゐんちう》だからといふ吉報《きつぽう》を齎《もた》らせられて早速《さつそく》そこに雇《やと》はれたのであつた。

しかるに、日給《につきふ》四十錢《せん》と云《い》はれて、さすがの彼《かれ》も『これでは、とても將來《しやうらい》の見込《みこ》みはない』

二四六

それが最《もつと》も切實《せつじつ》な問題《もんだい》であつた。

と斷念《だんねん》したものの、今《いま》すぐ右《みぎ》から左《ひだり》と就職先《しうしよくさき》があるわけでなし

『兎《と》も角《かく》、當分《たうぶん》こゝで辛抱《しんぼう》しながら第二《だい》の方法《はうはふ》を考《かんが》へてみよう』

一時《じ》こゝで落《お》ちつくことに決《けつ》し、人生《じんせい》の第二《だい》のスタートについて、いろ／＼考慮《かうりよ》した。

螢雪三年の酬ひ

或《あ》る日《ひ》、彼《かれ》がフト憶《おも》ひ浮《うか》べたのは、彼《かれ》は廣島《ひろしま》から原隊《げんたい》の病院《びやうゐん》に廻送《くわいそう》される途中《とちう》、大阪《おほさか》の國防《こくばう》婦人會《ふじんくわい》、愛國婦人會《あいこくふじんくわい》、その他《た》の團體代表者《だんたいだいへうしや》が慰問《ゐもん》にきてくれた、その時《とき》の慰問品《ゐもんひん》の中《なか》に傷痍軍《しやうゐぐん》人《じん》に對《たい》する職業再敎育機關《しよくげふさいけういくきくわん》として、啓成社《けいせいしや》の事業概略《じげふがいりやく》があつたので、早速《さつそく》それを取出《とりだ》して、いろ／＼將來《しやうらい》の再起方法《さいきはうはふ》について熟慮《じゆくりよ》したのであつた。

『これからはどうしても洋服《やうふく》の時代《じだい》だ。俺《おれ》には何等《なんら》の經驗《けいけん》もなければ、過去《くわこ》の經歴《けいれき》から云《い》つても凡《およ》そ縁遠《えんどほ》い仕事《しごと》ではあるが、決死《けつし》の覺悟《かくご》で戰《たゝか》つた戰地《せんち》の事《こと》を思《おも》へば、どんなことでも出來《でき》ないものはない筈《はず》だ。さうだ！　一《ひと》つやつてみよう。そして立派《りつぱ》に獨立《どくりつ》してみせよう』とさう決《けつ》

二四七

心《しん》した彼《かれ》は、早速《さつそく》その手續《てつゞき》をした。

『さて將來《しやうらい》はどうするか』といふ問題《もんだい》は、傷病兵《しやうびやうへい》の誰《たれ》もが考《かんが》へることだが、彼《かれ》にとつては、間《ま》もなくその許可《きよか》を得《え》たので製糸工場《せいしこうぢやう》を退社《たいしや》し、九月《ぐわつ》二十日上京《かじやうきやう》、啓成社《けいせいしや》の洋服科《やうふくくわ》に入《はい》つたのである。輝《かゞや》く希望《きばう》を抱《いだ》いて入社《にふしや》した彼《かれ》の努力《どりよく》は實《じつ》に目醒《めざま》しく、一心不亂《しんふらん》に勉強《べんきやう》したのであつた。當時《たうじ》の洋服科主任《やうふくくわしゆにん》や敎育課長等《けういくくわちやうとう》も彼《かれ》の熱心《ねつしん》な勉強《べんきやう》ぶりには敬服《けいふく》し、稀《まれ》に見《み》る模範青年《もはんせいねん》だと賞讃《しやうさん》された位《くらゐ》であつた。朝《あさ》の九時《じ》から晩《ばん》の五時《じ》までの習業時間外《しうげふじかんぐわい》にも、自室《じしつ》において勉強《べんきやう》したが、ミシン機械《きかい》のない不自由《ふじいう》さから、かねて拜受《はいじゆ》した論功賞金《ろんこうしやうきん》によつて到頭《とうたふ》それを買入《かひい》れ、同僚《どうれう》の私服《しふく》を縫《ぬ》つたり、日曜《にちやう》や祝日《さいじつ》には社外《しやぐわい》の注文《ちうもん》まで引受《ひきう》けて、寸時《すんじ》の暇《いとま》なく熱心《ねつしん》に技術《ぎじゆつ》の錬磨《れんま》に努《つと》めたので、めき／＼と上達《じやうたつ》した。かくて螢雪《けいせつ》三年《ねん》、昭和《せうわ》十二年《ねん》九月《ぐわつ》に卒業《そつげふ》した。

もと／＼彼《かれ》は最初《さいしよ》から卒業《そつげふ》と共《とも》に獨立《どくりつ》の決心《けつしん》であつたので、卒業前《そつげふぜん》から既《すで》に手廻《てまは》しよく、いろ／＼準備《じゆんび》を進《すゝ》めてあつた。先《ま》づ店舗《てんぽ》を構《かま》へるにしても、啓成社《けいせいしや》に近《ちか》い便利《べんり》なところといふわけで、現在《げんざい》の地《ち》を選《えら》んだ。それは彼《かれ》が卒業後《そつげふご》も相談相手《さうだんあひて》となつてくれるものは啓成社《けいせいしや》だと云《い》ふことで、今《いま》なほ指導《しだう》をうけてゐる。それに獨立《どくりつ》するには一人《ひとり》で困《こま》ると云《い》ふので卒業《そつげふ》と同時《どうじ》に知《ち》

二四八

人《じん》の妹《いもうと》を妻《つま》に迎《むか》へ、更《さら》に郷里《きやうり》から店員《てんゐん》を雇入《やとひい》れた。さて獨立《どくりつ》しても仕事《しごと》がなくては一大事《だいじ》とばかりに、啓成社《けいせいしや》に在社中《ざいしやちう》から、知人關係《ちじんくわんけい》を辿《たど》つて諸々方々《しよくはうく》の紹介《せうかい》を貰《もら》ひ、一方仕入《ぱうしいれ》についても郷里出身《きやうりしゆつしん》の信用《しんよう》ある卸屋《おろしや》と契約《けいやく》を結《むす》んでおいた。

かうして一切《さい》の準備《じゆんび》を整《とゝの》へて置《お》いたために、いざ卒業《そつげふ》と云《い》つても何等《なんら》の心配《しんぱい》もなく、それに腕《うで》に充分《じうぶん》の自信《じしん》があつたので、開業早々《かいげふさうく》、次《つぎ》から次《つぎ》へと注文《ちうもん》が殺到《さつたう》したのである。

彼《かれ》のモットーは眞實《しんじつ》の親切《しんせつ》、叮寧《ていねい》ですべて顧客本位《こかくほんゐ》といふ立前《たてまへ》であるがために、開業僅《かいげふわつ》か二ケ年餘《ねんよ》の今日《こんにち》、寸時《すんじ》の暇《ひま》なく仕事《しごと》に追《お》はれ通《とほ》しで、その信用《しんよう》もまた絶大《ぜつだい》なものである。それに彼《かれ》は月賦《げつぷ》とか、掛賣《かけうり》を一切廢《さいはい》して、すべて現金主義《げんきんしゆぎ》で押《お》し通《とほ》して來《き》てゐるが、それが却《かへ》つて好結果《かうけつくわ》を齎《もたら》し、今日《こんにち》の盛況《せいきやう》を見《み》るに至《いた》つたのである。

自分《じぶん》は不自由《ふじいう》な身《み》ではあるが、これを尊《たつと》い天職《てんしよく》として、餘生《よせい》をお國《くに》のために捧《さゝ》げよう。戰場《せんぢやう》で殘《のこ》した使命《しめい》を洋服屋《やうふくや》によつて果《はた》さう』

彼《かれ》はさう決心《けつしん》して、針持《はりも》つ手《て》にもミシン踏《ふ》む足《あし》にも、常《つね》に人《ひと》一倍《ばい》の感激《かんげき》を覺《おぼ》えた。

二四九

大陸に進出して活躍

大連市[redacted]アパート内
三等兵曹　小山伊高君

柳に飛びつく蛙

師走《しはす》の風《かぜ》がヒューヽヽと鳴《な》つてゐた。家《いへ》から高等小學校《かうとうせうがくかう》へ小《こ》一里《り》の田舎道《ゐなかみち》を、薩摩兵兒《さつまへいじ》のやうな格好《かつこう》で通《かよ》ふ彼《かれ》にも、早《はや》や十六の春《はる》が訪《おとづ》れんとしてゐた。工業學校《こうげふがくかう》へ入《はい》らうか、それとも商船學校《しやうせんがくかう》へ行《ゆ》かうか、否《いな》、陸軍幼年學校《りくぐんえうねんがくかう》、海軍兵志願《かいぐんへいしぐわん》だ、と彼《かれ》は迷《まよ》つたのである。丁度《ちやうど》、思想《しさう》の最《もつと》も變化《へんくわ》し易《やす》い此頃《このごろ》のこととて、自分《じぶん》の將來《しやうらい》について、いろヽヽ考《かんが》へ迷《まよ》つたのである。

『もつとヽヽ上級學校《じやうきふがくかう》へ進《すゝ》んで勉強《べんきやう》したい。しかし、たとへ向學《かうがく》の希望《きばう》に燃《も》えてゐたとはいへ、俗《ぞく》にいふ三段《だん》百姓《しやう》、田舎《ゐなか》の水呑《みづのみ》百姓《しやう》の小伜《こせがれ》では、その希望《きばう》も到底《たうてい》むづかしからうナ』

彼《かれ》の心《こゝろ》は希望《きばう》に燃《も》えてゐたが、一方家庭《ばうかてい》の事情《じじやう》が許《ゆる》かす否《どう》か、その心配《しんぱい》と交錯《かうさく》してゐたのであつた。

或《あ》る日《ひ》、通學《つうがく》の途上《とじやう》フト村役場《むらやくば》の前《まへ》を通《とほ》りかゝると、そこに未《いま》だ嘗《かつ》て見《み》ない、如何《いか》にも鮮《あざや》かなポスターが一枚貼《まいは》られてあつた。彼《かれ》の瞳《ひとめ》はいつになく輝《かゞや》き、吸《す》ひ込《こ》まれるやうな感《かん》じがした。それは佐世保鎭守府《させほちんじゆふ》における海軍志願兵《かいぐんしぐわんへい》の募集《ぼしふ》ポスターであつた。朝風《あさかぜ》に飜《ひるがへ》る軍艦旗《ぐんかんき》、超弩級戰艦《てうどきふせんかん》の雄姿《ゆうし》！

『よーし、俺《おれ》も一つ海軍《かいぐん》で身《み》を立《た》ててやらう』

さう決心《けつしん》した彼《かれ》は、今《いま》までの迷《まよ》ひも一時《じ》に晴《は》れ、俄《にはか》に生《うま》れ變《かは》つたやうに元氣《げんき》づいた。

春《はる》まだ淺《あさ》き二月《ぐわつ》、街《まち》の公會堂《こうくわいだう》で檢査《けんさ》があつた。その結果《けつくわ》B種合格《しゆがふかく》となつたが、待《ま》てど暮《く》らせど採用《さいよう》の通知《つうち》は來《こ》ず、到頭入團日《たうとうにふだんび》の六月《ぐわつ》一日《じつ》は過《す》ぎ去《さ》つた。一時《じ》は落膽《らくたん》もしたが、そんなことで屈《くつ》する彼《かれ》ではなかつた。乾坤《けんこん》一轉《てん》、その翌年《よくねん》また第《だい》二回目《くわいめ》の檢査《けんさ》を同所《どうしよ》で受《う》けた。しかるにまたB種《しゆ》で、いよヽヽ小學校《せうがくかう》も最後《さいご》の高等《かうとう》三年《ねん》を卒業《そつげふ》することになつた。止《や》むを得《え》ず、一年《ねん》を家事手傳《かじてつだひ》で、なほも屈《くつ》せず一路《ろ》目的《もくてき》の貫徹《くわんてつ》に邁進《まいしん》した。いよヽヽ第三年目《だいねんめ》、今度《こんど》こそはと、そ

れからは野《の》に山《やま》にひたすら體位《たいゐ》の向上《かうじやう》に精進《しやうじん》した。全《まつた》く柳《やなぎ》に飛《と》びつく蛙《かへる》のやうであつた。

或《あ》る時《とき》、役場《やくば》の兵事係《へいじがかり》は、

『相當熱心《さうたうねつしん》のやうだネ』

と、ひやかし半分《はんぶん》に言《い》はれたが、そんなことに耳《みゝ》はかさなかつた。齡《とし》もやつと兵科《へいくわ》を志願出《しぐわんで》來《き》る頃《ころ》になつたので、今度《こんど》は水兵《するへい》を志願《しぐわん》した。

丸《まる》三年《ねん》の努力漸《どりよくやうや》く酬《むく》ひられ、立派《りつぱ》にA種合格《しゆがふかく》となり「六月《ぐわつ》一日《じつ》、佐世保海兵團《させほかいへいだん》に來《きた》るべし」との待望《たいばう》の通知《つうち》が、鯉幟《こひのぼり》飜《ひるがへ》る五月《ぐわつ》二日《か》に舞込《まひこ》んだのであつた。その時《とき》の彼《かれ》の喜《よろこ》びは如何《いか》ばかりであつたらうか

入團後も常に首位

永年《ながねん》の希望叶《きばうかな》つて、いよヽヽ五月《ぐわつ》三十一日《にち》、住《す》み馴《な》れた故鄕《こきやう》を後《あと》に颯爽《さつさう》と門出《かどで》、六月《ぐわつ》一日晴《じつは》れの入團《にふだん》をした。

もとより好《す》きでたまらぬ海軍《かいぐん》へ入《はい》つたのだから、彼《かれ》は朝《あさ》に夕《ゆふ》に專心軍務《せんしんぐんむ》に精進《しやうじん》した。熱風《ねつぷう》吹き捲《ま》く南海《なんかい》に、寒風《かんぷう》すさぶ北海《ほくかい》に、無敵海軍《むてきかいぐん》の一員《ゐん》として奮鬪《ふんとう》したが、一生《しやう》を海軍《かいぐん》に捧《さゝ》げるには、どうしても學校《がくかう》へ進《すゝ》まねばならぬと思《おも》つた彼《かれ》は、忙《いそが》しい訓練《くんれん》の合間《あひま》をみてはコツヽヽと勉強《べんきやう》した。幸《さいは》ひその效《かう》あつて、昭和《せうわ》六年春《ねんはる》、本艦《ほんかん》（當時《たうじ》第《だい》三戰隊軍艦《せんたいぐんかん》川内《はち》乘組《のりくみ》）より二十數名《すうめい》の競爭者《きやうさうしや》を尻目《しりめ》に、たゞ彼一人《かれひとり》選《えら》ばれて、橫須賀《よこすか》の海軍水雷學校《かいぐんするらいがくかう》へ入《はい》つた。ここで各鎭守府《かくちんじゆふ》より選拔《せんばつ》されて來《き》た猛者《もさ》ばかりで、火《ひ》の出《で》るやうな競爭《きやうさう》をすること半歲《はんとし》、同年《どうねん》十一月《ぐわつ》に首席《しゆせき》で卒業《そつげふ》し、同時《どうじ》に巡洋艦衣笠水雷分隊《じゆんやうかんきぬがさするらいぶんたい》の一員《ゐん》として配屬《はいぞく》された。

當時《たうじ》、既《すで》に滿洲事變中《まんしうじへんちう》なので、上海方面《シヤンハイはうめん》には只《たゞ》ならぬ風雲《ふううん》が漂《たゞよ》つてゐたため、各鎭守府《かくちんじゆふ》においては特別陸戰隊《とくべつりくせんたい》を編成《へんせい》し、萬《まん》一の用意《ようい》に怠《おこた》りなかつた。彼《かれ》の乘艦《じようかん》した衣笠《きぬがさ》においても、既《すで》に若干名《じやくかんめい》が選拔《せんばつ》され訓練《くんれん》を受《う》けてゐたが、彼等《かれら》の乘込《のりこ》んだ時《とき》には編隊《へんたい》の終《をは》つた後《のち》なので、如何《いか》にせん彼《かれ》はその選《せん》に洩《も》れ、髀肉《ひにく》の嘆《たん》をかこつてゐたのであつた。しかるに、天《てん》は彼《かれ》の心根《こゝろね》をあはれみ給《たま》うてか、その後《ご》、編隊中《へんたいちう》から一名《めい》の轉勤者《てんきんしや》が出來《でき》たのが幸《さいは》ひして、補充《ほじう》として編入《へんにふ》されたのである。

それから出征《しゆつせい》の日《ひ》の一日《にち》も早《はや》かれと祈《いの》つてゐるうち、翌《よく》七年《ねん》の一月《ぐわつ》二十六日《にち》午後《ご》、突如海兵《とつじよかいへい》

二五四

團《だん》に出動命令《しゆつどうめいれい》が下《くだ》つた。嗚呼《あゝ》、待《ま》ちに待《ま》つたこの命令《めいれい》！　日本男子《につぽんだんし》としての本懐《ほんくわい》、これに過《す》ぐるものがなかつた。

壯烈凄慘な上海戰

これが、いよ〳〵今生《こんじやう》の別《わか》れといふに、親兄弟《おやきやうだい》に別《わか》れを告《つ》ぐる暇《ひま》もなく、たゞ僅《わづ》かに急《きふ》を聞《き》いて駈《か》けつけた軍港街《ぐんかうがい》の人々《ひとぐ》が、波止場《はとば》で萬歲《ばんざい》を叫《さけ》んでゐた。あの勇壯《ゆうさう》な軍艦《ぐんかん》マーチも闇《やみ》の中《なか》で聞《き》いた。

『大命《たいめい》の下《もと》よく火《ひ》の中《なか》、水《みづ》の中《なか》でも恐《おそ》るゝことなく進《すゝ》むことこそ、日本《につぽん》の武人《ぶじん》として享《う》け繼《つ》いで來《き》た眞《しん》の大和魂《やまとだましひ》で、吾等《われら》は今《いま》この光榮《くわうえい》ある大命《たいめい》を拜《はい》したのである。男子《だんし》の面目《めんぼく》これに過《す》ぐるものはない。何《なん》で命《いのち》が惜《をし》からう』

荒《あ》れ狂《くる》ふ東支那海《ひがししなかい》の怒濤《どたう》も何《なん》のその、勇《いさ》みに勇《いさ》める皇軍將士《くわうぐんしやうし》は、いななく春駒《はるごま》の如《ごと》くこれを押切《おしき》り、二十八日午後《にちごご》、夕陽《ゆふひ》が西《にし》に傾《かたむ》く頃目的地上海《ころもくてきちシャンハイ》に着《つ》いた。

既《すで》に矢《や》は弦《つる》を放《はな》れた。彼等《かれら》の血《ち》は湧《わ》き肉《にく》は躍《をど》つた。瓦《かはら》となつて全《まつた》からんよりは玉《たま》と碎《くだ》けて散《ち》らんものと、いづれの面々《めんく》も意氣軒昂《いきけんかう》、既《すで》に戰《たゝか》はずして敵《てき》を呑《の》むの氣概《きがい》があつた。しかし西部《せいぶ》地區警備線《ちくけいびせん》においては頑強《ぐわんきやう》なる正規兵《せいきへい》の抵抗《ていかう》に遭《あ》ひ、加《くは》ふるに側方《そくはう》より背面《はいめん》より便衣隊《べんいたい》の襲擊《しふげき》するあり、且《か》つ强固《きやうこ》な防禦陣地《ばうぎよぢんち》に阻止《そし》されて非常《ひじやう》な苦戰《くせん》に陷《おちい》つた。味方《みかた》は僅少《きんせう》な兵力《へいりよく》、敵《てき》はこの十數倍《すうばい》、それに三義里《ぎり》に向《むか》つた彼《かれ》の部隊《ぶたい》は、僅《わづ》か數時間前《すうじかんまへ》に上陸《じやうりく》したばかりで土地《とち》には全《ぜん》然不案內《ぜんふあんない》だ。味方《みかた》にはたゞ一つの土囊《どなう》もなく、據《よ》るべき地物《ちぶつ》とて何物《なにもの》もないといふ、全然敵火《ぜんぜんてきくわ》に曝《さら》して進《すゝ》まなければならなかつた。

まして相手《あひて》は敵將蔡程偕《てきしやうさいていかい》が率《ひき》ひる精銳十九路軍《せいえいろぐん》、相手《あひて》にとつて不足《ふそく》なしとは云《い》ふものの何樣《なにさま》守《まも》るは屋上《をくじやう》の敵《てき》、攻《せ》むるは地上《ちじやう》の味方《みかた》、吾《われ》にこれ幸《さいは》ひとばかりに打込《うちこ》まれたのだからたまらない。戰友《せんいう》の屍《かばね》は累々《るゐく》として山《やま》をなし、どす黑《ぐろ》い血潮《ちしほ》はさながら雨上《あめあが》りの水溜《みづたま》りの如《ごと》く、今《いま》や全《ぜん》滅《めつ》の境《さかひ》に瀕《ひん》したのであつた。もう斯《か》うなつては進《すゝ》むも守《まも》るも死《し》あるのみ、徒《いたづ》らに守《まも》つて死《し》ぬよりは、潔《いさぎ》よく敵陣《てきぢん》に突入《とつにふ》して果《はた》さんものと、最後《さいご》の決意物凄《けついものすご》く、進擊《しんげき》また進擊《しんげき》。かうして戰《たゝか》に明《あ》け戰《たゝか》に暮《く》るゝ幾日《いくにち》かゞ過《す》ぎたのであつた。

その後租界《ごそかい》の警備《けいび》に、便衣隊狩《べんいたいが》りに出動《しゆつどう》を命《めい》ぜられた彼《かれ》は、遂《つゐ》に敵《てき》の不意打《ふいう》ちによつて斃《たふ》れ

二五五

二五六

てしまつた。そして再《ふた》び還《かへ》らじと誓《ちか》つた祖國《そこく》へ後送《こうそう》された。もとより國家《こくか》へ捧《さゝ》げた體《からだ》、目玉《めだま》の一つや手足《てあし》の一本位《ぽんぐらゐ》惜《を》しいとは思《おも》はなかつた。たゞ二度《ど》と再《ふたゝ》び銃《じう》とつて、あの憎《にく》い仇《あだ》を討《う》つの日《ひ》が、もう永遠《えいゑん》に廻《まは》つて來《こ》ないのかと思《おも》ふと諦《あきら》め切《き》れなかつた。

『時《とき》は昭和《せうわ》七年春《ねんはる》まだ淺《あさ》き一月《ぐわつ》二十九日《にち》、幾多吾等《いくたわれら》の戰友《せんいう》が口《くち》に滅敵《めつてき》を唱《とな》へ陛下《へいか》の萬歲《ばんざい》を連呼《れんこ》しつつ無限《むげん》の恨《うらみ》をのんで、江南《かうなん》の華《はな》と消《き》えたこの日《ひ》こそ、吾等帝國海軍々人《われらていこくかいぐんぐんじん》の腦裡《なうり》より永遠《えいゑん》に忘《わす》れることの出來《でき》ない尊《たふと》い記念日《きねんび》ではあるまいか。

噫《あゝ》！　想《おも》ひ起《おこ》すこの日《ひ》、三義里《ぎり》の戰鬪《せんとう》こそ慘《さん》たる一幅《ぷく》の名畫《めいぐわ》といはずして何《なん》であらう。陛下《へいか》の御爲《おんた》め皇國《くわうこく》のため、將《はた》また東洋永遠《とうやうえいゑん》の平和《へいわ》のため、前途《ぜんと》なほ有爲《いうゐ》の青年《せいねん》が、雄々《をゝ》しくも蕾《つぼみ》の花《はな》を散《ち》らせ行《ゆ》く、壯烈《さうれつ》と云《い》はうか凄慘《せいさん》と云《い》はうか、今《いま》や東亞《とうあ》の一角《かく》に風雲再《ふううんふたゝ》び亂《みだ》れ飛《と》ぶの秋《とき》、當時《たうじ》を想《おも》ひ、これを偲《しの》び轉《うた》た感慨無量《かんがいむりやう》である』

と彼《かれ》は語《かた》るのであつた。

選職に惱み拔く

十二月《がつ》の寒《さむ》い北風《きたかぜ》の吹《ふ》く或《あ》る日《ひ》、あれほど思《おも》ひ慕《した》つて入《はい》つた軍籍《ぐんせき》に永遠《えいえん》の別《わか》れを告《つ》げ、淋《さび》しくも父母《ふぼ》の待《ま》つ故山《こざん》に歸《かへ》つた。もと〳〵彼《かれ》は一生《しやう》を軍隊《ぐんたい》で送《おく》る心算《つもり》であつたが、上海事變《しやんはいじへん》で右《う》眼《がん》を失《なく》し、俄《にはか》に兵役免除《へいえきめんぢよ》となつたのであるから、一時《じ》は全《まつた》く迷《まよ》はずには居《を》られなかつた。從《したが》つて職業《しよくげふ》のことなど考《かんが》へたこともなく、と云《い》つて別《べつ》に腕《うで》に覺《おぼ》えのあるわけじやなし、これから先《さき》の永《なが》い一生《しやう》をどうして暮《くら》すべきかに迷《まよ》ひ、且《か》つ惱《なや》んだのであつた。

ところが、フト思《おも》ひ出《だ》したのは嘗《かつ》て海軍病院入院中《かいぐんびやうゐんにふゐんちゆう》に聞《き》いた啓成社《けいせいしや》のことである。最初《さいしよ》、時《と》計修理業《けいしゆうりげふ》に入《はい》る豫定《よてい》で、丁度《ちやうど》その頃斯道《ころこのみち》を志《こゝろざ》す者《もの》のために、海軍工兵《かいぐんこうへい》の技師《ぎし》が指導《しだう》に來《こ》られたのを機會《きくわい》に、試《こゝろ》みに二、三回講習《くわいかうしふ》を受《う》けたのであつた。しかし彼《かれ》は大事《だいじ》な右眼《うがん》が殆《ほとん》ど失眼《しつがん》し、兩眼《れうがん》の揃《そろ》つた健全《けんぜん》な人《ひと》ですら、歲《とし》をとると自然眼《しぜんめ》が惡《わる》くなるので、勢《いきほ》ひどうしても過勞《くわらう》は免《まぬか》れず、それに、こんな精細《せいさい》な仕事《しごと》にかゝつてゐると、殘《のこ》りの左眼《さがん》まで惡《わる》くしては大變《たいへん》と思《おも》ひ惱《なや》み、あれや、これやと選職《せんしよく》に心配《しんぱい》し出《だ》したのである。

そこで、たとへ左眼《さがん》が惡《わる》くなつても出來《でき》る仕事《しごと》はと考《かんが》へた結果《けつくわ》、遂《つひ》に傷痍軍人《しやういぐんじん》として最初《さいしよ》の鍼灸《しんきう》、マツサージ術講習生《じゆつかうしふせい》となつて、啓成社《けいせいしや》に入《はい》つた。

二五七

啓成社に入つて後に講師

斯《か》うして啓成社《けいせいしや》に入社《にふしや》したものの、當時《たうじ》同社《どうしや》には斯道《このみち》の個人教授《こじんけうじゆ》と學校教育《がくかうけういく》の二方法《はうはふ》があつたが、彼《かれ》は學校教育《がくかうけういく》を志望《しばう》し、坂本氏《さかもとし》經營《けいえい》の東京高等鍼灸醫學校《とうきやうかうとうしんきういがくかう》に入《はい》つた。特《とく》に傷痍軍人《しやういぐんじん》のために、月謝免除《げつしやめんぢよ》の特典《とくてん》を附與《ふよ》してくれたのである。しかるに當時《たうじ》同《おな》じ啓成社《けいせいしや》の部屋《へや》にゐた或《あ》る一部《ぶ》の人《ひと》の中《なか》には

「鍼灸《しんきう》マツサージは實《じつ》に難《むつか》しいぞ！ それに國家試驗《こくかしけん》まで受《う》けなければならぬ。何《なに》もそんなに無理《むり》せずとも、もつと簡單《かんたん》に覺《おぼ》えられる職業《しよくげふ》を選《えら》んだ方《はう》がいゝじやないか」

と云《い》はれた。事實《じじつ》、醫學《いがく》の醫《い》の字《じ》も知《し》らない彼《かれ》として一應《おう》は考《かんが》へもしたが、しかし

「一旦決心《たんけつしん》して入《はい》つた以上《いじやう》、出來《でき》ないといふことはなからう。一つウント勉强《べんきやう》して、これ等《ら》の人々《ひとびと》をアツと驚《おどろ》かせてやらう」

といふ反撥心《はんぱつしん》が起《おこ》り、それからと云《い》ふものは、朝《あさ》はまだ人《ひと》の目《め》の醒《さま》さぬうちにこつそり起《お》き出《だ》しては圖書室《としよしつ》に立籠《たてこも》り勉强《べんきやう》し、學校《がくかう》から歸《かへ》つたらまた直《す》ぐに圖書室《としよしつ》に入《はい》り、寢《ね》るまで敎科書《けうくわしよ》

二五八

とノートに噛《かじ》りついて勉强《べんきやう》するといふ風《ふう》で、食事《しよくじ》の時間以外《じかんいぐわい》は殆《ほと》んど部屋《へや》の人々《ひとびと》とも滅多《めつだ》に顏《かほ》を合《あは》すことさへない位《くらゐ》であつた。そのため皆《みな》は不思議《ふしぎ》に思《おも》つて

「一體《たい》、君《きみ》は何時《なんじ》に起《お》きて何時《なんじ》に寢《ね》るんだネ」

と尋《たづ》ねることさへあつた。

その結果《けつくわ》、半年《はんねん》、一年經《ねんた》つうちに、さしもに難解《なんかい》であつたことが、一通《とほ》りはわかるやうになつた、と云《い》へば、至《いた》つて順調《じゆんてう》のやうであるが、この間《あひだ》、精神的《せいしんてき》に物質的《ぶつしつてき》に隨分苦《ずゐぶんくる》しい思《おも》ひをした。とても難解《なんかい》で覺《おぼ》えられないところにぶつつかると

「自分《じぶん》はこんなにまで頭《あたま》を痛《いた》めて、たとへ試驗《しけん》にパスしても、果《はた》してそれで飯《めし》が食《く》へるか。この世《よ》の中《なか》には自分《じぶん》よりもつと〳〵老巧《らうこう》な技術者《ぎじゆつしや》が澤山《たくさん》あるのに、自分《じぶん》はこれ等《ら》の人々《ひとびと》と肩《かた》を並《なら》べて行《ゆ》けるかどうか」

などいろ〳〵考《かんが》へると、遂《つ》ひ憂鬱《いううつ》になつて勉强《べんきやう》するのも嫌《きらひ》になることが一再《さい》ではなかつた。と云《い》つて、このまま中途《ちゆうと》で挫折《ざせつ》してしまへば、明日《あす》から路頭《ろとう》に迷《まよ》ふことになるといふので、自《じ》分《ぶん》で自分《じぶん》に鞭打《むちう》ち勇《いう》を鼓舞《こぶ》して更《さら》に一層《そう》の勉强《べんきやう》を續《つゞ》けたのであつた。その中《うち》、師範科《しはんくわ》でも彼《かれ》は

二五九

一番《ばん》の古參者《こさんしや》となつたのであつた。

その折《をり》も折《をり》、彼等《かれら》の最《もつと》も親《した》しんで居《ゐ》た先生《せんせい》が、急性肺炎《きふせいはいえん》で他界《たかい》され、敎師《けうし》一名缺員《めいけつゐん》となつた。當時《たうじ》彼《かれ》は一番《ばん》の古參者《こさんしや》ではあり、また校長《かうちやう》の信用《しんよう》もあつたので、是非《ぜひ》助敎師《じよけうし》として手傳《てだつ》つてくれと依賴《いらい》された。一應《おう》は辭退《じたい》したものの敎壇《けうだん》に立《た》つ決心《けつしん》をした。今《いま》まで習《なら》つて居《ゐ》たものが今度《こんど》は急《きふ》に敎《をし》へる立場《たちば》になつたのである。習《なら》ふ時《とき》は責任《せきにん》がなかつたが、敎《をし》へるとなるとなか〳〵責《せき》任《にん》が重《おも》い。それに生徒《せいと》は老若男女色《らうじやくだんぢよいろ》とり〳〵で、中《なか》には社會《しやくわい》の荒波《あらなみ》にもまれた意地《いち》の惡《わる》いのが居《ゐ》て、何《なに》かアラはないかと、そればかり探《さが》してゐるやうなものもあり、そのため彼《かれ》としては、何時《いつ》どこから突込《つきこ》まれても怯《ひる》まぬやう、あらゆる方面《はうめん》に亙《わた》つて研究勉强《けんきうべんきやう》して置《お》かねばならなかつた。それがために頭分頭《ずゐぶんあたま》を痛《いた》めた。

斯《か》うして過《すご》してゐるうち、日東赤《につとうせき》十字社《しや》の久我救護部長《くがきうごぶちやう》に見出《みいだ》され、ハルピンの赤《せき》十字病院《じびやうゐん》でマツサージ家《か》を求《もと》めて居《ゐ》るが行《ゆ》く氣《き》はないかとの御話《おはなし》、當時《たうじ》他《ほか》にも多數《たすう》の傷痍軍人《しやういぐんじん》があつたが、彼《かれ》に先《ま》づ第一番《だいばん》の白羽《しらは》の矢《や》が立《た》つた。ところが一方《ばう》、學校側《がくかうがわ》では、彼《かれ》を將來永《しやうらいなが》く敎師《けうし》として居殘《ゐのこ》つて貰《もら》ひたいとの希望《きばう》もあつたが、いろ〳〵前後《ぜんご》の事情《じじやう》もあり、また未開《みかい》の大陸《だいりく》において大《おほ》いに發展《はつてん》してみようとの野心《やしん》があつたので、渡滿《とまん》を決意《けつい》した。

その後《ご》、最初《さいしよ》の豫定《よてい》であつたハルピンは事情《じじやう》があつて中止《ちゆうし》となり、現在《げんざい》の大連日本赤《だいれんにつぽんせき》十字病《じびやう》院《ゐん》に赴任《ふにん》したのである。

二六〇

貴い體驗を語る

元來《ぐわんらい》、彼《かれ》は口先《くちさき》が下手《へた》であり、外交的手腕《ぐわいかうてきしゆわん》もないといふことを自覺《じかく》し、さうしたことの不必《ふひつ》要《えう》な軍人生活《ぐんじんせいくわつ》で一生《しやう》を送《おく》るべく志願《しぐわん》したのである。ところが、人間《にんげん》の運命《うんめい》といふものは判《わか》らないもので、結局彼《けつきよくかれ》は軍人《ぐんじん》に緣《えん》がなかつたのであらう。當時《たうじ》としては夢《ゆめ》にも思《おも》ひがけなかつた現《げん》在《ざい》のやうな仕事《しごと》に入《はい》つたのである。

「人間《にんげん》は何處《どこ》へ行《い》つても、またどんな仕事《しごと》をしやうと同《おな》じだらうと考《かんが》へてゐます。私《わたし》はたゞ誠《まこと》の一字《じ》を以《も》て終始《しうし》して來《き》ました。そして、これに對《たい》し强《つよ》い〳〵信念《しんねん》を持《も》つやうになりました。現在《げんざい》では如何《いか》にして自分《じぶん》の能力《のうりよく》を充分《じうぶん》に發揮《はつき》し得《う》るかといふことのみです。恰度兵隊《ちやうどへいたい》が敵彈《てきだんう》雨飛《ひ》の中《なか》を敵陣《てきぢん》に向《むか》つて、まつしぐらに突入《とつにふ》するのと同《おな》じ心《こゝろ》です。何者《なにもの》を

二六一

も虞《おそ》れず何者《なにもの》をも省《かへり》みず、たゞ眼中《がんちゆう》にあるものはあの敵《てき》！　あいつを！　と云《い》つたあの氣持《きもち》あの死線《しせん》を越《こ》えた尊《たふと》い〳〵體驗《たいけん》を、自分《じぶん》の實生活《じつせいくわつ》に折込《をりこ》んで行《ゆ》きたいと考《かんが》へてゐます」と彼《かれ》は彼《かれ》の貴《たふと》い體驗《たいけん》から生《う》み出《だ》した人生觀《じんせいくわん》を披瀝《ひれき》するのであつた。そして、彼《かれ》はたゞ働《はたら》くことのみが一番《ばん》の樂《たの》しみであり、一番《ばん》の喜《よろこ》びであると語《かた》つた。

「自分《じぶん》の仕事《しごと》に魂《たましひ》を打込《うちこ》めないやうな者《もの》に、ろくな者《もの》はなく、またこれ程不幸《ほどふかう》な者《もの》もありません。世《よ》の中《なか》に、命《いのち》を投《な》げ出《だ》して掛《か》つた仕事《しごと》が出來《でき》ないといふ法《ほふ》はないのです。たとへ手《て》が一本《ぽん》なからうと、足《あし》が片方《かたはう》であらうと、現《げん》に兩手《れうて》を亡《な》くし或《あるひ》は兩眼《れうがん》を失《うしな》ひながらも、立派《りつぱ》に世《よ》に名《な》をあげた人《ひと》があるではありませんか。徒《いたづら》に右顧左眄《うこさへい》してゐるから迷《まよ》ひが生《しやう》じ、不《ふ》滿《まん》が起《おこ》り、誘惑《いうわく》にも負《ま》けてしまふのです。

古諺《ことわざ》に「小人閑居《せうにんかんきよ》して不善《ふぜん》をなす」と、閑《ひま》があると兎角《とかく》ろくな考《かんが》へが出《で》ませんし、迷《まよ》ひも生《しやう》じて來《く》るのです。」

天《てん》から與《あた》へられたこの聖職《せいしよく》に歡喜《くわんき》しつつ、五體《たい》の完全《くわんぜん》な者《もの》にも負《ま》けじと、一生懸命《しやうけんめい》に働《はたら》いてゐるのが、彼小山君《かれこやまくん》である。

選職には我身を考へて

東京市王子區
歩兵上等兵
勳八等　松本三郎君

滿洲支那兩事變に傷ついて

私《わたし》は、さきに昭和《せうわ》八年《ねん》、滿洲事變《まんしうじへん》の時《とき》も、その八月《がつ》に戰傷《せんしやう》をうけ、今度《こんど》も戰傷《せんしやう》によつて中途《ちゆうと》から歸還《きくわん》し、最後《さいご》まで思《おも》ふ存分《ぞんぶん》の働《はたら》きが出來《でき》なかつたのは、今《いま》でもまことに殘念《ざんねん》に思《おも》つてをります。

滿洲事變《まんしうじへん》の際《さい》の戰傷《せんしやう》は「左前膊打撲《さぜんはくだぼく》」でした。打撲《だぼく》と申《まを》しても程度《ていど》によりますが、私《わたし》のは相《さう》當重《たうおも》い方《はう》で、全快後《ぜんくわいご》でも激《はげ》しい筋肉勞働《きんにくらうどう》には堪《た》へられそうもなかつた。それまでは、鄕里《きやうり》の福《ふく》岡縣築城郡南吉富村守宇野《をかけんつきしろぐんみなみよしとみむらあざうの》で百姓《ひやくしやう》をやつてをりましたが、百姓仕事《ひやくしやうしごと》はもうできないものと思《おも》は

れました。さればといつて、ペンや算盤《そろばん》を採《と》ることなどは性分《しやうぶん》に合《あ》ひません。いろ〳〵あれかこれかと思《おも》ひ惑《まど》つてゐるうちに、啓成社《けいせいしや》に入《はい》つてミシンを習《なら》つては、と熱心《ねつしん》に勸《すゝめ》めて吳《く》れる人《ひと》がありましたので、それに定《き》めたのでした。

何故ミシンを擇んだか

私《わたし》がなぜミシンを擇《えら》んだかといふことを、これから職《しよく》を擇《えら》ばれる人々《ひと〲》の御參考《ごさんかう》にまで、一寸《ちよつと》申《まを》し添《そ》へておきませう。

それまで、いろ〳〵の種類《しゆるゐ》の職業《しよくげふ》も勸《すゝ》められ、中《なか》にはなか〳〵條件《でうけん》のよさそうなものもありました。そして私《わたし》の心《こゝろ》も、その條件《でうけん》のよいものへと動《うご》きました。そのとき私《わたし》にミシンのことを勸《すゝ》めて下《くだ》さつた人《ひと》のお言葉《ことば》は、私《わた》の心《こゝろ》に響《ひゞ》きました。

「普通《ふつう》の人《ひと》と違《ちが》ふ身體《からだ》で職業《しよくげふ》を擇《えら》ぶのだから、その仕事《しごと》に堪《た》へられる職《しよく》を第一《だい》に目指《めざ》さなければならぬ。しかも、一生《しやう》の職業《しよくげふ》としてそれに生命《せいめい》と魂《たましひ》を托《たく》す以上《いじやう》は、時《とき》によつては無理《むり》な働《はたら》きもしなければならぬし、その無理《むり》はどうにかして切《き》り拔《ぬ》けなければならぬときもあらう。普通《ふつう》の働《はたら》きには差支《さしつか》へないが、そういふ場合《ばあひ》の無理《むり》にも堪《た》へられないといふやうでは、到底《たうてい》その仕《し》事《ごと》を一生《しやう》やり遂《と》げることは出來《でき》まい。自分《じぶん》の職業《しよくげふ》である限《かぎ》り、どんな無理《むり》にも堪《た》へられるといふ自信《じしん》のある職業《しよくげふ》、つまり、自分《じぶん》の體力《たいりよく》に餘裕《よいう》のある職業《しよくげふ》を擇《えら》んでおいた方《はう》がよいではないか…………」

私《わたし》はハツと思《おも》ひ當《あた》りました。たしかにそうです。自分《じぶん》が今日《こんにち》まで迷《まよ》つてゐたのは、自分《じぶん》の身《から》體《だ》に荷《に》が勝《か》ちすぎる職業《しよくげふ》にまで心《こゝろ》を奪《うば》はれてゐたからだ。自分《じぶん》の身體《からだ》に必《かなら》ず堪《た》へられる職業《しよくげふ》、その職《しよく》は必《かなら》ずしも多《おほ》いものではない。私《わたし》は心《こゝろ》を決《けつ》してミシンを擇《えら》びました。右《みぎ》のお言葉《ことば》は、今《こ》日《にち》になつてます〳〵有難《ありがた》いものとなつて、私《わたし》は朝夕《あさゆふ》に感謝《かんしや》してをります。

啓成社に於ける修業

さて、大塚《おほつか》の啓成社《けいせいしや》に入《はい》りました。私《わたし》たちが第一《だい》期《き》の教習生《けうしふせい》です。敵《てき》を覗《うかゞ》う眼《め》は針《はり》に注《そゝ》がれます。突撃《とつげき》の駈足《かけあし》はミシンを踏《ふ》んでをります。すべて軍隊《ぐんたい》の精神《せいしん》と訓練《くんれん》は修業《しゆげふ》に向《む》けられます。同僚《どうれう》の誰彼《たれかれ》も同樣《どうやう》です。上達《じやうたつ》が目《め》に見《み》へるのも樂《たの》しいものでした。その間《あひだ》、伊《い》東教育課長《とうけういくかちやう》

殿《どの》の御指導《ごしだう》と御教訓《ごけうくん》は、身《み》に沁《し》むほど有難《ありがた》く感《かん》じられました。

かくて、修業《じゆげふ》一ケ年《ねん》の課程《くわてい》を卒《を》へ、私《わたし》は一人前《にんまへ》の密針工《みしんこう》として、世《よ》に出《で》ることになりました。そして、陸軍被服本廠《りくぐんひふくほんしやう》の製靴課《せいくわか》に奉職《ほうしよく》した。妻《つま》も迎《むか》へ、長女《ちやうぢよ》が生《う》れた。

再び御召に應じて再び傷つく

この度《たび》の事變《じへん》が始《はじ》まるや、友人達《いうじんたち》はお召《めし》を蒙《かうむ》つて出征《しゆつせい》する、私《わたし》も征《ゆ》きたかつた。旗《はた》を振《ふ》つて見送《みおく》る度《たび》に、羨《うらやま》しくて仕様《しやう》がなかつた。これは何《なに》も私《わたし》だけのことではあるまいが、齢《とし》が三十を過《す》ぎてゐるから駄目《だめ》なのか、妻子《さいし》があるから駄目《だめ》なのかなど考《かんが》へたものである。子供《こども》はあるが女《をんな》の子《こ》で六歳《さい》（昨年《さくねん》）で、もはや世話《せわ》はやけないし、妻《つま》も被服本廠《ひふくほんしやう》に奉職《ほうしよく》してゐるし、生活《せいくわつ》に困《こま》ることはなかつた。しかし、たうとう御召《おめし》に應《わう》ずることが出來《でき》ました。

然《しか》るに、出征《しゆつせい》し、勇躍《いうやく》して海《うみ》を渡《わた》つて、敵地《てきち》に赴《おもむ》いたのに、早《はや》くも戰傷《せんしやう》をうけたのは、思《おも》ひ出《だ》すだに殘念《ざんねん》でたまらない。私《わたし》の部隊《ぶたい》は廣東戰《カントンせん》に參加《さんか》した。初《はじ》めは實戰《じつせん》に慣《な》れず、いろ〳〵小隊長殿《せうたいちやうどの》などにお世話《せは》をかけたものであるが、まづ大體《だいたい》、敵兵《てきへい》の戰《たゝか》ひぶりを知《し》り、大砲《たいほう》の音《おと》も雷《かみなり》

二六六

ほどにも氣《き》にとめず、機關銃《きくわんじゆう》の音《おと》など耳《みゝ》にしない時《とき》は、却《かへ》つて淋《さび》しいくらゐに思《おも》ふやうになつた。ところが、早《はや》くも廣東郊外《カントンかうぐわい》の增城《ぞうじやう》の追擊戰《ついげきせん》に戰傷《せんしやう》してしまつた。それは昭和《しやうわ》十三年《ねん》十月《ぐわつ》二十三日《にち》であつた。

傷《きず》は第《だい》五關節《くわんせつ》、及《およ》び左足膝關節《さそくひざくわんせつ》の打撲傷《だぼくしやう》であつた。戰友《せんいう》は突擊《とつげき》する、大砲《たいほう》はひゞきわたる、小隊長殿《せうたいちやうどの》の號令《がうれい》が聞《きこ》えてゐるやうに思《おも》はれるのに、私《わたし》は倒《たふ》れてしまつた。起《た》たうとしても足《あし》がきかぬ。戰友《せんいう》においてけぼりを食《く》つて淋《さび》しく、はがゆくもあつた。向《むか》ふの民家《みんか》あたりに煙《けむり》が立《た》ち、何《なん》だか喊聲《くわんせい》らしいものが聞《きこ》えて、戰友《せんいう》だなと思《おも》つたことや、取殘《とりのこ》されて殘念《ざんねん》だ、土《つち》がばかに冷《つめた》いなと思《おも》つたことが、今《いま》でも頭《あたま》に殘《のこ》つてゐるがあとは覺《おぼ》えぬ。擔架《たんか》に乘《の》せられて、人聲《ひとごゑ》のがや〳〵する中《なか》を通《とほ》つたことなどが、それからの記憶《きおく》であつた。

私《わたし》は、卽日《そくじつ》、增城野戰病院《ますしろやせんびやうゐん》に收容《しうよう》された。かゝる際《さい》は、身體《からだ》の痛《いた》みなど些《いさゝ》かも感《かん》ぜず、軍醫《ぐんゐ》殿《との》の有難《ありがた》さに感謝《かんしや》するばかりである。私《わたし》は、前《まへ》の滿洲事變《まんしうじへん》に、戰傷《せんしやう》をうけた時《とき》もさうであつた。だが、共《とも》に戰《たゝか》つて、短日《たんじつ》であつても苦樂《くらく》を分《わ》けあつた戰友《せんいう》のことが思《おも》ひ出《だ》されて、しようがない。

二六七

「あの〇〇君《くん》は、〇〇君《くん》は、今《いま》、戰《たゝか》つてゐるだらうな、死《し》ななかつたかな、傷《きず》をうけなかつたかな、どんな所《ところ》に進《すゝ》んでゐるかな、〇〇君《くん》がまた變《へん》な聲《こゑ》を出《だ》して、彈丸《だんぐわん》の下《した》でも法螺《ほら》を吹《ふ》いてゐるかな、水《みづ》があつたかな、奴等《やつら》はをれのことを話《はなし》してゐるだらう。をれが戰死《せんし》したと思《おも》つてゐるだらう」

いろ〳〵戰友《せんいう》のことを、ベッドに横《よこ》たはりながら思《おも》ふものである。一本《ぽん》の煙草《たばこ》を分《わ》けてのみといふ唄《うた》がある。あれは銃後《じうご》の皆《みな》さんが歌《うた》つてもさほど感《かん》じないでせうが、あのやうなことは朝《あさ》夕《ゆふ》で、戰友《せんいう》を思《おも》ふ心《こゝろ》といふものは、自分《じぶん》がすはずとも分《わ》けてやる。お國《くに》のために死《し》を共《とも》にと心《こゝろ》がけて、敵地《てきち》に戰《たゝか》つてゐるのですから。

後送されて

私《わたし》は、二三日《にち》して、廣東《カントン》の中村《なかむら》（悌《てい》）部隊《ぶたい》の野戰病院《やせんびやうゐん》に移《うつ》された。完備《くわんび》したものでした。私《わたし》の戰傷《せんしやう》も、これは推察《すゐさつ》ですが、野戰病院《やせんびやうゐん》ですつかり手當《てあて》がすみ、根本的《こんぽんてき》な治療《ちれう》が施《ほどこ》されたのであとは豫後《よご》の手當《てあて》ではなかつでせうか。

二六八

それから、私《わたし》は廣東《カントン》の田川病院《たがはびやうゐん》に移《うつ》された。そして、殘念《ざんねん》ながら――殘念《ざんねん》でした。この氣持《きもち》は實戰《じつせん》にたづさはらぬ人《ひと》には感《かん》じられないでせうが、敵地《てきち》をはなれる氣持《きもち》は、實《じつ》に殘念《ざんねん》なものです。出發《しゆつぱつ》のとき皆《みな》から送《おく》つて戴《いたゞ》いてゐるし、友人《いうじん》はまだ敵地《てきち》で戰《たゝか》つてゐるし、それなのに自《じ》分《ぶん》だけ僅《わづ》かの戰傷《せんしやう》で、おめ〳〵歸還《きくわん》するとは、殘念《ざんねん》で殘念《ざんねん》でたまりませんでした。

私《わたし》は臺灣《たいわん》へ送《おく》られた。高雄《たかを》の柳沼部隊《やなぬまぶたい》の病院《びやうゐん》に入《い》れられた。たしか十二月《ぐわつ》十二日《にち》に臺灣《たいわん》に上《じやう》陸《りく》したと覺《おぼ》えてゐる。十二月《ぐわつ》といへば、東京《とうきやう》では眞冬《まふゆ》であるのに、あちらは寒《さむ》くはなかつた。

昨年《さくねん》の暮《くれ》は高雄《たかを》で送《おく》つた。臺灣《たいわん》の南《みなみ》の端《はし》で、大《おほ》きな町《まち》とは思《おも》はなかつたが、氣持《きもち》のよい、空《そら》の明《あか》るい港《みなと》であつた。

臺灣《たいわん》は暖《あたゝ》かくて、住《す》みよいところだと思《おも》つた。新春《しんしゆん》の祝《いはひ》は、町《まち》の人々《ひと〴〵》がしてくれた。餅《もち》など次《つぎ》から次《つぎ》に御馳走《ごちそう》になるので、弱《よわ》つたくらゐだ。

今年《ことし》の一月《がつ》十八日《にち》に、臺中《たいちゆう》の、臺北衞戍病院臺中分院《たいほくゑいじゆびやうゐんたいちゆうぶんゐん》に移《うつ》された。こゝで春《はる》をすごした。臺《たい》灣《わん》はさすがに暑《あつ》いなアと思《おも》ふやうになると、涼《すゞ》しい內地《ないち》へかへることになつた。四月《がつ》四日《か》、臺《たい》中《ちゆう》を出發《しゆつぱつ》して。基隆《きるるん》に着《つ》いたのは、午後《ごご》一時《じ》で、その日《ひ》の午後《ごご》二時《じ》に、名《な》もなつかしい日清丸《につしんまる》

二六九

で内地《ないち》へ向《むか》つた。

内地《ないち》歸還《きくわん》もたのしいわけではなく、戰地《せんち》のことをしきりに思《おも》ふものです。四月《がつ》九日正午《にちしやうご》、門《も》司《じ》に着《つ》いて、すぐに小倉陸軍病院《こくらりくぐんびやうゐん》へ收容《しうよう》された。愛國婦人會《あいこくふじんくわい》や國防婦人會《こくばうふじんくわい》の手厚《てあつ》いもてなしには感激《かんげき》した。

被服本廠へ再勤

五月《がつ》三十一日《にち》、後備役免除《こうびえきめんぢよ》となつた。この頃《ころ》、戰傷《せんしやう》は殆《ほと》んど快癒《くわいゆ》したのであるが、マラリヤの疑《うたが》ひもあり、軍醫殿《ぐんいどの》の御注意《ごちゆうい》もあつたので、暫《しばら》く別府溫泉《べつぷをんせん》に滯在《たいざい》して靜養《せいやう》した。

かくて、東京《とうきやう》の自宅《じたく》に歸《かへ》つたのは七月《がつ》十一日《にち》であつた。前記《ぜんき》のやうに、軍《ぐん》の病院《びやうゐん》の手厚《てあつ》い看護《かんご》によつて、全《まつた》く快癒《くわいゆ》してゐたのであるから、翌《よく》十二日《にち》から、早《はや》くも被服本廠《ひふくほんしやう》に再勤務《さいきんむ》することゝなつた。

本廠《ほんしやう》では製靴工《せいくわこう》であつたが、直《たゞ》ちに舊職《きうしよく》に復《ふく》せず、大事《だいじ》を取《と》つて製品檢査《せいひんけんさ》に從《したが》ふことになり製品檢査《せいひんけんさ》第二部《だいぶ》に入《はい》つた。

教育助手として

八月《がつ》十二日《にち》より、養成科《やうせいくわ》に轉《うつ》つた。この養成科《やうせいくわ》は、十月《がつ》一日《か》から教育部隊《けういくぶたい》と名義《めいぎ》が變更《へんかう》されましたが、全國《ぜんこく》の裝工《さうこう》・縫工《ほうこう》下士官候補生《しくわんかうほせい》を養成《やうせい》するために設《まう》けられてあるものです。私《わたし》は、こゝの、裝工科教育助手《さうこうくわけういくじよしゆ》となつた。

下《か》士官候補生《しくわんかうほせい》は、一昨年頃《さくねんごろ》までは、現役兵《げんえきへい》の下士志願者《かししぐわんじや》、すなはち二十二三歲《さい》の青年《せいねん》ばかりであつたが、事變後《じへんご》は、豫備役召集者《よびえきせうしふしや》も應《わう》じて來《く》るやうになつたので、年齡《ねんれい》も三十歲近《さいちか》い者《もの》もをり、それだけ養成《やうせい》には氣《き》を配《くば》らねばならない。たゞ技術《ぎじゆつ》が秀《すぐ》れてゐるばかりでは教育《けういく》の任《にん》に適《てき》しない。そこで、實戰《じつせん》の經驗《けいけん》もあり、技術《ぎじゆつ》も申分《まをしぶん》なしといふので、不肖私《ふせうわたし》が選《えら》ばれて教育助手《けういくじよしゆ》となつたのである。

養成所《やうせいじよ》（卽《すなは》ち教育部隊《けういくぶたい》）は、昨年《さくねん》までは、一年《ねん》四ケ月《げつ》を以《もつ》て滿期終了《まんきしうれう》となつてゐた。それが今年《ことし》からは十ケ月《げつ》を以《もつ》て滿了《まんれう》とすることになつた。一躍《やく》六ケ月《げつ》の短縮《たんしゆく》である。その期間內《きかんない》に從來《じゆうらい》の通《とほ》りの課程《かてい》を授《さづ》けるのであるから、勢《いきほ》ひ教育强化《けういくきやうくわ》とならざるを得《え》ない。勤務時間《きんむじかん》は、朝《あさ》七

時《じ》から午後《ごご》九時《じ》までであり、日曜祭日《にちやうさいじつ》も休《やす》まず、たゞこの日《ひ》は午後《ごご》七時《じ》までである。休日《きうじつ》は上半期《かみはんき》一日《にち》、下半期《しもはんき》一日《にち》、十ケ月《げつ》を通《つう》じて唯《たゞ》二日《か》である。

重大なる責務

こゝで教育《けういく》を受《う》けた候補生《かうほせい》は、全國《ぜんこく》の各師團《かくしだん》・各聯隊《かくれんたい》に歸《かへ》つて、工卒《こうそつ》の養成《やうせい》に當《あた》るのである。將來《しやうらい》教育者《けういくしや》となる人達《ひとたち》を教育《けういく》する私《わたし》たちの責務《せきにん》の重大《ぢゆうだい》さを痛感《つうかん》する次第《しだい》である。

教育者《けういくしや》の任務《にんむ》の重《ぢゆう》かつ大《だい》であることは、私《わたし》がこと新《あたら》しく申《まを》すまでもないことであるが、私《わたし》はこの度《たび》の職《しよく》を奉《ほう》ずるに當《あた》り、今更《いまさら》ながら自分《じぶん》の責務《せきむ》を感《かん》じ、唯々恐縮《たゞ〳〵きやうしゆく》するのみです。たゞ私《わたし》は、身《み》を以《もつ》て導《みちび》くといふ信念《しんねん》で一杯《ぱい》です。身體《からだ》の及《およ》ばぬ所《ところ》は精神力《せいしんりよく》で補《おぎな》ひす。知識《ちしき》の足《たら》ぬ所《ところ》は信念《しんねん》を以《も》つて貫《つらぬ》きます。如何《いか》なる場合《ばあひ》も滅私奉公《めつしほうこう》であると思《おも》ひます。かく信《しん》じ、かく念《ねん》じて、その日《ひ》〳〵の自分《じぶん》の職務《しよくむ》に忠實《ちゆうじつ》に當《あた》つて居《を》る次第《しだい》です。

私《わたし》の戰傷《せんしやう》のあとは、退院當時《たいゐんたうじ》と大差《たいさ》はなく、毎日《まいにち》の劇務《げきむ》にたづさはつてゐるのに、少《すこ》しも惡《わる》くならない。たゞ、氣候《きこう》の變《かは》り目《め》や、天候《てんかう》の如何《いかん》で――殊《こと》に雨降《あめふ》りの日《ひ》など――が微《かす》かに疼痛《とうつう》を感《かん》ずることがあります。

しかし、これ位《ぐらゐ》は、戰地《せんち》にあつたときのこと、戰地《せんち》にある友《とも》の上《うへ》を思《おも》へば何《なん》でもない。また、教育者《けういくしや》として若《わか》い軍人《ぐんじん》を指導《しだう》する身《み》が、少《すこ》し位《ぐらゐ》の疼痛《とうつう》にヘコタレては、教育者《けういくしや》の本分《ほんぶん》を果《はた》し得《え》ないものと感《かん》じ、自《みづか》らを激勵鞭撻《げきれいべんたつ》してをるので、まだ一日《にち》の欠勤《けつきん》もなく、元氣《げんき》で愉快《ゆくわい》に勤務《きんむ》してゐる。

選職の重大性

私《わたし》が、一日《にち》の欠勤《けつきん》もなく、しかも朝《あさ》七時《じ》から夜《よる》九時《じ》まで、公休日《こうきうび》も殆《ほと》んどなくして、よく勤務《きんむ》し得《え》られるといふのは、さきに述《の》べた通《とほ》り「自分《じぶん》の職業內《しよくげふない》のことである限《かぎ》り、如何《いか》なる無理《むり》にも堪《た》へ得《え》られる」職業《しよくげふ》を擇《えら》んでゐたからこそであると、その點《てん》には厚《あつ》く感謝《かんしや》してゐる次第《しだい》です。

お金《かね》が儲《まう》かるからとか、ちよつと高尚《かうしやう》さうに見《み》へるからといつて、自分《じぶん》の體力《たいりよく》や智力《ちりよく》に勝《か》ちすぎる職業《しよくげふ》を擇《えら》んでゐたとしたら、とても今日《こんにち》のやうには勤《つと》まらず、或《あるひ》は中途《ちゆうと》で斃《たふ》れ、或《あるひ》は他

の職《しよく》を求《もと》めて轉々《てん〳〵》としてゐたかも知《し》れません。自分《じぶん》は未《ま》だ修養中《しゆやうちゆう》の身《み》であり、親子《おやこ》三人《にん》その日《ひ》〳〵を送《おく》つてゐるに過《す》ぎない身《み》でありながら、あまりに口幅《くちはば》つたいことは申《まを》せないのでありますが、自分《じぶん》の體驗《たいけん》から申《まを》すのであります。どうか、これから職業《しよくげふ》を撰擇《せんたく》される戰友諸君《せんいうしよくん》！私《わたし》と同《おな》じやうに敵彈《てきたん》に傷《きづ》つかれた戰友諸君《せんいうしよくん》！必《かなら》ず自分《じぶん》の傷《きづ》ついた身體《からだ》に堪《た》へられる職業《しよくげふ》、その職業《しよくげふ》に於《おい》てなら、どんな無理《むり》にでも堪《た》へられるといふ自信《じしん》のもてる職業《しよくげふ》を擇《えら》んで戴《いたゞ》きたい。智力的《ちりよくてき》にも體力的《たいりよくてき》にも、荷《に》の勝《か》ちすぎる職業《しよくげふ》は決《けつ》して永續《ながつゞ》きは致《いた》しません。全家族《ぜんかぞく》の生命《せいめい》を托《たく》し、自分《じぶん》の精魂《せんこん》を注《そゝ》ぎ込《こ》む職業《しよくげふ》は、たとひ華《はな》やかでなくとも確實《かくじつ》なもの、永續性《えいぞくせい》のあるものを擇《えら》んで頂《いたゞ》きたい。そして共《とも》に〳〵手《て》を取《と》り合《あ》つて、愉快《ゆくわい》に職業戰線《しよくげふせんせん》に活躍《くわつやく》しようではありませんか。

原隊の支持で漸く生活安定

鹿兒島市 [redacted]
歩兵上等兵 勲八等 嘉原正元君

憧憬の軍服姿

鹿兒島陸軍病院《かごしまりくぐんびやうゐん》及《およ》び歩兵第《ほへいだい》四十五聯隊《れんたい》の御用寫眞師《ごようしやしんし》として、嘗《かつ》ての先輩《せんぱい》、後輩《かうはい》の兵隊《へいたい》さんに親《した》しまれ、非常《ひじやう》な人氣《にんき》を呼《よ》んでゐるのが、鹿兒島市西田町《かごしましにしだまち》に寫眞館《しやしんくわん》を開業《かいげふ》してゐる嘉原正夫君《かはらまさもとくん》である。

彼《かれ》は昭和《しやうわ》二年《ねん》に高等小學校《かうとうせうがくかう》を卒業《そつげふ》すると、すぐ父《ちゝ》の手傳《てつだ》ひとして、約《やく》三ケ年間《ねんかん》、主《しゆ》として漁業《ぎよげふ》に從事《じふじ》してゐた。その傍《かたは》ら當時《たうじ》の青年訓練所《せいねんくんれんじよ》に入所《にふしよ》し、毎月《まいつき》二回《くわい》位《くらゐ》出席《しゆつせき》して身心《しんしん》の鍛錬《たんれん》に務《つと》めてゐたのである。ところが青年訓練所《せいねんくんれんじよ》の指導員《しだういん》は實《じつ》に嚴格《げんかく》な人《ひと》で、その凜々《りゝ》しい軍服姿《ぐんぷくすがた》を

見《み》るにつけ、彼《かれ》は常《つね》に、自分《じぶん》も何《なん》とかして軍人《ぐんじん》になりたいものと、心《こゝろ》ひそかに憧憬《どうけい》の念禁《ねんきん》じ得《え》なかつたのである。

恰度《てうど》、彼《かれ》が滿《まん》十八歳《さい》の時《とき》、青年訓練所第《せいねんくんれんじよだい》二期《き》になつたので、多年《たねん》の宿望《しゆくばう》この時《とき》とばかりに、現役志願《げんえきしぐわん》を目指《めざ》したのである。父《ちゝ》としては彼《かれ》は次男《じなん》であつたが、將來分家《しやうらいぶんけ》させて田舍《いなか》に置《お》きたかつたのが本望《ほんもう》であつた。しかし、男子《だんし》一度《た》び志《こゝろざし》を立《たて》た以上《いじやう》、どこまでもそれを貫徹《くわんてつ》せずば止《や》まぬ氣性《きしやう》の彼《かれ》の前《まへ》には、さすがの慈父《じふ》も遂《つひ》に説服《せつぷく》して、それを快諾《くわいだく》したのである。

父《ちゝ》の承諾《しやうだく》を得《え》た彼《かれ》は勇躍《ゆうやく》、現役《げんえき》を志願《しぐわん》したところ、幸《さひは》ひ甲種合格《かうしゆがうかく》の烙印《かくいん》を押《お》され、その時《とき》の彼《かれ》の喜《よろこ》びたるや、何《なに》をか例《たと》へんやであつた。翌年滿《よくねんまん》十九歳《さい》の昭和《しやうわ》六年《ねん》一月《ぐわつ》十日《か》、目出《めで》たく歩兵《ほへい》第《だい》四十五聯隊《れんたい》に入營《にふえい》し、人《ひと》一倍軍務《ばいぐんむ》に精勵《せいれい》したのである。そして下士官候補《かしくわんかうほ》の試驗《しけん》を受《う》けたが、惜《お》しくも左眼疾患《さがんしつくわん》のために、遂《つひ》に目的《もくてき》を果《はた》し得《え》なかつた。

凍傷で內地送還

當時《たうじ》たま〳〵滿洲事變《まんしうじへん》が勃發《ぼつぱつ》し、他《た》の部隊《ぶたい》は殆《ほと》んど出動《しゆつどう》してしまつた。彼《かれ》も亦《また》、現役中《げんえきちう》に出《しゆ》征《せい》を願出《ねがひで》たのであるが、到頭命令下《たうたうめいれいくだ》らず、昭和《しやうわ》七年《ねん》十一月《ぐわつ》三十日《にち》、二ケ年間《ねんかん》の現役《げんえき》を終《を》へ、滿《まん》期除隊《きじよたい》として歸郷《ききやう》しなければならなかつた。

しかるに除隊後《じよたいご》、二十日《か》も經《た》つか經《た》たぬうちに、待望《だいばう》の召集令狀《せふしふれいじやう》が舞込《まひこ》んだのである。欣喜《きんき》雀躍《じやくやく》として彼《かれ》は再《ふたゝ》び歩《ほ》兵第《へいだい》四十五聯隊《れんたい》に入隊《にふたい》し、直《たゞ》ちに現地《げんち》に送《おく》られた。先《ま》づ朝陽鎭鐵道沿線《てうようちんてつだうえんせん》の警備《けいび》を命《めい》ぜられ、間《ま》もなくハルピンの警備《けいび》に就《つ》き、翌年《よくねん》二月《ぐわつ》二十三日《にち》いよ〳〵熱河省攻略《ねつかしやうこうりやく》に參加《さんか》、零下《れいか》四十度《ど》といふ嚴寒《げんかん》の中《なか》を赤峰《せきほう》に向《むか》つて猛攻撃《まうこうげき》を開始《かいし》したのである。

鹿兒島《かごしま》のやうな南國育《なんごくそだ》ちの彼《かれ》には、零下《れいか》四十度《ど》といふ嚴寒《げんかん》は臍《へそ》の緒《を》切《き》つてはじめてのことであり、さすが猛者《まうしや》の彼《かれ》も、この自然《しぜん》の强敵《きやうてき》には抗《かう》し得《え》ざると見《み》えて、遂《つひ》に興隆地附近《こうりゆうちふきん》の戰鬪《せんとう》の際《さい》に兩手兩足《りやうてりやうあし》が凍傷《とうしやう》に冒《おか》され、赤峰《せきほう》を目前《もくぜん》に控《ひか》へて無念《むねん》にも後退《かうたい》しなければならぬ運命《うんめい》に立到《たちいた》つたのである。

止《や》むなく通遼《つうれう》に回送《くわいそう》され、奉天陸軍病院《ほうてんりくぐんびやうゐん》に轉送《てんそう》、更《さら》に大連《たいれん》に歸《かへ》り、到頭《たうたう》、內地送還《ないちそうくわん》となつて廣島陸軍病院《ひろしまりくぐんびやうゐん》（當時衞戍病院《とうじえいじゆびやうゐん》）に入院加療《にふゐんかれう》の身《み》となつた。その後《ご》、東京第《とうきやうだい》一陸軍病院《りくぐんびやうゐん》に轉送《てんそう》され約《やく》八ケ月間病院生活《げつかんびやうゐんせいくわつ》を送《おく》つたのであるが、遂《つひ》に惜《お》しくも右手《みぎて》の中指《なかゆび》と環指二本《ほん》と、左母趾《ひだりおやゆび》一

本《ほん》を第《だい》一關節《くわんせつ》から切斷《せつだん》されてしまつたのである。

昭和《しやうわ》八年《ねん》九月《ぐわつ》二十三日《にち》、東京第《とうきやうだい》一陸軍病院《りくぐんびやうゐん》を退院《たいゐん》し、兎《と》も角《かく》故郷《こきやう》に歸《かへ》り、靜養傍《せいやうかたはら》再起《さいき》の機《き》會《くわい》を窺《うかゞ》つてゐたのである。

職業の再教育で更生

その頃《ころ》、陸軍省及《りくぐんしやうおよ》び聯隊區司令部《れんたいくしれいぶ》より傷痍軍人職業再教育《しやういぐんじんしよくげふさいけふいく》に關《くわん》するパンフレット類《るゐ》の配布《はんぷ》を受《う》けたのである。それを手《て》にした彼《かれ》は早速《さつそく》、細大洩《さいだいもら》さず精讀《せいどく》し、

「さて自分《じぶん》には將來《しやうらい》どの職業《しよくげふ》が一番適《ばんてき》してゐるだらう、大切《たいせつ》な手《て》と足《あし》の指先《ゆびさき》を失《うしな》つて、果《はた》してどんな職業《しよくげふ》を選《えら》ぶべきか」

毎日《まいにち》、毎夜《まいよ》それぱかり考《かんが》へさせられ、慈父《じふ》ともいろ〳〵相談《さうだん》したのであつた。そしていよいよ職業再教育《しよくげふさいけふいく》を受《う》くべく決意《けつい》し、退院後再《たいゐんごふたゝ》び東京《とうきやう》に上《のぼ》り、啓成社《けいせいしや》に入社《にふしや》して、職業講習《しよくげふかうしふ》を受《う》け眞館《しんくわん》となつた。これこそ彼《かれ》にとつては一生涯《しやうがい》の支援者《しゑんしや》ともいふべく、何《なに》よりの强味《つよみ》であつた。

かくて生計《せいけい》の安全性《あんぜんせい》を得《え》た彼《かれ》は、ここで父《ちゝ》の負債《ふさい》をも全部《ぜんぶ》返濟《へんさい》し、昨年《さくねん》一月《ぐわつ》には目出度《めでた》く結《けつ》

當時《たうじ》、啓成社《けいせいしや》には寫眞術部《しやしんじゆつぶ》といふやうな施設《しせつ》はなかつたので、東京寫眞學校《とうきやうしやしんがくかう》に委託生《ゐたくせい》として御世話《おせわ》された。ここで本科《ほんくわ》三ケ月《げつ》を卒業《そつげふ》し、更《さら》に研究科《けんきうくわ》に進《すゝ》み、一ケ月間勉强《げつかんべんきやう》したのである。

斯《か》くして、彼《かれ》は一通《とほ》りの寫眞術《しやしんじゆつ》を修得《しうとく》したものの、いざ實際《じつさい》に開業《かいげふ》するまでには、まだ〳〵それまでの自信《じしん》はなかつたので、更《さら》に實地研究《じつちけんきう》をしなければならぬと思《おも》ひ、隨所《ずいしよ》の寫眞館《しやしんくわん》に見習《みならひ》として雇《やと》はれ、各々《おの〳〵》の長所《ちやうしよ》、短所《たんしよ》もみられ、技術《ぎじつ》の優劣《ゆうれつ》なども次第《しだい》にわかるやうになつたのである。

彼《かれ》が最初《さいしよ》に行《い》つた實地研究《じつちけんきう》の委託先《ゐたくさき》は品川《ひながは》の某寫眞館《ばうしやしんくわん》であつた。最初《さいしよ》のことでもあつたからだらうが、ここが一番苦勞《ばんくらう》したところだと彼《かれ》は述懷《じゆつくわい》してゐる。それから本郷元町《ほんがうもとまち》の坪井寫眞館《つぼゐしやしんくわん》に住《す》み込《こ》み、約《やく》一ケ年間《ねんかん》ここで技術上《ぎじつじやう》の研究《けんきう》を積《つ》むと共《とも》に、一通《とほ》りの營業方針《えいげふはうしん》もわかつた。更《さら》に麻布《あざぶ》笄《かうがい》町《ちやう》の山崎修整塾《やまざきしうせいじゆく》に約《やく》三ケ月間《げつかん》、修整技術《しうせいぎじつ》の修得《しうとく》を受《う》け、いよ〳〵昭和《しやうわ》十一年《ねん》十二月《ぐわつ》三十日《にち》、啓成社《けいせいしや》を卒業《そつげふ》して歸國《きこく》したのである。

かうして職業《しよくげふ》の再教育《さいけふいく》を受《う》けた彼《かれ》は、幾分《いくぶん》かの資本《しほん》をつくつて懷《なつか》しい郷里鹿兒島《きやうりかごしま》に歸《かへ》つた。しかし、いざ開業《かいげふ》となると大小《だいせう》は兎《と》も角《かく》、一通《とほ》りの設備《せつび》をしなくてはならぬ。それに機械《きかい》、器《き》具類《ぐるゐ》もあれや、これやで出資《しゆつぴ》も豫想外《よさうぐわい》に上《のぼ》り、材料《ざいれう》も仕入《しい》れなくてはならないといふ具合《ぐあひ》に、

最初《さいしよ》の豫算《よさん》では間《ま》に合《あ》はなくなつてしまつた。幸《さいは》ひ親戚《しんせき》、知人《ちじん》の世話《せわ》によつて、漸《やうや》く資金《しきん》も纏《まと》まつたので華々《はなぐ》しく開業出來《かいげふでき》たのである。それよりも彼《かれ》が最《もつと》も心配《しんぱい》してゐた問題《もんだい》は、得意先《とくいさき》の開拓《かいたく》であつた。そこで先《ま》づ開業間際《かいげふまぎは》に、各方面《かくはうめん》に左《さ》の意味《いみ》の挨拶状《あいさつじやう》を出《だ》した。

「不肖私《ふせうわたし》は今次《こんじ》滿洲事變《まんしうじへん》に名譽《めいよ》ある帝國軍人《ていこくぐんじん》として召集《せうしふ》を受《う》け、現地《げんち》において幾轉戰《いくてんせん》、何分《なにぶん》にも零下《れいか》四十度《ど》の身《み》を劈《つんざ》く酷寒《こくかん》のために、不幸《ふかう》にも凍傷《とうしやう》のために手《て》足《あし》の指《ゆび》を失《うしな》ひ、遺憾千萬《ゐかんせんばん》でならずも内地《ないち》に歸還《きくわん》を命《めい》ぜられたのであります。

その後軍當局《ごぐんたうきよく》の斡旋《あつせん》によりまして、職業《しよくげふ》の再教育《さいけふいく》として寫眞術《しやしんじつ》を專攻《せんこう》、今回歸郷《こんくわいききやう》の上《うへ》、左記《さき》に近《ちか》く開業《かいげふ》することになりました。何卒特別《なにとぞとくべつ》の御援助《ごえんじよ》、御鞭撻《ごべんたつ》を賜《たまは》り度《た》く一度《ど》御試《ごし》寫願上《しやねがひあ》げます」

ところが、市民《しみん》に非常《ひじやう》な同情《どうじやう》を買《か》ひ、人氣《にんき》を集《あつ》め、十二年《ねん》の正月《しやうぐわつ》早々《そう〳〵》から大入滿員《おほいりまんゐん》の盛況《せいきやう》を呈《てい》したのである。

それに圖《はか》らずも、鹿兒島陸軍病院及《かごしまりくぐんびやうゐんおよ》び歩兵第《ほへいだい》四十五聯隊《れんたい》から特別《とくべつ》の取計《とりはから》ひによつて、御用寫《ごようしや》で充分《じゆうぶん》に物《もの》をはさむことが出來《でき》ず、時々《ときぐ》はさんだものを落《おと》す。寫眞撮影《しやしんさつえい》の際《さい》にはシヤッターを切《き》るのに、左手《ひだりて》を使用《しよう》してゐます。」


婚《こん》したのである。近《ちか》く恩給《おんきふ》も第《だい》二款症査定《くわんしやうさてい》により受給《じゆきふ》することになつてゐるといふ、現在《げんざい》の彼《かれ》にとつては、出征前《しゆつせいぜん》にも增《ま》す幸福《かうふく》な生活《せいくわつ》を續《つゞ》けてゐるのである。これこそ彼《かれ》の努力《どりよく》の結晶《けつしやう》なのだ。そして彼《かれ》は述懷《じつくわい》するのであつた。

「歩兵第《ほへいだい》四十五聯隊《れんたい》は私《わたし》の母聯隊《ぼれんたい》であり、鹿兒島《かごしま》は私《わたし》の生《うま》れ都《みやこ》であつて、將來永住《しやうらいえいじう》すべき地《ち》はここだと定《さだ》めたのです。

自分《じぶん》も軍隊生活《ぐんたいせいくわつ》をして來《さ》たので、兵隊《へいたい》さんの氣持《きもち》もよくわかります。從《したが》つてお互《たがひ》に信《しん》じ、また信《しん》じられて、毎日曜《まいにちやう》の外出《ぐわいしゆつ》には兵隊《へいたい》さんがいつも七、八人位《にんくらゐ》は訪《たづ》ね來《き》ます。そして、一日《にち》中樂《ちゆうたの》しく遊《あそ》んで歸營《きえい》するのを常《つね》としてゐます」

「たゞ不自由《ふじゆう》を感《かん》じてゐることは下駄穿《げたばき》の時《とき》、足《あし》の指《ゆび》が短《みぢか》いために、すぐはずれてしまひ、それに普通人《ふつうじん》のやうに早《はや》くも歩《ある》けず、疲勞《ひらう》の度《ど》も激しいやうです。

手《て》の方《はう》も指《ゆび》が短《みぢか》いために、筆《ふで》を持《も》つても滿足《まんぞく》に字《じ》が書《か》けず、また箸《はし》を持《も》つにも二本《ほん》の指《ゆび》だけることになつたのである。先《ま》づ啓成社《けいせいしや》の職員《しよくゐん》の方々《かたぐ》とも懇《ねんごろ》に相談《さうだん》した結果《けつくわ》、彼《かれ》は寫眞術《しやしんじつ》を修得《とく》することになつた。

希望に生きる

東京市足立區
池田榮松君

滿洲、支那兩事變に參戰

彼《かれ》は染太郎《せんたらう》氏の次男《じなん》に生《うま》れ、妹《いもうと》二人《り》と兄弟《きやうだい》四人《にん》であつたが、長兄《ちやうけい》が九歳《さい》の時《とき》に不幸《ふかう》にも夭折《えうせつ》してしまつたので、男《をとこ》の兄弟《きやうだい》としては後《あと》にも先《さき》にも彼《かれ》一人《り》となり、親《おや》の愛《あい》を一身《しん》に奪《うば》つてゐた。

元來《ぐわんらい》、池田家《いけだけ》は農家《のうか》であつたが、父《ちゝ》染太郎《せんたらう》氏の代《だい》になつてから花屋《はなや》を開《ひら》きはじめた。それがために彼《かれ》が小學校《せうがくかう》を卒業《そつげふ》すると、人手不足《ひとでふそく》から家業《かげふ》の手傳《てつだい》をやらされた。やがて五年後《ねんご》の徴兵《ちようへい》檢査《けんさ》で甲種合格《かうしゆがうかく》となり、昭和《しやうわ》九年《ねん》十二月《ぐわつ》一日《にち》に滿洲大石橋《まんしうだいせききやう》の獨立守備隊《どくりつしゆびたい》に入營《にふえい》したが、滿洲事變《まんしうじへん》の餘燼《よじん》未《いま》だ收《おさ》まらざる時《とき》であつたので、約《やく》三ケ月《げつ》の原隊訓練《げんたいくんれん》を受《う》けた後《のち》、十年《ねん》二月《ぐわつ》から滿鐵《まんてつ》

二八二

沿線《えんせん》の匪賊討伐《ひぞくたうばつ》を命《めい》ぜられた。幸《さいは》ひ擦《かす》り傷《きず》一つ負《おは》ず、十二年《ねん》三月《ぐわつ》二日《か》に上等兵《じやうとうへい》となつて恙《つゝが》なく除隊《じよたい》したのである。

しかるに內地歸還後《ないちきくわんご》、いくばくもなくして支那事變《しなじへん》が勃發《ぼつぱつ》し、九月《ぐわつ》七日《か》に再《ふた》び名譽《めいよ》の召集《せうしふ》を受《う》けたのである。腕《うで》に充分《じゆうぶん》の自信《じしん》ある彼《かれ》にとつては「待《ま》つてゐました」と言《い》はんばかりのハリキリ方《かた》であつた。

「滿洲《まんしう》の匪賊討伐《ひぞくたうばつ》では大《たい》した手柄《てがら》も立《た》てられなかつたが、今度《こんど》こそは！　よーし、今《いま》にみろ、身《み》の程《ほど》も知《し》らぬ弱虫《よはむし》のチャンコロ共《ども》、俺《おれ》が一人《ひとり》で皆殺《みなごろ》しにしてやるから、襟垢落《えりあかおと》して待《ま》つてゐろ！」

欣喜雀躍《きんきじやくやく》、歡呼《くわんこ》の聲《こゑ》に送《おく》られながら、谷川部隊《たにかはぶたい》に編入《へんにふ》して現地《げんち》に向《むか》つたのであつた。

胸部貫通銃創を負ふ

九月《ぐわつ》二十一日未明《にちみめい》、加納部隊《かなふぶたい》の掩援隊《えんえんたい》として上海《しやんはい》に上陸《じやうりく》した。さすがの加納部隊《かなふぶたい》も殆《ほと》んど全《ぜん》滅《めつ》に近《ちか》い悲運《ひうん》に遭《あ》つた位《くらゐ》の激戰《げきせん》の地《ち》であつただけに、頑強《がんきやう》な敵《てき》の攻撃《こうげき》も侮《あなど》り難《がた》いものがあつ

二八三

た。耳《みゝ》を掠《かす》める砲彈《はうだん》、銃彈《じゆうだん》は雨霰《あめあられ》のやうに飛《と》んで來《く》る。ばた〱と倒《たほ》れる戰友《せんいう》に心《こゝろ》を配《くば》る暇《ひま》もない激戰《げきせん》であつた。

その間《かん》を縫《ぬ》つて皇軍勇士《くわうぐんゆうし》は、驀《まつしぐら》に敵陣《てきじん》めかけて眞《ま》一文字《もんじ》に突進《とつしん》した。

十月《ぐわつ》二日《か》の夜半《やはん》に、突如《とつじよ》、中隊長《ちゆうたいちやう》から

「敵《てき》はこれより眼前《がんぜん》二百メートルの間近《まぢか》にゐる。決死隊《けつしたい》を組織《そしき》してその敵情《てきじやう》を視察《しさつ》し、砲撃陣《はうげきぢん》地《ち》をつくつて來《く》る勇士《ゆうし》はゐないか」

との命令《めいれい》が出《で》た。イの一番《ばん》に申出《まうしで》たのが彼池田君《かれいけだくん》であつた。すると同輩《どうはい》の山崎《やまざき》、三浦《みうら》の兩君《りやうくん》も異句同音《いくどうおん》に

「池田《いけだ》が行《い》くなら、自分等《じぶんら》も一緒《いつしよ》にやつて下《くだ》さい」

と先《さき》を爭《あらそ》ふて申出《まうしで》たのであつた。そして三戰友《せんいう》は腕《うで》を組合《くみあは》せて敵前間近《てきぜんまぢか》の呉淞《ウースン》に至《いた》つてから、身《み》を隱《かく》すための塹壕《ざんがう》を掘下《ほりさ》げてゐるうち、不意《ふい》に敵彈《てきだん》のために彼池田君《かれいけだくん》は右胸部《みぎきやうぶ》から左《ひだり》へ貫通銃創《くわんつうじゆうそう》を受《う》け、その場《ば》にドット倒《たほ》れてしまつた。しかし元來《ぐわんらい》、健氣《けなげ》な彼《かれ》は我身《わがみ》の重傷《じゆうしやう》をも顧《かへり》みず、

二八四

「ヤア、遂《つゐ》に敵《てき》に見付《みつ》かつたか。殘念《ざんねん》!!　皇軍《くわうぐん》の勝負《しやうぶ》は正《まさ》にこの一戰《せん》だぞ」

といはんばかりに、やをら起《た》ち上《あが》り

「本隊《ほんたい》へ報告《はうこく》せぬうちは、どんなことがあつても死《し》んでならない。敵情視察《てきじやうしさつ》の重大任務《じゆうだいにんむ》を負《お》つてゐるこの身《み》だ」

倒《たふ》れては起《た》ち、倒《たふ》れてはまた起《た》ちして血達摩《ちだるま》になつた身《み》を、漸《やうや》くにして本隊《ほんたい》に駈《か》けつけることが出來《でき》、報告《はうこく》を終《おは》つた刹那《せつな》、その場《ば》に倒《たほ》れて起《た》ち上《あ》がることが出來《でき》なかつた。直《たゞ》ちに野戰病《やせんびやう》院《ゐん》にかつぎ込《こ》まれ、手當《てあて》を受《う》けてから、後刻《ごこく》の話《はなし》によつて

「決死隊《けつしたい》に志願《しぐわん》した他《た》の二人《ふたり》の戰友《せんいう》もまた同時《どうじ》に、敵彈《てきだん》のためにやられ、三浦君《みうらくん》は遂《つゐ》に戰死《せんし》を遂《と》げた」

旨《むね》を他《た》の戰友《せんいう》から聞《き》かされ、彼《かれ》はホロリと涙《なみだ》を流《なが》して冥福《めいふく》を祈《いの》つた。

その後《ご》、野戰病院《やせんびやうゐん》を轉々《てんく》と回送《くわいそう》され、十月《ぐわつ》二十七日內地《にちないち》に送還《そうくわん》されて、東京第《とうきやうだい》一陸軍病院《りくぐんびやうゐん》、更《さら》に橫須賀《よこすか》陸軍病院《りくぐんびやうゐん》に收容《しふやう》された。ここで傷痕《きつあと》はめき〱と快癒《くわいゆ》に向《むか》ひ、昨年《さくねん》三月《ぐわつ》四日《か》退院《たいゐん》と同時《どうじ》に原隊《げんたい》へ復歸《ふくき》、三月《ぐわつ》二十六日召集解除《にちせうしふかいじよ》となつたのである。

二八五

希望通りの就職

胸部貫通銃創《きやうぶくわんつうじゆうさう》といふ重傷《ぢゆうしやう》を負《お》ひ、一時《じ》は生命《せいめい》も危《あや》ぶまれた位《くらゐ》であつたが、神《かみ》の加護《かご》に手厚《てあつ》い看護《かんご》によつて、經過頗《けいくわすこぶ》る順調《じゆんてう》に行《い》き、全《まつた》く奇蹟的《きせきてき》な全快《ぜんくわい》である。

「御國《みくに》に捧《さゝ》げたこの身《み》も、今《いま》は殆《ほと》んど普通人《ふつうじん》と差違《さゐ》ないまでに快癒《くわいゆ》したのであるから、この傷《しやう》痍《い》の怨《うら》みを銃後《じゆうご》において晴《はら》さん」

とばかりに、再起奉公《さいきほうこう》にもいろ〳〵苦心《くしん》されたのである。幸《さいは》ひ實家《じつか》は父《ちゝ》も母《はゝ》も相變《あひかは》らずの元《げん》氣《き》で、朝《あさ》は四時《じ》半《はん》から起《お》き上《あが》つて花《はな》の仕入《しいれ》から販賣《はんばい》までやつてゐるし、妹《いもうと》も加勢《かせい》してゐるので、別段商賣上《べつだんしやうばいじやう》にも生計《せいけい》の上《うへ》から云《い》つても、さしたる不自由《ふじいう》も不安《ふあん》もなかつた。そこで、彼《かれ》は考《かんが》へた。

「家庭上《かていじやう》のことは親《おや》と妹達《いもうとたち》に委《まか》して大丈夫《だいぢやうぶ》だ。俺《おれ》は一つ實戰《じつせん》で得《え》た尊《たふと》い體驗《たいけん》を何《なん》とかして銃後《じゆうご》で十分《ぶん》に活用《かつよう》して見《み》たいものだ。

さうだ！　軍需品工場《ぐんじゆひんこうぢやう》だ。どうしても軍需品工場《ぐんじゆひんこうぢやう》で働《はたら》かう」

二八六

彼《かれ》の決心《けつしん》は既《すで》に定《き》まつた。しかも堅牢《けんらう》なものであつた。そして時《とき》をうつさず早速《さつそく》、就職《しうしよく》の猛運動《まううんどう》を開始《かいし》した。しかるに旬日《じゆんじつ》ならずして、戰友《せんゆう》の先輩《せんぱい》の斡旋《あつせん》によつて、彼《かれ》の希望通《きぼうどほ》り某軍需品工場《ぼうぐんじゆひんこうぢやう》に就職《しうしよく》が叶《かな》つたのである。その時《とき》の彼《かれ》の喜《よろこ》びは筆舌《ひつぜつ》に盡《つく》し難《がた》く、必ずや再起奉公《さいきほうこう》の實《じつ》を擧《あ》げんと心《こゝろ》の中《なか》で誓《ちか》つたのである。

「これこそ神《かみ》の與《あた》へた自分《じぶん》の天職《てんしよく》である。これからは前戰《ぜんせん》にも増《ま》して働《はたら》くのだ。そして、せめて精巧《せいこう》な兵器《へいき》を作《つく》つて、きつと敵《てき》を殲滅《せんめつ》するのだ」

彼《かれ》は肩《かた》を怒《いか》らして意氣込《いきご》んだのである。朝《あさ》は人《ひと》より早《はや》く出勤《しゆつきん》し、夜《よる》は遲《おそ》くまで一心不《ふ》亂《らん》に働《はたら》いてゐるのである。

酬ひられた幸福

しかし、さすがの彼《かれ》も一日中立働《にちぢゆうたちはたら》いてゐると、時折《ときおり》、傷痍部《しやういぶ》の痛《いた》みを覺《おぼ》えて、堪《た》へられぬこともある。殊《こと》に時候《じかう》の移《うつ》り變《かは》り目頃《めごろ》になると、一層《そう》その苦痛《くつう》が甚《はなは》だしくなつて、頑張《がんば》らうと思《おも》つても、頑張《がつば》られなくなることも一再《さい》ではなかつた。その都度《つど》

二八七

「何糞《なにくそ》！　これ位《くらゐ》でヘコタレてなるものか、戰地《せんち》のことを憶《おも》つたら屁《へ》のカツパだ」

自分《じぶん》で自分《じぶん》に鞭打《むちう》つのであつたが、どうしても他《た》の人《ひと》に及《およ》ばぬことを口惜《くや》しがつてゐる。この姿《すがた》を見《み》るに見《み》かねて、他《た》の同僚《どうれう》が同情《どうじやう》を寄《よ》せ

「おい池田君《いけだくん》！　疲《つか》れたらう。少《すこ》し休《やす》めよ」

と聲《こゑ》をかけられて、彼《かれ》は崩《くず》れるやうに椅子《いす》に腰《こし》を下《おろ》し

「君《きみ》にはいつも厄介《やくかい》になつて、すまないね」

「君《きみ》にそんなことを言《い》はれると勿體《もつたい》ないよ。君《きみ》はもう充分《じうぶん》に國《くに》のために働《はたら》いた人間《にんげん》だ。僕等《ぼくら》が今日《こんにち》かうしてゐられるのも、皆君達《みなきみたち》が生命《せいめい》を捧《さゝ》げて働《はたら》いてくれたからだ。僕《ぼく》がそれを思《おも》へば、君《きみ》のためにこの位《くらゐ》のことをしてやるのは當《あた》り前《まへ》のことだ。何《なに》も遠慮《えんりよ》するなよ」

眞《しん》からの友情《いうじやう》から迸《ほとばし》る彼等《かれら》の同情《どうじやう》には、いつも有難涙《ありがたなみだ》がこぼれるのであつた。

しかるに、最近《さいきん》では勞力《らうりよく》の少《すく》い部署《ぶしよ》に廻《まは》されて、就職當時《しうしよくたうじ》のやうな苦痛《くつう》を感《かん》じることもなくなり、非常《ひじやう》に樂《らく》なものだと、彼《かれ》は喜《よろこ》んでゐる。それでも軍需品《ぐんじゆひん》は如何《いか》に重要《ぢゆうよう》なものであるかを知悉《ちしつ》してゐる彼《かれ》は、どんな部分品《ぶぶんひん》に對《たい》しても細心《さいしん》の注意《ちゆうい》を拂《はら》ひ、決《けつ》して間《ま》に合《あは》せ式《しき》のことをや

二八八

らぬ強《つよ》い責任感《せきにんかん》を持《も》つてゐる。

それに昨年《さくねん》四月《ぐわつ》には、縁《えん》あつて妻女《さいぢよ》を迎《むか》へ、羨《うらやま》しい圓滿《ゑんまん》な家庭生活《かていせいくわつ》を續《つゞ》けてゐる。日曜《にちよう》とか休日《きうじつ》には、愛妻《あいさい》と共《とも》に鍬《くは》をかついで裏《うら》の畑《はたけ》に出《で》るを常《つね》としてゐる。軍需會社《ぐんじゆくわいしや》の好況《かうきやう》によつて收入《しうにふ》も相當《さうたう》に多《おほ》いのであるが、輕佻浮薄《けいてうふはく》な都人《とじん》のやうに、デパート巡《めぐ》りとか、或《あるひ》は映畫見物《えいぐわけんぶつ》とかその他《た》、貴重《きちやう》な時間《じかん》の濫費《らんぴ》、無意味《むいみ》な金使《かねづか》ひなど極力避《きよくりよくさ》けて、將來《しやうらい》への準備《じゆんび》に一文《もん》でも無駄《むだ》を省《はぶ》き、貯金《ちよきん》に努《つと》めてゐる國策線上《こくさくせんじやう》の感心《かんしん》な夫婦《ふうふ》であると、近隣《きんりん》の評判《ひやうばん》になつてゐる。彼《かれ》は曰《いは》く。

「自分《じぶん》は傷痍軍人《しやういぐんじん》といつても貫通銃創《くわんつうじゆうさう》で、御覽《ごらん》の通《とほ》り現在《げんざい》では見《み》たところ普通人《ふつうじん》と何等《なんら》異《こと》なることなきまでに手厚《てあつ》い看護《かんご》を受《う》けて來《き》たので、單《たん》なる召集解除《せうしふかいじよ》に過《す》ぎないのです。從《したが》つていつ再召集《さいせうしふ》を受《う》けるかわからず、我身《わがみ》にして我身《わがみ》にあらざる　陛下《へいか》の股肱《ここう》でありますから、決《けつ》してこの身《み》は粗末《そまつ》に出來《でき》ない大切《たいせつ》なものです。その心掛《こゝろがけ》で萬事注意《ばんじちゆうい》してゐるのです」

蓋《けだ》し彼《かれ》の如《ごと》き帝國軍人《ていこくぐんじん》が居《お》つてこそ、吾々《われ〳〵》は安心《あんしん》してゐられるのである。

二八九

無二の戰友山崎君

更《さら》にここに追記《ついき》して置《お》かなければならぬことは、呉淞《ウースン》の決死隊《けつしたい》に志願《しぐわん》して、右《みぎ》池田君《いけだくん》と同様《どうやう》に、名譽《めいよ》の負傷《ふしやう》を受《う》けた山崎正一君《やまざきまさいちくん》のことである。

山崎君《やまざきくん》もまた、昭和《しやうわ》九年《ねん》十二月《ぐわつ》一日《じつ》に池田君《いけだくん》と共《とも》に、滿洲獨立守備隊《まんしうどくりつしゆびたい》に入營《にふえい》し。同部隊《どうぶたい》にあつて異數《いすう》の武勳《ぶくん》を立《た》てた彼等《かれら》二人《ふたり》こそ無二《むに》の戰友《せんいう》なのである。

しかも、今次《こんじ》支那事變《しなじへん》が勃發《ぼつぱつ》するや、奇《く》しくも彼《かれ》もまた池田君《いけだくん》と同時《どうじ》に召集令狀《せうしふれいじやう》を受取《うけと》り、やはり谷川部隊《たにかはぶたい》に肩《かた》を並《なら》べて入隊《にふたい》したのである。さればこそ呉淞《ウースン》の敵情視察《てきじやうしさつ》に決死隊《けつしたい》として、池田君《いけだくん》と争《あらそ》ふて志願《しぐわん》した猛者《もさ》の一人《ひとり》だつたのである。

この時《とき》受《う》けた彼《かれ》の負傷《ふしやう》は、右腕關節《みぎうでくわんせつ》に敵彈《てきだん》が命中《めいちゆう》したもので、當時《たうじ》は池田君《いけだくん》程《ほど》の重傷《ぢゆうしやう》とは見《み》られなかつたのである。野戰病院《やせんびやうゐん》を轉々《てんく》として内地《ないち》に送還《そうくわん》されてからも、池田君《いけだくん》と同《どう》一病院《びやうゐん》で手厚《てあつ》い看護《かんご》を受《う》けたのであるが、敵彈《てきだん》は身體内《しんたいない》において炸裂《さくれつ》し、遂《つひ》に手術《しゆじゆつ》による摘出困難《てきしゆつこんなん》となつたので、溫泉療法《おんせんれうはふ》といふことで暫《しばら》く熱海陸軍病院《あたみりくぐんびやうゐん》に入院加療《にふゐんかれう》に努《つと》め、池田君《いけだくん》と前後《ぜんご》して召集《せうしふ》

二九〇

解除《かいじよ》となつたのである。

斯《か》うして、彼等《かれら》兩人《ふたり》は滿洲《まんしう》、支那兩事變《しなりやうじへん》に參戰《さんせん》し、しかも寢食《しんしよく》を共《とも》にしながら決死報國《けつしはうこく》の實《じつ》を擧《あ》げた無二《むに》の戰友《せんいう》は、除隊後《じよたいご》も再起奉公《さいきほうこう》について相談《さうだん》したのであつた。その結果《けつくわ》、山崎君《やまざきくん》もまた池田君《いけだくん》と同様《どうやう》、某軍需品工場《ぼうぐんじゆひんこうじやう》の同《どう》一職場《しよくば》で働《はたら》いてゐるのである。

ところが現在《げんざい》では、池田君《いけだくん》は職場以外《しよくばいぐわい》さしたる苦痛《くつう》も感《かん》じないらしいが、山崎君《やまざきくん》の體内《たいない》には未《いま》だ敵彈《てきだん》の炸裂破片《さくれつはへん》が隨所《ずゐしよ》に藏《ざう》してゐるだけに、寢《ね》ても醒《さ》めても堪《た》えられない苦痛《くつう》を訴《うつた》へ、それがために工場《こうぢやう》の出席率《しゆつせきりつ》よりも、缺勤率《けつきんりつ》の方《はふ》が遙《はる》かに多《おほ》いといふ。實《じつ》に氣《き》の毒《どく》の限《かぎ》りである。

それでも負《ま》けず嫌《ぎら》ひの彼《かれ》は、無理《むり》をおして出勤《しゆつきん》するのであるが、その痛々《いたく》しい姿《すがた》を見《み》るにつけ、誰《だれ》でも同情《どうじやう》の涙《なみだ》を流《なが》すのであつた。

二九一

二足の草鞋で成功

神奈川縣川崎市[redacted]

一等機關兵曹 勳七等 國枝慶一君

大演習で負傷す

國枝君《くにえだくん》は大正《たいしやう》七、八年《ねん》の日獨戰《にちどくせん》に出征《しゆつせい》して、青島攻略戰《せいたうこうりやくせん》に赫々《かくく》たる武勳《ぶくん》をたてられた勇士《ゆうし》である。後選拔《のちせんばつ》されて海軍機關學校高等科機關術練習生《かいぐんきくわんがくかうかうとうかきくわんじゆつれんしふせい》として入校《にふかう》、六ケ月《げつ》の教程《けうてい》を卒《そ》へてから呉海軍工廠《くれかいぐんこうしやう》で建築中《けんちくちう》の新銳驅逐艦《しんえいくちくかん》〇〇の艤裝委員《ぎそうゐゐん》を命《めい》じられた。勇躍任地《ゆうやくにんち》に出發《しゆつぱつ》、艤裝《ぎそう》を終《を》へた後目出度《のちめでた》く聯合艦隊《れんがふかんたい》に配屬《はいぞく》され、日本帝國國防《につぽんていこくこくばふ》の第《だい》一線《せん》に立《た》つた。大正《たいしやう》八年《ねん》五月《ぐわつ》に海軍《かいぐん》一等《とう》機關兵曹《きくわんへいさう》に進級《しんきふ》、その後間《ごま》もなく、上官《じやうくわん》の媒酌《ばいしやく》により琴子《ことこ》さんと結婚《けつこん》し、新家庭《しんかてい》に永遠《えいえん》の幸福《かうふく》を念《ねん》じたが、養母《やうぼ》に逝《ゆ》かれ、彼《かれ》もまた盲腸炎《まうちやうえん》のために、呉海軍病院《くれかいぐんびやういん》の手術臺《しゆじゆつだい》に呻吟《しんぎん》する身《み》となつた。全快後《ぜんくわいご》また復歸《ふくき》して艦隊勤務《かんたいきんむ》となつた。

二九二

時《とき》は仲秋《ちうしう》、中國《ちうごく》の連山《れんざん》は紅葉《こうえう》に移《うつ》らんとする十月《ぐわつ》、海軍特別大演習《かいぐんとくべつだいえんしふ》のために本艦出航《ほんかんしゆつかう》の命令《めいれい》が發《はつ》せられた。南九州《みなみきゆうしう》の洋上《やうじやう》において攻防艦隊《こうばうかんたい》の交戰《かうせん》は續《つゞ》けられたのであつた。折《をり》しも後陣《こうじん》にある我《わ》が驅逐隊《くちくたい》に、即時《そくじ》煙幕《えんまく》の嚴命《げんめい》があつた。ところが、この煙幕作業中《えんまくさげふちう》に機關室上部《きくわんしつじやうぶ》に裝備《さうび》された百五十馬力《ばりき》のターボー・フアンの注油管破損《ちうゆくわんはそん》のため、機關室内部《きくわんしつないぶ》は危險《きけん》に陷《おちゐ》り、早速兵《さつそくへい》二名《めい》に命《めい》じて應急修理《おうきふしうり》を講《かう》じたのであるが、何分《なにぶん》にも一分間《ぶんかん》に九百八十回轉《くわいてん》する風筒内部《ふうとうないぶ》の作業《さげふ》なので意《い》の如《ごと》くならず、止《や》むを得《え》ず彼《かれ》は大塚《おほつか》二等機關兵《とうきくわんへい》を帶同《たいどう》して、漸《やうや》くこの風筒内《ふうとうない》の應急《おうきふ》處置《しよち》を終《を》へ、上昇《じやうしよう》せんとする刹那《せつな》、激浪《げきらう》のために艦體《かんたい》がひどく動搖《どうえう》し、彼《かれ》の左足《さそく》は扇車《せんしや》に捲《ま》き込《こ》まれ、第《だい》一關節《くわんせつ》より以下《いか》見《み》るも無慘《むざん》に切斷《せつだん》されてしまつた。一方《ばう》、大塚《おほつか》二等機關兵《とうきくわんへい》は右拇指《みぎぼし》及《およ》び掌《てのひら》を約《やく》五分《ぶん》の一切斷《せつだん》され「あゝもう駄目《だめ》だ――」の一言《こと》で、風筒内《ふうとうない》に倒《たふ》れてしまつた。

彼《かれ》は勇《ゆう》を鼓舞《こぶ》して、倒《たふ》れた大塚《おほつか》二等機關兵《とうきくわんへい》を右側《みぎわき》に抱《かゝ》へ、艦體激動《かんたいげきどう》の靜止《せいし》を待《ま》つこと約《やく》二十分《ぶん》間《かん》、腹《はら》に卷《ま》いてゐる六尺《しやく》の晒《さらし》の腹卷《はらまき》を引《ひ》き割《さ》いて、負傷個所《ふしやうかしよ》の手當《てあて》をなし、漸《やうや》く風筒内《ふうとうない》より上昇《じやうしよう》して艦板《かんばん》に出《い》で、急《きふ》を報《はう》じ、人事不省《じんじふせい》に陷《おちゐ》つた大塚《おほつか》二等機關兵《とうきくわんへい》を風筒内《ふうとうない》から引上《ひきあ》げた。そし

二九三

て負傷《ふしやう》個所《かしよ》の手當《てあて》及《およ》び人工呼吸《じんこうこきふ》を施《ほどこ》し、あらゆる手段《しゆだん》を講《かう》じたのであるが、卒倒《そつたう》する時《とき》に後頭《こうとう》部《ぶ》を強打《きやうだ》して内出血《ないしゆつけつ》が甚《はなは》だしかつたため、遂《つひ》に尊《たふと》い犠牲《ぎせい》となつた。

彼《かれ》は午前《ごぜん》五時《じ》三十分《ぷん》に負傷《ふしやう》し、午後《ごご》二時《じ》に軍艦韓州《ぐんかんかんしう》の醫務室《いむしつ》に運《はこ》ばれた。こゝで戰友《せんいう》に手足《てあし》頭部《とうぶ》を抱《かゝ》へられて左足《さそく》は第《だい》二關節《くわんせつ》以下《いか》を切斷《せつだん》され、數日後《すうじつご》に横須賀《よこすか》海軍病院《かいぐんびやういん》へ後送《こうそう》され、日夜《にちや》ベットの上《うへ》に呻吟《しんぎん》する身《み》となつた。漸《やうや》く傷癒《きずい》えて大正《たいしやう》九年《ねん》一月《ぐわつ》二十三日《にち》、惜《を》しくも兵役免除《へいえきめんぢよ》となり、松葉杖《まつばづえ》を頼《たよ》りに歸郷《ききやう》の止《や》むなきに至《いた》つた。

酒狂の父に放逐さる

十有《いう》一年間《ねんかん》、第《だい》二の故郷《こきやう》として、また青年時代《せいねんじだい》の最《もつと》も印象深《いんしやうふか》き海軍生活《かいぐんせいくわつ》と、永遠《えいえん》の別《わか》れを告《つ》げなければならぬと思《おも》つた彼《かれ》は、萬感胸《ばんかんむね》に迫《せま》つて哀愁《あいしう》の念《ねん》一入深《しほふか》かつた。しかし、彼《かれ》は餘命《よめい》を完《まつた》うせるも、共《とも》に風筒内《ふうとうない》で負傷《ふしやう》した大塚《おほつか》二等兵《とうへい》は、今《いま》は幽明境《いうめいさかひ》を異《こと》にし、帝國海軍《ていこくかいぐん》至高《しかう》の犠牲《ぎせい》となつたのであつた。彼《かれ》は哀悼《あいたう》のあまり捧《さゝ》ぐべき言葉《ことば》を知《し》らなかつた。

「若《も》し大塚《おほつか》二等機關兵《とうきくわんへい》の場合《ばあひ》、モー駄目《だめ》だ！ といふ言葉《ことば》さへなく、反撥的《はんぱつてき》に何糞《なにくそ》！ これ位《くらゐ》の傷《きず》は何《な》んでもない。寧《むし》ろ男子《だんし》の本懷《ほんくわい》だと云《い》つて、發奮《はつぷん》したならば、この犠牲《ぎせい》とならずに濟《す》んだであらうと、私《わたし》は今更《いまさら》ながら痛感《つうかん》してゐます。この大塚《おほつか》二等機關兵《とうきくわんへい》の殘《のこ》したモー駄目《だめ》だ！ の一言《ごん》を、私《わたし》の一生涯《しやうがい》の活教訓《くわつけうくん》として、處世《しよせい》の方途《はうと》に光明《くわうみやう》を與《あた》へられ、何事《なにごと》をなすにも駄目《だめ》といふ言葉《ことば》はないものとして居《を》ります。若《も》しも許《ゆる》すならば、日本《につぽん》の字引《じびき》の中《なか》から駄目《だめ》といふ文字《もんじ》を抹消《まつせう》してもよいと考《かんが》へます」

この言葉《ことば》を聞《き》いたゞけで、彼《かれ》の性格《せいかく》が克《よ》くわかり、彼《かれ》が如何《いか》に努力家《どりよくか》であるかゞ直《たゞ》ちに察《さつ》せられるであらう。

かくて彼《かれ》は義足《ぎそく》未完成《みくわんせい》のため、松葉杖《まつばづえ》を頼《たよ》りに一人《り》淋《さび》しく歸郷《ききやう》したのであるが、驛《えき》に着《つ》いた時《とき》、誰《たれ》一人《り》出迎《でむか》への人《ひと》もなく、我家《わがや》へ辿《たど》り着《つ》けば、父《ちゝ》は飲酒《いんしゆ》に耽溺《たんでき》し正體《しやうたい》もなく前後不覺《ぜんごふかく》の高《たか》鼾《いびき》、佛前《ぶつぜん》に向《む》つて合掌《がつしやう》する我身《わがみ》に自《おのづ》から流《なが》れ出《いづ》る涙《なみだ》は取止《とりと》めもなかつた。

「よし、一本足《ほんあし》のこの身《み》こそ奮起《ふんき》すべき秋來《とききた》れり」

と覺悟《かくご》したが、しかし世《よ》の荒浪《あらなみ》は遠慮《えんりよ》なく不具《ふぐ》の彼《かれ》の身《み》に降《ふ》りかゝり、妻《つま》は頼《たよ》りにする夫《をつと》の奇禍《きくわ》に精神的打撃《せいしんてきだげき》を受《う》け、遂《つひ》に流産《りうざん》の憂目《うきめ》に遭《あ》ひ、一方《ばう》、父《ちゝ》の酒狂《しゆきやう》はます〳〵昂《かう》ずるばかりで

酒屋《さかや》への支拂《しはらひ》も莫大《ばくだい》なものになつてゐた。再《さい》三再《さい》四父《ちゝ》に節酒《せつしゆ》を促《うなが》すも、常《つね》に馬耳東風《ばじとうふう》の態《てい》であつた。幾日《いくにち》か焦慮《しやうりよ》の日《ひ》は續《つゞ》いた。妻《つま》も遂《つひ》に彼《かれ》の姿《すがた》を見《み》るに忍《しの》びず、近隣《きんりん》の人々《ひと〳〵》に頭《あたま》を下《さ》げて裁縫《さいほう》の内職《ないしよく》に專念《せんねん》したのであるが、一家《か》の糊口《ここう》にはあまりにも些細《ささい》なもので、家計《かけい》はいよ〳〵逼迫《ひつぱく》するばかりであつた。海軍《かいぐん》で貯《たくは》へた金《かね》も餘《あま》すは僅《わづ》かとなり、極度《きよくど》の困憊《こんぱい》を來《きた》したのである。

それでも止《や》まぬ父《ちゝ》の酒豪《しゆがう》に耐《た》えかねた彼《かれ》は、

「せめて私《わたし》の義足《ぎそく》が出來《でき》て働《はたら》きの出來《でき》るまで節酒《せつしゆ》して貰《もら》ひたい」

と懇願《こんぐわん》したのであるが、却《かへ》つて父《ちゝ》の激怒《げきど》を買《か》ひ、無謀《むぼう》にも彼《かれ》の養子縁組《やうしえんぐみ》を離脱《りだつ》して、遂《つひ》に鈴《すゞ》木《き》家《け》より放逐《はうちく》された。

傷痍《しやうゐ》の身《み》は松葉杖《まつばづえ》を頼《たよ》り、多年《たねん》住《す》み馴《な》れた我家《わがや》を後《あと》に、行《ゆ》くべき先《さき》もなく、六郷河《がうか》畔《はん》に立《た》つてサメ〴〵と男泣《をとこな》きに泣《な》き伏《ふ》した。折《をり》しも通《とほ》りかゝつた近郷《きんがう》の大工《だいく》の棟梁《とうりやう》の義侠《ぎけふ》により、同家《どうけ》の離《はな》れを無償《むしやう》で借《かりう》受けることになつた。しかも何《なに》かと力強《ちからづよ》き聲援《せいえん》をしてくれるので、漸《やうや》く彼《かれ》は蘇生《そせい》の思《おも》ひをしたのである。

實つた美德の種

しかし、夫婦《ふうふ》二人《り》で自活《じくわつ》の途《みち》を講《かう》じなければ、徒《いたづ》らに他人《たにん》の情《なさ》けにばかり縋《すが》つて居《ゐ》るわけに行《ゆ》かず、いろ〳〵と思案《しあん》の結果《けつくわ》、

「さうだ！ 東京電氣《とうきやうでんき》に雇《やと》つて貰《もら》はう」

と早速《さつそく》出掛《でか》けたのであつた。

それは彼《かれ》が嘗《かつ》て現役當時《げんえきたうじ》に暑中休暇《しよちうきうか》で歸郷中《ききやうちう》、たま〳〵東京電氣《とうきやうでんき》の研究所《けんきうじよ》の三階《がい》から出火《しゆつくわ》した折《をり》、眞先《まつさき》に馳《か》けつけて消火《せうくわ》に努《つと》めたのが彼《かれ》であつた。その當時《たうじ》蒸氣喞筒《じやうきポンプ》がなく手《て》押喞筒《おしポンプ》のため、三階《がい》まで給水不可能《きふすゐふかのう》であつた。止《や》むなく下《した》から水桶《みづをけ》に水《みづ》を入《い》れて消火《せうくわ》したのだが、幸《さいは》ひ彼《かれ》の勇猛果敢《ゆうまうくわかん》な消火作業《せうくわさげふ》によつて、大事《だいじ》に至《いた》らなかつた。この時《とき》、工場長《こうぢやうちやう》が感謝《かんしや》の言葉《ことば》と金《きん》一封《ふう》を贈《おく》つて、

「君《きみ》の除隊《ぢよたい》は何年後《なんねんご》か知《し》らぬが、その時《とき》は是非《ぜひ》會社《くわいしや》に來《き》て働《はたら》いて貰《もら》ひたい。若《も》し私《わたし》が居《ゐ》なくなつた場合《ばあひ》でも、必《かなら》ず次《つぎ》の工場長《こうぢやうちやう》に申送《まうしおく》つて置《お》くから……」

との情《なさ》け深《ぶか》い言葉《ことば》をかけられ、固《かた》い握手《あくしゆ》をして別《わか》れたのであつた。

恩賜《おんし》の義足《ぎそく》を拜受《はいじゆ》して一人《り》で歩行《ほかう》も出來《でき》るやうになつた彼《かれ》は、マツダランプの工場《こうぢやう》を訪《おとづ》れ、工場長《こうぢやうちやう》に面會《めんくわい》を求《もと》めた。

「當時《たうじ》の工場長《こうぢやうちやう》は既《すで》に亡《な》くなられたが、この私《わたし》に申送《まうしおく》りがあるから、明日《あす》からでもよいから、是非出社《ぜひしゆつしや》して貰《もら》ひたい」

と云《い》ふ有難《ありがた》い言葉《ことば》を聞《き》いた彼《かれ》は欣喜雀躍《きんきじやくやく》、今《いま》のは夢《ゆめ》ではあるまいかと思《おも》つた。義足《ぎそく》の彼《かれ》に何《なん》の試驗《しけん》もなしに、明日《あす》から出社《しゆつしや》せよとの慈悲《じひ》深《ぶか》い言葉《ことば》に、たゞ感泣《かんきふ》するばかりであつた。しかし、これこそ彼《かれ》の隱德《ゐんとく》であつて、嘗《かつ》て蒔《ま》いた善行《ぜんかう》の種《たね》が實《みの》つて刈《か》り取《と》られたに過《す》ぎないのである。

彼《かれ》は翌朝早《よくてうはや》く宮城《きうじやう》を遙拜《えうはい》し、母《はゝ》の靈前《れいぜん》にも報告《はうこく》した。そして愛妻《あいさい》が特別美味《とくべつおい》しく作《つく》つてくれた辨當《べんたう》を片手《かたて》に、義足《ぎそく》の補強《ほきやう》に杖《つゑ》をつきながら、東京電氣《とうきやうでんき》の社門《しやもん》を潜《くゞ》つたのである。爾來《じらい》、雨《あめ》の日《ひ》も風《かぜ》の日《ひ》も厭《いと》はず、誠心誠意《せいしんせいい》出勤《しゆつきん》した結果《けつくわ》、日《ひ》に增《ま》し上司《じやうし》の信用《しんよう》をかち得《え》て、今日《こんにち》では相《さう》當《たう》の椅子《いす》を與《あた》へられ、優遇《いうぐう》される身《み》となつた。

二九八

彼《かれ》は仕事《しごと》の傍《かたは》ら、昭和《せうわ》五年《ねん》五月《ぐわつ》に海軍記念日《かいぐんきねんび》を機《しほ》に、海軍出身者《かいぐんしゆつしんしや》によるマツダ海友會《かいいうくわい》を組織《そしき》し、昭和《せうわ》九年《ねん》十月《ぐわつ》に東京電氣川崎工場分會《とうきやうでんきかはさきこうぢやうぶんくわい》を設立《せつりつ》してその常務理事《じやうむりじ》に推《お》された。昨年《さくねん》四月《ぐわつ》には東京芝浦電氣川崎工場分會《とうきやうしばうらでんきかはさきこうぢやうぶんくわい》の副會長《ふくくわいちやう》に推薦《すゐせん》された。またマツダ中央懇談會委員《ちうあうこんだんくわいゐゐん》に選任《せんにん》せられ、會社對從業員《くわいしやたいじうげふゐん》の福利《ふくり》施設《しせつ》及《およ》び待遇《たいぐう》に關《くわん》する協議機關《けふぎきくわん》に參與《さんよ》してゐる。十二、三、四年《ねん》は幹事長《かんじちやう》として、工場選出委員《こうぢやうせんしゆつゐゐん》の議長《ぎちやう》といふ重大任務《ぢうだいにんむ》を負《お》ふ身《み》となつた。かやうに會社内《くわいしやない》に於《お》ける彼《かれ》の名聲《めいせい》は實《じつ》に絶大《ぜつだい》なものであるが、これすべて彼《かれ》の努力《どりよく》の賜物《たまもの》である。

二足の草鞋が成功

大正《たいしやう》十四年《ねん》、ラヂオ放送事業《はうそうじげふ》の開始《かいし》されたのを機會《きくわい》に、豫《か》ねての宿望《しゆくばう》であつた商業界《しやうげふかい》への進出《しんしゆつ》を思立《おもひた》ち、郷里《きやうり》から弟《おとうと》を呼《よ》び寄《よ》せ、ラヂオ電氣《でんき》の店舖《てんぽ》を出《だ》してその器械《きかい》、器具類《きぐるゐ》の販賣《はんばい》を行つた。文字《もじ》通《どほ》り堅實《けんじつ》に親切《しんせつ》を旨《むね》とし、薄利多賣主義《はくりたばいしゆぎ》を實行《じつかう》して來《き》たので、各方面《かくはうめん》より多大《ただい》の信用《しんよう》を獲得《くわくとく》し、ます〳〵販路《はんろ》が擴大《くわくだい》されるばかりで今日《こんにち》では店員《てんゐん》二名《めい》を使用《しよう》し、人《ひと》も羨《うら》やむ繁《はん》

二九九

昌振《じやうぶ》りである。それ以來終始一貫《いらいしゆうしくわん》、會社《くわいしや》と商賣《しやうばい》と二足《そく》の草鞋《わらじ》を履《は》き、殆《ほと》んど身《み》に暇《いとま》なく働《はたら》いてゐる。

從《したが》つて彼《かれ》の今日《こんにち》の收入《しうにふ》は莫大《ばくだい》なもので生活《せいくわつ》の基礎《きそ》もいよ〳〵牢固《らうこ》たるものがある。

彼《かれ》はまた現在在住《げんざいざいぢう》の砂子《いさご》一丁目商業團體《ちやうめしやうげふだんたい》の發展《はつてん》を劃策《くわくさく》し、一方《ぱう》、川崎市《かはさきし》における團體《だんたい》ネオン廣告燈《かうこくとう》の聯合組織《れんがふそしき》を計畫《けいくわく》し、小美屋《こみや》デパートを中心《ちうしん》とする盛《さか》り場《ば》の建設《けんせつ》に努力《どりよく》せられ、一大不《だいふ》夜城《やじやう》が現出《げんしゆつ》した。直接關係《ちよくせつくわんけい》せるラヂオ電氣商《でんきしやう》の方面《はうめん》においては、昭和《せうわ》九年《ねん》に川崎市《かはさきし》電氣《でんき》ラヂオ商組合《しやうくみあひ》を結成《けつせい》し、その組合長《くみあひちやう》となつてゐる。昭和《せうわ》十二年《ねん》には橫濱《よこはま》・川崎《かはさき》ラヂオ商業組合《しやうげふくみあひ》を結《けつ》成《せい》し、翌《よく》一月《ぐわつ》に正式認可《せいしきにんか》を得《え》て現在《げんざい》川崎支部長《かはさきしぶちやう》となつてゐる。

皇恩に報ひんと努力

昭和《せうわ》四年《ねん》に彼《かれ》は卒先《そつせん》して、川崎《かはさき》在住《ざいぢう》の傷痍軍人《しやうゐぐんじん》と相諮《あひはか》り、川崎市傷痍軍人會《かはさきししやうゐぐんじんくわい》を結成《けつせい》し、昭和《せうわ》九年《ねん》には神奈川縣傷痍軍人《かながはけんしやうゐぐんじん》の大同團結《だいどうだんけつ》となり、更《さら》に十二年《ねん》に全國《ぜんこく》を打《う》つて一丸《ぐわん》とする大日本傷《だいにつぽんしやう》痍會《ゐくわい》の結成《けつせい》されるや、こゝに彼《かれ》は選拔《せんばつ》されて同會神奈川縣支部川崎分會長《どうくわいかながはけんしぶかはさきぶんくわいちやう》となつたのである。

三〇〇

昨秋《さくしう》には銃後後援功勞者《じうごこうえんこうらうしや》として、彼《かれ》は神奈川縣知事《かながはけんちじ》から左《さ》の如《ごと》き表彰狀《へうしやうじやう》を授與《じゆよ》された。

「日支事變勃發スルヤ昭和十三年七月ヨリ川崎驛前ニ出動、軍人接待所設立セラルルニ當リ、會員ヲシテ輪當交代制ヲ以テ之ニ詰切リ、出征軍人歸還兵ノ歡送迎遺骨並ニ戰傷兵ノ出迎等ヲ爲サシムルト共ニ、本人ハ常ニ日夜ノ隔ナク自ラ之ヲ實行スルノミナラズ、出征軍人ノ家庭訪問、遺族ノ弔問、陸海軍病院ノ慰問等寧日ナク、殊ニ近時ニアリテハ重工業ノ發展ニ伴フ傷痍軍人ノ就職ニ、身上相談ニ、將又生活ノ援護等ニ、銃後後援ニ盡瘁スル所甚大ナルモノアリ、洵ニ他ノ範トナスニ足ル」

卽《すなは》ち今次事變勃發《こんじじへんぼつぱつ》するや、彼《かれ》は連日連夜《れんじつれんや》出征將士《しゆつせいしやうし》の歡送《くわんそう》を行《おこな》ひ、またマツダ軍人後援會幹事《ぐんじんこうえんくわいかんじ》として、出征遺家族《しゆつせいゐかぞく》の慰問《ゐもん》、戰死者《せんししや》の合同葬《がふどうさう》に、遺骨出迎等《ゐこつでむかへとう》、席《せき》の暖《あたゝ》まる暇《ひま》もない程《ほど》である。特《とく》に最近《さいきん》、若《わか》い傷痍軍人《しやうゐぐんじん》が工業都市《こうげふとし》川崎《かはさき》を目差《めざ》して相集《あひあつま》るもの夥《おびたゞ》しく、これ等《ら》の就職斡旋《しうしよくあつせん》から家庭《かてい》の問題等《もんだいとう》あらゆる相談事項《さうだんじこう》を一手《て》に引受《ひきう》けてゐる。また最寄病院《もよりびやういん》よりの依賴《いらい》を受《う》けて、義足《ぎそく》の不自由《ふじいう》をも顧《かへり》みず、若《わか》い傷病兵《しやうびやうへい》の激勵講習《げきれいかうしふ》も相當《さうたう》の回數《くわいすう》を重《かさ》ねてゐる。

三〇一

食料品店を開業して大當り

東京市荏原區[redacted]
一等水兵 勳八等功七級 矢島政雄君

彼《かれ》は昭和《しやうわ》七年《ねん》の上海事變《シャンハイじへん》に特別陸戰隊《とくべつりくせんたい》に編入《へんにふ》され、呉淞砲臺總攻撃《ウースンはうだいそうこうげき》に參加《さんか》、將校斥候《せうかうせきこう》として砲臺附近《はうだいふきん》の敵情偵察中《てきじやうていさつちゆう》に、不幸敵小銃彈《ふかうてきせうじうたん》のために右手《みぎて》の中指《ちゆうし》、環指《くわんし》、示指《じし》、小指《しやうし》に負傷《ふしやう》を蒙《かうむ》り上海臨時陸戰隊病院《シャンハイりんじりくせんたいびやうゐん》で中指、環指の切斷手術《せつだんしゆじゆつ》を受《う》けた。それから內地《ないち》へ後送《こうそう》された矢島《やじま》一等水《とうすゐ》兵《へい》の更生生活《かうせいせいくわつ》には、並々《なみ〳〵》ならぬ意氣《いき》と努力《どりよく》を見逃《みのが》すことは出來《でき》ないが、更《さら》に彼《かれ》の好伴侶《こうはんりよ》たる內《たい》妻《さい》の功《こう》をも見逃《みのが》してはならない。

實業方面に志す

彼《かれ》は小學校尋常科《しやうがくかうじんじやうか》を卒《を》へると早稻田實業學校《わせだじつげふがくかう》に入學《にふがく》し、將來實業方面《しやうらいじつげふはうめん》で身《み》を立《た》てるべく學《まな》び

三〇二

の道《みち》にいそしんでゐたが、突發的《とつぱつてき》な家庭《かてい》の事情《じじやう》によつて、彼《かれ》が三年《ねん》の折《をり》に學校《がくかう》を中途退學《りゆうとたいがく》せねばならなかつた。そして、京橋區小田原町《きやうばしくをだはらちやう》一丁目《ちやうめ》で漬物屋《つけものや》を營《いとな》んでゐる伯父《をぢ》の店《みせ》で手傳《てつだ》ふことになつた。お店大事《みせだいじ》に働《はたら》いてくれる彼《かれ》の眞劍《しんけん》な氣持《きもち》には、伯父《をぢ》の池田德藏氏《いけだとくぞうし》も賴《たの》もしく思《おも》つてゐたといふことである。伯父《をぢ》の店《みせ》で五年間《ねんかん》といふものを彼《かれ》は全《まつた》くよく働《はたら》いた。

徵兵適齡《ちやうへいてきれい》が近《ちか》づくにつれて、海軍《かいぐん》へ進《すゝ》まうといふ氣持《きもち》が次第《しだい》に培《つちか》はれ、彼《かれ》は二十一歲《さい》の時《とき》に水兵《すゐへい》を徵募志願《ちやうぼしぐわん》した。幸《さいは》ひその希望《きばう》は達《たつ》せられて、昭和《しやうわ》五年《ねん》一月《ぐわつ》十日《か》に橫須賀海兵團《よこすかかいへいだん》に入團《にふだん》した。こゝで海軍軍人《かいぐんぐんじん》としての基礎訓練《きそくんれん》を受《う》けることゝなり、彼《かれ》の軍人《ぐんじん》としての第《だい》一步《ぽ》が力強《ちからづよ》く踏《ふ》み出《だ》されたのである。その才腕《さいわん》は認《みと》められて、入團《にふだん》してから三ケ月《げつ》を經《へ》た四月十日《かつか》には、他《た》の者《もの》よりも一ケ月早《げつはや》く普通科信號術練習生《ふつうくわしんがうじゆつれんしふせい》に採用《さいよう》され、卽日《そくじつ》三等水兵《とうするへい》に昇級《しやうきう》、信號術《しんがうじゆつ》に關《くわん》する學科並《がくくわなら》びに實科《じつくわ》を修得《しうとく》したのである。そして、この年《とし》の十二月《ぐわつ》に卒業《そつげふ》すると同時《どうじ》に、軍艦《ぐんかん》「春日《かすが》」に乘組《のりく》み、はじめて海兵《かいへい》として巢立《すだ》つたのであつた。

その後幾回《ごいくくわい》となく乘艦《じやうかん》を轉《てん》じたが、昭和《しやうわ》七年《ねん》二月《ぐわつ》に日支《につし》の關係《くわんけい》やうやく險惡化《けんあくくわ》し、上海《シャンハイ》の情勢《じやうせい》が緊迫《きんぱく》して來《き》たために、同月《どうげつ》一日《じつ》に特別陸戰隊《とくべつりくせんたい》に編入《へんにふ》され、翌々日《よくくじつ》橫須賀軍港《よこすかぐんかう》を出發《しゆつぱつ》し佐世《させ》

三〇三

保《ほ》に入港《にふかう》、更《さら》に驅逐艦《くちくかん》「アサギリ」に轉乘《てんじやう》して、東支那海《ひがししなかい》の荒波《あらなみ》を蹴《け》つて戰雲醞釀《せんうんうんじやう》する上海《シャンハイ》へ急行《きふかう》した。艦中滅死奉公《かんちゆうめつしほうこう》の念《ねん》を堅《かた》うして意氣橫溢《いきわういつ》、七月《ぐわつ》に呉淞沖《ウースンおき》に到着《たうちやく》、直《たゞ》ちに戰鬪準備《せんとうじゆんび》を整《とゝの》へた。

右手に敵彈數個

彼《かれ》は、現在舞鶴海兵團長《げんざいまひづるかいへいだんちやう》をして居《を》られる勝野實《かつのみのる》の指揮《しき》する第《だい》七大隊麾下《だいたいきか》の機銃指揮小隊《きじうしきせうたい》に屬《ぞく》して、金澤第九師團及《かなざわだいしだんおよ》び久留米混成旅團《くるめこんせいりよだん》の上陸作戰《じやうりくさくせん》に協力《けふりよく》するため、呉淞棧橋《ウースンさんばし》に敵前上陸《てきぜんじやうりく》を敢行《かんかう》したのである。敵兵《てきへい》は豫《かね》てより、我《わ》が軍《ぐん》がこの地點《ちてん》に上陸《じやうりく》することを豫期《よき》してゐたものの如く、棧橋《さんばし》に向《むか》つて上陸《じやうりく》を開始《かいし》すると、一齊射擊《せいしやげき》を浴《あ》びせかけて上陸《じやうりく》を阻《はゞ》んだ。このために彼《かれ》の所屬《しよぞく》する大隊《だいたい》五百人中《にんちゆう》五六十名《めい》の負傷者《ふしやうしや》を出《だ》すに至《いた》つたが、勇猛果敢《いうまうくわかん》なる皇軍《くわうぐん》の前《まへ》にはさすがの敵《てき》も抗《かう》し得《え》ず、午後《ごご》三時《じ》には早《はや》くもこの呉淞棧橋《ウースンさんばし》を完全《くわんぜん》に占領《せんりやう》し、七日《か》と八日《か》の二日間《かかん》に無《ぶ》事《じ》に陸軍《りくぐん》の上陸《じやうりく》を完了《くわんれう》せしめた。翌《あく》れば九日上海《かシャンハイ》に引揚《ひきあ》げ、市內《しない》の警備《けいび》や後方人民《こうはうじんみん》の治安確保《ちあんかくほ》に努《つと》めた。その間《あひだ》、敵中央軍《てきちゆうあうぐん》はます〳〵兵力《へいりよく》を增强《ぞうきやう》して挑戰的態度《てうせんてきたいど》を執《と》るので、三月《ぐわつ》一、二の

三〇四

兩日《りやうじつ》に亙《わた》る北四川路《きたせんろ》、四明公署《めいこうしよ》の攻擊《こうげき》に向《むか》つた。次《つ》いで二日《か》の夜《よ》上海《シャンハイ》より呉淞砲臺總攻擊《ウースンはうだいそうこうげき》に加《くは》はることになつた。翌《よく》三日《か》の朝《あさ》、矢島水兵《やじますゐへい》は後藤梅吉小隊長及《ごとううめきちせうたいちやうおよ》び兵曹《へいさう》以下《いか》四名《めい》と共《とも》に、將校斥候《せうかうせきこう》として砲臺附近《はうだいふきん》の中央軍殘敵《ちゆうあうぐんざんてき》を掃蕩《さうたう》しながら前進中《ぜんしんちゆう》、呉淞砲臺前方《ウースンはうだいぜんぱう》三百《びやく》メートルのところで急《きふ》に右手《みぎて》に痺《しび》れを感《かん》じた。何氣《なにげ》なく右手《みぎて》を見《み》ると、手《て》の指《ゆび》が朱《あけ》に染《そま》つてゐるではないか。

「土匪《どひ》どもやりあがつたナ。糞《くそ》!」腕時計《うでとけい》にも血《ち》の沫《しぶき》が飛《と》んで、針《はり》は八時《じ》四十五分《ふん》を示《しめ》して停《とま》つてゐた。突嗟《とつさ》に敵《てき》の小銃彈《せうじうだん》にやられたなと直覺《ちよくかく》したので、左手《ひだりて》で襟飾《えりかざり》を引《ひ》きちぎると素早《すばや》く右腕《みぎうで》を括《くゝ》り、小銃《せうじう》を左手《ひだりて》に持《も》ち替《か》へ、自分《じぶん》の傳令《でんれい》の任務《にんむ》を成《な》し遂《と》げた。そして大隊《だいたい》の前進《ぜんしん》するのを見《み》て、負傷《ふしやう》の手當《てあて》を受《う》けるため單獨《たんどく》で後方《こうはう》に退《さが》り、大隊本部《だいたいほんぶ》から軍艦《ぐんかん》「夕張《ゆふばり》」の病室《びやうしつ》へ赴《おもむ》き、此處《こゝ》で應急《おうきふ》の治療《ちれう》を受《う》けた。同日《どうじつ》の午後《ごご》二時頃《じごろ》、更《さら》にトラックに乘《の》つて夕刻上海《ゆふこくシャンハイ》の臨時陸《りんじりく》戰隊病院《せんたいびやうゐん》に到着《たうちやく》した。この病院《びやうゐん》で指《ゆび》の切斷手術《せつだんしゆじゆつ》を受《う》けることになり、はじめて中指、環指、示指、小指の四本《ほん》を負傷《ふしやう》してゐることが分《わか》つた。今《いま》まで張《は》りつめてゐた氣持《きもち》がどつと崩《くづ》れると同《どう》時《じ》に、急《きふ》に指《ゆび》の痛《いた》みが全身《ぜんしん》に擴《ひろ》がつて行《ゆ》くやうな感《かん》じがした。しかし、「何《なに》が、これしきのことで!」と、彼《かれ》は齒《は》を喰《く》ひしばりながら、傷《きず》の痛《いた》みをじつと我慢《がまん》した。

三〇五

挫ける心に鞭打つて

手術《しゆじゆつ》の結果《けつくわ》中指と環指とを切斷《せつだん》された。それでも病室《びやうしつ》の寢臺《しんだい》の上《うへ》で横《よこた》はりながら、一日《にち》も速《はや》く治癒《ちれう》して再《ふたゝ》び戰線《せんくく》に立《た》たんと焦燥《せうさう》したのであるが、手術《しゆじゆつ》を受《う》けてから三日後《かご》、再《ふたゝ》び治療《ちれう》を受《う》ける時《とき》に自分《じぶん》の負傷《ふしやう》の程度《ていど》を覺《さと》り、一沫《まつ》の悲哀《ひあい》が人生《じんせい》における最《もつと》も悲慘《ひさん》な幻滅感《げんめつかん》となつて犇々《ひしく》と胸《むね》に迫《せま》つて來《く》るのだつた。生《うま》れてこんな心淋《こゝろさび》しさを感《かん》じたことはなかつた。癈人《はいじん》となつてこれからの社會《しやくわい》に生《い》きて行《ゆ》かねばならないのか、一度《ど》は病院《びやうゐん》の三階《がい》の窓《まど》から外《そと》を眺《なが》めて、死《し》を決《けつ》したこともあつた。しかし、自分《じぶん》が死《し》んだ後《のち》の二人《ふたり》の妹《いもうと》や兩親《りやうしん》の將來《しやうらい》のことを考《かんが》へると、自《みつか》らその決心《けつしん》も鈍《にぶ》らずには居《ゐ》られなかつた。

日數《につすう》が經過《けいくわ》するにつれて今《いま》までの興奮《こうふん》も次第《しだい》に薄《うす》れ、將來《しやうらい》の方針《はうしん》について冷靜《れいせい》に考《かんが》へるやうになつた。一家《か》で唯一人《たゞひとり》の男子《だんし》として、兩親《りやうしん》や妹《いもうと》達《たち》のために強《つよ》く社會《しやくわい》に生《い》きて行《ゆ》かねばならぬといふ勇氣《いうき》が、心《こゝろ》の隅《すみ》の何處《どこ》かで頻《しき》りに蠢《うご》めくのである。そして如何《いか》にして將來《しやうらい》の生活《せいくわつ》を確《かく》立《りつ》するか、そんな事《こと》をあれやこれやと思案《しあん》したりした。

その結果《せつくわ》は、入團前《にふだんぜん》に經驗《けいけん》のある食糧品商《しよくりようひんしやう》で立《た》つのが最《もつと》も安全《あんぜん》であらうと考《かんが》へた。しかし現在《げんざい》の負傷《ふしやう》を思《おも》へば力仕事《ちからしごと》も到底及《たうていおよ》ばないと心《こゝろ》が鈍《にぶ》つたが、日《ひ》を逐《お》ふて手術後《しゆじゆつご》の經過《けいくわ》も快癒《くわいゆ》に近《ちか》づき、手《て》の繃帶《ほうたい》がとれるに從《したが》つてまた新《あら》たな勇氣《いうき》が湧《わ》いて來《く》るのであつた。「この位《ぐらゐ》の負傷《ふしやう》が何《な》んだ。戰死《せんし》したもの、もつと大《おほ》きな負傷《ふしやう》した戰友達《せんいうたち》のことを思《おも》つたら、こんなものはものの數《かず》ではないのだ」と勇《ゆう》を鼓舞《こぶ》するのだつた。左手《ひだりて》で覺束《おぼつか》なく書《か》いてゐた兩親《りやうしん》や妹《いもうと》達《たち》への便《たよ》りも、どうやら右手《みぎて》で書《か》けるやうになつたものの、それでもかなりの努力《どりよく》が必要《ひつえう》であつた。指《ゆび》の負傷《ふしやう》を見《み》ては折角《せつかく》の勇氣《いうき》も挫《くじ》けがちで、前途《ぜんと》に光明《くわうめい》を喪《うしな》ふことも決《けつ》して再《さい》三ではなかつた。

馴れた仕事が最適

その後佐世保《ごさせほ》海軍病院《かいぐんびやうゐん》、横須賀《よこすか》海軍病院《かいぐんびやうゐん》へと轉送《てんそう》され、退院《たいゐん》の日《ひ》が近《ちか》づくに從《したが》つて、將來《しやうらい》の方針《はうしん》につき考《かんが》へることが切實《せつじつ》な問題《もんだい》となり、絶《た》えず彼《かれ》の腦裡《のうり》を去來《きよらい》するのであつた。彼《かれ》は矢張《やは》り馴《な》れた食料品商《しよくれうひんせう》で起《た》たうと堅《かた》く決心《けつしん》した。六ケ月餘《げつあまり》の煩悶《はんもん》の連續《れんぞく》であつた病院生活《びやうゐんせいくわつ》も遂《つひ》に訣別《けつべつ》の日《ひ》が來《き》て、同年《どうねん》の九月《かつ》廿四日《か》に免役除隊《めんえきぢよたい》になつた。

除隊後《ぢよたいご》は築地《つきぢ》の父《ちゝ》の許《もと》にあつて、暫《しば》らく靜養《せいやう》をつゞけ、その年《とし》の十二月《ぐわつ》二十七日《にち》に再《ふたゝ》び伯父《をぢ》の店《みせ》の手傳《てつだ》ひに行《ゆ》くこととなり、再起奉公更生《さいきほうこうかうせい》のスタートを切《き》つたのであつた。寒《さむ》さの酷《きび》しい時《とき》など、手術《しゆじゆつ》を施《ほどこ》した指《ゆび》に烈《はげ》しい痛《いた》みを感《かん》ずることも屢《しばく》あつた。しかし、その間《あひだ》森永製菓會社《もりながせいくわくわいしや》々長森永太一郎《くちやうもりながたいちらう》氏《し》を始《はじ》め松崎判三郎《まつざきはんざぶらう》氏《し》、鈴木正基《すゞきまさき》氏《し》等《とう》の方々《かたぐ》の激勵《げきれい》や御世話《おせわ》に預《あづ》かり、或《あるひ》は立志傳《りつしでん》や苦心談《くしんだん》等《とう》を讀《よ》んだり聞《き》いたりして發奮《はつぷん》し、或《あるひ》は自《みつか》ら精神修養《せいしんしうやう》に努《つと》めたお蔭《かげ》で、將來《しやうらい》に對《たい》する心《こゝろ》の裕《ゆと》りと自信《じしん》とが次第《しだい》に生《うま》れて來《く》るやうになつた。そして以前《いぜん》にも倍《ばい》して眞面目《まじめ》によく働《はたら》いた。

當時《たうじ》、伯父《をぢ》の店《みせ》に働《はたら》いてゐる使用人《しようにん》は八人《にん》から居《を》り、店舗《てんぽ》も擴張《くわくちやう》し信用《しんよう》も增《ま》して、海軍省《かいぐんせう》を始《はじ》め、各官廳《かくくわんちやう》の御用《ごよう》を承《うけたま》はるやうになるまでの池田屋《いけだや》の今日《こんにち》の繁榮《はんえい》の基礎《きそ》をつくつたのは、伯父《をぢ》と苦樂《くらく》を共《とも》にして仕事《しごと》に當《あた》つた彼《かれ》の涙《なみだ》ぐましい努力《どりよく》に負《お》ふところが多かつたのである。

このやうにして、店《みせ》は隆盛《りゆうせい》に赴《おもむ》いたのであつたが、昭和《せうわ》十一年《ねん》七月《かつ》二十五日《にち》、彼《かれ》の最《もつと》も頼《たよ》りにしてゐた伯父《をぢ》が不歸《ふき》の客《きやく》となつてしまつた。彼《かれ》は伯父《をぢ》の不慮《ふりよ》の死《し》に遭《あ》つて全《まつた》く落膽《らくたん》してしまひ、暫《しば》らくは唯《た》だ呆然《ばうぜん》として何《なん》の爲《な》すところも知《し》らなかつた程《ほど》である。しかしこの儘過《まゝすご》すわけにも行《ゆ》かないので、更《さら》にこれから先《さき》、彼自身《かれじしん》の身《み》の振《ふ》り方《かた》について適當《てきたう》な對策《たいさく》を講《かう》ぜねばならなかつた。いろ〳〵と思案《しあん》した揚句《あげく》、いよ〳〵獨立《どくりつ》を思《おも》ひ立《た》ち、父《ちゝ》とも相談《さうだん》の上《うへ》でその年《とし》の十二月《ぐわつ》五日《か》に退店《たいてん》した。

これまでは伯父《をぢ》の店《みせ》で働《はたら》いてゐた關係《くわんけい》で、比較的《ひかくてき》自分《じぶん》の我儘《わがまゝ》も通《とほ》つてゐたし、眞《しん》の奉公《ほうこう》の經驗《けいけん》にも乏《とぼ》しかつたので、他家《たけ》に行《い》つて、そこの生活《せいくわつ》と營業狀況《えいげふじやうけう》等《とう》を參考《さんかう》に資《し》するため、翌年《よくねん》の九月《かつ》までそこの店《みせ》へ移《うつ》つて働《はたら》いた。

自力で獨立開店

そして獨立開店《どくりつかいてん》の機運《きうん》も熟《じゆく》し自信《じしん》も出來《でき》てきたので、現在《げんざい》の場所《ばしよ》にある「日《ひ》の丸百貨店《まるひやくくわてん》」内《ない》に食料品店《しよくれうひんてん》を開業《かいげふ》することになつた。開業當時《かいげふたうじ》の資本金《しほんきん》としては、戰傷時《せんしやうじ》の一時賜金《じしきん》千五百圓《ゑん》と除隊後《ぢよたいご》伯父《をぢ》の店《みせ》で働《はたら》いてゐた頃《ころ》に貯金《ちよきん》してあつた五百圓《ゑん》、總計《そうけい》二千圓《ゑん》であつた。このうち支出《しゆつ》したものは敷金《しききん》が百圓《ゑん》、權利金《けんりきん》が三百圓《ゑん》、什器《じうき》諸道具《しよだうぐ》が八百圓《ゑん》、開店《かいてん》に當《あた》つての諸雜費《しよざつぴ》が約《やく》二百圓《ゑん》、商品《しやうひん》は委《ゐ》託販賣《たくはんばい》なので後拂《あとばら》ひ、殘額《ざんがく》は流動資金《りうどうしきん》に當《あ》てた。六、七、八の三日間《かかん》に互《わた》り

三一〇

開店大賣出《かいてんおほうりだ》しを行《おこな》つたが、この三日《か》間《かん》の賣上《うりあげ》は五百圓《えん》であつた。開業當初《かいげふたうしよ》は、鹽物《しほもの》の取引《とりひき》に明《あか》るくなかつたので、四ケ月間《げつかん》ばかり三人《にん》の友人《いうじん》に手傳《てつだ》ひに來《き》て貰《もら》つた。

兎《と》に角《かく》、何《なに》を措《お》いても基礎《きそ》を築《きづ》くことが第一歩《だいぽ》だと思《おも》ひ、薄利多賣主義《はくりたばいしゆぎ》で新鮮《しんせん》なものを賣《う》ることに努《つと》めた。その誠意《せいい》が通《つう》じでか、顧客《こきやく》の顔馴染《かほなじみ》も増《ふ》えて商賣《しやうばい》は日《ひ》に増《ま》し繁昌《はんじやう》して來《き》た。

しかし、算盤《そろばん》を取《と》つて採算《さいさん》をして見《み》ると、よく商品《しやうひん》を捌《は》かせた割《わり》に効果《こうくわ》が薄《うす》いので、その原因《げんいん》を充分調《じうぶんしら》べた結果《けつくわ》、五ケ年間《ねんかん》を一期《き》として商業上《しやうげふじやう》の目標《もくへう》を樹《た》て、これに向《むか》つて進《すゝ》むことに定めた。この策略《さくりやく》が案外順調《あんぐわいじゆんてう》に進行《しんかう》して現在《げんざい》は其《そ》の第二期《だいき》に入《はい》つてゐる。彼《かれ》の商賣上《しやうばいじやう》の熱意《ねつい》は素晴《すば》しいもので、そこには、自分自身《じぶんじしん》の資金《しきん》そのものを以《もつ》て更生《かうせい》し將來《しやうらい》の目標《もくへう》に邁進《まいしん》して他人《たにん》には決《けつ》して迷惑《めいわく》を掛《か》けずにやつて行《ゆ》くといふ、飽《あ》くまで自力本願主義《じりよくほんぐわんしゆぎ》の強《つよ》い信念《しんねん》が宿《やど》つてゐるのである。冬《ふゆ》になつて寒氣《かんき》が酷《きび》しくなると、指《ゆび》の痛《いた》みが烈《はげ》しくなるので、こんな時《とき》には特《とく》に大事《だいじ》を取《と》るやうにしてゐるが、軍人精神《ぐんじんせいしん》の氣慨《きがい》を以《もつ》て、すべて精神力《せいしんりよく》で肉體《にくたい》の苦痛《くつう》を克服《こくふく》して行《ゆ》くのが常《つね》であつた。そして問屋《とんや》での仕入《しい》れから、支拂《しはら》ひ、店《みせ》での販賣《はんばい》に至《いた》るまで彼一人《かれひとり》でやつてゐたが、商賣《しやうばい》が繁昌《はんじやう》するにつれて、一人《ひとり》では手不足《てぶそく》を感《かん》じて來《き》たので、妻帶《さいたい》することに決《き》め、昭和《せうわ》十四年《ねん》の十一月《ぐわつ》二十四日《か》に、現在《げんざい》の妻《つま》を迎《むか》へたのであつた。妻《つま》はよく夫《をつと》の氣持《きもち》を理解《りかい》して、店《みせ》の仕事《しごと》には率先《そつせん》してまめ〳〵じく立働《たちはたら》いてくれる爲《ため》に、妻帶後《さいたいご》における彼《かれ》の心持《こゝろもち》は家事上《かじじやう》にも商賣上《しやうばいじやう》にも安心《あんしん》して一切《さい》を妻《つま》に任《まか》せて置《お》けるので、心《こゝろ》の上《うへ》に充分《ぢうぶん》な裕《ゆと》りが出來《でき》るやうになつた。

彼《かれ》が獨立《どくりつ》してから今日《こんにち》まで約《やく》三ケ年《ねん》、漸《やう》やく社會《しやくわい》の信用《しんよう》もついて、富裕《ふうゆう》とまでは行《ゆ》かなくとも物質的《ぶつしつてき》にも不自由《ふじいう》なく、精神的《せいしんてき》にも惠《めぐ》まれた生活《せいくわつ》を築《きづ》くことの出來《でき》たのは、彼自身《かれじしん》の確固《かくこ》たる信念《しんねん》の上《うへ》に立《た》つ努力《どりよく》は言《い》ふまでもないが、好伴侶《かうはんりよ》たる妻《つま》の內助《ないじよ》の功《こう》を特《とく》に擧《あ》げる必要《ひつえう》があらう。彼《かれ》は努力《どりよく》の人《ひと》である一面《めん》に信仰《しんかう》の人《ひと》でもあつて、傷痍後《しやういご》は毎年《まいねん》缺《か》かさず春秋《しゆんじう》二回《くわい》、伊勢神宮《いせじんぐう》に參拜《さんぱい》して、更生々活《かうせいせいくわつ》に對《たい》する無限《むげん》の感謝《かんしや》を捧《さゝ》げることにしてゐるといふことである。

「傷痍軍人《しやういぐんじん》だといふやうな考《かんが》へを絕《た》えず念頭《ねんたう》に置《お》いて、社會《しやくわい》の同情《どうじやう》を半《なか》ば強制的《きやうせいてき》に惹《ひ》かうとすることは、帝國軍人《ていこくぐんじん》として寔《まこと》に恥《は》づべき事柄《ことがら》だと思《おも》ふ。私《わたくし》は將來《しやうらい》も、自分《じぶん》は傷痍軍人《しやういぐんじん》だといふ意識《いしき》を滅却《めつきやく》して進《すゝ》んで行《ゆ》きたい」と、社會人《しやくわいじん》としての意氣《いき》を昂然《かうぜん》と語《かた》られるのである。

三一一

三一二

兵役免除後も海軍に献身

神奈川縣横須賀市
一等水兵 勳八等　高橋辰之助君

縣知事から表彰

昨秋《さくしう》、全國的《ぜんこくてき》に行《おこな》はれた銃後後援強化週間《じうごこうえんきやうくわしうかん》に、彼《かれ》はその功勞者《こうらうしや》として神奈川縣知事《かながわけんちじ》より左《さ》の如《ごと》く表彰《へうしやう》された程《ほど》、傷痍軍人《しやういぐんじん》の模範《もはん》であると市民《しみん》からも崇《あが》められてゐる。

身ヲ海軍ニ奉ジ、偶々三浦半島攻防演習ニ於テ公務ノタメ負傷シ、退役ス。大正十三年六月、横須賀市廢兵會創立ニ際シテハ、各傷痍軍人宅ヲ歷訪して勸誘ニ力メ、之ヲ結成ス。其ノ間、動モスレバ沈淪弛緩セントスル傷痍軍人ヲシテ克ク之ヲ敎導シ、就職ノ斡旋ニ、生活ノ援護ニ日夜奔走シテ倦マズ、又身ヲ以テ範ヲ垂レ、傷痍軍人ノ素質ノ向上ニ專念シ、之ガ指導ニ當リツツアリ、而カモ各種團體ノ要職ニアリテ日夜銃後ノ完璧ヲ期スルニ力メツツアリ、洵ニ傷痍軍人ノ模範トナスニ足ル。

昭和十四年十月四日

神奈川縣知事　飯沼一省

右《みぎ》の表彰狀《へうしやうじやう》を見《み》てもわかるやうに、彼自身《かれじしん》が傷痍軍人《しやういぐんじん》であるから、銃後傷痍軍人《じうごしやういぐんじん》のために、長濱分會長《ながはまぶんくわいちやう》を扶《たす》けて涙《なみだ》ぐましき活躍《くわつやく》を續《つゞ》けてゐられるのである。

彼《かれ》は兵役免除後《へいえきめんぢよご》、東京主計學校《とうきやうしゆけいがくかう》に入學《にふがく》して簿記《ぼき》を專修《せんしう》し、卒業後《そつげふご》、横須賀鎭守府《よこすかちんじゆふ》の經理課《けいりか》に採用《さいよう》され、爾來《じらい》二十ケ年《ねん》一日《にち》の如《ごと》く精勵《せいれい》、鎭守府內《ちんじゆふない》の模範《もはん》として信用《しんよう》を一身《しん》に集《あつ》めてゐる。

現在《げんざい》、家庭內《かていない》には愛妻《あいさい》と二男《なん》、二女《ぢよ》の圓滿《ゑんまん》な生活《せいくわつ》を送《おく》つてゐる。もつとも三男《なん》、三女《ぢよ》の子福《こふく》であつたが、長男《ちやうなん》と三女《ぢよ》が生後《せいご》一ケ年位《ねんぐらゐ》で夭折《ようせつ》の憂目《うきめ》に遭《あ》つてゐる。長女《ちやうなん》は既《すで》に昨年《さくねん》の春《はる》に縣《けん》立《りつ》横須賀高女《よこすかかうぢよ》を卒業《そつげふ》、二女《ぢよ》また同校《どうかう》の二年《ねん》に在學中《ざいがくちゆう》、二男《なん》は小學《せうがく》四年《ねん》、三男《なん》は五才《さい》で、彼等《かれら》夫婦《ふうふ》は子女敎育《しぢよけういく》に我身《わがみ》を忘《わす》れて專念《せんねん》、その成長《せいちやう》を唯《ゆゐ》一の樂《たの》しみにしてゐる。

三一三

軍國の母子

彼《かれ》は明治《めいぢ》二十六年《ねん》三月《ぐわつ》十八日《にち》、埼玉縣大里郡折原村字折原《さいたまけんおほさとぐんをりはらむらあざをりはら》九六番地《ばんち》で和《わ》十郎《らう》の二男《なん》に生《うま》れ、小學校《せうがくかう》から青年夜《せいねんや》學校《がくかう》に進《すゝ》み、更《さら》に漢學《かんがく》を習得《しふとく》した。長兄《ちやうけい》は幼《よう》にして亡《な》くなつたので、男《をとこ》は後《あと》にも先《さき》にも彼一人《かれひとり》となつてしまつた。それに父《ちゝ》も五人《にん》の幼《をさな》い子供《こども》を殘《のこ》して他界《たかい》してしまつたので、後《あと》に殘《のこ》された母《はゝ》と彼等《かれら》の苦勞《くらう》も一通《とほ》りではなかつた。生來《せいらい》、彼《かれ》は身丈《みだけ》が低《ひく》く、よく友達《ともだち》から冷笑《れいせう》されてゐた。それに憤慨《ふんがい》した彼《かれ》は何《なん》とか人並《ひとなみ》の身丈《みだけ》になりたいものだと、そればかり苦《く》にしてゐた。やがて徴兵適齡《ちやうへいてきれい》に達《たつ》せんとする頃《ころ》に急《きふ》に伸《の》びはじめたので、喜《よろこ》んだのは彼一人《かれひとり》ばかりでない。母《はゝ》の喜《よろこ》びも一方《かた》でなかつた。この分《ぶん》なら大丈夫兵隊《だいぢやうぶへいたい》に行《ゆ》けると思《おも》つた彼《かれ》は、どうせ行《ゆ》くなら海軍《かいぐん》を志願《しぐわん》したいと思《おも》つて、先《ま》づ母《はゝ》に相談《さうだん》したところ、早速快諾《さつそくくわいだく》してくれたので、すぐその手續《てつゞき》をした。

「何《なん》とか首尾《しゆび》よく合格《がふかく》したいものだ。そして俺《おれ》をチビだと云《い》つて嘲弄《てうろう》した奴等《やつら》を喫驚《びつくり》させてやりたい」

さう考《かんが》へた彼《かれ》は「海軍兵採用祈願《かいぐんへいさいようきぐわん》」といふ大《おほ》さな幟《のぼり》を母《はゝ》に拵《こしら》へて貰《もら》ひ、氏神詣《うじがみまゐ》りをやつた。これを見《み》た村人達《むらびとたち》は驚《おどろ》いて、

「あそこの家《うち》では妙《めう》なことをやるものだ。一人息子《ひとりむすこ》を可愛《かはい》いと思《おも》はぬのかしら」

と、ひそ〳〵噂《うはさ》をするのであつた。それもその筈《はず》、當時《たうじ》どこの家《うち》でも、何《なん》とか徴兵《ちやうへい》から遁《のが》れようと、その忌避祈願《きひきぐわん》が多《おほ》かつたからである。それだけに一層人目《そうひとめ》を惹《ひ》いたわけであらう。

やがて待望《たいばう》の徴兵檢査《ちやうへいけんさ》の日《ひ》は來《き》た。ところが身長《しんちやう》一分《ぶ》足《た》らずといふので一言《ごん》の下《もと》に不合格《ふがふかく》と宣《せん》された。その時《とき》の彼《かれ》の失望《しつばう》！　僅《わづ》か身長《しんちやう》一分《ぶ》足《た》らずで不合格《ふがふかく》とは、何《なん》としても殘念《ざんねん》で殘念《ざんねん》で堪《たま》らない。泣《な》いても泣《な》き切《き》れない口惜《くや》しさから、湧然《ゆうぜん》と起《た》ち上《あが》つて軍醫官《ぐんいくわん》に再檢査《さいけんさ》を申出《まをしい》でた。その意氣《いき》に感《かん》じた軍醫官《ぐんいくわん》も遂《つひ》に枉《ま》げてその申出《まをしいで》を聞入《きゝい》れ、再檢査《さいけんさ》の結果《けつくわ》、乙種合格《おつしゆがふかく》といふことになつた。彼《かれ》にとつて甲種合格《かうしゆがふかく》になれなかつたことは不滿《ふまん》であつたが、兎《と》も角《かく》、乙種合格《おつしゆがふかく》といふことで聊《いさゝ》か自分《じぶん》の心《こゝろ》を慰《なぐさ》めながら歸宅《きたく》した。かくして五月《ぐわつ》に入《はい》つたが何《なん》の音沙汰《おとさた》もない。さすがの彼《かれ》の心《こゝろ》も悄沈《せうちん》して來《き》た。と或《あ》る日《ひ》、横須賀海軍團《よこすかかいぐんだん》から一通《つう》の手紙《てがみ》が舞込《まひこ》んだ。封《ふう》を切《き》るのももどかしく開《ひら》いてみると、六月《ぐわつ》一日入團《にちにふだん》せよとの通知《つうち》を受取《うけと》つたのである。その時《とき》の彼《かれ》の

喜《よろこ》びは如何《いか》ばかりであつたらうか、欣喜雀躍《きんきじやくやく》とはこの時《とき》のことであらう。嘗《かつ》て嘲弄《てうろう》した友達《ともだち》の前《まへ》へ出《で》ても肩幅《かたはゞ》を廣《ひろ》くして話《はなし》が出來《でき》た。かくして明治《めいぢ》四十五年《ねん》六月《ぐわつ》一日《にち》、祝入團《しゆくにふだん》の幟《のぼり》も高《たか》らかに横須賀海軍團《よこすかかいぐんだん》の門《もん》を潜《くゞ》つたのであつた。

聯合演習で脊髓打撲傷

入團早々《にふだんさう〳〵》、彼《かれ》は小隊長《せうたいちやう》の前《まへ》に呼出《よびだ》された。

「お前《まへ》は一人息子《ひとりむすこ》じやないか。母親《はゝおや》の承諾書《しやうだくしよ》は確《たし》かゝ？　印判《いんばん》を盗《ぬす》み出《だ》して勝手《かつて》に捺《お》したのじやなからうナ」

「ハイ、確《たし》かに母親《はゝおや》の承諾《しやうだく》を受《う》けたのに間違《まちが》ひありません」

一人息子《ひとりむすこ》の彼《かれ》が海軍《かいぐん》を志願《しぐわん》して來《き》たのに、小隊長殿《せうたいちやうどの》も怪《あや》しく思《おも》つたのである。しかし事實《じじつ》、母親《はゝおや》の正式承認《せいしきしやうにん》を受《う》けてゐることがわかつて、この母子《おやこ》の心掛《こゝろがけ》の立派《りつぱ》なのに感心《かんしん》した。

彼《かれ》が入團中《にふだんちゆう》に母親《はゝおや》が病死《びやうし》したのであるが、その時《とき》も

「若《も》し私《わたし》が死《し》んでも辰之助《たつのすけ》が除隊《ぢよたい》するまでは決《けつ》して報《しら》してはいけない。」

彼《かれ》の軍務《ぐんむ》に支障《ししやう》を來《きた》してはならぬといふ母《はゝ》の心遣《こゝろづか》ひこそ、尊《たふと》いものがある。それがため、彼《かれ》は遂《つひ》に母親《はゝおや》の死目《しにめ》に遭《あ》へなかつたといふ、涙《なみた》ぐましきエピソートが祕《ひ》められてゐる。

從《したが》つて、入團以來《にふだんいらい》彼《かれ》の努力《どりよく》は實《じつ》に眼覺《めざま》しく、終始《しうし》一貫軍務《くわんぐんむ》に精勵《せいれい》したのであつた。たま〳〵日獨間《にちどくかん》に戰端《せんたん》が開《ひら》かれ、當時《たうじ》日英同盟《にちえいどうめい》の誼《よしみ》で、我軍《わがぐん》は聯合國側《れんがふこくがわ》に與《くみ》して、南洋方面《なんやうはうめん》に出動《しゆつどう》した。彼《かれ》もまた軍艦《ぐんかん》「橋立《はしたて》」に便乘《びんじやう》、大正《たいしやう》三年《ねん》十二月《ぐわつ》、運送船《うんそうせん》の無線電信係《むせんでんしんかゝり》として南洋方面《なんやうはうめん》で活躍《くわつやく》したのであつた。約《やく》十ケ月《げつ》の從軍《じゆうぐん》で翌年《よくねん》の十月《ぐわつ》、幸《さひは》ひにも無傷凱旋《むしやうがいせん》して神戸《かうべ》に歸還《きくわん》した。しかるに大正《たいしやう》七年《ねん》の春《はる》に擧行《きよかう》された聯合演習《れんがふえんしふ》に、彼《かれ》は無念《むねん》にも脊髓打撲傷《せきずゐだぼくしやう》を受《う》け、横須賀海軍病院《よこすかかいぐんびやうゐん》のベットに臥《ふ》すこと三ケ月《げつ》、同《どう》六月再《ぐわつふたゝ》び「河内《かはち》」に配屬《はいぞく》されたが、傷痍部《しやういぶ》の疼痛《とうつう》に堪《た》えかねて、またもや同《どう》十月横須賀海軍病院《ぐわつよこすかかいぐんびやうゐん》に入院《にふゐん》する身《み》となつた。こゝで遂《つひ》に手術《しゆじゆつ》を受《う》けることになり、翌年《よくねん》一月《ぐわつ》二十一日兵役免除《にちへいえきめんぢよ》となつて退院《たいゐん》したのであつた。

一旦歸鄕《たんききやう》したものの既《すで》に母《はゝ》も他界《たかい》し、たゞ殘《のこ》るは妹二人《いもうとふたり》である。

「さて、これからどうして身《み》を立《た》てようか？　こんな不具《かたわ》では鋤鍬執《すきくわと》ることも出來《でき》ず、さればと云《い》つて遊《あそ》んでゐるわけにも行《ゆ》かず………」

将來《しやうらい》の身《み》の立《た》て方《かた》について、頭《あたま》の中《なか》はそれで一ぱいであつた。

「俺《おれ》は一家《か》の大黑柱《たいこくばしら》だ。責任《せきにん》ある身《み》が何時《いつ》までもこんな田舎《いなか》にくすぶつてゐては何《なに》も出來《でき》さうにない！　東京《とうきやう》に出《で》て姉夫婦《あねふうふ》の智慧《ちゑ》を借《か》りやう」

さう思《おも》ひ立《た》つた彼《かれ》は、在郷《ざいきやう》一ケ月《げつ》足《た》らずで、後事《こうじ》を妹達《いもうとたち》に頼《たの》み早速上《さつそくじやう》京《きやう》したのであつた。

月給十八圓五十錢

そして姉夫婦《あねふうふ》の下《もと》から東京主計學校《とうきやうしゆけいがくかう》に通《かよ》ひ、簿記《ぼき》を專修《せんしう》、六ケ月《げつ》にして大正《たいしやう》八年《ねん》八月《ぐわつ》卒業《そつげふ》した。間《ま》もなく横須賀鎭守府《よこすかちんじゆふ》の經理部《けいりぶ》に採用《さいよう》されることになつたので、再《ふたゝ》び横須賀《よこすか》に舞戻《まひもど》つた。

すると嘗《かつ》ての海兵團入團中《かいへいだんにふだんちゆう》の下宿先《げしゆくさき》から、

「是非《ぜひ》宅《たく》の娘《むすめ》を迎《むか》へて貰《もら》ひたい」

といふ切《せつ》なる希望《きばう》があつた。これといふのも彼《かれ》の實直《じつちよく》な性格《せいかく》を、かね〴〵見《み》てゐた下宿屋《げしゆくや》の夫婦《ふうふ》のお眼《め》がねに叶《かな》つたからである。しかし彼《かれ》は幸《さいは》ひ就職《しゆしよく》は出來《でき》たが、月給僅《げつきふわづ》かに十八圓《えん》五十錢《せん》といふ心細《こゝろぼそ》いものであつた。もつとも恩給《おんきふ》もあつたが、それも僅《わづ》かに九十圓《えん》で月割《つきわり》七圓《えん》五十

錢合計月收《せんがふけいげつしう》二十六圓《えん》では、とても妻帶《さいたい》しても生活《せいくわつ》は出來《でき》ないと思《おも》つた彼《かれ》は、右《みぎ》の事情《じじやう》を逐《ちく》一話《はな》して辭退《じたい》したが、どうしても貰《もら》つてくれと再三懇望《さいこんもう》され、どうせ妻帶《さいたい》しなければならぬ身《み》だが、お互《たがひ》に氣心《きごころ》の知《し》つてゐるもの同志《どうし》だからといふので、結婚《けつこん》したのである。

ところが月收《げつしう》二十六圓《えん》だから、その生活苦勞《せいくわつくらう》は並大抵《なみたいてい》でなかつた。職工《しよくこう》と違《ちが》つて洋服紳士《やうふくしんし》としての體面《たいめん》を保《たも》つ上《うへ》に、身裝《みなり》にも注意《ちゆうい》しなければならぬし、それに當時《たうじ》は物價《ぶつか》が高《たか》く、いくら節約《せつやく》に節約《せつやく》を重《かさ》ねても、とても月給《げつきふ》だけでは支《さゝ》へ切《き》れず、恩給《おんきふ》で補充《ほじう》してもなほ不足《ふそく》を告《つ》げつゝあつた。そのうち長男《ちやうなん》が生《うま》れ、翌年《よくねん》には長女《ちやうぢよ》が生《うま》れ、間《ま》もなく長男《ちやうなん》が死別《しべつ》するといふ風《ふう》に、それからそれへと出費《しゆつぴ》が重《かさ》なる一方《ばう》であつた。彼《かれ》は當時《たうじ》を追憶《つひおく》し緊張《きんちやう》した態度《たいど》で、

「收入《しうにふ》が少《すく》いのに生活費《せいくわつひ》は倍以上《ばいいじやう》にも達《たつ》したので、どうして生活《せいくわつ》を維持《ゐぢ》して行《ゆ》かうかと考《かんが》へいろ〳〵苦勞《くらう》しましたが、よくもあんな辛抱《しんばう》が出來《でき》たものだつたと、自分《じぶん》のことながら感心《かんしん》してゐます。一汁《じう》一菜《さい》はまだしも、一切《きれ》の澤庵《たくあん》にも窮《きう》したことがあります。とてもお恥《はづか》しいことばかりで御話出來《おはなしでき》ませんよ」

これを聞《き》いて敬服《けいふく》した。彼《かれ》なればこそ當時《たうじ》のあの難關《なんくわん》を突破《とつぱ》し得《え》たのである。好《す》きな酒《さけ》、煙《タバ》

草《コ》も遂《つひ》に生活維持《せいくわつゐぢ》のためには犠牲《ぎせい》にしなければならなかつた。どんな苦勞《くらう》があつても決《けつ》して他《た》の厄介《やくかい》になつてはいけないといふ堅《かた》い信條《しんでう》の下《もと》に、あらゆる艱難辛苦《かんなんしんく》と闘《たゝか》ひ續《つゞ》けて來《き》たのである。幸《さいは》ひ現在《げんざい》では月給《げつきふ》も居殘《ゐのこ》り手當等《てあてとう》を加算《かさん》して百圓近《えんちか》くにもなり、恩給《おんきふ》もまた四百七十六圓《えん》まで增額《ぞうがく》されたので、生活上《せいくわつじやう》の不安《ふあん》は一掃《さう》されたが、子供《こども》の教育《けういく》のために、すべてを擲《なげう》つてその成長《せいちやう》を唯一《ゆゐ》の樂《たの》しみにしてゐる。

逆境《ぎやくきやう》に抗《かう》し飽《あ》くまで闘《たゝか》ひぬくだけの充分《ぢうぶん》な力《ちから》があれば將來《しやうらい》に於《おい》ては必《かなら》ず生活《せいくわつ》を克服《こくふく》することの出來《でき》る機會《きくわい》に惠《めぐ》まれるものである。しかし、これを解決《かいけつ》し得《う》るものはたゞ一つある。それは强固《きやうこ》な意思《いし》である。精神《せいしん》の力《ちから》である。これによつてこそ、彼《かれ》の如《ごと》く安易《あんい》なる生活《せいくわつ》を導《みちび》き出《だ》すことが出來《でき》るのである。

一日一善の實践者

神奈川縣横須賀市
一等兵曹 勳七等　小幡貞三郎君

兄弟揃つて軍籍に

彼《かれ》は陸前松島町《りくぜんまつしままち》の農家《のうか》に生《うま》れ、兄《あに》二人《り》、姉《あね》二人《り》、弟《おとうと》二人《り》、妹《いもうと》三人《にん》の十人兄弟《にんきやうだい》である。彼《かれ》等の兩親《りやうしん》こそ今日《こんにち》における國策型《こくさくがた》の子福者《こふくじや》である。しかも彼等《かれら》男《をとこ》五人兄弟《にんきやうだい》とも軍籍《ぐんせき》にあり、長兄《ちやうけい》、次兄及《じけいおよ》び彼《かれ》の次《つぎ》の弟《おとうと》は陸軍《りくぐん》で、彼《かれ》と末弟《まつてい》が海軍《かいぐん》であるといふ軍國日本《ぐんこくにつぽん》に相應《ふさは》しい家庭《かてい》である。後先《あとさき》が女《をんな》、中《なか》五人《にん》が男《をとこ》で、その眞中《まんなか》が彼《かれ》である。長兄《ちやうけい》は兩親《りやうしん》の膝下《しつか》で農業《のうげふ》に從事《じうじ》してゐるが、長兄《ちやうけい》、次兄《じけい》は歩兵《ほへい》であつたので、兩親《りやうしん》は常《つね》に「日本《につぽん》は海國《うみぐに》だから海軍《かいぐん》にも」との希望《きばう》もあり、彼《かれ》もまたその決心《けつしん》で海軍《かいぐん》を志願《しぐわん》したのであつた。そして大正十年《たいしやうねん》六月《ぐわつ》横須賀海兵團《よこすかかいへいだん》に入《にふ》

團《だん》した。ところが右志願検査後《みぎしぐわんけんさご》、徴兵検査《ちようへいけんさ》を受《う》けたのであるが、これまた甲種合格歩兵《かふしゆがふかくほへい》第《だい》四番《ばん》の籤《くじ》に當《あた》つた。しかし、もと〳〵海兵團《かいへいだん》を希望《きばう》してゐたのであり、入團期《にふだんき》が來《き》たので、最初《さいしよ》の希望通《きばうどほ》り水兵《すゐへい》となつた。

入團後《にふだんご》は水雷戰隊旗艦《すゐらいせんたいきかん》、航空母艦等《かうくうぼかんとう》に配屬《はいぞく》され、それから海軍砲術學校普通科《かいぐんはうじゆつがくかうふつうか》の砲術練習生《はうじゆつれんしふせい》の課程《かてい》を卒《を》へ、驅逐艦《くちくかん》に配屬《はいぞく》された。大正《たいしやう》十五年《ねん》には　皇太子殿下《くわうたいしでんか》北海道《ほくかいだう》、樺太行幸《からふとぎやうかう》に際《さい》し、供奉申上《ぐぶまうしあ》げるの光榮《くわうえい》に浴《よく》した。その後《ご》、海軍人事部《かいぐんじんじぶ》にも勤務《きんむ》したが、再《ふたゝ》び砲術學校《はうじゆつがくかう》に入《い》り高等《かうとう》科砲術練習生《かはうじゆつれんしふせい》の課程《かてい》を卒《を》へ、軍艦《ぐんかん》「青葉《あをば》」乘組《のりくみ》となつた。この間《かん》、艦砲射撃優等賞《かんばうしやげきいうとうしやう》及《およ》び暗號員《あんがうゐん》として通信優等賞《つうしんいうとうしやう》を授與《じゆよ》された模範兵《もはんへい》である。

さればこそ、その後《ご》拔擢《ばつてき》されて海兵團《かいへいだん》の新兵教育係《しんぺいけういくがゝり》となり、更《さら》に練習生《れんしふせい》、補習生《ほしふせい》の陸戰教員《りくせんけうゐん》を命《めい》ぜられた。たま〳〵上海《シヤンハイ》の風雲急《ふううんきふ》を告《つ》ぐるに至《いた》つたので、昭和《せうわ》七年《ねん》二月《ぐわつ》一日《じつ》横須賀《よこすか》特別陸《とくべつりく》戰隊《せんたい》が編成《へんせい》せらるゝや、彼《かれ》は直《たゞ》ちに隊員《たいゐん》として參加《さんか》を願《ねが》ひ出《で》たのである。その時《とき》、

「私《わたくし》は男《をとこ》五人兄弟《にんきやうだい》で、兄《あに》二人《り》は既《すで》に陸軍《りくぐん》で除隊《ぢよたい》となり、現在《げんざい》弟《おとうと》は近衞歩兵《このゑほへい》(少尉)、その下《した》は海軍機關兵《かいぐんきくわんへい》で、私《わたくし》と合《あは》せて三人現役《にんげんえき》に居《を》りますが、弟達《おとうとたち》に遲《おく》れをとつては名折《なをれ》になりますから、今度《こんど》の編成《へんせい》に是非《ぜひ》とも自分《じぶん》も參加《さんか》させて下《くだ》さい」

と懇願《こんぐわん》したのであつた。家庭《かてい》の事情《じじやう》も聞《き》かれたが、

「妻《つま》は實家《じつか》に歸《かへ》つて居《を》りますし、子供《こども》もありませんから、家庭《かてい》のことは何《なに》も心配《しんぱい》はありません。それに今《いま》まで陸戰《りくせん》の教育係《けういくがゝり》をしてゐたが、實戰《じつせん》に際《さい》して如何《いかが》と研究《けんきう》したいと思《おも》ひますから是非《ぜひ》とも戰地《せんち》にやつて下さい」

多數《たすう》の志願者中《しぐわんしやちう》、條件《でうけん》において申分《まうしぶん》ないので直《たゞ》ちに許可《きよか》され、勝野大隊《かつのだいたい》に編入《へんにふ》された。一方《ばう》弟《おとうと》もまた特別志願《とくべつしぐわん》して工作戰員《こうさくせんゐん》として出征《しゆつせい》することになつた。

出陣は男子の本懐

彼《かれ》の部隊《ぶたい》は呉淞《ウースン》の敵前上陸《てきぜんじやうりく》を敢行《かんかう》し、幾轉戰《いくてんせん》の後《のち》、二月《ぐわつ》二十九日《にち》八字橋《じけう》の總攻撃《そうこうげき》において、部下《ぶか》六名《めい》と共《とも》に重要任務《ぢうえうにんむ》を帶《お》びて前進《ぜんしん》また前進《ぜんしん》、敵前《てきぜん》一〇メートルに接近《せつきん》した際《さい》、前方左右《ぜんばうさいう》の三方《ばう》よりM・Gの猛射《まうしや》を浴《あ》び、遂《つひ》に彼《かれ》と共《とも》に他《た》の四名《めい》が重輕傷《ぢうけいしやう》を受《う》け彼《かれ》もここを死場所《しにばしよ》と悲壯《ひさう》な覺悟《かくご》を決《き》め、倒《たふ》れては起《た》ち、起《た》つては倒《たふ》れ、毫《がう》も屈《くつ》せず突撃《とつげき》したのであるが、さすが不屈《ふくつ》の

彼《かれ》も日本刀《につぽんたう》を握《にぎ》る力《ちから》が衰《おとろ》へ、右腹部《みぎふくぶ》の銃創《じうそう》に足《あし》も動《うご》かず、遂《つひ》にその場《ば》に倒《たふ》れ人事不省《じんじふせい》に陷つた。

彼《かれ》は平時《へいじ》新兵《しんぺい》を教育《けういく》する際《さい》も、また出征《しゆつせい》する時《とき》にも「生者必滅云々《せいじやひつめつうんぬん》」といふ佛《ほとけ》の教《をしへ》によつて

「我等《われら》は必《かなら》ず死《し》ぬ時《とき》が來《く》るが、決《けつ》して犬死《いぬじに》をしてはならない。　天皇陛下《てんのうへいか》に捧《さゝ》げたこの五尺《しやく》の小軀《せうく》は五萬尺《まんじやく》の御奉公《ごほうこう》を果《はた》してからでなくては死《し》ねないのだ」

と教《をし》へ、また氣《き》の緩《ゆる》んだ時《とき》は、

「入團《にふだん》する時《とき》のあの感激《かんげき》！　出征《しゆつせい》する時《とき》のあの意氣《いき》！」

を憶《おも》ひ出《だ》せと話《はな》し、彼《かれ》もまたその氣持《きもち》で闘《たゝか》つたのである。新兵《しんぺい》の教育係時代分隊長《けういくがゝりじだいぶんたいちやう》であつた稻本時次郎兵曹長《いなもとときじらうへいそうちやう》（現在横須賀傷痍軍人相談所長）が、先遣隊《せんけんたい》として出發《しゆつぱつ》したのであるが、稻本兵《いなもとへい》曹長《そうちやう》もまた負傷《ふしやう》したことを聞《き》いた彼《かれ》は、その仇《あだ》を打《う》たずに置《お》くものかと自分《じぶん》の負傷《ふしやう》したことが殘念《さんねん》で殘念《ざんねん》で堪《たま》らなかつた。

彼《かれ》は負傷《ふしやう》して四時間後《じかんご》に、野戰病院《やせんびやういん》に收容《しうよう》されたが、その時既《ときすで》に多量《たれう》の出血《しゆつけつ》があつたため、悦《よろこ》んで死《し》んで行《ゆ》く覺悟《かくご》をしてゐた。彼《かれ》は護送《ごそう》される途中《とちう》、救護班《きふごはん》の人達《ひとたち》から、部下《ぶか》の石井兵曹《いしゐへいそう》が壯烈《さうれつ》な戰死《せんし》を遂《と》げたことを聞《き》き、

「何故《なぜ》あの時《とき》、左手左足《ひだりてひだりあし》でもう二〇メートル進《すゝ》み得《え》なかつたのか。彈丸《だんぐわん》を打《う》ちつくしたら銃劍《じうけん》で、銃劍《じうけん》が折《を》れたら手《て》で、手《て》が無《な》くなつたら足《あし》で、足《あし》をとられたら口《くち》で、あゝ！　戰死《せんし》、戰傷《せんしやう》の部下《ぶか》に對《たい》し誠《まこと》に申譯《まうしわけ》がない」と合掌《がつしやう》の手《て》に涙《なみだ》を落《おと》した。

上海《シヤンハイ》の病院《びやういん》で一週間《しうかん》ばかり危篤《きとく》の狀態《じやうたい》にあつた時《とき》、陸戰隊指揮官《りくせんたいしきくわん》をはじめ大《だい》、中《ちう》、小《せう》の各隊《かくたい》長《ちやう》が親《した》しく枕頭《ちんとう》に見舞《みま》はれて、

「よく働《はたら》いてくれた。君達《きみたち》の勇猛果敢《ゆうまうくわかん》な働《はたら》きによつて戰爭《せんさう》はもう終《をは》つた。安心《あんしん》して一日《にち》も早《はや》く癒《なほ》つてくれ、それから君《きみ》の弟《おとうと》を付添《つきそひ》に寄越《よこ》すやう手續《てつゞき》してあるから……」

何《な》んと有難《ありがた》い言葉《ことば》であつたらう。その厚意《かうい》に對《たい》して彼《かれ》は、大君《おほぎみ》のため、國《くに》のため、どうしても再起《さいき》しなければと、たゞ感泣《かんきふ》するばかりであつた。やがて一等機關兵《とうきくわんへい》である弟《おとうと》が病室《びやうしつ》に飛《と》び込《こ》んで來《き》て、彼《かれ》の手《て》を堅《かた》く握《にぎ》りしめながら、

「兄《にい》さん暫《しばら》くでした。遠《とほ》い故國《ここく》を離《はな》れたこの地《ち》で、こんな風《ふう》に再會出來《さいくわいでき》るとは夢《ゆめ》にさへ思《おも》ひませんでした。實《じつ》は小隊長《せうたいちやう》から兄《あに》が戰死《せんし》したと聞《き》かされて驚《おどろ》きました。早速親《さつそくおや》の方《はう》へも通知《つうち》しようと思《おも》つてゐましたが、しかし本當《ほんたう》によく働《はたら》いて下《くだ》さいました」

かくて横須賀《よこすか》海軍病院《かいぐんびやうゐん》に轉院《てんゐん》したのが四月《ぐわつ》二十三日《にち》であつた。更《さら》に八月中旬《ぐわつちうじゆん》には湊海軍病《みなとかいぐんびやう》院《ゐん》に轉《てん》じ、十月《ぐわつ》二十四日《か》に世話《せわ》になつた軍醫官《ぐんいくわん》、看護兵員《かんごへいゐん》、看護婦等《かんごふとう》に心《こゝろ》からの御禮《おれい》を叙《の》べ、兵役免除《へいえきめんぢよ》となつて、實社會《じつしやくわい》に第《だい》一歩《ぽ》を踏《ふ》み出《だ》したのである。

就職に千辛萬苦

「何故《なぜ》あの時《とき》もつと目覺《めざま》しい働《はたら》きをして、あの場《ば》で戰死《せんし》しなかつたか？　これは神樣《かみさま》が自分《じぶん》に御奉公《ごほうこう》が足《た》りないから、更《さら》に一層努力《そうどりよく》せよとの啓示《けいじ》に相違《さうい》ない」

と考《かんが》へた彼《かれ》は、早速《さつそく》八方《ぱう》に手《て》を廻《まは》して就職《しうしよく》の斡旋方《あつせんかた》を頼《たの》み込《こ》んだ。はじめの間《あひだ》は「傷痍軍人《しやうゐぐんじん》だから彼處《あそこ》がよからう、此處《こゝ》がよからう」と云《い》つてくれたが、しかし今日《こんにち》と違《ちが》つてルンペンの多《おほ》い時《とき》であつたので、どこへ行《い》つても片輪者扱《かたわものあつか》ひにされ、誰《だれ》も相手《あひて》にしてくれない。横須賀鎭守府《よこすかちんじゆふ》人事部《じんじぶ》でも方々《はう〴〵》へ斡旋《あつせん》してくれたが、どこも雇《やと》ふところがない。だが、今《いま》これ位《くらゐ》のことで俺《おれ》はくだけてはならない。

「人間五體《にんげんたい》さへ完全《くわんぜん》であれば、精神《せいしん》はどうでもよいのか？　こんな事《こと》では日本精神《につぽんせいしん》は遠《とほ》からずして銹《さび》が出《で》る。五尺四寸六分《しやくすんぶ》、十七貫《くわん》の肉體《にくたい》にM・Gの彈丸《だんぐわん》を受《う》けたとて、精神《せいしん》には罅《ひゞ》も入《はい》つてゐない。俺《おれ》は金《かね》も名譽《めいよ》も望《のぞ》まない。たゞ　天皇陛下《てんのうへいか》の御爲《おんた》め、國《くに》のため、全力《ぜんりよく》をそゝぎ働《はたら》くことが生《い》き殘《のこ》された自分《じぶん》の使命《しめい》なのだ」

と思《おも》ひながら、遂《つひ》に十ケ月《げつ》も職《しよく》もなく過《すご》してしまつた。妻《つま》の家《いへ》に厄介《やくかい》になつて居《ゐ》たが、貯金《ちよきん》も全部《ぜんぶ》拂下《はらひさ》げてしまつた。昭和《せうわ》八年《ねん》六月頃《ぐわつごろ》たま〳〵戰死《せんし》した石井兵曹《いしゐへいそう》の父親《ちゝおや》が、訪《おとづ》れて來《き》て、

「聞《き》けば貴下《あなた》はまだ恩給《おんきふ》も下《さが》らないさうだし、仕事《しごと》もなくて小使錢《こづかひせん》に困《こま》つてゐるとか、僅《わづ》かばかりだが持《も》つて來《き》たから、遠慮《えんりよ》なく受取《うけと》つて貰《もら》ひたい」

と云《い》つて、金《きん》五十圓《えん》持《も》つて來《き》てくれた。何《な》んと有難《ありがた》い心盡《こゝろづく》しであらう。その時彼《ときかれ》は、

「大事《だいじ》な息子《むすこ》さんを、自分《じぶん》の指揮《しき》が惡《わる》かつたために、戰死《せんし》させて申譯《まうしわけ》ないと思《おも》つてゐるのに、金錢的《きんせんてき》の御援助《ごえんじよ》までして頂《いたゞ》いては面目《めんぼく》ありません。御厚意《ごかうい》だけは有難《ありがた》く御受《おう》け致《いた》しますが、これだけはどうしても頂《いたゞ》いて置《お》けませんから、どうぞ惡《あ》しからず……」

と云《い》つて彼《かれ》は極力辭退《きよくりよくじたい》したのであるが、先方《せんぱう》もまた一旦《たんだ》出《だ》したものを、何《な》んと云《い》はうと引《ひき》込《こ》めない。詮方《せんかた》なく彼《かれ》も遂《つひ》にその厚意《かうい》を謝《しや》し甘受《かんじゆ》したのであつた。

さうかうしてゐるうちに、或《あ》る人《ひと》が防火液《ばうくわえき》を發案《はつあん》したのであるが、表面商賣《へうめんしやうばい》は出來《でき》ないといふので、その販賣主任《はんばいしゆにん》に推《お》されたのである。防火藥《ばうくわやく》の販賣《はんばい》は國《くに》のためでもあると思《おも》つた彼《かれ》は、勤勞奉仕《きんらうほうし》の意味《いみ》でそれを引受《ひきう》け、三ケ月《げつ》ほど朝早《あさはや》くから夜遲《よるおそ》くまで外交員《ぐわいかうゐん》三名《めい》と共《とも》に働《はたら》き、一ケ月《げつ》十五圓《ゑん》の俸給《ほうきふ》を受《う》けた。

「給料《きふれう》は自分《じぶん》で決定《けつてい》するものではありません。使用《しよう》する方《はう》で、この人《ひと》ならば何圓《なんゑん》の價値《かち》があると云《い》つて、先方《せんぱう》で決《き》めるものですから、自分《じぶん》は決《けつ》して不平《ふへい》や不滿《ふまん》は申《まう》しません」

何《な》んと麗《うるは》しい言葉《ことば》であり、立派《りつぱ》な心掛《こゝろがけ》であらう。職《しよく》を求《もと》むるものの大《おほ》いに玩味《ぐわんみ》すべき一言《ごん》ではなからうか。

そのうち、横須賀市《よこずかし》屈指《くつし》の資産家《しさんか》の地代《ちだい》、家賃《やちん》、小作料《こさくれう》の集金《しふきん》をしてゐた友人《いうじん》が、滿鐵《まんてつ》に入《にふ》社《しや》することになつたが、その後《あと》を引繼《ひきつ》ぐものがなければ滿洲《まんしう》に行《ゆ》けぬといふので、

「是非僕《ぜひぼく》の後《あと》をやつてくれ」　再三彼《さいかれ》は懇望《こんもう》され、それを快諾《くわいだく》したのであつた。集金《しふきん》と防火藥《ばうくわやく》の販賣《はんばい》、しかし二足草鞋《そくわらじ》ではどうしても十分《ぶん》の仕事《しごと》が出來《でき》ないので、消火液販賣《せうくわえきはんばい》の方《はう》を止《よ》してしまつた。

當時《たうじ》は固定給《こていきふ》三十圓《ゑん》で引受《ひきう》けることになつたが、十年《ねん》四月《ぐわつ》に支配人《しはいにん》が病死《びやうし》したので、それからは彼《かれ》一人《り》で二人分以上《にんぶんいじやう》の成績《せいせき》を擧《あ》げた。現在《げんざい》、貸宅地《かしたくち》、貸家《かしや》、山林《さんりん》、田畑《たはた》は申《まう》すに及《およ》ばず、その家《いへ》の一切《さい》を自分《じぶん》の家《いへ》の心算《つもり》で、雨《あめ》が降《ふ》れば樋《とひ》の埃《ほこ》りを取《と》り、貸家《かしや》の修理《しうり》もやつてやる。砲《ほう》術高等科《じゆつかうとうか》で修得《しうとく》した銅工屋《どうこうや》の眞似《まね》もやる。また土工《どこう》の監督《かんとく》に行《ゆ》けば自分《じぶん》も半天《はんてん》を着《き》てやるといふ風《ふう》に、年《ねん》がら年中體《ねんぢうからだ》に暇《ひま》なく働《はたら》いてゐる。その他《た》、名譽職《めいよしよく》として警防團《けいばうだん》の幹事《かんじ》、傷痍軍人分《しやうゐぐんじんぶん》會《くわい》の幹事《かんじ》、區《く》會《くわい》關係《くわんけい》、青年學校役員《せいねんがくかうやくゐん》、銃後奉公會役員《じうごほうこうくわいやくゐん》、青年調査員《せいねんてうさゐん》、勞務《らうむ》動態調査員等《どうたいてうさゐんとう》七種《しゆ》の役員《やくゐん》に推《お》されてゐる。殊《こと》に警防《けいばう》に關《くわん》する訓練《くんれん》の時《とき》は、新兵教育時代《しんぺいけういくじだい》の氣持《きもち》で、現役軍人以上《げんえきぐんじんいじやう》張切《はりき》つて一生懸命《しやうけんめい》である。先日《せんじつ》も當直《たうちよく》の「火《ひ》の番《ばん》」の老人《らうじん》が風邪《かぜ》で休《やす》んでゐたので、彼《かれ》がその身替《みがは》りに出《で》て働《はたら》いてやつた。その時《とき》、その老人《らうじん》が涙《なみだ》を流《なが》して悦《よろこ》んでくれた。しかし、

「私《わたし》は單《たん》にあなたのためにだけ廻《まは》つたのではなく、區民《くみん》のため、市《し》のため、國《くに》のために、また警防團員《けいばうだんゐん》としての責任上《せきにんじやう》廻《まは》つたのです。何《なに》もあなたから御禮《おれい》を言《い》はれる筋合《すぢあひ》はありません」

自分《じぶん》の行爲《かうゐ》を決《けつ》して恩《おん》にきせることなく、自分《じぶん》の責任上當然《せきにんじやうたうぜん》であると云《い》ふ其《そ》の言葉《ことば》は、何《な》んと氣持《きもち》のよい挨拶《あいさつ》であらう。

しかも彼《かれ》は前夜《ぜんや》十一時頃《じごろ》から不寢當直《ふしんたうちよく》をしたが、朝《あさ》は定刻《ていこく》九時《じ》までにきちんと勤《つと》めに出《で》た。こんなことは傷痍軍人《しやうゐぐんじん》でなくても、誰《だれ》にでも出來《でき》ることではあらうが、多《おほ》くの人《ひと》は「日中働《につちうはたら》いて疲《つか》れてゐるので、一文《もん》にもならないことなんか、誰《だれ》が馬鹿《ばか》らしくて出來《でき》るものか」と一笑《せう》に付《ふ》してしまふのが常《つね》である。

更《さら》に彼《かれ》の感心《かんしん》なことは、現役當時《げんえきたうじ》から「一日《にち》一善《ぜん》」を今《いま》なほ勵行《れいかう》してゐることである。市街《しがい》の平坂《たひらざか》を登《のぼ》る馬力《ばりき》、荷車《にぐるま》、リヤカー等《とう》の後押《あとお》しのやうな些細《ささい》なことにも心《こころ》を配《くば》つてゐる。

「御奉公《ごほうこう》が足《た》りないから、生《い》き殘《のこ》つてゐるのだと思《おも》つて、一日必《にちかなら》ず一善《ぜん》を實行《じつかう》してゐます。どんなつまらないことであつても、よいことであつたら必《かなら》ず實行《じつかう》するやう努《つと》めてゐるのです」

と謙遜《けんそん》して語《かた》るのであつた。

「我等《われら》の同人《どうじん》で、傷痍軍人《しやうゐぐんじん》を名譽《めいよ》の心算《つもり》で鼻《はな》を高《たか》くしてゐる方《かた》もありますが、最後《さいご》の一分間《ぷんかん》でも多《おほ》く御奉公《ごほうこう》の出來《でき》た方《かた》こそ、眞《しん》の名譽《めいよ》であると思《おも》つてゐます。今《いま》や國家《こくか》は我等《われら》傷痍軍人《しやうゐぐんじん》のために、あらゆる優遇《いうぐう》の手《て》をさし伸《の》べてくれてゐることに深甚《しんじん》の感謝《かんしや》をしてゐます。今後《こんご》とも一層修養《そうしうやう》に努《つと》め、銃後國民《じうごこくみん》の一人《にん》として恥《はづ》かしからぬものになりたいと思《おも》つてゐます」と。

上 啓成社の機械製圖場

下 陸軍病院内の繪畫講習

の轉地療養所における
習の白衣勇士

啓成社の洋服科講

啓成社の藤工科講習場

啓成社の履物科

〔綴じ目部分〕熊本の転地療養所における職業補習の白衣勇士

〔下部——原本文字切れ〕

陸軍病院における白衣勇士の後療法

陸軍病院における白衣勇士の後療法

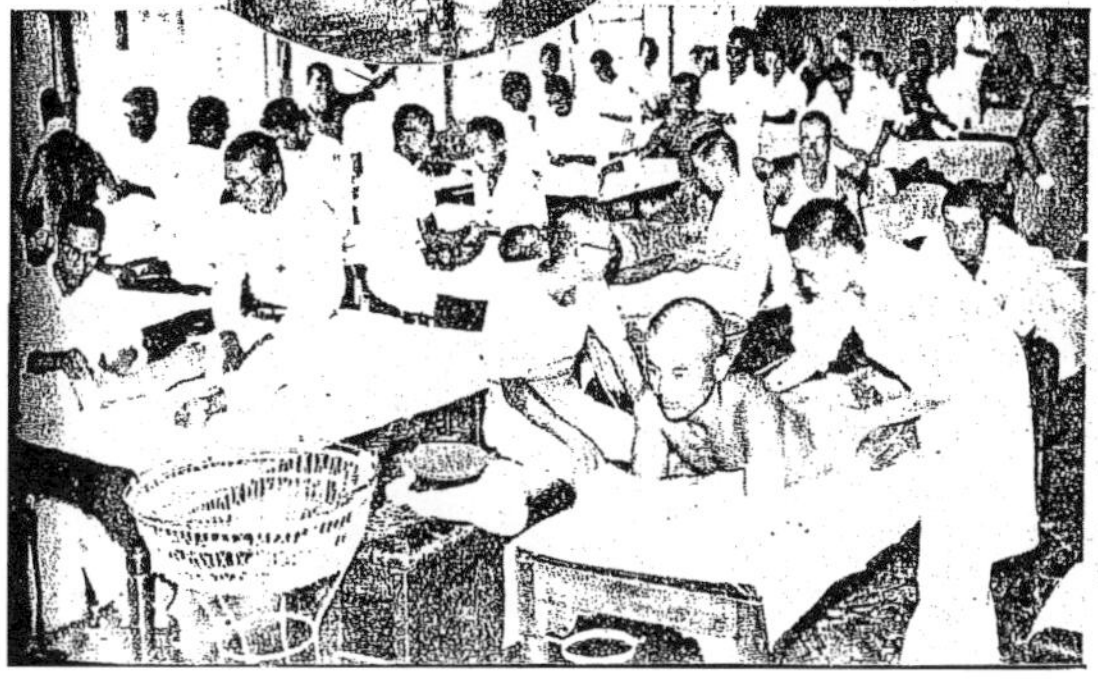

神奈川縣小田原郊外にある傷兵院の展望

失明傷痍軍人大分縣立盲啞學校長の陸軍病院慰問

〔綴じ目部分〕失明傷痍軍人大分県立盲唖学校長の陸軍病院慰問
〔下部――原本文字切れ〕

同上傷兵院内部の一部

失明傷痍軍人寮を訪れた慰問の少女たち

岩手縣立盲啞學校長の講
（失明傷痍軍

愛知療養所における外氣小家

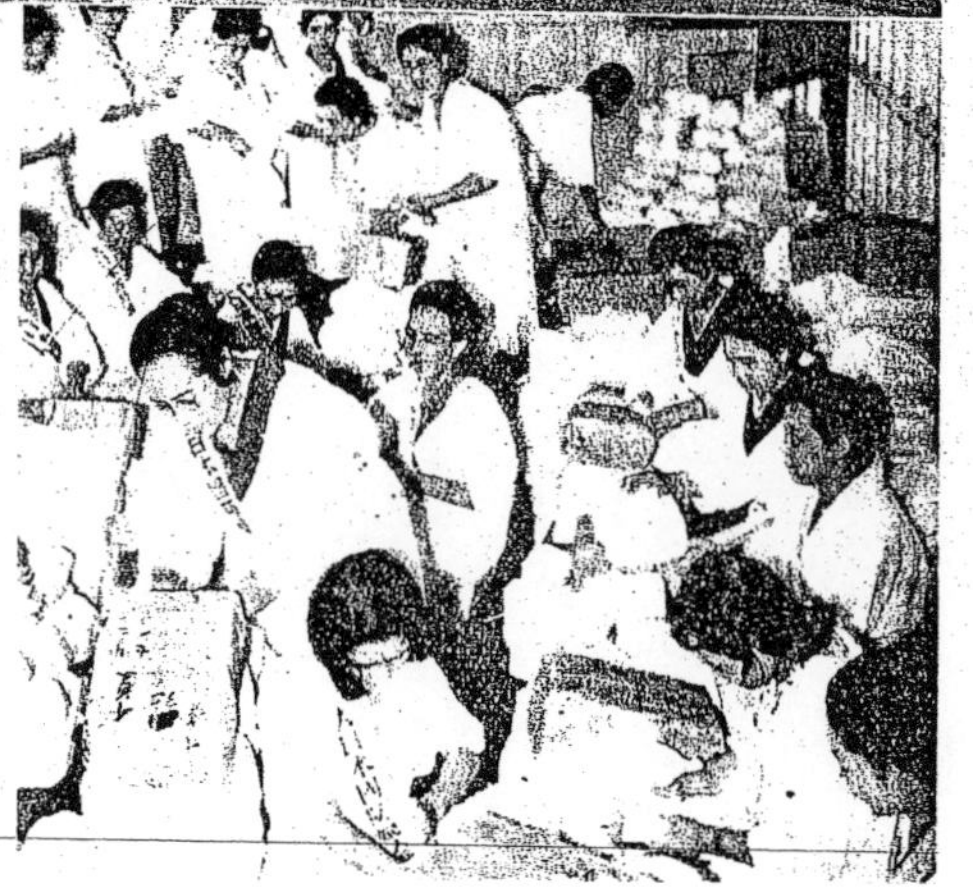

上　隻脚部隊の富士登山出發
右　前線へ前線へと慰問品の發送

隻眼で生活確保のために闘ふ

東京市荏原區
一等機關兵 勳八等　加藤末治君

上海戰で左眼を失ふ

昭和《せうわ》七年《ねん》の上海事變《シヤンハイじへん》に、抗日意識《かうにちいしき》の最《もつと》も強烈《きやうれつ》な第《だい》十九路軍《ろぐん》の包圍陣《はうゐぢん》を撃破《げきは》するために、彼《かれ》は自《みづか》ら進《すゝ》んで決死隊《けつしたい》の一員《ゐん》に加《くは》はつたのである。同勢《どうぜい》十八勇士《いうし》と共《とも》に敵兵《てきへい》と肉彈戰《にくだんせん》を交《まじ》へ、數名《すうめい》を殪《たほ》して更《さら》に敵陣《てきぢん》に潜行肉薄《せんかうにくはく》した時《とき》に、民家《みんか》に潜《ひそ》んでゐた殘存敵兵《ざんぞんてきへい》の死物狂《しにものぐる》ひの抵抗《ていかう》から投《とう》じた手榴彈《しゆりゆうだん》の炸烈《さくれつ》に、隻眼《せきがん》となつた勇士《いうし》加藤末治《かとうすゑぢ》一等機關兵《とうきくわんへい》の今日《こんにち》に到《いた》る更生生活《かうせいせいくわつ》こそ、實《じつ》に迂《う》餘曲折《よきよくせつ》に富《と》んで居《を》り、如何《いか》にして生活《せいくわつ》と苦鬪《くとう》し、悪戰《あくせん》しなければならなかつたか。それは實《じつ》に戰鬪《せんとう》以上《いじやう》に深刻《しんこく》な惨苦《ざんく》の姿《すがた》でもあつた。

三三一

三三二

彼《かれ》は山形縣鶴岡市寶町《やまがたけんつるをかしたからまち》に生《う》れ、同地《どうち》の高等小學校《かうとうせうがくかう》を卒《を》へると、兄《あに》と一緒《しよ》に父《ちゝ》の代《だい》からやつてゐる石工職《いしくしよく》の仕事《しごと》に從事《じうじ》してゐた。將來《しやうらい》は石工職《いしくしよく》で大成《たいせい》するつもりで、毎日石鑿《まいにちいしのみ》と石槌《いしつち》を唯一《ゆゐ》の友《とも》として懸命《けんめい》に働《はたら》いてゐた。

そのうちに適齢《てきれい》となり、徵兵檢査《ちやうへいけんさ》の結果《けつくわ》、海軍機關兵《かいぐんきくわんへい》に採用《さいよう》され、昭和《せうわ》五年《ねん》一月《ぐわつ》横須賀海兵《よこすかかいへい》團《だん》に入團《にふだん》した。六ケ月《げつ》の訓練《くんれん》を受《う》けた後《のち》、二等巡洋艦《とうじゆんやうかん》「多摩《たま》」に乘組《のりく》んだが、一年《ねん》ばかりして補充交替《ほじうかうたい》で再《ふた》び海兵團《かいへいだん》に復歸《ふくき》すると、間《ま》もなく上海《シヤンハイ》に派遣《はけん》され、陸戰隊勤務《りくせんたいきんむ》として昭和《せうわ》七年《ねん》を迎《むか》へた。一月《ぐわつ》二十九日《にち》、上海《シヤンハイ》の緊迫《きんぱく》した空氣《くうき》が頓《とみ》に悪化《あくくわ》し、支那側《しながわ》の挑戰行爲《てうせんかうゐ》が導火線《だうくわせん》となつて、遂《つひ》に日支《につし》の衝突《しやうとつ》が起《おこ》つた。

當時《たうじ》、北停車場附近《きたていしやぢやうふきん》には祭挺楷《さいていかい》の指揮《しき》する第《だい》十九路軍《ろぐん》が堅固《けんご》な陣地《ぢんち》を構築《こうちく》して、我《わ》が陸戰隊《りくせんたい》の陣地《ぢんち》に向《むか》つて熾烈《しれつ》な攻撃《こうげき》を加《くは》へるので、この方面《はうめん》の頑敵《ぐわんてき》を驅逐《くちく》するため、隊員《たいゐん》から決死隊《けつしたい》が募《つの》られた。彼《かれ》(二等機關兵)は自《みづか》ら率先《そつせん》して山中中尉《やまなかちゆうゐ》(現大尉)の指揮下《しきか》に屬《ぞく》し、この決死隊《けつしたい》に參《さん》加《か》した。前面《ぜんめん》には第《だい》十九路軍《ろぐん》の大部隊《たいぶたい》が頑張《ぐわんば》つてゐるので、夜陰《やいん》を利用《りよう》して正面《しやうめん》からの進撃《しんげき》を避《さ》け、北停車場《きたていしやぢやう》の少《すこ》し手前《てまへ》にある舊虹路《きうこうろ》を、鐵道線路《てつだうせんろ》に沿《そ》ひ迂回《うくわい》して進《すゝ》んだ。決死隊《けつしたい》の全員《ぜんゐん》は十八名《めい》で、敵彈《てきだん》と味方《みかた》の銃彈《じうだん》が互《たがひ》に烈《はげ》しく交錯《かうさく》する文字《もじ》通《どほ》りの敵彈雨《てきだんう》飛《ひ》の中《なか》を、鐵兜《てつかぶと》の緒《ひも》を幾回《いくくわい》となく締《し》め直《なほ》しながら、線路《せんろ》について驀地《まつしぐら》に突進《とつしん》、沿線《えんせん》の民家《みんか》に堅陣《けんぢん》を築《きづ》いて抵抗《ていかう》する敵兵《てきへい》を、次《つぎ》から次《つぎ》へと屠《ほう》つては前進《ぜんしん》をつゞけた。

流石《さすが》の敵軍《てきぐん》もこの勢《いきほひ》に辟易《へきえき》したのか、後方《こうはう》の陣地《ぢんち》に退却《たいきやく》して、更《さら》に執拗《しつよう》な抵抗《ていかう》を繰返《くりかへ》して來《き》た。暗《くら》さは暗《くら》し、敵陣地《てきぢんち》と覺《おぼ》しき方向《はうかう》に向《むか》つて手探《てさぐ》るやうにして、進《すゝ》んでは銃撃《じうげき》し、銃撃《じうげき》しては進《すゝ》みしてゐると、敵軍《てきぐん》の退却《たいきやく》して行《い》つた後《あと》に、殘《のこ》つてゐた敵兵《てきへい》が附近《ふきん》の民家《みんか》の中《なか》から投《とう》じたのであらうか、突然《とつぜん》に轟然《がうぜん》たる音《おと》をたてゝ手榴彈《しゆりゆうだん》が炸烈《さくれつ》した。隣《とな》りにゐた二等兵曹《とうへいそう》がバタリ殪《たふ》れたと思《おも》ふ間髪《かんぱつ》を入《い》れず、彼《かれ》もまた顔面《がんめん》に何《なに》かの衝撃《しやうげき》を受《う》け、左眼《さがん》に異様《いやう》な感《かん》じがした。思《おも》はず顔面《がんめん》に手《て》をやると、鮮血《せんけつ》が淋漓《りんり》と眼中《がんちゆう》に流《なが》れこんで來《き》て急《きふ》に視界《しかい》が利《き》かなくなり、世界《せかい》が眞《ま》闇《くら》になつたやうな氣《き》がして其《そ》の場《ば》に殪《たふ》れてしまつた。

入院中に就職は決まつたが

激戰《げきせん》の最中《さいちゆう》とて、暫《しば》らくは身《み》じろぎも出來《でき》ず地面《ちめん》に俯伏《ひれふ》してゐたが、軈《やが》て擔架《せんか》に收容《しうよう》されて

三三三

本部《ほんぶ》の醫務室《いむしつ》に後送《こうそう》され、假治療《かりちれう》を受《う》けた。それから間《ま》もなく北《きた》四川路《せんろ》の福民病院《ふくみんびやうゐん》に轉送《てんそう》され、此處《こゝ》で四日間《かかん》を過《すご》したが、一向傷《かうきず》の痛《いた》みはなく、たゞ眼《め》のあたりの色《いろ》が變《かは》つてゐるのを認《みと》めるに過《す》ぎなかつた。更《さら》にこの病院《びやうゐん》から軍艦《ぐんかん》「龍田《たつた》」で佐世保《させほ》に廻送《くわいそう》され、海軍病院《かいぐんびやうゐん》に二週間《しうかん》を經《けい》過《くわ》し、更《さら》にまた軍艦《ぐんかん》「木曾《きそ》」で横須賀海軍病院《よこすかかいぐんびやうゐん》に轉院《てんゐん》した。此處《こゝ》でいよ〳〵左《ひだり》の眼球《がんきう》を剔出《てきしゆつ》して、義眼《ぎがん》の嵌入手術《がんにふしゆじゆつ》を受《う》け、約半年《やくはんとし》をこの病院《びやうゐん》で治療《ちれう》に專念《せんねん》した。

その間《あひだ》、各方面《かくはうめん》の方々《かた〴〵》が見舞《みま》ひに來《き》て、いろ〳〵と激勵《げきれい》と慰《なぐさ》めの言葉《ことば》を掛《か》けて下《くだ》さつたことには、無量《むりやう》の感謝《かんしや》を覺《おぼ》えた。退院《たいゐん》の日《ひ》が近《ちか》づくに從《したが》つて、同室《どうしつ》の治療者《ちれうしや》の中《なか》には、將來《しやうらい》の方針《はうしん》や退院後《たいゐんご》の就職《しゆうしよく》のことなどについて、頻《しき》りに心配《しんぱい》する者《もの》もゐたが、退院後《たいゐんご》の、彼《かれ》の身《み》の振《ふ》り方《かた》に就《つ》いては親戚《しんせき》の者《もの》が何《なに》かと心《こゝろ》を碎《くだ》き八方奔走《ばうほんそう》してくれた。そして東京市板橋《とうきやうしいたばし》にある某工場《ぼうこうぢやう》の汽罐係《きくわんかゝり》に就職口《しゆうしよくぐち》があるといふので、そこへ斡旋《あつせん》の勞《らう》をとつてくれた。彼自身《かれじしん》も大《おほ》いに希望《きばう》する所《ところ》であつたので、すべて就職《しゆうしよく》のことは親戚《しんせき》の者《もの》に一任《にん》することにした。

これで退院後《たいゐんご》の生活《せいくわつ》には何《なん》の不安《ふあん》もなくなつたので、その年《とし》の八月《ぐわつ》に退院《たいゐん》すると、實《じつ》に悠々《いう〳〵》と氣樂《きらく》な氣持《きもち》で郷里《きやうり》の鶴岡市《つるをかし》に歸《かへ》り、暫《しば》らく閑靜《かんせい》な月日《つきひ》を過《すご》してゐたのである。

ところが、折角親戚《せつかくしんせき》の者《もの》が奔走《ほんそう》してくれた就職口《しゆうしよくぐち》の方《はう》も、その工場主《こうぢやうぬし》が難色《なんしよく》を示《しめ》して、どうやら就職《しゆうしよく》は覺束《おぼつか》ないらしいといふので、今《いま》までのやうに暢氣《のんき》に構《かま》へてゐるわけには行《ゆ》かなくなつた。急《きう》に慌《あは》て出《だ》したが、今更《いまさら》どうするにも方法《はうはふ》がつかなかつた。若《わか》い頃《ころ》から經驗《けいけん》のある石工《いしく》をやるにも、眼《め》の不自由《ふじいう》さは到底《たうてい》それさへ許《ゆる》してはくれなかつた。さうかと言《い》つて、他《ほか》に身《み》についた職業《しよくげふ》とてもない。

「一體《たい》どうしたらよいだらう」

かと全《まつた》く思案《しあん》にくれてしまつた。

啓成社を中途斷念し轉職

その時《とき》ふと思《おも》ひついたのが、横須賀海軍病院《よこすかかいぐんびやうゐん》にゐる頃《ころ》、一度見學《どけんがく》に行《い》つたことのある啓成社《けいせいしや》のことであつた。

「さうだ！　啓成社《けいせいしや》に入《はい》つて何《なに》か職業《しよくげふ》を覺《おぼ》えることにしよう。それには、どういふ方面《はうめん》がよからうか」

いろ〳〵考《かんが》へた揚句《あげく》、履物《はきもの》にしようと定《き》めた。思《おも》ひ立《た》つたが吉日《きちにち》で、早速啓成社《さつそくけいせいしや》への手續《てつゞ》きを濟《す》ませた。

昭和《せうわ》八年《ねん》の元旦《ぐわんたん》を郷里《きやうり》で迎《むか》へた彼《かれ》は、屠蘇《とそ》の香《かほり》もまだ消《き》え去《さ》らない其《そ》の月《つき》の中《うち》に上京《じやうきやう》して啓成社《けいせいしや》に入《はい》り、履物仕上科講習生《はきものしあげくわかうしふせい》として專修《せんしう》することになつた。最初《さいしよ》は履物業《はきものげふ》で將來《しやうらい》の生活《せいくわつ》を確立《かくりつ》する意思《いし》で刻苦精勵《こくくせいれい》したのであつたが、履物屋《はきものや》を開業《かいげふ》するには、相當多額《さうたうたかく》な資本《しほん》が必要《ひつえう》だ。自分《じぶん》のやうに僅《わづ》かな蓄《たくは》へしかない者《もの》には、とても出來《でき》る商賣《しやうばい》ではないといふ考《かんが》へが、次第《しだい》に濃厚《のうこう》になつて來《き》た。その結果《けつくわ》この講習《かうしふ》は三ケ月程《けつほど》で斷念《だんねん》してしまつた。

未《いま》だ生活上《せいくわつじやう》に一の自信《じしん》もつかないのに配偶者《はいぐうしや》を得《え》たが、折《をり》よく事變當時《じへんたうじ》の中隊長《ちゆうたいちやう》であつた山中大尉《やまなかたいゐ》の御世話《おせわ》で、板橋在《いたばしざい》の志村《しむら》にあるインク工場《こうぢやう》に就職《しゆうしよく》があつて、此處《こゝ》で働《はたら》くことになつた。ところが此處《こゝ》の工場《こうぢやう》では、勞働《らうどう》がかなりに烈《はげ》しく、毎日《まいにち》のやうに夜業《やげふ》がつゞいて、深夜《しんや》十一時頃《じごろ》になることも珍《めづら》しくなかつたのである。たゞでさへ不自由《ふじいう》な眼《め》が極度《きよくど》に疲勞《ひらう》するため、それが次第《しだい》に身體《からだ》を蝕《むしば》んで行《い》つた。しかし、生活《せいくわつ》のためには換《か》へられないと思《おも》ひ、無理《むり》とは承知《しやうち》しながらも、我《わ》が心《こゝろ》に鞭打《むちう》ちつゝ朝早《あさはや》く工場《こうぢやう》に出掛《でか》けて夜遲《よるおそ》く歸宅《きたく》するやうな日《ひ》が、幾日《いくにち》もつゞいた。

激務で遂に肋膜炎

遂《つひ》に斯《か》うした無理《むり》な勞働《らうどう》が禍《わざは》ひして、病魔《びやうま》の襲《おそ》ふところとなり、肋膜炎《ろくまくえん》の診斷《しんだん》の名《な》の下《もと》に、病床《びやうしやう》に呻吟《しんぎん》しなければならなくなつた。工場《こうぢやう》の方《はう》も已《や》むなく退職《たいしよく》せねばならなかつた。彼《かれ》が病床《びやうしやう》に臥《ふ》した其《そ》の日《ひ》から、忽《たちま》ち生活《せいくわつ》の脅威《けうゐ》が一家《か》にのしかゝつて來《き》たのである。しかし、どんなに力《りき》んで見《み》たところで、病氣《びやうき》に打克《うちか》てる道理《だうり》はなかつた。醫師《いし》は絶對《ぜつたい》に安靜《あんせい》が必要《ひつえう》だと忠告《ちゆうこく》する。彼《かれ》も今《いま》はすつかり觀念《くわんねん》して、醫師《いし》の言《げん》に服從《ふくじう》するより外《ほか》に途《みち》はなかつた。一日病床《にちびやうしやう》に臥《ふ》せば、それだけ生活上《せいくわつじやう》の重壓《ぢゆうあつ》が増《ま》して行《ゆ》くばかりであつた。

妻《つま》は夜《よ》の目《め》も碌々《ろく〳〵》眠《ねむ》らずに看護《かんご》をして呉《く》れる。親切《しんせつ》にされゝばされるほど、彼《かれ》の心《こゝろ》の中《なか》はますます苦《くる》しくなるばかりであつた。結婚《けつこん》してから日《ひ》も淺《あさ》いのに、妻《つま》にこんな心配《しんぱい》をさせるとは何《な》んといふ不甲斐《ふがひ》ない自分《じぶん》であらうと、床《とこ》の中《なか》で聲《こゑ》にこそ出《だ》さないが、男泣《をとこな》きに心《こゝろ》の中《なか》で泣《な》いても見《み》た。が、所詮致《しよせんいた》し方《かた》はない。妻《つま》は彼《かれ》の心中《しんちゆう》を察《さつ》してか、

三三八

「生活《せいくわつ》のことなど決《けつ》して心配《しんぱい》なさらず、早《はや》く治《なを》つて下《くだ》さい。」

と、いろ〳〵宥《なだ》めてくれては、枕頭《ちんとう》を離《はな》れる暇《いとま》もなく看護《かんご》に盡《つく》して呉《く》れた。これほどまでに親切《しんせつ》にしてくれる妻《つま》の心盡《こゝろづく》しに對《たい》しても、早《はや》く病氣《びやうき》を癒《かほ》さねばならないと彼《かれ》は思《おも》つた。

妻《つま》の眞心《まごころ》が天《てん》に通《つう》じたのであらうか。さしも重態《ぢゆうたい》であつた彼《かれ》の病氣《びやうき》も、薄紙《うすがみ》を剝《は》ぐやうに、日《ひ》一日《にち》と快方《くわいはう》に向《むか》つた。どうやら病床《びやうしやう》も離《はな》れられるやうになつたので、暫《しば》らく靜養《せいやう》がてら鄕《きやう》里《り》の近《ちか》くの湯《ゆ》ノ濱溫泉《はまをんせん》に行《ゆ》き、此處《こゝ》で二週間《しうかん》を送《おく》つたが、身體《からだ》が以前《いぜん》のやうに恢復《くわいふく》に近《ちか》づくにつれて、またもや將來《しやうらい》の生活《せいくわつ》のことが氣《き》になつて來《き》た。湯槽《ゆぶね》に浸《ひた》りながらも、どうしてこれからの生計《せいけい》を樹《た》てゝ行《ゆ》かうかなどと、それぱかりで頭《あたま》の中《なか》が一杯《ぱい》であつた。考《かんが》へても見《み》たが、別《べつ》にこれといふ名案《めいあん》も浮《うか》んで來《こ》ない。身體《からだ》の方《はう》はすつかり良《よ》くなつたが、生計《せいけい》のことについては何《なん》の確算《かくさん》もなく、空《むな》しく歸京《ききやう》したのであつた。

養鶏でまた失敗

家《うち》に歸《かへ》つてからは、今後《こんご》の生活《せいくわつ》について妻《つま》とも相談《さうだん》して見《み》たが、矢張《やは》りこれといふ良《よ》い考《かんが》へ

三三九

が出《で》て來《こ》ない。毎日味氣《まいにちあぢけ》ない日《ひ》を過《すご》すばかりである。この頃《ころ》、はじめて妻《つま》が懷姙《くわいにん》してゐて出產《しゆつさん》も間近《まぢか》に迫《せま》つてゐることが分《わか》り、彼《かれ》の焦燥《せうさう》はます〳〵烈《はげ》しくなるばかりであつた。憂鬱《いううつ》な氣持《きもち》に捉《とら》はれながら、ブラリと戶外《こぐわい》に飛《と》び出《だ》し、近《ちか》くの野原《のはら》へ足《あし》を運《はこ》んだ。

その時《ときの》野原《はら》の中《なか》に、目《め》についたのが鷄舍《けいしや》であつた。如何《いか》にものんびりした風景《ふうけい》に、惹《ひ》きつけられるやうにその鷄舍《けいしや》の方《はう》へ近寄《ちかよ》つて、何百羽《なんば》といふ鷄《にはとり》が金網《かなあみ》の中《なか》で餌《ゑさ》を漁《あさ》つてゐる光景《くわうけい》をつくねんと眺《なが》めてゐた。ふと、これなら勞働《らうどう》も烈《はげ》しくないし、眼《め》の不自由《ふじいう》な者《もの》にだつて出來《でき》て、氣樂《きらく》でよい。一つ養鷄業《やうけいげふ》を始《はじ》めようと思《おも》ひ付《つ》き、家《うち》へ飛込《とびこ》んで妻《つま》にも諮《はか》つて見《み》たところが、贊《さん》成《せい》してくれたので、早速《さつそく》、先刻《せんこく》の鷄舍《けいしや》へ引返《ひきか》し、そこの主人《しゆじん》に會《あ》つて、鷄《にはとり》の飼育法《しいくはふ》や卵《たまご》の孵化《ふくわ》法《はふ》、販賣法《はんばいはふ》などについていろ〳〵と話《はなし》を聞《き》いて見《み》た。

主人《しゆじん》はその經驗《けいけん》の蘊蓄《うんちく》を傾《かたむ》けて、微《び》に入《い》り細《さい》に亙《わた》つて詳《くは》しい事《こと》を敎《をし》へてくれた。そして資《し》本《ほん》も僅少《きんせう》で濟《す》む割合《わりあひ》に、利益《りえき》が比較的大《ひかくてきおほ》きいから、是非《ぜひ》やつて見《み》なさいと熱心《ねつしん》に奬《すゝ》めるので、彼《かれ》も大《おほ》いに乘氣《のりき》になり、その翌日《よくじつ》から直《す》ぐに自分《じぶん》の家《うち》の空地《あきち》に鷄小舍《にはとりごや》を造《つく》つて、四五十羽《ば》の親《おや》鷄《どり》を飼《か》ふことにした。しかし、實際《じつさい》にやつて見《み》ると、難《むつ》かしいもので、決《けつ》して養鷄《やうけい》は我々素人《われ〳〵しろうと》

三四〇

が考《かんが》へてゐるやうな、單純《たんじゆん》で簡單《かんたん》なものでないことが次第《しだい》に分《わか》つて來《き》た。飼育《しいく》が適當《てきたう》でないために、親鷄《おやどり》が死《し》んだり、孵化法《ふくわはふ》の技術《ぎじゆつ》が拙劣《せつれつ》なために、雛鷄《ひなどり》に孵《かへ》る數《すう》が豫想外《よさうぐわい》に少《すく》なかつたり失敗《しつぱい》の連續《れんぞく》であつた。結局飼糧代《けつきよくしりやうだい》に費用《ひよう》が嵩《かさ》んで、生活費《せいくわつひ》を生《う》むどころか、却《かへ》つて每月食《まいつきく》ひこむといふ有樣《ありさま》で、養鷄業《やうけいげふ》では生活《せいくわつ》を確立《かくりつ》する見込《みこ》みと自信《じしん》がなくなり、採算《さいさん》がとれずに三ケ月《げつ》ばかりで養鷄《やうけい》を斷念《だんねん》してしまつた。

勿論恩給《もちろんおんきふ》を當《あ》てにして遊《あそ》んで食《く》ふといふことも出來《でき》ない。その中《うち》に女兒《をんなのこ》が生《うま》れて家族《かぞく》が殖《ふ》えたので、何《なん》とかしなくては家族《かぞく》の者《もの》が皆日干《みなひぼ》しになつてしまふ。夫《をつと》としての責任《せきにん》、父《ちゝ》としての責任上《せきにんじやう》、何《なに》か生計《せいけい》の道《みち》を得《え》なければならない。しかし自分自身《じぶんじしん》の力《ちから》では最早《もはや》打開《だかい》の策《さく》が盡《つ》きてしまつた。この儘《まゝ》では生活《せいくわつ》の苦痛《くつう》がます〳〵加重《かぢゆう》されるばかりである。

轉職に次ぐ轉職

思案《しあん》に餘《あま》つた末《すゑ》、海軍省《かいぐんせう》の人事課《じんじか》に行《い》つて、適當《てきたう》な就職口《しゆうしよくぐち》があつたらと泣《な》きつくやうにして賴《たの》み込《こ》んで見《み》た。人事課長《じんじかちやう》多田大佐《ただたいさ》が八方奔走《ばうほんそう》して下《くだ》さつて、五反田《たんだ》にある傷痍同仁會《しやういどうじんくわい》で封《ふう》

三四一

筒張《とうばり》の仕事《しごと》があるといふので、同會《どうくわい》に御世話《おせわ》になることになつた。仕事《しごと》は機械《きかい》で封筒《ふうとう》を張《は》るのであるが、しかし日給《につきふ》一圓《ゑん》二十錢《せん》で、一日《にち》に八九萬枚《まんまい》もの封筒《ふうとう》を張《は》らねばならず、眼《め》を非常《ひじやう》に使《つか》ふので、眼《め》が疲勞《ひらう》して身體《からだ》にも隨分《ずゐぶん》こたへた。夏《なつ》の暑《あつ》い頃《ころ》には仕事《しごと》の最中《さいちゆう》に、目《め》から目脂《めやに》が出《で》るし、冬《ふゆ》の寒《さむ》い頃《ころ》になると、砂《すな》でも中《なか》に入《はい》つたやうに目《め》がコロ〳〵痛《いた》み出《だ》して、なか〳〵能《のう》率《りつ》が上《あが》らなかつた。しかし生活《せいくわつ》のことを思《おも》ひ、妻《つま》や子供《こども》のことを考《かんが》へると、肉體《にくたい》の苦痛《くつう》などに辟易《へきえき》してはならない自分《じぶん》だと、稍《やゝ》もすると弛《ゆる》みがちな心《こゝろ》の手綱《たづな》を引《ひ》き締《し》めながら、此處《こゝ》で二年《ねん》と五ケ月《げつ》を過《すご》して來《き》たのであつたが、隻眼《せきがん》の者《もの》には到底永《たうていなが》く勤《つと》まる仕事《しごと》ではなかつた。

彼《かれ》も己《おのれ》の力《ちから》のつゞく限《かぎ》り、頑張《ぐわんば》れるだけ頑張《ぐわんば》つて來《き》たのであるが、遂《つひ》に身《み》も魂《たましひ》も消燼《せうじん》しつくして再《ふたゞ》び身體《からだ》の蝕《むしば》まれはじめたことに氣《き》がついた。この前《まへ》の苦《にが》い經驗《けいけん》もあるので、早速多田《さつそくただ》課長《かちやう》の許《もと》に赴《おもむ》いて事情《じじやう》を打明《うちあ》け、新《あら》たな就職口《しゆうしよくぐち》について賴《たの》んでみた。課長《かちやう》もいたく彼《かれ》の苦衷《くちう》に同情《どうじやう》して、いろ〳〵斡旋《あつせん》の勞《らう》を執《と》つて下《くだ》さつた結果《けつくわ》、

「宮内省《くないせう》の御夫《ぎよふう》に就職口《しゆうしよくぐち》があるが、これならば勞働《らうどう》も過激《くわげき》でなくてよからう」

と奬《すゝ》められるので、課長《かちやう》の親切《しんせつ》に感謝《かんしや》しながら、宮内省《くないせう》で働《はたら》かせて貰《もら》うことになつた。此處《こゝ》

では日絶《にっきふ》一圓《ゑん》を頂戴《ちゃうだい》したが、足代《あしだい》に多《おほ》くの費用《ひよう》が掛《か》かり、一ケ月《げつ》の收入《しうにふ》は一家《か》の生計《せいけい》を支《さゝ》へるには、餘《あま》りにも貧弱《ひんじゃく》であつた。

彼《かれ》の苦境《くきやう》を知《し》つた海軍省《かいぐんせう》の斡旋《あつせん》で、現在《げんざい》では海軍技術研究所《かいぐんぎじゅつけんきうじょ》の守衞《しゅゑい》として奉職《ほうしょく》することになり、漸《やうや》く半歳《はんさい》を經《へ》たに過《す》ぎないが、どうやら生活《せいくわつ》の安定《あんてい》もつくやうになつた。

「自分《じぶん》のやうな無力《むりよく》な者《もの》が斯《か》うして生活出來《せいくわつでき》るやうになつたのは、決《けつ》して自分個人《じぶんこじん》の力《ちから》ではなく、上官始《じやうくわんはじ》め、その他《た》の人々《ひとびと》の同情《どうじやう》の賜《たまもの》です。自分《じぶん》の我《わ》が儘《まゝ》から、多《おほ》くの人々《ひとびと》に迷惑《めいわく》をかけ、職《しよく》を轉々《てんてん》しましたが、生活上《せいくわつじやう》の不安《ふあん》がなくなつた今日《こんにち》、殊《こと》に海軍出身《かいぐんしゆつしん》の自分《じぶん》が、海軍關係《かいぐんくわんけい》のこの技術研究所《ぎじゆつけんきうじよ》に職《しよく》を得《え》たことには、大《おほ》きな悦《よろこ》びを感《かん》じてゐるのです。自分《じぶん》は隻眼《せきがん》のために充分《じうぶん》な仕事《しごと》も出來《でき》ず、實《じつ》にお恥《は》づかしい次第《しだい》ですが、幸《さいは》ひに同僚《どうれう》の深《ふか》い理解《りかい》と同情《どうじやう》に助《たす》けられて、愉快《ゆくわい》に働《はたら》けるのは、自分《じぶん》として實《じつ》に嬉《うれ》しく思《おも》つてゐます。ここで自分《じぶん》は始《はじ》めて自分《じぶん》の進《すゝ》むべき方向《はうかう》を見出《みいだ》したやうな氣《き》がします。子供《こども》の教育《けういく》を終《を》へるまで、せめて停年《ていねん》までゞも、此處《こ》で働《はたら》かせて貰《もら》ふ覺悟《かくご》であります」

と、今日《こんにち》までの苦《くる》しさも忘《わす》れたかのやうに、更生生活《かうせいせいくわつ》への所信《しよしん》を彼《かれ》は述《の》べるのである。

人生航路の覇者

神奈川縣横須賀市[redacted]
海軍兵曹長 勳八等 遠藤 仁右衞門君

尼港から歸つて負傷

宮城縣名取郡愛島村《みやぎけんなとりぐんあいじまむら》の農家《のうか》に生《うま》れた彼《かれ》は、小學校《せうがくかう》を卒業《そつげふ》すると鋤鍬《すきくわ》を執《と》つて家業《かげふ》に從事《じうじ》してゐたが、夙《はや》くから海軍軍人《かいぐんぐんじん》に非常《ひじやう》な憧《あこが》れをもつてゐたので、日露戰役《にちろせんえき》の當時《たうじ》、海軍《かいぐん》を志願《しぐわん》したのであつた。ところが生憎不合格《あいにくふがふかく》の憂目《うきめ》を見《み》るに至《いた》つたので、彼《かれ》は地團駄《ぢだんだ》踏《ふ》んで口惜《くや》しがつたが、如何《いかん》とも術《すべ》がなく、そのうち徵兵適齡《ちようへいてきれい》に達《たつ》し漸《やうや》く海軍水兵《かいぐんすゐへい》に合格《がふかく》した。これ天《てん》の與《あた》へと彼《かれ》は雀躍《こをどり》して横須賀海兵團《よこすかかいへいだん》に入團《にふだん》したのであつた。それは明治《めいぢ》四十年《ねん》十二月《ぐわつ》一日《じつ》のことである。

その後《ご》、再《ふた》ゝび服役《ふくえき》して居《を》つたが、その間《かん》、大正《たいしやう》三、四年《ねん》の日獨戰爭《にちどくせんさう》に從軍《じうぐん》し、また大正九年《たいしやう》《ねん》

の春《はる》には、尼港《にかう》の慘虐事件《さんぎやくじけん》が勃發《ぼつぱつ》したので、その冬《ふゆ》カムチヤツカ方面警備《はうめんけいび》のため、特務艦《とくむかん》「關東《くわんとう》」が出航《しゆつかう》することになり、彼《かれ》もまた同艦乘組《どうかんのりく》みを命《めい》ぜられ、九月初旬《ぐわつしよじゆん》に横須賀《よこすか》を出港《しゆつかう》したのであつた。そして同月末《どうげつまつ》に露領《ろれう》カムチヤツカのペトロパウロスクに到着《たうちやく》し、約《やく》八ケ月間冬營《げつかんとうえい》して翌年《よくねん》六月《ぐわつ》に、他《た》の軍艦《ぐんかん》と交代《かうたい》して月末《げつまつ》に横須賀軍港《よこすかぐんかう》に歸還《きくわん》したのであつた。

その後《ご》、艦《かん》の役務《えきむ》も變更《へんかう》したので、冬營準備《とうえいじゆんび》のため搭載《たふさい》した糧食《りやうしよく》、被服等《ひふくとう》を卸《おろ》すことになり、七月《ぐわつ》七日《か》彼《かれ》もその作業《さげふ》に從事《じうじ》した。ところが、その作業中《さげふちう》デリックに跳《は》ね飛《と》ばされて海中《かいちう》に墜落《つゐらく》し、前頭骨複雜骨折《ぜんとうこつふくざつこつせつ》、左上博骨單純骨折《ひだりじやうはくこつたんじゆんこつせつ》、右大腿骨單純骨折等《みぎだいたいこつたんじゆんこつせつとう》の重傷《ぢうしやう》を受《う》け、人事不省《じんじふせい》のまゝ海軍病院《かいぐんびやういん》に收容《しうよう》されたのである。ここで軍醫官等《ぐんいくわんとう》の手厚《てあつ》い治療《ちれう》と看護兵《かんごへい》の看護《かんご》によつて、漸《やうや》く一命《めい》を取止《とりと》めることが出來《でき》たのである。頭部《とうぶ》と左腕《さわん》の傷《きづ》は全治《ぜんち》したが、右足大腿骨折《うそくだいたいこつせつ》は經過《けいくわ》がよろしくないので、いろいろの治療《ちれう》を受《う》けたものの、翌《よく》十一年《ねん》七月《ぐわつ》五日《か》に無念《むねん》にも遂《つひ》に大腿部《だいたいぶ》四寸《すん》ばかりを殘《のこ》して、切斷《せつだん》することになつたのである。その後《ご》は幸《さいは》ひ經過《けいくわ》も良好《りやうかう》で、同年《どうねん》十月《ぐわつ》三十一日《にち》には兵役免除《へいえきめんぢよ》となつて退院《たいいん》したのであつた。

就職の喜びと苦勞

さて病院《びやういん》を出《で》て歸宅《きたく》したのであるが、歩行《ほかう》が甚《はなは》だ覺束《おぼつか》なく、殊《こと》に彼《かれ》の義肢《ぎし》は退院《たいいん》二日前《かまへ》に出來上《できあが》つて來《き》たので、稽古《けいこ》する間《ま》もなく退院《たいいん》したのであるから、歩行《ほかう》は甚《はなは》だ危險《きけん》であり、また裝着部《さうちやくぶ》は僅《わづ》かの歩行《ほかう》でも痛《いた》み出《だ》すといふ有樣《ありさま》で、荏苒《じんぜん》一年半《ねんはん》ばかり歩行稽古《ほかうけいこ》に送《おく》つてしまつた。

そのうち生活《せいくわつ》はだんだん苦《くる》しくなつて行《ゆ》くばかりであるし、將來《しやうらい》の不安《ふあん》も募《つの》る一方《ばう》であつたので、彼《かれ》も漸《やうや》くあせり出《だ》した。

「俺《おれ》は二回《くわい》も實戰《じつせん》に出《で》て身命《しんめい》を的《まと》に働《はたら》いた男《をとこ》ではないか。その當時《たうじ》のことも既《すで》に忘《わす》れて、安逸《あんいつ》を貪《むさぼ》るやうな意氣地《いきぢ》なしでは、これから先《さき》をどうするか。まだ將來《しやうらい》ある若人《わかうど》として、足《あし》一本《ぽん》ないからと云《い》つて、今《いま》から屁古垂《へこた》れてはならぬのだ。さうだ！　まだ俺《おれ》には帝國軍人《ていこくぐんじん》として鍛《きた》えあげた精神《せいしん》は殘《のこ》つてゐるのだ。身《み》を粉《こな》にしても皇恩《くわうおん》に報《むく》ゆるべく、また國家社會《こくかしやくわい》のために、一家《か》のためにも働《はたら》かねばならぬぞ」

と固《かた》く決心《けつしん》した。そして兎角《とかく》、挫《くぢ》けんとする我《わ》が心《こゝろ》に鞭打《むちう》ち、昔《むかし》に倍《ばい》して勇《ゆう》を鼓舞《こぶ》するので

あつた。これを見《み》た家内《かない》の人々《ひとびと》が、

「不自由《ふじいう》な體《からだ》ですもの、何《なに》も無理《むり》せんでも……」

と、引《ひ》き止《と》めるのもきかず、不自由《ふじいう》な足《あし》で、八方手《はうて》を盡《つく》して就職運動《しうしよくうんどう》を試《こゝろ》みたのであつた。

しかし、その當時《たうじ》は軍縮《ぐんしゆく》の後《あと》とて、五體《たい》の健全《けんぜん》なものですら失業《しつげふ》してゐる狀態《じやうたい》であつたので彼《かれ》はたゞ焦慮《せうりよ》するばかりであつた。幸《さいは》ひ大正《たいしやう》十三年《ねん》四月《ぐわつ》、横須賀海軍軍需工場《よこすかかいぐんぐんじゆこうぢやう》に奉職《ほうしよく》させて貰《もら》ふことになつた。通勤《つうきん》するにも最初《さいしよ》一年位《ねんぐらゐ》は、義肢《ぎし》の裝着部《さうちやくぶ》が擦《す》れて痛《いた》み出《だ》し、いろ〳〵苦勞《くらう》が多《おほ》かつた。それでも一旦奉職《たんほうしよく》した以上《いじやう》は、どんな嵐《あらし》の日《ひ》も雪《ゆき》の日《ひ》でも決《けつ》して缺勤《けつきん》してはならぬと精勵《せいれい》したのであつた。

もとより資力《しりよく》はなし、しかも哀《あは》れな不具者《ふぐしや》である。唯正直《たゞしやうぢき》に骨身《ほねみ》を惜《を》しまず、刻苦勉勵《こくくべんれい》することが、彼《かれ》の唯《ゆゐ》一の信條《しんでう》でもあり、資本《しほん》でもあつた。

「仕事《しごと》は事務關係《じむくわんけい》でありましたので、左程《さほど》の苦痛《くつう》はありませんでしたが、一番癪《ばんしやく》に障《さは》つたことは、汽車《きしや》や電車《でんしや》に乘《の》る際《さい》に、あと二、三段線橋《だんせんけう》の階段《かいだん》を昇降《しやうかう》すればホームに出《で》るといふ時《とき》、發《はつ》車《しや》してしまふやうなことが一再《さい》ではありませんでした。その當時《たうじ》は汽車《きしや》の發車回數《はつしやくわいすう》も少《すく》なく、一時間餘《じかんあま》りもホームで待《ま》ちぼけを喰《く》ふことがあつて、つく〴〵片輪者《かたわもの》の不自由《ふじいう》さを味《あぢは》ひました。それから、たま〳〵防火訓練等《ばうくわくんれんとう》の時《とき》、皆《み》んな駈足《かけあし》で作業《さげふ》するのに、悲《かな》しいかな私《わたし》にはそれが出《で》來《き》ませんので身《み》を切《き》られるやうな思《おも》ひが致《いた》しました」

彼《かれ》は當時《たうじ》の苦勞《くらう》を追憶《つゐおく》してこのやうに語《かた》るのであつた。

幸福な生活に感謝

なほ彼《かれ》は今日《こんにち》の幸福《かうふく》な生活《せいくわつ》に對《たい》して、左《さ》の如《ごと》き感謝《かんしや》の言葉《ことば》を述《の》べるのであつた。

「不完全《ふくわんぜん》なる身體《からだ》にも拘《かゝは》らず奉職《ほうしよく》させて戴《いたゞ》き、私《わたし》の一身上《しんじやう》の幸福《かうふく》は勿論《もちろん》、これが幾分《いくぶん》なりとも國家社會《こくかしやくわい》の御役《おやく》に立《た》つかと思《おも》ふ時《とき》、これ皆《みな》皇恩《くわうおん》の有難《ありがた》さと、一般國民《ぱんこくみん》の御同情《ごどうじやう》によることと感謝《かんしや》し、現在《げんざい》の仕事《しごと》を天職《てんしよく》としてます〳〵精勵《せいれい》し、奉公《ほうこう》の誠《まこと》を盡《つく》さんと覺悟《かくご》して居《を》ります」

彼《かれ》は現在月給《げんざいげつきふ》六十九圓《ゑん》であるが、戰時增給等《せんじぞうきふとう》にて一ケ月約《げつやく》九十圓《ゑん》になつてゐる。それに恩給《おんきふ》年額金《ねんがくきん》一千百八十七圓《ゑん》であるから、一ケ月《げつ》の收入《しうにふ》は百八十餘圓《よゑん》に達《たつ》するわけである。就職後《しうしよくご》は恩給金《おんきふきん》に一切手《さいて》をつけてはならぬといふ信條《しんでう》の下《もと》に貯蓄《ちよちく》し、それによつて前記《ぜんき》のところに立派《りつぱ》な家屋《かをく》を新築《しんちく》した。そして一昨年《さくねん》二月《ぐわつ》に宮城縣名取郡愛島村《みやぎけんなとりぐんあいじまむら》から轉籍《てんせき》したのであつた。從《したが》つて生活上《せいくわつじやう》においては最早何等《もはやなんら》の不安《ふあん》もなく、豐《ゆた》かな資產《しさん》を擁《えう》して、人《ひと》も羨《うらや》む和氣《わき》靄々《あいあい》たる家庭《かてい》を營《いとな》んでゐる。

二男《なん》三女《ぢよ》の子福者《こふくじや》であるが、長女《ちやうぢよ》は既《すで》に他界《たかい》し、目下長男《もくかちやうなん》(二十一歲)は神奈川師範《かながはしはん》の二部《ぶ》に在學中《ざいがくちう》であり、次男《じなん》(十七歲)は逗子《づし》の開成中學校《かいせいちうがくかう》四年生《ねんせい》、次女《じぢよ》(十五歲)及《およ》び三女《ぢよ》(十二歲)は小《せう》學校在學中《がくかうざいがくちう》といふやうに、彼等夫婦《かれらふうふ》は子女教育《しぢよけういく》にこれまでの苦勞《くらう》を忘《わす》れて、その將來《しやうらい》を唯《ゆゐ》一の樂《たの》しみに悠々《いうく》と生活《せいくわつ》してゐるので、何《なん》の思《おも》ひ患《わづ》ふこともない幸福《かうふく》な境涯《きやうがい》だ。

不具《ふぐ》の身《み》を以《もつ》て獨立獨步《どくりつどくほ》、幾度《いくど》か躓《つまづ》いては匍《は》ひ上《あが》り、匍《は》ひ上《あが》つては叩《たゝ》きのめされつつも、勇《ゆう》敢《かん》に嵐《あらし》と激浪《げきらう》を乘《の》り切《き》つて來《き》たこの人生航海者《じんせいかうかいしや》の榮《はえ》ある勝利《しようり》よ!

そして、滿洲《まんしう》、上海《シャンハイ》兩事變《りやうじへん》をはじめ、今次《こんじ》の支那事變《しなじへん》が起《おこ》るや、率先《そつせん》して皇軍援助《くわうぐんえんじよ》の愛國運《あいこくうん》動《どう》に携《たづさは》り、また出征軍人《しゆつせいぐんじん》の遺族《ゐぞく》や傷病《しやうびやう》兵救濟《へいきうさい》のために、獻身的《けんしんてき》な盡力《じんりよく》を續《つゞ》け、その涙《なみだ》ぐましい活躍《くわつやく》は界隈《かいわい》の者達《ものたち》から町民《ちやうみん》の模範《もはん》と崇《あが》められてゐる。しかし、彼《かれ》はそんなことには全《まつた》く無《む》頓着《とんちやく》な樣子《やうす》で、それが恰《あた》かも自分《じぶん》の日課《につくわ》でもあるかのやうに每日《まいにち》を過《すご》してゐるのである。

自力で洋服屋を開業

東京市四谷區
三等兵曹 勳八等 安部玄雄君

上海の陸戰で足を負傷

更生《かうせい》の道《みち》を雄々《をゝ》しく濶步《くわつぽ》する安部君《あべくん》は、今日東京《こんにちとうきやう》でも繁華街《はんくわがい》として知《し》られてゐる新宿《しんじゆく》に、堂《だう》々たる洋服店《やうふくてん》を經營《けいえい》してゐる傷痍軍人《しやうゐぐんじん》の一人《にん》である。

彼《かれ》は鄕里福島縣《きやうりふくしまけん》の小學校《せうがくかう》を終《を》へると、家事《かじ》の手傳《てつだ》ひで農業《のうげふ》に從事《じうじ》してゐたが、昭和《せうわ》三年《ねん》二月《ぐわつ》彼《かれ》が十八歲《さい》の時《とき》に海軍水兵《かいぐんすゐへい》を志願《しぐわん》し、六月《ぐわつ》一日《じつ》に横須賀海兵團《よこすかかいへいだん》に入團《にふだん》した。此處《こゝ》で四ケ月《げつ》の訓《くん》練《れん》を受《う》け、同年《どうねん》十月《ぐわつ》二十七日《にち》に當時我《たうじわ》が海軍《かいぐん》の最新銳《さいしんえい》として誇《ほこ》る一等巡洋艦《とうじゆんやうかん》「衣笠《きぬがさ》」乘組《のりくみ》となり、

今上陛下《きんじやうへいか》御大典式《ごたいてんしき》が京都《きやうと》で行《おこな》はせられるので大阪灣警備《おほさかわんけいび》に赴《おも》き、次《つ》いで横濱沖《よこはまをき》での觀艦《くわんかん》

式《しき》に参加《さんか》、その後《ご》驅逐艦《くちくかん》「峯風《みねかぜ》」に轉乘《てんじよう》したが、新驅逐艦《しんくちくかん》の艤裝員豫定者《ぎさうゐんよていしや》として退艦《たいかん》した。

その中《うち》に上海《シヤンハイ》の空氣《くうき》が險惡《けんあく》になつて來《き》て横須賀《よこすか》特別陸戰隊《とくべつりくせんたい》に編入《へんにふ》され、横須賀《よこすか》で約《やく》三ケ月間《げつかん》陸戰隊員《りくせんたいゐん》としての訓練《くんれん》を受《う》けたが、一旦解散《たんかいさん》となつた。ところが、上海《シヤンハイ》の情勢《じやうせい》は刻々惡化《こくくあくくわ》するばかりであつた。このため解散後《かいさんご》十日《か》も經《た》たないうちに、再《ふたゝ》び特別陸戰隊《とくべつりくせんたい》が復活《ふくくわつ》されて、彼《かれ》もこの隊《たい》に編入《へんにふ》され、一月《ぐわつ》二十九日《にち》に航空戰隊《かうくうせんたい》に便乘《びんじよう》して、横須賀《よこすか》を出港《しゆつかう》し上海《シヤンハイ》に直行《ちよくかう》した。翌《よく》三十日《にち》に上海沖《シヤンハイおき》に到著《たうちやく》し、戰鬪準備《せんたうじゆんび》を整《とゝの》へた。翌《あく》る二月《ぐわつ》一日に揚子江《やうすかう》を遡《さかのぼ》つて黄浦江《くわうほかう》に入《い》り上海市大阪商船埠頭《シヤンハイしおほさかしやうせんふとう》に敵前上陸《てきぜんじやうりく》を敢行《かんかう》し、一大隊《だいたい》は愛國女學校《あいこくぢよがくかう》へ、彼《かれ》の屬《ぞく》する二大隊《だいたい》はトラックに分乘《ぶんじよう》して、先行《せんかう》の三大隊《だいたい》の部署《ぶしよ》に參加《さんか》し、警備《けいび》に就《つ》いた。

この夜《よ》、呉淞路《ウースンろ》方面《はうめん》において前哨戰《ぜんせうせん》が展開《てんかい》され、この戰鬪《せんたう》に參加《さんか》した。翌《よく》三日《か》の晝頃《ひるごろ》、彼《かれ》は將校《しやうかう》以下《いか》九名《めい》に加《くは》はり、將校斥候《しやうかうせきかう》として敵狀偵察《てきじやうていさつ》に赴《おもむ》き、分擔區域《ぶんたんくゐき》の偵察《ていさつ》を終了《しうれう》して、斥候全員《せきかうぜんゐん》本隊《ほんたい》へ引返《ひきかへ》すため、歸路《きろ》を迂廻《うくわい》して他部隊《たぶたい》を通過《つうくわ》せんとした際《さい》、その部隊《ぶたい》の者《もの》より、

「前面《ぜんめん》の寺院《じいん》から敵彈《てきだん》が飛來《ひらい》するから偵察《ていさつ》せよ」

との命令《めいれい》を受《う》けた。その場《ば》から斥候全員《せきかうぜんゐん》は更《さら》に前進《ぜんしん》して、その寺院《じいん》の建物《たてもの》の內部《ないぶ》を隈《くま》なく偵察《ていさつ》し、一方《ぱう》の出口《でぐち》に當《あた》る狹小《けふせう》な門《もん》を開《ひら》いて、小隊長《せうたいちやう》、分隊下士《ぶんたいかし》と共《とも》に、全員《ぜんゐん》の先頭《せんとう》に立《た》つて寺院《じいん》の外《そと》に出《で》ようとした瞬間《しゆんかん》、側面《そくめん》から突然敵《とつぜんてき》の機銃射擊《きじうしやげき》に遭《あ》ひその場《ば》に殪《たふ》れてしまつた。

生死の境を彷徨

戰友《せんいう》の背中《せなか》に負《を》はれて本隊《ほんたい》に戻《もど》る途中《とちう》、足《あし》の自由《じいう》が利《き》かないので、始《はじ》めて敵《てき》の機銃彈《きじうだん》に足《あし》をやられたなと氣《き》がついた。そしてその時戰友《ときせんいう》から、小隊長《せうたいちやう》や分隊下士《ぶんたいかし》も彼《かれ》と亦同《またおな》じやうに足部《そくぶ》に負傷《ふしやう》したことを聞《き》いて知《し》つた。本隊《ほんたい》に收容《しうよう》されると、直《す》ぐにトラックで搬《はこ》ばれて上海《シヤンハイ》の日本人《にっぽんじん》倶樂部《くらぶ》の經營《けいえい》にかゝる病院《びやういん》に入院《にふいん》し、その夜《よ》に至《いた》り治療《ちれう》を受《う》けた。

三發《ばつ》の敵機銃彈《てききじうだん》を蒙《かうむ》り、右下腿貫通銃創複雜骨折《みぎかたいくわんつうじうそうふくざつこつせつ》、右大腿軟部貫通銃創《みぎだいたいなんぶくわんつうじうそう》、左足部貫通銃創複雜骨折《さそくぶくわんつうじうそうふくざつこつせつ》といふ極《きは》めて複雜《ふくざつ》な病名《びやうめい》が附《ふ》せられた。治療《ちれう》を受《う》ける際《さい》には意識《いしき》なく、治療後《ちれうご》の三日《か》間《かん》といふものは意識朦朧《いしきもうろう》のうちに彷徨《はうくわう》してゐた。この期間《きかん》を經過《けいくわ》して、意識《いしき》が恢復《くわいふく》するに隨《したが》つて傷《きず》の痛《いた》みを覺《おぼ》えるやうになり、時《とき》には烈《はげ》しい苦痛《くつう》を訴《うつた》へることもあつた。戰傷者《せんしやうしや》の續出《ぞくしゆつ》で係《かゝり》の醫員《いゐん》も治療《ちれう》に大多忙《だいたばう》を極《きは》め、一週間《しうかん》の入院生活中繃帶《にふいんせいくわつちうほうたい》を交換《かうくわん》したのはたゞ一回《くわい》きりで、全《まつた》く苦痛《くつう》の連續《れんぞく》であつた。

二月《ぐわつ》十一日《にち》に特務艦《とくむかん》で佐世保《させほ》に後送《こうそう》され海軍病院《かいぐんびやういん》に轉院《てんいん》し、こゝで骨片《こつへん》を除去《ぢよきよ》するための手術《しゆじゆつ》を受《う》けたが、この時《とき》には激烈《げきれつ》な痛《いた》みを感《かん》じた。こんなに苦《くる》しむならば寧《むし》ろ死《し》んでしまつた方《はう》が樂《らく》だと思《おも》つた位《くらゐ》で、果《はた》して自分《じぶん》は死《し》ぬのか生《い》きるのか、それさへ疑《うたが》はれる程《ほど》であつた。

この病院《びやういん》の下科部長《げかぶちやう》は傷痍軍人《しやうゐぐんじん》の將來《しやうらい》について非常《ひじやう》に心《こゝろ》を配《くば》られ、彼《かれ》に對《たい》しても啓成社《けいせいしや》に入《はい》つて職業《しよくげふ》の基礎《きそ》を學《まな》び、將來《しやうらい》の方針《はうしん》を確立《かくりつ》してはどうかと、再《さい》三再《さい》四熱心《ねつしん》に奬《すゝ》めてくれたのであるが、その頃《ころ》の彼《かれ》は自分《じぶん》の生死《せいし》といふことで考《かんが》へが一杯《ぱい》であつたために、未《いま》だ身《み》の振《ふ》り方《かた》などについて考《かんが》へてゐる餘裕《よゆう》などある道理《だうり》がなかつた。下科部長《げかぶちやう》の折角《せつかく》の心《こゝろ》からなる親切《しんせつ》な言葉《ことば》も彼《かれ》の耳《みゝ》には入《はい》らなかつたのである。

その中《うち》に、足《あし》の痛《いた》みも大分薄《だいぶうす》れ、陽春《やうしゆん》の光《ひかり》が病室《びやうしつ》の窓《まど》に洩《も》れる季節《きせつ》となり櫻花《あうくわ》が綻《ほころ》ぶ頃《ころ》になつて、やうやく自分《じぶん》は生《い》きられたといふ現實《げんじつ》の悅《よろこ》びが蠢《うごめ》き出《だ》したのである。天長節《てんちやうせつ》の翌日《よくじつ》、彼《かれ》にとつて忘《わす》れることの出來《でき》ない思《おも》ひ出《で》の地《ち》、横須賀《よこすか》の海軍病院《かいぐんびやういん》に轉院《てんいん》することゝなつた。彼《かれ》はこゝで始《はじ》めて蘇生《そせい》したやうな氣《き》がした。

身の振り方に迷ふ

横須賀《よこすか》海軍病院《かいぐんびやういん》に轉院《てんいん》してからは、足《あし》の痛《いた》みも餘《あま》り感《かん》じなくなつた。だが、まだ歩行《ほかう》出來《でき》るまでには全癒《ぜんゆ》してゐなかつたので、ベッドの上《うへ》に横臥《わうぐわ》しながら、退屈《たいくつ》な儘《まゝ》にいろ〱なことを考《かんが》へた。日數《にっすう》が經《た》つて退院《たいいん》の日《ひ》が接近《せつきん》するにつれて、將來《しやうらい》の方針《はうしん》についても考《かんが》へざるを得《え》なくなつて來《き》た。

「一體《たい》これから先《さき》どうすればよいのか。たとへ、この足《あし》が癒《なほ》つたところで、以前《いぜん》のやうに歩《ある》くことは到底覺束《たうていおぼつか》ないに相違《さうい》ない。自分《じぶん》のやうな身體《からだ》の不完全《ふくわんぜん》な人間《にんげん》に一人前《にんまへ》の仕事《しごと》が出來《でき》よう筈《はず》はない。さうかと云《い》つて、恩給《おんきふ》だけでは遊《あそ》んで食《く》つて行《ゆ》けさうにもない。結局《けつきよく》、社會《しやくわい》の落伍者《らくごしや》として一生《しやう》を終《を》らねばならぬのか」

そんなことを考《かんが》へると、一沫《まつ》の不安《ふあん》と焦燥《せうさう》とが、彼《かれ》の五體《たい》を頻《しき》りにさいなむのであつた。

その時《とき》、ふと彼《かれ》の頭《あたま》を掠《かす》めたものがあつた。それは外《ほか》でもない。佐世保《させほ》の海軍病院《かいぐんびやういん》にゐた頃《ころ》耳《みゝ》にも留《と》めなかつた下科部長《げかぶちやう》の言葉《ことば》が胸中《きやうちう》に蘇《よみがへ》つたのである。

「あゝ！　さうだ啓成社《けいせいしや》に入《はい》らう。そして職業《しよくげふ》の再教育《さいけういく》を受《う》けよう。それにしても、職業《しよくげふ》はどんなのを選《えら》んだらよからうか。さうだ子供服《こどもふく》がよからう。子供《こども》の愛《あい》に惹《ひ》かされて親《おや》は大抵《たいてい》子供《こども》の言《い》ひなりになるものだ。子供服《こどもふく》こそ最《もつと》も將來性《しやうらいせい》のある仕事《しごと》だ」

心中《しんちう》ひそかに北叟《ほくそ》微《え》んでも見《み》たが、その後《あと》から新《あら》たな不安《ふあん》が湧《わ》いて來《く》るのだつた。

「子供服《こどもふく》と婦人服《ふじんふく》とは附《つ》きものだ。して見《み》ると結局《けつきよく》、子供服《こどもふく》は婦人服《ふじんふく》の領分《りやうぶん》だ。これでは我々《われ〳〵》のやうな男子《だんし》、殊《こと》に洋服《やうふく》には全然《ぜんぜん》素人《しろうと》の自分《じぶん》には望《のぞ》めない相談《さうだん》だ。矢張《やは》り男《をとこ》にも出來《でき》る紳士服《しんしふく》專門《せんもん》の方《はう》が適當《てきたう》に違《ちが》ひない」

こんなことを繰返《くりかへ》し〳〵考《かんが》へながら、數日《すうじつ》を過《すご》した。最後《さいご》の斷案《だんあん》は遂《つひ》に紳士服《しんしふく》にきめることにした。そこで、いよ〳〵啓成社《けいせいしや》入《い》りを決心《けつしん》したのである。

それにつけても、佐世保《させほ》海軍病院《かいぐんびやういん》の下科部長《げかぶちやう》の親切《しんせつ》な言葉《ことば》を素直《すなほ》に受《う》け容《い》れなかつた自分《じぶん》の淺薄《せんぱく》さを、今更《いまさら》のやうに後悔《かうくわい》せずには居《ゐ》られなかつた。しかし、最後《さいご》の決心《けつしん》が定《さだ》まると、今《いま》までの精神上《せいしんじやう》の惱《なや》みは忽《たちま》ちに解消《かいせう》して、身《み》も心《こゝろ》も輕々《かろ〴〵》と何《なん》の蟠《わだかま》りもなかつた。善《ぜん》は急《いそ》げとばかりに、啓成社《けいせいしや》の方《はう》へは萬事《ばんじ》病院《びやういん》に一任《にん》して、病院《びやういん》から手續《てつゞき》を取《と》つて貰《もら》ふことにした。歩行《ほかう》はま

だ困難《こんなん》であつたが、靜養《せいやう》のため横須賀《よこすか》から通《かよ》つてゐる便船《びんせん》に乘《の》つて靜岡縣《しづをかけん》の湊《みなと》に赴《おもむ》き、此處《こゝ》の海軍病院《かいぐんびやういん》に居《ゐ》て暫《しばら》く轉療《てんれう》することになつた。

啓成社で再教育を受く

十一月《ぐわつ》十日《か》に同病院《どうびやういん》を退院《たいいん》することになり、同時《どうじ》に兵役免除《へいえきめんぢよ》となつたので、一旦《たん》郷里《きやうり》の實家《じつか》である兄《あに》の家《いへ》に歸《かへ》つて靜養《せいやう》した。そして翌年《よくねん》の一月《ぐわつ》に上京《じやうきやう》し、横須賀《よこすか》海軍病院《かいぐんびやういん》からすべての手續《てつゞき》を濟《す》ませて貰《もら》つてゐた啓成社《けいせいしや》に入《い》り、ミシン科《か》講習生《かうしふせい》として洋服業《やうふくげふ》の基礎《きそ》について學《まな》ぶことになつた。

素人《しろうと》が職業《しよくげふ》を得《え》て生活《せいくわつ》の道《みち》を樹《た》てるには、寔《まこと》に有難《ありがた》い施設《しせつ》ではあるが、一年半《ねんはん》の修得期間《しうとくきかん》に最《もつと》も切實《せつじつ》に感《かん》じたことは、朝夕《あさゆふ》の日課《につか》として定《さだ》められてゐる掃除《さうぢ》であつた。彼《かれ》の足《あし》の傷《きず》は外觀《ぐわいくわん》はさほどでなくとも、烈《はげ》しく動《うご》かすと痛《いた》みを伴《ともな》ふので、この朝夕《あさゆふ》の掃除《さうぢ》は耐《た》えられないほど辛《つら》かつたさうである。この點《てん》、傷痍軍人《しやうゐぐんじん》に對《たい》しては同情《どうじやう》と理解《りかい》を持《も》つて臨《のぞ》まれたいと感《かん》じたことも往々《わう〳〵》あつたと彼《かれ》は述懷《じつくわい》してゐる。

啓成社《けいせいしや》で一年半《ねんはん》の講習《かうしふ》を終《を》へて、いよ〳〵實社會《じつしやくわい》に乘出《のりだ》すことになつたが、これだけの技倆《ぎりやう》で自營《じえい》はとても覺束《おぼつか》ないので、實際《じつさい》に洋服店《やうふくてん》で働《はたら》く旁《かたは》ら、一層《そう》腕《うで》を磨《みが》くつもりで彼《かれ》は市内《しない》目黒《めぐろ》のK洋服店《やうふくてん》に勤《つと》めることとなつた。この間《かん》、屢々《しば〳〵》足《あし》が痛《いた》むので苦《くる》しみに耐《た》へられないことがあつた。この店《みせ》では、彼《かれ》が傷痍軍人《しやうゐぐんじん》だといふところから、同情《どうじやう》の念《ねん》を以《もつ》て何《なに》かにつけ親切《しんせつ》にして呉《く》れる者《もの》もゐたが、若《わか》い頃《ころ》からこの店《みせ》に勤《づと》めてゐる者達《ものたち》からは、寧《むし》ろ

「生半可《なまはんか》な腕《うで》で、洋服職人《やうふくしよくにん》にならうなどとは、笑止《せうし》の限《かぎ》りだ」

と云《い》はんばかりに、蔑《さげす》みの眼《め》で冷遇《れいぐう》する者《もの》もあつた。これが傷痍軍人《しやうゐぐんじん》に對《たい》する代償《だいしやう》かと激《はげ》しい憤《いきどほ》りに驅《か》られることもあつたが、確《たし》かに技倆《ぎりやう》においては、短《みじ》かい期間《きかん》での即製修得《そくせいしうとく》の者《もの》には長年實地《ながねんじつち》に鍛《きた》へ上《あ》げられて來《き》てゐる者《もの》と太刀打《たちう》ちの出來《でき》るわけはなかつた。しかし、折角目的《せつかくもくてき》を立《た》てゝやつて來《き》たことだから、この儘放棄《まゝはうき》するのは如何《いか》にも殘念《ざんねん》である。

「矢張《やは》り自分《じぶん》は飽《あ》くまで洋服業《やうふくげふ》で進《すゝ》んで行《ゆ》かう」

斯《か》う考《かんが》へた時《とき》、新《あら》たな勇氣《ゆうき》が勃然《ぼつぜん》と起《おこ》つて來《く》るのであつた。

「よし、やるぞ！」

さう決心《けつしん》がつくと、彼《かれ》は潔《いさぎよ》くK洋服店《やうふくてん》を退店《たいてん》したのであつた。

斷乎獨立自營

退店後《たいてんご》は、四谷《や》にゐる兄《あに》の家《いへ》に寄遇《きぐう》して、將來《しやうらい》執《と》るべき方針《はうしん》を徐《おもむ》ろに熟考《じゆくかう》した。華々《はな〴〵》しく自營《じえい》のスタートを切《き》ることは望《のぞ》ましいことには相違《さうい》なかつたが、それには相當《さうたう》の資本金《しほんきん》を要《えう》することは明白《めいはく》である。この資本金《しほんきん》を借入《かりい》れようと思《おも》へば、必《かなら》ずしも不可能《ふかのう》ではなかつたが、若《も》し經營《けいえい》が順調《じゆんてう》に進行《しんかう》しないやうな場合《ばあひ》には、これらの負債《ふさい》を返還《へんくわん》するのが困難《こんなん》になる。若《も》し不幸《ふかう》にしてこんな憂目《うきめ》に遭《あ》つた時《とき》には、却《かへ》つて生活《せいくわつ》に重壓《ぢうあつ》が加《くは》はるばかりである。

「いつそ他《た》人《にん》からの力《ちから》を借《か》りることなく、自力本位《じりよくほんゐ》でやる方《はう》が將來《しやうらい》のためだ。一歩々々《ぽ〳〵》階段《かいだん》を昇《のぼ》つて行《ゆ》くやうに、低《ひく》い所《ところ》から高《たか》い所《ところ》へ、小《ちひ》さい所《ところ》から大《おほ》きい所《ところ》へと云《い》ふ主義《しゆぎ》で進《すゝ》んで行《ゆ》かう。それが最《もつと》も賢明《けんめい》で無難《ぶなん》な道《みち》に違《ちが》ひない」

彼《かれ》は斯《か》う云《い》ふ結論《けつろん》に到達《たうたつ》すると、斷乎《だんこ》として自營《じえい》に乘出《のりだ》すことに定《さだ》めた。

しかし、僅《わづ》かばかりの資金《しきん》で、大通《おほどほ》りに堂々《だう〳〵》たる店舗《てんぽ》を構《かま》へることは及《およ》びもつかないので、

兄《あに》に自分《じぶん》の意中《いちう》を打明《うちあ》け、兄《あに》の家《いへ》の二階《かい》を作業場《さげふぢやう》に當《あ》てることにした。先《ま》づ自營《じえい》への準備《じゆんび》として、差當《さしあた》つて恩給金《おんきふきん》六百五圓《えん》のうち三百圓《えん》を資本金《しほんきん》に充當《じうたう》した。これで裁斷《さいだん》その他《た》に必要《ひつえう》な道《だう》具《ぐ》を購《あがな》つたり、見本生地《みほんきぢ》を仕入《しい》れたりした。大體《だいたい》の準備《じゆんび》が整《とゝの》ひ、いよ〳〵自營《じえい》を始《はじ》めたのが昭《せう》和《わ》十二年《ねん》の十一月《ぐわつ》で、彼《かれ》が二十三歳《さい》の時《とき》であつた。最初《さいしよ》のうちは、友人《いうじん》や知己《ちき》の紹介《せうかい》で註文《ちうもん》を受《う》け、註文《ちうもん》を受《う》けると、所用《しよよう》の生地《きぢ》を仕入《しい》れて洋服《やうふく》をつくるといふ方法《はうはふ》でやつた。

斯《か》うして兄《あに》の家《いへ》には二ケ月《げつ》ほど厄介《やくかい》になつてゐたが、この間《あひだ》に商賣《しやうばい》の目先《めさき》もほゞ付《つ》いて來《き》たし、周圍《しうゐ》の奬《すゝ》めもあつたので、現在《げんざい》の配偶者《はいぐうしや》を娶《めと》ることになつた。そして一戸《こ》を構《かま》ふべき機運《きうん》に向《む》いて來《き》たので、昭和《せうわ》十三年《ねん》一月《ぐわつ》に市電《しでん》の早稻田《わせだ》終點《しうてん》近《ちか》くに恰好《かくかう》な店舗《てんぽ》を見付《みつ》け、この店《みせ》を借受《かりう》けていよ〳〵本格的《ほんかくてき》に開業《かいげふ》することにした。

前途に大きな輝き

商賣《しやうばい》については、今日《こんにち》まで何《なん》の經驗《けいけん》もなく全《まつた》くの素人《しろうと》なので、兄《あに》の家《いへ》から此處《こゝ》に移《うつ》り住《す》むやうになつてからは、見當《けんたう》がつかず困惑《こんわく》してしまつた。そして思《おも》はぬ失策《しつさく》をしたり、損害《そんがい》を蒙《かうむ》つ

たりすることも決《けつ》して尠《すくな》くはなかつた。そして過去《くわこ》の苦《くる》しい經驗《けいけん》について語《かた》るのであつた。

「或《あ》る時《とき》など學生服《がくせいふく》の註文《ちうもん》があつたので、良《よ》い顧客《おきやく》だとばかりにすつかり有頂天《うちやうてん》になつてしまひ、手金《てきん》も取《と》らずに早速生地《さつそくきぢ》や附屬品《ふぞくひん》を仕入《しい》れて裁斷《さいだん》し、仕立《したて》まで終《を》へて數日《すうじつ》を經過《けいくわ》したが、一向《かう》にその品《ひな》を受取《うけと》りに來《く》る樣子《やうす》がない。これは訝《をか》しいと思《おも》つてゐる時《とき》、偶然《ぐうぜん》にその註文客《ちうもんきやく》の友人《いうじん》の口《くち》から事情《じじやう》を聞《き》いて、始《はじ》めてそれと分《わか》り、無駄《むだ》な骨折《ほねをり》と金《かね》を費《つひや》したことを後悔《かうくわい》することもあつた」

これなどは、彼《かれ》が商賣《しやうばい》に不《ふ》順《な》れであつたことが禍《わざは》ひしてゐることは勿論《もちろん》であるが、その正直《しやうぢき》さの不注意《ふちうい》が大《おほ》きな原因《げんゐん》であると氣《き》がついたので、それ以來《いらい》、新規《しんき》の顧客《おきやく》に對《たい》しては相當《さうたう》の警《けい》戒心《かいしん》を以《もつ》て臨《のぞ》むやうになつた。これにもまして、彼《かれ》を最《もつと》も惱《なや》ましたものは、足《あし》の不自由《ふじいう》なために自分《じぶん》の思《おも》ふやうに、外《そと》を歩《ある》き廻《まは》ることが出來《でき》ず、顧客《おきやく》の獲得《くわくとく》には人《ひと》知《し》れない心膽《しんたん》を碎《くだ》いたとである。この時《とき》に、肉體《にくたい》の不自由《ふじいう》は精神《せいしん》で克服《こくふく》して行《ゆ》かうといふ一の信念《しんねん》が、自《おのづか》ら築《きづ》き上《あ》げられたのであつたと彼《かれ》は語《かた》つてゐる。

早稻田《わせだ》には半年程《はんとしほど》ゐたが、場所《ばしよ》の關係《くわんけい》で發展《はつてん》の望《のぞ》みも薄《うす》いので、今少《いますこ》し適當《てきたう》な地《ち》の利《り》を占《し》め

た場所《ばしよ》に移《うつ》つた方《はう》がよからうと考《かんが》へてゐる時《とき》に、圖《はか》らずも彼《かれ》の從兄《いとこ》の斡旋《あつせん》で、現在《げんざい》の場所《ばしよ》に移《い》轉《てん》することになつたのである。此處《こゝ》でクリーニングの取次《とりつぎ》をも兼《か》ねて、洋服屋《やうふくや》をつゞけることにした。

商賣《しやうばい》の呼吸《こきふ》が漸《やうや》く分《わか》つて來《く》るに從《したが》つて、他人《たにん》や顧客《おきやく》に對《たい》する感《かん》じといふことが、相當重要視《さうたうぢうえうし》せらるべきであるといふことにも漸《やうや》く氣《き》がついて來《き》た。そして、傷痍軍人《しやうゐぐんじん》といふ意識《いしき》をなくして、勤人《つとめにん》なら勤人《つとめにん》、官吏《くわんり》なら官吏《くわんり》、小僧《こぞう》に接《せつ》する時《とき》には小僧《こぞう》と、臨機應變《りんきおうへん》に應待《おうたい》することの必要《ひつえう》を感《かん》じた。これが顧客《おきやく》を吸引《きふいん》する唯《ゆゐ》一の武器《ぶき》である。殊《こと》に不自由《ふじいう》な足《あし》では外交《ぐわいかう》のための外廻《そとまは》りも意《い》の如《ごと》くならない彼《かれ》の場合《ばあひ》には、この事《こと》は痛切《つうせつ》に感《かん》じられたであらう。

それ以來《いらい》、人《ひと》に接《せつ》する場合《ばあひ》には、自分《じぶん》から努《つと》めて言語《げんご》や動作《どうさ》に意《い》を配《くば》ることにした。そのため今《いま》では角《かど》がとれて圓味《まるみ》がつき、大分《だいぶ》商人《しやうにん》として板《いた》について來《き》たので、小僧《こぞう》から鍛《きた》へ上《あ》げて來《き》た洋服屋《やうふくや》と比較《ひかく》して、どうやら遜色《そんしよく》のない程度《ていど》までに商賣上《しやうばいじやう》の自信《じしん》が出《で》て來《き》たと、彼《かれ》は述懷《じゆつくわい》してゐる。そして今日《こんにち》までの生活《せいくわつ》は實《じつ》に單調《たんてう》なものであつた、ほんたうの更生生活《かうせいせいくわつ》はこれからだと謙讓《けんじやう》な面持《おもゝち》で、前途《ぜんと》に大《おほ》きな輝《かゞや》きを見出《みいだ》してゐられるのである。

一生涯を海で御奉公

神奈川縣横須賀市

三等主計兵曹 勲七等 岸 市之助君

一人息子が入團

彼《かれ》は明治《めいぢ》十三年《ねん》六月《ぐわつ》十日《か》、三重縣《みへけん》津《つ》市《し》立合町岩田《たちあひまちいはだ》で士族《しぞく》の長男《ちやうなん》に生《うま》れた。父《ちゝ》は京城《けいじやう》の丁子《てうじ》屋《や》といふデパートの監査役《かんさやく》であつたので、相當《さうたう》な家庭《かてい》に育《そだ》つた。しかも一人息子《ひとりむすこ》に一人娘《ひとりむすめ》といふので、彼《かれ》は父母《ふぼ》の寵愛《てうあい》を一身《しん》に集《あつ》めてゐた。三重師範附屬小學校《みへしはんふぞくせうがくかう》を卒業《そつげふ》すると、志《こゝろざし》を立《た》てて活版術《くわつぱんじゆつ》を習得《しふとく》し、米穀取引所《べいこくとりひきじよ》の商報《しやうほう》を引受《ひきう》けて發行《はつかう》してゐた。

或《あ》る年《とし》の暮《くれ》、市内《しない》の告知板《こくちはん》に張《は》り出《だ》された横須賀海兵團《よこすかかいへいだん》のポスターに眼《め》を止《と》めた彼《かれ》は、勇敢《いうかん》な水兵姿《すゐへいすがた》にすつかり憧《あこが》れを持《も》つやうになり、海國日本男子《かいこくにつぽんだんし》として生《うま》れた以上《いじやう》、海軍《かいぐん》で身《み》を立《た》て

ようと、先《ま》づ兩親《りやうしん》に相談《さうだん》した。もとより一人息子《ひとりむすこ》のことであるから、親《おや》の身《み》になつて考《かんが》へたら勿論手離《もちろんてばな》したくはなかつたであらう。しかし、彼《かれ》の父《ちゝ》は大陸肌《たいりくはだ》の人《ひと》で、一人息子《ひとりむすこ》だから一生自《しやうじ》分《ぶん》の傍《そば》に置《お》かなくてはならぬといふやうな、そんなケチ臭《くさ》い考《かんが》へは毛頭《もうとう》なかつた。

「お前《まへ》がそんなに熱心《ねつしん》に希望《きばう》するなら止《や》むを得《え》ない。よろしいから行《ゆ》け」

と云《い》つて、遂《つひ》に彼《かれ》の熱意《ねつい》に動《うご》かされてしまつた。

かくて明治《めいぢ》三十二年《ねん》六月一日《ぐわつついたち》「祝入團《しゆくにふだん》」の幟《はた》に圍《かこ》まれて、横須賀海兵團《よこすかかいへいだん》に入團《にふだん》、三十六年《ねん》十月《ぐわつ》には早《はや》くも一等主厨《とうしゆちゆう》となつた。當時《たうじ》、日露間《にちろかん》の空氣《くうき》が漸次險惡《ぜんじけんあく》となり、遂《つひ》に日露談判《にちろだんぱん》は破裂《はれつ》した。

「時正《ときまさ》に來《きた》れり。力腕試《りきわんため》さん絶好《ぜつかう》のチャンスが來《き》たぞ」

とばかり、腕《うで》を唸《うな》らせてゐた矢先《やさき》、いよ〳〵三十七年《ねん》二月《かつ》六日《か》、對露宣戰《たいろせんく》は布告《ふこく》され、時遲《ときおそ》しと待《ま》ち構《かま》へてゐた彼《かれ》にもまた出動準備《しゆつどうじゆんび》は下《くだ》されたのであつた。

無念に思つた兵役免除

出動準備《しゆつどうじゆんび》を完了《くわんれう》した彼《かれ》の乘艦《じやうかん》は、陸軍部隊《りくぐんぶたい》の護送《ごそう》として仁川《じんせん》に向《むか》つた。そして仁川《じんせん》の海戰《かいせん》に從事《じゆじ》、更《さら》に旅順及《りよじゆんおよ》び錦州灣攻撃《きんしうわんこうげき》に向《むか》つたが、その後《ご》、朝鮮沖《てうせんおき》の警備《けいび》を命《めい》ぜられた。その時敵《ときてき》のウラジオ艦隊《かんたい》リューリックを撃沈《げきちん》、また日本海大海戰《にっぽんかいたいかいせん》に際《さい》しては、勇猛果敢《いうまうかかん》なる我《わ》が聯合艦隊《れんがふかんたい》の作戰《さくせん》が美事效《みごとかう》を奏《そう》し、さしもの強敵第二艦隊《きやうてきだいにかんたい》も木葉微塵《こつばみぢん》に粉碎《ふんさい》され、殘《のこ》るニコライ一世《せい》以下《か》四隻《せき》は、遂《つひ》に我《わ》が艦隊《かんたい》の猛攻撃《まうこうげき》に降伏《かうふく》するに至《いた》つた。それは五月《ぐわつ》二十八日《にち》であつた。更《さら》に同《どう》夕刻《ゆふこく》にはドミドリドンスコイ號《ごう》を撃沈《げきちん》、こゝに完全《くわんぜん》に敵艦《てきかん》を殲滅《せんめつ》し、微傷《びしやう》も受《う》けず大勝《たいしやう》を博《はく》して凱旋《かいせん》することになつた。赫々《かく〳〵》たる武勳《ぶくん》を樹《た》て、意氣揚々《いきやう〳〵》内地《ないち》に歸還《きくわん》したのは、翌《よく》三十八年《ねん》十月《ぐわつ》十九日《にち》であつた。

かくて翌年《よくねん》五月《かつ》十日《か》には主計兵曹《しゆけいへいさう》に任官《にんかん》。翌《よく》三十九年《ねん》四月一日《ぐわつついたち》に日露戰役《にちろせんえき》の功《こう》により、勳《くん》八等白色桐葉章《とうはくしよくどうえうしやう》及《およ》び金《きん》百五十圓《えん》を授與《じゆよ》された。

たま〳〵驅逐艦《くちくかん》「初霜《はつしも》」に便乘中《びんじやうちゆう》、不圖《ふと》したことから左足拇指《ひだりあしおやゆび》を失《うしな》ひ、横須賀海軍病院《よこすかかいぐんびやうゐん》に入院《にふゐん》する身《み》となつた。そして歳《とし》の瀬《せ》の押《お》し迫《せま》つた三十九年《ねん》十二月《かつ》二十九日《にち》に、兵役免除《へいえきめんぢよ》となつて郷里津市《きやうりつし》に歸《かへ》らねばならなかつた。

歸郷《ききやう》した彼《かれ》は、兵役免除《へいえきめんぢよ》となつたことを、ひどく殘念《ざんねん》に思《おも》つた。

「公務負傷《こうむふしやう》とは云《い》へ、この位《くらゐ》のことで兵役免除《へいえきめんぢよ》とは殘念至極《ざんねんしごく》！　しかも、これは自分《じぶん》の不注《ふちゆう》意《い》からである。こんなことになるのなら、何故《なぜ》日露《にちろ》の海戰當時《かいせんたうじ》にもつと目覺《めざま》しい働《はたら》きをして恥《はつか》しくない立派《りつぱ》な戰死《せんし》を遂《と》げ得《え》なかつたか？　かくなる上《うへ》は再起《さいき》して立派《りつぱ》に御奉公《ごほうこう》しよう」

と固《かた》く決心《けつしん》するのであつた。

守衛長として最高待遇

圖《はか》らずも四十年《ねん》三月《かつ》十六日《にち》に、横須賀工廠《よこすかこうしやう》の守衛《しゆゑい》として十一圓《えん》で採用《さいよう》されることになつた。

彼《かれ》の再起奉公振《さいきほうこうぶ》りには見《み》る人《ひと》の眼《め》に感動《かんどう》を與《あた》へずにおかなかつた。大正《たいしやう》二年《ねん》十一月《ぐわつ》二十一日《にち》には守衛長《しゆゑいちやう》に拔擢《ばつてき》された。更《さら》に大正《たいしやう》九年《ねん》十一月《ぐわつ》には日獨戰爭《にちどくせんさう》の銃後功勞《じうごこうらう》により、勳七《くし》等瑞寶章及《とうずゐほうしやうおよ》び金《きん》二百圓《えん》を授與《じゆよ》された。

「自分如《じぶんごと》き者《もの》を斯《か》くまで優遇《いうぐう》してくれる國家《こくか》は有難《ありがた》いものだ。よーし、それに酬《むく》ひるためにも碎身粉骨《さいしんふんこつ》、大《おほ》いに働《はたら》かなければならない」

と彼《かれ》の努力《どりよく》は物凄《ものすご》かつた。さればこそ昭和《せうわ》四年《ねん》十二月《ぐわつ》一日《にち》には、守衛長《しゆゑいちやう》として最高給《さいかうきふ》の月俸《げつぽう》八十五圓《えん》を支給《しきふ》されることになつたのである。かくして昭和《せうわ》十年《ねん》六月《ぐわつ》十日《か》に退職《たいしよく》するまで、滿《まん》二十八ケ年間《ねんかん》といふものは職務第一《しよくむだいいち》と、雪《ゆき》が降《ふ》らうが嵐《あらし》が起《おこ》らうが無缺勤《むけつきん》、無遲刻《むちこく》、無早退《むさうたい》の精勤家《せいきんか》であつた。當局《たうきよく》でも彼《かれ》の勞《らう》に報《むく》ひるため、退職《たいしよく》に際《さい》して彼《かれ》を海軍書記《かいぐんしよき》に任《にん》じた。未《いま》だ嘗《かつ》て守衛《しゆゑい》から書記《しよき》に拔擢《ばつてき》された者《もの》はなく、彼《かれ》を以《もつ》てその嚆矢《かうし》とするものである。

生活の基礎固し

彼《かれ》は現在《げんざい》、普通恩給《ふつうおんきふ》二百四十六圓《えん》、傷痍軍人年金《しやういぐんじんねんきん》百九十四圓《えん》、それに海軍工廠年金《かいぐんこうしやうねんきん》が二百四十三圓《えん》で、合計《がふけい》六百八十三圓支給《えんしきふ》されてゐる。既《すで》に大正元年《たいしやうぐわんねん》に前記《ぜんき》の場所《ばしよ》に家屋《かをく》を新築《しんちく》し、その後《ご》、その附近《ふきん》の地所《ちしよ》三百坪《つぼ》を買受《かひう》け、數軒《すうけん》の貸家《かしや》まで建造《けんざう》したといふ相當豐《さうたうゆた》かな資産《しさん》を築《きづ》きあげてゐる。そして、數多《かずおほ》い名譽職《めいよしよく》を兼《か》ねてゐるので、市内《しない》でも有力者《いうりよくしや》と目《もく》されてゐる。

「私《わたくし》は長男《ちやうなん》に生《うま》れながら、海軍《かいぐん》に身《み》を投《とう》じて家庭《かてい》を顧《かへり》みず、すべて妹《いもうと》に任《まか》せて居りましたが、七年前《ねんぜん》に父《ちゝ》が亡《な》くなりました。その時《とき》、妹夫婦《いもうとふうふ》に家督《かとく》を相續《さうぞく》させたのですが、財産《ざいさん》の分《ぶん》

配《ぱい》に際《さい》して、私《わたくし》は極　力辭退《きよくりよくじたい》したのですが、父《ちゝ》の功勞株《こうらうかぶ》を貰《もら》ひ受《う》けました。ほんたうに心苦《こゝろぐる》しい次第《しだい》です」

と彼《かれ》はどこまでも自力《じりよく》の信念《しんねん》に燃《も》え、決《けつ》して他人《たにん》の厄介《やくかい》になつてはいけないと云《い》ふ、常《つね》に自《じ》力更生者《りよくかうせいしや》である。

それに彼《かれ》は退職以來《たいしよくいらい》、横須賀鎭守府《よこすかちんじゆふ》からの特別《とくべつ》の取　計《とりはからひ》により、艀業《はしけげふ》を營《いとな》んでゐる。勿論《もちろん》相《さう》當《たう》の收入《しうにふ》をあげてはゐるが、これは單《たん》に金錢上《きんせんじやう》の利益《りえき》を得《え》んがためばかりではなく、國《くに》や社會《しやくわい》のためには一生　涯《しやうがい》働《はたら》かなければならぬといふ信念《しんねん》からである。しかも彼《かれ》は既《すで》に六十の坂《さか》を越《こ》した光頭《くわうとう》の老人《らうじん》である。普通《ふつう》の人《ひと》なら、恩給《おんきふ》はあるし、生活《せいくわつ》の基礎《きそ》も堅固《けんご》だし、息子達《むすこたち》も働《はたら》くやうになつたからと云《い》つて、孫共《まごども》を相手《あひて》に樂隱居《らくいんきよ》で、餘命《よめい》を送《おく》るところだが、彼《かれ》はなほ奉公《ほうこう》が足《た》らぬと云《い》つて頑張《ぐわんば》つてゐる。元氣潑剌《げんきはつらつ》たること壯者《さうしや》をも凌《しの》ぐ、その意氣《いき》こそ實《じつ》に逞《たくま》しいものであると云《い》ひ得《え》よう。

「海《うみ》に育《そだ》つて海《うみ》に生《い》き、一生涯海《しやうがいうみ》の中《なか》で御奉公《ごほうこう》しよう」

との決意《けつい》こそ、さすが譽高《ほまれたか》き帝國海軍軍人《ていこくかいぐんぐんじん》である。

「私《わたくし》が傷痍軍人《しやういぐんじん》だとは誰《たれ》も思《おも》ひません。御覧《ごらん》の通《とほ》り外　觀　上《ぐわいくわんじやう》からは別《べつ》にわかりませんが、左《ひだり》足拇指《あしおやゆび》がないために、下駄《げた》や草履《ざうり》をはいた時《とき》に苦勞《くらう》してゐます。それに足袋《たび》や靴下《くつした》は勿論《もちろん》、下駄《げた》や靴《くつ》でも右《みぎ》の方《はう》が奇妙《きみやう》によく切《き》れます。ですから左《ひだり》に履《は》く履物《はきもの》ばかりが殘《のこ》るので、たまに右足《ひだりあし》に履《は》く片方《かたはう》だけを買《か》はふとしても、なか／＼賣《う》つてくれません。そしてよく私《わたくし》の足《あし》もとばかりじろ／＼見《み》ますよ」

と云《い》つて、入齒《いれば》の爺《ぢい》さんカラ／＼と高笑《たかわら》ひしながら、身《み》の不自由《ふじいう》さについて語《かた》るのであつた。

家庭内《かていない》には妻女《さいぢよ》の外《ほか》に五男《なん》、二女《ぢよ》といふ軍國日本《ぐんこくにつぽん》に相應《ふさは》しい子福者《こふくじや》である（尤も長男と四男は幼にして病死す）目下《もくか》二男《なん》の範之《のりゆき》（二十九歳）君《くん》は鎌倉師範《かまくらしはん》の二部《ぶ》を卒《を》へて、横濱潮田小學校《よこはまうしほだせうがくかう》の理《り》科主任《かしゆにん》であり、三男《なん》の正《まさし》（二十六歳）君《くん》は東京高等工學校《とうきやうかうとうかうがくかう》の電氣科《でんきくわ》を卒業《そつげふ》して、横須賀工廠《よこすかかうしやう》の造《ざう》兵部《へいぶ》に勤務中《きんむちゆう》であり、五男《なん》の久君《ひさしくん》は横須賀高等工學校《よこすかかうとうかうがくかう》に、長女《ちやうぢよ》と二女《ぢよ》は小學校《せうがくかう》にそれ／＼在學《ざいがく》中《ちゆう》である。

かやうに子供等《こどもら》には、すべて高等教育《かうとうけういく》を施《ほどこ》し、他人《たにん》に遲《おく》れをとるやうなことがあつてはならぬと、子《こ》を思《おも》ふ親心《おやごゝろ》から、子供等《こどもら》の教育《けういく》については、なか／＼熱心《ねつしん》なものである。

傷痍軍人更生感話　終

傷痍軍人更生感話
定價貳圓

昭和十五年七月十六日印刷
昭和十五年七月二十日發行

編者　佐藤定勝
發行者　東京市小石川區竹早町三五　尼子靜
印刷者　東京市小石川區諏訪町五六　奈良直一

（株式會社常盤印刷所）

發行所　東京市小石川區竹早町三五　モナス
電話小石川五四四六
振替東京六三八五四

再起奉公記念

傷痍軍人再起録

治安部警務司

皇后宮御歌

あめつちの神もまもりませいたつきに
いたてになやむますらをの身を

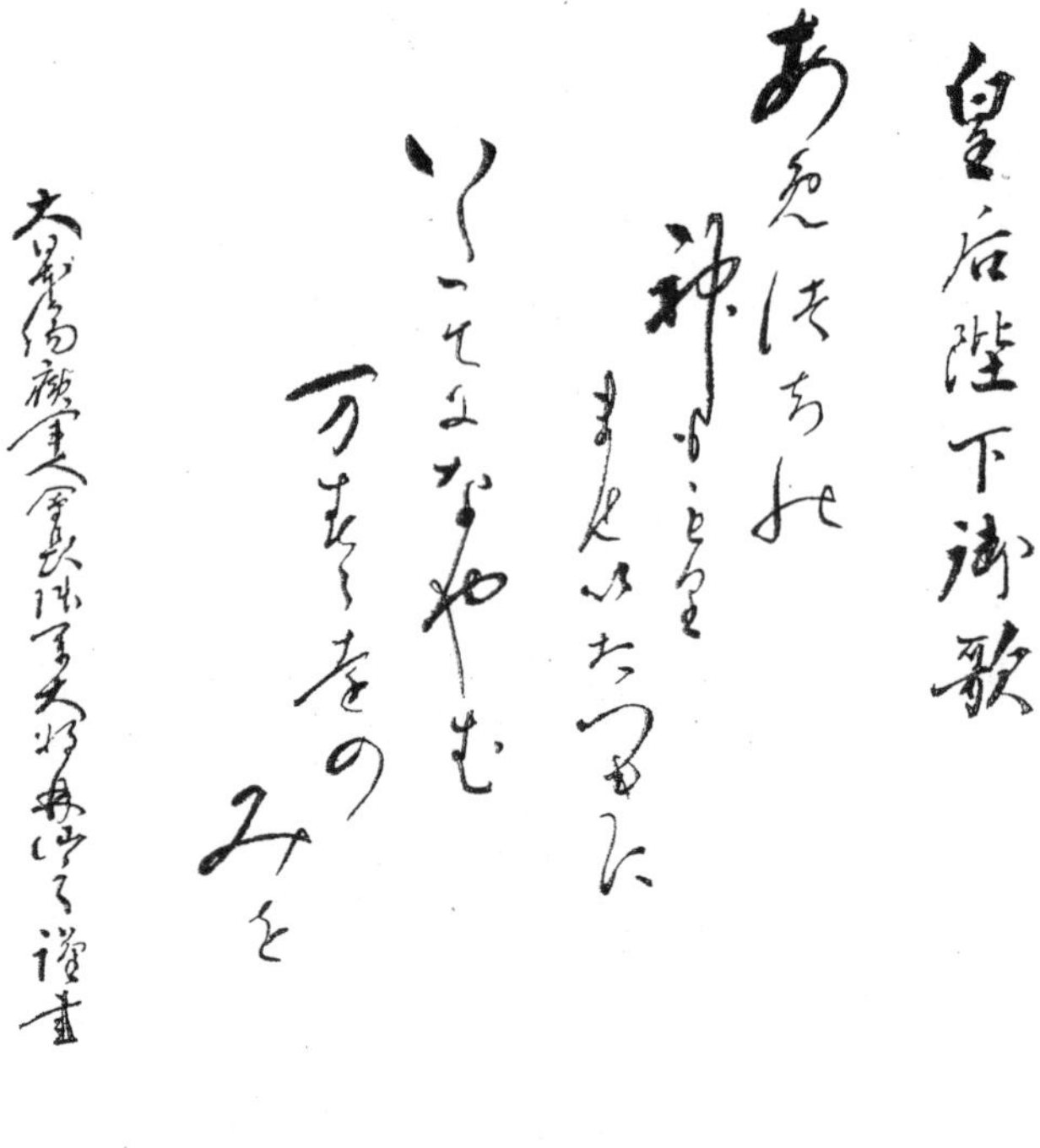

治安部大臣　于　琛　澂　閣下

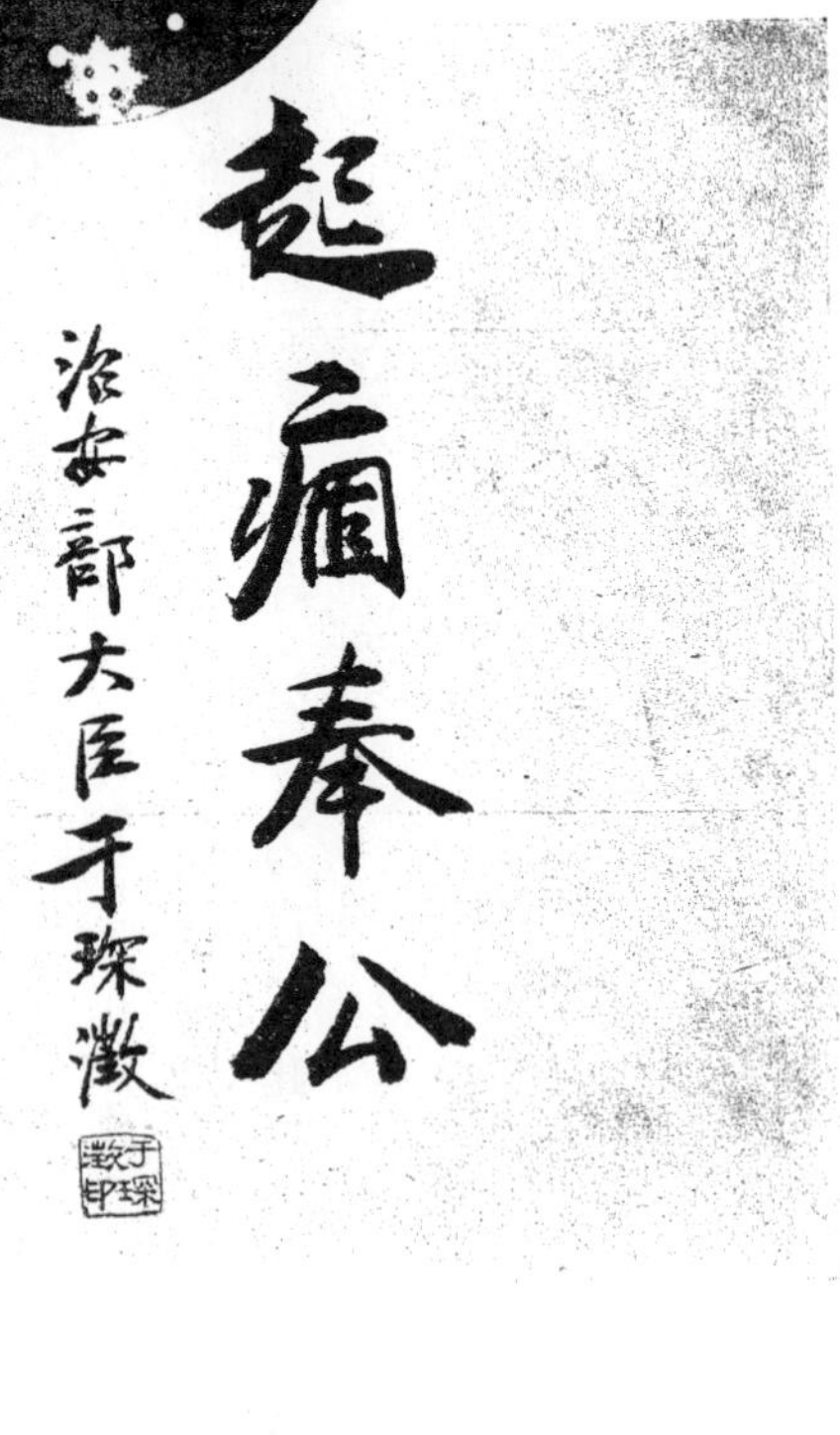

修業式記念（六月二十七日）

奉天忠靈塔參拜（六月七日）→

奉天公會堂に於ける
在鄉軍人會
傷痍軍人會
軍人後援會
國防婦人會
主催會食（六月七日）←

奉天地方警察學校入校式（六月七日）→

序

今回滿洲國に於ける日本兵事々務其他に携らしむる爲め、內地諸機關の斡旋により聖戰從事の傷痍軍人五十餘名を治安部警務司に於て採用した。

此の人々はいづれも內地出發に方り各方面より厚き同情と激勵とを受け、渡滿後も各地同胞の熱誠なる歡迎を受けたのであつたが、此程課せられたる講習を了し、各部署に配屬さるゝに至つた。

而して今回新しき任務に就くに當つての感想を求めたるところ、本書載するが如き感激溢るゝ感想文を得たのである。その一つ一つを閲するに、眞に胸打ち、懦夫をも起たしむるものあるは、大方の等しく感ずるところであらうと思ふ。

申すまでもなく今次の事變は東亞新秩序建設を目標とし、同時に世界新秩序の建設に對し重大なる影響を及ぼすべきものであつて、正に我が肇國の大精神を宣布顯現すべき曠古の聖業に外ならぬのである。さればこそ我國朝野を擧げて堅忍持久その目的達成に懸命の努力を捧げ、特に第一線に立つてあらゆる苦難を冒しつゝ戰鬪に從事せる將士に對しては銃後國民は等しく滿腔の感謝と誠意とを表し、政府としてもあらゆる方途を講じて軍人援護の完璧を期して居るのである。しかしながら、過去の事例に徵するに、傷痍軍人に對する感謝の念は當初頗る旺盛であるに拘らず、年月を經るに從つて漸次薄らぐ傾向あるは洵に遺憾とするところである。國民は飽くまでも永久に報謝の眞心を持續して行かねばならぬと思ふ。

日本國に於ては既に實施せられて居ることであるが、我滿洲國に於ても、近く制定公布せらるゝ軍事援護法及軍事優遇法により國家として傷痍軍人優遇の途を講ずることゝなつて居る。これは日滿共同防衛の本義

に基いて日本軍人竝に其家族若は遺族にも適用さるゝことになるのである。

尙ほ新京特別市及奉天市に於ては既に日本に倣つて傷痍軍人會が設立せられ、全國各地に於ても同樣の企が着々爲されつゝあり、我が治安部內に於ても之が結成の機運熟し、近く設立を見る豫定である。

かくの如く滿洲國に於ける傷痍軍人に對する諸般の施設は着々整備されつゝあるのであるから、在滿傷痍軍人諸君は安んじてその職に勵むべく、又內地在住の近親各位に於ても安堵されて然るべきものと思ふ。

最後に老婆心ながら一言附け加へて置きたい。傷痍軍人諸君は、肉體は傷いても今日まで鍛へ上げて來た軍人精神は毫も傷いては居ないと信ずる。況や今次勇奮再起、我滿洲國に於て重要なる勤務に就かるゝことゝなつたのであるから、今日の感激と決意とを永久に持續し、益々健康の保全と精神の修養に努め、又諸君の生命は戰場に斃れたる幾多の戰友

と同じく、既に君國に献げたるものなることを思ひ、文字通り滅私奉公の精神を以て任務に邁進し、一般の模範とならるゝことを期待する次第である。

康德七年八月二十日

治安部次長　澁　谷　三　郎

序

『大陸認識を持て、內地よりも大陸だ、若い者は大陸へ』と、旺んに言はれ盛んに書かれてゐるが、さて、滿洲で働けと言はれると、決意する者は必ずしも多くはない。況んや自から進んで滿洲建國の聖業に從事しようとする者に於てをやだ。

然るに、こゝに再起奉公の途を滿洲國に求めて、再び大陸建設の人柱とならんと、率先決意して職を警察に奉ずる傷痍軍人がある。それは、何れも、今次の聖戰に勇戰奮鬪、新東亞の建設に身を献げた勇士であるが、不幸傷づいて銃後に立つや、不自由の身を以てして再び大陸に志し、君國に奉ぜんとするのである。

『滿洲は寒い、氣候が惡い』こんなことは、彼等にとつては何でもないことなのだ。既に身は戰場に散つた多數の戰友と共に君國に献げてし

まつてゐるからである。警察學校に於ける教育期間中も近來にない眞面目な生徒たちであつた。任務に着いてからの成績もよい。洵に、肉體は傷づいても軍人精神は傷づいてゐないことが窺はれて、賴もしい限りである。

併し乍ら、時の經つにつれて、當初の緊張はほぐれて心に緩みを生じ、感激は失はれて不平不滿が起る虞がある。又、折にふれ『自分は名譽の傷痍軍人であるのに』と言つた氣持が生じて、色々の問題を起す虞もある。

曩には、多くの人々の感謝と同情と激勵とを受けて送り迎へられ、今また警察に入つては、上司、同僚の手厚い保護と友情の裡に在る。洵に、深き感激を覺へ、堅く決する所があつたであらう。げに、此の感激こそは素志を貫徹して有終の美を收めさせる原動力である。折に觸れ事に當りて、此の感激を永久に忘れてはならぬ。

諸士の問題は諸士だけの問題ではない。多くの先輩の問題であり、また、今後續々と增へるであらう諸士の後輩の問題でもある。諸士の責任は重いが當局の責任も亦更に重い。

からだの不自由な子や兄弟を、寒い滿洲、遠い大陸に送られた國元の親兄弟達は、さぞかし心配されてゐるであらう。併し、皆の者は極めて元氣で立派な警察官として建國の聖業に努力しつゝある。固より心の緩みには深き戒めが加へられるが、肉體の不自由には絕對の同情と便宜が考慮されてゐる。少しの心配もいらない。

こゝに收錄せられた再起の手記は、新しき人生門出の宣言であり、親兄弟への何よりの贈物であり、また、銃後青壯年への心の鞭でもある。

警務司長　谷口明三

目次

——(イロハ順)——

明日の日本の力

元陸軍歩兵軍曹　石田恒

略歴

大正四年[redacted]北海道中川郡幕別村[redacted]ニ生ル
昭和十一年一月十日[redacted]歩兵第〇〇〇聯隊ニ入營
同　年五月十七日　支那駐屯軍ノ編成ニ入ル
同　年十一月一日　山西省忻口鎭ニ於テ受傷入院
同　十三年十二月三十日　退院
同　十四年四月十八日　歩兵軍曹ニ進級

私は北支の戰線で微力乍ら働かして戴いたが、不幸聖戰半ばに負傷して内地に歸還した。そして戰地では餘りにも大なる銃後の力を知らずに居ただけに重要なる銃後と云ふものをつく〴〵痛感させられた。今後は銃後の一員として吾等に對する國家國民の過分の優遇に報ひる爲、戰場で得た尊い經驗を肝に銘じ、建國の礎石となつて死んだ先輩の靈に護國の土と成らん事を誓つた。

戰友の尊き血の香のする大陸に再度働く事の出來るのも亦意味深いものがあると思ひ

吾等の今日の小さな努力も明日の大滿洲國の發展ともなり、明日の日本の力ともなれば努力の仕甲斐も亦大なるものと信ずる次第であります。

生命ある吾等の責務

陸軍歩兵上等兵　岩崎次男

略歴

大正六年[redacted]　群馬縣前橋市[redacted]ニ生ル
昭和十一年一月十日　歩兵第〇〇聯隊ニ入營
同　十二年十二月一日　上等兵
同　十三年六月五日　中支開封攻撃ノ戰鬪ニ於テ受傷
同　十四年十一月三十日　除隊

不肖私は今度の聖戰に何等の功もなく、一度ならず二度三度の負傷に、殘念にも徐州の戰鬪には身を鮮血に染めて擔架に乘り入城をいたしました。然し傷痍の身ではありますが、至誠奉公の誠心には何等の異狀もありません。今回滿洲國の兵事要員として採用され、再度の首途に郷黨の皆樣に見送られ、新居田指揮官の下に入り、神戸湊川神社に參拜し、熱烈なる訓示を受け再度の奉公を誓つたのであります。其の時の感激は今も忘れることは出來ません、否生涯忘れることは出來ません。下ノ關にて故國に最期の見送りを受け、海路平安大陸の玄關大連に一歩を印した時の感激は、私をして益々堅い決心

を爲さしめたのであります。更に車中の人となり奉天驛頭各團體の歡迎を受け忠靈塔に盡忠奉公の先輩の靈に額き、生命ある吾等の責務として、この滿洲の地に努力奮鬪を誓つたのであります。

故國を去る時、いろ〳〵御心配して頂いた皆樣何卒御安心を願ひます。

誠の一字

元陸軍歩兵上等兵　八田義明

略歴

大正三年[redacted]　鹿兒島縣薩摩郡[redacted]ニ生ル
昭和八年十二月一日　志願兵トシテ歩兵第〇聯隊ヘ入隊
同　九年十二月一日　上等兵ニ進級
同　十年十月二十日　滿期除隊
同　十三年九月十日　湖北省廣濟縣許家舖附近ノ戰鬪ニ於テ受傷
同　十四年九月一日　鹿兒島陸軍病院ヲ退院兵役ヲ免除サル

再起の念に燃え絶大なる希望を抱き、此度名譽ある滿洲國警察官として渡滿致しました。

不肖私は本事變以前より大陸への希望を抱いて居ました處、日支風雲急となり、名譽ある一戰鬪員として參加する事が出來、北支、中支と轉戰、遂に漢口攻略戰、廣濟戰に於て敵彈に傷つき内地還送の止むなきに至り病院生活をなす事約一年。身體意のまゝならず、八方就職口を探しましたが、五里霧中、遂に半歳は水泡に歸しました。今回、若

年にして一傷痍軍人として社會に第一歩を踏み出し、滿洲國警察官に採用されました事に付て、全く我が帝國の有難さが身に泌みて感激に堪へません。

多くの戰友は護國の鬼と化し、私は不思議に命長らえて、傷痍軍人として世人より絶大なる尊敬を受け誠に濟まなく思ひます。

門司よりの船中に於て高橋未亡人より我々傷痍軍人に對し心からなる同情の念を寄せ誠の信念で行くよう御話し下さゐましたが、私は誠の此の一字は忘れられません。

大連、奉天に於きましても傷痍軍人として隨分盛大に歡迎されましたが、然し我々は成すべき仕事を成したのみで寧ろ氣の毒に思はれます。此の度の兵事業務に就ては、各教官殿の御話に依り如何に重要であるかと云ふことを知り、職責の重大な事を感じて居ります。我々は大連及奉天の忠靈塔の前に於て、此の重責遂行を誓ひました。亦社會の人々も絶大なる期待をかけられて居らるゝ事と思へば、我等は一層專心、誠の一字を以て皇恩の萬分の一にも報ひんと思ひます。

之れを以て一言所感を申上げます。

滿洲を第二の故鄕として

元陸軍歩兵上等兵　橋本直榮

略歴

大正四年[redacted]　香川縣香川郡多肥村[redacted]ニ生ル
昭和八年十二月二日　獨立守備第〇大隊ニ入隊
同十一年三月一日　滿期除隊
同十二年十一月五日　中華民國浙江省寶見山縣南翔附近ニテ受傷
同十四年十一月二十一日　善通寺陸軍病院退院兵役免除
同日　歩兵上等兵

懐しい内地の港を親姉弟に見送られ汽笛と共に別れた時の氣持は召集を受けた當時と何ら精神に於ては變りないと存じます。

指揮官殿の引率で湊川神社に參拜した時の氣持は永久に忘れる事の出來得ぬ事でありました。神戸港出港以來、門司、大連、奉天と船及汽車に乘つて目的地に着いた時に感じた氣持は、輸送間の親子にもまさる優しい自然と尊敬される指揮官殿の御訓話に對しては水火も辭せずと誓ひました。尚神戸に於ても又種々御配慮下さいました、其の御厚

傷痍軍人再起録　七

恩に對しては將來、一兵事係では有りますが、生命の存する限り、傷痍を克服し御奉公致す覺悟で有ります。

滿洲を第二の故鄕と定めた私は、最後の一秒までも頑張り皇恩の萬分の一にも酬ゆる覺悟で有ります。亂文では有りますが、是れを以て感想と致します。

傷痍軍人再起録　八

大陸の花と咲かん

元陸軍歩兵上等兵　畠中正男

略歴

大正二年[redacted]　鹿兒島縣肝屬郡[redacted]ニ生ル
昭和七年十二月十日　歩兵第〇〇〇聯隊ニ入營
同九年十月二十日　除隊
同十三年九月十日　大別山脈廣濟縣許家舖ノ戰鬪ニ於テ負傷
同十四年五月三十日　上等兵
同三十一日　兵役免除

今次事變に出征、榮ある傷痍軍人として今茲に再起奉公を爲し得るは誠に欣快と申すべきである。

滿洲國警察官として故國を去るに臨み、熱誠溢るゝ歡送迎を受け、壯行會には特に將來に期待ある言葉を頂く、加ふるに溫情豐けき熱血漢新居田事務官殿に引率せられ、神戸に於て忠臣楠氏の御社に詣で、遺蹟を偲び、戰友と固く手を握り、楠氏最後の場所の御前に於て事務官殿の訓話を聞く、其の熱誠たるや楠公の再生を思はしめ、神々しさに

傷痍軍人再起録　九

楠公の血汐體内を逆流するをおぼゆ。

途中無事奉天に安着、一意「誠」の一字を遵守して湊川神社の感激を終生忘れざらん事を期す。

しかして銃後國民の吾々傷痍軍人に對する熱誠に應へ、溫情親の如き新居田事務官殿の誠意に副はんとす。

故國を去りて今、唯新たなる覺悟湧き、感無量、拙き文字に綴る能はず。

〃傷痍の身大陸に花と咲かさん〃　唯この一言に盡きるを思ふ。

傷痍軍人再起録　一〇

新東亞建設の礎

元陸軍歩兵上等兵　馬場靜雄

略歴
明治四十一年[redacted]　鹿兒島縣鹿兒島郡伊敷村ニ生ル
昭和三年一月十日　歩兵第〇〇聯隊へ入營
同　四年十二月一日　上等兵
同　五年十一月三十日　滿期除隊
同　年八月二十九日　中支金家山附近ノ戰鬪ニ於テ負傷
同　十四年五月三十日　兵役免除

渡滿の意を堅く心に誓ひ傷ついた體ではあるが、心の駒に鞭打つて目出度く滿洲國兵事係としての希望が達せられ、親兄弟の面前にてどんな事があらう共任地に赴きましたら「誠」の一字をもつて我が友邦滿洲國の爲一身を擲つて努力いたしますと述べました。其の語句を航海の波に乘せ恙なく學校に着いてやつと一安心しました。各方面の方々から現今の滿洲國の狀況を聞き、亦入校式の際においても百般の注意等承り、日滿兩國の關係が自分等の想像以上に如何に重大で有るかを如實に理解する事を得ましたと同時

に、我々の任務遂行が各自の職責でも有り、兩國間に如何なる影響を及ぼすかと云ふ事を判きりと知りました。經濟、人口、物資問題の強く叫ばれる此の非常時に、國家に取つても最も重要とする處の兵事係として、微力な自分等がたづさはる光榮に浴した事を思ふ時、萬難を排して國の爲大いに腕を揮ひ、何處迄も任務を全ふして行く覺悟が湧いて來ました。新滿洲國の爲、萬分の一なり共御奉公が出來ましたら身の誇りと存ずる次第です。そして日本帝國の主眼とする新東亞建設の道が着々として進行し、亦建國の理想であります八紘一宇が實現され、王道樂土の東洋を讃仰する日の一日も早く來ることを望む次第です。

粉骨碎身の努力

元陸軍歩兵上等兵　富宇加信雄

略歴
大正六年[redacted]　東京市小石川區[redacted]ニ生ル
昭和十三年三月一日　歩兵第〇〇聯隊ニ入營
同　年十月二日　江西省武寧縣ニ於テ負傷
同　十五年二月十八日　歩兵上等兵
同　日　除隊退院

建設發展途上にある大滿洲國に、自己の飛躍活路を求めて、兵事掛員として採用され、大に期する處あり、決意と感激をしつかり胸底に藏し新居田事務官殿の心からなる御慈愛と、力強い御指導と、御鞭撻と、其の御勇姿とを想起し、尊敬の念と其の情味に感謝申し上げ乍ら、つたない感想の辭を御禮に換え綴りました。政治上の形態に於ても産業上の機構に於ても刻々變化進展しつゝある、友邦滿洲國を第二の故國として淺學鈍才な我が身に、新居田事務官殿の御訓諭を體し及ばず乍らも其の職業を果たし更に修養を重ね更に自己を反省して本當に人間的生活を創造して行かうと思つて居ります。自分達が

若きが故に感ずる諸々の悲哀も苦難もかくして愉快な追憶となつてくれる事でせう。至純なものに對する憧れが、如何に、すさまじい熱情を以つて我々の生活を勵まして呉れるか？　人生を眞面目に渡る者は如何なる荊の道からも、何時迄も、しぼまぬ人生の花を摘み得る事が出來ると信じてゐます。何卒無作法な自分ではありますが、將來とも御指導と御垂訓の程を更に心から御願ひ申し上げ、御深情と御期待に酬ひ奉る覺悟の下に粉骨碎身の努力を御誓ひ申し上げて、失禮では有りますが玆に感想の辭を申し上げます。

再び第一線に立ちて

元海軍三等機關兵曹　富崎隆

略歴

大正六年[redacted]日　福岡縣山門郡沖端村ニ生ル
昭和十年六月一日　志願兵トシテ〇〇海兵團ニ入團
同　十二年九月四日　上海々林公司附近ノ戰鬪ニ於テ負傷
同　十三年八月二十二日　任海軍三等機關兵曹
同　日　兵役免除

肌さわりの良い六月の日光を眞向にあびながら、希望に滿ちて大陸へ渡る生等が懐しき母國日本を離れる時、一入深く言ひ知れぬ感に打たれた事だつた。

三日正午出帆、生等は多數の官民各位より盛大なる見送りを受け、日本國民として誰しもが強く〳〵心の中に誓つた事でした「元氣で行つて參ります」と此の一言は短き言葉なれども遠く國を離れて行く生等の心の奥底より、ほとばしり出た感慨無量の句言であつて、郷里に老いたる父母を想ひ、又いとし子を想ひて、語り盡せぬ胸中の姿であらう。船は間もなく岸壁を離れた、見送る人見送らるゝ生等、お互は視線を以て最後の別

れを結ぶ、「サヨウナラ」吹笛一聲推進機が回轉を始めた、又一聲！船は青い海面に眞白な飛沫の弧をえがきながら「エンヂン」の音も調子良く次第に速力を增して行く。無意識に手を振り上げて見送る人の姿も段々と遠く小さく、家も緑山も煙るが如く、遠ざかるを「ヂット」みつめる時、是がしばし見納めの美しい母國日本の姿かと想へば、想ふ程無量の感更に深く、生等の瞳には何時しか名殘惜しい涙の浮ぶのを禁じ得なかつた。

空は快晴にして生等の門出を祝するかの如く、海洋は油を流した樣な靜かさである。船はすべる樣にして一路なごやかな航海を大連へ進んだ。そして大陸に第一歩を印し、滿鐵によりて奉天に運ばれ、今は警察學校に於て、今後勤務すべき兵事員としての講習を受けつゝあるのである。

一たびは戰傷者として後退したる身も、今は再び第一線に立ちて活躍するの光榮を眼前に迎へたのである。吾等の欣びは何にか譬ふべき！

「誠」の一字

陸軍歩兵軍曹　笠井徳市

略歴

大正三年[redacted]　北海道余市郡大江村[redacted]ニ生ル
昭和十年一月二十日　歩兵第〇〇聯隊留守隊ニ入營
同　年十二月十九日　伍長勤務上等兵
同　十一年七月十九日　歸休除隊
同　年十二月一日　歩兵軍曹
同　十五年三月七日　發病
同　年五月十日　全治退院

滿洲國治安部警務司よりの採用通知を受け、母兄等と共に將來の幸ひを祈念せり。二十有餘年育くまれし故國を去るに當り悲喜交々たるものあり。懐しの故郷を去るの日、母兄近親の見送り村當局の御厚志に對し全く感涙に咽びしものなり。不自由の身に對し事細々と注意せらるゝ人々の御好意に對し、その意中を察する時、自ら頭の下り熱涙の下るを感ぜり。車中の旅も無事に帝都に下車、宮城前に至り上御一人の萬歳を壽ぎ奉り大日本帝國の隆昌を祈り、無名の臣再び海を超へて祖國の爲に挺身奮闘する旨を報告、再び車中の人となり神戸に到着、新居田事務官殿の指揮下に入る。同日縣市の計ひにより

湊川神社に於て吾等の渡滿に就て武運長久祈願祭を執り行はれ、其の熱誠なるを目のあたり見て、感無量のものありたり。吾等は傷痍の身なりと雖も、必ずやこの赤誠なる支援に對して酬ゆるところなかるべからず、多數警官と共に誓ひたるものなり。

新居田事務官殿の御指導は、懇切に慈愛に滿ち、眞に吾等を肉親の如く子弟の如く、指導誘掖せられたる點は筆紙に盡し能はざるものあり。大楠公最期の地に於ける感激に滿てる訓示には、同志互に手を握り合つて感激せり。生れてかゝる身に沁みて感奮せることなし。溫情肉親も及ばず、慈母、嚴父にも勝るものあり。將來事務官殿の御指導を仰ぐことを得る吾等の幸福をしみ〴〵と感得せり。

輸送の途次各地に於ける歡迎送に對しては、身に餘る光榮として只々感謝の言葉なし。吾等が奉公するこの滿洲國は、過去に於て吾等の先輩が血を流したる尊き因縁の地であり、東亞新秩序の據點たるべきの地なり。而して祖國日本とは一德一心を以て結ばれたる國なり。吾等は粉骨碎身以て再度の御奉公を期するものなり。

之れ實に吾等が生を大和民族の一員として享けたる者の責務なり。必ず「誠」の一字をもつて一路邁進し、所期の目的達成に努力し、各位の御好意御支援に酬ゆる覺悟なり。

持久戰だ！長期建設だ！

元陸軍歩兵伍長　川田義信

略歴

大正六年 [redacted] 日　宮崎縣西諸縣郡野尻村ニ生ル
昭和十二年一月十日　歩兵第〇〇〇聯隊ニ志願兵トシテ入營
同　十二月一日　上等兵
同　十三年八月三十一日　湖北省黄梅縣ニ於テ負傷、內地還送
同　十五年三月十九日　歩兵伍長
同　同月二十日　兵役免除

負傷以來長い病院生活で、い丶加減にヒガミ根性となつてゐた時、豫ての宿望叶つていよ〳〵渡滿が許され、六月二日門司港を出帆する事が出來た。

實に希望に滿ちた日だつた、國を離れる淋しさなんて少しも無い、一年有餘何等爲す事を知らず凡々として無意義な生活を送つてゐたせいか、又退屈を感じてゐたのか働く事の出來る身となつたのが實に愉快でならない。

働く身の幸福が知れる樣な氣持がする。

傷痍軍人再起錄　一九

又、門司港出帆に際し門司市長、名譽領事などより壯行の詞を戴き、滿洲での我々の務が如何に重大なるかを感じさせられた。かつて事變參加の爲に門司港を出帆した時と任何等變つた事は無かつた。

船中では知らない連中ばかりゐる中だつたが、今後行動を共にする戰友だと思うと、みんなが懷しくなる。未知の人間ばかりゐる其の中に、自分一人ゐるやうな氣持は一つも無かつた。

然しながら矢張り故鄉の事は思出される、氣持は滿洲と故鄉と半々である。種々滿洲の事を想像してゐた。滿洲に着いて見て其の時の想像はむしろ空想に近かつた事に氣付いた。然し之に對し期待外れの氣持は少しも受けてはゐない。

之からだ、大にやるのだ！　といふ氣持ちばかりだ。前には十分盡すことが出來なかつたが、今度はウンとやるぞ、持久戰だ、長期建設だ！　といふ覺悟をいたして居ります。

傷痍軍人再起錄　二〇

亡き戰友への餞

元陸軍歩兵伍長　田中秀治郎

略歴

大正三年 [redacted] 日　愛知縣岡崎市 [redacted] ニ生ル
昭和十二年十月九日　歩兵第〇〇聯隊入營
同　十三年十月三十日　中支湖北省應山縣北方ニ於テ受傷入院
同　十四年七月二十五日　陸軍歩兵伍長
同　同　八月四日　豫後備役免除ノ見込ニテ退院

「華々しい動を殘し戰病死した幾多の友を思ひ、又其の遺族の方々の悲しみ、苦しみを思ひ起せば」どの樣な苦勞も又淋みしさも堪へ得るのだ。僅かの傷で還送と成り、傷痍軍人として內地で甘んじて居ては無き戰友やその遺族の方々に申譯が無い。

母や兄に自分の心境を訴え渡滿の許しを得、出發を前に亡き父の墓前に强い決心を誓つて集合地たる神戶に向つた。神戶と聞いた丈でも思出深い街、港である。

時は去る昭和十二年十月、我等は一兵としてあの上海戰線に生還を期せずと覺悟して、勇しく萬歲の嵐の中を征途についたその神戶港である。

傷痍軍人再起錄　二一

瞼に浮ぶ當時を偲べば只感慨無量である。「光陰は矢の如し」今又再起奉公の誠を盡さんと新しく希望を胸に懷き大陸、滿洲へ來たのです。

たとへ傷痍の身とは言へ他人に負けるものか、微力乍らも軍隊で鍊へた軍人精神を以て滿洲國發展に、又東亞永遠の平和に身命を捧げんと堅く決心して來たのであります。我が鄉土三河の生んだ智將、家康公の訓えの中に「人の一生は重荷を負うて遠き道を行くが如し、急ぐべからず。不自由を常と想へば不足なし云々。」とあります。

多年の間軍隊で得た體驗を以て不自由な點を突破し、新しき任務に身命をかけて邁進する決心でおります。又任務に邁進御奉公する事が地下に眠る無き戰友への餞と成ることと信じます。

傷痍軍人再起錄　二二

戰歷

昭和〇年〇月〇日　蘇洲河附近の戰鬪參加
十一月十二日　大倉附近警備、十二月一日、同十三日　南京攻擊の爲前進及南京其の附近の警備
十二月二十日より昭和十三年三月九日　江陰附近の警備
三月十日、四月二十日　廣德附近の戰鬪に參加
五月八日、三十一日　徐州會戰及其の附近の戰鬪に參加

八月二十三日、二十九日　小丹陽附近の討伐參加
八月三十日　武漢攻略戰に參加
十月三十日　湖北省黂山縣北方の戰闘に於て敵手榴彈の爲右手骨折右臀部手榴彈破片創を受く。黂山漢口南京上海各病院を經て昭和十四年二月二日内地還送の爲上海出發、同月五日　大阪上陸
昭和〇〇年八月四日、原病院(豐橋)に於て豫備役免除の見込にて退院す。

二三

傷痍軍人再起録

湊川祠前の誓ひ

元陸軍歩兵一等兵　高野定義

略歴

大正六年	[redacted]	長野縣北佐久郡中津村ニ生ル
昭和十三年	八月二十日	臨時召集ニテ松本歩兵第〇〇〇聯隊ニ入隊
同	十三年十一月三十日	歩兵第〇大隊ニ入隊
同	十四年六月三日	山西省靈陁縣作新村附近ノ戰闘ニ於テ受傷、入院
同	十五年五月十五日	退院

不肖私今度滿洲國警長としまして渡滿致す事が出來得ました。聖戰半ばにして殘念ながらも傷を受け病院生活も一年餘りに成り再起奉公の固い決意を軍醫殿に御話致しました處、滿洲國警長を進められましたが、私の樣な者には身に餘る事と思ひましたが、病院より檢査に出頭致しましたる處幸ひにも採用通知書を受けましたので退院させて下さいました。

固い決意で、集合地でありました神戸に來ますれば驛にて新居田輪送官殿より御懇篤なる訓示を戴き、次で湊川神社に參拜致し警友の武運長久を祈願致しました時、東洋平和の爲めに心身を捨てゝ出征した、あの時が思ひ出されて來ました。

楠公父子の靈前に於て警友の手を固く握り、親兄弟と別れました以上此れからは先輩の御方を親と思ひ警友を兄の樣にと固く誓ひ合ひ宿舎に着きました。次で輸送指揮官殿より訓話及種々注意下さりまして無事に乘船も出來、船中も大連着迄の間は面白く又樂しく來られました事を嬉しく感じて居ります。

二四

二五

傷痍軍人再起録

日滿融和の根幹

元陸軍歩兵上等兵　高橋安五郎

略歴

大正五年	[redacted]	廣島縣沼隈郡熊野村ニ生ル
昭和十二年	一月十日	歩兵第〇〇〇聯隊ニ入營
同	年十二月一日	上等兵
同	十四年四月十七日	山東省沂州攻擊ノ際負傷ス
同	十四年一月十二日	兵役免除

傷痍軍人として始めて滿洲國官吏に採用せられ、懷しき祖國を出發するに際し、其の重責の完遂を淸らかなる湊川神社の御前に誓ひ、神戸を始め各地に於て官民の熱誠なる歡送迎を受け、且又烈々たる激勵の言葉の中に常に我々の身上に優しき心を寄せられ、我等の光榮又身に餘りあるものと感謝に堪へません。國民の熱誠と神佛の加護に依り現地に到着して見るに、我々の想像以上今や日滿一體全く不可分なるを強く感ずると共に、我々日系警察官として赴任致し如何に其の任務の重且大なるかを痛感したので有り

二六

ます。

今や建設の途上にある滿洲國に在りまして、我々の任務こそ眞に日滿融和の根幹で有る事をいやが上にも知らずには居られないので有ります。

新東亞建設と國民の輿望を雙肩に擔つて赴任せし我々は、如何なる難關をも突破し、如何なる苦しみをも征服し所期の目的に向ひ邁進し、以て日滿兩國の爲め一身を惜まざる固き決意と覺悟を以て御奉公申上げるもので有ります。

雄々しく生くる決心

元陸軍砲兵一等兵　玉山正

略歴

大正八年 [redacted]	栃木縣鹽谷郡玉生村ニ生ル
昭和十二年一月十日	野砲第〇〇聯隊第〇中隊ニ入營
同　年三月二十五日	負傷
同　十三年三月一日	一等兵
同　十四年四月二十五日	宇都宮陸軍病院新川分院退院

初夏の風吹き五月節句の鯉幟翻る時——、汽車の窓より別れた親兄弟や、淋しき感傷を後に、我が理想を乘せた汽車は一路東海道を進み行く。汽車の窓より見たる青々たる農村の山々には緑の木が繁り、小川の水も淸く流れ、豐作の麥畑を後に美しき日本。豐葦原を進む汽車の旅、一夜明れば港街神戸に着いた。

自分の胸には固き理想あり、希望はあつたが、これで內地もお別れか、と思えば淋しき感情が湧いてくる、不安の心が——、弱氣が——、時のたつにつれ、多分に私の心に現れてくる。

一日は早や過ぎて港街にも朝が來た、今日は六月一日興亞報公日である。朝の海面より吹いて來る潮風を身に浴びて、日本皇室の隆昌を祈り、又皇軍の武運長久を祈る。午後一時頃、神戸の湊川神社に參拜す。廣き境內は淸潔に淸められ、榛の木は緑に繁り壯嚴たる大忠臣の社——、徳川光圀公の「噫忠臣楠子之墓」と記されたる碑——の如く偉大なる忠臣である。逆賊足利尊氏に破れ、兄弟刺違へて相果てた場所に於いて、新居田事務官殿は話された。我等の大使命、固く手を握り合ひ、此の尊き因緣により共に兄弟となり、皇國の爲努力する樣御言葉を賜り、我等の心の淋しさは消へて雄々しく生きる固き決心が淸水の樣に身內より湧いてくるのであつた。

この重責を完全に

元陸軍輜重兵伍長　仲重夫

略歴

大正五年 [redacted]	德島縣美馬郡重淸村 [redacted] ニ生ル
昭和十二年一月十日	輜重兵第〇〇聯隊ニ入營
同　十三年九月二十一日	湖北省廣濟縣二面玉高地ニ於テ受傷入院
同　十五年一月二十四日	輜重兵伍長
同　年一月二十五日	兵役免除、退院

五月三十一日、愈々住み馴れた故郷を後に意を決し渡滿の途に着いた。六月一日神戸蓬萊舍に到着すれば、早くも簪友達は大部分集合して居り、皆元氣潑剌として悲壯な決意の下に互ひに將來を誓ひ合つた。殊に湊川神社參拜の折、輸送指揮官殿に連れられ、あの盡忠報國の念に燃えた楠公兄弟最後の崇高なる場所を前に、互に手を堅く握り交した時こそ、武裝して居らないが過ぎし日、戰場に向つた時と同じ覺悟と感激の念が全員等しく胸に湧き上つたこと〻私は信じます。

又赴任途中神戸、門司、大連、奉天等の港や驛頭にて、各種團體の涙の歡送迎を受け我々に敬意と感謝を示して下さつた時は、我々が大日本帝國に生れた事が如何に幸福であるかをつくぐ〜感じられました、と同時に今後身體は不自由にても如何なる困難に遭遇するとも堅固なる日本精神を以て必ず之を征服し、滿洲國建國の大精神、民族協和―東洋永遠の樂土建設に向つて再起奉公の誠を致す覺悟で居ります。

尙今度我々の職責が如何に國家的見地より重大であるかを自覺し、この重責を完全に果たすことの決心と覺悟は出來て居ります。

生ある限りの奉公

元陸軍歩兵上等兵　中筋新一郎

略歴

大正二年[redacted]和歌山縣海南市[redacted]ニ生ル
昭和八年十二月十日　歩兵第〇〇〇聯隊入營
同　十年十月二十日　滿期除隊
同　十三年九月二日　歩兵上等兵
同　十三年五月二十一日　山西省候馬鎭馬家山ノ戰鬪ニ於テ負傷

廣漠たる支那の野に東洋平和樹立の大使命を帶びて君國の爲に奮然起つて第一線に向ひ不幸敵彈に傷つき、内地に歸りて早や數ケ月、報國の念に燃え乍らも今日迄安閑としてゐた自分は慚愧の限りでした。然るにこの度榮えある滿洲國警長に採用されて、私は全く天に昇る感が致しました。折も折、畏くも滿洲國　皇帝陛下が大日本帝國御訪問の御盛事!!　唯もう感激するばかりでした。

希望の大陸へ、まちにまつた大陸を胸に描く時、血は湧き肉は躍るの感がしてなりませんでした。神戸での戰友との再會、そして忘るゝ事の出來ない湊川神社のあの嚴肅なひと時、神となりたる忠臣楠公父子の精靈にふれ、警友相結びて忠臣の冥福をお祈りし大陸への再起を誓つた。私は嘗てなき敬虔な氣持になり感激を覺えました。熱誠なる歡送を受け神戸を出港し、門司にては盛大なる壯行會を催して頂き、銃後皆樣の聲援に何も言ふ能はず、唯興奮を覺えるのみでした。我々の門出を祝福するかの如く波路も靜かでした。夕闇せまる海上をみつめて居ると、ふと頼山陽の詩を想ひ出し、そして偉人の大望を知る時、益々志を強くするのみでした。又内地を離れ行く時にも、少しも寂しさといふ樣な感慨は浮ばなかつた。これは尊き因緣の下に生きんとする自分達は最早大陸にある氣持になつて居た。黃海に入つても益々元氣だつた。明くれば大陸!!　憧れの大陸を望み、その土を踏んだ時の喜びはとても筆舌に現はし得ないものでした。大連發車の際、引率官の挨拶に國防婦人會の方が泣いて居た。夫れは唯單なる涙ではないと、私は思ひました。誠心國を想ふ、そして心からの私達への激勵の涙でした。此の時ばかりでなく奉天での歡迎會の場内でも私はもう感激に身がふるふばかりでした。學校に入つてからも主事殿や敎官殿の御懇切なる訓育に大陸にて働くんだとの決意を固め、滿洲帝國の爲、大日本帝國の爲、傷痍軍人の名譽の爲、生ある限り肉體のある限り働き、御奉

公申上ぐる覺悟を致しました。

たゞ感激あるのみ

元海軍三等兵曹　中村德治

略歴

大正二年[redacted]　新潟縣西蒲原郡間瀨村ニ生ル
昭和九年一月十日　〇〇〇海兵團入團
同　十二年五月三十一日　退團
同　十二年八月二十日　上海市街戰ニ於テ負傷
同　十三年十月三日　三等兵曹、同日兵役免除

不肖私は戰傷を蒙つて以來、長い間の病院生活を終つた時、殘念乍ら免役の宣告を受けた。其後種々養生に努めた結果身體も丈夫になつたので、微力乍ら何んとかして再度の御奉公が致したく毎日悶々の日を送つて居た。神の引合せか滿洲國警長、兵事々務要員として合格する事が出來た。そして赴任の命の來るのを一日千秋の思ひで待つた。愈々其の日が來た、滿洲國より新居田事務官殿が輸送指揮者として神戸迄御出下さつた。私は神戸迄行く間中不安の心で一杯であつたが、輸送指揮官殿の眞情溢れるお話に安堵の胸を撫で下ろした。湊川神社に於ては私の一生忘れる事の出來ぬ覺悟と誓ひをして、

實に何んとも言へぬ心になつた。神戸に於ても門司、大連、奉天に於ても國民の赤誠籠る歡送に只々恥入るのみであつた。

そして、しつかりやらうと心の中に誓つた。あの長い間の船中に於ても輸送指揮官殿のお話、又は兵隊ばあさんと親しまれてゐる高橋女史と乘合せ、あの溫情溢れる言葉を聞く事が出來只々感涙に咽び心に誓ふは「誠」の一字のみである。

私の最も光榮

元陸軍歩兵上等兵　中川辻夫

略歴

大正二年[redacted]　三重縣志摩郡磯部村ニ生ル
昭和九年一月二十日　歩兵第〇〇〇聯隊ニ入營
同　十年十二月二十三日　上等兵
同　十一年一月六日　除隊
同　十三年五月十日　山東省ニ於テ負傷
同　年十二月十五日　豫備役、後備役免除

滿洲國兵事係要員として採用せられ郷里を出發いたし、今日奉天地方警察學校に入校いたしましたが、傷痍軍人としてこの重大且つ名譽ある勤務に服し得ることは、私の最も光榮とするところであります。

講習を終へて、勤務に就くやうになりましたなら、一意專心努力して傷痍軍人の名譽にかけても、十分に盡す覺悟であります。

筆紙に盡せぬ感激

元陸軍歩兵上等兵　村川春雄

略歴

大正二年[redacted]　大阪市大正區[redacted]ニ生ル
昭和九年十二月二十日　歩兵第〇〇〇聯隊ニ入營
同　十年十二月十日　上等兵
同　十一年十月二十日　歸休除隊
同　十三年二月二十一日　山西省隰縣川口鎭ノ戰鬪ニ於テ負傷
同　十四年一月二十五日　兵役免除

今次の日支事變の勃發に依り、我大日本帝國は凡ゆる犧牲を忍び東亞に永遠の平和確立、人類福祉の爲聖戰を敢行して以來早や滿三年を超へ、愈々重慶政權に最後の止めを刺すべき氣運に嚮ひつゝあり。その由來する處國際情勢其他の山積せる誘因にあるも、實に滿洲事變の延長戰と見らるべきであります。聖戰玆に滿三ケ年の長き間、幾多尊き人命と尨大なる國帑を抛げ棄て、日支新秩序の建設に猛進し、その成果彌々擧らんとしつゝあるも、未だ迷妄愚昧の重慶政權その非を悟らず、これが徹底的膺懲には將來猶長

期に亘るべく國民の堅忍持久、牢固たる決意を以て眞に義勇報國の念を一段と緊張し此の一大難局を克服すべきを此の身にひし〳〵と感じつゝあります。

幸ひにして自分もこの聖戰遂行の第一線に加り、一死奉公の誠を奉じ奮戰いたしたるも不幸傷つき甚だ殘念にて、何か自分に出來得る職務に勉め奮戰する戰友に劣らぬ御奉公をと念じて居りました。然る所本年五月大阪の地に於て應募し、今日玆に滿洲國官吏として採用せられ、公的にも多大の働き甲斐ある兵事關係の職務に就任出來得た欣びは寔に吾人傷痍軍人にとつて畢生の歷史を劃するものと期待に溢れ、此の重大なる職責遂行の熱意に燃えて居ります。皇恩の宏大なる慈悲。同胞の博愛信義に對しても、必ずや立派に職務に精勵する覺悟です。滿洲國こそは日本國にとつては生命線と云ふべく國防上、經濟上等凡ゆる角度よりするも、日滿不可分の關係にあり。今次の日支事變に寄與する處實に甚大なりし事は何人と雖も否定し得ない事實であり、しかもこの地に在りて日滿兩國否東洋悠久の和平確立のため、公職の一員として微力を注ぎ得る光榮は到底筆舌に表し得べきではありません、只々感激あるのみです。

傷痍軍人再起錄　三九

神戸出發以來各地に於てなされた吾等戰傷兵一同に對する御厚志及御愛情は、終生忘

傷痍軍人再起錄　四〇

れ得ない感謝です。又新居田事務官殿の指揮統率の宜ろしきと人格的に授かりし處大なるものあり、不德の小生如きものすら無事任地に安着致しました事を厚く御禮申上げます。

專心業務に奮鬪

元陸軍步兵上等兵　岡本勝

略歷

大正五年 [redacted] 熊本縣飽託郡海路口村ニ生ル
昭和十三年一月　步兵第〇〇聯隊ニ入營
昭和十三年七月　北支山西省ニテ負傷
昭和十四年十月　除役退院
同　月十九日　步兵上等兵

思ひ出せば昭和十二年七月七日、突如として起つた一發の不法射擊が導火線となり、其の火は瞬く間に全支那に擴がり、我が大日本帝國は暴支膺懲の師を起し、我々兵士は銃劍取り堂々と波をけたてゝ出發した。

北支に敵前上陸し破竹の勢で進擊した。蔣政權は奥地へ〳〵と逃げまどい支那民衆には連戰連勝を裝ひ乍ら反擊してゐましたが、如何ともしがたく、我が軍の占領地には平和な日が訪れ、中央政府が建立され日一日と發展しつゝあります。

この聖戰半ばで不幸敵彈の爲腰部、大腿、下腿の四ケ所に傷つき、野戰病院に於て五

傷痍軍人再起錄　四一

傷痍軍人再起錄　四二

ケ月間、御手厚き醫療を受けまして、ようやく松葉杖にすがり步ける樣になりましたが、十四年正月二日內地還送を命ぜられました。僕はあれ程の傷が五ケ月の間に松葉杖で步ける樣になりましたからしばらくしますと原隊復歸も出來ませうから後送を取り消して下さいとお願ひしたが「上官の命令だから歸れ」と申されました。命令とあれば如何ともしがたく幾多の戰友を殘し護國の柱となつた將兵の尊き血を流した土を離れ船は遠ざかり行けども心は其の地を離れる事は出來ませんでした。

僕は其の時短歌を作つてみました「夢に見て戀しかりし山川も悲しい歸りの我が白衣《みなり》」この歌は笑はれる樣なものではありますが、私の其の時の心がその一句の中に集中してゐます。

六日門司港に入港しました時、國防婦人會、在鄉軍人會、學生其の他の團體が波止場に出迎へ下され一々手を取り親切にいたはり下された時は感謝、感激、自ら淚の出るのをどうする事も出來ませんでした。

其の時の事は一生忘れる事は出來ません。そして、今一度全快し銃を取りますと心に誓ひ、それより十ケ月間溫泉療養。醫療を受け。病院生活一年三ケ月の間御手厚き看護

を受けましたにもかゝはらず殘念にも十月二十日除役退院を命ぜられました。そして十一月十五日に熊本縣傷痍軍人再教育所にて六ケ月間再起の教育を受け、この度治安部に奉職する様になりました。

此の榮職を與へられ再起御奉公の出來ます事も上御一人を始め奉り、銃後の皆樣の深き〳〵御恵に依るものと感謝に堪へません。この尊き御恩の萬分の一なりと報ゆる爲に自分は與へられたこの業務に奮闘する覺悟で居ります。

再生の欣び

元陸軍歩兵軍曹　岡田益資

略歴

大正三年	[redacted]	廣島縣比婆郡八鉾村ニ生ル
昭和十年	一月二十日	歩兵第〇〇〇聯隊ニ入營
同　年	十二月一日	伍長勤務上等兵
同十一年	七月十九日	歸休除隊
同十二年	六月十四日	歩兵伍長
同十三年	二月十一日	歩兵軍曹
同十二年	十二月十三日	江蘇省浦口鎭攻擊戰鬪ニ於テ負傷

退院後何等かの道により再起奉公の念願に燃え居りたる矢先、圖らずも滿洲國兵事係員募集の報を受け、好機到來と渡滿を決意し、應募受檢の結果採用の通知を手にして歡喜其の極に達しました。愈々固く再起奉公の決意を以て一體不可分の關係にある友邦滿洲國の治安に微力を盡す覺悟を祖先の墓前に誓ひ、勇躍して集合地門司に向ひました。二日正午輸送指揮官殿の人員點呼、輸送間の心得に就て訓示あり、諸君は名譽ある日本

帝國傷痍軍人であり又警察官吏であると言ふ氣持を忘れず、其の誇りを汚さない樣との注意あり、明日の出帆を夢見て寢につきました。明くれば三日乘船前門司市長殿滿洲國名譽領事殿の壯行會に於ける訓示により、如何に國民各位が我々に期待されて居るかを痛感、佛前に誓ひし決意を一層固くし乘船致しました。

船中にて高橋女史の激勵の言葉と慰問の溫情に接し、只感謝の二字に盡き、大連上陸、奉天着の際は國婦會員の皆樣に御出迎へを受け、過去各戰役に於て尊き護國の神として滿洲の野に散られし我々の先輩の英靈靜かに眠れる忠靈塔に參拜し、其の御前に日本人として必ず恥ない樣身は不自由でも不屈の精神力をもつて御奉公申上げる事を誓ひました。奉天にては歡迎會を催し下され遠く故鄕をはなれて異國の地に在る事は忘れ、親兄弟に逢つた樣な氣持ちになり今後は我々の親兄弟となつて下さる樣心中にて御願ひ致しました。

入校後其の時々の感激を胸に祕め講習に專念努力致して居ります。

感慨無量

元陸軍歩兵上等兵　大幢宗太郎

略歴

大正二年	[redacted]	岐阜縣大野郡宮村ニ生ル
昭和十年	一月二十日	歩兵第〇〇〇聯隊ニ入隊
同	十二月一日	歩兵上等兵ニ進級
同十二年	二月十三日	除隊
同	十月十五日	上海野戰病院ニ入院ス
同十五年	二月七日	臨時名古屋第二陸軍病院ヲ退院ス

今般私が滿洲國警察官(兵事係警長)として採用されました事は無上の光榮と衷心より感謝に堪えない次第であります。

殊に現在我國は有史以來、未曾有の國難に遭遇し明日に備える爲ソ聯、支那二方面の戰鬪準備を遂行すると共に一方東亞協同體の建設に邁進しつゝある今日、我々日本國民は大いに心身を鍛錬し堅忍不拔の精神を以て國家總動員——擧つて國策貫徹に邁進しなければならない重大なる義務があります。

此の時局に際し我國の生命線滿洲國に於て特に直接國家に御奉公申上げる事の出來得ることになりました。

曩に今次事變に參加致しましたが聖戰中途にして負傷致しました。實に二年三ケ月餘を病院に呻吟し、果し得なかつた責任を考へ、堪えられぬ暗い氣持になりました。何時も戰傷の將兵の辛苦を偲んでは、一日も早く治癒せんことを祈るのみでした。退院の曉は必ず大陸に渡り微弱乍ら我國の生命線滿洲國の地にて再起奉公しようと願つて居た次第であります。

本年二月七日退院、爾後滿洲國に早速職業を物色致しました處が丁度滿洲國兵事係員警長の採用があり、是ぞと直ぐに願書を提出、第一第二の詮衡に由り幸ひにも通過致し其の後毎日採用通知を待つて居りました處、滿洲國政府より採用決定の通知がありました時、何んなに喜んだ事でせう!! 欣喜雀躍とは此の事を言ふのだと思ひました。本當に天の與へと只々感謝するのみでした。早速準備に取掛りましたが、父母も一時は傷痍の自分を慮ばかつて種々心配下さいましたが、私が自信と決意とを懇々と申しました處其樣に申して呉れるならお前の親として非常に喜ばしい。國の爲だ大ひに頑張つて負傷

の不名譽を必ず挽回して來て呉れよと激勵され、必ず頑張りますと、心より誓つて氣持良く訣別致しました。

斯くして神戶に集合、各縣の再起奉公の勇士は、指定の旅館に旅裝を解き、其の面には疲勞の色は更に無く、希望に燃へ確固たる精神力が漲つて居りました。暫くして人員點呼、部隊編成の爲、治安部警務司の方が現れ、新居田輸送指揮官であると紹介を受け種々輸送其他の事に就て懇切叮嚀にお話し下された後、湊川神社に額き衷心より一同武運長久を祈願し其の後で慈父の如き指揮官殿は、楠公が弟正季と刺し違えた遺跡に集合を命じ、此處に於て感慨無量、骨髓に徹する訓辭に肝銘致しました。神聖な境內と緊張せる全員握手の三鼎で全身水を浴びた感がありました。

其の時の訓辭に「誠」の一字に邁進せよとの事で一同楠公、正季の遺跡前にて之を誓ひました。其の時の同行者の顏は神々しき迄緊張感激した面持でした。中央食堂で盛大なる壯行の宴を張つて頂き愈々出帆の時は聊か母國愛の哀愁の感に打たれ再度の出征の如き思ひが致しました。門司上陸で母國よ暫しの別れと——。三々伍々神社や忠靈塔に參拜致しました。此處で九州男子の一行が參加、大連航路扶桑丸は一層賑やかさを增し、和氣靄々の裡に再起奉公の勇士は大陸の姿を想像して樂しく語り合ふ內に全く打融け合つて水魚の交りとなりました。

夕方の疲勞時期には娛樂會を催し、浪花節、流行歌、萬才、蓄の油賣等、中々の藝達者あり、一般の船客も見物し玄海灘も何んのその、長い航海も些の退屈も無く醉氣一人なく至極朗かに事故一つなく無事大連に上陸致しました。其の間度々慈愛深き輸送指揮官より私達の行動をお褒め下さいました。愈々希望の大陸の地大連に一步を印した。フオームには傷痍軍人、在鄉軍人、國防婦人會、其他各團體の歡迎を頂きバスにて扶桑仙館にて晝食、其後我等の先輩、日淸、日露の戰役の人柱となられた英靈の御前に詣で滿腔の感謝を捧げた上、全員任務の遂行を誓ひまして展望の地に登り少憩、大大連を一望眼下に收む、其の景色たるやさながら一幅の繪畫の如し、眺めつゝ市內の重要建造物其他警察關係の話を聞く、斯くして歸館、夕食を御馳走になり大連驛にて稅關の檢査を受け盛大なる歡送裡に一路奉天に向ふ。一夜明ければ國を出てから五日目午前八時廿五分奉天着——。此處で新京行の者と訣別互に健康に注意を促し合ひ、愈々發車の時には萬歲、元氣でやらうと叫んで別れ、フオームの出迎えに警察幹部の方や、各團體の方の挨

拶があり、斯くしてバス二臺に四十六名が分乘、大陸に於ける奉公の第一步を踏み出すべき警察學校の門を潛りました。館の食堂に招かれ晝食を終へた後、奉天神社竝に忠靈塔に詣り協和會の方により盡大なる歡迎のお言葉を頂き宴會を催して頂き歸校、翌七日入校式に憧れの制服を着用した時は感慨無量であつた。

式場に於て各官殿より御懇篤なるお言葉を拜しました時には只々恐縮を感じ、心の底から斷然頑張る事を誓ひました。と同時に一旦入校した以上は如何なる苦痛にも堪へて徹頭徹尾頑張る覺悟です。甚だ長々書きましたが最後に關係各位御一同樣の御指導と御鞭撻の程重々御願ひ申上げ愚感のペンを擱く次第であります。

最大の満足

元陸軍歩兵上等兵　斧窪聖行

略歴

大正五年[redacted]	山梨縣北都留郡梁川村ニ生ル
昭和十二年三月一日	入營
同　十三年三月一日	歩兵上等兵
昭和十四年八月九日	甲府陸軍病院ニ於テ現役免除
同　　　　　日	伍長勤務上等兵

大君に仕へまつれとわれを生みし
　わがたらちねの尊かりける

工業組合検査員の職に在りし自分は、敢然決する所ありて大陸に來たのであります。自分の體であつて自分の體でない。皆時が來れば捧げまつるのであると云ふ考へは、自分の幼ない時からの不動の信念である〃未だ孝せず然れども死は最大の孝なりと知る〃

中支江南戦線で残さんと書いた遺書は今は空しく、おしからぬ命を長らへてゐる今日、湊川神社に於ての誓は生れて以來の最大の感激でした。あの朗ぜられた御製、自分の御

傷痍軍人再起録　五一

傷痍軍人再起録　五二

奉公の指針と大楠公の御前に誓つたのであります。

決然去國向天涯　生別又兼死別時
弟妹不知阿兄志　慇懃引袖問歸期

神戸を去る時故國の山河を望み、心の中で吟じて見ました。玄海で水平線に上る旭日を拜して、はるか東天を拜し志を更に一段強くしたのであります。

金や名譽を得る爲に滿洲まで來たのでは絶對にない。現在のまゝで何年過ぐるもほんとうに滿足だ。自分は御國に盡しているんだ、最大の自己滿足があります。

不動の信念、最大の滿足のある以上、今は唯

〃すめらみくに斧窪の體をまもらせたまへ〃と祈るのみであります。

（昭和十五年六月十日奉天於記之）

七生報國の誓ひ

元陸軍歩兵上等兵　熊澤健治

略歴

大正五年[redacted]	神奈川縣高座郡[redacted]ニ生ル
昭和十三年五月十日	歩兵第〇〇聯隊留守隊ニ入營
昭和十四年八月二十七日	江蘇省松江附近戰闘ニ於テ負傷
昭和十五年二月一日	歩兵上等兵
同　　　月七日	兵役免除トナル

性來無智鈍才加ふるに若年者の私は、新興滿洲國の警察官として採用せられ、六月一日神戸に集合して湊川神社の御前に於て新居田事務官殿より身に沁みたる御訓示を受け七生報國の誓ひをなし、神戸、門司に於ては熱誠なる歡送を受け故國を去りました。そして多年希望の滿洲の土地を踏んだのでありますが、身體健全でなく傷痍の跡もあること故、多少の心配はありますが、一意專心國家の爲に、皆樣の御指導によりて努力致します。

早く一人前の勤務が出來るやうになりたいと念願して居ります。

傷痍軍人再起録　五三

傷痍軍人再起録　五四

名譽ある天職

元海軍三等兵曹　久米幸之助

略歴

大正六年[redacted]	秋田縣仙北郡金澤西根村ニ生ル
昭和十一年一月	入團
同　十二年八月十九日	上海市公平路戰ニ於テ負傷
同　十四年十二月十六日	任三等兵曹
同　　　　　日	兵役免除

希望叶ひて滿洲國兵事掛員に採用せられ、六月一日神戸に集合したのでありますが、軍隊兵免歸郷後、村民から多大なる御同情を蒙り、今回の渡滿に當りては、恰も　大君に召されて軍人が戰場に臨むが如き熱誠なる御見送りを下され、私は衷心より感謝に堪へず、決意を一入堅固にしたのであります。

全國より勇躍して馳せ參ぜし傷痍の士四十有餘名、尊い因縁の下に結ばれた警友と、湊川神社の大前に於て嚴肅に誓つた言葉は膽に銘じて一生忘却することが出來ないのであります。一度傷痍の身となり、再び召されて軍人としての本分を盡し得ざれども、有

意義なる兵事係として、日本帝國と一德一心なる滿洲國の爲に、微力を盡させて頂くことは、時局重大なる折柄誠に光榮とし又喜びに堪へない次第であります。しかして眞情親にも比すべき新居田事務官殿の部下として勤務することの出來るのは、戰場に於て生死を誓ひし隊長殿と等しく、心强さを感ずる次第で、私の名譽ある天職に全力を盡し一意專心業務に精勵する覺悟であります。

何卒今後とも御指導御鞭撻を賜はりたく、所感を通じて切にお願ひ申上ぐる次第であります。

廢物なれど廢品ならず

元陸軍歩兵上等兵　久保田稔

略歴

大正六年	[redacted]	岐阜縣惠那郡[redacted]ニ生ル
昭和十二年	一月十日	歩兵第〇〇〇聯隊ニ入營
同	十二年十月二十六日	眞如無電臺戰鬪ノ際負傷
同	十三年十月十五日	上等兵
同	十六日	兵役免除

廢物なりとも廢品ならず、一路滿洲に向ふ決心の下に懷しき故鄕を後に港、神戸旅館の一角に集まる。各縣から集つた者は思出懷しき支那の地に於て、苦樂を共にした戰友ばかし、私は感涙に咽びつゝ昔話を語るのであつた。

輸送指揮官に會つた際、小生の胸には一脈の動悸が激しく波打ち、人格者だと思つた瞬間一つの恐ろしさを感じた。然し行動を共にして我々の大將として輸送される新居田事務官の溫かい心やさしい氣性、私は瞼に熱い物の滲じむのを感じた。小さい時から一人で育つた私は暗黑の中に一つの光明を見出した如く安心した氣持になつたのか、船の酔が一度に來てしまつた。

兵隊婆さんといふ人に出合つた時も、情にもろい私は戰友に笑はれながら涙を流して居た。

大連港に到着して大陸の玄關に來たのに內地に居るのと同じで氣持が少しも變らない事は、自分乍ら不思議に思ふ程であつた。其れも指揮官の蔭になり日向になりかばはれる有難い情が私の胸にしつかりと浸み込んでゐたからである。振り返ればあの神戸の湊川神社の前で然かも楠公の最期を遂げられた場所に於てお互に手を取り合つたあの時も私の心には力强いものを感じた。

元氣で渡滿し元氣で入校した今、感激の言葉を綴りました。御判讀下されば幸です。

終世忘れぬ感激

元陸軍歩兵上等兵　山口宇太郎

略歴

大正五年	[redacted]	福井縣丹生郡西安居村[redacted]ニ生ル
昭和十年	十二月一日	歩兵第〇〇〇聯隊ニ入營
同	十二年五月三十日	歸休除隊
同	年十月二十一日	中支寶山縣談家頭附近ノ戰鬪ニテ受傷入院
同	年十二月一日	歩兵上等兵
同	十四年十月三十一日	除役退院

建國以來八年、其の間驚くばかりの發展を遂げつゝある大滿洲國。その滿洲に二ケ年の星霜を過した。思ひ出深き土地にての活動を憧れて居つた矢先、今囘、滿洲國警長の募集に應じ、幸ひに私、愚才の者であるが採用の朗報に接し欣喜雀躍として渡滿の意を固めました。今次の事變の爲めに肉體の一部に若干の障害は受けましたが、固い信念と精神力にて如何なる難關をも突破致すべく懷しい鄉里を出發。六月一日神戸蓬萊舍旅館に集合致したる所、皆一樣に固き決意に燃ゆる戰友の顏又顏、いよ〳〵盡忠報國の念が

胸に燃え、出發に先立ち彼の由緒深き湊川神社の大前に詣でて慈父の如き輸送指揮官殿の諸注意や訓辭と共に、戰友達としつかりやらうと手を握り合つた時の感激は終生忘れ得ないことと思ひます。

神戸を出帆致しまして扶桑丸の船中にて我々は慈母の如き名高き大連の高橋女史よりこも〲激勵の言葉、我々の爲めに各方面の方々の御配慮下さる御氣持を考える時、なんと感謝してよいかわからない氣持でした。大連に上陸、車中も無事に奉天の驛に着ました處國婦の方々や、在郷軍人、傷痍軍人の方々が歡迎して下さいました。斯くも我々の今後の行動を期待下さいます事を想ひますと、如何なる事が生じようとも身體の續く限り粉骨碎身、奮闘しなければならないと言ふ氣持がひし〲と胸にこたえて來ました。然し馴れない土地のことといろ〲と心配して居りましたが、神戸にて輸送指揮官殿にお目にかゝつた時より肉身も及ばぬ位御世話下さいますのでいよ〲前途に光明を見出したる如く安心致しまして、少しの懸念も無く充分に活躍出來る事をよろこんで居ります。

入校以來內務に學科に懸命になつて居りますが、赴任後も今迄と何等變ることなく慈父の樣に御訓育下さいます事をお願ひ致します。

傷痍軍人再起錄　五九

傷痍軍人再起錄　六〇

一生懸命やるぞ!

陸軍歩兵上等兵　矢田貝春美

略歴

大正七年[redacted]		廣島縣神石郡[redacted]ニ生ル
昭和十三年	三月一日	入營
同　十三年	九月二十三日	江西省瑞昌縣附近ノ戰鬪ニ於テ戰傷
同　年	十一月一日	上等兵
同　十四年	十月二十一日	現役免除

滿洲國兵事掛員として採用され、內地を去るに當り感慨無量のものがあります。思へば神戸の湊川神社の大前に於て、尊い因緣の下に親子兄弟よりも親しくお互に助け合ふ事を誓つて、固く手を握り合つて固い〲決心を致しました。

扶桑丸にて神戸港を出發してより、〃一生懸命やるぞ〃と語り合つて大理想の下に戰鬪開始した。

滿洲國に渡つて第一番に目に着いたのは大連、奉天の忠靈塔、幾多の先輩が尊い血を流して働かれて、今は地下にてこの滿洲國の人柱となつて神として祭られて居るのを見た時、自然目頭が熱くなるのを覺えると同時に、自分達はこんな身體で御奉公出來るのを本當に有難く感ずると共に、其の責任の重且大なる事を知りました。

此の上は一意專心其の本分を盡くすと同時に、一旦緩急の際に支障なき樣自信を以て職責を全うする覺悟であります。

滿洲國は自分が考へておつたよりも氣候風土もよく、一生をこの大陸で働く考へであります。

おゝ滿洲よ、榮あれ!!　そして私達の前途にも!!

傷痍軍人再起錄　六一

傷痍軍人再起錄　六二

誠心一貫

元陸軍歩兵上等兵　前田三郎

略歴

大正五年[redacted]		熊本縣下益城郡豐田村ニ生ル
昭和十二年	一月十日	歩兵第〇〇聯隊ニ入營
同　十三年	四月二十三日	徐州戰台兒莊附近ニ於テ受傷入院
同　年	六月二十三日	退院原隊復歸
同　年	十月十九日	罹病入院
同　十四年	二月十九日	退院原隊復歸
同　年	二月二十六日	罹病入院
同　年	七月二十六日	除役退院

聖戰四年、內外の非常時局に際し我等は軍隊にて鍛錬したる心身を以て粉骨碎身滿洲國の爲め我が日本帝國の爲に盡す覺悟を以つて任務に邁進致し度いと思ふて居ります。

再起御奉公

元陸軍歩兵上等兵　前田政八

略歴

大正六年[redacted]熊本縣下益城郡豊田村[redacted]ニ生ル
昭和十三年一月十日　歩兵第〇〇聯隊ニ入營
同　十四年七月二十六日　歩兵上等兵
同　年七月二十六日　兵役免除
同　年七月二十八日　退院

我等三人は受驗の時、試驗官が申された事を守らず出發地より釜山經由の切符を求めたため特に單獨行動を許可されたので、別に感想もなく單なる旅行でもする樣な氣持であつた。

然し乍ら釜山に上陸して奉天行の列車に乘り移つた三人は急に、我等は滿洲國警察官として大陸に行くのだ、此の僅かな傷ではあるが如何にすれば警察官の重大なる任務を果す事が出來るであらうかと不安な氣持であつた。

然し乍ら戰地で仆れた戰友を偲ぶ時、たとえ再び銃を取る事能はずとも再起御奉公の

念に燃へて、如何なる萬難を排しても此の日滿共存共榮の爲に奮闘致したいと決心しております。

日本人の有難さ

元陸軍歩兵上等兵　前川又喜

略歴

大正六年[redacted]熊本縣鹿本郡[redacted]ニ生ル
昭和十三年一月十日　歩兵第〇〇聯隊ニ入營
同　年八月三十一日　中支德安縣金華山ニ於テ受傷入院
同　十四年十月三十日　歩兵上等兵
同　年十月三十一日　除役退院

我家を一生懸命にやつて來ますと母に別れ車席の人となり、門司の旅館に安着致し勇んで來る戰友第二の戰場に行く如く張切て居る姿、私等三名は單獨行動で朝鮮經由にて表記の土地に向ひました。自分は三年前出征の期日と同じ日に恵まれた事は男子の本懐と思つて居る次第です。三名は再教育を終了致し、今度再起奉公の出來ました事は我等は幸福の一層と思ひます。

奉天驛にて歡迎され銃後の强さを身魂の鏡に表します、やれるだけやると第一感に覺悟致しました。

入校式終り今日から軍隊生活と同じだ、一日一日立つ内に樂しみになつて來ました。私日本人の有難さを痛切に感じました。

滿洲は第二の故鄉

元陸軍砲兵上等兵　待井光永

略歴

大正四年[redacted]　長野縣更級郡牧鄉村[redacted]ニ生ル
昭和十二年三月七日　入隊
同　十四年八月二十八日　興安北省ノモンハン附近ノ戰鬪ニ於テ受傷
同　年十二月十二日　内地還送
同　十五年三月十九日　砲兵上等兵
同　十五年三月二十日　除役退院ス

三星霜を滿洲の軍隊生活で過した僕には今度の渡滿は第二の故鄉にでも行くかの如き感がしておつた。殊に日滿一體不可分の關係にある滿洲國警察官兵事係として活躍する事は非常に嬉しく愉快に思ふ。

六月一日正午神戸に集合、新居田事務官指揮のもとに楠公神社の御前にて祈りを捧げ、吾々同期生は如何なる事があつても一致團結、以て任務の遂行に邁進するのだと誓つた次第だ。

其後在鄉軍人會、國防婦人會等の激勵の茶話會に出席する。

二日正午扶桑丸に乘船、門司港より一部乘船、娯樂設備の少い船中の生活も一入興味を持つ事が出來た。

門司に上陸し自由に見物をする、船は濃霧の爲豫定より少し遲れ、五日午後二時卅分大連に上陸した。

此所には奉天より僕等の教官が迎へに來てをられる、又國防婦人會、在鄉軍人會其他各種團體の出迎に接し感謝感激の外はなかつた。

直ちに忠靈塔に參拜山の茶屋に上る、大連全市を見下す時吾等先輩の努力が斯くも現在文化の礎石となつたかとまのあたり感じさせられた。扶桑仙館にて夕食を攝り自由な見物の時間を許される。軍人精神の發露のためか時間嚴守、九時確實に集合、十時乘車、汽車は一路新京にと向つた。

午前八時二十六分奉天着兵事講習生四六名は下車する、又此所にても同樣在鄉軍人會、國防婦人會其他各種團體殊に地方警察學校主事殿等の御出迎へを受く、間もなく警察學校に入る。そして朝食を攝る、常に事務官殿は嚴格な中にも間違ひがないならば出來るだけ自由に愉快にやらせて任務を終りたいと云ふ御心持であつた事と信ずる。

人格圓滿と嚴格な慈愛深き御精神と相俟つて用意周到さが斯く然らしめたのである。

今後は學校長、主事及後藤教官其他各教官の御訓しへを恪守して立派に講習を修了致す覺悟である。

意義ある首途

陸軍歩兵上等兵　小松政雄

略歴

大正六年[redacted]　島根縣那賀郡大麻村ニ生ル
昭和十三年一月十日　歩兵第〇〇〇聯隊ニ入營
同　年十二月一日　歩兵上等兵ヲ命ゼラレル
同　十四年二月二十八日　戰病ニ罹リ野戰病院ニ入院
同　年九月二十日　現役免除トナリ退院ス

念願叶ひて愈々滿洲國警長として大陸に飛躍する事に決定した。人々の激勵の言葉並熱意ある歡送は自分の心に第二の出征の感を與へられた。功ならずむば再び故國の地を踏まずと、悲壯なる決意の下に我健康と自家の幸福を祈りつゝ前途に希望を抱き懷かしい故鄉を後にした。

出征の如き感を深からしめたるは熱意ある各種團體の歡迎、歡送にして、我々は當然爲すべき事を行ひつゝあるばかりにして世人より斯くも尊敬並厚き待遇を受けるとは誠に感謝感激に堪へざる處にして、之に依り益々將來大陸に於て東亞永遠の和平のため、

日満一體不可分の强化に私情を擲つて期待の萬分の一なりと盡さん事を決意せり。

三日門司出帆、希望の第一日にして亦懐かしき故國日本と訣別する日であつた、歸還以來始めての就職ではあり亦其職につき何等事情にも通ぜず一抹の不安を感じつゝあり。然るに輸送指揮官殿を始め屬官殿の親しき言動は我等の最も意を强うする處にして、不安も一掃され希望の心に燃へつゝ嬉々として旅行を續ける。船内に於ける約三日間の生活は嘗つて我等が出征當時の船内生活に等しく特に指揮官の理解ある御言葉に克く上下一體の精神を保持せるは軍隊生活に異ならず我等の最も欣ぶ處なり。船内に於ける娯樂會の開催は全國各方面の勇士の和氣あい〳〵たる内に演藝續出し懐鄕の寂しさも忘れ打興じぬ。涙と共に別れを告げし出發直前の狀況は此の樂しき輸送間に於て全く一掃されしは實に指揮官殿を始め各屬官の理解ある扱振りに起因するものと信じて疑はない。尚奉天驛着の際及歡迎會席上に於ける指揮官殿の挨拶は實に身にしみて思はず眼頭の熱して來るを感じ、又輸送中各方面より寄せられたる御好意は實に餘りあり、此の輸送間は樂しく且亦我等の決意を固くせし事を憶ひ、此の意義ある首途を將來の全生涯の生活に及ぼさんと心に誓ひつつ此の感想を綴つた。

傷痍軍人再起録 七一

傷痍軍人再起錄 七二

戰場での心持

元陸軍砲兵上等兵　子谷三郎

略歴

大正二年[redacted]	京都市上京區[redacted]ニ生ル
昭和九年一月二十日	入營
同　十年十一月三十日	現役滿期除隊
同　十三年三月十日	砲兵上等兵
同　十四年三月二十日	中支那南昌附近德安ニテ受傷
同　年九月二十八日	滋賀縣大津日本赤十字社病院退院
同　年十月一日	兵役免除

私の渡滿の覺悟は今はじまつた事では無かつたのです。昭和九年一月現役兵として關東軍旅順重砲大隊に入營致し、はじめて中隊長殿から滿洲の將來に就てのお話を聞いた時非常に感激致し、除隊の時は現地除隊し、皇恩の萬分の一でも酬い奉ろうと決心致しましたが、不幸初年の終りに母親が亡なり、又家の事情の爲除隊後鄕里へ歸りました。間もなく日支事變に應召致しましたが、殘念にも野戰に於て戰傷病となり、内地へ歸還致し皇國の手あつい看護のもとに、元の健康になりました。此の間、出征中に又父親も亡くなり、いよ〳〵自分は孤獨の身となりましたので年來の渡滿を決心致しました所、幸ひこの度兵事掛要員に使つて頂くことになつたのです。此の時の私の喜びはいかばかりでせう。

六月一日懐かしい京都を後に皆樣の見送りを受けつゝ一路神戸へ參りました。宿舍には早、全國から來た同志の人達が皆元氣潑溂として集つておりました。午後、輸送指揮官殿に連れられて湊川神社に參拜し、武運長久をお祈り致し、殊に、あの盡忠報國の心に燃ゆる楠公兄弟最後の場所の前で我々同志の者達が、お互に手を堅く握り、誓ひを交した時の感激は一生忘れる事は出來ません。又途中、各港や驛で各種團體の絶大なる歡送迎、國防婦人會の涙での敬意、感謝の言葉を受けた時我々は日本國に生れた有難さをしみ〳〵と感じました。渡滿後は如何なる難事に出會うともあの戰場での心持にて突破致し「誠」の一字にて再起奉公致す決心です。(康德七年六月十四日)

傷痍軍人再起録 七三

傷痍軍人再起録 七四

各位の御期待に酬ふ

元陸軍歩兵伍長　小谷岩雄

略歴

大正二年[redacted]	京都府中郡三重村ニ生ル
昭和九年一月十日	歩兵第〇〇聯隊ニ入營
同　十四年十二月十五日	中支安徽省陳家牌ニ於テ負傷
同　十五年二月二十八日	任歩兵伍長

滿洲!!　と聞くだに胸の高鳴るを覺ゆる、長年憧れの滿洲大陸への雄圖も、都合により斷念するの止むなきに至りし數年前のことを回顧する時、感無量のものがあります。

私は、滿洲事變、支那事變に參加し、如何に國防の重大なるかを痛感しましたが、不幸敵彈のために傷つき後送さるゝの止むなきに至つた。幸にして傷癒へ、大なる決意と希望の下に應試したるに幸に合格し、六月一日神戸港集合の通知を受けた時の喜び、手の舞ひ足の踏むところを知らず、筆舌にも表はすことも出來ませんでした。

待望の神戸集合、新居田事務官の出迎を受け、楠公父子を祭る湊川神社に於て祈願祭を執行され、指揮官發聲の下に御製を奉讀、新しき誓友堅く手を握り合つて再度の御奉公を誓つた時の感激は、身に泌みて忘れることが出來ない。

内地を去るに際して神戸市官民の壮行會に參列し、身にあまる激勵の辭を受け、途中門司、大連に於ても盛大なる歡迎送を受け、感激に堪えず、船中皇軍慰問の國民代表とも謂ふべき高橋女史から熱涙こもる激勵と慰問の言葉をきいた時は、戰地に殘せし戰友の身の上、地下に睡れる英靈に對し、再起奉公を誓ひつゝ無事奉天に到着、此處に於ても豫期せぬ各方面の盛大なる出迎を受けた。思ふに職を求めて任地に赴くに際し、かくの如く出征と同じやうに歡迎送せられるは、吾等の身にとり此上もなき名譽であると同時に、戰鬪に參加するのでなく、平時事務を執る吾等としては、日夜忍びよる人生の敵に對し不斷の努力と警戒をして、この官民各位の御期待を裏切らぬやう、心を引締めねばならぬ、と堅く心膽に銘じたのであつた。

何を以て酬いんか？

元陸軍騎兵上等兵　小林正信

略歴

大正二年[redacted]	大阪市港區[redacted]ニ生ル
昭和九年一月二十日	騎兵第〇〇〇聯隊ニ入隊
同　十年十一月三十日	騎兵上等兵滿期除隊
同　十三年五月五日	山西省榮河縣孫吉鎭附近ニ於テ戰傷
同　十四年三月二十日	兵役免除除隊

人間が、ある境遇から他の境遇にうつり變る時、そこには必ずや大きな悲しみと、困難が伴つてゐるものである。順調に何の變化もない人生を終へる人は幸福と謂ひ得るかも知れないけれども、大きな悲しみと、困難とを踏み越へて、その上に自分の人生を築き上げてゆく人も、眞に人生の意義を知る者だと思ふ。しかし私達が眞の人生の眞義を解するか否かは今後の試練と修練にあるものだと思つてゐる。その意味に於て、更生の第一歩を滿洲國の兵事係員として大陸に職を求め得たることを誠に嬉しく感謝してゐる次第である。

特に、更生第一歩の門出たる神戸の出發に際し、指揮官殿引率の下に、大楠公の七生報國を唱へし湊川神社の神前に於て、一同堅く手を握り、滅死奉公、東亞新秩序建設の爲に努力すべきを誓ひ合つた感激は、最も有意義であつて終生忘却し能はざる所である。

神戸に於ける熱誠なる歡送迎、奉天に於ける盛大なる歡迎は、何の爲に我等如きに斯くの如くに歡迎送せられたるかを想ふ時、吾人は何を以て酬ひんか、他なし「誠」の一字あるのみ、この感銘を心魂に刻みて、其の職責を完ふし、以て各位の御期待に對し酬ひなければならぬ、と深く心魂に銘じたのである。

希望に輝く吾等

陸軍歩兵上等兵　小泉義松

略歴

大正五年[redacted]	石川縣羽咋郡[redacted]ニ生ル
昭和十二年十月二十九日	歩兵第〇聯隊ニ入營
同　十四年五月六日	中支通城縣饗公橋附近ノ戰鬪ニ於テ負傷
同　十五年一月九日	歩兵上等兵

希望八分、不安二分といつたやうな氣持で郷里を出發した私は、集合時刻に遲れてはならじと急いだ。神戸の旅館に來てみれば、案外多くの勇士諸兄が元氣に談合して居られる樣子をみて、一先づホッと安心した。そしてすぐと諸兄と親しくなれる、吾れながら不思議なる親しみに驚く。しばし語り合う間に不安も消へ失せて仕舞つて、今は諸兄と十年の親友のごとく、過ぎし戰場の壯烈を語り、今は境を異にして亡き戰友の思出を語る。

神戸にて官民の壮行會に臨み、吾等の爲に高官名士の方々より激勵の言葉を受けて、

過ぎし日戰場に向つて屯營を出發せし時の氣持を思出して、よく似た感に打たれ、腹の底から何ものとも知れぬグン〳〵と持上げてくるものがある。これしきのことに、こんな氣持ちのするのは、さては長き入院生活中に、いさゝか精神に弱點が出來たのではなかろうかと、自分をかへりみて恥かしく、思はず邊りの諸兄をみて、我心に氣づく者はなき樣子にホッとした。

明くれば二日、天氣は上々、太陽も我等の首途を祝福するかの如く、空はカラリと晴れて暑さを訴へたきほどの氣もち、空にはちぎれ雲が二つ三つあれど、我が心も眞に日本晴れなり。間もなく乘船す、多くの國防婦人其他の人々に見送られて、再び戰地に赴くやうな氣持ちがする。別れをつげるドラの音も、我身には何の反響もなく、他の船客の別れを惜しむ樣をみて、何故ともなく唯ホロリとする。さわぎ立つ群衆の中に老ひたる婦人のテープを握れるが目につく、心はいつしか鄕里に殘る老いたる父母のことを思出して、健在であらんことを祈る。眼前の老いたる婦人が何だか我母の面影に似たるやうに見ゆ。やがて再度のドラの音にて、船は次第に岸壁を離れてゆく、希望に輝く我等を乘せて……。船が祖國を離れると、我が心も決然としてくる。

傷痍軍人再起錄　七九

傷痍軍人再起錄　八〇

與へられた使命

元海軍一等主計兵　權　隆通

略歴	
大正四年[redacted]	鹿児島縣大島郡三方村[redacted]ニ生ル
昭和十一年六月三十日	〇〇〇海兵團へ入團
同　年十二月十五日	佐世保海兵團附
同　十三年十二月十日	公傷入院
同　十五年三月三十日	兵役免除退院
同　十四年五月一日	海軍一等主計兵被命

事變の進展と共に誰もが考へる事は、大陸進出と言ふ事であろう。尊い犧牲によつて切り開いた道に續いて建設の實を擧げる事は若い我々に與へられた使命であり、任務である。國家の隆昌伸張を計るには時局を認識し、粉骨碎身奉公の誠をつくさねばならぬことはこゝに言はずとも誰もが知る事であるが、ともすれば世上の人々は反對の見方をしてゐる者が多いのではなからうか。喰ひつめて故鄕を出て來て一旗あげ樣などと、野心滿々たる徒の來るべき未開の地の如く、又滿洲へでも行けばなんとかなるだろう位の氣持で來た人々が「くんだり」などと良く言ふのであらう。「滿洲くんだり」實に聞きにくい言葉である。

現今は一種の時局の波に乘つて興奮劑の如く若い力を沸騰せしめ、數多の熱血兒が大陸進出の實を擧げてゐる。

この度の我々もこの一員である。南島の人々の間に流れる情熱とか、純情とか、愛情とか言ふ麗しい思ひ遣りが若者を發奮せしめ、前進飛躍せしめる原動力となつて旅立つ私の胸に複雜な感情が織り込まれて、一入懷しく見送られる者に無限の感激となり、亢奮となつて鄕關を出たのであります。

親戚や友人は海路平穩であれと夜の更ける迄祈り續けてくれたでせう。この祈り、この祈りに送られる私には何等かの意味において素晴らしい行動が報酬としてなされるものと固く信じるのであります。心からなる祈りと信仰は樂しく、又懷しいものであります。私には島を出た時より新しい生活が初まつてゐるのです。複雜怪奇などと云ふ變挺な時代に歷史は次々に造られてゐる。この時同じ道に共に進む人々を初めて知り、初めて語り、異なつた性格感情を持乍らも等しく新たな感激と希望を胸に祕めて門司より船

傷痍軍人再起錄　八一

傷痍軍人再起錄　八二

中の人となつた。

傷痍のため軍籍を去り、第二の御奉公に人間として與へられた使命と意義ある生活を求めてゐる私は己れを他の人々と較べて引け目を感じ、滿足な御奉公がこの體で出來るだらうかと言ふ懸念が湧いて來たがふと又白衣生活の樣々な想出が浮ぶと共に中山龜太郎先生の顏がはつきりと想ひ出され、あの言葉が聞へる樣だ。僻んだりひねくれたりするのは當然の心理狀態であるが、心の持ち方によつて生きる事に光明がある。運命を愛し、運命を活かすのだ。眞劍に苦しみ、眞實に活き、運命を愛し、運命を活かせ。とは實に私達にはこれ以上の教訓はないであろう。

船中大連の高橋湾子女史（兵隊バアサンと呼ばれてゐる）と同船、同じ意味の御話を聞かされた。戰時下に於いて又生存競爭の激しい實社會に種々難關はあるが不自由を忍んでそれを押し通して行かねばならぬ、と益々決心を固くした。

建國への生贄、英靈の赫き血潮によつて築かれた大陸に第一歩を踏み入れて、大連の忠靈塔に參拜した。敬虔の念をより多く抱いた。四角な高塔は默々として天空を衝き、無言の教訓を與へて居る樣だつた。仰ぎ見れば空の中へ流れ込んで行くのではないだろ

うかと思はれた。氣候に、風俗に、大陸だと言ふ感を強くすると共に、滿洲民族の中に頭から突込んで行つて爲すべき仕事があり〳〵と見出された。

民族協和、政治中心の新興の街新京のホームに降りた時、協和服には印象を深くした。協和服の持つ共通性と言ふか、滿、鮮、漢、露人總てが民族協和の思想に包まれてゐる。豐かな雰圍氣を感じ、如何に大きな役割を勤めてゐるのかと非常な親しみと興味を覺へた。

新興の街、來たばかりの我々に衣食住の惱が大きな陰を投げてゐる。これは將來の伸展に望みを持てるとも言へよう。目的の故に我々は來たのだ、與へられた使命を果たさねばならぬ。大陸の空氣を腹一杯吸ひ込んだ、何も彼も是からだ。

諸先生の御指導によつて新しい道を行かねばならないと思ふ。

傷痍軍人再起録 八三
傷痍軍人再起録 八四

深き感謝あるのみ

元陸軍歩兵上等兵 寺垣壽美

略歴

大正 七年 [redacted]	鳥取縣岩美郡蒲生村ニ生ル
昭和十二年 一月 十日	歩兵第〇〇聯隊ニ入營
同 十三年 五月 八日	北支徐州攻擊ニ於テ受傷
同 十四年 六月二十四日	歩兵上等兵、兵役免除

大陸進出の希望やうやく叶つて、滿洲國警察官として採用せらるゝに至つたことは、この上もない喜びである。思へば傷痍を受けた身が、再び第二の戰場たる滿洲に於て働くことの出來るのは、全く皇恩の然らしむるものである。今其の希望が實現して渡滿の途に就いたのである。何だか明るい氣持ち、暗みの夜から、太陽の出る晝になつたやうな氣持ちです。

男子として一旦警察官となつた以上は、未だ味はない辛苦も、困難も突破する覺悟です。たゞ空想してゐた制服も、あんなにして雄々しく働くのだと元氣づけて、只一途に滿洲の地に來たのだと思ふと、幾分の不安はあるけれども、何としても愉快だ、人間天職を得て邁進するほど愉快なことはないと思ふ。

內地出帆以來受けた各地の熱誠なる歡送迎に對しては、深き感謝があるのみで、之に對しても十二分の努力奮闘をしなければならない。

傷痍軍人再起録 八五
傷痍軍人再起録 八六

總ては興味と希望

元陸軍歩兵一等兵 秋山辨一

略歴

明治四十五年 [redacted]	廣島縣双三郡君田村ニ生ル
昭和十二年 七月 三十日	歩兵第〇〇聯隊ニ入營
同 年十二月 三十日	陸軍歩兵一等兵
同 年 十月二十六日	北支山西省折口鎭南方ニ於テ受傷入院
同 十三年十一月 十 日	除役退院

初めて見る大陸の野、其れは正義の刄を持つ進軍であり突擊、砲煙であつた。其の爲戰友の多くは花と散り私も負傷して大陸の一部分を見たに過ぎなかつた。我一人生還し淋しく考へさせられる時、大陸に眠る友は私に呼びかけ招くが如き感有り。白衣を脫ぎ捨て再起奉公に燃ゆる胸に眠る友の遺志に報ゆるの覺悟を抱き、氣候風土を異にする廣漠千里の大陸目指して身の不自由も打ち忘れ出發した。

滿洲上陸第一歩を大連の忠靈塔に參拜し、安らかに眠る英靈にぬかづき冥福を祈り將來を誓つた。總て大陸に足を踏み入れる者の感じさせられるは青空高く聳ゆる忠靈塔だ。

眠れる英靈に何を誓ふであらう？

茫々たる廣野に僅かに馬の力により原始的な耕作法により黠々と働いて居る滿人の悠長さは見る者をして大陸的雰圍氣に浸らしめる第一印象であらう。彼等は又其の悠長の中に自然味を味ひながら土に親しむ特殊の優越感を抱き默々として働いて居る素朴さは又彼等の誇りであり特徵であらう。が一歩都會に入れば前者と正反對に發展精氣に漲り大陸の夢は何處へやら吹きとばされて、人も馬も動く者總てが貢獻的の働らきを續けて居るに目を見はるであらう。

風俗を異にする滿人、言語の解せぬ點、總ては興味であり、希望である。

心の誓ひ

元陸軍騎兵一等兵　荒木五郎

略歴

大正四年	[redacted]	長崎縣南松浦郡[redacted]ニ生ル
昭和十四年	五月十三日	騎兵第〇〇聯隊ニ應召
同	年八月九日	受傷
同	年十月三十日	騎兵一等兵
同	年十月三十日	兵役免除、退院

今日はいよ〳〵出發だ。涙が出る樣な氣持になる。

船中は一同と色々と話して面白い樣だが、時々故鄕の事を想ひ妻の事等思ひ起しては淋しくなつてくる。

でも大連に着くとそんなセンチな氣持なんか何處へやら自分に與へられた職務に向つて一生懸命やらうと自分自身の心に誓つた、自然と希望に滿ちて來る。

車中元氣で奉天に着く、學校に着いて又軍隊に入隊した時の感じが出る、入學式後指揮官殿と御別れする時は淋しい樣な氣がした、指揮官殿に感謝の外は有りません。

各位の熱誠に酬ひん

陸軍步兵上等兵　足立時春

略歴

大正四年	[redacted]	千葉縣千葉市[redacted]ニ生ル
昭和十一年	一月十日	步兵第〇〇聯隊ニ入隊
日時不明		武漢攻略戰ニテ受傷
同	十五年三月十三日	除隊

六月一日神戸港出帆、六月六日奉天着迄國民各種團體の熱誠なる歡迎、歡送に只々感謝感激に堪えない。特に在滿傷痍軍人會の大連、奉天に於ける御出迎には感涙にむせんだ次第でした。故鄕を遠く離れた地に於て同胞の溫い友情こそは日本國民でなくては味はふことは出來ないのだ。今更ながら日本國に生を享けた私達は實に幸福だと思つた。見も知らぬ人々が湊川神社の御前で堅く手を握り合つてお互の心と心を一つに結んだあの光景は實に神祕な、そして尊い想ひ出だ。

將來警察官として、兵事係員としてその職務に邁進し以て國民の熱誠に報いんとす。

（昭和十五年六月十一日）

重任の遂行

元陸軍步兵上等兵　澤田繁八

略歴

大正五年	[redacted]	青森縣津輕郡嘉瀨村ニ生ル
昭和十二年	三月七日	步兵第〇〇〇大隊ニ入營
同	十三年二月十九日	牡丹江省虎林縣東二道溝東北方二十粁ニ於テ凍傷入院
同	年三月一日	陸軍步兵上等兵
同	十四年五月十五日	兵役免除退院

軍隊は僕に對して第一番に御奉公の信念を與へて下さつた。次には白衣の體として入院生活した方々の陸軍病院長初め軍醫殿の訓辭に依つて更に再起御奉公の決心を授けて下さつた。

退院後は產業戰線に職工として活躍する事約五ケ月、其後事務員として務めて居つたその間に泉の湧く如く急に大陸への志望を抱くに至つた。果して何んの意味が有つてだらう。自分自身暫らくの間考慮した。其の時に僕等傷痍軍人に適した兵事掛要員募集の言葉が耳にピンと來たので有る、心は躍る、燃える。早速手續に取り掛つたがそれも漸

く試験の二日前である、愈々受驗日となつて受驗地へ赴く、精神は必ず合格して見せると緊張して試驗場へ入る。見れば他の人々が偉らそうに見える。試驗官の前に呼出されて、口頭試問から順序に各科目の考査が初まる。此れでは採用されないのではないかと、心配になつて來た。けれども全力を盡して書き綴り規定の時間で終る。結果はどうで有るかと又不安です。身體檢査は初まる、それには合格したけれども、唯心配になるのは考査の結果で有る。成績は發表されて、採用せられるとの事で有つた。その瞬間「これで再び大陸に渡り御奉公する事が出來る」と思ふと嬉しい氣持が一杯で歸宅致しました。

　次の日からは唯合格決定の通知を樂みにして仕事に勵んで居りました。それが丁度廿日後、航空郵便にて通知が飛んで來た。家の者は皆なで祝採用の意味にて喜んでくれるのでありました。僕は夢の樣な氣が致しまして、これで再起奉公が出來得る事になつたのだと思ふと唯身體全體が天上へでも登る樣な想ひがして、嗚呼嬉しいとその言葉のみであつた。愈々出發……。其の時刻には應召兵と一緒に出發する事になりまして村民の盛大なる歡送裡に出發しました。渡滿後は軍隊生活同樣に働いてやらうと思ひました。

二日後神戸市の指定旅館に着いて見れば、殆んど全部が集合して居る。中には普通の人

も居るが、凡そ半分程は我々の仲間傷痍軍人にて自分も此れ等の人々と共に第二の御奉公が出來るのであると思ふと嬉しかつた。

　翌日指揮官の方々も見える。種々と渡滿に對しての注意事項を聞かされ、湊川神社に參拜してこれ迄の御禮、將來重任の全ふせられる樣誓を致しました。「これで安心して渡滿出來る、御奉公出來得る」との感激に何んとなく涙が出る。其の晩は樂々と眠れた。

　六月二日出發、指揮官の命令に從つて埠頭へと進む。途中目に付いたのは各市民の黑紋章で有る。無言の勇士の凱旋が有るのかと思ひつゝ扶桑丸の一人となつたが感慨無量——、無言の勇士等は身命を賭して重任を果されたので有る。それだのに僕等は傷痍軍人と云つて待遇に甘んじて居る時ではない、今後は白木の箱に收まる迄盡しますと再三再四誓ひの氣持が出たのであります。

　一晝夜乘船して門司へ着いたけれども日ならずして大陸が踏める喜びにて門司寄港なぞ何ん等心に止めることもありませんでした。正午出帆、ドラの音が響き渡る、出帆である、日暮になると早や大連は見えはせぬかと甲板へ出て見る、翌朝も同じ事、前方を眺めては退屈で船の走るのが遲い樣な氣がする。愈々五日の晝頃大連が微かに見えて來

る。嬉しいやら、懷しいやら、故郷に歸る樣な氣になつて甲板を歩いた。その中に、ランチが來て本船を岸壁に押寄せ漸くの事、四時に上陸した。ホット安堵の胸を撫で下ろす。「大陸へ來たのだ、墳墓の地と決める所へ來たのだ」と思へば患部の痛さも消えて行く。

　神戸、門司とは全然異なる風景、一番に目につくのは、クーニヤンの紺色の服裝、言葉、色々異なつて居る。そして忠靈塔に參拜し「有難う御座いました。皆樣の御蔭にて僕は再び渡滿する事が出來ました。今から赴任後は東亞建設の爲め何時迄も〳〵務めます」と誓つた。

　大連驛出發は午後十時三十分。夜更とは云ひ多數の國防婦人會の方が御見送りに來て居る。ボーッと汽笛一聲、列車は動き出して萬歳聲裡に送られ第一線へ出るのと何んの變りはない氣持であつた。一夜明けて十時奉天着、此處で今迄一緒に來た兵事掛となる人々は下車した。列車は動き出す。各自元氣で〳〵と別れの言葉で賑ふ。ホームが遠くなるに從つて一寸淋しい氣持に支配された。午後四時新京驛へ着き下宿へ落ち付いた。二度安堵の胸を撫で下ろす、其の晩は何んだか眠れぬ——。とは內地には珍らしい南京

蟲の攻撃のためである。「やつぱり滿洲だ」と思つて、どうにかして眠つた。

　翌日治安部を見學して親切なる訓辭を賜はり決心は益々固くなつて行くのみ。外へ出て市內見物、散歩して見るに驚いたのは物價の高い事、高い事は百も承知では來たなれども此の樣には思はなかつた。が田舍育ちの僕には其の事は一寸も氣掛りはしません、高ければ高い程辛抱して、何時迄も〳〵此の引しまつた心算で行つたならば、吃度仕事も專心務められるし、將來國家の爲にも盡せるし、生活の困難も免かれるものと考へて居ります。兎に角健康第一として物價等は問題ではない。仕事の向上、研究、重任の遂行を期するのみです。

生別又兼ぬ死別

陸軍歩兵上等兵　齋藤正二

略歴
大正五年[redacted]大阪市此花區[redacted]ニ生ル
昭和十一年十二月十日　歩兵第○○○聯隊ニ入營
同　十三年二月四日　北支山西省下均庄村ニ於テ受傷
同　十四年四月二十七日　現役免除

最初大阪で試験を受け神戸の集合地に集まる迄の氣持を有りのまゝに云へば、唯漫然と滿洲の地へ就職の爲に行くのだと云つた樣な輕るい氣持ちであつた。所が一度指揮官殿に引率せられ湊川神社に詣り、楠公父子の墓前で左右の戰友達の手をしつかと握り「七度生れ變つて祖國の爲、天皇陛下の御爲に盡そう」と誓つた時、長い迷夢が一度に晴れた樣に、今迄の壯語不實行、輕佻浮薄な行動を思ひ返し顔の赤くなる樣な慚愧に堪え無い物を感じた。

傷痍軍人再起録　九五

乗船後故國の島影が全く見えなくなつた時、甲板の上で腹の底から……

傷痍軍人再起録　九六

『決然國去天涯向、生別又兼死別時……』と詩を吟じ二十五年間の慢性都會病的ゲロを一時に玄海の荒海へ吐き出した。

それ以來、日一日と強く健全な逞ましい男性に蘇がへりつゝある樣な氣がする。

（康德七年六月十日夜）

前途の光明を望んで

元陸軍歩兵上等兵　木下眞吉

略歴
大正三年[redacted]兵庫縣明石郡[redacted]ニ生ル
昭和十三年九月二十日　[redacted]歩兵第○○○聯隊ニ入營
同　十四年七月二十四日　北支河北省南樂縣五於營村ニ於テ受傷入院
同　十五年一月十七日　歩兵上等兵
同　年一月十八日　兵役免除退院

初夏の風吹く五月、なつかしの親や妻子と汽車の窓より別れ神戸に來る。其の日は不安の内に暮れて旅館の一夜は明ける。

二日、我等兵庫縣人として少年の時より尊敬してゐる楠正成公の神前で將來の國家を雙肩に荷つて起つものは我等傷痍軍人です。と誓ひ、又東洋平和の樹立者として參りました我々の使命の大なるを思ふ時、この使命達成に向つて專心精進することに心掛け、確固たる信念を持し、强固なる意志を鍛へて希望の彼岸に到達する樣につとめねばなりません。

傷痍軍人再起録　九七

とかく勉强を怠り勝であつた自分も當學校に參り目が覺めて來ましたが、何一つ滿足な勉强をしてゐないので何事にも應じられない自分を顧みて情なくなります。

然し自分は決して徒らに悲觀して居りません。前途の光明を望んで勇敢に進む覺悟でございます。どうか今後よろしく御鞭撻下さいます樣お願ひ申上ます。

傷痍軍人再起録　九八

再び大陸で御奉公

元陸軍獸醫務軍曹　木佐木進

略歴

大正二年 [redacted]	鹿兒島縣始良郡淸水村ニ生ル
昭和八年十二月十日	歩兵第〇聯隊入營
同　十年十月二十日	右除松
同　十三年十月二十日	江西省德安縣附近ノ戰闘ニ於テ受傷入院
同　十五年一月十八日	獸醫務軍曹ニ任ズ
同　日	兵役免除退院ス

大陸へ〳〵!!　無限の憧れと希望に滿ちた私の身體は滿洲國官吏として愈々大陸の大平野に第一歩を印したのだ。

顧みれば故國を出帆する第一日、吾等一行は大楠公の靈前に冥默し、莊嚴の裡に瞥友と手を握り合ひ奮闘を誓ひ、新居田事務官殿の懇篤なる訓示に一同安堵を覺え洋々たる希望と烈々たる闘志に燃え唯々神々しい迄に緊張して居た。

又盛大なる官民の歡送、激勵の辭に唯々感慨無量。盡さねばならぬ責任を感じ、波靜

なる瀬戸内海を渡り最後の港たる門司に上陸、九州方面の瞥友と合し、官民の激勵の言葉を受け一層志を固くして逆卷く玄海!!　否天の助か波靜かにて名のみなりし玄海を乗越へ、如何なる難關をも貫徹すべき信念の下に疲勞の色も無く滿洲國の門戸たる大連に上陸したのだ。

同胞の心からなる歡迎に萬感胸に迫り唯感激あるのみ。

先づ幾多先輩の英靈に對し職責の完遂を誓ひ一同此の雄大なる忠靈塔に驚く。

あたかも四方に君臨する如く、又守るが如き樣は感慨無量の外は無かつた。

それより行けども〳〵果しなき曠野を走る事數時間、何時しか目的地奉天に安着したのだ。

此處には又盛大なる同胞の御迎を受け、心靜まり、愈々固き信念あるのみ。各團體の歡迎會に招かれ、新居田事務官殿の快辯には場内より感激に咽び泣きの音も聞えた。吾等は胸迫り自ら闘志は湧出づるのだ。

嚴肅なる入校式!!　それは幾年前、ありし日の入隊式の氣持だ。起居動作は初年兵當時其の物だ。我々には無理な位の事もあつたが勿體ない樣ないたわりを受けて居る。吾等は之に甘えてはならないのである。無理な事も修養だ。

吾等は兵事々務の重い責任を雙肩に負ひ、身を故て當らねばならぬ。戰野に於て二度と故國の土は踏むまじと誓つた。此の身體は神祕なる神の力により生き永らへたのだ、之は神より與へられた命だ。第二の御奉公をせよとの貴き因緣の下に再び大陸で御奉公申上るのだ、喜び勇んで奮闘するのだ。(六月十日)

吾人の信念

元陸軍歩兵伍長　水上嘉三郎

略歴

大正四年 [redacted]	福井縣敦賀郡東浦村ニ生ル
昭和十年十二月一日	歩兵第〇〇聯隊ニ入營
同　十二年六月一日	歸休
同　年十一月七日	上海附近ノ戰闘ニ於テ負傷
同　十三年十二月二十九日	歩兵伍長、同日兵役免除

東洋の一島國を以て無限に增大する人口を持つ我日本、而して日本の天然資源は遺憾ながら我國民の生活を保證する事が出來ない。此の日本が歴史的にも地理的にも不離の關係にあり、而かも天然資源に惠まれたる滿洲と提携して國防上、經濟上の存立が保證出來るのである。誰か此の本能的、必然的生存の欲求を阻止する事が出來よう。

實に滿洲國に對する我國の特殊性を否認するものは、日本民族の生活權を否認するものである。

日本臣民の一人として此の信念を持つた私が、不圖も今回年來の理想の第一歩を履む事が出來る樣になつた時の嬉しさ此の感激、永久に忘れる事が出來ないであらう。

同じ希望に燃ゆる傷痍勇士四十數名、神戸に於ける神社參拜、新居田事務官殿の感激あふれる訓示、共に手を取りて七生報國をちかつた我々である。我々の祖先が血で以て護つた滿洲で、日滿一體の爲に白骨をさらす事が出來れば本望である。內地の皆樣の熱誠あふれる見送りに對して、且亦滿洲國が我々に對して再起奉公の手を取つて下さつたのに對して、不拔の軍人精神と傷痍五訓を以て尙一層努力致すべく決心を大に致したものである。

滿洲國の爲に働く事が即日本國の爲である、忠孝一致、七生報國、之が我々の信念である。

傷痍軍人再起錄　一〇三

傷痍軍人再起錄　一〇四

家郷を憶ふ

元陸軍歩兵上等兵　三原常一

略歴

大正二年[redacted]　島根縣簸川郡西濱村ニ生ル
昭和九年一月十日　歩兵第〇〇〇聯隊入營
同　年十二月一日　伍長勤務上等兵
同　十年十一月三十日　滿期除隊
同　十二年十月十二日　受傷
同　十三年十月二十八日　兵役免除退院

滿洲國警長として採用するといふ事が愈々決定し、正式の通知を受けた時は本當に何とも言ひ表す事の出來ない感慨で胸が一杯になるのを如何ともすることも出來なかつた。

遠く離れた始めての土地で生活する、全く知らない處で暮すといふ事程人間にとつて最大の不安はない。

大きな決心をすると同時に、之から何時迄續くか見當さへつかない、他國の生活、內地との別れがどれだけ悲しく懷しく慕はしく想はれた事か、改めて附近の山や並木、或は街角を眺め廻してみた、永遠の御別れになるかも知れないと思ふと、詰合せるトランクの手も自然と重くなつてくる。然し乍ら此の鈍くなる弱い心を非常なる決心と大いなる努力に依つてどうやら克服する事が出來た。

愈々出發の際、妻が見送つてくれる時、未練が殘つてはいけないと思つて軒下で別れを告げた儘で出た。前晩は大分泣いたらしく眼を眞紅にして居つたが、其の朝は笑つて送つてくれた。僕も泣き度くなる氣持をやつと我慢して無理に笑顏で「ぢや先に行つてゐる」と言葉少なく、それでも元氣よく手を擧げた。

たとえ一ケ月位の別居にしろ、妊娠七ケ月の體ではどんなに心細い事だろうと、其の胸中を想ふ時笑顏で送つて呉れる妻の心情をどんなに有難く感謝した事か。

一同は神戸に集合し、湊川神社でお互にしつかりやろうぜと固く手を握り合ひ、愈々船が神戸を出帆する時、人々が妻や親兄妹と岸壁で出帆特有の哀愁を帶びて別れを惜しむ樣をみた時、僕は妻が此處迄來たらどんなに泣いた事だろうと推察し、來なくてよかつたと思ふと同時に、なんだか無性に寂しい氣がした。

尙此の感想文を認めてゐる時間中に、故郷より妹の死去を電報で知つた。渡滿前十日程介抱してやつただけでなんだか心殘りがしてならない。

傷痍軍人再起錄　一〇五

傷痍軍人再起錄　一〇六

再起奉公の誓ひ

元陸軍歩兵上等兵　下野盛吉

略歴

大正二年[redacted]　鹿兒島縣日置郡阿多村ニ生ル
昭和九年一月二十日　歩兵第〇〇〇聯隊ニ入營
同　十年十一月三十日　歸休除隊
同　年十月八日　北支正定城ニテ負傷
同　十三年十一月二十四日　歩兵上等兵
同　月二十六日　兵役免除

昭和十二年七月二十五日の暗い夜、召集令狀を手にして勇躍入營、舊戰友と共に征途に上りしも、僅かの月日にて敵彈を受けたる時の無念さやるせなく、戰友はドシ／＼進むのに、自分は兩足をやられて後送され、長い間の病院生活の上、遂に兵役免除となりたる時は、殘念で殘念で、泣くにも涙が出でず、この氣持は誰にも分つて貰へないだろう。

今度滿洲國兵事係採用の報を受け、勇躍して縣廳に赴き志願しました處「君は其の體

で寒い満洲は不可ぬだろう」と言はれましたが「ナニ精神さへ丈夫なら大丈夫です」と、熊本の試験場に赴き受験しました。處が兩足の無い者は私一人なので「之は駄目かな」と思ひましたが、歸宅して二週間ほど待つ内治安部より採用の通知を受けました。この採用通知を受取つた時は、天にも上る心地がして嬉しかつた。

六月二日正午門司に至り指定の旅館に着きましたところ、多數の先輩が元氣に「満洲へ行つて我々傷痍軍人の名譽を生かすのだ」と語つて居られたので心强くなつた。船中で高橋女史のお言葉をきいて涙が出たが覺悟は一層ハッキリした。大連に着いて忠靈塔に參り再起奉公を誓ひました。

兩足は無くとも誠心をもつて、どこまでも大にやるつもりです。

平和建設に邁進

陸軍步兵上等兵 軸丸兼義

略歴

大正四年	[redacted]	大分縣南海部郡東中浦村ニ生ル
昭和十一年	一月二十四日	步兵第〇聯隊ニ入營
同	同 月二十七日	安徽省硫道橋ノ戰鬪ニテ負傷內地還送
同	十二月 八 日	步兵上等兵
同	日	現役免除

懷しい故鄕を後にして早や一週間は過ぎた。思へば我が南海の孤島の事が腦裡に浮ぶ、今學窓に在つて故鄕の頁を繰つて見よう、農村は今農繁期で百姓さん達は早朝より田畑にて勞働してゐる。其の他總ての事を遠く満洲の學窓にて思ふ時、なんだか故鄕が又懷しく思はれる。六月一日門司に集合し最後の旅館肥後又が思ひ出される。狹い部屋に十四名も重なりて休んだこと、次から次にとコースは進行して行く、そして遂に待望の日は來た。六月三日之ぞ我等が祖國を離れる日です。そして忘れる事の出來ない門司の波止場。見送の方々の激勵の言葉には全く感慨無量でした。そして商船扶桑丸に乘船して見れば、我が同胞は我等を嬉んで迎へて吳れた。その時の氣持は又別である。やがて十二時となつて船は漸次祖國をはなれて行く、ドラの音が聞へる、あゝもう祖國とも別れださよなら祖國よ!! 何時又祖國の土地を踏む事ぞ、船は次第に遠ざかり行く、母さんさよなら達者で暮して下さいと小さな聲で言つた時靜かに自分の心に母の顏が浮んで來る。そして玄海灘の航海も無事に六月五日午後二時頃大陸の大連に安着、波止場には諸團體の出迎に又感激新たなるものがある。話は船中に戾る。第一日目に餘興も有つた、其の他勇士の面白い事も又船中の思出である。やがて自動車に分乘先づ第一に忠靈塔に參拜、過ぐる日淸、日露の大戰に我が同胞が心血を擲つて戰つた事を思ふと、自然に目頭も熱くなる。英靈よ何卒靜かに眠つて下さい、私等も大陸の一員として働く時が來ました。之から一生懸命に働いて平和建設に邁進致しますと、誓つたのである。友よ靈有れば聞け共に盡さう祖國のために。

御期待に副ふ

陸軍步兵上等兵 樋口治夫

略歴

大正五年	[redacted]	山梨縣南都留郡[redacted]ニ生ル
昭和十二年	一月 十 日	步兵第〇〇〇聯隊ニ入營
同	十三年十一月 三 日	信易縣長臺關ニテ右濕生胸膜炎ノ爲メ入院
同	十四年 八月 十 日	歸隊現役免除
同	日	步兵上等兵
同	日	豫備役編入

自分は神戸までは不安なる氣持が致して居ましたが、神戸に集合致してあの湊川神社の大前にて出發祈願を致し、又楠公父子の靈前にて我々は固く誓ひあつた。出發に際しての神戸諸團體の歡送——、門司に於ける門司市長及名譽領事殿の訓示に我々は更に東洋平和、日満一體不可分の爲め粉骨碎身すると心の內に誓ひ懷しの母國を後に、一路大連にと向ひ船中も我々の誓ひ愈々固きを加へました。港に着き多數の人々の出迎を受けた。あの思ひ出多き大連忠靈塔の前に立つた時——、我々は満洲の爲、日本の爲——、

此の身、此の心の有る限り、盡すことを地下に眠る戰友に誓つた。

大連を出發無事長途の旅行を終り六日午前八時四十分、我々の最も思ひ出多き此の奉天の地に着きました。驛には多くの團體の出迎を受け更に奉天忠靈塔の前に立つた時は又一段と我々の胸は何んとも言ひ得ない感に打たれ、心行くまで地下に眠る戰友と誓ひを結び又、奉天の人々の父母兄妹の樣な誠心の厚い御言葉を頂き我々の此の業務が如何に重大であるかと言ふ事が解り今日、我々は如何なる事に出會つても此の業務を全うし皆樣の御期待に副ふ樣に心掛けて居ります。

俺は働くのだ

元陸軍歩兵軍曹　瀬本金次郎

歴略

大正六年	[redacted]	富山縣上新川郡福澤村[redacted]ニ生ル
昭和十二年一月十日		歩兵第〇〇聯隊ニ入營
同　十三年五月		徐州戰ニ於テ罹病入院
同　十三年十二月十三日		歩兵軍曹
同　十四年二月二十日		兵役免除、退院

黎明の大陸に再度の門出を祈る爲め、建武の忠臣の神鎭る湊川神社拜殿に額づき瞑目する時、夕暮の驛頭に勵す中にも淋しい笑顔で分れた父の慈顔が恍惚として浮んだ。おゝ俺は働くのだ……、そして一刻も早く親達に安心を與へねばならぬと願つた。

軍隊に入つてから不言實行と云ふ事を良く教はつた。班長となつてからこの事を教へもした。現實社會は百の言辭よりも一の實行の人を要求してゐる。

身に傷痍ありと雖も彼の戰線に死生の巷を彷徨した尊き經驗に基き、常に强固なる精神力と、實行力を以て身體的缺陷を補ひ、誠意職務に精進する時、些少なり共祖國日本の爲め、新興東亞の力に寄與する處ありとすれば、吾等の幸福之に過るもの無く、神戸埠頭にて態々見送りを辱ふした方々の御期待の萬分の一にも報ゆる譯だと思ふ。

突撃を敢行

元陸軍歩兵伍長　菅田武夫

歴略

大正二年	[redacted]	島根縣飯石郡[redacted]ニ生ル
昭和九年一月十日		歩兵第〇〇聯隊ニ入營
同　十年七月		上等兵、歸休除隊
同　年十一月一日		山西省忻口鎭ノ戰鬪ニ於テ負傷ス
同　十五年五月七日		歩兵伍長
同　月八日		兵役免除

不肖私は此の度聖戰に於きまして戰塵も未だ身にしみず、又何等の御役にも立たず、其の機會も得ずして不幸受傷、病院療養の身となりしも之に耐へられず、充分で無いとは言へ何とかして今一度御國の爲に起なければ英靈に對し、戰友に對し安閑としてゐるに耐へず、何とか再起奉公の道を各方面に尋ね居る矢先、此度の兵事係員、早速其の採用の榮を得、是ぞ不肖私に與へられたる唯一無二の奉公の道であると、幾十年間先輩の血で染めたる聖戰地滿洲に於て再起出來るを、兩親の墓前に

又神前に誓ひ喜々として出發したのであります。門司に集結し更に大連に至り奉天に着き私の希望は、決心は、覺悟は、更に加へられ、愈々感謝と感激に依り練り固められたのであります。

なんとなれば我々は銃後の同胞より斯の如き感謝を受けるとは、我々は傷痍軍人として決して榮譽とする者では無い、銃後より賜はる各方面の御後援により、自力をもつて更生し、再び御奉公申上る事に依つて滿足する者である。にも不拘、あの生還を期せず出征する兵士の如く歡待を受け、胸に迫る激勵の御言葉を戴き感激の中に愈々母國を後にした。船中に於て神の御使高橋女史の溫情ある御言葉、其の熱と誠に對しては全く動かされたのであります。只感謝の涙をもつて無言の内に覺悟を誓ひ、書き綴れば大連に於きましても、はたまた奉天に於ての歡迎にも其の感銘は實に大きいものである。それを書き表せないのが殘念でありますが、要は指揮官殿の御言葉を終生胸深く銘記し、忠靈塔の御前で誓ひした如く、屹度此の感激と感謝を一時とせず、永遠に國の防ぎと民族協和の爲に及ばず乍ら野戰に於て得た精神をもつて、常に突撃を敢行する覺悟である。

仕事は之からだ

元陸軍歩兵上等兵 杉本信男

略歴

大正六年[redacted] 滋賀縣東淺井郡朝日村[redacted]ニ生ル
昭和十三年一月十日 現役兵トシテ歩兵第〇〇聯隊ニ入營
同 十三年十月二日 北支山西省韓家庄ニ於テ負傷
同 十五年三月十五日 歩兵上等兵 現役免除

聖戰の遂行に帝國の一干城として參加の光榮に浴したるも、聖戰半ばにして挫折した。然し敵彈を受けたことが、苟くも支那兵の如きの彈丸を受けたといふことが、自分としては悔しくてたまらない。何とかして盡忠の誠を盡さねばならぬといふ信念が私を奮起させた。

今回滿洲國兵事員として採用せられ、神戸港の旅館に集合した時、おそらく自分と同じ心持の人々であらう、集つた四十幾名の傷痍の若者、加ふるに溢れんばかりの潑剌たる鬪志に燃ゆる警察官百數十名、同様に祖國の爲め大陸に生きんとする、否、死なんとする面々であつた。そして吾等をして一層堅き決意と奮起を助長させてくれたのは、輸送指揮官新居田事務官殿の湊川神社境内に於ける訓示であつた。楠公兄弟が自刄し果てたといふ尊嚴の場所に於て、其の忠節を讃へ、吾等をして滿洲建國の礎石たるべく激勵せられた其の言々句々は、吾等をして奮起せしめずに置かなかつた。恐らく今日まで斯くの如く感奮興起せしめたことはなかつた。

吾等は思はず男泣きに泣き、夢中で握り合つた同僚同志の手と手、そこには言ひ知れぬ血が脈打つてゐた。嚴格なる父に諭されてゐるが如く、慈愛に滿てる母に抱かれてゐる如く、既に出發の首途に悅びが溢れた埠頭の感激、刻一刻と離れゆく祖國日本、遠ざかりゆく祖國と反對に、自分の決意は益々堅くなる、希望は益々擴つてゆくのだつた。姿は變り任務は異れども、再び渡る玄海の荒波、變らぬものは東亞の新秩序建設の爲に捧ぐる赤誠の誠心それであつた。船中のつれ〴〵に聽かされる指揮官殿の滿洲建國の聖業、その一端を擔ふことになつた自分の光榮を感謝せずには居られない。

六月五日、それは自分にとつては忘れることの出來ない、大陸への再生の日だ、墳墓の地として男一匹を生かす地だ、赤い夕陽が大きく輝いてゐる大連の港、そして今はこ

の奉天の地に、官服を着けて講習を受けてゐる自分を顧る時、自分の念願は叶つたといふ欣びにあふれてゐる。然し仕事は之からだ、華々しき功績は擧げ得なくとも、時計の針のそれの如く、たゆみなき努力を續けるであらう。

一言の誠を以て盡す

元歩兵上等兵　須藤三男

略歴

明治四十三年[redacted]	京都府天田郡下川口村ニ生ル
昭和十二年八月	歩兵第〇〇聯隊ニ入營
同　十四年六月	中支襄東ニ於テ罹病入院
同　十三年十月一日	歩兵上等兵
同　十五年一月十六日	兵役免除退院

戰爭は、私に責任感念の旺盛な事が如何に大切であるかと言ふ事を、痛切に教へて呉れた。

「責任を果して然も報酬を求めず。」と言ふのが軍人精神の發露である。

二年間の戰ひを不幸傷痍の身になつて内地へ歸つてみると、出征當時とは餘りにも變つてゐる銃後の力を見た。強い日本の歩みをである。

私達が戰地で想像し、語り合つた内地と言ふのは、月に一回か二月に一回の新聞で見て知つたものだが、こんなにも潑剌とした内地だつたらうか。盛りかへる生産力を！

傷痍軍人再起錄　一一九

傷痍軍人再起錄　一二〇

生々として元氣に滿ちた人間力を！、カフエーもあれば、ダンスホールもある。呉服屋のウインドーには目も醒めるやうな柄の着物や、美くしい絹物で一パイだつた。女性が戰爭的な肉體美を颯爽と運んでゐる。書けば限りのない程、戰場とは別世界の天地だ。

私はこの日本が何處で戰爭をしてゐるのかといふ驚ろきで聲も出なかつたものだ。

こうした歸還感想は、一月號の文藝春秋に書いたので、こゝでは略して置くが、全く强大化してゐる日本に大きな頼もしさを抱いて上陸したものだつた。

私は其の時に感じた。今後の内地での仕事といふものに、驀進戰車の意氣を持ち續けて、六ケ月も經過しなかつたのに、今又、再び大陸へ渡つて來たのは何故だらう！と今でも自分で考へてみる事がある。それは内地が厭になつたからと言ふのでは決して無い。では（一儲けしようと思つてか）と聞かれると否、否と答へる、もし〃そうだ〃と答へなければならないとしたら、を私は恐れるのだ。

いや、〃そうだ〃と答へたとしたら一體誰が私を責めて呉れるのだ、それ程移民根性を持つた人達の集まりである新京を私は感じた。

現在内地に居る人達が、必ず言ふ！（滿洲くんだり迄行つて！）との言葉を！　今でも私は時々そんな錯覺を起してハツとする事がある。

一生を懸けて將來の希望に大きな仕事の念を抱いて船出したのは二十日程前だつたのに。もう遠い過去のやうな氣がするのは何故だらう。

大連に着いた時私は、苦力達を見ると生れ故鄕に歸つて來たやうな氣がした。〃おい兄弟〃と呼んでみたくなつて思はず支那語で〃儞《ニイ》！〃と言つてみた、こつそりと呼ぶ、それ丈けで、もう私は胸の中が震へるのだ。

驛頭に迎へ送つて下さる國防婦人會の人達に出征時とは別な緊張をもつて御挨拶する時、私は再び内地の土に返へらぬ事を決心して、一抹の淋しさを覺えたのである。然しこれも人間性本能の働らきなら致し方無いと思ふのも無理ではないだらう。

新京の街に這入つて第一日、家屋の不足してゐる事に先づ驚かざるを得なかつた。内地の繁華街でもこんな窮屈な住居をしてゐる場所は無いだらう。大陸に來てこの住宅難とは想像もしなかつた事である。いや住宅難と言ふよりも住間《すみま》難と言つた方が適當だらう。

大陸人達は勞力のエネルギーを一體何處で養ふのかと奇異に感ずる。これは民族發展

傷痍軍人再起錄　一二一

傷痍軍人再起錄　一二二

性の爲に大いに考へねばならぬ事である。安閑と自己のみの生活方針を撰びつゝある統治者であつてはならない事を感じるのは私丈けだらうか。以上言辭の過度に失してゐる場合は許して戴き度い。

第一線に働いてゐる皇軍と、同じ責任觀念を抱いて働らく大陸日本人の一員となつた私は、まだ物足りない新京人の日常生活と云ふものを感じてゐるが、それは何かと問はれると書くに枚擧が無い程皆樣も同感だらうと思ふ。

若し私がまだ大陸人に成り切つてゐない故なのだらうか、とすれば餘りにも淋しい人情だ、男子一度び志を抱いて骨を此の地に埋める覺悟で第二の戰ひに命《めい》を受けた私達は敵のトーチカを占領すべく命を受けた決死隊員である。絕對果さねばならない責任がある以上、地形の好し惡しは言つてゐられない。第一の戰爭で修業した精神力と誠をもつて傷痍の肉體缺陷を補ひ、一意專心御奉公を全ふする決心である。

幸ひ親身の情理で愛し指導して下さる先輩上官を得らる事は私等の大なる力である。

萬言の美を使ふよりも一言の誠をもつて盡す事を此處に誓言する。（康德七年六月）

傷痍軍人 再起更生座談會

時・康德七年六月二十九日
所・新京中央警察學校

まへがき

今回の聖戰による名譽の傷痍軍人五十五名は、治安部關係兵事掛要員として滿洲國警察官に採用せられ、六月上旬勇躍渡滿、奉天省地方警察學校に於て講習を受け、七月一日首都警察廳及各省警務廳へ配屬せられた。本稿は講習を終へて上京の際、中央警察學校に於ける座談會の要點筆記であります。（記者）

記者 皆さんは今回の聖戰に於て名譽の負傷をされ内地に歸つて居られて偶々治安部の兵事掛員として兵事々務に携はる爲めに渡滿せられた相ですが、國民一般は非常に感謝いたして居ります。本日は全部の方にお集り願つて、いろ〳〵お話を伺ひたいと思つたのですが、あまり多人數になりますので、代表の意味で諸君にお集り願つたわけです。從つてごく碎けてザックバランのお話が承りたい、村の青年團の集りで「オイどうだ戰爭中は……」といふ工合に、打解けて話して下さい。あまり固くならないやうにね……。

渡滿の動機

記者 先づ第一に、諸君が滿洲に來られた動機ですね、どういふ動機で警察官に應募せられたか、それを一つ話して貰ひたい。A君どうですか、……あなたは何處で負傷されたのですか。

A 上海です。

記者 いつ頃内地へ歸還しました。

A 昭和十三年の一月二日に上海の兵站病院から内地へ送られ同年の十二月二十九日に兵役免除になりました。

記者 警察官に應募されたのは……。

A 私は以前に一年半ばかり滿洲に居りましたので滿洲の生活狀況も大體經驗して居りましたから、身體がよくなつたら滿洲で働きたいと思つて居ります際、丁度今回の募集がありましたので應募いたしました。

記者 B君は？

B 私は退院しましてから暫らく或る會社に勤めて居りましたけれども、時節柄どうも思はしくないので海外に飛躍する時機を待つてゐました處、募集があつたので、それに應じたわけであります。

C 私が志願しました動機は、退院して一應郷里に歸りましたが、一度大陸で身を投げ出した身にとつては、矢張り大陸で働くのが御國の爲に一番いゝと考へてゐたところに募集がありましたので、再奉公するには最も適當な仕事だと痛感して勇躍これに應じた譯であります。

記者 D君はどうですか……。

D 私郷里が東京なので、退院後一週間ばかり東京にゐましたが、その間私の眼に映りましたことは重工業等に從事してゐる若い連中の非常に緊張味を缺いだ生活狀態でした。生々しい戰地の氣分の拔け切らない私にはそれが實に憤慨に堪えませんでした。併しさうした一面を見て徒らに昂奮ばかりしてゐる時ではない。負傷こそしてゐるが、事變下の若者は斯うするのだ！ といふ範を垂れてやらう、と決心してゐる時だつたので躊躇なく志願した譯です。

E 私もC君と同じやうに、入院中から、俺の再起をするところは大陸だ、と、深く期してゐましたので職業紹介所にも傷痍軍人授産所にも支那か滿洲に斡旋して貰ふやうに賴んで置いたのです。ところが、滿洲は寒い、氣候がよくないからピン〳〵した若い者でも行き澁る、一應は頭をひねるものだ、況んや不自由な傷痍軍人が再起をするには適當な場所ではないから、といつて止められたのですが、私は信念的にさう考へてゐない、又事實滿洲はホンの隣のやうにしか思へないのです。殊に東亞建設の基地である滿洲に於て再び御奉公出來るといふことは男子の本懷であると考へて居ります。從つて私は二度目の赤紙を握つた積りでやつて來て居ります。

仕事に對する自信

記者 諸君は皆負傷の場所も違ふし、負傷の程度も各々違つてゐることで全部一樣には行くまいと思ひますが、どうです健康の點に於て……。肉體的に普通の人と伍して行けるといふ自信がありますか……。

F 恐らくさういふものはないと思ひますね。

記者 G君は何處をやられましたか……。

G 左腕、胸部、大腿部の三箇所です。

記者 それでよく助かりましたね。一體何處の戰鬪でやられたのです？

G 張家口から約百里入つた所で山西に五十米位の所です。敵は大したことはないから大丈夫だといふ油斷もありまして、大隊長に僅かの兵隊が附いて行つたのですが、豈圖らんや山の中に何千といふ伏兵が居つたのです。

記者 どの位の兵が附いて行つたのですか。

G 中尉が二人と兵が七十名ばかりです。

記者 その時の負傷者、戰死者はどの位ありましたか……。

G その時生き殘つたものは僅か十名足らずでした。

記者 あなたは小銃でやられたのですか。

G いや、迫擊砲の破片です。

記者 病院にはどの位ゐたのです……。

G 昨年の六月三日から今年の五月十五日までゐました。

記者 諸君はこれから警察官になつて、兵事係といふ特殊な業務に就かれるのではありますが、諸君が皆一緒に居られるのではなく、皆各地に別れ別れに勤務し、多數の健康體の人の中で働かねばならない。從つていろ〳〵苦しい點とか、或は又惱みを感ずる場合が起つて來ると思ひますがね……。皆さんの覺悟はどうですか……。

F 今私の申しました常

出席者（イロハ順）

元步兵上等兵　八田義明
元三等兵曹　富崎隆
元步兵一等兵　高野定義
元輜重兵伍長　仲重夫
元步兵上等兵　中筋新一郎
元三等兵曹　久米幸之助
元砲兵上等兵　待井光永
元步兵上等兵　小泉義松

人と伍して行けないといふことは、肉體のことで所謂筋肉勞働といふ方面のことで、精神的には少しも傷ついては居りません。

記者　併し唯机に腰かけて仕事をするにしても、氣候の變化とか、その他いろ／＼影響を受ける點に於て常人と同じやうにやつて行けるとは言ひ切れないと思ひますがね。

G　自分等は大いに決心をしてやつて來たのですから、どんな困難にぶつつかつても耐えて行ける、又耐えて行かなくてはならんと思つて居ります。我々は戰地の相當寒い所にゐた體驗もありますので、大抵の寒さ位には負けない積りです。まあ戰爭に行つて居ると思へば何でも出來ますし、中途で斃れることは恐らくないと信じて居ります。

元騎兵上等兵　小林正信
元砲兵上等兵　子谷三郎
元歩兵伍長　水上嘉三郎
元歩兵上等兵　杉本信男

列席者

警務司兵事恩賞室　新居田事務官
同　内藤屬官
同　敎養科　田村屬官
編輯部　横山屬官
同　中野囑託

記者　皆さんの中に奥さんのある方がありますか。

H　私あります。

I　自分もあります。

記者　皆單身で來られた譯ですが、皆さんの渡滿に就て家族の人々が相當心配されたでせう……。J君どうですか……。

J　私の家族の者は少しも心配しては居りません。寧ろ渡滿を奬めて呉れた程です。

記者　I君はどうですか……。

I　私傷の方は大體よくなつたのですが、それでも未だ茶椀を持つたり、帶をメめたりするのが困難なので、家内の者にも相當面倒をかけてゐた程ですから、私の渡滿に對しては相當反對して居りました。併し片手では百姓も出來ませんし、この體で國策に副ふて大

陸で働けるのならこんな有難いことはありませんので東洋平和、樂土建設の爲に再起奉公を期して反對を押し切つてやつて來ました。勿論肉體的には不自由ですが、どんな困難にも負けない強い決心をいたして居ります。

記者　諸君が負傷して歸られると『白衣の勇士』『名譽の傷兵』といつて、病院に居られる時は勿論、郷里に歸られても至る所で慰安と感謝を受けられ、又尊敬をされたことゝ思ひますが、さうした時に大體どういふ感じがしましたか……。K君はどうですか。

K　病院等に於ても學校の人、國防婦人會の人、銃後の後援會の人等多數の御見舞を受けましたが、その度に實際愧かしくて合はせる顏がなかつたです。

記者　どうしてゞすか……。

K　武運つたなく、聖戰半ばにおめ／＼歸つて來たことが申譯ないやら愧しいやら、それが實に情ないのです。

戰場の奇蹟

記者　戰地に於てはいろ／＼の奇蹟——奇蹟といふと變かも知れませんが、戰死をした人が内地にゐる銃後の人の夢枕に立つた、といふやうなことをよく聞くのですが、それに似たやうな謂はゞ奇蹟的な體驗はありませんか……。

K　ありますね、私は南翔戰の徳安の附近で手榴彈の破片を受けて九江の兵站病院に入つたのであります。併し輕傷だつたので割合に速く癒りましたが、體が衰弱しておまけにマラリヤを併發して四十二、三度の高熱を發して、尊い戰友の輸血を受けたに拘らず危險狀態を續けてゐました。ところが、丁度昨年の五月五日のことですが、郷里の父親の顏がハッキリと浮んで私に呼びかけて來るのです。私はハッとして氣がついたのですが、不思議なことにその日から駄目だと言はれてゐた私の容態が段々よくなつて來て、大阪の病院に送られたのですが、父親が亡くなつたのが五月の五

日であることが後で判りました。私は父の亡くなつたことを知つて考へたのですが、父親が身替りになつて呉れたのだと信じて居ります。

D　私のは奇蹟といふ程でもないが。負傷した時に不思議なことがあつたのです。實は私敵彈を三發受けて麥畑の中に倒れたのですが、その時はもう駄目だと觀念してゐました。併し自分には大切な友軍に連絡の任務があるので、どうしてもその任務を果すまでは死ぬことは出來ない。私は心に神を念じ乍ら、最後の力をしぼり出して、仰向けに倒れた儘丁度舟を漕ぐやうな恰好で這つて居りましたが、何しろ重傷の上に三日間といふものは食はず飲まずですから、遂に氣力を失つてウッ／＼としかけた時に、誰かゞ私を手招きしたやうな氣がしましたのでヒヨッと眼をあけて見ると友軍の騎兵が三騎來てゐました。それつきり後は何も分らないで、氣の附いた時には病院に入つてゐましたが後で考へて見て實に不思議なことだと思つて居ります。

J　私の負傷したのは山西省ですが、十月でもう皆多服を着て居りました。我々は重機一個分隊と歩兵十二、三名で敗殘兵の討伐に行つたのですが、その時二百名ばかりの敵に包圍されて非常な激戰の末殘念乍ら殆ど全滅したのです。その時私は腰部に一發敵彈を受けましたが、後で見て見ますと冬服を貫いて袴下を突き抜いて居りましたが擦り傷も受けてゐませんでした。これは私身に附けて居りましたお守札のお蔭であると信じてゐます。

記者　袴下まで貫いてゐるのにですか……。

J　さうです。どう考へても當然負傷しなければならない筈なのに、擦り傷一つ受けなかつたのですから實に不思議ですよ。

H　私は永定河、千軍臺の戰鬪、それから保定、平定、石家莊の大會戰に參加して黄河の線まで行き、杭州灣敵前上陸をして蘇州の線まで敵を追撃、それから南京攻略戰、寧國附近の警備、安慶、漢口攻略戰等激戰から激戰を續けて遂に田家鎭まで行つたのですが、

田家鎭附近の戰鬪では白崇禧の率ゆる正規軍から十重二十重に包圍され、彈藥は盡き果てて白兵戰から白兵戰でやつて行き、有名な〇〇部隊長をして『既に處置なし』と言はしめた程ですが、私共の中隊長は子供さんからお守りを四枚送つて來てゐたので、それを四箇所に入れて居られたのです。ところが不思議なことには彈丸が服とお守りだけを貫通してゐるが、身體には今のJ君のお話のやうに擦り傷も負つてゐられなかつたのです。それから私共の分隊長も迫擊砲の破片が命中したのですが、水筒を貫いてお守りで大きな破片が止つて居つて體には傷がなかつたのです。全く信じられないやうな事實ですが、私は度々さうした事實を目擊してお守りは實に不思議なものだと思つて居ります。

C　お守りとか千人針に依つて生れる信念的效果は實に偉大だと思ひますね。

私は事變の勃發當時陸戰隊に居りまして、事變勃發と同時に敵が包圍戰に出て來たのでその警備に當つて居つたのでありますが當時は事變勃發の當初なので慰問袋等は殆ど來ないから千人針を持つて居る者はなかつたのです。ところが前の上海事變に出た人が各自澤山持つて居りましたので、我々はそれを分けて貰ひましたが、千人針を身に着けてゐる者と身に着けてゐない者とではその働き振りに於ても勇敢さが違ふんですね。千人針を身に着けてゐるものは、どんな場合でも決して彈丸は中らん、といふ信念があつて、何時でも眞つ先に立つて戰ふのですが、その點千人針を身に着けてゐない者は氣後れがする。或は彈丸が中るかも知れない、といふ氣分があつて勇氣が鈍る譯ですね。そこで私達の中、千人針を持たない者は片桐といふ少佐の方からお守りを貰つて戰ひに出ましたが、千人針やお守りが如何に大きな信念を與へて呉れるものであるか、如何に士氣に影響するものであるかといふことを體驗を通して痛感して居る次第であります。

記者　その點では斯ういふ實例があります。この間、間島省安圖縣の討伐隊が、匪賊を追擊して行つて非

常な不利な地點に入つたところを三方から挾撃されて殆ど全滅したのですが、その討伐隊の機關銃手をやつてゐた日系が俺は千人針とお守りを持つてゐるから彈丸は中らない、と言つて最後まで實に勇敢に鬪つたのですが、その日系は擦り傷も受けなかつたといふことです、今のC君のお話のやうに信念を持つといふことに依つて隨分違つて來るらしいですね。

それから、戰爭の話に關聯して諸君は斯ういふことを感じたことはありませんか……。「何だ支那兵位と思つて居つたが案外勇敢だ。」といふことをですね。支那兵が思つたよりも勇敢であるから非常に喜ばしいことである。今は戰つてゐるけれども將來は必ず手を握つて行くのだから、強いといふことは洵に頼もしいといふ話を最近よく耳にしますが、諸君はその點どう感じましたか……。

C　支那兵が思つたよりも強いといふことは私も痛切に感じましたね。あれは上海戰の時でしたが、日本の陸軍が上陸したら大變だから、陸軍が上陸しない前に日本の海軍陸戰隊を一擧に葬れといふので、我々陸戰隊に猛攻撃をやつて來たのですが、その勇敢さは實に想像以上のものがありました。

兵役免除は淋しい

記者　戰爭の話は大體この程度にしませう。ところで諸君が奉天で書かれた感想錄を拜見しますと、諸君は全部兵役免除になつて居りますね。私共は實に其點を氣の毒だと思つて居りますが、諸君はどんな氣持がしますか……。

一同　實に淋しいものですね。

L　在鄕軍人の集會とか、いろ〳〵の行事がある時等實に感無量で泣き出したくなります。

I　友人に赤紙が來た時等は、もう俺は征けないのだな、と思ふと胸がはりさけるやうで生きてる氣持もしません。

J　もう一生軍服が着られない、と思ふと何とも言へない淋しさがこみ上げて來ますね。

C　許されることならもう一度戰爭に行つて思ふ存分働きたいのですが、もうその資格がなくなつて了つたのですから、日本人として本當に情なくてなりません！

記者　僕は後備役憲兵准尉として兵籍にありますから、まだ軍服が着られますが、諸君は國家の爲め生命を投げ出して働いて居り乍ら兵籍を拔かれたのですから本當に同情に堪へません。しかし戰爭をすることばかりが軍人ではなく、外にも兵事の事務もあるのですから、制度を改めて終生兵役に在るやうにして貰ひたいものですね。併しまあ諸君は今度警察官にこそなられたが、仕事は軍人のやるやうな兵事のことをやられるのですから、その點は幾らか自ら慰められる譯です。まあさうでも考へて大いにやるんですな……。

それから、何れこれは新居田事務官あたりから相談があることゝ思ひますが、多くの諸君が斯うして滿洲國の警察界に入つて兵事の仕事をされるに就ては、異常な決心と、張り切つた精神を持つて居られる譯ですが、周圍には元氣のいゝ健康な人ばかりで、その人達の大部分は試驗を受けて昇進して行かうとする全く出發點の違つた人達と勤務を共にして行く中には、どうしても將來いろ〳〵の惱みも起きて來るであらうことも想像されます。諸君が不自由な身で、而も異境の空でいろ〳〵の惱みが生じた場合、如何に『精神だけは……』と力んで見たところで、世の中といふものはなか〳〵さうばかり行かない問題にも屢ゝぶつつかることゝ思はれますので、この機會に諸君の將來を互に助け合ふ組織を作つて、お互に勵まし合ひ、慰め合ふ。或は共に手を握り相談し合つて行くやうにしたいと思ふですね。本日此處には、諸君に代表的に集つて貰つた譯でありますから、この會のことに就ては、他の皆さんにもよく相談をして置いていたゞきたい。

要するに、皆さんは今後長い一生のことですから、周圍のいろ〳〵な刺激によつて氣を落すことのないやうにして貰ひたい。皆さんの將來を思ふと、あの兎と龜の話なんかは、成程と肯ける點が多い。兎と龜とで

は常識的に到底問題にならないが、決勝點には龜の方が先に着くといふやうなことも實際社會としては澤山ある譯ですから、躰が不自由であることによつて却つて將來性があるといふことも言へると思ひます。

又敎育程度も、小學敎育だけしか受けてゐないから、大學なり專門學校を出たやうな人には及ぶべくもない、といふやうな悲觀的な考へ方をしないやうにしていたゞきたい。

人間の生活といふものは改めて私が言ふ迄もなく、定規にはめたやうに行くものではないのですから、今直ちに薦任官、簡任官になれなくとも、段々土地に馴れ、躰を漸次丈夫にすると同時に、人が一年でやるところは二年、三年でやつて行くといふやうな氣持で決して焦らずにゆつくりとした氣持で進んでいたゞきたいといふことを特にこの機會にお願ひして置きます。

吾等の希望

記者　尙この機會に話して置きたいことはありませんか……。

A　私達傷痍軍人はどうしても僻み根性を起し易いのですが、日本でも滿洲でも、今は盛んに同情もされ感謝もされますが、之がいつまで續くものか、私が故鄕へ歸つた時に村の先輩から「三年間は名譽の傷兵、それから後はたゞの不具者と思へ」と言はれましたが、私達はこの覺悟で居ります。僻み根性で皆さまの同情を斥けるのではありませんが、特別の同情を頂かなくとも、一たん戰場で御國に捧げた身ですから、この生き殘りを飽くまで御國に捧げるつもりなのです、ですから皆様から特別の同情や憐憫を頂かなくとも、一生懸命やつて行きたいと思つて居ります。

記者　その點私共も同感であります。ぜひ其の氣持ちでやつて貰ひたいと思ふのです。ところが人間といふものは自分勝手なものでしてね、A君のやうな考への者ばかりならよいけれども、中には我々は國家の爲聖戰に參加して負傷したのだ、だからもう少し優遇して吳れてもいゝぢやないか、躰の調子の惡い時には自

動車で送り迎へして吳れてもよさゝうなものだ、朝少々位出勤が後れても當然だ、といふやうな氣持が現れて來るやうなことがありはしないか、假に若しさういふことがあつて、服務上の規律を紊したといふやうなことで、注意でも受けるやうなことがあつた場合、「私は躰が惡いのだから、」といふことになると、どうもあゝ僻んでゐては使ひ難いといふことになる。多數の諸君の中に若し萬一、一人でもさういふ人があると洵に憂ふべきでありますから、優遇に甘へたり、つき上つたりすることのないやうに十分自重をしていたゞきたい。

A　その爲には、日本で出て居ります『みくにのはな』といふ傷痍軍人の心得を書いた雜誌がありまして始終我々に注意をして吳れますが、滿洲でもさうしたものが欲しいと思ひます。

記者　何とか協議してみませう。そこで先程お話をした皆さんの會ですね。會名は假りに『傷痍軍人再起奉公會』とでもしまして、さういつた會を拵へて、警務司長閣下に會長になつて貰つて、ガリ版でもいゝから諸君の心構へについて注意を喚起するとか、修養の資にするやうにやつて行くこともいいことだと思ひます。

兎に角今は旺んに諸君を歡迎し、感謝してゐるが、後のことは知らんといふことのないやうに、何時までも自分の家族、兄弟のやうな氣持で世話をして行かなくてはいけない、といふことを關係者とも話合つたのですが、皆さんも贊成されて居ります。

諸君も蟻の歩みのやうな氣持で、大建築の表面の大理石としてゞなく、地下に埋もれてゐる煉瓦のやうな氣持でやつていたゞきたいと思つて居ります。

とかく世の中といふものは、むづかしいやうで、さうでなく、安いやうでむづかしいものですから、お互に手を握り合つて行きませう。

では今日の座談會はこれで終ります。暑いところどうもありがたうございました。

（おはり）

傷痍軍人諸君を迎へて

治安部事務官　新居田廣一

浪路遥けく何百里！

傷ける身に鞭打つて更生の道を滿洲國治安の第一線たる警察官に求め、所定の兵事業務を習得し、元氣潑剌各任地に赴任せる傷痍の勇士を憶ふ時、是等勇士の引率官たりし小官として格別感慨深きものがあります。

「赤い夕陽の滿洲の」と歌にもありますやうに、必ずやあの赤い赤い滿洲の夕燒のやうな眞赤な意氣と、熱と、そして希望を持つて赴任された事と信じて居ります。

聖戰下第四年の日本！

八紘一宇の大精神に結ばれる滿洲！　兩國に取つて餘りにも未曾有の重大時局であります。

此の秋！

日本帝國の兵事業務に従事する幾多警察官の職責たるや實に重且大なりと言はねばなりません。

然らば滿洲國警察機關に於て擔任しある日本國兵事業務の大要は如何なるもので有りませうか？　又傷痍軍人採用の趣旨は如何なるもので有りませうか？

卽ち滿洲國に於ける日本國の治外法權撤廢竝に南滿洲鐵道附屬地行政權の移讓に際し、其の兵事行政執行竝に戸籍事務の補助に關しては我滿洲國警務機關所屬職員中より、駐滿日本帝國大使館囑託の委囑を受け、兵事掛として當該業務を處理致して居るので有ります。

本業務は現下國際情勢に對處する爲め其の重要性を倍加せるのみならず、在鄕軍人の激增と其の異動の頻繁に伴ひ益々繁劇を加へる樣になつて來たのであ

ります。

然して之が完遂を期する爲に日本傷痍軍人中より兵事掛要員として採用したのでありますが、抑々傷痍軍人を採用したる所以のものは東亞新秩序の建設に献身したる傷兵に對し、再起奉公の途を拓き、然して緊迫せる國際情勢下に於て重要性を倍加せられたる兵事業務、併て其の他の重責に在る擔當者が短期間にして一般警察官の異動に隨伴して交代せしめられ、爲に同業務の完遂を期し得ざるの現狀なるに鑑み、同業務中傷痍軍人を以て處理し得る一部分を擔當せしめ永く同業務に專念從事すべき警察官として採用致したのであります。

是等傷痍の勇士が斯の如き意義ある業務を第二の戰場として、又暖き溫床として今後の生活に幾分なり共希望と光明を與え得たとしましたなれば、我々銃後の國民としての務の萬分の一なりと果たし得たものと信ずる次第であります。

渡滿の狀況に付きましても、楠公眠れる湊川神社の大前に覺悟新なるを誓ひ、海に、陸に、隊伍堂々嚴正靜肅にして一名の事故者も無く、又各地の盛大なる歡送歡迎を受けしこと、憶ひ新なるものがありますと同時に、小官の終生忘れ得ぬ感激譜であります。

奉天地方警察學校にて三週間、新京中央警察學校にて四日間の敎育を受け、七月一日元氣一杯にて夫夫任地に赴任致しましたが、內地出發以來、嵐よ吹くな、病魔よ侵すな、と神佛に念じし小官として、是れ以上の喜びはありませんでした。

小官は更に、これ等勇士の前途に就ては、一層の責任を痛感してゐる次第であります。單に兵事要員として採用し、夫夫の任地へ送り出しただけで任務終れりとするものではありません。更に更に多難なるべき之等勇士の前途に對して、親ともなり兄ともなつて相談相手となる覺悟であります。

小官が終りに望みますことは

可愛い勇士達よ、愛する我が警官達よ、世間の厚遇に甘んずる事なく、不自由なる身に鞭打つて重責を果すと共に、新しき首途に感謝しつゝ最後の御奉公に邁進せられん事を、切に〳〵希望する次第であります。

（七、七、二〇）

編輯を終りて

六月二十日の朝、私は所用のため大連へ出張すべく準備してゐたところ、兵事恩賞室の新居田事務官が、一束の原稿を持參せられて「今回兵事掛員として採用した傷痍軍人の感想文である、一通り見て、よかつたら一部分でも雜誌に載せて吳れないか」とのことであつた。私は出發間際であつたので、「ともかく拜見しませう」と、カバンの中に入れて出發した。

途中列車の中で、その二、三を讀んだところ、傷痍軍人諸士が再起更生の情に燃へてゐる熱意が、短かい文章の中に溢れてゐる。大連に着いた夜、ホテルの一室で其の全部を通讀した。文章に多少の巧拙はあつても、ひとしく今次聖戰に參加せられて、名譽の負傷をなし、其の傷癒へて再び大陸に再起奉公を誓はれた熱意が、紙背に迸溢してゐる。私も嘗ては軍籍に置いた身である。この切々たる感想文をよんで一層の感激に打たれたのは當然である。

「この內の一部だけを選んで雜誌に載せるわけにはゆかない、何とかして全部を纏めて登載したいものだ。」

いろ〳〵工面の結果、歸來新居田事務官とも協議し上司の承認の下に、玆に「傷痍軍人再起錄」として梓に上した次第である。

私は、この感想文の一つ〳〵を丹念に讀み、且つは校正をしながら、しみ〴〵と考へさせられたことであるが、傷痍軍人の方々が、傷痍癒へて退院せらるゝの日、大部分の諸君が「兵役免除」となつてゐらるゝ事實について、何とも謂へぬ淋しさと氣の毒さを感じた。

大陸の曠野に幾轉戰、東亞新秩序建設の第一線に活躍せられたる身が、名譽ある戰傷を受け、病院を去るの日に於て「兵役免除」とは、何といふ淋しさであらう。

言ふまでもなく日本男子と生れて、兵役に服するは絕大の名譽であり、國民としての義務であり、且つは權利である。しかるに此の名譽と權利を免除せられることの一種の寂寞については、軍籍に身を置いた者の等

しく感ずるところである。私の如き老骨も、今尙ほ後備役として、兵役に服しあることの名譽と誇りを感じてゐるのである。況んや各位の戰友は、或は靖國の神と祀られたる人もあらう。或は現に戰ひを續けてゐる人々もあらう。しかるに嗚呼……と、他人事ならず感慨を催したのである。

玆に於て私は考へたのである。傷痍軍人各位は、義務としての兵役は免除せらるゝとも、名譽としての、權利としての兵役は、何とかして保持せられたきものである。徵兵令上のいはゆる兵役は免除せられるとも他に制度を設けて、或は「名譽兵役」として、陸軍步兵軍曹であり、海軍兵曹であつて然るべきである。元步兵何々といふ言葉は、何となく響きがよくない感じがする。「廢兵」といふ名稱を「傷痍軍人」と改められた趣意よりみるも、「兵役免除」として、名譽ある兵役より除外することの不合理なるを痛感する。

この拙き一文、もし當局の目に止り「如何にもさうだ」と首肯せられて、たとへば「名譽兵役」等の制度を設けられ、傷痍軍人を遇するに生涯この兵役に列せしめて、永遠に名譽を表彰するの途を講ぜらるれば、私の望外の光榮とするところである。

更に、各任地に於ける上司竝に同僚各位に於かれても、特に之等勇士の身上に思ひを寄せて、指導誘掖これ努められ、喜んで任務に服するやう御配慮を希望する次第である。

わが警務司に於ても、傷痍軍人各位の親睦融和と向上發展のために、あらゆる方策を講ぜられつゝあり、「傷痍軍人再起奉公會」の設立も、ほゞ確定的となつてゐる。

以上所感を綴つて校を了る。

康德七年八月上浣

滿洲國警察協會編輯部
後備役憲兵准尉　横山八五郎

傷《しやう》痍《ゐ》軍《ぐん》人《じん》五《ご》訓《くん》

一、傷痍《しやうゐ》軍人《ぐんじん》は精神《せいしん》を錬磨《れんま》し、身體《しんたい》の障礙《しやうがい》を克服《こくふく》すべし。

一、傷痍《しやうゐ》軍人《ぐんじん》は自力《じりき》を基《もとゐ》とし、再起《さいき》奉公《ほうこう》の誠《まこと》を効《いた》すべし。

一、傷痍《しやうゐ》軍人《ぐんじん》は品位《ひんゐ》を尚《たつと》び、謙譲《けんじやう》の美徳《びとく》を發揮《はつき》すべし。

一、傷痍《しやうゐ》軍人《ぐんじん》は操守《さうしゆ》を固《かた》くし、處世《しよせい》の方途《はうと》に愼重《しんちやう》なるべし。

一、傷痍《しやうゐ》軍人《ぐんじん》は一身《しん》の名譽《めいよ》に鑑《かんが》み、世人《せじん》の儀表《ぎへう》たるべし。

康德七年十月十日印刷
康德七年十月十五日發行

非賣品

編纂　治安部警務司
發行　滿洲國警察協會
　　　滿洲軍人後援會

印刷者　新京興安大路一一六號
　　　　大谷保
印刷所　新京興安大路一一六號
　　　　滿洲行政學會

◉——編者紹介

サトウタツヤ（さとう・たつや、佐藤達哉）

一九六二年生まれ

現在　立命館大学教授

主要著書

『日本における心理学の受容と展開』北大路書房、二〇〇二年

『方法としての心理学史——心理学を語り直す』新曜社、二〇一一年

郡司淳（ぐんし・じゅん）

一九六〇年生まれ

現在　北海学園大学教授

主要著書

『軍事援護の世界——軍隊と地域社会』同成社、二〇〇四年

『近代日本の国民動員——「隣保相扶」と地域統合』刀水書房、二〇〇九年

編集復刻版

傷《しょう》痍《い》軍《ぐん》人《じん》・リハビリテーション関《かん》係《けい》資《し》料《りょう》集《しゅう》成《せい》 第3巻

ISBN978-4-905421-74-0

第2回配本［第3巻〜第4巻］分売不可　セットコード ISBN978-4-905421-73-3

2015年5月15日発行

揃定価　本体50、000円＋税

編者　サトウタツヤ・郡司淳

発行者　山本有紀乃

発行所　六花出版

〒101-0051　東京都千代田区神田神保町1-28

電話 03-3293-8787　ファクシミリ 03-3293-8788

e-mail : info@rikka-press.jp

組版　昴印刷

印刷所　栄光

製本所　青木製本

装丁　臼井弘志